GLEANINGS IN EXODUS

아더 핑크

출애굽기 강해

지상우 옮김

아더 핑크
클래식

4

GLEANINGS IN EXODUS

아더 핑크

출애굽기 강해

지상우 옮김

CH북스
크리스천
다이제스트

contents

차례

제1장

서론

우리가 성경에 있는 어느 책이든지 연구를 시작할 때에, 각각의 분리된 책들은 상당히 독특하고 탁월한 주제를 가진다고 스스로 기억하는 것이 건전한 것이다. 그리고 그 주제는 전반적으로 특별하고, 그 주제의 주위로 모든 것이 집중되며, 그 모든 자세한 사항들도 그 주제를 단지 확대한 것이다. 그 주요한 주제가 무엇이 되든지, 그것을 늘 기도하면서 부지런히 규명하는 것을 우리의 일로 삼아야 한다. 그 책을 읽고 또 재음미하여 다시 읽음으로 이것을 가장 잘 찾아낼 수 있다. 만일 우리보다 앞서 다른 학자들이 그 노력의 결과를 출판했다면, 그들의 발견물을 하나님의 말씀의 빛으로 입증하거나 반증하여 주의 깊게 시험해 보는 것이 우리의 의무이다. 그럼에도 불구하고, 이 일에 대하여 두 가지의 주의해야 할 극단, 즉 두 가지의 피해야 할 위험이 있다. 첫째, 아마도 가장 함정이 되기 쉬운 것으로 다른 학자들이 그들의 일을 너무도 잘했기 때문에 우리가 같은 입장을 되풀이하는 것은 소용없다고 가정하는 것이다. 그러나 그것은 게으름이요 불신앙이다. 하나님은 그들에게 계시하지 아니한 어떤 것을 당신에게 드러내는 것을 기뻐할 것이다. 하나님의 말씀에는 인간의 어떤 자로도 재어보지 못하는 깊이가 있음을 기억하라. 두 번째의 위험은, 우리가 앞서 간 사람들보다 더 부지런히 탐구하면 우리들의 노력의 결과로 앞서간 모든 사람들을 넘어서 향상될 것이라는, 독창성과 자기중심적 신념을 위한 열중이다. 이것은 우리 모두에게 내려 주신 거룩한 은혜를 생각할 때 그 정당성을 보장할 수 없는 자만심이다.

성경의 어떤 책들에서는 그 중심이 되는 주제를 다른 책들에서보다 더 쉽게 발견할 수 있다. 이러한 사실은 구약성경의 맨 앞에 있는 몇 권의 책들에서 두드러진다. 그것은 마치 하나님이 시작부터 그 주제를 쉽게 함으로써 우리를 격려한

후, 뒤에 이어지는 좀 더 복잡한 많은 책들(주요한 주제에 관계되는 한 복잡함)을 위하여 길을 준비하는 것같이 보인다. 역사적으로 고찰해 볼 때 창세기는 시작의 책이기는 하지만, 교리적인 면에서 볼 때 선택(election)을 다루는 책으로 보일 수 있다. 즉 하나님은 노아의 세 아들로부터 셈을 궁극적으로 구세주를 낳게 하는 경로로 택하고 있다. 하나님은 아브라함을 택하신 나라의 아비로 가려내셨고, 이스마엘을 통과하여 이삭을 택하시고, 그리고 에서를 통과하여 야곱을 택하시며, 또한 하나님은 그 아비의 모든 열 두 아들들 중에 요셉을 지명하여 기근을 위하여 예비하는 존귀한 도구가 되게 하시고, 전 애굽의 두 번째 자리로 올리셨고, 마지막에는 요셉의 아들 중 그 형들을 통과하여 장자의 분깃을 에브라임에게 주시는 것을 볼 때(창 48:13-20), 우리는 이 모든 것이 같은 원칙에 따른 다른 사례인 것으로 주목하게 된다. 그렇다. 선택은 창세기가 말하는 교리의 성격인 것이 분명하다. 그리고 이것은 우리가 정확히 예상할 수 그런 것이다. "하나님이 처음부터 너희를 택하사 성령의 거룩하게 하심과 진리를 믿음으로 구원을 받게 하심이니"(살후 2:13). 이와 같이 이 진리는 성경이 시작되는 이 책에서 반복하여 그 사례들을 나열하고 있다. 이처럼 우리는 출애굽기의 지배적인 주제를, 신약성경의 조명 안에서, 확실히 예견할 수 있다.

역사적으로 출애굽기는 애굽으로부터 이스라엘의 구원(deliverance)을 거론하나, 교리적인 면에서 볼 때에는 구속(redemption)을 논한다. 마치 성경의 첫 번째 책이 구원(salvation)을 위해 하나님이 선택한다고 가르쳐주듯이, 두 번째 책은 하나님이 이른바 구속을 통하여 어떻게 우리를 구원하는지를 설명한다. 그렇다면, 구속이 출애굽기의 지배적 주제가 된다. 이 책에 이어서 나오는 다음 책은 우리가 무엇을 – 예배(worship)를 – 위하여 구속받았는지를 보여주는데, 이 예배야말로 바로 레위기의 특징을 묘사한다. 우리는 레위기에서 하나님의 거룩하신 요구와 그리고 이것들을 지킬 수 있도록 하신 하나님의 은혜로운 예비하심에 대해 배운다. 민수기에는 광야의 행진과 투쟁이 나타나있는데, 여기에서 우리는 이러한 죄와 시련의 현장을 통과할 때 우리가 경험하는 전형적 모습이 묘사되는 것을 본다. 즉 반복되는, 평계할 수 없는 인간의 실패들과 하나님의 오래 참으심과 미쁘심이 나타난다. 이런 식으로 계속될 수 있다.

하지만 다시 출애굽기로 되돌아가자. 이 책은 우리가 지적한 대로(우리보다 앞선 다른 이들이 고찰한 바와 같이) 구속을 거론하고 있다. 본서의 기자는 그 내용을 다섯 개로 나눈 것 같이 보이는데, 우리는 이것을 다음과 같이 요약하고자 한다.

첫째, 구속의 요구를 보게 된다. 1장에서 6장까지는 노예 상태로 있는 백성들이 그려져 있다.

둘째, 구속자의 전능함이 나타난다. 7장에서 11장까지는 애굽에 내려진 재앙들을 보여준다.

셋째, 구속의 특징을 주목한다. 12장에서 18장까지는 피로 그 값을 치렀고, 능력으로 해방된 구속의 특징을 말한다.

넷째, 구속함을 받은 자들의 의무를 가르친다. 19장에서 24장까지는 주님께 대한 순종함을 가르쳤다.

다섯째, 구속함을 받은 자들의 실패를 위하여 예비하신 것들이 드러난다. 25장에서 40장까지의 성막과 예배에서 그러한 것이 나타난다.

우리가 방금 언급한 이런 사실을 입증하고자 하니, 독자들은 출애굽기의 핵심 구절로 간주되는 출애굽기 15:13을 주목하기를 바란다. "주께서 구속하신 백성을 인도하시되 주의 힘으로 그들을 주의 거룩한 처소에 들어가게 하시나이다." 여기서 하나님의 '은혜'에 내포되어 있는 구속의 요구를 주목하라. 구속자의 능력은 그의 '힘'으로 언급되며, 구속의 특징은 '백성을 인도하심'으로 묘사했으며, 구속함을 받은 자들의 책임과 특권은 성막을 언급하는 '거룩한 처소'로써 보여준다.

출애굽기를 연구함에 있어 큰 도움이 되는 다른 한 가지는 거룩한 정경(the Sacred Canon)에서의 숫자상의 위치에 있다. 출애굽기는 성경의 두 번째 책이고, 그 내용의 성격이 이 사실과 많이 일치한다는 것을 발견하게 될 것이다. 둘이라는 숫자는 영적으로 차이(difference)나 분리(division)를 말하고 있다. 이것에 대한 증거는 성경에서 맨 먼저 일어난 사건에 있다. 창세기의 둘째 날은 하나님이 물을 나누신 날이다. 뿐만 아니라 둘은 증거의 숫자인데, 각기 다른(different) 두 사람의 증언이 일치하면 진실은 성립된다. 둘은 그러므로 대립(opposition)의 숫자이다. 하나는 연합의 숫자인가 하면, 둘은 첫 번째와 동의하든지 아니면 그에게 대립하는 상호문제를 일으킨다. 뿐만 아니라 둘은 또한 대조(contrast)의 숫자인데, 그 결과로 우리가 언제나 성경에서 두 사람이 함께 짝지어 나오는 것을 보면, 거의 예외 없이 그들 가운데 존재하는 차이(difference)를 노출하려는 목적이 드러난다.

예를 들면 가인과 아벨, 야곱과 에서, 모세와 아론, 다윗과 솔로몬 등과 같은 것이다.

꽤 다양한 의미들을 가지고 있는 이 둘이라는 숫자가 성경에서 두 번째인 이 책의 특성과 내용을 어떻게 밝혀낼 수 있는가 하는 것을 지금 살펴보도록 하자. 둘이라는 숫자는 **분리**(division)의 숫자이다. 출애굽기의 1장에서 바로는 이스라엘 백성들의 아기들 가운데에서 분리를 명하고 있음을 볼 수 있다. 만일 아들이 태어나면 그 아이는 죽여야 했고, 만일 딸이면 살려두었다. 재앙 때 여호와께서는 그 백성과 애굽 사람 사이를 분리하셨는데, "그 날에 나는 내 백성이 거주하는 고센 땅을 **구별하여** 그 곳에는 파리가 없게 하리니 이로 말미암아 이 땅에서 내가 여호와인 줄을 네가 알게 될 것이라 내가 내 백성과 네 백성 사이를 **구별하리니** 내일 이 표징이 있으리라"(출 8:22, 23). 이와 같이, 또한 주님은 그들의 생축도 분리하셨다. "여호와가 이스라엘의 가축과 애굽의 가축을 **구별하리니** 이스라엘 자손에게 속한 것은 하나도 죽지 아니하리라"(출 9:4). 이스라엘 백성이 홍해에 왔을 때, "모세가 바다 위로 손을 내밀매 여호와께서 큰 동풍이 밤새도록 바닷물을 물러가게 하시니 물이 **갈라져** 바다가 마른 땅이 된지라"(출 14:21)고 말씀하셨다. 거듭하여, "너희를 위하여 성소와 지성소를 **구분하리라**"(출 26:33)고 하신 휘장(veil)에 대한 말씀은 출애굽기에만 있다.

둘은 또한 **증거**의 숫자이니, 책 전체를 통하여 이 사실을 어떻게 표현하고 있는지 주의하여 보라. 히브리인들의 고난과 신음소리는 그들의 구원의 필요성을 증거했다. 재앙들은 하나님의 능력과 진노를 증거했으며, 이 사실을 바로에게 선포함에 있어서 하나님께서 모세와 아론, 이 둘을 증거자로 택하신 것은 주목할 만한 일이다. 유월절의 밤은 피의 가치와 그 충족함(sufficiency)을 증거했다. 이스라엘의 광야의 경험은 하나님의 성실하심과 그의 부드러운 사랑을 증거했다. 율법을 주심은 여호와의 의로우신 통치를 증거했다. 성막은 그리스도의 다양한 완전성에 대한 모형적(typical) 증거를 나타내었다.

거듭 말하지만, 둘은 **대립**의 숫자이다. 이것은 출애굽기에서 두드러지게 표시되는 그 어떤 것이다. 대적들의 적개심은 도처에서 아주 분명하게 보였다. 첫째로, 우리는 그 사실을 히브리인들의 증가를 막기 위해 취해진 조치와 잔인한 노력에서 볼 수 있다. 그리고 이스라엘 자녀들의 무자비한 간역자들에 의한 학대를 본다. 다음으로, 모세가 왕에게로 나아가 그 앞에서 이적을 행했을 때 바로의 술객들이 그를 맞섰다. 그리고 성경(딤후 3:8)에 그들 중 두 사람의 이름만이 기록되었다고 하는 사실을 고찰할 때 충격을 주는 일이라 아니할 수 없다. 이스라엘이 애굽으로부터 나오는 일과 연관하여, 바로는 그 길의 모든 걸음을 막았다. 심지어 이스라엘이 애굽을 떠나 홍해를 건넜을 때에도, 우리는 아말렉 족속들이 광야에서 그들을 대적하는 것을 본다(출 17:8). 여기에서 유의할 것은 아말렉이 공격한 것은 이스라엘 백성 그 자체가 아니었다는 것이다. 아말렉은 하나님의 백성을 공격하러 온 하나님의 원수였다.

마지막으로, 둘은 대조의 숫자이다. 우연히 읽다보면 성경의 앞부분의 두 책 사이에 뚜렷한 차이점이 나타나겠지만 그 중의 몇 가지만 주의해 보자. 창세기에서는 가족의 역사가 나타나 있지만 출애굽기에서는 민족의 역사가 나타나 있다. 창세기에서는 아브라함의 자손의 숫자가 적지만, 출애굽기에서는 백만이 넘는 것으로 계수되었다. 전자를 보면 히브리인들이 애굽에서 환대를 받고 높임을 받았지만, 후자에서는 그들이 두려움과 증오의 대상으로 보였다. 전자에서는 요셉에게, "하나님이 이 모든 것을 네게 보이셨으니"(창 41:39)라고 말한 바로 왕이 있었는가 하면, 후자에는 모세에게, "나는 여호와를 알지 못하니"(출 5:2)라고 말한 바로 왕이 있었다. 창세기에서는 친히 준비하신 '양'(창 22:8)이 있었지만, 출애굽기에서는 '양'이 죽임을 당하였다(출 12장). 한 곳에서는 이스라엘이 애굽에 입국함을 볼 수 있고, 다른 곳에서는 그들의 애굽 출국을 볼 수 있다. 한 곳에서는 족장들이 '젖과 꿀이 흐르는' 땅에 있음을 볼 수 있고, 다른 곳에선 그들의 자손들이 광야에 있음을 본다. 창세기는 요셉이 관 속에 있는 것으로 끝나나, 출애굽기는 여호와의 영광이 성막에 가득함으로 끝난다. 우리는 이같은 생생한 일련의 대조를 아마도 거의 상상할 수 없을 것이다.

출애굽기의 중심 교리는 구속이지만, 이것은 공식적으로 설명된 것이 아니라 놀랍게도 예를 들어 설명된다. 초기에 있어서, 하나님은 그의 백성에게 분명하고 조직적인 형태의 교리로 교제하신 것이 아니라, 그들을 지도하실 때 주로 섭리로 다스리심과 모형과 상징을 통한 방법으로 하셨다. 우리가 분명히 납득하기만 하면 이것은 구약성경에 대한 새로운 흥미를 준다. 성경에서 시작되는 책들은 수천 년 전에 일어난 감동적 사건의 역사 그 이상의 아주 더 중요한 것들을 포함하고 있다. 즉 이 책들은 신약성경의 서신서에서 절대적으로 설명하는 우리 신앙의 위대한 교리에 대한 예시와 실례들로 가득 차 있다. 그러므로 "무엇이든지 전에 기록된 바는 우리의 교훈을 위하여 기록된 것이니"(롬 15:4)라고 하셨으니, 만일 우리가 우리 앞에 있는 이와 같은 사실을 담은 구약성경의 연구를 게을리 한다면 많은 것을 잃을 것이다.

애굽으로부터 이스라엘이 구원받은 것은 그리스도에 의한 우리들의 구속에 대한 괄목할 만한 풍부하고 정확한 예표(typification)를 제공한다. 이것에 대한 상세한 것은 이후의 연구를 통하여 우리 앞에 나타나게 될 것이다. 여기서 우리는 그 묘사된 것의 넓은 개요에만 주의를 기울이도록 하겠다. 애굽에 있는 이스라엘은 우리가 이전에 거룩한 은혜로 구원을 받은 그 장소를 예를 들어 설명하는 것이다. 애굽은 우리가 지난날 모두 그 길을 따라 행했던 세상을 상징한다. 바로는 여호와를 알지 못하며, 그를 얕보고, 상습적으로 하나님의 백성을 대적하는 자이었으나, 마지막에는 하나님에 의해 멸하심을 받아 대적으로 낙인찍힌 마귀를 상징한다. 잔인한 얽매임에 노예가 된 히브리인들은 죄가 그 사로잡은 자들을 잔인무도하게 지배하는 것을 묘사하고 있다. 무거운 짐으로 신음하는 이스라엘 백성은 우리들의 잃어버린 상태를 깨닫게 될 때 오는 양심과 심령의 고통스러운 실습을 말한다. 하나님께서 세우셨던 인도자 모세라는 사람은 우리의 위대한 인도자이신 주 예수 그리스도를 가리키고 있다. 유월절의 밤은 하나님의 어린양의 피의 피난처 아래 있는 신자들의 안전을 말해주고 있다. 애굽으로부터의 탈출은 세상의 얽매인 멍에로부터의 구원과 세상과의 법적 분리를 선포한다. 홍해를 건넘은 그리스도의 죽으심과 그 부활에 우리가 연합함을 묘사한다. 광야를 통과하는 여로, 그 시련과 시험들, 모든 필요에 대처한 하나님의 예비하심은 우리들 순례자의 여정의 체험을 나타내고 있다. 이스라엘의 율법 증여는 우리가 새 주인에게 빚졌으므로 순종하여 순복할 것을 가르쳐 준다. 아름다운 부속 물품과 기구들을 구비한 성막은 우리에게 그리스도의 갖가지 미덕과 영광을 보여준다. 이와 같이 성경의 이 두 번째 책에 있는 거의 모든 것들이 우리들에게 영적 메시지와 그 적용을 가르쳐 주고 있음을 볼 수 있다.

또한 출애굽기에는 앞을 내다보며 미래를 예기하는 일들이 많이 있음을 또한 주목해야만 한다. 이 성경의 두 번째 책이 가지는 역사적인 몫은 이 책이 교리적 가치와 동시에 경륜적(dispensational) 가치를 가지고, 그리고 도덕적이고 영적인 중요성뿐만 아니라 예언적 중요성도 가진다는 것이다. 그러므로 이 책은 지금 우리에게와 마찬가지로 다가올 시대에 하나님의 백성을 위한 교훈과 위로로 공헌

할 것이다. 역사는 반복되고 있기에, 우리는 출애굽기에 기록된 것들을 통하여
아브라함의 자손들의 변천에 대한 그 이후의 장을 미리 비추어 보게 된다. 환난
시기의 이스라엘의 운명은 모세의 시대보다 더 악화될 것이다. 하나님은 바로보
다 더 악한 폭군을, 그들을 징계하도록 '일으키실' 것이다. 결속된 한 민족으로부
터 그들을 단절시키려는 그 옛날의 것보다 더 강퍅한 의지적 노력이 일어날 것이
다. 보다 격렬한 신음소리와 울부짖음과 비통이 하늘에 상달하게 될 것이다. 바
로의 땅에 내려질 것보다 더 두려운 재앙들이 하나님의 진노의 대접으로부터 세
상에 부어질 것이다. 하나님이 두 증인들을 다시 보내어 그로 능한 이적과 기사
를 보이게 하시나, 옛날의 모세와 아론에게 한 것같이 그들의 증거도 거절당할
것이다. 사탄의 사자들은 초자연적으로 능력을 받아 애굽의 술객들이 한 것보다
도 더 큰 이적을 행할 것이다. 이스라엘의 남은 자들이 다시 광야에 있을 것이고,
거기에서 하나님에 의하여 유지될 것이다. 그러한 일이 있은 뒤 맨 마지막에 위
대한 구원자가 나타나, 홍해에서 애굽 사람들에게 일어났던 것보다 더 처참한 심
판으로 그 백성의 대적들을 멸하실 것이다. 마지막으로, 애굽에서보다 더 큰 출
애굽이 있을 것인데 그때는 여호와께서 "땅 이 끝에서 하늘 저 끝까지" 있는 흩어
진 모든 이스라엘 백성을 팔레스타인으로 모으실 것이다.

　구속 교리의 다양한 측면과 여러 부문에 대한 실례들과 다가올 이스라엘의 운
명에 대한 예언적인 예측에 덧붙여, 출애굽기에는 우리 주 예수 그리스도의 인격
과 사역을 나타내는 수많은 소중한 모형들이 있다. 여러 가지 관점에서 모세와
그리스도 사이에 주목할 만한 일치점이 있으며, 만일 주께서 우리에게 이 책의
각장을 완성시키는 일을 허락하신다면, 마지막에 가서 우리들은 이 일치점들을
체계화하여, 앞서 요셉의 경우가 우리의 주목을 이끌었던 것과 같이 그 수가 많
고 그리고 놀랄 만한 것임을 보여 줄 수 있다. 모세에 대한 개인적 모형에 덧붙여
서 불붙는 떨기나무, 유월절의 어린양, 홍해를 건넘, 만나, 지팡이로 친 바위, 성
막 그 자체와 그리고 그 속에 있는 모든 것들을 분리하여 관찰하면서, 한 가지 한
가지마다 모든 것들이 모형적으로 말해 주면서도 실수함이 없는 언어로 그리스
도의 갖가지 영광들을 얼마나 잘 나타내고 있는지 고찰하게 될 것이다. 풍성한
잔치가 우리 앞에 있으니, 성령께서 우리의 식욕을 돋우시어 믿음으로 그것들을
배불리 먹고 또한 영양분을 섭취하여 우리 주 예수 그리스도의 은혜와 지식에서
자라가기를 바란다.

이 책의 제목이 말해 주듯이, 여기에서 출애굽기의 한 절 한 절의 완전한 강해 (exposition)를 하려고 하기보다는 창세기 강해에서 했던 것과 같은 과정을 계속 해 나가고자 한다. 이러한 노력으로 인하여, 하나님의 백성들에게 구약성경에 대 하여 좀 더 주의 깊고 조직적인 공부를 하도록 고무할 것이며, 예사로 여기는 독 자가 흔히 소홀히 할 수 있는 내용들에 대하여 주의를 기울임으로써 경건한 학생 들로 하여금 "사람이 많은 탈취물을 얻은 것처럼 나는 주의 말씀을 즐거워하나이 다"(시 119:162)라고 한 옛 말씀을 다시 고백하게 할 것이다. 더욱이 우리는 자신 들의 생활에 대한 메시지의 실천적 적용을 무시하지 말아야 하고, 그리고 출애굽 기에서 발견할 수 있는 많은 건전한 교훈들로부터 유익을 구해야 할 것이다. 하 지만 그럼에도 불구하고 우리의 주된 관심사는 모든 형편을 우리에게 충족시키 는 모형적 모습들에 대한 연구가 되어야 할 것이다. 다음 장에서는 출애굽기 1장 에 대하여 전념하게 될 것인데, 그동안 관심을 가진 독자들은 그 내용을 주의 깊 게 연구해 주시기를 당부 드린다. 은혜의 하나님께서 우리의 안목에 기름을 부으 셔서, 진리의 영이 우리가 각 장들을 통찰할 때마다 우리의 생각을 계속 지켜 주 시기 기도한다.

제2장

속박당하는 이스라엘

출애굽기 1장

우리는 출애굽기가 시작되는 첫 구절에서 창세기의 마지막 부분의 장들에 기록된 사건들을 회상하게 되는데, 거기에서 야곱과 그의 가족이 바로의 땅에 정착하는 것을 보게 된다. 그들이 입국할 때에는 진심에서 우러나온 환대를 받아 애굽에서 '땅의 좋은 곳'인 고센 땅을 허락받아(창 47:6), 그들이 사용하도록 분배되었다. 그러나 평화와 위로를 받고 거기에 거하던 그들에게 고난이 다가온 것은 얼마 지나지 않아서였다. 그들이 애굽에 들어 온 이후 약 삼십 년이 되었을 때 그들에 대한 적개심이 일기 시작했는데, 맨 처음에는 아마도 그들이 양 치는 자라는 사실에서부터 발생한 것 같다(창 46:34 참조). 이렇게 시작된 적개심은 '요셉을 알지 못하는' 새 왕이 일어나서 결국 그들이 참기 힘든 속박을 당하는 것으로 끝났다. 그들이 고센 땅에 정착한 지 삼십 년 후에 그들의 평화가 깨어진 것은 사도행전 7:6과 출애굽기 12:40을 대조해 보면 잘 알 수 있는데 전자에 보면 "사백 년 동안을 괴롭게 하리라"고 기록되어 있고, 후자에 보면 "이스라엘 자손이 애굽에 거주한 지 사백 삼십 년이라"고 알려져 있다.

이 점에 대하여 자연적으로 몇 개의 질문이 저절로 제기된다. 하나님께서 이스라엘 백성들이 그렇게 긴 세월을 애굽에서 보내게 하신 이유는 무엇이었을까? 왜 그들로 하여금 그렇게 잔인한 대우를 받게 하셨을까? 하나님의 목적은 아브라함의 후손들로 하여금 그들의 열조에게 주셨던 가나안 땅을 정복하게 하는 것이었다. 그러나 왜 이 목적이 달성되기도 전에 사백 년이 넘는 시간적 간격을 경과해야만 했던가? 이 질문에 대하여 두 가지로 대답할 수 있다고 생각한다. 첫째, 이스라엘로 하여금 그의 유업을 위하여 준비하도록 하기 위함이다. 그들이 애굽에서 받았던 거친 견책은 그들의 근육을 발달시키고 그들의 힘줄을 질기게 하였다. 또한 그들의 애굽에서의 쓰라린 운명과 광야에서의 시련은 젖과 꿀이 흐르는 그 땅을 그들이 소유하게 되었을 때 더욱 감사하게 맞이하려는 것이었다. 더 나아가서, 가나안 땅은 단일 가족이나 지파에게는 너무 광활하여, 애굽에서의 긴 체류를 통하여 한 민족을 이룰 수 있는 이백만이 넘는 인구가 형성되는 시간을 갖기 위함이다.

두 번째의 대답은 창세기 15:16에서 제시해 주고 있다. "네 자손은 사대 만에 이 땅으로 돌아오리니 이는 아모리 족속의 죄악이 아직 가득 차지 아니함이니라." 하나님께서 아브라함에게 그의 씨가 나그네 된 땅에서 사백 년간 머무를 것이나, 사대 째에 가나안으로 돌아올 그때에는 아모리 족속의 죄악이 관영하게 될 것이라고 말씀하셨다. 하나님이 아모리 족속을 심판으로 다스릴 때가 아브라함의 시대에 아직 완전히 무르익지 않았고, 그들의 죄악이 하나님께서 정해두신 한 계선에 미치지 않았었다. 이처럼 하나님은 아모리 족속의 죄악이 '관영'할 때에 그것을 명하셨다(비, 마 23:32; 살전 2:16). 이스라엘은 그들을 멸망시키는 도구역할을 할 민족으로서 준비가 되었다. "인간의 사악하고 고자세한 거역이 그 무엇이든지 간에, 그것은 은혜와 사랑이라는 거룩한 목적을 달성하는 데 도움이 되도록 만들어진 것뿐이다. … 심지어 인간의 분노마저도 하나님의 뜻이라는 수레바퀴의 멍에에 메어진다"(Ed. Dennett).

그러나 왜 하나님께서는 아브라함의 자손들이 애굽인들의 손에 의한 그러한 경멸과 시련을 겪도록 허락하셨을까? 아, 창세기가 다시 그 대답을 제공해 주지 않는가! 요셉에게 행한 형제들의 사악한 행동은 처벌을 받지 않고 넘어갔는가? 아니, 그렇게 될 수 없다. 그들도 다른 모든 사람들과 마찬가지로 그들이 뿌린 것을 거두어야만 하였다. 즉 반드시 자기들뿐만 아니라 그들의 자손들도 거두게 되는 그러한 냉혹한 결과를 거둔 것이다. 왜냐하면 아비의 죄는 자손 삼사 대에 이르기까지 머무르기 때문이다. 그렇게, 그것이 여기에 입증하여, 애굽에서 그들이 나오기까지는 '네 번째 세대'가 되었다(창 13:15). 4대가 되어 추수하게 되었고 '무엇이든지' 뿌린 것을 정확히 거두게 되었으니, 요셉이 노예로 팔려 애굽으로 이끌려져 와서 그렇게 애굽인의 노예가 된 것같이, 그 형제들과 그들의 자손들도 고통을 당하였도다! 그리고 이러한 사실은 요셉이 너무도 놀랍게 예표한 복된 자에 대한 그들의 사악한 대우 때문에, 지난 19세기 동안 이스라엘이 당한 쓰디쓴 경험들을 얼마나 미리 잘 예시한 것인가! 그들도 역시 그들의 뿌린 것을 거두었다. 이스라엘은 그리스도를 이방인에게 던져주었고, 그들도 그와 같이 자신들이 넘겨주었던 이방인의 손에 그렇게 던져졌다. 그리스도께서는 로마 사람들에 의하여 수치스런 취급을 당했기에, 하나님도 유대인을 징벌하기 위하여 똑같은 사람들을 등용하셨다. 그리스도께서 그 사시던 땅으로부터 "베어냄을 당했으며," A. D. 70년에 이스라엘도 역시 그들의 열조의 땅에서 "베어냄을 당했다." 이와 같이 우리는 다시 한 번 이 뿌림과 거둠의 법칙이 얼마나 냉혹하게 성취되는지를 보게 된다.

우리는 앞의 장에서 이스라엘을 애굽의 속박에서 구원한 것은 그리스도에 의한 구속을 예시하는 그림자라는 것을 공표했다. 노예가 된 히브리 사람들이 거했던 땅은 중생하지 못한 자들이 거하는 장소를 적절하게 묘사한다. 애굽은 세상, 즉 하나님을 떠나 그를 대적하는 일종의 조직체로서의 세상을 상징하고 있다. 이에 관해서는 작고한 그랜트(F. W. Grant) 씨가 발표한 우수한 논문을 인용하는 것보다 더 나은 것이 없을 것이다.

"애굽 땅은 큰 강을 따라 이루어진 약간 좁게 펼쳐진 나라로서 그 땅에 연접해 있는 사막과 끊임없이 싸우고 있다는 점에서 주목할 만한 땅이다. 이 사막은 땅의 양편에 펼쳐져 있고, 이곳을 따라 강이 흐르는 약간 길게 뻗어 있는 땅이 애굽이다. 양편에 있는 사막이 경계를 이루면서 주변 사방으로 두루 모래를 날린다. 그리고 강물은 언제나 둑에 흘러넘쳐 모래 위에 진흙을 남기어 토양을 소생시킨다. 성경적인 이름은 물론 애굽이 아니라 미스라임인네, 미스라임의 뜻은 '두 개의 좁음' 이다. 이것은 의심할 여지 없이, 강의 양쪽 편에 있는 두 개의 기다란 땅을 의미한다.

"그 땅은 매우 주목할 만한 곳으로, 그것을 바라보는 것은 삶과 죽음의 영속적인 대결의 광경을 보는 것 같다. 거기에는 비가 내리지 않아도, 하나님의 자비하심으로 애굽 땅은 먼 나라에서 내리는 비로 만족함을 받고 있다. 애굽의 또 다른 괄목할 만한 특징은 비가 거의 내리지 않는데, 사람들은 그 이유에 대하여 거의 아는 바가 없다. 그 강은 웅장한 모습으로 넘실거리며 흘러내려 그 끊임없이 흐르는 물줄기로 땅의 풍성한 소출을 가져 온다. 말하자면, 애굽 사람들은 하늘로부터 자유한 자들이었다. 실제로 그러했는지는 모르지만, 그들은 구름에 대하여 생각하지 않았던 것 같다. 그들은 위를 바라보는 대신 아래를 본다. 그것이 곧 하나님께서 가나안 땅과 애굽 땅의 대조를 지적하신 것인데 가나안은 이스라엘의 못이요, 하늘에서 내린 물과 비를 마신다. 가나안은 의존의 땅이요, 애굽은 독립의 땅이다.

"그리고 그것은(독립성) 우리의 자연적인 조건의 심각한 특징이니, 오호라, 우리가 하나님으로부터 독립적이라는 면은 지금 우리에게 얼마나 자연스러운가! 하나님이 물론 풍성한 축복의 시내를 흐르게 하시고, 그분 외엔 아무도 그런 일을 할 사람이 없건만, 우리는 너무도 자주 또한 계속적으로 자연의 법칙이라고 똑똑하게 말하면서(?), 하나님을 도외시한다. 마치 그들이 애굽 강의 근원을 탐지하기 위하여 오래 전에 사람들을 보낸 것과 같이, 사람들은 자연의 공급원을 찾으려고 계속 탐지해 보았지만 아직도 성공하지 못하고 있다.

"애굽은 그들의 강을 섬겼다. 강이 끊임없이 그들에게 흘러내려 그 결과로 하늘로부터 독립하였지만, 하늘은 여전히 그것을 공급하는 근원이었다. 그들은 스스로 위에서 받는 것을 아래로 흘러내리게 하는 그 푸른 언덕들을 보지 못했다. 그런데도 그들은 강만을 섬겼다. 그것은 하나님을 떠난 우리의 본질 상태이다. 하나님은 우리로부터 멀리 떨어져 계신다. 우리들은 모든 것들이 거기서부터 오는 복된 손을 깨닫지 못하고, 그들과 우리가 실제로 의존해 있는 그 손에 대한 고의적인 무지의 상태에서 그 축복을 빼앗았다.

"그러나 이 애굽은 다른 면에서 주목할 만하였다. 그곳은 사람들이 아시다시피, 과학과 문명이 존재하는 곳으로서 괄목할 만한 곳이었다. 매우 놀랄 만한 그러한 나라로서, 지금도 동상들과 경탄을 금할 수 없는 건축술을 연구하기 위하여 사람들이 가고 있다. 애굽 사람들은 그들이 그 안에 들어가 즐기기도 전에 그들이 마치 영원을 소유한 것처럼 집을 지었다. 그 건물들은 그것을 건축하였던 당시의 사람들의 나이보다 오래가도록 지어야만 하였지만, 그것들은 사람들의 생명이 지속되도록 하지는 못했다. 그래도 여전히 그들은 그 건축에 대해 최선을 다했다. 그들은 시체를 미라로 만들어, 오는 후손들에게 그들의 시체를 물려주었다. 마치 그들의 손으로 만든 것들을 나란히 줄지어 놓고, 엄숙하게 "여기에 더욱 더 강하게 승리를 했던 자들의 가장 위대한 작품들이 있노라"고 말하는 것 같다. 이 얼마나 그들의 그토록 많은 웅대한 작품에 대한 찬사인가! 그들의 기념할 만한 주요한 문서는 '사자(死者)의 책' 이다. 그들의 기념비에서 죽음은 틀에 박힌 것이다. 사막은 결국 강을 삼켜 버렸다. 과학과 예술의 땅은 생명의 땅이 아니라 죽음의 땅이 되어 버렸다.

"그리고 그것은 세상 그 자체의 역사이다. 죽음이란 어디에나 그 낙인을 찍는 법이다. 그것은 타락한 피조물에 대한 '헛됨'의 낙인이다. 더 나아가서, 그것은 거룩한 이가 힐책하시는 낙인이다. 왜냐하면 주님의 은혜는 생명이기 때문이다. 만일 우리가 그에게 후회할 이유를 주지 않았다면, 과연 주님이 그렇게 후회하면서 황폐하게 만들 수 있었을까? 분명한 사실이지만 그렇게 하지 않았을 것이다. 우리가 주님으로 하여금 꼭 그렇게 해야 할 이유를 저지르고 말았다고 하는 것은 얼마나 유감스러운 일인가! 하나님이 그의 사랑 안에서 안식할 수 있을 때(마치 그가 그렇게 하려고 하듯이), 그때는 그가 안식할 수 있는 조건의 실재를 요청할 것이다. 그가 안식할 수 있다고 생각되는 그 모든 것 위에만 영원이라고 낙인을 찍으실 것이다.

"애굽의 종교는 매우 주목할 만한 것이었다. 그들은 타 종교의 유물을 미라에 넣는 종교의식을 갖고 있었는데, 그것은 죽은 자의 사후 생에 대한 전설이 있었기 때문이다. 그 사실에 대하여는 의심할 여지가 없다. 그것은 매우 괄목할 만한 사실로, 그들이 한 말에 의할 것 같으면, 하나님께서 모세를 등용하시면서 모세에게 그 이름을 말씀하실 때 '나는 스스로 있는 자' 라는 하나님의 속성을 나타내는 바로 그 표현이 애굽의 비문에 있다는 것이다. 그렇지만 그 모든 것에도 불구하고, 애굽은 어떠한 것들을 섬겼는가? 철저하게 그리고 전세계적으로 피조물을 섬겼지 조물주를 섬기지는 않았다. 애굽은 진정한 하나님을 증거하는 모든 것을 뽑아 버리고 그에게 전적으로 대립되는 수백의 네 발 가진 짐승들과 형상들, 사실은 그들 자신의 정욕들을 섬김으로써 그들 자신들의 품위를 하락시켰다. 그들의 숭배는 모든 이교도와 같이, 그들 자신의 정욕과 열정을 신격화한 것이었다. 그리고 그 어디에서나 인간에게 관여된 그 무엇이든지 간에 자연스럽게 그들의 신이 되었다. 에덴 동산에서 사탄이 여자에게 '네가 신들과 같이 되리라' 고 한 말을 기억하라. 그것은 그가 여자에게 준 미끼였고, 남자는 그 진리를 불유쾌한 방법으로 알게 되었다. 사도가 어떤 이들에게 말한 바와 같이, 비록 그리스도인으로 자처하는 자들까지도 '그들의 신은 배' 라고 했다. 그것은 인간의 마음속에 만족할 만한 어떤 것에 대한 갈망이 있지만 하나님 안에서 만족을 찾지 못하며, 하나님의 사랑과 보살핌을 의지하지 못하기에, 정욕과 근심이 그를 삼킨다. 그는 자신을 섬기면서, 계속해서 점점 잔인해지고, 품위가 떨어져가는 길에 있다."

그러면 아브라함의 후손들이 어떻게 맨 처음에 애굽에 들어갔나? 그 대답은 앞

장에서 하도록 두고, 그 모형적 중요성에 유의하자. **"야곱과 함께 각각 자기 가족을 데리고"(출 1:1)**. 그들은 그들의 아버지 야곱과 함께 속박의 땅에 당도하였고, 야곱은 그들을 그곳에 인도한 사람이었다. 또한, 여기에서 그에게 주어진 이름, 즉 자연적인 사람인 '남을 밀어내고 대신 들어앉는 자'를 말하는 '야곱'을 사용했으며, 그의 새 이름이었던 지극하신 은혜로 인하여 주어진 '이스라엘'을 사용하지 않았음을 주목하라. 이 얼마나 우리에게 분명히 말해주는가? 우리도 역시, 영적인 속박의 장소로 우리의 아버지 아담과 함께 들어갔다. 이것은 그가 맨 처음 얽매게 되었던 장소는 아니었다. 에덴에서 그는 단 한 가지 제한이 있을 뿐 동산에 있는 모든 나무의 실과를 마음대로 먹을 수 있었다. 그러나 슬프도다! 그는 범죄하였고, 이 사실로 인하여 그는 동산에서 쫓겨났으며 그의 모든 자녀가 태어난 곳은 동산 바깥이 되었다. 그들은 속박의 장소로 그와 함께 들어가게 된 것이다.

"이스라엘 자손은 생육하고 불어나 번성하고 매우 강하여 온 땅에 가득하게 되었더라"(출 1:7). 이것은 한 족장으로서의 야곱에게 가나안에서 애굽으로 이주할 것에 대해 하나님이 하신 약속의 성취였다. "하나님이 이르시되 나는 하나님이라 네 아버지의 하나님이니 애굽으로 내려가기를 두려워하지 말라 내가 거기서 너로 큰 민족을 이루게 하리라"(창 46:3). 그리고 이것은 하나님께서 아브라함에게 오래 전에 말씀하신 것의 반복에 불과했다(창 12:2 참조). 이것은 오늘날의 하나님의 자녀들에게 얼마나 위로가 되는 말씀인가? 우리들에게 '이 위대하고 소중한 약속'을 주셨고, 이것들은 거짓말을 할 수 없는 자의 약속이다. 그러므로 우리는 확실하신 하나님의 말씀, 하늘에 영원히 좌정하신 우리 주 하나님의 말씀 위에 절대적인 확신으로 거할 수 있다.

"요셉을 알지 못하는 새 왕이 일어나 애굽을 다스리더니"(출 1:8). 이것을 이해하려면, 우리는 다른 성경의 빛을 그 위에 비칠 필요가 있다. 이 '새' 왕은 단지 새 왕조에 속한 자가 아니라 다른 국적에 속한 자였으니, 그는 앗수르인의 태생으로서 애굽인이 아니었다. 사도행전 7:18에 보면, "요셉을 알지 못하는 새 임금이 애굽 왕위에 오르매"라고 기록되어 있다. 어떤 사람이 지적한 바와 같이 헬라 말에는 '다른'이라는 단어에 해당하는 두 가지 말이 있는데, 알로스(allos)는 '같은 종류의 다른'의 뜻이며, 헤테로스(heteros)는 '다른 종류의 다른'이라는 뜻을 나타낸다. 사도행전 7:18에 사용된 말은 후자이다. 이사야 52:4을 되돌아보면 우리는 이 다른 종류(이 경우에는, 다른 국적)가 사실상 무엇이었는지 알 수 있다. "주 여

호와께서 이와 같이 말씀하시되 내 백성이 전에 애굽에 내려가서 거기에 거류하
였고 앗수르인은 공연히 그들을 압박하였도다"라고 기록되어 있다. 우리들이 이
구절에 주의를 환기시키는 목적은 독자들에게 성경을 성경으로 대조하는 것이
매우 중요함을 명심하게 하며 성경이 어떻게 그 자체를 해석하는지를 보여주기
위한 것이다.

  "그가 그의 백성에게 이르되 이 백성 이스라엘 자손이 우리보다 많고 강하도다"
(출 1:9). 우리가 방금 읽은 그 구절이 비추어 주는 빛으로 이 구절에서 오랫동안
어려움으로 남아 있었던 것이 벗겨질 것이다. 거기서 말하는 이스라엘의 자손들
이(모두가 그렇게 말하지만, 그 당시에 아마 약 이백만으로 봄) 애굽 사람들보다
더 수가 많을 것이라고 하는 것은 전혀 생각할 수 없는 일같이 보인다. 그러나 이
것은 9절에서 말하는 바가 아니다. 그 표현을 주의 깊게 유의해 보라. "그('새 임
금')가 '그의' 백성에게 이르되"라고 하였지 '그 백성'이라고 하지 않았다. 그의
백성은 애굽을 정복한 앗수르인들을 말하는 것이며, 특히 그 땅에서 나라의 정치
를 장악하는 자들일 것이다. 22절에 있는 "그의 백성"이란 말의 반복을 주목하라.

  **"그가 그의 백성에게 이르되 이 백성 이스라엘 자손이 우리보다 많고 강하도다
자, 우리가 그들에게 대하여 지혜롭게 하자 두렵건대 그들이 더 많게 되면 전쟁이 일
어날 때에 우리 대적과 합하여 우리와 싸우고 이 땅에서 나갈까 하노라 하고 감독들
을 그들 위에 세우고 그들에게 무거운 짐을 지워 괴롭게 하여"**(출 1:9-11). 이것은
하나님을 대적하는 육신적 마음에서 생긴 합리화였다. 그것은 무한에 대항하여
유한의 함정을 파는 바로 그것이었다. 이와 같은 이스라엘의 자녀에 대한 압제와
괴롭힘의 경우에 대해 우리는 세상이 미워하는 하나님의 백성에 대한 실제의 사
례가 되는 말씀을 가지고 있다(요 15:18, 19). "악인의 긍휼은 잔인이니라"(잠
12:10)고 하신 말씀은 이 얼마나 진리인가! 그렇다면 친애하는 독자여, 인간의 악
한 정욕을 견제해 주며, 우리로 조용하고 평화로운 삶을 살게 하는 하나님의 규
제하는 능력에 얼마나 빚을 졌는가? 하나님의 억누르시는 손이 짧은 기간 동안이
나마 거두어들인다면, 당장이라도 그의 백성은 심하게 괴로워하게 될 것이다.

  "그러나 학대를 받을수록 더욱 번성하여 퍼져나가니"(출 1:12). 이것은 "나의 계
획은 서며 또 내가 나의 기뻐하는 바 모든 것을 행하리라"고 맹세하신 그의 목적
에 대항하여 싸우는 것이 얼마나 헛된 일인가를 증거하고 있다. 바로의 계획은
"지혜롭게 다루는 것"이었을지라도 "이 세상 지혜는 미련한 것이니"(고전 3:19)

라고 하셨다. 하나님께서 이르시기를 "내가 지혜 있는 자들의 지혜를 멸하고 총명한 자들의 총명을 폐하리라"(고전 1:19)라고 하셨다. 그것은 "학대를 받을수록 더욱 번식하고 창성하니"라고 하신 말을 입증하였다. 이것은 또한 기독교계의 역사를 통하여 반복하여 입증되어온 원칙을 예증해 준다. 극심한 시련의 때는 하나님의 백성들에게 언제나 축복된 시절이 되었다. 박해의 불이 더욱 맹렬히 붙을수록 믿음은 더욱 강하게 길들여진다. 이와 마찬가지로 개인적 삶에 있어서도 이따금씩 그래왔었고, 그렇게 될 것이다. 대항은 우리를 하나님께로 점점 더 가깝게 던져 줄 것이다. 고난은 더욱 나아지기 위함이다. 시편 기자의 체험은 "고난 당하기 전에는 내가 그릇 행하였더니 이제는 주의 말씀을 지키나이다"(시 119:67)라고 하였다. '우리가 더욱 고난을 당할수록' 주님의 은혜와 지혜 안에서 '자랄' 것이라는 것을 저자와 독자는 진리로 증명하기를 바란다.

 "애굽 왕이 히브리 산파 십브라라 하는 사람과 부아라 하는 사람에게 말하여 이르되 너희는 히브리 여인을 위하여 해산을 도울 때에 그 자리를 살펴서 아들이거든 그를 죽이고 딸이거든 살려두라"(출 1:15, 16). 바로를 그의 악독한 계획을 성취시키기 위하여 하나의 도구로 사용하려는 자를 무대 배경 뒤로 들여다보거나 주목하는 것은 어려운 일이 아니다. 확실히 우리는 여기서 여자의 씨에 대항하는 뱀(사탄)의 적개심이 갑작스럽게 분출하는 것을 발견할 수 있다. 이 노력이 성공했다고 가정한다면, 과연 어떻게 되었을까? 약속하신 구세주가 나실 계열이 멸망당하고 말았지 않았겠는가! 만일 히브리인들의 사내아이들이 모두 죽임을 당했다면 다윗은 태어나지 못했을 것이요, 만일 다윗이 없었더라면, 다윗의 아들도 없었을 것이다. 마치 요한계시록 12:4에 사탄이 헤롯의 사악한 칙령의 뒤에서 그리고 그것을 통하여 일하고 있음을 우리에게 보여주듯이, 그가 바로의 뒤에서 그리고 바로를 통하여 일하고 있음을 우리는 분별할 수 있다.

 그러나 다시 한 번 애굽왕은 좌절당했고, 사탄의 공격은 다시 격퇴되었다. **"그러나 산파들이 하나님을 두려워하여 애굽 왕의 명령을 어기고 남자 아기들을 살린지라"**(출 1:17). 작은 벌레가 코끼리의 짓밟음을 견디어 내는 것이 미약한 피조물이 전능자에게 저항하는 것보다 더 좋은 것이다. "지혜로도 못하고, 명철로도 못하고 모략으로도 여호와를 당하지 못하느니라"(잠 21:30). 믿는 자에게 이 얼마나 위로와 확신을 가져다주는 말씀인가! 만일 하나님이 우리를 위하시면, 누가 우리를 대적하더라도 문제되지 않는다.

"하나님이 그 산파들에게 은혜를 베푸시니 그 백성은 번성하고 매우 강해지니라 그 산파들은 하나님을 경외하였으므로 하나님이 그들의 집안을 흥왕하게 하신지라"(출 1:20, 21). 여기에 우리는 뿌림과 거둠의 법칙의 실례를 한 가지 더 보게 된다. 하나님을 두려워함을 통하여 바로의 두려움을 극복한 이들 히브리인 산파들은, 이스라엘 사람들의 남자 아이들에게 친절을 베풂으로 말미암아 "하나님이 그들에게 은혜를 베푸시니라"고 하신 것처럼, 어떤 보상을 받았다. 하나님은 그의 이름을 위하여 뿌렸거나 아니면 그의 백성을 위하여 섬긴 어떤 일이나 사랑의 수고를 부당하게 잊어버리지 않으신다(히 6:10). 그는 "나를 존중히 여기는 자를 내가 존중히 여기고"(삼상 2:30)라고 약속하셨다. 그들이 "남자 아이를 살린지라"고 하셨고 또한 하나님께서 "그들의 집을 이루게 하시고"라고 하신 사무엘하 7:11, 열왕기상 2:24 등의 말씀에 의해 비추어 주심과 같이, 그가 결국은 그들에게 남편을 주시고 자녀를 주심으로 그들을 축복하였다.

"그러므로 바로가 그의 모든 백성에게 명령하여 이르되 아들이 태어나거든 너희는 그를 나일 강에 던지고 딸이거든 살려두라 하였더라"(출 1:22). 우리는 바로보다 더 비열하고 악의에 찬 자를 찾으려면 그렇게 힘쓰지 않아도 된다. 마치 요한계시록 12장에서 아기 예수를 죽이려고 헤롯을 움직인 자가 바로 그 용이었다는 것을 볼 수 있음과 같이, 그는 여기서도 애굽 왕을 이용하여 그가 오시기로 되어 있는 경로를 멸하려고 하였다. 태초로부터 하나님께서는 여자와 그녀의 후손 사이에 '원수' 가 되게 하리라고 말씀하셨고(창 3:15) 그 다음에 이어지는 말씀의 빛으로 '그 여자' 가 메시야를 탄생할 이스라엘임이 분명하다. 여기 우리들 앞에 있는 구절을 보면 뱀의 '적개심' 의 강력한 실례를 볼 수 있다. 그의 노력은 실천에 옮겨졌고, 히브리인의 모든 남자 아이는 죽임을 당하였으며, 구세주께서 오시기로 되어 있는 경로는 멸함을 당하게 될 뻔하였다.

"그러므로 바로가 그의 모든 백성에게 명령하여 이르되 아들이 태어나거든 너희는 그를 나일 강에 던지고 딸이거든 살려두라 하였더라"(출 1:22). 이 얼마나 전도서 8:11의 말씀을 기억나게 하는가. "악한 일에 관한 징벌이 속히 실행되지 아니하므로 인생들이 악을 행하는 데에 마음이 담대하도다." 하나님은 멸망시킬 수 있는 진노의 그릇에 대해 아주 오래 고민하면서 참으신다. 회개할 수 있는 기회란 모두 주셨으며, 자비의 날이 그들을 위하여 은혜롭게 연기되었는데도, 마지막에 그들이 그들의 죄로 인하여 죽는다면, 그들의 피는 명백히 그들의 머리로 돌아갈

것이다. 하나님께서 바로의 이 마지막 행동을 어떻게 허사로 돌아가게 했는지를
다음 장에서 보게 될 것이다.

제3장

모세의 어린 시철

출애굽기 2장

아담으로부터 그리스도까지 모세보다 더 위대한 자는 아무도 없었다. 성경에서 그는 유년기에서 죽음까지의 과정을 묘사하고 있는 소수의 인물들 중의 하나이다. 수세기를 통하여 맹렬한 비난의 불을 그에게로 돌렸지만, 아직도 고대 사회에서 가장 지배적인 인물이다. 인품에 있어서, 믿음에 있어서, 구약의 언약 중재자로서, 그에게 주어진 독특한 직위에 있어서, 그리고 공적에 있어서, 그는 구약성경의 영웅들 중에 선두에 선다. 하나님이 초기 이스라엘을 다스리실 때 모든 일을 모세를 통하여 집행했다. 그는 선지자, 제사장, 그리고 왕이었으며, 뒤에 여러 사람에게 분담했던 가장 크고 중대한 모든 일들을 도맡았다. 이러한 자의 사역은 진지한 주의를 끌 만한 가치가 있고, 사람들이 그의 주목할 만한 생애에 대해 주도면밀한 연구를 할 만하다.

"모세의 생애는 일련의 놀랄 만한 대조를 나타내고 있다. 그는 노예의 자녀였으나, 여왕의 아들이었다. 그는 오두막에서 태어났으나, 궁중에서 살았다. 그는 가난을 물려받았으나, 극도의 부를 누렸다. 그는 군대의 지도자였으나, 양 떼를 지키는 자였다. 그는 능한 전사였으나, 가장 온유한 자였다. 그는 궁정에서 교육을 받았으나, 광야에 거했다. 그는 애굽의 지혜를 가졌으나, 어린 아이 같은 믿음을 가졌다. 그는 도시생활에 익숙했지만 광야에서 방황했다. 그는 죄악의 즐거움에 유혹을 받았지만, 덕행으로 인한 고난을 견디어 내었다. 그는 말에 어눌하였지만, 하나님과 이야기했다. 그는 목자의 지팡이를 가졌지만, 무한한 능력을 가졌다. 그는 바로로부터 망명한 자였지만, 하늘의 사신이었다. 그는 율법의 증여자였으나, 은혜의 선구자였다. 그는 모압 산에서 홀로 죽었으나, 그리스도와 함

게 유대에 나타났다. 아무도 그의 장례를 거들지 않았지만, 하나님께서 그를 장
사하셨다(Dr. I. M. Haldeman).

출애굽기 2장은 모세의 유년기에 대한 간단한 설명을 우리에게 제공한다. 애굽
왕은 히브리 민족의 급속한 인구성장을 억제하기로 결심했다. 첫째, 바로는 그들
을 간역자들 아래 두어 "그 사람들의 교역을 무겁게 하도록" 명하였다. "그러나
학대를 받을수록 더욱 번식하고 창성하니", 이 계획은 완전히 수포로 돌아갔다.
그 다음으로 왕은 히브리 산파들에게 이스라엘 사람들이 남자 아이를 낳기만 하
면 죽이도록 명령했다. 그러나 다시 한 번 바로의 악한 계획은 수포로 돌아갔다.
산파들이 하나님을 두려워하여 "애굽 왕의 명을 어기고 남자를 살린지라." 마지
막으로, "바로가 그의 모든 백성에게 명령하여 이르되 아들이 태어나거든 너희는
그를 나일 강에 던지고 딸이거든 살려두라"(출 1:22)고 하였다. 아브라함 후손들
에서 나올 미래의 구원자는 이러한 시대와 그 같은 여건 아래에 있었다.

**"레위 가족 중 한 사람이 가서 레위 여자에게 장가 들어 그 여자가 임신하여 아들
을 낳으니 그가 잘 생긴 것을 보고 석 달 동안 그를 숨겼으나 더 숨길 수 없게 되매
그를 위하여 갈대 상자를 가져다가 역청과 나무 진을 칠하고 아기를 거기 담아 나일
강 가 갈대 사이에 두고"**(출 2:1-3). 이 구절들에는 많은 감상적인 특징이 나타나
있다. 주석가들은 어머니의 사랑과 아기의 아름다움이 요게벳으로 하여금 그렇
게 행동하게 했다고 논했다. 그러나 이러한 말은 거룩한 말씀의 표준을 굳게 지
키지 않는 것이다. 성경은 행동의 주요 동기는 애정이나 열심이 아니요 믿음이었
다고 우리들에게 가르쳐 준다. 히브리서 11:23에 이르시기를 "믿음으로 모세가
났을 때에 그 부모가 아름다운 아이임을 보고 석 달 동안 숨겨 왕의 명령을 무서
워하지 아니하였으며"라고 했으며, 믿음은 "들음에서 온다"(롬 10:17)고 했으니,
그러므로 모세의 부모는 하나님으로부터 직접적인 대화를 받았음이 틀림없고,
어떤 일이 일어날 것을 하나님이 그들에게 알려 주셨고, 어떻게 해야 할지를 가
르쳐 주셨음이 분명하다. 그리고 그들은 하나님께서 그들에게 하신 말씀을 믿고
그대로 행했다.

그 아이를 '준수하게' (하나님께서 보실 때) 본 것도 믿음이었으며, '임금의 명
을 어겨' 첫째로 아이를 감추고, 그 다음에 그를 갈대 상자에 넣은 것도 마찬가지
로 믿음이었다. 사실상 이러한 경우에 있어서 은혜는 자연적 애정과 역행하는 것

이 아니었다. 즉 그들은 그럼에도 불구하고, 느낌에 의해서가 아니라 '믿음으로'
행동했다. 그렇게 하도록 명령하실 때, 우리들은 자연적 애정에 반하여 하나님께
복종해야 한다. 아브라함은 그의 모든 친척을 뒤에 두고 그의 고향으로부터 떠나
도록 부르심을 받았을 때와, 그리고 그 뒤에 이삭을 제물로 바치도록 명함을 받
았을 때, 바로 이러한 자세로 순종하였다.

'모세 부모의 믿음이 어디에 나타나 있나' 라고 물어볼 수도 있을 것이다. 그 대
답은, 임금의 두려움을 극복하면서 아기의 보존에 대한 하나님의 보호하심을 믿
었다는 데 있다. 그를 더 이상 집에 숨겨둘 수 없게 되자, 그 어린 아기를 둘 장소
를 선택한 것을 보면 그들의 믿음의 강도(强度)를 입증해 주고 있지 않은가? 분명
한 사실이지만 모세의 부모는 그를 육신적 이성의 판단으로 가장 적당하다고 생
각했던 바로 그 마지막 장소로 데리고 갔다. 그의 어머니가 그를 "하수가 갈대 사
이에"두었다. 그러나 그곳은 바로 아기들이 빠져 죽은 장소가 아닌가! 아, 그가
택할 곳은 마지막 장소가 아닌가? 가능한 한 강으로부터 멀리 떨어진 곳에 갖다
두어야만 하지 않았을까? 히브리서 11:23에는 그 부모 두 사람 모두의 믿음을 말
씀하고 있는가 하면, 여기 출애굽기 2장에서는 그의 어머니의 믿음만 언급하고
있다. 그리고 사도행전 7:20에는 스데반에 의하여 그의 아버지의 믿음만 특별히
언급되는 대우를 받고 있음을 주목해 볼 수 있다. 그들 사이에 믿음의 일치를 보
는 것은 복된 일이다. 남편과 아내는 손에 손을 맞잡고 은혜의 보좌로 나아가야
만 하고, 모든 선한 일에 함께 행동해야 한다.

아므람과 요게벳의 신앙에 대한 말씀이 잠시 언급된 후에 곧 지나가 버리는가
했더니 또 두 가지 다른 점이 우리의 주의를 집중하게 한다. 믿음으로 두려움을
물리쳤다 하더라도, 여전히 두려움을 극복하기 위한 적법한 방편들이 사용되곤 하
였다. 즉 어머니는 아이를 '숨겼고' 뒤에 가서는 갈대 상자에 의지하였다. 일부러
위험을 자초(自初)하는 것은 믿음이 아니라 광신이라는 것이다. 믿음은 결코 하
나님을 시험하지 않는다. 심지어 그리스도께서도 그를 보존하실 아버지의 뜻을
너무도 잘 알고 계셨기에, 그의 생명을 찾는 자들로부터 피하셨다(눅 4:30; 요
8:59). 적당한 예방조처로 위험을 피하는 것은 믿음의 부족이 아니다. 하나님께서
그 사건에 확인만 하셨다면(행 27:31) 수단을 사용한다고 해서 믿음이 부족한 것
이 아니다. 그리스도께서는 통상적 방법으로 처리할 수 있었을 때는 결코 기적을
사용하지 않았다(막 5:43).

여기에서 다른 중대한 진리의 실례와 예증으로 받아들여야 할 것은, 통치자의 명령이 하나님의 명시된 목적과 반대될 때에는 정부의 권세는 무시되어야만 한다는 것이다. 하나님의 말씀은 우리가 살고 있는 나라의 법을 준수하도록 요구하고 있으며 "위에 있는 권세들에게 복종하라"(롬 13:1)고 권고한다. 이것이 얼마나 지혜롭게 보이며 정당하든지, 또는 얼마나 어리석고 부당하든지 간에 그러한 법들은 우리 앞에 명백하게 있다. 여전히, 인간 권세는 우리가 순종과 복종할 만한 분명한 자격을 갖추고 있다. 하지만 만일 인간 정부가 어떤 법을 제정하여 성도에게 따르도록 한 것으로 인해 하나님의 어떤 계명이나 교훈을 불순종하도록 강요한다면, 그 인간은 하나님을 위해 거부되어야 한다. 모세의 부모, 다니엘(6:7-11) 그리고 사도들의 경우(행 5:29) 등이 명백하게 입증한다. 그러나 만일 그러한 인간 권세에 대한 거역이 불가피하다면, 그것을 육신의 반항적 태도의 정신으로 행하지 말고 하나님을 두려워함으로 감당하면 그런 문제점은 주님에게 안전하게 맡겨질 것이다. "믿음으로" 모세의 부모는 "임금의 명을 두려워하지 아니하고"라고 하였다. 인간의 모든 두려움을 극복한 '귀중한 믿음과 같은', 거룩한 은총이 우리 속에 역사하시기를 바란다.

이 장의 서두에 있는 구절에는, 사랑스러운 구원의 그림이 있다. 아기 모세가 우리가 택한 마지막 지점인 죽음의 장소, 하수가에 놓여 있었다. 구원도 그와 같다. 죄의 삯은 사망이며, 이것으로부터 그 누구도 도망칠 수 없다. 하나님의 거룩하신 율법을 흉악하게 범하고 나면, 정의는 그 형벌의 집행을 요구한다. 그러나 이것이 우리에 대하여 소망의 문을 닫고 불운이 결정되는 것이 아니었던가? 아, 바로 이 지점에서 복음이 하나님의 은혜로운 예비하심을 선포하시고(우리들 마음속에 상상도 해보지 못한) 죽음을 통하여 생명이 우리에게 온다고 말하고 있다.

모세는 죽음의 장소로 옮겨졌지만 그는 방주(주: 노아의 방주와 동일한 히브리어 단어가 여기에만 사용된 것은 의미있는 일로서, 그것은 아주 분명하게 그리스도를 모형화 한 것이었다) 안에서 안전하게 되었다. 그리고 이 방주는 우리를 위하여 죽음으로 내려가신 그리스도에 대해 말한다. 하나님의 공의로 인하여 그 무서운 죄의 삯이 기필코 지불되어야만 하겠기에, 흠 없으신 그의 아들을 "의인으로서 불의한 자를 대신하셨으니 이는 우리를 하나님 앞으로 인도하려 하심이라"(벧전 3:18)고 했다. 이와 같이 우리의 대속자이신 **그리스도** 안에서, 우리 또한 아기 모세가 그랬던 것처럼 죽음의 장소에 있었다. 그리고 그를 그곳에 두게 한 것이 '믿음' 이었던 것과 같이, 우리가 그리스도와 일체감을 갖는 것도 믿음임을 주목하라. 다시 말해서, 모세가 죽음의 장소에서 옮김을 받은 것과 같이, 그리스도께서 다시 일어나실 때 우리도 그와 함께 일어났다(엡 2:5, 6). 모형적인 그림은 더 멀리까지 미칠 수 있을 것이다. 아기 모세에게 마련된 하나님의 섭리의 자비로우신 예비하심(출 2:4) 안에서, 그리스도 안에 있는 모든 아기는 우리 하늘 아버지의 사랑스러운 돌보심 아래 있는 자로 구체적으로 예증되었다. 그리고 그 다음, 모세가 바로의 권속이 되어 궁중으로 들어감은 지금 우리를 위하여 예비하고 있는, 위에 있는 '처소' 를 예시해 준다.

"바로의 딸이 목욕하러 나일 강으로 내려오고 시녀들은 나일 강 가를 거닐 때에 그가 갈대 사이의 상자를 보고 시녀를 보내어 가져다가 열고 그 아기를 보니 아기가 우는지라 그가 그를 불쌍히 여겨 이르되 이는 히브리 사람의 아기로다 그의 누이가 바로의 딸에게 이르되 내가 가서 당신을 위하여 히브리 여인 중에서 유모를 불러다가 이 아기에게 젖을 먹이게 하리이까 바로의 딸이 그에게 이르되 가라 하매 그 소녀가 가서 그 아기의 어머니를 불러오니 바로의 딸이 그에게 이르되 이 아기를 데려다가 나를 위하여 젖을 먹이라 내가 그 삯을 주리라 여인이 아기를 데려다가 젖을 먹이더니"(출 2:5-9). 그날에 바로의 딸이 하수로 내려온 것이 우연이나 뜻밖의 사건이 아닌 것은, 살아 계신 하나님께서 주관하는 세계에는 뜻밖의 일이나 우연히 일어나는 일이란 있을 수 없기 때문이다. 모든 것이 제때에 일어나는 것은 "만물이 그를 위하고 또한 그로 말미암은 이"(히 2:10)의 영원하신 하나님의 작정(decree)이 성취된 것뿐이다. 하나님께서 무대 배경의 뒤에 계셔서 모든 것을 그의 영광을 위하여 명하시고, 뿐만 아니라 우리의 가장 작은 행동마저도 그에 의하여 조정된다. "여호와여 내가 알거니와 사람의 길이 자신에게 있지 아니하니 걸음을 지도함이 걷는 자에게 있지 아니하니이다"(렘 10:23). 모든 것이 제때에 일어나는 것은 "하나님을 사랑하는 자 곧 그의 뜻대로 부르심을 입은 자들에게는 모든 것이 합력하여 선을 이루느니라"(이 동사는 현재형이다)고 하신 하나님의 영원하신 작정이 성취되기 때문이다. 큰 문이라 할지라도 때로는 작은 경첩에 의하여 열린다. 하나님은 제국의 일으킴과 멸망만을 다스리시는 것이 아니라 참새 한 마리의 떨어짐도 관할하신다. 애굽의 공주가 목욕하러 강으로 가되, 갈대 숲 사이에 방주가 있는 바로 그 장소에 가도록 그 마음에 생각을 넣어주신 이가 하나님이시요, 그녀가 아기의 울음소리를 들었을 때 불쌍한 마음으로(아버지의 권세를 거역함에 대하여 역겨워하느니보다) 그녀를 감동하게 하신 것도 하나님이었다. 또한 이 거만한 군주의 딸로 하여금 미리암의 제의를 수락케 하신 것과 어린 아기를 그의 친어머니가 보살피도록 공주의 마음을 움직이신 것도 하나님이었다. 오직 이곳에서 우리의 마음이 혼란스럽지 않은 평화를 가질 수 있다. "이는 만물이 주에게서 나오고 주로 말미암고 주에게로 돌아감이라 그에게 영광이 세세에 있을지어다"(롬 11:36)라고 하신 이 사실을 안다는 것은 얼마나 좋은 휴식의 피난처가 되는가!

"바로의 딸이 그에게 이르되 이 아기를 데려다가 나를 위하여 젖을 먹이라 내가 그 삯을 주리라 여인이 아기를 데려다가 젖을 먹이더니"(출 2:9). 모세의 유아기에 대한 이 모든 거룩한 보호의 작은 사건들은, 중생하지 못한 기간 동안에도 그의 선택된 자를 하나님께서 보존하고 계심을 나타내어 주는 놀랍고도 복된 실례를 제공해 준다. 사실상, 이런 것에 대해, 거의 모든 신자들도 마땅히 해야 할 감사를 하지 않는다. 유다서 1장이 많은 주석가들을 당황하게 해온 것은 바로 그 말씀이 이와 같은 것을 설명하기 때문인 줄 믿는다. "예수 그리스도의 종이요 야고보의 형제인 유다는 부르심을 입은 자 곧 하나님 아버지 안에서 사랑을 얻고 예수 그리스도를 위하여 지키심을 입은 자들에게"(유1:1)라고 하셨다. 여기에 있는 동사들의 순서가 가장 중요하다. 하나님 아버지에 의한 '성화'(sanctification)는 우리의 영원한 선택(eternal election)에 대해 명확하게 말씀하는데, 이는 세상의 기초가 생기기 전에 하나님께서 그의 묘략으로 우리를 타락한 많은 인류로부터 선별하시고, 우리에게 구원을 명하신 것을 말한다. '부르심'(calling)은 확실히 중생의 시간에 하나님이 택하신 모든 자에게 일어나는 내면적인, 보이지 않는 부름을 나타내는 것으로(롬 8:30), 부르시는 때는 죽은 자들이 하나님의 아들의 음성을 듣고 살아나나니(요 5:25)라고 하신 바로 그때이다. 그러나 유다서 1장에서 예수 그리스도 안에서 그들을 '지키심'(preserved)과 '부르심'(called)에 대하여 말씀하신 것을 관찰하라. 분명히 그 언급은 구원에 앞선 일시적 보존(temporal preservation)을 가리킨다. 유다서를 쓴 저자는 그의 중생치 못했던 과거를 돌아볼 때 그는 절박한 위험 가운데서, 죽음에 직면하게 된 몸서리치는 많은 경우들을 회상한다. 그러나 그 당시에만 하더라도 그는 죄 가운데 있는 상태이었지만, 그는 기적적으로 보존되었다(그리스도 안에 있는 영원한 택하심 때문에). 이 얼마나 감사하고 찬양해야 할 일인가! 의심할 여지 없이 모든 그리스도인의 독자들마다 위험으로부터 이와 유사한 구원을 회상할 것이다. 이것이 출애굽기 2:6-9이 그토록 아름답게 설명하는 것이다. 비록 아기로서, 그가 중생하지 못했을 때에도 주의 천사가 아기 모세의 주변에 진 치고 그를 구해내지 않았는가!

"그 아기가 자라매 바로의 딸에게로 데려가니 그가 그의 아들이 되니라 그가 그의 이름을 모세라 하여 이르되 이는 내가 그를 물에서 건져내었음이라"(출 2:10). 욥기 5:13에 보면 이에 대한 놀랄 만한 실례가 있다. 즉 "지혜로운 자가 자기의 계략에 빠지게 하시며 간교한 자의 계략을 무너뜨리시므로"라고 말한다. 바로가 이스라엘 백성에게 '지혜롭게 하자'고 제의하고, 이 사실은 또 그들로 '이 땅에서 가지' 못 하도록 하기 위함이었으나(출 1:10), 그렇게 했음에도 불구하고 마지막에 하나님은, 바로가 막으려고 애쓰던 그 일을 성취했던 바로 그 사람을 먹이고 재우며 교육시키도록 그를 강요하셨다! 이와 같이 바로의 지혜는 우매하게 되었으며, 사탄의 궤계는 좌절되었다.

출애굽기 2:10과 2:11 사이에 있는 내용에 대하여 빛을 비추어 주는 말씀은 신약성경에 두 구절이 있다. 사도행전 7:22에 보면 "모세가 애굽 사람의 모든 지혜를 배워 그의 말과 하는 일들이 능하더라"고 기록되어 있다. 그러나 그의 마음은 이러한 것에 있지 않았다. 그에게는 애굽의 궁전에 있는 영예와 안락보다 더 강한 매력을 가지고 있는 것이 있었다. 의심할 여지 없이 그의 믿음의 부모는 여호와께서 그들의 열조들에게 약속하신 것들을 그에게 익히 알게 하였다. 히브리인들이 그들의 얽매임에서 풀려나, 모세가 들었고 또 들은 것을 믿었던, 아브라함에게 주신 그 땅으로 여행할 때가 그렇게 멀리 보이지 않았다. 그의 믿음의 결과는 히브리서 11:24-26에 묘사되어 있다. "믿음으로 모세는 장성하여 바로의 공주의 아들이라 칭함 받기를 거절하고 도리어 하나님의 백성과 함께 고난 받기를 잠시 죄악의 낙을 누리는 것보다 더 좋아하고 그리스도를 위하여 받는 수모를 애굽의 모든 보화보다 더 큰 재물로 여겼으니 이는 상 주심을 바라봄이라." 그의 믿음의 본질과 이 주목할 만한 거절(renunciation)에 대하여 간단하게 생각해 보자.

첫째, 관찰해야 할 것은 그의 거절의 본질이다. 그는 "바로의 공주의 아들이라 칭함 받기를 거절하고"라고 하셨다. 요세푸스는 바로에게 다른 아이들이 없었으며, 그의 딸인 테르무티스(Thermutis)도 그녀 자신이 낳은 자녀가 없었다고 말한다. 그러므로 모세가 그의 왕위를 계승하게 될 것은 거의 확실하였다. 그가 장년이 되었을 때 모세에게 어떤 제의가 있었다는 것은, '그가 거절하고' 라는 말이 분명히 내포하고 있다. 그렇다면 그가 거절한 것은 부, 영화, 권세, 그리고 가장 그럴 듯한 보좌였다. 그가 수락하였다면 그의 백성들의 고역을 완화시킬 수도 있었을 것이며, 그들의 무거운 짐을 가볍게 할 수도 있었을 것이다. 그러나 그는 '거절' 했다.

둘째, 그의 선택의 성격을 주목하라. 그는 "도리어 하나님의 백성과 함께 고난 받기를 잠시 죄악의 낙을 누리는 것보다 더 좋아하고"라고 하였다. 고난이 그에게 밀어 닥친 것이 아니라, 그가 자발적으로 고난을 택했다. 그것으로부터 피할 길이 없었기 때문이 아니라, 그는 자발적으로 그의 운명을 경멸과 박해을 받는 백성들과 함께 하기로 결심하였다. 그는 안락보다는 역경을, 명성과 영예보다는 부끄러움과 비난을, 즐거움보다는 고난을, 궁전보다는 광야를 택했다. 이것은 훌륭한 선택이었다. 또 주목할 것은 이것이 어린 아이의 선택이 아니라 장성한 자의 것이며, 바보의 짓이 아니라 애굽의 학문에 능숙한 자의 것이었다는 점이다.

셋째, 그가 누렸던 만족을 살펴보자. "그리스도를 위하여 받는 수모를 애굽의 모든 보화보다 더 큰 재물로 여겼으니." 모세가 자진하여 취한 입장은 모든 관점에서 그가 자라난 것과 정반대가 되는 것이었다. 그의 기대에서 실망스러운 것과는 너무 동떨어지게, 그는 그에게 다가오는 '비난'을 값지게 여겼다. 그는 괴로움에 대하여 불평하기는커녕, 그것을 중히 여겼다. 그는 고난을 참는 것뿐만 아니라, 그것을 세상에서 가장 위대하고 가장 부유한 나라의 부귀보다 더 값지게 생각하였다. 이것으로 볼 때 그는 우리 중 많은 사람들을 부끄럽게 한다.

넷째, 그의 행동을 유발하는 동기에 대하여 "믿음으로 모세는 … 거절하고 … 택하고 … 여기고"라고 말하고 있다. 다른 사람이 말한 것처럼, "그는 이 콧대 높은 특권을 수락하지 않아야 할 것을 하나님으로부터 들었음이 틀림없다. '믿음은 들음에서 오고' 라고 하신 것 같이 모세는 틀림없이 들었다! 그리고 이 '들음은 하나님의 말씀으로 말미암느니라' 고 하신 것 같이 하나님께서 말씀하셨는지, 아니면 그의 뜻을 부모로부터 모세에게 전달하심으로써 모세가 듣고, 모세가 믿고, 모세가 순종했던 것 중의 하나이다. 하나님은 모세에 관해 다른 묘략과 계획을 가지고 계셨던 것이다. 모세는 '하나님이 그의 손으로 이스라엘 백성을 애굽의 속박에서 구속하실 것' 을 들었다. '앞으로 되어질 일' 이 그에게 드러났던 것이다. '그리스도께 속한 일' 이 '부분적으로' 알려진 것이다. 그는 하나님을 알았다. 그는 여호와께서 그의 백성을 소유하고 계셨음을 알았고, 그리고 그들이 애굽에서 쓰라린 얽매임 속에 있음을 알았다. 그는 그들이 이끌려냄을 받아야 된다는 것도 알았다. 그렇다면 어떻게 그가 애굽 보좌의 상속자의 위치를 수락할 수 있단 말인가?'

마지막으로, 그의 앞에 놓인 목표를 경청하자. "이는 상 주심을 바라봄이라." 모세는 '영원한 영광의 중대함'을 '들었음'이 분명하며, 그리하여 그는 '보이는 것을' 보지 않았다. 죄악의 즐거움은 그 기간이 짧고 다만 '잠시' 뿐이나, 영원한 영광으로 보면 괴로움은 짧으며 '잠시 동안'이다. 모세에게 '빛'이 있었으므로 그는 믿음으로 걷고, 보이는 것으로 하지 않았으며, 그의 눈을 보이지 않는 곳에 두며, 형체를 볼 수 있는 것에 두지 않았으며, 현재보다는 오히려 미래에 집착하였으며, 그 결과로 궁전을 광야로, 죄악의 낙을 그리스도를 위한 비난으로 바꾸는 것은 그에게 쉬운 일이 되었다. 이 같은 귀중한 믿음이 독자와 저자에게도 허락되시기를 바란다.

본론으로 다시 돌아가서 다음과 같은 말씀을 볼 수 있다. **"모세가 장성한 후에 한번은 자기 형제들에게 나가서 그들이 고되게 노동하는 것을 보더니 어떤 애굽 사람이 한 히브리 사람 곧 자기 형제를 치는 것을 본지라 좌우를 살펴 사람이 없음을 보고 그 애굽 사람을 쳐죽여 모래 속에 감추니라"**(출 2:11, 12). 저자에게 계속적으로 감명을 주는 성경의 여러 가지 모습 중의 하나는 실제로 정확하게 성경의 영웅들의 삶을 묘사했다는 것이다. 많은 인간 자서전들과는 달리, 성경의 인물들은 현실적 모습과 진리의 색깔로 칠해져 있다. 그들은 그 사람들이 실제 그러한 대로 묘사했다. 한 가지 실례가 여기 우리 앞에 있다. 모세는 실로 놀라운 성품을 가졌고 평범하지 않은 신앙을 받았지만, 성령께서는 그의 결점을 감추지 않으셨다. 모세는 너무나 다급하였다. 그는 주님을 앞서 달리고 있었다. 이스라엘을 이끌어낼 하나님의 때는 아직 오지 않았다. 또 다른 사십 년의 세월이 아직 그 지루한 경로를 지나가야만 했다. 그러나 모세는 인내심이 부족하여 육신의 힘으로 행동했다. 어떤 저자들은 그를 옹호할 이유를 찾았지만, 말씀은 "좌우로 살펴 사람이 없음을 보고 그 애굽 사람을 쳐죽여"라고 함으로써 그가 믿음에 의해서 보다 오히려 눈으로 보고 행했다는 것을 증명한다. 즉 우리가 보는 바와 같이 '모래 속에 감추었다'고 하는 사실은 발견될 것에 대한 그의 두려움을 보여주고 있다. 이와 같이, 우리와 마찬가지로 모세도 실수가 많은 사람(약 3:2)이었음을 볼 수 있다.

"이튿날 다시 나가니 두 히브리 사람이 서로 싸우는지라 그 잘못한 사람에게 이르되 네가 어찌하여 동포를 치느냐 하매 그가 이르되 누가 너를 우리를 다스리는 자와 재판관으로 삼았느냐 네가 애굽 사람을 죽인 것처럼 나도 죽이려느냐 모세가 두려워하여 이르되 일이 탄로되었도다 바로가 이 일을 듣고 모세를 죽이고자 하여 찾는지라 모세가 바로의 낯을 피하여 미디안 땅에 머물며"(출 2:13-15). 이것은 계속하여 이어지는 구절에 대한 우리의 해석을 더욱 명확하게 한다. 모세의 눈이 하나님께 있는 것이 아니라 사람에게 있었으므로, 사람을 두려워함이 올무가 되었다. 즉각적으로 바로가 그에게 보복하게 될 것이므로 그는 미디안으로 도망하였다. 그리고 이것이 인간적인 측면에서 사실일지라도, 우리는 하나님의 통치하시는 섭리에 무지하지 말아야 할 것이다. 이스라엘을 이끌어 낼 여호와의 때는 아직 이르지 않았으며, 그리고 이 사실에 더하여 모세의 행위는 주께서 그에게 하도록 제시된 방법에 의거하여 행한 것이 결코 아니었다. 그는 자신의 폭동에 의해서 뿐만 아니라, 암살 조직에 의해서도 히브리인들을 그 속박된 집으로부터 풀려나게 할 수 없음을 알았다. 그래서 하나님은 모세의 이 행동을(소문나지 않으리라고 그가 믿었던) 그의 형제들뿐만 아니라 왕에게도 알리게 하셨다. 이와 같이 그분은 아직 그의 종으로서 등용되지 아니한 이 사람에게 유익한 교훈을 가르치셨다. 또한 우리에게도 필요한 교훈이 여기에 있지 않은가? 어떤 하나님의 종이 그의 마음에 작정한 어떤 봉사를 이행하려 할 때 허락을 받지 못하였다면, 이것이 그 종 자신의 어떤 부족에 기인한 것이라고 따질 것이 아니라, 제의한 봉사에 대한 하나님의 때가 아직 무르익지 않았기 때문이라고 생각함이 좋을 것이다. 다만 하나님의 영광을 위한 열렬한 소원에 의하여 자극을 받은 다윗도 이 같은 경우에 처했던 사람이었는데, 그는 여호와의 '집'을 짓도록 허락받지는 못하였지만, 마지막에 가서 이 '집'이 지어졌다. 하지만 그것도 다윗에 의해서나 또는 다윗의 당대에 이루어지지 않았다.

"미디안 제사장에게 일곱 딸이 있었더니 그들이 와서 물을 길어 구유에 채우고 그들의 아버지의 양 떼에게 먹이려 하는데 목자들이 와서 그들을 쫓는지라 모세가 일어나 그들을 도와 그 양 떼에게 먹이니라 그들이 그들의 아버지 르우엘에게 이를 때에 아버지가 이르되 너희가 오늘은 어찌하여 이같이 속히 돌아오느냐 그들이 이르되 한 애굽 사람이 우리를 목자들의 손에서 건져내고 우리를 위하여 물을 길어 양 떼에게 먹였나이다 아버지가 딸들에게 이르되 그 사람이 어디에 있느냐 너희가 어찌하여 그 사람을 버려두고 왔느냐 그를 청하여 음식을 대접하라 하였더라 모세가 그와 동거하기를 기뻐하매 그가 그의 딸 십보라를 모세에게 주었더니"(출 2:16-21). 여기에서 우리는 다시 무대 배경에서 하나님이 일하시는 것을 파악할 수 있다. 모세가 그들 목자에게 맨손으로 '일어나' 대항했다는 것은, 다만 여호와께서 그의 편이었다는 것을 보여주며, 이렇게 함으로써 르우엘의 딸들의 편이 되었고, 모세는 그들의 아버지의 귀히 여김을 받을 수 있게 되었다. 계속되는 장에서는 하나님의 섭리가 애굽으로부터의 긴 망명 기간 동안 어떻게 모세에게 한 가정을 열어주었는지를 보여준다. 이처럼 하나님은 그의 선을 위하여 모든 것을 합력하게 하셨다.

제4장

불붙는 떨기나무 앞에 선 모세

출애굽기 3장

지난 장에서 우리는, 모세가 이스라엘을 구원하려는 시도는 하나님의 때가 아직 이르지 않았기에, 시기가 적당하지 않았음을 보았다. 더구나 지도자 자신이 온전히 준비되지 않았을 뿐만 아니라, 히브리인들도 애굽을 떠날 준비가 되어 있지 않았다. 모세는 자신의 성급함 때문에 지식을 따르지 아니한 열정으로 행동하였고, 그리고 이로 인한 경우에 보통 그러하듯이, 그는 중대한 문제에 봉착하게 되었다. 왕이 그의 목숨을 찾았고, 모세는 그를 피하려고 미디안으로 탈주했다. 인간적인 측면에서 이쯤하기로 한다. 우리가 거룩하신 하나님에게로 향하면, 인간의 분노를 주님을 찬양함으로 변화시키고, 악에서 선을 가져오는 그의 무한하신 지혜 앞에서 그분을 경탄하면서 경배하게 되는 것이다.

하나님은 모세가 해야 할 중대한 일을 가지고 계셨고 이 일을 위하여 그는 반드시 준비되어야만 했다. 그 일은 그의 백성을 애굽에서 이끌어 내는 것이었으며, 그들을 약속된 유업의 땅으로 인도하는 것이었다. 아직 모세에게 이 일을 위한 준비가 갖추어지지 않았다. 바로의 딸의 양자가 된 이 사람은 "애굽 사람의 학술을 다 배웠음이라"고 할 정도로 철저한 교육을 받았다. 이는 그는 더 이상 청년이 아니었을 뿐만 아니라, 생에 있어서 한창때인 마흔 살의 나이를 먹었다. 그는 다만 학생이나 이론가가 아니라, "말과 행사에 능하였다"(행 7:22). 그러면 무엇이 부족하단 말인가? 여기에 분명히 지도자의 모든 자격을 갖춘 자가 있다. 아, 하나님의 생각과 우리의 생각은 얼마나 다른가! "너희는 사람 앞에서 스스로 옳다 하는 자들이나 너희 마음을 하나님께서 아시나니 사람 중에 높임을 받는 그것이 하나님 앞에 미움을 받는 것이니라"(눅 16:15). 우리가 높게 여기는 것들이 세속적인 학식과 재능에 불과하니, 하나님이 세속적 인간을 멀리 하심은, "이는 아무 육체도 하나님 앞에서 자랑하지 못하게 하려 하심"(고전 1:29)이다.

'애굽의 학술'은 인간들이 생각할 때 심오한 것으로 여겨지지만 결국엔 단지 '세상의 지혜'일 뿐이니, 이는 곧 '하나님께는 어리석음'이다. 이 세상의 대학에서는 거룩한 섬김을 위하여 준비할 수 없으므로, 우리는 그것을 오직 하나님의 학교에서 가르침을 받아야 한다. 그것이 곧 자연적인 사람이 전혀 알지 못하는 것이니, "유대인들이 놀랍게 여겨 이르되 이 사람은 배우지 아니하였거늘 어떻게 글을 아느냐"(요 7:15)고 함과 같다. 그렇다면 모세는 하나님의 학교에서 배우기 위해서 그의 등을 바로의 땅으로부터 돌려야만 했다. 그의 경우에는 더 그러했다. 만일 영적인 일에 진전이 있으려면 마음이 구별되어야만 하고, 영은 세상으로부터 격리되어야만 한다. "인간의 손으로는 '주인이 쓰시기에 합당한' 그릇을 결코 빚을 수 없다. 그 그릇을 사용하실 그분만이 그것을 예비할 수 있다."

"모세가 그의 장인 미디안 제사장 이드로의 양 떼를 치더니 그 떼를 광야 서쪽으로 인도하여 하나님의 산 호렙에 이르매"(출 3:1). 애굽에서 '광야 뒤편으로', 즉 궁전에서 양의 우리로라 함은 여전히 중요한 역할을 이행했어야할 이 사람에게는 급진적인 변화였다. 양 떼를 친다는 것은 노예가 된 민족의 해방자가 될 이 사람에게는 이상한 준비로 보였다. 우리는 다시 하나님의 생각과 방법들이 사람의 것과 얼마나 틀린지를 알 수 있다. 그리고 하나님의 방법은 우리들의 방법과 다를 뿐만 아니라(육신적으로 생각해 볼 때 불쾌하지만 ─ 창 46:34에 보면 '애굽 사람들은 다 **목축**을 가증히 여겼다'는 기록이 있다), 오히려 그의 종들을 세상 사람들이 가증히 여기는 바로 그 장소로 인도한다.

"'광야의 뒤편'은 그곳의 사람들과 사물들, 세상과 거기에 있는 것, 나타나 있는 환경과 그 영향력들이 존재하는 그대로 가치를 발할 수 있는 곳이다. 그곳은 하나님께서 의도하신 모든 일이 인간의 실수나 잘못 등으로 지연되거나 오도되는 일이 없는 훌륭한 수련의 도장인 것이다. 거짓된 색깔이 없으며, 모방한 장식들이 없으며, 허구한 주장도 없다. 당신의 영혼의 원수들은 그곳에 있는 모래 한 톨마저도 반짝이게 하지 못할 것이다. 그곳에는 실체들뿐이다. '광야의 뒤편에서' 하나님의 임재를 스스로 발견한 심령은 모든 일에 대하여 올바른 사상을 가지고 있다. 그것은 이 세상에 속한 계략의 자극적인 영향력들의 훨씬 위에 세워져있다. 애굽의 잡음과 소음, 부산함과 혼란은 그 멀리 떨어져 있는 그곳의 귀에는 들리지 않는다. 금융계와 상업계의 쨍그랑거리는 금전소리는 그곳에 들리지 않고, 야망의 한숨 소리도 들리지 않으며, 이 세상의 사그라지는 월계수가 유혹하지 않으며, 황금에 대한 고갈도 그곳엔 없으며, 눈은 결코 탐욕에 어두워지지 아니하며, 인간의 박수갈채가 의기양양하게 하지 않을 뿐 아니라 인간의 비난에 의한 외침도 그곳에 없다. 한 마디로 말해서, 모든 것이 물러가고 거룩하신 임재의 조용함과 빛만이 있을 뿐이다. 하나님의 음성만 들을 수 있고, 그의 빛을 즐기며, 그의 생각들을 받아들이는 곳이다. 이곳은 모든 사람이 가서 사역을 위하여 교육을 받아야만 할 곳이요, 만일 사역에 성공하기를 원한다면 모두가 반드시 머물러야 할 곳이다."(C. H. M.)

우리에게 이상하게 여겨지는 더 놀랄 만한 일은, 모세가 미디안에서 사십 년간이나 머물러 있어야만 했다는 사실이다. 그러나 하나님은 서두르시지 아니하시니 우리도 "그것을 믿는 이는 다급하게 되지 아니하리로다"(사 28:16)라고 하신 말씀과 같이 서두르지 말아야 할 것이다. 여기에 하나님의 모든 종, 특히 젊은 이들이 숙고해야 할 일이 있다. 오늘날에 있어서, 엄숙하고 중대한 임무에 대하여 그들이 적합한지에 대한 신중한 검토도 하지 않은 채 새로운 회심자들을 기독교 활동에 억지로 끌어 앉히는 것이 보편적인 관습처럼 되어 있다. 만일 어떤 사람이 '말과 행위에 능하기만 하면' 그것을 전부로만 생각한다. "새로 입교한 자도 말지니 교만하여져서 마귀를 정죄하는 그 정죄에 빠질까 함이라"(딤전 3:6)라고 하심과 같이 우리의 현대인들의 대부분이 가지는 중압감 때문에 성경을 개의치 않는다.

모세는 은둔의 장소, 하나님과 교제하는 모든 기회를 공급해준 그곳에서 그의 생애의 두 번째의 사십 년을 보내었다. 여기서 그는 인간의 자원이 완전히 허무한 것과 하나님께 철저히 의지할 필요를 배워야만 했다. 외계와 결별하여 하나님과만 오래 있어야 함은 그의 모든 종들에 대한 첫째 요구조건이다. 그런데 왜 이 간격 동안 그의 종을 하나님이 다스리신 일에 대한 상세한 기록은 없는가? 실제로 그가 통과한 경험, 그에게 해당하는 권면, 그가 당한 심적인 훈련 등을 우리에게 일체 말해주지 않고 있다. 선지자들의 훈련, 세례 요한, 아라비아의 바울의 경우와 같이 이것은 침묵으로 지나가 버렸다. 그것은 하나님께서 그의 종들 중의 한 사람을 다스리심이 다른 이에게 맞지 않기 때문일까? 하나님의 학교는 일률적 과정이 아님이 분명하다. 하나님은 각 종들에게 마다 그의 개인적 필요에 따라서 다루었으며, 그가 해야만 하는 특별한 일에 대한 견해를 가지고 그들을 훈련하셨다.

　"그 떼를 광야 서쪽으로 인도하여 하나님의 산 호렙에 이르매"(출 3:1). 호렙은 산맥의 이름이었고, 시내 산, 즉 "하나님의 산"(출 24:12, 13 참조)은 그 산맥의 특정한 한 꼭대기였다. 수세기 뒤에, 여호와께서 엘리야를 만나 직임을 당부한 곳도 바로 이 산이었으며(왕상 19:4-11), 마찬가지로 그가 그의 영광의 복음을 사도 바울에게 주신 곳도(갈 1:17; 4:25) 아마 같은 장소인 것 같다.

　"여호와의 사자가 떨기나무 가운데로부터 나오는 불꽃 안에서 그에게 나타나시니라 그가 보니 떨기나무에 불이 붙었으나 그 떨기나무가 사라지지 아니하는지라 이에 모세가 이르되 내가 돌이켜 가서 이 큰 광경을 보리라 떨기나무가 어찌하여 타지 아니하는고 하니 그 때에"(출 3:2, 3). 여기에 바로의 모든 술객들이 해내지 못한 이적이 있었다. 여기에 애굽인들의 모든 지혜를 틀림없이 차단시키는 그 무엇이 있었다. 여기에 하나님 그 자신의 정확한 현현(顯現)이 있었다. 여기 '떨기나무'의 히브리말은 다만 다른 한 구절에서만 나타나 있는데, 이른바 신명기 33:16에, "땅의 선물과 거기 충만한 것과 가시떨기나무 가운데에 계시던 이의 은혜로 말미암아"라고 말씀하셨다. 이 구절에서 '거하시다'라는 단어는 '샤-칸'(shah-chan)이다. 그렇다면 놀라워하는 모세의 눈앞에 나타난 것은 셰키나의 영광이었다. 우리의 눈길을 끄는 이것은 "여호와의 사자가 불꽃(여기에서 셰키나의 영광으로 나타내어 보임) 가운데서 그에게 나타났다"라는 의미이다.

　'여호와의 사자'는 다른 이가 아닌 바로 주 예수의 신적 현현(顯現)인데, 그 이유는 4절에서 그는 '여호와', 그리고 '하나님'이라고 명명(命名)되기 때문이다. 이 사실은 하나님의 종에게 지극히 중요한순간의 진리를 제시해 주고 있다. 모세가 그의 중대한 사역을 받아 보냄을 받기 전에 그는 반드시 먼저 말로 다 형용할 수 없는 여호와의 영광을 보아야만 했던 것이다. 기꺼이 받아들일 수 있을 정도로 하나님을 섬기려면, 우리는 반드시 하나님의 영광만을 바라보는 한결같은 눈으로 일해야만 한다. 하지만, 이 일을 하기 위해서 우리가 먼저 그 영광을 바라보아야만 한다. 여기에 나온 모세도 그러했고 이사야에게도 그러했다(사 6장). 이방인들을 위한 위대한 사도에게도 그와 같았다(행 9:3 등). 실수하지 마시라. 동역자여, 만일 우리가 받으시기에 합당하도록 그를 섬기려면 하나님의 영광에 대한 환상(vision)이 본질적인 선행 조건이다.

　모세에게 하신 여호와의 말씀을 고려하기 전에, 먼저 몸을 돌이키고 그리고 불붙는 떨기나무의 '큰 광경'을 보도록 하자. 우리는 여기에 깊고도 심오한 의미가 많이 있음을 만족하면서, 하나님께서 우리에게 이해와 판단을 위한 분별력을 주시기를 원한다.

영적으로 불붙는 떨기나무는 하나님의 은혜의 복음을 말한다. 여기에 사용한 상징은 독특하여, 깜짝 놀라게 한다. 떨기나무에 불이 붙고 있었지만, 그 떨기나무는(그 건조한 광야에서는 거의가 불타기 쉬운 것들임) 타지 않았다. 여기에 신기한 현상이 있었으나, 그것은 신비를 훨씬 더 의미심장하게 나타낸다. 즉 전자는 자연적이요, 후자는 도덕적이다. 성경에 나타난 불은 일률적으로 신적인 심판의 상징, 즉 죄악에 반대하여 활동하는 하나님의 거룩하신 심판의 상징이다. 이 주제에 대한 하나님의 최후 말씀은, "우리 하나님은 소멸하는 불이심이라"(히 12:29)고 하신 말씀이다. 여기에 깊은 신비가 있는데, '소멸하는 불'(그의 거룩하신 본질에 거스르는 모든 것들을 태우는)이신 하나님께서 어떻게 소멸하지 아니하는 자신을 나타내실 수 있을까? 또는 이 말을 다른 형태로 표현하면, "눈이 정결하시므로 악을 차마 보지 못하시며 패역을 차마 보지 못하시는"(합 1:13) 주님이 어떻게 심판이외에 달리 인간과 관련될 수 있는가! 오직 복음만이 이 문제에 대한 진정한 해결책을 지니고 있다. 복음은 은혜가 어떻게 다스리는지를 말해 주는데, 즉 의로움의 대가에 의해서가 아니라 "의로 말미암아 왕 노릇 하여 우리 주 예수 그리스도로 말미암아 영생에 이르게 하려 함이라"(롬 5:21).

그런데 이것이 어떻게 성취되었나? 하나님의 거룩하신 이가 "우리를 위하여 저주를 받은 바 되어"(갈 3:13) 이루어졌다. '세네'(sench)라는 단어가 '가시떨기 나무'라는 뜻을 가지고 있음은 깊은 의미를 내포하는데, 이는 가시가 저주를 최후로 회상하게 하는 것이기 때문이다(창 3:18). 저주의 자리에 우리들의 복된 대속물이 들어온 것이다. 거룩한 진노의 맹렬한 불꽃이 그를 삼켰으나, 그 불꽃들이 '능력' 있는 자(시 89:19)를 소멸하지 못했고 소멸할 수도 없었다. '마른 땅에서 뽑힌 뿌리'는 멸함을 받지 않았다. 죽음이 생명의 왕자를 사로잡는 것은 가능하지 않았다. 그는 삼일 동안 무덤에 머물러 계셨고, 제 삼 일에 승리로 나아오셨으며, 지금 영원토록 살아 계신다. 그리고 지금은 부활의 하나님으로 우리를 구원하신다. 이 사실도 역시 어떻게 우리의 모형이 되는지 보라. 구세주께서 사두개인에게 말씀하시기를, "죽은 자가 살아난다는 것은 모세도 가시나무 떨기에 관한 글에서 주를 아브라함의 하나님이요 이삭의 하나님이요 야곱의 하나님이시라 칭하였나니 하나님은 죽은 자의 하나님이 아니요 살아 있는 자의 하나님이시라 하나님에게는 모든 사람이 살았느니라 하시니"(눅 20:37,38). 이 얼마나 완전한 모형인가. 하나님은 구속자(모세)가 이스라엘에게 배척을 받고 난 후에야(출 2:14) 비로소 떨기나무에서 그를 나타내셨다!

그러나 거기엔 **경륜적**(dispensational) 중요성도 또한 있다. 불붙는 떨기나무가 이스라엘 민족의 형상이었다는 것도 또한 분명한 사실이다. 여호와께서 모세에게 나타나신 때에는 히브리 사람들이 "애굽의 불 가마"(신 4:20) 속에서 고생하였고, 사십 년이 넘는 동안 맹렬한 불꽃이 그들에게 붙고 있었지만 그들은 소멸되지 않았다. 그리고 또한 그 이후 모든 수많은 세기를 통하여 그 사실은 입증되었다. 박해의 불이 뜨겁게 타올랐지만, 그들은 놀랍게도 기적적으로 보존되었다. 그러면 왜 그럴까? 아, 우리들 앞에 있는 모형이 답해 주지 않는가? 하나님께서 스스로 불붙는 떨기나무에 계신 것같이 그는 이스라엘과 함께 계셨다. 마치 그가 바벨론의 가마 속에서 히브리인 세 사람과 함께 계셨던 것과 같이 그들의 얼룩진 모든 역사를 통하여 유대인들과 함께 계셨다. 앞으로 다가올 날에도 이 일이 온전히 이루어지리니, "그들의 모든 환난에 (주님이) 동참하사 자기 앞의 사자로 하여금 그들을 구원하시며"(사 63:9)라고 하신 대로 이루어질 것이다.

불 같은 시련의 모든 기간 동안 기적적으로 이스라엘을 보존하심은 의심할 여지 없이 탁월한 생각이지만, 다른 한편으로 거기에는 다른 동등한 의미심장한 생각이 있다. 하나님께서 택하신 상징은 대부분 무엇인가를 시사한다. 하나님이 모세에게 나타나신 곳은 숲속에 있는 위엄이 있는 나무가 아니라 천한 아카시아나, 아니면 광야의 가시떨기나무였다. 얼마나 이 둘은 천한 히브리 백성들의 기원을 적절히 나타냈는가? "내 조상은 방랑하는 아람 사람으로서"(신 26:5)라고 하였다. 그리고 그들의 이어지는 역사는 분열된 민족으로서 그 나무들이 그러했듯이 광야에 거했다. 이것이 모두가 아니었다. 아름다움이나 단정함을 소유하지 않은 이러한 천한 떨기나무는 일시적으로 여호와의 처소가 되었고, 그것으로 인하여 주님은 자신을 모세에게 나타내셨다. 그러나 그것은 이런 식으로 이스라엘과 함께 있지 않았고, 그것들의 한가운데서 하나님은 자신을 나타내셨다. 결국, 사실상 불이 붙는 아카시아의 떨기나무는 영적인 이스라엘의 역사를 강력한 모습으로 나타내었다(즉 그들은 열매보다는 가시를 내어 결과적으로 하나님의 징계를 받았다). 자연과학자들은 말하기를 가시들은 불완전한 가지지만, 잘 성장하면 잎과 열매를 맺을 수 있다고 한다.

"여호와께서 그가 보려고 돌이켜 오는 것을 보신지라 하나님이 떨기나무 가운데서 그를 불러 이르시되 모세야 모세야 하시매 그가 이르되 내가 여기 있나이다 하나님이 이르시되 이리로 가까이 오지 말라 네가 선 곳은 거룩한 땅이니 네 발에서 신을 벗으라"(출 3:4, 5). 이것은 '불꽃'의 도덕적 의미, 즉 하나님의 거룩한 활동을 해석하는 데 얼마나 우리에게 도움을 주는가. 법궤를 덮은 속죄소에 거하시는 세키나의 영광은 이스라엘 가운데 거하시는 여호와의 임재의 증거일 뿐만 아니라, 지성소에 거하시는 그의 거룩하심의 명백한 상징이었다. 거룩 안에서 하나님은 애굽인들과 그의 친 백성들을 모두 다스리려 하셨고, 이것에 대해 모세는 가르침을 받을 필요가 있었다. 그는 매일의 행함과 삶을 의미하는 신발을 벗어야만 했고, 진정한 예배의 영으로 가까이 나가야 했다. 이것은 오늘날의 하나님의 종들에게 주는 또 다른 교훈이다. 포도원에서 일하는 모든 일꾼마다 그가 관계하는 분, 또는 그가 섬기고 있는 분이 지극히 거룩하시다는 사실을 지속적으로 간직해야 한다. 이것을 깨달으면 우리의 육신의 가벼움과 경박함을 억제하게 될 것이다.

"또 이르시되 나는 네 조상의 하나님이니 아브라함의 하나님, 이삭의 하나님, 야곱의 하나님이니라 모세가 하나님 뵈옵기를 두려워하여 얼굴을 가리매"(출 3:6). 이와 같이 여호와께서 언약을 지키는 하나님, 모든 은혜의 하나님으로 모세 앞에 드러내셨다. 하나님이 아브라함, 이삭, 야곱을 불러 그의 택한 백성의 열조로 삼으신 것은 그들 가운데 어떤 우수함을 보았거나 아니면 그것을 미리 아셨기 때문이 아니라, 오히려 그의 순수하고 지극한 자비 때문이었다. 이와 마찬가지로, 지금 그가 히브리인들을 그들의 속박에서 구하려 하심도 그들 속에, 또는 그들로부터 어떤 선함이 있기 때문이 아니다. 그것은 아브라함의 하나님 — 주권적인 선택자(the sovereign Elector)로서 그렇게 한 것이다. 또한 이삭의 하나님 — 능력 있게 소생시키는 자(the almighty Quickener)로서, 야곱의 하나님 — 오래 참으시는 자(the long suffering One)로서 그렇게 한 것이다. 즉 주님은 그의 팔을 펴시어 그의 힘을 나타내시고 그의 백성을 구속하려고 하신다. 그리고 이 세 가지 동일한 성품으로서 오늘날도 행하신다. 아브라함의 하나님은 창세 전에 그리스도 안에서 극진히 우리를 택하신 분이신 우리의 하나님이시다. 이삭의 하나님은 그의 놀라우신 능력으로 그리스도 안에서 우리를 새로운 피조물로 만드신 우리의 하나님이시다. 야곱의 하나님은 무한하신 인내로 우리를 참으시고, 우리를 결코 버리지 아니하시고, 우리에게 관계된 것을 온전케 하실 것을 약속하신(시 138:8) 우리의 하나님이시다.

"여호와께서 이르시되 내가 애굽에 있는 내 백성의 고통을 분명히 보고 그들이 그들의 감독자로 말미암아 부르짖음을 듣고 그 근심을 알고"(출 3:7). 이들 히브리인들의 여건을 주의 깊게 생각해 보라. 즉 이들은 애굽인의 노예로서 잔인한 압제로 짓눌림을 당하고, 바로의 쇠막대기 아래서 신음하고 있다. 이러한 것은 죄의 종이요, 마귀의 포로인, 자연적인 사람의 여건을 얼마나 잘 그려주는가. 이것은 탐욕의 노예나 도울 길 없는 약물의 희생자뿐만 아니라, 도덕적인 자나 품위있는 사람에 대해서도 사실이다. 그들도 역시 황금, 쾌락, 야망, 그리고 숱한 다른 것들의 속박 가운데 있다. 그 죄가 가져다준 '고통'은 어디에서나 볼 수 있는데, 육신적 고통에서만 아니라 쉼이 없는 정신과 만족하지 못하는 심령에 있다. 갖가지 '육신의 탐욕'은 옛날 애굽인 간역자들만큼이나 무자비하며, 오늘날의 죄악의 노예로서 '슬픔'은 애굽의 쇠가마 가운데 있는 이스라엘 사람들만큼이나 처절하다. 공정하게 보이는 사회의 표면 뒤에 어려움이 실제로 있도다! 죄를 통하여 전 인류에게 온 고통은 얼마나 무서운가! 이 얼마나 구세주가 절실히 필요한가! 우리에게 들어오시고자 하는 그분을 경멸하는 것은 얼마나 무서운 죄악인가!

"여호와께서 이르시되 내가 애굽에 있는 내 백성의 고통을 분명히 보고 그들이 그들의 감독자로 말미암아 부르짖음을 듣고 그 근심을 알고"(출 3:7). 여기서 말씀하는 이는 둘째 구절에 있는 용어 '여호와의 사자'이다. 이것은 우리가 말라기 3:1과 또 다른 구절에서 본 바와 같이 그리스도 자신의 신적 현현(顯現)임을 알 수 있다. 모든 구약성경을 통하여 그를 '여호와의 사자'로 밝혀내는 것은 매우 도움이 되고 교훈적이다. 맨 처음 그가 이같이 우리에게 불리어지게 된 것은 창세기 16:13에, "하갈이 자기에게 이르신 여호와(여호와의 사자, 창 16:9, 10 참조)의 이름을 나를 살피시는 하나님이라 하였으니 이는 내가 어떻게 여기서 나를 살피시는 하나님을 뵈었는고 함이라"고 했다. 두 번째 나타난 곳은 창세기 21:17인데, "하나님이 그 어린 아이의 소리를 들으셨으므로 하나님의 사자가 하늘에서부터 하갈을 불러 이르시되 하갈아 무슨 일이냐 두려워하지 말라 하나님이 저기 있는 아이의 소리를 들으셨나니"라고 하였다. 이와 같이 여기 출애굽기 3장에 있는 세 번째의 언급에는, 앞의 두 군데에서 중심이 되는 '보시고'와 '들으시고'라는 말이 결합되어 있다. 흥미를 가진 독자들은 혼자서 다른 언급들을 찾아보시기 바란다. 졸지도 아니하시고, 주무시지도 아니하시면서, 단연코 우리의 모든 고통을 '들으시고' '보시는' 분이 위에 계심을 안다는 사실은 얼마나 복된 일인가!

"내가 그들의 그 근심을 알고"(출 3:7). 이 구절과 출애굽기 2:23을 비교할 수 있을 것이다. "여러 해 후에 애굽 왕은 죽었고 이스라엘 자손은 고된 노동으로 말미암아 탄식하며 **부르짖으니** 그 고된 노동으로 말미암아 부르짖는 소리가 하나님께 상달된지라." 원래의 표현의 부드러움은 이러한 번역으로 가려지고 말았다. 개역(R. V)에서는 그것을 "그러한 많은 날들이 흘러 지나감에 따라, 애굽 왕은 죽었고" 등으로 기록되어 있다. 이러한 말들은 얼마나 동정심(연민)을 불러일으키는가! 모세가 미디안에 거한 사십 년이라는 세월은 만 사천, 또는 만 오천의 '날'들이 포함되었는데 그 한 날 한 날마다 그들에게는 고뇌의 날이었다. 그러나 하나님은 그들을 잊으시지 않으셨을 뿐만 아니라 그들의 힘겨운 몫에 대하여 무관심하지도 않으셨다. "내가 그들의 근심을 알고." 압박과 비탄의 때에 주목하시는 이가 위에 계신다는 사실을 기억하는 것은 얼마나 복된 일인가. 이것은 욥이 자신을 위로한 방법이었다(욥 23:10 참조). 모세는 그 부르심을 받아들였고, 그의 응답은 별도로 나누어 다시 고찰하도록 남겨둔다.

제5장

모세를 부르심과 그의 응답

출애굽기 3장

우리는 지난 장에서 모세가 미디안에 있었던 일을 숙고하였고, 불붙는 떨기나무에서 하나님이 그에게 나타나신 의미에 대하여 생각해 보았다. 그곳은 모세가 그의 백성을 심한 속박으로부터 구해내는 일에 있어 여호와께 은혜를 입은 도구로서 일하기 위하여 부르심과 위임을 받은 곳이다. 모세가 불이 붙었으나 타지 아니하는 이 놀라운 광경을 돌이켜보려 할 때, 하나님의 음성이 그에게 전해졌다. 첫째, 하나님은 모세에게 그의 거룩성을 깨닫게 했다(출 3:5). 다음으로, 그는 언약의 관계 속에서 자신을 나타내셨다(출 3:6). 그 후에 그는 그의 동정심을 표현하셨다(출 3:7). 그 다음에 그의 목적을 선포하셨다. "내가 내려가서 그들을 애굽인의 손에서 건져내고 … "(출 3:8). 마지막으로, 그는 그의 종에게 자신의 의사를 나타내어 말씀하셨다. "이제 내가 너를 바로에게 보내어 너에게 내 백성 이스라엘 자손을 애굽에서 인도하여 내게 하리라"(출 3:10).

앞서 모세의 부르심에 대하여 말씀하셨기에, 7, 8절에는 무엇이 기록되어 있는지 고찰하여 보자. "여호와께서 이르시되 내가 애굽에 있는 내 백성의 고통을 분명히 보고 그들이 그들의 감독자로 말미암아 부르짖음을 듣고 그 근심을 알고 내가 내려가서 그들을 애굽인의 손에서 건져내고 그들을 그 땅에서 인도하여 아름답고 광대한 땅, 젖과 꿀이 흐르는 땅 곧 … 에 데려가려 하노라." 먼저 이 진술의 '완벽함'을 보라. 첫째, 여호와께서 이르시되 "내가 애굽에 있는 내 백성의 고통을 분명히 보고." 둘째, "그들이 그들의 감독자로 말미암아 부르짖음을 듣고." 셋째, "그 근심을 알고." 넷째, "내가 내려가서 건져내고." 다섯째, "애굽인의 손에서." 여섯째, "그들을 그 땅에서 (좋은 땅으로) 인도하여." 일곱째, "아름답고 광대한 땅, 젖과 꿀이 흐르는 땅 … 으로"라고 하였다.

다음으로, 여호와의 주장의 **명확성과 적극성**을 주시하라. 그 말씀에는 '아마' 나 '혹시'가 없다. 그것은 이스라엘에게 한 단순한 초청이나 제의가 아니었다. 그 대신 그것은 여호와께서 하실 일에 대한 힘 있는 선언이었다. '내가 내려가서 건져내고', 이 사실은 지금도 그렇다. 복음은 확실한 목적을 위하여 나아간다. 하나님의 말씀은 헛되이 그에게 돌아오지 아니하고, "나의 기뻐하는 뜻을 이루며 내가 보낸 일에 형통함이니라"(사 55:11).

마지막으로, 여기에 있는 복된 **모형적인 그림**, 거룩하신 성육신의 예언적 그림을 찬양하라. 첫째, 말할 수 없는 은사를 불러일으킨 하나님의 연민 — "내가 애굽에 있는 내 백성의 고통을 분명히 보고." 하나님은 죄인들의 불쌍한 형편과 그들을 건져내야 할 필요성을 주시하셨다. 둘째, 성육신 그 자체 — "내가 내려가서." 그래서 천오백 년 후에, 여호와이신 예수께서 높은 곳에 있는 아버지의 집을 떠나 죄와 고통이 있는 현장으로 내려오셨다. 셋째, 성육신의 목적 — 그의 백성을 "건져내어", 세상을 상징하는 "그 땅에서 그들을 인도하여" 내는 데 있다. 넷째, 성육신의 유익한 목적 — 그들을 "아름답고 광대한 땅, 젖과 꿀이 흐르는 땅", 즉 모든 것이 족하며 심령의 즐거움이 있는 부활의 장소로 우리를 인도하려 함이다.

"이제 내가 너를 바로에게 보내어 너에게 내 백성 이스라엘 자손을 애굽에서 인도하여 내게 하리라"(출 3:10). '이제'라는 단어에 주목하라. 하나님은 서두르지 않으신다. 우리들의 할 일은 하나님을 급하게(무례하게) 찾는 것이 아니라, 도리어 그를 섬기며, 그를 기다리는(wait on Him and for Him) 것이다. 많고 긴 세월 동안 히브리인들의 신음과 고통의 울부짖음이 위로 올라갔지만, 하늘은 침묵을 지켰다. 사십년 전에는 모세는 이 일이 지연되는 것을 참지 못하고 그의 손으로 이 일을 하려고 생각했으나, 다만 구원의 때가 아직 무르익지 않았다는 것을 깨닫게 되었다. 그러나 '바야흐로' 사백 년 동안 네 자손을 괴롭게 하리라(창 15:13)던 그 정해진 기한이 지나갔다. '바야흐로' 거룩하신 개입의 시간이 닥쳤다. '이제' 여호와께서 그의 백성의 거만한 압제자를 다루실 시간이 당도하였다. '이제' 이스라엘의 자녀들은 약속하신 유업에 감사하는 조건 속에 있게 될 것이다. 고센 땅의 목장과 애굽의 육신적 매력들은 의심할 여지 없이 가나안에 대한 그리움들을 억누르게 했지만, 그들의 고난이 점점 참기 어려워지는 지금에 있어서, 젖과 꿀이 흐르는 땅은 즐겁게 기대할 만 가능성이 있었다.

그리고 구원의 시간이 이르렀을 때, 하나님의 진행 방법은 무엇인가? 사로잡힌 백성들은 놓임을 받아야 하고, 노예가 된 민족은 자유를 얻어야 한다. 그렇다면, 이 일에 있어서 무엇을 맨 먼저 해야 할 것인가? 하나님은 그의 천사를 보내어 단 하룻밤에 모든 애굽인들을 멸하려고 하셨는가? 그가 기꺼이 히브리인들 앞에 사람으로 나타나서 노예로 있는 집으로부터 그들을 구해 내려 하셨는가? 이것은 그의 방법이 아니었다. 도리어 그는 거룩한 구원을 효과적으로 수행하기 위하여 인간 사역자를 지명하셨다. 그가 모세에게 이르시되, "내가 너를 바로에게 보내어 너에게 내 백성 이스라엘 자손을 애굽에서 인도하여 내게 하리라." 이 사실 속에는 우리에게 적용되는 내용이 있다. 그때 그렇게 하신 하나님은 지금도 그렇게 하신다. 인간 도구는 죄인들을 속박에서 자유로, 죽음에서 생명으로 이끌어 내는 데 가장 보편적으로 잘 사용하는 방법이다.

"이제 내가 너를 바로에게 보내어 너에게 내 백성 이스라엘 자손을 애굽에서 인도하여 내게 하리라"(출 3:10). 우리의 족장들의 응답은 무엇일까? 분명 그들은 지극한 존귀를 받으실 곳에 계신 위대하신 분 앞에 경배했을 것이다. 분명히 그들은 전적인 순복으로 이렇게 물었을 것이다. "여호와여, 주는 저에게 무엇을 하기를 원하시나이까?" 그러나 모세는 어떻게 대답했는가? "모세가 하나님께 아뢰되 내가 누구이기에 바로에게 가며 이스라엘 자손을 애굽에서 인도하여 내리이까"(출 3:11).

팔십이 된 모세는 사십 세 때처럼 그렇게 열의가 넘치지 않았다. 고독이 그를 침착하게 만들었다. 양 떼를 지키는 것이 그를 길들였다. 그는 자신과 백성, 그리고 그에게 맡겨진 일 가운데 어려운 점들이 있음을 알았다. 그는 이미 한 번 시도하여 실패한 적이 있었으며, 지금은 그의 백성과 만나지 못한 지가 수십 년이나 되었다. 그러나 한편으로 이 모든 것들이 사실이었고, 이 일에 그를 부르신 이는 하나님이었고, 또한 그는 실수가 없으신 분이다.

"모세가 하나님께 아뢰되 내가 누구이기에 바로에게 가며 이스라엘 자손을 애굽에서 인도하여 내리이까?"(출 3:11). 이것은 누가복음 9장에서 충격적으로 비유한 거룩한 사역과 관련된 원칙을 말해주고 있다. 누가복음 9장 57절을 보면, "길 가실 때에 어떤 사람이 여짜오되 어디로 가시든지 나는 따르리이다." 주께서 대답하시되 "여우도 굴이 있고 공중의 새도 집이 있으되 인자는 머리 둘 곳이 없도다"라고 하셨다. 그리고 말씀하시기를 "또 다른 사람에게 나를 따르라 하시니 그가 이르되 나로 먼저 가서 내 아버지를 장사하게 허락하옵소서 이르시되 죽은 자들

로 자기의 죽은 자들을 장사하게 하고 너는 가서 하나님의 나라를 전파하라 하시
고 또 다른 사람이 이르되 주여 내가 주를 따르겠나이다마는 나로 먼저 내 가족
을 작별하게 허락하소서"라고 하였다. 원리는 이것이다. 즉 인간의 의지가 자신
의 선택한 사역에 작용할 때, 그는 도중에서 어려움들을 느끼지 않지만 하나님의
진정한 부르심이 있을 때에는 어려움을 느낀다. 이러한 사실은 모세에게도 마찬
가지였다. 그가 육신의 힘으로 나아갔을 때에는(출 2:11 등) 그는 사역의 성공에
대한 확신으로 가득하였다. 이것은 사도행전 7:25에 보면 분명하다. "그는 그의
형제들이 하나님께서 자기의 손을 통하여 구원해 주시는 것을 깨달으리라고 생
각하였으나 그들이 깨닫지 못하였더라." 그러나 지금은 이 일로 하나님의 부르심
을 받았으나, 그는 도중에 있을 어려움들을 매우 의식하였다. 이는 '광야 뒤편'의
교육이 수포로 돌아가지 않았음을 증명해 준다. 양 치는 일이 그를 단련시켰던
것이다.

여호와께서 이리하여, 그와 함께 할 것을 약속하시고, 그의 사역이 궁극적으로
성공할 것임을 확신하게 함으로써 은혜롭게 그를 격려하셨다. **하나님이 이르시
되 내가 반드시 너와 함께 있으리라 네가 그 백성을 애굽에서 인도하여 낸 후에 너희
가 이 산에서 하나님을 섬기리니 이것이 내가 너를 보낸 증거니라"**(출 3:12). 이것이
바로 그 위로였다. 하나님은 모세를 혼자 가도록 요구하지 아니하시고, 그 능하
신 자가 친히 함께 하실 것을 약속하였다. 그리고 이 사실은 아직도 거룩하게 부
르신 각 종들에게 거룩한 약속이 된다. 부활하신 구주께서 사도들에게, 가서 모
든 피조물들에게 복음을 전파하라고 위탁하셨을 때 그들도 분명히 모세와 아주
비슷하게 느꼈을 것을 나는 의심하지 않는다. "내가 누구관대 가야 합니까?" 만
일 그러하다면, 그들의 마음도 모세가 받은 동일한 약속 ― '내가 정녕 너와 함께
있으리라' ― 으로 재확인 받았을 것이다. 그러므로 동역자들이여, 만일 여호와
께서 당신이 전적으로 불충분하다고 느끼는 어떤 직임으로 명백히 당신을 부르
셨다면 ― '내가 정녕 너와 함께 있으리라' ― 이 소중한 약속으로 안식을 얻기
바란다. 이것은 그리스도인의 사역에 개입된 모든 자들이 명심할 필요가 있는 말
씀이다. 우리가 영혼을 어둠에서 빛으로 인도하는 일에 종사한다고 생각할 때,
우리가 마귀의 사나운 대항에 직면할 때, 우리가 세상의 증오와 올무를 맞이할
때, 의문을 갖고, 묻기를 '누가 이러한 일에 합당하리이까?' 라고 하는 것은 조금
도 이상한 일이 아니다. 그러나 겁에 질린 마음에 용기를 북돋아주는 '내가 정녕

너와 함께 있으리라'고 하신 변치 않는 약속을 명심하라.

  "모세가 하나님께 아뢰되 내가 이스라엘 자손에게 가서 이르기를 너희의 조상의 하나님이 나를 너희에게 보내셨다 하면 그들이 내게 묻기를 그의 이름이 무엇이냐 하리니 내가 무엇이라고 그들에게 말하리이까?"(출 3:13). 여기서 우리는 모세를 너무 급하게 정죄하지 말자. 여호와께서는 그렇게 하시지 않으셨다. 이러한 일은 모세에게 작은 어려움이 아니었다. 어떠한 눈에 보이는 존재가 그와 동행하지 않았다. 그는 혼자서 노예가 된 히브리인들에게 가야만 했고, 그 자신을 거룩히 보내심을 받은 구원자로 나타내어야만 했다. 그는 그들의 열조의 하나님이 그들을 해방시키기로 약속했다고 말해야만 했다. 그러나 나중에 보겠지만, 적어도 그들 중의 거의가 애굽인들의 우상에 젖어버린 그러한 사람들이기 때문에 이러한 말이 그렇게 많은 감명을 줄 것 같지 않았다. 그들은 다급하게도, 당신의 신은 누구냐, 그의 성품은 어떠하냐, 우리가 그를 받을 만한 증거를 대라는 등의 말을 할 것으로 예상되었다. 이러한 것 또한 우리 앞에서 일어나는 유사한 어려움이 아닌가! 우리도 잃어버린 죄인들에게 그들이 한 번도 보지 못한 하나님을 이야기해 주려고 그들에게로 간다. 우리는 그의 이름으로 그들에게 믿도록 명한다. 그러나 우리도 그러한 질문을 받지 않는가? "아버지를 우리에게 보여주고 그가 우리를 만족하게 할 수 있도록 보여 달라"고 하는 것은 역시 결과적으로 의심하는 마음의 요구인 것이다. 모세는 이와 같은 어려움을 느꼈다. 우리도 마찬가지이다.

  "하나님이 모세에게 이르시되 나는 스스로 있는 자이니라 또 이르시되 너는 이스라엘 자손에게 이같이 이르기를 스스로 있는 자가 나를 너희에게 보내셨다 하라"(출 3:14). 첫 눈에 보기에 이 말씀은 이상하고 신비스럽게 생각될 수 있지만, 여전히 조그만 숙고해보면 그것이 우리에게 심오한 것을 제시하는 것을 발견하게 된다. '스스로 있는 자'(I am), 이는 하나님의 위대한 여호와다운 이름이다. 펜티코스트(Pentecost) 박사는 "그것은 동사 '있다'(to be)의 각 시제를 포함하고 있기에, '나는 과거에도 있었고, 지금도 있고, 그리고 항상 계속하여 존재할 것이다'라고 번역될 수 있다"고 말한다. 여호와께서 모세에게 하신 이 말씀에 내포된 원리는 우리에 대한 교훈을 적시에 포함하고 있다. 우리는 그가 밝히 드러내어 주신 바대로 하나님의 이름과 또 그의 성품을 선포하러 나가야 한다. 그의 존재를 입증하려는 시도도 있어서는 안 되고, 사람들과 더불어 하나님에 관하여 합리화시키기 위해 노력하는 데 시간을 허비해서도 안 된다. 우리들의 임무는 자신을 예수 그리스도 안에서 그리고 그를 통하여 나타내신 바대로 하나님의 존재를 전파하는 것이다. 불붙는 떨기나무의 '스스로 있는 자(I am)'는 '나는 생명의 떡이라', '나는 선한 목자라', '나는 문이라', '나는 세상의 빛이라', '나는 길이요, 진리요, 생명이라', '나는 부활이요, 생명이라,' '나는 참 포도나무라'고 말씀하신 복 되신 우리의 구세주의 인격 안에서 충만하게 선포될 정도로 확실히 존재한다. 그는 영원히 '있는 자' ─ 어제나 오늘이나 영원토록 동일하신 자이시다.

"하나님이 모세에게 이르시되 나는 스스로 있는 자이니라 또 이르시되 너는 이스라엘 자손에게 이같이 이르기를 스스로 있는 자가 나를 너희에게 보내셨다 하라"(출 3:14). 여기에는 어떤 유한한 마음으로 잴 수 없는 깊이가 있다. '나는 스스로 있는 자라' 함은 위대하신 하나님은 스스로 존재하시며, 그를 떠나서는 아무것도 있을 수 없다. 시작도 없고 끝도 없으시며, '영원부터 영원까지' 계시니, 그는 하나님이시다. 아무도 할 수 없으나 그만이 '나는 스스로 있는 자'고 할 수 있으며, 언제나 동일하고, 영원히 변함없다. 사도 바울은, "나의 나 된 것은 하나님의 은혜라"고 말할 수 있었다. ─ 바울은 나를 만든 것은 다만 "나는 스스로 있는 자"라고 말씀하신 이의 은혜라고 말할 수 있지 않았는가?

"하나님이 또 모세에게 이르시되 너는 이스라엘 자손에게 이같이 이르기를 너희 조상의 하나님 여호와 곧 아브라함의 하나님, 이삭의 하나님, 야곱의 하나님께서 나를 너희에게 보내셨다 하라 이는 나의 영원한 이름이요 대대로 기억할 나의 칭호니라"(출 3:15). 이것은 가장 복된 것이었다. 여기에는 물론 모세가 그것을 반복했을 때 히브리인들의 마음을 살 수 있는 그 어떤 것이 있었다. 아브라함, 이삭, 그리고 야곱의 하나님은 이 사람들을 타락한 인간성을 가진 무리들로부터 뽑아 내셨으며, 그들을 그의 고상한 은혜를 입은 자들로 만드신 지극하신 은혜의 하나님이었다. 아브라함, 이삭 그리고 야곱의 하나님은 그들의 유업으로 그들과 그들의 후손에게 가나안 땅을 주시기로 맹세하신, 무조건적인 약속의 하나님이었다. 아브라함, 이삭 그리고 야곱의 하나님은 언약을 지키는 하나님으로서, 아브라함에게는 지극하신 언약을 주셨고 이삭과 야곱에게 그것을 확증하셨다. 또한 하나님의 **삼중적 반복**에 유의하라. ─ 아브라함의 하나님, 이삭의 하나님, 야곱의 하나님, 여기에 거룩하신 삼위에 대한 어떤 힌트가 있지 아니한가!

출애굽기 3장에 남아 있는 구절들에서는, 하나님이 모세의 사명의 결과가 어떻게 되어야 하는지를 선포함으로써 주님의 종을 어떻게 더욱 깊이 재확신하도록 했는지 그 방법을 배운다(출 3:16 - 22 참조). 그리고 다시 한 번 사용된 결정적 용어들에 주목하라. "내가 너희를 애굽의 고난 중에서 인도하여 내어 … 그들이 네 말을 들으리니 … 내가 아노니 … 애굽 왕이 너희가 가도록 허락하지 아니하다 가 … 여러 가지 이적으로 그 나라를 친 후에야 … 내가 애굽 사람으로 이 백성에 게 은혜를 입히게 할지라" 등. 모든 것들이 명확히 결정되었다. 거룩한 목적이 실 패할 가능성은 전혀 없다. 거기엔 유동성이 없다. '만일 네가 너의 것만 한다면, 나는 내 몫을 하마' 라는 식은 없다. 여호와께서는 맹세하셨다. "나의 뜻이 설 것 이니 내가 나의 모든 기뻐하는 것을 이루리라"(사 46:10). 이것이 우리들의 신념 의 기초가 되게 하자. 비록 모든 악의 권세들이 우리에게 대항하여 맞설지라도, 하나님이 우리에게 하도록 부르신 그 무슨 일일지라도 그가 지적하신 대로 세밀 하게 일어나게 될 것이다. 하나님께서 모세에게 하신 이 약속들이 수일 내에 잘 이루어지지 않는 것은 사실이다. 이스라엘 자손들을 애굽에서 인도해 내기 전에, 사실상 모세의 믿음을 심하게 시험하는 것이 연속적으로 있었다. 그리고 두 사람 의 예외는 있으나 애굽을 떠난 육십만의 사람들이 광야에서 멸망을 받았던 것과 이와 같이 모세도 이스라엘의 실제적인 젖과 꿀이 흐르는 땅에 당도하는 완성된 성취를 보지 못한 채 죽었는데, 그것은 하나님이 그 민족의 어느 특정한 세대에게 한 것이 아니라 한 민족으로서의 이스라엘에게 약속한 것이기 때문이다. 그러함에 도 마지막에 가서는 여호와의 모든 말씀마다 잘 이루어졌다. 이와 같이 또한 하 나님이 그를 위한 일을 우리에게 위탁하시고, 결정된 일이 일어나기 전에 우리가 죽는다 할지라도, 거룩하신 목적은 실현될 것이다.

"그들이 네 말을 들으리니 너는 그들의 장로들과 함께 애굽 왕에게 이르기를 히브 리 사람의 하나님 여호와께서 우리에게 임하셨은즉 우리가 우리 하나님 여호와께 제사를 드리려 하오니 사흘길쯤 광야로 가도록 허락하소서 하라 내가 아노니 강한 손으로 치기 전에는 애굽 왕이 너희가 가도록 허락하지 아니하다가"(출 3:18, 19). 이것은 모세의 믿음에 또 다른 시험을 제공했다. 그가 하나님이 그에게 분부하신 위임을 판단하기 위하여 멈추었다면, 그것은 모세에게 아마도 어리석게 보였을 것이다. 여기에서 그는 가도록 명령받았고, 바로에게까지, 이스라엘의 장로들이 동반했으며, 바로에게 여호와의 메시지를 제시한다. 그는 히브리인들로 하여금 그들의 하나님을 섬기도록 사흘길쯤 광야로 가는 것을 허락받아야만 했다. 그러 나, 그는 출발하기도 전에, 여호와께서 그에게 "애굽 왕이 너희를 가기를 허락지 아니하리라"는 것을 확인시킨다. 그렇다면 그에게 괜히 입씨름만 하는 결과가 되지 않느냐고 물을 수도 있었을 것이나 그것은 하나님의 종으로서 그의 명령에 대해 물을 만한 말이 못 되었다. 그는 단지 복종해야 할 뿐이었다. 그러나 아직도 모세는 하나님의 부르심에 응할 준비가 되어 있지 않았다.

　"모세가 대답하여 이르되 그러나 그들이 나를 믿지 아니하며 내 말을 듣지 아니하고 이르기를 여호와께서 네게 나타나지 아니하셨다 하리이다"(출 4:1). 이러한 것은 모세가 계속하여 반대하고 쓸데없이 트집을 잡는 것처럼 보일 수도 있으나, 우리들도 어느 정도 우리들의 절망적으로 악한 마음을 잘 알고 있지 않는가? 그러나 우리 자신들이 당한 반복되는 굴욕적인 실패에 대한 기억들은 우리들 앞에 나타난 그 광경이 슬프게도 삶에 있어 사실임을 단지 보여주지 않는가? 여호와께서 그의 종에게 불붙는 떨기나무에서 두려움을 품게 하는 광경으로 나타나셨고, 고통당하는 히브리인들에 대하여 안타까운 마음으로 애태우고 있음을 말씀하셨고, 또 모세와 함께 하실 것과 이스라엘을 애굽에서 이끌어 내어 가나안으로 인도하실 것을 명백하게 선포하셨다. 그럼에도 불구하고 이 모든 것이 불신을 없애고 거역하려는 의지를 굴복시키기에는 부족하였다. 오호라! 전능자가 그를 주의 깊게 살펴야만 하는 그 사람이란 도대체 무엇인가! 거룩하신 능력이 우리 안에서 역사하시지 않고는 인간의 마음을 피조물의 고집스런 버팀을 버리고 하나님을 의지하도록 이끌지 못 할 것이다.

　"모세가 대답하여 이르되 그러나 그들이 나를 믿지 아니하며 내 말을 듣지 아니하고." 이것은 지독한 추측이었다. 여호와께서 단호하게 선언하셨다. "그들이 네 말을 들으리니"(출 3:18). 그리고 이제 모세가 대답하기를, "그들이 듣지 아니하리이다"라고 하였다. 여기서 그 종은 그 주인의 면전에 감히 반박하려 하였다. 두렵게도 이것은 중대한 사실이다. 즉 우리 역시 모세를 만든 재료와 너무도 똑같은 재료로 만들어졌다는 사실을 기억할 때 더욱 그러하다. 우리들 안에도 그와 꼭 같은 약함, 불신, 거역하는 마음이 있으니, 유일한 안전대책은 하나님 앞에 우리 자신들을 재 가운데 던지고, 우리 가운데 내재하는 절망적이고 구제할 수 없는 사악함을 그에게 간구하여 우리의 무능력함을 긍휼히 여기시고 낮추어 주실 것과, 우리가 주님께 굴복하도록 구해야 한다.

　하나님은 전적으로 헌신한 자만을 사용하신다는 현대의 궤변을 우리 앞에서 얼마나 거부하시는가! 아르미니우스주의자들은 우리의 믿음과 성실도가 주님을 섬기는 일에 대한 우리의 성공의 척도를 결정한다고 얼마나 자주 주장하는가. 모든 그리스도의 종마다 "귀히 쓰는 그릇이 되어 거룩하고 주인의 쓰심에 합당하며" (딤후 2:21)라고 하신 것은 사실이나, 그러하더라도 하나님은 이 점에 대한 우리의 실수에 의하여 제한되지 아니한다는 것을 우리들 앞에 있는 구절에서 분명하게 한다. 모세는 소심하고, 망설이며, 두려워하고, 불신하며, 거역하였으나, 그럼에도 불구하고 하나님은 그를 사용하셨다.

하지만 그는 결코 혼자 이러한 입장에 서 있는 것이 아니다. 구약성경에 보면 하나님께서, 보수만을 바라는 발람을 가장 중대한 예언 중의 한 가지를 전하도록 등용하셨다. 하나님은, 블레셋으로부터 이스라엘을 구하도록 삼손을 사용하셨다. 그는 유다를 사도로 사용하셨다. 만일 하나님께서 그의 쓰시기에 합당하거나 적합한 인간 도구를 발견하기까지 기다려야만 한다면, 그는 종말까지 계속해서 기다려야 했을 것이다. 하나님은 모든 일에서와 마찬가지로 이 일에도 주권자이시다. 진리란 하나님께서 그의 기뻐하시는 자를 사용하는 것이다.

아직도 모세는 여호와의 부르심에 응답할 준비가 되어 있지 않았다. 그러나 여호와는 그의 부르심을 변명으로써 포기하려는 모세의 불신앙의 마음을, 거룩한 능력과 오래 참음으로 극복하셨다. 이 교훈을 전적으로 우리의 심령에 새기고, 어려운 점들을 하나님과 나 사이에 놓는 대신에, 나와 어려운 점들 사이에 하나님을 놓을 수 있도록 은혜를 구하자. 다음 장에서는 하나님이 모세에게 주신 세 가지 '표적'을 연구하게 될 것인데, 흥미를 가진 독자 제위께서 출애굽기 4장을 공부할 때, 기도하는 마음으로 깊이 묵상함으로 우리의 강해를 시험하는 준비를 하기 바란다.

제6장

표적의 중요성

출애굽기 4장

지난 장에서 우리는 모세가 하나님으로부터 받은 부르심에 응답한 내용에 대해 길게 논하였다. 광야의 뒤편에서 사십 년이 지난 후에 모세는 하나님의 방문을 받았는데, 하나님은 그를 바로에게 보내는 것이 자신의 목적임을 선언하셨다 (출 3:16). 겸손하신 전능자가 황송하게도 그렇게 중대하고 영광스러운 사명에 자신을 사용코자 하는 일에 대하여 경탄과 경배로 감사를 표하는 대신에, 모세는 "내가 누구기에 바로에게로 가리이까"라고 대답했다. 이에 대한 대답으로 하나님은 모세에게 그가 함께 하실 것이라는 확신을 주었다. 모세가 다음으로 이스라엘에게 그를 누구의 이름으로 설명할 것인가를 묻자, 하나님께서는 자신을 위대한 '스스로 있는 자', 아브라함의 하나님, 이삭의 하나님, 그리고 야곱의 하나님으로 나타내셨다. 여호와께서는 그의 백성을 애굽의 고통으로부터 이끌어 내어 가나안 땅으로 인도하실 것을 약속하시고, 그의 종에게 바로에게 가서 히브리인들이 여호와 하나님께 절기를 지키도록 사흘길쯤 광야로 가기를 허락하는 요구를 하라고 명령하셨다. 그러나 여호와께서는 바로가 이 요구를 허락하지 않을 것이지만, 그렇다 해도 주님이 여러 가지 이적들을 나타내어 보임으로써 마지막에 가서 왕이 그들을 나가게 할 것이며, 뿐만 아니라 그의 백성이 애굽 사람에게 은혜를 입어 부하게 되고 빈 손으로 나가지 아니하리라고 분명하게 모세에게 알렸다. 그러나 이 은혜로운 재확신들에도 불구하고 모세는 지속적으로 어려운 점에 대한 생각에 사로잡혀 이의를 제기하여 이르기를, "그러나 그들이 나를 믿지 아니하며 내 말을 듣지 아니하고 이르기를 여호와께서 네게 나타나지 아니하셨다 하리이다"(출 4:1)라고 말했다. 이번 장에서의 과업은 이러한 내용을 가진 거룩한 이야기를 다시 시작하는 것이다.

모세가 제기한 세 번째 어려움에 대한 대답으로, 여호와께서는 그의 완강한 종 모세가 신임 받은 사자임을 그의 동족들에게 납득시킬 목적으로 그들 앞에서 행할 세 가지의 이적, 또는 표적을 행하는 능력을 부여하셨다. 이 세 가지 표적들에는 깊은 의미가 있고, 더 말할 나위 없이, 모세와 이스라엘과 우리에게까지도 중요한 교훈을 가르치도록 계획된 것이었다. 이스라엘의 역사가 시작될 즈음에는, 격식을 갖춘 명시된 교훈에 의한 것보다는 표적과 상징들에 의하여 가르치는 것이 하나님의 방법이었다. 이 세 가지 표적들이 성경에 기록된 것 중에서 첫 번째 것이라는 사실은 그것들이 우리들이 가장 주의 깊게 연구할 근본적인 중요성과 가치가 있음을 표시한다.

"여호와께서 그에게 이르시되 네 손에 있는 것이 무엇이냐 그가 가로되 지팡이니이다 여호와께서 가라사대 그것을 땅에 던지라 곧 땅에 던지니 그것이 뱀이 된지라 모세가 뱀 앞에서 피하매 여호와께서 모세에게 이르시되 네 손을 내밀어 그 꼬리를 잡으라 그가 손을 내밀어 잡으니 그 손에서 지팡이가 된지라 또 가라사대 이는 그들로 그 조상의 하나님 곧 아브라함의 하나님, 이삭의 하나님, 야곱의 하나님 여호와가 네게 나타난 줄을 믿게 함이니라"(출 4:2-5). 이들 표적 중에 첫 번째가 지팡이를 뱀으로, 그리고 다시 뱀을 지팡이가 되게 하는 것이었다. 그러나 이 이적을 묘사하는 데 세 구절이 해당되었지만 놀랍게도 그 영적 암시성과 숨은 부요가 풍부하다. 우리는 이 기적을 일곱 가지의 다른 각도에서 연구하고, 실제적 교훈들과 교리적 의미, 증거적 가치, 복음적 메시지, 역사적 중대성, 섭리적 전조, 그리고 상징적 의도를 차례로 고찰하고자 한다. 주님께서 우리에게 보는 눈과 듣는 귀를 주시기를 바란다.

1. 이 표적과 연관된 하나님의 첫 번째 계획은, 모세 자신에게 실제적 교훈을 가르치려는 것이 틀림없다. 이러한 것이 무엇이었는지를 발견하는 것은 힘들지 않다. 그 표적들은 그의 손에 있는 막대기로 행해야 했다. 이 지팡이 또는 막대기(히브리 단어가 때로 해석함과 같이)는 그의 버팀대(support)였다. 그것은 그가 걸을 때 도움을 주는 것이었으며, 그가 지쳤을 때 기대는 것이었으며, 위험할 때에 수비하는 도구이기도 했다. 이제 시편 23:4의 빛에 의하여 영적으로 고찰할 때, '지팡이'는 하나님의 은혜를 지지하고, 강화하며, 보호하는 것을 말한다. 그렇다면, 여기 여호와께서 그의 종에게 맨 먼저 가르치려고 한 교훈은, 모세가 하나님께 계속 의지(스스로 버팀)한다면, 모든 것이 잘 될 것이라는 것이다. 그러나 그에게

'지팡이'를 땅에 던지라는 것은 하나님의 은혜를 포기하게 하고, 여호와에 대한 신념을 던져 버리게 하고, 혼자 서도록 해보게 함으로 그 옛 뱀, 마귀 앞에 무력함을 즉시 발견하게 하기 위함이었다. 그렇다면 여기에, 모세와 또한 우리에게 위대한 실제적 교훈이 있는 것이다. 사탄을 정복하는 비결은 우리의 '막대기', 즉 하나님의 능력에 대한 단순한 신뢰와 의식적인 연약함을 의지하는 데 있다.

2. 그러나 이 첫 번째 표적은 또한 모세와 우리에게 위대한 **교리적 교훈**(즉 이 표적이 우선순위로 제시하는 근본적 중요성의 하나)을 가르쳐 주려고 계획된 것이다. 뿐만 아니라 이 교훈이 무엇일지 우리로 추측하도록 남겨 두지도 않았다. 시편 23편이 우리에게 그 실제적 의미를 해석할 수 있게 해준 것과 같이, 시편 2편이 그 교리적 중대성에 대한 단서를 제공한다.

시편 2:9(비교, 계 2:27)에서 우리는 천년통치 기간 동안 주 예수께서 철장으로 열국들을 다스릴 것을 배운다. 이 '지팡이' [杖]는 **통치 권력**을 말한다. 그러면 지팡이를 땅에다 '던진다'는 것은 무엇을 나타내는가? 분명히 그것은 하나님께서 땅의 통치자들에게 통치 권력을 위임하는 것을 말한다. 그리고 이 위임된 권력을 사용하는 인간들의 한결같은 역사는 어떠했는가? 그 대답은 정확하게도 '뱀이 제시하는 대로'인 것이다. 그것은 사탄의 사역에 사용되었다! 이와 같은 사실은, 하나님께서 인간에게 땅 위에 있는 모든 것에 대한 '통치권'을 주었을 때 아담이 입증했던 일이다. 또한 이스라엘이 가나안의 정복자가 된 다음 그들이 입증한 일이다. 또한, 지상의 통치권이 예루살렘에서 바벨론으로 옮겨진 다음에, 느부갓네살도 그러했다. 그리고 그것은 이방인들의 전 세대를 통하여 계속되어졌다. 그러나 지팡이가 모세의 손으로부터 떨어져 나간 것 이상으로 '뱀'이 모세로부터 계속하여 **점점 더 떨어질 수 없다**는 것을 주목하는 것은 복된 일이다. 모세 ― 이스라엘 앞에 하나님의 대리자로서의 ―가 '뱀'의 꼬리를 잡으매(그의 머리를 '상하게' 할 때는 아직 이르지 않았다) 그것이 모세의 손에서 다시 '지팡이'로 변했다. 이 사실은 사탄이 그 용어의 통상적 개념에 있어서 '자유 개체'가 아니며, 전적으로 하나님의 조종 아래 있으며, 주님이 결정하신 그의 불가사의한 계획의 수행의 범위 안에서 하나님에 의하여 사용된다는 것을 말해준다. 이와 같이 여호와께서는 일을 처음 시작하는 입장에서 당신의 종에게, 모세에게 노를 발할 그 대적이 견디지 못할 것임을 납득시켰다.

3. 이 표적은 모세에 의하여, 하나님께서 히브리인들을 부르셨고 모세를 그들

의 구원자로 임명하셨음을 증명하기 위하여 히브리인들 앞에서 행해져야 했다. 이 이적의 증거적 가치는 쉽게 이해할 수 있다. 모세의 지팡이가 그들의 목전에서 뱀이 된다는 것은 그가 초자연적 능력을 부여받았다는 것을 즉각적으로 증명해 준다. 뱀의 꼬리를 잡으매 다시 지팡이가 된다는 것은 모세가 이 기적을 사탄의 도움으로 행하고 있지 않음을 증명해 준다. 모세는 그가 하고자 하는 대로 뱀을 다룰 수 있음을 보여주어야 했으며, 하고자 하는 대로 지팡이를 뱀으로, 뱀을 지팡이로 만들었다. 이와 같이 그가 행한 모든 이적이 인간의 기술을 능가하였으며, 그 기적은 분명하게 마귀의 도움으로 일어나지 않았다는 사실과 또한 그가 하나님에 의하여 위임받아 능력을 입었음을 나타내 보였다.

4. 모세가 이스라엘의 자녀 앞에서 행한 이 표적은 복음적 메시지를 전달하고 있지만, 이것은 아마도 그것이 갖는 다른 의미보다 분별하기가 더 어려울 것이다. 땅에 던진 지팡이는 '뱀'으로 변했고, "모세가 뱀 앞에서 피하매"라고 기록되어 있다. 이것은 분명히 사탄과 대처할 때 사람의 무력함을 말해준다. 죄인은 전적으로 마귀의 권세 아래 있고, "마귀의 올무에 사로잡혀"(딤후 2:26) 있다. 이때의 이스라엘의 형편이 그러하였다. 그들은 애굽인들이 부과할 수 있었던 어떤 것보다 더 불리하고 더 중한 속박에 지배를 받았을 뿐만 아니라, 더욱더 후자뿐만 아니라 전자로부터 스스로 자유로울 수 없었다. 하나님의 능력만이 그들을 해방시킬 수 있었으며, 그리고 이것은 바로 그들을 가르치기에 이런 표적이 적합하였던 모든 것이다. 뿐만 아니라 이 권세는 이스라엘과 하나님 사이에 서 있는 중재자, 모세의 손에 달려 있었다. 그 사람, 곧 모세만이 뱀으로부터 구할 수 있는 자격이 있었다. 뱀을 다루는 그의 능력은 그 꼬리를 잡았을 때, 그것이 다시 지팡이가 되어 사라져 버렸을 때, 즉 아무것도 아닌 것으로 만들어 버렸을 때 나타났다. 이것은 하나님과 인간 사이의 단 한 분의 중재자이신, 모세가 모형이 되는 주 예수를 우리에게 아름답게 말해준다. 그 안에 당신의 유일한 소망이 있으니 사랑하는 독자여, 다만 그만이 당신을 그 옛 뱀, 마귀의 권세로부터 구해 줄 수 있다.

5. 다음으로 이 이적의 역사적 중대성을 고찰해 보자. 그 '표적' 자체가 세 가지로 구성되어 있는데, 모세(하나님의 대리자)의 손에 들고 있는 지팡이, 지팡이를 땅에 던져 뱀이 된 것, 뱀이 다시 지팡이로 변한 것이다. 이 세 가지는 정확하게 이스라엘의 초대 역사를 상징했다. 아브라함의 부르심으로부터 그의 후손들이 애굽으로 내려가기까지, 이스라엘은 하나님의 장중(掌中)에 붙들려 있었으며(기적

적으로 지원받음), 요셉의 때까지는 애굽을 다스리는 입장을 누렸다. 그러나 그 뒤에 '요셉을 알지 못하는 왕'이 일어났고, 히브리인들은 '땅에 던짐'(엄하고 잔인한 속박의 굴욕을 당함)을 받았는데, 모세의 때까지만 하더라도 그들은 마치 사탄에게 완전히 좌우되는 것처럼 보였다. 그러나 구속의 때가 가까이 이르렀고, 여호와께서는 이 '표적'을 이용하여 그들이 더 이상 압제당하는 곳에서 머무르지 않고, 이끌려냄을 받을 것을 그들에게 확신시켰다. 그렇게 했을 뿐만 아니라, 표적의 마지막 부분에 그들이 통치권을 다시 가지게 되는 자리에 오를 것을 약속하였다. 이 사실은 그들이 약속의 땅에 당도하여 가나안 사람들을 정복했을 때 실현되었다. 이처럼 그 표적은 이스라엘 초기 역사의 크나큰 세 가지 상황을 예시해 주었다.

6. 그러나 이 표적은 또한 **경륜적 전조**(dispensational forecast)를 제공했다. 이스라엘 초기 역사를 정확하게 예시해 주었을 뿐만 아니라, 가장 놀랄 만한 방법으로 그들의 미래 역사를 미리 알게 해주었다. 손에 잡혀 있는 지팡이는 그들로 하여금 가나안에서 권세 잡는 지위에 있는 자신들을 기대하게 했다. 이 직임은 유다(다스리는 지파)가 실로가 오시기까지 보유했으나 그들이 그리스도를 거역함에 따라 그 '지팡이'는 땅에 떨어졌고, 19세기 동안 이스라엘은 뱀의 먹이와 놀림감이 되었다. 그러나 그들이 영원히 이렇게 계속되지는 않는다. 이스라엘은 그 진토(塵土)로부터 일어나서, 모세보다 더 위대한 손 안에서 열방의 머리로 세워질 것이다(신 28:13). 이와 같이 이 놀라운 표적은 택한 민족의 과거와 미래의 운명을 미리 나타낸다.

7. 이 표적의 **모형적 의도**(typical purport)는 좀 더 깊은 곳에 있다. 우리는 그 최종적 지시내용은 그리스도 자신이었고 그리고 거룩한 성육신(成肉身)과 구속의 위대한 신비들이 미리 암시되었음을 믿는다. 시편 110:2에는 주 예수를 하나님의 지팡이로 불렀다. "여호와께서 시온에서부터 주의 권능의 규(지팡이, 히브리어로는 출애굽기 4장에 나온 말과 같은 단어임)를 내보내시리니 주는 원수들 중에서 다스리소서." 시편 110편의 말씀은 그리스도의 통치하시는 권세와 능력이 완전히 시행될 주님의 재림에 대한 말씀이다. 그러나 그가 세상에 첫 번째 계셨을 때에는 연약함과 수치를 당하셨으니, 이는 '지팡이'가 땅에 던져짐을 가리킨다. 그러나, 이것에 대해서는 이의를 제기할 것인데, 정말 지팡이가 '뱀'이 되었다는 데에 어떤 가능한 의미가 없다! 아니, 있다. 주 예수 이외의 그 누구도 그런 주장

에 대해 우리에게 영향력이 있는 사람은 없다. '뱀'이란 저주와 불가분의 관계가 있고(창 3장), 십자가상에서 그리스도는 그의 백성을 위하여 '저주가 되셨다'(갈 3:10-13). 그가 니고데모에게 이르시되, "모세가 광야에서 뱀을 든 것 같이 인자도 들려야 하리니"(요 3:14)라고 했다. 그러나 모든 것들 너머에 계신 하나님은 복되도다. 주 예수(지팡이)는 지금 하나님의 우편에 앉아 계시며 얼마 지나지 않아 그가 친히 그의 권세로써 땅을 다스리실 것이다. 이같이 이 첫 번째 표적의 의미는 놀랍게도 그 의미가 많았다. 두 번째의 표적도 동일하게 놀랍지만 이와 동일한 길이로 그것을 다룰 수 없다.

  "여호와께서 또 그에게 이르시되 네 손을 품에 넣으라 하시매 그가 손을 품에 넣었다가 내어보니 그의 손에 나병이 생겨 눈 같이 된지라 이르시되 네 손을 다시 품에 넣으라 하시매 그가 다시 손을 품에 넣었다가 내어보니 그의 손이 본래의 살로 되돌아 왔더라 여호와께서 이르시되 만일 그들이 너를 믿지 아니하며 그 처음 표적의 표징을 받지 아니하여도 나중 표적의 표징은 믿으리라"(출 4:6-8). 이 두 번째 표적의 중대성은 분별하기가 어렵지 않다. '나병'은 잘 알려진 바대로 죄의 상징이다. — 흉측함, 전염성, 지독하게 빨리 번짐, 그것의 잠행적 본성(보기에 해롭지 않은 부스럼으로 시작됨), 인간의 지혜로 어쩔 수 없는 불치성, 이 모든 것이 그 모습을 정확하게 증거한다. 레위기 13, 14장은 나병에 대하여 장황하게 취급하고 있는 성경의 두 장이다. 우리가 앞서 읽은 구절에서 모세가 그의 손을 가슴(심장이 있는 곳)에 넣었다가 내어 보니 놀랍게도 나병이 발했다. 하나님의 명령에 따라서 그의 손을 가슴에 넣었다가 다시 내어 보니 나병이 사라졌다. 이 두 번째 '표적'도 역시 여러 가지로 적용할 여지가 있다.

  1. 나병이 걸린 손의 표적은 의심할 여지 없이, 먼저 모세에게 교훈을 주기 위하여 계획되었다. 그것은 여호와의 놀라우신 능력을 그에게 가르쳐 주기 위한 것으로서, 그가 즉각적으로 나병에 걸리게 되고, 그것이 그의 손에만 한정되었다가 어떤 수단을 사용하지도 않았는데 즉각적으로 나을 수 있었다는 것은 놀라운 이적이었다. 하나님께서 그러한 질병을 갑자기 걸리게 하고 또 빨리 낫게도 하시는 것을 아주 쉽게 하시는 것을 볼 때, 애굽 사람들의 손으로부터 그의 백성을 이끌어 낸다는 것은 얼마나 간단한 일이었나 하는 것을 증명한 것이다.

  2. '손'은 에너지를 말한다. 그것은 일하는 도구이다. 모세는 애굽에서 놀라운 일을 하는 하나님의 도구이다. 그러나 여기서 여호와께서는 육신은 제외되었음을

그에게 보여준다. 하나님의 사역에 있어 행동의 주요동기는 자연적 인간의 에너지가 아니다. 육신이 부패하여 하나님의 저주 아래 있을 때 그것은 어떤가? — 여기에서는 나병이 걸린 손으로 상징화되었다. 본성상, 사람의 '손'은 하나님께서 사용하시기에 적합하지 않다. 그러나 거룩하신 은혜가 깨끗하게 하는 능력으로 개입하시어 연약하던 것이 강하여지고, 같은 방법으로 여호와의 능력으로 인하여 바야흐로 그 손에서 이루어진 일들은 하나님 아래에서 이루어진 것이다.

3. 그러나 이 표적이 모세 자신이 가진 것으로 추정되는 주요한 결과는 겸손한 자이었다. 지팡이의 능력 때문에 뽐내지 않도록 하려고, 그는 강제적으로 자신 안에 있는 죄악과 타락한 마음의 소굴을 회상하였다. 그러므로 무엇이든지 여호와께서 성취하기를 기뻐하는 사람의 일은 반드시 지극하신 은혜의 탓으로 돌려야만 한다.

4. 모세가 또한 여기서 히브리인들의 대표로 여겨지는 이유는 그가 그들 중의 한 사람이었고, 그리고 여기의 그의 목전에서 수행된 것은 그 백성의 처지를 생생히 묘사했기 때문이다. 그들 자신들로서는 애굽인들과 조금도 다를 바가 없었다. 그들 역시 불결하였고 깨끗하게 할 필요가 있었다. 단순한 외형적 혁신이 소용없는 것은, 문제의 근원이 그들 가슴에 자리 잡고 있었기 때문이다. 이 표적의 세밀한 내용은 놀랍게도 정확했다. 가슴에 영향을 미치는 것은 손이 아니라, 단지 가슴이 손에 영향을 미치는 것이다. 이 얼마나 모든 시대에 대중적인 잘못된 성향인가? 우리는 얼마나 자주 어떤 사람이 자주 나약하고 변덕스러운 것 같지만 좋은 마음을 가진 것처럼 칭찬하는 말들을 들곤 했는가. 그러나 한 분 오직 홀로 아시는 이가 이르시되 "마음에서 나오는 것은 악한 생각, 살인, 간음, 우상 숭배, 도둑질, 거짓 증언, 참람"이라고 했다. 그런고로 역시 깨끗하게 함은 반드시 마음에서부터 시작되어야 한다. 여기서는, 지긋지긋한 질병이 없어지기 전에 나병이 걸린 손을 가슴에 넣는 것을 의미한다. 어떻게 이런 일이 이루어지나? 하나님의 능력에 의해서다. 거룩하신 이의 입장에서는 사실이다. 하지만 인간은 어떤가? 그 대답은 즉시 손으로 간다. 나병에 걸린 가슴은 죄가 감추어진 것을 상징하며, 나병이 걸린 손은 죄악의 노출을 상징한다(F. W. G.). 가슴에서 손을 뽑아 보인다고 하는 것은 그 속에 무엇이 있는지를 명백히 보여주었다! 하나님께서 죄인에게 요구하는 것은 정확히 이것이다. 그가 매우 가증히 여기는 것과 우리에게 아주 치명적 결과를 주는 것은 죄인이 자신의 파멸된 잃어버린 상태를 부인하는 것이다.

언제나 인간은 그 속에 있는 부정을 감추기를 원하며, 언제나 자신을 감추어 다른 이가 더 죄과가 있고 파멸된 자라고 거짓말을 하지만, 그러한 사람에게는 희망이 없다. 그들의 부끄러움을 감추려고 애쓴 것은 타락한 이후에 아담과 하와의 첫 번째 행동이었다. 인간이 고안한 모든 거짓 종교들은 이러한 견해로 볼 때 같은 문제점을 가지고 있다. 그러나 빛을 향하여 나아오고, 우리의 잃어버린 처지를 깨닫고, 우리의 죄를 고백하는 것은 구원에 있어서 첫째가는 본질적 요소이다 (인간의 측면에서). 이것이 복음적 회개이다.

5. 다시 한 번 우리는 위대한 구속사역의 핵심과 중추가 되는 진지한 전조를 본다. 모세는 여기서 하나님의 백성의 위대한 구원자를 예시하고 있다. 첫째, 모세는 온전하게 보였고, 그 다음에 나병자로, 다음에 다시 온전하게 보였다. 구세주에 대하여 성경이 우리에게 말씀하는 견해가 정확히 그렇다. 구세주는 더할 수 없이 거룩한 자이시며, 죄가 없으시며(히 4:15), 죄를 짓지 아니하였고(벧전 2:22), 죄를 알지도 못하신다(고후 5:21). 그러나 무한하신 은혜로 그는 우리를 대신하시고 — 모든 찬송을 그의 비길 데 없으신 이름에 드리세 — 또한 "우리를 위하여 죄가 되셨다"(고후 5:21). "친히 나무에 달려 그 몸으로 우리 죄를 담당하셨다"(벧전 2:24). 이로 인하여 그는 그때, 하나님의 눈앞에 나병자처럼 불결하고 누추하게 보였으나, 본래부터 그러한 것이 아니라 전가(轉嫁)됨으로 그러했다. 나병자의 장소는 진 바깥이었고(레 13:46), 하나님이 거하시는 곳에서 멀리 떨어졌다. 그리고 십자가상에서 그리스도는 세 시간의 끔찍한 시간 동안 거룩하신 하나님과 떨어졌다. 그러나 무서운 죄의 값이 치러지고, 속죄의 사역이 이루어졌을 때에는, 버림을 받은 자는 하나님과의 교제를 다시 회복하게 되었다. "아버지여 당신의 손에 나의 영혼을 맡기나이다"하신 말씀이 그 증거이다. "거룩한 자"(시 16:10)로서 무덤에 누우셨다. 이와 같이 모세가 나병이 발한 그의 손을 가슴에 넣었다 다시 꺼내자 온전해졌고, 모든 불결한 흔적이 사라졌다. 그것이 그리스도를 예시함에 있어 첫째 표적은 위대하신 구원자가 "마귀의 일을 멸하는 것"(요일 3:8)을 의미하며, 반면에 두 번째 표적은 그가 "우리 죄를 없이 하실 것"(3:5)을 의미하였다.

"그들이 이 두 이적을 믿지 아니하며 네 말을 듣지 아니하거든 너는 나일 강 물을 조금 떠다가 땅에 부으라 네가 떠온 나일 강 물이 땅에서 피가 되리라"(출 4:9). 이 구절에 대하여는 우르카르트(Urquhart) 박사의 주석이 도움이 될 것이다. "나일 강은 애굽의 생명이었다. 매해의 범람시기가 되면 강물은 그 둑을 넘쳐서, 비옥한 진흙의 지면 위에 퍼지면서 추수를 대비해 주었다. 그러나 그 표적은 하나님께서 그 축복을 무서운 천벌로 바꾸실 것을 보여준다. 그는 그 강으로 생명 대신에 죽음을 가져오게 할 것이요, 많은 결실 대신에 썩음을 가져오게 할 것이다. 보기 드문 문형(히브리어에서)인 '되고 또 될지니'(shall be and shall be)는, 이 축복의 방도가 기필코 심판의 전달 수단으로 변할 것이라는 강하고 진지한 확신을 전해준다. — 이 경고는 그 뒤에 첫 번째의 두 가지 재앙에서 이루어졌다".

"그들이 이 두 이적을 믿지 아니하며 네 말을 듣지 아니하거든 너는 나일 강 물을 조금 떠다가 땅에 부으라 네가 떠온 나일 강 물이 땅에서 피가 되리라"(출 4:9). 이 세 번째 표적은 말할 수 없을 정도로 엄숙하다. 일련의 순서에 있어 그 위치는 해석에 열쇠를 제공해 준다. 이 세 번째 표적은 만일 첫 두 가지의 증거가 거절당할 때만 행하게 되어 있었다. 그러므로 그것은 다른 표적들이 너무도 분명하게 증거를 보여 주었는데도 믿기를 거절하는 것에 대한 결과를 말한다. 만일 사람이 사탄의 지배 아래 있고 본질적으로 인간들이 부패되었다는 하는 하나님의 말씀이 증거 하는 바를 거역하고, 전자로부터 구해낼 수 있고, 후자로부터 깨끗하게 할 수 있는 그분을 거역한다면, 거룩하신 심판만이 그를 기다릴 것이다. 물이 변하여 피로 된 것은 생명을 주던 것이 변하여 죽음을 주게 된 것을 말한다. 그것은 모든 그리스도의 거역자들을 기다리는 '둘째 사망'인 영원한 죽음인 '불못'을 예고하는 것이다. 구원을 받지 못하신 독자여, 이 경고를 들으시고 거룩하신 진노의 폭풍이 당신을 덮기 전에 피난처 되신 그리스도께로 달려가라. "주 예수를 믿으라 그리하면 너와 네 집이 구원을 받으리라."

제7장

섬김에 대한 교훈

출애굽기 4장

이 장에서는 여호와께서 모세와 대담하는 결론적 단계와 그가 구원자로서 위대한 사명을 시작하는 것을 다룬다. 모세가 하나님의 섬김(service)에 종사하도록 공식적으로 부름 받은 첫 번째 사람이었음을 주목하는 것이 중요하다. 그러므로 이것은, 성경의 어떤 것을 첫 번째로 공표하는 것처럼, 그 주제와 관련해서 기본적인 모든 것을 암시한다.

첫째, 우리는 그 어떤 자연적인 인간의 훈련도 하나님의 사역에 소용이 없음을 볼 수 있다. 모세가 철저하게 익힌 애굽의 지혜나 광야의 고독도 모세가 영적 활동을 대비하는 데 적합하지 않았다. 사십 년을 애굽의 궁전에서 보냈고, 또 다른 사십 년을 미디안의 양 떼와 더불어 보냈지만 여호와께서 모세에게 나타나셨을 때에 그는 불신과 자기 의지로 가득 차 있었다. 이 사실은 수도원의 고요한 생활과 마찬가지로 상류 사회의 문명, 또는 학교 교육이 육신적 마음의 증오를 없애는 데 얼마나 무능력한지를 잘 나타내 준다. 모세가 '광야의 뒤쪽'에서 오래 거하므로 많이 근실해졌다는 것은 사실이나, 믿음과 용기와 순종하는 정신에 있어서는 매우 부족하였다. ─ 본성이 아니라 은혜로 이러한 것들이 공급되어야 한다.

둘째, 우리는 여호와께서 어떻게 그의 종을 예비하셨는지를 보게 된다. 하나님은 그의 대사로서 명예를 주고자 하는 자를 개인적으로 그리고 직접적으로 다루셨다. 하나님의 거룩하심의 현현, 언약 관계의 공언과 고통당하는 히브리인들에 대한 동정심의 확증, 그리고 위대하신 '스스로 있는 자'(I am)의 자족성에 대한 선포가 있었다. 한 마디로 말해서 하나님의 인격과 성품에 대한 충분한 계시가 있었다. 게다가 모세는 하나님의 명확한 부르심과, 하나님께서 그와 함께 하시리라는 보증과 그의 앞에 놓여 있는 난관에 대한 통고와 그리고 마지막에는 하나님의 목적이 달성될 것에 대한 약속을 받았다. 이러한 것들은 이전에도 그러했고 지금도 여전히 그러한 하나님의 사역의 효율성을 위한 지극히 중요한 선결조건이다. 우리 자신들을 위하여 하나님에 대한 인격적 지식(영혼을 향한 하나님의 직접적 계시에 의하여 획득된 하나님에 대한 인격적 지식)이 있어야만 한다. 하나님의 사역에 대한 참여를 보증하기 위한 하나님의 명확한 부르심이 있어야 한다. 우리 앞에 직면한 어려운 점들에 대한 인식과, 또한 궁극적으로 성공하리라는 하나님의 약속에 대해 확신에 차있는 평안함이 있어야 한다.

셋째, 여호와께서 그 앞에 있는 일을 위해 주님의 종에게 능력을 부여했다. 그에게 세 가지 이적을 행할 수 있도록 능력을 부여해 주었다. 이들 중 앞의 두 가지는 하나님의 종에게 중대한 교훈을 가르치려고 계획된 것이다. 그것으로써 그에게 사탄을 정복하는 비결이 드러나게 되었고 그리고 자신의 마음이 부패한 사실을 상기하게 되었는데, 이는 모든 종들이 이해해야 할 아주 중요한 것들이다. 더욱이 이러한 이적 또는 표적은 히브리인을 위한 하나님의 명령을 제시했다. 즉 그것들은 그들에게 마귀의 지배와 죄악의 오염으로부터 구원함을 받아야 할 필요성을 보여주었다. 이는 모든 종들이 목회를 하고 있는 성도들에게 계속하여 강조해야 할 일이다. 세 번째의 이적 또는 표적은 하나님의 증거를 받아들이지 않는 자에게 심판이 기다리고 있음을 말한다. 이것은 충성된 종이 선포하기를 피하지 말아야 하는 또 하나의 것이다.

넷째, 모세가 하나님의 부르심에 대해 말한 **답변**이 우리에게 잘 알려지게 되었다. 여기에 또다시 그만큼의 지엽적이거나 일시적이지 않은 무엇인가가 있다. 모세가 느낀 난점들과 그가 내세운 반대는 그 원칙과 본질에 있어서 모든 하나님의 종들이 때때로 느꼈으며 문제를 제기했던 것들이다(완전한 종은 홀로 제외된다). 만일 그들이 입으로 발설치 않았다 하더라도 마음에는 품고 있었다. 우리가 앞 장에서 주지한 모세의 가장 중요한 세 가지 반대를 요약하면, 자기 집착(출 3:11)과 두려움(출 3:13), 불신앙(출 4:1)이었다. 네 번째는, 자만의 경향을 나타내는 것으로서 지금 우리의 관심을 끄는 것이다.

"모세가 여호와께 아뢰되 오 주여 나는 본래 말을 잘 하지 못하는 자니이다 주께서 주의 종에게 명령하신 후에도 역시 그러하니 나는 입이 뻣뻣하고 혀가 둔한 자니이다"(출 4:10). 얼마나 많은 주의 종들(그리고 그의 사역에 종사해야 했던 자들)이 이 문제를 치명적 결점으로 생각하였는가? 그들은 웅변의 재능을 효율적 사역의 주된 선결 조건으로 생각하고 있다. '사역을 위하여 훈련된 사람들' 은 마치 죄로 인하여 죽은 사람을 인간적 지혜의 매혹적인 말로 일으킬 수 있는 것처럼, 마치 육신적 무기가 영적 전쟁에 사용될 수 있는 것처럼 반드시 웅변술과 연설법 과정을 이수해야 한다고만 생각한다. 그렇게 기초적인 일들에 대한 이해가 20세기에 있어서 너무도 부족하다는 것은 슬픈 일이다. 우리는 사도 바울의 말을 잊어버리지 않았을 줄로 안다. "형제들아 내가 너희에게 나아가 하나님의 증거를 전할 때에 말과 지혜의 아름다운 것으로 아니하였나니"(고전 2:1).

"여호와께서 그에게 이르시되 누가 사람의 입을 지었느냐 누가 말 못 하는 자나 못 듣는 자나 눈 밝은 자나 맹인이 되게 하였느냐 나 여호와가 아니냐?"(출 4:11). 이것은 분명히 꾸지람이었다. 모세는 비록 그가 '능변' 이 아닐지라도 여호와께서 바로의 궁전에서 그의 입의 역할을 하도록 자신을 선택하신 것을 몰랐던가? 하나님은 다시 한 번 그의 방법이 사람의 것과 근본적으로 다르다는 것을 보여 주셨다. 이 세상의 지혜는 하나님께 미련한 것이요(고전 3:19), 사람 중에 높임을 받는 것은 하나님 앞에 미움을 받는 것이다(눅 16:15). 하나님께서 이스라엘을 위하여 가장 크게 쓰신 도구, 이방에게 위대한 축복을 전하는 데 있어서 그가 사용하신 자 모두가 인간의 학문에 기준하여 평가해 볼 때 그 자격이 없었다! ― 연설자로서의 바울에 대해 고후 10:1 ; 11:6 참조.

"여호와께서 그에게 이르시되 누가 사람의 입을 지었느냐 누가 말 못 하는 자나 못 듣는 자나 눈 밝은 자나 맹인이 되게 하였느냐 나 여호와가 아니냐?" 이로써 볼 때 모세는 앞에 있었던 구절에서 그의 말의 어눌함을 의미하고 있었던 것이 확실한 것 같다. 그 대답으로서 여호와께서 그 일에 대하여 책임을 진다고 말씀하신다. 여기서 여호와께서 말씀하신 강조점은 다음과 같이 보인다. 모든 신체적 면에서 그 온전함은 창조자로부터 말미암았으며, 그 불완전함도 그의 기뻐하심에 따라 이루어졌다. 유전의 법칙 뒤에는 법의 제정자가 계시고, 그가 제일 좋게 여기시는 대로 그 법을 조정하신다.

"이제 가라 내가 네 입과 함께 있어서 할 말을 가르치리라"(출 4:12). 이 얼마나 안심시키시는 말씀인가! 여호와의 가르치심과 그가 우리의 혀를 조절하심은 인간의 훈련으로 얻어지는 그 어떠한 능변의 재능이나 인위적인 것보다 훨씬 더 낫지 않은가. 너무도 많은 우리의 강단이 품위를 떨어뜨리게 된 것은 하나님의 말씀에 대한 단순한 강해가 들려져야 할 자리에서 인간이 그들의 웅변 재능을 과시하므로 인간의 기교가 대신한 바로 이것 때문이다. 설교하는 일에 종사하는 사람들이 받아들였던 '훈련'에 대해 우리가 심사하는 일을 멈출 때, 하나님의 축복이 대다수의 우리의 강단에서 오래 전에 떠났다는 것은 놀랄 여지가 거의 없다. 이 세상에 있는 그 모든 교실수업이, 주님이 설교자의 '입에' 함께 하지 않고 또한 무엇을 말할 것인지를 가르쳐 주지 않으면 어쨌든 아무 소용이 없다. 그리고 만약에 여호와께서 그와 함께 하신다면 '능변'과 화술의 고안은 불필요하며 소용없다. 설교자가 '어떻게' 말하는가가 아니라, '무엇을' 말해야 하느냐가 가장 중요한 것이다. 하나님은 무식한 존 번연의 단순한 언어를 대학을 졸업한 수많은 자들의 미려한 작품보다 훨씬 더 크게 사용하셨다.

"모세가 이르되 오 주여 보낼 만한 자를 보내소서"(출 4:13). 그것은 "나를 보내지 마시고 다른 사람을 보내소서"라는 것이다! 모세는 아직도 여호와의 사자로서 일하기를 원치 아니하고, 사실상 이제 와서 그를 대신할 다른 사람을 택하도록 하나님께 구하였다. 극도로 사악한 인간의 마음이 갈 수 있는 그 범위까지 사람은 얼마나 겁에 질려 있는지요! 의심이 많을 뿐만 아니라 또한 거역도 한다. 모세가 자신의 죄악과 그에 대한 하나님의 '진노'를 기록하는 정확성은 성경의 거룩한 진실성에 대한 놀라운 증거이다. 성경을 기록하는 자가 성령의 감동을 받지 않았다면 그 자신에 대해 이렇게 심하게 비난하는 것을 삭제해 버렸을 것이다.

"모세가 이르되 오 주여 보낼 만한 자를 보내소서 여호와께서 모세를 향하여 노하여 이르시되 레위 사람 네 형 아론이 있지 아니하냐 그가 말 잘 하는 것을 내가 아노라 그가 너를 만나러 나오나니 그가 너를 볼 때에 그의 마음에 기쁨이 있을 것이라 너는 그에게 말하고 그의 입에 할 말을 주라 내가 네 입과 그의 입에 함께 있어서 너희들이 행할 일을 가르치리라 그가 너를 대신하여 백성에게 말할 것이니 그는 네 입을 대신할 것이요 너는 그에게 하나님 같이 되리라 너는 이 지팡이를 손에 잡고 이것으로 이적을 行할지니라"(출 4:13-17). "비록 그가 능력의 방면에서 도달한 것이 없고, 언변도 더욱 힘이 있거나 효력이 있지 않았고, 아론에게 말해야 할 사람도 결국 모세였지만, 그런데도 그는 자기와 마찬가지로 부족하고 연약한 유한한 사람이 나타나서 협력할 것을 보장하였을 때 실제로 떠날 준비를 하였다. 그 반면에 그는 여호와가 그와 함께 하리라고 거듭거듭 안심시켰을 때에는 갈 수 없었을 것이다.

"오! 나의 독자여, 이러한 모든 사실은 당신과 나의 앞에 우리의 마음을 비추어 볼 수 있는 정확한 거울을 놓은 것 같지 않은가? 실로 그러하다. 우리는 살아 계신 하나님보다 다른 어떤 것을 의지하기에 더 재빠르다. 우리와 같이 보잘것없고 연약하며 죽어야 할 운명을 가진 자들의 원조와 지지를 소유할 때에 우리는 담대한 결심으로 나아간다. 하지만 우리를 격려하려는 주님의 얼굴의 빛과, 우리를 지지하는 그분의 전능하신 팔의 강건함을 경험할 때에는, 더듬거리며 망설이고 항변한다. 이로 인하여 우리는 여호와 앞에서 매우 겸손하게 되어서 그분과의 충만한 교제를 구하기에 이른다. 결과적으로 우리는 혼합되지 아니한 신념으로 그를 의지하고, 좀 더 확고한 발걸음으로 걸으면서, 주님만을 우리의 근원이며 분깃으로 삼을 것이다"(C. H. M).

하나님의 진노가 모세를 향하여 불붙을 듯했지만, 그의 진노는 연민에 의하여 절제되었다. 그의 연약한 믿음을 강건하게 하기 위하여, 그럼에도 불구하고 주님은 그에게 성공을 알려줄 또 다른 표적을 허락하셨다. 모세가 애굽으로 되돌아가면, 아론이 자신을 만나러 옴을 볼 수 있을 것이다. 이것은 하나님께서 일하실 때 환경의 양편 끝에서 일하심을 보여주는 얼마나 좋은 실례인가! 내시와 빌립, 사울과 아나니아, 고넬료와 베드로 등은 동일한 원리에 대한 좀 더 많은 실례를 제공한다.

"모세가 그의 장인 이드로에게로 돌아가서 그에게 이르되 내가 애굽에 있는 내 형제들에게로 돌아가서 그들이 아직 살아 있는지 알아보려 하오니 나로 가게 하소서 이드로가 모세에게 평안히 가라 하니라"(출 4:18). 이러한 모세의 행동은 칭찬할 만하다. 이드로는 그가 애굽의 망명자가 되었을 때 그를 맞아 주었으며, 그의 딸을 아내로 주었으며, 사십여 년 동안 가정을 이루게 해 주었다. 게다가 모세는 그의 양 떼에 대한 책임을 맡았다(출 3:1). 그러하다면 모세가 먼저 그의 장인에게 알리지 않고 애굽으로 내려가는 것은 몹시 무례하고 배은망덕한 일이었을 것이다. 모세의 이 요구는 다른 사람에 대한 그의 깊은 배려를 나타내 주며, 은혜를 입은 일에 대한 사의를 표명하고 있다. 본 저자와 함께 독자들도 이 사실을 마음에 두자. 영적 활동을 한다고 해서 일상적 예의와 삶의 책임에서 면제되는 것이 결코 아니다. 신사와 숙녀가 아닌 사람은 그 말의 진정한 의미에서 참 신자가 아니다. 그리스도인이 된다는 것은 그리스도인답게 실천하며, 다른 사람에게까지 그리스도인다워야 한다.

"모세가 그의 장인 이드로에게로 돌아가서 그에게 이르되 내가 애굽에 있는 내 형제들에게로 돌아가서 그들이 아직 살아 있는지 알아보려 하오니 나로 가게 하소서." 유감스럽게도 우리는 모세가 이 경우에 한 말에 대하여 그렇게 호감을 가질 수 없다. 여기에서 그의 발언은 야곱과 아주 흡사했다. 모세는 여호와께서 그에게 나타나신 일에 대해서나, 그가 전달받은 말씀이나, 주님이 그의 백성을 애굽에서 가나안으로 옮길 것에 대하여 하나님께로부터 받은 분명한 확신에 대해 전혀 말하지 않았다. 분명히 모세는 아직까지 전혀 확신하지 못했다. 이것은 다음 절을 보면 더욱 분명하다. "여호와께서 미디안에서 모세에게 이르시되 애굽으로 돌아가라 네 목숨을 노리던 자가 다 죽었느니라." 여호와께서는 당신의 명령을 반복하시면서, 동시에 사십 년 전에 그곳으로부터 도망쳐 나온 매우 위험한 곳으로 다시 들어가는 모험을 한다고 생각한 그 종에게서 두려움을 은혜롭게 제거하셨다. 얼마나 오래 참으시고 동정심이 많은 우리의 하나님이신가!

"모세가 그의 아내와 아들들을 나귀에 태우고 애굽으로 돌아가는데 모세가 하나님의 지팡이를 손에 잡았더라 … 모세가 길을 가다가 숙소에 있을 때에 여호와께서 그를 만나사 그를 죽이려 하신지라"(출 4:20, 24). 마침내 모세는 새 시대를 여는 그의 사명을 시작한다. 하나님의 명령에 순종해서 손에 지팡이를 잡고 그의 아내와 아들들을 데리고 애굽땅으로 돌아간다. 그러나 한 가지 주목해야만 하는 것은 그가 하나님의 사자로서 행하기 위한 준비가 되기 이전에, 한 가지 중대한 문제를 오랫동안 소홀히 했다는 것이다. 여호와께서 아브라함과의 언약적 약속을 이행하려고 할 때, 그 언약의 증표가 할례이었지만, 모세의 아들은 분명히 그의 아내의 반대 때문에 이를 행하지 않았다. 거룩한 요구를 그렇게 무시하는 것은 지나쳐 버릴 수 없는 것이었기에, 모세는 자신과 관련이 있는 하나님의 거룩하심을 강제적으로나마 새롭게 생각하게 되었다.

"모세가 길을 가다가 숙소에 있을 때에 여호와께서 그를 만나사 그를 죽이려 하신지라 십보라가 돌칼을 가져다가 그의 아들의 포피를 베어 그의 발에 갖다 대며 이르되 당신은 참으로 내게 피 남편이로다 하니 여호와께서 그를 놓아 주시니라 그때에 십보라가 피 남편이라 함은 할례 때문이었더라"(출 4:24-26). 지금 모세에게 나타난 분은 신적으로 현현(顯現)하신 여호와 자신이었는지 또는 이후에 발람 앞에서처럼 손에 칼을 든 여호와의 사자였는지는, 우리에게 말씀하고 있지 않다. 또한 우리는 여호와께서 어떠한 방법으로 모세를 죽이려 하셨는지 알 수 없다. 그는 맞아 쓰러져서, 어쩔 도리가 없게 되었던 것이 분명해 보인다. 왜냐하면 그의 아들에게 할례를 행한 사람은 그의 아내였기 때문이다. 이러한 일이 더욱 놀라운 것은 십보라가 하나님의 명령을 반대해 온 사람이었다는 추측을 피할 수 없는 것 같아 보이기 때문이다 — 우리는 단지 이렇게 그녀가 모세에게 어떤 말을 하였는지 설명할 수 있을 뿐이고, 그러므로 모세가 그녀를 자기 아버지께로 돌려보낸 이유를 밝힐 수 있을 뿐이다(비, 출 18:2). 그렇다 할지라도 가정의 머리(하나님이 늘 자녀의 양육과 행실에 대해 우선적으로 책임을 요구하는 사람)는 모세였고, 하나님께서 죽이려고 했던 사람은 십보라가 아니었다. 이 점은 오늘날의 그리스도인으로서의 아버지들에게 매우 진지한 경고를 하고 있다. 어떤 남자가 그의 가정에서 성경적 교훈을 유지하기를 원해도 모든 일마다 그를 반대하는 여인과 결혼할 수 있다. 하지만, 그렇다고 이것 때문에 그의 의무 수행이 면제되지는 않는다.

또한 위의 사건이 섬김(service)과 관련해서 어떻게 또 다른 매우 중대한 교훈을 우리에게 가르쳐 주는지 살펴보자. 모세가 이스라엘에 가서 일을 시작하기 전에, 하나님은 먼저 그의 가정의 질서를 바로 세우기를 원하셨다. 이것이 수반되기 전까지는 사명을 위한 모세의 자격은 구비되지 않은 것이다. 하나님 앞에서 자신의 책임에 속한 범위 안에 있는 일들을 반드시 충실히 이행해야만, 하나님은 그 사람을 거룩한 능력의 도구로 만들 것이다. 어떤 사람이 말한 바와 같이, "가정에서의 순종은 세상을 향한 초자연적 영향력의 전개에 앞서 선행되어야 한다." 이 동일한 원칙이 기독교의 복음이 전파될 때에 가르쳐졌음이 디모데전서에 보면 분명한다. 거기에는 감독(장로)의 여러 가지 자격들 중에서 그는 반드시 "자기 집을 잘 다스려 자녀들로 모든 공손함으로 복종하게 하는 자라야 할지며"(딤전 3:4)라고 기록되어 있다. 일반적인 사회적 근거에서, 하나님은 자신의 가정에서 방종하고 무법한 자를 공적 사역에서 사용하시는 일을 거절하신다.

"여호와께서 아론에게 이르시되 광야에 가서 모세를 맞으라 하시매 그가 가서 하나님의 산에서 모세를 만나 그에게 입맞추니 모세가 여호와께서 자기에게 분부하여 보내신 모든 말씀과 여호와께서 자기에게 명령하신 모든 이적을 아론에게 알리니라"(출 4:27, 28). 이것은 하나님께서 어떤 방법으로 일하는지를 보여주는 또 다른 실례로서, 그는 관계의 양편 끝에서 일하신다. 즉 모세는 애굽을 향하여 나아갔고, 아론은 모세를 만나러 나왔다. 이 구절과 14절의 말씀을 비교해 보면 모세가 실제로 애굽을 향하여 출발하기 전에 여호와께서 아론을 광야로 가도록 명하신 것이 분명하게 보인다. 왜냐하면 거기서 하나님은 모세에게, "보라 그(아론)가 너를 만나려고 오는도다"라고 말하기 때문이다. 이 얼마나 모세에게 위안이 되는 일이었던가? 여호와께서는 때때로 그의 자비로써 그의 종들에게 그러한 격려를 하셨는데, 특별히 그들의 사역 초기에 엘리에셀(창 24:14, 18, 19), 요셉(창 37:7, 8), 제자들(막 14:13), 바울(행 9:11, 12), 베드로(행 10:17) 등의 사람들에게 그렇게 하셨다.

이 형제들의 만남의 장소에 대하여 주목하는 것은 흥미롭고 중요한 요소이다. 그것은 '산에서' 였다. 그곳은 여호와께서 모세에게 처음 나타나셨던 장소였고(출 3:1), 모세와 아론이 지금 그들의 중대한 사명을 향하여 출발하는 곳이다. '산' 이란 물론 '고상함'(elevation), 즉 지극히 높으신 이와의 영적 교제를 통한 영혼의 고양을 뜻한다. 이것은 모든 효율적 사역을 위한 본질적 선행조건이다. 종이 산에 올라가서 하나님과 함께 있다고 하는 것은 평지에 가서 그를 나타내기 위한 준비를 하는 것이다. 이 사실은 계속해서 온전한 종들의 생애에 나타난 실례를 제시해 준다. 사복음서로 돌아가서, 그리스도께서 얼마나 자주 '산으로' 올라가셨다가 이후에 필요에 처한 사람들을 위해 일하시기 위하여 다시 내려오셨는지를 주목하라. 이것은 물론 모든 종들이 배워야 할 교훈이다. 즉 하나님을 위한 일에 합당한 자가 되려면 먼저 하나님과 함께 교제해야 한다. 마가복음 3:14에서, 사도들과 관련된 이러한 순서를 주목하라. "이에 열둘을 세우셨으니 이는 자기와 함께 있게 하시고 또 보내사 전도도 하며."

"모세와 아론이 가서 이스라엘 자손의 모든 장로를 모으고 아론이 여호와께서 모세에게 이르신 모든 말씀을 전하고 그 백성 앞에서 이적을 행하니 백성이 믿으며 여호와께서 이스라엘 자손을 찾으시고 그들의 고난을 살피셨다 함을 듣고 머리 숙여 경배하였더라"(출 4:29-31). '장로' 라고 함은 언제나 백성들의 대표로 보이는데, 그들은 지파들과 가족을 인도하는 우두머리들이었다. 아론은 그들에게 여호와께서 모세에게 말씀하신 모든 것을 다시 말했으며, 모세는 두 가지의 표적을 행했다. 그 결과는 하나님께서 미리 말씀하신 것과 정확하게 같았다(출 3:18). 모세는 "그들이 나를 믿지 아니하리이다"(출 4:1)라고 말했으나, 여호와께서는 그들이 믿으리라고 선포하셨는데 그대로 되었다. 그들은 하나님이 모세를 보내셔서 그들의 구원자가 되게 할 것을 믿었다. 그들은 이 사실을 믿고 머리를 숙여 경배하고, 하나님의 선하심을 숭배하며, 고난 가운데 있는 그들을 하나님이 돌보신다고 알려준 것에 대해 감사를 표하였다.

　우리는 모세가 이스라엘의 장로들로부터 받은 호의적 대답에서 다시 한 번 여호와의 부드러운 자비와 은총을 깨닫게 된다. 뒤에 가서 장로들은 모세와 아론 앞에 와서, 그들이 백성들을 좋게 하기 보다는 오히려 나쁘게 만들었다고 불평을 했다. 그러나 여기에서, 그들이 애굽에 처음 들어갈 때에는, 여호와께서 백성들에게 믿고 싶은 생각이 들도록 하셨다. 이와 같이 하나님은 처음에는 그들의 믿음이 너무 큰 긴장에 처하지 않게 했을 뿐만 아니라 그들이 감당할 수 있는 것 이상으로 큰 짐을 지게 하지 않았다. 여호와께서는 그의 종을 다루실 때 대개 이러하셨다. 진정한 시련은 우리가 멍에를 지는 데 익숙해질 때까지 남아 있는 것이다. 하나님의 모든 종들에게 이 출애굽기 4장을 진심으로 추천하는 것은 여기에 모든 종들이 명심해야 할 중요한 교훈이 많이 있기 때문이다.

제8장

바로 앞에 선 모세와 아론

출애굽기 5장

"그 후에 모세와 아론이 바로에게 가서 이르되 이스라엘의 하나님 여호와께서 이렇게 말씀하시기를 내 백성을 보내라 그러면 그들이 광야에서 내 앞에 절기를 지킬 것이니라 하셨나이다"(출 5:1). 이 두 여호와의 사절이 처해 있는 자리에 우리 자신들을 두도록 시도해 보자. 모세와 아론은 바로를 실제로 대면하라는 요구에 직면하였다. 이스라엘 민족에 대한 바로의 기질은 잘 알려져 있고, 그의 무심한 잔인성이 종종 나타났다. 그러므로 사자의 굴에서 그 턱수염을 잡아당긴다는 것은 그들의 믿음과 용기에 대한 작은 시련이 아니었다. 그들이 전달해야 할 메시지는 좋게 들릴 것으로 여겨지지 않았다. 그들은, 여호와 하나님께서 노예로 사로잡고 있는 백성들을 광야로 보내어 여호와의 절기를 지키라고 하는 독단적인 발언을 그에게 해야만 했다. 더구나 여호와께서 그의 종들에게 바로의 마음을 강퍅케 하시어 그가 백성을 가게 하지 않을 것을 이미 말씀하신 바가 있다. 그럼에도 불구하고 이러한 실망적인 모습으로 모세와 아론은 "가서 바로에게 말했다." 이것은 육신의 반대를 극복하게 하며, 떨리는 심령에 은혜를 내려 주시고, 약할 때 우리의 힘을 온전하게 드러내시는 하나님의 능력의 놀라운 본보기였다.

"그 후에 모세와 아론이 바로에게 가서 이르되 이스라엘의 하나님 여호와께서 이렇게 말씀하시기를 내 백성을 보내라 그러면 그들이 광야에서 내 앞에 절기를 지킬 것이니라 하셨나이다." 우리는 바로에게 한 이러한 요청 혹은 요구에 사용된 용어에 신중한 주의를 기울여야 한다. 여호와께서는 모세와 그의 백성이 시내 산에서 하나님을 섬길 것을 이미 약속하셨고(출 3:12), 그것은 애굽에서 삼일 길이 더 될 것이라 말씀하셨다(비교, 출 12:37; 14:2; 15:22 그리고 19:1). 주님은 그들을 '가나안 땅'으로 인도하시리라고 선포하셨다(출 3:8). 그렇다면 왜 모세는 바로에게 히브리인들에게 행하는 모든 요구를 포기하도록, 그래서 그들이 그 땅을 영원히 떠나는 것을 허락하도록 솔직히 말하지 않았는가? 우르카르트 (Urquhart)는 이 어려운 질문에 이렇게 대답하였다.

"하나님은 바로와 애굽과의 논쟁에 들어선다. 주님은 그들을 심판하려고 한다. 그러나 그들이 심판을 받기 위해서는 먼저 그들이 자신에게와 모든 사람들에게 드러나야만 한다. 애굽을 떠나는 이스라엘 사람들에게 고통을 가하는 것이 필요할지라도, 그것은 다른 편에게 아주 큰 요구 같았으며 그리고 분명히 이집트인들도 그들의 거절을 정당화하는 것이 아주 비현실적으로 보였을 것이다. 어떤 요청이 제정되면, 결과적으로 이것을 반대하는 사람의 비난은 제기될 수 없다. 광야로 사흘 길을 여행하기 위하여 이스라엘인들이 애굽의 국경을 훨씬 넘어갔을 필요는 없다. 비록 이교도의 견해라 할지라도 용인된 방법에 따라서 그들의 신을 섬기도록 허락해 주는 것 또한 완전히 합당하였다. 바로와 그 백성들의 마음은, 결과적으로, 전적으로 온당한 요구에 대해 비웃는 것을 선택하는 것으로 드러났다. 이러한 방법으로 그들은 분명히 부당한 일들을 자행하였다. 즉 바로와 그 백성은 계속하여 그들을 거역함으로써, 심지어 자신들의 눈으로 보기에도 하나님이 필연적으로 옳았음이 증명되었다. 그들의 양심은 흔들렸다. 애굽인들은 그 자체가 잘못되었음을 알았다. 그러나 사람들이 잘못을 범해도 주님과 더불어 화평을 누리기를 원하는 모든 자들에게 살아 계신 하나님(양심의 하나님)께 돌아갈 통로가 그곳에 준비되었다.

"하나님께서 어느 민족을 바로 그러한 방법으로 먼저 다루지 않고 심판한 적이 있었는가? 국가적 심판은 그 국가의 본질이 드러난 눈에 띄는 몇몇 범죄에 의거하여 진행되었다. 칼라일(Carlyle)은 프랑스 혁명에서 성직자와 귀족들에게 내려진 끔찍한 충격을 성 바돌로매 대학살 사건으로 거슬러 올라가 조사한다. 프랑스는 마치 애굽이 이스라엘을 압도하려고 시도한 것 같이 종교개혁을 압도하려고 시도했다. 스페인은 종교재판소를 세워서, 눈에 잘 띄는 주로 명백한 추문들을 교회에서 제거하기를 원했던 국민들에 대하여 잔인한 싸움을 벌임으로써 그 위대성과 명성에 무덤을 팠다.

"그러나 우리는 그러한 요청에 대한 충분한 설명을 찾기 위하여 더 멀리 나아가야 한다. 그 요구는 사실상 제한적이었다. 그런 요청을 받는 것은 겉으로 볼 때에 작은 일이었다. 그러나 그들에게 요구한 것은 이스라엘의 사명의 열정적 성격을 제창하고, 마음에 새기는 것이었다. 이러한 갈등은 전능자에 의하여 선택된 근거에서 발생되었다. 전쟁은 단지 이스라엘을 고통스러운 속박으로부터 구하는 것만이 아니었다. 이스라엘이 앞으로 나아가서 자신의 조상들에게 약속한 땅을 소유할 수 있는 것은 단지 싸워서 이겼기 때문이 아니었다. 다른 모든 것들이 그 것에 대해 부수적이요, 공헌하는 것에 불과하였던 그 한 가지 목적은 이스라엘이 하나님의 장막에 거해야만 한다는 것이었다. 이스라엘은 하나님의 백성이 되기 위해 구속함을 받았다. 이스라엘의 유일한 사명은 과거나 지금이나 여호와를 섬 기는 것이다. 어떠한 다른 요구도 하나님께서 인간의 모양으로 지금 행하고, 촉 구한다는 주장을 적절하게 언급하지 않을 것이다. 그 밖의 누구도 바로의 주장과 반대되는 하나님의 주장을 설명할 수 없을 것이다. 바로는, '백성은 내 것이니 내 가 그들을 가도록 하지 않으리라' 고 말했다. 하나님은, '백성은 내 것이니 너는 그들을 가게 하라. 그들은 나를 섬기도록 창조되고 택함을 입었노라' 고 말씀했 다. 갈등은 한 종족의 운명 위에서 행하여지는 중이었고, 인간의 역사와 섬김 속 에 위치하였다. 이스라엘은 노예였는가, 아니면 제사장이었는가? 그들은 짐을 지 고 있는 애굽의 짐승인가, 아니면 여호와의 기름 부으심을 받은 사람인가? 이것 이 문제였다. 하나님께서 이 큰 논쟁의 최전방에서 그 질문을 크고 선명하게 쓰 는 것 외의 다른 일을 했다는 것이 가능했을까?

"그리고 나는 그 요구가 예언적이었다는 것을 덧붙이고자 한다. 이스라엘은 이 일에 있어서도 역시 하나님의 백성의 모형이었다. 기독교에서 로마제국을 상대 로 갈등이 시작되었을 때 큰 논쟁이 일어났던 그 하나의 문제는 무엇이었나? 현 재 우리 모두는 하나님께서 그때에 시도하신 것이 무엇인지 안다. 여러 국가들은 그들의 우상을 포기해야 했고 그 결과 그 민족들의 일상적인 말인 우상들의 이름 이 사라져야 했다. 그러나 기독교 교회는 신전이 폐쇄되어야 한다거나 이방 제사 직분이 폐지되어야만 한다는 어떤 요구를 한 적이 없었다. 다만 한 가지 요구한 것은, 언뜻 보기에는 가장 사소한 것 중의 하나였다. 그것은 살아있는 하나님을 섬길 수 있는 자유였다. ― 바로 이스라엘은 이 요구를 애굽에서 한 것이었다. 그것을 놓고 수세기 동안 투쟁이 맹렬했다. 그 투쟁에서 이겼을 때에 승리가 찾아 왔다. 그 승리는 로마제국에게 예배를 명령하기 위하여 그리스도인들이 만든 어떤 주 장에 대한 승리가 아니었다. 또한 그것은 시민으로서의 권리를 위한 것이 아니었 다. 그것은 주님의 요구에 따라서 하나님을 섬길 수 있는 자유를 위한 것이었다.

그들은 그 주장을 고수했고, 승리가 왔을 때에는 그것은 하나님의 백성으로 그들을 성별시켰다"(「성경: 그 구조와 목적」, Vol.IV).

"그 후에 모세와 아론이 바로에게 가서 이르되 이스라엘의 하나님 여호와께서 이렇게 말씀하시기를 내 백성을 보내라 그러면 그들이 광야에서 내 앞에 절기를 지킬 것이니라." 바로에 대한 이 말씀은 하나님께서 바로의 책임에 대하여 언급하는 것이요, 그에게 순종하는 기회를 주는 것이요, 은혜로 그에게 말씀하는 것이다. 하나님은 진노로 그를 취급하기 전에 먼저 자비롭게 행동하셨다. 그의 방법은 언제나 그러하다. 그는 대홍수 이전의 사람들에게 홍수를 내리기 전에 노아를 의의 설교자로 보내셨고, 에녹을 다가오는 폭풍을 대비하는 사자로 보내셨다. 그는 이스라엘인들을 포로로 추방하기 전에 그들에게 선지자를 차례로 보내셨다. 그 뒤에 주님은 A. D. 70년에 군대가 예루살렘을 멸망시키기 전에 그의 친아들을 보내셨고, 이어서 사도들을 보내셨다. 오늘날의 세계도 마찬가지이다. 하나님은 지금 은혜와 오래 참으심으로 다스리시고 그의 종을 멀리, 그리고 널리 보내시며 다가올 진노로부터 피하라고 사람들에게 명령한다. 그러나 구원의 날이 급속히 가까이 다가와서 주께서 하나님의 우편의 자리에서 일어나면 자비의 문은 닫히게 되고, 하나님의 의로운 진노의 폭풍이 몰아치게 될 것이다.

"바로가 이르되 여호와가 누구이기에 내가 그의 목소리를 듣고 이스라엘을 보내 겠느냐 나는 여호와를 알지 못하니 이스라엘을 보내지 아니하리라"(출 5:2). 여기에 하나님의 은혜로운 제안에 대한 바로의 대답이 있다. 바로는 하나님에 대해 잘 몰라서, 순복해야 할 주님의 명령을 오만하게 거절한다. 고집스러운 애굽 왕의 성격이 완전히 드러났다. "나는 여호와를 알지 못하니 이스라엘을 보내지 아니하리라." 엄밀히 말하자면 그러한 말은(만일 말로는 하지 않더라도 그들의 자세에 의하여 분명히 나타난) 오늘도 그의 종들을 통하여 "회개하라! 믿으라!"는 하나님의 근엄하신 경고의 말씀을 듣는 많은 자들이 하는 대답이다. 무엇보다 우선 중요한 것은 복음이란 초청이 아니라 하나님이 죄인에게 요구하시는 선포, 즉 "이제는 어디든지 사람에게 다 명하사 회개하라 하셨으니"(행 17:30)라고 한 말씀이다. 그리고 "그의 계명은 이것이니 우리가 그의 아들 예수 그리스도의 이름을 믿는 것이라." 그러나 자연인의 불신앙적이고 완고한 반응은, "여호와가 누구이기에 내가 그의 목소리를 들어야 하는가?"라는 것이다. 이것은 복되신 하나님께 대하여 목을 곧게 하는 인간의 자만을 말해준다. "나는 그를 알지 못하니"라고 바로는 말했는데, 그 말은 오늘날의 죄인들의 마음을 설명해 준다. 그리고 정말 두려운 것은 그가 이러한 무지함을 시정하기를 원치 않는다는 것이다. 그러므로 그리스도께서 재림하실 때 이 두 가지 일에 대해 하나님께서 보복하실 것이다. 그가 "불꽃 가운데에 나타나실 때에 하나님을 모르는 자들과 우리 주 예수의 복음에 복종하지 않는 자들에게 형벌을 내리시리니"(살후 1:7, 8).

"그들이 이르되 히브리인의 하나님이 우리에게 나타나셨은즉 우리가 광야로 사흘 길쯤 가서 우리 하나님 여호와께 제사를 드리려 하오니 가도록 허락하소서 여호와께서 전염병이나 칼로 우리를 치실까 두려워하나이다"(출 5:3). 모세가 맨 먼저 바로에게 한 말과 이 말들을 비교해 보면 매우 흥미있고 중요한 점들이 더욱 분명히 드러날 것이다. 첫째로, 여호와의 요구는, "내 백성을 보내라 그러면 그들이 광야에서 내 앞에 절기를 지킬 것이니라"(출 5:1)는 것으로서, 거룩한 측면에서 말씀한다. 모세의 요구는 "우리가 간구하옵기는 우리가 사흘 길쯤 광야로 들어가서 우리 하나님 여호와께 제사를 드리게 하소서"하는 것이었다. 이것은 인간적 측면에서 말하는 것이다. 한 가지는 하나님께서 그 심중에 찾으시는 것을 말하고 있고 다른 하나는 인간의 죄악에 필요한 것을 말한다. '절기'는 기쁨을 가리키는 것이요, '희생제사'는 그 기쁨을 가능하게 만드는 것이다. 두 번째에 입장에서, 모세가 여기서 히브리인의 '희생제사'의 필요성을 내세우는 근거를 살펴보자. — "여호와께서 전염병이나 칼로 우리를 치실까 두려워하나이다." 이 말이 가지는 명백한 함의를 회피한다는 것은 불가능하다. 이스라엘의 범죄는 자명한 사실이며 그러므로 징계를 받아야 마땅하나, 오직 피할 수 있는 길은 그들을 위해 만들어진 희생제사를 통해서이다. 하나님은 반드시 그 노여움에서 진정되어야만 하였다. 그렇기에 피는 반드시 흘러져야 하며, 거룩하신 공의로 인하여 제물이 바쳐져야만 한다. 오직 이렇게 해야, 하나님께서 그들과 화목하실 수 있다. 마지막으로, 히브리인들이 여호와께 희생제사를 드리기 전에 '사흘간의 여행'이 필요했음을 살펴보자. 그 독특한 암시성에 있어서 이것은 아주 의미심장하다. '삼일'은 죽음과 부활 사이의 간격을 말해준다. 오직 부활에 근거하여 죽음으로부터 삶이 이루어졌으니 이로써 우리는 여호와께 절기를 지킬 수 있다.

"애굽 왕이 그들에게 이르되 모세와 아론아 너희가 어찌하여 백성의 노역을 쉬게 하려느냐 가서 너희의 노역이나 하라 바로가 또 이르되 이제 이 땅의 백성이 많아졌거늘 너희가 그들로 노역을 쉬게 하는도다"(출 5:4, 5). 이로써 볼 때 바로가 이미 모세와 아론이 이스라엘 장로들과 화합을 가졌다는 것을 들었고, 그들 앞에서 행한 표적들에 대해서도 알고 있음이 분명하다. 이것은 의심할 여지 없이 히브리 일꾼들 가운데에서 상당한 소요를 일으켰다. 그리고 그들은 일상적인 고된 일에 종사하러 가는 대신, 여호와께서 지체하지 않고 자신들을 위하여 행하실 일을 분명히 기대하였다. 바로가 모세와 아론에게 백성들의 일을 방해한다고 말한 이유가 이것인 것 같다. 그가 "가서 너희의 사역이나 하라"고 이어서 말한 것은 왕이 있는 곳에 하나님의 두 종들과 같이 있었던 백성의 대표들 모두에게 한 말인 것 같다(출 3:18).

"바로가 그 날에 백성의 감독들과 기록원들에게 명령하여 이르되 너희는 백성에게 다시는 벽돌에 쓸 짚을 전과 같이 주지 말고 그들이 가서 스스로 짚을 줍게 하라 또 그들이 전에 만든 벽돌 수효대로 그들에게 만들게 하고 감하지 말라 그들이 게으르므로 소리 질러 이르기를 우리가 가서 우리 하나님께 제사를 드리자 하나니 그 사람들의 노동을 무겁게 함으로 수고롭게 하여 그들로 거짓말을 듣지 않게 하라"(출 5:6-9). 이것은 언제나 하나님의 증거를 거역한 결과이다. 빛을 거절하는 것은 어둠을 더하는 것이요, 진리에서 돌아선다는 것은 예전보다 더 교활한 거짓말쟁이인 사탄의 권세 아래에 전적으로 있게 되는 것이다. 밀랍을 녹이는 똑같은 태양이 진흙을 단단하게 한다. 바로는 히브리인들로 가서 여호와께 희생을 드리도록 허락하는 대신, 그들의 일의 할당을 더욱 무겁게 하라고 명하였다. 복음의 명령에 불순종하는 죄인도 이와 마찬가지이다. 회개하기를 싫어하는 자는 주께서 그 자신의 길대로 내버려 두기에, 그는 부정의 대가로 고통을 당할 때까지(거의 예외 없이) 더욱 완고해지고 더욱 오만하며 더욱 무법한 자가 된다.

바로의 불신앙은 여기에서 명백히 드러난다. "그 사람들의 노동을 무겁게 함으로 수고롭게 하여 그들로 거짓말을 듣지 않게 하라." 하나님을 알지 못하는 곳에서, 주님의 말씀은 한갓 게으른 이야기에 불과하다. 그에게 희생제물을 드리겠다는 이야기는 세상에 속한 사람들에게는 아무 의미가 없다. 오늘날 죄인들에게 하나님의 말씀이 그러하다. 성경은 인간을 타락한 피조물이요 죽음에 대해 준비가 없는 자요 거룩하신 하나님의 현존 앞에 합당치 못한 자라고 말씀한다. 성경은 하나님이 은혜를 경이롭게 준비하심에 대해 말씀하면서, 우리가 영접하기에 매우 충분한 자격이 있는 구세주를 선사한다. 성경은 이 엄숙한 문제를 걸고 성실하게 우리에게 경고하며 만일 이 큰 구원을 거절하면 어떻게 피할 수 있을지를 묻는다. 성경은 우리에게 믿지 않는 자는 멸망할 것이요 누구든지 그의 이름이 생명책에 기록되지 않으면 불못에 던지우리라고 말씀한다. 그러나 이 진지한 진리들은 자연적 인간의 의심 많은 마음에는 한갓 '빈말'에 불과하다. 그는 그 말씀들을 살아 계신 하나님이 그의 영혼에 명하신 메시지로서 받아들이기를 거절한다. 그러나 사람들에게 경고하자. 바로의 무서운 경우를 들어 사람들에게 경고하자. 만일 그가 계속하여 불신과 고집 가운데 거한다면 바로의 운명이 자신의 것이 될 것이고, 분명히 하나님께서 그에게 심판을 내릴 것이다.

"감독들과 기록원들이 나가서 백성에게 말하여 이르되 바로가 이렇게 말하기를 내가 너희에게 짚을 주지 아니하리니 너희는 짚을 찾을 곳으로 가서 주우라 그러나 너희 일은 조금도 감하지 아니하리라 하셨느니라 백성이 애굽 온 땅에 흩어져 곡초 그루터기를 거두어다가 짚을 대신하니 감독들이 그들을 독촉하여 이르되 너희는 짚이 있을 때와 같이 그 날의 일을 그 날에 마치라 하며 바로의 감독들이 자기들이 세운 바 이스라엘 자손의 기록원들을 때리며 이르되 너희가 어찌하여 어제와 오늘에 만드는 벽돌의 수효를 전과 같이 채우지 아니하였느냐 하니라" (출 5:10-14). 바로의 명령으로 히브리 사람들에게 내려진 가혹한 수단은 하나님이 은혜와 관련을 맺는 사람을 반대하는 사탄의 악의에 찬 노력을 예시한다. 마귀는 가련한 죄인을 향한 성령의 앞서 행하심을 알게 되면, 즉시 그의 희생물을 빼앗기지 않기 위하여 안간힘을 다 쓴다. 마왕의 소름끼치는 악의가 여기 보다 더 명백히 드러난 곳은 그 어디에서도 찾아볼 수 없다. 그는 자신의 노예들의 구출을 방해하는 데 어떤 수고도 아끼지 않았다. 사탄은 맹렬한 분투 없이는 결코 그의 먹이를 포기하지 않는다. 영혼이 죄를 깨닫고, 오랜 후에 자유와 하나님과 화평을 누리게 되면 마귀는 마치 바로가 이스라엘 백성에게 한 것처럼 그들의 마음속에서 그러한 소원을 몰아내고 물질적인 것에 점차 점령되도록 노력을 할 것이다.

우리가 마음에 두고 있는 신성한 사례가 누가복음 9:42에 기록되어 있다. "올 때에 귀신이 그를 거꾸러뜨리고 심한 경련을 일으키게 하는지라." 이 귀신들린 청년은 그리스도께 나아오고 있었는데, 그 길에서 사탄의 사자가 그를 산산이 부숴 놓으려 하였다. 그 사람이 그리스도께 향한 욕망을 가지고 있지 않는 한 마귀는 그를 내버려 두겠지만, 한 영혼이 구세주의 필요성을 깨달아 진지하게 주님을 추구하게 되면 사탄은 그를 방해하려고 안간힘을 다한다. 이것이 곧 많은 영혼들이 그들의 처지가 나아지기 전에 더욱 악화되는 이유이다. 여기 히브리 사람들도 그와 같았다. 희망이 일기 시작한 만큼 그들에 대한 방해가 더 강하여졌고, 구원이 가까울수록 압제는 증가했다.

"**이스라엘 자손의 기록원들이 가서 바로에게 호소하여 이르되 왕은 어찌하여 당신의 종들에게 이같이 하시나이까 당신의 종들에게 짚을 주지 아니하고 그들이 우리에게 벽돌을 만들라 하나이다 당신의 종들이 매를 맞사오니 이는 당신의 백성의 죄니이다**"(출 5:15-16). 인간의 본성도 그렇지 않은가! 여호와께 부르짖는 대신 이스라엘의 패장들은 바로에게 가서 구해주기를 바랐다. 의심할 여지 없이 바로의 자비에 호소했거나, 아니면 그의 정의감에 호소하기를 원했을 것이다. 분명히 이들 이스라엘 자손들은 이 요구가 비합리적이어서 지킬 수 없는 것임을 보여 주었을 것이다. 오호라, 자연적 인간으로서 이들은 보이지 않으신 분의 도움을 받기보다는 언제나 육신의 팔을 의지하기를 원하지 않는가! 그것은 자신이 죄인임을 깨달은 자도 마찬가지이다. 그는 도움을 받으려고 여호와 그분께 가기보다는 전도사나 목사, 그의 주일학교 선생님이나 부모 등 다른 이들에게로 간다. 하나님은 대개 우리의 마지막 원천이시다! 이것은 우리를 철저하게 겸손하게 만든다! 그리고 놀라운 것은 이러한 변덕을 참으시는 주님의 은혜이다. 은혜는 구원의 사역을 시작했을 뿐만 아니라 그것을 완성하신다. 처음부터 나중까지 모두가 은혜다.

"**바로가 이르되 너희가 게으르다 게으르다 그러므로 너희가 이르기를 우리가 가서 여호와께 제사를 드리자 하는도다**"(출 5:17, 18). 이스라엘의 '패장'들이 바로에게 호소한 것은 아무 효과도 없었다. 바로는 가련한 죄인의 주인과 같이 정말 무자비하고 굽힐 줄 몰랐다. 아마도 이 이스라엘의 패장들은 그 잔인한 '간역자'들이 왕의 배려 없이 행동한 줄로만 알고 있었던 것 같다. 만일 이것을 알았다면 그들은 곧 환멸을 느끼게 되었을 것이다. 바로는 그의 간역자들에게 분노를 나타내거나, 이스라엘의 패장들을 안심시키기는 대신에, 그들에게 욕하면서 게으르고 두 가지 마음을 품은 자들이라고 말했으며, 그들의 관심이 하나님을 섬기는 데 있지 않고 일터로부터 도망하려는 것이라고 시비를 걸었다. 이와 같이, 자신이 죄인임을 깨달은 자가 도움을 구하려고 인간적인 상담자를 찾아가면 거의 도움을 받지 못한다. 탕자가 어렵게 되어 그 나라 백성 중 한 사람에게 붙어 살면서 들에 가서 돼지를 친 것을 보면, 그가 더할 수 없는 고생을 하게 된 것을 알 수 있다(눅 15:15). 복음서에서 말씀하신 그 불쌍한 여인은, "많은 의사에게 많은 괴로움을 받았고 가진 것도 다 허비하였으되 아무 효험이 없고 도리어 더 중하여졌다"

(막 5:26). 오, 구원받지 못한 독자여, 만일 당신의 마음속에 이미 은혜의 사역이 시작되어 당신의 비참함을 깨닫고 되고 이 가련한 세상이 줄 수 없는 참 평화와 쉼을 원하신다면, 당신이 찾고 있는 것을 줄 수 있는 사람은 오직 한 분이라는 사실을 마음에 꼭 명심하시기를 바란다. 어떤 사제— 로마 가톨릭이든 개신교든지 간에 — 도 당신과 그리스도 사이에 오는 것을 허락하지 말라. 인간을 찾지 말고, "그가 찾고 계실 때 여호와를 찾으라."

"기록하는 일을 맡은 이스라엘 자손들이 너희가 매일 만드는 벽돌을 조금도 감하지 못하리라 함을 듣고 화가 몸에 미친 줄 알고 그들이 바로를 떠나 나올 때에 모세와 아론이 길에 서 있는 것을 보고 그들에게 이르되 너희가 우리를 바로의 눈과 그의 신하의 눈에 미운 것이 되게 하고 그들의 손에 칼을 주어 우리를 죽이게 하는도다" (출 5:19-21). 가련한 모세! 그의 고난은 이제 단지 시작이었다. 그가 바로로부터 받은 거절을 미리 예상할 수 있었던 것은 여호와께서 그의 마음을 강퍅케 할 것이라고 분명히 말씀하셨기 때문이다. 그러나 영감된 기록이 우리에게 알려주는 바에 의하면, 그가 친형제들의 항의나 반대를 받으리라는 것에 대해서는 아무런 언급이 없었다. 이것은 하나님의 종들에게 실제적 시련이었는데 왜냐하면 세상 사람들에게 박해을 받는 것보다, 친형제들과 도와주려고 염려하는 자들이 우리를 박해하는 것이 훨씬 더 괴롭기 때문이다. 그러나 종이 그의 주인처럼 되는 것이 족하다. 주님께서도 육신적으로 친형제가 되는 자들로부터 미움을 받았으며 그가 끊임없이 은혜로 섬기던 바로 그 사람들이 만장일치로 "십자가에 못 박으소서"라고 외쳤다.

"모세가 여호와께 돌아와서 아뢰되 주여 어찌하여 이 백성이 학대를 당하게 하셨나이까 어찌하여 나를 보내셨나이까 내가 바로에게 들어가서 주의 이름으로 말한 후로부터 그가 이 백성을 더 학대하며 주께서도 주의 백성을 구원하지 아니하시나이다" (출 5:22, 23). 모세가 시련의 때에 여호와께로 돌아선 것은 잘하였으나 그가 이러한 방법으로 주님께 말한다는 것은 매우 부당하고 불손한 것이었다. 오호라. 우리들도 성급한 불신앙으로 비슷한 질문을 하는 죄를 종종 범한다. 종은 명하는 자세로 그 주인에게 아뢰어서는 안 되는 것이니, 그것은 땅에 있는 벌레가 전능자와 논쟁하는 것보다 더 낫지 못하기 때문이다. 이러한 사실들은 정확히 '우리의 훈계'를 위하여 기록되었다. 여호와께서는 서두를 필요가 없었다. 주님은 이스라엘의 구원을 연기하고 그리고 그들이 더 많은 고난을 당하도록 허락하시므로 더 많은 목적을 이루었다. 바로에게는 인간의 마음이 극단적으로 사악한 것을 나타내는 충분한 기회가 부여되었다. 그것은 여호와께서 "아주 오래 참으심으로 멸망을 위한 진노의 대접을 어떻게 참고 계시는지"를 여실히 보여주는 기회를 제공하였다. 그것은 의로우신 하나님이 바로와 그 부하들을 방문하여서 어떻게 극도의 심판을 했는지를 좀 더 분명하게 보여주는 데 도움을 주었다. 그리고 또한 이스라엘도 겸손하게 되어야 할 필요가 있었다. 그들의 패장들도 이 경우에 모세와 아론에게 한 말에 나타나듯이, 역시 목이 곧은 백성이었기 때문이다. 더욱이, 그들이 고난을 당하면 당할수록 주님의 때가 올 때 그들은 여호와의 구원에 대하여 더욱더 감사하게 된다. 그렇다면 기자와 함께 독자들은 이것을 명심하자. 여호와께서는 그가 연기하실 때마다 언제나 좋은 이유가 있다는 것을. 그러므로 그가 지체할 때에 수군거리는 것은 어리석고 악하다는 것을 시인하자. "주 안에서 안식하며 인내로써 그를 기다리도록" 날마다 그의 은혜를 구하자.

이전에 있었던 일은 즉 장차 이스라엘을 기다리는 있는 놀랄 만한 모습을 우리에게 제공한다고 결론을 내릴 수 있다. 여호와께서 애굽에서 히브리인들을 그 고되고 잔인한 속박으로부터 해방하기 바로 직전에 왔던 비통스러운 고난은 구원자가 시온에 오시기 바로 전에 그 후손들이 '야곱의 고통당할 때'를 통과하는 동안 당해야 할 무서운 체험을 예시하였다. 이 장에서 기술한 바 있는 바로의 행위 — 여호와를 무시함, 하나님의 두 증인의 증거에 대한 거절, 이스라엘 자녀들에 대한 잔인한 대우 — 는 죄인이 따르게 되는 경로를 정확하게 예표하고 있다. 우리는 이와 같이 구약성경이 다가올 사건들을 예고하는 것을 볼 때, 이러한 구약성경의 역사의 페이지들이 역시 얼마나 예언적인가 하는 것을 다시 한 번 인식할 수 있다. 우리가 눈을 열어 자신과 우리를 따르는 자들을 위한 적용을 깨닫는다면 주님은 기뻐하실 것이다.

제9장

여호와의 언약

출애굽기 6장

앞의 장은 모세가 여호와께로 돌아와서는 가장 걸맞지 않는 불쾌한 언동을 하고 또 감히 하나님의 섭리에 대하여 의문을 던지는 사건으로 끝맺었다. 여호와의 종인 모세는 혹독한 시련을 당하였다. 즉 그는 바로에게 가서 히브리인들이 하나님께 희생제물을 드릴 수 있도록 내보내어 달라고 요구했다. 그러나 그 오만한 임금은 이러한 너무도 합당한 요구를 거절했을 뿐만 아니라 그 노예들에게 더 많은 짐을 지우도록 명령했다. 이스라엘 자녀의 기록원들이 바로를 만나 아뢰었으나 바로는 그들의 노고에 대하여 조롱했다. 그래서 그들이 모세와 아론을 찾았으니 이는 이들이 당하는 것이 그들의 말로 인하였기 때문이었다. 그들은 "너희가 우리를 바로의 눈과 그의 신하의 눈에 미운 것이 되게 하고 … 여호와는 너희를 살피시고, 판단하기를 원하노라"(출 5:21)라고 하였다. 그리하여 모세가 '여호와께 돌아와' 그의 마음을 여호와 앞에 쏟았다. 그 내용으로 보아 그는 바로를 대면하기 전에 여호와께 그의 길을 맡긴 것같이 보이지만, 일이 외관상으로 실패한 것처럼 보이자 또다시 은혜의 보좌로 돌아왔다.

모세는 당면한 절망을 육신적으로 감당하기가 어려웠기에 여호와께, "어찌하여 이 백성으로 학대를 당케 하셨나이까? 어찌하여 나를 보내었나이까?"라고 물으면서, "내가 바로에게 와서 주의 이름으로 말함으로부터 그가 이 백성을 더 학대하며 주께서도 주의 백성을 구원치 아니하시나이다"라고 말끝을 맺었다. 모세가 히브리인들에게 내려진 고난을 하나님께로부터 온 것으로 결론을 내린 것이 옳았음은 "만물이 주에게서 나오고 주로 말미암고"(롬 11:36)라고 하신 말씀과 같다. 하지만, 그가 전능자를 힐책하면서 주님의 모략을 겉으로 나타난 것만 보고 수군거린 것은 분명히 잘못이었다. 그러나 기록하기를 "그가 우리의 체질을 아시며 우리가 단지 먼지뿐임을 기억하심이로다"고 하였고, 다시 "여호와는 긍휼이 많으시고 은혜로우시며 노하기를 더디 하시고 인자하심이 풍부하시도다"(시 103:14, 8)고 했다. 그것은 이 경우에서 온전히 나타났다. 여호와께서는 그의 종을 징벌하는 대신 그를 격려하셨고, 그를 그만 두게 하는 대신에 그의 직임을 새롭게 하셨으며, 그를 죽이는 대신 모든 자비하심으로 자신을 친히 나타내셨다.

  "여호와께서 모세에게 이르시되 이제 내가 바로에게 하는 일을 네가 보리라 강한 손으로 말미암아 바로가 그들을 ⋯ 그의 땅에서 쫓아내리라"(출 6:1). 여호와께서는 인내심 없는 모세의 질문에 대답하지 않았지만 그의 변함없는 목적을 재확인하셨다. 오만한 바로는 결코 이스라엘을 보내지 아니하리라고 고집할 것이나(출 5:2), 지극히 높으신 이는 "아니라, 그가 하리라, 그 땅에서 그들을 심지어 쫓아내리라"고 선언하셨다. 모세는 놀라거나 낙심할 필요가 없었다. 하나님의 모략은 설 것이요 그는 즐거워하는 모든 일을 이루실 것이다(사 46:10). 이것은 모든 종들과 또한 모든 그리스도인들의 마음의 진정한 안식처가 된다. 대적이 아무리 우리를 향하여 울부짖고 노를 발한다고 하더라도 전능자를 전혀 훼방할 수 없는 것이다. ― "지혜로도 못하고, 명철로도 못하고 모략으로도 여호와를 당하지 못하느니라"(잠 21:30). 이것은 주께서 그의 낙담한 종의 실의에 찬 마음에 용기를 북돋아 준 첫 번째의 주된 근거이다. 그가 말씀하시기를, "강한 손으로 말미암아 바로가 그들을 보내리라 강한 손으로 말미암아 바로가 그들을 그의 땅에서 쫓아내리라"고 하셨다. 그것에 관하여는 '혹시'나 '아마'란 없었다. 그 사실이 절대적으로 확실하고 필요불가결한 것은 거룩하신 이가 영원히 명령하셨기 때문이다. 오늘날 하나님께서 그의 종들에게 주시는 확신도 이와 비슷하다. "내 입에서 나가는 말도 이와 같이 헛되이 내게로 되돌아오지 아니하고 나의 기뻐하는 뜻을 이루며 내가 보낸 일에 형통함이니라"(사 55:11).

  여호와께서 그의 종인 모세의 마음을 강건하게 하기 위하여 그에게 **목표를 향하도록** 지적하셨음을 또한 주목해야 한다. ― "이제 내가 바로에게 하는 일을 네가 보리라." 그 사이에 일어난 일이 많았겠지만 여호와께서 중간에 있었던 일들을 지나치고, 그 모든 것이 그 위대한 드라마의 서두에 불과했던 마지막 행동만을 말씀하신다. 그는 모세에게, 그 백성의 큰 원수가 패배하는 좋은 결과를 생각해 보라고 명하셨다. 우리는 이런 점에서 배울 점이 많다. 우리는 마음에 앞길에 대한 어려움을 가득하게 하면서 스스로 좌절한다. 하지만 하나님은 우리에게 악에 대한 선의 의기양양한 결과를 알도록 했다. 그러므로 악한 자가 지금 우리를 향하여 퍼붓는 화전(fiery dart)으로 괴로워하는 대신에 "평강의 하나님께서 속히 사탄을 너희 발아래에서 상하게 하시리라"(롬 16:20)고 하는 확실한 약속 위에서 안식을 누려야 할 것이다.

"하나님이 모세에게 말씀하여 이르시되 나는 여호와이니라 내가 아브라함과 이삭과 야곱에게 전능의 하나님으로 나타났으나 나의 이름을 여호와로는 그들에게 알리지 아니하였고"(출 6:2, 3). 이러한 구절들은 많은 성경학도들을 매우 당황하게 해왔다. '여호와'란 창세기에서 종종 '주님'(the Lord)으로 번역된 바로 그 이름이다. 아브라함이 여호와란 '그 이름'을 알았던 것은 그가 "여호와의 이름을 불렀더라"(창 13:4)고 기록되어 있기 때문이다. 이삭에 관하여서도 "그가 그곳에 제단을 쌓고, 여호와의 이름을 부르며"(창 26:25)라고 기록되어 있다. 그리고 야곱에 의할 것 같으면, "야곱이 또 이르되 내 조부 아브라함의 하나님, 내 아버지 이삭의 하나님 여호와여 주께서 전에 내게 명하시기를 네 고향, 네 족속에게로 돌아가라 내가 네게 은혜를 베풀리라 하셨나이다 나는 주께서 주의 종에게 베푸신 모든 은총과 … "(창 32:9, 10). 이로써 볼 때 족장들이 하나님의 이름 여호와를 잘 알았음이 분명하다. 그렇다면 전능하신 이가 모세에게 말씀하실 때, "나의 이름을 여호와로는 그들에게 알리지 아니하였고"라고 하신 것은 무슨 의미인가? 이것은 여러 성경 구절에서 절대적으로 해석되지 못할 것 중의 하나임은 분명하므로 상대적으로 이해되어져야 할 것이다. 난점에 대한 열쇠는 그 이어지는 구절, 즉 여호와께서 "그들과 언약하였더니"라고 말씀하신 사실에 있다고 믿는다.

거룩하신 이의 명칭이 연구의 가장 중요한 과제가 되는 것은 그것이 성경의 건전한 해석과 불가분의 관계가 있기 때문이다. 엘로힘과 여호와는 성경에서 산만하게 사용되지 않았다. 각기 일정한 중대성을 내포하고 있었으며, 그 두드러짐이 조심스럽게 보존되었다. 엘로힘(하나님)은 그 피조물의 창조자이고 통치자임을 말하는 이름이다. 여호와(주님)는 언약 관계로 그의 백성과 맺어진 그의 명칭이다. 이 사실이 곧 우리 앞에 있는 구절을 설명해 준다. 아브라함, 이삭 그리고 야곱은 여호와의 명칭을 잘 알았으나 그것이 의미하는 모든 체험적 사실에는 친숙하지 못하였다. 하나님은 '언약'으로 그들에게 임하셨지만 히브리서 11:13에서 말씀하신 바와 같이 "이 사람들은 다 믿음을 따라 죽었으며 약속을 받지 못하였으되"라고 하셨다. 그러나 지금에서야, 여호와께서 그가 언약한 약속을 이루고 이스라엘이 언약의 이름이 내포하는 그의 미쁘심과 권세와 구원을 증거 할 때가 가까이 다가왔다. 하나님은 자신이 말씀의 성실한 시행자임과 아울러 그들의 열조가 알지 못했던 그러한 방법으로 족장들의 후손들이 자신을 알도록 스스로를 나타내려고 했다.

"가나안 땅 곧 그들이 거류하는 땅을 그들에게 주기로 그들과 언약하였더니"(출 6:4). 여기에 여호와께서 그의 두려워하는 종의 앞에서 세운 그 다음의 격려가 있다. 여호와께서 자신이 가나안 땅을 그들에게 주기로 맹세한 족장들과 어떻게 언약을 맺었는지를 되새기게 하셨다. 그렇다면 애굽 사람들이 그들을 계속해서 노예로 묶어 둔다는 것이 얼마나 불가능한 일인가? 모세의 불신앙의 두려움은 얼마나 어리석고 약한 것인가? 만일 여호와께서 한 번 언약을 세우셨다면 그것이 꼭 성취될 것은 그 언약이 무조건적인 것이기 때문이다. 이러한 큰 소동의 시련 가운데에서, 우리는 이와 흡사한 확신의 근거가 심령에 지속되도록 해야 한다. 하나님이 말씀하시기를, "너희는 귀를 기울이고 내게로 나아와 들으라 그리하면 너희의 영혼이 살리라 내가 너희를 위하여 영원한 언약을 맺으리니 곧 다윗에게 허락한 확실한 은혜이니라"(사 55:3). 사도 바울이 안디옥에서 설교할 때 바로 이 구절을 어떻게 인용했는지를 보라(행 13:34). 이 시대의 성도들이 하나님과 언약의 결속으로 연관되어 있지 않다고 말하는 사람들이 있으나 그것은 잘못이다. 그것은 히브리서 13:20에 언급된 것같이 너무도 분명한 사실인데 '영원한 언약의 피' 라고 기록하셨다. 창세 이전에 아버지께서 우리의 영광스러운 지배자로서 언약에 임하셨고(비, 딛 1:2), 그 언약을 피로 인치셨다. 그리고 언약의 하나님께서 아브라함에게 '한 기업' 을 주시기로 보증하심과 같이(출 6:8), 아버지께서 아들에게 하신 약속(비, 히 7:22)도 그것과 연관된 유업이다. 이는 "썩지 않고 더럽지 않고 쇠하지 아니하는 유업을 잇게 하시나니 곧 너희를 위하여 하늘에 간직하신 것이라"(벧전 1:4)고 하신 그 유업이다. 이제라도 언약의 즐거움 속에 살도록 우리의 믿음이 약속을 굳게 잡기를 바란다.

"이제 애굽 사람이 종으로 삼은 이스라엘 자손의 신음 소리를 내가 듣고 나의 언약을 기억하노라"(출 6:5). 이것은 하나님의 종을 위한 특별한 위로였다. 모세는 그가 바로에게 말한 이후로 어찌하여 바로가 히브리인에게 악을 행하였느냐고 주님께 말했다(출 5:23). 여호와께서는 이에 대하여 말씀하실 필요가 없었다. 그는 그들의 고난에 대하여 잊으시지도 무관심하시지도 않으셨다. 그는 "이스라엘 자손들의 신음하는 소리"를 들으셨다. 크리스천 친구들이여, 견딜 수 없는 시련을 당하는 자여, 주께서 당신의 신음을 들으시고 흐르는 눈물을 그의 책에 기록하신다(시 56:8). 뿐만 아니라 그가 당신을 불쌍히 여기사 우리의 연약함을 동정하신다(히 4:15). 하나님께서 왜 우리의 '신음'을 허락하셨는지에 관해서처럼 헤아릴 수 없이 많은 신비함이 있겠지만, 그럼에도 불구하고 여기에 크게 위로하는 ─ 하나님께서 '그들을 들으신다' ─말씀이 있지 않은가!

"그러므로 이스라엘 자손에게 말하기를 나는 여호와라 ① 내가 애굽 사람의 무거운 짐 밑에서 너희를 빼내며 ② 그들의 노역에서 너희를 건지며 ③ 편 팔과 여러 큰 심판들로써 너희를 속량하여 ④ 너희를 내 백성으로 삼고 ⑤ 나는 너희의 하나님이 되리니 나는 애굽 사람의 무거운 짐 밑에서 너희를 빼낸 너희의 하나님 여호와인 줄 너희가 알지라 ⑥ 내가 아브라함과 이삭과 야곱에게 주기로 맹세한 땅으로 너희를 인도하고 ⑦ 그 땅을 너희에게 주어 기업을 삼게 하리라 나는 여호와라"(출 6:6-8). 이 구절은 앞 절의 끝인 "나의 언약을 기억하노라"는 말을 돌이켜 보는 '그러므로'라는 말로 시작됨을 살펴보라. 그렇다면 이 구절들에 있는 언약은 여호와께서 아브라함에게서 시작하고, 이삭과 야곱에게 견고하게 한 언약으로부터 나온 것이다. 이들 내용을 보면 여호와께서 "내가 … 하리라"(I will)는 말을 앞세운 일곱 가지의 약속을 한 것을 볼 수 있다.

창세기 17장에 보면 여호와께서 하신 또 다른 일곱 가지의 "내가 … 하리라"는 기록을 발견할 수 있다. ① 내가 너로 심히 번성하게 하리니, ② 네게서 민족들이 나게 하며 왕들이 네게로부터 나오리라 ③ 내가 내 언약을 나와 너 및 네 대대 후손 사이에 세워서 영원한 언약을 삼고 너와 네 후손의 하나님이 되리라 ④ 내가 너와 네 후손에게 네가 거류하는 이 땅 곧 가나안 온 땅을 주어 영원한 기업이 되게 하고, ⑤ 나는 그들의 하나님이 되리라 ⑥ 너는 내 언약을 지키고 네 후손도 대대로 지키라 ⑦ 내 언약은 … 이삭과 세우리라(창 17:6, 7, 8, 9, 21). 이 구절들과 예레미야 31:33, 34에 기록되어 있는 '새 언약'과 비교될 수 있다. 여기에서도 역시 여호와께서 하신 일곱 가지의 약속을 볼 수 있다. "나 여호와가 말하노라 … ① 내가 나의 법을 그들의 속에 두며 ② 그들의 마음에 기록하여 ③ 나는 그들의 하나님이 되고 ④ 그들은 내 백성이 될 것이라 ⑤ 그들이 다시는 각기 이웃과 형제를 가리켜 이르기를 너는 여호와를 알라 하지 아니하리니 이는 작은 자로부터 큰 자까지 다 나를 알기 때문이라 ⑥ 내가 그들의 악행을 사하고 ⑦ 다시는 그 죄를 기억하지 아니하리라." 이제 하나님께서 여기 모세에게 하신 일곱 가지의 약속들을 간단하게나마 생각해 보자.

(1) **"내가 애굽 사람의 무거운 짐 밑에서 너희를 빼내며."** 그의 백성들은 잔인한 간역자들이 명한 감당할 수 없는 요구 아래서 신음하고 있었다. 지치고 힘든 여러 해 동안, 그들은 더 이상 참기 어려운 무거운 짐 아래서 고생스럽게 일했다. 그렇다면 불쌍히 여길 눈이나 구해낼 손이 없었단 말인가? 아니다. 있었다. 그들 조상의 언약의 하나님은 사백 년간의 고난의 마지막에 그들을 해방시켜 주실 것이라고 약속하셨다(창 15:13-16 참조). 이제 하나님께서 그의 말씀대로 이루실 때가 왔다. 그러므로 주님은 그들을 고역으로부터 이끌어 내실 것이라고 선포하신다. 이와 같이 오늘날도 하나님께서 그 택하신 자들에게 그렇게 하신다. 우리들의 영혼 구원에 이 사실을 적용하면서 우리가 고려해야 할 첫 번째 일은, 우리의 잃어버린 상태, 범죄에 대한 가책, 죽음을 준비하지 않음이라는 영적 부담으로부터 구원받는 것이다.

(2) **"그들의 노역에서 너희를 건지며."** 어떤 사람이 말한 바와 같이, "이것은 단지 그들의 고역을 제거하는 것에 불과한 것이 아니라, 이전 상태와 단절하는 것이었다. 노예가 친절한 주인에게 팔리면 그의 짐이 제거될 수는 있지만, 여전히 그는 노예로 있는 것이다. 마찬가지로, 이스라엘의 짐도 제거될 수 있지만, 그들은 여전히 애굽에 노예로 머물러 있을 수 있다. 그러나 이것은 하나님의 방법이 아니었다. 주님은 그들을 예속의 땅에서 완전히 자유롭게 할 것이다. 그들로 애굽의 가마 속에서 애쓰게 하는 대신에 그들을 광야로 이끌어 내어 교제하게 할 것이다. 이것은 여전히 하나님의 방법이다. 그리스도를 구주로 영접하는 자는 죄와 사탄과 죽음에 대한 두려움의 속박으로부터 건짐 받는다.

(3) **"너희를 속량하여."** 속량이라 함은 값으로 사서 자유하게 함을 의미한다. 복음적 속량은 대가와 권능에 의한 것이다. 대가란 속죄하는 피의 흘림이요, 권능이란 전능하신 손을 펴시는 것을 말한다. 이와 같이 하나님은 이스라엘을 구하려고 하였다. 첫째는 유월절의 어린양을 죽임이요, 그 다음은 홍해에서 거룩하신 전능함을 보이는 것이다. 그리스도인에게도 이와 같다. 우리가 구속함을 받은 것은 은이나 금같이 없어질 것으로 한 것이 아니요, 오직 어린양 같은 그리스도의 보배로운 피로 된 것이다(벧전 1:18, 19). 우리는 우리의 것이 아니요 "값으로 산 것이다"(고전 6:20). 하나님의 전능하신 능력은 우리가 중생할 때에 나타났으니

이는 "우리에게 베푸신 능력의 지극히 크심이 어떠한 것을 너희로 알게 하시기를 구하노라"(엡 1:19)고 하는 것과 같다.

(4) **"너희를 내 백성으로 삼고."** 이는 이스라엘이 그 이후로 한 국가로서 하나님과 더불어 유일한 관계를 누릴 것을 의미한다. 그들은 그의 독특한 보화가 될 것이며, 그의 특별한 배려와 은총의 대상이 될 것이다. 위대하신 여호와께서 노예로 짓밟힌 민족을 자신의 것으로 삼는다는 점에서 그것은 경이로운 행동이었다. 그러나 그는 그렇게 하셨다! 어떤 근거에서 그렇게 하셨나? 구속의 근거에서 하셨다. 그는 그 자신이 독자적으로 그들을 구속하셨다. 똑같은 복된 진리가 신약성경에도 나타나 있다. 우리도 역시, 그의 택하신 백성으로 하나님께 속하였다. 전적으로 부적합하고 가치 없는 우리이지만 그리스도로 인하여 하나님 보시기에 소중한 자, "사랑받는 자로 영접해 주셨다."

(5) **"나는 너희의 하나님이 되리니."** 이것은 계속되어지는 상황 속에서 얼마나 완벽한 좋은 예가 되는가! 하나님 이외의 그 누가 바다에 길을 만들어 그의 속함을 받은 자들이 마른 신발로 지나가게 했고, 그리고 하나님이 아닌 누가 다시 그 바다를 합치게 하여 애굽 사람들의 군대를 빠져 죽게 했던가? 다름 아닌 하나님께서 그의 백성을 길 없는 광야를 통과하도록 낮에는 구름기둥으로 밤에는 불기둥으로 인도하시지 않았는가? 하나님이 아닌 누가 바위에서부터 그들의 갈증을 축여주시고 사십 년 동안이나 굶주린 무리들을 광야에서 먹였는가? 진실로 그는 이스라엘에게 '하나님' 이셨다. 즉 "나는 그들의 하나님이 되고 그들은 나의 백성이 되리라"(고후 6:16)는 것은 우리에게 하신 그의 약속이다. 그리고 날마다 모든 신자들은 이 약속이 이행되는 것을 경험한다. 그 누구도 아닌 오직 하나님께서 우리와 같이 아주 무지하고, 연약하며, 변덕스럽고, 죄가 많은 자들을 끝까지 보호해 주실 것이다.

(6) **"내가 … 맹세한 땅으로 너희를 인도하고."** 여호와께서는 그의 백성들을 속박의 땅으로부터 인도해 내셨을 뿐만 아니라, 또한 아브라함, 이삭, 야곱에게 맹세하신 그 땅으로 인도하셨다. 많고 많은 사람들이 광야에서 쓰러진 것은 사실이지만, 그럼에도 불구하고 하나님은 이스라엘 민족을 가나안으로 인도하셨다. 그들은 아말렉 족속에 의하여 소멸되지 않았다(출 17장). 아모리 왕 시혼과 바산 왕 옥이 "그들의 백성들을 함께 모아" 이스라엘을 향하여 나오고(민 21장), 발락이 발람을 사서 하나님의 백성을 저주하게 하였지만, 여호와는 신속히 그들의 수고

를 수포로 만드셨다. 하나님께서는 이스라엘을 약속하신 땅으로 인도하였다. 그리고 그는 피로 값주고 사신 우리 각자를 안전하게 하늘로 인도할 것이다. 세상, 육신, 그리고 마귀가 우리를 향하여 줄지어 대항할지라도 그리스도의 단 한 마리의 양도 멸하지 못할 것이다.

　(7) **"그 땅을 너희에게 주어 기업을 삼게 하리라."** 하나님께서 바로 이 목표를 향하여 일했다. 주님은 당신이 그 열조에게 약속하신 것들을 지금의 백성들이 누리도록 하기 위하여 모든 일을 했다. 이것은 아직도 완전히 성취되지 않았다. 이스라엘이 온전히 그들의 언약의 분깃으로 들어가는 것은 천년왕국 때이다. 이와 같이 우리들이 유업을 온전하게 누리게 되는 때는 미래에 있다. 우리는 이미 "기업의 보증"(엡 1:14)을 가지고 있으니, 얼마 가지 않아 우리의 몫인 바로 그것을 소유하게 될 것이다. 그리고 이것은 '선물' 임을 꼭 명심하라. 일한 공력에 의함이 아니요 오로지 지극하신 은혜에 의한 것이다.

　"이 일곱 가지 '나는 … 할 것이다' 가 어떻게 거룩한 확신의 구조 안에 둘러싸여 있는지를 살펴보자. 그것은 서두에 말하는 것으로 '나는 여호와라' 는 말로 요약되어 있다. 주님은 단순한 이 '나는 … 할 것이다' (I will)라는 말을 언급하시기 전에, 마치 그들의 눈을 전능하신 분이신 자신에게 고정시키려고 하는 것 같다. 따라서, 주님의 기이한 목적을 말씀하기 직전에, 주님은 말씀하시는 이가 전능자이신 사실에 그들의 눈을 유지하도록 하고 있다. 말씀으로 약속하신 이가 '스스로 있는 자' 라는 그 사실을 믿음으로 굳게 잡기만 하면, 모든 의심과 어려움이 사라질 것이다. 믿음은 주변의 환경에도 불구하고 평온하고 들뜨지 않은 평화를 가지고 '하나님 안에서 모든 것을 할 수 있느니라' 는 말씀을 상기시킨다"(Dr. Brookes).

　"모세가 이와 같이 이스라엘 자손에게 전하나 그들이 마음의 상함과 가혹한 노역으로 말미암아 모세의 말을 듣지 아니하였더라"(출 6:9). 이 말씀은 얼마나 중생하지 못한 자의 마음을 잘 드러내어 주는가! 가련한 죄인의 상태는 이 출애굽기의 앞장들에서 생생하게 묘사되었다. 첫째는 얽매임 속에서 신음하는 것이며, 둘째는 그들을 위하여 준비된 하나님의 은총에 대해 무지한 것이며, 그리고 지금은 여호와의 귀중한 약속들의 가치를 헤아리지 못한다는 사실이다. 우리가 죄와 사탄에 얽매여 있을 동안에는 비록 하나님의 약속이라 할지라도 어떤 위안을 줄 수 없다. '어린양' 의 흘리신 피가 적용되기까지는 위안(relief)은 결코 이르지 않는다! 이는 이스라엘도 그러하였지만, 오늘날 인간들에게도 동일한 진리이다.

"여호와께서 모세에게 말씀하여 이르시되 들어가서 애굽 왕 바로에게 말하여 이스라엘 자손을 그 땅에서 내보내게 하라"(출 6:10, 11). 모세가 오만한 군주를 두려워한 것은 아니었지만 다시 그를 대면하여 간청이 아닌 권위 있는 자세로써, 왕 중의 왕의 이름으로 분명하고 담대하게 말해야만 했다. 이는 주께서 바로의 불순종을 징계하기에 앞서 주님의 심판이 공정하고 의로움을 더욱 명백하게 하려는 것이다.

"모세가 여호와 앞에 아뢰어 이르되 이스라엘 자손도 내 말을 듣지 아니하였거든 바로가 어찌 들으리이까 나는 입이 둔한 자니이다"(출 6:12). 왜 모세는 다시 그의 말의 어눌함을 말했나? 여호와께서 그것을 제거해 주실 것으로 생각했기 때문인가 아니면 아론이 그의 대변자 역할을 하는 것에 만족하지 못했기 때문이었을까?

"여호와께서 모세와 아론에게 말씀하사 그들로 이스라엘 자손과 애굽 왕 바로에게 명령을 전하고 이스라엘 자손을 애굽 땅에서 인도하여 내게 하시니라"(출 6:13). 여호와께서는 앞서 대답한 바 있는 이 동일한 모세의 이의에 대하여(출 4:10-12) 더 이상 대답하지 않았다. 하지만, 그 대신에 그들이 백성에게 하나님의 구원이 이르기 전에 바로와 그들 사이에서 어떻게 행동할 것인지를 격려하고 지시하였다.

출애굽기 6:14-37에서는 하나님의 종의 조상들과 또한 여호와의 지극한 은혜를 보여 주기 위하여 계보가 기록되어 있다. 여기에 있는 히브리인의 계보에서는 야곱의 열두 아들 중의 첫 세 아들에 관심을 갖는다. 르우벤과 시몬의 아들들이 기록되어 있으나, 하나님은 이 둘 중의 그 누구도 귀한 구원의 도구로 택하지 않았다. 은혜의 계열은 자연적인 계열이 아니다. 하나님은 시므온과 더불어 저주 아래 있는 레위 족속(창 49:5-7)으로부터 모세와 아론을 부르셨다. 여기서 또한 우리는 나이가 더 적은 모세가 나이가 더 많은 아론에 앞서는 우선권을 받는 은혜가 구현되는 것을 볼 수 있다. 그리고 또한 레위가 야곱의 셋째 — 언제나 부활을 의미하는 수 — 아들로서 그로부터 구원자가 나왔음을 주목해야 할 것이다.

이 장의 마지막 세 절은 10절에 따라 나오는 이야기와 연결되어 있다. 30절에 있는 모세의 의미는 분명히 12절에 있는 것과 같다. 그렇지만 반복되는 이유가 있다. 3장과 4장에서 모세가 여호와께 답변하는 데 다섯 개의 어려움들이 있었고, 6장에서도 두 개가 있어 합계가 모두 일곱 개이다. 그러므로 모세의 연약함과 불신앙이 완전히 노출된 셈이다. 주님의 현존 앞에 인간이 드러났다. 그것은 주님은 당신의 은혜, 사랑, 자비, 그리고 진리의 온전하심 가운데 존재하심을 또한 밝혀주는 것이다"(E. Dennett).

제10장

완악한 마음

출애굽기 7장

7장에서는 출애굽기의 두 번째의 문예적 구분이 시작된다. 첫 여섯 장이 구원자의 인격에 대하여 좀 더 특별히 관련되었다면, 6장 이후는 구속 사역에 대한 설명에 관여한다. 첫 부분에서는 이스라엘에 대한 극도의 박해를 간단히 묘사하면서 이어서 모세의 출생과 하나님에 의한 그의 기적적 보존, 그 후에 모세가 자신을 그의 백성에게 알리고서 미디안으로 도망한 것에 대한 설명이 나온다. 다음으로 하나님께서 어떻게 그를 만나신 것과 애굽으로 내려가라고 명하신 것과 그가 두려움을 극복한 것과 그리고 주님의 사역에 그를 적합하게 만드신 것에 대해서 배웠다. 마지막으로, 그가 여호와의 메시지를 어떻게 히브리인들과 바로에게 전했는지 그리고 왕이 어떻게 거룩하신 분의 요구를 거절했는지, 그 결과로 그가 짐을 더 무겁게 하므로 백성들이 얼마나 완전하게 실의에 빠졌는지를 알게 되었다. 모세 자신도 몹시 낙담하였기에, 6장은 주의 종이 자신의 임무가 불가능해 보이는 것에 대해 슬퍼하는 것으로 끝을 맺는다. 이와 같이 수단의 연약함이 우리 앞에 완전히 드러났다. 그러므로 능력은 여호와께만 속하였고 그리고 믿음의 응답이라기보다는 언약의 미쁘심과 지극히 높으신 은혜 안에 있는 여호와의 행동에서 그 능력이 나옴을 보다 잘 볼 수 있다.

7장에서부터 앞으로 나아가면서 주목할 만한 변화가 있다. 그것은 모세가 더 이상 소심하거나 주저하거나 좌절하지 않는다는 점이다. 여호와의 전능하심이 모든 현장에서 나타난다. 이 이후부터의 대결은 말이 아닌 행동의 대결이었다. 혹독한 시련은 끝났고 이제는 전능자와 애굽인들 사이의 전쟁이 시작된다. 이러한 출애굽기의 앞장들 속에서 우리의 면전에 있는 것은 단지 고대 역사의 한 일화 이상의 무엇, 즉 어떤 단순한 지역의 관심사 그 이상의 어떤 것이라는 것을 지적할 필요는 거의 없다. 아슬아슬한 드라마가 우리의 목전에서 펼쳐지고, 그리고 비록 그 움직임이 신속할지라도, 그럼에도 불구하고 우리가 그 위대한 줄거리를 분명히 식별하도록 충분한 묘사와 반복이 있다. 이것은 인간의 안목의 범위 안으로 들어오는 한도 내에서 선과 악의 대결투를 생생한 활극으로 우리 앞에 펼쳐 보인다.

성경이 우리에게 그 위대한 결투는 이 세상에서 싸우는 것이라고 알려주는 바대로, 그 심오하고 상징적인 도덕적 의미를 지닌 이 역사적 드라마는 애굽땅에서 연출되어진다. 그 결투와 관련된 위대한 신비는 사악한 자의 번영과 의로운 자의 역경으로 우리에게 강력하게 보여진다. 애굽인들은 채찍을 손에 들고 있었고 히브리인들은 견딜 수 없는 압제 밑에서 신음하였다. 주요 장면에 나오는 지도적 인물인 모세는 하나님의 대리인이요, 바로는 사탄의 대표요 사자이다. 강력하고 오만한 왕은 여호와의 백성을 박해하는 일에 대해 잔인한 즐거움을 가졌고, 공개적으로 전능자를 직접 모욕했다. 겉으로 보기에 그 문제는 오래도록 불확실한 것 같이 보였다. 바로의 왕국은 흔들리고 또 흔들렸다(사탄의 왕국이 마치 홍수 때, 가나안 족속의 멸망의 때, 하나님 아들의 강림, 오순절날, 종교개혁 등등의 사건이라는 시대의 과정 속에서 그러한 것과 같이). 그러나 매번 여호와의 능력의 신선한 개입과 주님의 심판의 중지는 바로의 마음을 강퍅하게 했을 뿐이다. 애굽인과의 다툼이 연기됨으로써, 인간의 책임을 완전하게 시험하는 충분한 기회와, 성도의 믿음의 연단과 신성(Deity)의 완전함과 속성 모두를 나타내는 충분한 기회가 주어졌다. 이것은 분명히 창조자가 자신의 영역에 악이 들어오고 그리고 그 악이 계속되는 고통 속에서 마음속에 가지는 세 가지의 주요한 목적이다. 그 위대한 드라마는 여호와의 절대적 승리와 주님의 백성의 완전한 구속, 그리고 그의 대적일 뿐만 아니라 그 백성들의 대적자를 완전히 정복하는 것을 보여주면서 그 막을 내린다. 그러므로 하나님의 택하신 자들이 모든 얽매임에서 해방될 때(중보자의 사역을 통하여), 그리고 전능자를 대적하여 스스로 높아진 모든 것들이 파괴될 때, 그리하여 하나님이 친히 **전적으로 모든** 것이 되실 때 우리의 믿음의 눈 앞에 영광스러운 종말의 완성이 계시될 것이다. 우리는 이제 이러한 목적이 도달하는 갖가지의 국면들을 한 발자국씩 뒤따라갈 것이다.

"여호와께서 모세에게 이르시되 볼지어다 내가 너를 바로에게 신 같이 되게 하였은즉 네 형 아론은 네 대언자가 되리니"(출 7:1). 이것은 출애굽기 6장의 마지막에서 우리가 본 사실과 놀랍도록 대조적이다. 거기에서 우리는 모세가 "나는 입이 둔한 자이오니 바로가 어찌 나의 말을 들으리이까?"라고 여호와께 불평한 것을 보았다. 그것은 연약함의 고백이었지만 불신앙으로부터 솟아나왔다. 여기에서 여호와가 주권적 능력으로 행하심과 가련한 그의 종을 놀라운 은총으로 다루시는 것을 볼 수 있다.

"내가 너를 바로에게 신 같이 되게 하였은즉"이라고 하신 것은 여호와께서 모세를 그의 대사로 선택하셨고, 거룩한 권세를 주셨으며, 자연의 이치와는 보편적으로 반대되는 기이한 일들을 행하게 하실 것이기 때문이다. 그러나 "내가 너를 바로에게 신(a god) 같이 되게 하였은즉"이라고 하신 엄청난 자격을 보라. 바로가 재앙들을 제거하려는 불순종을 범하자, 모세는 하나님을 대신하여 애굽의 오만한 왕을 다스렸고, 그에게 할 일을 명했으며, 그가 잘못 행하였을 때 그를 다스렸고, 그가 불순종하였을 때 그를 벌하였기에, 결과적으로 바로는 모세에게 재앙의 제거를 위하여 힘을 쓰도록 부탁해야만 했다.

"네 형 아론은 네 대언자가 되리니." 만일 이것을 출애굽기 4:15, 16과 비교해 본다면 선지자란 어떠한 사람인가에 대한 거룩한 정의를 발견하게 될 것이다. 거기에 보면 여호와께서 모세에게 아론에 대하여 약속하시기를, "너는 그에게 말하고 그의 입에 할 말을 주라 내가 네 입과 그의 입에 함께 있어서 너희들이 행할 일을 가르치리라 그가 너를 대신하여 백성에게 말할 것이니 그는 네 입을 대신할 것이요 너는 그에게 하나님 같이 되리라"고 했다. 그렇다면 하나님의 선지자는 하나님의 대언자이다. 즉 그는 하나님의 대변인으로서 행하며, 여호와께서 그의 입술에 그가 하고자 하는 모든 말을 담아 주신다. 이와 같이 모세는 이러한 부가적인 방식에 있어, 즉 그의 대언자로서 행동했던 이를 가졌다는 점에서 "바로에게 일종의 신"이었다.

"내가 네게 명령한 바를 너는 네 형 아론에게 말하고 그는 바로에게 말하여 그에게 이스라엘 자손을 그 땅에서 내보내게 할지니라"(출 7:2). 이 명령은 매우 절대적이었다. 모세는 여호와의 말씀을 선택하여 바로에게 가장 충고가 될 만한 것만을 골라 아론에게 전달할 수 있는 자유를 가지고 있지 않았고, 오히려 그에게 명하신 모든 것을 다 말해야만 했다. 이와 비슷한 분부가 오늘날 하나님의 종들에게도 내려졌는데, 그는 "말씀을 전파"(딤후 4:3)해야 하며, "바른 말을 본받아 지키고"(딤후 1:13), 또한 "누구든지 다른 교훈을 하며 바른 말 곧 우리 주 예수 그리스도의 말씀과 경건에 관한 교훈을 따르지 아니하면 그는 교만하여 아무 것도 알지 못하고"(딤전 6:3, 4)라고 경고하셨다. 그러나 안타깝도다! "하나님의 모든 모략을" 피하지 아니하고 성실히 선포하는 자는 얼마나 적고 또한 매우 희소한가!

"내가 바로의 마음을 완악하게 하고 내 표징과 내 이적을 애굽 땅에서 많이 행할 것이나"(출 7:3). 이 말씀은 우리에게 거룩한 말씀에 계시된 가장 진지한 진리 중의 하나(거룩하신 이가 인간의 마음을 강퍅케 하신다)를 우리 앞에 이르게 한다. 아마 어떤 점에 있어서도 선지자가 말한 모든 것을 인간이 그토록 뒤늦게 받아들인 통탄할 만한 실례가 나타난 곳은 여기 이외에 없을 것이다. 하나님께서 바로의 마음을 강퍅케 하셨다는 사실로 인하여 그의 대적들은 진리의 요새를 열심히 공격하고 있다. 이단들은 만일 바로의 이어지는 범죄가 여호와가 그의 마음을 강퍅하게 한 결과였다면 그것은 하나님이 그로 죄를 짓게 하신 분이요, 더 나아가서 바로의 거역을 징계한다는 것은 매우 의롭지 못한 처사라고 주장한다. 슬픈 일은 소위 하나님의 종으로 자처하는 너무도 많은 사람들이 하나님의 말씀의 고결성을 성실히 유지하려는 대신 세속적 마음에 더욱더 영합하기 위하여 그 날카로운 날을 무디게 하려고 시도했다는 것이다. 하나님의 말씀이 가르치는 것을 두렵고 떨림으로 인정하는 대신에, 대부분의 주석가들은 여호와께서 어떠한 자비도 베풀지 않고 그저 바로가 자신의 마음을 강퍅케 한 것을 허락한 것뿐이라고 실제로 주장해왔다.

성경은 바로가 그 자신의 마음을 강퍅하게 했다고 명확히 증언할 뿐만 아니라, 또한 여호와께서 그의 마음을 강퍅케 하셨다고 선언하는데, 분명히 이것은 한 가지나 같은 것이 아니다. 만일 그렇다면 두 가지의 다른 표현이 사용되지 않았을 것이다. 우리들의 의무는 이 양자의 언급을 믿는 것이지만, 그들의 조화주의적 철학을 보여주려는 시도는 아마도 다른 사람들이 말한 것처럼 "무한을 헤아려 보려는 시도"일 것이다. 시편 105:25에 이르시기를 "또 그 대적들의 마음을 변하게 하여 그의 백성을 미워하게 하시며 그의 종들에게 교활하게 행하게 하셨도다"라고 하셨다. 이것보다 더 강하거나 명백한 것은 없을 것이다. 우리가 하나님께서 하신 것을 설명할 수 없다고 해서 그것을 부인할 것인가? 그렇다면 우리는 동일한 근거로써 삼위일체의 교리를 부인하게 될 것이다. 인간의 마음을 강퍅하게 하는 것은 하나님께서 인간에게 죄를 짓게 하는 것이 아니냐고 물을 수도 있다. 그러나 이 사실에 대한 가장 확실한 신앙이란 이러한 질문의 대답이 주어지기를 기대하지 않는 것이다. 만일 하나님이 그 사실을 설명하지 않으신다면(설명하지 않았음) 누구라도 기록된 것 이상으로 현명한 체하지 말아야 한다. 내가 성경에 기록된 많은 것들을 믿는 것은 그 논리적 근거를 설명할 수 있기 때문이 아니라, 하나님께서 거짓말을 할 수 없음을 알기 때문이다. 성경에서 하나님께서 인간들의 마음을 강퍅하게 했다고 말씀한 것은 '적나라하게 허락한 것에 불과하다' 는 식으로 주장하는 자들은 성경을 왜곡한 것이라고 칼빈이 말한 것은 옳았다. 하나님께서 인간들의 마음을 부드럽게 하는 것은 그의 입장에서 수동적 허락에 불과한 것인가? 하지만, 그것은 더욱더 그의 능동적 활동에 의한 것이 아닌가? 주님이 하고 계신 일에 대한 절차의 근거를 정당화하여 하나님을 옹호하는 것이 우리들이 해야 할 분야가 아님을 기억하자. 우리들의 책임은 다만 주님이 그의 말씀 속에서 계시한 모든 것을 주님의 기록된 증거라는 유일한 근거에서 모두 믿는 것이다. 우리의 할 일은 그 순수함 그대로 '말씀을 전파' 하는 것이지 진토의 버러지 같은 타락한 자들의 이성이 받아들이기에 적합하도록 하기 위하여 가장 반박을 받을 만한 그 부분에 대해 음성을 낮추거나 그것이 중요하지 않다고 해명하는 것이 아니다. 여호와는 때가 이르면 친히 변호하실 것이며, 모든 비판자들을 잠잠하게 하시며, 그의 성도들 앞에서 친히 영광을 받으실 것이다.

　우리는 바로와 애굽인들의 경우도 결코 성경에 홀로 남겨져 있지 않음을 지적해야 한다. 신명기 2:30에 모세는, "헤스본 왕 시혼이 우리가 통과하기를 허락하지 아니하였으니 이는 네 하나님 여호와께서 그를 네 손에 넘기시려고 그의 성품을 완강하게 하셨고 그의 마음을 완고하게 하셨음이라"고 기록하였다. 그 관주는 민수기 21:21-23로서 기록되기를, "이스라엘이 아모리 왕 시혼에게 사신을 보내어 이르되 우리에게 당신의 땅을 지나가게 하소서 우리가 밭에든지 포도원에든지 들어가지 아니하며 우물물도 마시지 아니하고 당신의 지경에서 다 나가기까지 왕의 큰길로만 지나가리이다 하나 시혼이 이스라엘이 자기 영토로 지나감을 용납하지 아니하고"라고 하였다. 신명기에 있는 그 구절은 시혼이 완고한 이유를 우리에게 설명한다. 분명히 그것은 단지 분석적 의미의 강경함이 아니라, 그것은 로마서 9:18에 "하고자 하시는 자를 완악하게 하시느니라"고 하신 말씀의 중요한 실례가 되었다. 뿐만 아니라 여호수아 11:19, 20에도 "기브온 주민 히위 족속 외에는 이스라엘 자손과 화친한 성읍이 하나도 없고 이스라엘 자손이 싸워서 다 점령하였으니 그들의 마음이 완악하여 이스라엘을 대적하여 싸우러 온 것은 여호와께서 그리하게 하신 것이라 그들을 진멸하여 바치게 하여 은혜를 입지 못하게 하시고 여호와께서 모세에게 명령하신 대로 그들을 멸하려 하심이었더라"고 기록되어 있다. 이와 같은 중대한 구절들에 대해 따지지 말고 어린 아이와 같은 믿음으로 받아들여 모든 세상의 재판관은 오직 올바른 일을 행하심을 알아야 한다.

"바로가 너희의 말을 듣지 아니할 터인즉 내가 내 손을 애굽에 뻗쳐 여러 큰 심판을 내리고 내 군대, 내 백성 이스라엘 자손을 그 땅에서 인도하여 낼지라 내가 내 손을 애굽 위에 펴서 이스라엘 자손을 그 땅에서 인도하여 낼 때에야 애굽 사람이 나를 여호와인 줄 알리라"(출 7:4, 5). 이 구절들은 우리들에게 여호와께서 바로와 애굽 사람들의 마음을 강퍅하게 하신 이유를 제공해 주는데, 그것은 하나님이 그의 전능하신 능력을 나타낼 충분한 기회를 가지기 위함이었다. 물론 그것이 어두운 배경인 것은 사실이었지만, 하나님의 거룩성이라는 흰 빛을 나타내기 위해 어두운 배경이 요구되었다. 주 예수님이 친히 하신 이와 비슷한 말씀으로 "실족하게 하는 일이 없을 수는 없으나 실족하게 하는 그 사람에게는 화가 있도다"(마 18:7)라고 기록되어 있다. 이어지는 장을 통하여 여호와의 '큰 심판'이 어떠한지 보게 될 것이다.

"모세와 아론이 여호와께서 자기들에게 명령하신 대로 행하였더라"(출 7:6). 왜 여기에 이렇게 기록되어 있나? 우리가 믿기로는, 그 대답은 출애굽기 5장에서 발견할 수 있는 것과 대조되는 것을 지적하는 데 있다. 그 장 서두에 있는 절에서 모세가 "바로에게 가서 이르되 이스라엘의 하나님 여호와께서 이렇게 말씀하시기를 내 백성을 보내라"고 했음을 우리는 알고 있다. 이것은 여호와의 단호한 요구였다. 그런데도 우리는 바로의 냉소적 거절을 본다. 이에 이어서 말씀하심을 보자. "그들이 이르되 히브리인의 하나님이 우리에게 나타나셨은즉 우리가 광야로 사흘길쯤 가서 우리 하나님 여호와께 제사를 드리려 하오니 가도록 허락하소서." 모세와 아론이 여호와의 말씀을 변개한 것이 분명하다. 그들은 공격적 메시지의 어조를 부드럽게 하였다. 하나님의 사자로 높은 입장에 서서 바로에게 명령하는 대신, 그들은 그에게 간청하거나 요청하는 노예의 수준으로 몸을 굽혔다. 우리가 믿기로는, 이러한 이유 때문에 출애굽기 7:1에서 여호와께서 모세에게 "볼지어다 (즉, 잘 주지하라) 내가 너를 바로에게 신 같이 되게 하였은즉"이라고 하신 것을 볼 수 있다. 너는 가서 그에게 빌 것이 아니라 너는 요구하고 명령하라. … 그리고 여호와께서 더하여 이르시기를 "너는 내가 너에게 명한 모든 것을 말할지어다"라고 하셨다. 이번에는 여호와의 종들이 문자 그대로 순종하였으니 이에 "자기들에게 명하신 대로 곧 그대로 행하였더라"고 하신 말씀을 우리는 볼 수 있다.

"그들이 바로에게 말할 때에 모세는 팔십 세였고 아론은 팔십삼 세였더라"(출 7:7). 모세와 아론의 나이에 대한 이 언급은 여호와의 능력과 은총을 크게 보이도록 여기에 기록하신 것 같다. 하나님은 자신의 도구로서 이 두 나이든 사람을 등용하시기를 기뻐하셨다. 의심할 여지 없이 성령께서는 또한 그가 심판을 행하기 전에 있었던 이스라엘의 고통의 장구함과 하나님의 오래 참으심을 깨닫게 해 주신다. 팔십년이 넘도록 히브리인들은 혹독한 압제를 받아왔었다.

"여호와께서 모세와 아론에게 말씀하여 이르시되 바로가 너희에게 이르기를 너희는 이적을 보이라 하거든 너는 아론에게 말하기를 너의 지팡이를 들어서 바로 앞에 던지라 하라 그것이 뱀이 되리라 모세와 아론이 바로에게 가서 여호와께서 명령하신 대로 행하여 아론이 바로와 그의 신하 앞에 지팡이를 던지니 뱀이 된지라 바로도 현인들과 마술사들을 부르매 그 애굽 요술사들도 그들의 요술로 그와 같이 행하되 각 사람이 지팡이를 던지매 뱀이 되었으나 아론의 지팡이가 그들의 지팡이를 삼키니라"(출 7:8-12). 바로가 모세와 아론에게 이적을 행하라고 요구한 이유는 히브리인들의 하나님이 진실로 그들을 보내었는지를 시험하고 판명하기 위함이었다. 여기에 채택된 이적 또는 표적은 6장에서 이미 길게 고찰한 바 있다. 현재와 관련되는 그 의미와 메시지를 확정하기는 쉽지 않다. 증거에 의거한 관점에서 볼 때 모세와 아론은 초자연 능력을 부여받았음이 틀림없다. 아마도, 역시 지팡이가 뱀이 된 것은 바로의 양심에게 말해주기 위한 것으로서, 그와 그의 백성이 사탄의 통치 아래 있다는 것을 암시한다. 이것은 뱀이 다시 지팡이로 변한 것에 관하여는 여기에서 아무것도 이야기하지 않은 사실에서 — 여호와께서 모세에게 지시하실 때(출 7:9)나 또는 이적을 묘사한 곳(출 7:10-12)에서 — 입증되는 것 같다. 모세가 이스라엘 앞에서 행하였던 두 번째 이적(나병이 걸린 손의 나음)을 바로 앞에서 행하지 않았다고 하는 것은 역시 매우 중요하다. 이에 대한 이유는 분명한데, 이는 세상에 속한 사람들이 아니라 하나님의 백성들만이 죄악의 오염으로부터 구하는 비밀을 드러내는 유일한 자들이기 때문이다.

모세와 아론이 행한 이 이적에 대한 바로의 반응은 괄목할 만하다. 왕은 자신의 박사와 박수들(마귀의 권세와 동맹한 자들)을 불러 모아 그 이적들을 재현하였다. 거의 대부분의 주석가들이 애굽의 술객들에 의하여 행해진 것이 참 이적임

을 부인하는 것은 참으로 슬퍼할 일이다. 어떠한 철학적으로나 교리적인 어려움
이 관련되었든지 간에, 그것의 병폐는 우리가 오늘날의 합리주의에 무릎을 꿇게
된 것이다. 성경적 견해는 매우 명백하여 불확실한 여지를 남기지 않는다. 첫째
로 성령님께서 우리에게 애굽의 술객들도 "그 술법으로 그와 같이 행하되"(모세
와 아론이 한 것처럼)라고 말씀하셨다. 이 말씀은 적당히 해석해 넘어가 버릴 것
이 아니라 단순한 믿음으로 받아들여야 한다. 둘째로 더하여 이르시기를 "각 사
람이 지팡이를 던지매(능란한 솜씨로, 그들이 어떤 대신하는 것으로 하지 않고)
그것들(지팡이들)이 뱀이 되었으나"라고 기록되어 있다. 만일 그 내용 중에 술객
들이 뱀을 던졌다는 생각이 들게 해주는 어떤 의미가 있었다면 모를 일이다. 하
지만 그들은 지팡이를 던졌고 그것들이 뱀이 되었다. 마지막으로 "아론의 지팡이
가 그들의 지팡이를 삼키니라"고 기록되어 있다. 아론의 지팡이는 뱀이 되어 방
금 뱀으로 변한 그들의 지팡이를 삼켰다. 성령님께서 이러한 방법으로 말씀하셨
다는 것에는 '지팡이'가 아닌 다른 어떤 것이 땅에 떨어졌을 것이라고 결론을 내
리는 것을 금지하는 명확한 목적이 있다.

　분명히 '어떻게 애굽 마술사들이 이적을 행할 수 있었을까'라는 질문을 할 수
도 있을 것이다. 그 대답은 마귀의 능력에 의해서이다. 이 문제는 의심할 여지 없
이 신비스러운 것이어서, 지금 더 길게 이해하기에는 너무도 방대한 문제이다.
이 장의 서두에서 주지한 바와 같이 여기 우리 앞에 있는 출애굽기의 전편 장들
은 선과 악 사이의 크나큰 대결의 윤곽을 나타내고 있다. 바로가 사탄의 대리인
들을 통하여 행하는 것과 그러한 기이한 일들을 행할 수 있는 술객들을 소집할
수 있었다는 사실은 그의 뜻에 따라 마귀가 가지는 능한 권세를 실례를 들어 설
명하면서 실제로 보여 주기 위한 것이다. 우리들이 큰 원수의 힘을 얕보는 것은
어리석고 또한 해가 된다. 우리의 구세주를 광야에서 예루살렘에 있는 성전으로
옮기도록 허락받은 자, 그리고 그에게 "순식간에 천하 만국을 보일 수 있었던"(눅
4:5) 자는 그의 사자들로 하여금 지팡이를 뱀으로 변하게 하는 능력을 부여하기
에 어려움이 없었을 것이다.

　**"각 사람이 지팡이를 던지매 뱀이 되었으나 아론의 지팡이가 그들의 지팡이를 삼
키니라"**(출 7:12). 이 사실은 매우 충격적이다. 요술사들은 그들의 "신들"의 이름
으로 나타났지만(비, 출 12:12; 18:11), 이러한 이적은 모세의 능력이 마술사들의
것보다 우세하다는 것과 또한 그들을 대적했다는 사실을 분명하게 나타내었다.

이 표적은 전능자와 더불어 싸우는 지구와 지옥에 있는 모든 권세와 다툼의 종말이 현재 시작됨을 예시해 준다. "그들의 권세의 상징이 사라졌고 여호와의 종들의 것만이 남았다"(Urquhart).

"그러나 바로의 마음이 완악하여 그들의 말을 듣지 아니하니 여호와의 말씀과 같더라"(출 7:13). 여기에서 또다시 주석가들이 통탄스럽게도 과오를 범하고 있다. 그들은 거의 모두 이 구절은 바로가 자신의 마음을 강퍅하게 하였고 그리고 끝까지 그렇게 한 것은 아니지만 바로의 외고집 때문에, 주께서 그의 마음을 "완악하게 하셨음"을 의미한다고 주장한다. 그러나 바로 이 구절은 명백히 그들의 세속적 사고(carnal reasoning)를 거절하고 있다. 이 구절은 "바로의 마음이 완악하여 그들의 말을 듣지 아니하니 여호와의 말씀과 같더라"고 단호하게 선언하고 있다. 이제는 앞의 장들을 주의 깊게 읽고 여호와께서 말씀하신 것을 살펴보자. 주님은 바로가 스스로 자신의 마음을 완악하게 하였다는 어떤 말도 하지 않았다. 오히려 주님은 "내가 그의 마음을 완악하게 한즉"(출 4:21)이라고 하였고 거듭 "내가 바로의 마음을 완악하게 하리라"(출 7:3)고 했다. 이것이 문제를 결말짓는다. 하나님께서는 분명히 임금의 마음을 완악하게 하리라고 선언하였고, 출애굽기 7:13에는 "바로의 마음이 완악하여 그들의 말을 듣지 아니하니 여호와의 말씀과 같더라"고 했다. 인간은 하나님의 질서를 번복할 수 없다. 세속적 마음은 말하기를 '구원을 받으려면 선한 일을 하라'고 하나, 하나님은 '네가 무슨 선한 일을 하기 전에 반드시 먼저 구원을 받아야만 한다'고 하신다. 세속적 마음은 사람이 거듭나기 위해서는 반드시 믿어야 한다고 설명하지만, 성경은 가르치기를 생명의 활동을 나타내 보일 수 있기 전에 먼저 영적 생명을 가져야만 한다고 가르치고 있다. 신학자들을 따르는 자들은 왕이 먼저 그의 마음을 완악하게 하였으므로 하나님이 바로의 마음을 완악하게 하셨다고 결론짓지만, 성경에 머리를 숙이는 자(그리고 진정 그렇게 하는 자는 극소수이지만)는 하나님께서 먼저 그의 마음을 완악하게 하셨으므로 바로가 자신의 마음을 완악하게 했다는 사실을 인정할 것이다.

여기에서 바로에 대하여 말한 것은 우리가 잠언 21:1을 읽은 것에 대한 가장 진지한 실례를 제공한다. "왕의 마음이 여호와의 손에 있음이 마치 봇물과 같아서 그가 임의로 인도 하시느니라"(잠 21:1). 바로의 마음을 완악하게 한 것은 요한계시록 17:17에 나타난 것 못지않게 더욱 섬뜩하게 한다 — "하나님이 자기 뜻대로 할 마음을 그들에게 주사 한 뜻을 이루게 하시고 그들의 나라를 그 짐승에게 주게 하시되 하나님의 말씀이 응하기까지 하심이라"(계17:17). 여기에서 우리는 죄의 사람인 적그리스도와 연합한 열 왕을 볼 수 있고, 그들의 왕국을 줄 마음을 주신 이는 바로 하나님이심을 알 수 있다. 다시 말하지만 그러한 것들은 철학적으로 연구할 필요가 없을 뿐만 아니라, 또한 의롭고 거룩한 하나님의 방법에 대해서도 의의를 제기해서는 안 된다. 성경은 우리에게 "그의 길은 찾지 못할 것이로다"(롬 11:33)라고 명백히 말씀하신다. 그러므로 주님 앞에 떨자. 그리고 만일 주님의 놀라우신 은혜로 우리의 마음을 부드럽게 하셨다면 그 지극하신 자비하심을 끊임없이 높이도록 하자.

애굽에 내려진 재앙 (1)

출애굽기 7-11장

팔십 년이 넘도록, 아니면 아마도 더 오랫동안, 애굽인들은 히브리인들을 압제하였으며, 하나님은 그의 백성의 박해당함을 끈기 있게 참았다. 그러나 그의 장자로 인하여 그가 간섭해야만 할 때가 이르렀고(출 4:22), 가장 혹독한 속박으로 이스라엘을 쇠약하게 한 자들에 대한 보복의 시간이 왔다. 여호와께서는 노하기를 더디 하시고 긍휼이 많으시며, "자주 경책하지 아니하시며 노를 영원히 품지 아니하신다"(시 103:9). 그렇지만 계속되는 끔찍한 심판, 즉 '애굽의 재앙'으로 알려진 심판들이 지금 바로와 그의 땅에 내려졌다. 그 수는 모두 열 가지였다. 첫째, 나일 강의 물이 피로 변했다(출 7:14-25). 둘째, 개구리들이 땅을 덮었고 애굽 사람들의 집에 들어왔다(출 8:1-5). 셋째, 이가 생기게 하여 그들을 해쳤다(출 8:16-19). 넷째는 파리 떼가 애굽 사람들의 집에 가득하게 땅을 덮었다(출 8:20-24). 다섯째는 심한 돌림병으로 가축들을 쳤다(출 9:1-7). 여섯째, 독종과 헌데가 사람과 짐승에게 붙었다(출 9:8-12). 일곱째, 뇌성과 우박이 이러한 하늘이 내린 천벌들의 공포들 위에 더하여졌다(출 9:8-35). 여덟째, 메뚜기가 모든 식물을 먹었다(출 10:1-20). 아홉째, 분간할 수 없는 캄캄한 흑암이 삼일 동안 땅에 퍼졌다(출 10:21-29). 열 번째는 사람과 짐승의 처음 난 것이 죽임을 당하였다(출 11:5). 시편 78편에 보면 그 놀라운 요약이 있다. "그의 맹렬한 노여움과 진노와 분노와 고난 곧 재앙의 천사들을 그들에게 내려 보내셨으며 그는 진노로 길을 닦으사 그들의 목숨이 죽음을 면하지 못하게 하시고 그들의 생명을 전염병에 붙이셨으며 애굽에서 모든 장자 곧 함의 장막에 있는 그들의 기력의 처음 것을 치셨으나"(시 78:49-51; 비, 시 105:27-36).

우리가 이러한 심판의 기록으로부터 배울 것이 많다는 것은 의문의 여지가 없

다. 우리는 그것들이 많은 중요한 실천적, 모형적 그리고 예언적 성격의 교훈을
말한다는 것에 대해 완전히 만족한다. 그것들의 순서, 배열, 숫자, 성격, 목적, 효
과들은 각기 주의 깊은 연구를 요구한다. 우리가 알기로는, 그 중대성에 대한 상
세한 해석을 제공하고자 하는 시도가 거의 또는 전혀 없었다고 해도 과언이 아니
고, 그리고 주석으로부터 얻는 도움도 미약하다. 이로 인하여 우리는 주님을 향
하여 도움을 구하는 의존적인 영혼을 실망시키지 않는 여호와께로 돌아가야만
한다. 저자에게 허락한 작은 빛으로 독자 제위의 마음을 움직이어서 은혜의 보좌
앞에서 스스로 더욱 진지하게 간구하기를 바란다. 이 장에서는 개괄적으로 다루
겠지만 다음 장에 가서는 보다 상세히 연구하도록 하겠다.

1. 이러한 재앙의 목적은 여러 가지였다.

첫째, 이러한 재앙은 여호와 하나님의 능하신 권능을 공적으로 나타내었다(출
9:16 참조). 바로의 요술사들도 이것을 인정하였다-"요술사가 바로에게 말하되
이는 하나님의 손가락(권능)이니이다"(출 8:17).

둘째, 그것은 바로와 애굽인들이 히브리인들에게 행한 잔인한 처우에 대해 그
들에게 내린 거룩한 진노의 심판이었다. 이로 인하여 오만한 군주는 잘못을 인정
하도록 강요당했다. "바로가 모세와 아론을 급히 불러 이르되 내가 너희의 하나
님 여호와와 너희에게 죄를 지었으니"(출 10:16).

셋째, 그것은 애굽의 신들(마귀들)에게 내려진 하나님의 심판이었다. 이것은
민수기 33:4에서 가르쳐 주고 있다. "애굽인은 여호와께서 그들 중에 치신 그 모
든 장자를 장사하는 때라 여호와께서 그들의 신들에게도 벌을 주셨더라."

넷째, 그 재앙들은 여호와께서 모든 신들 위에 뛰어남을 입증하였다. 이것은
뒤에 이드로가 고백한 말이다. "이르되 여호와를 찬송하리로다 너희를 애굽 사람
의 손에서와 바로의 손에서 건져내시고 백성을 애굽 사람의 손 아래에서 건지셨
도다 이제 내가 알았도다 여호와는 모든 신보다 크시므로 이스라엘에게 교만하게
행하는 그들을 이기셨도다"(출 18:10, 11).

다섯째, 그것은 인간의 책임에 대한 완전한 시험을 제공한다. 이는 그 숫자가
가리키고 있는 바와 같이 '열'이 내포하고 있는 중대성(십계명과 비교해 볼 때)은
책임의 전부를 의미한다.

여섯째, 그것은 이스라엘을 저주하는 자들을 하나님께서 저주하신다(창 12:13)

는 것을 다른 나라들에게 엄숙하게 경고한다. 이 사실은 여리고의 라합에 의하여 명백히 이루어졌다. ─ "말하되 여호와께서 이 땅을 너희에게 주신 줄을 내가 아노라 우리가 너희를 심히 두려워하고 이 땅 주민들이 다 너희 앞에서 간담이 녹나니 이는 너희가 애굽에서 나올 때에 여호와께서 너희 앞에서 홍해 물을 마르게 하신 일과 … 우리가 들었음이니라"(수 2:9, 10). "우리에게 화로다 누가 우리를 이 능한 신들의 손에서 건지리요 그들은 광야에서 여러 가지 재앙으로 애굽인을 친 신들이니라"(삼상 4:8).

마지막으로, 이 기적적인 재앙들은 이스라엘을 위한 일련의 시험으로서 분명히 의도되었다. 이 사실은 모세가 이스라엘에게 물었던 내용 신명기 4:33, 34에서 가르쳐 주고 있다. "어떤 국민이 불 가운데에서 말씀하시는 하나님의 음성을 너처럼 듣고 생존하였느냐 어떤 신이 와서 시험과 이적과 기사와 전쟁과 강한 손과 편 팔과 크게 두려운 일로 한 민족을 다른 민족에게서 인도하여 낸 일이 있느냐 이는 다 너희의 하나님 여호와께서 애굽에서 너희를 위하여 너희의 목전에서 행하신 일이라." 이 시험의 결과는 다음 말씀에서 설명되었다. "여호와여 신 중에 주와 같은 자가 누구니이까 주와 같이 거룩함으로 영광스러우며 찬송할 만한 위엄이 있으며 기이한 일을 행하는 자가 누구니이까"(출 15:11).

2. 재앙의 배열은 거룩한 질서와 의도를 분명하게 드러낸다.

열 번째의 재앙은 이스라엘의 특별한 관계와 그들의 구속으로 인하여 다른 모든 재앙과 분리된다. 다른 아홉 가지 재앙은 세 개의 그룹으로 정리된다. 그것들은 세 가지 분야로 분류되고, 각 분야는 세 가지의 재앙으로 이루어진다. 우리가 한 가지 주목할 만한 형태를 가리키면, 이러한 분류의 윤곽은 성경 그 자체에서 초래된다는 것이 명백해질 것이다. 각 단계에 있어서 첫째와 둘째 재앙에는 경고가 나타나 있으나, 세 번째의 재앙에는 경고가 없다. 이와 같이 모세는 애굽의 물이 피로 변하기 전에 바로를 만나라는 명령을 받았다. 또다시 개구리가 땅을 덮게 될 때에 모세는 바로에게 가서 하나님께서 행하신 일을 선포해야 했다. 그러나 티끌을 쳐서 이가 되게 하여 애굽 땅 전역에 있게 할 때에는 바로에게 가라는 명령이 없었다. 여섯째 재앙도 그러했는데, 즉 풀무의 재를 사용하여 사람과 짐승에게 독종이 나게 했을 때와, 죽음의 막과 같은 흑암으로 그 땅을 덮었을 때인 아홉 번째 재앙에도 그러했다. 이 세 가지 경우 중 어느 것에도 바로에게 선포된 말이 없다. 이는 하나님이 항상 애쓰시지 않음을 깨닫게 하며, 그리고 반복된 경고를 유의하지 않으면 갑작스럽고 혹독한 심판에 이르게 될 것을 생각나게 한다(Urquhart). 머피(Murphy)는 그의 출애굽기 주석에서, "아론은 첫 번째의 세 가지 재앙들에서는 지팡이를 사용하였으나 두 번째와 세 번째에는 그런 말이 언급되지 않았다. 세 번째의 세 가지 재앙들에서는 모세가 지팡이를 사용하지만, 그 마지막에 가서는 그의 손만 언급되었다. 이러한 모든 순서의 표시는 이야기의 표면에 펼쳐져 있어서, 그것들이 어디에서 비롯되는지에 대한 성격과 이유에 대한 심원한 질서를 알려준다"고 말한다.

재앙에 관련하여 놀랄 만한 내향성(안으로 향하기)이 관찰되어진다. 첫 번째, 나일 강의 물이 피로 변했는데 — 이는 **죽음**을 상징한다. 반면에 열 번째에는 장자의 죽음으로 인한 실제적 피 흘림이 있었다. 두 번째 재앙에서는 밤의 피조물인 개구리가 나오는데 그것은 어둠으로부터 나왔다. 반면에 아홉째 재앙에서도 실제적 흑암이 있었다. 셋째 재앙에서 술객들은 "이는 하나님의 권능이시다"(출 8:19)라고 소리 질러야만 했다. 하지만, 여덟째에 가서는(내향에 의한 숫자의 차례에 맞추어) 바로가 말하기를 "내가 너희의 하나님 여호와와 너희에게 죄를 지었으니"(출 10:16)라고 했다. 넷째 재앙은 특별히 하나님께서 고센 땅을 제외 — "그 곳에는 파리가 없게 하리라"(출 8:22) — 했음을 알려주는데, 이것은 또한 일곱째 재앙과 관련이 있다. 즉, 일곱 번째에는 "이스라엘 자손들이 있는 그 곳 고센 땅에는 우박이 없었더라"(출 9:26)고 기록되어 있다. 반면에 다섯째와 여섯째의 재앙의 공통된 사항은 둘 다 모두 애굽 사람들의 가축만 침해당했다는 사실이었다(출 9:3; 9:9 참조). 그러므로 우리는 다시 이 같은 다른 재앙들의 배치된 사실과 그 순서에서 거룩하신 이의 손길을 본다.

3. 이러한 재앙들의 점진적 성격을 쉽게 알 수 있다.

하나님의 심판의 엄격함에는 명료한 이행 단계와 확실한 진행이 있었다. 첫 번째 세 가지는 단지 애굽인 생활의 안락을 훼방했는데, 첫째는 먹고 씻는 물을 더럽혔고, 둘째는 개구리에 의하여 그들의 집을 침입하는 것이었고, 셋째는 이가 사람들을 공격하는 것이었다. 두 번째 세 가지는 여호와의 손이 그들의 소유에 내리셨는데, 첫째는 그들의 땅에 "파리 떼"들이 나타나 더럽혔고(출 8:24), 두 번째는 그들의 가축을 멸하셨고, 그리고 세 번째는 사람들을 다시 공격하는 것으로서, 이번에는 독창과 악질의 형태로 하였다. 마지막 세 가지는 보다 명백하게 직접적인 하나님의 손을 입증하는 황폐와 **죽음**을 갖고 왔는데, 우박은 초목과 가축 모두를 상하게 했고 메뚜기는 우박에 의하여 황폐되지 아니한 식물을 먹었으며, 흑암은 애굽 전역의 모든 활동을 묶었다. 이 모든 것들은 거룩하신 이가 모든 것을 조치할 때 아주 두드러지는 원칙의 사례를 보여주는 데 공헌했다. 그 본질에 있어서, 은혜와 마찬가지로 심판에 있어서도 처음에는 잎사귀, 그 다음에 이삭, 그리고 이삭에 충실한 곡식이다.

4. 이러한 재앙들의 도덕적 의미는 매우 인상적이다.

재앙들은 그 주요한 형태에 있어서 세상 조직에 대한 가장 중대하고 완전한 묘사(즉 애굽을 정확하게 묘사)를 제공한다. 피로 변한 물은 죽음이 어떻게 이 장소를 품고 있는지를 말해 준다. 심히 부풀어 오른 개구리들은 이 세상에 속한 자녀들의 교만과 자기만족을 제시해 준다. 이 재앙은 육체의 탐욕으로부터 나오는 불결함과 더러움을 말한다. 파리 떼는 그들의 아비인 마귀, 그것은 곧 '파리들의 주' 라는 뜻의 '바알세붑' 이 얼마나 사악한지를 선포하고 있다. 가축(짐을 지는 짐승)의 전염병은 자연스러운 인간의 봉사가 그 근원에서 부패한 것임을 말해준다. 독종과 악질은 이사야 선지자를 통해 말씀하신 중생하지 못한 자에 대한 무서운 묘사를 연상케 한다. — "발바닥에서 머리까지 성한 곳이 없이 상한 것과 터진 것과 새로 맞은 흔적뿐이거늘"(사 1:6). 우박(땅 위를 누빈 무서운 번개를 동반한)은 불순종 위에 내려진 하나님의 진노를 상징한다. 모든 식물을 먹어버린 메뚜기는 이 세상에서 영적 열매 맺지 못함을 묘사한다. 즉 영에 관련하는 한 황폐한 폐허이다. 짙은 어둠은 세상이 빛이신 그분으로부터 얼마나 멀리 떨어졌는가를 보여준다. 모든 장자(가족의 대표)들의 죽음은 마음이 완악한 자들을 기다리는 두 번째의 죽음을 미리 말해주고 있다.

5. 재앙들은 이스라엘 백성의 믿음을 세우기 위하여 계획되었다.

사백여 년 동안 그들은 여호와를 전혀 모르는 우상 숭배의 땅에서 거주했다. 뿐만 아니라 애굽의 제사장들은 초자연적 작용을 떠나서는 설명할 수 없는 행동들을 수행할 수 있었다. 그러므로 여호와께서 지금 자신을 나타내심을 기뻐하사 편견이 없는 참관자들(사탄에 의하여 마음의 눈이 어두워지지 않은 자들)이 이방

이웃들의 무력한 거짓 신들과 구별되는 진실한 하나님의 존재와 전능하심을 인정할 수밖에 없었다. 여호와는 자신의 임재와 능력이 재앙들 가운데에서 드러나서 그의 백성들이 살아 계신 하나님을 발견할 수 있도록 당신의 임무를 수행하였다. 여호와의 능력이 이렇게 나타남이 애굽인들의 거짓된 믿음과 우상의 대상들에 반대하여 행해진 그러한 심판들이었다는 것을 인정하게 될 때 그것은 더욱 분명해진다(출 12:12 참조). 바로에게 보낸 모세의 사역을 확증하는 표적은 여러 가지 암시를 제공해 준다. 뱀은 애굽인들 사이에 숭배의 대상이었고 뱀으로 변한 아론의 지팡이는 술객들의 뱀을 삼켰는데, 이는 그들의 신이 장차 다가올 폭풍으로부터 그들을 구할 수 없다는 분명한 경고였다.

다른 사람들이 재앙을 받은 특정한 '신들'에 대하여 상세히 논술한 바 있으므로 이 주제의 단계에서는 더 많은 말을 할 필요가 없을 것 같다. 나일 강은 애굽인들에 의하여 깊은 숭배를 받는 대상이다. 그 강물은 마치 힌두교도들이 간지스에서 하는 것처럼 신성하게 여겨졌다. 그러하다면 그 물이 피로 변하고 죽은 고기들이 고약한 냄새를 풍겼을 때, 그것은 그들의 예배 의식에 무서운 타격이 되었을 것이다. 두 번째, 나일 강은 애굽인들의 집에 침입하여 불쾌하고 고통스럽게 한 무수한 개구리들을 만들어 내보내었다. 세 번째 재앙에서는 이가 사람과 짐승들에게 있었는데, 이에 대해 글레이그(Gleig)는 다음과 같이 말했다. "만일 이것을 기억하고 있다면 불결한 곤충을 숨겨주는 애굽의 제단에 그 누구도 접근하지 않을 것이다. 제사장이란 사소한 더러움의 위험부담에 주의하여 다만 세마포 옷만을 입고 그들의 머리와 몸을 삼일마다 면도하였기에, 애굽인의 우상 숭배에 내려진 이러한 심판의 가혹성은 짐작할 만하다. 그 일이 지속되는 동안은 예배 행위를 이행할 수 없는 결과를 초래하게 되었고, 바로 그 술객으로 하여금 '이는 하나님의 전능이니이다'라고 고백하도록 너무도 통렬하게 느끼게 했다."

네 번째 재앙은, "대략 삼복더위 철에 땅에 우글거리다가 그들의 우상의 뜻에 의해서만 제거된다고 생각된 탐욕스런 파리 떼의 천벌에서 그들을 보호하는 신으로 숭배해 왔던 바알세붑 또는 파리의 신을 그 백성들이 의지하는 것을 철폐하기 위하여 계획되었다. 이제 모세에 의하여 행해진 이적은 바알세붑의 중대성 여부를 판가름해 주었고, 백성들로 하여금 그들이 고통당해왔던 두려운 천벌로부터 구함을 받기 위하여 어딘가로 찾아 헤매게 만들었다. 이스라엘 사람들의 가축들을 제외한 모든 가축들을 멸한 다섯 번째 재앙은 짐승을 숭배하는 전체 체계의 파괴를 목표로 하였다. 이 체계는 실제로 인간의 품위를 하락시키고 금수와 같게 하며, 애굽에서 여러 개의 머리를 가진 괴물이 되었다. 그들은 신성한 황소, 어린 양, 암송아지, 염소 그리고 그 외에도 많은 우상을 가지고 있었는데 이 모든 것들이 하나님의 사역자 모세에 의하여 파괴되었다. 이와 같은 일종의 능력의 행위로써 여호와는 스스로의 주권을 나타내셨고 그들 짐승 우상들의 존재 그 자체를 박멸하셨다"(워커[J. B. Walker] 박사). 계속하여 다음의 일들을 보도록 하자.

6. 재앙과 관련된 요술사들의 행동은 주의할 만하다.

우리는 이전의 글을 통하여 이러한 사람들에 의하여 일어난 이적들을 대수롭지 않은 손장난의 속임수로 일축해 버리려는 자들을 용납할 수 없음을 이미 공표했다. 성경의 이야기 속에서는 그 요술사들이 어떠한 속임수를 행했는지에 대한 어떤 암시도 없을 뿐만 아니라, 영감을 받은 기사도 그것들이 모세와 아론에 의하여 행하여진 이적을 언급할 때 사용한 것과 정확히 동일한 언어로써 그것이 발생된 것을 묘사한다. 하지만 마술 이론에 맞서는 극복할 수 없는 반대들이 있다. 그러므로 모든 초자연적인 것을 부인하는 합리주의를 방조하면서 그들의 이름이 항간에 높임을 받는 자가 있다는 것은 매우 고통스러운 일이다. 그런 사람들은 요한계시록 16:14의 "그들은 귀신의 영이라 이적을 행하여 … "라고 하신 말씀을 잊어버렸는가!

여호와께서 애굽인들과 이스라엘인들 앞에 자신을 공적으로 나타내야만 했다면, 애굽의 박수들로 그를 대항하여 맞서면서 고통을 당하게 하는 것은 합당한 일이었다. 자신들의 신들의 이름으로 나타난 요술사들이 완전히 따돌림을 받았던 이유는, 모세를 통하여 역사하는 하나님의 능력이 그들의 마술보다 우세했을 뿐만 아니라 하나님께서 그들과 그 우상 숭배를 적대시하심을 보여 주어야 했기 때문이다. 주님은 요술사들에게 세 번이나 그 능력이 나타나도록 허락하셨는데, 그것은 그들의 지팡이를 뱀이 되게 하였을 때(출 7:12), 물이 피가 되게 하였을 때(출 7:22), 그리고 개구리들을 나오게 하였을 때(출 8:12)였다. 하지만 그들은 그 이상으로 더 나갈 수 없었다. 그들이 했던 세 가지 일은 매우 의미가 있었다. 첫째는 사탄의 권세를 말하며, 둘째는 죽음이요, 셋째는 교만과 불결함이다. 네 번째 재앙에 관하여는 "요술사들도 자기 요술로 그같이 행하여 이를 생기게 하려 하였으나 못 하였고"(출 8:18)라고 기록되어 있다. 여기에 요술사들이 행한 이적들이 단지 적당한 술책의 묘기만이 아니라는 증거가 있다. 만일 그들이 참으로 대수롭지 않은 손장난의 재주를 보였다면 지팡이로 뱀을 대신하게 하는 것보다 는, 티끌로 이를 대신하게 하는 것이 훨씬 더 간단했을 것이다. 그들이 이가 생기 게 하는 이적을 반복할 수 없었다고 하는 것은 마술의 행함보다 훨씬 더한 어떤 것 이 있다는 견해를 확증한다.

출애굽기의 앞에 있는 장들이 선과 악의 위대한 대결의 상징적 장면을 보여준 다는 것을 우리가 염두에 두었다면, 여호와께서 바로의 박수들로 하여금 이러한 이적들을 행하도록 허락하신 이유를 쉽게 알 수 있을 것이다. 요술사들의 이적은 사탄의 활동의 실례를 보여주며, 그리고 사탄의 사역의 특성을 묘사하고 있을 뿐 만 아니라 그가 추구하는 방법과 그 성공의 한계를 노출시키고 있다. 마귀는 밀 을 따라 나는 가라지의 비유와 같이(마 13장), 언제나 **모방자임을** 명백히 보여준 다. 바로의 목적은 모세의 이적들을 **무효화시키는** 것이었다. 여호와의 종이 이적 을 행하면, 곧 임금은 그의 요술사들을 소집하여 그들도 그와 같이 할 수 있음을 보였다. 이것은 사탄의 사역에 있어서 불변하는 원칙의 실례를 보여준다. 첫째 그가 히브리인들을 노예로 삼고 있는 이상, 세력으로 압제(박해 등)하려고 하였 다. 그것이 좌절될 때 사탄은 여기에서 교묘한 방법을 의지하는 기만적 계략을 꾸민다. 하나는 우는 '사자' (벧전 5:8)이며, 다른 하나는 간교한 '뱀' (창 3:1)이다.

신약성경에는 우리들 앞에 있는 이 주제에 대하여 빛을 비추어주는 인상적인 구절이 있다. 디모데후서 3:8에 "얀네와 얌브레가 모세를 대적한 것 같이 그들도 진리를 대적하니 이 사람들은 그 마음이 부패한 자요 믿음에 관하여는 버림 받은 자들이라"라고 기록되어 있다. 여기에 애굽에서 이적을 행한 두 술객들(의심할 여지 없이 우두머리들임이 분명)의 이름을 알 수 있다. 얀네와 얌브레가 모세를 대적하였다. 그들은 모세를 궁전에서 쫓아내거나 투옥하거나 죽임으로써 대적하 지 않고, 그의 일을 반복함으로써 모세를 대적했다. 성령님께서 말씀하시기를 하 나님의 종들을 대적하는 자들이 지금도 있으니, "얀네와 얌브레가 모세를 대적한 것 같이 그들(딤후 3:5, 6절에서 언급한 자들)도 진리를 대적하니"라고 하셨다. 이 것은 '곤경에 처한 때' 의 특징을 매우 훌륭하게 묘사한 것 중의 하나이다. 여기에 서 언급한 것은 사탄에 의하여 이적을 행할 수 있도록 초자연적으로 능력을 부여 받은 남자(또는 여자)에 관한 것이다. 우리가 아는 바와 같이 이러한 일들이 오늘 날도 발견되는데, 강신론자들(Spiritualists)과 크리스찬 사이언티스트들뿐만 아니라 신유 종파(Faith-healing cults)들의 일부 지도자들도 그러하다. 수천의 군중들을 매료하는 그리스도의 전도자들로 자처하는 남녀들이 있다. 그들의 주된 역점은 전달해야 할 메시지가 아니라 병에 걸린 자들에게 '기름을 바르고' 기도할 준비가 되어 있는 것이다. 그들은 '예수'(그들은 그분을 결코 '주 예수님으로' 모시지 않음)를 그들의 믿음의 응답으로, 그들을 통하여 중풍을 제거하시고 암을 고치시며 맹인을 다시 보게 하는 자로 주장한다. 그들의 주장들을 면밀히 조사해 보면 가장 널리 선전된 대부분의 '치료'가 사기로 드러난다. 그런가 하면 어떤 경우에는 진정한 치유가 있는데, 그것은 초자연적인 작용을 떠나서 설명이 불가능한 것이다. 이와 같이 바로의 요술사들에 의하여 행해진 이적들도 하나님에 의하여 제한되기는 하였지만, 그들도 기이한 일을 행한 것만은 사실이다.

7. 이 재앙들은 하나님의 미래 심판에 대한 가장 인상적인 예언적 예견을 제공했다.

이것은 애굽에 내릴 하나님의 심판과 관련된 가장 주목할 만한 일 중의 하나이다. 고대에서의 거룩한 진노의 천벌과 성경에서 예언하는 내용 그리고 미래에 대한 선포 사이에서 제공되는 유사점은 많고 또한 매우 상세하다. 우리는 여기서 불과 두드러진 몇 가지 사건에만 주목하겠지만, 부지런한 사람은 만일 그가 필요한 노력을 기울이기만 한다면 혼자서라도 더 많은 것을 발견할 수 있을 것이다.

(1) 야곱의 고난의 때에 이스라엘은 다시 쓰라린 압제와 고통을 당할 것임(사 60:14; 렘 30:5-8).

(2) 그들이 하나님을 향하여 부르짖을 것이요 그가 들으시고 응답하실 것임(렘 31:18-20).

(3) 하나님은 압제자들에게 그들을 보내도록 명하실 것임(사 43:6).

(4) 하나님께서 두 증인을 보내어 그들의 대적 앞에서 이적을 행하게 하실 것임(계 11:3-6).

(5) 그들의 대적도 이적을 행할 것임(계 13:13-15).

(6) 하나님께서 세상에 혹독한 심판을 내리실 것임(렘 25:15, 16).

(7) 하나님께서 그들로부터 당신의 백성을 보존하실 것임(계 7:4; 12:6, 14-16).

(8) 물이 다시 피로 변할 것임(계 9:2-11).

(9) 사탄과 같은 개구리가 나타날 것임(계 16:13).

(10) 메뚜기의 재앙이 보내어질 것임(계 9:2-11).

(11) 하나님께서 독창과 악질을 보내실 것임(계 16:2).

(12) 지독한 우박이 하늘로부터 내려질 것임(계 8:7).

(13) 흑암 같은 어둠이 있을 것임(사 60:2; 계 16:10).

(14) 마치 바로가 그의 마음을 완강하게 한 것 같이 다가올 날에 악한 자가 그렇게 할 것임(계 9:20, 21).

(15) 죽음이 많은 무리를 소멸할 것임(계 9:15).

(16) 이스라엘이 구원을 받을 것임(슥 14:3, 4; 롬 11:26).

이처럼 역사는 스스로 반복될 것이요, 그렇기에 여호와께서 옛날에 애굽에 내리신 재앙들은 이제 매우 가까운 어느 날에 땅에 내려질 더 무서운 심판들의 전조가 되었음이 완전히 증명될 것이다.

제12장

애굽에 내려진 재앙(2)

출애굽기 7-11장

지난 장에서는 여호와 하나님께서 바로와 그의 백성에게 내리신 심판들에 관해 여러 가지의 일반적 고찰을 했다. 그 주제는 의심할 여지 없이 어려운 것이기에, 그것에 대해 적은 지식이 주어진 것 같다. 이것 때문에 우리는 더욱 열렬히 위로부터의 도움을 구해야만 하고, 그러면 우리의 눈이 열려 하나님의 말씀 중에서 이 부분에 있는 기이한 것들을 바라볼 수 있게 될 것이다. 우리는 현재 우리가 이해하는 바에 따라서 각기 재앙에 대해 따로따로 몇 가지의 소견을 제공하고자 한다.

1. 첫째 재앙(출 7:14-25).

독자는 이 구절로 돌이키어서 말씀을 주의 깊게 숙고하도록 하자. 여호와께로부터 온 이러한 심판의 시작은 물이 피로 변하는 것으로 이루어졌다. 피는 물론 죽음을 말하며 그리고 죽음은 죄의 삯이다. 그러므로 그것은 하나님이 애굽에게 내리신 가장 중대한 경고이며, 전능자를 도전하는 자들을 기다리는 명백한 멸망과 파멸을 분명히 알리는 경고였다. 이와 비슷하게 대환난이 시작될 때에 하나님께서 경고할 것이요, 그런 뒤에는 달이 "피와 같이 될 것이다"(계 6:12). 이 첫째 재앙의 상징적 중대성은 쉽게 분간할 수 있다. 물은 말씀의 상징이다(요 15:3; 엡 5:26). 물이 피로 변한 것은 말씀이 곧 "사망으로부터 사망에 이르는 냄새"가 된다는 것이다. 이와 마찬가지로 말씀은 "생명으로부터 생명에 이르는 냄새"(고후 2:16)임을 상기시켜 준다.

이러한 첫째 이적과 주 예수께서 행하신 첫 이적 사이의 두드러진 대조는 우리들에게 또 다른 사실을 지적한다. 그 대조는 그 두 시대 사이에 있는 큰 차이를 인상적으로 예시하고 있다. "율법은 모세로 말미암아 주어진 것이요 은혜와 진리는 예수 그리스도로 말미암아 온 것이라"(요 1:17). 율법이 범죄한 자에 대하여 할 수 있는 모든 것은 그를 죽도록 명하는 것인데, 이것은 곧 물이 변하여 피가 된 사실이 상징하는 바이다. 육신이 되신 말씀을 믿는 죄인은 즐거워하게 되는데, 이것은 곧 물이 변하여 포도주가 된 사실이 말하는 내용이다.

다음의 재앙으로 넘어가기 전에 그동안 독자에게 난해함을 주어왔던 점에 대하여 잠깐 설명하려고 한다. 여호와께서 모세에게 하신 명령은, "아론에게 명령하기를 네 지팡이를 잡고 네 팔을 애굽의 물들과 강들과 운하와 못과 모든 호수 위에 내밀라 하라 그것들이 피가 되리니"(출 7:19)라고 하셨다. 이 일 이후에 "애굽 요술사들도 자기들의 요술로 그와 같이 행하였다"(출 7:22). 그렇다면 그들이 어디서 물을 구했는가? 그 대답은 분명히 24절에 언급되어 있다. "애굽 사람들은 나일 강 물을 마실 수 없으므로 나일 강 가를 두루 파서 마실 물을 구하였더라."

2. 두 번째 재앙(출 8:1-7).

'칠 일'의 간격(출 7:25)은 이 첫 번째의 재앙과 두 번째 것을 분리해 놓았다. 하나님께서 다시 심판을 행하시기 전에 이와 같이 바로에게 회개할 수 있는 충분한 기회가 주어졌다. 홍수가 제7일(즉 거룩한 안식일)에 시작되었다는 사실(창 7:10 하반절 참조)을 살펴볼 때, 결론적으로 이 첫 번째의 두 가지 재앙은 애굽인들의 신성모독에 대한 거룩한 심판으로서 각각 안식일에 애굽에 내려졌으리라는 가능성이 높다.

이 둘째 재앙은 앞의 것과 마찬가지로 하나님이 애굽 사람들의 우상 숭배에 반대하기 위하여 명령한 것이다. 나일 강은 그들의 눈에 신성하게 보였으므로 여호와께서 그 물을 피로 변하게 하셨다. 개구리는 그들 가운데 숭배의 대상이 되었으므로 지금 하나님은 애굽인에게 개구리의 재앙을 받게 하셨다. 그것들의 흉측한 모양, 개굴거리는 소리, 그 불쾌한 냄새 등은 개구리 특유의 역겨움을 발생시킬 것이다. 그것들의 헤아릴 수 없는 많은 숫자는 이 심판의 가혹함을 나타낸다. 이 재앙으로부터 피하기가 불가능한 것은 개구리들이 '애굽 땅을 덮었을 뿐만' 아니라 애굽인들의 집으로 침입하여 그들의 침실에 들어가고 그들의 부엌기구를 더럽혔기 때문이다.

이 '개구리들'의 도덕적 의미는 요한계시록 16:13에 설명되어 있는데, 이 구절은 이 피조물에 대한 신약성경의 유일한 언급이다. 기록되기를, "또 내가 보매 개구리 같은 세 더러운 영이 용의 입과 짐승의 입과 거짓 선지자의 입에서 나오니"라고 하였다. 개구리들은 악한 권세의 상징으로 사용되었으며 불결함을 뜻한다. 물이 피로 변함은 '죄의 삯'을 엄숙히 기억케 한다. 개구리들의 등장은 악마의 사역의 성격(불결함)을 분명하게 보여주었다.

이 두 번째 재앙에 대하여는 "요술사들도 자기 요술대로 그와 같이 행하여 개구리가 애굽 땅에 올라오게 하였더라"(출 8:7)고 기록되어 있다. 이것은 매우 시사하는 바가 많다. 술객들은 그들의 술법으로 개구리들을 제거하거나 어떤 방책(防柵)을 세울 수 없었다. 그들이 할 수 있었던 전부는 더 많은 개구리를 만들어 내는 것이었다. 이 세상의 왕들은 이와 같다. 그는 하나님의 공평한 피조물 가운데로 그가 출현시킨 악을 근절할 수 없으며, 그 진전을 저지할 수 없다. 그가 할 수 있는 전부는 악함을 증대시키는 것이다.

3. 셋째 재앙(출 8:16-19).

이 심판은 아무런 경고 없이 내려졌다. 땅에 있는 티끌이 갑자기 가장 진저리나고 괴로움을 주는 추한 모양을 가진 생명체로 나타났다. 이 재앙의 목표는 보다 직접적으로 애굽인들에게로 향하고 있었다. 이가 들끓는 그들의 몸은 그들의 교만에 대한 쓰라린 경책이었다. 헤로도토스(Herodotus)는 애굽인들의 청결에 대하여 말했다. "제사장들은 이 점에서 세심한 주의를 기울여 매 삼 일마다 머리와 몸을 면도하였으니, 이는 그들이 신성한 직임을 이행하는 동안 해충의 잠적을 두려워했기 때문이었다." 다른 이가 말한 것처럼, "이 일격은 그들의 교만을 겸손하게 하고 그들의 영광을 더럽히며 그들의 숭배 대상에 대한 혐오와 넌더리를 스스로 표현하게 하는 것이었다."

이 셋째 재앙의 도덕적 중대성의 열쇠는 이가 생겨난 그 재료에 있다. 아론이 지팡이를 잡고 손을 들어 땅의 티끌을 치매 애굽 온 땅의 티끌이 다 "이가 되어 사람과 가축에게 오르니"(출 8:17)라고 하였다. 아담의 불순종에 대하여 하나님이 명한 심판에서 이르시기를, "땅은 너로 말미암아 저주를 받고"(창 3:17)라고, 또 "너는 흙이니 흙으로 돌아갈 것이니라"(창 3:19)고 하셨다. 아론이 '땅'의 '티끌'을 치니 이가 되어 애굽 사람들에게 오른 것은 인간이 본성상 거룩하신 하나님의 저주 아래 있다는 가공할 만한 사실을 생생하게 보여 주었다.

이 재앙에 관하여는 "요술사들도 자기 요술로 그같이 행하여 이를 생기게 하려 하였으나 못 하였고"(출 8:18)라고 기록되어 있다. 여호와께서는 이 요술사들에게 혼돈을 일으키는 데 사용한 것은 얼마나 작은 물질이었는가! 하나님께서 그들을 억제하자마자 그들은 무기력하였다. 물이 피가 되게 하며, 개구리들을 나오게 하는 것은 하나님의 허락을 따라 해낼 수 있었으나, 그가 허락을 억제하시자 그들은 무기력하였다. 사탄 자신도 이와 같다. 그의 한계는 전능자에 의하여 분명히 한정되어 있으며 그것을 넘어설 수는 없다. 죽게 할 수도 있고(하나님의 허락에 의하여), 불결함도 자유로 가져다 줄 수 있지만 — '요술사들'이 첫 번째의 두 가지 재앙에서 실례를 보여준 것처럼 — 저주('티끌'이 이가 된 것이 분명히 말해주는)에 관하여는 사탄이 간섭하도록 허락하지 않았다.

이 경우에 요술사들이 한 인정은 주목할 만하다. "요술사가 바로에게 말하되 이는 하나님의 권능이니이다"(출 8:19). 이것은 그들의 마지막 말을 기록한 것이다. 마지막에 가서 그들은 하나님의 손을 인정해야만 했다. 마지막 큰 날에 마귀 자신과 그의 모든 무리와 희생자들이 그러할 것이다. 그들도 역시 여호와 앞에 엎드려 전능자의 주권을 공공연하게 고백할 것이다.

이 셋째 재앙과 요한복음 8장에 기록된 내용 사이에는 두드러진 일치점이 있다. 그곳에 보면 하나님과 그의 대적들 사이의 비슷한 대결을 볼 수 있다. 서기관과 바리새인들이 간음 중에 잡은 여인을 미끼로 하여 주님을 올무에 걸려고 하였다. 그의 유일한 대답은 굽혀 앉아 땅 위에 글을 쓰는 것이었다. 뒤에 그들에게 이르시되 "너희 중에 죄 없는 자가 먼저 돌로 치라"고 하셨으며 "다시 몸을 굽혀 손가락으로 땅에 쓰시니"라고 기록되어 있다. 그 결과는 놀라운 것이었다. "그들이 이 말씀을 듣고 양심에 가책을 느껴 하나씩 하나씩 나가고 오직 예수와 그 가운데 섰는 여자만 남았더라." 이는 다름 아니라 주님이 티끌에 썼을 때 그것이 '하나님의 손가락'이었음을 여호와의 대적이 인정한 것이었다.

4. 넷째 재앙(출 8:20-32).

이 재앙으로부터 새로운 일련의 사건이 시작되었다. 요술사들은 처음 세 가지의 재앙에서 대적했으나, 그들의 패배는 공개적으로 증명되었다. 그들은 더 이상 연기의 무대에서 나타나지 못한다. 이 넷째 재앙이라는 새로운 일련의 사건이 증거하는 또 다른 사실은 하나님께서 바야흐로 그의 백성과 애굽인 사이를 '구분'

지었다는 것이다. 이스라엘 백성들도 첫 번째의 세 심판으로부터 고통을 당한 것은 그들 역시 죄의 삯에 가담했으며, 사탄의 타락한 영향력에 굴복했으며 그리고 저주 아래 있었기 때문이다. 그러나 이제 여호와께서 애굽인들의 번영을 멸망시키시면서 이스라엘을 구하기 시작하셨다.

'파리' 라는 이탤릭체의 단어는 성경의 번역자가 보충한 말이고, '떼' 라는 단어는 원본에 있는 용어로서 주어진 것을 학생들은 알게 될 것이다. 히브리 단어는 문자적으로 '혼합물' 임을 의미하는데, 이는 출애굽기 12:38에서 '섞인 떼' 라는 용어와 유사하다. 분명히 이 '떼' 는 파리들 만으로서가 아니라 여러 가지 곤충들로 이루어진 것이었다. 시편 78:45에서 우리가 보는 것처럼 "그가 여러 종류의 파리들을 보내셨다"(개역성경 ─ '파리 떼')고 하셨다. 더욱이 시편에 있는 이 구절은 그것들의 해를 입히는 기능을 말하고 있는데 ─그것들이 '그들을 물었다' ─ 히브리말에는 '먹었다' 로 나타나 있다. 그렇다면 이것은 이의 재앙보다 더 나쁜 것이었다. 이는 괴롭혔지만 '여러 종류의 파리들' 은 그들의 몸을 먹이로 삼았다.

이 재앙의 깊은 의미는 아마도 그 결과의 특성에서와 또한 이스라엘인들이 그것으로부터 제외되었다는 사실에서 찾아낼 수 있을 것이다. 이 심판은 애굽인들의 육신에 고통을 준 것인데, 이와 같이 잃어버린 자의 영원한 심판을 바라볼 때 그들의 육신은 불과 유황으로 타는 못에서 영원토록 고통을 당할 것이다. 이 일에 하나님의 백성은 참여하지 않을 것이다.

5. 다섯째 재앙(출 9:1-7).

이 심판은 애굽인들의 소유에 반대하여 명한 것이다. 지독한 질병이 그들의 떼를 쳐서 "애굽의 모든 가축이 죽었다." 그러나 다시 한 번 여호와께서 그의 친 백성은 제외하셨다. ─ "이스라엘 자손의 가축은 하나도 죽지 아니한지라"(출 9:6). 이는 하나님의 절대적 통치권에 대한 주목할 만한 증거를 준 것이었다. 하나님은 그가 창조하신 모든 피조물들을 온전히 관할하신다. 질병은 다만 그가 명하신 때와 장소에만 발생하였다. 애굽인들의 짐승 떼들은 그들 주위에서 죽어갔으나 이스라엘의 가축들은 마치 아무런 재난도 없는 것처럼 안전하였다.

이 심판의 영적 의미와 적용을 알아내기는 어렵지 않다. 가축들은 사람의 노예이다. 그 짐승들은 사람이 하는 일 중의 가장 어려운 몫을 담당한다. 애굽인들의 모든 말들, 당나귀들, 낙타들, 소와 양들의 죽음은 하나님께서 중생치 아니한 자

의 수고를 열납치 아니함을 말해준다. ─ "악인이 형통한 것은 다 죄니라"(잠
21:4). 이 세상과 그 가운데 있는 모든 일들은 언젠가 불탈 것이다 ─ 애굽의 짐승
들과 같이 온전히 멸망 받을 것이다. 이스라엘 사람들의 가축이 제외된 것은 신
자의 새로운 성품으로 이루어진 일은 "남아 있으리라"(고전 3:14)고 한 말씀과 같
다.

6. 여섯째 재앙(출 9:8-12).

셋째 재앙과 같이 이것도 아무런 경고 없이 내려졌다. 모세는 "바로의 목전에
서 화덕의 재 두 움큼을 가지고 하늘을 향하여 날리라"는 지시를 받았다. 이것이
어떤 특정한 '화덕' 이었고 바로가 그 옆에 있었다는 확실한 내용에 적용되는 의
미는 그것이 단지 열을 내게 하는 기구가 아니라는 것이다. 컴패니언 성경
(Companion Bible)은 이 화덕에 대하여 말하기를, " … 그들의 신 타이폰
(Typhon:악의 신)을 위로하기 위하여 때때로 인간 제물이 드려진 번제단의 하
나"라고 했다. 이러한 것들은 의심할 여지 없이 재앙들을 막기 위하여 드려진 것
이며, 모세는 그것을 막는 대신에 그 재를 사용함으로써 동일한 방법으로 다른
재앙을 생기게 했다. 마치 이전의 재앙이 자연적인 인간의 모든 일들의 무가치함
을 나타낸 것같이, 이것은 바로의 종교 의식의 이행이 완전히 허무한 것임을 가
르친다.

7. 일곱째 재앙(출 9:18-35).

일곱째부터 일련의 세 번째의 일들이 시작된다. 「숫자 성경」(Numerical Bible)
에서는 "우리는 이제 세 번째의 경지에서 인간의 어떠함과, 그를 향한 하늘의 자
세의 어떠함을 보려고 한다. 이어지는 세 가지 재앙들은 모두 하늘을 그것들의
발원된 장소로 뚜렷이 지적한다. 여기에서 지난 세 가지 재앙에서 나타나지 않았
던 지팡이가 다시 나타난다. 그 상징적 의미로만 설명되어져야 할 물건인 지팡이
가 중간에 있는 재앙들에서 나타나 보였다면, 사실 하나님의 통치하심이 그것들
속에 진실로 보인다 할지라도, 사람들은 거의 하나님의 벌로 여기지 않고 오히려
인간 스스로에게 발생된 것으로 여겼을 것이다. 그러나 우리는 다시 첫 번째 재
앙들에서와 같이, 직접적이고 적극적인 신비로운 힘으로 되돌아오게 된다." 바꾸
어 말해서 마지막 세 가지 재앙들은 상징적으로 자연적인 인간의 처지, 오물로부

터 번식하는 파리 떼, 가축의 전염병과 인간에게 발한 독종, 죄악의 부패를 통하여 발생한 도덕적 질병들 속에 있는 불순한 행위, 이사야에 의하여 그려진 생생할 뿐만 아니라 가공할 만한 그림, "발바닥에서 머리까지 성한 곳이 없이 상한 것과 터진 것과 새로 맞은 흔적뿐이거늘"(사 1:6)이라고 한 것들을 기억나게 한다.

이 재앙의 가혹성은 몇몇의 특별한 것들로 나타난다. 그것은 매우 "무거운 우박"이었다(출 9:18). 그것은 "나라가 생긴 그 때로부터 애굽 온 땅에는 그와 같은 일이 없었더라"고 했다. 그 우박은 무섭고 강렬한 번개와 폭풍을 동반하여 "불을 내려 땅에 달리게 하셨다." 그 결과 또한 충격적이었다. "우박이 애굽 온 땅에서 사람과 짐승을 막론하고 밭에 있는 모든 것을 쳤으며 우박이 또 밭의 모든 채소를 치고 들의 모든 나무를 꺾었으되"라고 했다. 이 심판은 거룩하시고 죄를 미워하시는 하나님의 진노의 표현이었다. 이와 비슷한 그의 분노의 표시가 대환난의 때에 증거 될 것이다(계 8:7; 16:21 참조).

8. 여덟째 재앙(출 10:1-20).

메뚜기는 동양에서 몹시 성가시게 여기는 것 중의 하나이다. 그것은 농작물들을 먹고 모든 식물들을 먹어치운다. 이 재앙이 가축들의 멸종에 연이어 닥쳐서 애굽의 식생활 공급을 심각하게 위협하였다. 이 재앙에 대하여 시편 기자가 이르기를(시편 105:34, 35), 하나님께서 명하시면 그것들이 오고 그의 명하심에 따라 사라졌다. 이와 같이 모든 피조물들도 아주 강한 것뿐만 아니라 가장 미약한 것까지도 그들의 창조자의 은밀하신 모략을 이룬다. 요엘서 2:11의 여호와의 날에 다가올 것에 대하여 말씀하실 때 메뚜기를 '그의 군대'라고 불렀다.

우리는 이 여덟째 재앙의 깊은 의미와 영적 중대성에 대해 확실히 알지는 못한다. 전자의 것과 같이 확실히 드러난 하나님의 진노임이 분명하다. 그러나 이 '메뚜기'는 부가적인 하나의 생각을 제시해 주는 것 같이 보인다. 이에 관련하여 요엘서 2장과 요한계시록 9장을 주의 깊게 연구해야 한다. 이 두 장에서는 지독한 종류의 '메뚜기'가 우리의 목전에 나타난다. 그것들은 무저갱으로부터 나오고, 적그리스도가 그들의 '임금'으로 불리운다. 그렇다면 바로와 애굽인들에게 '메뚜기'의 재앙을 내리는 것은 그 성가신 것들과 함께 잃어버린 자들을 앞으로의 미래에 징벌할 것을 가리키는 것 같다. 주께서 말씀하심과 같이 "마귀와 그 사자들을 위하여 예비된 영원한 불에 들어가라"(마 25:41)함과 같다.

9. 아홉째 재앙(출 10:21-29).

애굽에서는 태양이 라(Ra)라는 명칭으로 섬김을 받았는데, 그 이름은 이채롭게도 왕의 명칭 '태양'을 의미하는 바로(PHaraoh), 또는 브라(Phra)에서 온 것이다(Wilkinson의 「고대의 애굽」). "그러므로 애굽인들에게 빛과 열 근원의 소멸뿐만 아니라, 그들이 섬기던 신이 모호해졌고 그 신의 무기력함이 전시되었다. 그들이 눈으로 볼 수 있었던 증거로써 태양보다 더 능하시고, 더욱이 태양을 창조하신 이가 그들을 심판으로써 다스리고 있었다"(Ed. Dennett).

이 아홉째 재앙은 세 번째의 연속된 사건의 절정으로 적절히 준비되어졌다. 그것은 쉽게 설명된다. 하나님은 빛이시다. 흑암이란 빛의 물러남이다. 그러므로 이 어둠의 심판은 애굽이 이제 하나님에 의하여 버림을 받았다는 것을 명백히 알리는 것이다. 아무것도 남은 것이 없고 오직 죽음뿐이었다. 흑암은 삼일 동안이나 계속되었다. ― 이는 하나님의 은폐하심이 온전히 드러난 것이었다. 애굽 사람들이 "사람들이 서로 볼 수 없으며 자기 처소에서 일어나는 자가 없을" 정도로 이 '캄캄한 흑암'은 무서웠다. 다음 구절에는 충격적인 대조가 나타나 있다. "이스라엘 자손들이 거주하는 곳에는 빛이 있었더라." 이 빛은 흑암만큼이나 초자연적이었다. 그것은 거의 확실히 세키나 영광으로부터 발산되었다. 애굽인들은 그들이 밝힐 수 없는 흑암을 가지고 있었다. 이스라엘은 그들이 끌 수 없는 빛을 가지고 있었다. 오늘날 세상도 이와 같다. 하나님의 백성들은 "빛의 자녀들"인데(엡 5:8) 이는 "어두운 데에 빛이 비치라 말씀하셨던 그 하나님께서 예수 그리스도의 얼굴에 있는 하나님의 영광을 아는 빛을 우리 마음에 비추셨기 때문이다"(고후 4:6). 그러나 "악인의 길은 어둠 같아서 그가 걸려 넘어져도 그것이 무엇인지 깨닫지 못하느니라"(잠 4:19). 그리고 이것은 그들이 "하나님도 없는 자"(엡 2:12)이기 때문이다.

애굽 땅을 덮었던 삼 일간의 흑암은 구세주께서 십자가에 달리셨을 때 온 땅에 세 시간의 흑암이 있었음을 연상케 한다 ― 여기에 하나님께서 그 버리심을 외부로 나타낸 표현이 있었다. 하나님의 거룩하신 이는 그의 백성을 위하여 "죄가 되셨고"(고후 5:21), 그래서 하나님은 "눈이 정결하시므로 악을 참아 보지 못하시며 패역을 참아 보지 못하시기에"(합 1:13) 우리를 대신하여 형벌을 받으신 이로부터 그의 얼굴을 외면하셨다. 그로부터의 이 외면이 구세주로 하여금 "나의 하나님, 나의 하나님, 어찌하여 나를 버리셨나이까?"라고 소리 지르게 했다.

마지막으로 애굽에 내린 삼 일간의 캄캄한 흑암은 지금 그리스도 밖에 있는 모든 자들에게 엄숙한 사실을 경고하고 있다. 구원받지 못한 독자여, 만일 당신이 지금 현재의 행실을 계속한다며, 만일 당신이 계속하여 하나님의 자비를 경솔히 여긴다면, 만일 다가올 진노로부터 떨어져 나오라는 경고에 주의하기를 거절한다면 당신은 결국 "바깥 어두운 데"(마 8:12) ― "영원히 예비된 캄캄한 흑암"(유 13절) ―로 쫓겨날 것이다. 그런즉 당신 영혼의 구원을 더 이상 무시하지 말라. 지금이라도 '세상의 빛이신' 그에게로 돌아오면 그의 빛 가운데서 당신도 빛을 볼 수 있으리라.

10. 열 번째 재앙(출 11, 12장).

이것을 주해하기 위하여 우리는 다음 장을 할애해 놓겠다. 이 마지막 재앙에서 여호와는 다른 모든 재앙들의 결과에 의하여 필연적으로 그리고 저항할 수 없도록 이끌 사건을 시행하였다 ― 장자의 죽음. 이것은 무서운 절정이었다. 질병, 황폐, 그리고 흑암이 바로의 땅에 내려졌으나, 이제 **죽음** 그 자체가 그 일을 시행했다.

이러한 재앙들의 연구는 우리 모두가 알아야 할 그의 성품을 분명하게 보여준다. 여호와께서는 죄에 대하여 무관심하지 않을 뿐만 아니라 처벌을 받지 않는 것도 또한 허용될 수 없다. 그는 그의 진노를 오래 참으심으로 견디지만 마지막에 가서는 그의 의로우신 심판을 내리신다. 이 재앙들은 "살아 계신 하나님의 손에 빠져 들어가는 것이 **무서울진저**"(히 10:31)라고 하신 엄숙한 말씀을 얼마나 잘 지적해 주는가! 친애하는 독자여, 그러므로 깨어라. 오늘 만일 그의 음성을 듣거든 여러분의 마음을 강퍅케 하지 말라. 바로의 완악으로 인하여 내려진 재앙을 기억하라! 그러므로 거룩히 정한 피난처로 달려가라. 주 예수를 믿으라, 그리하면 구원을 얻으리라.

제13장

바로의 타협

출애굽기 8-10장

이 출애굽기 시리즈에 대한 우리의 계획은 출애굽기의 각 절을 주석하려는 것이 아니고 주제별로 내용을 취급하면서 보다 중요한 사건을 가려내어 그것에 주의를 집중하려는 것이다. 이러한 방법에서 가장 불리한 점이 있다면, 우리가 한가지 논제의 결말에 도달한 다음에 다시 새로운 것을 시작하기 위한 단계를 되풀이해야 한다는 것이다. 그러나 아마도 이 단점은 현재의 계획의 성실성과 독자가 성경의 두 번째 책인 출애굽기의 내용을 실질적으로 기억하게 도와준다는 점때문에 그 이상으로 상쇄된다. 내용을 분류하여 편리하게 그룹으로 만들면 세부적으로 기억하기가 훨씬 쉽다. 지금까지는 열 가지 재앙들에 대하여 다루었고, 이제 우리는 그것이 바로에게 끼친 영향을 생각해 보도록 하겠다. 이를 위해 앞의 장들로 다시 돌아가야 하겠다.

여호와께서 불붙는 떨기나무에서 모세에게 나타내실 때에 다음과 같이 말씀하신 것을 볼 수 있다. "그들이 네 말을 들으리니 너는 그들의 장로들과 함께 애굽왕에게 이르기를 히브리 사람의 하나님 여호와께서 우리에게 임하셨은즉 우리가 우리 하나님 여호와께 제사를 드리려 하오니 사흘길쯤 광야로 가도록 허락하소서 하라"(출 3:18). 모세가 거룩한 부르심에 응답할 때에 여호와께서 다시 그에게 "네가 애굽으로 돌아가거든 내가 네 손에 준 이적을 바로 앞에서 다 행하라 그러나 내가 그의 마음을 완악하게 한즉 그가 백성을 보내 주지 아니하리니 너는 바로에게 이르기를 여호와의 말씀에 이스라엘은 내 아들 내 장자라 내가 네게 이르기를 내 아들을 보내 주어 나를 섬기게 하라 하여도 네가 보내 주기를 거절하니"(출 4:21-23)라고 하셨다. 방금에 인용한 성경 구절에, 여호와께서 그를 섬기도록 그의 백성을 광야로 보내기를 원하신 이유가 제시되어 있다. "이스라엘은 내 아들이요 내 장자라." 두 가지 진리가 여기에서 언급되었다. 이스라엘은 '양자'의 관계가 있다(롬 9:4). 이 양자는 개인적으로 된 것(우리와 같이)이 아니라 한 국가로서 된 것이다. 이 용어의 사용은 이스라엘이 하나님의 특별하신 은총의 대상으로 뽑혔음을 뜻하였다 ─ "나는 이스라엘의 아버지요 에브라임은 나의 **장자니라**"(렘 31:9). '장자'라는 명칭은 권위와 우수성을 말한다(창 49:3; 시 89:27 참조). 이스라엘은 열국들 중에서 높은 자리를 차지하게 될 것이요, 더 이상 '꼬리'가 되지 아니하고 '머리'가 될 것이다. 그렇다면 '장자'의 자리는 영예와 특권의 자리이다. 장자에게는 두 배의 몫이 있었다.

바로에게 말한 이러한 요구의 용어는 주의 깊은 고찰을 요구한다. 첫째, 하나님께서 그의 백성으로 사흘 길쯤 광야로 가서 "그들의 여호와께 제사를 지키게 하라"고 말씀하셨다(출 3:18). 그리고 여호와께서 또 이르시기를 "그(그의 장자)가 나를 섬기리라"(출 4:23)고 하셨다. 결국에는 모세와 아론이 그들의 메시지를 가지고 애굽의 임금에게 가서 이르기를 "이스라엘의 하나님 여호와께서 이렇게 말씀하시기를 내 백성을 보내라 그러면 그들이 광야에서 내 앞에 절기를 지킬 것이니라"(출 5:1)고 하였다. 이 세 가지 진술의 순서는 매우 중요하다. '제사'(sacrifice)에 대한 생각이 제일 먼저이다! 이것은 하나님의 심판을 막기 위하여 요구되는 것이었다. 죄인은 다만 그 자신과 삼위의 거룩하신 하나님 사이에 피를 둠으로써 그의 존엄하신 현존 앞에 설 수 있다. 다름 아닌 이루어 놓으신 속죄에 대한 단순한 믿음만이 그 심령으로 하나님 앞에 잠잠하게 할 수 있다. "피흘림이 없은즉 사함이 없느니라"(히 9:22). 이것에 이어서 섬김이 뒤따른다. 누구도 하나님과 화목하기까지는 그분을 만족스럽게 섬길 수 없다. "내가 속한 바, 곧 내가 섬기는 하나님"(행 27:23)이 곧 거룩한 순서이다. 이것에 이어 '절기'(the feast)가 따르는데 이는 교제와 즐거움을 말한다. 그러나 이것은 인간의 의지가 깨어지고 '멍에'를 받아들이기 전에는 할 수 없다 ─ 왜냐하면, 이것이 진정한 '예배'가 함축하는 내용이기 때문이다. 이 세 가지 일의 동일한 아름다운 순서가 탕자의 비유에서 두드러지게 예증되었다. 첫째, 외고집인 자가 화목되었고 그 뒤에 그는 합당한 위치를 선택했다 ─ "나를 품꾼의 하나로 보소서." 그 후에 그는 '살진 송아지'로 잔치를 했다.

하나님의 요구가 처음에 바로에게 주어졌을 때 임금은 아주 오만한 태도로 거절했다. "바로가 이르되 여호와가 누구이기에 내가 그의 목소리를 듣고 이스라엘을 보내겠느냐 나는 여호와를 알지 못하니 이스라엘을 보내지 아니하리라"(출 5:2). 여기에서 그는 육신적 마음의 '적의'를 얼마나 잘 증거하는가! 중생하지 아니한 심령의 무서운 타락을 얼마나 잘 나타내는가! 자연인은 여호와를 알지 못할 뿐만 아니라 그 음성에 주의를 기울일 수 없다. 그리고 또 바로가 그렇게도 두드러지게 잘 보여준 대반역자인 '세상의 신'을 여기에서 분명히 식별할 수 있지 않는가? 분명히 그러하다. 우리가 앞으로 보게 되겠지만, 이것은 이 기록의 표면에서 간파할 수 있는 대적자의 발자국의 유일한 흔적은 결코 아니다.

바로의 이러한 도전적 거절에 대한 하나님의 응답은 쓰라린 심판으로 그의 땅을 심판하는 것이었다. 앞 장에서 지적한 바와 같이 첫 번째의 세 가지 재앙은 애굽인들과 마찬가지로 이스라엘에게도 내렸다. 그러나 네 번째에는 하나님이 "그날에 나는 내 백성이 거주하는 고센 땅을 구별하여 그 곳에는 파리가 없게 하리니"(출 8:22)라고 말씀하였다. 이 사실은 왕에게 매우 깊은 인상을 준 것같이 보이는데, 왜냐하면 그가 이제 처음으로 여호와의 요구에 주의를 기울이기 때문이다.

1. "바로가 모세와 아론을 불러 이르되 너희는 가서 이 땅에서 너희 하나님께 제사를 드리라"(출 8:25).

언뜻 보기에 그것은 마침내 바로가 전능자를 대항하여 싸우는 것의 무용성을 인정하면서, 이성을 기꺼이 따랐던 것처럼 보일 수 있다. 그러나 더 가까이에서 그의 말을 살펴보면, 그는 여호와의 요구에 응하기에는 거리가 멀었다. 하나님의 요구는 불확실한 말로 얼버무리지 않으셨다. 그것은 그의 백성을 그에게서 완전히 분리할 것을 요구하신다. 세 가지가 이것을 분명히 한다. 첫째 "히브리인의 하나님"이 "우리에게 나타나셨은즉"(출 5:3)이라고 모세는 말했다. 이 명칭은 언제나 그의 백성의 분리된 성격에 주목한다(비, 출 9:1; 9:13; 10:3). 둘째 "우리를 사흘길쯤 광야로 가도록 허락하소서." 창세기 1장으로부터 계속하여 사흘은 부활을 말한다. 하나님은 그의 백성을 흑암과 죽음의 땅으로부터 이끌어 내실 것이다. 셋째 "내 백성을 보내라 그러면 그들이 광야에서 내 앞에 절기를 지킬 것이니라." 이는 세상을 의미하는 애굽으로부터 떨어져 나가는 것이다. 애굽에서 오직 한 가지의 희생이 여호와께 드려졌는데(즉 유월절), 그것은 애굽에서 그들을 죽음으로부터 구하는 역할을 했다. 그 외의 다른 모든 것들은 광야의 성막을 위하여 보존되었다.

바로의 원래 대답은 "모세와 아론아 너희가 어찌하여 백성의 노역을 쉬게 하려느냐 가서 너희의 노역이나 하라"(출 5:4)는 말이었다. 어떤 이가 말한 것처럼 이것은 영적 봉사에 대한 세상의 전형적 태도이다. 바로에게 애굽의 노역은 여호와께 대한 봉사보다 훨씬 더 중요하게 여겨졌다. 심지어는 여호와의 백성들 가운데서도 마리아보다 마르다의 모방자가 더 많을 정도로, 우리 모두는 애굽의 그 많은 것들과 관계를 맺고 있다.

그러나 이제 다섯째 재앙이 애굽에 내리자 바로가, "너희는 가서 이 땅에서 너희 하나님께 제사를 드리라"(출 8:25)고 말했다. 여호와께서는 사흘 길쯤 광야로 가야 한다고 말씀 하셨으나, 바로는 임시변통을 하였다. 그는 이스라엘에게 그들의 하나님을 섬기도록 허락한다. 그는 그들이 자신의 신에게 절하도록 강요하지는 않았다. 하지만 그들이 너무 지나치게 되어서는 안 된다고 권유하면서 "이 땅에서 너희 하나님께 제사를 드리라"고 하였다.

이 제안은 하나님의 성품을 알지 못하는 자를 속이기에는 아주 교묘하게 잘 계산된 것이었다. 다음과 같이 거론하는 것은 겉보기에는 아주 그럴싸한 권유인 것 같이 보인다. "너희가 하려는 유별난 형식의 예배를 애굽 왕인 나의 입장에서 묵인하는 것만 해도 여간한 자유를 허락하는 것이 아니냐? 너희 종교의식을 공공연한 석상에서 이행할 수 있도록 해 준다는 것만도 얼마나 관대한 일이냐? 너희는 다른 이들과 마찬가지로 여기에서 종교의식을 행하도록 하라. 너희 모두를 다 수용할 수 있는 충분한 장소가 있지 않은가? 왜 하필이면 꼭 떠나야만 하는가? 네 이웃들을 모아 그냥 이 땅에서 제사를 드리면 되지 않느냐? 그렇게 지나치게 편협할 필요가 없다"(C. H. M).

사도 바울은 고린도인들에게 편지하면서 "우리는 그(사탄) 계책을 알지 못하는 바가 아니로라"(고후 2:11)라고 하였다. 그뿐만이 아니라 어떤 그리스도인이든 그의 손에 진리의 말씀이 있어야 한다. 하나님께서 우리에게 성경을 주신 자비로운 이유는 우리에게 사탄의 간계를 알려 주시고 그의 음흉함을 벗겨주며 그의 공격 방법을 노출시키기 위함이다. 사람들은 다만 그의 이름이 언급된 구절뿐만 아니라 어느 배경 뒤에서 사탄이 일하는 것을 나타내는 문구도 찾아내야 한다. 이스라엘의 역사에 있는 어떤 사건을 언급할 때, 사도는 선언하기를 "그들에게 일어난 이런 일은 본보기가 되고 또한 말세를 만난 우리를 깨우치기 위하여 기록되었느니라"(고전 10:11)고 하였다. 그래서 이 성경 말씀의 빛에 의하여, 우리는 바로의 이 타협을 마귀가 지금 하나님의 백성을 유혹하는 본보기로 간주함은 완전히 정당한 것이다.

"이 땅에서 너희 하나님께 제사를 드리라"는 말씀 중에 이 땅은 애굽을 말한다. 애굽은 세상을 나타낸다. 그러나 하나님의 백성들은 "이 악한 세대에서"(갈 1:4) 구원을 받았다. 주님이 사도들에게 말씀하시기를 "너희는 세상에 속한 자가 아니요 도리어 내가 너희를 세상에서 택하였다"(요 15:19)고 했다. 그리고 다시 "이는 내가 세상에 속하지 아니함 같이 그들도 세상에 속하지 아니함이이다"(요 17:14), "세상과 벗된 것이 하나님과 원수 됨을 알지 못하느냐"(약 4:4)고 했다. 그렇다면 신자들이 어찌 '이 땅에서' 하나님을 섬길 수 있다는 말인가? 그들은 그렇게 할 수 없다. 하나님은 반드시 "영과 진리로"(요 4:24) 예배해야만 한다. 그리고 하나님을 '영으로' 예배한다 함은 새로운 본성을 통하여 예배하는 것을 의미한다. 그 것은 우리의 예배 장소로서 하나님의 아들을 못 박은 세상의 외부를, 믿음으로 택하는 것을 의미한다! 그것은 "그의 치욕을 짊어지고 영문 밖으로 나아가는 것"(히 13:13)을 의미한다. 그것은 모든 육체의 것들로부터 '영으로' 분리되는 것을 의미한다.

이것이 곧 사탄이 미워하는 것이다. 사탄은 신자들이 세상과 교회를 혼합하는 것을 목적으로 한다. 오호라! 그는 얼마나 많이 성공하였던가? 그리스도인으로 자처하는 사람들의 거의가 애굽 사람들의 형식과 너무도 비슷하게 예배하므로 세상으로부터 미움을 받는 대신에 자신들과 합세하도록 세상 사람들을 가르쳤다. 사실상 이제는 소수의 사람만이 "세상이 우리를 알지 못함은 그를 알지 못함이라"(요일 3:1)고 말할 수 있다.

바로의 제의는 교활하였다. 모세는 그것에 속지 않았다. 그의 대답은 지체치 않았고 타협함이 없었다. **모세가 이르되 그리함은 부당하니이다 우리가 우리 하나님 여호와께 제사를 드리는 것은 애굽 사람이 싫어하는 바인즉 우리가 만일 애굽 사람의 목전에서 제사를 드리면 그들이 그것을 미워하여 우리를 돌로 치지 아니하리이까**(출 8:26). 하나님의 백성들이 그의 대적들 가운데서 주님을 예배하는 것은 합당하거나 적합하지 못하다. "너희는 그들 중에서 나와서 따로 있고"(고후 6:17)라고 함과 같이 그러한 일을 결코 요구하지 않았다. 뿐만 아니라 '이 땅에서' 하나님께 예배하는 것은 '애굽인들의 가증한 것을 예배'하는 것이 될 것이다. 창세기 46:33에 기록되어 있는 말씀에 의하면 이 표현이 밝히 조명된다.-"애굽 사람은 다 목축을 가증히 여기나니." 만일 '목축'이 애굽 사람들에게 가증한 것이라면 양을 하나님께 희생으로 드리는 것도 그들에게 동일하게 가증히 여기는 바가 될 것이다. 그 이후에도 그 사실은 변함이 없었다. 그리스도의 못 박히심(육신을 저주하고, 인간의 전적 타락을 나타냄)은 여전히 거침돌이다. 다시 말해서 "우리가 만일 애굽 사람의 목전에서 제사를 드리면 그들이 그것을 미워하여 우리를 돌로 치지 아니하리이까?" 사람들에게 십자가 ― 죄에 대한 하나님의 심판(롬 8:3) ― 의 거룩한 필요성을 끝까지 주장하고, 그리스도의 십자가로 인하여 신자들이 세상을 향하여 못 박혔다(갈 6:14)고 선포해 보라. 그러면 세상 사람들의 적의는 순식간에 일어난다. 예수께서 말씀하시기를 "너희가 세상에 속하였으면 세상이 자기의 것을 사랑할 것이나 너희는 세상에 속한 자가 아니요 도리어 내가 너희를 세상에서 택하였기 때문에 세상이 너희를 미워하느니라 내가 너희에게 종이 주인보다 더 크지 못하다 한 말을 기억하라 사람들이 나를 박해하였은즉 너희도 박해할 것이요 내 말을 지켰은즉 너희 말도 지킬 것이라"(요 15:19, 20).

한 가지 더 모세가 바로의 제의를 받아들이지 아니한 이유로 **"우리가 사흘길쯤 광야로 들어가서 우리 하나님 여호와께 제사를 드리되 우리에게 명령하시는 대로 하려 하나이다"**(출 8:27)라고 했다. 여기서 모세는 대적의 공격의 진정한 요점을 드러내었다. 바로가 무효화시키려고 하는 것은 하나님의 말씀이었다. 여호와께서는 '광야에서'라고 말씀하셨다. 그러므로 하나님을 '이 땅에서' 예배한다는 것은 굉장한 불순종이 되는 것이다. 하나님께서 일단 말씀하시면 그것으로 모든 일은 끝난다. 논란을 하거나 거론할 여지가 없다. 의논하고 다투는 것은 허사이다. 우리들의 의무는 순복하는 것밖에 없다. 말씀 자체가 다른 모든 것과 마찬가지로 우리들의 예배와 봉사를 조정해야 한다. 인간의 의견, 인간의 전통, 관습, 편의는 그것과 아무런 관련이 없다. 신성한 계시가 우리들이 호소할 유일한 법정이다.

2. 바로의 첫 번째 타협은 완강히 거절당했다.

바로는 아주 더 교묘하게 호소한다. **"바로가 이르되 내가 너희를 보내리니 너희가 너희의 하나님 여호와께 광야에서 제사를 드릴 것이나"**(출 8:28). 아, 그것은 약속이나 한 것같이 들렸다. 그것은 마치 왕이 이제 양보할 준비가 된 것같이 보였다. 그러나 그가 말을 끝맺으면서 적격여부에 대해 말하는 것을 잘 주목해보라.

"너무 멀리는 가지 말라." 바로가 쇠사슬을 늦추기는 하였으나 그것은 아직도 쇠사슬이었다. 그는 완전한 자유를 이스라엘에게 허락하려고 하지 않았다. 문제의 요점은 하나님의 백성들을 애굽(세상)으로부터 완전히 분리하는 것이었기에, 이렇게 바로(사탄을 나타냄)는 쓰디쓴 결과를 위한 논쟁을 했다.

"너무 멀리는 가지 말라"는 말은 마귀가 유혹할 때 즐겨 쓰는, 가장 성공적인 방법 중의 하나이다. 극단을 피하고, 열광적이지 말며, 종교생활에 있어서 건전하고 분별이 있으며, 협소한 마음이 되지 않도록 주의하라는 등의 말은 같은 것을 여러 가지 다른 방법으로 설명한 것에 불과하다. 만일 당신이 진정으로 그리스도인이 되기를 원한다면 당신의 생애를 망치지 않게 하라. 당신의 옛 친구와 그 관계를 잘라버릴 것까지는 없다. 하나님께서는 당신이 슬퍼 보이거나 불행하기를 원치 않으신다. 그렇다면 왜 그 자체가 죄가 되지 않는 즐거움과 여가선용을 버려야 한단 말인가? 사탄은 이러한 속삭임으로 수많은 영혼들을 속인다. 젊은 신자들은 특별히 여기에서 주의할 필요가 있다.

'너무 멀리 가지 말라' 함은 그리스도인의 생활의 첫 번째 법칙과 모순된다. 여호와께서 모세를 바로에게 보낸 바로 그 목적은 그의 백성을 애굽에서 이끌어 내어 가나안 땅으로 인도하는 것이었다. 그리고 이 일에 있어서 모세는 주 예수의 모형이다. 하나님의 아들은 사람들을 땅에서 하늘로 데리고 가시기 위하여 하늘을 떠나 땅에 오셨다. 주님은 먼저 우리의 영과 심령의 상태로 그곳으로 이끄시고, 뒤에는 우리의 몸을 그렇게 하실 것이다. "위의 것을 찾으라"(골 3:1)고 하신 것은 그의 자녀들에게 하시는 하나님의 요구이다. "함께 하늘의 부르심을 받은 거룩한(선별된) 형제들아"(히 3:1)라고 함은 우리들의 많은 명칭들 중의 하나이며 하늘은 세상으로부터 '매우 멀리 떨어져' 있다. 우리의 관심, 우리의 기분, 우리의 방법으로부터의 분리는 그리스도인 생활의 첫 번째 규칙이다. "이 세상이나 세상에 있는 것들을 사랑하지 말라 누구든지 세상을 사랑하면 아버지의 사랑이 그 안에 있지 아니하니"(요일 2:15).

그러나 그리스도인들이 거듭나기 전에 그의 마음과 심령을 사로잡고 있던 모든 것으로부터 등을 돌린다면 어떻게 행복해질 수가 있을까? 그 대답은 매우 간단하다. 이 가련한 세상이 제공해 주는 것보다 더 깊고, 더 온전하며 더 오래가며 만족할 만한 즐거움에 거함으로 그렇게 될 수 있다. 그리스도의 무한하신 온전하심에 흡수됨으로써. 말씀의 소중한 약속들을 묵상함으로써. 주님을 섬김으로써. 곤핍한 자들을 도움으로써... 하나님은 그의 백성을 애굽에서 이끌어 내어 그들에게 아무것도 주지 않으려고 마음을 먹은 것이 아니다. 주님은 그들이 "여호와께 절기를 지킬 수 있도록" 광야로 이끌어 내려고 했다. 진실로 그 '절기'(교제)는 당시에 '그 광야 안에' 있지만, 그 광야는 우리가 그리스도와 함께 즐거워할 때 시작된 천국이다. 즉 그가 현존하신 곳에는 '충만한 기쁨'이 있다.

결국 바로는 가장한 것에 불과했다. 파리 떼의 재앙이 제거되자마자, 그는 "이 때에도 그의 마음을 완강하게 하여 그 백성을 보내지 아니하였다"(출 8:32). 하지만 그는 하나님을 무시했다. 바야흐로 왕의 무릎을 꿇게 한 더욱 가중한 심판이 그의 땅에 내려졌으나, 그럼에도 여전히 그는 참된 회개와 순복을 하지 않았다.

3. "모세와 아론을 바로에게로 다시 데려오니 바로가 그들에게 이르되 가서 너희의 하나님 여호와를 섬기라 갈 자는 누구 누구냐 모세가 이르되 우리가 여호와 앞에 절기를 지킬 것인즉 우리가 남녀 노소와 양과 소를 데리고 가겠나이다 바로가 그들에게 이르되 내가 너희와 너희의 어린 아이들을 보내면 여호와가 너희와 함께 함과 같으니라 보라 그것이 너희에게는 나쁜 것이니라 그렇게 하지 말고 너희 장정만 가서 여호와를 섬기라 이것이 너희가 구하는 바니라 이에 그들이 바로 앞에서 쫓겨나니라"(출 10:8-11).

이것은 확실히 사탄의 음흉한 책략이었다 — 그들이 만일 원하면 장정만은 갈 수 있으나 그들의 어린 아이들은 애굽에 남겨 두라고 자진해서 선언한다. 이러한 말로써 여호와께서 구속하신 자들의 증거를 왜곡시키려고 또한 그들의 자연적 감정을 통하여 자신의 가장 강력한 지배력을 유지하려고 했다. 그들의 자녀들이 그곳에 있는 한 애굽과 어떻게 결별할 수가 있을 것인가? 사탄이 이러한 것과 이 사실에서 유래한 유혹의 성격을 알았다. 얼마나 많은 그리스도인들이 이 올무에 걸려 있는가! 여호와를 믿는다고 자처하고 애굽을 떠났다고 하면서도 그들의 가족들을 뒤에다 남겨 둔다. 어떤 이가 말한 것처럼, "부모들은 광야에 그리고 그들의 자녀들은 애굽에 있다면. — 지독한 이변이다! 이것은 다만 절반의 구속에 불과할 것이니, 이스라엘이 곧 무용지물이 될 뿐 아니라 이스라엘의 하나님을 망신시키는 것이다. 이런 일은 있을 수 없다. 만일 자녀들이 애굽에 남아 있다면 그들의 자녀가 그들의 부분인 한, 부모들이 그곳을 떠났다고 말함은 가능치 못할 것이다. 그런 경우에 그들이 할 수 있는 말은 한 부분으로는 여호와를 섬기고, 한 부분으로는 바로를 섬긴다고 함이 옳을 것이다. 그러나 여호와는 바로와 아무런 연관이 없다. 그는 전부를 취하시든지 아니면 전혀 취하시지 않으신다. 이것은 기독교 부모들에 대한 중대한 원칙이다. … 자녀들을 하나님께 맡기고 그들을 여호와의 성품으로 양육하는 것은 우리들의 특권이다! 이 훌륭한 말은 하나님의 현존 안에서 깊이 숙고해야만 한다. 가정에서보다 우리의 간증이 뚜렷이 파손되는 곳은 어떤 곳도 없다. 행함이 나무랄 데 없는 경건한 부모들은 자신들이 한순간도 허용하지 않았던 습관을 그들의 자녀들에게는 허용하는 유혹을 받아, 애굽에서 듣는 것과 보는 것으로 그들의 집을 가득하게 만든다"(Ed. Dennett).

사탄은 말하기를, "만일 네가 꼭 그렇게 해야만 한다면 그리스도인이 되라. 하나 너의 식구들에게 종교를 강요하지 말고 그리고 특별히 그것으로 너의 자녀들을 재촉하지 말라. 그들은 그런 것들을 이해하기에 너무 어리다. 지금은 그들이 행복하도록 그대로 두라. 그들이 자라면 진지하게 고려할 시간은 얼마든지 있다. 만일 네가 오늘 그들에게 영적인 것들로 압박한다면 그것들을 몹시 싫어하여 불신앙으로 나아갈 것이다." 마귀는 이렇게 주장하고 있으며, 그리고 너무도 그리스도인으로 자처하는 많은 사람들이 마귀의 사이렌 소리에 주의한다. 가정의 규율은 완화되며, 성경 말씀은 적절한 곳에 주어지지 않으며, 자녀들은 친구들을 마음대로 선택하도록 허락되며, 그들을 애굽으로부터 이끌어 내기 위하여 진정한 수고를 하지 않는다.

자녀들의 훈련은 가장 중대한 책임으로서, 해이하고 무법한 오늘날 이것은 점점 더 심각한 문제이다. 오늘날의 보편적 추세를 거부하고 확고한 입장을 고수하기 위해서는 적은 은혜로써는 안 된다. 단연코 하나님의 말씀은 분명하고 명백하다. "마땅히 행할 길을 아이에게 가르치라"(잠 22:6). 이 일을 위하여 부모는 날마다 하나님께 의지하여야만 하며 매 시간마다 지혜와 힘을 그에게 구해야 한다. '가르침'을 너무 일찍 시작하는 일이란 없다. 마치 현명한 정원사가 나무들이 어리고, 벽을 타는 가지들을 가꾸기에 알맞은 시간에 시작하는 것 같이, 우리도 자녀들이 가장 부드러운 때에 시작해야만 한다. 하나님은 "나를 존중히 여기는 자를 내가 존중히 여기고"(삼상 2:30)라고 선포하셨다. 그리스도인의 어린이들에게 제일 먼저 가르쳐야 할 것은 동요나 그럴싸한 이야기가 아니라 짧으나마 적당한 성경구절들이다. 어린 꼬마에게 단단히 타일러야 할 첫째 되는 진리는 하나님께서 그의 모든 피조물들 위에 계신다고 주장하는 것이다 ─ 그러므로, 하나님이 존경받으시고, 사랑받으시고, 순종을 받으셔야만 한다. 어린 아이가 잃어버린 죄인이기에, 구주를 필요로 한다는 것을 그에게 아주 일찍 가르쳐야만 한다. 만일 그것을 거절당한다면 그가 그러한 일들을 이해하기에 너무 어린 것이 아니냐고 물을 수 있다. 그 대답은, 구원이란 어떤 이해에 의하여 오는 것이 아니라 믿음에 의하여 오며, 믿음은 들음에서 오고, 들음은 하나님의 말씀으로 인함이다. 어린이들에게 하나님의 말씀을 가르치는 것은 모든 부모들의 매일의 임무이다. 당신은 이 임무를 합법적으로 다른 사람에게 전가시킬 수 없다. 하나님께서는 주일학교 교사가 아닌 **부모**를 어린이 가르치는 일의 책임자로 삼으셨다.

"한편 자녀 훈련이라는 이러한 주제에 대해, 우리는 자녀에게 **절대적**(implicit) **순종의 정신**을 알아듣게 가르치는 그 막대한 중요성에 관한 제안을 모든 그리스도인 부모들에게 진정한 형제사랑으로써 표현해야 할 것이다. 만일 우리가 잘못 생각하지 않았다면, 이러한 관점에 대하여 우리 자신을 하나님 앞에서 판단해야 할 정도로 아주 광범위한 실패가 있다. 그릇된 애정을 통해서든지 아니면 게으름 때문이든지, 우리는 자녀들이 자신의 의지나 즐거움을 따라 행하는 것에 대해, 그리고 그들이 그 길을 따라 걷는 걸음이 놀랄 만큼 **빠른** 것에 대해 고통을 느낀다. 그들은 마침내 한 단계씩 열차보다 더 빠른 속도로 그들 부모 모두를 업신여기는 끔찍한 경지에 도달할 때까지, 부모의 권위를 물속으로 완전히 던져버릴 때까지 그리고 거룩하신 하나님의 질서를 발로 짓밟고 가정의 범위를 벗어나 하나님을 믿지 않는 무질서와 혼란의 세계로 들어가기까지 나아갈 것이다.

"우리가 말할 필요가 없다는 이것이 얼마나 무서우며 그리고 그의 거룩하신 말씀에 이르신 것처럼, 하나님의 마음을 얼마나 철저하게 거역하는가? 그러나 우리는 그것에 대해 자신들을 꾸짖은 적이 있는가? 하나님께서 부모의 손에 통제권과 권위의 지팡이를 주셨다. 하지만, 만일 부모들이 게으름 때문에 그들의 손에서 통제권을 떨어뜨리는 고통을 당하거나 또한 그릇된 애정이나 도덕적 약함으로 권위의 지팡이를 쓰지 못한다면 자녀들이 아주 무법하게 자란다고 해서 그리 놀랄 필요가 있겠는가? 달리 어떻게 되겠는가? 자녀들은 대체로 우리가 그들을 만든 인격 그대로다. 만일 그들을 순종하게 **만든다면** 그렇게 될 것이요, 그들 마음대로 하도록 내버려 둔다면 그에 따른 결과가 나타날 것이다"(C. H. M.).

그렇다면 여기에, 적어도 부분적이나마 신자들이 그 자녀를 애굽에 남겨두는 것이 무엇을 의미하는지에 관한 그 내용이 있다. 그것은 자녀들이 독자적인 길을 가도록 허용하는 것이다. 그것은 그들이 '이 세상과 일치하게' 되도록 허용하는 것이다. 그것은 그들에게 하나님에 대한 경외가 없는 채로 그들을 양육하는 것이다. 그것은 그들의 영혼의 관심을 무시하는 것이다. 그것은 그들을 "주의 교훈과 훈계로 양육하라"(엡 6:4)고 하신 하나님의 명령을 무시하는 것이다. 여호와께서 "내가 그로 그 자식과 권속에게 명하여 여호와의 도를 지켜 공의와 정의를 행하게 하려고"(창 18:19) 그를 택하셨다고 말씀하신 '우리의 열조 아브라함'의 걸음을 따르는 일에 실패하는 것이다. 오늘날 하나님께서 그리스도인 부모들에게 내세우신 표준은 그가 옛날 이스라엘 앞에 내세우신 것보다 결코 낮은 것이 아니다. 하나님께서 그들에게 이르시기를 "오늘 내가 네게 명하는 이 말씀을 너는 마음에 새기고 네 자녀에게 부지런히 가르치며 집에 앉았을 때에든지 길을 갈 때에든지 누워 있을 때에든지 일어날 때에든지 이 말씀을 강론할 것이며"(신 6:6, 7)라고 하셨다. 아버지와 어머니가 되는 우리의 독자들이여, 어린 아이들을 애굽에 두고 가라고 청하는 사탄에게 귀를 기울이지 않을 힘을 위하여, 진심으로 거룩하신 은총을 간구하여, 그것을 값없이 받기를 기원한다.

4. "바로가 모세를 불러서 이르되 너희는 가서 여호와를 섬기되 너희의 양과 소는 머물러 두고 너희 어린 것들은 너희와 함께 갈지니라"(출 10:24).

"얼마나 대단한 끈기로 사탄은 애굽 땅을 벗어나려는 이스라엘의 방법에 대해 철두철미하게 논쟁했는가! 바로는 처음에 그들을 그 땅 안에 가두어 두려고 했고, 그 다음에 그 땅의 가까운 곳에 두려 했고, 다음으로 그들 중의 일부를 그 땅에 두려 했으며, 그리고 마지막 이 셋 중에 하나도 성공하지 못하자 여호와를 예배하기 위한 어떤 자원도 없는 채로 그들을 내어보내려 했다. 만일 그가 그 노예들을 머무르게 할 수 없다면, 거의 같은 목적에 합치될 일인, 예배를 위한 그들의 수완을 묶어 두려고 했다. 만일 그가 애굽 땅에서 희생제물을 드리도록 권유할 수 없다면, 그들을 제물 없이 그 땅에서 내어보내려는 심산이었다!" (C. H. M.).

"바로가 모세를 불러서 이르되 너희는 가서 여호와를 섬기되 (다만) 너희의 양과 소는 머물러 두고 너희 어린 것들은 너희와 함께 갈지니라." 이것이 바로의 마지막 타협이었다. 여기서 '다만'(only)이라는 말을 다시 주목해 보라. 분열된 마음의 이탈, 두 주인을 섬기려는 헛된 노력, 양쪽 세계 모두에 최선을 다하려는 처량한 시도가 여기에 암시되어 있다. 데마는 올무에 걸렸고(딤후 4:10), 아나니아와 삽비라도 그러했다. 그 위험은 매우 실제적이다. "네 보물 있는 그 곳에는 네 마음도 있느니라"(마 6:21). 만일 우리의 소유가 애굽에 남아 있다면 우리들의 심정도 그러할 것이다.

이 네 번째의 타협이 내포하고 있는 영적 원리에 대한 적용은 발견하기가 그렇게 어렵지 않다. 목축하는 사람들의 양 떼와 소떼는 그들이 여기에서 소유하고 있는 것들의 으뜸가는 부분과 다름없었다. 그렇다면 그것들은 우리가 가진 세상의 소유물을 말한다. 불거진 문제는 우리가 가진 모든 것에 대하여 하나님이 과연 권리를 가지고 계신가 하는 것이다. 말씀의 빛으로 보면, 그 문제는 결정적으로 해결되었다. 우리가 가진 것 중에 진정으로 우리의 것은 아무것도 없다. 모든 것은 청지기로서의 우리에게 맡겨진 것이다. "만일 네가 꼭 그렇게 해야 된다면 네 자신을 하나님께 드리라. 그러나 그를 섬기는 일에 네 소유는 헌납하지 말라"는 것이 마귀의 마지막 소청이다. 신앙을 고백하는 수많은 그리스도인들이 그것을 마음에 새긴다. 그리스도인의 이름으로 행하는 자들의 부를 보라. 어떻게 그것들이 쌓여졌나! 그런데 그것들이 모두 어디에 있나? 분명히 애굽에 있다. 그것들 중의 얼마가 그리스도께 거룩하게 위탁된 것으로 간주되는가? 그것의 대부분은 자신을 기쁘게 하는 일에 사용되곤 하지 않는가! 옛날에는 하나님께서 그의 백성을 그의 십일조와 헌물을 도둑질한다고 꾸짖으셨다(말 3:8). 동일한 꾸짖음이 오늘날의 우리들에게도 똑같이 내려진다.

바로의 이러한 기회주의에 대한 모세의 대답은 매우 충격적이다. **"모세가 이르되 왕이라도 우리 하나님 여호와께 드릴 제사와 번제물을 우리에게 주어야 하겠고 우리의 가축도 우리와 함께 가고 한 마리도 남길 수 없으니 이는 우리가 그 중에서 가져다가 우리 하나님 여호와를 섬길 것임이며 또 우리가 거기에 이르기까지는 어떤 것으로 여호와를 섬길는지 알지 못함이니이다 하나"**(출 10:25-26). 두 가지 일을 관찰해 보라. '한 마리도' 남겨서는 안 된다. 이에 대한 영적 적용은 아주 멀리 미친다. 우리가 돈을 여호와께서 원하는 곳에 드렸다고는 하나 시간은 우리 마음대로 주관할 수 있다. 우리가 기도는 할 수 있다고는 하나 수고는 하지 않으려 하며, 또는 수고는 하나 기도는 아니 할 수도 있다. '한 마리도'라는 말의 의미는 내가 가진 것과 나 된 것 모두가 여호와의 처분에 달려 있다는 의미이다. 마지막으로, 눈에 두드러지게도 이스라엘이 광야에 도착하기까지 그들의 책임에 대한 하나님의 본격적인 요구를 알 수가 없다. 하나님의 마음은 그들이 애굽에 머물러 있는 한 간과할 수 없다.

우리는 확실히 이 바로의 타협에 대해 아주 방대하게 확대할 수 있지만, 이미 말한 것으로 충분하다. 그리스도인 독자마다 영혼의 대원수가 우리에게 끊임없이 쏟는 그럴듯한 유혹에 대항하면서 경계를 할 줄 믿는다. 우리에게 대한 하나님의 주장의 풍성함을 충실히 인정하면서, 우리를 부르신 소명에 합당하게 처신하도록 나날의 은총을 간구하자.

제14장

장자의 죽음

출애굽기 11장

바로와 여호와 사이의 경쟁은 거의 끝났다. 바로 왕에게 자신의 악한 반항적 태도를 회개할 수 있는 많은 기회가 주어졌다. 경고에 경고를, 그리고 재앙에 또 재앙을 내렸으나 애굽의 지배자는 계속 "마음을 강퍅케" 하였다. 그 재앙들 중에서 제일 무거운 것 한 가지가 더 작정되었는데 이것 때문에 바로는 백성들이 가도록 '허락'을 할 뿐만 아니라 그들을 쫓아내게 될 것이다. 그래서 하나님을 대항하여 싸우는 것이 어리석다는 사실을 분명히 보게 될 것이고, 여호와를 대적하는 일의 무용함이 온전히 드러나게 될 것이며, 피조물의 무능성과 지극히 높으신 이의 전능하심이 나타나게 될 것이다. "사람의 마음에는 많은 계획이 있어도 오직 여호와의 뜻만이 완전히 서리라"(잠 19:21).

"만군의 여호와께서 경영하셨은즉 누가 능히 그것을 폐하며 그의 손을 펴셨은즉 누가 능히 그것을 돌이키랴"(사 14:27). 비록 바로가 세상에서 가장 강한 제국의 왕이라 할지라도 "교만하게 행하는 자를 그가 능히 낮추심이라"(단 4:37)고 하였다. 바로는 오만한 태도로 "여호와가 누구이기에 내가 그의 목소리를 듣고 이스라엘을 보내겠느냐?"고 물었다. 그는 뻔뻔스럽게 "나는 여호와를 알지 못하니 이스라엘을 보내지 아니하리라"(출 5:2)고 선언하였다. 그러나 그때에 하나님이 그 백성들을 기꺼이 제거해버릴 때가 거의 당도했기에, 하나님은 그와 그의 땅에 매우 격렬한 고통을 주었다. 피조물이 전능자를 용케 무시하는 것은 마치 벌레가 코끼리의 발걸음을 저지하려는 것과 같다. 하나님은 강퍅한 마음을 갈아 가루를 만드실 수 있고 심히 오만한 영혼을 끌어내려 진토에 붙일 수 있다.

"여호와께서 모세에게 이르시기를 내가 이제 한 가지 재앙을 바로와 애굽에 내린 후에야 그가 너희를 여기서 내보내리라 그가 너희를 내보낼 때에는 여기서 반드시

다 쫓아내리니"(출 11:1). '재앙이 한 가지 더 남아 있었다.' 그 중에서도 가장 혹독한 것은 이것, 즉 "그 기력의 시작"(시 78:51)을 향한 것이었다. 바로보다 더 능한 왕이 그날 밤 애굽을 방문하고자 했다. '공포의 왕' 이 그의 엄위하신 손을 장자 위에 덮으려 한 것이다. 모든 지혜와 학문마저도 바로와 그 백성들에게 도움이 되지 못한다. 술객들도 그러한 비상사태에는 쓸모가 없었다. 죽음의 사자 앞에 버틸 수 있는 것은 아무것도 없었다. 부귀나 과학도 구원을 제공할 수 없었다. 궁궐에 거하는 자도, 천한 오두막에 사는 사람보다 조금도 더 안전하지 못했다. 오래 참으시는 하나님께서 자신을 충분히 나타내 보이셨지만, 이제는 하나님의 거룩한 분노가 불가항력적인 힘으로 폭발하여, 그 결과로 초래된 통곡이 널리 사무치게 될 것이다.

"백성에게 말하여 사람들에게 각기 이웃들에게 은금 패물을 구하게 하라 하시더니"(출 11:2). 이 구절과 그 다음 구절은 삽입절로 간주된다. 장자가 죽임을 당한 그 밤은 니산월의 열나흘과 열닷새날 사이에 있었다. 그럼에도 출애굽기 12:3에서 여호와께서 모세에게 그 달의 열흘째 날에 각 남자마다 양을 한 마리씩 잡으라고 이스라엘에게 지시하셨음을 볼 수 있다. 이와 비슷하게 여기 출애굽기 11장의 대부분은 유월절 밤에 발생했던 일과 관계가 있고, 2절과 3절은 이 일에 앞서 이미 일어났었던 일에 대해 간결하게 보고하는 삽입절로 나타난다.

2절에 기록된 내용은 하나님의 진리의 대적자들에게 포착되어서 윤리적 반대의 근거가 되었다. '빌리다' (borrow: 한글 성경은 '구하다')라는 말은 그 물품을 뒤에 돌려주어야 하는 것을 의미한다. 그러나 이스라엘 사람들은 이 '보물' 들을 애굽 사람들에게 돌려줄 생각이 전혀 없었다. 이로 인하여 하나님께서 그의 백성에게 기만과 정직하지 못한 일을 행하도록 가르쳤다고 언쟁했다. 그러나 그러한 반대의 모든 근거는 여기에 번역되어진 '빌리다' 라는 히브리 말이 정확하게 전해졌다면 말끔히 제거되었을 것이다. 그 말의 원어는 히브리어로 샤알(Sha' al)이다. 이 말은 구약성경에서 168번 나와 있으며 162번이 '구하다, 빌리다 또는 요구하다' 로 번역되었다. 70인역에는 아이테스(aites; ask)로 되어 있고, 제롬의 라틴어 역본에는 포스투라비트(postulabit;ask, request)로 번역되어 있다. 루터가 쓴 독일어 역에는 포르더른(Fordern; demand)으로 되어 있다. 그 실수는 '빌리다' 라는 말 대신에 '구하다' 라고 번역한 영국의 성경 개역자에 의하여 수정되었다.

'빌리다' 를 '구하다' 라고 대체함으로써 이스라엘이 사기 거래의 죄가 있었다는 불신앙인들의 반대에 대한 그 모든 근거가 제거되었다. 하지만, 여전히 많은 경건한 사람들이 느끼는 어려움이 남아 있다. 왜 주님께서 자기 백성에게 원수로부터 무엇을 '구하라'고 명해야만 했는가? 애굽 사람들로부터 받는다는 것은 사실상 그들 자신의 것을 취하는 것이다. 긴 세월 동안 히브리인들은 벽돌 가마에서 고생하였다. 그렇다면 지금 그들이 구하는 것은 그동안 충분히 벌어 두었던 것이다. 이 보물들을 받는다는 것은 적법한 것이다. 하지만 우리는 좀 더 진지하고 만족할 만한 대답이 이보다 더 깊은 곳에 있다고 믿는다. 여기에 있는 모든 것은 심오한 상징적 의미를 가진다. 세상은 그 속에 있는 하나님의 백성의 존재로부터 많은 빚을 지고 있다. 중생하지 못한 자들에 의해 실행되는 아주 많은 자선사업은 이들의 결과물이다. 우리들의 자선 단체, 구제대책을 위한 기관들은 기독교의 소산물들이다. 병원과 구빈원(poor-houses)은 복음의 빛이 비추어지지 않은 땅에서는 알려져 있지도 않다! 그렇다면 주님이 그의 백성들을 이끌어 내셨을 때, 그 거민들은 결과적으로 큰 상실감을 느끼게 되었을 것이다. 마찬가지로 그리스도께서 공중으로 그의 성도들을 들어올리실 때 아마도 세상은 모든 참된 축복과 깨달음이 떠났음을 아마도 느끼게 될 것이다.

"**여호와께서 그 백성으로 애굽 사람의 은혜를 받게 하셨고**"(출 11:3). 이것은 여호와께서 불붙는 떨기나무에서 모세에게 하신, "내가 애굽 사람으로 이 백성에게 은혜를 입히게 할지라 너희가 나갈 때에 빈손으로 가지 아니하리니"(출 3:21)라고 하신 약속의 성취였다. 그리고 그것은 또한 사백 년 전에 여호와께서 아브라함에게 "그들이 섬기는 나라를 내가 징벌할지며 그 후에 네 자손이 큰 재물을 이끌고 나오리라"(창 15:14)고 하신 약속의 성취였다. 이는 참으로 축복받은 것이다. 하나님의 말씀은 이루어지지 않은 것이 없다. 오랜 세월 동안 히브리인들이 노예민족으로 살아왔으며 벽돌가마에서 고생하고 있는 동안, '위대한 신적인 힘으로' 애굽을 떠나리라는 것에 대하여는 어떤 외부적 표적도 보이지 않았다. 그러나 하나님의 백성은 보이는 것으로 하지 않고 믿음으로 행하였다. 옛날에 하나님께서 아브라함에게 하신 이 약속이 성취되었다고 하는 사실은 우리에게 하신 모든 약속들이 선하게 이루어지리라는 확실성을 얼마나 잘 나타내 주는가!

"**여호와께서 그 백성으로 애굽 사람의 은혜를 받게 하셨고**"(출 11:3). 여기에서 여호와는 그의 절대적 주권을 나타내셨다. 자연적 견지로서 볼 때 애굽인들은 어느 때보다 이스라엘 사람들을 미워할 온갖 이유가 있었다. "애굽 사람은 다 목축을 가증히 여기나니"(창 46:34)라고 하신 말씀대로 이들은 목자들이었을 뿐 아니라 그들과 그 땅에 혹독한 재앙을 내리신 이가 히브리인의 하나님이었기 때문이다. 따라서 그것은 하나님의 전능하신 능력에 오직 달려 있는 것으로, 하나님은 애굽 사람들의 마음을 움직여 바야흐로 당신의 백성에게 은혜를 베풀도록 했다. 이와 비슷한 예들이 요셉과 보디발(창 39:3), 요셉과 전옥(창 39:21), 다니엘과 환관장(단 1:9) 등에도 잘 나타나 있다. 우리는 이러한 구절로부터, 우리들이 중생치 못한 자들의 손에서 친절함을 받게 하실 때, 그것은 하나님이 그들의 눈에 은혜를 받도록 베푸신 것임을 알자.

"모세가 바로에게 이르되 여호와께서 이와 같이 말씀하시기를 밤중에 내가 애굽 가운데로 들어가리니"(출 11:4). 모세는 여전히 궁궐에 있었다. 출애굽기 11:1, 4절은 10:28, 29절에 이어서 계속 읽어야 한다. 만일 "여호와께서 모세에게 이르시기를"이라고 기록된 출애굽기 11:1(히브리어 성경에서 충분히 보여주듯이)을 읽노라면 두 장 사이에 있는 듯한 간격이 사라지게 될 것이다. 그렇다면 애굽 땅을 뒤덮은 '캄캄한 흑암'으로 인하여 왕과 궁궐에 있는 자들이 하나님의 종을 비록 볼 수 없었다 하더라도, 그는 그때까지 바로의 궁궐에 있었다. 이에 대한 증거를 더 원한다면 이 장의 8절에서, "왕의 이 모든 신하가 내게 내려와 내게 절하며 이르기를 너와 너를 따르는 온 백성은 나가라 한 후에야 내가 나가리라 하고 심히 노하여 바로에게서 나오니라"고 하신 것을 보면 알 수 있다. 니산(Nisan)의 열 나흘째 날은 다가왔고 최후의 통첩을 전한 다음, 모세는 영영 바로의 궁궐을 떠났다.

"모세가 바로에게 이르되 여호와께서 이와 같이 말씀하시기를 밤중에 내가 애굽 가운데로 들어가리니 애굽 땅에 있는 모든 처음 난 것은 왕위에 앉아 있는 바로의 장자로부터 맷돌 뒤에 있는 몸종의 장자와 모든 가축의 처음 난 것까지 죽으리니 애굽 온 땅에 전무후무한 큰 부르짖음이 있으리라"(11:4-6). 이것은 로마서 11:22의 "그러므로 하나님의 인자하심과 준엄하심을 보라 넘어지는 자들에게는 준엄하심이 있으니 너희가 만일 하나님의 인자하심에 머물러 있으면 그 인자가 너희에게 있으리라"고 하신 엄숙한 말씀을 우리에게 얼마나 잘 상기시켜 주는가! 그의 친 백성을 이 중한 심판으로부터 제외하신 것에서 우리는 여호와의 '선하심'을 볼 수 있고, 애굽 사람들의 모든 장자를 죽이심에서 우리는 그의 '준엄하심'을 본다. 그러나 왜 하필이면 '장자'가 죽어야만 했는지 물을 수도 있을 것이다. 이 물음에 대해서 적어도 두 가지의 대답이 있을 수 있다. 하나님의 통치적 태도에 있어 아비의 죄가 자녀들에게 머무는 일은 보통 일어난다. 그 다음으로는 로마서 9:22에서 말했듯이 하나님께서 그 진노를 보이시고 그 능력을 알게 하고자 '진노의 그릇'을 예비하셨다고 했다. 그들의 부모보다 자녀들이 오히려 죽음을 당한다는 것은 이 사실을 보다 분명히 나타내 준다. 다시 말해서 장자의 죽음은 대표적 형벌의 표현이었다. 이는 자연적 인간들 모두에게 내려지는 하나님의 심판을 말해 주는데, 초태생은 마치 '첫 열매'와 마찬가지로 나머지 모든 것들의 본보기이다. 그러나 바로만 거역하고 거만했는데 왜 애굽의 모든 장자가 죽임을 당해야 했는가? 그 대답은 출애굽기 14:7을 보면 확실하다. 즉, 애굽인들의 모든 구성원들이 결백함과 전혀 관계가 없기 때문이다.

그러나 이스라엘 자손에게는 사람에게나 짐승에게나 개 한 마리도 그 혀를 움직이지 아니하리니 여호와께서 애굽 사람과 이스라엘 사이를 구별하는 줄을 너희가 알리라"(출 11:7). 이것은 거룩하신 은혜의 절대적 주권에 대한 놀라운 예가 되었다. 우리가 뒤에 가서 보겠지만 이스라엘 사람들도 애굽 사람들과 마찬가지로 하나님의 진노를 충분히 받을 만했다. 히브리 사람들이 살아남은 것은 그들의 덕행이나 미덕 때문이 아니었다. 그들 역시 범죄하여 하나님의 영광에 이르지 못했다. 하나님께서 이와 같이 차이를 두신 것은 그 자신이 기뻐하시는 대로 하신 것이었다: "모세에게 이르시되 내가 긍휼히 여길 자를 긍휼히 여기고 불쌍히 여길 자를 불쌍히 여기리라"(롬 9:15). 그리고 이것은 전혀 유례없었던 예가 아니었다. 이는 모든 세대에서 하나님의 방법의 특징이었다. 그것은 오늘날도 마찬가지이다. 어떤 이들은 그리스도 안에 있고, 그리고 많은 이들이 그리스도 밖에 있다. 하지만, 주권자의 은혜만이 그 차이를 만들 뿐이다. "누가 너를 남달리 구별하였느냐"(고전 4:7)라고 한 사도의 질문에 다만 한 가지 대답이 있을 뿐이다. 즉 그것은 하나님이시다. 그것은 우리들의 마음이 불신자들의 마음보다 온유하다거나(본성적으로) 성령에 대하여 민감해서 그런 것도 아니다. 우리들의 의지가 좀 더 순응적이거나 덜 완고해서 그런 것이 아니다. 뿐만 아니라 그것은 우리 구세주의 필요성을 깨닫도록 해주는 탁월한 통찰력 때문도 아니다. 그런 것이 아니다. 은혜, 특기할만한 은혜, 최상의 은혜가 차등을 두게 하는 원인이다. 우리가 주의하여, 그것에 대해 모든 영광을 하나님께 돌리자!

"그러나 이스라엘 자손에게는 사람에게나 짐승에게나 개도 그 혀를 움직이지 않으리니." 이 사실은 모든 피조물이 위대하신 창조주의 직접적 통제 아래 있다는 주목할 만한 증거가 된다. 죽음의 천사가 하나님의 선고를 집행한 것은 밤이었다. 그뿐만 아니라 '캄캄한 흑암'이 그 땅을 덮었다. 애굽 사람들의 장자에게 갑자기 덮친 죽음을 발견하면서, 온 사방에 그들의 울음과 곡읍 소리가 가득하였다. 게다가 수백 수천의 이스라엘 사람들이 속박된 땅으로부터 계속하여 떠나는 이동이 있었다. 그렇다면 어느 모로 보나 '개들'은 응당히 짖고 으르렁거리며 히브리 사람들을 향하여 달려들어야 했을 것이다. 그러나 단 한 마리도 그 혀를 움직이지 않았다! 보이지 않는 손이 그것들의 입을 멈추게 했다. 마치 바벨론의 사자들이 다니엘이 굴속에 던져졌을 때 해치지 않았음같이, 여호와의 백성이 약속된 땅으로 출발할 때 애굽의 개들도 벙어리가 되었다. 오늘날의 신자들에게 이 얼마나 위로와 확신을 주는 말인가? 파리가 창조자의 명령 없이 당신에게 머물 수 없었던 것과 마찬가지로 그리스도가 허락하시기 전에는 마귀가 돼지 떼에 들어갈 수 없었다.

이 백성들의 영적 조건에 대하여는 여기에서 아주 두드러지게 하나님께 은총을 받았다고 밖에는 말할 수 없다. 아브라함의 자손들이 여호와에 관해 유지한 관계에 대하여 출애굽기의 앞 장들에서는 비교적 적게 언급했으나 그 이후의 부분에서는 한두 가지의 상세한 정보를 제공한다. 게다가 여호와께서 이스라엘 자손들을 노예로 있던 집에서 구하실 때에 이스라엘 자손의 도덕적 상태를 우리에게 제공한 그 모습을 간단히 생각해 보도록 다음의 구절들을 함께 제시한다.

레위기 17:7에는 "그들은 전에 음란하게 섬기던 숫염소에게 다시 제사하지 말 것이니라"고 하셨다. '더 이상'(다시. no more)이라는 말에 주의하라. 이 말은 광야로 나오기 이전에 이스라엘이 우상 숭배를 한 사실을 명백히 내포한다. 더 명백한 사실은 여호수아 24:14에서 "그러므로 이제는 여호와를 경외하며 온전함과 진실함으로 그를 섬기라 너희의 조상들이 강 저쪽과 애굽에서 섬기던 신들을 치워 버리고 여호와만 섬기라"고 말씀하셨다. 여기에 보면 족장들이 여호와께서 그들을 부르기 전에 가증한 신들을 섬겼고 또 그들의 자손들도 애굽에서 같은 일을 하였다.

"그 날에 내가 내 손을 들어 그들에게 맹세하기를 애굽 땅에서 인도하여 내어 그들을 위하여 찾아 두었던 땅 곧 젖과 꿀이 흐르는 땅이요 모든 땅 중의 아름다운 곳에 이르게 하리라 하고 또 그들에게 이르기를 너희는 눈을 끄는 바 가증한 것을 각기 버리고 애굽의 우상들로 말미암아 스스로 더럽히지 말라 나는 여호와 너희 하나님이니라 하였으나 그들이 내게 반역하여 내 말을 즐겨 듣지 아니하고 그들의 눈을 끄는 바 가증한 것을 각기 버리지 아니하며 애굽의 우상들을 떠나지 아니하므로 내가 말하기를 내가 애굽 땅에서 그들에게 나의 분노를 쏟으며 그들에게 진노를 이루리라 하였노라 그러나 내가 그들이 거주하는 이방인의 눈 앞에서 그들에게 나타나 그들을 애굽 땅에서 인도하여 내었나니 이는 내 이름을 위함이라 내 이름을 그 이방인의 눈 앞에서 더럽히지 아니하려고 행하였음이라"(겔 20:6-9). 이것은 우리에게 출애굽기에서 다루지 아니한 정보의 요점을 제공해준다. 첫째, 이 구절은 이스라엘이 애굽의 우상을 섬겼다는 것을 말해준다. 둘째, 하나님께서 그들을 어떻게 타이르셨는지를 보여준다. 셋째, 이스라엘이 하나님의 경책에 유의하는 대신 오만하게 무시했음을 보여준다. 넷째, 앞에 나타난 재앙들이 어떤 이유에서는 애굽인들과 마찬가지로 히브리인들에게도 내려진 심판의 천벌이었음을 알려 준다. 다섯째, 여호와께서 이스라엘을 구하신 것은 그들이 합당하거나 적합하기 때문이 아니요 주님의 이름을 위한 것임을 보여준다.

우리가 출애굽기를 열어볼 때 ― 그 안에 있는 모든 것은 그 중요성에 있어서 대표적임 ― 이스라엘 백성의 육신적 조건이 얼마나 정확히 그들의 영적 상태를 상징하는지를 알 수 있다. 첫째, 그들이 잔인한 왕의 처분 아래 얽매여 있음을 본다. ― 자연적 인간의 묘사, 마귀의 '노예'라고 한 말씀과 적절하다(딤후 2:26). 둘째, 그들이 "고된 노동으로 말미암아 탄식하며 부르짖으니"(출 2:23)라고 하였다. 그러나 그들이 하나님께 부르짖었다는 말은 한 마디도 없다! 그들은 자신들의 힘든 운명을 알고 있었지만 그들의 구원을 시작하실 그 근원에 대해서는 여전히 모르고 있었다. 자연적 인간이 처음으로 성령에 의하여 깨우침을 받았을 때와 얼마나 흡사한가! 자신의 영적 비참과 그의 유실된 상태로 인하여 한숨짓고 신음하나 그럼에도 불구하고 그는 구원자를 알지 못한다. 출애굽기 2:23에 이어지는 말씀을 보면 참으로 아름답다. "그 고된 노동으로 말미암아 부르짖는 소리가 하나님께 상달된지라." 그렇다, 비록 하나님께 한 것은 아니었을지라도 하나님은 그들의 부르짖음을 들으셨다. 그리고 하나님은 "그의 언약을 기억하셨다." 이것이야말로 주님의 행하심의 근거였다. 그들의 믿음에 의하여 된 것이 아님은 그들이 한 것이 아무것도 없기 때문이다. 그들의 비참함에 대한 연민도 아님은 이 세상의 다른 지역에서도 하나님께서 권념치 않으시는 그러한 많은 사람들이 있기 때문이다. 하나님은 그의 언약 때문에 그들을 우대하셨다. 그리스도인 독자들이여, 우리도 이와 너무나 똑같다. 하나님은 창세 이전에 그리스도와 더불어 언약을 맺으셨고 이것으로 그가 우리를 즉시 '우대' 하게 되는 것이었다.

그 다음에 우리가 출애굽기에서 읽는 것은 무엇인가? 하나님께서 노예 상태에서 신음하는 이스라엘이 알지도 못했던 구세주를 일으키시리라는 바로 이것이다. 출애굽기 3장에 보면 여호와께서 불붙는 떨기나무에서 모세에게 나타나시어 그로 하나님의 백성을 이끌어 낼 자로 지명하신 사실이 기록되어 있다. 그러나 그때만 하더라도 이스라엘은 그것을 알지 못하였고, 하나님께서 그들을 위하여 예비하신 놀라우신 은총을 전혀 몰랐다. 얼마나 진실로 정확한 그림인가! 우리가 맨 처음 비참한 형편을 의식했을 때, 우리의 양심이 견딜 수 없는 죄짐 아래서 신음하고 있었을 때, 그때만 하더라도 우리는 하나님께서 지명하신 구원자를 알지 못했다.

다음으로 우리는 여호와께서 아론을 광야로 보내어 그의 동생을 만나게 하여서, 함께 애굽으로 내려가, 이스라엘의 장로들을 모아 하나님께서 약속하신 구원을 말했던 것을 보게 된다. 우리는 "백성이 믿으며 여호와께서 이스라엘 자손을 찾으시고 그들의 고난을 살피셨다 함을 듣고 머리 숙여 경배하였더라"(출 4:31)고 성경에서 보게 된다. 그러나 그 뒤에 이어지는 내용을 보면 이는 참된 마음에서의 믿음이 아니요 그들의 경배가 분명히 겉치레에 불과했다는 사실이 확실하다. 이 사실은 우리들과 비유하면 지당하다. 우리들 중에도 맨 처음 구세주께서 목전에 나타나시게 되었을 때 얼마나 많은 사람들이 종교적으로 변했는가! 그러나 오호라, 우리의 응답은 얼마나 겉치레에 불과한가!

그 결말은 매우 놀랍다! 바로가 하나님의 의도를 알게 되자마자 즉시 그들의 노동을 무겁게 하여 이르기를 "그 사람들의 노동을 무겁게 하라"(출 5:9)고 하였다. 여기서 바로는 얼마나 분명하게 사탄을 예시하는가! 하나님의 영이 죄인 속에서 은혜의 활동을 시작하심을 우리 영혼의 큰 대적이 식별하자마자, 그는 일찍이 볼 수 없었던 무자비한 영적인 짐을 더욱더 무겁게 한다. 그는 그 가련한 영혼에게 더욱더 심한 일을 하게 한다. 비록 하나님께 은혜를 입으려 한다 할지라도 가중된 열심을 가지고 노동을 해야만 한다는 식으로 말한다. 말씀에는 "화가 몸에 미친 줄 알고"(출 5:19)라고 기록되었는데, 이는 죄책감으로 무거운 짐을 진 가련한 자, 양심의 가책으로 괴로워하는 자, 유죄선고를 받은 죄인의 경우도 마찬가지이다.

다음으로 우리는 백성들이 모세에게 와서 그들의 고통이 증가된 것에 대하여 불평하는 것을 성경에서 볼 수 있다. 심지어 지금도 그들은 믿음을 여호와께 두지 않고 육신의 팔에 의지했다. 이와 마찬가지로 뉘우친 죄인도 ― 거의 예외 없이 ― 고통에서 풀려나기 위하여 직접 그리스도께로 나아가는 대신 주일학교 교사나 전도사 또는 목사를 찾는다. '탕자'의 행동도 이와 비슷하다. 그가 '궁핍해지자' 아버지께로 즉시 돌아가지 아니하고 "가서 그 나라 백성 중 한 사람에게 붙여 사니"라고 하였다. 하나님만이 그의 깊고 깊은 필요를 채워 주실 수 있다는 그 위대한 진리에 인간은 얼마나 천천히, 그리고 애처롭도록 천천히 배우는가?

모세는 여호와를 찾았고 여호와께서는 너그러우신 인내로 그의 종에게 이스라엘 백성에게 가서 말하기를 "나는 여호와라 내가 애굽 사람의 무거운 짐 밑에서 너희를 빼내며 그들의 노역에서 너희를 건지며 편 팔과 여러 큰 심판들로써 너희를 속량하여 너희를 내 백성으로 삼고 나는 너희의 하나님이 되리니 나는 애굽 사람의 무거운 짐 밑에서 너희를 빼낸 너희의 하나님 여호와인 줄 너희가 알지라 내가 아브라함과 이삭과 야곱에게 주기로 맹세한 땅으로 너희를 인도하고 그 땅을 너희에게 주어 기업을 삼게 하리라 나는 여호와라"(출 6:6-8)고 명하셨다. 이는 놀라운 은혜였다. 그러나 뒤에 따르는 내용은 슬픈 일이 아닐 수 없다. "모세가 이와 같이 이스라엘 자손에게 전하나 그들이 마음의 상함과 가혹한 노역으로 말미암아 모세의 말을 듣지 아니하였더라"(출 6:9). 이는 그들의 이전의 순복과 '경배'(출 4:31)가 얼마나 순간적인 겉치레에 불과했는지를 잘 보여준다! 다시 말하거니와 우리의 삶에 있어서 이것은 얼마나 참된 사실인가! 이스라엘이 애굽의 벽돌 가마 밑에서 신음하고 있을 동안에는 비록 하나님의 약속이라 할지라도 그들에게서 고통을 제거할 수 없었다. 우리들 모두에게도 이와 같다. 우리가 계속하여 자신들의 일로 스스로 정당화할 동안에는, 우리 자신의 손으로 의의 옷을 짜고 있을 동안에는, 비록 복음의 약속이라 할지라도 우리를 위로할 수 없다. 아, 영혼이 자아의 모든 것으로부터 돌아서서 그리스도의 이루어 놓으신 사역만을 믿기 전까지는 평화를 얻지 못할 것이다. "일을 아니할지라도 경건하지 아니한 자를 의롭다 하시는 이를 믿는 자에게는 그의 믿음을 의로 여기시나니"(롬 4:5).

"모세가 이와 같이 이스라엘 자손에게 전하나 그들이 마음의 상함과 가혹한 노역으로 말미암아 모세의 말을 듣지 아니하였더라." 이것이 애굽 땅에 찾아온 죽음의 천사 앞에 있는 이스라엘 백성에 대하여 우리가 듣는 마지막 말이다. 그렇다면 여호와께서 "애굽인들과 이스라엘 백성들 사이에 차별을 두신 것"은 그 뒤에 가서 그가 어떤 공력을 발견했기 때문이 아님을 분명히 알 수 있다. 그들도 역시 우상 숭배를 하였으며 거역하고 불신하였다. 우리가 당시의 이스라엘의 영적 비참을 분명히 인식하면 할수록 그들을 구속한 은혜의 절대적 주권을 더 잘 인식하게 될 것이다. 이와 마찬가지로 자연적 인간의 전적 부패와 타락에 관한 성경의 가르침에 더욱 더 친숙해질수록 그렇게도 무가치한 피조물들을 향하신 하나님의 무한한 자비에 대하여 더욱 경탄하고, 우리에게 구원을 베풀어 주신 놀라운 사랑의 가치를 더욱 높이게 될 것이다. 성령께서 죄가 '더욱 증가하는' 아주 넓은 영역에 대한 깊이 있는 깨달음을 우리에게 나누어 줄 것과 끊임없이 더해가는 감사와 기쁨으로 은혜의 '지극히 풍성하심'을 이해하도록 인도해 주기를 기원한다.

제15장

유월절(1)

출애굽기 12장

출애굽기 11:4-7에 말씀하시기를, "모세가 바로에게 이르되 여호와께서 이와 같이 말씀하시기를 밤중에 내가 애굽 가운데로 들어가리니 애굽 땅에 있는 모든 처음 난 것은 왕위에 앉아 있는 바로의 장자로부터 맷돌 뒤에 있는 몸종의 장자와 모든 가축의 처음 난 것까지 죽으리니 애굽 온 땅에 전무후무한 큰 부르짖음이 있으리라 그러나 이스라엘 자손에게는 사람에게나 짐승에게나 개 한 마리도 그 혀를 움직이지 아니하리니 여호와께서 애굽 사람과 이스라엘 사이를 구별하는 줄을 너희가 알리라 하셨나니"라고 하셨다. 5절의 정확한 말의 뜻을 주의 깊게 살펴보라. '애굽 땅의(of) 모든 장자'가 아니고 '애굽 땅에 있는(in) 모든 장자'였다. 이 거룩한 심판을 그린 문장은 이스라엘 백성도 동일하게 애굽인들에게 포함시켰다. 그러한데도 7절에 보면 "개 한 마리도 그 혀를 움직이지 아니하리니 여호와께서 애굽 사람과 이스라엘 사이를 **구별**하는 줄을 너희가 알리라"고 기록되어 있다. 이것은 무신론자들이 소위 '명백한 자가당착'이라고 말하는 것이다. 그러나 우리는 '진리의 말씀'에는 전혀 모순이 없다는 것을 전적으로 확신하는 이상, 이 구절에 조화를 가져다 줄 수 있는 해석이 반드시 있음을 알고 있다. 그것이 무엇이든지, 인간의 지혜로는 획책할 수 없는 것이다. 보편적 저주의 언도는 하나님의 공의로부터 행하여졌다. 하지만, 애굽 사람들과 이스라엘 백성들 사이에 그가 두신 '구별'은 그의 은총의 넘침이었다. 그러나 어떻게 공의와 자비가 서로 화합할 수 있을까? 공의가 어떻게 자비를 배제하지 않은 채 충분하게 그것을 요구할 수 있을까? 공의의 대가없이 어떻게 자비가 나타날 수 있을까? 이러한 것들이 사실 여기서 발생하는 문제들이다. 그 해결책은 출애굽기 12장에서 찾을 수 있다. 애굽 땅에 있는 모든 장자들은 죽었으나 이스라엘의 장자들은 죽음의 사자로부터 구원받았다! 그러나 어떻게 이런 일이 있을 수 있단 말인가? 둘 다 참말이 아닐 수도 있지 않은가? 아니다, 그것은 사실이며 그 속에서 우리는 축복된 예증과 복음적 내용의 모형을 발견할 것이다.

출애굽기 12장은 열 가지 재앙의 마지막에 대하여 기록하고 있다. 그것은 장자의 죽음이었고, 죽음이란 '죄의 삯'이니만큼, 하나님이 여기에서 제기하고 취급하는 것이 죄의 문제라는 것을 파악하는 데에는 전혀 어려움이 없다. 애굽인들과 이스라엘 백성은 둘 다 동일하게 하나님의 공의로운 심판의 미움을 받는 실정이었는데, 이는 둘 다 여호와 앞에서 죄인이기 때문이었다. 이 사실은 지난 장에서 다소간 취급되었다. 이러한 관점에서는 애굽인들과 이스라엘 백성들이 거의 흡사한 것은 둘 다 그 본성과 행함에 있어서 모두 죄인이기 때문이다. "차별이 없느니라 모든 사람이 죄를 범하였으매 하나님의 영광에 이르지 못하더니"(롬 3:22, 23). 하나님께서 이스라엘을 애굽에서 구하려고 계획하신 것은 사실이나 의로운 근거에 의해서만 그렇게 하실 것이다. 거룩이란, 그것이 어디에서 발견되었든지 간에 죄를 결코 묵과하지 않는다. 천사들이 죄를 범했을 때 하나님께서 "그들을 용서하지 아니하셨다"(벧후 2:4). 택함을 받은 자들도 "다른 이들과 같이 본질상 진노의 자녀이었더니"(엡 2:3)라고 하셨다.

그러나 이러한 모든 것들은 다만 문제를 더욱더 해결할 수 없도록 하는 것같이 보인다. 이스라엘 백성들은 죄인이었고, 그들의 범과는 반박할 수 없을 정도로 도달하였고, 의로우신 하나님은 "결단코 면제하지는 아니하고"(출 34:7)라고 했으며, 사형선고가 그들에게 내려졌다(출 11:5). 이제는 다만 그 선고를 수행하는 것밖에는 남지 않았다. 형 집행 연기란 생각할 가치도 없었다. 공의는 반드시 충족되어야만 하며 죄는 반드시 그 대가를 치러야만 한다. 그렇다면 어떻게 된단 말인가? 이스라엘도 결국 멸망한단 말인가? 그렇게밖에는 볼 수 없다. 인간의 지혜로서는 어떤 해결책을 제시할 수 없을 것이다. 그렇다, 하지만 인간의 궁지는 하나님의 기회이니, 그가 해결책을 모색하셨다. "죄가 더한 곳에 은혜가 더욱 넘쳤나니"(롬 5:20)라고 했으나, 은혜는 의의 대가로 베풀어진 것이 아니다. 공의의 모든 요구는 충족되었고 거룩의 모든 바라는 바는 온전히 이루어졌다. 그러나 어떻게 하여 그렇게 되었는가? 대속물에 의하여 이루어졌다. 사형 언도가 집행되었으나, 그것은 죄 없는 희생제물 위에 내려졌다. 그 '흠 없는 자'가 '성한 곳이 없는'(사 1:6) 자들을 대신하여 죽었다. 애굽인들과 이스라엘 사이의 '구별'은 도덕에 근거한 것이 아니고 오로지 유월절의 어린양의 피에 의하여 이루어진 것이다. 자비와 진리가 서로 만나고 의와 평강이 서로 입 맞추게 된 것은 어린양의 피로 인함이다(시 85:10).

유월절 어린양의 피의 전적인 가치는 그것이 주 예수의 모형이라는 데에 있다. "우리의 유월절 양 곧 그리스도께서 희생되셨느니라 이러므로 우리가 명절을 지키되"(고전 5:7, 8). 복되신 구세주의 십자가 사역의 모형으로서의 출애굽기 12장의 내용을 평가하기 위한 신적인 권위가 여기에 있다. 그리고 이것은 그토록 깊은 관심으로 이 장을 자세히 고찰하는 데 시간을 들이는 이유이다. 우리의 눈이 성령의 기름이 부은바 되어 적어도 이 장에서 상징적으로 제시하는 소중한 진리의 전개를 파악할 수 있기를 바란다.

여기에서 주장하는 첫 번째의 위대한 진리는 11절에서 말씀하는 "여호와의 유월절이니라"는 것이다. 이것은 오늘날 전도 설교에서 매우 소홀히 하는 진리의 한 방면을 강조한다. 복음주의자들은 그를 믿는 자들에게 그리스도의 죽음이 이루어 놓으신 것에 대하여 많은 말들을 하지만, 그 죽음이 하나님을 향해서 이루어 놓은 일에 대해서는 매우 적게 언급하고 있다. 만약 그리스도의 죽음의 덕택으로 한 사람의 죄인도 구하지 못했다 치더라도, 그 죽음이 하나님을 영화롭게 했던 것은 사실이다. 이것은 단순한 신학적 문제가 아니다. 이 주제에 대하여 성경이 가르치는 것을 공부할수록, 그리고 십자가가 하나님을 향하는 의미를 단순한 믿음으로 붙들수록 우리의 평강과 깊은 기쁨과 찬양이 더욱 확고해질 것이다.

우리가 지금 독자에게 촉구하기를 원하는 진리의 독특한 측면은 여러 구절에서 명백히 가르쳐 준다. 성경에 있는 '양'에 관한 첫 번째(직접적) 관주를 보도록 하자. 창세기 22:8에 아브라함이 그 아들에게 이르기를 "번제할 어린양은 하나님이 자기를 위하여 친히 준비하시리라"고 하였다. 그것은 단순히 하나님이 양을 '준비'하리라는 것이 아니라 그가 '자기를 위하여 친히 준비하시리라'고 하였다. 양은 하나님의 성품에 영광을 돌리기 위하여, 그의 보좌의 정당성을 입증하기 위하여, 그의 공의를 충족시키기 위하여, 그리고 그의 거룩하심을 드러내기 위하여 '준비' 되었다. 이와 마찬가지로 매해에 다가오는 속죄일의 행사에서도 두 마리의 염소를 볼 수 있다. 왜 두 마리일까? 그리스도의 속죄 사역의 두 가지 위대한 견해를 — 하나님을 향함과 우리를 위함 — 예시하기 위함이었다. "또 그 두 염소를 가지고 회막 문 여호와 앞에 두고 두 염소를 위하여 제비 뽑되 한 제비는

여호와를 위하고 한 제비는 아사셀을 위하여 할지며"(레 16:7, 8). 로마서 3:24-26
에 있는 말씀은 이러한 견해에 대한 진리인데, "그리스도 예수 안에 있는 속량으
로 말미암아 하나님의 은혜로 값 없이 의롭다 하심을 얻은 자 되었느니라 이 예
수를 하나님이 그의 피로써 믿음으로 말미암는 **화목제물**로 세우셨으니 이는 …
자기의 의로우심을 나타내려 하심이니"라고 하였다. 고린도전서 5:7에서 "우리의
유월절 양 곧 그리스도"라고 하였다. 그가 지금 우리의 유월절이 되는 것은 그가
곧 첫 번째 여호와의 유월절이었기 때문이다(출 12:11).

  만일 우리가 위에서 말한 사실에 대하여 더 많은 증거가 필요하다면 출애굽기
12:27에서 다른 용어로 말씀하고 있다. 즉 여기에서는 분명히 유월절은 '희생제
사' 였다고 말한다. — "이는 여호와의 유월절 제사라." 뿐만 아니라 유월절을 제
사로 성경에서 부른 것은 이것이 유일한 구절이 아니다. 출애굽기 34:25에서 하
나님이 이르시기를 "너는 내 제물의 피를 유교병과 함께 드리지 말며 유월절 제
물을 아침까지 두지 말라"고 하셨다. 다시 신명기 16:2에 보면 "네 하나님 여호와
께 유월절 제사를 드리되"라고 하셨다. 뿐만 아니라 신약 성경에서도 "우리의 유
월절 양 곧 그리스도께서 희생되셨느니라"(고전 5:7)라고 하셨다. 우리가 이 점을
강조하는 것은 많은 사람들에 의하여 유월절이 '희생'(또는 제사)이었다는 것이
부인되어 왔기 때문이다. 반대자들은 제사장이 유월절의 양을 잡지 않았고 또한
그 제물을 번제단 위에 드리지 못했다고 말하는데, 그 이유는 애굽에는 하나님께
서 취하실 번제단이 없었기 때문이라는 것이다. 그러나 그러한 반대들은 이 주제
에 관한 다음의 성경에 대해 관주가 주어지면 신속히 제거될 것이다. 출애굽 사건
이후에는 '유월절' 에 하나님께서 지시하신 장소 외에 그 어디에서나 희생제물을
잡는 것을 허용하지 않았다. 이것은 신명기 16:4-6에 분명히 나와 있다. "그 이레
동안에는 네 모든 지경 가운데 누룩이 보이지 않게 할 것이요 또 네가 첫날 해
질 때에 제사 드린 고기를 밤을 지내 아침까지 두지 말 것이며 유월절 제사를 네
하나님 여호와께서 네게 주신 각 성에서 드리지 말고 오직 네 하나님 여호와께서
자기의 이름을 두시려고 택하신 곳에서 네가 애굽에서 나오던 시각 곧 초저녁 해
질 때에 유월절 제물을 드리고"라고 하셨다. 여기에서 이스라엘 백성은 유월절
양을 자기 집에서 잡는 것이 명백히 금지되어 있고, 그리고 그것을 다만 "하나님
여호와께서 자기의 이름을 두시려고 택하신 곳"에서 제사하도록 명하셨다. 그
'장소' 가 어디인지에 관해서는 신명기 12:5, 6, 그리고 비슷한 구절에서 발견할

수 있는데, 그곳은 성막으로서 차후에 성전이 되었다.

유월(逾越, the Passover)이 '희생제사', 즉 제사할 때 드리는 제물이었다는 것은 민수기 9:6, 7, 13에서 특별히 '고르반'(예물)으로 불려졌다는 사실에 의하여 입증되었으며, 그것은 성막이나 성전에서 하나님께 가지고 와서 드려진 것에만 그렇게 부를 수 있었다는 것이 확실하다. 더 나아가서 유월절의 희생의 피가 제사장에 의하여 번제단에 쏟아지고, 뿌리며, 드려진 것이 성경에 분명히 나타나 있다. "너는 네 제물의 피를 유교병과 함께 드리지 말며 내 절기 제물의 기름을 아침까지 남겨두지 말지니라"(출 23:18). 오직 제사장만이 피를 '드렸다.' 역대하 30:15, 16의 증거가 더욱 명백하게 증거해 준다. "열넷째 날에 유월절 양을 잡으니 제사장과 레위 사람이 부끄러워하여 성결하게 하고 번제물을 가지고 여호와의 전에 이르러 규례대로 각각 자기들의 처소에 서고 하나님의 사람 모세의 율법을 따라 제사장들이 레위 사람의 손에서 피를 받아 뿌리니라." 그리고 역대하 35:11에 "유월절 양을 잡으니 제사장들은 그들의 손에서 피를 받아 뿌리고"라고 하셨다. 이와 같이 다시 에스라 6:20에 "제사장들과 레위 사람들이 일제히 몸을 정결하게 하여 다 정결하매 사로잡혔던 자들의 모든 자손과 자기 형제 제사장들과 자기를 위하여 유월절 양을 잡으니"라고 하였다. "제사장들과 레위 사람들이 사로잡혔던 자의 모든 자손을 위하여"라고 기록되어 있는 것을 보라!

성경에 보면 희생제물과 연관된 두 가지 계열의 사상이 있다. 희생제물은 하나님께 드리는 화해의 배상물이다. 그것은 그의 거룩하신 노를 달래는 것이다. 그것은 죄에 대한 그의 의로우신 증오를 가라앉히는 것이다. 그것은 그의 공의의 요구를 충족시키는 것이다. 그것은 그의 율법의 요구를 해결하는 것이다. 하나님은 '사랑'임과 마찬가지로 '빛'이시다. 그는 "눈이 정결하시므로 악을 차마 보지 못하시며 패역을 차마 보지 못하시거늘"(합 1:13)이라고 하셨다. 이 진리는 오늘날 여러모로 부인되었다. 그러나 이것이 우리를 놀라게 하지 않는 것은 그것이 예언으로 말씀하신 바와 똑같기 때문이다(딤후 4:3, 4). 이 과제에 대한 성경의 가르침은 명백하고 뚜렷하다. 우리는 고라의 반역과 모함으로 모든 회중이 모세와 아론에게 수군거려 이르기를 "너희가 여호와의 백성을 죽였도다"라고 한 것을 읽을 수 있다. 이에 대한 하나님의 대답은 무엇이었나? 이에 대한 대답으로 여호와께서 모세에게 이르기를 "너희는 이 회중에게서 떠나라 내가 순식간에 그들을 멸하려 하노라 하시매"(민 16:45)라고 하였다. 그런데 하나님께서 발하신 소멸하는 진노는 어떻게 되었나? 그것은 이와 같았다. "이에 모세가 아론에게 이르되 너는 향로를 가져다가 제단의 불을 그것에 담고 그 위에 향을 피워 가지고 급히 회중에게로 가서 그들을 위하여 속죄하라 여호와께서 진노하셨으므로 염병이 시작되었음이니라 아론이 모세의 명령을 따라 향로를 가지고 회중에게로 달려간즉 백성 중에 염병이 시작되었는지라 이에 백성을 위하여 속죄하고 죽은 자와 산 자 사이에 섰을 때에 염병이 그치니라"(민 16:46-48). 이와 비슷한 구절이 욥기서의 마지막 장면에 있다. 거기에 이르시기를, "여호와께서 욥에게 이 말씀을 하신 후에 여호와께서 데만 사람 엘리바스에게 이르시되 내가 너와 네 두 친구에게 노하나니 이는 너희가 나를 가리켜 말한 것이 내 종 욥의 말 같이 옳지 못함이니라 그런즉 너희는 수소 일곱과 숫양 일곱을 가지고 내 종 욥에게 가서 너희를 위하여 번제를 드리라 내 종 욥이 너희를 위하여 기도할 것인즉 내가 그를 기쁘게 받으리니 너희가 우매한 만큼 너희에게 갚지 아니하리라."

여기에 '희생'(sacrifice)과 연관된 기본적 사상이 있다. 그것은 죄를 미워하는 거룩한 진노와 죄를 징계하는 하나님을 만족시키는 피 흘리는 제물이다. 그리고 이것은 위대한 희생제물이신 주 예수와 연관되어 거듭 사용된 바로 그 말씀이다. 이와 같이 에베소서 5:2에서도 "그는 우리를 위하여 자신을 버리사 향기로운 제물과 희생제물로 하나님께 드리셨느니라"고 하셨으며, 다시 "이제 자기를 단번에 제물로 드려 죄를 없이 하시려고 세상 끝에 나타나셨느니라"(히 9:26)고 하셨다. 그리고 또다시 "오직 그리스도는 죄를 위하여 한 영원한 제사를 드리시고 하나님 우편에 앉으사"(히 10:12)라고 하셨다. 이 구절들에 대한 의미는 로마서 3:25, 26에 설명되어 있는데, 그리스도는 하나님께 '화목제물'(propitiation), 완화(appeasement), 화해(pacification), 적법한 배상(a legal satisfaction)이 되셨다. 그러므로 구속자의 선구자인 요한은 "보라 세상 죄를 지고 가는 하나님의 어린양이로다"(요 1:29)라고 말했다.

두 번째로 성경에서 '희생'과 연관된 사상은 하나님께 감사와 찬양을 드리는 것인데, 이는 전에 행한 일의 결과이다. 그것은 그리스도께서 그들을 위하여 하나님께 화목제물이 되셨으므로 이제 신자들은 '찬양의 희생'을 드릴 수 있게 된 것이다(히 13:15). 옛날에 어느 사람은 "이제 내 머리가 나를 둘러싼 내 원수 위에 들리리니 내가 그의 장막에서 즐거운 제사를 드리겠고 노래하며 여호와를 찬송하리로다"(시 27:6)라고 하였다. 또 다른 곳에서 이르기를 "나는 감사하는 목소리로

주께 제사를 드리며"(욘 2:9)라고 하였다. 이것은 "유월절 양 곧 그리스도께서 희
생이 되셨으니"라고 말씀하신 다음에 "이러므로 우리가 명절을 지키자"(고전
5:7)라고 하신 이유이다. 유월절 양은 먼저 하나님께 드려졌고, 두 번째로 그 피
아래로 피하는 자들에게 양식이 되었다.

애굽에서 유월절과 관련된 의식은 매우 주목할 만한 것이었다. 어린양이 죽임
을 당해야만 했다(출 12:6). 죽음은 죄를 범한 사람에게나 아니면 죄 없는 대속물
위에 마땅히 가해져야만 했다. 그리고 그 피는 그날 밤에 이스라엘 백성이 숨은
그 집의 문설주와 인방에 뿌려야만 했다. "피 흘림(shedding)이 없은즉 사함이 없
느니라"(히 9:22). 그리고 피 뿌림(sprinkling)이 없으면 구원이 없다. 그 두 단어는
결코 동의어가 아니다. 전자는 화목(propitiation)을 위함이요 후자는 믿음을 승인
하기(전유[專有], appropriation) 위함이다. 그것은 회심한 죄인이 그 피를 적용할
때에 비로소 그에게 효력이 있다. 이스라엘 사람마다 적당한 양을 골라야 했고,
그리고 그것을 죽여야만 했다. 하지만, 그 양의 피를 문 바깥에 바르기 전까지는
죽음의 사자가 그 집에 들어가 장자를 죽일 수도 있었다. 이와 같이 오늘날도 하
나님의 어린양의 보혈이 죄를 사하기 위하여 흘려졌다는 것을 아는 것만으로는
충분하지 못하다. 구세주를 제공하는 것만으로는 부족하니, 그를 반드시 받아들여
야 한다. "그의 보혈에 대한 믿음"이 반드시 있어야 하며(롬 3:25), 그리고 믿음은
개인적인 것이다. 내가 반드시 믿음을 실행해야만 한다. 내가 반드시 믿음으로 피
를 받아들여 그 아래 피해야 한다. 내가 반드시 그 피를 나의 죄와 삼위의 거룩하
신 하나님 사이에 두어야 한다. 내가 반드시 그를 영접하는 유일한 근거로서 그
것에 의존해야 한다.

**"내가 그 밤에 애굽 땅에 두루 다니며 사람이나 짐승을 막론하고 애굽 땅에 있는
모든 처음 난 것을 다 치고 애굽의 모든 신을 내가 심판하리라 나는 여호와라 내가
애굽 땅을 칠 때에 그 피가 너희가 사는 집에 있어서 너희를 위하여 표적이 될지라
내가 피를 볼 때에 너희를 넘어가리니 재앙이 너희에게 내려 멸하지 아니하리라"**(출
12:12, 13). 하나님의 심판의 집행인이 이스라엘 사람의 집의 피를 보고는 들어가
지 않았는데 왜 그랬을까? 왜냐하면 그곳에선 죽음이 이미 그 일을 행했기 때문
이다! 죄 없는 자가 죄 지은 자를 대신하여 죽었기 때문이다. 이와 같이 하여 정의
(justice)가 충족되었다. 동일한 죄를 두 번씩이나 처벌하는 것은 부당하다. 한 가
지 빚을 두 번씩이나 갚는 것은 불법적이다. 이처럼 그 위에 피가 뿌려진 집은 안

전했다. 이는 복되고 복된 진리이다. 지금 하나님의 백성의 편에 있는 것은 단지 하나님의 자비가 아니라 그의 의(righteousness)이다. 정의 그 자체가 그리스도 안에 있는 모든 신자의 사면(acquittal)을 주장한다. 이 속에 복음의 영광이 있다. 사도 바울은 말하기를 "내가 복음을 부끄러워하지 아니하노니 이 복음은 모든 믿는 자에게 구원을 주시는 하나님의 능력이 됨이라 먼저는 유대인에게요 그리고 헬라인에게로다"(롬 1:16). 그런데 왜 그가 복음을 '부끄러워하지' 않았을까? 여기에 그의 다음 말이 있다. "복음에는 하나님의 의가 나타나서 믿음으로 믿음에 이르게 하나니."

"내가 피를 볼 때에 너희를 넘어가리니." 하나님의 눈은 집에 있지 않았고 피에 있었다. 그것이 우뚝 솟은 집이든지, 견고한 집이든지 아니면 아름다운 집이든지 이러한 것은 아무 상관없이, 만일 그곳에 피가 없으면 심판은 그리로 들어가서 죽음의 일을 행하였다. 그 높이, 그 견고함, 그 장려함도 만일 거기에 피가 빠졌으면 아무 소용이 없었다. 반면에 그 집이 초라한 오두막집이거나 긴 풍상에 허물어진 집이라 하더라도 그 문에 피만 있으면 아무 상관없이 그 안에 있는 자들은 완전히 안전했다.

그뿐만 아니라 하나님의 눈은 집 안에 있는 자들을 보시지 않았다. 그들이 아브라함의 직계 후손일 수도 있고, 제 팔일에 할례를 받았을 수도 있고, 그리고 그들의 외부로 나타나는 삶이 율법과의 관계에서 흠없이 행할 수도 있다. 하지만 그들이 하나님의 심판으로부터 구원을 보장하는 것은 그들의 계보나 의식 준수나 행함이 전혀 아니었다. 그것은 흘린 피를 그들이 개인적으로 적용하는 것, 오직 그것이었다.

"그 피가 너희가 사는 집에 있어서 너희를 위하여 표적이 될지라 내가 피를 볼 때에 너희를 넘어가리니 재앙이 너희에게 내려 멸하지 아니하리라"(출 12:13). 자연적인 인간의 마음에 이것은 완전히 어리석은 것이었다. 교만한 이성(理性)은 '피를 문에 발랐다고 해서 다를 게 무엇이란 말인가? 라고 질문할 것이다. 아! "육에 속한 사람은 하나님의 성령의 일들을 받지 아니하나니 이는 그것들이 그에게는 어리석게 보임이요"(고전 2:14). 하나님의 구원의 방법에 관해서는 이것은 지대한 사실이다. "십자가의 도가 멸망하는 자들에게는 미련한 것이요 구원을 받는 우리에게는 하나님의 능력이라 … 우리는 십자가에 못 박힌 그리스도를 전하니 유대인에게는 거리끼는 것이요 이방인에게는 미련한 것이로되"(고전 1:18, 23). 하나님께서 요구하시는 것을 논단(論斷)하지 않는 것이 바로 믿음이요, 유월절의 희생제물을 효과적이게 한 것도 믿음이었다. "믿음으로 유월절과 피 뿌리는 예식을 정하였으니 이는 장자를 멸하는 자로 그들을 건드리지 않게 하려 한 것이며"(히 11:28)라고 하였다.

"이 믿음이 어떤 것이었는지"를 깨닫기 위하여, 우리는 '그날 밤'으로 돌아가서 다만 '믿음으로' 라는 말의 뜻을 설명할 수 있는 특별한 환경을 살펴보아야 한다. 하나님의 심판이 애굽과 그 왕과 그 백성에게 쏟아졌다. 아홉 가지의 재앙들이 내려졌지만 바로와 애굽 사람들이 여전히 완고하게 버티므로 위기가 닥쳐왔다. 사실상, 모세는 다시 바로 앞에 나타나는 날에는 죽게 될 것이라는 위협을 받았다(출 10:28, 29). 한편 히브리인들은 일찍이 없었던 최악의 처지에 놓였고, 그들을 이끌어 내려고 한 모세는 그 약속을 원만히 이행하지 못했다.

"모세가 무엇을 해야만 하는가에 대해 하나님으로부터 들었던 것은 그 순간이었다. 느낌과 시각상으로 그것은 아주 부적당하고 바람직한 결과를 전혀 수행하지 못할 것 같이 보였음에 틀림없다. 아홉 가지 재앙의 그 모든 누적된 공포들을 가지고도 실패한 것을 어떻게 이 마지막 재앙이 이루리라고 기대할 수 있단 말인가? 다만 피를 뿌린다는 것만으로 어떻게 그러한 놀라운 결과를 가져올 수 있다는 말인가? 그리고 만일 그들이 '바로 그날 밤'에 애굽을 떠나야만 한다면, 출발 준비를 해야 할 때에 백성들이 의식을 이행하느라고 왜 그 모든 순간에 그렇게 무거운 짐을 져야만 하는가? 오직 '믿음' 만이 여기에 적절한 해답을 줄 수 있을 뿐이다. 모든 것이 인간의 이해와 논리에 역행하는 것이었다.

"그 모든 실패에 대한 불리한 예감에도 불구하고 살아 계신 하나님과 그로부터 들은 사실에 대한 진지한 믿음으로써 모세는 백성에게 가서 유월절 준수에 대한 모든 복잡한 사항의 예행연습을 실시하도록 지시할 수 있었다. 그리고 모세는 그 달의 열흘째 되는 날에 양을 골라서 잡는 일에 세심한 주의를 기울이도록 그들에게 말하고, 십사 일에 그것을 잡아 (그들에게) 별 의미가 없어 보이는 의식을 하면서 그것을 먹으라고 말할 수 있었다. 모세가 그의 형제들, 곧 극심한 좌절 속에 있는 자들, 들어보고자 하는 마음조차 없는 그의 형제들에게 갈 수 있기 위하여서 자신이 하나님으로부터 들었던 것에 대한 비범한 신념을 요구하였다. 이는 여태까지의 노력이 압제자들의 증오만을 가중시켰고 노예인 동족의 고통만 더하게 했기 때문이다. 모세에게 사람들을 설득시키는 것과 유월절 의식에 그 모든 상세한 세목들을 이행할 절대적 필요성을 설득시키는 임무가 불가능하지는 않았을지라도, 인간적 안목으로 볼 때 그것은 어려운 임무이었을 것이다.

"그러나 바로 여기가 **믿음**이 들어와야만 할 곳이다. 여기가 위대한 승리를 획득할 수 있는 바로 그 현장이다. 이런고로 '믿음으로 유월절과 피 뿌리는 예식을 정하였으니' (히 11:28)라고 했다. 이렇게 모든 어려움은 정복되고 출애굽은 이루어졌다. 모든 것은 '들음에서 온 믿음' 에 근거하였다. 여호와의 말씀은 믿음을 산출하였고 즉시 모든 축복의 원인과 결과가 되었다"(Dr. Bullinger).

"내가 애굽 땅을 칠 때에 그 피가 너희가 사는 집에 있어서 너희를 위하여 표적이 될지라 내가 피를 볼 때에 너희를 넘어가리니 재앙이 너희에게 내려 멸하지 아니하리라" (출 12:13). 이 사실에 연관하여 두 가지 일을 구분하는 일은 매우 중요하다. 즉, 이는 안전의 기초와 평강의 근거이다. 심판으로부터 안전한 피난처를 제공해 준 것은 어린양의 죽음과 그것의 피 뿌림이다. 마음에 새기게 한 것은 거짓말할 수 없는 이의 약속이었다. 그런데 이 두 번째 관점에는 많은 착오가 있다. 사람들은 실제로 체험하고, 느끼며, 그들이 보증하는 사실에 근거한 일에 대하여 내부로부터의 그 어떤 확신을 얻기 원한다. 이것은 사탄이 가장 좋아하는 것, 즉 눈을 돌려서 우리 자신을 향하여 낮추는 것이다. 성령께서는 언제나 우리의 눈을 자신으로부터 벗어나서 하나님과 그의 말씀으로 인도하신다.

당시의 상황을 한 번 상상해 보자. 유월절 밤에 두 가정이 있다. 한 식구의 가장은 하나님의 경고에 주의를 기울이지 않고 그 거룩한 대책에 따라 처신하지 않는 불신의 아버지이다. 그날 저녁 일찍이 그의 장자가 말하기를 "아버지, 저는 지금 매우 불안해요. 모세가 말하기를 오늘 한밤중에 한 천사가 이 땅에 찾아와서 어린양의 피로 보호된 집 이외의 집에 있는 모든 장자는 다 죽인데요"라고 했다. 아직도 무서워하는 아들에게 아버지는 거짓말을 하면서, 양을 죽여 그 피를 문에 발랐으니 불안해 할 필요가 없다고 그에게 타일렀다. 이 말을 듣자 아들은 안심했고 모든 두려움은 사라지고 그 대신에 평화로 채워졌다. 그러나 그것은 거짓 평화에 불과했다!

두 번째의 가정은 처지가 반대였다. 이 집의 가장은 하나님을 두려워하는 사람이었다. 그는 모세를 통하여 여호와의 경고의 메시지를 들었고, 그 들음은 믿음으로, 그리고 그에 따라 행하여 살진 양을 잡아 그 피를 문설주와 인방에 발랐다. 그날 저녁 장자가 말하기를 "아버지, 왠지 몹시 불안해요. 오늘 밤에 한 천사가 모든 장자를 친다고 하는데 어떻게 피해야 합니까?'라고 했다. 그의 아버지의 대답은, "아들아, 너의 불안은 근거가 없는 것이야, 아무렴, 그것은 하나님께 불경한 일이야. 여호와께서 말씀하시기를 '내가 피를 볼 때에 너희를 넘어가리라'고 하셨다"이다. 아들은 계속하여 말한다. "그러나 아버지께서 어린양을 죽여 그 피를 바른 것은 알고 있지만 저는 무서울 뿐이에요. 지금에라도 애굽 사람들의 집으로부터 공포의 부르짖음과 심한 고통 소리를 들을 수 있을 것만 같아요." 오, 그 아침이 오리라! 그때까지는 안전함을 느끼지 못하리라. 그러나 그의 두려움은 근거가 없는 것이었다.

이제 살펴보도록 하자. 첫 번째의 경우, 우리는 위에서 행복한 느낌으로 가득한 사람을 전제하였지만, 그는 멸망하고 말았다. 두 번째의 경우, 두려움으로 가득 찬 사람이 있었지만 그는 보존되었다. 이 각 사람의 근거를 살펴보라. 첫 번째 집에 있는 장남은 그의 평화의 근거를 인간의 말에 두었기 때문에 행복하였다. 두 번째 집의 장남은 하나님의 말씀의 확실성 위에서도 쉴 수 없었기 때문에 불안했다. 그렇다면 여기에 두 가지 분명한 사실이 있다. 안전의 보장은 어린양의 피를 바름에 있었다. 확신과 평강은 하나님의 말씀 위에 쉼으로써 찾을 수 있다. 이 둘 모두의 근거는 우리 자신들의 외부에 있다. 느낌은 양쪽 경우의 모두와 아무런 관계가 없다.

심판으로부터의 구원은 그리스도의 이루어 놓으신 사역, 오직 그것에 의한 것이다. 다른 그 무엇도 효력이 없는 것이다. 종교적 경험, 의식의 준수, 자기희생, 교회의 일원, 자비를 베풂, 그리고 성품의 수양은 조금도 효과가 없다. 잃어버린 가련한 죄인인 나로서 맨 먼저 해야 할 일, 즉 확실히 해야 할 일은 '그리스도께서 죄인을 위하여 하신 일에 내가 의지하고 있는가' 하는 것이다. 내가 인격적으로 그의 흘리신 피를 의지하는가? 만일 그렇지 않고 오히려 어떤 전도자의 웅변과 감동적 호소에 따라 새로운 인생의 장을 넘기기로 결심하고, 좀 더 나은 생활을 하려고 노력하며, 그리고 내가 '앞으로 나가서' 설교자의 손을 잡았을 때 그가 내게 이르기를 이제 당신은 구원을 받아 '교회의 일원'이 되었다고 말함으로써 행복을 느끼고 만족했다면 나의 평화는 거짓된 것이기에, 하나님께서 그의 은혜로 깨우쳐 주시지 않는 한 나는 불못에 들어가게 될 것이다.

반면에 만일 성령께서 나의 잃어버린 상태를 보여 주시고 구세주에 대한 깊은 필요를 가르쳐 주실 때, 물에 빠진 사람이 구명구를 잡는 것처럼 그리스도께 눈

을 돌려 주 예수 그리스도를 진심으로 믿고(행 16:31) 개인의 구주로 영접(요 1:12)
했다고 할지라도, 아직도 하나님께서 **나를 영접하셨다**는 확신이 부족하고 마음에
안정된 평화가 없다면 이는 곧 기록된 말씀을 단순한 믿음으로 받아들여 그 안에서
쉬는 일을 못하기 때문이다. 하나님께서 "주 예수 그리스도를 믿으라 그리하면
구원을 받으리라"고 말씀하신다. 이것이면 충분하다. 이는 거짓말하실 수 없는 그
분의 말씀이시다. 더 이상 필요한 것은 없다. "내가 진실로 진실로 너희에게 이르
노니 내 말을 듣고 또 나 보내신 이를 믿는 자는 영생을 얻었고 심판에 이르지 아니
하나니 사망에서 생명으로 옮겼느니라"(요 5:24). 당신의 느낌에 대하여는 염려하
지 말라. 당신이 진지한 회개를 하고 있는지 계속하여 깊이 성찰해 보라. 구원하
시는 이는 그리스도이지, 당신의 눈물도, 기도도 또는 결심도 아니다. 만일 당신
이 그리스도를 영접했다면 **구원을 받은** 것이다. 지금 구원을 받았다면 영원히 구원
을 받은 것이다. — "그가 거룩하게 된 자들을 한 번의 제사로 영원히 온전하게
하셨느니라"(히 10:14). 당신이 구원받았다는 것을 어떻게 아는가? 이스라엘의 장
자가 보복하는 천사로부터 안전하다는 것을 하나님의 말씀에 의하여 알 수 있었
던 것과 동일하다. "내가 피를 볼 때에 너희를 넘어가리라." 하나님은 오늘날도
우리에게 동일한 말씀을 하신다. 만일 당신이 피 아래 있다면 당신은 영원토록
안전하다. 율법뿐만 아니라 마귀도 당신을 상치 못할 것이다. "의롭다 하신 이는
하나님이시니 누가 정죄하리요"(롬 8:33, 34). 구원을 위하여 그리스도를 영접하
라. 확신과 평강을 위하여 하나님 말씀 위에서 쉬라!

　그렇다고 우리는 감정에 비해 조금 다른 것인 우리의 믿음에 사로잡혀서도 안
된다. 우리를 구원하는 것은 믿음의 행위(기계적인)가 아니요, 믿음이 잡고 있는
진리 그 자체인 것이다. 만일 문에 피가 칠해져 있지 않은 상태에서 믿음만 가지고
있었다고 하여도 보복하는 자로부터 구원을 받지 못했을 것이다. 반면에, 만일
피가 문에 발려져 있고 그 속에 거하는 자들이 그 효험에 대하여 의심하였다면
평강은 파괴되었을지라도 안전은 보장된다. 확신을 가져다주는 것은 하나님의
약속에 대한 믿음이다. 그러므로 **구원**에 있어서 믿음은 단순히 그 선물을 받는 손
이다. 확신에 있어서는, 믿음은 "하나님이 참되시다는 것을 인쳤느니라"(요
3:33). 그리고 이것은 단순히 '그의 증거'를 받아들이는 것이다.

　이번 장에서 우리는 구원과 평강에 관련된 중추적이며 중대한 것들에 대하여
다만 전개시켜 보려고 했다. 다음 장에서는 하나님께서 원하시면 출애굽기 12장

에 있는 많은 재미있고 자세한 사실들을 다루게 될 것이다. 여호와께서 그 자신의 것을 확증하기 위하여 우리가 쓴 것을 기꺼이 사용하시기를 바란다.

제 16장

유월절 (2)

출애굽기 12장

유월절의 제도와 의식은 구약성경의 어디에서나 발견할 수 있는 그리스도의 십자가 사역에 대한 가장 놀랍고도 복된 예표들 중의 하나를 제공한다. 그 중 요함은 이후부터 구세주를 일컫는 명칭인 '어린양'(lamb), 이제 보게 될 출애굽기 12장의 내용을 되돌아보게 하는 '어린양'이라는 명칭이 자주 사용된 사실로부터 추측할 수 있다. 메시야에 대한 예언은 고통당하는 메시야를, "도수장으로 끌려 가는 어린양같이"(사 53:7) 예측했다. 세례 요한은 그에 대하여 "보라 세상 죄를 지고 가는 하나님의 어린양이로다"(요 1:29)라고 소리쳤다. 사도는 그에 대하여 이르기를 "흠 없고 점 없는 어린양"(벧전 1:19)이라고 하였다. 주의 가슴에 기대었던 제자는 성경의 마지막 책에서 스물여덟 번이나 이 명칭을 사용하고 있다. 이와 같이 구약의 선지자들, 사도, 그리고 계시록 예언자들은 구속자의 명칭을 사용하는 일에 일치를 보인다.

그리스도의 희생적 사역의 예표적 그림은 구약성경 전체를 통하여 여러 곳에 널리 흩어져 있지만, 구세주의 인격과 사역의 묘사를 앞에 있는 말씀에서 나타낸 것처럼, 그토록 완전하고 다각적으로 제공해 준 곳이 단 한 군데라도 있을지 의심스럽다. 유월절은 속죄에 대하여 하나님을 향한 것과 인간을 향한 것 그 모두를 설명해 준다. 그것은 그리스도의 신성의 요구에 대한 충족성을 미리 보여주면서, 그리스도를 택정함을 받은 죄인들의 대속물로 간주한다. 그것은 십자가에 대한 하나의 중대한 국면, 즉 그 성격이나 복된 결과에 대해서 거의 언급하지 않는다. 하지만, 여기에서 그것이 무엇을 상징하는지를 언급한다. 앞장에서는 중심적이고 기본적인 것을 고찰했지만, 이번 장에서는 우리의 주의력을 세부적인 것으로 정할 것이다.

1. 출애굽기 12장의 내용 순서에서 첫째로 주목되는 것은 유월절 제도가 이스라엘의 달력을 바꾸었다는 것이다.

"이 달을 너희에게 달의 시작 곧 해의 첫 달이 되게 하고"(12:2). 유월절의 달이 이스라엘의 한 해의 시작이 되어야 했고, 오직 이 시점으로부터 그들의 국가적 존재가 간주되었다. 그 상징은 극히 세밀한 부분까지 정확하다. 새해가 유월절의 밤부터 정확히 시작되지 않은 것은 그때가 니산월의 열나흘과 열닷새 사이에 있었기 때문이다. 이제 유월절의 어린양은 주 예수의 모형으로서 문명 세계의 연대는 그리스도의 탄생한 날로 되돌아간다. Anno Mundi(세계의 해)는 Anno Domini(우리 주님의 해)로 바뀌었다. 그리스도께서 이 땅에 오심으로 달력이 바뀌었고, 그리고 놀라운 일은 지금의 달력이 그의 죽음으로부터 환산된 것이 아니고 그의 탄생으로부터 된 것이다. 세 개의 대륙에 있는 사람들이 베들레헴의 아기로부터 시간을 계산하기로 만장일치로 가결했다. 그러므로 시간의 주가 되신 분이 시간 그 자체 위에 자신의 날인을 찍으셨다!

그러나 우리가 방금 앞에 있었던 사실에 대한 또 다른 적용이 있다. 유월절은 그리스도께서 자신을 하나님께 희생제물과 속죄제물로 드린 것뿐만 아니라, 또한 믿음을 가진 죄인들이 그에 대해 이것을 자신의 것으로 삼는 것(appropriation)으로 말한다. '어린양'을 잡는다는 사실은 십자가를 하나님 쪽에서 보는 것이요, 피를 뿌린다는 것은 믿음의 적용을 말한다. 하나님에 대한 우리의 관계를 변화시키는 것은 이것이다. 그러나 우리가 그리스도의 속죄 희생을 우리의 것으로 삼는 일(전유, 專有)이 맨 먼저 되는 일이 아니다. 이 일을 진행시키는 것은 우리 안에 있는 거룩한 은총의 사역이다. 우리가 불법과 죄악으로 죽음에 머물러 있는 동안에 그리스도께로 돌아오는 일이란 있을 수 없다. 그러한 자에게는 그리스도를 이해하기 위한 식별력도, 그를 이해하는 능력도, 그에 대한 필요성도 없다. 사람이 거듭나지 않고는 "하나님의 나라(그 일)를 볼 수 없다"(요 3:3). 중생은 원인이요, 그리스도의 희생에 대한 믿음의 적용은 그 결과이다. 이러므로 이스라엘의 새 달력은 유월절 자체로부터 산정된 것이 아니라, 그것이 일어난 그 달의 처음부터 비롯된다. 여기서 상징하는 진리는 복 되고 소중하다. 그리스도 안에서 새로운 피조물이 되기 전에 살았던 모든 기간은 우리의 계수에 포함되지 않는다. 과거는 말소되었다. 중생하지 못한 우리의 날들은 잃어버린 시간이다. 죄와 사탄을 섬긴 우리들의 지난 삶은 허비된 것이다. 그러나 우리가 그리스도 안에서 새로운 피조물이 되었을 때에는 '옛 것은 지나가고' 모든 것이 새롭게 되었다.

2. "너희는 이스라엘 온 회중에게 말하여 이르라 이 달 열흘에 너희 각자가 어린양을 잡을지니 각 가족대로 그 식구를 위하여 어린양을 취하되"(출 12:3).

이것은 '어린양'과 관련된 첫 번째의 내용이다. 그 어린양은 양 떼로부터 선별한 것으로 실제로 죽이는 날의 나흘 전에 죽음을 위해 선택된다. 우리는 여기에서 두 가지 일이 예시되었음을 믿는다. 모형의 원형이신 그리스도도 그가 실제로 죽임을 당하기 전에 죽음을 위해 지목되었다. "오직 흠 없고 점 없는 어린양 같은 그리스도의 보배로운 피로 된 것이니라 그는 창세전부터 미리 알린바 되신 이나"(벧전 1:19, 20). 어린양을 죽이는 시점에서 나흘 전에 가려내는 것은 이것을 말함이니, 넷은 세상의 숫자이기 때문이다.

다른 이에 의하여 우리에게 지적된 바 있는, 이 항목에 대한 두 번째 적용은 주 예수의 십자가 처형의 4년 전에 그는 죽음을 위하여 선정되었다는 사실에 대한 언급이다. 그가 공적 사역을 시작하실 즈음에(삼년에서 사년으로 간주되는 ─ 비, 민 14:34; 겔 4:6, 한 해를 하루로) 세례 요한은 소리 질러 가로되 "보라 세상 죄를 지고 가는 하나님의 어린양이로다"라고 하였다. 그렇다면 그 어린양은 양 떼로부터 선별된 ─ "이스라엘 집의 그 잃어버린 양"이다! 숫자 성경(*Numerical Bible*)에서 그랜트(Grant)는 그 당시 그리스도는 약 삼십 세였으리라는 사실에 주의를 집중하여, 30은 10×3으로 3은 나타남의 숫자요 10은 인간의 책임을 말한다고 했다. 이 사실은 하나님께서 이스라엘 백성에게 왜 열흘째 되는 날에 양을 선별하도록 명하셨는지를 보여준다. 주 예수는, 그 숫자상의 의미에 따라서, 인간의 책임이 완전히 나타나는 나이가 되어서야 비로소 그에게 지명된 사역(갈보리에서 끝나는)에 들어가신 것이다.

3. "너희 어린양은 흠 없고 일 년 된 수컷으로 하되 양이나 염소 중에서 취하고"(출 12:5).

이것은 레위기 22:21, 22과 비교해야만 한다. "만일 누구든지 서원한 것을 갚으려 하든지 자의로 예물을 드리려 하여 소나 양으로 화목제물을 여호와께 드리는 자는 기쁘게 받으심이 되도록 아무 흠이 없는 온전한 것으로 할지니 너희는 눈 먼 것이나 상한 것이나 지체에 베임을 당한 것이나 종기 있는 것이나 습진 있는 것이나 비루먹은 것을 여호와께 드리지 말며"라고 하셨다. 이것에 대한 도덕적 의미는 명백하다. 완전한(perfect) 희생제물만이 스스로 완전하신 하나님의 요구를 만족케 할 수 있는 것이다. 그 자신 속에 죄가 있는 자가 죄인들을 위한 속죄물이 될 수 없다. 그 자신이 생각으로나 말로나 행동으로 율법을 지키지 않은 그것을 칭찬하거나 존귀케 할 수 없다. 하나님은 자신을 영화롭게 할 만한 것으로써 오직 만족하실 수 있는 분이다. 그렇다면 어디서 그러한 희생제물을 발견할 수 있단 말인가? 분명한 일이지만 인자들 가운데는 없다. 육신의 몸을 입은 하나님의 아들만이 "율법 아래 있어"(갈 4:4) 받으실 만한 희생제사를 드릴 수 있었다. 그리고 그가 자신을 하나님의 제물로 나타내시기 전에 아버지께서 증거하시기를 "이는 내 사랑하는 아들이요 내 기뻐하는 자라"고 했다. 그는 '완전한' 어린양의 원형(antitype)이었다. 베드로가 우리에게 말한 것과 같이 그리스도는 "흠 없고 점 없는 어린양"(벧전 1:19)이었다.

4. "너희 어린양은 흠 없고 일 년 된 수컷으로 하되 양이나 염소 중에서 취하고"(출 12:5).

희생제물의 나이는 규정되었다. 그것은 일 년 된 수컷이어야 했다. 히브리어로 그 구절은 '수컷, 햇 새끼' 인데 그것은 한 살 된 것이어야 한다. 양은 너무 어리거나 너무 늙어서도 안 되었다. 그것은 그 힘이 가득할 때에 죽어야만 했다. 만일 그것이 어떻게 그리스도께 적용될 수 있냐고 묻는다면 그에 대하여 설명한 이러한 말이 충분하게 입증할 수 있다. "그런즉 그는 우리를 위하여 죽으셨지만 나이 많아서도 아니며, 어린 시절도 아니며, 소년 시절이나 청년 시절이 아니라 그의 장년기를 열기에 충분한 때였다"(Urquhart). 메시야 예언의 내용에 보면 그리스도는 그의 '중년에' 데려감을 당했다(시 102:24).

다음 절로 넘어가기 전에 우리들은 여기에 있는 두드러진 농담법(濃淡法, gradation)적 표현에 주의를 기울여 보고자 한다. 3절에는 '한 양' (a lamb), 4절에서는 '그 양' (the lamb)이며, 5절에서는 '네 양' (your lamb)이다. 이러한 순서는 매우 교훈적이며, 믿음의 이해력이 증대하는 것과 관련이 있다. 우리가 중생하지 못한 상태에 있었을 때, 그리스도께서 우리에게 나타나신 것은 한(a) 마리의 양에 불과했으며, 우리가 흠모할 만한 아무런 아름다움도 없었다. 그러나 성령께서 죽음의 잠에서 우리를 깨우실 때, 그가 우리에게 사악하고 잃어버린 상태를 보게 하고 그리스도를 응시하도록 해 주실 때, 우리는 그를 그(the) 어린양으로 볼 수 있게 된다. 우리는 그의 유일성, 그의 무쌍한 완전하심을 깨달았다. 우리는 "다른 이로써는 구원을 받을 수 없나니 천하 사람 중에 구원을 받을 만한 다른 이름을 우리에게 주신 일이 없음이라"(행 4:12)고 한 것을 배웠다. 마지막으로 하나님께서 그의 거룩하신 은총으로 그리스도를 우리의 개인의 구세주로 받아들일 수 있는 믿음을 우리에게 주셨고 그를 당신의(your) 어린양, 우리의(our) 어린양으로 부를 수 있게 하셨다. 모든 택하심을 받은 자와 믿음을 가진 죄인들은 사도 바울과 함께 "나를 사랑하사 나를 위하여 자기 자신을 버리신 이"(갈 2:20)라고 말할 수 있다.

5. "이 달 열나흗날까지 간직하였다가 해질 때에 이스라엘 회중이 그 양을 잡고" (출 12:6).

이 말씀은 참으로 엄숙하다. 이스라엘의 전체 회중이 '어린양'을 잡아야만 했다. 특별한 각 개인, 남자와 여자와 아이들이 그 행위에 자체를 공동부담하는 것이 아니라, 누가 그들을 대표해서 일을 했다. 한 가정의 가장은 그 가족 구성원을 대표하여서 대신 그 일을 행하였다. 단지 모세와 아론, 또는 레위 족속들이 양을 잡은 것이 아니라 각 가정의 가장들에 의해 대표되는 온 백성이 이를 행하였다. 이러한 면에서 모형의 성취는 복음에 명백히 나타나 있다. 다만 대제사장과 장로, 또는 서기관이나 바리새인들만이 주 예수를 죽음에 내어준 것이 아니었다. 빌라도가 바라바나 그리스도 중 한 사람을 석방하는 일을 결정하려고 대중들의 의사를 묻자 그들은 모두 그리스도를 "십자가에 못 박게 하소서"라고 소리쳤다 (막 15:6-15 참조). 이와 같이 모든 신자들의 죄가 구주를 죽음에 내어주었고, 그리하여 그는 친히 그의 몸으로 우리의 죄를 지고 나무에 달리셨다.

6. "이 달 열나흗날까지 간직하였다가 해 질 때에 이스라엘 회중이 그 양을 잡고" (출 12:6).

여기에 유월절의 어린양이 죽임을 당할 정확한 시간이 한정된다. 그것은 '간직하였다가' 또는 니산의 열나흗날까지 두었다가 저녁에 또는 더 문자적으로, '저녁 사이에'라고 하면서 그 달의 십사일과 십오일 사이에 잡으라고 하셨다. 이 사실에 대한 원형의 성취를 엄밀히 지적하려면 부득이 아주 많은 신약성경의 구절들을 고찰해야 한다. 다만 각 사복음서에서 언급하신 말씀들을 아주 세밀하게 비교해 봄으로써 주 예수께서 니산의 십사 일과 십오일 사이에 돌아가셨음을 발견할 수 있다. 우리들에 앞서 다른 이들이 이 임무를 담당했는데 그 중에서 제일 나은 것은 아마도 컴패니언 성경(Companion Bible) 제5항에서 볼 수 있다. 그러나 만일 독자가 기도하는 마음으로 사복음서의 마지막 장들을 연구하노라면 하나님의 어린양은, 성전에서 유월절의 어린양이 죽음을 당한 바로 그 시간에 죽임을 당하였음을 알 수 있다.

7. "이 달 열나흗날까지 간직하였다가 해 질 때에 이스라엘 회중이 그 양을[it] 잡고"(출 12:6).

여기에서 모형(type)은 원형(antitype)으로 바뀐다. 이 점은 사실상 매우 충격적이다. 수천의 많은 양들이 애굽에서 있었던 그 잊어서는 안 될 밤에 죽임을 당해야만 했으나, 여기 여호와께서 이 지시를 모세에게 전달하실 때에는 고의적으로 단수를 사용하셨다. 즉, 이스라엘은 '그것들'이 아니라 "그것을(it) 죽일지니라"고 하셨다. 출애굽기 12장 전체를 통하여 단 한 번도 '양들'이라는 복수를 쓴 적이 없음은 매우 괄목할 만한 사실이다. "하나님의 심중에는 단 한 가지만 — 갈보리의 어린양 — 있을 뿐이었다"(Urquhart).

8. "그 밤에 그 고기를 불에 구워 무교병과 쓴 나물과 아울러 먹되 날것으로나 물에 삶아서 먹지 말고"(출 12:8).

어린양을 죽이라고 했을 뿐만 아니라 그 고기를 먹으라고 하셨다. 이것은 피가 외부의 심판으로부터 안전한 보호가 된 것처럼 집 안에 있는 사람들을 위한 하나님의 예비하심이었다. 여행이 이스라엘 앞에 놓여 있었기에, 먼저 그들의 힘을 돕기 위한 음식이 필요했다. 성경에서 '먹는다'라고 하는 것은 두 가지 사실을 나타내고 있는데, 전유(專有, 내 것으로 삼음)와 교제이다. '어린양'은 그리스도의 인격을 말하며, 그의 백성을 위해 하나님께서 주신 양식이다. 즉 '생명의 떡'이다. 그리스도는 우리의 심령보다 뛰어난 대상이시다. 우리가 그를 먹음으로써 우리의 영혼이 힘을 얻고 그는 영광을 받는다.

"여기에 하나님께서 생명의 떡으로 지명하신 죽음이 있다. 우리는 너무도 이것과 친숙하고 그리고 친숙하다는 사실에 의해 그 중대성을 망각하기 쉽다. 만일 우리가 심오한 하나님의 지혜의 교훈 안에서 그 가르침을 이해하도록 바로 배웠다면, 우리는 자연이 그 어디에서나 우리를 교육하고 있음을 본다! 내어 놓은 생명은 생명을 위한 음식이 된다. 이 일은 인간에게 홍수가 나기 전까지는 시작되지 않았다. 적어도 우리가 그 일에 대한 신성한 허락을 이해하는 것은 오직 홍수 이후이다. 그리고 우리가 대홍수 속에서 그 주된 모습과 구원의 방주, 그 속에 새로운 세계의 핵심원을 실은 것, 하나님께서 어떻게 우리를 구하시고 그리고 그리스도 안에서 어떻게 우리를 새로운 창조로 옮겼는지에 대한 그 의미심장한 모습을 볼 때, 지금 여기에서 우리가 가지는 그 비유는 얼마나 가슴을 벅차게 하는가! 죽음을 식물로 삼을 수 있다는 것은 오직 죽음(다만 진실로 그러한 것으로부터)에서 도피하고, 그 죽음에서 구원되는 것과 같다. 이로써 삼손의 수수께끼가 풀린 것이니, 먹는 자에게서 먹는 것이 나오고 강한 자에게서 단 것이 나왔다. 죽음은 단지 정복하고 그리고 물리치는 것만이 아니다. 우리를 위한 거룩한 사랑과 능력의 감미롭고 오묘한 과시가 인간의 연약함이라는 신비 속에서 성취되었던 것은 십자가 안에서 이다. 죽음은 생명 — 그렇다, 영원한 생명 — 의 빵이 되었다"(F. W. Grant).

그러나 그 양은 "무교병과 쓴 나물과 아울러 먹도록" 되어 있음을 주의 깊게 보라. 성경에서 '누룩'은 한결같이 죄악을 상징한다. 여기에서 가르쳐 주는 교훈은 매우 중요하다. 그것은 우리가 신적인 거룩성에 일치하지 않는 것으로부터 **구별**되어 그리스도만이 참된 양식이 되게 하려는 것이다. 우리가 알려진 죄에 탐닉할 때에는 그와의 사귐이 있을 수 없다. 그것은 다만 "그가 빛 가운데 계심같이 우리가 빛 가운데서 행할 때"에만 하나님의 아들의 피가 모든 죄악에서 우리를 깨끗하게 하실 것이며, "우리가 서로 **사귐이 있다**"(요일 1:7). '쓴 나물'은 그리스도인 가운데 있는 양심의 가책을 말한다. 우리는 그러한 고난을 필요로 하도록 만드는 그 무엇, 즉 우리의 죄를 기억함이 없이는 "고난에 참여"(빌 3:10)할 수 없으며 또한 이러한 것들에 대한 기억을 통하지 않고는 단련된 정신을 보여줄 수 없다.

9. "날것으로나 물에 삶아서 먹지 말고 … 다 불에 구워 먹고"(출 12:9).

이 얼마나 명백하게, 아니 얼마나 조심스럽게 하나님께서 그 모형의 정확성을 보존하셨는가! 앞에서 나온 구절에서 "그 밤에 그 고기를 불에 구워 … 먹되"라고 하셨고, 여기에서는 "날것으로 먹지 말라"고 하셨다. 이스라엘 백성은 죽임을 당한 고기뿐만이 아니라 불에 처리된 것을 먹어야만 했다. 이것은 참으로 엄숙한 것이다. "한번 죽는 것은 사람에게 정해진 것이요 그 후에는 심판이 있으리니"(히 9:27). 이것은 두 가지로 나눌 수 있다. 잃어버려진 자에게 있어 **죽음**은 전부가 아닐 뿐만 아니라 그보다 더 나쁜 일이 그들을 기다리고 있다. 죽음 뒤에는 심판, 죄를 미워하는 하나님의 심판이 있다. 그러므로 만일 그리스도께서 그의 사악한 백성의 자리를 대신하였고, 그들을 위한 정당한 고난을 당하셨다면 그는 죽으셨을 뿐만 아니라 하나님의 **심판** 아래 계셨고 또한 통과하신 것이다. 여기의 '불'은 언제나 마찬가지로 거룩하신 하나님의 진노를 말한다. 그것은 그리스도께서 "우리를 대신하여 죄로 삼으신 것"(고후 5:21)을 말하며, 그 결과로 "우리를 위하여 저주를 받은바 되셨고"(갈 3:13), 그와 같이 하나님의 심판을 견디신 것을 말한다. 선지자 예레미야를 통하여, 성령이 앞을 내다보면서 말씀을 하실 때 주님께서, "지나가는 모든 사람들이여 너희에게는 관계가 없는가 나의 고통과 같은 고통이 있는가 볼지어다 여호와께서 그의 진노하신 날에 나를 괴롭게 하신 것이로다 높은 곳에서 나의 골수에 불을 보내었도다"(애 1:12,13)고 말했다. 이것은 또한 그로 하여금 시편 기자를 통하여 말하게 하신 것으로 "내 진액이 빠져서 여름 가뭄에 마름 같이 되었나이다"(시32:4)라는 것이다. 그리고 이것은 그 깊은 의미에 있어서 십자가상에서의 그의 부르짖음 ― 내가 목마르다 ― 을 설명한다. 그의 '목마름'은 하나님의 진노의 맹렬한 열기로 인한 그의 영혼의 고통의 결과였다. 그것은 또한 살아 계신 하나님이 계시지 않는 땅의 가뭄에 대해 말했다. "물에 삶아서 먹지 말라"고 하신 것은 물이 불의 직접적 역할을 방해할 것이기 때문이다.

　　"머리와 다리와 내장을 … "(출 12:9). "머리는 의심할 것 없이 걸음(다리들)을 완전히 움직일 수 있게 해 주는 생각과 기지를 나타낸다. 내장은 그가 가신 길을 걷도록 재촉하면서 동기를 유발하게 하는 능력이었던 주님의 마음의 특성을 의미한다. 모든 것을 합쳐서, 불은 단지 좋은 맛을 내게 하는 것에 지나지 않지만, 사람을 위해 그것은 실제 생활의 음식을 만들어 준다. 이 모든 것은 절대적으로 완전하며, 또한 우리의 것으로 가질 수 있다. 그리스도의 인격과 더불어 활동하는 것은 이와 같이 우리에게 감명을 주는데, 우리는 이것이 필요하다. 구원의 지식만으로 우리가 만족할 수 없다. 우리가 필요로 하는 사람은 우리를 구원하는 분이다. 우리들의 심령을 위하는 그리스도가 오직 그들을 보호하며 거룩하게 하신다"(Grant).

10. "아침까지 남겨두지 말며"(출 12:10).

양은 그것을 죽였던 같은 날 밤에 반드시 먹어야만 했다. 친교는 그 교제가 근거하였던 희생제물로부터 분리되어서는 안 된다. 친교는 이미 이루어진 구속에 근거한다. 우리는 그리스도께서 말씀하신 탕자의 비유의 마지막에서 다시 우리 앞에 놓인 동일한 진리를 발견하게 된다. 아버지는 잃었던 아들이 돌아오자마자 어울리는 옷을 차려 입히고, 또 명하여 이르기를 "살진 송아지를 끌어다가 잡으라 우리가 먹고 즐기자"(눅 15:23)라고 하였다.

"아침까지 남겨 두지 말며"라고 하신 말씀은 여기에서 또 다른 생각을 제시한다. "희생에 대한 모든 의식을 단 하룻밤 만에 끝내야만 했다. 해가 떠오르면 죽인 양의 흔적은 볼 수 없었다. 이와 마찬가지로 그리스도의 속죄사역은 진행되는 중이 아니라 완성된 것이다. 그것은 이루어지는 과정에 있는 것이 아니고 절대적으로, 그리고 영원히 달성되었다. 갈보리의 값진 희생의 향기와 신성한 기억이 하나님 안에 거하고 영원히 우리를 구속하였으나, 그 희생 그 자체는 지나간 일이요 완성된 것이다. 어두운 밤에 있었던 하나님의 어린양의 고난은 더 이상 존재하지 않으며, 그는 거룩하신 은혜와 사랑의 영원한 햇빛 속 높은 곳에서 살고 계신다" (Mr. W. W. Fereday).

11. "너희는 그것을 이렇게(thus) 먹을지니 허리에 띠를 띠고 발에 신을 신고 손에 지팡이를 잡고 급히 먹으라 이것이 여호와의 유월절이니라"(출 12:11).

'이렇게'(thus)로 표현된 말은 매우 강조된 말이다. 그것은 우리가 그리스도를 먹을 때에 따르는 부수적인 일들을 정해 주면서, 이에 대하여 네 가지 사실을 언급하고 있다. 첫째, 그들의 옷매무새를 '허리에 띠를 띠고'라고 하였다. '진리로 허리띠를 띠고'라고 사도는 말했다. 의복(garments)은 그것에 대한 옛말인 '복장'(habits)에 의해 가리키는 것의 정신적 의미이다. 그것은 사람 앞에 나타난 도덕적 외관으로서, 그것은 최소한 우리와 동일시되거나 꼭 그렇지 않더라도 결국 우리 자신을 말한다. 그리고 그것이 바로 우리 자신은 아닐지라도 그것들은 여러 가지 방식으로 이해될 수 있다. 즉 의복을 통하여 교만 또는 천함, 용감성 또는 신중함, 게으름 또는 부지런함 그리고 그 외에도 많은 것들이 드러난다.

"동방 사람들의 긴 옷은, 우리가 모두 알고 있는 바와 같이 지금 이스라엘이 하려는 그러한 행군의 길에 방해가 되지 않도록 허리띠를 매어야 했다. 만일 그들이 옷이 흘러내리도록 내버려 둔다면, 그것이 발에 걸려서 옷 입은 사람을 넘어 뜨리고 땅에 있는 먼지가 그 옷에 묻어 더럽혀질 것이다. 진리는 우리들의 허리띠가 되어야 하는 것으로, 육신의 정욕과 안목의 정욕과 이생의 자랑으로 그 특징을 이루는 세상에서 항상 타락하기 쉬운 무책임하고 부주의한 접촉을 멀리하게 하며, 그리고 단정하지 못한 습관이 보여주는 것처럼 우리의 발걸음이 뒤얽히는 것을 삼가게 해준다.

"띠를 하지 않은 의복이란 실제로는 '무거움' (히 12:1)에 속하는 일로서 그 자체로 죄가 되는 것은 아니라 하더라도 사도는 벗어 버리라고 명했다. 당신은 '모든 무거운 것과 얽매이기 쉬운 죄를 벗어 버리고' 라고 말한 전후관계에 관하여 주의해 본 일이 있는가? 만일 당신에게 한 떼의 이리가 따라오고 있다면 무거운 짐을 가지고 가는 것이 왜 '얽매이기 쉬운 것' 인지를 아주 빨리 이해하게 될 것이다. 그리고 많은 이들은 그 속에서 만일 그가 하려고 하지만 왜 그렇게 크고도 작은 갈등이 많은지 그 이유를 알 수 있을 것이다. '무거운 것' 은 헐거운 의복과 마찬가지로 그것이 무엇이라 할지라도 경주에 합당치 아니하며 … 합당한 자란 허리에 띠를 띠고 무교병에 쓴 나물을 먹는 자이다. 우리가 반드시 일어나 떠나야 하는데, 그 이유는 이곳이 우리의 쉴 곳이 아니기 때문이다"(Grant).

"발에 신을 신고." 이것도 다시 그들 앞에 여행이 있음을 말한다. 이것은 그들의 걷기 위한 준비를 말한다. 신명기 29:5에 '신발' 에 대한 매우 흥미 있는 참고 구절이 있는데 모세가 그의 인생의 마지막에 이르러 말하기를 "주께서 사십 년 동안 너희를 광야에서 인도하게 하셨거니와 너희 몸의 옷이 낡아지지 아니하였고 너희 발의 신이 해어지지 아니하였으며"라고 하였고 또다시 그 일을 상기하여 "이 사십 년 동안에 네 발이 부르트지 아니하였느니라"(신 8:4)고 하였다. 이것은 주목할 만한 일이었다. 사십 년 동안 이스라엘이 광야를 오르내리면서 방황하였지만 그들의 신발이 해어지거나 그들의 발이 상하지 않았다. 이것은 하나님께서 그 성도들의 걸음을 위하여 은혜롭게 베푸신 그의 예비하심의 넉넉함을 잘 말해 주고 있다. 탕자가 돌아왔을 때 그의 아버지는 그의 아들에게 가장 좋은 옷뿐만 아니라 가락지와 '신발' 까지도 신겼다(눅 15:22). 이 신발의 중대성은 에베소서 6:15에서 잘 설명해 주고 있다. ─"평안의 복음이 준비한 것으로 신을 신고."

"손에 지팡이를 잡고." 지팡이는 순례의 표시이다. 그들은 약속의 땅으로 여행할 때에 나그네와 순례자로 광야를 통과해야 했다. 이는 그리스도인들이 이 세상을 통과할 때에도 마찬가지이다. 그들의 집은 여기가 아니다. "우리의 시민권은 하늘에 있는지라"(빌 3:20). 그러므로 하나님이 이르시기를, "거류민과 나그네 같은 너희를 권하노니"(벧전 2:11)라고 하셨다. 손에 있는 지팡이는 이스라엘이 여행할 때에 그들의 외부에 있는 어떤 것을 의지하게 하는 것이다. 이것은 분명하게도 의지하고 받쳐 주는 기록된 말씀을 말한다. 그것에 굳게 기대며 의지하는 영혼은 시편 기자와 같이 "주의 지팡이와 막대기가 나를 안위하시나이다"(시 23:4)라고 말할 수 있다.

"급히 먹으라." "그들이 급히 먹어야 할 것은 어떤 순간에라도 여호와께서 오셔서 그들을 통과할 것이고, 어떤 순간에라도 그들이 이 얽매인 땅에서 일어나서 나가도록 부르심을 받을까 함이었다. 그들은 여호와의 절박한 도래를 기대하였다. 말하자면, 여호와의 오심이 임박했기 때문에 그것을 기대했다는 것이다"(Dr. Haldeman).

12. "내가 피를 볼 때에 너희를 넘어가리니"(출 12:13).

이 사실에 대하여 우르카르트(Urquhart)는 어떤 주의를 환기시켰다. 유월절로 번역된 'pesach'라는 용어는 유월절이 뜻하는 '넘어가다'를 의미하지 않는 것 같다. 그것은 '넘어가다'라는 의미로 자주 사용된 히브리어 동사 a-bbar 또는 ga-bbar와는 완전히 다르다. pasach(동사)와 pesach(명사)는 어떤 다른 히브리어와도 연관이 없다. 어떻든 그 말들은 애굽 사람들의 단어인 pesh, 즉 '날개를 펼치다' '보호하다'라는 말과 아주 비슷하다. 이 말 — 이미 설명한 바 있는 — 은 이런 의미로 이사야 31:5에서 사용되었다. "새가 날개 치며 그 새끼를 보호함 같이 나 만군의 여호와가 예루살렘을 보호할 것이라 그것을 호위하며 건지며 뛰어넘어(pasoach, pasach의 분사) 구원하리라(preserve) 하셨느니라." 따라서 그 말은 애굽의 말 '날개를 펼침'과 '보호함'의 뜻을 가지고 있으며, pesach, 즉 여호와의 유월절은 전능자의 펼쳐진 날개 아래 있는 피신함과 보호함과 같은 뜻이다. 이러한 사실은 우리 구세주께서 하신 말씀 "예루살렘아 예루살렘아 … 암탉이 제 새끼를 날개 아래에 모음 같이 내가 너희의 자녀를 모으려 한 일이 몇 번이냐 그러나 너희가 원하지 아니하였도다"(눅 13:34)라고 말한 것에 대해 충분한 의미를 제공해 주지 않는가? 나사렛 예수는 그(예루살렘)의 PESACH요, 다가오는 심판의 피난처였으나 그는 그것을 알지 못하였다! '펼친 날개로 보호한다'는 이 의미를 참작하여, pesach라는 이 말은 ① 의식에 있어서 그것은 여호와의 유월절(출 12:11)이며, ② 어린양(출 12:21)에 있어서는 곧 "너희는 나가서 너희 가족대로 어린양을 택하여 유월절 양으로 잡고"라고 하심과 같다. 죽임을 당한 어린양, 그 피 뒤에 피함과 그 살을 먹음으로써 pesach을 제정하였으며, 전능하신 자의 날개의 피난처 아래 하나님의 택한 백성의 보호하심이 있었다. 이 해석은 우리가 읽은 23절에 의하여 분명히 성립되었다. "여호와께서 애굽 사람들에게 재앙을 내리려고 지나가실 때에 문 인방과 좌우 문설주의 피를 보시면 여호와께서 그 문을 넘으시고 멸하는 자에게 너희 집에 들어가서 너희를 치지 못하게 하실 것이니라." 그것은 다만 여호와께서 이스라엘 사람들의 집을 넘으실 뿐만 아니라, 피가 뿌려진 문마다 보호하면서 지켜 주신다는 뜻이다.

13. "너희는 이 날을 기념하여 여호와의 절기를 삼아 영원한 규례로 대대로 지킬지니라"(출 12:14).

이 명령에 대한 이스라엘의 뒤이어지는 응답을 살펴보면 흥미롭다. 성경에는 이 유월절 절기가 준수된 때를 정확히 일곱 번 기록하고 있다. 그 첫째는 여기 12장에 있는 애굽에서요, 두 번째는 광야다(민 9장). 세 번째는 그들이 가나안으로 들어갈 때이다(수 5장). 네 번째는 히스기야 왕 때이다(대하 30장). 다섯 번째는 요시아 왕의 치정 하에서(대하 35장), 그리고 여섯 번째는 포로로부터 돌아온 뒤였다(스 6장). 구약에는 꼭 여섯 번이 있었다. 일곱 번째는 '성만찬'(눅 22:15 등) 제정 직전에 주 예수와 그 사도들에 의하여 베풀어졌다. 그 마지막 유월절에서 앞에서 말한 유월절의 어린양들에 의하여 예시된 하나님의 참 어린양이 나타나셨다. "마지막 유월절을 지키신 예수 그리스도께서는 그 첫 번째로 시행된 애굽에서도 친히 지키셨을 것이다. 유월절이 애굽으로부터 유래한 것처럼 참 유월절이신 예수 그리스도께서도 애굽에서 불러냄을 받았다(마 2:15)."(로버트 홀데인, 거룩한 계시의 증거와 권위[Evidence and Authority of Divine Revelation]).

14. "우슬초 묶음을 가져다가 그릇에 담은 피에 적셔서 그 피를 문 인방과 좌우 설주에 뿌리고 아침까지 한 사람도 자기 집 문 밖에 나가지 말라"(출 12:22).

이것은 비록 그 모양이 원어의 '그릇'(basin)이란 말의 해석으로 인하여 흠이 생기기는 했어도, 우리의 복 되신 주님의 십자가 상에서의 고난에 대한 놀라운 상징적 광경을 보여주고 있다. 다시 한 번 우리는 우르카르트(Urquhart) 박사의 학문적 도움을 입어야 하겠다. 여기 '그릇'(basin)으로 번역된 말은 옛날 애굽 사람들의 문 앞의 계단 또는 집의 문지방의 뜻을 가진 sap이라는 말이다. 이 말은 사사기 19:27에서는 '문지방'으로 번역되었고, 열왕기하 12:9에는 '문'으로 되었다. 분명한 사실이지만 그 말을 이 구절에서 사전 편집자나 번역자에 의하여 '그릇'이라는 의미로 표기할 단 한 가지의 이유도 없었고 … 피를 문지방에 두라는 아무런 지시도 없었으니, 그 이유는 피가 이미 거기에 있었기 때문이다. 양은 그 피로 말미암아 보호를 받은 그 집의 문에서 죽인 것이 분명하다. 70인역에서는 'para ten thuran'이라고 기록하였는데 그 뜻은 '문간에서'(along the door-way) 이다! 뿐만 아니라 불가타역에서는 'in sanguine qui est limine' — '문지방에 있는 피에'로 되어 있다. 이 관점은 단지 학술적 관심만이 아니라 모형의 정확성에 관한 문제이다. 이스라엘 백성이 그 안에서 보호를 받은 그 문은 인방(가로지기) 과 설주와 계단에는 피가 발라져 있었다. 이스라엘 백성이 문지방에 있는 피를 넘는 일은 여호와의 지시에 의하여 미연에 방지되었다. "아침까지 한 사람도 자기 집 문 밖에 나가지 말라"(출 12:22). 이것은 그리스도의 십자가를 얼마나 놀랍게 그려 주고 있는가! 위에 있는 피는 가시가 이마를 찔렀음을, 옆에 있는 피는 못이 뚫고 들어간 양쪽 손에 있는 피를, 아래에 있는 피는 양쪽 발에 못이 뚫고 들어간 것을 말한다.

15. 피는 '우슬초 묶음'으로 발라야 했다(출 12:22).

말씀 가운데 의미가 없는 것은 아무것도 없으며 가장 세미한 것도 적절한 중요성을 가진다. 뿐만 아니라 추측하여 헤아리도록 되어 있지 않은 이유는 성경 자체에 모든 해석이 있기 때문이다. '우슬초'(hyssop)는 양과 연관된 것이 아니라 양의 피를 바르는 데 이용되었다. 그렇다면 그것은 그리스도에 대해 말한 것이 아니라, 죄인이 그리스도의 희생을 자신의 것으로 삼는 것에 대해 말한 것이다. '우슬초'는 친히 주 예수를 예시하는 그 어떤 희생제물과도 연관된 것을 결코 발견할 수 없다. 그것은 한결같은 죄인의 손에 들려 있었다. 이는 레위기 14장의 나병의 깨끗하게 하심과 연관되어 있으며, 민수기 19장의 부정을 제하는 일에도 연관되어 있다. 시편 51:7에 보면 '우슬초'가 겸손의 정신, 뉘우침, 회개를 말하고 있음을 배울 수 있다. 열왕기상 4:33에서 '우슬초'가 '백향목'과 대조되고 있음은

'우슬초'가 천시되는 풀임을 보여준다.

유월절 뒤에 이어지는 무교절에 대하여 몇 마디 첨가해야 하겠다. "너희는 무교절을 지키라 이 날에 내가 너희 군대를 애굽 땅에서 인도하여 내었음이니라 그러므로 너희가 영원한 규례로 삼아 대대로 이 날을 지킬지니라 첫째 달 그 달 열나흗날 저녁부터 이십일일 저녁까지 너희는 무교병을 먹을 것이요 이레 동안은 누룩이 너희 집에서 발견되지 아니하도록 하라 무릇 유교물을 먹는 자는 타국인이든지 본국에서 난 자든지를 막론하고 이스라엘 회중에서 끊어지리니 너희는 아무 유교물이든지 먹지 말고 너희 모든 유하는 곳에서 무교병을 먹을지니라" (17-20절). 이 구절에 대한 해석은 고린도전서 5:7, 8에서 제공해 주고 있다. "너희는 누룩 없는 자인데(therefore) 새 덩어리가 되기 위하여 묵은 누룩을 내버리라 우리의 유월절 양 곧 그리스도께서 희생되셨느니라 이러므로(therefore) 우리가 명절을 지키되 묵은 누룩으로도 말고 악하고 악의에 찬 누룩으로도 말고 누룩이 없이 오직 순전함과 진실함의 떡으로 하자."

위의 말씀에 대해서 매킨토시(C. H. MacIntosh)의 말을 인용하는 것이 더 나을 것 같다: 이 구절이 말하는 절기는 무교절과 해당되는 것으로서 교회의 생활과 행위를 말한다. 이것은 칠일 간 계속되었고(시간의 완전한 한 주기), 그 기간에 속한 날 동안에나 또는 전 기간을 통하여 교회는 집단적으로 그리고 신자는 개인적으로 실제로 거룩하게 행하도록 요구된다. 그런데 이것은 더욱이 피로 씻음과 그리스도의 고난에 동참하는 그 직접적 결과로 되는 것이다.

"이스라엘 백성은 구원받기 위하여 누룩을 제한 것이 아니라 그가 구원을 받았기 때문에 그렇게 한 것이다. 만일 누룩을 제하지 않았더라도 그것은 피로 인한 안전에 관한 문제는 아니요 다만 회중과의 교제에 관한 문제였다. 어떤 이스라엘 백성이 회중으로부터 탈퇴당하는 것은 주로 그리스도인들의 교제를 두절한 것 때문이고, 신성한 현존의 거룩성에 대치되는 행동에 빠져 있기 때문이다. 하나님은 악을 묵과하실 수 없으시다. 단 한 가지의 경건치 못한 생각(품었던)마저도 영혼의 교제를 방해하게 될 것이다. 또한 그런 생각에 의하여 습관이 붙은 그 오점이 자백(그리스도의 변호 위에 근거한)에 의해 제거되기까지, 그 교제는 회복이 가능하지 못할 것이다"(요일 1:5-10 참조).

주께서 그의 놀라우신 말씀을 더욱 부지런하게 그리고 기도로써 연구할 수 있도록 우리의 마음을 움직여 주시기를 바란다.

제 17장

유월절에 뒤따르는 것들

출애굽기 12, 13장

비록 이 장을 '유월절에 따르는 것들'이라고 제목은 붙였지만 다른 내용도 우리 앞에 나타날 것이다. 여호와께서 무교절 준수에 대해 이스라엘에게 주신 지시는 출애굽기 12장과 13장의 일부분에 기록되어 있다. 그러므로 이 두 장이 우리들이 공부할 부분이 되겠으나, 그 속에 들어있는 다른 사건들도 지나쳐 버리지 말아야 할 것이다. 그렇다면 먼저 애굽 사람들에게 내려진 사형선고에 대하여 간단하게 보겠다.

"밤중에 여호와께서 애굽 땅에서 모든 처음 난 것 곧 왕위에 앉은 바로의 장자로부터 옥에 갇힌 사람의 장자까지와 가축의 처음 난 것을 다 치시매 그 밤에 바로와 그 모든 신하와 모든 애굽 사람이 일어나고 애굽에 큰 부르짖음이 있었으니 이는 그 나라에 죽임을 당하지 아니한 집이 하나도 없었음이었더라"(출 12:29, 30). 여호와께서 모세에게 명하여 애굽의 지배자에게 전하게 한 맨 첫 번째 메시지는 "여호와의 말씀에 이스라엘은 내 아들 내 장자라 내가 네게 이르기를 내 아들을 보내주어 나를 섬기게 하라 하여도 네가 보내 주기를 거절하니 내가 네 아들 네 장자를 죽이리라 하셨다 하라 하시니라"(출 4:22, 23절). 바로가 이 메시지를 믿지 아니했다는 것은 그 후에 계속된 일들을 보면 분명하다. 이러한 의미에서 그는 정확하게 이 세상 사람들을 의미했다. 이 모든 기독교 세대를 통하여 공표된 엄숙한 말씀은 "너희도 만일 회개하지 아니하면 다 이와 같이 망하리라"(눅 13:3), 또 "믿지 않는 사람은 정죄를 받으리라"(막 16:16)는 것이다. 그러나 거의 대부분의 하나님의 경고는 귀머거리의 귀에 주어졌다. 대다수의 사람들은 하나님께서 하신 말씀이 얼마나 중요한지를 믿지 않았다. 자주 인간들의 위협이 단지 게으른 말과 공허한 호언장담에 불과하지만, 거짓말하실 수 없는 하나님의 위협은 그렇지 않다.

하나님께서는 "노하기를 더디하시며" 자비의 문을 여신 채 오래 두심은 사실이나 그의 오래 참으심에도 한계가 있다. 바로와 그의 백성에게도 이와 같았다. 바로는 명백하고 정확한 경고를 받았으며 그리고 잇따른 많은 호소와 예비적인 심판들을 받았다. 그러나 오만한 왕과 별로 도전적이지 않은 그의 신하들은 자신들의 마음을 강퍅하게 했다. 바야흐로 하늘로부터 무서운 심판이 그들 위에 내려졌고 부한 자나 가난한 자의 구별이 없이 "그 나라에 죽임을 당하지 아니한 집이 하나도 없었음이었더라." 이는 오늘날 하나님께서 거역하는 자들에 대한 매우 엄중한 경고로서, 그들이 진정으로 회개치 아니하면 결국 얼마가지 않아 거룩한 진노가 그들을 치게 될 것이다.

"이스라엘 자손이 애굽에 거주한 지 사백삼십 년이라 사백삼십 년이 끝나는 그 날에 여호와의 군대가 다 애굽 땅에서 나왔은즉"(출 12:40, 41). 여기에 있는 모형의 정확성을 관찰해 보면 매우 충격적이다. 유월절 밤의 다음 날에 이르러서야 비로소 이스라엘은 애굽에서 해방을 받았다. 출애굽기의 첫 열두 장을 살펴오는 동안 우리는 하나님의 부드러운 동정심(출 2:23-25)을 목격하였고, 그리고 지도자의 지명(출 3:10)을 보았으며, 거룩하신 약속을 들었으며(출 6:6-8), 주목할 만한 거룩하신 능력의 시행(재앙들에서)을 보았다. 그러나 아직 단 한 사람의 이스라엘 백성도 해방되지 못했다. '어린양'의 피가 뿌려지게 되자마자 구속이 이루어졌고 그 피가 흐르자마자 바로 그 다음날 아침에 이스라엘은 자유한 백성으로 나아오게 되었다. ─ 여기에 사용된 표현은 주목할 만하다. 즉, "여호와의 군대가 다 애굽 땅에서 나왔은즉"(출 12:41). 그들은 값으로 산 여호와의 것이었으니 ─ "값으로 산 것이요" 그 값은 "은이나 금 같이 없어질 것으로 된 것이 아니요 오직 흠 없고 점 없는 어린양 같은 그리스도의 보배로운 피로 된 것이니라."

이와 같은 것이 복음서에서도 발견된다. 주 예수의 생애와 사역을 통해 그 모든 복되신 은혜와 능력을 베푸셨음에도 불구하고 인간들 가운데서 행하신 그의 놀라우신 자비의 사역의 마지막은 다름 아닌 여전히 홀로 있어야 한다는 것뿐이었다. 그가 친히 하신 말씀을 들어보자. "내가 진실로 진실로 너희에게 이르노니 한 알의 밀이 땅에 떨어져 죽지 아니하면 한 알 그대로 있고 죽으면 많은 열매를 맺느니라"(요 12:24). 다른 이가 말한 바와 같이 "그의 사역은 복되며, 그의 이적은 위대하고, 그의 가르침은 하늘에 속한 것이었고, 그의 생애는 거룩하였으나, 그가 의로운 자로서 불의한 자를 위하여 죽지 않았다면 아담의 모든 아들 중 하나도 구함을 받을 수 없었을 것이다. 얼마나 귀한 신분이기에 이 사람이 구속에 기여했단 말인가!'(C. Stanley). 슬프지만 다음은 사실이다. 즉 비록 그리스도의 "말하는 것처럼 말한 사람은 이때까지 없었다"(요 7:46)고 하더라도, 또한 인간들이 "심히 놀라 이르되 그가 모든 것을 잘 하였도다 못 듣는 사람도 듣게 하고 말 못하는 사람도 말하게 한다"(막 7:37)고 고백은 했지만, 여전히 마지막에는 그의 제자들마저도 "모두 그를 버리고 도망하였다"는 글을 읽게 된다. 그러나 그의 보혈이 뿌려진 다음에는 얼마나 달라졌는가! 그 뒤로는 그리스도께서 더 이상 '혼자' 계시지 않으셨다. 그는 처음으로 제자들을 그의 '형제'라고 말씀하셨다(요 20:17)!

성경에 있는 다른 모든 장들에서와 마찬가지로 출애굽기 12장에 있는 진리의 순서도 거룩한 지혜를 따라 배열되었다. 하지만 본인은 이 장이 내포하고 있는 목적과 그 아름다움을 간파하는 데 있어서 그 안목이 흐림을 자인할 수밖에 없다. 한 가지 매우 분명한 사실은 그것이 모세 자신의 의향에 의한 것이 아니라는 것이다. 언제나처럼 여기에서도 하나님의 생각과 방법은 우리의 것과 다르다. 논리적으로 생각하는 일에 숙달된 사람은 여기에 배열된 순서가 거꾸로 된 것을 분명히 알았을 것이다. 그렇다 하더라도 하나님의 순서가 가장 명석한 인간의 지능보다 무한히 뛰어나다는 사실에는 추호의 의심도 없다. 이러한 경우는 출 12:43-50에 나타나 있다. 41절에서 "사백삼십 년이 끝나는 그 날에 여호와의 군대가 다 애굽 땅에서 나왔은즉"이라고 말씀하고 나서 43절에서 50절에 '유월절 의식'에 대하여 말씀하고 있고, 또 51절에는 "여호와께서 이스라엘 자손을 그 무리대로 애굽 땅에서 인도하여 내셨더라"라고 반복하였다. 이상한 일은 이 의식이 이스라엘의 미래를 위한 지침이었다면 누구나 이 지시가 당연히 훗날에 의식법의 일환으로 하달되어야 할 것으로 기대했을 것이다. 하지만 지금으로서는 이에 대한 만족할 만한 설명을 할 수 없는 대신에, '의식' 그 자체에 관한 몇 가지 점은 분명하기에 이에 대해 간략히 생각해 본다.

"여호와께서 모세와 아론에게 이르시되 유월절 규례는 이러하니라 이방 사람은 먹지 못할 것이나 각 사람이 돈으로 산 종은 할례를 받은 후에 먹을 것이며 거류인과 타국 품꾼은 먹지 못하리라"(출 12:43-45). 여기서 세 부류의 사람들이 유월절 음식 먹는 일에 제한을 받았다. 첫째, 타국인은 먹을 수 없었다. 이 절기는 이스라엘만을 위한 것이었고 타국인은 참여할 수 없었다. 그 이유는 분명하다. 그것은 다만 아브라함의 자녀, 하나님의 은혜로운 구원에 동참한 믿음의 자녀만이 기념할수 있었다. 둘째, 고용한 품꾼은 유월절 음식을 먹을 수 없다. 이것 역시 쉽게 해석할 수 있다. 그는 품삯을 위하여 일한다. 그러나 이러한 원칙은 구속에 있어서는발견할 수 없다. "일을 아니할지라도 경건하지 아니한 자를 의롭다 하시는 이를믿는 자에게는 그의 믿음을 의로 여기시나니"(롬 4:5)라고 하셨다. 셋째, 할례 받지 못한 자는 먹을 수 없다(48절). 이 사실은 이방인들과 마찬가지로 이스라엘에게도 동일하게 적용되었다. '할례' 란 언약의 증표이므로 다만 은혜의 약속에 속한 자만이 그리스도와 더불어 먹을 수 있다. 할례란 우리들의 본성 위에 기록하신 하나님의 사형선고였다. 십자가가 곧 할례의 원형(antitype)이다(골 2:11, 12).

"각 사람이 돈으로 산 종은 할례를 받은 후에 먹을 것이며 거류인과 타국 품꾼은먹지 못하리라 한 집에서 먹되 그 고기를 조금도 집 밖으로 내지 말고 뼈도 꺾지 말지며 이스라엘 회중이 다 이것을 지킬지니라 너희와 함께 거류하는 타국인이 여호와의 유월절을 지키고자 하거든 그 모든 남자는 할례를 받은 후에야 가까이 하여 지킬지니 곧 그는 본토인과 같이 될 것이나 할례 받지 못한 자는 먹지 못할 것이니라"(출 12:44-48). 벽은 원수를 막기 위하여 쳐 있으나 문은 친구들을 맞이하기 위하여 열려 있다. 고용한 품꾼은 절기에 참여할 수 없었으나 값을 주고 산 종은 할례를 받고 한 집 사람이 된 후에 참여할 수 있었다. 그리고 또한 이스라엘에 거하는타국인이라 할지라도 할례 의식을 행하는 일에 응하면 참여할 수 있었다. 여기에이방인에게까지 이르는 은총의 복된 예시가 있다. 즉 우리는 비록 그 본성상 "이스라엘의 입장으로 볼 때 국가적으로는 이방인이요 언약의 약속으로는 타국인이라 할지라도" 지금은 은혜로 "외인도 아니요 나그네도 아니요 오직 성도들과 동일한 시민이요 하나님의 권속이라"(엡 2:12, 19)는 것이다. 이 말씀은 분명하게출애굽기 12장의 말씀을 되돌아보게 한다.

"한 집에서 먹되 그 고기를 조금도 집 밖으로 내지 말고 뼈도 꺾지 말지며 이스라엘 회중이 다 이것을 지킬지니라"(출 12:46, 47). "그 양은 속죄하는 피의 피난처소 곧 그 아래에서만 먹도록 되어 있었다. 사람들이 그리스도께 찬사를 보내고그럴듯하게 행동하면서도 그의 속죄하는 사역의 전체적 실체를 부인할 수도 있으나, 그 양만은 실제로 그 효력이 인정되는 장소에서 먹어야만 했다. 이 일을 떠나서는 그리스도를 이해할 수도 없고 바르게 평가할 수도 없다. 이처럼 그의 사역을 부인하면 그의 인격을 부인하게 된다. 보편론자들과 영혼절멸주의자들은 여러 면에서 입증된 바와 같이 유니테리안교(Unitarian; 삼위일체를 배척하고 유일의 신격을 주장하며 그리스도를 신으로 인정치 않는 신교의 일파)의 몇몇 교리에 자연스럽게 빠져 들어간다.

"이와 같이 이것은 '뼈도 꺾지 말지며' 라고 하신 그 계명과 자연스럽게 통합된다. 하나님은 뼈가 꺾어진 흉한 모습으로 그리스도의 온전하심을 나타내지 않으실 것이다. 자연 과학자들은 온전한 골격을 가지고 동물의 체격 전체에 대한 구조를 보여줄 수 있다. 형태의 조화는 골격 전체의 온전함 여부에 달려 있다. 하나님은 그리스도에 대해 이러한 점을 보존하게 하실 것이다. 우리가 하나님의 경이로운 그리스도를 이해하려고 할 때, 경건하게 그리고 거칠게 다루지 않는 것이 맞는 일이다. 이와 연관된 사실을 돌아볼 때, 보혈이 우리를 위하여 예비하신 그 피난처 아래 있는 '집안' 이라는 장소는 그 얼마나 경의를 표하기에 적합한 장소인가! 묻건대, 그러한 장소, 그렇게도 안전한 장소를 반대하여 어떻게 합리주의나 불경스런 태도가 있을 수 있겠는가? 오, 우리가 너무도 잘 알고 있는 그 명령은 불필요한 것이 아니로다"(Grant).

하나님께서 그 모형의 이러한 특별한 측면을 어떻게 성취하도록 보호했는지를 주목하는 것은 참으로 복된 일이다. 하나님의 어린양이신 그리스도 자신이(메시아에 관한 시편들 중의 하나에서 예언의 영으로 말미암아 기록된 바와 같이) 장차 "그의 모든 뼈를 보호하심이여 그 중에서 하나도 꺾이지 아니할 것"(시 34:20)은 불확실한 것이 아니었다. 그리고 우리는 요한복음 19장에서 출애굽기 12장의 원형(antitype)과 시편 34편이 성취가 된 것을 본다. "이 날은 준비일이라 유대인들은 그 안식일이 큰 날이므로 그 안식일에 시체들을 십자가에 두지 아니하려 하여 빌라도에게 그들의 다리를 꺾어 시체를 치워 달라 하니"(요 19:31). 여기 사탄은 그의 악의에 찬 적개심으로 기록된 말씀을 거짓으로 여기며 말소시키려 하였다. 그것은 헛수고였다. "군인들이 가서 예수와 함께 못 박힌 첫째 사람과 또 그 다른 사람의 다리를 꺾고"(요 19:32). 로마 제국의 파송자는 이렇게까지는 할 수 있었으나 더 이상은 행할 수 없었다. "예수께 이르러서는 이미 죽으신 것을 보고 다리를 꺾지 아니하고"(요 19:33)라고 하였다. 이로써 우리는 아버지께서 그의 복되신 아들의 모든 뼈를 '지키셨음'(보존)을 볼 수 있다. 한 군인이 창으로 옆구리를 찌르기는 하였으나 이것도 예언의 성취를 위함이었으니 "그들이 그 찌른 바 그를 바라보고"(슥 12:10)라고 기록되어 있다. 그러나 그들은 그의 다리는 꺾지 못하였으니 이는 곧 "그의 뼈가 꺾이지 아니할 것이요"라고 말씀하셨기 때문에, 꺾이지 않았다!

"여호와께서 모세에게 일러 이르시되 이스라엘 자손 중에서 사람이나 짐승을 막론하고 태에서 처음 난 모든 것은 다 거룩히 구별하여 내게 돌리라 이는 내 것이니라"(출 13:1, 2). "출애굽 이야기는 어떤 결과 ─ 이스라엘의 자녀들에 대한 책임있는 결과─ 즉 속박의 땅에서의 해방으로부터 일어난 중대한 결과를 전하기 위하여 보류된다. 비록 그들이 아직은 그 땅에 머물러 있지만 이 장에서 가르치고 있는 것은 그들이 출애굽을 했음을 근거로 한 것이며 그것은 또한 그들이 사실상 가나안 땅에 있게 될 것을 예상하고 말한 것이다. 만일 하나님이 그 백성에 대하여 은혜로써 다스리신다면 그들에 대한 요구 사항이 있을 것인데, 여기에 펼쳐진 것이 바로 그 요구 사항이었다"(E. D. Dennett).

구속함을 받은 백성은 구속자의 소유가 된다. 하나님은 신약성경에서 그의 성도들에게 이르기를 "너희는 너희 자신의 것이 아니라 값으로 산 것이 되었으니"(고전 6:19, 20)라고 하신다. 여기서 여호와께서 모세에게 이르신 "태에서 처음 난 모든 것은 다 거룩히 구별하여 내게 돌리라"고 하신 말씀은 이와 동일한 원칙에서 하신 것이다. 여기 '초태생'이라는 말에 주의를 기울여야 한다. 애굽에 내려진 죽음의 심판으로부터 속함을 받은 자는 이스라엘의 **초태생**이었지만, 이제는 여호와께서 친히 이들을 요구하고 계신다. 이것은 상징적으로 실제적 거룩, 즉 하나님께 성별해 놓음을 말한다. 이와 같이 로마서의 1~11장에는 교리적 설명이 있고 그를 이어서 나오는 첫 번째 권면은 "그러므로 형제들아 내가 하나님의 모든 자비하심으로 너희를 권하노니 너희 몸을 하나님이 기뻐하시는 거룩한 산 제물로 드리라 이는 너희가 드릴 영적 예배니라"(롬 12:1)이다. 개인적 헌신은 하나님께서 그의 피로 사신 백성에게 기대하시는 우선적 권리이다.

"이레 동안 무교병을 먹고 일곱째 날에는 여호와께 절기를 지키라 이레 동안에는 무교병을 먹고 유교병을 네게 보이지 아니하게 하며 네 땅에서 누룩을 네게 보이지 아니하게 하라"(출 13:6, 7). 이것은 상징적으로 성화의 본질을 보여주고 있다. 성경 전체를 통하여 '누룩'은 악의 상징, 즉 "적은 누룩이 온 덩어리에 퍼지는 것을 알지 못하느냐"(고전 5:6)는 말씀과 같이 두루 퍼져서 모든 것을 썩게 하는 악을 말한다. '무교병'을 먹는다고 하는 것은 우리가 그리스도와 더불어 먹을 수 있기 위하여, 모든 악으로부터 선별되어야 함을 말한다. 이 절기의 기간이 '칠일'이라는 '완전한' 기간 동안에 지속됨은 우리가 이 땅에 사는 모든 날 동안에 이것이 지속되어야 함을 말한다. 이 사실에 대하여는 고린도전서 5:7, 8에서 말씀하고 있다. "너희는 누룩 없는 자인데 새 덩어리가 되기 위하여 묵은 누룩을 내버리라 우리의 유월절 양 곧 그리스도께서 희생이 되셨느니라 이러므로 우리가 명절을 지키되 묵은 누룩으로도 말고 악하고 악의에 찬 누룩으로도 말고 누룩이 없이 오직 순전함과 진실함의 떡으로 하자." 우리가 그리스도의 피 뿌림으로 말미암아 '은혜'로 구원을 받았기 때문에, 이제 그 결과를 두려워함이 없이 함부로 죄악에 빠질 수 있다거나, 그럼에도 은혜가 풍성할 수 있는 것이 아니다. 그렇지 않다. 그리스도의 보혈로 구속을 받았다 함은 우리에게 스스로를 악으로부터 구별시키는 부가적 책임을 부가함으로써 이 어둠으로부터 그의 놀라운 광명으로 우리를 부르신 이에 대한 찬미를 가르친다. 경솔한 행실, 악한 교제의 관계, 세속성, 육신적 탐욕은 이 무교절을 지키는 일에 방해되는 것들이다.

그러나 이 '누룩'의 형상은 육신의 저속한 일들 외에도 많은 것을 함축하고 있다. 우리는 신약성경에서 '바리새인들의 누룩'(마 16:6)이라는 말씀을 읽을 수 있다. 이것은 미신이며 인간들의 전통으로 하나님의 말씀을 헛되이 여기는 것이다. 형식주의와 율법주의도 또한 여기에 포함되어 있다. 분파주의와 의식주의도 곧 바리새주의의 요소가 된다. 또 성경에 보면 '사두개인의 누룩'이 있다(마 16:6). 사두개인은 물질주의자들이었고 인간 속에 있는 영을 부인했으며 부활의 진리를 거절했다(행 23:8). 현대의 고등 비평주의와 합리주의와 모더니즘은 사두개주의와 일치한다. 우리는 또한 '헤롯의 누룩'(막 8:15)이라는 말을 볼 수 있다. 이는 세속적인 것, 또는 특별히 세상과 짝하는 것 그리고 복음서에서 헤롯에 관해 말씀하고 있는 여러 가지 내용들이 바로 그것이다. 이 모든 것들은 엄격하게 제거해야만 한다. 이러한 일들 중의 그 어느 것이라도 허용한다면 그리스도와 더불어 먹은 일은 불가하게 될 것이다. 주의 백성들 중의 소수가 '무교절 축제'에 참여하는 것은 우리가 '옛 누룩을 제함'에 실패했기 때문이 아니다!

"너는 그 날에 네 아들에게 보여 이르기를 이 예식은 내가 애굽에서 나올 때에 여호와께서 나를 위하여 행하신 일로 말미암음이라 하고"(출 13:8). 이것 역시 놀랄 만한 말씀이다. 이 절기의 기초는 그들을 얽매인 땅에서 구원하실 때 여호와께서 이스라엘에게 행하신 일에 있었다. 바꾸어 말하면 그것의 근거는 완성된 구속과 그 구속에 참여함, 그것을 알며 즐기는 것에 있었다. 그 자신의 구원에 대하여 의

심하고 있는 자들은 그 어떤 영혼도 그리스도와 더불어 참된 잔치를 할 수 없다. "두려움에는 형벌이 있고"(요일 4:18). 이것은 '잔치함' 이 말하고 있는 바 그 즐거움이나 구원과 반대가 되는 것이다. 그렇다면 그리스도인으로 자처하는 자들 가운데 많은 사람들이 기쁨이 없다는 사실은 놀라운 일이 아니다. 어찌 이럴 수 있단 말인가? 그리스도께서 그의 제자들에게 이르시기를 "너희 이름이 하늘에 기록된 것으로 기뻐하라"(눅 10:20)고 하셨다. 이 확신의 기쁨이 우리의 것이 되기 전까지는, 다시 말하지만 그리스도와 더불어 어떤 잔치도 존재할 수 없다.

"이것으로 네 손의 기호와 네 미간의 표를 삼고 여호와의 율법이 네 입에 있게 하라 이는 여호와께서 강하신 손으로 너를 애굽에서 인도하여 내셨음이니"(출 13:9).

그 절기는 손에 '기호' 가 되었으니 그것은 그들의 섬김이 하나님께 드려졌다는 표가 되었다. 그것이 또한 '미간에 표를 삼았다' 고 하는 것은 모든 사람들이 볼 수 있는 이마에다 표를 했다고 하는 사실, 즉 하나님께로 선별되었다는 사실을 공개적으로 나타내는 표시로 해석된다. 마지막으로 "여호와의 율법이 네 입에 있게 하라"는 말씀도 함께 있다. '율법' 과 순종은 상호 관계가 있다. 하나님께서 구속하신 자들은 무법한 백성이 아니다. 주 예수께서 말씀하시기를 "너희가 나를 사랑하면 나의 계명을 지키리라"(요 14:15)고 하셨고, 또 요한은 "그의 계명들은 무거운 것이 아니로다"(요일 5:3)라고 우리에게 말했다. 어느 점으로 보더라도 그리스도인들이 율법 아래 있지 않다고 한사코 주장하는 자들은 그들이 불순종의 영에 속해 있다는 슬픈 사실을 입증하는 것이며, 그것은 또한 지금 모든 환경과 모든 영역에 너무도 팽배해 있는 무법의 영들에 의하여 얼마나 영향을 받았고 감염되어 있는지를 여실히 보여주는 것이다.

"여호와께서 너와 네 조상에게 맹세하신 대로 너를 가나안 사람의 땅에 인도하시고 그 땅을 네게 주시거든 너는 태에서 처음 난 모든 것과 네게 있는 가축의 태에서 처음 난 것을 다 구별하여 여호와께 돌리라 수컷은 여호와의 것이니라 나귀의 첫 새끼는 다 어린양으로 대속할 것이요 그렇게 하지 아니하려면 그 목을 꺾을 것이며 네 아들 중 처음 난 모든 자는 대속할지니라"(출 13:11-13). 만일 우리가 만일 앞서 있던 내용과 연관시켜 본다면 이 사실에 대한 심각한 중요성을 놓치지 않을 것이다. 출애굽기 12장에서는 이스라엘의 '장자' 에 대한 구속이 있었고 여기서는 나귀의 '초태생' 의 속함이 있다. 13:2에서는 이 둘이 하나로 결합되어 있음을 볼 수 있다. 즉 "이스라엘 자손 중에서 사람이나 짐승을 막론하고 태에서 처음 난 모든

것은 다 거룩히 구별하여 내게 돌리라 이는 내 것이니라"고 하셨다. 여기에 제시
하고자 하는 관점에는 오류가 없다고 생각된다. 여호와께서 유월절 밤에 이스라
엘의 장자를 어린양으로 속하셨음과 같이 나귀의 초태생도 어린양으로 속하라고
명하셨다. 더 나아가서 그 나귀가 속함을 받지 않았을 때에는 그 목을 꺾을 것, 즉
멸하라고 하신다. 이와 마찬가지로 이스라엘의 장자들은 양을 죽여 그 피를 뿌리
지 않으면 보복하는 천사에 의하여 거의 틀림없이 죽임을 당했을 것이다. 그러므
로 부인할 수 없는 결론은 하나님이 여기서 자연적 인간을 나귀와 비교한다는 것
이다. 이것은 우리를 참으로 낮추심이 아닌가!

'나귀'는 부정한 동물이다. 인간도 본질상 그러하다. 즉 인간은 죄를 마음에 품
는 사악함 모양으로 만들어졌다. 나귀는 매우 어리석고 우둔한 동물이다. 자연적
인간도 그와 같다. 그가 거만하게도 이성의 능력을 뽐내며 그 지성으로 달성한
결과에 대하여 자부심을 가진다 할지라도, 사실상 영적 지식이 완전히 결핍되어
있다. 성경은 무엇이라고 말씀하는가? "이방인이 그 마음의 허망한 것으로 행함
같이 행하지 말라 그들의 총명이 어두워지고 그들 가운데 있는 무지함과 그들의
마음이 굳어짐으로 말미암아 하나님의 생명에서 떠나 있도다"(엡 4:17, 18). 다시
말씀하시기를 "만일 우리의 복음이 가리었으면 망하는 자들에게 가리어진 것이
라 그 중에 이 세상의 신(사탄)이 믿지 아니하는 자들의 마음을 혼미하게 하여"
(고후 4:3, 4)라고 하셨다. 이러한 내용으로 볼 때 '나귀'가 본질적 인간을 나타내
고 있음은 얼마나 분명한 사실인가! 또한 '나귀'는 우둔하고 옹고집이어서 때로는
노새를 움직이게 하는 것만큼이나 힘들다. 자연적인 인간도 그와 같다. 죄인들은
반역적이며 도전적이다. 그들은 생명을 소유하기 위하여 그리스도께로 나아오지
않는다(요 5:40). 말씀 가운데서 "허망한 사람은 지각이 없나니 그의 출생함이 들나
귀 새끼 같으니라"(욥 11:12)고 선포하신 것은 이러한 점을 염두에 둔 것이다.

성경에 기록되어 있는 '나귀'에 대한 언급을 살펴보면 교훈이 될 만한 내용이
많다. '나귀'를 맨 처음 언급한 구절은 창세기 22장에 있는데 거기서 두 가지 사
실을 배울 수 있다. "아브라함이 아침에 일찍이 일어나 나귀에 안장을 지우고"(창
22:3)라고 하였다. 나귀는 자유로운 동물이 아니라, 안장을 지우는 부담을 가진
짐승이다. 죄인들도 마찬가지로 '잡다한 욕망을 섬긴다.' 둘째로 "이에 아브라함
이 종들에게 이르되 너희는 나귀와 함께 여기서 기다리라 내가 아이와 함께 저기 가
서 예배하고"(창 22:5)라고 하였다. '나귀'는 아브라함과 이삭과 함께 경배하는

장소에 동반되지 못했다. 셋째로 창세기 49:14에 이르시기를 "잇사갈은 양의 우리 사이에 꿇어앉은 건장한 나귀로다"라고 하셨다. 이것 또한 무거운 짐을 진(마 11:28) 죄인을 가리킨다. 넷째로 하나님께서 그의 백성에게 소와 나귀를 함께 쟁기질을 하지 못하도록 명하셨다(신 22:10). 죄인은 하나님을 섬기는 일에 그 문이 닫혀 있음을 의미한다. 다섯째로 사무엘상 9:3에 "사울의 아버지 기스가 암나귀들을 잃고"라고 했다. 사울과 그의 사환들이 오랫동안 나귀를 찾았지만 결국 찾지 못했다. 이와 같이 죄인들도 하나님으로부터 멀리 떠나 있으므로 그 어떤 인간의 힘으로도 다시 찾을 수 없다. 여섯째로 예레미야 22:19에 이르시기를 "그가 끌려 예루살렘 문 밖에 던져지고 나귀 같이 매장함을 당하리라"고 하셨다. 이는 두렵고도 엄숙한 말씀이다. 나귀의 시체는 거룩한 성문 바깥으로 던져짐을 당했다. 그리스도 밖에서 죽는 모든 죄인들도 이와 같을 것이요, 새 예루살렘에 들어가지 못하고 '불못에 던짐'을 당할 것이다. '나귀'에 대한 마지막 관주는 스가랴 9:9에 있다. 거기에 이르시기를 "시온의 딸아 크게 기뻐할지어다 예루살렘의 딸아 즐거이 부를지어다 보라 네 왕이 네게 임하시나니 그는 공의로우시며 구원을 베푸시며 겸손하여서 나귀를 타시나니"고 하셨다. 이는 참으로 복된 대조이다. 여기서 우리는 '나귀'가 예루살렘으로 들어오는 것을 볼 수 있으나 주 예수의 손 아래 이끌림을 받고서만 그 성으로 들어갈 수 있었다! 여기에 죄인들의 유일한 소망이 있으니 이는 곧 그리스도께 순복하는 것이다!

창세기 16:12에 이 사실과 연관된 매우 적절한 말씀이 있기는 하지만 그 특정한 요점이 흠정역(A.V.)의 번역본에서는 빠져 있기 때문에 개정역(R.V.)에서 인용한다. 즉 개정역에는 "그가 사람 중에 들나귀 같이 되리니 그의 손이 모든 사람을 치겠고 모든 사람의 손이 그를 칠지며"라고 하셨다. 이 말씀은 주께서 사라에게 하신 것으로 이스마엘에 대한 예언이었다. 갈라디아서 4장에 보면 이스마엘은 자연적 인간을 대표하고, 이삭은 약속의 씨 곧 신자들을 말하고 있음을 알 수 있다. 그렇다면 완전히 일치되게도 위에서 말한 모든 것은 사라의 "장자"에 대한 놀랄 만한 묘사였다. 즉 그는 들나귀 같은 사람이었다. 베드윈 아랍인들이 이스마엘의 후예로서, 전적으로 그들은 고대의 이러한 예언의 진리를 증명해 준다. 더욱이 여기서 자연적인 인간에 대한 하나님의 묘사를 볼 수 있다는 것이 중요한 것이다. 보다 더 중대한 사실은 갈라디아 4:29에서 보듯이 "육체를 따라 난 자가 성령을 따라 난 자를 박해한 것"이며 그 결과로 그가 "쫓겨 났다"(갈 4:30)는 것이다.

위에서 말한 사실들을 돌아볼 때 '나귀의 초태생'에 대한 구속이 제공되어 있음은 얼마나 놀라운 은혜인가! "우리가 아직 죄인 되었을 때에 그리스도께서 우리를 위하여 죽으심으로 하나님께서 우리에 대한 자기의 사랑을 확증하셨느니라"(롬 5:8). 오 사랑하는 독자들이여, 당신은 하나님 앞에서 이러한 신분을 갖는가? '나귀'가 당신의 모습 그대로를 명백히 묘사한 것, 즉 부정하고 우둔하며 옹고집이어서 목이 꺾이기에 꼭 알맞다는 사실을 인정하는가? 바울 사도의 말이 당신의 진정한 심령의 형편을 알맞게 표현하고 있는가? "그리스도 예수께서 죄인을 구원하시려고 세상에 임하셨다 하였도다 죄인 중에 내가 괴수니라"(딤전 1:15)고 하였다. 또 당신은 "하나님이여 나는 다른 사람들 곧 토색, 불의, 간음을 하는 자들과 같지 아니하고 이 세리와도 같지 아니함을 감사하나이다"(눅 18:11)라고 말한 자기 의(self-righteous)로 가득한 바리새인과 같지 아니한가? 그리스도는 의인을 부르러 오신 것이 아니요 죄인을 불러 회개시키기 위함이었다(눅 5:32). 그는 "잃어버린 자를 찾아 구원하려고"(눅 19:10)오셨다. 또다시 묻지만 당신은 하나님 앞에서 이러한 신분을 택했는가? 당신은 그 모든 어찌할 수 없는 일들 곧 타락, 부패, 범죄와 유기된 자신의 것들을 가지고 그에게 나아왔는가? 당신은 무가치한 주장과 행한 공적들을 모두 버리고 그의 분에 넘치는 자비하심에 자신의 마음을 쏟았는가? 당신은 자신에게 꼭 필요한 죄인의 구주를 발견하고 감사함으로 그를 영접하였는가? 만일 그렇게 했다면 기꺼이 "하나님이 참되시다는 사실을 마음에 새기고", '나귀'라는 말은 본질상으로 이전에 당신이 그러했고 또 지금도 그러한 사실을 적절히 표현한 것을 시인하는가? 그렇다면 또한 당신을 구속한 것은 은이나 금같이 없어질 것으로 한 것이 아니요, "흠 없고 점 없는 어린양 같은 그리스도의 보배로운 피로 된 것임"(벧전 1:19)에 대한 비길 데 없는 은혜를 깨달아 하나님께 찬양을 드리겠는가? '나귀'를 위하여 '양'을 마련하신 하나님께 감사하자. 우리가 이 상징의 정확성을 더 잘 알면 알수록 우리 자신이 얼마나 나귀 같은지 더 잘 깨달을 수 있게 되고, 온전하신 구속의 어린양에 대하여 더 깊은 감사와 더 뜨거운 찬양을 올리게 될 것이다.

제18장

출애굽

출애굽기 12-14장

"애굽 사람들은 말하기를 우리가 다 죽은 자가 되도다 하고 그 백성을 재촉하여 그 땅에서 속히 내보내려 하므로 그 백성이 발교되지 못한 반죽 담은 그릇을 옷에 싸서 어깨에 메니라 이스라엘 자손이 모세의 말대로 하여 애굽 사람에게 은금 패물과 의복을 구하매 여호와께서 애굽 사람들에게 이스라엘 백성에게 은혜를 입히게 하사 그들이 구하는 대로 주게 하시므로 그들이 애굽 사람의 물품을 취하였더라"(출 12:33-36). 마침내 4백여 년 전에 여호와께서 아브라함에게 하신 약속이 성취되었다. 그가 이르시기를 "너는 반드시 알라 네 자손이 이방에서 객이 되어 그들을 섬기겠고 그들은 사백 년 동안 네 자손을 괴롭히리니"(창 15:13)라고 하셨다. 이 사실은 문자적으로 성취되었다. 아브라함의 자손들이 애굽에서 당한 경험은 하나님께서 말씀하심과 같았다. 그리고 또 그가 아브라함에게 이르시기를 "그들이 섬기는 나라를 내가 징벌할지며 그 후에 네 자손이 큰 재물을 이끌고 나오리라"(창 15:14)고 하였다. 이제 이 말씀 역시 다 이루어졌다. 거기에는 어떤 단서나 만약이나 또는 우연이 없었다. "그 후에 네 자손이 큰 재물을 이끌고 나오리라"고 하나님께서 선언하셨고 또 그대로 이루어졌다. 하나님께서 약속하신 대로 지금 그의 말씀을 이룬 것이다.

"사백삼십 년이 끝나는 그 날에 여호와의 군대가 다 애굽 땅에서 나왔은즉"(출 12:41). 이 말씀에 대하여 전 장에서 간단히 논한 바 있다. 이곳에서는 속박의 땅으로부터 나온 자들을 '여호와의 군대'라는 용어로 표현하였다. 이스라엘은 세 부분으로 이루어진 여호와의 군대라고 할 수 있다. 즉 첫째, 언약적 목적, 즉 예정의 하나님에 의한 영원한 선택에 의하여. 둘째, 창조, 즉 주님 자신을 위하여 이들을 만드셨던 이에 의하여. 셋째, 피로 사심, 즉 보혈로 그들을 구속하신 주님에 의하여.

"바로 그 날에 여호와께서 이스라엘 자손을 그 무리대로 애굽 땅에서 인도하여 내셨더라"(출 12:51). '그 무리(군대)대로' 라는 말은 이스라엘이 애굽으로부터 나올 때 무질서한 무리처럼 행하지 않았음을 보여준다. 어째서 그들이 그럴 수가 있었나 하는 것은 '그들을 인도하여 낸' 이가 여호와이셨기 때문이다. 하나님은 언제나 혼란의 주인공이 아니기 때문이다. 출애굽기 13:18에 보면 이 사실을 더욱더 상세하게 보충한 말씀이 있다. "이스라엘 자손이 애굽 땅에서 대열을 지어 나올 때에"라고 하셨으며, 또 거룩한 질서에 대한 이와 비근한 예는 우리 주님께서 굶주린 무리들을 먹이신 일과 연관해서 살펴보면 잘 알 수 있다. 마가복음 6:39에 보면 그리스도께서 제자들에게 명하사, "그 모든 사람으로 떼를 지어 푸른 잔디 위에 앉게 하시니"라고 했다. 그리고 또 "떼로 백 명씩 또는 오십 명씩 앉은지라"고 했다. 이스라엘이 '항오를 지어' (다섯 줄 씩) 나왔다고 하는 것은 하나님의 은혜를 강조하여 나타내는 것으로서 다섯이라는 수는 성경에서 언제나 은총이나 은혜를 말한다.

시편 105:37에 보면 우리들 앞에 있는 이 그림을 더욱더 아름답게 꾸며 주는 또 다른 말씀이 있다. 이 말씀을 보면, "그들을 인도하여 은 금을 가지고 나오게 하시니 그의 지파 중에 비틀거리는 자가 하나도 없었도다"라고 하셨다. 이것은 때때로 우리가 어떠한 제목이든지 간에 말씀의 전체적 가르침을 습득하려면 얼마나 열심히 성경을 비교해야 할 필요가 있는지를 여실히 증명하지 않는가! 출애굽의 역사 줄거리 속에서는 이 사실에 대하여 아무것도 말하지 않지만, 이 거룩한 기적은 시편 기자가 말하도록 따로 떼어둔 것이다. 그것이 분명히 기적이었던 것은 그 거대한 군대 가운데 단 한 사람도 병약하거나 허약한 자가 없었기 때문이다.

"모세가 요셉의 유골을 가졌으니 이는 요셉이 이스라엘 자손으로 단단히 맹세하게 하여 이르기를 하나님이 반드시 너희를 찾아오시리니 너희는 내 유골을 여기서 가지고 나가라 하였음이더라"(출 13:19). 이것은 조상이나 유물의 숭배가 아니라 믿음의 행위요, 요셉이 믿음으로 견고하게 붙들었던 약속, 즉 하나님께서 아브라함과 그의 자손에게 주시기로 약속하신 그 땅이 이스라엘의 목적지라고 말한 요셉의 믿음에 관한 선포였다. 그들이 애굽에서 얽매여 있었던 긴 세월 동안 요셉이 '그의 해골' 에 관하여 내린 명령은 많은 히브리 사람들 가운데서 때때로 화젯

거리가 되었을 것임에 틀림없었다. 그리고 이제 방부 처리하여 보관되어 왔던 유해를 취하면서, 모세는 약속의 땅에 그것을 묻을 땅이 있을 것이라는 그 확실한 신념을 백성들에게 보여주었다. 그의 신념이 잘못된 근거에 둔 것이 아니었기에, 여호수아 24:32에서는 "이스라엘 자손이 애굽에서 가져 온 요셉의 뼈를 세겜에 장사하였으니"라고 말한다.

히브리서 11:22은 요셉이 말했던 이 명령은 '믿음으로' 한 것이라고 말한다. 그리고 여기에서, 수백 년의 세월이 지나간 후, 우리들은 주님의 종의 믿음에 관한 하나님의 응답을 본다. 모세는 이 당시에 마음을 차지하는 일들이 대단히 많았다. 그가 막대한 임무 중에서도 착수해야 할 일 중의 하나는 '이스라엘 군대'를 조직하여 순서대로 정렬하여 이끌고 나가는 것이었다. 그러나 요셉은 단순히 의존적 상태에서 살아 계신 하나님 안에서 자신의 임종 때의 희망을 가졌기에, 그가 낙심했다는 것은 불가능하였다. 그러므로 여호와는 모세의 마음에 이 요셉의 명령을 떠오르게 하셨고 그로 하여금 그것을 실천하도록 하셨다. 그것은 하나님의 신실하심의 복된 증거였다.

그러나 바라건대, 이런 사실 속에서 우리를 위한 상징적 교훈은 무엇인가? 이스라엘이 애굽으로부터 출애굽 하는 것에 대한 상세한 설명들은, 그 앞에 선행하는 것이나 뒤에 따르는 것이나, 우리를 위해 충분한 중요성과 영적 타당성을 지닌다. 그렇다면 이스라엘 백성들이 약속한 땅을 향하여 광야를 가로지르는 여행을 시작하면서 요셉의 뼈를 그들이 함께 가지고 간다는 것은 도대체 무엇을 예시하는 것인가! 만일 우리가 요셉이 그리스도의 모형이라는 사실을 명심하고 있다면 그 대답을 알아내기가 별로 어렵지 않을 것이다. 고린도후서 4:10에 보면 그 사실에 대한 신약성경의 해석이 나와 있다. "우리가 항상 예수의 죽음을 몸에 짊어짐은 예수의 생명이 또한 우리 몸에 나타나게 하려 함이라"고 하셨다. 그것은 언제나 현실의 안일과 쾌락만 추구하는 멸망할 수밖에 없는 육신에 가해진 십자가의 능력이다. 예수의 생명(새 본성)이 우리에 의해 분명하게 증거되는 것은 오직 육신을 '통제함'에 의한 것이다.

"이스라엘 자손이 라암셋을 떠나서 숙곳에 이르니 유아 외에 보행하는 장정이 육십만 가량이요"(출 12:37). 라암셋이란 '태양의 아들'이라는 뜻이다. 그곳은 노예가 된 이스라엘인이 애굽인을 위하여 건축을 진척시켰던 요새였다. 그 이름은 위대한 왕의 이름을 따라 지어졌는데, 지금 그 왕의 유골은 미라로 보관되어 영국

의 박물관에 소장되어 있다. 라암셋은 이스라엘을 너무도 잔인하게 압제한 바로
였고 이스라엘 백성들을 추적하다가 홍해에 빠져 죽은 바로의 아버지였다. 그는
위대한 전사로서, 에디오피아와 다른 땅들을 정복하였다. 상징적으로, 라암셋은
'지금의 이러한 악한 세계'와 같은 그런 조직을 말하는데, 그곳의 가운데서 하나
님의 은총과 능력이 그의 택하신 자들을 이끌어 내고, 그곳의 위에서 타락한 힘
센 천사인 사탄은 군주로서 군림한다.

　"그래서 여기 그들의 여행 시초부터 이상하고도 기이한 비유를 보게 되는데,
그것은 누구든지 천문학의 기초를 터득한 사람이라면 인식할 수 있다. 문자 그대
로 이스라엘은 그들이 알지 못하는 땅으로 여행하기 위하여 '태양의 아들'의 땅
을 벗어나도록 부르심을 입었듯이, 영적인 이스라엘인 교회는 전도서에서 '해 아
래'라고 묘사한 그런 영역(그 안에서 행성들[방랑자들]이 태양 주위를 끊임없이
회전하면서 이동하는 이러한 모든 왕국)을 벗어나서 미지의 영역으로 가도록 부
르심을 받았다. 미지의 영역 중에서 우리에게 보이는 것도 그 움직임을 전혀 간
파하기 어려울 정도로 상상 못할 먼 거리에 있기 때문에, 우리는 그것을 항성
(fixed stars)이라고 부른다. 그 항성들은 태양계의 방랑자들(그 중에서 우리의 지
구도 다른 행성들과 마찬가지로 결코 그 어디엔가 도달할 수 없는 통로 속에 있
는 일종의 가련한 휴식이 없는 방랑자임) 가운데서 일어날 수 있는 그 어떤 일에
의해서 평정을 잃거나 영향을 받지 않는 조용한 부동의 하늘들 중의 하늘로서 매
일 밤 우리를 비추고 있다. 솔로몬은 '해 아래'에 있는 우리의 모든 삶, 쾌락, 염
려, 수고, 즐거움, 그리고 그 슬픔들을 끊임없는 '헛됨과 괴로운 수고'로 묘사한
다! '이미 있던 것이 후에 다시 있겠고 이미 한 일을 후에 다시 할지라 해 아래에는
새 것이 없나니'(전 1:9).

　"바울이 '셋째 하늘'(고후 12:2)이라고 부른 것은 우리들 행성계의 어떤 영향
을 완전히 넘어선 자유스러운 낙원을 말하는 것으로 신자들이 가는 곳이다. 우리
는 이 세상에 속해 있지 않다. 우리는 그리스도 안에서 이 세상이 세워지기 이전
에 택함을 받았으며, 모든 인간의 야망과 책략, 철학, 종교를 훨씬 넘어서 멀리 떨
어져 있는 영원한 영역에 속한다(엡 1:4-10).

　"그러한 부르심은 신비스러운 것이다. 바울이 우리에게 그 일을 설명하려는 현
장에서, 지혜와 계시의 영이 우리에게 주어져서 '그의 부르심의 소망이 무엇인
것을 알 수 있게'(엡1:18) 하도록 간절히 기도를 올린 것은 이상한 일이 아니다"

(C. H. Bright).

"이스라엘 자손이 라암셋을 떠나서 숙곳에 이르니." 숙곳(Succoth)이란 말은 '오두막집' 또는 '장막'이다. 이는 그들 앞에 놓여 있는 여행의 순례적 성격을 있는 그대로 말해 주는 것이다. 이것은 그들이 첫 순례에 의하여 배운 위대한 교훈 중의 하나였다. "우리가 여기에는 영구한 도성이 없으므로"(히 13:14)라고 성경은 말하였다. 왜냐하면 "믿음으로 그가 이방의 땅에 있는 것 같이 약속의 땅에 거류하며 동일한 약속을 유업으로 받은 이삭과 야곱과 더불어 장막에 거하였으니"(히 11:9)라고 했기 때문이다. 오두막집은 우리가 여기 아래에서 가지고 있는 모든 것들이니, 이는 "우리의 시민권은 하늘에 있기"(빌 3:20) 때문이다. 그러나 우리의 일시적 '장막'을 아버지 집의 영원한 '처소'(맨션)로 바꿀 때가 이제 매우 가까웠으니 하나님께 찬양을 드리자.

"수많은 잡족과 양과 소와 심히 많은 가축이 그들과 함께 하였으며"(출 12:38). 이것은 매우 중대한 것으로서, 원수의 교활한 활동을 말한다. 성경은 그 두 가지의 주요한 성품으로 그 원수를 표시하는데, 그것은 우는 사자와 교활한 뱀이다. 전자는 바로의 잔인한 압제에 의하여 강조되었고 후자는 우리 앞에 제시된 말씀 가운데 있다. 사탄은 소수의 이스라엘 사람이라도 애굽에 잡아두려고 안간힘을 다했으나 이 일에 실패하자 이번에는 얼마간의 애굽 사람들을 이스라엘과 함께 가나안으로 보낸 것이다! 이 '중다한 잡족'은 틀림없이 애굽 사람들과 애굽에서 거주했던 다양한 다른 나라 사람들일 것이다. 여러 가지의 이유와 동기가 그들을 재촉했을 것이다. 어떤 자들은 이스라엘 사람들과의 잡혼 때문에(레 24:10), 그리고 어떤 이들은 그들의 친척과 헤어지는 것이 싫어서 온 자들도 있었다. 다른 이는 하늘에서 내린 심판들로 인하여 너무나 쓰라린 괴로움을 당하였고 그리고 이제는 황폐하여 거주할 수 없게 된 그 땅에 더 이상 남아 있는 것이 두려웠기 때문이었다. 또 다른 이들은 히브리인들을 위하여 만들어진 놀라운 이적으로 인하여 그 백성들이 확실히 하늘의 은혜를 입은 백성임이 드러났기에, 그들의 운명을 이스라엘과 함께 하는 것이 좋은 정책으로 간주했기 때문이다(비, 출 9:20). 그러나 이 '잡족들'이 얼마 지나지 않아 이스라엘의 옆구리에 있는 가시임을 보여주었다. 만나에 대하여 제일 먼저 불만을 품어 이스라엘로 하여금 수군거리도록 영향을 준 사람들이 바로 이 '잡족들'이었다(민 11:4을 볼 것).

"하나님의 움직임이 시작될 때에, 성령이 새로워진 마음을 움직이게 하여, 어떤 무리들이 그 이끄는 자들에게 스스로 소속되기 보다는, 사람들은 다른 동기에 의하여 일한다"고 누군가 잘 말하였다. 그 사실에 대한 증거로서 하나님께서 '아브라함을 혼자 부르셨음에도' (사 51:2) 데라(그의 아버지)와 롯(그의 조카)이 그와 함께 동반하였다. 또한 기브온 사람들이 여호수아와 동맹할 때에도 그러했다 (수 9장). 이와 마찬가지로 유다의 남은 자들이 포로 상태에서 돌아오자 '잡족들'이 스스로 이스라엘에게 결합했지만(느 5:17), 뒤에 "그들은 수많은 잡족들을 이스라엘에게서 분리시켰다"(느 13:3). 또한 우리는 바리새인들과 사두개인들이 요한에게 세례를 받으러 나아온 것(마 3:7)을 성경에서 본다! 이러한 일들은 우리들의 가르침을 위하여 기록되었다. 신자들의 불신자들과의 이러한 교제, 여호와의 회중 가운데 이러한 불경건한 자들을 허용하는 것은 모든 세대를 통하여 하나님께 속한 성도들에게 크나큰 해독이 되어왔으며, 그들을 나약하게 만드는 근원이 되었으며, 많은 실패를 이루게 하는 원인이 되어 왔다. 바로 이러한 이유 때문에 성령께서 이르시기를 "너희는 그들 중에서 나와서 **따로** 있으라"(고후 6:17)고 말씀하셨다.

"바로가 백성을 보낸 후에 블레셋 사람의 땅의 길은 가까울지라도 하나님이 그들을 그 길로 인도하지 아니하셨으니 이는 하나님이 말씀하시기를 이 백성이 전쟁을 하게 되면 마음을 돌이켜 애굽으로 돌아갈까 하셨음이라"(출 13:17). 이 얼마나 시편 103:13, 14의 말씀을 생각나게 하는가? "아버지가 자식을 긍휼히 여김 같이 여호와께서는 자기를 경외하는 자를 긍휼히 여기시나니 이는 그가 우리의 체질을 아시며 우리가 단지 먼지뿐임을 기억하심이로다". 긴 세월을 노예 생활로 보낸 이 백성들은 이제 약속하신 땅을 향하여 출발하였는데, 그들을 위한 이러한 자비로운 관심을 보게 되는 것은 아름다운 일이다. 이 사실은 여호와께서 그의 백성을 다스리는 일과 관련해 일반적 원칙의 적용이라는 하나의 원리를 예증한다. 여호와는 매우 동정적일 뿐만 아니라 그의 자비는 세심하다(약 5:11). 여호와께서는 그의 "어린 자녀들"을 보다 성숙한 사람들같이 심하게 시험을 받게 할 정도로 괴롭히지 않는다. 하나님이 아브라함에게 받게 했던 다양한 시험이 보여주듯이, 그에게 이삭을 바치라는 명령은 아브라함이 받았던 첫 번째의 시험이 아니라 마지막 시험이었다. 여기 이스라엘에게도 그와 같았다. 뒤에 가서 가나안에 이르게 되면 많은 싸움이 있을 것이지만 처음에는 전쟁을 요하는 블레셋 땅으로 그들을 인도하시지 않았다. 그는 그들의 나약함과 겁이 많음을 배려했던 것이다. "여호와께서는 자기를 낮추시는 은혜로 그의 백성에게 첫 출발부터 무거운 시련에 마주쳐 마음에 용기를 잃는 결과를 초래하여 그들을 되돌아서게 하는 일이 생기지 않도록, 그들의 진행 순서를 그렇게 정한 것이다"(C. H. M.).

"블레셋 사람의 땅의 길은 가까울지라도 하나님이 그들을 그 길로 인도하지 아니하셨으니." 이것은 이스라엘이 애굽 땅을 떠난 이후로 성령이 알려주신 첫 번째 일로서, 하나님은 그 백성들을 위하여 광야를 통과하는 길을 선택하셨다. 이는 말로 형용할 수 없는 축복이다. "여호와께서 사람의 걸음을 정하시고 그의 길을 기뻐하시나니"(시 37:23). 우리는 자신의 길을 스스로 택하도록 홀로 버려진 자들이 아니다. "무릇 하나님의 영으로 인도함을 받는 사람은 곧 하나님의 아들이라"(롬 8:14). 그렇다면 오늘날 성령이 우리를 인도할 때, 무엇을 사용하는가? 이 일에 대하여는 다른 모든 것과 마찬가지로 기록된 말씀이 있다. '주의 말씀은 내 발에 등'으로서 길에 있는 함정과 장애물을 드러내주며, 그리고 '내 길에 빛'으로서 피해야 할 샛길을 잘 지나치게 해준다(시 119:105). 우리를 위하여 얼마나 충분히 예비해 주셨는가! 그 아무것도 우연으로 남겨두지 않으시고, 또 우리의 빈약한 이론에 맡겨 두지 않으셨다. "우리는 그가 만드신 바라 그리스도 예수 안에서 선한 일을 위하여 지으심을 받은 자니 이 일은 하나님이 전에 예비하사 우리로 그 가운데서 행하게 하려 하심이니라"(엡 2:10).

"그러므로 하나님이 홍해의 광야 길로 돌려 백성을 인도하시매"(출 13:18). '광야'란 하나님의 목적 속에 없었던 장소라고 자주 말한다. 그러나 이것은 분명히 잘못된 말이다. 그 백성을 '홍해의 광야 길'로 인도하심은 하나님께서 친히 하신 일이었다. 이스라엘인들이 실제로 따라간 바로 그 경로를 택하도록 하신 것은 하나님의 원래 의도였다. 이 사실은 그들이 가나안으로 가는 여행의 각 발자국마다 구름 기둥으로 인도하신 사실에 근거하여 확실할 뿐만 아니라 출애굽이 실시되기 그 이전부터 하나님에 의하여 모세에게 이미 뚜렷이 알려졌다. 호렙 산에서 그의 종에게 여호와께서 맨 처음 나타나셨을 때(출 3:1과 제4장을 참조), 주님은 "네가 그 백성을 애굽에서 인도하여 낸 후에 너희가 이 산에서 하나님을 섬기리니"(출 3:12)라고 하셨다. 이스라엘을 블레셋 땅을 통과하는 대신에, 광야를 통하여 가나안으로 인도하려는 하나님의 의도는 결과적으로 분명히 보여주었다. 첫째, 그것은 그들을 홍해를 통하여 안전하게 이끌어 내심으로 하나님의 놀라우신 능력을 그들의 편에 돋보이게 드러내기 위함이었다. 둘째, 그것은 바로와 그의 군대를 멸망하기 위함이었다. 셋째, 그것은 그들이 방해받지 않는 광야의 한적한 장소에서 여호와의 율법을 받기 위함이었다. 넷째, 그것은 그들이 가나안에 들어 가 그 땅을 점령하기 전에 하나의 연방국가 혹은 교회-국가(행7:53)를 적절하게 결성할 수 있도록 하기 위함이었다. 마지막으로, 그들을 겸손하게 하고 연단과 단련을 받도록 하고(신 8:2, 3), 그리고 모든 긴급 상황에서 하나님의 넉넉하심을 충분히 나타내 보일 수 있도록 하기 위함이었다.

"**그들이 숙곳을 떠나서 광야 끝 에담에 장막을 치니 여호와께서 그들 앞에서 가시 며 낮에는 구름 기둥으로 그들의 길을 인도하시고 밤에는 불 기둥을 그들에게 비추 사 낮이나 밤이나 진행하게 하시니**"(출 13:20, 21). 이는 참으로 귀중한 말씀이다. 여호와는 언약의 하나님, 약속의 하나님, 이스라엘의 신음소리를 들으신 이, 그들 을 위하여 한 구원자를 일으키신 이 처럼, 우리에게 성부 하나님을 연상케 한다. 어린양은 흠도 없고 점도 없으며, 죽임을 당하여 그 피가 뿌린 바 되고, 보복의 천 사로부터 안전과 구원을 보증하는 자와 같이, 성자 하나님을 상징한다. 이와 같이 이 구름 기둥은 이스라엘로 광야를 횡단하도록 지시하신 분과 같이, 성령 하나님 을 우리에게 말씀한다. 이러한 구약의 예시는 놀랍게도 풍부하고, 천부적으로 완 벽하다. 다각적인 면에서 신약성경의 가르침이 예언되었다. 그러나 이 태고에 그 려진 그림 속에 숨어 있는 의미를 파악하려면 기름부음을 받은 시각이 요구된다. 만일 우리가 그 영적인 중대성을 파악하려면 많이 기도하면서 연구할 필요가 있 다.

이 '기둥' 은 이스라엘과 함께 계신 여호와의 임재를 볼 수 있는 표징이었다. 그 것은 '구름 기둥' 과 '불기둥' 으로 불리었다. 분명히 그 윗부분은 기둥과 같은 형 태로 하늘을 향해 올라갔고, 그 아랫부분은 이스라엘의 진위에 구름과 같이 퍼져 있었다. 출애굽기 14:24에서 두 가지의 용어가 어떻게 결합되는지를 주목하라, 일반 대중들이 널리 생각하듯이, 낮에는 '구름' 그리고 밤에는 '불' 의 형태로, 그 '기둥' 은 자신의 형태를 변하지 않도록 안내하지만, 그러나 위에서 언급한 대로 윗부분은 '불기둥' 으로 그리고 아래는 '구름' 으로 되어 있다. 그 이후에 말씀한 성경을 보면(민 14:14, 등등), '구름' 전체가 "그들이 행할 길을 그들에게 비추기" (느 9:12) 위해 밤 시간에 밝아진 것이 분명하다. 이제 구름이 성령을 상징하고 있 는 몇 가지 점을 고려해 보도록 하자.

1) '구름' 은 이스라엘이 애굽에서 구출을 받기 전까지는 그들에게 주어지지 않

왔다.

먼저, 유월절 양이 죽임을 당하고, 그리고 그 이후에 구름이 주어졌다. 이것이 신약성경의 순서이다. 먼저는 하나님의 어린양의 죽음이요, 그 후에 부활과 승천이 뒤따르며, 그 다음으로 오순절에 성령의 공적 강림이 있었다. 이것은 역시 그리스도인들의 체험 내에서도 마찬가지이다. 첫째로 죄인이 믿음으로 그리스도의 죽음을 자신의 것으로 삼음이요, 그리고 그 후에 성령이 그 영혼에 거하시기 위하여 임하신다. 그것은 우리들 속의 어떤 도덕적 적합성 때문이 아니라, 그리스도께서 흘리신 피에 근거하여 하나님의 영이 구속의 날이 이르기까지 우리를 인친 것이다. 이 순서는 놀랍게도 신약성경의 위대한 교리적 논고인 로마서에서 관측된다. 거기에는 다른 어느 곳보다 아주 풍부하게 하나님의 구원의 방법이 펼쳐져 있다. 그러나 믿음이 있는 죄인이 '의롭다 하심'(롬 5:1)을 받은 후에야 비로소 우리는 하나님의 성령에 대해 말하는 것을 본다. 로마서 2:4-10에는 회개에 대한 내용이 있고, 3:22-28에 믿음에 대한 설명이 있으며, 그리고 그 다음의 5:5에서, "우리에게 주신 성령으로 말미암아 하나님의 사랑이 우리 마음에 부은 바 됨이니"라고 한다.

2) '구름'은 이스라엘에게 주신 하나님의 은혜로운 선물이었다.

그 백성들이 이러한 안내자를 구했다는 말은 없다. 그것은 전혀 구하지 않았는데도, 하나님의 자비로운 공급하심으로써 그들에게 내려온 것이다. 복음서에서 같은 일을 발견하지 않은가? 그의 사명을 마치실 즈음에 주 예수께서는 제자들에게 자신의 떠남과 아버지께로 돌아가실 것을 말씀하셨다. 우리는 그들이 근심하고 슬퍼했다는 것을 알고 있지만, 그럼에도 불구하고 사도들 중의 그 누구도 주님께 다른 보혜사를 보내어 달라고 요구했다는 암시는 없다. 이렇게 행하신 의도는 오직 주님 자신에게서 나왔다. "내가 아버지께 구하겠으니 그가 또 다른 보혜사를 너희에게 주사"(요 14:16).

3) '구름'은 이스라엘 백성들의 광야 여행 내내 그들을 인도하기 위하여 주어진 것이다.

이는 얼마나 자비로운 예비하심인가! 즉 길 없는 광야 내내 그들을 인도하는 확실한 안내자이시다! "여호와께서 그들 앞에서 가시며 낮에는 구름 기둥으로 그들의 길을 인도하시고 밤에는 불 기둥을 그들에게 비추사 낮이나 밤이나 진행하게 하시니"(출 13:21). 이와 마찬가지로 생명으로 인도하는 좁은 길을 따라 그리스도인들의 발걸음을 인도하도록, 성령이 주어져있다. "무릇 하나님의 영으로 인도함을 받는 사람은 곧 하나님의 아들이라"(롬 8:14).

4) '구름' 은 빛을 주었다.

"밤에는 불기둥을 그들에게 비추사"(출 13:21). 느헤미야는 수백 년 뒤의 이들의 후손에게 이것을 아름답게 상기시켰다. "낮에는 구름 기둥으로 인도하시고 밤에는 불기둥으로 그들이 행할 길을 그들에게 비추셨사오며"(느 9:12). 밤이건 낮이건 간에 이스라엘은 '필요한 것을 충분히 받고 있었다.' 이와 비슷한 목적으로 성령이 그리스도인들에게는 주어진다. 그는 "지혜와 총명의 영이요 모략과 재능의 영이요 지식과 여호와를 경외하는 영"(사 11:2)이시다. 주께서 그의 사도들에게 이르시기를, "진리의 성령이 오시면 그가 너희를 모든 진리 가운데로 인도하시리니"(요 16:13)라고 하셨다.

5) '구름' 은 덮개를 위한 목적으로 주셨다: "여호와께서 낮에는 구름을 펴사 덮개를 삼으시고"(시 105:39).

이 구름은 아무런 가리개가 없는 모래로 된 광야에서 태양의 작열하는 열로부터 이스라엘의 보호자가 되었다. 이는 이스라엘을 위해 하나님이 이렇게 자비롭게 베푸신 축복과 대조되는 경험에 대하여 알고 있는 사람에 의하여 아름답게 설명되었다. "구름이 이스라엘 백성들에게 어떠했는가에 대하여 평가하기 위해서, 애굽과 같은 비 없는 나라에 대한 상상 속으로 자신을 이동시켜 보아야 한다. 우리는 페루의 연안에서 수년간 살았는데, 거기에는 수백 마일에 걸쳐 애굽처럼 비가 없었다. 우리는 두려워하면서 어떤 영국의 찬송가 작가가 '구름 없는 하늘, 물결 없는 바다' 의 영광을 노래했던 것을 회상하였다. 우리는 작은 돛단배에 앉아, 열대지방의 태양이 넘어간 조용해진 에쿠아도르 해안에서, 파도 없는 바다의 두려움을 맛보았다. 또한 페루에서 우리는 약 반년 동안이나 구름 없는 하늘과 늘 비 없는 나날을 보냈다. 멀리 바라다 보이는 높이 솟은 안데스 산꼭대기에 있는 먼 구름은 얼마나 아름답게 보였던가! '계곡과 산 가운데 구름이 끼어있는 그럴듯한 비옥한 지역에서 살아가는 그런 인디언들처럼 구름 아래에 이르면 마음이 정말 진정될 것임에는 틀림이 없다! 라고 느껴질 수밖에 없었다. 그러므로 구름이야말로 이전에 노예로서 애굽의 태양이 내리쬐는 들판에서 노동해 왔던 자들에게는 환영할만한 장면임에는 틀림이 없었다. 그 구름은 그들에게 여호와의 전능하신 능력의 증거가 되었다. 주님은 구름을 만들 만한 어떤 것도 자연 속에 전혀 없는 곳에서 구름을 그들에게 주실 수 있다. 주님은 다른 사람들이 거주처가 없을 때에도, 그의 백성들에게 피난처를 제공해 주실 수 있다"(C. H. Bright). 이와 마찬가지로 성령님께서도 우리의 보호자가 되신다. 우리도 그 안에서 "구원의 날까지 인치심을 받았다"(엡 4:30).

6) 하나님께서 구름 가운데서 **말씀하셨다**:"여호와께서 **구름 기둥** 가운데서 그들에게 말씀하시니"(시 99:7).

시편 기자는 여기서 출애굽기 33:9에 있는 "모세가 회막에 들어갈 때에 구름 기둥이 내려 회막 문에 서며 여호와께서 모세와 말씀하시니"라고 하신 말씀을 언급한다(민 12:5 참조). 이와 같은 방법으로 오늘날에도 성령님께서는 거룩한 삼위의 대언자이시다. "귀 있는 자는 성령이 교회들에게 하시는 말씀을 들을지어다"(계 3:6).

7) 이 구름은 애굽인들에게는 흑암이 되었다: "애굽 진과 이스라엘 진 사이에 이르러 서니 저쪽에는 구름과 흑암이 있고 이쪽에는 밤이 밝으므로 밤새도록 저쪽이 이쪽에 가까이 못하였더라"(출 14:20).

이는 두려울 정도로 엄위하다. 하나님은 드러내기도 할 뿐만 아니라, 흑암으로 봉하기도 한다. "그 때에 예수께서 대답하여 이르시되 천지의 주재이신 아버지여 이것을 지혜롭고 슬기 있는 자들에게는 숨기시고 어린 아이들에게는 나타내심을 감사하나이다"(마 11:25). 성령께서도 이와 같다. "그는 진리의 영이라 세상은 능히 그를 받지 못하나니"(요 14:17).

8) 이 '구름'은 성막이 세워지자마자 그 위에 머물렀다.

"모세가 이같이 역사를 마치니 구름이 회막에 덮이고 여호와의 영광이 성막에 충만하매 모세가 회막에 들어갈 수 없었으니 이는 구름이 회막 위에 덮이고 여호와의 영광이 성막에 충만함이었으며"(출 40:33-35). 이 구절은 얼마나 놀랍게 성령의 오심을 예시했는가. 이분은 사람 가운데 장막을 치셨던 복된 분으로서, 이분에 대해 성경은 "우리가 그의 영광을 보았다(요 1:14). 역시, 그처럼 성령께서 오순절 날 열두 사도들에게 임하셨고 그들은 모두 성령으로 **충만하였다**"(행 2:4)고 기록되어 있다.

9) 이스라엘이 광야에서 방황했던 전 기간 동안 이 '구름'은 한 번도 사라지지 않았다. "주께서는 주의 크신 긍휼로 그들을 광야에 버리지 아니하시고 낮에는 구름 기둥이 그들에게서 떠나지 아니하고 길을 인도하며 밤에는 불기둥이 그들이 갈

길을 비추게 하셨사오며"(느 9:19). 이스라엘의 온갖 실패, 즉 그들의 수군거림, 불신, 거역에도 불구하고, 하나님은 한 번도 구름 기둥을 전혀 제거하지 않으셨다. 이와 같이 성령의 확실한 약속의 말씀이 신자들에게 주어져 있다. "그가 또 다른 보혜사를 너희에게 주사 **영원토록** 너희와 함께 있게 하리니"(요 14:16).

10) 그 '구름'이 다시 한 번 내려와 이스라엘 중에 거하시리라고 하신 사실을 깨닫는 것은 참으로 복된 일이다. 하나님께서 흩어진 그의 백성을 다시 모아 그들과 언약 관계를 다시 회복하여 메시야-구속자에 대한 구원의 지식을 그들에게 가르쳐 주실 때에, "이는 주께서 심판하는 영과 소멸하는 영으로 시온의 딸들의 더러움을 씻기시며 예루살렘의 피를 그 중에서 청결하게 하실 때가 됨이라 여호와께서 거하시는 온 시온 산과 모든 집회 위에 낮이면 구름과 연기, 밤이면 화염의 빛을 만드시고 그 모든 영광 위에 덮개를 두시며"(사 4:4, 5)라고 하신 옛날의 약속을 성취하실 것이다. 이 불과 구름 '기둥'은 성령의 인격과 사역에 대해 참으로 놀라운 모형이다!

제19장

홍해를 건넘

출애굽기 14장

이 장에서는 구약성경에 기록된 것 중에 가장 주목할 만한 이적, 즉 이스라엘의 역사와 연관된 이적 중에서 가장 주목되는 것에 대하여 고찰하고자 한다. 하나님의 종들은 차후에 이러한 관점에서 여호와의 권능과 위대함을 백성에게 일깨우려고 할 때 마다, 하나님이 홍해에서 백성들을 위하여 행하신 일을 거의 언제나 거론했다. 8백년 후에 여호와께서 이사야를 통하여서 말씀하시기를, "나는 네 하나님 여호와라 바다를 휘저어서 그 물결을 뒤흔들게 하는 자이니 그의 이름은 만군의 여호와니라"(사 51:15)고 하셨다. 나훔은 이르기를 "여호와의 길은 회오리 바람과 광풍에 있고 구름은 그의 발의 티끌이로다 그는 바다를 꾸짖어 그것을 말리시며 모든 강을 말리시나니"(나 1:3, 4)라고 하였다. 여호와께서 이스라엘에게 하신 그의 약속을 새롭게 하사 그들을 이끌어 내실 때, "네가 애굽 땅에서 나오던 날과 같이 내가 그들에게 이적을 보이리라"(미 7:15; 비, 수 24:6, 7; 느 9:9; 시 106:7, 8; 렘 31:35등)고 하셨다. 그것은 여호와의 대적에게 너무도 큰 인상을 준 두드러진 사건이었으므로, "이는 너희가 애굽에서 나올 때에 여호와께서 너희 앞에서 홍해 물을 마르게 하신 일과 너희가 요단 저쪽에 있는 아모리 사람의 두 왕 시혼과 옥에게 행한 일 곧 그들을 전멸시킨 일을 우리가 들었음이니라 우리가 듣자 곧 마음이 녹았고 너희로 말미암아 사람이 정신을 잃었나니 너희의 하나님 여호와는 위로는 하늘에서도 아래로는 땅에서도 하나님이시니라"(수 2:10, 11)고 기록되어 있다.

구약에 있어서 홍해의 이적은 신약에서 주 예수의 부활이 차지하는 것과 비슷한 위치를 차지한다. 이것은 최상의 하나님의 능력을 나타내는 척도의 표준처럼 제시되었다(비, 엡 1:19). 그렇다면 각 세대의 무신론자들이 이 이적에 대하여 특별한 공격을 가해온 것은 조금도 이상한 일이 아니다. 그러나 우리 그리스도인들에게 이적은 조금도 어려움을 불러일으키지 않는다. 믿음과 불신 사이의 큰 차이는 누구는 하나님을 모셔오는데, 다른 이는 그를 배척하는 것이다. 하나님으로서는 모든 일이 가능하다. 하나님을 모시면 초자연적 능력의 발휘를 기대할 수 있다.

홍해를 가르는 기적에 대하여 고찰하기에 앞서, 먼저 그 앞에 일어난 일이 무엇인가에 대하여 간략한 소개를 해야만 하겠다. 출애굽기 14장은 다음과 같이 시작한다. "여호와께서 모세에게 말씀하여 이르시되 이스라엘 자손에게 명령하여 돌이켜 바다와 믹돌 사이의 비하히롯 앞 곧 바알스본 맞은편 바닷가에 장막을 치게 하라"(출 14:1, 2). 이 말씀을 보면 하나님께서 그들에게 따라오던 길을 벗어나서 홍해 앞에 진을 치라고 명령하셨다. 정확한 장소를 확정짓기 위하여 여러 가지를 시도를 했고, 그 외에도 많은 세기를 지나오는 동안 시간이 흘러 많은 변화가 뒤따라왔지만, 그것은 헛수고처럼 보인다. 3절은 우리가 알 필요가 있는 모든 것을 말한다. 즉 그것이 전하는 정보는 어떤 지리학자보다 더 정확하고 신용할 수 있는 것으로 이스라엘이 '광야에 갇힌 바' 되었고, 홍해가 그들 앞에 가로 놓여있다는 것이다. 이와 같이 이스라엘은 그런 지세에 몰려 인간이 갖고 있는 도피의 방법이 전혀 없었다. 산에 있는 요새 속에서라고 하면 기회가 있을 수 있겠지만, 광야로 둘러싸인 이 지경에서 도망한다고 하는 것은 애굽 사람들의 기병대와 마차 앞에서 소용없었다.

"이스라엘 자손에게 명령하여 돌이켜 바다와 믹돌 사이의 비하히롯 앞 곧 바알스본 맞은편 바닷가에 장막을 치게 하라"(출 14:1, 2). 성경 그 어디에서와 마찬가지로, 여기에 있는 이런 지명들은 그 의미가 풍부하다. 그것들은 뒤에 이어지는 것들과 놀랍게도 일치된다. 리치(Ritchie)에 의하면 '비하히롯'은 '자유의 장소'라고 했다. 사실 이 말은 그런 식으로 증명되었는데, 그 이유는 여기에서 이스라엘은 결국 오랜 세월 동안 당해온 잔인한 얽매임으로부터 마침내 구출되었기 때문이다. '믹돌'이라는 말은 '탑' 또는 '성벽'를 뜻한다. 이는 여호와가 무기력하게 공격을 당한 그의 백성에 대하여 자신을 그렇게 설명한 것이다. 뉴베리(Newberry)는 바알스본의 의미를 '북쪽의 왕'이라고 칭했는데, 성경에서 '북쪽'은 종종 심판과 관련되었다(비, 수 8:11, 13; 사 14:31; 렘 1:14; 4:6; 6:1; 겔 1:4 등). 이곳 홍해에서 여호와는 마치 심판의 왕처럼 보였다.

"바로가 이스라엘 자손에 대하여 말하기를 그들이 그 땅에서 멀리 떠나 광야에 갇힌 바 되었다 하리라"(출 14:3). 이 얼마나 고질적 불신앙을 잘 말해 주는가! 이 얼마나 인간 이성의 어리석음을 잘 말해 주는가! 가령 이스라엘이 '광야에 갇히게 되고', 광야로 인하여 '막혀 버리고', 앞에는 홍해로 가로막혔다고 할지라도, 이스라엘이 바로의 맹공격 앞에서 쉽사리 희생을 당할 수 있으리라고 바로는 생각했는가? 하나님은 이미 그 백성들에게 그의 강력함을 과시해 오지 않았던가? 하나님께서 이미 애굽을 그의 언약의 백성을 박해하는 "그의 눈동자를 범하는 자"(슥 2:8)로 지목하지 않았던가? 바로는 얼마나 어리석은 사람인가? 그는 얼마나 모든 경고를 업신여겼던가? 이처럼 바로와 그의 군대는 우매하였다. 바로는 그의 땅을 휩쓸어 버린 열 가지 재앙에도 불구하고, 이제 그는 무리하게 여호와의 구속하신 자들을 향하여 진군하여 광야에서 그들을 소멸하려했다.

"내가 바로의 마음을 완악하게 한즉 바로가 그들의 뒤를 따르리니 내가 그와 그의 온 군대로 말미암아 영광을 얻어 애굽 사람들이 나를 여호와인 줄 알게 하리라 하시매 무리가 그대로 행하니라"(출 14:4). 여기에 하나님께서 이스라엘 백성으로 하여금 '바닷가에 장막을 치게 하신' 이유가 있다. "애굽에 내려진 징계들은 혹독하였지만 여전히 그 오만한 왕과 무례한 신하들은 확실히 느껴졌던 하나님의 굴레 밑에서 겸손할 필요가 있었고 그리고 이스라엘은 폭행의 공포가 일절 제거될 필요가 여전히 있었다. 애굽의 권력의 일부였던 그들의 최고의 영광이 있었는데, 그것은 지금까지 재난을 면하였다. 그들의 의기양양한 군대는 상처를 입지 않았던 것이다. 모세는, 바로의 스파이들이 바로에게 이스라엘 백성들이 애굽의 물가에 이르렀다는 소식을 전하였을 때, 그것은 바로에게 보복할 시간이 온 것 같이 여겨졌을 것이라는 말을 전해 듣는다. 바로의 군대가 이스라엘 백성의 후미를 급속히 쳐들어감으로써 그들의 유일한 탈출로를 가로막았고, 그 결과 가망 없는 무리들은 그의 처분 아래 놓이게 되었다"(우르카르트[Urquhart]).

"그 백성이 도망한 사실이 애굽 왕에게 알려지매 바로와 그의 신하들이 그 백성에 대하여 마음이 변하여 이르되 우리가 어찌 이같이 하여 이스라엘을 우리를 섬김에서 놓아 보내었는가 하고 바로가 곧 그의 병거를 갖추고 그의 백성을 데리고 갈새 선발된 병거 육백 대와 애굽의 모든 병거를 동원하니 지휘관들이 다 거느렸더라 여호와께서 애굽 왕 바로의 마음을 완악하게 하셨으므로 그가 이스라엘 자손의 뒤를 따르니 이스라엘 자손이 담대히 나갔음이라 애굽 사람들과 바로의 말들, 병거들과 그

마병과 그 군대가 그들의 뒤를 따라 바알스본 맞은편 비하히롯 곁 해변 그들이 장막
친 데에 미치니라"(출 14:5-9). 모든 일들이 하나님께서 미리 말씀하신 대로 이루
어졌다. 바로와 그의 아첨하는 신하들은 이스라엘을 가도록 허락한 일이 어리석
었다는 것을 갑자기 느끼게 되었으며, 그리고 그때 그들이 저지른 잘못에 대하여
만회할 수 있는 절호의 기회가 온 것 같이 보였다. 군대들에게 긴급 동원령이 내
려졌고 바로와 그의 장관들도 무장하고 그들의 병거에 급히 탔다. 그 유명한 애
굽의 기병대가 위용을 떨치며 출격했다. 왕뿐만 아니라 그의 신하들, 이스라엘을
가지 못하게 위협하던 자들(출 10:7)도 이스라엘을 추격하여 사로잡기에 급급했
다. 하나님의 심판이 더 이상 그들의 땅에 내리지 않았기에, 그들은 자신들을 위
해서 수고한 히브리인들의 크나큰 봉사와 그들이 노예로 있었을 당시의 유익을
상기하면서 그들을 떠나보낸 손실을 생각한 끝에 가능한 한 빨리 그들을 따르려
고 안간힘을 다했다.

"바로가 가까이 올 때에 이스라엘 자손이 눈을 들어 본즉 애굽 사람들이 자기들
뒤에 이른지라 이스라엘 자손이 심히 두려워하여 여호와께 부르짖고 그들이 또 모
세에게 이르되 애굽에 매장지가 없어서 당신이 우리를 이끌어 내어 이 광야에서 죽
게 하느냐 어찌하여 당신이 우리를 애굽에서 이끌어 내어 우리에게 이같이 하느냐
우리가 애굽에서 당신에게 이른 말이 이것이 아니냐 이르기를 우리를 내버려 두라
우리가 애굽 사람을 섬길 것이라 하지 아니하더냐 애굽 사람을 섬기는 것이 광야에
서 죽는 것보다 낫겠노라"(출 14:10-12). 이것은 쓰라린 믿음의 시련이었으나 슬프
게도 이스라엘은 그 시험의 때에 실패하였다. 오호라! 이는 너무도 우리가 종종
당하는 처지가 아닌가! 애굽에서 자신들을 위하여 행하신 그 모든 일들을 체험하
였다면 그들에게 이제 주님을 믿을 만한 충분한 이유가 있었을 것이다. 그러한
놀라운 능력을 나타내 보인 후라면, 죽음의 천사로부터 은혜로써 구함을 받은 이
후라면, 그들의 지금의 두려워함과 절망은 변명할 도리가 없는 불신이다. 그렇지
만 우리도 얼마나 이와 같은가! 우리들의 기억은 너무도 짧다. 주께서 지난 과거
에 몇 번이나 우리를 구해주셨든지 간에, 그의 능력이 얼마나 뛰어나게 우리를
위하여 발휘되었든지 간에 새로운 시련이 우리에게 닥치기만 하면 하나님이 과
거에 개입하신 일을 까마득하게 잊어버리고 현실의 긴급사태의 위력 앞에 빠져
버리고 만다.

"바로가 가까이 올 때에 이스라엘 자손이 눈을 들어 본즉 애굽 사람들이 자기

들 뒤에 이른지라 이스라엘 자손이 심히 두려워하여 여호와께 부르짖고"(출 14:10). 그들의 눈은 애굽 사람들에게 가 있었기에, 결과적으로 그들은 '심히 두려워하였다.' 그것은 언제나 그러하다. 두려움을 치료하는 유일한 방법은 눈을 주님께 돌려 그를 응시하는 것밖에 없다. 우리가 주변의 환경에 사로잡혀 있다는 것은 우리의 평화에 치명적이다. 그것은 베드로가 물 위로 예수님을 향해 걸어갈 때에도 마찬가지였다. 베드로가 그 눈을 주님께 고정하였을 때에는 안전하였으나 바람과 물결에 사로잡히게 되자마자 그는 빠져버렸다.

"이스라엘 자손이 심히 두려워하여 여호와께 부르짖고"(출 14:10). 그들이 이렇게 위급한 때에 도움, 지원, 보호, 그리고 보존을 위하여 거룩할 뿐만 아니라 겸손한 믿음으로 하나님께 기도드렸다면 그들의 부르짖음은 올바른 것이고 칭찬할 만했을 것이다. 하지만 그 이어지는 다음 구절에 보면 그들의 부르짖음은 믿음과 소망에서 우러난 것이 아니요, 불평과 절망의 부르짖음이었다. 그것은 마치 물결이 덮치는 배에서 "우리가 죽게 된 것을 돌보지 아니하시나이까"라고 하면서 주님을 깨우던 제자들의 자세나 행동과 매우 흡사하다. 이러한 불신앙과 절망 그리고 수군거림이 하나님의 백성으로부터 나온다는 것은 얼마나 심각한 문제인가! 우리도 그분 앞에 겸손해야 될 동일한 악한 마음이 있다는 사실을 참으로 절실하게 인정한다.

"그들이 또 모세에게 이르되 애굽에 매장지가 없어서 당신이 우리를 이끌어 내어 이 광야에서 죽게 하느냐 어찌하여 당신이 우리를 애굽에서 이끌어 내어 우리에게 이같이 하느냐"(출 14:11). 이 얼마나 어처구니없는 불신앙적 추론인가! 만일 애굽 사람들의 손에 죽는 것이 그들의 운명이었다면 여호와께서 왜 속박의 땅으로부터 이끌어 내었을까? 하나님께서 그들을 애굽에서 이끌어 내었다는 사실은 분명히 그들을 대적의 손에 멸망시키려는 것이 아님에 대한 충분한 근거였다. 그뿐 아니라 여호와께서는 그들이 호렙 산에서 하나님을 경배하게 되리라고 약속하셨다(출 3:12). 그렇다면 어째서 그들이 광야에서 멸망을 당해야 된단 말인가? 그러나 믿음이 작용하지 않는 한 하나님의 약속은 그들에게 위로를 주지 못할 뿐만 아니라 마음으로 견딜 수 없다.

하나님께서 친히 이스라엘을 지금의 궁지에 몰아넣으신다. 지금의 진을 친 장소로 그들을 이끌어 온 것은 구름 기둥이었다. 우리가 붙잡아야 할 중대한 진리가 있다. 우리는 믿음의 길을 쉽고 부드러운 것으로만 기대하지 말아야 한다. 믿

음은 심하게 연단 또 연단을 받아야만 한다. 왜 그러한가? 우리가 하나님의 충만
함(sufficiency)의 능력을 배울 수 있기 때문이다. 하나님은 우리에게 필요한 모든
것을 공급해 주시며(빌 4:19), 모든 시험을 피할 수 있는 길을 열어주신다는 것(고
전 10:13)을 경험을 통하여 증명하려는 것이다. 또한 우리가 생각하는 것이나 구
하는 것을 하나님이 넘치도록 채워 주심을 알게 하려는 것이다.

"우리가 애굽에서 당신에게 이른 말이 이것이 아니냐 이르기를 우리를 내버려
두라 우리가 애굽 사람을 섬길 것이라 하지 아니하더냐 애굽 사람을 섬기는 것이
광야에서 죽는 것보다 낫겠노라"(출 14:12). 우리는 이스라엘을 추적해 오는 바로
와 그 군대의 분노 뒤에, 거룩한 은혜로써 그 고된 노동으로부터 건짐을 받은 자
들에 대한 사탄의 적의가 있음을 볼 수 있다. 최근까지만 하더라도 자신의 포로
였던 자들을 직접적으로 대적한 마귀의 앙심은 그들이 구원받고 난 연후에는 옛
날처럼 할 수 없었다. 이제 마치 우는 사자와 같이 그리스도의 어린양을 삼키려
하는 것 같다. 하지만 원수의 수고가 철저히 실패로 돌아가는 것을 바라보면 통
쾌하기까지 하다. 거룩한 공의가 어린양의 피로 만족케 되었다면 그것은 단지 하
나님과 원수 사이의 문제였다. 이스라엘은 아무런 싸움도 할 필요가 없었고 하나
님께서 그들을 대신하여 싸우셨기에, 원수들은 완전히 패배하고 말았다. "만일
하나님이 우리를 위하시면 누가 우리를 대적하리요"라고 하신 말씀이 출애굽기
14장에서 주목할 만한 교훈이다.

신자가 영혼을 지탱케 하는 이러한 진리를 확고히 이해하는 것은 참으로 중요
하다. 죄인이 그 피난처 되신 그리스도께로 달려가자마자 사탄이 즉시 그 화전을
쏘아대는 것은 얼마나 종종(거의 예외 없이) 있는 일인가? 어린 신자는 중생하지
못했던 시절에 일찍이 당해 보지 못한 시험을 받게 되어 마음속에 악한 생각과
의심이 가득해져서, 하나님 아니면 사탄 둘 중에 누가 실제로 그의 영혼을 취하
게 될 것인가 하는 의아심을 가지고 있는 동안에, 그는 우는 '사자'로 인하여 무
서워한다. 이것이 바로 여기 홍해에서 일어난 일이다. 그것은 마치 여호와께서
그의 백성을 버리신 것처럼 보였다. 그것은 마치 그들이 힘세고 무자비한 발톱의
희생물이 된 것같이 보였다. 뿐만 아니라 현실의 상태는 얼마나 속임을 당하기에
꼭 알맞은가? 하지만 전능자 여호와께서는 얼마나 빨리 그리고 쉽게 그 형편을
뒤엎으셨는가? 그 이어지는 결과는, 모든 이스라엘은 홍해 맞은편에 안전하게 당
도하게 되고 모든 애굽 사람들은 그 속에 빠져 죽게 된 것을 보여준다. 그러나 이

일이 어떻게 이루어졌나? 이 중대한순간에 다음의 모든 말씀이 이어진다.

"모세가 백성에게 이르되 너희는 두려워하지 말고 가만히 서서 여호와께서 오늘 너희를 위하여 행하시는 구원을 보라 너희가 오늘 본 애굽 사람을 영원히 다시 보지 아니하리라"(출 14:13). 첫 마디는 '두려워 말라' 는 말이었다. 하나님의 좋은 마음을 침착하게 하여 주님 앞에서 온전한 평강을 누려야 한다. '두려워 말라' 는 말은 전 성경 속에 두루 있는 위대한 말 중의 한 마디이다. '두려워 말라' 는 말은 하나님께서 아브라함에게 하셨다(창 5:1). '두려워하지 말라, 놀라지 말라' (수 8:1)는 말은 여호수아에게 하신 그의 메시지였다. '두려워하지 말라' 는 말은 기드온에게 하신 주의 명령이었다(삿 16:23). '두려워하지 말라' 는 말은 솔로몬에게 한 다윗의 당부였다(대상 28:20). 이 말씀은 또한 다가올 그날에 유대의 남은 자들에게 하실 말씀 곧 "굳세어라, 두려워하지 말라, 보라 너희 하나님이 오사" (사 35:4)라는 것이다. '두려워하지 말라' 는 말은 천사가 다니엘에게 당부한 말이다(단 10:12). '적은 무리여 두려워하지 말라' 는 말은 주님께서 우리에게 주신 메시지이다(눅 12:32). 시편 기자는 "해를 두려워하지 않을 것은 주께서 나와 함께 하심이라"(시 23:4)고 했다. 그러나 이것은 어떻게 하여 얻을 수 있나? 어떻게 우리의 심령이 평강 가운데 설 수 있나? 이사야는 그것을 다음과 같이 요약하였다. "주께서 심지가 견고한 자를 평강하고 평강하도록 지키시리니 이는 그가 주를 신뢰함이니이다"(사 26:3).

'가만히 서서' 라는 말은 그 다음에 모세가 이스라엘에게 한 말이다. 스스로 해보겠다는 모든 시도는 반드시 중단되어야만 한다. 모든 육신적 활동도 중단되어야만 한다. 인간 본연의 모든 행동은 멈추어야만 한다. 여기에 고난 앞에 선 믿음의 올바른 자세가 있다. ― "가만히 서 있으라." 이것은 혈과 육으로는 불가능한 일이다. 다소나마 시련과 어려운 역경에 처한 인간의 쉴 새 없는 마음을 아는 모든 사람들은 '가만히 서 있는다' 는 사실이 내포하고 있는 개념을 어느 정도 짐작할 수 있다. 인간 본연으로는 무엇인가 하게 되어 있다. 그것은 이리 저리로 치닫게 될 것이다. 어떤 구실로라도 그 일에 손을 쓰려고 할 것이다. 그리고 그 아무런 효과도 없는 행동을 위엄 있고 그럴싸한 '합리적 방편을 사용' 한다는 명목 아래 정당화하고 거룩하게 여기려고 시도할 것이다. 그러나 그러한 행위는 언제나 하나님의 가능성을 닫아 버리고 그 자신이 만들어낸 먹구름으로 인하여 아무것도 볼 수 없게 된, 분명하고 절대적인 불신앙의 열매가 될 것이다. 불신앙은 역경을 만들어 내거나 생기게 할 뿐만 아니라 실제로 우리가 하나님의 구원을 보는 일을 방해하도록 다만 먼지를 일으키면서, 괜히 분주한 듯 설치고 열매 없는 행위를 하도록 우리를 무익한 일로 이끈다.

"반면에 믿음은 영혼을 역경에서 하나님께로 일어나게 하고 그를 '가만히 서게' 한다. 그렇게 쉬지 않고 끊임없이 걱정하면서 노력하는 것으로는 아무것도 얻지 못한다. 우리는 머리카락 하나도 희거나 검게 할 수 없으며 우리의 키를 한 치라도 크게 할 수 없다. 이스라엘이 홍해에서 할 수 있었던 것은 무엇인가? 그 바다를 마르게 할 수 있었던가? 그 산을 무너뜨릴 수 있었던가? 애굽의 군대를 멸할 수 있었던가? 불가능했다. 그곳에서 그들은 뚫을 수 없는 역경의 벽으로 에워쌓은 인간으로서 떨며 그 무기력함을 한탄할 수밖에 없었다. 그러나 이는 곧 하나님께서 행하실 때였다. 무대배경으로부터 불신앙이 물러나면, 하나님께서 들어오실 수 있기에, 우리는 주의 행하심을 뚜렷이 보기 위해서 '가만히 서' 있어야 한다. 인간적 활동은 그 어디에서나 우리를 위한 거룩하신 이의 간섭하심에 대한 지각과 즐거움에 결정적 방해물이 된다"(C. H. M.).

"여호와께서 행하시는 구원을 보라." 많은 사람들이 여기에 있는 주안점을 놓치는 것을 볼 때 놀라울 뿐이다. 거의 모든 주석가들이 이 구절을 이스라엘이 수동적으로 홍해의 물이 갈라져 새로 떨어질 때까지 머물러 있었던 것을 나타낸다고 간주한다. 그러나 그것은 분명히 잘못된 해석이다. 히브리서 11:29에 "믿음으로 그들은 홍해를 육지 같이 건넜으나"라고 하셨으며 또한 믿음은 보이는 것과 반대가 되는 것이다. 실수는 "여호와께서 행하시는 구원을 보라"라는 말씀을 육안으로 보이는 광경으로 서둘러 결론을 내리는 데서 일어난다. 모세가 말한 것은 영적 통찰을 의미하였으며 심령의 눈으로 보는 것을 말했다. 믿음이란 나타난 것을 보는 것이 아니요 보이지 않는 것을 바라보는 것이다(고후 4:18). 이는 자연적 인간들에게는 이상한 역설이 아닐 수 없다. 히브리서 11:13에 "이 사람들은 다 믿음을 따라 죽었으며 약속을 받지 못하였으되 그것들을 멀리서 보고"라고 기록되어 있다. 그리고 모세에 관하여는 "보이지 아니하는 자를 보는 것 같이 하여 참았으며"(히 11:27)라고 말씀하셨는데 이는 그를 믿음의 눈으로 본 것을 말한다. "여호와께서 행하시는 구원을 보기 위해서"는 우리는 먼저 '가만히 서서' 모든 육신적 활동을 멈추어야만 한다. 우리가 만일 하나님의 하나님 됨을 알려면 '가만히 있어야' 한다(시 46:10).

"오늘 본 애굽 사람을 영원히 다시 보지 아니하리라 여호와께서 너희를 위하여 싸우시리니 너희는 가만히 있을지니라"(출 14:13, 14). 여기서 반복하여 사용한 미래형의 시제를 주의하여 보라. "그가 너희에게 … 보이시리니" "너희가 그들을 다시 보지 못하리니 … 여호와께서 너희를 위하여 싸우시리니" 등과 같은 말씀은 우리가 방금 말한 사실을 얼마나 확실하게 해 주는가? 여호와의 '구원'은 우리의 육안으로 볼 수 있기 이전에 믿음의 눈에 먼저 보였다. 그 '구원'은 반드시 먼저 드러나야만 하며 '들음에서 오는 믿음'으로 수락되어야만 한다. "여호와께서 오늘 너희를 위하여 행하시는 구원"은 그들의 믿음의 근거였다. 출애굽기 14:14을 맺는 말인 "너희는 가만히 있을지니라" 또는 어떤 이에 의하여 "너희는 잠잠할지니라" 하신 말씀은 매우 충격적인 말이다. 여자와 어린 아이들 외에 60만의 사람들이 손이나 발 또는 혀도 꼼짝 못하게 하여서 상연하도록 되어 있는 유례없는 드라마에 그들을 어울리게 하기 위하여 이들을 심각한 침묵 속에서 꼼짝없이 머물러 있게 하였다. 이러한 순서는 이스라엘의 떨리는 마음을 그 절박한 치명적 사태에 사로잡히는 것으로부터 여호와의 군대에게 믿음을 갖도록 유도하기 위하여 얼마나 잘 꾸며졌는가!

"여호와께서 모세에게 이르시되 너는 어찌하여 내게 부르짖느냐 이스라엘 자손에게 명령하여 앞으로 나아가게 하고"(출 14:15). '앞으로 나가는 것'은 반대가 되는 일이 아니라 '가만히 서서'라는 말을 보충하는 것이다. 우리는 먼저 '가만히 서서' 여호와의 '구원'을 보기 전까지는 '앞으로 나갈' 준비가 되어있지 않다. 뿐만 아니라 '앞으로 나아가'라는 명령이 내려지기 전에 "여호와께서 오늘 너희를 위하여 행하시는 구원을 보라"는 약속이 먼저 있었다. 믿음은 반드시 거룩한 약속에 기초를 두어야 하며, 이러한 믿음의 결과로서 명령에 대한 순종이 솟아나야만 한다. 우리가 '앞으로 나아가기' 전에 믿음은 보이지 않는 것, 소위 '여호와의 구원'을 우리 앞에서 실제로 이행되기 전에 반드시 먼저 보아야만 한다. 이와 같이 "믿음으로 아브라함은 부르심을 받았을 때에 순종하여 장래의 유업으로 받을 땅에 나아갈새 갈 바를 알지 못하고 나아갔으며"(히 11:8)라고 말씀하셨다.

"지팡이를 들고 손을 바다 위로 내밀어 그것이 갈라지게 하라 이스라엘 자손이 바다 가운데서 마른 땅으로 행하리라 … 모세가 바다 위로 손을 내밀매 여호와께서 큰 동풍이 밤새도록 바닷물을 물러가게 하시니 물이 갈라져 바다가 마른 땅이 된지라 이스라엘 자손이 바다 가운데를 육지로 걸어가고 물은 그들의 좌우에 벽이 되니"(출

14:16, 21, 22). 이 말씀에 대한 최고 좋은 주석은 히브리서 11:29이다. "믿음으로 그들은 홍해를 육지 같이 건넜으나"라고 기록되어 있다. 이 말씀으로 비추어 볼 때 홍해의 물이 이스라엘 백성들의 발이 물가에 도달하기 전까지는 나누어지지 않았음이 분명하다는 것은, 만일 그렇지 않았다면 그들이 눈으로 보고 건넜지 '믿음으로' 건넜다고 할 수 없기 때문이다. 동시에 바다가 전체적으로 단번에 나누어지지 않았다는 것도 명백하다. 어떤 이가 말한 것처럼 "내가 모든 길을 환히 볼 수 있을 때 여행을 시작하는 것은 믿음이 요구되지 않으나 첫 걸음도 제대로 볼 수 없을 때 시작하는 것은 곧 믿음이다. 바다는 이스라엘이 앞으로 진행함에 따라 열렸고 새 발걸음을 옮길 때마다 하나님을 향한 믿음으로 내디뎌야 했다. 이러한 걸음이 곧 그가 친히 인도하심에 따라 걸어야 할 여호와의 속함을 받은 자들의 나아갈 길이다." 사실이 그러했다면 그것은 곧 참 믿음의 길이었다. 히브리서 11:29에 있는 다른 한 가지 말을 더 고찰해 보면 참으로 아름다울 것이다. "이스라엘 자손이 바다 가운데를 육지로 걸어가고"라고 출애굽기 14:22에서 말씀하셨는데 그들은 믿음을 따라 행하였지 최고의 속도로 달리지 않았다. 그들은 혼란을 빚지 않았다. 그들은 여호와를 의지하는 절대적 신념으로 질서 있게 건넜다.

"애굽 사람들과 바로의 말들, 병거들과 그 마병들이 다 그들의 뒤를 추격하여 바다 가운데로 들어오는지라 새벽에 여호와께서 불과 구름 기둥 가운데서 애굽 군대를 보시고 애굽 군대를 어지럽게 하시며 그들의 병거 바퀴를 벗겨서 달리기가 어렵게 하시니 애굽 사람들이 이르되 이스라엘 앞에서 우리가 도망하자 여호와가 그들을 위하여 싸워 애굽 사람들을 치는도다 여호와께서 모세에게 이르시되 네 손을 바다 위로 내밀어 물이 애굽 사람들과 그들의 병거들과 마병들 위에 다시 흐르게 하라 하시니 모세가 곧 손을 바다 위로 내밀매 새벽이 되어 바다의 힘이 회복된지라 애굽 사람들이 물을 거슬러 도망하나 여호와께서 애굽 사람들을 바다 가운데 엎으시니 물이 다시 흘러 병거들과 기병들을 덮되 그들의 뒤를 따라 바다에 들어간 바로의 군대를 다 덮으니 하나도 남지 아니하였더라"(출 14:23-28). 이 사실로부터 배우게 되는 실제적 교훈은 매우 분명하다. 신자들이 믿음으로 달성한 일을 믿음이 없이 시도하는 자들 ─ 신자들이 믿음으로 얻은 것을 그들의 노력으로 얻고자 하는 자들 ─ 은 확실히 실패할 것이다. 믿음으로 행하는 자들은 하나님과 더불어 화평을 누리나, 자신들의 선한 노력으로 화평을 얻으려는 불신자들의 모든 수고는 절망의 파멸로 끝났다. 믿는 자들은 진리로 거룩하게 되었으나(요 17:19), 믿음 없이 거룩에 도달코자 하는 자들은 한 줌의 허망한 지푸라기를 좇는 것이다. 여기에 나타난 내용이 제시하는 많은 교훈들 중의 얼마를 요약하여 보도록 하자.

상징적으로, 홍해를 건넘은 그리스도께서 그의 백성에게 죽음을 통하여 한 길을 마련해 주심을 말한다. "홍해란 사탄의 권세의 영역 곧 죽음의 모형이다"(Ritchie). 하나님이 모세에게 하신 말씀을 보라. "지팡이를 들고 손을 바다 위로 내밀어 그것이 갈라지게 하라 이스라엘 자손이 바다 가운데서 마른 땅으로 행하리라"(출 14:16). 모세는 분명히 그리스도의 모형이며 '지팡이'는 그의 능력과 권세의 상징이다. 홍해는 하나님의 백성에 대한 바로(사탄)의 능력을 완전히 파괴시켰다. 히브리서 2:14에서 그 원형을 말씀하셨다. "죽음을 통하여 죽음의 세력을 잡은 자 곧 마귀를 멸하시며"라고 하셨다. 모세가 '지팡이를 들고 손을 바다 위로 내민' 사실은 "이스라엘 자손이 바다 가운데를 육지로 걸어가고 물은 그들의 좌우에 벽이 되는"(출 14:22) 참으로 복된 결과를 산출했다. 죽음을 상징하는 바다가 이스라엘에게는 무력하였을 뿐만 아니라, 애굽 사람들에게도 차별대우를 하게했다! 처음에는 그들이 그렇게도 두려워했던 바로 이 바다는 애굽 사람들로부터 그들을 이끌어 내는 방편이 되었으며, 원수가 아닌 친구로 변했다. 이처럼 죽음이 주님께서 오시기 전에 신자들에게 닥친다면 그것은 다만 그를 그리스도의 임재 앞으로 이끌어주는 일을 하는 것뿐이다. "바울이나 아볼로나 게바나 세계나 생명이나 사망이나 지금 것이나 장래 것이나 다 너희의 것이요"(고전 3:22). 그러나 이 광경의 맞은편에 있는 자들에게는 참으로 심각한 일이 되었다. "믿음으로 그들은 홍해를 육지 같이 건넜으나 애굽 사람들은 이것을 시험하다가 빠져 죽었으며"(히 11:29)라고 하셨으니, 이는 곧 자연적 인간이 그의 신념의 힘으로 죽음을 대면하는 일은 분명한 파멸임을 보여준다.

복음적 의미에서 홍해를 건넌다는 것은 구원의 완성을 말한다. 그것은 유월절 밤에 이어 그 두 경우 모두가 그리스도께서 우리를 위해 행하신 것을 온전히 파악하는 데 필요한 것이다. 히브리서 9:27에서 "한번 죽는 것은 사람에게 정해진 것이요 그 후에는 심판이 있으리니"라고 말씀하셨다. 신자들에게는 그의 대속물로 인하여 그 순서가 번복되었다. 그가 십자가상에 매달려 세 시간의 무서운 흑암 속에 계시는 동안 우리들의 죄에 대한 하나님의 '심판'을 주 예수께서 당하셨다. 하나님의 불같은 진노를 통과하기 위하여 그는 그 '영혼을 부탁하셨다.' 이는 곧 우리의 상징이다. 유월절 밤에 이스라엘 백성들이 하나님의 심판, 보복하는 천사로부터 피로 말미암아 숨겨진 것을 보았고, 여기 홍해에서는 그들이 죽음의 장소로부터 안전하게 인도됨을 본다. 불신자에게는 그 순서가 번복되었다. 그에게는 '죽음 후에는 심판이 있으리라.'

교리적으로 말해서, 홍해를 통과하는 것은 신자들이 그리스도의 죽음과 부활에 연합한다는 사실을 제시한다. "내가 그리스도와 함께 십자가에 못 박혔노라" (갈 2:20)한 말씀은 실제로 그렇게 함으로써가 아니라 대속물에 의하여 법적으로 동등한 가치가 발생되는 것을 말한다. 이스라엘이 홍해를 통과하여 먼 건너편으로 무사히 나오게 된 것은 부활을 말한다. 그러므로 로마서 6:5에 이렇게 말씀하고 있다. "만일 우리가 그의 죽으심과 같은 모양으로 연합한 자가 되었으면 또한 그의 부활과 같은 모양으로 연합한 자도 되리라"고 했으며 또 "허물로 죽은 우리를 그리스도와 함께 살리셨고 또 함께 일으키사"(엡 2:5, 6)라고 하였다.

실제적 면에 있어서 이스라엘을 홍해에서 구원하신 것은 우리 하나님의 절대적 충족성을 예증한다. 오늘날 신자들은 사방으로 우겨 싸여 있다고 할 수 있다. 시련과 역경의 홍해가 그 앞에 가로놓여 있을 수 있다. 그러나 이스라엘의 하나님이 우리의 하나님이심을 기억하자. 주님의 때가 이르면 당신을 위하여 길을 갈라 열어주시는 일은 그에게 아주 쉬운 일이다. 이 약속으로 위로를 받기 바란다. "네가 물 가운데로 지날 때에 내가 너와 함께 할 것이라 강을 건널 때에 물이 너를 침몰하지 못할 것이며"(사 43:2). 하나님은 그의 백성을 크나 큰 역경과 위험 속에서 보호하실 수 있으시며 말할 수 없는 절망적 여건 속에서도 그들을 이끌어 낼 길을 만들어 주신다.

시대 구분적인 면에서 이스라엘의 홍해를 건넘은 유대의 장래에 있을 구원과 회복을 예시하고 있다. '바다' 라 함은 이방을 나타낸다는 것을 잘 알고 있다(시 65:7; 단 7:2; 계 17:15). 이방 가운데 아브라함의 씨는 오래도록 흩어져 있었기에 우리가 보기에는 그들이 완전히 삼켜진 것 같이 보였다. 그러나 놀랍게도 하나님께서는 유다를 이 많은 세기들을 통하여 보존하셨다. '바다' 가 그들을 삼키지 않았다. 그들은 아직도 '홀로 처한 백성' 으로 거하고 있으며(민 23:9), 때가 이르면 여호와께서 그들의 열조에게 하신 약속이 성취될 것이다(겔 20:34; 37:21 등). 이 약속들이 이루어지게 되면 우리들의 모형들이 그 결국의 완성을 보게 될 것이다. 또한 이스라엘은 이방의 '바다' 로부터 안전하게 이끌려냄을 받아 그들의 땅에 거하게 될 것이다.

제20장

이스라엘의 노래

출애굽기 15장

출애굽기 15장에는 성경에 기록된 첫 번째 노래가 포함되어 있다. 어떤 이는 이렇게 잘 말했다. "그것은 아마도 세상에서 제일 오래된 시로서, 그 생각의 엄숙함과 표현의 화려한 면에서 그 이후에 기록된 어떤 시보다 더 탁월하다. 그것은 모세의 완숙한 심정에서 우러나왔다. 이방 신화 미네르바(Minerva)마저도 로마의 신 유피테르의 머리에 의하여 고안된 것이라고 한다. 오래 전 호메로스(Homer)의 서사시가 핀다로스(Pindar)에 의하여 다듬어진 그리스의 도시들과, 티베르(Tiber) 강둑을 따라 펼쳐져 있는 일곱 개의 능선을 따라 세워진 고대 세계의 수도 로마에서 불리어졌다. 그러나 이와 비교해 볼 때 감히 비길 수도 없을 만큼 수려한 이 송시는 홍해 연변에서 해방된 히브리 민족의 지도자에 의하여 불리어졌다. 그 속에 다신론이나 남신이나 여신에 대한 어리석은 신화나, 부도덕한 허식이나, 미약한 세력에 대하여 영광을 돌리는 일 등은 찾아볼 수 없고, 반면에 하나님의 신격, 절대주권, 그 거룩성, 응징의 정확함 등이 돈독하게 인정되고 있다. 우리는 이 모든 것을 어떻게 간주할 것인가? 만일 우리가 모세의 거룩한 권세와 영감을 시인하면 모든 것은 명백하지만, 만일 우리가 그것을 부인한다면 이 노래의 존재 가치를 한갓 부질없고 불가사의한 억설로밖에 생각할 수 없다. 여기에는 문자적으로 이적, 즉 바다를 가르는 위대한 표적이 있다. 당신이 계곡에 놓여있는 표석(漂石: 빙하를 따라 자리를 이동하였다가 빙하가 녹은 뒤에 그냥 남겨져 있는 바윗돌)과 그 주변에 나열되어 있는 여러 가지의 돌을 보게 되면, 그것들이 길고 긴 세월 동안 빙하 작용을 받아 형성되었음을 즉각적으로 결론지을 수 있다. 그러나 여기에 그 본질상 애굽이나 인디아의 속된 노래들과는 전적으로 다른, 애굽의 모든 시대를 통하여 꿋꿋이 서 있는 시의 거석이 있다. 그것은 어디로부터 왔는가?

어느 합리주의자의 대답을 듣도록 하자. '나의 경우에, 그 거석은 모세가 그 위대한 스스로 있는 자와 교제(불은 붙으나 타지 않는 떨기나무를 보았을 때)한 그 호렙산 정상으로부터 온 것이다. 그의 영감과 그 국가의 감사를 위한 증거물로 즉시 여기에 남겨둔 것이다"(W. M. Taylor,「율법의 수여자 모세」[Moses the Law-giver]).

이 성경의 첫 노래는 마땅히 구속의 노래로 명명되어졌는데, 그 이유는 속함을 받은 백성의 마음으로부터 우러나왔기 때문이다. 구속에는 두 가지의 위대한 요소가 있는데 이는 둘로 나누어 대속(purchase)과 권능(power)으로 말할 수 있다. 그러므로 구속(Redemption)은 때때로 혼합되어 쓰이기도 하지만 속량(ransoming)과는 다르다. 속량이란 구속(redemption)의 일부이다. 이 두 가지는 성경에서 분명히 구분되어 있다. 호세아서 13:14에 주 예수께서 예언의 영으로 말씀하시기를 "내가 그들을 스올의 권세에서 속량하며 사망에서 구속하리니"하셨고 또 이르시기를 "여호와께서 야곱을 구원하시되 그들보다 강한 자의 손에서 속량하셨으니"(렘 31:11)라고 하셨다. 그러므로 에베소서 1:14에서 "이는 우리 기업의 보증이 되사 그 얻으신 것을 속량하시고"라고 하셨다.

속량은 값을 지불하는 것이며, 구속은 그 전체적 의미로 볼 때 값을 이미 지불한 자를 이끌어 내는 것을 말한다. 가장 중요한 조항은 뒤에 있는 것이다. 만일 얽매임이 풀려지지 않는다면 속량이 무슨 소용이 있단 말인가? 실제적 행동이 없었더라면 찬양의 노래는 있을 수 없었을 것이다. 얽매임 속에 그대로 두었다면 값을 치렀다고 해서 누가 감사하겠는가? 히브리서 11:35에는 헬라어의 '구속'을 '이끌어 냄'으로 번역하였다. "또 어떤 이들은 더 좋은 부활을 얻고자 하여 구차히 면하지(이끌어 냄) 아니하였으며"라고 하였다. 여기에 '구차히 면하지 아니하였다'는 것은 그들의 고난으로부터 이끌려 냄을 말하며, 그들의 박해자들의 요구, 소위 배교의 조건을 수락하지 않음을 말한다. 구속에 대한 두 가지 본질은 계시록 5장에서 묘사하는 기이하고 영광스러운 환상의 열쇠가 된다. 그곳에 있는 '책'은 이 땅에 있는 소유에 대한 구속자의 재산권리 증서이다. 그러나 여기에 이중적 성격이 있는데 '어린양'은 구매자(the Purchaser)요, '사자'는 힘센 분으로 해방자(the powerful Emancipator)이다.

유월절 밤에 이스라엘은 애굽을 친 멸망으로부터 안전했고, 홍해에서 그들은 애굽 사람들의 세력으로부터 구원을 받았다. 그러므로 그들은 구원받음(즉 '구속받음')을 노래하였다. 구속받은 백성(a redeemed people), 그들의 구원 (deliverance)을 의식할 수 있는 자만이 여호와 곧 구원자(the Deliverer)를 진심으로 찬양할 수 있다. 아직도 허물과 죄로 죽은 상태에 있는 자들은 예배가 불가능할 뿐만 아니라 하나님 앞에 선 자신들을 의심하는 그리스도인으로 자처하는 자들에 의해서도 진정한 깨달음의 예배는 있을 수 없다. 그것은 필연적 귀결이다. 찬양과 즐거움이 예배의 요소라고 할진대, 이 순간에 죽게 되면 천당으로 갈지 아니면 지옥에 갈지도 모르는 자들 곧 그들이 영접함을 받았는지에 대하여 사랑하시는 자에게 의문을 품고 있는 자들이 어떻게 즐거워하고 감사할 수 있으랴? 그것은 불가능한 일이다! 불확실성과 의심은 두려움과 불신을 낳으며 즐거움과 찬양을 낳지 못한다. 시편 106:12에 보면 출애굽기 15:1에 빛을 던져주는 매우 충격적인 말씀이 있다. "이에 그들이 그의 말씀을 믿고 그를 찬양하는 노래를 불렀도다."

"이때에 모세와 이스라엘 자손이 이 노래로 여호와께 노래하니." 여기에서 '이때'는 언제인가? 그것은 곧 "여호와께서 이같이 이스라엘을 애굽 사람의 손에서 구원하시매 이스라엘이 바닷가에서 애굽 사람들이 죽어 있는 것을 보았더라"고 한 그때이다. 이와 아주 비슷한 것이 사사기에도 보인다. 사사기 4장 마지막 부분에는 다음과 같이 기록되어 있다. "이와 같이 이 날에 하나님이 가나안 왕 야빈을 이스라엘 자손 앞에 굴복하게 하신지라 이스라엘 자손의 손이 가나안 왕 야빈을 점점 더 눌러서 마침내 가나안 왕 야빈을 진멸하였더라." 야빈으로부터 이렇게 구원을 받은 이스라엘에 대해 뒤따랐던 즉각적 결과는 무엇인가? 그것은 바로 "이 날에 드보라와 아비노암의 아들 바락이 노래하여 이르되 이스라엘의 영솔자들이 영솔하였고 백성이 즐거이 헌신하였으니 여호와를 찬송하라"(삿 5:1, 2)는 것이었다. 이 보다 더 복된 실례가 이사야서에 기록되어 있다. 이 예언서의 53장 (말세의 시대구분적 적용에 따라)에 보면 대환난 기간의 마지막 때에 이스라엘의 남은 자들의 고백이 있다. 그때에 그들의 눈이 열려 그 민족이 '멸시하며 거역'한 자를 볼 것이라 함은 실로 죄를 걸머진 자, 구세주를 말한다. 그들의 믿음을 이곳에 두며 그리스도의 속죄하는 희생 아래로 나아오면 모든 것이 바뀌어질 것이다. 이사야서 54장의 사실상의 첫 말씀은 "잉태하지 못하며 출산하지 못한 너는 노래할지어다"라고 한다.

"이 때에 모세와 이스라엘 자손이 이 노래로." 이는 앞장에 있었던 내용과 얼마나 대조가 되는 말씀인가! 히브리인들이 노예로 예속된 집에 거할 동안에는 그들의 입가에는 즐거운 소리가 흘러나오지 않았다. 그 반면에 "그 고된 노동으로 말미암아 부르짖는 소리가 하나님께 상달된지라"고 하셨다. 그러나 이제는 그들의 탄식이 노래가 되고 그들의 신음은 찬양으로 변했다. 그들은 더 이상 자신들에게 사로잡혀 있지 않고 주님께 사로잡혔다. 그렇다면 무엇이 이 놀라운 변화를 가져왔나? 두 가지, 즉 어린양의 피와 여호와의 권능이었다. 그것은 아주 중요한 것으로, 우리가 위에서 말한 것은 성경에서 천사들이 '노래하는 것'은 결코 읽어보지 못하였다는 점과 완전히 조화가 된다. 욥기 38:7에 보면 '소리하였다'라고 되어 있으며 누가복음 2:13에서는 천사들이 하나님을 '찬송하였다'라고 하였으며, 뿐만 아니라 요한계시록 5:11에서는 어린양의 합당함을 '음성으로 말했다.' 오직 구속함을 받은 자만이 '노래' 한다!

"이 때에 모세와 이스라엘 자손이 이 노래로 여호와께 노래하니." 그렇다면 그들이 무엇을 노래했나? 그들의 노래는 온전히 여호와에 관한 것이었다. 그들은 여호와를 향하여 노래했을 뿐 아니라 그에 관하여 노래하였다! 그 모든 것이 여호와에 관한 것이요 그 자신들에 관한 것은 하나도 없었다. '여호와'라는 말은 18개 절에서 12번 이상 나왔다! 대명사 '그' '그를' '당신은' '당신의' 그리고 '당신' 등은 33번이나 나왔다. 얼마나 중대하며, 또한 얼마나 살펴볼 만한 가치가 있는가! 오늘날의 찬송(hymns)과는 얼마나 다른가! 오늘날 그렇게 많은 찬송들('찬송가'라고 부를 수 있기는 하겠지만)은 신성한 경배 대신 헤픈 눈물을 짜내는 감상적인 것들이 아닌가! 이는 우리의 저조한 영적 경지의 지표가 아닌가! 모세와 이스라엘의 노래는 매우 판이하게도 한 마디로 말해서 "내가 그를 높이리로다"(출 15:2)라는 말로 요약할 수 있다.

"내가 여호와를 찬송하리니 그는 높고 영화로우심이요 말과 그 탄 자를 바다에 던지셨음이로다"(출 15:1). 우리가 하나님을 찬양해야할 첫 번째는 그가 우리를 위하여 행하신 일로서, 우리 자신의 축복에 대한 것이라고 짐작하는 사람이 얼마나 많은가! 그것은 사실상 자연스럽게 할 순서이지, 초자연적인 것이 아니다. 하나님의 영이 전적으로 주장하시는 곳에는 언제나 그들의 심령들을 하나님께로 이끌어 내신다. 여기에 나타난 일이 바로 그러했다. 나는 간 곳 없고 구속한 주만 보였다. '마음에 가득한 것이 입으로 나왔으며' 그 마음들이 진실로 여호와께 사로잡혀 입술은 찬양을 말하였다. "여호와는 나의 힘이요 노래시며"라고 한 이 말씀

은 하나님께서 구속하신 자들의 아름답고 복된 첫 마디 말이었다. 오, 우리들의
심령이 위의 것에 너무도 집착되어 그가 끊임없는 우리의 찬양의 주제가 되셨으
니, "너희의 마음으로 주께 노래하며 찬송할지니라"(엡 5:19).

"내가 여호와를 찬송하리니 그는 높고 영화로우심이요 말과 그 탄 자를 바다에
던지셨음이로다." 이 노래의 주제는 여호와께서 그들을 위하여 행하신 일이다.
그는 그의 백성을 이끌어 내셨고 그 대적을 멸하셨다. 이스라엘이 여호와를 높이
기 시작한 것은 그가 애굽의 군대들을 물에 던지시면서 자신을 친히 영화롭게 하
셨기 때문이다. 이 사실은 여러 가지 형태로 반복되었다. "여호와여 주의 오른손
이 권능으로 영광을 나타내시니이다 여호와여 주의 오른손이 원수를 부수시니이
다 주께서 주의 큰 위엄으로 주를 거스르는 자를 엎으시니이다"(출 15:6, 7). 여호
와의 인격과 그 일에 사로잡힌 마음속에는 즐거움이 자연적으로 흘러 넘쳤다. 그
것은 "주 안에서 항상 기뻐하라" 하심과 같이 주 안에서 계속되는 일이어야 한다.
당신이 당하는 것이나 환경에 구애됨이 없이 "내가 다시 말하노니 기뻐하라"(빌
4:4).

"여호와는 나의 힘이요 노래시며"(출 15:2). 이 두 가지의 연결은 중요하다. 거룩
한 힘과 영적인 노래는 불가분의 관계이다. 느헤미야는 말하기를 "여호와로 인하
여 기뻐하는 것이 너희의 힘이니라"(느 8:10)고 했다. 확신이 즐거움으로 인도되
는 것처럼, 기뻐하는 것은 실제적 거룩의 요소가 된다. 우리가 주 안에서 기뻐하
는 분량만큼 우리들의 행함에 능력을 가지게 될 것이다.

"나의 구원이시로다"(출 15:2). 지금까지만 하더라도 이스라엘이 진심으로 이렇
게 말할 수 없었다. 그들이 대적의 땅으로부터 완전히 이끌려 냄을 받고 그들의
원수가 죽음으로 무기력하게 되기 전까지만 하더라도 이스라엘은 구원의 노래를
부를 수 없었다. 매우 충격적인 사실은 창세기에 나타난 믿음의 사람들 가운데서
이 말을 한 사람이 한 사람도 없다는 것이다. 아벨, 에녹, 노아, 아브라함, 모든 사
람들이 구원을 받지 못한 것이 아니라 실제로 구원받은 자들이지만, 성령께서 이
러한 고백을 '구속'을 다루는 책을 위하여 고의로 보존해 두신 것이다. 그리고 여
기에서도 홍해에 이르기 전까지는 그것을 찾아 볼 수 없다. 출애굽기 14:13에서
모세가 이르기를 "너희는 두려워하지 말고 가만히 서서 여호와께서 오늘 너희를
위하여 행하시는 구원을 보라"고 하였다. 이제 여호와께서 그것을 그들에게 '보
여주셨고' 그들은 "여호와는 나의 구원이 되셨도다"라고 외칠 수 있게 되었다.

"그는 나의 하나님이시니 내가 그에게 한 처소(개역한글성경에는 이 말이 없음)**를 예비할 것이라"**(출 15:2). 이는 참으로 아름다운 일이다. 진실한 헌신의 영이 여기에 표현되고 있다. '처소' 란 거하는 곳을 말한다. 그것은 그들의 심령이 원하는 바 그들 가운데 계신 여호와의 임재를 말한다. 그리고 그것은 주님이 구속한 자들과 늘 그렇게 함께 하는 것으로, 우리를 구원하신 자와 교제를 즐기는 것이 아닌가! 사실상, 지금이라도 주님과 더불어 연합함을 즐기는 것이 우리의 행복한 특권이지만, 그러나 그럼에도 불구하고 우리의 교제를 방해하고 망가뜨리는 모든 것이 영원히 제거될 때에 그 영혼은 동경하게 된다. "떠나서 그리스도와 함께 있는 것이 훨씬 더 좋은 일이라 그렇게 하고 싶으나 내가 육신으로 있는 것이 너희를 위하여 더 유익하리라"(빌 1:23). 복되게도 말씀의 너머에 우리의 소망의 온전한 실현이 있을 것이다. 그때에는 이렇게 말하게 될 것이다. "보라 하나님의 장막이 사람들과 함께 있으매 하나님이 그들과 함께 계시리니 그들은 하나님의 백성이 되고 하나님은 친히 그들과 함께 계셔서 모든 눈물을 그 눈에서 닦아 주시니 다시는 사망이 없고 애통하는 것이나 곡하는 것이나 아픈 것이 다시 있지 아니하리니 처음 것들이 다 지나갔음이러라"(계 21:3, 4).

"여호와는 용사시니 여호와는 그의 이름이시로다"(출 15:3). 이는 오늘날 거의 무시해 버리는 하나님의 성품의 일면을 우리에게 보여준다. 하나님은 사랑이심과 마찬가지로 '빛' 이시며(요일 1:5), 오래 참으시고 자비로우심 뿐만 아니라 거룩하고 의로우시다. 그리고 그는 거룩하시기 때문에 죄를 미워하시고, 그가 의로우시기 때문에 반드시 그것을 징계하신다. 이는 곧 우리들이 기뻐해야 할 일이니, 만일 그가 그렇지 않다면 그에게 뭔가가 잘못된 것이다. 이 거룩한 온전성을 믿고 묵상하는 일에 대해 움찔거리며 겁내는 것은 육신적인 병약한 감상에 지나지 않는다. 홍해에서의 이스라엘은 이와는 아주 딴판이었다. 하나님은 주님을 외람되게 경멸한 자들을 심판으로 다스리셨기 때문에, 그들은 하나님을 찬양하였다. 그들은 거룩한 통찰력으로써 사물을 통찰하였다. 그들은 바로와 그 군대를 하나님의 원수로 생각했지 그들 자신의 것으로 생각하지 않았다. "주께서 주의 큰 위엄으로 주를 거스르는 자를 엎으시니이다"(출 15:7). 이와 동일한 사실이 요한계시록 18, 19장에 기록되어 있다. 바벨론이 하나님의 가공할만한 재앙들로 멸망한 직후에 이르시기를 "이 일 후에 내가 들으니 하늘에 허다한 무리의 큰 음성 같은 것이 있어 이르되 할렐루야 구원과 영광과 능력이 우리 하나님께 있도다 그의 심판은 참되고 의로운지라 음행으로 땅을 더럽게 한 큰 음녀를 심판하사 자기 종들의 피를 그 음녀의 손에 갚으셨도다 하고 두 번째로 할렐루야 하니"(계 19:1-3).

여기에서의 이스라엘의 정서는 대부분의 현대인을 지배하는 것들과 전혀 다르다. 그들이 여호와를 용사로 나타낸 의미는 다음에 있는 그들의 노래 가운데서 분명하게 표현되어 있다. "그가 바로의 병거와 그의 군대를 바다에 던지시니 최고의 지휘관들이 홍해에 잠겼고 깊은 물이 그들을 덮으니 그들이 돌처럼 깊음 속에 가라앉았도다." 그들은 이 거룩한 심판을 하나님의 성품에 대한 일종의 반영으로 간주하지 않고, 오히려 그 속에서 주님의 완전하심이 발휘되는 것으로 보았다. **"여호와여 주의 오른손이 권능으로 영광을 나타내시니이다 … 주께서 주의 큰 위엄으로 주를 거스르는 자를 엎으시니이다"**(출 15:6, 7)라고 한 말은 그들의 고백이었다. 현대주의자들은 이스라엘의 '앙심을 품은 환희'에 대하여 헤아릴 수 없는 말로 그들이 저주했다고 말하면서 이스라엘을 서슴지 않고 맹렬히 비난했다. 이스라엘이 여기에 표현한 하나님에 대한 개념으로 인하여, 우리는 가장 잔인한 야만인으로 불릴 수 있다. 그러나 여기서 이스라엘이 하나님을 잘못 표현하지 아니함은 그것이 그들의 육신적 느낌에 대한 발언이 아니라는 사실이 요한계시록 15:3에서 하늘에 있는 성도들의 노래에 의하여 명백히 나타난다. 거기에 이르시기를 "하나님의 종 모세의 노래, 어린양의 노래를 불러 이르되"라고 하였다. 하늘에는 분명히 육신의 나타남이 있을 수 없는 일이 아닌가!

출애굽기 15장에 있는 노래에는 전능자가 그의 대적을 엎으심이 아주 용이함을 놀랍게도 다음과 같이 나타낸다. **"원수가 말하기를 내가 뒤쫓아 따라잡아 탈취물을 나누리라, 내가 그들로 말미암아 내 욕망을 채우리라, 내가 내 칼을 빼리니 내 손이 그들을 멸하리라 하였으나 주께서 바람을 일으키시매 바다가 그들을 덮으니 그들이 거센 물에 납 같이 잠겼나이다"**(출 15:9, 10). 여호와께서는 그가 구속하신 자들을 가나안으로 인도하시기로 약속하셨고, 그 오만한 애굽인들은 지극히 높으신 이의 의도를 대적하리라 생각하였다. 그들은 그 이행할 일에 대하여 호언장담하고 홍해의 갈라진 물결 사이로 이스라엘을 따라갔다. 여호와의 단 한 번의 입김으로 막강한 진용 속에 정돈된 적군의 세력을 뒤집어엎어, 마치 하나님의 영원한 모략이 행진해 가는 길 앞에 처져 있는 거미줄만큼도 못하게 되었다.

이스라엘이 **"여호와여 신 중에 주와 같은 자가 누구니이까 주와 같이 … 기이한**

일을 행하는 자가 누구니이까"(출 15:11)라고 외친 것은 당연한 일이다. 이와 같이 오늘날 우리도 "누가 주와 같으며 오, 신들 중에 거룩한 말씀의 하나님과 같은 자 누구이니까?'라고 묻는 것은 당연한 일이 아닌가? 전능하시고, 불변하시며, 주권을 가지사, 승리를 주시는 여호와는 교회의 많은 사람들에게 '숭배'의 대상이 되는, 연약하며 변하기 쉬우며 실망과 패배를 가져다주는 '신'과 과연 얼마나 다른가! 오늘날 얼마나 소수의 사람들이 하나님의 '거룩'을 영화롭게 하는가? 얼마나 소수의 사람들이 그의 두려움을 인하여 그를 찬양하는가! 얼마나 소수의 사람들이 그의 '이적'에 대하여 알고 있는가!

"주의 인자하심으로 주께서 구속하신 백성을 인도하시되 주의 힘으로 그들을 주의 거룩한 처소에 들어가게 하시나이다"(출 15:13). 이는 전혀 새로운 입장으로, 바로 그의 임재 안으로, 하나님께로 가까이 인도되는 것을 말한다. 이것은 구속이 영향을 준 어떤 결과이다. 이것은 주 예수 그리스도 안에 있는 모든 신자의 위치이다. "그리스도께서도 단번에 죄를 위하여 죽으사 의인으로서 불의한 자를 대신하셨으니 이는 우리를 하나님 앞으로 인도하려 하심이라"(벧전 3:18). 하나님이 구속하신 자들은 그와 더불어 영원히 있게 하기 위하여, 그를 위하여 친히 속량하신 백성이니 ― "나 있는 곳에 너희도 있게 하리라" 하심과 같다. "주의 힘으로 그들을 주의 거룩한 처소에 들어가게 하시나이다."

"이곳은 주님의 구속함을 받은 자로서 우리의 처소이다. 그것은 곧 그가 원하시는 바대로 우리가 하나님께로 인도된다는 것이다. 그의 모든 도덕적 성품은 그리스도의 죽음으로 인하여 완전히 만족하게 되었고, 주님도 이제 온전한 자기만족 가운데서 우리 안에 안식할 수 있게 되었다. 그러므로 그 노래는 성경에 합당한 표현을 하였으니 그것은 곧 '하나님께로 가깝게, 아주 가깝게, 내가 더 이상 나아갈 수 없을 만큼이나 그의 아들이신 바로 그에게로, 바로 그 자신만큼이나 가깝게 나아감'을 말한다. 그 처소는 하나님의 은혜에 따라 이루어진 것이나 의롭지 못한 자는 아무도 없고, 그곳에 들어간다는 것은 모든 자가 하나님의 성품에 참여할 뿐만 아니라 하나님께서도 친히 그것으로 인하여 영광을 받으신다는 것이다. 그것은 참으로 훌륭한 생각이요 어떤 이가 그곳으로부터 힘을 얻는다는 것은 우리가 지금 하나님께로 이끌림을 받았을 때와 마찬가지로 우리의 영혼에 강건함과 활력을 동시에 얻게 한다. 그 전체의 거리는 그리스도의 십자가상에서의 죽음에 의하여 계수되었으며, 그가 우리를 위하여 죄가 되셨을 때 다리를 놓아주심으로 가까워진 우리의 위치는 영광을 받으신 자가 지금 좌정하고 계신 하나님의 오른편으로 주목되고 있다. 하늘 그 자체에 대하여 그 위치상으로 우리가 더 이상 가까워질 수 없음은 그것이 그리스도 안에 있기 때문이다. 이 사실에 대한 우리의 즐거움은 그것에 대한 이해에 달려있고, 현재의 조건에 좌우됨을 잊어서는 안 될 것이다. 하나님은 우리의 입장과 일치하는 상태를 살피고 계시며 우리들의 책임량은 우리가 가진 특권에 따라 계수된다. 자신이 처한 장소를 알기 전에는 여건에 대한 확실한 대답을 할 수 없다. 만일 우리가 현재 처해 있는 입장에 따라 어떤 행위를 저울질하려면 먼저 우리가 하나님께로 인도함을 받았다는 사실을 알아야 한다. 입장(state)과 행위(walk)는 언제나 알려져 있는 관계로부터 항상 나와야만 한다. 그러므로 우리가 하나님 앞에 서 있다는 진실을 깨닫기 전에는 우리 영혼에 대한 대답이나 또는 행위와 대화에서 올바른 대답은 결코 할 수 없을 것이다"(에드워드 데네트[Ed. Dennett]).

"여러 나라가 듣고 떨며 블레셋 주민이 두려움에 잡히며 에돔 두령들이 놀라고 모압 영웅이 떨림에 잡히며 가나안 주민이 다 낙담하나이다 놀람과 두려움이 그들에게 임하매 주의 팔이 크므로 그들이 돌 같이 침묵하였사오니 여호와여 주의 백성이 통과하기까지 곧 주께서 사신 백성이 통과하기까지였나이다 주께서 백성을 인도하사 그들을 주의 기업의 산에 심으시리이다 여호와여 이는 주의 처소를 삼으시려고 예비하신 것이라 주여 이것이 주의 손으로 세우신 성소로소이다"(출 15:14-17). 이 말씀은 얼마나 견고한 신념을 자아내는가! 홍해에서 하나님이 행하신 일은 그가 이스라엘을 위하여 일을 시작하셨으니 또한 그 일을 마치시리라는 보증이 되었다. 그들은 그 일을 자신들의 힘에 의하여 된 것으로 간주하지 않고, "주의 팔이 크므로 그들이(그들의 대적들) 돌 같이 침묵하였사오니"라고 하였다. 그들의 의지는 다만 여호와께 있었다. "주께서 백성을 인도하사"라고 함은 처음으로 흘러 넘치는 단순하나마 확신에 찬 복된 믿음의 실례이다. 오호라, 그러한 초기의 단순성은 대개 너무나 빨리 사라지고 만다. 오호라, 그것은 때때로 불신앙의 악한 마음의 행실로 그 자리를 바꾸어 놓는다. 오! 우리도 여기 이스라엘이 한 것처럼 언제까지나 그 이치를 깨달아 사도 바울이 말한 그가 "이같이 큰 사망에서 우리를 건지셨고 또 건지실 것이며"(고후 1:10)라고 한 바대로 신실히 믿고 나아가자.

"놀람과 두려움이 그들에게 임하매 주의 팔이 크므로 그들이 돌 같이 침묵하였사오니"(출 15:16). 반대가 있을 수도 있고 대적들이 맞설 수도 있다. 그러나 그들의 우스꽝스러운 노력은 전혀 무익한 것에 불과 할 것이다. 그들이 하나님의 영원하신 모략을 행하시는 일에 성공적으로 저항한다는 것은 불가능한 일이다. 또한 우리의 대적이 인간이나 마귀의 세력으로 약속의 유업에서 우리를 끌어내려는 것도 역시 불가능한 일이다. "누가 우리를 그리스도의 사랑에서 끊으리요?" 아무도 그럴 수 없다. "내가 확신하노니 사망이나 생명이나 천사들이나 권세자들이나 현재 일이나 장래 일이나 능력이나 높음이나 깊음이나 다른 어떤 피조물이라도 우리를 우리 주 그리스도 예수 안에 있는 하나님의 사랑에서 끊을 수 없으리라"(롬 8:38, 39). 이처럼 시작부터 마지막이 분명하니 우리도 이스라엘과 같이 광야 길의 첫 발을 내딛기 전에 승리의 노래를 불러야 할 것이다!

이스라엘의 신념은 잘못된 곳에 근거한 것이 아니다. 이스라엘의 덕택으로 인하여 하나님의 심판의 소식이 어떻게 멀고 넓게 알려졌으며 또 그를 겸손하게 하고 경고하기 위하여 사용되었는지에 뒤에 있는 말씀을 통하여 그 많은 실례들을 수록하고 있다. 미디안 사람 이드로가 모세에게 와서 이르기를 "여호와를 찬송하리로다 너희를 애굽 사람의 손에서와 바로의 손에서 건져내시고 백성을 애굽 사람의 손 아래에서 건지셨도다 이제 내가 알았도다 여호와는 모든 신보다 크시므로"(출 18:10, 11)라고 하였다. 라합은 두 정탐꾼에게 이렇게 외쳤다. "여호와께서 이 땅을 너희에게 주신 줄을 내가 아노라 우리가 너희를 심히 두려워하고 이 땅 주민들이 다 너희 앞에서 간담이 녹나니 이는 너희가 애굽에서 나올 때에 여호와께서 너희 앞에서 홍해 물을 마르게 하신 일과"(수 2:9, 10)라고 말했다. 기브온 사람들은 여호수아에게 말하기를 "종들은 당신의 하나님 여호와의 이름으로 말미암아 심히 먼 나라에서 왔사오니 이는 우리가 그의 소문과 그가 애굽에서 행하신 모든 일을 들으며"(수 9:9)라고 하였다. 수백 년이 지난 다음에 블레셋 사람들이 이르기를 "우리에게 화로다 누가 우리를 이 능한 신들의 손에서 건지리요 그들은 광야에서 여러 가지 재앙으로 애굽인을 친 신들이니라"(삼상 4:8)고 하였다!

"여호와께서 영원무궁 하도록 다스리시도다"(출 15:18). 여기에서 노래는 끝나고 그 다음의 구절은 다만 역사가의 영감 받은 기록으로서 이 노래의 대의와 상황을 말해주고 있다. 이 노래는 그 시작과 마찬가지로 '여호와' 라는 말로 끝난다. 믿음은 영원한 미래를 두려움 없이 본다. 하나님께서 절대적 주권을 가지고 계심은 전능, 불변하심, 영원, 그 결론의 불가항력과 확실함 때문이며, 그러므로 결론적으로 "여호와의 다스리심이 영원무궁하심"을 확실히 믿는다.

"아론의 누이 선지자 미리암이 손에 소고를 잡으매 모든 여인도 그를 따라 나오며 소고를 잡고 춤추니 미리암이 그들에게 화답하여 이르되 너희는 여호와를 찬송하라 그는 높고 영화로우심이요 말과 그 탄 자를 바다에 던지셨음이로다"(출 15:20, 21). 악기를 가지고 하는 여자의 음성, 이는 삼가야 할 일이다. 이것은 엄격히 금지되어 있다. 죄가 여자를 통하여 들어왔으나 이제 그의 심령에 찬양이 솟아나 그것을 극복하는 승리를 증거하고 있다. 비정의 침묵과 같은 것이 또한 그의 손에 들려진 소고로부터 이를 말해주는 듯했다. 기쁨이란 속함을 받은 피조물들에게는 언제나 가득하며 편만한 것이다(Numerical Bible). 이는 참으로 구속의 마지막 결실에 대한 복된 증거이다.

어떤 사람들은 여기서 미리암이 승리의 노래를 인도한 일에 대하여 어려움을 느낀다. 그것은 신약성경에서 회중 가운데서 여자는 남자에게 복종하여야 한다고 가르친 명령을 묵살하는 것같이 보이기 때문이다. 그러나 그런 어려움은 자신이 만든 것에 불과하다. 여기에 보면 고린도전서 14:34의 말씀과 어느 면으로 보나 대치되지 않는다. 이에 대하여 두 가지로 생각해 볼 수 있는데, 그 첫째는 미리암이 노래를 인도한 사람들은 모두 여자들이었다는 사실이다(출 15:20). 둘째로 이 일은 남자들이 있는 곳에서 한 것이 아니다. ― "모든 여인도 그를 따라 나오며"라고 했다. 이와 같이 거룩한 차서는 보존되었다. 주께서 오늘날에도 그의 딸들에게 동일한 순종의 영을 허락하시기를 바란다.

제21장

광야에서

출애굽기 15장

"**모세가** 홍해에서 이스라엘을 인도하매 그들이 나와서 수르 광야로 들어가
서"(출 15:22). 하나님께서 그 백성들을 자신에게로 구별하실 때, 그들은 '보혈'
로 구속함을 받아야만 하고 그 후에 청결하게 된 예배자로 가까이 오게 해야만
할 필요가 물론 있다. 그뿐만 아니라, 그들이 약속된 기업으로 들어가기 전에 광
야를 통과해야만 하는 것도 하나님의 지혜로운 목적의 일부이다. 그렇게 함으로
써 두 가지의 주요한 의도가 성취된다. 첫째, 광야의 시련과 시험은 우리의 심령
의 악함과 육신의 고칠 수 없는 부패를 드러나게 하는데, 이것은 우리를 겸손하
게 하기 위한 것이다(우리의 "교만을 감추게 한다"). 또한 우리의 무가치함, 즉 우
리가 전혀 '아무 선함'이 없음을 알게 해서 기업의 땅으로 들어가는 그 자체도 단
지 지존자의 은혜에 의한 것임을 경험적으로 입증하기 위한 것이다. 둘째, 이와
마찬가지로 여호와께서는 그의 백성을 광야로 인도하실 때, 하나님은 그들과 함
께 행하시면서 그들 가운데에서 주님의 임재와 사랑을 명백히 나타내신다. 이스
라엘의 실패의 결과와 달리 구속하신 백성을 보존하는 데 그 능력을 펼치시고 그
리고 그들의 부족을 주님의 은혜를 아낌없이 부어주는 기회로 삼는 것이 주님의
목적이므로, 우리는 이스라엘뿐만 아니라 메마른 황량한 광야에서 그들과 함께
하시고 또 그들을 위하시는 하나님도 역시 보도록 해야만 한다.

시련과 낮추심은 '주님의 결말'(약 5:11)이 아니라 오히려 아버지의 오래 참으
심과 선하심을 새롭게 보여주는 기회이다. 광야는 성도들의 연약함과 그리고 안
타깝게도 그들의 실패를 드러나게 하며 그리고 앞으로도 드러나게 하겠지만, 이
것은 그들을 시험의 장소로 이끄신 이의 능력과 자비를 크게 드러나게 할 수밖에
없다. 더 나아가서 하나님은 우리의 궁극적 행복을 내다보시면서 "우리의 후일의

결말을 위하여 선을 행하실 것"이다(신 6:18). 시련이 끝나서 미쁘신 하나님께서 우리의 '모든 필요'를 채워 주었을 때에, 모든 것이 주님의 영예와 찬양, 영광이 되는 것을 발견될 것이다. 그러므로 하나님께서 그의 백성으로 광야를 통과하도록 하였던(그리고 통과하도록 하는) 목적은 그들을 시험하고 검증하려는 것뿐만 아니라(신 8:2-5), 그러한 시련 가운데에서 하나님이 그들의 실패를 참고 그들의 필요를 채워주시는 동안 주님이 그들에게 어떤 분이었는지를 보여주시기 위함이었다. 그러므로 광야는 우리 자신을 드러내어 주는 것만이 아니라 하나님의 방법을 명백하게 밝혀 준다.

"모세가 홍해에서 이스라엘을 인도하매 그들이 나와서 수르 광야로 들어가서." 여기에서 우리는 처음으로 그들이 '광야'에 있음에 대해 알게 된다. 출애굽기 13:18에 보면, "하나님이 홍해의 광야 길로 돌려 백성을 인도하시매"라고 기록되어 있으나 그들이 실제로 들어가지 않았다는 사실은 20절에 분명히 나타나 있다. "그들이 숙곳을 떠나서 광야 끝 에담에 장막을 치니"(출 13:20)라고 하였다. 그러나 이제 그들은 '나와서 광야로 들어갔다.' 그 연결은 매우 충격적이고 교훈적이다. 하나님이 구속하신 자들을 광야로 인도했던 것은 홍해를 통과하는 통로였다. 이스라엘이 홍해를 통과한 여정은 신자들이 그리스도의 죽음과 부활에 연합한 것을 말한다(롬 6:3, 4). 상징적으로 말하면, 이스라엘은 지금 부활의 근거 위에 있었다. 우리는 이것의 참뜻을 놓쳐서는 안 되는바, 성령께서 우리에게 주의 깊게 말씀하시기를 "모세가 홍해에서 이스라엘을 인도하매 그들이 나와서 수르 광야로 들어가서 거기서 사흘길을 걸었으나"(출 15:22)라고 하셨다. 여기에서는, 다른 많은 구절과 마찬가지로 '삼일'은 부활을 말한다(고전 15:4).

오로지 그리스도인의 믿음이 그리스도의 죽음과 부활로써 그와 더불어 하나임을 이해하고, 그 안에서 '새로운 피조물'임을 인정할 때, 그때 그는 '광야'에 대해 의식하게 된다. 우리가 하나님 앞에서 새로운 지위와 그의 아들 가운데 있는 우리의 분깃을 이해하는 만큼 그것에 비례하여, 이 세상은 우리에게 쓸쓸하고 황량한 광야가 될 것이다. 자연적 인간에게는 세상은 매력적이고 유혹적인 많은 것을 제공하지만, 영적인 사람에게는 그 속에 있는 모든 것들은 다만 영혼의 '허무와 고통'일 뿐이다. 눈에 보이는 감각으로는 세상에 즐거움과 기쁨을 주는 일이 많다. 하지만 믿음의 눈으로는 온 장면을 가로질러 씌여진 죽음이라는 글자만 보인다.- "주변의 모든 것에서 나는 변함과 타락을 본다." "육신의 정욕과 안목의 정욕과 이생의 자랑"을 섬기는 것이 많이 있으나 새로운 피조물에게 해당되는 것은 아무것도 없다. 영적인 삶에 관한 한 이 세상은 한갓 메마르고 황량한 광야이다.

광야란 한 나라에서 다른 나라로 여행하는 여행자의 장소이다. 정신이 이상한 사람을 빼놓고서 누구도 거기에다 집을 지으려고 생각하지 않는다. 정확히 이 세상은 바로 그와 같은 곳이다. 그곳은 인간이 현재로부터 영원을 향하여 통과하는 장소이다. 그리고 믿음은 이 세상을 보는 관점을 다르게 만드는 것이다. 불신자들은 거의 모두가 여기에 머무는 것에 대해 만족한다. 그는 마치 여기에서 영원히 거할 것처럼 정착한다. "그들의 속 생각에 그들의 집은 영원히 있고 그들의 거처는 대대에 이르리라 하여 그들의 토지를 자기 이름으로 부르도다"(시 49:11). 그는 지상의 체류를 연기하기 위하여 모든 힘을 다하기에, 마지막에 죽음이 그를 요구하면, 떠나가기를 싫어한다. 이는 믿는 자, 참된 신자와는 아주 다르다. 그의 집은 여기가 아니다. 그는 "하나님이 계획하시고 지으실 터가 있는 성을 바라본다"(히 11:10). 따라서 그는 여기에서 외국인과 나그네이다(히 11:13). '광야'가 말하는 것이 이런 것이다. 가나안은 하나님께서 아브라함과 그의 자손에게 주신 땅이었고, 광야는 다만 그들이 유업을 향하여 갈 때 통과하였던 낯선 땅일 뿐이다.

"거기서 사흘길을 걸었으나 물을 얻지 못하고"(출 15:22). 이것은 우리의 광야 생활이 우리를 가르치기 위하여 계획한 첫 번째 교훈이다. 여기 지상에는 우리가 그리스도로부터 받은 생명에 도움이 되는 것은 전혀 없다. 죄의 즐거움과 세상의 매력은 결코 만족을 주지 않는다. 이전에 매력이 있던 것들은 이제 우리를 물리친다. 우리가 즐겨하곤 했던 교제도 이제 싫어지게 되었다. 불경건한 것을 즐거워했던 것으로 인하여 오히려 우리는 신음하게 된다. 주님과 교통하는 그리스도인들은 그 갈급한 영혼을 소생시킬 혹은 그렇게 해 줄 수 있는 그 어떤 것도 주위에서 전혀 발견할 수 없다. 그에게 이 세상의 얕은 저수지는 말라버렸다. 그의 부르짖음은 시편 기자가 한 말씀과 같을 것이다. "하나님이여 주는 나의 하나님이시라 내가 간절히 주를 찾되 물이 없어 마르고 황폐한 땅에서 내 영혼이 주를 갈망하며 내 육체가 주를 앙모하나이다"(시 63:1). 아, 여기에 신자의 근원이 있다. 즉 하나님만이 그의 마음의 소원을 만족케 하실 수 있다. 신자는 구세주의 은혜로운 말씀, 즉 "누구든지 목마르거든 내게로 와서 마시라"(요 7:37)고 한 말씀에 먼저

유의하였듯이, 그는 그렇게 오직 생명의 물이 되신 주님에게로 계속 나아가야만
한다.

**"마라에 이르렀더니 그 곳 물이 써서 마시지 못하겠으므로 그 이름을 마라라 하였
더라"**(출 15:23). 이것은 쓰라린 시련이요, 실제적 시험이었다. 물 한 모금도 찾을
수 없는 뜨거운 모래밭 광야를 삼일 간이나 여행하여 이제 그 물에 이르게 되었
는데 '쓰다' 는 게 웬 말인가! "그렇다, 이것은 젊은 신자들과 마찬가지로 오래된
신자들에게도 얼마나 자주 생기는 일인가? 우리는 만족할 줄만 알고 붙잡은 것이
다만 쓰라린 실망이 되고 말았다. 그렇게 증명되지 않았던가? 당신은 이 세상의
즐거움, 부 또는 명예를 얻으려고 노력했지만 결국 그것이 쓴 것이지 않았던가?
당신이 즐거운 파티에 초대를 받았다고 하자. 한때 이것은 매우 즐거운 것 같았
지만 지금 새 피조물에게는 얼마나 쓴 맛이 되어 버렸는가! 얼마나 철저하게 실
망한 채로 집으로 돌아왔는가. 당신의 마음을 세속적인 대상에 고정시켜 보았나?
당신은 그것을 얻는 기회가 있었겠지만 그 얼마나 허무한 것이었나! 그렇다. 당
신에게 만족을 줄 것 같았던 그런 것들은 슬픔과 허무를 가져다 줄 뿐이다"(C.
Stanley).

이스라엘은 이제 광야의 황량함과 쓰라림을 느끼도록 되었다. 그들은 가벼운
마음을 가지고 광야를 횡단할 여행을 시작했을까? 그들은 앞에 놓여 있는 일들에
대해서 거의 준비가 없었다. 삼 일 동안이나 가면서 물을 찾지 못하다가 겨우 찾
은 것이 쓴 물일 줄이야! 그들이 하나님에게 얼마나 다르게 기대했는가! 그들을
이끌어 내시기 위하여 행한 구원의 위대한 일들을 체험한 다음에, 자신들에게 순
조롭고 편안한 길을 하나님이 예비해 주리라고 생각했던 것은 얼마나 당연한 일
인가! 어린 그리스도인들의 경우도 이와 같다. 그들은 하나님과 화평하게 되고
죄용서의 지식 안에서 즐거워했다. 그들은 앞에 놓여 있는 환난을 거의 예상하지
않는다(혹은 예상하지 않았다). 우리들도 만사가 마음에 들 것이라고 기대하지
않았던가? 우리도 이 세상에서 스스로 행복을 추구하지 않았던가? 우리는 '물이
없음' 과 또한 겨우 발견한 물이 '쓰다' 는 것을 알았을 때 실망하고 낙심하지 않
았던가? 아, 우리들은 광야가 어떠한 곳인지 알지도 못하고 들어왔다! 만약에 조
금이라도 생각해보았다면, 은혜로우신 하나님께서 슬픔을 우리에게서 막아주실
것이라고 생각했다. 아, 사랑하는 독자들이여, '영원한 즐거움' 이 있는 곳은 이
세상 속이 아니라, 하나님의 오른손에 있다.

우리가 이미 말한 바와 같이 '광야'는 이 세상을 정확히 상징하고 묘사하며, 그리고 여정의 맨 처음에 겪은 일은 전체의 여정을 예고한다! 그리스도를 모시지 않은 곳에서 우리가 기대할 수 있는 모든 것은 메마름과 쓰라림이다. 어떻게 그 반대가 될 수 있는가? 하나님께서 자신을 미워하고 그 사랑하는 아들을 배척한 이 세상에 우리가 정착하여 만족하게 하겠는가? 그럴 수 없다! 그렇다면 여기에서 어린 그리스도인들이 알아야 할 중대한 사실이 있다. 우리는 광야의 여정에서 오직 기근(dearth)을 예상하면서 출발해야 하는 것이다. 만일 우리가 박해 대신에 평화를 원한다면, 즉 우리가 신음하는 것보다 오히려 즐겁게 되는 것을 기대한다면, 이루어지기를 기대했던 것과는 달리 실망과 낙담이 우리의 몫으로 남게 될 것이다. 경험이 있는 많은 그리스도인들은 광야에서의 거의 모든 실패의 원인은 광야에 대한 잘못된 견해에서 출발했기 때문이라고 증거할 것이다. 광야에서 안일함과 휴식이란 찾아 볼 수조차 없기에, 이러한 것을 찾으면 찾을수록 절망만 더해질 뿐이다. 여정의 첫 단계는, 여정의 진정한 본질이 이스라엘에게 무엇이었는지를 우리에게 분명히 보여준다. 그것은 마라이다.

"백성이 모세에게 원망하여 이르되 우리가 무엇을 마실까 하매"(출 15:24). 이런 상황은 참으로 침통한 것이다. 삼 일 전만 하더라도 노래를 부르던 백성이 이제 와서는 투덜대고 있는 것이다. 홍해 앞에서 한 찬양이 마라에 와서 불평의 여지를 준 것이다! 이는 정말 하나의 시련에 불과했건마는 이스라엘은 매우 슬프게도 그 시련으로 인하여 실패하고 말았다. 앞에 있었던 것과 같이, 그들이 비하히롯에서 애굽 사람들이 자신들을 압도한 것을 보았을 때와 같이, 여기서도 다시 곤경에 처하게 되었다고 모세를 비난하였다. 그들은 구름 기둥에 의하여 마라로 인도된 것을 완전히 간과하는 것 같았다(출 13:22)! 모세를 향한 투덜거림은, 사실상 여호와를 향해 투덜거리는 것이다. 이는 우리에게도 마찬가지이다. 우리의 환경에 대한 불평이나, 날씨에 대한 중얼거림이나, 사람들이 나에게 대하는 태도나 나날의 삶의 시련에 대한 불평은 "모든 일을 그의 뜻의 결정대로 일하시는 이"(엡 1:11)의 반대로 하는 것이다. 사랑하는 독자들이여, 여기에 기록된 이스라엘의 역사는 "우리를 깨우치기 위하여 기록되었음"(고전 10:11)을 명심하자. 이스라엘 가운데 있었던 동일한 불신앙의 악한 마음과 거역하는 의지가 우리들 가운데 있다. 그러므로 그 하나를 굴복시키고 다른 하나는 꺾어지도록 진지하게 은혜를 구해야 한다.

그렇다면 그들이 불평하는 이유는 무엇이었는가? 여기에는 단 한 가지의 대답이 있을 뿐이다. 그들의 눈이 더 이상 하나님께 있지 않았던 것이다. 애굽에서 그들 앞에 증거된 여호와의 능력으로 행한 이적과 홍해에서의 영광스런 인도함은 사실상 여호와께서 그들을 위하시고 또 함께 하심을 여실히 증명한 것이었다. 그러나 그들이 이 사실을 인정하기는커녕 여호와에 대한 생각조차 없었다. 그들은 오직 모세에게만 상관하는 것처럼 말했다. 우리도 종종 이와 같지 않은가? 우리도 때로 마라에 이를 때 이러한 처지를 다른 이들의 탓으로 돌리지 않는가? 우리가 믿어 왔던 친구들, 그 조언을 존중했었던 상담가, 우리가 의지해 왔던 육신적인 팔이 실패할 때면, 그 '쓴 물'로 인하여 그들을 원망하지 않는가!

"모세가 여호와께 부르짖었더니"(출 15:25). 모세는 이스라엘이 마땅히 해야 할 일을 대신했기에, 그는 기도로 하나님께 이 사실을 맡겼다. '마라의 시험'은 우리를 하나님께로 몰아가기 위한 것이다. 필자가 여기서 '몰아가다'(drive)라는 단어를 쓴 것은, 매우 슬픈 일이지만 우리는 거의 모든 시간에 육신의 영향력 아래 사로잡혀 친히 축복하시는 그분 대신에 그분의 축복에만 몰두하기 때문이다. 그것은 우리의 기도가 전혀 없기 때문이 아니라 기도 가운데 진실한 마음이 거의 없기 때문이다. 슬프지만 중요한 것은, 그럼에도 불구하고 '마라'가 우리로 하여금 하나님께 간절히 부르짖게 해 준다는 사실이다. "그들이 광야 사막 길에서 방황하며 거주할 성읍을 찾지 못하고 주리고 목이 말라 그들의 영혼이 그들 안에서 피곤하였도다 이에 그들이 근심 중에 여호와께 부르짖으매 그들의 고통에서 건지시고 … 그러므로 그가 고통을 주어 그들의 마음을 겸손하게 하셨으니 그들이 엎드러져도 돕는 자가 없었도다 이에 그들이 그 환난 중에 여호와께 부르짖으매 그들의 고통에서 구원하시되 … 그들은 그들의 모든 음식물을 싫어하게 되어 사망의 문에 이르렀도다 이에 그들이 그들의 고통 때문에 여호와께 부르짖으매 그가 그들의 고통에서 그들을 구원하시되 … 그들이 이리저리 구르며 취한 자 같이 비틀거리니 그들의 모든 지각이 혼돈 속에 빠지는도다 이에 그들이 그들의 고통 때문에 여호와께 부르짖으매 그가 그들의 고통에서 그들을 인도하여 내시고"(시 107:4, 5, 6, 12, 13, 18, 19, 27, 28). 오호라, 이는 필자나 독자에게 참으로 자주 있는 일이다.

"모세가 여호와께 부르짖었더니 여호와께서 그에게 한 나무를 가리키시니 그가 물에 던지니 물이 달게 되었더라"(출 15:25). 모세가 하나님께 부르짖은 것은 헛되지 않았다. 그 백성을 위해 구속을 제공하신 이는 모든 은혜의 하나님이시기에,

그분은 무한한 인내력으로 그들을 참으셨다. 이스라엘이 그들의 필요를 위해 여호와를 신뢰하기 보다는, 믿음이 떨어져서 투덜거리기가 일쑤였을지라도 여호와는 그들의 구원이 되셨다. 우리들도 이와 같다. "우리의 죄를 따라 우리를 처벌하지는 아니하시며 우리의 죄악을 따라 우리에게 그대로 갚지는 아니하셨으니"(시 103:10)라고 하심은 얼마나 맞는 말인가? 그러나 어떤 근거에서 삼위일체의 거룩한 하나님께 그릇되게 행하는 백성들을 그렇게 부드럽게 다루시는가? 이 점에서 역시 우리의 상징의 완전함을 본다는 것은 아름답지 않은가! 즉 그것은 하나님께서 마련했던 중재자의 부르짖음에 대한 응답 안에 있었다. 모세는 공식적 특징에 있어서 시종일관 하나님과 이스라엘의 가운데로 온 자로 보여진다. 모세의 부르짖음에 대한 응답으로 하나님께서 이스라엘을 구원하러 오셨다! 그리고 "항상 살아계셔서 그들을 위하여 간구하시는 이"(히 7:25)가 또한 계시고 이것에 근거하여 우리가 광야를 지날 동안 하나님께서 우리를 부드럽게 다스리심에 대해 주님께 감사한다. "만일 누가 죄를 범하여도 아버지 앞에서 우리에게 대언자가 있으니 곧 의로우신 예수 그리스도시라"(요일 2:1).

이 경우에 하나님이 응답하신 형태 또한 매우 의미가 깊고 교훈적이다. 하나님은 모세에게 '한 나무'를 보여주셨다. 그 '나무'는 분명히 그곳에 항상 있었지만, 모세는 그것을 보지 못하였거나 아니면 그 나무의 달게 하는 특성을 알지 못했다. 하나님이 그 나무를 '그에게 보여주시기' 전까지, 모세는 하나님의 은총의 예비하심에 대해 배우지 못했다. 이는 우리가 하나님을 의지하면서도 스스로 얼마나 무지몽매한지를 보여준다. 하갈에 대하여 "하나님이 하갈의 눈을 밝히셨으므로 샘물을 보고"(창 21:19)라고 하였다. 또한 열왕기하 6:17에 "여호와께서 그 청년의 눈을 여시매 그가 보니 불말과 불병거가 산에 가득하여 엘리사를 둘렀더라"고 하였다. 분명히 "듣는 귀와 보는 눈은 다 여호와께서 지으신 것"(잠 20:12)이다.

그런데 여호와께서 '보여주신' 것은 무엇이었는가? 이것은 '한 나무'였다. 그렇다면 '이 나무'가 쓴 물을 달게 했다는 것은 무엇을 상징하는가? 이것은 분명히 우리의 복되신 구세주의 인격과 사역인데, 이 둘 사이에는 불가분의 관계가 있다. 성경에 그를 '나무'의 형상으로 나타낸 것이 몇 군데 있다. 시편 1편에서 이르시기를 "그는 시냇가에 심은 나무가 철을 따라 열매를 맺으며 그 잎사귀가 마르지 아니함 같으니 그가 하는 모든 일이 다 형통하리로다"(시 1:3)라고 하셨다. 또 아가 2:3에서 이르시기를 "수풀 가운데 사과나무 같구나 내가 그 그늘에 앉아서 심히 기뻐하였고 그 열매는 내 입에 달았도다"라고 하셨다. 여기에 광야 생활에 대한 두 번째 위대한 교훈이 있다. 즉 그리스도의 그늘 아래에서 쉬는 것 이외에는 지상에서 우리가 당면한 쓴 잔을 달게 할 어떤 것도 없는 것이다. 사랑하는 독자여, 그의 발아래 앉으라. 그리하면 여러분은 주님의 과실이 입에 '달다는 것'을, 또한 주님의 말씀이 꿀, 곧 송이 꿀보다 더 달다는 것을 알게 될 것이다.

그러나 그 '나무'는 역시 그리스도의 십자가에 대해 말한다. "친히 나무에 달려 그 몸으로 우리 죄를 담당하셨으니"(벧전 2:24). "그리스도의 십자가는 당연히 쓴 그것을 우리에게 달게 만드는 것이다. 그것은 주님의 고통과의 교제(빌 3:10)이며, 그리고 그것에 대한 지식(즉 어떤 고통도 그것을 달게 할 수 없다는)이다! 우리가 말하는 이러한 고난은 그리스도인으로서의 우리들에게 고유한 것임을 여기에서 기억하자. 광야에서 있었던 이 죽음의 '쓴 맛'은 단지 보통 사람의 무리들이 경험하도록 해당된 체험이 아니다. 그것은 단순히 육신에 있는 어떤 것의 아픔이 아니다. 말하자면, 육신으로 계승되는 질병들을 참는 그런 괴로움이 아니다. 그것은 현세에서 주님 자신의 고난의 좁은 길 안에 있는 그리스도와 연합함으로 말미암아 생기는 괴로움이다. '만일 우리가 그와 함께 고난을 당하면 또한 그와 함께 다스릴 것이라.' 라는 십자가, 그 수치의 십자가, 주님에 대한 세상의 판단의 증표였던, 이 '나무'로 인하여 달게 변했다. 우리의 괴로운 분투를 달게 만들어 주는 것이 십자가이다. 만일 우리가 주님의 것으로서 그를 위하여, 수치와 배척을 참고 견디면, 주님과 연결한 단맛의 본질이 마라 자체를 마실 수 있게 만든다"(Mr. Grant). 사도행전 16장에서 그 아름다운 실례가 제공되고 있다. 거기에 보면 바울과 실라가 옥게 갇힌 것을 볼 수 있는데, 그들은 잔인하게 채찍으로 맞고 지하 감옥에 던져졌다. 어둠 속에 갇힌 그들의 발은 차꼬에 채였으며 등에는 피가 흐르고 있었다. 그것은 물론 그들에게 '마라'였음이 분명했다. 그러나 그들은 어떻게 마라에 대처했나? 그들은 '찬미하였고', 너무도 힘차게 찬미하였기에 다른 죄수들마저 들을 수 있었다(행 16:25). 여기에서 우리는 그 '나무'가 쓴 물을 달게 함을 볼 수 있다. 그러한 여건 속에서 어떻게 그들은 노래를 부를 수 있었을까? 그들이 "그 이름을 위하여 능욕 받는 일에 합당한 자로 여기심을 기뻐하였기 때문이다"(행 5:41). 이것은 곧 우리들의 일상생활에 십자가를 어떻게 이용할 것인가를 말해 주며 그리스도인의 시련과 고난을 구세주의 고난에 참여하는 기회로 삼아야 할 것을 가르쳐 준다.

"거기서 여호와께서 그들을 위하여 법도와 율례를 정하시고 그들을 시험하실새
이르시되 너희가 너희 하나님 나 여호와의 말을 들어 순종하고 내가 보기에 의를 행
하며 내 계명에 귀를 기울이며 내 모든 규례를 지키면 내가 애굽 사람에게 내린 모든
질병 중 하나도 너희에게 내리지 아니하리니"(출 15:25, 26). 여기에서의 내용을 주
의해 보면 아주 중요한 사실이 있다. 그것은 애굽에 있었을 동안에 하나님은 이
스라엘에게 여호와의 '법도와 계명'에 대하여 일체 언급하지 않았다는 것이다.
그러나 이제 그들은 속함을 받았고, 이제 그분을 위하여 속량되었으니 하나님의
통치상의 요구사항이 그들에게 주어졌다. 여호와는 그들을 놀라운 은혜로 다스
리고 있었다. 그러나 은혜란 무법함이 아니다. 은혜는 우리들을 다만 하나님께
더욱 빚지게 한다. 그로 인한 우리들의 의무는 더욱 증가되는 것이지, 취소되는
것이 아니다. 은혜는 '의로 말미암아 다스리는 것'이지 그것을 폐하는 것이 아니
다(롬 5:21). 순종의 의무는 하나님이 하나님 되신 한은 결단코 일소될 수 없다.
은혜는 다만 우리가 하나님의 속함을 받은 피조물로서 그에게 단연코, 확실히,
완전하게 빚졌음을 시인하는 보다 높은 근거 위에서 성립될 뿐이다.

이러한 원칙은 성경 전체를 통하여 계속되고 모든 시대에 적용되는 것이다: 즉
축복은 순종에 달려있다. 이스라엘이 애굽의 질병으로부터 면함을 받음은 그들
의 하나님 여호와의 음성을 부지런히 청종하고, 그가 보시기에 올바른 일을 행하
는 것에 달려 있다! 그러나 이 점을 분명히 하자. 하나님의 계명을 지킴은 우리들
의 구원과는 전혀 아무런 관계도 없다. 여기에서 이스라엘은 이미 피 아래 있었고,
그리고 상징적으로 죽음을 지나 부활의 근거 위로 옮겨졌다. 그럼에도 불구하고
이제 하나님께서 그의 계명과 법도를 회상하게 하셨다. 그렇다면 율법이 그리스
도인과 아무런 연관이 없다는 말로 만족하는 자들은 얼마나 잘못된 것인가? 그것
이 그들의 구원과는 관계가 없다는 것은 사실이다. 그러나 그것은 그들의 행실에
대한 통제를 위해 없어서는 안 된다. 신자도 불신자와 마찬가지로 하나님의 통치
에 복종하지 않으면 안 된다. 이 사실을 인식하지 못해서, 우리의 일상생활이 하
나님의 법도와 일치하지 않고, 그리고 그의 계명을 순종하지 않아도 구원이 박탈
되지는 않을 것이나 의로우신 하나님의 징계의 '재앙들'이 우리에게 닥치게 될 것
이다(요 17:25).

26절을 마무리하는 문장에서 개별적인 하나의 단어를 필요로 한다: "왜냐하면
(for) 나는 너희를 치료하는 여호와이기 때문이다". 이 구절은 어떤 선의에서 그

러긴 하겠지만 그들의 열심이 '지식을 따르지 않는' 자들에 의하여 강탈되고 있다. 그들은 이 구절만 떼어 내어 주님을 그들의 치료자로 '공언' 했다. 그들은 하나님이 자신들의 적절한 믿음에 반응하여 그들을 아무런 약초나 약품을 사용하지 않고 치료한다고 주장한다. 그들은 이 구절에 근거하여, 신자들이 의사나 어떤 의학적인 방편에 의존하는 것은 잘못이라는 원리를 추론해낸다. 주님이 그들의 의원이 되시므로 세상의 의사에게 가서 치료를 받는다는 것은 그를 불신하는 소행이라고 생각한다. 그러나 이 구절에 연관된 말씀을 고찰해 보면, 하나님께서 그의 백성을 치료함에 있어서 의학적 수단을 무시하는 것이 아니라 그것을 사용하도록 가르친 것을 볼 수 있다. 마라의 쓴 물은 이유를 불문하는 하나님의 엄명에 의하여 고쳐진 것이 아니라 물속에 한 '나무' 를 던짐으로써 고쳐졌다. 이와 같이 성경의 '치유' 에 대한 첫 번째의 언급에 있어서, 하나님은 물을 고치고 그의 백성을 치료하는 수단을 고의적으로 사용하기로 결정하신 것을 볼 수 있다. 비근한 예로서 그는 엘리사에게 여리고에 있는 물을 고치기 위한 수단(소금)을 사용하도록 명하셨다(왕하 2:19-22). 또한 하나님은 그의 종 이사야에게 히스기야를 고칠 때 그 수단(무화과 반죽)을 사용하도록 지시하셨다. 뿐만 아니라 시편 104:14에 보면 "그가 가축을 위한 풀과 사람을 위한 채소를 자라게 하시며 땅에서 먹을 것이 나게 하셔서"라고 하셨다. 또한 사도 바울은 디모데에게 위장과 자주 나는 병을 위하여 포도주를 조금씩 쓰라고 권했다(딤전 5:23). 심지어 하나님은 새 땅에서도 천년 통치를 통하여 죽지 않고 신령한 몸으로 살아난 만국에 속한 자들의 몸을 치료하는 데 모든 방편을 사용하실 것이다(계 22:2).

"그들이 엘림에 이르니 거기에 물 샘 열둘과 종려나무 일흔 그루가 있는지라 거기서 그들이 그 물 곁에 장막을 치니라"(출 15:27). 이것은 앞에서 살펴본 내용과 대치되지 않는다. 엘림은 마라의 완성이니, 이는 우리가 그 순서를 관찰해 보면 보다 분명해질 것이다. 먼저, 마라의 쓴 물이 나뭇가지에 의하여 단물로 변했고 그 후에 깨끗한 우물과 종려나무가 그늘과 휴식을 제공했다. 이것이야 말로 참으로 명확한 해석이다-즉 우리가 그리스도와 교제하면서 그의 십자가의 원리를 일상 생활에 성실히 적용할 때에 그분을 위한 고난의 쓴 맛은 달게 될 뿐만 아니라, 심지어 이곳에 이르기까지 하나님이 그의 백성을 위하여 마련하신 순전한 즐거움 안으로 들어가게 하실 것이다. 그렇다면 '엘림' 은 하나님이 그와 더불어 순종의 길을 걷는 자들에게 주시는 만족을 말한다. 이 심령의 즐거움, 영혼의 만족은 말씀의 사역을 통하여 우리에게 온다. 그리고 여기에 있는 열둘의 '물 샘'과 칠십 주의 '종려나무'의 의미가 깊음 것은 그리스도께서 그의 사도들을 내보내실 때에 선택된 바로 그 숫자라는 점이다(눅 9:1-10 참조)! 엘림이 우리에게 행복한 장소가 되도록 마라의 교훈에 유념하기를 간절히 바란다.

제 22장

만나

출애굽기 16장

이스라엘에게 은혜로운 휴식과 샘의 그늘과 엘림의 나무를 즐기는 것은 그리 오래 허락되지 않았다(출 15:27). 이제 다루게 될 새로운 장의 첫 구절은 "이스라엘 자손의 온 회중이 엘림에서 떠나 엘림과 시내 산 사이에 있는 신 광야에 이르니"라고 말한다. 민수기 33장에 있는 이스라엘의 여정의 여러 가지 여건, 또는 머물렀던 장소에 대한 기록과 비교해 보면, 그들은 "엘림을 떠나 홍해 가에 진 쳤음"(민 33:10)을 알 수 있다. 거의 확실하게 이곳은 그들이 당시에 잠시 진을 친 홍해의 어떤 연안이나 지류였다. 그런데, 하나님의 의도는 이스라엘이 마른 상태로 통과했을지라도, 그 대적들은 그 속에서 궤멸되었던 그 바다를 다시 한번 내려다보게 의도하신 것 같다. 분명히 그들이 그곳에 거한 기간은 잠시였으며, 아무런 중요한 일이 일어나지 않았으므로, 홍해라는 장소 표기는 출애굽기 16장에서는 생략되었다.

이스라엘을 신 광야로 인도하는 일로 인해, 모세의 강건한 믿음은 확실하게 발휘되었다. 백성들은 여기서 처음으로 먹을 것이라고는 전혀 없는 광야생활에 직면하게 되었다. 그들은 일찍이 거했던 땅으로부터 점점 더 먼 곳으로 인도되었고 황량함과 죽음만이 존재하는 땅으로 점점 깊이 들어갔다. 이제 그들은 완연히 광야에 고립되었으며, 최소한 이백만이 넘는 무리들을 그러한 황량한 벌판으로 인도하는 그들의 지도자 모세의 용기와 신앙은 여호와 하나님께 대한 견고한 신념을 나타내었다. 모세는 광야가 어떠한 것인가에 대하여 무지하지 않았다. 그는 사십여 년이나 근접한 곳에서 살았으므로(출 3:1) 오직 기적, 날마다 연이어 일어나는 기적만이 그러한 무리의 막대한 필요를 채울 수 있으리라는 것을 너무도 잘 알았다. 이러한 점에서 그의 믿음은 아브라함보다 탁월했다(창 12:10).

"이스라엘 자손의 온 회중이 엘림에서 떠나 엘림과 시내 산 사이에 있는 신 광야에 이르니 애굽에서 나온 후 둘째 달 십오일이라"(출 16:1). 왜 여기에 특이하게 시간을 기록하였는지 묻는 자도 있을 것이다. 이것은 역사적인 면에서 어떤 중요성이 거의 없어 보이기 때문이다. 이스라엘이 신 광야에 들어간 때가 어느 달 며칠이란 것이 오늘날 우리에게 어떤 의미가 있는가? 여하간 이스라엘이 애굽을 떠나 이 광야에 이르는 때가 "둘째 달 십오일이라"고 하였다. 성령께서 이렇게 상세한 내용을 기록하였다는 것은 전혀 의미가 없는 것이 아니라, 오히려 충분한 증거가 된다. 하나님의 말씀에는 하찮은 것이라고는 아무것도 없다. 비단 숫자라 할지라도 거룩하신 하나님의 목적과 중대성을 나타내는 데 사용되었다. 뿐만 아니라 그 속에서 우리들의 질문에 대한 답변을 발견할 수 있다. 그것은 '둘째 달'이었으니, 성경에 기록된 '둘'이라는 숫자는 증거 또는 증언을 말한다(비, 계 11:3). 또 달의 '십오일'이라 함은 5의 3배가 되는 수이다. 성경에 '5'라는 숫자는 은총(grace)이나 은혜(favour)를 나타내며(창 43:34) '3'은 나타남 — 생명의 완전히 드러난 부활 — 의 숫자이다. 이 정의를 결합하면 하나님께서 이스라엘에게 그의 은혜를 증거함과 그 나타내심을 알 수 있다. 그 뒤에 이어지는 결과가 이 사실을 분명히 나타낸다.

은혜가 그 빛을 발산하기 위해서는 반드시 먼저 죄의 어두운 배경이 있어야만 한다. 은혜는 받을 만한 공적이 없는 혜택이기에, 그 영광을 더하기 위해서는 인간의 결점이 노출되어야만 한다. 죄가 많은 곳에 은혜가 풍성하다(롬 5:21). 여기서도 그러하였다. 우리가 이러한 점을 바로 다음에 읽을 수 있다. "이스라엘 자손 온 회중이 그 광야에서 모세와 아론을 원망하여 이스라엘 자손이 그들에게 이르되 우리가 애굽 땅에서 고기 가마 곁에 앉아 있던 때와 떡을 배불리 먹던 때에 여호와의 손에 죽었더라면 좋았을 것을 너희가 이 광야로 우리를 인도해 내어 이 온 회중이 주려 죽게 하는도다"(출 16:2, 3). 이로써 어두운 배경을 가히 짐작할 수 있다.

여기에 애굽의 열 가지 재앙으로부터 거룩하게 모면함을 받았고, 속박의 땅으로부터 이끌려냄을 받았으며, 기적적으로 홍해에서 건짐을 받고, 구름과 불기둥으로 밤낮 할 것 없이 인도함을 받았으나 지금 와서 투덜대고 불평하며 '원망하는' 똑같은 백성이 있었다! 그런데 이렇게 행한 자들이 소수가 아니라, '온 회중'이 그 죄를 범하였다. 그들의 투덜거림은 단순히 그들 중에서 행한 것이 아니라 거룩한 택함을 받은 지도자를 대항한 것이었다. 그들의 죄는 또한 맹세로 인하여 더욱 무겁게 되었는데, 그들은 "애굽 땅에서 여호와의 손에 죽었더라면 좋았을 것을"이라고 말함으로 거룩한 이름을 '망령되게 하였다.' 또한 그들은 성급하게 불순종하면서 거짓말을 한 것이 명백하니, 그 이유는 그들이 무자비한 애굽 사람들의 노예로 있으면서 '고기 가마 곁에 앉아 있었다'거나 '떡을 배불리 먹었다'고 하는 것은 도저히 생각할 근거가 없기 때문이다. 결국에 그들의 입에서 사악한 불신앙이 나왔으니, 그들은 "너희가 이 광야로 우리를 인도해 내어 이 온 회중이 주려 죽게 하는도다"라고 말하였다. 그들을 이끌어 내신 이는 단지 모세와 아론이 아닌 여호와였으며, 그리고 여호와는 그들이 시내 산에서 그를 경배할 것이라고 약속했었다(출 3:1). 그렇다면 그들이 광야에서 굶어 죽는다고 하는 것은 있을 수 없는 것이었다.

그러면 이러한 반항적 불신앙의 끔찍한 반란에 대한 여호와의 응답은 무엇이었나? 출애굽기 16:4은 우리에게 말한다. '보라, 내가 비같이 내리리라.' 무엇을 비같이 내리리라고 하셨는가? '너희를 소멸하려고 유황불을 내리리라'고 하셨던가? 아니다. '보라, 내가 너희를 위하여 하늘에서 양식을 비 같이 내리리니'라고 하셨다. 이는 놀라운 은혜로서, 모든 것을 능가하는, 공력이 없이도 받는 혜택이 아닌가! 성경에서 '보라'라는 말은 성령님의 감탄사요 경이로운 기사를 주목하라는 표시이다. 그렇다면, 1절에서 시간을 표기한 것에 대한 반가운 진의가 여기에 있다. 이들 투덜대는 이스라엘 백성들에게 하늘로부터 양식을 비(풍성한 공급을 말함)처럼 내림은 사실상 하나님의 은혜를 완전하게 증명하는 증거였다.

여기 출애굽기 16장에 이어지는 사실들은 매우 중요하다. 만일 우리가 들을 수 있는 귀만 가지고 있다면, 그 속에 있는 상세한 내용들이 우리를 향하여 크게 말할 것이다. 여호와께서 이스라엘을 위하여 예비하신 만나는 하나님이 우리의 영혼을 위하여 예비한 양식의 아름다운 상징이 된다. 이 양식은 곧 그의 말씀이다. 이 양식은 기록된 그의 말씀과 성육신한 말씀이다. 우리는 이것들을 분리하여 생각해 보도록 하자. 본 장의 나머지 부분에서, 만나와 하나님의 백성을 위한 하늘의 양식으로서의 성경의 많은 유사점 가운데 몇 개를 더듬어 보도록 하겠다. 이어지는 장에서 하늘에 계신 자로서 땅에 오신 자이신 주 예수의 한 모형(type)으로서 만나를 보도록 하겠다.

1) 만나는 초자연 산물이었다.

"그 때에 여호와께서 모세에게 이르시되 보라 내가 너희를 위하여 하늘에서 양식을 비 같이 내리리니"(출 16:4). 이것은 우리를 가르치기 위하여 의도된 만나에 대한 첫 번째의 위대한 교훈이다. 만나는 땅에서 생산된 것이 아니다. 즉 그것은 인간이 제조한 것이 아니며 이스라엘이 애굽에서 나올 때 가지고 온 것도 아니다. 애굽에는 만나가 없었다. 그것보다 만나는 하늘로부터 내려진 하나님의 선물이었다.

사람들은 만나와 연관된 초자연적 개입을 제거하기 위해 여러 방면으로 설명하려고 시도해 왔다. 어떤 사람들은 그것이 광야에 있는 어떤 나무에서 자란 것이라고는 단언하였다. 하지만, 겨울에도 어떻게 여름처럼 자랄 수 있는가 하는 것과, 이스라엘이 어디에다 진을 쳤든지 간에 어떻게 광야의 어디에서나 그것을 거둘 수 있었느냐 하는 문제 외에도 이백만이 넘는 사람들을 거의 사십 년이 넘도록 먹이는 일을 어떻게 충당할 수 있었느냐 하는 것을 그들은 도저히 설명하지 못했다! 사람들의 불신앙은 얼마나 어리석은가? 만나에 대한 오직 가능한 설명은 그것을 계속 공급한 것을 기적으로 보는 것이다. 그것은 하나님께서 친히 내려주셨던 것이다. 이와 같이 만나가 예시하는 것 ─ 기록된 말씀 ─ 도 마찬가지이다. 성경은 우리의 영혼의 영적 만나로서, 어느 면으로 보나 초자연적 기원을 분명하게 보여준다. 성경을 보는 관점에 대한 여러 가지 노력이 시도되어 왔지만, 이 점에 대한 인간의 추론은 자연적 방향으로 만나를 해석하려고 했을 때와 마찬가지로 어리석은 것이다. 성경은 기적적 산물이다. 그것은 거룩한 영감에 의하여 주어진 것이다. 그것은 하늘로부터 내려온 하나님의 선물이다.

만나를 주는 일과 관련하여 초자연적 능력이 어떻게 나타나는지를 주목하는 것은 놀라운 일이다. 출애굽기 16:16에는 "여호와께서 이같이 명령하시기를 너희 각 사람은 먹을 만큼만 이것을 거둘지니 곧 너희 사람 수효대로 한 사람에 한 오멜씩 거두되 각 사람이 그의 장막에 있는 자들을 위하여 거둘지니라"고 하였다. 애굽으로부터 나온 이스라엘 백성의 합계에 대한 보수적 견지의 추산은 이백만인데, 그 이유는 전쟁에 나갈 수 있는 자가 육십만이었기 때문이다(민 1:45, 46 참조). 이 이백만의 사람들을 위하여 각기 한 오멜씩을 거두었는데, 한 오멜은 6핀트(pint)와 맞먹는다. 그렇다면 하루에 천이백만 핀트 또는 구백만 파운드를 모아야만 했는데, 이것은 사천오백 톤이나 된다. 그러므로 단 하루의 공급을 위하여 화물열차 열 대가 필요하고, 그 열차마다 삼십 개의 화물칸을 매어달고 한 화차에 십오 톤씩을 실어야만 될 것이다. 수백만 톤의 만나가 해마다 이스라엘에 의하여 거두어졌다. 이러한 일이 사십 년간이나 계속되었다니 생각해 보라! 이와 동일하게 놀랍고, 동일하게 기적적이며, 동일하게 거룩한 것이 곧 성경이다.

2) 만나는 바로 백성들이 있는 곳에 내려졌다.

"아침에는 이슬이 진 주위에 있더니 그 이슬이 마른 후에 광야 지면에 작고 둥글며 서리 같이 가는 것이 있는지라"(출 16:13, 14). 만나를 얻기 위하여 먼 길을 갈 필요는 없었다. 이스라엘은 그들의 필요한 양식을 얻기 위하여 광야를 횡단하지 않아도 되었다. 그것은 그들의 목전, 바로 손앞에 있었다. 그들의 장막문 바로 바깥에 있는 땅 위에 만나가 널려 있었다. 하나님의 말씀도 이와 같다. 우리 모두가 쉽게 그것을 접근할 수 있는 것은 참으로 복된 일이다. 나는 만일 성경을 구하기가 매우 어렵다면 그것을 더욱 높이 평가하게 되리라고 생각한 적도 있다. 만일 성경 한 권을 얻기 위하여 대해를 건너 세상의 저 끝으로 가야만 한다면 지금보다는 훨씬 더 값진 것으로 여겨질 것이다!

그러나 만나를 가까이 하기가 매우 쉽기 때문에 이스라엘의 책임이 한층 가중되었다. 만나가 매우 가까이에 있다는 사실은 그들의 임무를 가늠하는 일이 되었다. 그들의 장막 바로 바깥에 있는 땅 위에 널려 있다는 것 때문에 그들은 그것과 관련된 무엇인가를 해야만 했다. 즉 그것을 거두어들어야만 하거나, 아니면 발아래에 두고 밟고 다녀야만 했다! 사랑하는 독자들이여, 하나님의 말씀도 이와 같다. 그것이 바로 여기 당신의 손앞에 있다는 사실은 당신의 책임감을 결정짓는다. 당신은 어쩔 수 없이 둘 중의 한 가지를 택해야 할 것인즉, 영혼을 위하여 그것을 배워서 올바로 이해하든지 아니면 모멸하고 발아래 밟아버리는 태만한 죄를 범하게 되든지 택일만이 있다.

3) 만나는 그 크기가 작았다.

"그 이슬이 마른 후에 광야 지면에 작고 둥글며 서리 같이 가는 것이 있는지라"(출 16:14). 하나님으로부터 오고 그리고 하나님께 속한(from God and of God) 완결된 완전한 계시가 상대적으로 작은 크기의 범위에 포함될 수 있음을 누가 감히 상상하랴? 하나님의 드러난 진리를 한 권의 책에 총망라하여 호주머니 속에 지닐 수 있다는 것을 생각해 보라! 구원에 이르는 지혜에 필요한 모든 것, 이 땅을 순례하는 동안 우리 영혼이 습득해야 할 필요가 있는 모든 것, 하나님의 사람으로 온전하게 함에 필요한 모든 것이 성경의 범위 안에 있다!

만나의 크기만 생각하지 말고 그 주어진 형태도 관찰해 보라. 그것은 '작고 둥근 것'이었으며, 모가 나지 않았다. 계속해서 만나를 하나님의 말씀에 대한 상징과 모형으로 간주할 때 이것은 우리에게 무엇을 가르치고 있는가? 물론, 이것은 성경의 아름다운 조화를 예시해 주는 것이 아니라면 그 무엇이랴? 이 사실은 성경이 정확하며, 완전하며, 또한 흠이 없음을 말해주고 있다.

4) 만나는 흰색이었다.

"이스라엘 족속이 그 이름을 만나라 하였으며 깟씨 같이 희고"(출 16:31). 여기에 있는 모든 것은 영적으로 중요한 의미를 가지고 있다. 성령께서 만나의 독특한 색깔을 말씀하신 것은 충분한 이유가 있다. 성경은 그 어디에서나 무의미한 것이라곤 없다. 하나님의 모든 말씀은 가치를 지니고 있으며 우리에게 주는 메시지가 있다.

'흰색'은 순결의 상징이다. 그러므로 우리는 하나님의 말씀의 절대적 순결함을 강조해왔다. 세 가지 말씀을 한 데 묶어 보자. "여호와의 말씀은 순결함이여 흙도가니에 일곱 번 단련한 은 같도다"(시 12:6). 하나님의 말씀은 도덕적으로 순결하며 또한 영적으로 순결하다. 그 말씀은 하나님과 및 어린양의 보좌로부터 나오는 "수정 같이 맑은 생명수의 강"과 같다(계 22:1). 다시 시편 119:140에 보면 "주의 말씀이 심히 순수하므로 주의 종이 이를 사랑하나이다"라고 하셨다. 성경을 '거룩한 말씀'이라고 하는 것은 그 뛰어난 영성과 신성한 순결로 인하여 다른 모든 저서로부터 구별되기 때문이다. 잠언 30:5에 이르기를 "하나님의 말씀은 다 순전하며"라고 하셨다. 하나님의 말씀에는 잘못된 것을 전혀 뒤섞지 않았다. 그 속에는 실수나 모순이나 흠이 없다.

5) 만나는 먹어야만 하는 것이었다.

이것은 우리의 모형에 연관하여 가장 중심적이며 중대한 관점을 제시해 준다. 만나는 다만 보기 위해서나 경탄하도록 주어진 것이 아니라 먹기 위해서였다. 그것은 음식을 위한 것이었다. 그것은 육신의 필요를 채우기 위하여 그의 백성 이스라엘을 위하여 하나님이 예비하신 것이었다. 영적 만나도 이와 같다. 하나님의 말씀은 실천적인 설명으로 바뀌어져야만 한다. 그것은 우리의 영혼을 위한 양식으로 주어진 것이다. 그러나 그것으로부터 양분을 섭취하기 위해서는 생명의 떡을 어떻게 먹는지를 배워야 한다. 마치 알맞은 식단을 무시한다거나 또는 자연스럽게 활동하면서 적절하게 식사를 하지 아니하면 육신적 건강이 좋지 않은 상태가 되는 것처럼, 영적 음식을 먹는 일을 게을리 한다거나 영적 식사의 원칙을 무시한다면 결과적으로 영혼이 병이 드는 상태를 초래하게 될 것이다. 올바른 식사에는 세 가지 원칙이 있으니, 곧 식탁에서 음식을 자기 것으로 취하는 일, 씹는 일, 소화시키는 일이다. 이것들을 하나씩 나누어 생각해 보자.

자기 것으로 삼는 일: 이것은 너무도 명백한 사실이기 때문에 충분히 고려할 여지가 없다고 생각하는지 모른다. 그럼에도 불구하고 너무나 많은 하나님의 자녀들이 바로 여기에서 실패한다. 너무 잘 차려진 식탁에 앉게 될 때, 분명히 내 앞에 있는 모든 것을 다 먹을 수 없다. 또한 그렇게 할 필요도 없다. 첫째, 필요한 것은 내 앞에 놓여 있는 음식물 중의 일부를 나 자신의 것으로 취하는 것이다. 얼마나 좋은 질의 음식이든지, 아니면 얼마나 맛있게 요리했든지 간에 앉아서 감탄만 한다면 아무런 소용이 없다. 그것 중의 얼마를 나의 쟁반에 담아 먹어야 한다.

영적 만나도 그와 같다. 하나님의 말씀은 그 내용이 부족함이 없다. 모든 세대의 하나님의 백성을 위한 말씀이 흡족히 저장되어 있다. 내가 소화할 수 있는 양보다도 훨씬 많이 그 속에 비축되어 있다. 내가 반드시 해야 할 일은 내 자신의 영혼에 필요한 양을 취하는 것이다. 그리고 이 일은 마치 내가 물질적 양식을 먹을 때처럼 틀림없이 그렇게 해야 할 일이다. 여기에서 우리는 모든 독자들에게 진정한 도움이 되기를 갈망한다. 마찬가지로 우리 모두 아주 평범해지자.

우리의 첫 번째 필요는 자기 것으로 삼아 즐기는(전유[專有]appropriate) 것이다. 이 말의 의미는 자신에게로 받아들여 우리의 것으로 만든다는 것이다. 이것은 우리의 구원과 연관되는 최초의 교훈이었다. 불신자와 신자의 차이는 인칭대명사를 사용하는 방법 여하에 달려있다. 불신자는 '그 구세주'(the Saviour)라고 말하지만, 신자는 오직 신실한 마음으로 '나의 구주'라고 말할 것이다. 믿음이란 자신의 것으로 취하는 것이고, 또 믿음은 개인적으로 전용하는 것이다. 이사야 53장에 그리스도에 관하여 기록한 말씀을 읽을 때 "그가 상함은 우리의 죄악 때문이라"고 하셨으나 믿음은 그 말씀을 개인화하여 "그가 상함은 나의 죄악 때문이라"고 고백하게 한다. 이것이 곧 전유가 의미하는 것이다. 우리가 그를 나 자신의 구주로 모셨을 때 그리스도를 전유하는 것이다.

이제 우리가 구세주를 인격적으로 자기 것으로 받아들였던 것과 똑같이 하나님의 말씀의 약속과 교훈들을 개인적으로 받아들일 필요가 있다. 예를 들어 우리가 마태복음 7:7을 "구하라 그리하면 너희에게 주실 것이요 찾으라 그리하면 찾아낼 것이요 문을 두드리라 그리하면 너희에게 열릴 것이니"라고 읽지만, 믿음으로 이 말씀을 개인화하면 '구하라 그리하면 나에게 주실 것이요 찾으라 그리하면 내가 찾아낼 것이요 문을 두드리라 그리하면 나에게 열릴 것이니' 라고 자신에게 적용하여 말한다. 또한 로마서 8:32을 읽을 때에도 "자기 아들을 아끼지 아니하시고 우리 모든 사람을 위하여 내주신 이가 어찌 그 아들과 함께 모든 것을 우리에게 주시지 아니하겠느냐"라고 하나, 믿음으로 이 말씀을 나의 것으로 취하여 내 자신의 경우에 적용시켜 '모든 것을 나에게 주시지 아니하시겠느뇨' 라고 읽게 된다.

스코틀랜드의 목사님이 한 번은 나이 든 하나님의 성도를 방문하였다. 그녀는 즉시 목사에게 성경을 건네주면서 자신에게 해당되는 구절을 읽어 달라고 요청했다. 오늘날 우리도 그녀와 같아야 되지 않을까? 목사님들이 교인들의 집을 방문했을 때 그에게 잡담과 마을에서 생긴 추문을 늘어놓기를 원하는 대신, 그들에게 성경을 읽고 기도해 주기를 원한다면 그의 마음은 참으로 흐뭇할 것이다. 그 목사님이 그녀의 성경을 한 장씩 넘기는 동안 그 가장 자리에 T와 T. P.라는 표기가 되어 있음을 보았다. 그는 나이 많은 할머니에게 그 표시가 무슨 뜻인지를 물었다. 그녀는 대답하기를, 그것은 언제나 하나님의 약속의 맞은 편에만 기록되어 있는데 T자는 '시험해 보았다' (tried)는 뜻이요 T. P.는 '시험하여 증명하였다' (tried and proven)는 뜻이라고 했다. 그녀는 하나님의 말씀을 어떻게 먹는지를 알았다. 그녀는 약속들을 자신의 것으로 받은 것이다. 사랑하는 독자들이여, 당신은 이 교훈을 습득했는가? 하나님의 약속들은 당신의 것으로 만들기 전까지는 위로나 힘을 주는 역할을 하지 못할 것이다. 예를 들면 내가 빌립보서 4:19의 "나의 하나님이 그리스도 예수 안에서 영광 가운데 그 풍성한 대로 너희 모든 쓸 것을 채우시리라"는 말씀을 읽고 진심으로 내 자신의 것으로 삼는다면, '나의 하나님이 아더 핑크(Arthur Pink)의 모든 쓸 것을 채우시리라' 고 말할 것이다.

성경의 교훈들도 마찬가지이다. 계명이나 권면 또는 성경의 훈계는 그렇게 추상적인 개념이 아니다. 전혀 그런 것이 아니라 그 모든 것들은 나를 위한(for me) 하나님의 뜻을 나타낸다. 우리는 성경을 반드시 나에게 인격적으로 언급하는 말씀으로 읽어야 한다. 나의 방식들을 정죄하는 어떤 하나님의 말씀을 읽을 때에, 그것을 흘러 넘기지 말고 솔직하게 나의 것으로 받아들여야 한다. 하나님이 우리 모두에게 나날이 그의 약속이나 훈계를 자기의 것으로 삼는 은혜를 허락해 주시기를 바란다.

섭취하는 일: 앞에 차려진 음식의 얼마를 나의 접시에 담아 입에 넣은 다음의 할 일은 씹는 것인데 천천히 그리고 골고루 씹어야 한다. 그러나 이 일에 대해서 우리들 거의 모두는 심각한 불이행자들이다. 우리들은 음식을 급히 먹는다. 우리는 음식이 골고루 씹히기도 전에 삼켜 버린다. 우리는 너무도 빨리 먹어버린다. 이것이 곧 수많은 사람들이 소화불량에 걸리는 요인이니 그들은 이빨이 해야 할 일을 위가 하도록 가중시킨다. 잘 씹은 적은 양의 음식물이 거의 통째로 삼킨 많은 양의 음식물보다 훨씬 더 많은 양분을 기관이 섭취하게 되기에 우리의 전반적 건강에 더 많은 도움을 줄 것이다.

이 사실은 영적으로도 동일하다. 수많은 하나님의 자녀들이 이 일에 대하여 한탄스러운 위반자들이다. 그들은 영적 치아를 사용하는 방법을 배워본 일이 없다. 만일 우리에게 너무도 필요한 자양분을 섭취하려면 생명의 떡을 잘 씹어야 한다. 이는 무슨 뜻인가? 이는 음식을 먹을 때 씹는 것과 마찬가지로 성경을 읽을 때 묵상하는 것을 말한다. 문장을 반복해서 읽고 마지막 문장까지 심사숙고하기를 바란다. 사랑하는 독자들이여, 단 한 절의 성경구절이라도 천천히 그리고 기도하는 마음으로 읽고 또 충분히 묵상하면 열 장을 급하게 읽어 넘긴 것보다 더 많은 유익을 얻게 될 것이다!

묵상은 사람들이 아주 거의 상실한 기술(a lost art)이다. 그러나 그것은 우리들의 대부분의 문제의 근원이 된다. 많은 사람들은 자신들이 여러 번 읽은 성경 구절을 기억하기가 몹시 어려운 것을 알고 자주 불평한다. 그러나 그것은 쉽게 설명할 수 있다. 그것은 그 구절을 마음에 되새기지 않고, 충분히 숙고하지 않았기 때문이다(눅 2:19). 당신은 시편 1편에 '복 있는 사람'은 하나님의 율법을 주야로 '묵상했다'는 사실에 유의한 일이 있는가? 묵상은 성경의 구와 절을 우리 마음에 새기는 데 놀라운 도움을 준다.

묵상이 어떤 의미를 지니고 있는지 비유를 들어 이야기를 하고자 한다. 성경 중에서 가장 익숙한 구절 중의 하나인 시편 23:4을 골라 보자. "내가 사망의 음침한 골짜기로 다닐지라도 해를 두려워하지 않을 것은 주께서 나와 함께 하심이라 주의 지팡이와 막대기가 나를 안위하시나이다." 자, 이 말씀을 묵상하려고 할 때 우리는 각기의 단어나 표현을 따로 분리한 다음 그에 대한 질문을 한다. 이 구절에서 맨 먼저 내가 주의하게 된 것은 절이 시작되는 방법이었다. 그것은 "내가 골짜기를 걷게 될 때에"라고 하지 않고 "내가 … (비록) 다닐지라도"라고 하였다. 나는 이 사실을 되풀이하여 생각해 보았다. 나는 왜 여기서 이렇게 분명하지 않은 단어를 사용했을까 하는 질문이 생겼다. 언젠가 내가 음침한 골짜기를 걷도록 부름을 받는 것은 확실치 않다는 것인가? 그리고 나서는 나는 고린도전서 15:51에서 "우리가 다 잠 잘 것이 아니요 … 다 변화되리니"라는 말씀을 기억한 것이다. 그 다음에야 왜 성령께서 이 시편을 이같이 시작하셨는지 그 이유를 알게 되었다.

그 다음에는 이 절의 중심 되는 — 사망의 음침한 골짜기 — 부분으로 넘어갔는데, 이는 신자가 죽게 되면 통과하는 것이다. 나는 죽음을 왜 '골짜기'를 걷는 것으로 비유했을까 하는 의문이 생겼다. 이같은 묘사는 어떤 생각을 제시하는가? 이 질문을 내 마음속으로 몇 번 반복하는 동안 얼마 되지 않아 곧 생각(조금만 생각하면 누구나 그렇게 됨)이 떠올랐다. '골짜기'란 평화, 비옥한 아름다움 그리고 특별히 우리가 쉽게 갈 수 있는 곳을 제안하는 것이 아니고 그 무엇이랴. '골짜기'란 오르기에 힘들고 위험한 '산'과 대조가 되는 것이다. 그렇다면 힘겹고 위험한 산을 오르는 것과는 대조되게 죽음을 즐겁고 안전한 골짜기를 걷는 것으로 비유한 것이다!

이제 절이 시작되는 부분으로 돌아가 각 단어들을 사려 깊게 살펴보도록 하자. 신자가 그의 지상 순례의 종착에 이를수록 죽음이 다만 골짜기를 통과하는 것과 같은 것임을 알게 된다. 비록 무서울지라도 뛰지 않고, 걸어가는 것을 보라. 그리고 '(통과하여) 다닐지라도'(walk through)라는 말을 살펴보라. 그는 '골짜기'에서 머물지 않고 그것을 걸어서 통과한다. 죽음이란 다만 신자가 이 죄와 슬픔의 무대로부터 영광과 복락의 나라로 들어가는 문에 불과한 것이다.

그 다음 나는 이 '골짜기'가 '사망의 음침한(그늘진) 골짜기'로 불리는 것을 관찰해본다. 왜 그렇게 부르는가? 나는 성급하게 해석할 필요가 없다. 만일 서두르면 손해를 보기 때문이다. 나는 계속하여 각 단어들을 나누어 심사숙고함으로 그 독특한 감미로움을 캐어낼 것이다. '그늘'이란 무엇인가? 아, 그늘 때문에 우리는 얼마나 종종 놀라는가! 우리 가운데 많은 사람들이, 특히 어렸을 때 그림자 때문에 놀랐던 적이 있다! 그러나 그 그늘 쪽을 향하여 똑바로 걸어갔다면 그것이 우리를 상할 아무런 힘이 없음을 아주 빨리 알았을 것이다. 얼마나 많은 신자들이 죽음의 골짜기를 무서운 환영으로 느껴왔던가! 이러한 불신앙의 이미지를 상상하면서 얼마나 이 그늘을 무서워했는가! 오, 사랑하는 믿음의 벗들이여, 주 예수의 재림 전에 죽음의 두려움이 당신에게 엄습해 올 수 있어도, 그것은 아무것도, 절대로 아무것도 아니다. 이 골짜기가 '사망의 **음침한 골짜기**'로 불리는 것은 그 '그늘'이 존재하는 것 중에서 가장 해가 없는 것이기 때문이다.

마침내 시편의 신자가 이 복되고 아름다운 표현의 축복을 충분히 파악하여서 죽음이 산을 오르는 것처럼 힘겹거나 위험한 것이 아니라 '골짜기' ― 평화롭고 가기 쉬운 ― 를 지나는 것에 불과함을 깨닫고, 그리고 이 골짜기에는 '그림자'보다 더 무서운 것이 아무것도 없음을 알게 되는 것처럼, 이제야 그는 넘치는 기쁨의 확신으로 "해를 두려워하지 않을 것은 주께서 나와 함께 하심이라"라고 외친다.

여기서 이와 같이 우리는 하나님의 말씀을 먹는 것이 무엇을 의미하는지 그 실례를 보았다. 묵상이란 음식을 먹을 때 씹는 것과 같이 말씀을 정독하는 것이다. 하루를 시작할 때에 말씀의 한 구절을 택하여, 종이에 적어서, 어디를 가든지 가지고 다녀라. 기회가 생길 때마다 다시 읽으면서 기억을 새롭게 하라. 그 말씀을 놓고 기도하며, 그것이 지닌 아름다움과 귀중한 교훈이 드러나 이 구절이 당신에게 축복이 되도록 하나님께 구하라. 그런 다음 각기의 단어를 따로따로 숙고하라. 그 구절에 대한 질문을 제기하고 그 깊은 의미를 발견하기 위하여 노력하라. 시편 34:7 말씀을 묵상한다고 생각해 보자. "여호와의 천사(The angel od Lord)가 주를 경외하는 자를 둘러 진 치고 그들을 건지시는도다." 다음과 같은 질문들을 해 보라. 왜 그(the)천사가 여기에 있나? 그는 누구인가? '진 치고'(encampeth)라는 말은 완료진행 시제를 사용하였는데 이 형식이 제시하는 것은 무엇인가? '둘러'라고 했는데 그 뜻은 무엇인가? '주를 경외하는 자를'이라고 했는데 나도 그들 중에 속하는가? '그들을 건지시는도다'라고 했는데 무엇으로부터 건지신다는 말인가? 다른 곳에 있는 말씀에서 '구원하다(건지다)'와 '구원(건짐)'에 대한 답을 찾아보라.

소화시키는 일: 이것은 자기 것으로 삼음과 섭취의 결과로서 우리가 생각하는 주요한 목표이다. 내가 먹은 음식은 체력 소모를 보충해 준다. 내가 씹어 소화한 음식은 피와 신체조직으로 변화되어 건강과 힘을 제공해 준다. 이렇게 소화 된 음식은 발걸음의 활력과 팔의 힘과 얼굴의 생기로 나타난다. 그리고 신체조직은 신체에 침투하는 세균을 방어하는 작용을 한다. 이 모든 것은 영적인 사람에게도 흡사하다. 나의 영혼이 섭취한 음식은, 만일 잘 소화만 되었다면 새로운 나의 체

력을 만들 것이다. 그것은 믿음에 양분을 줄 것이며 나날의 행함과 섬김에 필요한 활력소를 공급할 것이다. 뿐만 아니라 나에게 침투하는 유혹의 세균들을 대항하는 호위병이 될 것이니 곧 "내가 주께 범죄하지 아니하려 하여 주의 말씀을 내 마음에 두었나이다"(시 119:11)라고 하심과 같다.

그렇다면 여기에 이제까지 우리가 고찰한 위대한 목적이 있다. 하나님의 말씀은 우리가 먹도록 주신 것이요, 그리고 먹는다(feeding)는 것은 성경 말씀을 일상생활에 합당한 용어로 해석하는 것을 그 목적으로 삼는다. 성경의 원칙과 교훈들은 반드시 나의 생활에 부합되어야 한다. 말씀이 나의 행함을 위한 조절장치와 섬김을 위한 동력이 될 때에야 비로소 하나님의 말씀이 소화-흡수가 된 것이다.

6) 매일 만나를 거두었다.

"그 때에 여호와께서 모세에게 이르시되 보라 내가 너희를 위하여 하늘에서 양식을 비 같이 내리리니 백성이 나가서 일용할 것을 날마다 거둘 것이라"(출 16:4). 이스라엘이 오늘 거둔 만나는 내일에는 충분하지 못했다. 매일 새로운 공급이 있어야만 했다. 이 사실의 영적 적용은 매우 분명하다. 영혼도 육신이 그런 것과 마찬가지로 동일한 체계적 보살핌이 요구되며, 만일 이러한 것이 무시되고 영적 음식을 불규칙적으로 섭취하게 되면 그 결과도 동일하게 비참할 것이다. 그러나 얼마나 많은 사람들이 바로 이 점에서 실패하는가! 어떤 사람이 주일 식탁에 앉아 단 한 끼니만을 충분하게 먹어서 그 한 주간을 지속하려고 한다면 당신은 그를 어떻게 생각하겠는가? 하지만 많은 사람들은 영의 양식에 대하여서 이와 똑같이 행한다. 그들이 흡족한 영의 식사를 하는 유일한 때는 주일이요, 그것으로 남아 있는 주간을 때우려고 한다. 그러므로 많은 그리스도인들이 연약하고 병들었다는 것이 조금도 이상한 일이 아니지 않는가! 오, 우리의 영혼은 나날이 공급하는 생명의 떡이 절실히 필요하다는 사실을 직시하자. 그 어떠한 일을 다 하지 못한 채 남겨두었다 하더라도 영의 만나는 규칙적으로 먹도록 하자. 얼마나 많은 시간을 사용했느냐가 아니라 그 시간 동안 얼마나 마음을 쏟았느냐가 더 중요함을 기억하자.

7) 아침에 만나를 거두어들였다.

"아침에는 이슬이 진 주위에 있더니 그 이슬이 마른 후에 광야 지면에 작고 둥글며 서리 같이 가는 것이 있는지라"(출 16:13, 14). 여기에 우리 모두가 진지하게 명심해야 할 교훈이 있다. 옛날 하나님의 백성들이 매일 공급하는 만나를 거두어

들인 때는 다른 일에 주의를 집중하기 전인 이른 아침이었다. 그리고 이 사실은 우리들의 교훈을 위하여 기록되었다. 만일 우리가 하나님의 축복을 받으려면 거룩한 말씀을 둘째에 두는 위치에 두어서는 안 된다. 만일 하나님의 임재가 매일매일 시작되면 많은 그리스도인들의 생활에 어떤 변화가 생길 것인가! 지금 연약하고 병든 많은 이들이 매일 아침에 생명의 말씀을 먹는 습관을 가진다면, 주님과 그분의 전능한 능력 안에서 그들은 강해질 것이다! 만일 우리의 영혼이 '이슬'이 있을 때 말씀을 먹는다면 힘을 얻게 되어서, 우리들 앞에 놓여 있는 임무를 수행할 수 있는 영적 준비와 그날 하루 동안 당면할 유혹에 대처할 채비를 할 수 있을 것이다.

독자들은 누구도 시간이 없다고 불평하지 말라. 물론 매일 아침 성경 한 장 전체를 주의 깊게 연구할 시간이 필요하지 않을 수 있다(물론 이것은 진지하게 문제를 삼을 필요가 있다). 그러나 당신이 시간을 가져서 성경의 한 구절을 기도하는 마음으로 골라 그것을 종이 위에 써서 외우면, 하루 내내 남는 시간에 열차나 전차 안에서 말씀을 기억할 수 있다. 만일 필요하다면 필자처럼 한 번에 한 절씩 외우면, 전차 속에서 에베소서 전체를 외우는 시간을 분명히 가질 수 있다. 두말할여지 없이 이 한 절을 온종일 묵상하고 단어들을 따로 음미할 시간은 있다. 그리고 하루 일과가 끝난 다음 잠시 앉아(단 5분만이라도) 성경의 가장자리 관주에 기록된 병행구들을 살펴보도록 하라. 만일 당신이 이렇게 매일 한다면 영혼에 가져다주는 예상할 수 없는 축복으로 인하여 놀라고 또 즐거워하게 될 것이다. "너희는 먼저 그의 나라와 그의 의를 구하라"(마 6:33).

8) 노동을 하여서 만나를 거두었다.

우리는 만나를 거두어들이는 것을 보면서 '양식을 위하여 일하라'는 여호와의 말씀을 기억하게 된다. 그들은 물론 그것을 하늘에서 가져오기 위하여 일하지 않았다. 그들의 노동은 하늘로부터 비처럼 내려지는 때부터, 그것을 거두어들여야 하는 것이었다. 그리고 여기에서 그들이 부지런해야만 했다는 사실을 발견할 수 있다. 그들은 그것을 보관해 두거나 미래를 위하여 재어 놓을 수 없었기에 날마다 새로운 수고를 해야만 했다. 만일 일찍 나가서 거두지 않으면 해가 그것을 녹여버렸다. 우리 편에서의 부지런함이 절실히 요구되는 것은 바로 이 지점이다. 사랑하는 형제들이여, 이 사실을 잘 깨달았는가? 만나는 그들의 입 속으로 내린 것이 아니라 그들의 장막 주변으로 내렸다. 그것을 거두려면 부지런해야만 했다. 거룩한 것들을 파악하기 위해서는 부지런함이 필요하다는 사실을 깨달았는가? 하나님의 말씀의 본질도 대체로 얼핏 보기에 평범하게 보인다고 할지라도, 그것을 찾기 위한 진정성을 가진 자에게만 실지로 그 충만함을 부여해 준다는 것을 깨닫는가? "지혜 있는 자가 이르기를 지식을 불러 구하며 명철을 얻으려고 소리를 높이며 은을 구하는 것 같이 그것을 구하며 감추어진 보배를 찾는 것 같이 그것을 찾으면 여호와 경외하기를 깨달으며 하나님을 알게 되리라" 또한 잠언은 '대저 여호와는 지혜를 주신다'고 덧붙이지만, 그러나 그것을 주실 때 그분의 거룩한 통치의 법에 따라 주신다.

"그러므로 여기에 수고가 특별히 필요하지만, 수고 그 자체가 단순히 어떤 중요한 것이라는 것은 아니다. 인간의 노력만으로는 하나님만이 공급하실 수 있는 것을 여기에서 스스로 얻을 수 없다. 그럼에도 하나님은 그의 말씀이 지니고 있는 보화에 대한 이해력을 보여주는 부지런함을 우리에게 요구하신다. 그는 부주의하거나 게으른 영혼이 아닌 또는 여기에서는 단지 믿는 자만이 아닌 하나님과 함께 일하는 자에게만 주신다"(Mr. Grant). '한 오멜' 씩 거두기 전에 많은 수고가 수반되었던 것은 만나가 '작고 둥글기' 때문이었다.

9) 허리를 굽혀서 만나를 거두었다.

그것은 나무에 열려서 자란 것이 아니라 땅에 떨어진 것이었다. 이스라엘 사람들은 그것을 얻기 위하여 무릎을 구부려야만 했다. 이 상징은 얼마나 중요하고 그리고 분명한가! 우리들 영혼에 필요한 말씀을 섭취하려면 우리 편에서의 부지런함이 요구된다. 그러나 부지런한 것보다 무엇인가가 더 필요한 것이 있다. 말씀의 저자이신 하나님께 의지하는 것이 필요하다. 그에게 대한 간구가 있어야 한다. 우리는 무릎을 꿇고 "나의 눈을 열어주시어 주의 법도의 기이함을 보게 해 주소서"라고 부르짖어야 한다.

10) 어떤 이는 많이, 어떤 이는 적게 거두었다.

"이스라엘 자손이 그같이 하였더니 그 거둔 것이 많기도 하고 적기도 하나"(출 16:17). 오늘날 우리 주변에서 일어나는 일도 얼마나 이와 비슷한가! 어떤 그리스도인들은 시편과 복음서에만 한정되어 성경의 다른 부분은 거의 관심을 갖지 않는다. 다른 이들은 교회 서신서는 연구하나 예언서 부분에는 게을리 한다. 소수의 사람만이 신약과 마찬가지로 구약을 연구하여 거의 모든 페이지에서 발견할 수 있는 놀라운 상징들이 내포하고 있는 헤아릴 수 없는 기쁨을 찾아낸다. 영적 만나의 경우에도 '어떤 이는 많이, 어떤 이는 적게' 거두는 것이 사실이다.

11) 거두어들인 것은 반드시 사용해야만 했다.

"아침까지 그것을 남겨두지 말라"(출 16:19). 거룩한 진리는 저장해 두기 위함이 아니라 현재의 유익을 위하여 이용되었다. 우리는 하나님이 주신 것을 사용해야 한다. 먼저 우리 자신들이 그 안에서 행하고 다음에 다른 이들에게 권유해야 한다.

주께서 우리에게 기회를 주심에 따라 우리에게 주어진 것을 다른 이들에게 전달하는 것은 우리의 복된 특권이다. 우리가 이러한 방식으로 세상 일 대신에 하나님의 일을 함께 논하기 위하여 한 시간 아니면 몇 분이라도 동료 신자들과 함께 시간을 보내는 것은 그리스도인의 교제에 가장 큰 도움이 된다.

12) 만나는 자연인에게는 이해할 수 없는 것이었다.

"이스라엘 자손이 보고 그것이 무엇인지 알지 못하여"(출 16:15). 이 만나에는 이스라엘 자손들이 알지 못하는 무엇인가가 있었다. 그것은 그들이 이제까지 보아온 그 무엇과도 달랐다. 그들은 그것에 대한 아무런 지식도 가지고 있지 않았다. 바로 그 '만나' 라는 뜻이 '그것이 무엇인가? 라는 의미이다. 그들은 "그것이 무엇인지 알지 못했다." 그러므로 만나가 미리 예시하고 있는 것도 이와 마찬가지이다. 중생치 못한 자들에게는 말씀이 이해할 수 없는 것으로서 "육에 속한 사람은 하나님의 성령의 일들을 받지 아니하나니 이는 그것들이 그에게는 어리석게 보임이요, 또 그는 그것들을 알 수도 없나니 그러한 일은 영적으로 분별되기 때문이라"(고전 2:14)고 하셨다.

13) 만나는 섞여 사는 무리에 의하여 경멸받았다.

"섞여 사는 다른 인종들이 탐욕을 품으매 이스라엘 자손도 다시 울며 이르되 누가 우리에게 고기를 주어 먹게 하랴 우리가 애굽에 있을 때에는 값없이 생선과 오이와 참외와 부추와 파와 마늘들을 먹은 것이 생각나거늘 이제는 우리의 기력이 다하여 이 만나 외에는 보이는 것이 아무 것도 없도다 하니"(민 11:4-6). 이스라엘이 애굽에서 나올 때 그들만 나오지 않았다. 그들은 하나님에 대한 지식을 전혀 갖고 있지 않은 사람들 곧 의심할 여지 없이 여호와께서 내리신 재앙들과 이스라엘을 위한 여호와의 중재하심에 크게 감명을 받은 '섞인 무리들' 과 함께 나왔다. 오늘날도 이와 마찬가지로, 곡식이 자라는 사이사이에 가라지가 함께 자란다. 그리스도인이라고 자처하는 자들 가운데 '섞인 무리들' 이 있어 옛날 그들의 선조들처럼 만나를 멸시한다. 그들은 영적 사역에 대하여 전혀 흥미가 없다. 그들이 비록 아름답게 금박을 입힌 비싼 성경을 가지고 있다고 하더라도, 그들에게 그 내용은 메마르고 빤질거리는 도금에 불과하다.

14) 만나는 법궤 속에 보존되었다.

"또 모세가 아론에게 이르되 항아리를 가져다가 그 속에 만나 한 오멜을 담아 여호와 앞에 두어 너희 대대로 간수하라"(출 16:33). 히브리서 9:4에 보면 그것을 '금항아리'라고 하였다. 이것은 매우 놀라운 사실이다. 만나를 이스라엘 자손들의 장막 안에서는 단 하루도 간수할 수 없었지만 성막 안에서는 거의 40여 년간을 보존할 수 있었음을 볼 수 있다. 그것은 가나안 땅을 위하여 간수되었다. 그 모형이 예시한 것도 이와 마찬가지이다. 우리는 어제의 체험을 섭취할 수 없고 또 그것으로 오늘의 필요를 채울 수는 없다고 할지라도 우리가 광야에서 당한 나날의 경험은 부요롭고 복된 결실로 다시 존재하게 될 것이다. 만나가 담긴 '금항아리'는 하나님이 모형으로 예시해 놓으신 높은 가치가 무엇인지를 말해 준다. 만나가 가나안에 당도할 때까지 간수된 사실은 성경을 하나님께서 어떻게 전 세대를 통하여 보존하셨는지를 말해 준다.

15) 만나는 가나안에 도착할 때까지 있었다.

"사람이 사는 땅에 이르기까지 이스라엘 자손이 사십 년 동안 만나를 먹었으니 곧 가나안 땅 접경에 이르기까지 그들이 만나를 먹었더라"(출 16:35). 이것은 하나님이 그의 백성에게 얼마나 부족함이 없이 공급해 주셨는지를 말해 준다. 광야 여정의 마지막까지 만나는 계속되었다. 풀은 마르고 꽃은 시드나 여호와의 말씀은 세세토록 있도다. 우리가 비록 이 세대의 '종말'에 있거나, 우리에게 '위험한 시기'가 닥칠지라도 하나님의 복된 말씀이 우리에게 있다. 그 말씀을 보다 높게 평가하며 좀 더 주의 깊게 읽고, 좀 더 부지런히 연구하자.

여기에 건강하고 활력 있는 영적 생활의 크나큰 비결이 있다. 그것은 곧 우리의 영혼이 자랄 수 있도록 말씀의 신실(순전)한 젖을 간절히 사모하는 것이다. 또한 그것은 날마다 생명의 떡을 먹어 우리가 필요한 힘을 얻는 데 있다. 그것은 우리가 심령에 하나님의 말씀을 소유함으로써 하나님께 대한 범죄로부터 자신들을 지킴에 있다. 이렇게 함으로써 우리는 예레미야와 함께 "내가 주의 말씀을 얻어 먹었사오니 주의 말씀은 내게 기쁨과 내 마음의 즐거움이니이다"(렘 15:16)라고 말할 수 있게 될 것이다.

제23장

그리스도의 모형: 만나

출애굽기 16장

앞장에서 우리는 '만나'를 하나님이 우리 영혼의 생명을 영위할 수 있도록 아주 은혜롭게 예비하신 양식의 모형으로서, 여호와께서 광야에서 이스라엘의 육신적 필요를 채우기 위하여 공급하신 것임을 고찰해 보았다. 그 양식은 바로 그의 복된 말씀이다. 그러나 '말씀'이란 성경과 주 예수 그리스도 그 모두를 말한다. 그 둘은 아주 친밀한 관계를 가지고 있다. 시편에 그리스도께서 이르시기를 "나를 가리켜 기록한 것"(시 40:7)이라고 하셨고 또 "성경을 연구하거니와 이 성경이 곧 내게 대하여 증언하는 것이니라"(요 5:39). 어느 한 가지에 대해 가정할 수 있는 거의 모든 것은 다른 것에 대해 예언될 수 있다. 그러나 기록된 말씀의 주된 가치는 완전함을 제시하며, 성육신한 말씀과 교제하도록 이끄는 데 있다. 우리가 그리스도를 자신을 양식으로 삼을 때에만 진실로 기록된 말씀을 양식으로 삼는 것이다. 그러므로 이 장에서는 만나가 주 예수 그리스도의 인격과 온전하심을 예시하는 것으로 우리의 관심을 한정지어 생각할 것이다.

기름부음을 받은 눈을 가진 자는 많은 모형 아래에 그리고 수많은 그림자와 상징들 뒤에 있는 복되신 주님의 영광을 발견할 것이다. '모세와 선지자'가 기록하였던 사람 중에서 그리스도를 예시하는 것들을 기도하면서 탐구하는 것이 우리가 구약성경을 연구하는 주된 즐거움이 되어야 한다. 요한복음 6:32, 33에 기록된, 예수님이 친히 하신 말씀에 의하여, 만나가 성육신하신 아들을 가리키는 여부에 대한 모든 의심은 제거되었다. 거기에서 예수께서 이르시기를 "내가 진실로 진실로 너희에게 이르노니 모세가 너희에게 하늘로부터 떡을 준 것이 아니라 내 아버지께서 너희에게 하늘로부터 참 떡을 주시나니 하나님의 떡은 하늘에서 내려 세상에 생명을 주는 것이니라"고 하셨다. 하나님의 신이 자기를 낮추사 우리의 죄로 물든 눈을 열어주어 그의 완전한 법도로부터 우리가 '기이한 일' 보기를 간절히 소원하기를 바란다.

1) 만나를 내려주게 되었을 때의 입장은 놀라우면서 또한 엄숙하다.

여호와로부터 기이한 자비를 입은 후에, 이스라엘은 신 광야에 도착했다. 그러나 그들이 그곳에 도착한 지 얼마 되지 않아, 이스라엘 온 회중이 모세와 아론을 원망하여 이르기를 "우리가 애굽 땅에서 고기 가마 곁에 앉아 있던 때와 떡을 배불리 먹던 때에 여호와의 손에 죽었더라면 좋았을 것을 너희가 이 광야로 우리를 인도해 내어 이 온 회중이 주려 죽게 하는도다"(출 16:3)라고 말한 사실을 본다. 이것보다 더한 불신앙과 감사할 줄 모르며, 거역하는 마음의 가공할 만한 노출은 감히 상상조차 할 수 없는 것이다. 놀라운 것은 하나님의 무서운 심판이 거기에서나 그 후에서나 바로 그들을 소멸하지 않았다는 것이다. 그러나 그들에게 그의 진노를 쏟는 대신 하늘로부터 양식을 비처럼 내리시는 놀라운 은혜로 그들을 대접하셨다.

놀랍게도 이것은 여호와의 영광이 내려온 그 세계의 상황을 묘사하고 있다. 사천년 동안이나 하나님은 눈에 보이는 이 세상을 다스리기 위한 그의 자비를 인간에게 보여주시기 위하여 해를 악인과 선인에게 비추게 하시며 비를 의로운 자와 불의한 자에게 내리셨다(마 5:45). 그런데 인간의 응답은 어떠하였나? "하나님을 알되 하나님을 영화롭게도 아니하며 감사하지도 아니하고 오히려 그 생각이 허망하여지며 미련한 마음이 어두워졌나니 스스로 지혜 있다 하나 어리석게 되어 썩어지지 아니하는 하나님의 영광을 썩어질 사람과 새와 짐승과 기어다니는 동물 모양의 우상으로 바꾸었느니라"(롬 1:21-23). 구약성경의 역사가 얼핏 보여주는 것은 이스라엘도 더 나은 것이 없었다는 것이다. 만일 하나님이 그 족속을 모두 버리셨다 하더라도 무슨 놀랄 만한 일이 될 것인가! 아니, 오히려 더할 수 없는 기이한 은혜로 사랑하는 그의 친 아들을 세상에 보내사 모든 인간 피조물들의 갚을 여지가 없는 부채까지도 모두 탕감해 주셨다.

2) 만나가 떨어지는 장소도 역시 아주 의미가 깊다.

'하늘의 양식'이 맨 처음 떨어진 곳은 '신 광야'였다(출 16:1). 하나님의 아들이 내려오신 이 세상의 성격을 정확히 묘사하는 데 있어서 이보다 더 적합한 이름을 택하기는 정말 불가능했을 것이다. 진실로 하나님의 거룩하신 자에게 이 세상은 '신(sin, 죄) 광야'였다! 광야! 광야란 무엇을 말하는가? 그곳은 집이 없는 곳이다. 그 누구도 거기에다 집을 지으려고 생각하지 않는다. 그리고 하나님의 아들에게 이 세상은 집 없는 곳이었다. 그가 나실 때에 사관에 있을 곳이 없었으며, 그의 공적인 사역을 하시는 동안에도 머리 둘 곳이 없었으며, 못 박히신 그의 육신을 위해 빌린 무덤이 있었을 뿐이니, 이 모든 것이 한 마디로 모든 것을 말해준다. 신(sin, 죄) 광야! 죄 없으신 이가 여기에 계셨다는 것은 너무도 분명하다. 빛이 어둠에 감추어진 것을 얼마나 잘 드러내 주는가! 구세주의 살인자가 얼마나 유다와 이방의 죄성을 동일하게 잘 보여주는가!

3) 여호와의 영광은 만나를 주는 일과 결부되어 있었다.

"아론이 이스라엘 자손의 온 회중에게 말하매 그들이 광야를 바라보니 여호와의 영광이 구름 속에 나타나더라"(출 16:10). 이것은 참으로 놀라운 일이다. 우리는 여기에서 '여호와의 영광'이 이스라엘과 관련해서 뿐만 아니라 성경에 있어서도 처음 나타난 것으로 본다. 이러한 우리의 모형의 상세한 묘사는 놀랍게도 정확하다. 하나님의 아들이 육신을 입고 오시기 전까지만 하더라도 '여호와의 영광'이 완전히 드러나지 않았다. 그러나 영원한 말씀이 육신이 되어 인간 가운데 거하시게 될 때에야 비로소 사랑받은 사도가 외친 것처럼 "우리가 그의 영광을 보니 아버지의 독생자의 영광이요"(요 1:14)라고 말할 수 있게 되었다. 그 '하나님의 영광'은 예수 그리스도의 얼굴에 있었다(고후 4:6).

4) 만나는 하늘에서부터 내려왔다.

"그 때에 여호와께서 모세에게 이르시되 보라 내가 너희를 위하여 하늘에서 양식을 비 같이 내리리니"(출 16:4). 만나는 이 땅에서 생산된 것이 아니었다. 그것은 광야에서 뿐만 아니라 애굽에서도 자라지 않았다. 그것은 인간의 노력으로 만들어진 것이 아니며 인간의 기술로 제조된 것도 아니었다. 그것은 하나님으로부터 내려졌다. 그것은 땅에 내려진 하늘의 선물이었다. 에베소서 4:10의 말씀처럼 "내리셨던 그가 곧 모든 하늘 위에 오르신 자니"라 하심과 같다. 첫 사람(아담)은 땅에서 났고 땅에 속한 자이었으나 둘째 사람(예수 그리스도)은 '하늘에서 오신 주님'이시다(고전 15:48).

5) 만나는 하나님이 거저 주신 선물이었다.

"모세가 그들에게 이르되 이는 여호와께서 너희에게 주어 먹게 하신 양식이라"(출 16:15). 이러한 만나를 위해 전혀 비용을 산정하지 않았다. 그것은 얻을 수 있는 삯이나 취할 수 있는 보상이 아니라, 하나님의 은혜와 사랑의 증표였다. 그것을 위해 어떤 값도 요구되지 않았다. 돈이나 값으로 칠 수 없는 것이었다. "하나님이 세상을 이처럼 사랑하사 독생자를 주셨으니 이는 그를 믿는 자마다 멸망하지 않고 영생을 얻게 하려 하심이라"(요 3:16). 다음과 같이 말함으로 사도의 믿음에 연합하자. "말할 수 없는 그의 은사로 말미암아 하나님께 감사하노라"(고후 9:15).

6) 만나는 이스라엘 백성에게 내려졌다.

"보라 내가 너희를 위하여 하늘에서 양식을 비 같이 내리리니 백성이 나가서 일용할 것을 날마다 거둘 것이라"(출 16:4). 두 가지 진리가 여기에 실례로 나타나 있다. 첫째, 만나는 다른 이들을 위한 것이 아니라 하나님이 그의 택한 백성을 위하여 예비하신 것이었다. 우리는 하나님이 만나를 애굽이나 또는 가나안에 내려주는 것에 대해 읽어 본 일이 없다. 그것은 마치 유월절의 어린양이 그들을 위함이지 애굽 사람을 위한 것이 아니었던 것같이, 광야에서 오직 이스라엘에게만 주어졌다. 이와 마찬가지로 그리스도도 하나님이 '영생을 위하여 명하신' 사람만을 위한 하나님의 예비하심이다. 요한복음 17:19에서 그가 친히 하신 말씀을 들어보자. "그들을 위하여 내가 나를 거룩하게 하오니". 이것은 스스로 죽음에 내어줌을 말씀하신다. 그가 친히 생명을 내어줌은 '양'을 위함이지, 염소를 위함이 아니다(요 10:11).

둘째, 이 만나는 또한 궁핍한 자들과 음식이 없는 자들에게 내려졌다. 이스라엘은 이 시점에 이르러서 애굽에서 나오면서 가지고 나온 어떤 음식이든지 다 먹어버리고 없었다. 인간적 측면에서, 그들은 아사 직전의 급박한 위험에 처한 것으로 보였다. 하나님이 필요한 것을 채워 주시지 않았다면, 그들은 광야에서 멸망당했을 것이다. 그러나 거룩한 하나님의 측면에서 볼 때는 모든 것이 분명하였다. 하나님은 이스라엘을 시내 광야로 이끌어 내시려고 계획하셨으며(출 3:12), 그의 묘략은 실패하지 않는다. 하나님은 궁핍한 그의 백성들을 위하여 완벽한 대책을 마련하셨다. 본질적으로는 하나님이 택한 자들도 '다른 이들과 같이 본질상 진노의 자녀'였다(엡 2:3). 부정으로 빚어지고 죄악으로 잉태되었던 그들의 운명은 참으로 절망적이다. 그러나 하나님을 찬양할 것은, 그가 그들을 위하여 완벽하게 예비하셨다. 그 생명의 떡은 그들에게 아주 흡족하게 공급되었다. 비단 그가 나시기도 전에 선포하시기를 "이름을 예수라 하라 이는 그가 자기 백성을 그들의 죄에서 구원할 자이심이라"(마 1:21)고 하셨다.

7) 만나는 이스라엘 백성들이 있었던 바로 그곳에 내렸다.

이스라엘 백성들은 아사의 급박한 위험에 직면해 있었으나 우리가 이미 본 바와 같이 하나님께서 그 풍성하신 은혜로 그들의 필요를 채우도록 이미 예비하셨고, 이제는 우리가 곧 알게 되겠지만, 굶주림을 채울 수 있는 것들을 구하러 그들이 긴 여행을 할 필요가 없었던 것은 만나가 장막 주위에 내려졌기 때문이다. "아침에는 이슬이 진 주위에 있더니 그 이슬이 마른 후에 광야 지면에 작고 둥글며 서리 같이 가는 것이 있는지라"(출 16:13, 14). 여기에 구세주의 필요를 의식하고 그를 만나려고 근심하는 죄인에게, 하나님께서 "마음에 이르기를 누가 하늘에 올라갈까 하지 말라 이는 그리스도가 위에서 내려 왔기 때문이요 또 누가 깊음에 내려갈까 하지 말라 이는 그리스도가 죽음에서 다시 살아나셨기 때문이다"라고 말씀하신 복된 사실이 예시되었다. 그러나 이 말씀은 도대체 무슨 뜻인가? "말씀이 심히 네게 가깝도다." 그리고 그것이 매우 가깝다는 사실로부터 죄인들에게 책임이 솟아난다. 각 장막 문 앞 모든 주위에 만나가 널려 있었다. 그것에 대해 무엇인가를 해야만 했다. 그것을 거두어들여야만 했다. 그렇지 않으면 발밑에 밟혔다! 죄인이여! 당신은 하나님 아들 그리스도를 어떻게 대하고 있는가? 그의 엄격한 말씀, 즉 "나와 함께 하지 않는 자는 나를 대적하는 자라"고 하신 것을 기억하라.

8) 만나는 개개인이 거두어들여야만 했다.

"여호와께서 이같이 명령하시기를 너희 각 사람은 먹을 만큼만 이것을 거둘지니"(출 16:16). 이것은 너무도 영적인 말씀이다. 그리스도를 영접(요 1:12)하는 것은 개인적인 일이다. 그 누구도 다른 사람을 위하여 믿어 줄 수는 없다. 대리인에 의한 구원이란 절대로 없다. 그리스도의 복음은 "모든 믿는 자에게 구원을 주시는 하나님의 능력이 됨이라"(롬 1:16)고 하셨다. 뿐만 아니라 "믿지 않는 사람은 정죄를 받으리라"(막 16:16)고 하셨다. 구원하는 믿음은 각기 깨달은 죄인이 그리스도를 자기 자신의 것으로 취하는 행위인 것이다. 그리스도께서 그 교회 전체를 사랑하시고 그것을 위하여 자기를 주신 것은 사실이나(엡 5:25) 교회의 각 지체가 사도 바울과 함께 "나를 사랑하사 나를 위하여 자기 자신을 버리셨다"(갈 2:20)고 말할 수 있는 것이야 말로 또한 복된 특권이다. 사랑하는 독자여, 당신은 주 예수 그리스도를 영접하였는가?

9) 만나는 매일의 필요를 채워 주었다.

"그 때에 여호와께서 모세에게 이르시되 보라 내가 너희를 위하여 하늘에서 양식을 비 같이 내리리니 백성이 나가서 일용할 것을 날마다 거둘 것이라"(출 16:4). 그들이 오늘 거둔 만나는 내일까지 충분하지 않았다. 그들은 매일 신선한 공급을 받아야 했다. 너무나 많은 주의 백성들이 실패하는 일이 바로 여기에 있다. 우리도 역시 그리스도에게 '매일' 양육을 받아야만 한다. 마치 육신의 영역에 있어서 우리가 어제 먹었던 음식으로는 오늘의 자양분을 채울 수 없음과 같이, 지난날의 경험과 성취한 것으로는 현재의 급박한 필요를 채우지 못한다. 마음의 중심에 지속적으로 그리스도가 보존되어 있어야 한다. "오늘 우리에게 일용할 양식을 주시옵고"라고 하신 말씀이 하나님의 모든 자녀들의 기도가 되기를 바란다.

10) 식욕에 따라 거두는 양을 결정했다.

"여호와께서 이같이 명령하시기를 너희 각 사람은 먹을 만큼만 이것을 거둘지니 곧 너희 사람 수효대로 한 사람에 한 오멜씩 거두되 각 사람이 그의 장막에 있는 자들을 위하여 거둘지니라 하셨느니라 이스라엘 자손이 그같이 하였더니 그 거둔 것이 많기도 하고 적기도 하나"(출 16:16, 17). 이와 같이 우리는 만나를 거두는 양을 지배한 것이 식욕이었음을 본다. 이것은 신자들에게 얼마나 충격적이며 진지한 사실인가? "우리 모두는 원하는 것만큼 그리스도를 소유했고 그 이상도 이하도 아니다. 만일 우리의 욕망이 크고, 우리의 입을 넓게 벌리면 그가 채워주실 것이다. 우리가 원할 때, 우리는 또한 너무 많이 원하거나 또는 좌절할 필요가 없다. 반면에 필요에 대한 요구가 심히 연약하다면 소량의 그리스도만이 공급될 것이다. 그러므로 우리들이 광야 음식으로서의 그리스도를 먹는 양은 전적으로 우리들이 느끼는 영적 필요와 사모함에 달려 있다"(Ed. Dennett).

11) 여호와의 백성이 아닌 자들은 만나를 멸시하였다.

"그들 중에 섞여 사는 다른 인종들이 탐욕을 품으매 이스라엘 자손도 다시 울며 이르되 누가 우리에게 고기를 주어 먹게 하랴 우리가 애굽에 있을 때에는 값 없이 생선과 오이와 참외와 부추와 파와 마늘들을 먹은 것이 생각나거늘 이제는 우리의 기력이 다하여 이 만나 외에는 보이는 것이 아무 것도 없도다"(민 11:4-6). 이 말은 이사야 53장에 있는 말씀을 얼마나 기억나게 하는가? "우리가 보기에 흠모할 만한 아름다운 것이 없도다 그는 멸시를 받아 사람들에게 버림 받았으며"라고 하셨다. 죄악으로 눈이 어두워진 육에 속한 자연인은 주 예수님의 매력을 이해할 수 없다. 그는 예수님의 기이한 온전함을 분별할 수도 없다. 이와 같이, 그가 그의 심각한 필요를 알지 못하니 어찌 그리스도가 오직 그 필요를 채워줄 수 있으리! 이러므로 그는 그리스도께로 나오지 않을 뿐만 아니라 그를 원하지도 아니한다.

12) 만나는 땅의 흙 위에 내려진 것이 아니라 이슬 위에 내렸다.

"밤에 이슬이 진영에 내릴 때에 만나도 함께 내렸더라"(민 11:9). 성경에 있는 모든 것은 영적인 의미와 적용을 가지고 있다. 그렇다면 위에 있는 사실의 심오한 의미는 무엇인가? 창세기 3:19이 이 구절을 조명한다. "너는 흙이니 흙으로 돌아갈 것이니라"고 하셨다. 이 말씀은 타락한 인간에게 하신 것으로 죄가 사람 속에서 작용했던 부패에 관심을 기울이게 한다. 여기에 있는 '흙'은 나아가 타락한 인간성을 말한다. 이제 만나가 '흙' 위에 떨어진 것이 아니라 이슬 위에 떨어졌다. 이 사실은 우리 주님의 인간성의 그 유일성과 결백하심(incorruptibility)을 얼마나 여실히 예시하는가! 말씀이 육신이 되기는 하였으나 주 예수의 인성은 우리의 타락한 본성을 공유하지 않으셨다. 그는 종의 형체를 입었으나 그를 위하여 예비된 육신(히 10:5)은 이 세상의 '흙'(dust)에 속하지 않았다. 그가 탄생하기 전에 천사가 그의 어머니에게 이르기를 "성령이 네게 임하시고 지극히 높으신 이의 능력이 너를 덮으시리니 이러므로 나실 바 거룩한 이는 하나님의 아들이라 일컬어지리라"(눅 1:35)고 했다.

13) 만나는 흰색이었다.

출애굽기 16:31에 보면 "이스라엘 족속이 그 이름을 만나라 하였으며 깟씨 같이 희고"라고 하였다. 이는 주님께서 날마다 행하실 때 외부로 나타난 그의 점 없는 순결을 말한다. 그는 "죄를 알지도 못했다"(고후 5:21). "그는 죄가 없으셨다"(히 4:15). "그는 죄를 범치 않으셨다"(벧전 2:22). 그는 "거룩하고 악이 없고 더러움이 없고 죄인에게서 떠나 계셨다"(히 7:26). 베드로전서 1:19은 그를 "흠 없고 점 없는" 어린양이라고 했다. 앞의 표현은 외부에 오염이 없는 것을 말하고 뒤의 것은 내부에 결점이 없는 것을 말한다. 그가 이 부패한 지경을 지나시는 동안 불결한 일에 개입되신 적은 없었다. 그만이 나병자에게 오염되지 않은 채로 손을 얹을 수 있었다. 그는 '점 없고' 깨끗하고 순결하였다.

14) 만나는 그 맛이 달았다.

"맛은 꿀 섞은 과자 같았더라"(출 16:31). 이것을 해석하기 위하여 솔로몬의 아가를 살펴 보아야 하겠다. "남자들 중에 나의 사랑하는 자는 수풀 가운데 사과나무 같구나 내가 그 그늘에 앉아서 심히 기뻐하였고 그 열매는 내 입에 달았도다"
(아 2:3). 또다시 "뺨은 향기로운 꽃밭 같고 향기로운 풀언덕과도 같고 입술은 백
합화 같고 몰약의 즙이 뚝뚝 떨어지는구나 … 입은 심히 달콤하니 그 전체가 사
랑스럽구나"(아 5:13, 16). 주께서 우리의 "기도를 기쁘게 여기시기를 바란다"(시
104:34).

15) 만나를 갈기도 하고 굽기도 하였다.

"백성이 두루 다니며 그것을 거두어 맷돌에 갈기도 하며 절구에 찧기도 하고
가마에 삶기도 하여 과자를 만들었으니"(민 11:8). 이 얼마나 복되신 우리 주님의
고난을 잘 말해주고 있는가! "그들이 강퍅하므로 신음하셨고," 그들이 믿지 아니
함으로 '탄식' 하셨으며, 예루살렘을 위하여 '우셨다' 는 말씀 외에도 다른 많은
표현들이 만나를 가는 것을 말해주고 있다. 헤롯의 법정에서 유대인과 잔인한 군
병들의 손으로 당한 일은 우리에게 만나를 찧음을 보여준다. 우리는 그가 십자가
상에서 아버지의 불같은 진노에 복종하신 것을 볼 수 있다. 그러므로 만나가 갈
리고 찧긴 것은 '우리의 허물을 인하여 상처를 입은' 그분을 말해주고 있음을 우
리는 안다.

16) 만나는 안식일에 보존되었다.

"모세가 그들에게 이르되 여호와께서 이같이 말씀하셨느니라 내일은 휴일이
니 여호와께 거룩한 안식일이라 너희가 구울 것은 굽고 삶을 것은 삶고 그 나머
지는 다 너희를 위하여 아침까지 간수하라 그들이 모세의 명령대로 아침까지 간
수하였으나 냄새도 나지 아니하고 벌레도 생기지 아니한지라"(출 16:23, 24). 안
식일에는 만나를 보존할 수 있었는데, 이 또한 우리들에게 복 되신 주님에 대해
말하고 있다. 그는 죽음을 통하여 보존된 유일한 분이다. 그는 안식일에 무덤에
누워 계셨고 하나님이 이르신 말씀 "주의 거룩한 자를 멸망시키지 않으실 것임이
니이다"(시 16:10)라고 하심과 같이 '보존' 되었다.

17) 만나를 여호와 앞에 두었다.

"또 모세가 아론에게 이르되 항아리를 가져다가 그 속에 만나 한 오멜을 담아
여호와 앞에 두어"(출 16:33). 히브리서에서는 이 구절에 대한 원형(anti-type)으
로서 "그리스도께서는 참 것의 그림자인 손으로 만든 성소에 들어가지 아니하시
고 바로 그 하늘에 들어가사 이제 우리를 위하여 하나님 앞에 나타나시고"(히
9:24)라고 하셨다. 만나가 보존된 금 항아리는 그것이 예시하는 분 안에서 어떻게

하나님께서 영광을 받으셨는지를 이야기한다. "비록 인자가 우리에게 주신 분이고, 또한 그분은 우리가 알고 있는 인간이지만(우리가 위에 계신 그분에게 도착하면 그런 형태를 발견할 수 없는 인간), 그럼에도 불구하고 그분은 지금 하나님이 그 영광을 받고 계시는 인간이며, 하나님이 영원토록 영광을 받으실 인간이시다. 우리는 영광의 보좌에 계시는 그분 안에 있을 것이다. 물론 그분은 더 이상 '어떤 누구 보다 많은 상처가 난 얼굴을 가지고 있지 않고' 그리고 그 자태가 사람의 아들들과 많이 닮았다. ― 얼굴이 상하셨던 바로 그분은 자신의 마음을 슬픔으로 아버지께 드린 바로 그분이었다. 그러므로 우리는 슬픔 안에서 그분을 아는 법을 배웠다"(Mr. Grant).

18) 만나는 천사의 음식이라 불렀다.

시편 78:25에 보면 "사람이 힘센 자의 떡을 먹었으며 그가 음식을 그들에게 충족히 주셨도다"라고 하셨는데 이는 이스라엘 백성에게 광야에서 만나를 주신 것을 의미한다. 이 말씀의 예시가 되는 몇 개의 구절이 성경의 마지막 책에 기록되어 있다. 그리스도께서는 땅에 있는 그의 백성들의 영혼만을 먹이신 것이 아니라 천상에 있는 영물들의 심령도 흡족케 하신다. 타락하지 않은 천사들은 그리스도에 대하여 먹음으로써 그들의 주된 즐거움을 찾는다. 그들은 그를 경배하고 섬기며 그에 대한 찬송을 말한다.

19) 만나는 밤에 주신 것이다.

만나가 이스라엘 백성에게 내려진 때는 어둠이 있을 동안이었다. 떡이 하늘로부터 주어진 때는 그들이 잠자고 있을 동안(이는 인간의 무력함을 말하고 있으며, 우리가 잠자고 있을 때만큼 무력한 때는 없다)이었다. 이와 같이 우리가 흑암 중에 있고, 불신하며, 무기력하고, '강건함이 없을 때' 그리스도께서 우리에게 임하셨다. 이러한 세상의 밤의 마지막이 있게 될 것인데. 그때 "흑암이 땅을 덮고, 엄청난 어두움이 사람을 덮지만", 하나님의 떡이 세상에 다시 오셔서 생명을 주실 것이다.

20) 만나는 지금 감추어져 있다.

요한계시록 2:17에서는, "이기는 그에게는 내가 감추었던 만나를 주고"라고 하셨다. 이와 같이 만나가 계속적으로 말하고 있는 그리스도도 지금은 '감추어져 있다.' 눈으로는 볼 수 없지만 그를 온 세상 앞에 나타내어 보이실 그날까지 그는 하늘에 머물러 계신다. "우리가 하늘의 만나를 '볼' 뿐만 아니라 그것을 다시 '먹게' 될 것이다. 우리에게 나타내신 그의 사랑과 은혜의 온전하심에 대한 실현은 그보다 더 새로울 수는 없을 것이다. 실제로 우리가 거기에 이르게 되면 흡족한 즐거움을 누리게 될 것은, 그들이 광야에서 이미 겪었던 경험들이기는 하지만, 그곳에서는 우리가 알고 있었던 모든 경험들을 다시 새롭게 알게 됨과 아울러, 우리가 그 온전한 해석과 축복을 찾아내기 위하여 무던히도 애쓰며 기다리던 바로 그 땅이기 때문이다. 그 양식은 영원한 생명에 이르기까지 지속된다. 그 양식이 스스로 감당한다. 우리의 영원한 즐거움이 될 것을 우리는 즐기고 있다. 우리는 우리의 영원한 양식이 될 바로 그 음식을 먹고 있는 것이다"(Mr. Grant).

이 놀랍고 소중한 모형(상징)을 다루고 있는 우리의 입장은 심히 불충분하며 무가치하다는 것을 인정한다. 그러나 만일 그것이 우리들 믿는 벗들에게 기록된 말씀을 좀 더 주의 깊게 연구하도록 인도하며 성육신하신 말씀에 더욱 친근해질 수 있도록 더 깊은 소원을 일으켜 준다면 우리의 미약한 수고는 충분하게 보상을 받을 것이다.

제 24장

지팡이로 친 반석

출애굽기 17장

"**이스라엘** 자손의 온 회중이 여호와의 명령대로 신 광야에서 떠나"(출 17:1).
이 장의 시작을 앞에 있었던 내용과 연결되게 '그리고' 라는 단어로 시작한 것에
주의하라(한글개역 성경에는 이 말이 빠져 있음). 이와 마찬가지로 16장의 시작도 15장
의 마지막 절의 내용과 연결시키기 위하여 '그리고' 라는 단어로 시작하였다. '그
리고' 라는 말은 한 단어이기는 하나 그것을 주의 깊게 평가하지 않음으로, 자주
그 대단한 중대성과 가치가 있음을 깨닫지 못한다. 하나님의 말씀에는 아무것도
하찮은 것이 없으며 각 단어와 음절은 그 독특한 의미와 가치를 지니고 있다. 출
애굽기 15장 마지막 부분에 보면(23절) 이스라엘이 마라에 도착하여 그곳에 있는
물이 쓰므로 마실 수 없었다. 그 즉시 백성들이 모세를 원망하여 이르기를 "우리
가 무엇을 마실까"(24절)라고 한 것을 볼 수 있다. 여호와께서 그들을 위하여 그
모든 일들을 행하신 이후에도 이러한 일이 발생했다는 것은 참으로 슬픈 일이었
다. 모세는 하나님께 부르짖었고, 그는 오래 참으시는 은혜로 그 즉시 백성들의
고통을 들어 주셨다. 여호와께서 한 나무를 가리키심으로 그 쓴 물에 던지자마자
곧 단물이 되었다. 이러한 일이 있은 뒤 열 두 개의 물샘이 있는 엘림에 도착하였
다. 여기에서 출애굽기 15장은 끝난다.

　출애굽기 16장은 '그리고' 라는 말로 시작되는데 그 이유는 무엇인가? 바로 앞
에 있는 내용을 연결시키기 위함이다. 그렇다면 그 목적이 무엇인가? 즉각적으로
이어지는 이스라엘의 무모한 행위는 변명할 수 없다는 사실과 또 그것을 강조하
는 것을 우리에게 보여주기 위함이니 곧 하나님이 놀라운 인내를 베푼 일뿐만 아
니라 너무도 은혜롭게 대하면서 주님의 무한한 자비를 나타내기 위함이었다. 이
스라엘은 이제 신 광야에 들어왔으나 거기엔 먹을 것이 아무것도 없었다. 그런데

이 믿음의 시련에 그들은 어떻게 대처했는가? 근래에 있었던 마라의 체험에 비추어 그들의 일용할 양식을 위하여, 즉각적으로 그리고 확신을 가지고 그들의 거룩한 은인에게로 돌아가 그를 고대해야만 했다. 그러나 그렇게 하기커녕 또다시 "이스라엘 자손 온 회중이 그 광야에서 모세와 아론을 원망하여"(출 16:2), "하나님을 대적하여 말하기를 하나님이 광야에서 식탁을 베푸실 수 있으랴"(시 78:19) 라고 했다. 그러나 그들의 성급함과 불신에도 불구하고 여호와께서 다시 그들을 구하시어 하늘에서 떡을 비처럼 내려주셨다. 우리가 방금 본 장에는 만나에 대한 상세한 내용이 수록되었다.

그런데 이제 우리가 공부하고자 하는 이 장도 다시 '그리고'로 시작된다(한글개역 성경에는 이 말이 빠져 있음). 이 장의 서두에서 제시해주는 광경은 앞 장의 서두에서 본 것과 매우 흡사하다. 이스라엘은 다시 한 번 믿음의 시련에 봉착하게 되었다. 하나님에 대한 그들의 의존도가 시험을 받았다. 이번에는 양식의 부족이 아니라 물이 없었다. 이는 믿음의 길이 시련의 길임을 잘 입증해 주고 있다. 하나님의 인도를 받는 자들은 반드시 육신에 달갑지 않은 일에 직면할 것을 예기해야만 하며, 또한 믿음 그 자체에도 지속적이며 실제적인 시험이 따른다는 사실을 명심해야 한다. 하나님의 계획은 여기 아래에 있는 모든 것들로부터 우리를 떼어내어, 물질이나 인간적 근원을 의지함이 없는 곳으로 우리를 이끌어, 전폭적으로 그에게 자신을 던지도록 하는 것이다. 오, 얼마나 더디게, 얼마나 고통스럽도록 더디게 이 교훈을 배우는가! 얼마나 비참하게, 얼마나 반복해서 우리는 실패하고 있는가! 여호와는 우리에게 얼마나 오래 참으시는가! 서두의 '그리고'가 가리키고자 한 것이 바로 이 사실이었다. 여기 출애굽기 17장은 16장의 서두에서 명시한 내용의 비극적인 반복일 뿐이다.

"백성이 마실 물이 없는지라." 그것이 도대체 무엇이란 말인가? 바다를 갈라 그 물결을 그들의 대적 위에 되돌아 덮치게 하신 이에게는 아무런 어려움이 되지 못했다. 여호와께서 물을 마련하시는 것은 그들에게 떡을 마련하는 것보다 어렵지 않았다. 여호와는 그들의 목자가 아니셨던가? 만일 그렇다면 부족함이 있을 것인가? 뿐만 아니라 여호와께서 친히 이스라엘을 르비딤으로 이끄시지 않았던가? 그러하다. 여기 명백히 이르시기를 "이스라엘 자손의 온 회중이 여호와의 명령대로 신 광야에서 떠나 그 노정대로 행하여 르비딤에 장막을 쳤으나"라고 하였다. 그는 그곳에 물이 없음을 알고 계셨지만 그럼에도 그들을 바로 그곳으로 이끄셨다!

우리는 다음과 같은 일을 쉽게 기억할 수 있다. 때때로 우리가 어떤 어려운 지경에 이르렀을 때, 피조물의 위안이 되는 시내가 말랐을 때, 우리는 자신, 우리의 친구들, 형제들 또는 마귀까지도 원망한다. 그러나 믿음의 시련이 존재하는 모든 여건과 처지에서 맨 먼저 기억해야 할 일은 여호와께서 친히 우리를 그곳에 이끄셨다는 것이다! 이것이 이해된다면, 우리가 거기에 머무는 동안에 주님이 우리를 양육하실 것을 신뢰하기 어렵지 않을 것이다.

"백성이 모세와 다투어 이르되 우리에게 물을 주어 마시게 하라"(출 17:2). '다투다' 라는 말은 백성들이 그들을 그곳으로 이끈 사실에 대하여 화를 내면서 모세에게 추궁하고, 그들의 어려움으로 말미암아 모세를 꾸짖고 정죄함을 말한다. 그들이 "우리에게 물을 주어 마시게 하라"고 말한 것은, 즉 그들이 화난 어조로 하나님만이 마련하실 수 있는 것을 그에게 달라고 요구하는 것은, 모세가 그들을 애굽에서 광야로 이끌어낸 장본인이기 때문에 그렇게 할 의무가 있다는 것을 나타내었거나, 아니면 그가 너무도 많은 이적들을 행한 것을 보아왔기 때문에 그들을 위하여 기적적으로 물을 내게 하는 것이 그의 능력으로 될 수 있으리라고 결론 내려 이제 그 일을 하도록 주장한 것 이 두 가지 중 하나일 것이다.

"모세가 그들에게 이르되 너희가 어찌하여 나와 다투느냐 너희가 어찌하여 여호와를 시험하느냐"(출 17:2). 이에 모세는 이스라엘이 그를 비난하는 것이 여호와를 규탄하는 것임을 즉시 깨달았다. 이 구절의 '시험하다' 는 말은 '시도하다, 또는 시험해 보다' 라는 뜻을 나타내고 있다. 그들이 다시 한 번 그의 종에게 다툼으로 여호와의 인내를 시험하였다. 그들은 그의 선하심과 미쁘심에 의문을 품었다. 모세는 그들의 지명된 인도자요 백성에게 보낸 하나님의 대리인이니 그에게 원망하는 것은 곧 여호와 스스로에게 그렇게 하는 것이다.

"거기서 백성이 목이 말라 물을 찾으매 그들이 모세에게 대하여 원망하여 이르되 당신이 어찌하여 우리를 애굽에서 인도해 내어서 우리와 우리 자녀와 우리 가축이 목말라 죽게 하느냐"(출 17:3). 그들의 갈증이 점점 더해지자 더욱 참지 못하고 격분하여 그들은 모세에게 모진 비난을 퍼부었다. "이스라엘이 애굽에서 가나안으로 직접 옮겨졌다면 인간의 마음이 어떠함을 그렇게도 슬프게 노출하지는 않았을 것이며, 그 결과로서 그렇게 경탄할 본보기나 상징들을 우리에게 증거하지 못했을 것이다. 하지만, 그들의 사십 년간의 광야 방황은 우리들에게 상상을 초월한 숱한 경고와 훈계 그리고 교훈과 결실들을 가져다준다. 우리는 그것으로부터,

다른 많은 것 가운데에서 하나님을 불신하는 한결같은 마음의 성향을 알게 된다. 짧게 말해서, 하나님 외에 다른 어떤 것을 구한다. 그것은 전능하고 지혜로우며 무한히 은혜로우신 하나님의 팔을 의지하는 것 보다는 어느 정도 거미줄같이 얇은 인간적 자원을 의지하는 것이다. 즉 가장 작은 구름이 주님의 그 복된 얼굴의 빛을 바라보는 것을 가리기에는 더할 나위 없이 충분하다는 뜻이다. 그러므로 우리는 그것을 '불신앙의 악한 심령' 이라는 말로 일컬어야만 하는데, 그것은 항상 '살아 계신 하나님으로부터 떠날' 준비가 되어 있음을 스스로 보여준다"(C. H. M.).

"모세가 여호와께 부르짖어 이르되 내가 이 백성에게 어떻게 하리이까 그들이 조금 있으면 내게 돌을 던지겠나이다"(출 17:4). 모세에게 쏟아 부은 잔인한 비난에 대하여 그가 아무런 대꾸를 하지 않았다는 것은 참으로 아름답다. 너무나 많은 관점에서 모세는 복되신 주님을 상징했다. "욕을 당하시되 맞대어 욕하지 아니하시고 고난을 당하시되 위협하지 아니하시고 오직 공의로 심판하시는 이에게 부탁하시며"(벧전 2:23)라고 하셨다. 이것이 바로 여기서 모세가 한 것이다. 그에게 거짓으로 참소하는 자들에게 화를 내어 쓴 말로 대꾸하는 대신 그는 여호와를 찾았다. 이는 참으로 복된 본보기이다. 이것은 환난의 때에 언제나 그의 피난처가 되었다(비, 출 15:25). 모세가 '여호와께 부르짖었다' 함은 그의 기도의 절실함과 격렬함을 말해주고 있다. "내가 이 백성을 어떻게 하리이까"라고 한 것은 이 처지에 대처한 자신의 무능함과 여호와께서 그들에게 오셔서 구해 주시리라는 그의 신념을 나타내 주고 있다. 우리에게 악의를 품은 자들에 대한순간적 대응을 놓쳤다고 해서, 우리는 얼마나 종종 슬픈 후회를 남겨 두었는가? 우리는 먼저 여호와를 찾아 "내가 어떻게 하리이까?" 라고 묻도록 하자.

"여호와께서 모세에게 이르시되 백성 앞을 지나서 이스라엘 장로들을 데리고 나일 강을 치던 네 지팡이를 손에 잡고 가라 내가 호렙 산에 있는 그 반석 위 거기서 네 앞에 서리니 너는 그 반석을 치라 그것에서 물이 나오리니 백성이 마시리라 모세가 이스라엘 장로들의 목전에서 그대로 행하니라"(출 17:5, 6). 이 말씀은 주 예수에 대한 구약성경의 많은 상징 중 하나를 우리에게 제시해 주는데, 신약성경의 권위로 간주하는 그 내용 중 한가지로 고린도전서 10:1~4에 다음과 같이 기록되어 있다. "형제들아 나는 너희가 알지 못하기를 원하지 아니하노니 우리 조상들이 다 구름 아래에 있고 바다 가운데로 지나며 모세에게 속하여 다 구름과 바다에서 세례를 받고 다 같은 신령한 음식을 먹으며 다 같은 신령한 음료를 마셨으니 이는 그들을 따르는 신령한 반석으로부터 마셨으매 그 반석은 곧 그리스도시라."

'반석'이라 함은, 구약성경에서 자주 볼 수 있는 여호와의 명칭 중 하나이다. 모세는 그의 노래 가운데서 이스라엘이 하나님을 버리고 "자기를 구원하신 반석을 업신여겼도다"(신32:15)고 탄식하였다. 이스라엘의 고운 노래를 부르는 자는 그의 노래 가운데서 "여호와는 나의 반석이시요 나의 요새시요 나를 위하여 나를 건지시는 자시오"(삼하 22:2)라고 읊었다. 시편 기자는 우리에게 "구원의 반석을 향하여 즐거이 외치자"(시 95:1)라고 명하였다. 이사야 선지자는 우리에게 이르기를 "또 그 사람은 광풍을 피하는 곳, 폭우를 가리는 곳 같을 것이며 마른 땅에 냇물 같을 것이며 곤비한 땅에 큰 바위 그늘 같으리니"(사 32:2)라고 하였다. 신약에 보면 외워둘 만하고 소중한 말씀 곧 "내가 이 반석(베드로의 고백을 말하시지 않고 자기 자신을 가리킴) 위에 내 교회를 세우리니"(마 16:18)라고 하신 말씀이 있다.

욥기에서 빌닷이 욥에게 "바위가 그 자리에서 옮겨지겠느냐"(욥 18:4)라고 질문한 것에서 우리가 맨 먼저 느낄 수 있는 것은 바위의 강함과 안정됨이다. 이는 신자들에게 참으로 위로가 되는 생각이다. 반석 위에 집을 지으면 "비가 내리고 창수가 나고 바람이 불어 그 집에 부딪치되 무너지지 아니하나니"(마 7:25)라고 말씀하셨다.

바위의 또 다른 탁월한 성격은 내구성이다. 그것은 폭풍 가운데서도 견디어 낸다. 창수가 그것을 그 기초로부터 옮기지 못하며 바람 또한 그러하다. 수많은 선척이 암초에 부딪쳐 깨어지나 바위는 여전하며, 반석 위에 짓지 아니한 자는 바로 그것에 의하여 깨어지리라는 것은 참으로 진지한 사실로서 "이 돌 위에 떨어지는 자는 깨지겠고 이 돌이 사람 위에 떨어지면 그를 가루로 만들어 흩으리라"(마 21:44)고 하심과 같다.

반석에 대하여 언급한 세 번째 양상은 그것의 높음이다. 그것은 사람들로부터 높이 솟아 있기에 그것이 위치한 그 지역의 모든 부분에서 이정표가 된다. 이 모든 사실은 주 예수께 적용되며 또한 그로 인하여 실현되었다. 그는 강하고 능하신 이시니 "전능하신 하나님이라"(사 9:6). 그는 든든하신 이시니 "어제나 오늘이나 영원토록 동일하시다." 그는 높임을 받은 자이시니 하나님의 보좌에 올림을 받아 높은 곳에 계시는 통치자의 우편에 앉으셨다.

여기서 첫 번째로 볼 수 있는 상징은 그 반석을 내리쳤다는 것이다. 이것은 물론 주 예수의 죽음을 말하고 있다. 출애굽기 16장과 17장의 모형적 가르침의 순서를 고찰해 보면 놀라운 사실이 있다. 출애굽기 17장은 16장을 보충하고 있다. 그리스도께서 그 백성의 생명의 떡이 되기 위해서는 하늘에서 땅으로 내려오셔야만 했고(만나가 그러했듯이), 또 그들의 생명의 물이 되기 위해서는 하나님의 심판으로 죽임을 당해야만 했다! 여기에 '그리고'로 시작된 또 다른 이유가 있는 것이다.

반석을 침이 주 예수의 **죽음**을 상징하는 해석에 있어서는 세 가지로 나누어 생각할 수 있다. 첫째, 모세의 지팡이로 쳤다. 모세의 손에 들려진 '지팡이'는 심판의 상징이 되었다. 그것에 대한 첫 번째 언급이 그것을 명백히 입증한다. "그것을 땅에 던지라 하시매 곧 땅에 던지니 그것이 뱀이 된지라"(출 4:3). 뱀은 저주를 생각나게 한다. 그의 지팡이로 나일 강을 쳤더니 그것이 곧 피로 변했다(출 7:17). 둘째, '이스라엘의 장로들'만이 반석을 치는 일에 증참했다. 이는 여기서 예시한 사실이 **통치적**(governmental) 성격이 있음을 강조하고 있다. 셋째, 반석을 칠 때 여호와께서 친히 서 계셨다. "보라, 내가 호렙 산에 있는 그 반석 위 거기서 네 앞에 서리니"(출 17:6)라고 하셨는데 이는 참으로 놀라운 말씀의 맥을 구사한 것이다. 이것을 한 데 묶어 보면 영적인 눈으로 파악하기 어려운 묘사 곧 우주의 통치자가 그의 손에 거룩한 공의의 막대기를 들고 우리의 대속자를 치신 사실을 내포하고 있다. 의심할 여지 없이 이사야서 53:4, 5의 말씀은 바로 이 모형을 돌아보면서, "하나님께서 치시니...그가 채찍에 **맞음으로** 너희는 나음을 얻었나니"라고 하셨다. 반석을 치도록 이끌었던 것이 백성들의 죄이었음을 주시하는 것은 얼마나 침통한 일인가!

지팡이로 친 반석으로부터 물이 흘러나왔다. 이것은 십자가에 못 박히시고 지금은 영광을 받으신 구세주의 선물 곧 **성령**의 아름다운 모형이었다. 이는 성령께서 "부어 주리니"(행 2:18) — 바로 이 모형의 언어로 말하면서 — 라고 말해야 하는 하나의 이유가 아닌가? 성령의 선물은 주 예수의 십자가에 못 박히심과 승천하신 결과였다. 이 사실은 요한복음 7:37, 38에 그가 친히 하신 말씀 가운데 분명히 나타나 있다. "예수께서 서서 외쳐 이르시되 누구든지 목마르거든 내게로 와서 마시라 나를 믿는 자는 성경에 이름과 같이 그 배에서 생수의 강이 흘러나오리라"하심과 같다. 이제 바로 그 다음 구절의 해석을 주의해 보라. "이는 그를 믿는 자들이 받을 **성령**을 가리켜 말씀하신 것이라 (예수께서 아직 영광을 받지 않으셨으므로 성령이 아직 그들에게 계시지 아니하시더라)."

성령께서는 시편 기자를 통하여 출애굽기 17장에 있는 그림의 아름다움을 더해 주는 데 보조가 되는 말씀을 하셨다. 거기에 이르시기를 "반석을 여신즉 물이 흘러나와 마른 땅에 강 같이 흘렀으니 이는 그의 거룩한 말씀과 그의 종 아브라함을 기억하셨음이로다"(시 105:41, 42). 하나님께서 이스라엘에게 물을 주신 것은 아브라함에게 하신 그의 언약 때문이었다. 이와 같이 '창세 이전'(딛 1:1, 2)에 그의 택하신 백성에게 영생을 주시리라 하신 하나님의 약속은 '영원한 언약'(히 13:20)에 의한 것임을 말씀하셨다.

고린도전서 10장도 역시 출애굽기 17장을 보충한다. 역사적인 이야기 가운데 보면 모세가 '장로들'이 있는 앞에서 반석을 친 사실은 기록되어 있지만, 백성들이 그것으로부터 흘러나온 물을 마셨다는 내용은 찾아볼 수 없다. 그러나 고린도전서 10:4에 이르시기를 "다 같은 신령한 음료를 마셨으니"라고 하셨다. 이는 참으로 중요한 말씀이다. 이는 하나님의 모든 백성들이 성령을 받았다는 사실을 모형적(in type)으로 증거한다. 이것을 부인하는 자들도 있다. 성령을 받는 것이 은혜의 사역 중 이차적인 일이라고 가르치는 자들도 있다. 이것은 중대한 과실이다. 이스라엘의 모든 자녀(하나님의 약속의 자녀)가 지팡이로 친 반석으로부터 물을 마셨음과 같이, 원형적으로 하나님의 모든 자녀들이 승천하신 그리스도의 선물 곧 성령께 참여하는 자들이 되었으니 "너희가 아들이므로 하나님이 그 아들의 영을 우리 마음 가운데 보내사 아빠 아버지라 부르게 하셨느니라"(갈 4:6) 하심과 같다. 그리스도를 믿는 자라면 성령을 받지 못한 그러한 일이 결코 있을 수 없는 것은 "누구든지 그리스도의 영이 없으면 그리스도의 사람이 아니라"(롬 8:9)고 하였기 때문이다.

생수의 시내가 지팡이로 친 반석으로부터 흘러나왔다는 것을 주의 깊게 보지 아니하면 이 복된 모형의 의미를 지나쳐 버리고 말 것이다. 그것은 이스라엘이 여호와 앞에 경배할 때에 있었던 일이 아니었으며, 그들에게 베푸신 풍성한 은혜를 찬양할 때 있었던 일도 아니었다. 출애굽기 17장 서두에 나타난 것을 보면 결코 그러한 행복한 광경이 아니다. 거기에 묘사한 것은 오히려 그 반대이다. 이스라엘은 원망하며(출 17:3) 거의 돌을 던지려고까지 했으며(출 17:4) 그들은 불신이 가득하여 이르기를 "여호와께서 우리 중에 계신가 안 계신가"(출 17:7)라고까지 했다. 그렇다면 물을 주셨다고 하는 것은 그의 놀라운 은혜에 의한 행위였다. 죄가 많은 곳에는 은혜가 더욱더 풍성하였다. 그러나 은혜는 공의를 근거하여 행해진 사실을 꼭 명심해야 한다. 반석을 치기 전까지는 물이 나오지 않았다. 또한 하나님에 의하여 구세주께서 상함을 받기 전까지는 '모든 피조물' 들에게 은혜의 복음이 전해지지 않았다. 독자들이여, 이 하나님의 놀랍고 풍성한 긍휼에 대한 당신의 심령의 대답은 무엇인가? 물론 당신은 깊게 감사하면서 "말할 수 없는 그의 은사로 말미암아 하나님께 감사하노라"(고후 9:15)고 말할 것이다.

이 장은 민수기 20장에서 모세가 반석을 친 사실에 대하여 기록한 내용을 다시 간략하게 살펴본 다음에 맺도록 하겠다. "여호와께서 모세에게 말씀하여 이르시되 지팡이를 가지고 네 형 아론과 함께 회중을 모으고 그들의 목전에서 너희는 반석에게 명령하여 물을 내라 하라 네가 그 반석이 물을 내게 하여 회중과 그들의 짐승에게 마시게 할지니라"(민 20:7, 8).

여기 민수기 20장에 일어난 일은 우리가 지금 말하고 있는 출애굽기 17장의 사건이 있은 지 사십 년 뒤의 일이었다. 여기에 기록된 거의 모든 것은 날카로운 대조를 이룬다. 출애굽기 17장의 반석은 십자가 위에 있는 그리스도를 예시하였으나, 민수기 20장의 반석은 위에 계신 주님을 그렸다. 히브리어로 기록된 '반석' 을 보면 그 뜻이 같지 않다. 민수기 20장에 기록된 것은 높임을 받은 반석으로서 위에 계신 구세주를 지적함이 분명하다. 뒤에 있는 내용을 보면 모세에게 반석을 치라고 하신 것이 아니라 명하라고 하셨다. 출애굽기 17장에서는 '장로들' 앞에서 반석을 쳤지만, 여기에선 "회중을 모으라"고 모세에게 명하셨다. 그리고 그때 여호와께서 그에게 명하신 지팡이는 출애굽기 17장에서 사용한 것이 아니었다. 전번의 경우, 모세는 자기 지팡이를 사용했는데 "하수를 친 네 지팡이를 가지고" 라고 하셨다. 그것은 곧 심판의 막대기였다. 여기서는 다만 '그 지팡이'(민 20:8) 라고만 했는데 이는 소위 아론의 지팡이라고 일컫는 것이다. 이 사실은 9절에서 "모세가 그 명대로 여호와의 앞에서 지팡이를 취하니라"고 하신 것을 보거나 또는 민수기 17:10에서 "여호와께서 또 모세에게 이르시되 아론의 지팡이는 증거궤 (지성소 안에 있는 법궤) 앞으로 도로 가져다가 거기 간직하여 반역한 자에 대한 표징이 되게 하여"라고 하신 말씀을 보면 확실하다. 그러므로 이것은 제사장의 지팡이다. 더 나아가서 이러한 견해를 가진 이 사실 곧 두 번째의 경우가 여호와께서 모세로 하여금 아론을 데리고 가도록 명하신 것을 강조하고 있음을 주목하라.

하지만 아론은 결코 첫 번째 반석을 친 일에서 언급되지 않는다.

그러므로 민수기 20:8의 모형적 의미의 해석은 아주 명백하다. 두 번째의 경우, 반석을 내려치지 말아야 할 것은 그것이 모형을 손상시킬 수 있기 때문이다. 이는 "그리스도께서 죽은 자 가운데서 살아나셨으매 다시 죽지 아니하시고 사망이 다시 그를 주장하지 못할 줄을 앎이로라 그가 죽으심은 죄에 대하여 단번에 죽으심이요 그가 살아 계심은 하나님께 대하여 살아 계심이니"(롬 6:9, 10)라고 했다. 또 이르시기를 "이제 자기를 단번에 제물로 드려 죄를 없이 하시려고 세상 끝에 나타나셨느니라 … 이와 같이 그리스도도 많은 사람의 죄를 담당하시려고 단번에 드리신 바 되셨고"(히 9:26, 28)라고 하셨다. 영혼을 소생케 하는 물줄기가 그리스도께서 완성하신 구속의 근거와 그의 제사장직 사역과 관련하여 우리를 향하여 흐르고 있다.

여기에 이어지는 결말은 참으로 중대하다. 여호와의 그 종은 실패하고 말았으니 온전한 '종'은 다만 한 분밖에 없다(사 42:1). 그는 이 세상에서 가장 온유한 자이었지만 이스라엘의 반복되는 원망에 화를 내고 말았다. 그는 하나님의 약속의 백성을 '패역한 너희여'라고 불렀다. 그는 "우리가 너희를 위하여 이 반석에서 물을 내랴"라고 백성들에게 묻고는 "반석을 두 번 쳤으니" 이는 그의 성격의 격렬함을 가리켰다. 이 일로 말미암아 하나님은 모세에게 이스라엘을 가나안으로 이끌지 못하도록 하는 그 괴로움을 겪게 하셨다. 그는 전형적으로 아주 열정적인 사람이었다. 하지만 그의 행위 탓으로 그것들이 훼손되었기 때문에 많은 사람이 죽임을 당하게 되었다.

모세가 비록 반석을 명하는 대신에 그것을 쳤지만 놀랍게도 갈함을 면하게 하는 물이 나왔다고 하는 것을 우리는 주목하게 된다. 하지만 이런 사실은, 여호와께서 만일 어떤 사람을 사용하기를 기뻐한다면 그 사람의 **방법**이 반드시 올바른 것이어야 한다는 결론에 어떻게 반대하는 경고가 되겠는가? 그가 사역에 사용한 방법에 하나님의 축복이 동반되기만 하면 반드시 그를 기쁘게 하는 것이라고 상상하는 자들이 있다. 그러나 이 사건으로 볼 때 분명히 이러한 것을 논란거리로 삼는 것은 안전한 것이 못 된다. 모세의 방법이 **그릇되었다.** 그럼에도 불구하고 하나님은 복을 내리셨다! 그렇지만 이 사건도 역시 또 다른 하나님의 놀라운 은혜를 한 번 더 나타내 준다. 이스라엘의 원망 대신에 (바로 그것 때문이 아니라) 그리고 모세의 실수에도 불구하고, 물이 그들에게 주어졌을 뿐만 아니라 그들의 모든 필요를 채워 주신 것이다. 진실로 우리 하나님은 '모든 은혜의 하나님' 이시다. 이 사실을 터득함으로 우리의 심령이 사모하는 마음으로 주를 경배하며 또한 우리의 삶이 날마다 더 많은 그의 영광을 누리시길 바란다.

제 25장

아말렉

출애굽기 17장

이 출애굽기의 내용을 연구하고 묵상하는 동안에 필자에게 더욱더 감명을 주는 한 가지는 그 상징적 가르침에 의하여 감싸진 진리의 놀라운 다양성과 광범위한 범위이다. 주요한 사건과 저명한 인물들은 무엇이 영적이며 신성한지를 예시할 뿐만 아니라, 아주 작고 상세한 것들조차도 역시 의미심장한 중요성을 가지고 있다. 모세는 그리스도, 바로는 사탄, 그리고 애굽은 세상의 모형이다. 얽매임으로 신음하는 이스라엘은 타고난 비참함 속에 있는 죄인을 묘사한다. 이스라엘이 그들의 잔인한 간역자들로부터 구원을 받는 것은 우리의 구속을 말한다. 그들이 광야를 횡단하는 여정은 우리에게 걷도록 요구되는 믿음의 행로와 시련을 가리킨다. 그리고 이제 우리는 이스라엘의 역사에서도 역시 신자의 두 가지 본성의 갈등을 예시되었음을 보게 된다.

이전의 연구를 통하여, 우리는 이스라엘이 광야에서 겪은 경험들은 시련의 연속, 즉 실제의 믿음의 시험이었음을 이미 보았다. 이제 우리는 이제 그리스도인의 삶의 또 다른 측면이 두드러지게 설명되는 것을 본다. 이스라엘은 어떤 싸움을 하도록 부르심을 받았다는 것이다. 사실상 이스라엘 역사에서 발생된 이러한 경우와 단계에 대해 언급하는 것은 주목할 만한 일이다(성경의 첫 번째 책의 모형들에 대한 이러한 놀랄 만한 형태에 대해 저자가 주석을 한 것과 비교해 보라 ─ 아더 핑크, 「창세기 강해」). 성경의 이러한 두 번째 책의 독특한 가르침에는 놀라운 다양성과 포괄성이 있을 뿐만 아니라, 그 안에서 그것들이 주어진 질서도 또한 동일하게 성경의 저자의 거룩한 손길을 보여주고 있다[하나님은 질서의 하나님이고, 사탄은 혼란의 신이다. 성경을 아무 생각 없이 읽는 독자는 성경 속에 모든 것이 완전하게 배열된 것을 깨닫지 못하기에 많은 것을 잃는다].

지난 장에서 우리들은 반석을 친 것과 그것으로부터 시내가 흘러나와 모든 백성이 마신 일에 대하여 관찰했다. 이 사실은 우리가 살펴본 바와 같이, 우리의 복되신 구주께서 거룩한 공의의 손으로 사람의 마음을 사로잡은 것과 그 결과로 그에게 속한 자들이 성령을 선물로 받은 것을 상징했다. 그러나 성령이 강림하시어 신자들 속에 거처를 정한 후, 즉 그의 피조물에게 새롭고 거룩한 본성을 불어넣은 뒤에, 일찍이 알지 못했던 이상한 대립을 겪게 된다. 그것은 갈라디아서 5:17에 기록된 "육체의 소욕은 성령을 거스르고 성령은 육체를 거스르나니 이 둘이 서로 대적함으로 너희가 원하는 것을 하지 못하게 하려 함이니라"고 하신 말씀과 같다. 우리들 앞에 나타난 말씀이 너무도 분명히 묘사하는 것이 바로 이것이다.

우리가 공부하려고 하는 모형적 장면은 실천적인 면에서 크나큰 중대성을 지닌다. 그것이 설명하는 것(즉 그것이 예증하는 진리)에 대한 무지는 많은 영혼들에게 큰 손실을 가져 왔으며 막대한 고통의 원인이 되어왔다. 죄인이 그리스도를 그의 구주로 진실하게 영접하면 하나님이 그의 마음을 변화시키실 것이며 이후부터는 죄악으로부터 완전한 승리자가 될 것이라고 얼마나 많이 생각했으며 또 그렇게 얼마나 많이 가르침을 받아 왔던가? 그러나 '마음의 변화'라는 말은 성경 그 어디에서도 말하지 않았다. 하나님은 아무것도 변화시키지 않는다. 주님은 옛 것을 밀어내거나 파괴하므로, 전혀 새로운 어떤 것을 창조하거나 소개한다. 그리스도인에게도 이와 마찬가지이다. 그리스도인이란 '다시 난 자'인데, 새로운 탄생이란 그로부터 어떤 것을 제거하거나 그 속에 있는 것을 바꾸는 것이 아니라, 그에게 전혀 새로운 어떤 것을 나누어주는 것(impartation)이다. 새롭게 태어난다는 것은 새 본성을 받아들이는 것으로, 곧 "영으로 난 것은 영이니"(요 3:6)라고 하심과 같다.

영적으로 새롭게 태어날 때에, 신의 성품이 우리에게 전달된다. 이 새 성품은 성령에 의하여 창조되었으며, 그 '씨'(요일 3:9)는 하나님의 말씀이다(벧전 1:23). 이것은 요한복음 3:5의 "물과 성령으로 남"이라는 말씀을 설명한다. '물'이라 함은 순결하고, 새롭게 하는 하나님의 말씀의 상징이다(비, 엡 5:26). 이것은 출애굽기 17장 전반부에서 일반적으로 목표로 하는 것이다. 그러나 하나님에 의하여 새 성품이 새로 태어난 자에게 전달될 때에 옛날의 죄된 본성은 남아 있고, 그리고 죽기 전 혹은 그리스도가 오실 때까지 그것은 변하지 않은 채로 남아 있다. "이 썩을 것이 반드시 썩지 아니함을 입을 때"(고전 15:53)인 그리스도가 오실 때에, 죄악의 본성은 파괴될 것이다. 그러므로 모든 그리스도인 안에는 두 가지의 성품이 있는데, 그 하나는 사악하고 하나는 무죄하며, 하나는 육으로 난 것이요 하나는 하나님께로 난 것이다. 이 두 성품은 그 기원, 그 성품, 그리고 그 성향과 나타내는 행동들이 각기 다르다. 그 둘은 아무런 일치점도 없기에 서로 대적한다. 이것이 곧 출애굽기 17장의 하반부에서 전형적으로 목표로 삼는 것이다.

그리스도인의 두 가지 본성은 아브라함의 생애에 의하여 예증되었다. 그에게 두 아들이 있었는데 그들은 곧 이스마엘과 이삭이었다. 전자는 '육신으로 난 자'를 나타내며 후자는 '성령으로 난 자'를 나타낸다. 이스마엘은 자연의 일반적 질서에 의하여 태어났으나 이삭은 그렇지 않았다. 이삭은 기적에 의하여 태어났다. 하나님은 아브라함과 사라를 초자연적으로 힘을 소생시켰는데, 그때 한 사람은 자식을 볼 나이가 넘었고 다른 한 사람은 아이를 수태하기에 너무 늙었다. 먼저 태어난 이스마엘은 '계집 종'의 소생이었으나 이삭은 '자유하는 여자'의 소생이었다(갈 4:22). 그러나 이삭이 태어나 아브라함의 가족이 되자 "사라가 본즉 아브라함의 아들 애굽 여인 하갈의 아들이 이삭을 놀리는지라"(창 21:9)고 함과 같이 다툼이 생겼다. 방금 말한 아브라함의 두 아들에 대한 이야기는 우리가 공상하거나 왜곡한 해석이 아님은 갈라디아서 4:29에서 언급한 것을 보면 알 수 있다. 여기에서 하나님의 영은, "그러나 그 때에 육체를 따라 난 자가 성령을 따라 난 자를 박해한 것 같이 이제도 그러하도다"라고 한다.

그리스도인의 두 가지 본성은 이삭의 아들인 야곱의 생애에 의해서도 예증되었다. 야곱에게는 두 가지 이름이 있었는데 그 하나는 지상의 부모로부터 받은 것이요 다른 하나는 하나님으로부터 받은 것이다. 하나님은 그를 '이스라엘'이라고 불렀다(창 32:28). 그때부터 야곱 이스라엘의 역사는 일련의 기이한 역설(paradoxes)을 보여준다. 그의 생애는 이중적 인간성을 나타내었다. 한때는 절대적 확신으로 하나님을 의지하였으나, 때로는 불신앙의 악한 마음을 드러내는 것을 볼 수 있다. 만일 독자들이 창세기 33~49장을 주의 깊게 읽어 보면 성령께서 그 족장을 때때로 '야곱'으로, 다른 때는 '이스라엘'로 부른 것을 보게 된다. '야곱'은 마음속에 있는 옛 본성의 활동을 언급한 것이고, '이스라엘'은 새로운 성품에 의한 열매가 입증된 때에 언급된다. 예를 들자면, 요셉의 형제들이 애굽에서 돌아와 그들의 아버지에게 그의 사랑하던 아들이 아직도 살아 지금 온 애굽 땅을 다스리고 있다고 전하자, "야곱이 그들의 말을 믿지 못하여 어리둥절하더니"(창 45:26)라고 했다. 그러나 "그들이 또 요셉이 자기들에게 부탁한 모든 말로 그에게 말하매 그들의 아버지 야곱은 요셉이 자기를 태우려고 보낸 수레를 보고서야 기운이 소생한지라 이스라엘이 이르되 족하도다 내 아들 요셉이 지금까지 살아 있으니"(창 47:27, 28)라고 했다. 이 사람에 대하여 끝맺는 말을 살펴보는 것은 복이 된다. "야곱이 아들에게 명하기를 마치고 그 발을 침상에 모으고 숨을 거두니 그의 백성에게로 돌아갔더라 … 그 수종드는 의원에게 명하여 아버지의 몸을 향으로 처리하게 하매 의원이 이스라엘에게 그대로 하되"(창 49:33; 50:2)라고 했는데 여기 보는 바와 같이 '야곱' 은 죽고 '이스라엘' 은 미라로 만들었다! 죽을 때에는 오직 새 본성만이 보존될 것이다.

그러나 여기서 우리가 특별히 강조하는 것은 그리스도인들이 이 땅에 사는 동안에는 두 본성 사이에 갈등이 있다는 것이다. 마치 이스마엘이 이삭을 '박해' 하고 야곱의 본성이 종종 이스라엘을 배척한 것과 같이 그리스도인에게도 그러하니 곧 "육체의 소욕은 성령을 거스르고 성령은 육체를 거스르나니 이 둘이 서로 대적함으로 너희가 원하는 것을 하지 못하게 하려 함이니라"(갈 5:17)고 함과 같다. 그렇다면 구제책은 무엇인가? 육신을 복종하게 할 방법이 없단 말인가? 하나님께서 신자로 하여금 성령 안에서 행하므로 육신의 탐욕을 이루지 못하도록 예비해 놓지 않으셨단 말인가? 물론 그가 예비해 주셨지만, 우리가 승리를 거두지 못함은 하나님께서 우리 손에 쥐어주신 은혜의 도구를 사용하는 일에 완전히 실패하기 때문이다. 이러한 것들이 무엇인지 그리고 어떻게 승리를 얻을 수 있는지는 여기의 모형에서 분명하게 설명한다.

"때에 아말렉이 와서 이스라엘과 르비딤에서 싸우니라"(출 17:8). 창세기 21:25; 26:19, 20, 출 2:17, 민 20:19, 삿 5:11 등의 말씀이 비추어 보면 물(샘 등)의 소유권은 고대 사회에서 종종 분쟁의 대상이었는바, 르비딤의 반석으로부터 시내가 흐르게 되었다는 소식이 퍼진 것으로 인하여 아말렉이 그 소유물을 취하려고 시도하였던 것이 분명하다. 그렇게 하기 위하여 먼저 이스라엘을 처분해야겠다는 계획을 품었다. 향후 그들은 공격을 했다.

여기서 먼저 살펴보아야 할 것은 이스라엘의 대적의 정체이다. 그것은 아말렉이었다. 아말렉이라는 이름의 뜻은 '전쟁을 좋아함' 을 의미하며 그 이름에 따라 "육체의 정욕을 따라 영혼을 거슬러 싸우는 자"(벧전 2:11)들이었다. "아말렉은 '죽 한 그릇에 그 장자의 명분을 팔아 유업의 축복을 거절당한 에서의 손자' (창

36:12)이니 분명히 '옛 사람'을 나타낸다"(F. W. G.). 이 사실과 연관된 발람의 예언은 매우 놀랍다. 그는 예언하기를 "또 아말렉을 바라보며 예언하여 이르기를 아말렉은 민족들의 으뜸이나 그의 종말은 멸망에 이르리로다"(민 24:20)라고 하였다. 아말렉의 성격은 차후에 그에 대해서 모세가 말한 것에서 잘 나타나 있는데 ― "그는 하나님을 두려워하지 아니하였다"(신 25:17, 18) ― '육신'이 곧 그러하다.

두 번째로 주의할 일은 아말렉이 이스라엘을 습격한 시기이다. ― "때에 아말렉이 와서 이스라엘과 르비딤에서 싸우니라." 성령께서는 이 싸움이 일어난 때에 대하여 우리의 주의를 요구하고 있다. 그것은 모세가 반석을 쳐서 물이 나와 마시게 된 때였다. 그런 이후에 처음으로 이스라엘은 어떤 싸움을 하도록 부르심을 받았다(출 13:17과 대조를 이룸). 그들이 노예의 처지로 있던 건물에 있었을 때는 싸움이 없었을 뿐만 아니라, 홍해에서도 여호와는 애굽인들과 싸우게 하시지 않았다. 그러나 바야흐로 성령을 예표한 그 무엇이 주어지자, 그들의 전쟁은 시작되었다. 그렇다, 아말렉이 이스라엘을 공격하게 된 까닭은 성령을 예표한 그 무엇 때문이었다! 그 모형은 놀랍게도 정확하다.

그리스도인이 거룩한 본성의 참여자가 될 때(벧후 1:4), 비로소 내면적 대립이 시작된다. 거듭나기 이전에는 허물과 죄로 죽었으므로 하나님의 거룩한 요구에 아주 무감각하였다. 성령님께서 그의 빛을 우리의 사악한 심령에 비추기 전까지는 우리 속에 있는 죄악의 깊이와 능력을 깨닫지 못한다. 때때로 신자들은 이전에는 미처 알지 못했던 어떠한 경향이나 욕구가 자기 속에 있는 것을 발견하고는 깜짝 놀란다. 종교학 교수는 이 체험이 가져다주는 두 본성 사이의 갈등이나 내면의 부패가 지속되는 개념에 대해서 전혀 모른다. 중생하지 못한 자는 전적으로 육신의 지배 아래 있으며, 그는 그것의 탐욕을 섬기며 그 뜻에 따라 행한다. '육'은 그 종속물들과 싸우지 아니하고, 다만 그것들을 지배한다. 그러나 우리가 새 본성을 받자마자 갈등이 시작된다.

아말렉을 공격한 것은 이스라엘이 아니고, 이스라엘을 공격한 것이 아말렉이라고 지적한 것은 주목할 만하다. 신자들 속에 있는 새 본성은 하나님의 말씀 먹기를 즐거워하고 하나님과 교제하기를 좋아하며 영적인 일에 종사한다. 그러나 육은 그를 평화롭게 살도록 버려두지는 않을 것이다. 마귀는 신자들의 즐거움을 앗아가기를 좋아하며 육으로 그의 극악한 계획을 달성하도록 추구한다. 그 대형

(antitype)은 완벽하게 조화를 이룬다. 갈라디아서 5:17에서 "육체의 소욕이 성령을 거스르고"라고 처음으로 말하지만, 그 반대는 아니다.

다음으로, 어떻게 이스라엘이 아말렉과 싸우는 일에 관련되었는지를 주의 깊게 고찰해 보자. **"모세가 여호수아에게 이르되 우리를 위하여 사람들을 택하여 나가서 아말렉과 싸우라 내일 내가 하나님의 지팡이를 손에 잡고 산 꼭대기에 서리라 여호수아가 모세의 말대로 행하여 아말렉과 싸우고 모세와 아론과 훌은 산 꼭대기에 올라가서 모세가 손을 들면 이스라엘이 이기고 손을 내리면 아말렉이 이기더니 모세의 팔이 피곤하매 그들이 돌을 가져다가 모세의 아래에 놓아 그가 그 위에 앉게 하고 아론과 훌이 한 사람은 이쪽에서, 한 사람은 저쪽에서 모세의 손을 붙들어 올렸더니 그 손이 해가 지도록 내려오지 아니한지라 여호수아가 칼날로 아말렉과 그 백성을 쳐서 무찌르니라"**(출 17:9-13).

주석가들 사이에서, 위에 있는 구절의 모형적(typical) 적용에 관하여 상당한 의견의 차이들이 있다. 어떤 이들은 모세가 산꼭대기에 올라가 하늘을 향하여 손을 위로 올린 것을 그리스도께서 위에서 우리를 위하여 간구하심으로 간주한다. 그러나 그렇게 간주될 수 없다. 그 이유는 두 가지이다. 모세는 아론과 훌을 동반했을 뿐만 아니라, 그의 손은 점점 무거워졌다는 것이다. 이러한 점에서 상징이 불완전하다고 말한다면 온전한 하나님의 말씀에 치욕을 주는 것이기 때문이니, 차라리 우리의 무지를 고백하는 것이 말씀에 대해 그 같은 인상을 주는 것보다는 훨씬 나을 것이다. 다른 이들은 이 사건을 그리스도의 모형으로 보는데 그렇게 볼 수 없는 것은 이스라엘이 아말렉으로부터 완전한 승리를 거두지 못했기 때문이다. 오히려 모세와 여호수아의 각자의 행위는 우리로 하여금 육과 싸우도록 하나님이 마련한 그 예비하심을 지적한다.

첫째, 여기서 우리가 살펴보아야 할 것은 아말렉에 대한 이스라엘의 승리는 모세가 손을 올림으로써 결정되었다는 것이다. "모세가 손을 들면 이스라엘이 이기고 손을 내리면 아말렉이 이기더니"(출 17:11). 모세의 자세에 대한 중대성은 성경의 여러 곳에서 분명하게 규명된다. 올린 손은 기도의 표상이며 하나님께 간구하는 것이다. 성경에 이르시기를 "내가 주의 지성소를 향하여 나의 손을 들고 주께 부르짖을 때에 나의 간구하는 소리를 들으소서"(시 28:2)라고 하였고 또 "그러므로 각처에서 남자들이 분노와 다툼이 없이 거룩한 손을 들어 기도하기를 원하노라"(딤전 2:8)고 하였다.

둘째, '모세'의 손이 점점 무거워졌다는 사실을 살펴보자. 여기에서 우리의 상징에 대한 사실적이고 뛰어난 정확성을 볼 수 있다. 우리는 하나님께 간구할 때 얼마나 빨리 지치는가! "항상 기도하고 낙심하지 말라"(눅 18:1)고 우리 주님은 말씀하셨다. 그러나 얼마나 슬프게도 우리는 낙심하는가? 얼마나 빨리 우리의 마음은 무거워지는가? 하나님께 의지하는 영을 잃자마자 육이 이긴다.

셋째, 그러나 모세는 홀로 버려지지 않았다. 다음 사실을 주목하는 것은 참으로 복된 일이다. 즉 아론과 훌이 그와 함께 있어, 하나는 이편에서 하나는 저편에서 모세의 손을 붙들어 올렸다. 여기에 또다시 우리의 모형에 대한 뛰어난 정확성이 있다. 이러한 세부사항들을 해석하는 데 어려운 점이 없다. 아론은 이스라엘 제사장들 가운데 우두머리였으므로 명확하게 우리의 대제사장을 말한다. '훌'의 뜻은 '빛'이니 곧 하나님의 거룩함의 상징이 되므로 하나님의 성령을 가리킨다. 이와 같이 하나님은 그의 은혜를 충분하게 우리에게 제공해 주신다. 땅과 하늘, 양편 모두로부터 지원해 주셨다. 이는 "이와 같이 성령도 우리의 연약함을 도우시나니 우리는 마땅히 기도할 바를 알지 못하나 오직 성령이 말할 수 없는 탄식으로 우리를 위하여 친히 간구하시느니라"(롬 8:26)고 하심은 땅의 편에 속한 일이며, "또 다른 천사 '언약의 메신저'로서의 그리스도가 와서 제단 곁에 서서 금 향로를 가지고 많은 향을 받았으니 이는 모든 성도의 기도와 합하여 보좌 앞 금 제단에 드리고자 함이라"(계 8:3)하심은 하늘의 편에 속한 일이다. 즉 그리스도는 우리의 간구를 열납하여 그 자신의 아름다운 온전한 향내와 함께 그것들을 하나님께 드린다.

넷째, 모형적 상황은 출애굽기 17:13에서 "여호수아가 칼날로 아말렉과 그 백성을 쳐서 무찌르니라"고 함으로써 완결된다. 여기에 '칼날'은 거룩한 말씀을 가리키고 있다(히 4:12 참조). 기도만으로는 우리가 육과 싸울 수 없다. 말씀도 역시 필요한 것이다. 시편 기자가 이르기를 "내가 주께 범죄하지 아니하려 하여 주의 말씀을 내 마음에 두었나이다"(시 119:11)라고 하였다.

어떤 이들은 우리가 방금 위에서 말한 그리스도인의 육과의 싸움을 반대할는지도 모른다. 우리는 로마서 6:11과 디모데후서 2:22, 그리고 그것에 관하여 기록된 많은 말씀에 무관심하지 않다. 하지만 성경에는 우리의 책임을 제시하는 다른 구절들이 있다. 우리에게는 싸워야 할 싸움이 있다(딤전 6:12; 딤후 4:7 등 참조). 그리고 이 싸움은 육(the flesh)과 싸우는 것이다. 사도 바울은 이르기를, "싸우기를 허공을 치는 것 같이 아니하며 내가 내 몸을 쳐 복종하게 함은"(고전 9:26,27)이라고 하였다.

여기에서 살펴보아야 할 또 다른 중대한 사실은 이 경우에는 아말렉이 멸망하거나 완전히 소탕되지 않았다. 우리는 다만 "여호수아가 칼날로 아말렉과 그 백성을 쳐서 **무찌르니라**"고만 읽을 수 있다. 여기에서도 역시 그 모형(the type)은 원형(the antitype)과 완전히 조화된다. 우리들 속에 있는 사악한 본성을 멸망시키거나 근절할 방법은 없다. 비록 편하지는 못하다고 할지라도 여전히 남아 있다. 아마도 '왜 하나님께서 우리 가운데 악한 본성이 존재하도록 허락하셨을까'라고 물을 수 있다. 많은 대답을 할 수 있겠으나 그 중에서도 다음과 같이 말할 수 있다. 죄가 우리 가운데서 행한 무서운 파괴를 심각하게 그리고 개인적으로 실감하게 하고, 우리 존재의 전적 타락을 깨닫게 함으로 지옥으로 갈 수밖에 없는 흉악한 자를 구해 주신 놀라운 은혜를 더욱 감사하게 하려는 것이다. 그것은 우리로 하여금 하나님 앞에 더욱 겸손해져서 더욱 그를 의지하게 하려 함이다. 또 주님의 족하신 은혜를 우리 스스로가 전유하여 누리게 하며, 주님의 강건하심으로 우리의 연약함을 온전케 하심을 배우게 하려는 것이다. 우리만 남겨두시면 그 숱한 부정 속으로 잠겨 들어가 분명히 멸망할 것을 알게 함으로 주님의 보호하시는 능력을 더욱더 감사하게 하려는 것이다.

신명기 25:17, 18에 보면 큰 도움이 되는 꼭 명심해야 할 말씀이 있다. 이르시기를 "너희는 애굽에서 나오는 길에 아말렉이 네게 행한 일을 기억하라 곧 그들이 너를 길에서 만나 네가 피곤할 때에 네 뒤에 떨어진 약한 자들을 쳤느니라" 하였다. 이는 우리를 잘 살피도록 얼마나 마음을 분발시켜 주는 말인가! 습격을 받은 것은 맨 뒤 ─ 그 지도자로부터 가장 멀리 떨어져 있는 자들 ─ 에 있는 자들이었다. 우리가 하나님과의 밀접한 교제를 할 때는 육이 우리를 습격하지 못할 것이다. 그리고 이스라엘이 피곤하고 지친 때를 틈타 아말렉이 내려온 것을 주의하라. 이것 역시 경고의 말씀이다. 피곤함에 대한 처방은 무엇인가? 그것은 곧 "피곤한 자에게는 능력을 주시며 무능한 자에게는 힘을 더하시나니 소년이라도 피곤하며 곤비하며 장정이라도 넘어지며 쓰러지되 오직 여호와를 앙망하는 자는 새 힘을 얻으리니 독수리가 날개치며 올라감 같을 것이요 달음박질하여도 곤비하지 아니하겠고 걸어가도 피곤하지 아니하리로다"(사 40:29-31)라는 말씀이다.

출애굽기 17장의 마지막 말씀은 참으로 복된 말씀이다. **"여호와께서 모세에게**

이르시되 이것을 책에 기록하여 기념하게 하고 여호수아의 귀에 외워 들리라 내가 아말렉을 없이하여 천하에서 기억도 못 하게 하리라 모세가 제단을 쌓고 그 이름을 여호와 닛시라 하고 이르되 여호와께서 맹세하시기를 여호와가 아말렉과 더불어 대대로 싸우리라 하셨다 하였더라"(출 17:14-16). 여기서 하나님은 그가 아말렉을 완전히 전멸시키실 것을 약속하셨다. 확신에 찬 믿음으로 모세는 한 단을 쌓고 그 단을 '여호와, 우리의 깃발'이라고 부름으로써 하나님의 궁극적 승리에 동참하였다. 구주께서 마지막에 이르러, "만물을 자기에게 복종하게 하실 수 있는 자의 역사로 우리의 낮은 몸을 자기 영광의 몸의 형체와 같이 변하게 하시리라"(빌 3:21)고 한 사실을 아는 것은 얼마나 복된 일인가?

제26장

모세의 아내

출애굽기 18장

앞 장에서는 뚜렷한 두개의 별다른 부분이 포함되어있는데, 1절에서 12절까지의 첫 부분은 아름다운 모형적 상황을 나타내며, 13절에서 27절까지의 둘째 부분은 중대한 도덕적 교훈을 담고 있다. 출애굽기 18장은 일종의 삽화로서 책의 연대적 순서의 흐름을 중단시키고 있다. 출애굽기 17장에서는 이스라엘이 르비딤에 있는 것으로 보여지고, 19장에서는 그들이 시내 광야에 있는 것으로 보여진다. 출애굽기 18장에 기록된 사건은 이스라엘이 시내 광야를 떠나 바란 광야로 들어가려고 할 때 일어났다. 이스라엘이 율법을 받은 산에 당도한 때는 그들이 애굽을 떠난 지 석 달 사이였고, 그리고 이드로가 모세의 아내와 아이들을 데리고 온 때는 십일 개월 이후의 일이었다. 이것에 대한 증거는 확정적이다.

민수기 10:11, 12에는, "둘째 해 둘째 달 스무날에 구름이 증거의 성막에서 떠오르매 이스라엘 자손이 시내 광야에서 출발하여 자기 길을 가더니 바란 광야에 구름이 머무니라"고 하였다. 이에 뒤이어서, 성경은 "모세가 모세의 장인 미디안 사람 르우엘의 아들 호밥에게 이르되 여호와께서 주마 하신 곳으로 우리가 행진하나니 우리와 동행하자 그리하면 선대하리라 … 하셨느니라 호밥이 그에게 이르되 나는 가지 아니하고 내 고향 내 친족에게로 가리라"(민 10:29, 30)고 말한다. 이 말씀과 출애굽기 18장의 마지막 구절과 비교해 보라. 모세가 이스라엘을 다스리는 일을 위하여 사람을 뽑아 자신의 일을 돕도록 해준 장인의 제의를 실행에 옮긴 때는 이드로가 떠난 뒤였다(출 18:24, 25. 민수기 11:11-17 참조). 이것에 대한 더 깊이 있는 증거는 신명기 1장에서 보충되고 있다. '호렙'(6절)에서 있었던 일과 모세가 이스라엘에게 한 다음의 말을 주의해 보라. "그 때에 내가 너희에게 말하여 이르기를 나는 홀로 너희의 짐을 질 수 없도다 … 너희의 각 지파에서 지혜와 지식이 있는 인정받는 자들을 택하라 내가 그들을 세워 너희 수령을 삼으리라"(신 1:9, 13). 마지막으로, 출애굽기 18장을 주의하여 읽어 보면 이드로가 모세에게 왔을 때 이미 하나님께서 이스라엘에게 율법을 주신 증거를 발견하게 될 것이다. 그 실례로서 '하나님의 산'이라고 5절에서 언급한 사실과 15절에서 백성들이 "하나님께 물으려고", 그에게 왔다고 한 모세의 말과 16절에서 그가 백성들에게 "하나님의 율례와 법도를 알게 하였다"고 말한 것 등이다.

"모세의 장인이며 미디안 제사장인 이드로가 하나님이 모세에게와 자기 백성 이스라엘에게 하신 일 곧 여호와께서 이스라엘을 애굽에서 인도하여 내신 모든 일을 들으니라 모세의 장인 이드로가 모세가 돌려 보냈던 그의 아내 십보라와 그의 두 아들을 데리고 왔으니 그 하나의 이름은 게르솜이라 이는 모세가 이르기를 내가 이방에서 나그네가 되었다 함이요 하나의 이름은 엘리에셀이라 이는 내 아버지의 하나님이 나를 도우사 바로의 칼에서 구원하셨다 함이더라 모세의 장인 이드로가 모세의 아들들과 그의 아내와 더불어 광야에 들어와 모세에게 이르니 곧 모세가 하나님의 산에 진 친 곳이라 그가 모세에게 말을 전하되 네 장인 나 이드로가 네 아내와 그와 함께 한 그의 두 아들과 더불어 네게 왔노라"(출 18:1-6). 여기에서 예시되어지는 하나님의 경륜의 장면은 매우 아름다우며, 그리고 출애굽기에 많이 있는 일련의 모형적 상황 속에서 이것이 가지는 위치는, 결과적인 면에서 뿐만 아니라 순서를 배치하는 면에서도 다시 한 번 하나님의 솜씨를 증거한다. 출애굽기 16장에서, 만나는 하늘에서 땅으로 내려오신 성육신한 아들을 말하고 있다. 출애굽기 17장의 전반부에서, 지팡이로 바위를 친 것을 통하여 하나님에 의하여 상처를 받은 주 예수를 바라본다. 물이 흘러나오는 것에서, 우리는 하나님의 백성을 섬기는 성령의 아름다운 표상을 받아들인다. 출애굽기 17장 하반부에서는, 아말렉이 이스라엘을 공격하였으나 모세의 간구 — 아론과 훌에 의하여 붙들려 올려진 — 에 의하여 아말렉을 이긴다. 우리는 여기에서 신자가 가지는 육(flesh)과의 갈등에 대한 윤곽을 드러내었는데, 이 갈등에서 신자는 그리스도와 성령의 연합적인 중보에 의하여 격려를 받았다. 이러한 일은 교회시대의 마지막까지 계속된다. 여기 출애굽기 18장에서는 그 다음의 섭리시대로 넘어가면서, 천년왕국의 상태에 대한 복된 예시가 제공된다.

십보라가 모세에게로 돌아온 것은 이스라엘이 여호와께로 돌아오는 완전한 모형이다. 어떤 이들은 십보라를 교회의 모형으로 보지만 구약성경 그 어디에서도 교회로(그 자체로 하나의 연합된 전체로서) 보이지 않는다. 골로새서 1:26, 27 등에 보면 이 사실이 아주 명백하다. 뿐만 아니라 여기에서 우리의 모형의 그 상세한 내용이 그러한 해석을 금지한다.

첫째, 십보라는 그의 남편으로부터 **분리되었다.** 지금 만약에 십보라가 교회를 표상한다면, 그리고 그 교회를 그리스도의 장래의 아내로 본다면, 그 모형은 여기에서 완전히 우리의 기대에 어긋난다. 교회가 어린양의 신부임을 믿는 자들은 '혼인'을 오히려 미래의 일로, 휴거(the Rapture) 이후에 발생하는 것으로 인정한다. 만일 사실이 그러하다면, 휴거 이후에, 그때 교회는 그리스도로부터 영영 분리될 것인가? 그때에, 물론 그렇다! 그렇지만 모형이 실패한 것이 아니라, 완벽하게 정확하다. 십보라는 여호와의 신부로서 이스라엘을 표상하지만(사 54:6; 렘 31:32 등), 지금은 주님에게서 멀리 떨어져 있다(호 2:2). 하지만 주님의 은혜로 회복될 것이다(사 54:4-8).

둘째, 십보라가 그의 남편으로부터 떨어진 원인과 계기를 조심스럽게 주목해보라. 이것은 출애굽기 4장의 거의 마지막에 기록되어 있다. 모세가 하나님의 백성을 노예의 집으로부터 이끌어 내려고 애굽으로 출발할 때에 그의 아내는 그와 동행했다. 그때 여호와께서 그를 만나 죽이려 하셨다. 그 이유는 그 아들들에게 할례를 행치 않았다는 태만 때문이었다. 계속되는 구절은 이러한 태만의 원인이 그의 아내에게 있음을 상기시킨다. 즉시 십보라는 아들에게 이 일을 스스로 수행하였다. 그리고 나서, 그녀는 격렬하게 화를 내면서 "당신은 참으로 내게 피 남편이로다"(출 4:25)라는 말로 모세를 꾸짖었는데, 이 말은 바로 다음 구절에서 반복되었다. 그 모형은 얼마나 분명하고 정확한가! 그 아들의 할례에 대한 십보라의 불순종은 명백하게 율법에 대한 이스라엘의 실패를 지적한다. 십보라가 모세로부터 분리된 것(그가 '피투성이 남편' 혹은 문자 그대로 '피의 남편'이었기 때문에)은 십자가의 범죄를 통하여 하나님으로부터 이스라엘이 소외되었음을 말한다. 즉, 성경에 이르기를 "우리는 십자가에 못 박힌 그리스도를 전하니 유대인에게는 거리끼는 것이요"(고전 1:23)라고 했다. 피 흘림은 십보라에게 거리끼는 것이었다!

셋째, 그녀의 결혼의 열매에 주목하라. 그는 모세에게서 '두 아들'을 낳았다(출 18:3). 십보라를 교회의 모형으로 간주하는 자들은 이러한 상세한 사항들을 무시하며, 또 그렇게 하는 것이 편리하여서, 그것을 아무렇지도 않게 여긴다. 그러나 그것은 하나님의 말씀은 다루는 방법이 아니다. 언제나 그 어떤 것이 교리나 예언 또는 모형에 대한 우리들의 견해 중 어떤 것에도 맞지 않는 일에 봉착되는 것은 그것이 무엇인가 잘못되었음을 보여주는 것으로, 그것들을 개정하거나 증보해야 할 필요가 있다. 현재의 상황 안에 있는 정보는 역시 몇 가지 짝 속에도 있다. 요셉의 아내도 두 아들을 낳았다. 이삭의 아내도 그러했다. 그렇다면 그것은 무엇을 상징하는가? 아내는 시내 광야에서 처음으로 여호와의 배우자가 된 이스라엘을 고려하였던 표현이다. 그 결혼의 결실은 그들의 역사에 있어서 이후의 기간을 가리킨다. 그 기간의 어떠함은 의문시되지 않는다. 이스라엘의 차후 역사에 있어서 두드러진 점은 르호보암 때에 왕국이 서로 떨어져서 이스라엘과 유다 둘로 갈라진 때이다. 이와 같이 그 '아내'는 '두 아들'에 의하여 계승되었다.

넷째, 십보라의 아들들의 이름은 심오한 의미가 있다. 장자의 이름은 '게르솜'이었는데 그 뜻은 '이방에서 객이 되었다'는 뜻이다. 모세가 이름을 이렇게 지은 이유는 "내가 타국에서 나그네가 되었음이라"는 의미이다(출 2:22). 이것은 이스라엘이 그들의 땅으로부터 멀리 흩어진 것을 적절하게 말해준다. 둘째 아들의 이름은 '엘리에셀'로서 '하나님은 나를 도울 자'라는 뜻이다. 세계 각처에 흩어져 있을지라도 이스라엘은 하나님의 놀라운 도움을 받아 전 세기를 거쳐 보존되었으며, 이방으로부터 전멸되거나 그들에게 흡수되지 않았다. 유대인들의 대다수가 하나님께서 어떻게 그들을 돕고 계시는지를 알지 못하고 있다. 또한 십보라의 둘째 아들의 이름이 천년왕국의 견해가 있는 출애굽기 18장 이전까지는 나타나지 않음은 대단히 의미가 있다. 게르솜은 출애굽기 2장에 나타나 있으나 거기에 엘리에셀은 없었다. 이스라엘이 하나님을 향하여 회복되기 전까지는, 하나님이 얼마나 놀랍게 그들을 도우셨는지를 깨닫지 못할 것이다!

다섯째, 십보라의 아들들이 모세에게로 돌아온 때를 살펴보자. 그때는 "모세의 장인이며 미디안 제사장인 이드로가 하나님이 모세에게와 자기 백성 이스라엘에게 하신 일 곧 여호와께서 이스라엘을 애굽에서 인도하여 내신 모든 일을 들으니라 … 이드로가 … 그의 아내 십보라와 그의 두 아들을 데리고 왔으니"라고 한 때였다. 그때는 모세가 여호와의 요구를 바로에게 제시할 때가 아니었고 유월절 다음 날 아침도 아니었다. 그와 달리 그때는 모세가 이스라엘의 지도자와 율법 증여자가 된 이후였다! 같은 방식으로, 이스라엘은 역시 그들이 거역한 메시야가 그들의 왕이요 주로서 땅에 나타나 보일 때까지 하나님께로 복귀하지 않을 것이다.

여섯째, 우리가 방금 주목한 것과 현저히 일치되게도, 모세가 있었던 그 장소는 화목이 이루어진 곳이다. "곧 모세가 하나님의 산에 진 친 곳이라"(출 18:5). '산' 이란 언제나 그렇듯이 왕국 또는 **통치적 권위**을 말한다(시 2:6; 사 2:3 등). 여호와 께서 모세에게 십계명을 주신 곳은 이 동일한 산의 정상에 있었다. 게다가 주 예 수께서 앉아서 그의 왕국에 대한 법을 주신 곳이 산이었다(마 5장). 예수님이 변 형되사 그의 왕국의 영광을 축소시켜 보인 곳이 산이었다. 예수님은 산위로 돌아 올 것이다(슥 14:4). 그러므로 '하나님의 산'은 하나님의 통치적 영광을 말한다. 그리고 이스라엘이 하나님께로 복귀할 때도 하나님의 통치적 영광이 그의 아들 의 인격을 입고 눈에 띄게 지상에 보이게 될 때이다!

일곱째, 이제 십보라와 그의 아들들을 미디안 사람인 이방인 이드로가 모세에 게 데리고 온 것에 대하여 살펴보자. 이스라엘을 여호와의 아내로 — 아내가 되 고, 이혼당하고, 돌아온 — 간주한 모형들이 많이 있으나, 그 각각은 독특한 모습 을 갖는다. 그러나 여기서 우리가 보는 것은 필자가 알기에 모형으로서 그 어디 에서도 발견되지 않은 것이지만, 예언의 직접적 주제가 된다. 이사야 18장에 보 면 주목할 만한 예언이 있다. 거룩하신 음성이 '구스의 강 너머 있는 땅'(해상 능 력을 지닌, 아마도 대영제국이 확실함)에게 공포한다. 이 땅은 '흩어지고 헐벗은 민족, 시초부터 끔찍한 민족에게로, 형벌을 받아 짓밟힌 나라'에게 신속한 사자 로 자신의 배들을 보내도록 명하심을 받았다. 분명히 이렇게 압제를 당한 민족은 이스라엘이다. 다가올 어느 날에 이방의 해상 권력이 흩어진 히브리인들을 그들 의 열조의 땅으로 데려갈 것이다. "그 때에 강들이 흘러 나누인 나라의 장대하고 준수한 백성 곧 시초부터 두려움이 되며 강성하여 대적을 밟는 백성이 만군의 여 호와께 드릴 예물을 가지고 만군의 여호와의 이름을 두신 곳 시온 **산에 이르리라**" (사 18:7. 역주: 저자는 킹제임스 번역을 사용하여 한글 번역과 의미가 약간 다름). 여기 고딕 체의 단어와 출애굽기 18장에 있는 말씀을 비교해 보라.

십보라가 그의 남편과 화목한 뒤에 일어난 일은 똑같이 흥미롭고 의미심장하 다. 첫째, "모세가 여호와께서 이스라엘을 위하여 바로와 애굽 사람에게 행하신 모든 일과 길에서 그들이 당한 모든 고난과 여호와께서 그들을 구원하신 일을 다 그 장인에게 말하매"(출 18:8)라고 한다. 미디안 사람 이드로는, 시대의 흥망성쇠 에 의한 것뿐만 아니라 산고의 고통과 같은 대환난을 통하여 어떻게 여호와께서 이스라엘을 놀랍게 보존하셨는지를 완전히 알게 될 천년왕국 때의 이방인들을 대표한다.

그 다음에는 "이드로가 여호와께서 이스라엘에게 큰 은혜를 베푸사 애굽 사람의 손에서 구원하심을 기뻐하여"(출 18:9)라고 한다. 천년왕국 때에는 유대인에 대한 이방인의 질시와 증오는 사라지게 될 것이다. 이 경우의 이드로의 고백은 참으로 주목할 만하다. 그는 "이제 내가 알았도다 여호와는 모든 신보다 크시므로 이스라엘에게 교만하게 행하는 그들을 이기셨도다"(출 18:11)라고 했다. 이러한 말씀은 이방인들이 여호와께서 옛적부터 있었던 자신의 백성들에게 행하신 일들을 알게 될 때, 그들의 고백이 될 것이다.

마지막으로, 12절에는 "모세의 장인 이드로가 번제물과 희생제물들을 하나님께 가져오매 아론과 이스라엘 모든 장로가 와서 모세의 장인과 함께 하나님 앞에서 떡을 먹으니라"(출 18:12)고 한다. 이는 참으로 복된 일이다. 이것은 우리가 보는 이사야 2:2, 3에서와 또 다른 구절들에 대해 명백히 예시해 준다. "말일에 여호와의 전의 산이 모든 산 꼭대기에 굳게 설 것이요 모든 작은 산 위에 뛰어나리니 만방이 그리로 모여들 것이라 많은 백성이 가며 이르기를 오라 우리가 여호와의 산에 오르며 야곱의 하나님의 전에 이르자"(사 2:2,3a).

출애굽기 18장의 후반부는, 비록 상징적 성격을 띤 것이기보다는 주로 실천적이긴 하지만(필자가 분별하는 한), 천년왕국을 그린 이 그림에 아름다운 선을 더해 준다. 이르시기를 "이스라엘 무리 중에서 능력 있는 사람들을 택하여 그들을 백성의 우두머리 곧 천부장과 백부장과 오십부장과 십부장을 삼으매"(출 18:25)라고 한다. 이것은 요한계시록 3:21에서 우리에게 약속하신 것을 분명히 예시해 주지 않는가? "이기는 그에게는 내가 내 보좌에 함께 앉게 하여 주기를 내가 이기고 아버지 보좌에 함께 앉은 것과 같이 하리라"(계 3:21).

구절이 너무 길어서 모두 인용하지는 못하나, 독자들 모두는 출애굽기 18:13-27을 주의하여 읽어 주시기 바란다. 이 구절들은 모세의 실수를 기록한 것으로 우리들의 교훈을 위하여 기록되었다. 여기에서 몇 가지의 중대한 교훈들을 우리에게 분명히 가르치고 있다.

모세는 여호와에 의하여 그 백성의 지도자와 우두머리로 지명되었다. 이드로는 그의 사위가 아침부터 저녁까지 사람들에게 권하는 힘겨운 임무를 목격하였기에, 모세가 너무 많은 일을 떠맡고 있음을 느꼈다. 이드로는 그의 건강을 우려하여 그의 사위로 하여금 보조자들을 지명하도록 제의했다. 이드로의 제안을 들은 후에 모세는 그릇되게 행하였다. 자연적 견해에서 볼 때 이드로의 묘안은 친절하고 호의적이었으나, 그것은 육신적인 상냥함이었다. 그것은 의심할 여지 없이 정교하게 꾸며진 유혹을 선사하였다. 그러나 하나님의 사람은 자연적 원칙을 따를 것이 아니라, 다만 영적인 것에 자신의 비중을 두어야 한다. 또한 그가 주님의 사역에 임할 때에는 인간의 묘략에 주의해야 할 뿐만 아니라, 그를 지명하신 이로부터만 명령을 받아야 한다.

이 구절은 하나님의 종들이 그의 육신적인 친척들의 충고를 따르는 일에 대하여 경고하고 있다. 이드로는 그의 눈을 하나님을 향하여 열지 않고 모세를 향하여 열었다. 그의 앞에 보이는 것은 영원한 여호와의 영광이 아니라 그 사위의 일시적인 안녕이었으니, 곧 "너와 또 너와 함께 한 이 백성이 필경 기력이 쇠하리니 이 일이 네게 너무 중함이라 네가 혼자 할 수 없으리라"(출 18:18)고 함과 같다. 우리 주님께서도 이와 대등한 처지에 대하여 말씀하셨는데, 마가복음 3:20에 이르시기를 "집에 들어가시니 무리가 다시 모이므로 식사할 겨를도 없는지라"고 하셨다. 그러나 그에게 육신으로 인한 인척들은 이 일을 적극적으로 여기지 아니하고, 바로 그 다음 구절에서 이른 것과 같이 "예수의 친족들이 듣고 그를 붙들러 나오니 이는 그가 미쳤다 함일러라"고 하였다. 이는 하나님의 종들이 유의해야 할 참으로 엄숙하고 필요한 말씀이다. 우리 속에 있는 육은, 우리들의 섬김에 있어서나 나날의 삶에 있어서 마찬가지로 억제되어야만 한다.

"이 때로부터 예수 그리스도께서 자기가 예루살렘에 올라가 장로들과 대제사장들과 서기관들에게 많은 고난을 받고 죽임을 당하고 제삼일에 살아나야 할 것을 제자들에게 비로소 나타내시니 베드로가 예수를 붙들고 항변하여 이르되 주여 그리 마옵소서 이 일이 결코 주께 미치지 아니하리이다"(마 16:21, 22). 여기서 다시 우리는 육신적 호의를 보게 된다. 그것은 소위 사람들이 말하는 '인간의 친절이라는 수액'이다. 그러나 그것은 하나님의 뜻과 영광을 무시한 것이다. 이때의 주님의 대답은 매우 엄격하셨다. "예수께서 돌이키시며 베드로에게 이르시되 사탄아 내 뒤로 물러 가라 너는 나를 넘어지게 하는 자로다 네가 하나님의 일을 생각하지 아니하고 도리어 사람의 일을 생각하는도다"라고 하셨다. 이 말씀은 그리스도께서 그에게 속한 사람들에게 일찍이 말씀하신 일이 없는 가혹한 말이었다. 우리가 친구들의 자연적인 연민의 영향을 받아들이는 일에 대하여 얼마나 엄중히 경고하는 말씀인가!

그것은 모세에게 제시된 정교한 유혹이기는 하지만, 만일 그의 직임과 마찬가지로 그의 능력의 근원을 기억하였더라면 그는 그 말에 청종하지 않았을 것이다. "이제 내 말을 들으라"고 이드로는 말했다(출 18:19). 그러나 그것은 모세가 관여하지 말아야 할 바로 그 일이었다. "그리하면 … 일이 네게 쉬우리라"(출 18:22)라고 유혹자는 간청했다. 그러나 하나님의 은혜가 족하지 않았던가! 이 그럴듯한 제안이 모세에게 미친 영향을 보는 것은 슬픈 일이다. 민수기 11장에 보면 모세가 여호와께 불평한 사실을 볼 수 있다. "책임이 심히 중하여 나 혼자는 이 모든 백성을 감당할 수 없나이다"(민 11:14)라고 하였다. 오늘날도 하나님의 종들이 이 말씀을 읽으면서 깊이 공감하지 않는가? 그러하다면 그가 그 어떤 사람도 홀로 담당하도록 부르심을 받지 않았다는 사실을 기억하라. 하나님께서 이렇게 말씀하시지 않으셨던가? "두려워하지 말라 내가 너와 함께 함이라 놀라지 말라 나는 네 하나님이 됨이라 내가 너를 굳세게 하리라 참으로 너를 도와 주리라 참으로 나의 의로운 오른손으로 너를 붙들리라"(사 41:10). 만일 그 짐이 당신에게 '너무도 무겁다'면 "네 짐을 여호와께 맡기라 그가 너를 붙드시고 … "(시 55:22)라고 하신 말씀을 기억하라.

"그리스도의 종들이 계속적으로 실패할 뿐만 아니라 그 실패가 겸손의 탈을 썼기 때문에 더욱 위험한 것은 바로 이 점이다. 그것은 마치 자기 자신을 불신하는 것 같고, 자신을 심히 낮추는 것 같이 하면서 무거운 책임에 스스로 움츠리는 것 같이 보이나, 우리가 묻고 싶은 것은, 하나님께서 그 책임을 강요하셨단 말인가? 만일 그러하다면 그것을 감당할 수 있도록 그가 분명히 나와 함께 하실 것이요, 그가 나와 함께 하심으로 모든 것을 견딜 수 있는 것이다. 그와 함께라면 태산이라도 무겁지 않을 것이나 그가 계시지 않는다면 깃털이라 할지라도 내 힘에 지나칠 것이다. 만일 인간이 아무런 근거 없는 그 마음에 따라 하나님이 결코 의도하신 일이 없는 짐을 스스로 짐으로써 그 짐이 그에게 어울리지 않는다고 하면, 그 짐의 무거움으로 말미암아 분명히 압박감을 받게 되리라는 것쯤은 예상되는 일이지만, 그러나 그 짐은 하나님께서 주시는 것과는 완전히 다르다.

'하나님에 의하여 지명된'(divinely-appointed) 지위를 떠나서는 겸손의 열매란 있을 수 없다. 반면에 깊은 겸손은 그 스스로가 단순한 하나님의 의지 가운데 머물러 있음을 밖으로 드러낼 것이다. 우리가 사역이 무능의 밑바닥까지 줄어든다는 사실은 자신에 사로잡혀 있다는 분명한 증거다. 하나님께서 그의 사역으로 우리를 부르실 때, 우리의 능력에 근거하시는 것이 아니라 그의 능력에 근거하여 부르셨으므로 자신의 생각으로 가득 차 있거나 결정적으로 그를 불신하지 않는 다면, 그 사역에 부과된 무거운 책임 때문에 어떤 섬김의 의무나 신앙의 표명을 포기할 필요는 없다. 모든 권능은 하나님께 속한 것이므로 그 능력이 한 사람의 대리인을 통하여 역사하거나 아니면 칠십 인 일지라도 그것은 조금도 다를 바가 없을 것이나, 만일 한 대리자가 그 권위를 부인한다면 그것은 다만 그에게만 그만큼 해로울 뿐이다. 하나님은 만일 사람들이 그 존영의 자리를 보존할 수 있도록 그를 의지하지 않는다면 그들을 거기에 거하도록 강요하지 않는다"(C. H. M.).

그 결과는 충격적으로 나타났다. 모세가 그 짐으로 인하여 하나님께 불평하매 여호와께서 그것을 제하여 주셨으나, 그것을 제거함에 있어서 부르심을 받은 바 그 높은 영예는 여전히 혼자 걸머지게 하셨다. "여호와께서 모세에게 이르시되 이스라엘 노인 중에 네가 알기로 백성의 장로와 지도자가 될 만한 자 칠십 명을 모아 내게 데리고 와 회막에 이르러 거기서 너와 함께 서게 하라 내가 강림하여 거기서 너와 말하고 네게 임한 영을 그들에게도 임하게 하리니 그들이 너와 함께 백성의 짐을 담당하고 너 혼자 담당하지 아니하리라"(민 11:16, 17). 이득은 아무 것도 없었다. 아무런 새로운 힘이 개입되지 않았고 다만 한 사람에게만 내리셨던 '영'이 이제는 칠십 인에게 분배된 것뿐이었다! 인간은 하나님의 지명을 개선할 수는 없다. 만일 그가 '일반 상식'을 모방하여 행동하기를 고집한다면 아무 이득 도 없을 뿐만 아니라 손실만 많아질 것이다.

이 장의 마지막 절에 빼놓지 않고 하신 말씀은, 곧 "모세가 그의 장인을 보내니 그가 자기 땅으로 가니라"(출 18:27)는 것이다. 민수기 10장에 이 말씀을 더 상세히 기록하였다. "모세가 모세의 장인 미디안 사람 르우엘의 아들 호밥에게 이르되 여호와께서 주마 하신 곳으로 우리가 행진하나니 우리와 동행하자 그리하면 선대하리라 여호와께서 이스라엘에게 복을 내리리라 하셨느니라 호밥이 그에게 이르되 나는 가지 아니하고 내 고향 내 친족에게로 가리라"(민 10:29, 30). 이는 얼마나 이드로(여기에서는 호밥이라 불리움)의 심정을 잘 드러내어 주는가? 그는 근친에 대한 미련을 여호와의 축복보다 더 소중히 여겼다. 그는 광야로 '자신의 땅'을 삼았으며, 그의 '친족'으로 하나님의 백성을 대신하였다. 그는 믿음에 따라 행치 아니하고 보이는 것으로 하였으며, 장래의 '보상'을 중히 여기지 아니하고 현세와 이 땅만을 택하였다. 그러한 자가 하나님의 종을 간섭하는 일을 어찌 합당하다고 하겠는가!

이 장을 맺음에 있어서 이드로가 모세를 떠난 사실은 18장의 전반부에 제시된 모형적 상황을 결코 저해하는 것이 아니라 오히려 그것을 완성시키는 역할을 한다. 이드로가 그의 고향과 친족에게로 돌아간 것은 여호와와 그의 백성에 대한 마음이 없었기 때문이다. 이와 유사한 비극이 천년왕국의 마지막에 있을 것이다. 시편 18편에 이르시기를, "주께서 나를 백성의 다툼에서 건지시고 여러 민족의 으뜸으로 삼으셨으니 내가 알지 못하는 백성이 나를 섬기리이다 그들이 내 소문을 들은 즉시로 내게 청종함이여 이방인들이 내게 복종하리로다 이방 자손들이 쇠잔하여 그 견고한 곳에서 떨며 나오리로다"(시 18:43-45)라고 하셨다. 천년왕국의 때에 이러한 일이 성취될 것이다. 많은 이방인들이 여호와께로 돌아올 것이나 그들의 마음이 하나님으로 사로잡히지 못할 것이다. 마지막에 이르러 사탄이 풀려남으로 그들은 신속히 그의 깃발 아래로 모이게 될 것이다(계 20:7-9 참조).

주께서 우리의 심령을 견고하게 하사 현세에 속한 것들과 그 보이는 것에 빠져 들어가지 않도록 지켜 주시기를 바란다.

제27장

시내 광야의 이스라엘

출애굽기 19장

"이스라엘 자손이 애굽 땅을 떠난 지 삼 개월이 되던 날 그들이 시내 광야에 이르니라 그들이 르비딤을 떠나 시내 광야에 이르러 그 광야에 장막을 치되 이스라엘이 거기 산 앞에 장막을 치니라"(출 19:1, 2). 지금 말한 것처럼, 모세에게 하신 하나님의 약속은 성취되었다. 하나님은 불 붙는 떨기나무에서 모세에게 나타나서 이르시기를, "내가 반드시 너와 함께 있으리라 네가 그 백성을 애굽에서 인도하여 낸 후에 너희가 이 산에서 하나님을 섬기리니"(출 3:12)라고 선언했다. 많은 어려움이 그 행로 속에 있었지만, 불가항력적인 하나님의 묘략의 솜씨 앞에서 아침 햇살의 이슬처럼 사라졌다. 이스라엘은 애굽으로부터 기꺼이 떠날 준비가 되었으며 그들의 주인들은 그들을 내보내는 것을 기뻐하였다. 홍해의 물은 따로따로 갈라져서 언약-백성들은 마른 땅을 통하여 걸어갔다. 이스라엘인들은 에담 광야를 지나서 결국 신 광야를 또한 경험하였다. 더구나 바로의 땅을 떠나온 지 두 달이나 되었지만, 그들은 굶주림으로 멸망하거나 질병으로 죽지 않았다. "너희가 이 산에서 하나님을 섬기리니"(출 3:12)라고 하신 말씀대로 그들은 그렇게 행했다. 하나님의 말씀은 실패할 수 없는 것이다. 대적이 얼마나 분노하든지 간에 "오직 여호와의 뜻만이 완전히 선다"(잠 19:21).

"삼 개월이 되던 날 … 산 앞에 장막을 치니라." 여기에서 시간을 표시하는 것은 중요하다. 그것은 뒤에 따르는 말씀에 열쇠를 제공해 준다. 셋은 언제나 현시(manifestation)의 숫자이다. 여호와께서는 이제 그의 백성에게 자신의 현시를 허락해야만 했다. 일전에 그들은 애굽에 내린 주님의 심판을 보았고, 홍해에서 주님이 권능을 행사하는 것을 지켜보았으며, 구름과 불기둥으로 인도하는 주님의 손을 목격하였고, 만나를 공급해 주신 일과 반석을 쳐서 물을 주신 일속에서 주님의 자비를 체험하였다. 그러나 지금 그들은 그 산에서 주님의 고귀한 위엄이 적절하게 눈에 띌 때 그것을 주시해야만 했다.

"모세가 하나님 앞에 올라가니 여호와께서 산에서 그를 불러 말씀하시되 너는 이같이 야곱의 집에 말하고 이스라엘 자손들에게 말하라 내가 애굽 사람에게 어떻게 행하였음과 내가 어떻게 독수리 날개로 너희를 업어 내게로 인도하였음을 너희가 보았느니라 세계가 다 내게 속하였나니 너희가 내 말을 잘 듣고 내 언약을 지키면 너희는 모든 민족 중에서 내 소유가 되겠고" (출 19:3-5). 어떤 주석가들의 입장 때문에 이 구절들은 많은 고통을 겪었다. 그들이 대부분의 잘못된 결론을 내린 것이다. 그들은 성경에 잘 숙련된 자들이나 앞장에 있는 다른 구절들이 자신들의 주장과 분명히 대립되는 것을 이상하게 간과했다. 평판있는 어떤 주석가는 출애굽기 19장과 20장에 대해 다음과 같이 자신의 의견을 말하기 시작한다. — "새로운 섭리시대가 이러한 장들 속에서 개시된다. 앞에서 가리킨 바와 같이 18장까지는 은혜로 다스려진 때로서 그의 백성에 대한 하나님의 모든 다스림은 은혜로 인하여 성립되었으나 이 시점으로부터는 그들의 승낙에 따라 엄격한 율법의 요구 아래 놓이게 되었다." 이러한 점에 대해, 그가 속해 있는 학파의 다른 사람들은 그를 추종했다. 이 학파는 지대한 영향을 끼쳐왔고 그리고 오늘날 수많은 사람들은 그 지도자의 의견을 절대적으로 확실한 것처럼 맹목적으로 받아들인다. 물론 어떤 이가 만일 그런 권위있는 발언에 감히 도전한다면, 그는 즉시 그 정설에 대한 의심을 자초한 셈이다. 그럼에도 불구하고, 사람들이 그것에 대해 말할 필요가 있는 모든 말을 말씀으로 시험하는 것이 우리의 의무이다.

우리 자신의 지식이 미치는 한, 우리는 이스라엘의 자녀들이 시내 산에 도착했을 때 '새로운 섭리시대'가 시작되었다는 주장을 보증하는 것이 성경에 없음을 느낀다. 요한복음 1:17의 말씀이 종종 그 증거로 부각된다. — "율법은 모세로 말미암아 주어진 것이요 은혜와 진리는 예수 그리스도로 말미암아 온 것이라"고 하셨다. 그러나 이 구절은 우리가 거론하고자 하는 것을 입증하기에는 너무도 거리가 멀다. 주께서는 여기서 율법을 주심으로 '새로운 섭리시대가 시작' 되었다고 말씀하지 않고, 단지 인간들이 그렇게 보고 읽었을 뿐이다. 만일 "율법이 모세에 의하여 주어졌다"는 구절이 유대의 섭리시대의 시작이 그 시점에서 시작되었다는 것을 의미한다면, 그 다음 구절의 "은혜와 진리는 예수 그리스도로 말미암아 온 것이라"고 한 것은 그리스도인의 섭리시대가 예수 그리스도의 오심으로 시작되었다는 것을 의미해야만 한다. 그러나 그렇지 않다. 그리스도인의 시대는 우리 구주의 죽음 이후에까지는 시작되지도 않았고, 또 시작할 수도 없었다. 요한복음 1:17의 말씀은 모세의 사역과 예수 그리스도의 사역을 대비하는 것이다.

그렇다면, 모세의 섭리시대는 언제 시작되었나? 만일 이스라엘이 시내 산에 도착한 때가 아니라면 그들의 역사상 어떤 다른 시점이 있었는가? 우리는 서슴없이 '유월절 밤'이라고 대답하는데, 그 밤으로부터 그들의 국가의 역사의 일정이 시작되었으며 모세의 섭리시대가 개시되었다. 그날 밤 이전에는 그들은 국가나, 결성된 단체로서 존재가 없는, 조직되지 않은 노예들이었다. 그러나 그날 밤에 그들의 모든 것은 변했다. 그때 처음으로 그들은 '회중'이라는 명칭으로 불려졌다 (출 12:6). 유월절이 그들의 국가적 존재가 시작되는 계기가 되었을 뿐만 아니라 모세의 시대의 개막이 되었다고 표시하는 것은 그때부터 그들의 달력이 하나님의 질서에 의하여 바뀌어졌다는 사실을 볼 때 아주 명백하다(출 12:2).

새로운 섭리시대(모세의 시대)는 여호와와 그의 백성들 사이에 새로운 관계가 설립됨으로부터 시작되었다. 그들은 이제 주님의 구속을 받은 자들이었다. 우리가 앞에서 살펴본 바와 같이 구속(redemption)은 쟁취함(purchase)과 능력(power)의 양면성을 지니고 있다. 이스라엘은 '어린양'의 피로 하나님이 쟁취하였고, 홍해에서 주님의 능력으로 그들의 대적으로부터 구함을 받았다. 만일 어떤 유능한 주석가 주장한 바와 같이, 홍해를 건넌 사실이 유월절 밤의 삼일 후의 일이었다면 모세 시대의 시작과 그리스도인 시대의 시작 사이의 유추는 완전하다 하겠다. 어떤 의미에서 그리스도인 시대의 시작은 '휘장이 갈라진' 것과 함께 그리스도의 죽음에서 시작되었다고 하겠으나, 다른 의미에서 그것은 삼 일 뒤에 그리스도가 죽음에서 부활하신 때에 시작된 것이다. 그 '학파'의 지도자들은 위에 말한 가르침을 초월하여, 시내(Sinai) 이전에는 하나님이 이스라엘을 순수한 은혜로 다스렸으나 시내(Sinai)에서 처음으로 율법 아래로 들어서게 되었다고 말했다. 이러한 실수는 '새 시대'가 그때에 시작되었다고 언급하는 것보다 더 변명의 여지가 없다. 이스라엘은 하나님의 산에 도착하기 전에 율법 아래 있었다. 출애굽기 15:25, 26의 증거를 살펴보자. "모세가 여호와께 부르짖었더니 여호와께서 그에게 한 나무를 가리키시니 그가 물에 던지니 물이 달게 되었더라 거기서 여호와께서 그들을 위하여 법도와 율례를 정하시고 그들을 시험하실새 이르시되 너희가 너희 하나님 나 여호와의 말을 들어 순종하고 내가 보기에 의를 행하며 내 계명에 귀를 기울이며 내 모든 규례를 지키면 내가 애굽 사람에게 내린 모든 질병 중 하나도 너희에게 내리지 아니하리니"라고 하셨다. 여기에서 보면 하나님의 '계명들'과 '규례'가 언급되어 있음이 더 말할 나위 없이 분명하다. 그러나 이것은 예기되었던(prospective) 것이라는 궤변이 일어나지 않도록 하기 위하여(예를 들어, 주님은 일시적으로 그들에게 율법을 주었다는 견해), 독자들은 다음에 언급한 것을 주의 깊게 비교검토하기를 바란다. 출애굽기 16:4에서, 하나님께서 이르시기를 "보라 내가 너희를 위하여 하늘에서 양식을 비 같이 내리리니 백성이 나가서 일용할 것을 날마다 거둘 것이라 이같이 하여 그들이 내 율법을 준행하나 아니하나 내가 시험하리라"고 하셨다. 이 말씀의 의미는 23절에서 설명된다. "여호와께서 이같이 말씀하셨느니라 내일은 휴일이니 여호와께 거룩한 안식일이라 너희가 구울 것은 굽고 삶을 것은 삶고 그 나머지는 다 너희를 위하여 아침까지 간수하라"고 하셨다. 이에 대한 이스라엘의 반응은 27절에 기록되어 있다. "일곱째 날에 백성 중 어떤 사람들이 거두러 나갔다가 얻지 못하니라"고 하셨다. 이제 다음 구절을 주의 깊게 살펴보라. "여호와께서 모세에게 이르시되 어느 때까지 너희가 내 계명과 내 율법을 지키지 아니하려느냐"고 하셨다. 분명히 이것은 "예기치" 않은 일이었다. 이것은 이스라엘이 시내 산에 도착하기 전에 율법 아래 있었다는 것을 의심할 수 없는 증명을 제공한다.

시내 산 이후에 여호와께서 이스라엘을 다스리심이 괄목할 정도로 변했다는 것은 부인할 수 없지만, 우리가 추측하기로 이러한 전제에서 그때 새로운 시대가 시작되었다는 잘못된 결론을 끌어낸 것으로 생각된다. 시내 산에 도착하기 전에는 이스라엘이 '원망했을' 때에, 하나님은 오래 참으심으로 견디셨지만 시내 산 이후부터 그들의 원망은 즉각적인 징벌을 자초하게 되었다. 그렇다면 이것을 어떻게 설명해야 하는가? 그 백성에 대한 하나님의 다스리심의 변화를 가져다 준 것이 계명과 율례의 증여가 아니었다면 도대체 무엇이었단 말인가? 우리들의 대답은, 그것은 이스라엘이 엄숙히 그 속으로 들어갔던 언약 때문이었다. 시내 산 이전에는, 하나님께서 이스라엘을 아브라함의 언약에 근거하여 다스리셨으나, 시내 산 이후로는 그들을 민족적으로, 즉 시내언약이라는 용어에 따라 다스렸다. 이 사실은 다음 구절을 이해하는 데 있어서 매우 중요하므로, 좀 더 상세하게 강조되어야만 한다.

창세기 15장은 하나님께서 아브라함에게 하신 언약(후에 이삭과 야곱에 의하여 확인되었음)을 기록한다. 우리는 지금 창세기 15장 하반부를 강해할 수는 없으나, 그 내용은 참으로 중요하다. 간략하게 6절에 보면 처음으로 아브라함의 칭의에 대하여 기록된 것을 볼 수 있다. 연이어 여호와께서 아브라함에게 한 희생제물을 준비하도록 명하셨다. 아브라함이 이를 행하여 각 짐승들의 '중간'을 쪼개었다. 그리고는 아브라함에게 깊은 잠이 왔고, 그 깊이 잠든 중에 하나님은 사대 만에 그의 자손들을 가나안으로 인도하리라고 약속하셨다. 그 다음에는 셰키나 영광(Shekinah-glory)이 아브라함의 희생제물의 조각 ─ 언약을 삼는 것을 상징적으로 나타내는 행위, 예레미야 34:18, 19 참조 ─ 사이로 지나갔다. 이어서 말씀하시기를 "그 날에 여호와께서 아브람과 더불어 언약을 세워 이르시되 내가 이 땅을 … 네 자손에게 주노니"(창 15:18)라고 하셨다.

우리는 주의 깊게 세 가지 사실을 살펴보아야 한다. 첫째, 이 언약 때에는 오직 한편 ─ 여호와 자신 ─ 밖에 없었다. 아브라함은 잠들어 있었다. 그러므로 그 성취는 하나님의 미쁘심에로만 돌아갔다. 거기에 대해 인간이 충족시켜야만 하는 부가된 조건이 없었다. 둘째, 그것은 희생제물에 근거되었다. 셋째, 그것은 순수한 은혜의 언약이었다. "내가 이 땅을 네 자손에게 주노라"는 말씀에 유의하라. 창세기 13:15과 이것을 대조하라. 거기에 이르시기를 "보이는 땅을 내가 너와 네 자손에게 주리니"라고 하셨다. 그러나 이제 와서 희생은 드려졌고, 피는 뿌림을 받았으며, 구속의 값이 치러졌고, 엄숙한 언약이 성립되었으므로, '주리라'(I will)가 '주노라'(I have)로 바뀌었다.

이제 하나님이 이스라엘을 애굽으로부터 이끌어 낸 것이 아브라함과 맺은 언약에 근거하였음을 처음으로 관찰된다. 이에 대한 증거는 출애굽기 2:24에 제공되는데, 기록되기를 "하나님이 그들의 고통 소리를 들으시고 하나님이 아브라함과 이삭과 야곱에게 세운 그의 언약을 기억하사"라고 했다. 또 출애굽기 6:3, 4에서, 하나님은 모세에게 이 일 곧 "내가 아브라함과 이삭과 야곱에게 전능의 하나님으로 나타났으나 나의 이름을 여호와로는 그들에게 알리지 아니하였고 가나안 땅 곧 그들이 거류하는 땅을 그들에게 주기로 그들과 언약하였더니"라고 하신 것을 기억하신다. 여호와께서 이스라엘을 그들이 시내 산에 이를 때까지 다스린 것은 이 언약에 근거한 것이었다! 이스라엘이 시내 산에 도착하기 전 마지막으로 기록된 것은 반석을 쳐서 물을 주는 것이었는데, 시편 기자가 이 일을 어떻게 나타내고 있는지 살펴보자. "반석을 여신즉 물이 흘러나와 마른 땅에 강 같이 흘렀

으니 이는 그의 거룩한 말씀과 그의 종 아브라함을 기억하셨음이로다"(시 105:
41,42)라고 하였다. 그러나 시내 산에서의 여호와의 이스라엘에 대한 관계는 다
른 기반에 근거하였다.

출애굽기 19:5에서, 하나님은 산에서 모세를 불러 주님의 백성에게 **"세계가 다
내게 속하였나니 너희가 내 말을 잘 듣고 내 언약을 지키면 너희는 모든 민족 중에서
내 소유가 되겠고"**라고 말하게 명령하셨다. 이에 대하여 많은 혼란이 있었고 많은
실수가 계속되었다. 주님은 여기에서는 아브라함과 맺은 언약을 언급하지 않는
다(족장이라는 말이 이 장에서는 전혀 언급되지 않았다). 이 사실은 주님의 말씀
에 의해 실수 없이 분명히 드러난다. "너희가 내 말을 잘 듣고 내 언약을 지키면"
이라고 하셨다. 하나님이 아브라함에게 맺은 것으로 이스라엘이 지켜야 할 언약
에 대하여는 아무런 말씀이 없다. 거기에는 아무런 조건도 부과되지 않았고, 아
무런 약정도 단서도 없었다. 그것은 아브라함과 그의 자녀들에 관한 한 무조건적
이었다. 그러나 여기 시내 산에서는 하나님께서 다른 언약을 제의하셨는데, 그
언약은 곧 두 당사자(하나님 자신과 이스라엘)가 있어야 하는 언약이었다. 그것
은 행위 언약, 즉 만일 그들이 그것에 부과된 조건적인 축복들을 누리려면 이스
라엘이 반드시 '지켜야' 할 언약이었다.

시내 산 언약이라는 용어는 무엇이며 그에 부과된 조건과 축복들은 무엇이었
나? 이에 대한 대답은 성경에 명백히 기록되어 있다. 출애굽기 34:27, 28에 이르
시기를 "여호와께서 모세에게 이르시되 너는 이 말들을 기록하라 내가 이 말들의
뜻대로 너와 이스라엘과 언약을 세웠음이니라 하시니라 모세가 여호와와 함께
사십 일 사십 야를 거기 있으면서 떡도 먹지 아니하였고 물도 마시지 아니하였으
며 여호와께서는 언약의 말씀 곧 십계명을 그 판들에 기록하셨더라"고 하셨다.
사십 년 후에, 모세는 이스라엘에게, "여호와께서 그의 언약을 너희에게 반포하
시고 너희에게 지키라 명령하셨으니 곧 십계명이며 두 돌판에 친히 쓰신 것이라"
(신 4:13)고 회상시켰다.

출애굽기 19장으로 돌아가면, 이스라엘은 여호와께서 그들에게 법적인 언약으
로 들어가도록 제안한 것에 대한 응답으로, 이구동성으로 그리고 진심으로 그것
을 받아들였음을, 우리는 배운다. **"백성이 일제히 응답하여 이르되 여호와께서 명
령하신 대로 우리가 다 행하리이다"**(출 19:8)라고 하였다. 이 말은 모세가 그들에
게 언약을 상세히 가르쳐 주었을 때에도 반복되었다. "모세가 와서 여호와의 모

든 말씀과 그의 모든 율례를 백성에게 전하매 그들이 한 소리로 응답하여 이르되 여호와께서 말씀하신 모든 것을 우리가 준행하리이다"(출 24:3)라고 하심과 같다. 그리하여 그 언약은 피로 말미암아 엄숙히 비준되었다(출 24:4-8 참조).

바야흐로 이스라엘이 여호수아 당시에 가나안에 들어간 것은 시내 산 언약에 근거한 것이지 아브라함의 언약에 근거한 것이 아니었다. 그리고 그 땅을 점유하는 동안 하나님이 이스라엘을 다스린 것도 시내 산 언약에 근거한 것이었다. 이것은 처음부터 곧바로 분명하게 시행되었다. 이스라엘 중 한 사람이 제8계명을 범한 사실이 확실해지자 여호와께서 이르기를, "이스라엘이 범죄하여 내가 그들에게 명령한 나의 언약을 어겼으며 또한 그들이 온전히 바친 물건을 가져가고 도둑질하며 속이고 그것을 그들의 물건들 가운데에 두었느니라 … 바친 물건을 가진 자로 뽑힌 자를 불사르되 그와 그의 모든 소유를 그리하라 이는 여호와의 언약을 어기고 이스라엘 가운데에서 망령된 일을 행하였음이라"(수 7:11, 15)고 선언하셨다. 따라서 아간과 그 온 가족이 돌로 쳐 죽임을 당하였다. 그 후에 기록되기를, "그 사사가 죽은 후에는 그들이 돌이켜 그들의 조상들보다 더욱 타락하여 다른 신들을 따라 섬기며 그들에게 절하고 그들의 행위와 패역한 길을 그치지 아니하였으므로 여호와께서 이스라엘에게 진노하여 이르시되 이 백성이 내가 그들의 조상들에게 명령한 언약을 어기고 나의 목소리를 순종하지 아니하였은즉 나도 여호수아가 죽을 때에 남겨 둔 이방 민족들을 다시는 그들 앞에서 하나도 쫓아내지 아니하리니"(삿 2:19-21)라고 하셨다. 왕국이 갈라진 것은 솔로몬이 이 언약을 준수하지 못했기 때문이었다(왕상 11:11). 이스라엘이 가나안에 거한 모든 기간 동안, 하나님은 그들을 시내 산 언약에 근거하여 다스리셨다(예레미야 11장을 참조하라).

시내 산 언약에 수반된 여건에 대해서는 몇 마디만 충분할 것이다. 출애굽기 19:10, 11에 이르시기를 **"여호와께서 모세에게 이르시되 너는 백성에게로 가서 오늘과 내일 그들을 성결하게 하며 그들에게 옷을 빨게 하고 준비하게 하여 셋째 날을 기다리게 하라 이는 셋째 날에 나 여호와가 온 백성의 목전에서 시내 산에 강림할 것임이니"**라고 하셨다. 여기에서 우리는 이 장의 서두에서 주목했던 것을 강조하였다. 이스라엘이 애굽 땅을 떠나 시내 산에 도착한 것은 제 삼월에 있었던 일이며, 여호와께서 '온 백성의 목전에' 강림할 것을 선언한 때도 그 달의 세 번째 날(두 번 반복됨)이었다. 그렇다면 여기에서 우리가 경험하는 것은 여호와 자신의 현시이다(비, 신 5:24). 그리고 그 이후에 이어졌던 모든 것들은 그러한 섭리시대의 모형적 성격을 마음에 지니면서 그러한 사실을 온전히 지속하는 것이었다.

백성은 심지어 그들의 옷까지도 빨 정도로 스스로를 '성결' 하게 해야만 했다. 이것은 하나님이 깨끗한 사람들에게만 가까이 하심과 또한 죄가 그의 피조물로부터 창조자를 떨어지게 한다는 사실을 얼마나 분명하게 암시해 주는가?

"너는 백성을 위하여 주위에 경계를 정하고 이르기를 너희는 삼가 산에 오르거나 그 경계를 침범하지 말지니 산을 침범하는 자는 반드시 죽임을 당할 것이라"(출 19:12). 이 구절로써 '새로운 시대' 의 시작을 입증하려는 많은 노력이 있었는데, 그것은 하나님이 더 이상 이스라엘을 은혜로 다스리지 아니했다는 것이다. 그러나 그것은 사람들이 그들의 선입관으로 성경을 읽은 또 다른 사례일 뿐이다. 뿐만 아니라 이번 경우는, 이전에 있었던 내용이 무시되는 것이다. 몇 개월 전에 여호와가 불붙는 떨기나무에서 모세에게 나타났을 때, 모세는 "내가 돌이켜 가서 이 큰 광경을 보리라"고 하였다. 하나님은 즉시 모세를 불러 이르시기를 "이리로 가까이 오지 말라 네가 선 곳은 거룩한 땅이니 네 발에서 신을 벗으라"(출 3:5)고 했다.

"셋째 날 아침에 우레와 번개와 빽빽한 구름이 산 위에 있고 나팔 소리가 매우 크게 들리니 진중에 있는 모든 백성이 다 떨더라"(출 19:16). 이 말씀 역시 그 확실한 의미와는 완전히 판이한 다른 어떤 것을 의미할 정도로 왜곡되었다. 이것은 하나님을 보고 살 자가 없을 정도로 여호와의 무서운 존엄에 대하여 두려움을 품게 하는 말씀이었다. 이러한 현상들은 이스라엘이 언약에 들어가는 것이 잘못된 것이었음을 보이려고 의도된 것이었을까? 아니면 그들이 언약을 맺은 이의 위엄, 거룩함 그리고 위대함을 나타내시려고 명백히 하려고 의도된 것인가? 분명히 그 후자이다. 만일 이것에 대해 증거가 요구된다면, 출애굽기 20:20 안에 그것이 제공되어 있다. "모세가 백성에게 이르되 두려워하지 말라 하나님이 임하심은 너희를 시험하고 너희로 경외하여 범죄하지 않게 하려 하심이니라"고 했다. 또한 신명기 5:24을 비교해 보라. 천국 그 자체 속에서 종말론적인 일을 보게 된 사람이, "보좌로부터 번개와 음성과 우렛소리가 나고"(계 4:5)라고 그 보좌를 보고 한 말을 잊지 말도록 하자 — 이와 동일한 일이 시내 산에서 증거되었다!

신명기의 어느 한 구절에서는 이스라엘이 시내 산 언약을 맺고 과연 현명하게 처신했는지의 여부와, 그들이 주께서 말씀하신 모든 것을 그들이 행하기 위한 서약에 과연 알맞았는지 혹은 빗나갔는지에 대해, 또 하나님이 과연 그들을 기뻐했는지 그렇지 않았는지에 대한 질문이 영원히 해결되어질 것이다. 이 구절은 신명기 5장에 기록되어 있다. 모세는 거기에서 시내 산에서 일어났던 일들을 회상하고 있다.

그가 이르기를 "여호와께서 이 모든 말씀을 산 위 불 가운데, 구름 가운데, 흑암 가운데에서 큰 음성으로 너희 총회에 이르신 후에 더 말씀하지 아니하시고 그것을 두 돌판에 써서 내게 주셨느니라"(신 5:22)고 하였다. 그리고 나서 모세는 이스라엘이 답했던 응답을 그들이 회상하도록 한다. "산이 불에 타며 캄캄한 가운데에서 나오는 그 소리를 너희가 듣고 너희 지파의 수령과 장로들이 내게 나아와 말하되 우리 하나님 여호와께서 그의 영광과 위엄을 우리에게 보이시매 불 가운데에서 나오는 음성을 우리가 들었고 하나님이 사람과 말씀하시되 그 사람이 생존하는 것을 오늘 우리가 보았나이다 이제 우리가 죽을 까닭이 무엇이니이까 이 큰 불이 우리를 삼킬 것이요 만일 우리가 우리 하나님 여호와의 음성을 다시 들으면 죽을 것이라 육신을 가진 자로서 우리처럼 살아 계시는 하나님의 음성이 불 가운데에서 발함을 듣고 생존한 자가 누구니이까 당신은 가까이 나아가서 우리 하나님 여호와께서 하시는 말씀을 다 듣고 우리 하나님 여호와께서 당신에게 이르시는 것을 다 우리에게 전하소서 우리가 듣고 행하겠나이다"(신 5:23-27)라고 하였다. 그리고 나서 28절에는, "여호와께서 너희가 내게 말할 때에 너희가 말하는 소리를 들으신지라 여호와께서 내게 이르시되 이 백성이 네게 말하는 그 말소리를 내가 들은즉 그 말이 다 옳도다"라고 하셨다. 어떤 것도 이보다 더 명백할 수는 없다. 하나님은 "오직 나와 내 집은 여호와를 섬기겠노라"(수 24:15)라고 여호수아가 말할 때 불쾌하지 않았던 것처럼, 이스라엘의 충성에 대한 공언에 대하여 불쾌하지 않았다.

마지막으로, 출애굽기 24장은 우리 앞에 있는 19장의 내용을 완성하고 있음을 잊어서는 안 된다. 거기에 보면 언약에 대한 비준이 있는데, 이르시기를 "언약서를 가져다가 백성에게 낭독하여 듣게 하니 그들이 이르되 여호와의 모든 말씀을 우리가 준행하리이다"(출 24:7)라고 하였다. 여기에서 우리가 살펴볼 특별히 중대한 것은 즉각적으로 이어지는 말인데, "모세가 그 피를 가지고 백성에게 뿌리며 이르되 이는 여호와께서 이 모든 말씀에 대하여 너희와 세우신 언약의 피니라"고 하신 말씀이다. 백성들에게 피를 적용한다는 것은 하나님이 그들을 은혜롭게 대하실 것을 분명히 나타낸다. 그렇다면 여호와께서 시내 산에서 이스라엘에게 가르치신 두드러진 교훈은 무엇인가? 그것은 이후부터 그들에게 주님의 은혜가 '의로 말미암아 왕 노릇'(롬 5:21)할 것이라는 바로 이것이다.

글을 맺으면서, 우리 앞에 있었던 것에 관해 실제적 적용을 해보자. 이스라엘이 시내 산에서 은혜를 받았던 하나님의 위엄에 대한 그 같은 광경은 우리들 시대에 절실히 요구된다. 우리는 믿음의 눈으로 주님을 '아버지'와 '모든 은혜의 하나님'으로 볼 뿐만 아니라, 또한 "높고 거룩한 곳에서 영원히 거하시는 자"(사 57:15)와 "크시고 두려워할 주 하나님"(단 9:4), "보라 그에게는 열방이 통의 한 방울 물과 같고 저울의 작은 티끌 같으며 섬들은 떠오르는 먼지 같으리니 … 그의 앞에는 모든 열방이 아무것도 아니라 그는 그들을 없는 것 같이, 빈 것 같이 여기시느니라"(사 40:15, 17. 이사야 40장 전부를 읽어 보라)고 하신 말씀과 같은 분으로 볼 필요가 있다. 만일 우리가 주님을 그와 같이 보았다면, '두려워 떨므로' 우리의 구원을 이루어야 한다. 구약의 하나님과 신약의 하나님이 하나이며 동일하신 분임을 잊지 말자. 주님은 그 손 안으로 떨어지는 것이 두려운 실재인 그런 하나님이다. 주의 성령께서 하나님을 우리에게 존경하고, 순종하고 그리고 경배를 받으실 자로 계시해 주기를 바란다.

제28장

하나님의 율법

출애굽기 20장

주 예수님은 그의 감람산 강화(講話)에서, "불법(헬라어로 무법)이 성하므로 많은 사람의 사랑이 식어지리라"(마 24:12)고 예언하였다. 기름부음을 받지 못한 눈으로는 이 예언이 지금 성취되었음을 분명히 보지 못할 것이다. 그 어디에서나 불법이 가득하다. 인간들은 자신들을 즐겁게 하는 일에 힘을 쏟고 있다. 권위란 공공연히 경멸당하고 있다. 권징이란 과거사가 되고 말았다. 부모에 의한 통제는 거의 시행되지 않고 있다. 결혼은 거의 모든 대부분, 편의를 위한 수단으로 전락되고 말았다. 열국들은 그들의 엄숙한 조약을 '종이 묶음'으로 여기고 있다. 미국에서는 수정 헌법 제18조(술의 제조와 판매 금지법으로 1920~1933년까지 존속했음 -역주)가 각처에서 경멸당하고 있다. 그렇다. '불법'은 성하고 있다. 그리고 하나님의 친 백성들도 이러한 냉랭한 영향을 피하지 아니하였기에, 그들 중 많은 사람들의 사랑은 싸늘하게 식고 말았다.

사랑에 대한 최상의 기준은 사랑하는 자를 즐겁게 하기 위한 소원과 노력이며, 그것은 그가 알고 있는 소원과 조화되는가에 따라 측정된다. 하나님에 대한 사랑은 주님의 뜻에 대한 순종에 의하여 표현된다. 오직 한 분만이 완전히 이 일에 본보기가 되었는데, 그에 대하여 성경은, "내가 주의 뜻 행하기를 즐기오니 주의 법이 나의 심중에 있나이다"(시 40:8)라고 했다. 그러나 우리도 주님이 행한 대로 그렇게 행해야 한다(요일 2:6). 다음의 주님의 말씀은 단순하지만 엄중하다. 즉 "나의 계명을 지키는 자라야 나를 사랑하는 자니"(요 14:21)라고 했으며 또다시 기록되기를 "우리가 하나님을 사랑하고 그의 계명들을 지킬 때에 이로써 우리가 하나님의 자녀를 사랑하는 줄을 아느니라 하나님을 사랑하는 것은 이것이니 우리가 그의 계명들을 지키는 것이라 그의 계명들은 무거운 것이 아니로다"(요일

5:2, 3)라고 하였다. 그렇다면 사랑이 '불충분하다'(waning)는 것은 하나님의 계명에서 벗어난 것과 그것을 지키는 일에 실패한 것을 의미한다!

마태복음 24장의 그리스도의 예언은 홀로 그 입장을 주장하는 것이 아니다. 유다서(기독교 세계의 마지막 시대에 통용되는 조건에 대해 취급함)에서는, 배교자들을 '권위를 업신여기며, 영광을 비방하는 자'(유 8절)로 묘사한다. 지배력에 대한 경멸은 불법의 본질이다. 베드로후서도 그러한 종말의 배교자들에 대하여 언급한다. 이르시기를 "그들에게 자유를 준다 하여도 자신들은 멸망의 종들이니 누구든지 진 자는 이긴 자의 종이 됨이라"(벧후 2:19)라고 한다. 그들의 구호는 권위로부터의 이탈이요, 모든 법으로부터의 해방이었다.

우리들은 세상에 가득한 불법과 그것이 그리스도의 이름을 지닌 많은 자들에 대해 갖고 있는 영향력에 대해 개탄하지 않을 수 없으나, 그보다 더 슬프고 중대한 것은 그들의 교사들이 이러한 악한 영을 결과적으로 조장하고 촉진시키는 것들을 널리 전파하는 것을 들을 때이다. 어느 평판이 좋은 성경 교사는, 하나님의 율법은 오늘날 그리스도인들에게 구속력이 없다고 선포한다. 그들은 율법이 오직 이스라엘을 위하여 존재했을 뿐이라고 말한다. 그들은 지금은 은혜의 시대이기에, 율법은 은혜의 대적이라고 주장한다. 그들은 우리가 새 창조의 일원이 된 다음에는 옛 창조에 매달려 있던 모든 임무는 자동적으로 끝난다고 단언한다: 그들은 이르기를, 그리스도인들이란 성령께서 내주하는 자들이므로 율법이 필요하지 않다고 주장한다. 그들은 사람들의 양심에 하나님의 율법의 주장을 밀어붙이는 소수의 사람들을 율법주의자라고 낙인을 찍는다. 그들은, 과거에 하나님의 율법이 생활의 규칙이며, 도덕적 행위의 표준이라고 가르치면서 하나님에 의하여 힘 있게 쓰임을 받았던 사람들을 냉소적인 동정을 가지고 대한다.

현재로서는 우리가 율법의 본질에 대한 성경적 견해를 가지는 것이 제일 중요한 일이다. 하나님의 율법이라고 하는 바로 그 사실은 동시에 인간의 안녕에 해로운 어떤 내용을 포함할 수 없다는 것을 우리에게 보인다. 하나님께서 주신 다른 모든 것들처럼, 율법은 그의 사랑의 표현이며, 그의 자비의 나타남이요, 그의 은혜의 제공물이다. 주의 율법은 그리스도의 즐거움이 된 것 같이(시 1:2), 역시 사도 바울에게도 그러하였다(롬 7:22). 로마서 7장에서, 성령께서 확실히 증언하기를, "이로 보건대 율법은 거룩하고 계명도 거룩하고 의로우며 선하도다"(롬 7:12)라고 하였다. 뿐만 아니라, 그는 "율법은 신령한 줄 알거니와"(14절)라고 선언했다. 그렇다면 인간들이 그 율법을 경멸하고 악평하는 것은 얼마나 무서운 일인가! 그것으로부터 벗어나고자 하는 자들은 얼마나 그 마음이 비뚤어진 상태이겠는가!

위에서, 우리는 율법이 하나님의 사랑의 표현이라고 말했다. 이것은 신명기 33장에 분명히 타나나 있다. "여호와께서 시내 산에서 오시고 세일 산에서 일어나시고 바란 산에서 비추시고 일만 성도 가운데에 강림하셨고 그의 오른손에는 그들을 위해 번쩍이는 불이 있도다 여호와께서 백성을 사랑하시나니"(신 33:2, 3)라고 하셨다. 인간의 측면에서 사랑은 율법의 완성이요, 거룩한 이의 측면에서 사랑은 율법을 제공했다. 그렇다면 이러한 율법에 대한 우리의 대답은 무엇이어야 하는가? 그것은 분명코 다윗이 말한 것 같이, "내가 주의 법을 어찌 그리 사랑하는지요 내가 그것을 종일 작은 소리로 읊조리나이다"(시 119:97)라는 것이다.

거룩한 하나님의 사랑으로 인하여 율법이 제공되었던 반면에, 하나님께서 율법을 주신 가장 중요한 목적은 그의 권위를 유지하도록 하는 것이었다. 이스라엘 백성은 주님의 통치 아래 그들이 있음을 깨닫는 상태에 이르러야만 한다. 이것이 율법의 필요성이다. 피조물은 주님의 창조주로서의 권리를 인정하는 상태가 되어야만 한다. 여호와 하나님께서 아담을 위하여 건설한 동산 안에 그를 두시자마자, 그에게 명령하셨다. — 창세기 3장에서 이들 아담과 하와에게 이것을 얼마나 강조했는지를 주목하라(창 3:11, 17). 그들에게 알려진 그 판결의 실제적 전제는 하나님이 창조주로 요구하신 것들을 그들이 거역했다는 것이다.

지금 우리가 출애굽기 19, 20장에서 지니는 것은 하나님의 이중적인 요구사항의 실행이다. 그들은 이스라엘에 속한 것이 아니라 하나님께 속했다. 그들에 대해 하나님이 주장할 수 있는 것은 그가 그들을 만드셨을 뿐만 아니라, 또한 그들을 사셨기 때문이다. 그들은 주님의 피조물일 뿐만 아니라, 또한 주님이 구속한 백성이었다. 출애굽기 19, 20장에서 지금 그들에게 강조하는 것은 이러한 두 번째 관계였다. 앞에서 주님은, "내가 애굽 사람에게 어떻게 행하였음과 내가 어떻게 독수리 날개로 너희를 업어 내게로 인도하였음을 너희가 보았느니라 세계가 다 내게 속하였나니 너희가 내 말을 잘 듣고 내 언약을 지키면 너희는 모든 민족 중에서 내 소유가 되겠고"(출 19:4, 5)라고 말한다. 그 다음 장에서, 주님은 "나는 너를 애굽 땅, 종 되었던 집에서 인도하여 낸 네 하나님 여호와니라"(출 20:2)라고 진술하면서 십계명을 시작한다. 그러나 출애굽기 20장에서 주님은 두 가지의 주장 모두를 강조하고 있음을 주의 깊게 살펴보아야 한다. 첫 번째 절에서는 "하나님(창조자)이 이 모든 말씀으로 말씀하여 이르시되"라고 하지만, 2절에서는 그들을 애굽 땅에서 이끌어 낸 그들의 하나님 여호와라고 그들에게 상기시킨다.

이제 여기서 우리가 특별히 강조하려고 하는 것은 구속(redemption) 때문에 하나님이 그의 피조물들인 사람들에게 요구하는 주장을 취소한 것이 아니라는 사실이다. 오히려, 그럼에도 불구하고 그러한 주장들이 시행되며, 그 외에, 구속에 의하여 도입된 새로운 교제로 인하여 추가적 책임이 부가된다. 혹은 더 정확하게 말해서, 우리에 대한 하나님의 요구사항을 우리가 시인하고 그것에 부응하기 위한 특별한 동기가 주어진다. 앞의 장들에서, 우리는 하나님께서 이스라엘을 놀라운 은혜로 다루시고, 온유한 인내로 그들과 관계하며, 그들의 모든 필요를 공급하시는 것을 보았다. 그러나 이제는 하나님이 그들에게 의로운 요구를 하신 것과 주님의 보좌가 그들 위에 베풀어져야 하고, 그의 권위가 인정되어져야 하며, 주님의 뜻은 완전하기에 그들의 삶의 조정자가 되어야 하며, 또한 그들은 주님의 구속함을 받은 자들로서 하나님을 경외하고 순종하며 섬겨야 할 가장 중대한 이러저러한 의무 아래에 놓였다는 지점에 이르게 되었다. 모세가 그의 생애의 마지막에 이르러 이스라엘 백성에게 이 사실을 어떻게 강조했는지를 살펴보라. "네 하나님 여호와께서 너를 속량하셨음을 기억하라 그것으로 말미암아 내가 오늘 이같이 네게 명령하노라"(신 15:15).

"하나님께서 이스라엘에게 주신 율법은 세 가지로 분류되는데, 그것은 곧 도덕, 종교의식 그리고 시민생활에 관한 것이다. 이스라엘 백성은 세 가지 방식으로 존중될 수 있다. 첫째, 그들은 이성적인 피조물로서, 도덕과 자연적 의미의 양자에서, 최고의 원인(the Supreme Cause)으로서의 하나님께 의존하였다. 따라서 그런 식으로 십계명이 그들에게 주어졌다. 열 개의 율법은 그 본질상 보통 말하는 인간이 결속된 자연의 법칙(인간의 마음에 대하여 기록한 작품, A. W. P.)과 다름 아닌 동일한 것이다. 둘째, 그들은 구약의 교회로서, 약속된 메시야와 주님이 모든 것을 완전하게 하셔야 하는 복된 때를 기대했던 사람들이다. 그래서 그들은 그러한 특성으로 인하여 의식법을 받았는데, 그것은 실제로 나타난 메시야는 아직 오지 않았으며, 그의 속죄물(희생제사)에 의하여 만물을 완전하게 하지 못하나, 그가 오시면 만물을 새롭게 하실 것이다. 셋째, 그들은 특별한 백성으로서 가나안 땅에서 그들의 재능과 성향에 적합한 통치의 정책을 가졌다. 그들에 의하여 세워진 국가는 낡아빠진 철학자들이 윤곽을 그렸던 그런 형태에 따른 것이 아니라, 요세푸스가 그것을 의미심장하게 명명한 이른바 신정(神政,theocracy)이라는 특수한 방법으로 얻은 것으로, 하나님 자신이 그 안에서 국가조직의 통제권을 가진다(사사기 8:23). 이러한 견해로 볼 때 하나님께서 그들의 정치적인 법을 규정한 것이다(현대인들이 참작할 것이 많은 사려 깊은 신학자, Herman Witsius, 1680~1708)."

우리는 고인이 된 무디가 「십계명 해설」(Weighed and Wanting)이란 책에서 한 말에 진심으로 동의한다. "호렙 산에서 하나님이 모세에게 주신 계명은 그 백성들의 귀에 선포된 바로 그때 이후로 그랬던 것처럼 오늘날에도 한결같이 구속력이 있다. 유대인들은 다음과 같이 말한다. 즉 율법이 팔레스타인(이스라엘에 속한 땅)에 주어진 것이 아니라 광야 속에서 주어진 것은, 율법이 모든 열방을 위한 것이었기 때문이다".

우리는 십계명이 모든 사람들에게, 그리고 특별히 그리스도인들에게 구속력이 있다고 믿는 것은 다음과 같은 이유들 때문이라고 믿는다.

첫째, 위대한 창조자의 권위가 주님에 의하여 선포되고 그 피조물에 의하여 시인되는 것이 옳고 지당하기 때문이다. 이것은 그가 아담을 창조하셨을 때 요구하신 것이요 모든 건전한 정신을 가진 자마다 그것이 옳은 것이었음을 시인할 것이다. 비단 타락한 천사들마저도 율법의 체제 아래 있기에, 그들에 대하여 성경은, "능력이 있어 여호와의 말씀을 행하며 그의 말씀의 소리를 듣는 여호와의 천사들이여 여호와를 송축하라"(시 103:20)고 했다. 오직 불법한 영만이 모든 인간 피조물들이 하나님의 율법을 준수할 책임이 있다는 진술을 맹렬히 비난할 수 있는 것이다.

둘째, 그 십계명은 결코 폐지된 적이 없기 때문이다. 하나님이 친히 그 손가락으로 썼다는 것, 즉 양피지에 쓰지 않고 돌 판에 썼다는 바로 그 사실은 그것의 영구적인 성격을 결정적으로 증명한다. 기독교 시대에 살고 있는 사람들이 십계명을 그들을 결속하는 것으로 중요시해야만 한다는 것이 하나님의 생각과 반대된다면, 하나님은 분명한 언어로 그렇게 말씀하셨을 것이다. 그러나 신약성경에서 그 폐기를 선포한 단 한 마디의 말이라도 찾아보려고 한 수고는 수포로 돌아갔다.

셋째, 우리가 그것을 필요로 하기 때문이다. 인간의 본성이 매우 개량되어 삼

천년 전에 보다 훨씬 나아졌기 때문에, 거룩한 율법에 대한 요구가 더 존속하지 않다는 것인가? 만약 옛날 언약의 백성이 그러한 법령을 갖고 싶었다면, 오늘날의 이방인은 그만큼 그런 조건이 충분하지 않다는 말인가? 요즈음 사람들은 우상 숭배의 경향이 희박하기 때문에, 그들에게 "너는 나 외에는 다른 신들을 네게 두지 말라"고 한 거룩한 계명이 필요 없다는 것인가? 육신적 마음의 증오심이 잘 다듬어져서, "너는 네 하나님 여호와의 이름을 망령되게 부르지 말라"고 말하는 것은 더 이상 기회가 좋지 않다는 것인가? 이 20세기의 자녀들은 그들의 부모들에게 너무도 헌신적이며 순종하는 마음으로 돌보이기 때문에, 그들에게 "네 부모를 공경하라"고 하는 것은 불필요하다는 것인가? 요즈음 인간의 생명을 너무나 존중하게 간주하여, "살인하지 말라"고 말하는 것이 무익한 것인가? 결혼관계를 매우 신성하게 여겨, "간음하지 말라"는 말이 불합리한가? 그리고 이제는 세상이 속에 너무도 많은 정직이 존재하기에, 우리의 동료들에게 하나님이 "도둑질하지 말라"고 말한다는 것을 상기시키는 일이 시간낭비가 되는가? 오히려 오늘날의 형편을 고려할 때, 십계명은 이 땅의 모든 강단에서 우렛소리처럼 울려 퍼져야 할 필요가 있는 것이 사실이 아닌가?

넷째, 주 예수 그리스도가 친히 존중했기 때문이다. 갈라디아 4:4에서, 주님은 "율법 아래에 나신 바 되셨다"고 말한다. 주님은 이 세상에 들어오심에 대하여, "나의 하나님이여 내가 주의 뜻 행하기를 즐기오니 주의 법이 나의 심중에 있나이다"(시 40:8)라고 선포하셨고, 그리고 그의 지상생활에 대한 기록은 이를 충분하게 전하고 있다. 어느 관원이 주님에게, "영생을 얻으려면 무엇을 해야 하나이까"라고 묻자, 주님은 "네가 계명을 알거니와 … 간음하지 말라 …" 등등으로 대답했다. 우리 주님께서 그러한 대답으로 대꾸한 이유가 그 무엇이든지 간에 한 가지 사실은 분명하니, 곧 주님은 거룩한 하나님의 율법을 존귀케 여겼다는 것이다! 한 율법사가 주님을 시험하기 위하여, "율법 중에서 어느 계명이 크니이까"(마 22:36)라고 묻자, 그의 대답은 다시 한 번 자신의 하나님의 율법의 권위를 지지하고 계심을 보여준다.

다섯째, 이 주제에 대한 우리 주님의 가르치심 때문이다. 우리는 산상보훈에서 주님이 다음과 같이 말씀하신 것을 볼 수 있다. "내가 율법이나 선지자를 폐하러 온 줄로 생각하지 말라 폐하러 온 것이 아니요 완전하게 하려 함이라 진실로 너희에게 이르노니 천지가 없어지기 전에는 율법의 일점 일획도 결코 없어지지 아니하고 다 이루리라 그러므로 누구든지 이 계명 중의 지극히 작은 것 하나라도 버리고 또 그같이 사람을 가르치는 자는 천국에서 지극히 작다 일컬음을 받을 것이요 누구든지 이를 행하며 가르치는 자는 천국에서 크다 일컬음을 받으리라" (마 5:17-19). 이 이상 어떻게 분명할 수가 있는가! 그와 같이 주님은 율법을 폐하러 오신 것이라고 단언하기는커녕 그것을 성취하기 위하여 오셨다고 선언하셨다. 그러하다. 더 나아가서, 주님은 율법은 남아 있을 것이요, 세상이 남아 있는 한 원래대로 남아 있으리라고 주장하셨다. "율법의 일점일획도 결코 없어지지 (폐기되지) 아니하리라"는 주님의 말씀은 제4계명(안식일에 관한)도 다른 아홉 가지와 똑같이 유효하게 남아있을 것임을 결론적으로 증명한다! 마지막으로, 주님은 이러한 계명들 중에 한 가지라도 어기도록 가르치는 자는 다가올 날에 손해를 당할 것이라고 엄숙하게 경고한다.

여섯째, 신약성경의 서신서에서 그렇게 가르치기 때문이다. 우리는 서신서 속에서 십계명이 기록되고 그리고 시행되고 있음을 볼 수 있다. 바울 사도는 로마서 3장의 마지막에서 칭의를 다룰 때, "그런즉 우리가 믿음으로 말미암아 율법을 파기하느냐"라는 질문을 했다. 그리고 그에 대한 명확한 답변은, "그럴 수 없느니라 도리어 율법을 굳게 세우느니라"이다. 같은 서신서에서 그는 제5계명을 인용한 뒤에 "사랑은 율법의 완성이니라"(롬 13:10)고, 또 만일 그것이 폐기되었으면 사랑은 율법을 '완성할 수' 없을 것이라고 선언했다. 또다시, 고린도전서 9:21에서, 바울은 "율법 없는 자가 아니요 도리어 그리스도의 율법 아래에 있는 자이나"라고 말했다.

일곱째, 하나님께서 그의 율법을 경시하는 그러한 그리스도인들을 심하게 꾸짖는 조짐을 보였기 때문이다. 시편 89편에는 이 사실을 명백히 말씀한 충격적인 예언 구절이 있다. 27~29절에 하나님이 그리스도에 대하여 선포하기를, "내가 또 그를 장자로 삼고 세상 왕들에게 지존자가 되게 하며 그를 위하여 나의 인자함을 영원히 지키고 그와 맺은 나의 언약을 굳게 세우며 또 그의 후손을 영구하게 하여 그의 왕위를 하늘의 날과 같게 하리로다"라고 한다. 그리고 하나님께서 엄숙히 덧붙여 이르시기를, "만일 그의 자손이 내 법을 버리며 내 규례대로 행하지 아니하며 내 율례를 깨뜨리며 내 계명을 지키지 아니하면 내가 회초리로 그들의 죄를 다스리며 채찍으로 그들의 죄악을 벌하리로다"라고 한다. 필자는 지금 그렇게 많은 그리스도인들이 그 아래에서 신음하고 있는 많은 고난들이 참으로 이 성경 구절에 설명되고 있음에 대해 자주 놀란다!

십계명은 인간 행위의 법칙 또는 표준을 진술하는 것과 마찬가지로, 도덕법칙을 올바로 명시하였다. 그것들의 적용은 광범위하게 지속된다. 심지어 다비(Darby)는 그의 「성경 개요」에서 다음과 같이 인정했다. "그러한 것이 율법의 특성이고, 인간에게 보내어진 일종의 규칙으로, 그것의 가장 큰 특성에서 이해되어진 것이다"(이탤릭체로 강조). 다비는 한편으로 '도덕법칙' 이란 표현에 대하여 분석하고, 또 한편으로 율법이 신자들을 위한 '삶의 규칙' 이라는 것을 부인하지만, 그럼에도 그의 추종자들 중에 어떤 이들이 그들의 가르침 속에서 도달하였던 도덕률 폐기론의 범위까지 이르지는 않는다. 그의 「선집」 제10장에서, 다비는 "만일 율법을 도덕법칙으로 간주한다면(그 속에 있는 신약성경의 원리와 마음과 삶 속에 있는 모든 도덕성을 포함하여), 어떤 그리스도인이 그것으로부터 구원을 받는다고 말하는 것은 무의미한 말이거나 혹은 아주 어처구니없게 사악한 것이니, 분명히 그것은 기독교가 아니다. 거룩한 뜻을 준수하고, 그리고 계명에 순종한다는 것은 마음을 새롭게 하는 직무와 같다. 나는 계명에 대한 순종을 말하고 있다. 어떤 이들은, 계명이 마치 사랑과 새 창조에 대한 개념을 약화시키는 것처럼 그 단어를 두려워하는데, 성경은 그렇지 않다. 우리가 사랑하는 이의 계명을 순종하고 지키는 것은 그 사랑의 증거가 되며, 새로운 본성의 기쁨이 된다"라고 말했다. 신자는 그럼에도 불구하고 어떤 의미에서 율법 아래에 있지 않다고 주장하는 다비의 일관적인 논리에 대해서는, 독자들의 판단에 맡긴다.

십계명이 오늘날 우리들에게 구속력이 없다는 것과 특별히 신자들은 어느 의미에서 율법 아래 있지 않다는 그 진리를 반대해왔던 결점을 논박하는 것이 우리의 의도가 아니다. 우리는 이러한 것을 다루어 왔기에, 그 반론을 지지하는 것으로 추정되는 말씀에 대한 상세한 해석을 「성도와 율법」이라는 소책자에서 상술했다. '모세의 법' 과 '하나님의 법' 사이에서 선명한 차이점이 말씀 속에서 명시되는바, 전자는 이스라엘만을 위한 것이요 후자는 모든 자들을 위한 것임을 지적하는 것으로 충분하다. 주께서 필자와 독자에게 사도 바울과 함께 신실하게, "내 속사람으로는 하나님의 법을 즐거워하되"(롬 7:22)라고 말하고, 그리고 다시, "그런즉 내 자신이 마음으로는 하나님의 법을 육신으로는 죄의 법을 섬기노라"(롬 7:25)라고 말할 수 있도록 허락해 주시길 바란다.

제29장

십계명

출애굽기 20장

많은 혼란이 오늘날 '율법'을 말하는 자들 사이에 널리 퍼져있다. 이 단어는 주의하여 정의해야 할 필요가 있는 용어이다. 신약성경에는 분명히 구별되도록 요구하는 세 가지 표현이 사용되어진다. 첫째, '하나님의 법'(롬 7:22, 25)이 있다. 둘째, '모세의 법'(요 7:23; 행 13:39; 15:5)이 있다, 셋째, '그리스도의 법'(갈 6:2)이 있다. 이러한 세 가지 표현들은 결코 동의어가 아니기에, 이것들을 구분하는 법을 배워야 비로소 '율법'이라는 주제에 대한 분명한 이해에 도달하기를 기대할 수 있다.

'하나님의 법'은 창조자의 정신을 표현하며, 모든 이성적 피조물들에게 구속력이 있다. 그것은 모든 인간의 행위를 규제하는 하나님의 불변하는 도덕적 기준이다. 어떤 곳에서는 '하나님의 법'은 하나님의 계시된 뜻의 전부를 나타내기도 하나, 보통은 십계명을 언급하며, 그리고 우리가 여기에서 그 용어를 사용하고자하는 것은 이렇게 제한된 의미에서 이다. 율법은 처음부터 인간의 도덕적 본성에 새겨졌고, 비록 지금 타락되었지만, 아직도 인간은 그의 심비에 새긴 그것의 작용을 보여준다. 이 율법은 결코 폐지되어 본 적이 없으며, 그것의 성격상 폐지될 수도 없다. 하나님이 도덕률을 폐지하신다면 천지만물이 무법상태로 빠뜨려질 것이기 때문이다. 하나님의 법에 순종하는 것은 인간의 첫 번째 의무이다. 이것이, 이스라엘인들이 애굽을 떠난 이후 하나님께서 그들에게 대한 첫 번째의 불만으로 "어느 때까지 너희가 내 계명과 내 율법을 지키지 아니하려느냐"(출 16:28)라고 말한 이유이다. 그것이 하나님이 이스라엘을 구속하신 이후에 그들에게 주신 첫 번째 법령이 십계명 즉 도덕법이었던 이유이다. 그것이 신약성경에 기록된 그리스도의 첫 번째 설교에서, "내가 율법이나 선지자를 폐하러 온 줄로 생각하지 말라 폐하러 온 것이 아니요 완전하게 하려 함이라"(마 5:17)라고 선언하고, 이어서 도덕법에 대한 설명과 강조를 계속하였던 이유이다. 그리고 그것이 첫 서 신서에서, 성령께서 우리에게 죄인과 성도들에 대한 율법의 관계를, 믿는 자의 구원과 그 이후의 행위와 관련하여, 우리에게 상세하게 가르쳐 주신 이유이다 ('율법'이라는 단어는 로마서에서 적어도 75회 이상 사용되었으나, 그 모든 언급 이 하나님의 법에 대한 것은 아니다). 그리고 그것은 죄인(롬 3:19)과 성도(약 2:12)가 이 율법에 의하여 심판을 받게 될 이유이다.

'모세의 법'은 법률, 사법 그리고 종교 의식법의 전체 체제로서 여호와께서 이 스라엘 백성이 광야에 있었을 시기 동안에 주었던 것이다. '모세의 법'은 전반적 으로 이스라엘 백성들에게만 구속력이 있었다. '모세의 법'이 폐지되지 아니한 것은, 천년왕국 시대에 그리스도에 의하여 시행될 것이기 때문이다. "이는 율법 이 시온에서부터 나올 것이요 여호와의 말씀이 예루살렘에서부터 나올 것임이니 라"(사 2:3). '모세의 법'이 이방인들에게 구속력이 없다는 것은 사도행전 15장에 서 보면 분명하다.

'그리스도의 법'은 중보자의 손에 있는 하나님의 도덕법이다. 그것은 그리스 도께서도 친히 '그 아래 있도록 한' 법이다(갈 4:4). 그것은 '주의 심중에 있었던' 법이다(시 40:8). 그것은 주님이 '완전하게 하신' 법이다(마 5:17). '하나님의 법' 은 그리스도인들과 연관되듯이 이제 '그리스도의 법'이라고 칭하게 된다. 피조 물로서 우리는 '하나님의 법을 섬기도록' 매인 바 되었다(롬 7:25). 우리는 구속 함을 받은 죄인으로서 '그리스도의 종들'이다(엡 6:6). 이와 같이 '주 예수 그리 스도를 섬기는 일'(골 3:23)이 우리의 의무적인 책임이다. 이러한 두 호칭간의 관 계, 즉 '하나님의 법'과 '그리스도의 법' 사이의 관계는 고린도전서 9:21에 분명 히 암시되어 있는데, 거기에서 바울 사도는, 자신은 "하나님께는 율법 없는 자가 아니요" 도리어 "그리스도의 율법 아래에 있는 자"라고 언급했다. 이 말에 대한 의미는 매우 단순하다. 인간적 피조물로서, 그 사도는 아직도 그의 창조자인 하 나님의 도덕법을 준수할 의무 아래에 놓여 있었지만, 구원받은 사람으로, 이제 그는 구속으로 말미암아 그리스도, 즉 중재자에게 속하게 된 것이다. 그리스도께 서 그를 속량하셨으니, 그는 그리스도의 것이 되었고, 그러므로 그는 '그리스도 의 법' 아래에 있게 된 것이다. 그러면 '그리스도의 법'은 지금 중재자의 손에 있 는 하나님의 도덕법을 정확히 말하는 것이다(출애굽기 34:1과 이어지는 내용을 보라).

어떤 사람이 하나님의 도덕법과 '모세의 법' 사이를 구분하는 우리의 설명에 대하여 반대 한다면, 다음 사실을 주의 깊게 경청하기를 요청하는 바이다. 하나 님은 자신이 그 두 개 사이에서 설정하신 구분의 분명한 한계를 우리에게 보여주 기 위하여 특별히 고민을 했다. 도덕법은 모세의 율법과 서로 혼합되어 있기는 하나, 그럼에도 그것은 선명하게 구별되었다.

첫째, 십계명은 하나님께서 이스라엘에게 주신 모든 율법 가운데서도 그것만 이 가장 엄숙한 현현과 거룩한 임재의 증거에 둘러싸인 가운데 하나님의 음성에 의하여 공포되었다. 둘째, 십계명, 즉 이스라엘을 향한 여호와의 모든 법도 중에 서 그것만이 하나님의 손가락으로 직접 쓰셨고, 돌비에 새겼는데, 이렇게 쓰신 것은 그것의 영속성과 불멸하는 본성을 표시한다. 셋째, 십계명은 오직 그것만이 법궤 속에 보관된다는 사실로 인하여, 이스라엘에게 단지 지엽적으로 적용되었 던 다른 모든 율법으로부터 구별되었다. 성막이 하나님의 특별한 지시에 따라 마 련되어 그 속에 법궤를 두었는데, 그 법궤 속에 두 돌판을 보관했다. 법궤는 매우 단단한 나무로 짜서 안팎을 금으로 입혔다. 그 위에는 그의 구속한 백성들 가운 데 여호와의 보좌가 되는 속죄소가 위치하고 있었다. 성막이 세워지고 그 법이 법궤 속에 안치되자마자, 여호와께서는 그의 거소를 이스라엘의 한가운데에 정 하셨다. 이와 같이 여호와는 도덕법이 그들을 다스리는 모든 통치의 근거가 됨을 이스라엘에게 나타내었다!

그러므로 십계명이 '모세의 법'과 선명하게 구분된다고 하는 것은 분명히 의 심할 여지가 없다. '모세의 법'(그 안에서 편입된 도덕법을 허용함)은 이스라엘 또는 전향한 이방인들 외에는 구속력이 없었다. 그러나 '하나님의 법'은 모세의 것과 같지 않아 모든 사람들에게 구속력이 있다. 한 번 이 구분이 확실해지면, 대 다수의 보다 작은 어려움들이 사라진다. 예를 들어, 어떤 이들은, "만일 우리가 이스라엘이 한 것처럼, 안식일을 거룩하게 지켜야 한다면 우리는 왜 그 외의 다 른 '안식'(예를 들어, 안식년과 같은)을 준수하지 않느냐?"라고 묻는다. 그 답변 은, 그 이유는 도덕법은 단지 이방인들과 기독교인들에게 구속력이 있기 때문이 라는 것이다. 그러면, "안식일을 모독한 경우에 부가되는 사형의 형벌(출 31:14) 은 왜 여태까지 행해지지 않는가?"라고 묻는 이도 있을 것이다. 그 대답은 그것은 모세의 법의 일부이기는 하나 도덕법의 일부에 속한 것이 아니라는 것이다. 바꿔 말하면, 돌비에 새겨진 것이 아니기 때문에 그것은 이스라엘에게만 관련된 것이다. 이제 십계명을 각각 나누어, 그러나 간략하게 생각해 보도록 하겠다.

십계명의 순서는 매우 중요하다. 첫 번째 네 가지는 하나님에 대한 인간의 책임이요, 마지막 다섯 가지는 인간에 대한 우리의 의무이다, 그 반면에 제5계명은 그 둘의 가교역할에 적합한데, 이는 부모들이란 어떤 의미로 볼 때 그들의 자녀들에게 하나님의 자리를 대신하기 때문이다. 우리는 또한 십계명에 있어 각 계명의 내용이 그 숫자적 위치를 완벽하게 지킨다는 것도 아울러 첨가하고자 한다. 일(하나)이라는 숫자는 통일성과 뛰어남을 나타내므로 첫째 계명에서는 창조자의 절대적 주권과 탁월성이 강조된다. 하나님은 스스로 있는 자인 이상, 그는 그어떤 경쟁자나 적수도 허용하지 않는다. 우리에게 대한 주님의 주장은 가장 중요한 것이다.

1) **"너는 나 외에는 다른 신들을 네게 두지 말라"**(출 20:3). 만일 첫 번째 계명이 요구하는 사항을 받아들인다면 다른 아홉 가지에 대한 순종은 당연지사로 따르게 될 것이다. "나 외에는 다른 신들을 네게 두지 말라"고 하신 말씀의 의미는 다른 숭배의 대상물을 두지 말며, 다른 권위를 절대적인 것으로 소유하지 말며, 네 심중과 생활 속에 나를 지고한 자로 정하라는 것이다. 이 첫 계명이 얼마나 많은 내용을 함축하고 있는가! 나무나 돌로 된 우상 외에도 다른 '신들'이 있다. 돈, 쾌락, 유행, 명성, 폭식, 그리고 자기를 최고의 자리에 두는 다른 많은 것들, 하나님의 정당한 위치를 다른 많은 것들에 대한 애정과 생각으로 빼앗는 것 등이다. 비단 성도들에게까지도, "자녀들아 너희 자신을 지켜 우상에게서 멀리하라"(요일 5:21)고 권면을 한 것은 이유가 없지 않다.

2) **"너를 위하여 새긴 우상을 만들지 말고 또 위로 하늘에 있는 것이나 아래로 땅에 있는 것이나 땅 아래 물 속에 있는 것의 어떤 형상도 만들지 말며 그것들에게 절하지 말며 그것들을 섬기지 말라 나 네 하나님 여호와는 질투하는 하나님인즉 나를 미워하는 자의 죄를 갚되 아버지로부터 아들에게로 삼사 대까지 이르게 하거니와 나를 사랑하고 내 계명을 지키는 자에게는 천 대까지 은혜를 베푸느니라"**(출 20:4-6). 둘은 증거의 숫자이며, 그리고 이 둘째 계명에서는 예술가나 아니면 조각가의 기술에 의하여 제공된다 해도, 신성을 눈에 보이도록 그 어떤 조각상을 시도하는 일이 금지되었다. 첫 계명은 예배의 유일한 대상을 지적하며, 두 번째 계명은 어떻게 주님이 예배를 받으시는지에 대해 말한다 ─ 성령 안에서, 진리 안에서, 믿

음으로 예배하고, 감각에 호소하는 모양으로 하지 말아야 한다. 이 계명이 의도하는 것은 하나님에 대한 육신적 개념으로부터 우리를 떼어놓고, 주님을 예배하는 일이 미신적 의식에 의하여 악용되는 것을 방지하기 위함이다. 가장 두려운 위협과 가장 은혜로운 약속이 이 계명에 첨가되어 있다. 이 계명을 어기는 자들은 하나님의 의로운 심판이 그 후손에게까지 초래하게 할 것이다. 그러나 그것을 지키는 자들은 하나님을 사랑하는 많은 그 후손들에게 자비가 제공되는 원인이 될 것이다. 이것은 부모가 그 자녀들에게 하나님의 존재와 성품에 대한 순수한 진리를 가르쳐 주는 일이 긴요하고 중대한 일인 것을 얼마나 잘 보여주는가!

3) **"너는 네 하나님 여호와의 이름을 망령되게 부르지 말라 여호와는 그의 이름을 망령되게 부르는 자를 죄 없다 하지 아니하리라"**(출 20:7). 하나님은 그의 거룩하신 이름의 위엄이 우리에 의하여 존경을 받도록 훌륭하게 유지될 것을 요구하신다. 우리는 주님의 이름을 불손하게 또는 불필요하게 멸시하면서 사용해서는 안 된다. 주님께서 그의 제자들에게 가르친 기도의 첫 번째 부분에서 "이름이 거룩히 여김을 받으시오며"라고 말하는 것은 주목할 만한 일이다! 하나님의 이름은 완전히 신성하게 다루어져야 한다. 우리들의 일상 대화에서나 종교적인 헌신에 그 무엇이 들어가서 그 이름의 숭고한 위엄과 지고한 거룩함을 결코 떨어뜨려서는 안 된다. 가장 숭고한 엄숙함과 존경이 요구된다. 성경에 있는 유일한 '존귀'(reverend)라는 단어가 시편 111:9에 있음을 지적할 필요가 있다. 거기에 이르기를, "그의 이름이 거룩하고 지존(존귀)하시도다"라고 하셨다. 그렇다면 설교자들이 스스로에 대해 '존귀'(reverend)라는 호칭을 하는 것은 얼마나 불손한가!

4) **"안식일을 기억하여 거룩하게 지키라 엿새 동안은 힘써 네 모든 일을 행할 것이나 일곱째 날은 네 하나님 여호와의 안식일인즉 너나 네 아들이나 네 딸이나 네 남종이나 네 여종이나 네 가축이나 네 문안에 머무는 객이라도 아무 일도 하지 말라 이는 엿새 동안에 나 여호와가 하늘과 땅과 바다와 그 가운데 모든 것을 만들고 일곱째 날에 쉬었음이라 그러므로 나 여호와가 안식일을 복되게 하여 그 날을 거룩하게 하였느니라"**(출 20:8-11). 여기에서는 두 가지의 의무를 분부하고 있다. 첫째, 인간은 한 주간에 엿새 동안 일해야 한다. 신약성경에서는 동일한 법을 명백히 강경하게 주장한다. "또 너희에게 명한 것 같이 조용히 자기 일을 하고 너희 손으로 일하기를 힘쓰라"(살전 4:11). "우리가 너희와 함께 있을 때에도 너희에게 명하기를 누구든지 일하기 싫어하거든 먹지도 말게 하라"(살후 3:10)고 하셨다. 둘째로

명령하는 것은, 제7일에는 모든 일이 중단되어야 한다는 것이다. 안식일은 휴식의 날이 되어야 한다. 엿새 동안은 일하고, 하루는 휴식을 위하여 있다. 그 두 가지는 나뉠 수 없다. 즉 일은 쉼을 요구하고, 쉼은 일을 요구한다.

다음으로 살펴보아야 할 것은 여기에서 안식일은 '한 주간의 일곱째 날'이라는 용어를 사용하지 않는다는 점이다. 또는 성경에서 그렇게 호칭한 적도 없다. 구약성경에 관계되는 한은 어느 날이든지 안식을 위하여 사용될 수 있으며, 그리고 그 날이 엿새 동안 일해 온 다음 날이라면 안식일이었다! 그렇다면 '안식일'이 토요일에만 지켜질 수 있다고 말하는 것은 올바른 것이 아니다. 성경에는 그러한 진술을 지지할 만한 단 한 마디의 말씀도 없다.

다음으로, 우리는 이 안식일 법이 일찍이 폐지되었다는 것을 단호하게 부인한다. 그렇게 가르치는 자는 구주께서 마태복음 5장 19절의 말씀 속에서 너무도 명백히 정죄한 바로 그 일을 범하는 것이다. 다른 아홉 가지의 계명을 준수하는 것은 옳고 적절한 일이지만, 안식일은 지나간 일이라고 주장하는 사람들이 있다. 우리는 바로 이 실수가 그리스도에 의하여 마태복음 5장 19절에서 예견되었음을 전적으로 믿는다. "누구든지 이 계명 중의 지극히 작은 것 하나라도('모든 것'이 아님) 버리고 또 그같이 사람을 가르치는 자는 천국에서 지극히 작다 일컬음을 받을 것이요". 히브리서 4장 9절은 우리에게 안식일-준수가 변함이 없음을 말한다. 그러므로 그것은 폐기되지 않았다.

안식일(다른 모든 계명과 마찬가지로)은 다만 이스라엘만을 위한 것이 아니라 모든 사람들을 위한 것이었다. 주 예수께서 명백히, "안식일이 사람을 위하여 있는 것이요"(막 2:27)고 선언했으니, 이것이 유대인에게만 해당된다고 여하튼 트집을 잡을 수 없다. 안식일은 인간을 위하여 만들어졌다. 즉 안식일은 사람들이 그것을 지키고 순종하기 위해 만들어졌고, 또한 인간의 복지를 위한 것이니, 그 이유는 그의 신체가 그것을 요구하기 때문이다. 매주일에 하루의 휴식은 인간의 육신적, 정신적, 그리고 영적 건강을 위한 필수조건이다.

"그러나 우리는 그 목적의 수단에 대해 실수하지 말아야 한다. 우리는 안식일이 집회에 참석하기에 적정한 것으로 생각하지 말아야 한다. 어떤 자들은 하루 전체를 집회나 개인적 헌신으로 드려져야 된다고 생각한다. 그 결과로 저녁때에 이르러서는 지쳐 버리게 되어, 그날이 그들에게 안식을 가져오지 못한다. 교회예배에 참석한 숫자로, 예배를 지치지 않은 채로 계속 받아들이면서 그것으로부터 선을 얻는 그런 개인의 능력을 측정하는 듯하다. 예배 참석만이 안식일을 지키는 유일한 방법이 아니다. 이스라엘 백성들은 그들의 거룩한 집회에서와 마찬가지로 그들의 처소에서 그것을 지키도록 명령을 받았다. 가정은 사람들의 삶과 성품에 지대한 영향을 미치는 중심이 되므로 진정한 안식일 준수의 모습을 드러내야 한다"(고[故] 디엘 무디[D. L. Moody]).

5) **"네 부모를 공경하라 그리하면 네 하나님 여호와가 네게 준 땅에서 네 생명이 길리라"**(출 20:12). '공경'(honor)이라는 말은 순종보다 더한 것을 의미하는데, 물론 그 속에 순종이 반드시 포함되어 있다. 부모를 '공경'한다는 것은 그분들에게 우월한 자리를 드리며, 그분들을 높이 평가하며, 존경하는 것이다. 성경에는 그들의 부모를 공경하는 자들에 대한 거룩한 축복과, 또한 부모를 공경치 않는 자들에 대해 내리는 저주에 대한 사례가 풍부하게 있다. 최고로 탁월한 예는 주 예수님의 그것이다. 누가복음 2:51에 이르시기를, "예수께서 함께 내려가사 나사렛에 이르러 순종하여 받드시더라"고 했다. 구주께서는 십자가상에서 그의 사랑하는 제자인 요한에게 그의 모친의 거처를 준비하도록 함으로써 모친을 공경하였다.

우리 자신의 시대에 거의 일반적으로 이 다섯째 계명이 경시되는 것을 보는 것은 참으로 슬픈 일이다. 그것은 많은 '시대의 징조' 중에서 가장 눈에 띄는 것 중의 하나이다. 1800년 전에 미리 예언되기를, "말세에 고통하는 때가 이르러 사람들이 자기를 사랑하며 돈을 사랑하며 자랑하며 교만하며 비방하며 부모를 거역하며 감사하지 아니하며 거룩하지 아니하며 무정하며"(딤후 3:1-3)라고 했다. 의심할 여지 없이, 이런 대부분의 것들에 대한 책임은 부모들에게 있는데, 부모들은 그 자녀들의 도덕적, 영적 훈련을 그렇게 무시했기에, (그들 스스로 안에서) 그들은 존경이나 공경을 받을만한 자격이 없다. 이 계명을 실행하는 데 대해 첨가된 약속이 이 계명 그 자체와 함께 신약성경에 반복되는 것은 주목될 만하다(엡 6:1,3 참조).

6) **"살인하지 말라"**(13절). 이에 대한 단순한 의미는 의도적으로 사람을 죽이지 말라는 뜻이다. 하나님은 친히 살인에 대해 죽음의 형벌을 첨가했다. 이 사실은 창세기 9:5, 6에 명백하게 나타난다. "내가 반드시 너희의 피 곧 너희의 생명의 피를 찾으리니 짐승이면 그 짐승에게서, 사람이나 사람의 형제면 그에게서 그의 생명을 찾으리라 다른 사람의 피를 흘리면 그 사람의 피도 흘릴 것이니 이는 하나

님이 자기 형상대로 사람을 지으셨음이니라". 하나님께서 노아에게 주신 이 규례는 결코 폐지되지 않았다. 마태복음 5:21, 22에는, 제6계명에 대해 그리스도께서 하신 해석이 있다. 그는 단어의 문자적 의미보다 훨씬 깊게 나가, 그것들의 참뜻을 말씀하셨다. 주님은 살인이 명백한 행위로 제한되는 것뿐만 아니라, 그 행위를 유발하는 마음의 상태와 분노의 감정과도 상관이 있음을 보여준다(비, 요일 3:15).

제6계명에서, 하나님은 인간 생명의 신성함과 그것에 대한 주님 자신의 주권을 강조한다. 즉 주님만이 홀로 그 생명이 언제 끝날 것인지를 결정할 권리를 가진다. 이 사실에 대한 진의는 도피성과 관련해서 이스라엘에게 가르쳐졌다. 이런 도피성은 피의 보복자로부터 은신처를 제공하였다. 그러나 그곳은 살인자를 보호하는 것이 아니라, '비고의적으로'(unwittingly-R.V.) 죽인 자들만을 보호하였다. 다만 비의도적으로 동료 피조물의 생명을 취하지 아니한 자만이 그곳에서 피난처를 취할 수 있었다! 그리고 이 제도는, 그렇게 시행된다고 할지라도, 가벼운 사건으로 간주되지 않았다. 그 사람이 '부지중에'(unawares) 사람을 죽였다 할지라도 마침내 대제사장이 죽으면 그의 자유는 허용되지 않았다!

7) **"간음하지 말라"**(출 20:14). 이것은 에덴 동산에서 제정된 결혼관계를 존중한다. "이러므로 남자가 부모를 떠나 그의 아내와 합하여 둘이 한 몸을 이룰지로다"(창 2:24). 결혼관계는 다른 모든 인간의 의무 보다 앞서는 것이다. 남자는 자신의 어린 시절의 집에 머무르면서 그의 부모를 돌보는 것보다 그의 아내를 사랑하고 돌볼 책임이 더 크다. 그것은 인간관계에 있어서 가장 높고 가장 신성한 것이다. 제7계명이 주어진 것은 이러한 관계의 관점 속에서 이다. "간음하지 말라"고 하신 것은 결혼의 의무에 불성실하지 말라는 의미이다.

이제 이 계명에 대한 그리스도의 해설 속에서, 주님은 그것을 커지게 하여 우리에게 그것의 보다 깊은 신음소리를 전해준다: "나는 너희에게 이르노니 음욕을 품고 여자를 보는 자마다 마음에 이미 간음하였느니라"(마 5:28). 불성실하다는 것은 공공연한 행위에 한정된 것이 아니라, 그 행위 뒤에 있는 정욕에 도달한다. 이혼법에 대한 그리스도의 해석에서, 주님은 결혼관계를 무효화할 수 있는 한 가지 일을 보여주는데, 그것은 남편 또는 아내 편에서의 불성실이다.

"내가 너희에게 말하노니 누구든지 음행한 이유 외에 아내를 버리고 다른 데 장가드는 자는 간음함이니라"(마 19:9). 음행이라는 말은 일반적 용어이나, 간음은 특정한 용어이다. 그런데 전자는 후자를 내포한다. 고린도전서 7장 15절은 예외를 제공하지 않는다. 즉 만일 어떤 자가 갈라선다고 할지라도, 그것이 불성실의 근거 위에 있는 경우를 제외하고, 다시 자유롭게 결혼지 못한다. 갈린다고 하는 것은 성경적 의미로 볼 때 이혼이 아니다. "만일 갈라섰으면 그대로 지내도록 하라"(고전 7:11)라고 하셨다.

8) **"도둑질하지 말라"**(출 20:15). 이 계명의 의도는 사람들과 모든 거래에 있어서 정직을 심어주어야 한다는 것이다. 도둑질은 좀도둑질 이상의 것을 포함하고 있다. "아무에게든지 아무 빚도 지지 말라"(롬 13:8). "이는 우리가 주 앞에서 뿐 아니라 사람 앞에서도 선한 일에 조심하려 함이라"(고후 8:21). 나는 사기적 방법으로, 폭력을 사용하지 않고도 다른 사람의 것을 훔칠 수 있다. 만일 내가 책을 빌리고도 돌려주지 않았다면, 그것은 도둑질한 것이니 이는 내 것이 아닌 것을 가지고 있기 때문이다. 이러한 죄를 지은 사람이 얼마나 많은가! 내가 만일 판매하는 물품의 값을 잘못 말하여서, 정당한 시장 가격을 초과하여 더 많은 돈을 받았다면 도둑질한 것이다! 노름을 하여 돈을 얻은 사람은 정당한 일의 대가가 아닌 돈을 받았기 때문에 도둑인 것이다! "부모들은 도둑질의 죄에 대하여 정죄하고 처벌하는 일에 애석할 정도로 관대하다. 그 아이는 설탕을 가져오는 것으로 시작될 수도 있다. 어머니가 처음에 그것을 가볍게 취급해 버리면, 그 아이의 양심은 잘못에 대한 의식을 갖지 못한 채 더럽혀진다. 나날이 습관을 점검하는 일이란 쉬운 일이 아니고, 그것은 모든 새로운 권한을 가지고 자라나고 증가되기 때문이다"(디. 엘. 무디).

9) **'네 이웃에 대하여 거짓 증거하지 말라'**(출 20:16). 이 말씀이 미치는 범위는 일반적으로 추정되는 것보다 훨씬 넓다. 이 죄의 가장 극악한 형태는 이웃을 비방하는 것으로서, 이는 거짓말을 꾸미는 것과 악한 의도를 가지고 그 소문을 퍼지게 하는 것이다. 어느 사람이 다른 사람에 대해 행한 어떤 손해의 형태도 이보다 더 비열한 것은 없다. 그러나 악한 소문을 검증하기 위하여 어떤 점에서 주의 깊은 조사도 하지 않은 채 이야기를 퍼뜨리는 것도 동일하게 비난받을 만하다. 거짓 증거는 빈약한 암시나 제언에 의하여 사람의 마음에 잘못된 인상을 남김으로 마음에 품게 된다. "당신은 OOO 씨에 대해 들어본 적이 있소?" "아니요." "아! 그래요, 적게 말하면 가장 빨리 바로잡아지지요". 다시 말하자면, 어떤 이가 제3자가 듣고 있는 가운데 또 다른 사람에 대해 부당한 비판이나 비난을 할 때, 제3

자가 잠잠하고 있으면, 그의 침묵까지도 이러한 제9계명을 어기는 것이다. 다른 이의 비위를 맞추거나, 과장하여 칭찬하는 것도 거짓 증거가 된다. 십계명 중에서 이 9계명보다 더욱더 자주, 그리고 무의식 중에 범하는 말씀은 없다. 그러므로 인간은 영속적이고도 끊임없이, "여호와여 내 입에 파수꾼을 세우시고 내 입술의 문을 지키소서"라고 기도할 필요가 있다.

10) "**네 이웃의 집을 탐내지 말라 네 이웃의 아내나 그의 남종이나 그의 여종이나 그의 소나 그의 나귀나 무릇 네 이웃의 소유를 탐내지 말라**"(출 20:17). 다른 모든 계명들이 공공연한 행동을 범하는 행위를 금하고 있으나, 그 반면에 이 계명은 그 행하고자 하는 욕망을 정죄한다는 점에서 다른 모든 것과 다르다. '탐내다'(covet)라는 말은 '욕망'(desire)을 의미이기에, 이 계명은 우리 이웃에 속한 그 어떤 것에 대해서도 탐내는 것을 금하고 있다. 이것은 이러한 계명들이 인간에게 기원하지 않음을 의심할 여지 없이 증명해 준다. 제10계명은 그 어떤 인간의 규범서에서 배치된 적이 전혀 없다! 그렇게 하는 것이 소용이 없는 것은, 인간의 경우에 그것을 강요할 수 없기 때문이다. 다른 그 무엇보다, 아마도 이 계명은 우리의 인품과 우리 속에 숨어 있는 악의 깊이를 드러낸다. 그 물건이 비단 타인의 소유라 할지라도 물건을 탐내는 것은 당연한 것이다. 진실로 오직 우리들의 본성이 타락하고 부패했음을 보여준다. 마지막 계명은 사람들에게 자신들의 죄악과 구세주에 대한 필요성을 보여주도록 특별히 의도된 것이다. 신자들에게도, 역시 "삼가 모든 탐심을 물리치라"(눅 12:15)고 권면하셨다. 유일한 하나의 예외가 있는데, 이것은 고린도전서 12:31에 언급된 것으로, "너희는 더욱 큰 은사를 사모(탐)하라"는 말씀이다.

하나님의 성령이 필자와 독자의 기억에 이러한 계명들을 유념케 하시어, 하나님을 경외함으로 우리가 그 계명들 앞에서 떨게 해주시기를 바란다.

제 30장

십계명과 그 결과

출애굽기 20장

십계명은 한편으로 하나님과의 자유롭고 개방적인 교제를 즐기면서 원래의 상태에 있었던 인간의 의무를 표현했다. 그러나 무죄한 상태는 신속히 떠나버렸고, 타락한 아담의 후손으로서의 이스라엘 자손들은 죄인이었기에, 하나님의 의로운 요구를 따를 수 없었다. 그러므로 그들은 두려움과 부끄러움으로 말미암아, 하나님께서 그 거룩함 가운데 소멸하는 불로서 나타났을 때, 하나님의 접근을 두려워하게 되었다. 시내 산에서 여호와의 위엄이 그들에게 나타나신 결과는 다음과 같았다. **"뭇 백성이 우레와 번개와 나팔 소리와 산의 연기를 본지라 그들이 볼 때에 떨며 멀리 서서 모세에게 이르되 당신이 우리에게 말씀하소서 우리가 들으리이다 하나님이 우리에게 말씀하시지 말게 하소서 우리가 죽을까 하나이다"** (출 20:18, 19).

이스라엘은 십계명에 근거하여 직접 하나님과 상종할 수 없었다는 그들로부터의 명백한 시인이 여기에 있었다. 그들은 즉시 자신들을 위하여 어떤 대책이 강구되어야 함을 느꼈다. 한 중보자가 필요하였기에, 모세는 그들을 위하여 하나님과 대면해야 했다. 이 일은 어느 정도까지는 훌륭했으나, 그 경우의 요구를 완전히 충족시키지 못했다. 그것은 그들의 측면에서 볼 때는 그 요구를 만족시켰으나, 하나님 편에서는 그렇지 못했다. 율법 수여자는 거룩하였기에 그의 의로운 요구는 충족되어야만 했다. 주님의 율법을 범한 자는 그러한 중재자를 통해서 단순하게 다루어질 수 없었다. 속죄가 이루어져야만 하며, 죄는 반드시 대속되어져야만 했다. 이렇게 되어야만 굽힐 수 없는 거룩한 공의의 요구가 충족될 수 있을 것이다. 따라서 이런 것이 우리의 면전에서 계속적으로 제시된다. 여기의 출애굽기 20장에서 언급되어진 바로 그 다음의 것은 제단(Altar)이다!

'제단'은 하나님의 은혜의 예비하심(provision)을 동시에 말해주는데, 그 예비하심은 하나님의 통치적 권리의 요구사항들을 완전히 충족시켜 주며, 죄인으로 하여금 부끄러움, 두려움, 또는 죽음 없이 주님에게 접근하는 것을 가능하게 한다. 그것은 화평의 언약을 보장하였던 일종의 예비하심이다. 이러한 것을 근거로 하여 시내 산 언약이 비준되었다. 그렇다고 해서 이것이 출애굽기 19:5에 여호와께서 이르신 "너희가 내 말을 잘 듣고 내 언약을 지키면 너희는 모든 민족 중에서 내 소유가 되겠고"라고 하신 말씀을 폐기하거나 무효로 하지 않았다. 시내 산 언약은 이스라엘이 그것을 순종한다는 근거에서 축복하기로 기약한 하나님께서 제안한 협정이었다. 통치적인 면에서 이것은 절대로 파기되지 않았다. 그러나 그들의 실패를 위하여 예비된 것이 있었는데, 이것은 시작부터 흠잡을 데 없었다! 이스라엘이 하나님의 은혜로운 예비하심을 제 것으로 만들지 못했다는 것 때문에, 결과적으로 그들은 그 이후의 사악함에 대해 더욱더 변명할 수 없게 되었다.

우리는 에덴에 '제단'이 있다는 것에 대해 들어보지 못했다. 인간은 하나님의 모양과 형상을 따라 무죄하게 창조되었으므로 제단이 필요 없었다. 그는 제단에 속죄해야 할 죄가 없었기에, 자신을 하나님의 임재 앞에 나아가 그와 직접 교제하는 일에 부끄러움이나 두려워하는 느낌을 갖지 않았다. '제단'이 필요하게 된 것은 인간의 죄 때문이었고, 그 대비책을 마련한 것은 거룩한 은혜였다. 출애굽기 20장에는 두 가지 명심해야 할 일이 있는데, 그것은 여호와께서 그의 의로우심에 근거하여 이스라엘을 다스릴 뿐만 아니라, 또한 그의 풍성한 자비에 따라 다스리는 것이다!

이 장에서 두 개의 크나큰 주제 사이의 관계를 살펴보는 것은 참으로 중요한데, 그것은 하나님이 '율법'을 준 것과 '제단'에 관한 지시사항을 제공한다. 만일 이스라엘이 직접적으로 시내 산 언약에 개입하는 것이 불가능했다면(중재자가 요구됨), 그리고 만일 그들(죄인으로서)이 십계명을 준수하는 일이 불가능했다면, 왜 한 가지를 제시하면서 다른 한 가지도 주는가? 세 가지로 답할 수 있다. 첫째, 이스라엘(그리고 그 종족)에게 인간이 죄인임을 보이기 위함이었다. 인간의 기본적인 관계를 하나님과 그의 동료로 명확하게 설명했던 불변의 기준 즉, 그 모든 부분에서 거룩하고 공의롭고 선한 기준은, 사람이 하나님의 율법을 만족시키기에 부족하다는 것을 드러내었다. "율법으로 말미암지 않고는 내가 죄를 알지 못하였으니 … 이는 계명으로 말미암아 죄로 심히 죄 되게 하려 함이라"(롬 7:7,

13). 둘째, 인간의 도덕적 무능력을 밝혀주도록 그 증거를 제시한다. 율법은 그 순결함과 형벌을 가지고 있기에, 한편으로는 인간이 율법을 준수함이 불가능하다(부패한 본성 때문에)는 사실을 밝혀내었으며, 다른 한편으로는, 그 범죄를 속죄할 수 없음을 보여주었다. "죄가 기회를 타서 계명으로 말미암아 내 속에서 온갖 탐심을 이루었나니 … 전에 율법을 깨닫지 못했을 때에는 내가 살았더니 계명이 이르매 죄는 살아나고 나는 죽었도다 생명에 이르게 할 그 계명이 내게 대하여 도리어 사망에 이르게 하는 것이 되었도다"(롬 7:8-10)고 하셨다. 셋째, 인간에게 구세주의 필요를 보여주고 있다. "그런즉 율법은 무엇이냐 범법하므로 더하여진 것이라 … 약속하신 자손이 오시기까지 있을 것이라 믿음이 오기 전에 우리는 율법 아래에 매인 바 되고 계시될 믿음의 때까지 갇혔느니라 이같이 율법이 우리를 그리스도께로 인도하는 초등교사가 되어 우리로 하여금 믿음으로 말미암아 의롭다 함을 얻게 하려 함이라"(갈 3:19, 23, 24).

그러므로 십계명은, 인간들이나 이스라엘에게 구원의 수단(그것들을 순종하여 구원을 얻게 하는)으로 주어진 것이 결코 아님은 너무도 명백하다. 그것은 인간이 이후에 죄인이 되어, 그 본성이 너무도 부패하여 그것을 준수할 능력도 욕망도 없어지기 전까지라도 결코 법률의 형식으로 주어지지 않았다. 율법은 생명의 길이 아니라, 행위의 규칙이었다. 인간이 타락한 존재가 된 훨씬 뒤에 십계명을 돌판에 새긴 것은 그의 피조물에 대한 하나님의 요구 조건이 취소되지 아니하였음과 더욱이 비록 채무자가 지불 능력이 없다 할지라도 징수를 위한 채권자의 권리가 조금도 취소되지 않았음을 보여주기 위함이었다. 타락하지 않았거나 타락했거나, 구원을 받았거나 영화롭게 되었거나 간에, 인간이 그 마음을 다하여 하나님을 사랑하고 이웃을 자신과 같이 사랑해야 함은 언제나 진리로 남아 있다. 예나 다름없이 옳고 그름의 차이가 유효한 동안에는, 인간은 하나님의 율법을 준수하기 위한 의무 아래에 있다. 이것이 하나님이 시내 산에서 이스라엘에게 자신이 의로운 요구를 역설하신 것이니, 첫째는 그들이 그의 피조물이기 때문이요, 둘째는 주님의 대속하신 자이기 때문이다. 이스라엘이 그 요구 조건들을 충족시킬 수 없었음은 사실이기에, 하나님은 놀라운 은혜를 따라 그 실패에 대한 대책을 마련하였으며 이로 인하여 주님 자신의 주장을 확인했다. 우리는 '제단'에서 이 사실을 보게 된다.

'제단'의 상징적 중대성을 살펴보기 전에, 우리는 출애굽기 20장에서는 없지만 뒤에 그 이후의 성경에 나오는 가장 사랑스러운 일에 대하여 주의를 기울여보려 한다. 이스라엘이 거룩한 산에서 여호와의 임재를 분명히 보여주었던 두려운 현상을 보았을 때, 모세에게 이르기를 "당신이 우리에게 말씀하소서 우리가 들으리이다 하나님이 우리에게 말씀하시지 말게 하소서 우리가 죽을까 하나이다"(출 20:19)라고 하였다. 이제 이 말에 대한 하나님의 응답을 살펴보는 것은 참으로 복된 일이다. 그러나 이것은 부주의한 독자들에게는 발견되지 않는다. 그것은 다만 기도면서 부지런하게 성경 구절을 서로 비교하면 더할 나위 없는 절묘한 완전함이 드러나며, 그리고 그렇게 함으로써만이 우리는 여러 가지 장면의 완전한 전망을 얻을 수 있다. 신명기 5:22, 27에서, 모세는 시내 산에서 율법을 주는 일과 그것이 백성에게 미친 결과를 회고하고 있다. 그는, "여호와께서 너희가 내게 말할 때에 너희가 말하는 소리를 들으신지라 여호와께서 내게 이르시되 이 백성이 네게 말하는 그 말소리를 내가 들은즉 그 말이 다 옳도다"(신 5:28)라고 말한다. 이제 우리가 이 말씀을 신명기 18:17, 18과 비교해 보면, 여호와께서 이스라엘의 요구에 대하여 응답하신 전체 내용을 보게 된다. "여호와께서 내게 이르시되 그들의 말이 옳도다 내가 그들의 형제 중에서 너와 같은 선지자 하나를 그들을 위하여 일으키고 내 말을 그 입에 두리니 내가 그에게 명령하는 것을 그가 무리에게 다 말하리라". 이스라엘의 중재자에 대한 소원은, 그들을 향한 하나님의 대변자로서 행하기 위하여 그들 자신의 인원의 하나로서, 결국 위대한 중재자, 대예언자 혹은 하나님의 대표자 안에서 실현될 수 있었다. 이는 여호와가 정확히 시내 산에서 이스라엘에게 가졌던 은혜의 사상을 우리에게 얼마나 복되게 드러내어 주는가! 많은 현대의 주석가들의 비참한 곡해를 물리칠 정도로 그리고 시내 산의 그 기념할만한 날에 대해 성경이 말해야만 할 것들에 대해 배우게 할 정도로 얼마나 참신한가!

"백성은 멀리 서 있고 모세는 하나님이 계신 흑암으로 가까이 가니라"(출 20:21). 우리는 위의 구절에서 여호와께서 '짙은 구름' 가운데서 모세에게 하신 귀중한 계시의 일부분을 다소나마 지적하려고 했다. 이 일 후에, 모세는 여호와께로부터 받은 다음과 같은 메시지를 가지고 백성들에게로 돌아왔다. **"내가 하늘로부터 너희에게 말하는 것을 너희 스스로 보았으니 너희는 나를 비겨서 은으로나 금으로나 너희를 위하여 신상을 만들지 말고"**(출 20:22, 23). 우상 숭배는 분명히 금지되었다. 그것은 다시 한 번 하나님의 비길 데 없는 주권을 주장하신 것이었다. 그리고 나서 이 일 후에 즉시, '제단'에 관한 지시를 내리셨다.

"**내게 토단을 쌓고 그 위에 네 양과 소로 네 번제와 화목제를 드리라 내가 내 이름을 기념하게 하는 모든 곳에서 네게 임하여 복을 주리라**"(출 20:24). 성막은 아직 세워지지 않았다. 그렇다면 분명히, 여기에 나온 것은 이스라엘의 즉각적인 수락을 위한 하나님의 지시였는데, 시내 산의 기슭에 한 제단을 세우라는 것이었다! 마음으로 의도하는 것은 미래가 아니라 현재였다. 이러한 결론의 정확성에 대한 모든 의심은 출애굽기 24:4를 읽어보면 영원히 사라지게 된다. 이는 여호와께서 백성들과 교제하기 위하여 산에서 모세에게 알게 하신 일과 연결된 일종의 설명이 사이에 끼어든 것이다. 여기에 이르시기를 "모세가 여호와의 모든 말씀을 기록하고 이른 아침에 일어나 산 아래에 제단을 쌓고 이스라엘 열두 지파대로 열두 기둥을 세우고"라고 하셨다. 이 '제단'의 정체를 밝히는 일은 실패할 가능성이 없는 것이었으니, 곧이어, "이스라엘 자손의 청년들을 보내어 여호와께 소로 번제와 화목제를 드리게 하고"라고 첨가되었기 때문이다. 그러면 여기에 '제단'(토단)이 있었고, 그리고 여기에 '번제'와 '화목제'가 있었다. 그러면 여기 출애굽기 24장에서 성령께서 왜 이렇게 상세한 것까지도 아주 주의하여 기록하셨는가? 이는 여호와께서 바로에게 하신 말씀, 곧 "이스라엘의 하나님 여호와께서 이렇게 말씀하시기를 내 백성을 보내라 그러면 그들이 광야에서 내 앞에 절기를 지킬 것이니라"(출 5:1)고 하심을 성취하신 것을 우리에게 보여주는 것이 아니면 그 무엇이겠는가! '화목제'는 특별히 절기에 연관하여 다른 모든 것을 위한 제물이었다: "솔로몬이 깨어 보니 꿈이더라 이에 예루살렘에 이르러 여호와의 언약궤 앞에 서서 번제와 감사의 제물을 드리고 모든 신하들을 위하여 잔치하였더라"(왕상 3:15; 비, 8:64, 65).

"**내가 내 이름을 기념하게 하는 모든 곳에서 네게 임하여 복을 주리라**"(출 20:24). 이는 분명히 새로운 문장을 시작하는 것이고, 25절의 첫 마디가 명백히 보여주는 바와 같이 뒤에 이어지는 것과 연결된다. 예레미야 7장 12절은 하나님께서 그곳에 자신의 이름을 기록하신 것이 무슨 뜻인지를 그 실례를 제공한다. "너희는 내가 처음으로 내 이름을 둔 처소 실로에 가서..." 관심이 있는 독자는 '실로'에 대한 여러 가지 관주를 살펴보도록 하라. 또한 하나님의 이름이 기록된 '벧엘'과 '시온'을 비교해 보라.

"**네가 내게 돌로 제단을 쌓거든 다듬은 돌로 쌓지 말라 네가 정으로 그것을 쪼면 부정하게 함이니라**"(출 20:25). 이 말씀과 24절의 마지막 구절의 연결은 매우 의미가 깊고 중요한 것이다. 하나님은 그의 이름이 기록된 그 어디에서나 이스라엘에게 '강림하여' '복을 주리라'고 약속하셨다. 그러나 이스라엘이 여호와께로 가려면 한 '제단'이 세워져야만 하는데, 그 제단에는 피가 뿌려져야 하며 그리고 불이 그것을 소멸하는 곳이었다. 피는 하나님과 화해하게 하며, 불은 주님이 그 희생제물을 받아주심을 의미한다.

이러한 제단을 분간하기 위한 첫 번째의 특징(앞 절에서 본 바와 같이)은 그 극도의 단순함과 평이함이다. 이것은 이방인들의 '은 신상'이나 '금 신상'과는 현저하게 대조되었다(출 20:23). 이스라엘이 여호와께 세워야 할 제단은 인간이 다듬은 것으로 만들지 말아야 할 것이며, 또한 그의 기술로 아름답게 하지 말아야 한다. 인간의 손이 수여한 것은 그 안에 탁월함이 없을 것이다. 거룩한 희생제물을 위해 사용되는 제단은 금으로 만들어야만 하고, 예술적으로 설계되어 풍부한 장식을 해야 한다고, 사람들은 당연히 기대할 것이다. 그렇지만, 그것은 인간의 수공품으로 인간이 스스로를 영광스럽게 하도록 허용하는 것이다. 위대하신 하나님은 주님의 임재 가운데에서 '어떤' 육체도 영광 받는 일을 허용하지 않는다(고전 1:29). "우리가 행한 바 의로운 행위로 말미암지 아니하고"(딛 3:5)라고 하심은 신약성경에 있는 이에 상응하는 말씀이다. 죄많은 사람은 그 자신의 공력으로 만든 그 어떠한 것을 손에 들고서 최고로 거룩한 하나님께로 접근할 수 없다. 이것이 하나님께서 가인이 가지고 온 제물을 존중하지 않으신 이유이다. 즉 가인은 그의 수고의 생산물인 땅의 열매를 바쳤기에, 하나님이 그것들을 거절하셨다. 그리고 여전히 하나님은 그에게 화해하고자 하는 자연적인 인간의 모든 노력을 거절하신다. 자기개선에 종사하는 자신의 노력에 의하여 주목과 공적과 하나님의 존경을 얻고자 하는 죄인의 모든 시도는 더욱더 무가치하다. 하나님이 그의 타락한 피조물들에게 요구하는 것은 주님 앞에서 그들이 타락한 죄인의 입장을 취하여, 감당할 수 없는 자비를 받으려고 빈손으로 나아가는 것이다.

"너는 층계로 내 제단에 오르지 말라"(출 20:26). 이것의 의미는 파악하기가 어렵지 않다. 그것은 그 원리에 있어서 앞 절에 있었던 것과 유사하다. '계단'은 낮은 높이에서 높은 데로 오를 때 부담을 피하기 위하여 만든 인간의 고안물이다. 인간은 그가 만든 어떤 정거장으로도 하나님께로 올라갈 수 없다. 하나님이 죄인에게 원하는 것은 주님 앞에서 그의 참된 입장(진토 가운데 있는)을 취하라는 것이다. 하나님은 거기에서 그를 만날 것이다. 인간이 도덕적으로 또 영적으로 하나님으로부터 너무 멀리 떨어져 있어, 그 거리를 극복할 수 없다는 것은 사실이다. 그러나 인간이 하나님께로 올라갈 수 없을지라도, 하나님은 그의 아들의 인격 안에서, 가련한 죄인에게 온 힘을 다해 내려오셨다. 빌립보서 2장에 보면, 영광의 주님의 놀랍고도 은혜로운 내려오심을 묘사하고 있다. 은혜의 숫자인 다섯 개의 '계단들'이 기록되어 있다. "그는 근본 하나님의 본체시나 하나님과 동등됨을 취할 것으로 여기지 아니하시고 오히려 ① 자기를 비워 ② 종의 형체를 가지사 ③ 사람들과 같이 되셨고 ④ 사람의 모양으로 나타나사 자기를 낮추시고 ⑤ 죽기까지 복종하셨으니 곧 십자가에 죽으심이라." 그렇다면 인간이 오를 그 어떤 '계단'도 없음이 자명하다!

"너는 층계로 내 제단에 오르지 말라 네 하체가 그 위에서 드러날까 함이니라"(출 20:26). 하나님께로 올라가고자 하는 인간의 노력만으로도 그 자신의 부끄러움을 드러낼 뿐이다. 이러한 것은 죄가 이 세상에 들어온 것을 기록한 바로 그 장에서 두드러지게 말한다. 아담과 하와가 미리 일러둔 실과를 먹자마자, "이에 그들의 눈이 밝아져 자기들이 벗은 줄을 알고 무화과나무 잎을 엮어 치마로 삼았다"(창 3:7). 심중 한 가운데 있는 가장 깊은 비밀까지도 다 읽으시는 이 앞에서 그런 앞치마가 무슨 소용이 있었을까? 그 바로 다음에, "그들이 그 날 바람이 불 때 동산에 거니시는 여호와 하나님의 소리를 듣고 아담과 그의 아내가 여호와 하나님의 낯을 피하여 동산 나무 사이에 숨은지라"고 한다. 그들의 무화과나무 '앞치마'는 그들조차도 만족시키지 못하였다! 그리고 그것만이 아니었다. "여호와 하나님이 아담을 부르시며 그에게 이르시되 네가 어디 있느냐"라고 물으셨을 때 죄를 범한 우리의 선조의 대답은 무엇이었나? "이르되 내가 동산에서 하나님의 소리를 듣고 내가 벗었으므로 두려워하여 숨었나이다"라는 것이다. 무화과나무로 엮은 앞치마는 그가 벗었다는 사실(앞치마는 둘렀으나 벗었음)을 명백하게 할 뿐만 아니라 강조하는 데 도움이 되었을 뿐이었다! 그렇다면 하나님께로 올라가려는 인간의 노력만으로도 그 수치를 오히려 노출하는 것이 사실이다!

결론적으로, 하나는 '흙'으로, 다른 하나는 '돌'로 된 두 개의 '제단' 모두는 주 예수님의 인격을 지적하며, 주님의 다양한 완전성을 명백히 하는 것이 된다. 이 점에 대하여는 그랜트(Grant)로 하여금 해석하게 함이 가장 좋을 것 같다.

"하나님께서 그의 제단을 위하여 받아들이신 재료는 서로 대조되는 것들로서 흙 혹은 돌이었는데, '흙'은 그 이름이 부서지는 성격으로부터 온 것이요(eratz라는 말은 ratz라는 말에서 왔는데 히브리어로 '부서져 버리다' 란 뜻이라고 파커스트[C.H.Parkhurst]가 말함), 그리고 '돌' 은 압력을 견디는 것으로서 견고성과 내구성에 의한 특징이 있다. 인간은 땅의 흙으로 만들어졌고, 이 흙이 그것을 갈아엎는 손길을 허용함에 따라 비옥해지는 것과 같이, 인간도 하나님의 손길에 자신을 맡김에 따라 그렇게 된다. 그러므로 땅은 자연스럽게 그 연약함 가운데에 있는 피조물을 상징하는바, 그것을 자각하여, 그 연약성과 복종의 입장을 수락함으로 하나님께 대하여 열매를 맺게 된다. 그 반면에 돌은 다른 것에서 존재하는 강인함을 나타내는 것으로, 연약성의 의식과 연결되어 있고, 그리고 그 가운데에서 자라난다. 곧, '내가 약한 그 때에 강함이라' 고 하심과 같다. 이제 양자의 관점에서 볼 때, 완전하셨던 이가 인간의 모든 현실로 내려오셔서 그 연약함과 또한 연약함에서 생기는 그 놀라운 강건함을 아시기에, 하나님을 기대하면서 자신을 맡기셨다. 이와 같이 그는 인내하면서 하나님 자신에게 복종하였고, 그 아버지의 뜻에 스스로 복종하심으로 인내하였다."

그렇다면, '흙' 은 그리스도께서 아버지의 뜻에 온전히 복종함을 말하는 소제의 '고운 가루' (레 2장)와 그 생각하는 바가 일치한다. 이에 대한 참으로 복된 증거는 "내 원대로 마시옵고 아버지의 원대로 되기를 원하나이다"라고 주님이 말씀하신 겟세마네에 있다. '돌' 은 성막에 있는 제단의 놋과 같은 동일한 것을 지적한다. 그것이 거기서 보여주는 것은 그리스도 안에서(오직 그분 안에서) 하나님의 진노의 무서운 불을 견딜 수 있다는 것이다. 이 제단의 돌은 '잘라 내거나' 사람의 정으로 쪼지 말아야 한다는 사실은, 다시 한번 하나님께서 얼마나 용의주도하게 이러한 모형(types)의 정확성을 보존하셨는지를 보여준다. 그 돌들은 창조자가 그것을 만드신 그대로 두어야 하며, 인간은 그 형태를 바꾸어서는 안 된다. 그 원형(antitype) 혹은 이것은 그리스도께서, 사실이 그러했던 것처럼, 하나님께서 그에게 주신 '형태' 를 그대로 간직하였다는 것이 될 것이다. 환경의 그 모든 압력과 그리고 인간들과 사탄의 그 모든 수고마저도 그것을 변형시킬 수는 없었다. 주께서 십자가에 처형되실 것을 선언하셨을 때(위대한 희생제물이 드려져야 할 '제단'), 베드로는 "주여 그리 마옵소서"라고 말했다. 그것은 인간을 통하여 '돌' 을 '다듬으려는' 사탄이었으니, 주께서는 그렇게 하지 않고 고통을 당하셨다.

하나님께서 성경을 좀 더 부지런히, 그리고 기도하는 마음으로 탐구할 수 있도록 필자와 독자를 각성시키기를 바란다.

제31장

완전한 종

출애굽기 21:1-6

모세의 율법은 크게 세 가지로 분류되는데, 이는 도덕법, 시민법, 그리고 의식법을 말한다. 그 첫째는 십계명 안에서 발견되고, 그 둘째는 주로 출애굽기 21~23장에 있으며, 그 셋째는 대개 레위기에 있다. 첫 번째는 인간 피조물로서의 이스라엘에 대한 하나님의 요구를 정의한 것이고, 두 번째는 히브리인 공동체를 위한 사회적 규범을 위한 것이었으며, 세 번째는 이스라엘의 종교생활을 고려한 것이었다. 첫 번째에서, 성부 하나님의 통치적 권세를 볼 수 있고, 두 번째에서는 성령 하나님의 영역과 그 활동(하나님의 백성들 사이에서 질서를 유지하기)을 볼 수 있으며, 세 번째에는 성자 하나님에 관한 일련의 모형들(types)을 볼 수 있다.

"네가 백성 앞에 세울 법규는 이러하니라 네가 히브리 종을 사면 그는 여섯 해 동안 섬길 것이요 일곱째 해에는 몸값을 물지 않고 나가 자유인이 될 것이며 만일 그가 단신으로 왔으면 단신으로 나갈 것이요 장가 들었으면 그의 아내도 그와 함께 나가려니와 만일 상전이 그에게 아내를 주어 그의 아내가 아들이나 딸을 낳았으면 그의 아내와 그의 자식들은 상전에게 속할 것이요 그는 단신으로 나갈 것이로되 만일 종이 분명히 말하기를 내가 상전과 내 처자를 사랑하니 나가서 자유인이 되지 않겠노라 하면 상전이 그를 데리고 재판장에게로 갈 것이요 또 그를 문이나 문설주 앞으로 데리고 가서 그것에다가 송곳으로 그의 귀를 뚫을 것이라 그는 종신토록 그 상전을 섬기리라"(출 21:1-6). 이 구절은 하나님께서 이스라엘에게 그들의 사회생활과 시민생활을 위하여 주셨던 일련의 '심판' 또는 법령으로 시작된다. 오늘날 우리를 위한 그 주된 가치는 주 예수 그리스도에 대한 영적 적용에 놓여있다. 우리는 여기서 주님의 인격과 사역에 대한 가장 아름답고 축복된 예시를 보는데, 출애굽기 21:6과 비교해서 시편 40:6은 이것에 대해 결정적으로 증거한다. 이러한 위대한 메시아적 시편 속에서, 주 예수는 예언의 영으로 이르시기를, "주께서 내 귀를 통하여 내게 들려주시기를 제사와 예물을 기뻐하지 아니하시며…"고 하셨다.

우리들 앞에 있는 구절은 종이나 노예와 관련이 있었다. 모형적으로, 그것은 완전한 종을 나타낸다. 메시야적 예언은 주님을 종종 이러한 인물로 보아왔다. "내가 붙드는 나의 종을 보라"(사 42:1). "내가 내 종 싹을 나게 하리라"(슥 3:8). "보라 내 종이 형통하리니 받들어 높이 들려서 지극히 존귀하게 되리라"(사 52:13). "나의 의로운 종이 자기 지식으로 많은 사람을 의롭게 하며 또 그들의 죄악을 친히 담당하리로다"(사 53:11).

빌립보서 2장에서 바울은 이와 같이 권면하였다. "너희 안에 이 마음을 품으라 곧 그리스도 예수의 마음이니"(빌 2:5). 이어서 강조하시기를, "그는 근본 하나님의 본체시나 하나님과 동등됨을 취할 것으로 여기지 아니하시고 오히려 자기를 비워 종의 형체를 가지사 사람들과 같이 되셨고 사람의 모양으로 나타나사 자기를 낮추시고 죽기까지 복종하셨으니 곧 십자가에 죽으심이라"고 하셨다. 이것은 놀라운 비하였다. 즉 가장 높은 권세의 자리로부터 최대한 의존하는 자리로, 존귀와 영광에서부터 고난과 수치로 내려오신 것이다. 하늘과 땅을 지으신 이가 복종의 자리로 들어온 것이다. 전에는 스랍들이 그 앞에서 얼굴을 가렸던 이가 천사들보다 더 낮아지게 되었다. 주님의 놀라운 낮아지심에 대하여 경탄하는 건전한 정신을 결코 잊지 말고, 오히려 더욱더 깊은 경외감과 찬양으로 그것을 공경하면서 묵상하여 기쁨을 누리기를 바란다. 신약 성경 전체는 완전한 종의 섬김을 우리 앞에 제시하는 일에 유일하게 기여하고 있다. 마가복음의 의도는 주님이 어떻게 섬겼는지를 우리에게 보여주기 위한 것으로서, 주님을 움직이게 하였던 영, 주님을 규제하였던 동기와 원칙, 주님이 행하신 모든 일의 탁월함을 보여준다(이러한 것은 왜 「사복음서인가」라는 본인의 책에서 다루어졌다).

"보시옵소서 내가 하나님의 뜻을 행하러 왔나이다"(히 10:9)라는 말씀은 예수님이 종의 형체를 입었을 때 하신 말씀이다. "내가 내 아버지 집에 있어야 될 줄을 알지 못하셨나이까"(눅 2:49)라고 하신 것은 그가 이 땅에 오신 이후 처음으로 기록된 말씀이다. "내가 하늘에서 내려온 것은 내 뜻을 행하려 함이 아니요 나를 보내신 이의 뜻을 행하려 함이니라"(요 6:38)고 하신 것은 주님이 인간들 가운데 머무시는 동안의 그 완전한 생애 전체를 요약한 것이었다. 주님은 완전한 종으로서 그의 주인의 즐거움에 의존하셨다. 주님은 "자기를 기쁘게 하지 아니하셨나니"(롬 15:3). "나는 섬기는 자로 너희 중에 있노라"(눅 22:27)고 하신 주님의 말씀은 사도들에게 한 것이다.

그리스도의 종 되심은 전적으로 자발적인 것이었다. 위에서 인용된 구절들이 그 사실을 입증한다. 우리는 그 안에서 그것의 독특성을 본다. 물론 누가 종이 되도록 선택하겠는가? 주님은 첫 번째 아담과 얼마나 다른가! 그에게 종의 자리가 주어졌으나, 그는 그것을 저버렸다. 그는 그의 창조자에게 복종하도록 요구되었으나, 그는 반역하였다. 그러면 순종의 자리로부터 그를 매혹케 한 것은 무엇이었나? "네가 하나님과 같이 되리라"라고 한 말이 그를 몰락케 한 매력적인 거짓말이었다. 주 예수에게 있어, 이것은 정반대였다. 그는 하나님이셨지만 자신이 높아지도록 하지 않았다. 그는 자진하여 그의 영원한 영광을 중지하고, 모든 거룩한 위엄의 훈장을 스스로 포기하고, 종의 형체를 취했다. 시험하는 자가 그에게 와서 그로 하나님을 의지하는 일을 거절하도록 "이 돌들로 떡덩이가 되게 하라"고 권유하려고 했을 때, 주님은 영들의 아버지께 복종하면서 사는 그 확고한 지위를 선포하셨다. 주님은 한순간도 아버지의 뜻에 완전히 순종하는 길로부터 이탈한 적이 없었다.

"네가 히브리 종을 사면 그는 여섯 해 동안 섬길 것이요"(출 21:2). 여기서 맨 먼저 유의해야할 것은 종의 봉사 기간이다. 주인은 그에게 대해 확실히 어떤 한정된 요구조건을 가졌는데, 이는 "여섯 해 동안 섬길 것이요"라고 하심과 같다. 6은 사람의 숫자이므로(계 13:18), 여기에서 염두에 둔 것은 그의 합법적인 소유자에게 빚진 인간의 책임에 대한 측정이다. 인간의 소유자는 하나님이다. 그렇다면 인간은 그의 창조자에게 무엇을 빚지고 있는가? 우리는, 하나님의 알려진 뜻에 대한 제한없는 굴복, 온전한 복종, 절대적 순종이라고 응답한다. 인간에 대한 하나님의 뜻은 율법에 설명되어 있는데, 그것을 요약하여 한마디로 말하자면 "네 마음을 다하여 주 너의 하나님을 사랑하고 … 네 이웃을 네 자신과 같이 사랑하라"는 말씀이다. 타락한 아담의 이 모든 자손이 그것을 이행하는 일에 실패하였다. 율법은 하나님의 앞에서 죄를 범한 모든 세상 속에 관여하게 되었다(롬 3:19).

주 예수님은 이미 하나님의 명예가 일반적으로 손상되는 그런 장소에서도 하나님을 공경하기 위하여 이 세상에 내려오셨다. 주님은 '율법을 크게 보이게 하고 그것을 존귀케 하기 위하여' 이곳에 오셨다. 그러므로 그는 "율법 아래에 나게 하셨다"(갈 4:4). 그러므로 그는 공식적으로, "내가 율법이나 선지자를 폐하러 온 줄로 생각하지 말라 폐하러 온 것이 아니요 완전하게 하려 함이라"(마 5:17)고 선언하셨다. 하나님의 법이 그의 심중에 있었다(시 40:8). 그는 그것을 주야로 묵상하셨다(시 1:2). 시작부터 끝까지, 예수님은 생각과 말과 행동으로 율법을 지키셨다. 인간에 대한 하나님의 모든 요구는 그 완전한 사람에 의하여 족히 성취되었으며, 하나님의 모든 주장은 완전히 보존되었다. 그리스도는 인간에게 부과된 책임을 하나님 편으로나 인간 편으로나 항상 충분하게 수행한 유일한 사람이다.

"일곱째 해에는 몸값을 물지 않고 나가 자유인이 될 것이며"(출 21:2). 히브리인 종이 6년 동안 섬긴 후에, 그의 주인은 더 이상 그에 대한 권리를 가지지 못했다. 제7년이 이르면(섬김이 끝났음을 말하는) 그는 자유롭게 나갈 수 있으며, 더 이상 섬기지 않아도 되었다. 이것은 그 원형(anti-type)이신 주 예수님께도 역시 사실이었다. 인간으로서 주님은, 그 인간적 책임의 일점일획이라도 모두 성취하였기에, 율법이 주님에게 대해 더 이상 요구가 없었던 때가 도래했다. 우리는 주님이 '거룩한 산'에서 서 계셨을 때에 이런 지점에 도달하였음을 믿는다. 그때 예수님은 그의 제자들이 있는 곳에서 변형되었으며, 찬란한 영광 가운데 한 소리가 임하여서 선포하되, 예수님을 성부가 기뻐하시는 자라고 하였다. 우리가 믿기로는 이분은 그리스도가 충성스러운 '히브리 종'이었다는 사실에 대해 증언한 성부였다. 그 후에 그는 즉시 그 산으로부터 영광의 보좌로 올라가실 수 있었다(율법에 관련되는 한). 그는 하나님께서 인간에 대해 가지셨던 모든 의로운 요구를 완전히 성취했다. 즉, 그는 자신의 마음을 다하여 주를 사랑하셨고, 그의 이웃을 그의 몸처럼 사랑하셨다.

"그가 단신으로 왔으면 단신으로 나갈 것이요 장가들었으면 그의 아내도 그와 함께 나가려니와 만일 상전이 그에게 아내를 주어 그의 아내가 아들이나 딸을 낳았으면 그의 아내와 그의 자식들은 상전에게 속할 것이요 그는 단신으로 나갈 것이로되"(출 21:3, 4). 우리는 이러한 구절에 대한 소견을 그 대형에 한정하려고 한다. 주 예수께서 '그의 사역'을 시작했을 때 아내가 없었음은, 이스라엘이 이혼을 당했기 때문이다(사 50:1). 이제 그는 율법에 의하여 '자유롭게 나갈 수 있는' 자격이 있지만, 그럼에도 불구하고 그 동일한 율법은 그가 혼자 — 단신으로 — 나가도록 요구하였다. 이 사실은 그간 많은 혼란이 있었던 어떤 것을 우리에게 지적한다. 인간적 삶의 완전함 속에 있는 주 예수님과의 연합은 불가능했다: "내가 진실로 진실로 너희에게 이르노니 한 알의 밀이 땅에 떨어져 죽지 아니하면 한 알 그

대로 있고"(요 12:24). 어떤 것도 이보다 더 명백한 것은 있을 수 없다. 하나님의
종의 완전하심만으로도 예수님과 죄지은 인간 사이의 구분을 더욱더 강조하는
구실을 했다. 그리스도와의 연합이 가능한 것은 오직 부활에 근거한 것이며, 그
리고 그 경우에는 죽음이 개입되어야만 한다. 예수님이 처음으로 제자들에게 '형
제'라고 부르신 때는 부활하신 아침이었다. 그렇다면 우리의 상징은 여기에서
실패한 것인가? 물론 그렇지 않다. 이러한 상징적 모습들은 거룩한 예술가에 의
하여 그려진 것이기에, 그와 마찬가지로 온전하다. 다음 두 절은 이것을 아름답
게 말한다.

**"종이 분명히 말하기를 내가 상전과 내 처자를 사랑하니 나가서 자유인이 되지 않
겠노라 하면 상전이 그를 데리고 재판장에게로 갈 것이요 또 그를 문이나 문설주 앞
으로 데리고 가서 그것에다가 송곳으로 그의 귀를 뚫을 것이라 그는 종신토록 그 상
전을 섬기리라"**(출 21:5, 6). 이는 참으로 복된 일이다. 그가 율법에 의하여 자격을
충분히 부여받았던 그 자유를 앞서 가게 다그친 것은 사랑이었다. 그 사랑은 삼
중적 사랑으로서 그 주인과 아내와 자녀에 대한 것이다. 그러나 그것을 잘 주시
해 보라. "종이 분명히 말하기를 내가 상전과 내 처자를 사랑하니" 등등 이라고
했는데, 언제 완전하신 종이 이렇게 말을 했는가? 분명히 그것은 우리가 이미 본
바와 같이 변화되신 직후의 일로, 그때에 주님은 율법의 모든 요구를 성취했기
에 자유롭게 나갈 수 있었을 것이다. 동일하게 명백한 일로서, 그의 사랑을 언명
하신 네 번째 복음서로 돌아가 보아야만 하는데, 그 이유는 다른 곳과는 달리 거
기에서는 주님의 사랑이 사랑의 사도에 의하여 열매를 맺었기 때문이다. 요한복
음서에는 변화하심(transfiguration)에 대한 설명은 없지만, 그것에 가깝게 상응하
는 구절이 있다. 요한복음 12장은 마태복음 17장의 병행구절로서 그 이후의 내용
을 우리에게 알려준다. 여기에서 주님은, "인자가 영광을 얻을 때가 왔도다 내가
진실로 진실로 너희에게 이르노니 한 알의 밀이 땅에 떨어져 죽지 아니하면 한
알 그대로 있고"(요 12:23, 24)라고 하시면서, "죽으면 많은 열매를 맺느니라"고
덧붙였다. 그다음에 이어지는 내용을 주의하여 보라. "지금 내 마음이 괴로우니
무슨 말을 하리요 아버지여 나를 구원하여 이때를 면하게 하여 주옵소서 그러나
내가 이를 위하여 이때에 왔나이다 아버지여, 아버지의 이름을 영광스럽게 하옵
소서"(요 12:27, 28). "무엇이 그를 이렇게 말씀하도록 했나? 사랑이다. 자아에 대
해 전혀 생각하지 않는 사랑, 그리고 사랑하는 이들의 처분에 그 자체를 전적으

로 두는 사랑이다. 그 끔직한 '시간'이 무엇을 포함했든지 상관이 없었기에, 주님
은 그 모든 것을 아시고, 아버지에 대한 사랑과 또한 우리를 위한 사랑 안에서 그
것을 통과하려고 하였다"(J. T. Mawson). 사랑은 율법이 그에게 지우지 아니한
섬김을 떠맡으라고 그를 이끌었고, 고난을 내포하고 있는 일('뚫린' 귀가 암시하
듯이), 영원히 지속되야 할 섬김을 맡도록 이끌었다.

이러한 참으로 놀라운 상징에 있는 상세한 사항들은 나누어 생각할 것을 요구
한다. "종이 분명히 말하기를 내가 상전을 사랑하니." 이 말은 지적되듯이, 그의 아내
와 자녀에 대한 사랑을 공언하기 이전에 나온다. 이것은 그 자체로, 여기에서 우
리가 취하는 것은 편협하게 적용하는 것 그 이상이 되어야만 한다는 사실을 확증
하기에 충분하다. 왜냐하면, 자신의 아내와 자녀에 대한 사랑에 앞서 그의 '주인'
에 대해 사랑을 기울이는 종이 언제 또 어디에 있었던가? 우리는 분명히 '사람의
자녀들보다 더욱더 공정한' 어떤 사람을 찾을 의무가 있다. 그리고 그 모형(type)
은 얼마나 완벽하게 그 원형(antitype)에 대해 응답하는가! 여기에서 성령님께서
주 예수를 마음속에 두셨다는 것을 깨닫는 것은 어려운 일이 아니다. 그의 아버
지, 그의 '주인'에 대한 사랑은 완전한 종의 삶에 있어서 늘 그를 지배하는 동기
였다. 맨 먼저 기록된 그 말씀이 이것을 증명하였다. 주님이 어린 자녀로서 마리
아와 요셉에게 순종해야 함에도 불구하고, 그의 아버지의 '일'에 대한 요구가 가
장 중요하였다.

그렇게, 또한 요한복음 11장에서, 나사로의 여동생(그가 사랑하시던 이)이 그
의 오라비가 병들었다고 소식을 주님께 전해 왔던 것을 본다. 예수님은 그들의
있는 쪽으로 가기 위해 즉시 서두르는 대신, 그가 "계셨던 동일한 장소에서 이틀
을 더 머물러 계셨다!' 그 이유가 무엇이었나? "하나님의 영광을 위해서였다"(요
11:4). 그를 움직이는 것은 인간적 마음에서 나오는 애정이 아니라 그의 아버지의
뜻이었다. 그렇듯이, 한 번 더, 요한복음 12장에서, 예수님은 그의 영혼을 괴롭혔
던 그런 두려운 '시간'을 생각하실 때, 이르시기를 "아버지여, 아버지의 이름을
영광스럽게 하옵소서"라고 하셨다. 아버지의 영광이 예수님의 첫 번째 관심사였
다. 그 즉시, 답변이 왔는데, "내가 이미 (그대를) 영광스럽게 하였고 또다시 (그
대를) 영광스럽게 하리라"(요 12:28)라고 하였다. '또다시'라고 하신 말은 무슨
뜻인가? 주 예수님은 삶으로 뿐만 아니라 무한하게 더욱 더 위대하신 것으로 사
람에게 하나님 자신을 계시하면서 하나님의 율법의 완전한 성취를 이루어 아버

지의 이름이 이미 영광을 받으셨다. 그러나 하나님은 또한 그 아들의 죽으심과 부활 그리고 그것에 대한 열매로 자신을 영광스럽게 하고자 했다.

"내 처(wife)를 사랑하니." 상징적으로, 이 말은 장래에 관하여 말한 것이다. 주 예수님은 신부를 맞이해야 한다. 여기에서 '아내' 는 그의 '자녀' 와 조심스럽게 구분된다. 우리가 믿는 바로는, '아내' 는 천년왕국 때에 구속함을 받은 이스라엘이다. '아내' 와 '자녀' 는 모두 예수님의 죽음으로 인한 결실이다. 이 두 가지는 요한복음 11장에서 다시 조심스럽게 구분되어진다. "그 해의 대제사장(가야바)이므로 예수께서 그 민족을 위하시고 또 그 민족만 위할 뿐 아니라 흩어진 하나님의 자녀를 모아 하나가 되게 하기 위하여 죽으실 것을 미리 말함이러라"(요 11:51, 52). 성령께서는 그리스도께서 그의 영혼의 산고를 미리 보시고 만족하게 여기실 때를 기대하면서, 이스라엘에게 다음과 같이 말씀하신다. "두려워하지 말라 네가 수치를 당하지 아니하리라 놀라지 말라 네가 부끄러움을 보지 아니하리라 네가 네 젊었을 때의 수치를 잊겠고 과부 때의 치욕을 다시 기억함이 없으리니 이는 너를 지으신 이가 네 남편이시라 그의 이름은 만군의 여호와이시며 네 구속자는 이스라엘의 거룩한 이시라 그는 온 땅의 하나님이라 일컬음을 받으실 것이라 여호와께서 너를 부르시되 마치 버림을 받아 마음에 근심하는 아내 곧 어릴 때에 아내가 되었다가 버림을 받은 자에게 함과 같이 하실 것임이라 네 하나님께서 말씀하셨느니라 내가 잠시 너를 버렸으나 큰 긍휼로 너를 모을 것이요 내가 넘치는 진노로 내 얼굴을 네게서 잠시 가렸으나 영원한 자비로 너를 긍휼히 여기리라 네 구속자 여호와께서 말씀하셨느니라"(사 54:4-8).

"내가 내 자녀를 사랑하니." 그리스도의 사랑은 이스라엘에만 국한되지는 않았으나, 그럼에도 언제나 마찬가지로, 여기에서도 유대가 먼저이다. 아니, 주님은 이스라엘을 나타내는 '이 나라' 가 아닌 '그 나라' 곧 '즉시' 태어날 미래의 나라(사 66:8)를 위하여 죽으셨을 뿐만 아니라 또 각처에 흩어진 하나님의 자녀들을 불러 모아서 하나(한 가정)로 모으실 것이다. '하나님의 자녀' 는 성경에서 결코 이스라엘에게 적용되는 것은 아니다. 이러한 '자녀들' 은 그의 죽으신 산고의 결실이었던 것이다. 주님이, "볼지어다 나와 및 하나님께서 내게 주신 자녀라"(히 2:13)하신 말씀함을 듣는 일은 복되다.

"상전이 그를 데리고 재판장에게로 갈 것이요 또 그를 문이나 문설주 앞으로 데리고 가서 그것에다가 송곳으로 그의 귀를 뚫을 것이라 그는 종신토록 그 상전을 섬기리라"

(출 21:6). 귀를 뚫는 것은 종이 그 주인의 뜻에 전적으로 헌신함을 나타내었다. "문설주는 개인의 한계를 표시하는 것으로서 그것을 지나서 가족들이 들어갔고, 다른 사람은 권리가 없었다. 그러므로 그것은 나그네에게 속한 것이 아니라, 가족에 속한 자에게 특별히 속하는 것이다. 이것은 또한 유월절 어린양의 피가 문설주에 뿌려졌던 이유였다. 그것은 하나님의 강력한 손으로서 장자가 있는 그런 집에 관련이 있었지 다른 집에서는 그렇지 아니했다. 여기서도 그러하다"(W. Kelly). 이것은 중요한 진리이다. 그리스도는 인류 전체를 위하여 죽으신 것은 아니었으니, 만일 그러하다면 왜 이미 그 절반이 지옥에 있었을 때 그 일을 행하셨단 말인가! 예수님은 하나님의 가족, 즉 그의 '아내', 그리고 그의 '자녀들'을 위해 죽으셨지 다른 그 누구를 위해서는 아니었다(요한복음 11:51, 52이 그것을 증명하고 있으며 또 마 1:21; 요 10:11; 히 2:17; 9:28 등을 비교해 보라). 주인이 그 종을 받아들여 그의 귀를 뚫을 때, 이것은 역시 의미가 있다. 그 종이 사는 동안은 그의 몸 안에 그가 종임을 표시하는 표를 지녔다. 마찬가지로, 주 예수께서도 그의 몸에 십자가의 표시를 영원히 지니고 계신다! 그가 죽음에서 부활하신 이후, 의심하는 도마에게 이르시기를 "네 손가락을 이리 내밀어 내 손을 보고 네 손을 내밀어 내 옆구리에 넣어 보라"(요 20:27)고 하셨다. 또한 요한계시록 5장에서, 어린양이 "죽임을 당한 것"(요20:6) 같이 보이더라고 했다.

"상전이 그를 데리고 재판장에게로 갈 것이요 또 그를 문이나 문설주 앞으로 데리고 가서 그것에다가 송곳으로 그의 귀를 뚫을 것이라"(출 21:6). 이것은 그 원형에 적용시켜서 볼 때 매우 놀라운 것이다. 주 예수의 사역은 그가 세상을 떠나실 때 끝난 것이 아니었다. 비록 그는 위로 올라가셨지만, 여전히 그의 백성을 위하여 일하고 계신다. 여기서 우리가 이것에 대해 길게 거론할 수는 없지만, 이 일에 대한 아름다운 그림은 요한복음 13장에 있다. 거기에서 의도하는 것은, 그가 아버지께로 돌아가신 이후에도 그의 백성들을 위하여 일하시는 주님의 사역에 대한 비유적인 표본이다. 그 장의 서두는 이어지는 내용의 열쇠를 제공하고 있다. 즉 "예수께서 자기가 세상을 떠나 아버지께로 돌아가실 때가 이른 줄 아시고"라고 하셨다. 이와 같이 4절에서도, "저녁 잡수시던 자리에서 일어나(그의 죽음에서 일어남을 말하는) 겉옷을 벗고"라고 하셨는데, 이 일은 그가 무덤을 떠나실 때 문자적으로 행하신 일이었다. 그렇다면 요한복음 13장에서 4절에서부터 그 이후는 이러한 부활의 국면에 관한 것이다. 제자들의 발을 씻기심은 그들이 이 더럽혀진 인생을 통과할 때 그 백성의 길을 유지하는 그리스도의 현재적 사역에 대해 말하는 것이다. 수건과 대야는 그의 백성의 필요를 위하여 일하시는 종이신 구세주의 사랑을 말한다. 영광으로 돌아가신 그는 지금까지도 여전히 우리를 섬기고 계신다.

"그가 영영히 그 상전을 섬기리라." 이것은 주 예수께 해당되는 진리일까? 분명히 그렇다. 이 사실을 분명히 지적해 주는 주목할 만한 구절이 누가복음 12장에 있다. "주인이 와서 깨어 있는 것을 보면 그 종들은 복이 있으리로다 내가 진실로 너희에게 이르노니 주인이 띠를 띠고 그 종들을 자리에 앉히고 나아와 수종들리라"(눅 12:37)고 하였다. 비단 천국에서까지도 그는 여전히 우리를 섬기실 것이다. 그러나 어떻게 그런 일이 있을 수 있나? 우리의 발은 씻을 필요가 없게 되며, 우리는 더 이상 충족되어야 할 어떠한 요구사항도 없을 것이다. 그것은 참으로 영광스러운 진리이다. 그러나 만일 우리 편에서 원함이 없다고 할지라도, 그의 편에서는 사랑이 있기에, 사랑이 사랑받는 이들을 섬기는 일을 영원히 기뻐할 것이다. "그가 나아와 수종들리라"고 하신 말씀은 참으로 놀랍다. 그 겸손함은 얼마나 위대한가! 하나님은 그의 왕국에서 그 영광의 보좌에 앉아서 그 통치의 영역을 주장하신다. 하나님은 만왕의 왕이요 만주의 주로 인정을 받으시지만, 그럼에도 불구하고 하나님은 우리의 즐거움을 위하여 섬기는 일을 기뻐하실 것이다. 그리고 또한 그가 '영영히' 섬길 것이니, 그것은 다른 이들을 섬기는 일을 기뻐하는 하나님의 사랑의 영원한 활동이 될 것이다.

그러므로 이 놀라운 상징에서, 우리는 주님의 생애, 죽음, 부활, 그리고 그의 왕국 안에서 그의 주인과 아내와 자녀를 섬기는 하나님의 신실한 종의 사랑을 보았다. 그의 섬김의 성격은 완전하였는바, 그것은 육년으로 표시되었으며, 칠 년째에 '자유하게 된다.' 그의 섬김의 원천은 사랑이었는데, 그 사랑은 그가 자유로 나가는 일을 거절한 것에서 보인다. 그의 섬기는 기간은 '영원토록'이다! 주님은, "너희 안에 이 마음을 품으라 곧 그리스도 예수의 마음이니"(빌 2:5)라는 엄중하고도 없어서는 안 될 말씀에 우리가 주의할 수 있게 해 주신다.

제32장

언약의 비준

출애굽기 24장

출애굽기 24장은 거룩한 성육신과 하나님이 인간 가운데 거주하기 이전에 영감을 받은 모든 역사의 장면에서는 근접적인 유사점이 전혀 없었던 그런 광경을 우리에게 소개한다. 이것을 구약성경의 변화산으로 당연히 명명할 만한 것은, 여기에서 여호와가 모세 시대의 전 기간 동안의 그 이전이나 그 이후에 결코 하지 않은 자신의 영광을 분명히 보여주었기 때문이다. 우리는 여기에서 하나님의 임재 속에 모세와 아론, 나답과 아비후, 그리고 이스라엘의 70인 장로들이 있음을 목격하는데, '하나님이 그들에게 자기의 손을 대지 아니하셨을' 뿐만 아니라 그들이 하나님의 면전에서 완전히 편하게 있었다는 말씀을 듣는다. 왜냐하면, 그들은 하나님의 앞에서 '먹고 마시기' 까지 하였기 때문이다. 그러한 영광스러운 광경을 묵상하려고 시도하기에 앞서 그 행사와 배경에 대하여 간략한 소견을 제공하여 보자.

출애굽기 19장에서, 우리는 여호와께서 이스라엘과 행위언약을 시작하기로 제안하면서, 그들이 하나님의 계명을 순종하는 것을 조건으로 국가적 축복을 기약하는 것을 보았다(5, 6절). 이 언약에 대하여, 택함을 받은 백성들은 만장일치로, 그리고 진심으로 동의하였다(8절). 그들을 스스로 정결케 한 다음, 삼일 후에 하나님께서 시내 산 정상으로 내려오셔서 모세에게 말씀하면서, 그 밑에 모인 백성에게 가서 다시 경고하여 세워놓은 그 경계를 범하지 않도록 위탁하였다. 그 후에 하나님께서 말씀하신 모든 것은 출애굽기 20~23장에 기록되어 있다. 십계명에 관한 기록은 20장에 있고, 우리가 이미 거론한 바와 같이 노예에 관련된 '재판' 의 상징적 의미는 21장의 전반부에 있다. 그러한 장들의 나머지는 우리가 출애굽기의 상징적 가르침 내에서 좀 더 명확한 것에 집중해야 하는 현재의 일의 목적 속에서 우리가 길을 잃지 않도록 지금은 제외한다. 출애굽기 22장과 23장에는 도덕적 교훈과 마찬가지로 영적인 가르침이 많이 있다는 것을 의심치 않으나, 우리가 알고 있는 바로는 하나님께서 여전히 그것에 대해 주의 종들 중의 누구에게도 더 많은 지식과 이해력을 주는 것을 지금은 기뻐하지 않는다. 여하간 학생들이여, 그것을 주의 깊게 읽음으로써 여호와께서 이스라엘에게 주신 율법이 얼마나 공평하고 포괄적이며 완전한지를 주목하도록 하자.

"또 모세에게 이르시되 너는 아론과 나답과 아비후와 이스라엘 장로 칠십 명과 함께 여호와께로 올라와 멀리서 경배하고"(출 24:1). 앞서 있었던 것의 관점에서 볼 때, 이것은 참으로 의미가 깊고 장엄하다. 이것은 인간이 그의 행한 일에 근거해서 하나님께 접근할 수 없다는 것에 대해 오해할 수 없을 정도로 언어상으로 너무 평이하게 말한다. 이것은 법적 언약이 확립되기 전에 그리고 그러한 경륜 밑에 있는 이스라엘에 대해 단 한가지의 실패가 기록되기 전에 여호와께서 이것을 말씀하신 것을 주목하라. 비록 아무런 실패도 없었고 불순종도 없었다 할지라도 하나님의 계명들을 지키는 것만으로는 "가까이 나아오지 말며"라고 분명히 표시한 대로, 거룩한 하나님의 임재 속으로 접근하는 것을 보장하지 못한다. 그러므로 하나님께로 나아오는 데는 그 누구에게나 그리스도의 공로가 필수 불가결하였다.

"너 모세만 여호와께 가까이 나아오고 그들은 가까이 나아오지 말며 백성은 너와 함께 올라오지 말지니라"(출 24:2). 모세의 경우 예외가 되었는데, 그 이유는 그가 하나님께 어떤 탁월한 용건을 소유하였거나 개인적으로 그러한 특권을 부여받았기 때문이 아니라, 다만 그가 하나님과 그의 백성들 사이에 지명된 중재자, 결과적으로 주 예수 그리스도의 모형이었기 때문이다. 우리에게 의미를 주고 그리고 모세에 관하여 기록된 아주 많은 것들의 상징적 중요성이 펼쳐지는 것이 이것이다. 이 구절에서 반복되는 금지령은 이전에 말한 것을 강조하며, 그것에 대한 우리의 해석을 더욱 견고하게 한다. 그리스도께서 죄를 인하여 고난을 받아야만 하였는데, 이는 "의인으로서 불의한 자를 대신하셨으니 이는 우리를 하나님 앞으로 인도하려 하심이다"(벧전 3:18).

"모세가 와서 여호와의 모든 말씀과 그의 모든 율례를 백성에게 전하매 그들이 한 소리로 응답하여 이르되 여호와께서 말씀하신 모든 것을 우리가 준행하리이다"(출 24:3). '말씀'은 출애굽기 20장에 기록된 십계명을 언급하며, '율례'는 21장의 첫

절에서 말씀하는 것처럼 21장에서 23장에 있는 것에 대해 말한다. 십계명이 여기에서 다시 다른 '율례'로부터 완전히 구별되어진다는 것을 관찰하는 것은 매우 중요한데, 그것은 앞장에서 우리가 그것에 대하여 증거한 것에 대하여 특별한 확신을 더해준다. 다시 한 번 백성들은 행위언약(the covenant of works)을 받아들이는 일을 만장일치로 나타내었다.

"모세가 여호와의 모든 말씀을 기록하고 이른 아침에 일어나 산 아래에 제단을 쌓고 이스라엘 열두 지파대로 열두 기둥을 세우고 이스라엘 자손의 청년들을 보내어 여호와께 소로 번제와 화목제를 드리게 하고"(출 24:4, 5). 이는 여호와께서 출애굽기 20:24에서 모세에게 말씀하신 것에 대해 순종하는 중이었다. 아직도 레위 족속들이 그 직임을 위하여 구별되지 않았으므로, 청년들(아마도 여호와께 성별된 '초태생', 13:2 등)이 이러한 제사장의 일을 수행했다. 이러한 희생제물의 특별한 성격을 잘못 살핌으로 인하여 많은 혼란이 있었다. 여기에서 흘린 피는 속죄의 피가 아니었으니, 왜냐하면 그 어디에서나 그것이 의도하는 바는 언제나 죄에 대한 하나님의 거룩한 진노를 피하는 것이기 때문이다. 그러나 여기서는 그런 것과 같은 것이 보이지 않는다. 우리 앞에 있는 것은 하나님께 대한 감사와 헌신(번제)에 대해 그리고 복된 교제(화목제)에 대해 말하는 것이다.

"모세가 피를 가지고 반은 여러 양푼에 담고 반은 제단에 뿌리고 언약서를 가져다가 백성에게 낭독하여 듣게 하니 그들이 이르되 여호와의 모든 말씀을 우리가 준행하리이다"(출 24:6, 7). 모세의 행위의 의미에 대한 충분한 해설을 위해서, 우리는 독자들에게 히브리서 9장에 대해 언급해야만 하지만, 여기에서 그렇게 가장 중요한 장에 대해 상세한 해석을 할 수 없기에 매우 유감스럽다. 히브리서 9장 18~20절은 출애굽기 24장내에서 우리 앞에 있는 것이 무엇인지에 대하여 특별하게 언급한다고 주목되는 바이다. 이러한 피 뿌림에 대한 역사적 중요성과 관련되는 한, 지금으로서, 그것은 시내 산에서 이스라엘이 여호와와 더불어 시작한 언약에 대한 엄숙한 비준을 표시하였다고 말하는 것으로 충분하다. 또한 하나님께서 노아와 맺은 언약도 하나님께 바친 희생제물이후에 일어났음을 주목하라(창세기 8장 20절~9장). 또한 아브라함과의 언약과 관련하여서도 그러하다(창 15:9, 10, 17).

"모세와 아론과 나답과 아비후와 이스라엘 장로 칠십 인이 올라가서 이스라엘의 하나님을 보니"(출 24:9, 10). 이것은 말할 수 없이 귀중한 것으로, 우리에게 피의 헤아릴 수 없을 정도의 가치와 그것의 뿌림을 받은 자들이 획득하는 놀라운 특권을 보여준다. '이에'(then,한글개역성경에는 이 말이 빠짐 - 역주)라는 연결부분은 피를 적용했을 때임을 주목하라. 동일하게 힘있고 복된 유사한 실례는 요한계시록 7:14, 15에 있는데, 거기에서는 "그가 나에게 이르되 이는 큰 환난에서 나오는 자들인데 어린양의 피에 그 옷을 씻어 희게 하였느니라 그러므로 그들이 하나님의 보좌 앞에 있고 또 그의 성전에서 밤낮 하나님을 섬기매"라고 말한다. 출애굽기 24장에 있는 '장로들'은 나라의 대표들이었다. 그렇다면 여기에 하나님과의 교제에 있어서 아직 언약을 어기지 아니한 피 뿌림을 받은 백성들이 있었다. 먹고 마심은 그들을 유감없이 환영함과 하나님의 임재 가운데서 그들의 마음을 지배하였던 평강에 대해 말해준다.

"**이스라엘의 하나님을 보니 그의 발 아래에는 청옥을 편 듯하고 하늘 같이 청명하더라**"(출 24:10). '청옥'은 하나님의 다스림(하나님의 보좌)을 말하는 것으로, 에스겔서 1:26에 대한 언급이 보여주는 바와 같이, '인간' 그리스도 예수의 어깨 위에 놓아지게 될 통치체제를 말한다. 그러나 왜 '편 듯하고'라고 했는가? 그것은 주님의 천년통치의 기초를 형성한 구세주의 완성된 사역에 대한 언급이 아닌가? 그리스도께서는 성부의 사역을 마치기 위하여 이 땅에 오셨으니(요 5:17; 17:4), 그것을 모두 합치면, 주님의 발등상을 영광으로 덮으실 것이다. '하늘 같이 청명하더니'라는 것은 하나님의 묘략이라고 말할 수 있다. 우리가 청명한 날에 하늘을 보면 모두가 파랗다. 그것은 우주의 깊음의 힘, 무한으로 여호와의 묘략과 같다. 그러나 그리스도 안에서 주님의 묘략을 너무도 가까이 제시하사 하늘의 청명함과 같이 그것들을 헤아릴 수 있을 것이다.

"**하나님이 이스라엘 자손들의 존귀한 자들에게 손을 대지 아니하셨고 그들은 하나님을 뵙고 먹고 마셨더라**"(출 24:11). "그러나 어제만 하더라도 그들이 '바라보기만 해도 위반이라고' 죽임을 당할 뻔하였으나 이제는 '그들이 하나님을 보았다!' 피의 언약으로 인하여 생긴 그들의 '담대함'이 그 정도로 크기에, 그들은 하나님의 임재 앞에서 '먹고 마셨다'. 세상에 있는 사람은 '소와 염소의 피'가 하나님께 나아가는 그 목적에 적합한 어떤 특징을 가질 수 있는지를 물을 것이다. 그 대답은, 몇 장의 종이쪽지가 극빈자를 빈곤에서 부자로 세울 수 있는 것과 아주 동일한 방식이라는 것이다. 은행권이라는 지폐 자체는 본질적으로 가치가 없지만, 그것은 영국 은행의 금고에 들어 있는 금을 대신한다. 그와 마찬가지로 '죽임을 당한 짐승의 피', 그것은 하찮은 것이었지만, 그것은 '그리스도의 보배로운 피를 대신하였다.' 그리고 이와 마찬가지로 은행의 지폐가 단 하루 만에 그 수령인을 빈곤으로부터 부유한 자로 일으켜 주는 것처럼, 그 피도 이스라엘 백성을 하나님과 언약을 맺은 거룩한 백성이 되도록 하는 데 도움이 되었다"(Sir Robert Anderson).

여기에 한 가지 매우 엄숙한 사실이 있는데, 그것은 1절과 9절에서 나답과 아비후의 이름이 반복되어 언급된 것이다. "그들은 둘 다 아론의 아들이었으며, 그의 아버지와 더불어 이 유일한 특권을 위하여 선임된 자들이다. 그러나 신자들이 거룩과 순종으로 행치 아니하면 지도자도 특권도 구원을 보장할 수 없다. 두 사람은 나중에 처참한 결말을 만났다. 그들은 '각기 향로를 가져다가 여호와께서 명령하시지 아니하신 다른 불을 담아 여호와 앞에 분향하였더니 불이 여호와 앞에서 나와 그들을 삼키매 그들이 여호와 앞에서 죽은지라' (레 10:1, 2)고 하였다. 출애굽기의 이 장에서 나타난 이런 광경 다음에, 그들은 제사장직을 위하여 성별되어서, 이러한 직무 속에서 자신의 의무를 수행하는 중이었다. 더 정확히 말하자면 그들은 자신들의 의무에 대한 실패로 인하여 하나님의 심판 아래 떨어지게 되었다. 그 직임과 특별한 권한마저도 동일하게 구원에 무력하였다는 그 경고를 우리의 마음에 깊이 새기자"(Mr. Dennett).

이스라엘의 역사는 이 기억할 만한 사건이 생긴 이후에 거의 1500여 년간 계속되었다. 그러나 그들의 장로들이 '하나님을 본 일' 이나 그들이 하나님이 계시는 앞에서 먹고 마신 일은 결코 다시 발생되지 않았다. 죄가 들어왔다. 즉 그들의 바로 다음의 행동은 금송아지를 만들고 섬김으로 거룩한 율법을 어긴 것이었다. 그러나 우리는 성경에서 그것을 물에 타서 마시는 것을 볼 수 있으니, 그것은 곧 심판의 물이다(출 32:20). 짧은 시간이나마 이스라엘(그들의 공식적 지도자들을 통하여)이 즐겼던 것이 이제 영원히 우리의 것이 된 사실을 기억하는 것은 얼마나 말로 다할 수 없이 복된 일인가! 우리에게 하나님의 참다운 임재 앞으로 들어가는 길이 열렸기에, 거기 그 휘장 안에서 우리는 그와 교제할 수 있다.

우리들이 보고 있는 장의 나머지 부분에서, 모세는 아론, 나답, 아비후 그리고 칠십 인의 장로들과 다시 한 번 분리되어서, 중재자의 직위를 다시 재개하면서, 나아가 하나님이 쓰신 두 돌판을 받는다. 이 목적 때문에 모세는 그 산(분명히 정상)에 계신 여호와를 만나기 위하여 부르심을 받는데, 거기에서 그는 사십일 밤낮을 머물면서 혼자서 하나님과 함께 하였다. 이 기간 동안의 하나님의 영광이 제 칠일째 되는 날에 이스라엘의 눈앞에 '마치 맹렬한 불같이' (출 24:15-18) 나타났다. "이것은 주님의 은혜의 영광이 아니라, 삼키는 불의 상징에 의하여 보이는 것처럼, 주님의 거룩함의 영광이었다. 즉 율법의 기초로 하는 이스라엘과 하나님의 관계에서의 주님의 영광이다(비, 고후 3장). 그러므로 그것은 어떤 죄인도 감히 접근할 수 없는 그런 영광이었다. 왜냐하면 거룩함과 죄는 함께 할 수 없기 때문이다. 그러나 이제 하나님의 은혜를 통하여, 완성된 속죄에 근거하여, 신자들은 그 영광을 가까이 하여 그 안에서 편안히 있을 수 있을 뿐만 아니라, 그들은 가리지 않은 얼굴로 주님의 영광을 주목하면서 주님의 성령에 의한 바와 같이, 영광에서 영광으로 그 동일한 형상으로 변화될 수 있다(고후 3:18). 우리는 담대히 접근하여, 기쁨으로 그 영광을 바라본다. 왜냐하면, 우리가 영화롭게 된 그리스도의 얼굴에서 주시하는 모든 빛은 우리의 죄가 사라졌고 그리고 그 구속이 이루어졌다는 사실의 증거이기 때문이다" (Mr E, Dennett).

"모세는 구름 속으로 들어가서 산 위에 올랐으며 모세가 사십 일 사십 야를 산에 있으니라" (출 24:18). 이러한 사십 일(그 날짜 안에 일어났었던 일들)과 이러한 사건들의 상징적 중요성(그 뒤에 계속되는 것과 함께)은 전 구약성경에 있는 매우 놀라운 수많은 상징들 중의 하나를 이루고 있다. 성령은 지금 우리 주 예수 그리스도의 상징인 모세에게 주의를 집중시킨다. 첫째, 모세는 영광으로 들어간 것으로 보이는데, 그것은 제단을 세워서 피를 뿌린 당연한 결과였다. "여호와의 영광이 시내 산 위에 머무르고 구름이 엿새 동안 산을 가리더니 일곱째 날에 여호와께서 구름 가운데서 모세를 부르시니라 … 모세는 구름 속으로 들어가서" (출 24:16, 18). 얼마나 아름답고 완전한 상징인가! 노동과 수고를 말하는 '엿새' 가 지난 뒤, 휴식을 말하는 제 칠일에, 중재자 모세는 영광에 들어가도록 하나님으로부터 부르심을 받았다. 모세가 상징하는 주님에 대하여 기록되기를 "이미 그의 안식에 들어간 자는 하나님이 자기의 일을 쉬심과 같이 그도 자기의 일을 쉬느니라" (히 4:10)고 하셨다. 그런데 주님이 들어가신 '안식' 의 성격은 무엇인가? 요한복음 17:4, 5에 있는 주님 자신의 요청이 우리에게 그 대답을 제공해 주지 않는가: "아버지께서 내게 하라고 주신 일을 내가 이루어 아버지를 이 세상에서 영화롭게 하였사오니 아버지여 창세 전에 내가 아버지와 함께 가졌던 영화로써 지금도 아버지와 함께 나를 영화롭게 하옵소서". 그렇다, 그는 영광 가운데로 들어가셨다.

모세가 산에 올라가 여호와와 교제하기 위하여 구름 가운데로 들어간 것은 그리스도의 승천의 모형으로서, 그 승천은 주님에게 하라고 주어진 사역을 성공적으로 완성하신 후에 이어진 것이다.

우리는 산에서 사십 일 동안 모세와 여호와 사이의 교제가 어떤 것을 형성하였는지에 대해무지한 채로 남겨지지 않는다. 다음에 이어지는 출애굽기 여섯 장은 그것은 놀랍고 신비로운 성막, 즉 모세가 시내 산에 있는 동안 보여주신 그 모양에 대한 것이었음을 말씀하고 있다. 우리가 곧 보게 되듯이, 성막과 그 모든 부분들은 주 예수의 다각적인 완전성을 예시하며, 그의 사랑하시는 아들 가운데 비축되어 있는 하나님의 은혜의 충만한 예비하심을 알게끔 한다. 그리고 그 예비하심으로 주님의 은혜를 입은 백성들의 모든 필요가 충족된다. 성막은 출애굽기 가운데서 모세가 산에 올라가 있는 동안에 우리의 눈에 펼쳐진 일을 보여준다. 왜냐하면, 모세가 산에서 내려오는 것을 주시하기 전까지는, 그것은 충분하게 묘사되지 않았기 때문이다. 그러므로 성령께서는 우리에게 이러한 말씀의 부분의 영적인 보화를 열어주는 중대한 열쇠를 제공했다. 즉 성막은 이 땅에 중재자가 계시지 않는 기간 동안에 하나님의 은혜가 우리에게 무엇을 제공하였는지를 알려준다고, 성령은 공표했다.

그리고 구세주의 상징적 그림으로 이 책에 아주 풍성하게 기록된 그 다음의 일은 무엇인가? 32, 33, 34장에서 보는 바와 같이 모세는 왜 내려왔는가? 모세는 그의 날을 그곳 시내 산에서 끝맺지 아니하고, 그의 백성에게로 돌아왔다. 이와 같이 높이 올라가신 주 예수께서도 땅에 없는 채로 머무르지 않아야 한다. 주님이 승천하실 때 천사들이 그의 제자들에게 말한 말이 이것을 지워지지 않게 분명하게 한다. "갈릴리 사람들아 어찌하여 서서 하늘을 쳐다보느냐 너희 가운데서 하늘로 올려지신 이 예수는 하늘로 가심을 본 그대로 오시리라"(행 1:11). 그렇다, 주님이 하늘로 올라가신 바로 이 동일한 땅으로 돌아오실 것이요, 문자적으로 그리고 참으로 주님이 떠나실 때와 똑같은 인간의 모습으로 오실 것이다.

그러나 예언을 연구하는 학도들은 성경이 그리스도의 재림을 두 가지의 구별되는 국면으로 분리하는 것을 발견하였다. 첫째, 주님이 그의 성도들을 위하여 공중에서 내려오셔서, 주님 자신에게로 그들을 맞이함이요(살전 4:16), 둘째는 주님이 성도들과 함께 땅으로 내려오는 때이다(골 3:4 등). 주님의 재림에 대한 이러한 두 가지 국면은 각각 유대인에게 아주 중요한 영향력을 가지는데, 첫째는 심판이 뒤따를 것이요 둘째는 축복이 뒤따를 것이다. 교회가 이 땅으로부터 옮겨진 다음에는, '야곱의 고통당하는 때'가 이를 것이니(렘 30:7), 그때 하나님께서는 땅에 있는 그의 백성을 다루고 그들의 죄에 대해 그들을 징계하는데, 이 시기는 또한 대 환난으로 알려지고 있다. 이 시기에 그것의 과정이 진행된 뒤에, 주님은 축복하면서 내려오셔서, 이스라엘을 정결케 하시며, 완전히 드러난 영광의 모습으로 그들 가운데 거하실 것이다. 천년왕국 동안에 이렇게 될 것이다.

우리가 지금 관여하는 모형에 있어서 너무도 충격적인 일은 그 위대하신 중재자의 재림의 이러한 두 가지 국면이 여기에 생생하게 예시된다는 것이다. 그 모형이 얼마나 완전한지를 살펴보면, 모세가 그 영광에 들어간 뒤에 시내 산으로부터 두 번 내려왔다는 것이다! 그러나 우리가 먼저 살펴볼 것은 그가 산에 올라가고 없는 동안에 이스라엘이 어떻게 하고 있었는지를 살펴보자. "백성이 모세가 산에서 내려옴이 더딤을 보고 모여 백성이 아론에게 이르러 말하되 일어나라 우리를 위하여 우리를 인도할 신을 만들라 이 모세 곧 우리를 애굽 땅에서 인도하여 낸 사람은 어찌 되었는지 알지 못함이니라"(출 32:1). 이것은 메시야가 부재하는 동안 오늘날 유대인들의 바로 그 상황이 아닌가? 그들은 망망한 대해에서, 무엇을 생각해야 할지를 모르고 있다. 그러나 그것이 전부가 아니다. 모세가 없는 동안에 그들은 금송아지를 만들어 그것에 예배하였는데, 우리는 지금 바로 그와 똑같은 일을 이중으로 목격하지 않는가? 만약 다른 모든 것 보다 더 오늘날의 유대인들을 특징짓는 한 가지가 있다면, 그것은 정복 또는 쾌락에 대한 사랑이 아니라, 이방인이 그렇듯이, 오직 황금에 대한 탐욕이다.

모세가 산에서 처음 내려왔을 때 이스라엘이 금송아지를 섬기는 것을 발견한 것처럼 바로 지금, 유대인들은 그리스도 재림의 첫 번째 국면에서는 부에 대한 욕망에 완전히 사로잡혀 있을 것이다. 그런데 모세의 반응은 어떠했는가? 출애굽기 32:19-28을 읽어 보라. 그는 심판으로 대처했다. 그는 그들 자신이 준비한 쓰디쓴 잔을 그들에게 마시게 하고, 칼을 명하여 그 가공할 만한 일을 그들 가운데 행하게 명령하였다. 그러므로 이러한 일은 그리스도께서 내려오시는 첫 번째 국면 직후에 있을 것이다. 그들에게 하나님의 진노의 유리병을 마시게 할 것이다. 그러나 그들의 폐허가 쓰라린 것이 될지라도 유대인들은 완전히 멸망당하지 않을 것이다. 여기에 나타난 결과를 주목하는 것은 복된 일이다. 모세는 여호와께로 돌아가 이스라엘의 편에서 중보하였다(출 32:30, 32). 이와 같이 주 예수님께서도 유대인들을 위하여 하나님께 중보하실 것이다(슥 3장을 보라).

출애굽기 33장과 34장에서, 모세가 영광으로부터 두 번째 내려오는 것이 보인다. 그가 광채나는 얼굴로 산에서 내려왔기에, 백성들은 그를 가까이 하기를 두려워하였다. 그러나 그는 서둘러 그들을 안심시켰다. 이번에는 그가 심판을 위하여 내려온 것이 아니라 자비를 위하여 왔으므로, 그들과 말하는 동안 그들을 편하게 대하였다. 그 결과 "그 후에야 온 이스라엘 자손이 가까이 오는지라"(출 34:30-32). 이와 같이 주님의 날개를 타고 치료됨과 동시에 한 의로운 해가 이스라엘에게 뜨는 때가 있을 것이다. 이제 모세는, "여호와께서 시내 산에서 자기에게 이르신 말씀을 다 그들에게 명령"(출 34:32)하였는데, 이는 천년왕국의 상황에 대한 아름다운 모형으로서, 이는 "율법이 시온에서부터 나올 것이요 여호와의 말씀이 예루살렘에서부터 나올 것임이니라"(사 2:3) 하심과 같다.

그러면 출애굽기의 남은 부분은 무엇으로 채워져 있나? 다른 것이 아닌 성막의 건립이다. 35장에서 39장은 하나님께서 이스라엘 가운데 거하심에 대해 관심을 가진다. 마지막 장에서 기록하시기를 "그는 또 성막과 제단 주위 뜰에 포장을 치고 뜰 문에 휘장을 다니라 모세가 이같이 역사를 마치니 구름이 회막에 덮이고 여호와의 영광이 성막에 충만하매"(출 40:33, 34)라고 하였다. 이는 천년왕국 때에 이스라엘 가운데 계실 그리스도의 아름다운 모형이다! 거기에서 출애굽기는 끝을 맺는다. 주께서 그가 친히 만드신 놀라운 솜씨의 기적을 보는 눈과 즐기는 마음을 우리에게 주시기를 바란다.

제33장

성막(1)

출애굽기 25-40장

우리는 이제 이 소중한 출애굽기 중에서 가장 길고, 가장 복되지만, 가장 적게 읽혀지고 가장 낮게 이해되는 부분에 도착하였다. 25장의 시작에서 40장의 끝까지(32~34장의 중요한 삽입구를 제외하고), 성령께서 성막과 그 구조물과 기구들, 그리고 제사장직에 대한 상세한 설명을 우리에게 주었다. 그것은 우리가 가장 세심하고 충분하게 고려할만한 사항이라는 점에서, 성경의 다른 어떤 단일한 대상이나 주제를 다루는 것보다 성막에 대해서 더 많은 공간을 할애하였다. 성막의 뜰, 기구, 그리고 그 예식은 세부 사항에 대해 놀랄 만큼의 세심함을 곁들여 묘사된다. 하나님의 창조의 일과 인간의 거주를 위하여 이 땅을 준비한 일을 기록하기에는 두 장이면 충분했지만, 우리에게 성막에 대해 말씀하시는 일에는 열 장이 소요되었다. 진실로 하나님의 생각과 방법은 우리의 것들과는 다르다!

많은 하나님의 소유된 백성들은 슬프게도 이러한 장들을 고의로 경시함으로써 하나님과 그의 말씀을 얼마나 무례하게 대했는가! 매우 많은 사람들에게 하나님이 지시한 중재와 예배가 있는 성막 속에서, 한갓 과거의 종교의식 ― 이미 오래 전에 사라져서 우리를 위한 의미나 우리에 대한 가치가 전혀 없는 유대인의 풍습과 관례에 대한 일종의 기념물을 생각했다. 그러나 "모든 성경은 하나님의 감동으로 된 것으로 … 유익하다"(딤후 3:16). 그리스도인들은 성경의 어느 부분이든지 경시하면 손실을 입는다. 곧 "무엇이든지 전에(구약성경에) 기록된 바는 우리의 교훈을 위하여 기록된 것이다"(롬 15:4). 성령께서는 신약성경에서 되풀이하여 성막과 그 기구에 관한 비유적 언급을 하며, 그리고 히브리서에 있는 많은 것들은 출애굽기와 레위기의 내용을 참조하지 않고는 이해할 수 없다.

"성막은 가장 중요하고 교훈적인 상징 중의 하나이다. 여기에 엄청나게 다양한 진리가 있으며, 또한 충만하고 다각적인 영적 교훈이 있기에, 우리에게 크나큰 어려움은 그것이 제시하는 다양한 많은 교훈과 관점들을 결합하는 것이다. 성막에는 적어도 세 가지 정도의 의미가 있다. 첫째, 성막은 하나님께서 그의 처소를 두신 천상의 장소에 대한 모형으로, 눈으로 볼 수 있는 일종의 도해(illustration)이다. 둘째로, 성막은 예수 그리스도의 모형으로 하나님과 인간이 만나는 장소이다. 그리고 셋째로, 성막은 교회 안에 계신 그리스도의 모형으로 예수님과 모든 신자간의 교제를 상징한다"(Adolph Saphir).

이러한 의미들 중의 첫 번째는 히브리서 9:23, 24에 분명히 언급되었다. "그러므로 하늘에 있는 것들의 모형은 이런 것들로써(피 뿌림, 히 9:21, 22 참조) 정결하게 할 필요가 있었으나 하늘에 있는 그것들은 이런 것들보다 더 좋은 제물로 할지니라 그리스도께서는 참 것의 그림자인 손으로 만든 성소에 들어가지 아니하시고 바로 그 하늘에 들어가사 이제 우리를 위하여 하나님 앞에 나타나시고." "성막은 하나님의 거주함의 상징이었다. 그곳에 성소가 있는데, 그 속에는 하나님의 영광스러운 임재의 특별한 거주와 현시가 있다. 솔로몬은 비록 하늘들의 하늘이라도 주를 견제할 수 없다고 고백하기는 하나, 주님께 그의 거하시는 천국에서 기도를 들어 주시기를 간구한다(대하 6장). 예레미야는 증거하기를, '영화로우신 보좌여 시작부터 높이 계시며 우리의 성소' (렘 17:12)라고 하였다. 또한 에스겔은 그의 환상 가운데서 하늘이 열리고 보좌 같은 것이 있는데 그 형상이 여호와의 영광과 같으며, 그 보좌의 형상 위에 한 형상이 있어 사람의 모양 같더라 (겔 1:26)고 하였다. 이 천상의 장소에 대하여 다윗이 물어 이르기를 '여호와의 산에 오를 자가 누구며 그의 거룩한 곳에 설 자가 누구인가' (시 24:3)고 묻는다. 요한계시록에서, 우리는 이러한 진리에 대해 오히려 그 이상의 증거를 받아들인다. '또 이 일 후에 내가 보니 하늘에 증거 장막의 성전이 열리며' (계 15:5)라고 한다. 성막의 중대성을 묘사하는 데 사용된 거의 모든 말투는 하늘에 대한 언급속에 또한 사용되었다"(A. Saphir).

둘째, 성막은 주 예수 자신의 모형으로서, 특별히 이 땅에 육신으로 있는 동안의 주님을 나타낸다. 성막이 이스라엘 중에 여호와가 거하시는 장소였던 것처럼, 그렇게 "하나님께서 그리스도 안에 계시사 세상을 자기와 화목하게 하셨다"(고후 5:19). 그리고 다시, "그 안에는 신성의 모든 충만이 육체로 거하신다"(골 2:9). 우리의 모형의 이러한 적용은 성육신에서 아름답게 명시된다. 성막은 이스라엘 사람들의 마음에서나 또는 한층 더 모세에 의하여 비롯된 어떤 것이 아니라 하나님께서 친히 고안하신 것이다. 그렇게 하나님의 신성을 간직한 그리스도의 인간성은 인간에 의하여 초래된 것이 아니다. 주님은 "나를 위하여 한 몸을 예비하셨도다"(히 10:5)라고 하셨다. 모형의 이러한 두 번째의 양상은 아래에서 보다 더 충분히 전개될 것이다.

그러나 성막은 여전히 세 번째의 양상을 가진다. "거기에서 하나님과 그의 백성들은 만났다. 언약궤는 하나님께서 그의 거룩함으로 자신을 분명히 나타내시는 보좌였을 뿐만 아니라 그의 백성과의 교제의 보좌이기도 하였다. 하나님은 모든 제물과 희생제물 속에서 분명히 드러나셨다. 즉 죄를 대하실 때에 의로우시나, 죄인을 대할 때는 자비하셨다. 거기에서 또한 하나님은 죄인이 만났다. 이와 같이 이스라엘 백성이 하나님과의 교제 안으로 오게 하기 위하여 성막을 통한 하나님의 출현이 있었다. 성막 안에서 인간과 하나님과의 교제는 다양한 중재와 희생제물과 헌물을 통하여 상징화 되었다. 그러나 그리스도 안에서 우리는 완전하고 영원한 성취를 가진다"(A. Saphir). 우리의 모형의 이러한 세 번째 양상은 요한계시록 21:3에 암시된 것 그 이상이다. "보라 하나님의 장막이 사람들과 함께 있으매 하나님이 그들과 함께 계시리니 그들은 하나님의 백성이 되고 하나님은 친히 그들과 함께 계셔서".

그러므로 성막의 열쇠는 그리스도이다. 이 책의 많은 부분이 주님에 대해 기록되어 있다. 성막은 하나의 전체로서 그리고 그 각 부분에 있어 주 예수의 인격과 사역을 예시하였다. 그 속에 있는 세밀한 내용마다 주님의 사역에 대한 어떤 모양이나 주님의 인격의 탁월함을 상징화하였다. 이에 대한 증거는 요한복음 1:14에 제시되어 있다. "말씀이 육신이 되어 우리 가운데 거하시매(tabernacled-RV)". 이곳에서 언급하는 것은 거룩하신 분의 성육신과 하나님이 아들이 이 땅에 오신 초림에 대한 것으로, 여기에 사용된 용어는 우리로 하여금 출애굽기를 돌아보게 한다. 모형과 원형 사이의 유사성은 많고 또 다양하다. 요한복음 1장 14절에 대한 우리의 해석에서 인용하도록 허락을 한다.

(1) 성막은 임시적인 지정한 것이었다.

이러한 점에서 그것은 영구한 구조물이었던 솔로몬의 성전과는 다르다. 성막은 단순한 천막, 즉 임시적 시설로서 이스라엘 자녀들이 여행하는 동안 한 곳에서 다른 곳으로 이동하기에 적합한 것이었다. 우리의 복 되신 구주께서 사람 가운데 여기에 거하실 때에도 이와 같았다. 그의 체류하심은 오히려 짧은 것으로 사십 년에 미치지 못하였으니, 그 모형과 유사하다. 주님은 어디에서나 오래 머무시지 아니하고 계속적으로 이동하면서, 그 사랑의 활동 중에서 지치지 않았다.

(2) 성막은 광야에서 사용하기 위한 것이었다.

이스라엘이 가나안에 정착한 후에, 성막은 성전에 의하여 대체되었다. 그러나 애굽에서 약속의 땅까지 순례하는 기간 동안, 성막은 하나님께서 그들을 위하여 지정하신 예비물이 었다. 광야는 초림으로 인간 가운데 거주하였던 영원하신 말씀이 처했던 그 조건을 충격적으로 예시했다. 광야에 있는 집으로서의 성막은 명백하게 그 구유로 된 요람, 나사렛 목수의 의자, '인자는 머리 둘 곳도 없었던 일', 그의 매장지를 위해 빌린 무덤을 예시하였다. 모세오경의 연대를 주의 깊게 연구해 보면, 이스라엘이 광야에서 성막을 35년에 못 미치는 기간 동안 사용했음을 말하는 것 같다.

(3) 성막은 외적인 모습으로 보면 보잘것없고, 초라하고 그리고 매력없음을 의미한다.

값비싸고 웅장한 솔로몬의 성전과는 아주 다르게, 성막의 외부에는 육신의 눈을 즐겁게 해줄 만한 아무것도 없었다. 평평한 판자와 가죽밖에는 보이는 것이 없었다. 성육신하신 이도 이와 같았다. 우리 주님의 거룩하신 위엄은 육신의 휘장 아래에 감추어져 있었다. 그는 오서서, 눈에 띄는 천사 수행원들을 대동하지 않았다. 믿지 않는 이스라엘이 볼 때에는 아무런 모양이나 아름다움이 없었다. 그리고 그들이 그를 주시할 때, 기름 부음을 받지 아니한 눈으로는 그에게 바라는 장점을 볼 수 없었다.

(4) 성막은 하나님이 거주하는 장소였다.

하나님이 자신의 거처로 차지한 곳은 거기에, 즉 이스라엘 진의 한가운데에 있었다. 하나님은, 거기, 그룹들 사이, 속죄소 위에, 그의 보좌를 정하셨다. 지성소 안에서 셰키나의 영광으로 그의 임재를 나타내었다. 33년 동안 말씀은 인간 가운데 거하시고, 하나님은 그의 거주-장소를 팔레스타인에 두셨다. 지성소는 그 예표적 성취를 하나님의 거룩하신 자의 인격을 통하여 이해했다. 셰키나가 두 그룹 사이에 거했던 것처럼, 변화산상에서 신-인(神人)의 영광이 모세와 엘리야 두 사람 사이로부터 갑자기 나타났다. "우리가 그의 영광을 보니"라고 하신 말씀은 성막 –모형에 대한 용어이다.

(5) 그러므로, 성막은 하나님이 인간과 만나는 장소였다.

그것은 "모임의 장막"(회막, the Tent of Meeting)으로 불리었다. 만일 이스라엘 사람이 여호와께 가까이 하기를 원하면, 성막의 문으로 와야만 했다. 모세에게 성막과 그 기구들을 만드는 일에 대하여 지시하실 때, 하나님께서 이르시기를 "속죄소를 궤 위에 얹고 내가 네게 줄 증거판을 궤 속에 넣으라 거기서 내가 너와 만나고"(출 25:21, 22). 이 사랑스런 모형(상징)은 얼마나 완벽한가! 그리스도는 하나님과 인간 사이의 만남의 장소이다. 다만 그로 말미암지 않고는 아버지께로 올 자가 없다(요 14:6). 하나님과 사람 사이에 한 중보자가 있을 뿐이니, 그는 사람이신 그리스도 예수이다(딤전 2:5). 그는 신성과 인성 사이의 장벽을 메우는 분이다. 왜냐하면 그 자신이 하나님이자 사람이기 때문이다.

(6) 성막은 이스라엘 진의 중앙에 있었다.

성막에 바로 옆의 주변에는 제사장 지파인 레위 족속이 거주하였다. "그들에게 증거의 성막과 그 모든 기구와 그 모든 부속품을 관리하게 하라 그들은 그 성막과 그 모든 기구를 운반하며 거기서 봉사하며 성막 주위에 진을 칠지며"(민 1:50). 그리고 레위 족속의 주위에는 각 방향에 세 지파씩, 12 지파가 모여 있었다(민 2장 참조). 또 이스라엘의 진이 한 곳에서 다른 곳으로 이동해야 될 때에는, "그 다음에 회막이 레위인의 진영과 함께 모든 진영의 중앙에 있어 행진하되"(민 2:17)라고 하셨다. 한 번 다시 이르기를, "모세가 나가서 여호와의 말씀을 백성에게 알리고 백성의 장로 칠십 인을 모아 장막에 둘러 세우매 여호와께서 구름 가운데 강림하사 모세에게 말씀하시고"(민 11:24, 25). 이것은 얼마나 충격적인 일인가! 성막은 큰 무리가 모이는 중심이 되었다. 이와 같이 그것은 주 예수를 아름답게 예시한 것이었다. 예수님은 우리 큰 무리의 중심이 되시며, 주님의 소중한 약속은 "두세 사람이 내 이름으로 모인 곳에는 나도 그들 중에 있느니라"(마 18:20)이다.

(7) 성막은 율법이 보존되는 장소이다.

여호와께서 십계명을 새기신 처음의 두 돌판은 깨어졌지만(출 32:19), 두 번째 짝은 안전한 보존을 위하여 성막 안의 법궤에 보관되었다(신 10:2-5). 율법판들이 손상되지 않게 보존된 곳은 지성소 안에 있는 그곳뿐이었다. 이것은 다시 한 번 우리에게 그리스도를 말해 주는 것이 아닌가! 그가 이르시기를, "나의 하나님이여 내가 주의 뜻 행하기를 즐기오니 주의 법이 나의 심중에 있나이다"(시 40:8)라고 하셨다. 그의 온전하신 생애를 통하여 주님은 생각이나 말이나 행동으로 거룩한 십계명을 보존하여, 하나님의 율법을 공경하며 찬미하도록 하였다.

(8) 성막은 희생제사가 이루어졌던 장소였다.

그 바깥뜰에는 짐승을 끌어다가 그 위에서 잡는 놋 제단이 서 있었다. 그곳에서 피가 흘려졌으며 죄를 위한 속죄가 이루어졌다. 주 예수께서도 이와 같았다. 그는 성막의 기구의 각 부분이 그런 것 같이, 자신의 인격 안에서 놋 제단의 상징적 의미를 성취하였다. 이 땅에 거주하신 주님의 몸은 잔혹한 나무에 못 박혔다. 십자가는 그 위에 하나님의 어린 양이 죽임을 당한 제단이었는데, 그곳에서 그의 소중한 피가 뿌려졌으며, 그곳에서 죄에 대한 완전한 속죄가 이루어졌다.

(9) 성막은 제사장 가족의 먹을 것이 공급되는 장소였다.

"그 나머지는 아론과 그의 자손이 먹되 누룩을 넣지 말고 거룩한 곳 회막 뜰에서 먹을지니라 … 죄를 위하여 제사 드리는 제사장이 그것을 먹되 곧 회막 뜰 거룩한 곳에서 먹을 것이며"(레 6:16, 26)라고 하였다. 그 상징적 의미에 있어 이 구절들은 얼마나 의미가 있는가! 그리고 그 구절들은 그리스도를 오늘날 하나님의 제사장 가족(모든 신자)의 음식으로, 우리에게 정말 잘 말해주고 있다(벧전 2:5). 그는 생명의 빵이시다. 그는 우리의 영혼이 즐겨 먹는 분이시다.

(10) 성막은 예배의 장소였다.

그곳으로 경건한 이스라엘인들은 그들의 헌물을 가져왔다. 그들이 여호와를 섬기기를 원할 때 그곳으로 향하여 갔다. 그 문으로부터 여호와의 음성이 들렸다. 제사장들은 그 안에 있는 뜰에서 그 거룩한 섬김으로 봉사하였다. 그리고 그와 같이 그것은 예표로써 완수하게 된다. 우리는 그로 인하여 하나님께 찬양의 제사를 드려야 한다(히 13:15). 예수님 안에서 또 그로 인해서만이 우리는 성부를 섬길 수 있다. 우리가 은혜의 보좌로 접근하는 것은 예수님을 통하여 나아가는 것이다.

(11) 성막에는 한 개의 문밖에 없었다.

단 한 군데 입구만을 가지는 아주 큰 건물을 생각해 보라! 단단한 벽에 흰 포장을 친 바깥뜰에는 다만 한 개의 출입문이 뚫려 있었다. 그것은 거룩한 하나님의 임재로 들어가는 곳은 오직 한 길뿐임을 우리에게 말해준다. 이 사실은 "내가 곧 길이요 진리요 생명이니 나로 말미암지 않고는 아버지께로 올 자가 없느니라"고 하였던 그분의 말씀을 얼마나 잘 생각나게 하는가! 진입로는 "내가 문이니"(요 10:9)라고 선포한 예수님만을 통해서 얻을 수 있다.

(12) 성막은 유다 지파를 통하여 접근하였다.

이 사실은 첫 눈에는 분명하지 않는 일종의 대단히 인상적인 사항이지만 ,말씀과 말씀을 비교하면 분명히 입증된다. 민수기 2장에는, 성막 사면의 주변에 모여있는 이스라엘 12지파의 순서가 기록되어 있는데, 3절에는 유다가 동편에 진 쳤다고 말한다. 이제 출애굽기 27:12-17에 보면, 성막의 문은 역시 동쪽에 있었음을 분명히 하고 있다. 그러므로, 거룩한 성소로 들어가는 입구는 유다에 의하여 점유되었다. 이 사실의 중대성은 쉽게 분별되어진 다. 참 성막이 이 세상에 들어오는 통로를 획득했던 것은 유다로 말미암은 것이었다. 그러므로 우리 주님은 "유대 지파의 사자"(계 5:5)로 불리었다.

(13) 성막은 그리스도의 보편적 주권(the universal Lordship)을 암시한다.

이것은 사실상의 모든 나라들이 성막을 건축하고 그 가치를 높이기 위하여 자신의 몫을 제공하였다는 사실로부터 보여진다. 광물이 나는 나라에서는 금속과 보석들을, 농사하는 곳에서는 목재, 세마포, 기름, 그리고 향료를, 그리고 목축을 하는 곳에서는 가죽과 염소털로 된 휘장과 이에 덧붙여 계속적으로 소요되는 수많은 희생제물을 제공해주었다. 이 사실은 성막이 예시하는 주님의 말씀을 얼마나 잘 기억나게 하는가? "은도 내 것이요 금도 내 것이니라"(학 2:8). 그리고 다시 "이는 삼림의 짐승들과 뭇 산의 가축이 다 내 것이며"(시 50:10)라고 하신 말씀과 같다.

(14) 성막은 여인들에 의하여 도움을 받게 되었다.

여인들이 맡은 몫은 아름다운 휘장들과 걸이들을 제공하는 것이었다. "마음이 슬기로운 모든 여인은 손수 실을 빼고 그 뺀 청색 자색 홍색 실과 가는 베 실을 가져왔으며 마음에 감동을 받아 슬기로운 모든 여인은 염소 털로 실을 뽑았으며"(출 35:25-26). 이 구절은 그들의 가진 것으로 그리스도를 섬겼던 복음서에 언급된 여인들의 사랑스러운 헌신을 얼마나 아름답게 예시했는가(눅 7:37; 8:2-3; 23:55-56; 요 12:3 참조)?

그러므로, 우리는 구약성경에 나타난 성막이 얼마나 충만하고 완전하게 복 되신 주님의 인격을 예시하였는지, 또한 성육신을 선포할 때, 성령께서 왜 "말씀이 육신이 되어 우리 가운데 거하시매"라고 말씀하였는지 그 이유를 알게 된다. 그리스도를 예시하는 면에서 광야의 성막과 솔로몬의 성전 사이에 그 각자의 놀랄만한 대조가 연속하여 있음에 대해 지적하고자 한다.

1. 성막은 그리스도를 주의 초림 속에서 예시하였지만, 성전은 주의 재림 속에 있는 그리스도를 고대한다.

2. 성막은 역사적으로 처음이었지만, 성전은 오랜 뒤에 까지도 건설되지 않았다.

3. 성막은 잠정적인 구조물에 불과했지만, 성전은 영구적인 건축물이었다.

4. 성막은 선지자(주의 초림 동안에 그리스도가 이행한 직임이었음) 모세에 의하여 세워졌으나, 성전은 솔로몬 왕(주의 재림 때에 그리스도께서 맡으실 직임임)이 세웠다.

5. 성막은 광야에서 사용되었는데, 이는 그리스도의 굴욕을 말한다. 하지만 성전은 "큰 임금의 성"(마 5:35)인 예루살렘에 지어졌는데, 이는 그리스도의 미래의 영화(glorification)을 말한다.

6. 성막에서 가장 두드러지게 나타나는 숫자는 은혜를 말하는 다섯이었고, 그 은혜는 주님의 초림 때에 그리스도의 지상 사역의 특색을 이루는 것이었다. 그러나 성전에서의 주도적인 숫자는 통치를 뜻하는 열둘이었는데, 이는 그가 재림하시면 그리스도께서 만왕의 왕이요 만주의 주로서 다스리고 지배할 것이기 때문이다.

7. 성막은 외형상으로는 이목을 끌지 못함과 같이, 그리스도께서 여기에 계실 때에 그와 같아서, 주님은 "마른 땅에서 나온 뿌리" 같았다. 그러나 성전은 그 외형의 웅장함으로 명성이 높았음과 같이, 그리스도가 재림할 때에는 능력과 위대한 영광으로 오실 것이다.

주의 깊은 독자들은 출애굽기에서 성막 건축에 대하여 두 가지의 완전한 설명이 있음을 알게 될 것이다. 이것은 물론 살펴볼 가치가 있는 것이요, 모형의 정확성과 풍부함에 다시 한 번 증거가 된다. 첫째, 우리는 성막과 그 기구에 대하여, 산에서 친히 여호와께서 모세에게 직접 주었던 설명서를 가지고 있다. 그런 다음 32, 33장은 삽입구로서, 우리는 그 안에서 이스라엘이 우상의 죄 중에서 거룩한 언약을 범했던 기록을 본다. 마지막으로, 35장부터 이 책의 끝까지는 성막을 실제로 건립하는 것을 볼 수 있다. 이 사실이 무엇을 예시해 주는지에 대하여, 지금부터 알아보고자 한다.

첫째, 원래 천국에서 설계되었던 성막이 있는데, 그것은 그 후에 산에서 모세에게 하나의 모형으로 보여주었다. 이것이 예시했던 바는 그리스도만이 하나님의 묘략으로 인하여 영원으로부터 나오신 것이 아닌가? 그 위대한 희생제물은 하나님의 입장에서 때늦은 생각이 아니었다. 주님이 갑자기 취함을 받았거나, 아담이 하나님의 계명을 범했을 때 주님의 영원한 목적이 조정되었던 것이 아니었다. 그 어린 양은 "창세 전부터 미리 알린 바 되었다"(벧전 1:20)! 여호와께서는 건설해야했던 그 성막의 모형을 모세에게 보여주시는 중에, 우리에게 하나님의 아들이 성육신하시기 전에 그의 백성에게 주었던 잇따르는 모형과 예언들을 예시하였다. 후에 모세가 40일 동안 산에 있을 때 하나님이 보여 주신 실제적 모델에 의하여 성막을 지은 것처럼, 그리스도께서도 앞선 40 세기 동안 하나님이 주신 예언적 계획에 정확히 일치하게 태어났고, 사셨고, 죽으셨다.

둘째, 32, 33장에는, 이스라엘이 슬프게도 은혜를 베푸는 거룩한 자에게 범죄하였던 어두운 반역의 막간이 소개되었다. 이 사실은 전체 구약 기간을 통하여 인간의 타락과 실패를 얼마나 정확히 묘사하며 또한 하나님의 놀라운 은혜로 예비하신 구속의 필요성을 얼마나 잘 입증해 주는가! "그리스도는 이미 예비되었지만, 인간은 실제적인 죄의 경험에 의하여 거룩한 구원의 필요성을 느껴야만 한다. 항상 인간은 하나님께 반역해왔으나, 하나님의 구제책은 그 은혜의 산에서 대기했음을 알게 되니, 도를 넘어서 감동적이다"(「성막 안에 계신 그리스도」 [Christ in the Tabernacle], A. B. Simpson). 막간에 이었던 이스라엘의 가공할 범죄에도 불구하고, 성막은 세워졌다. 그렇게 심지어 인간들의 무서운 사악함과 그 헤아릴 수 없는 참람함도 하나님을 그 자비의 목적에서 돌아서게 하지 않았다. 때가 차매 하나님은 그의 아들을 보내셨다. 죄가 많은 곳에 은혜는 더욱더 풍성했다.

셋째, 마지막 여섯 장에는 성막의 실제적 건립에 대해 영감을 받은 기록이 있다. 여기에서 우리는 하나님의 묘략이 완전하게 이행됨을 보는데, 성소에 대한 주님의 설계도를 시행하기 위하여 하나님이 예비하신 것들을 특별히 언급하는 것이 가장 인상적이다. 출애굽기 35:30, 31에서, "모세가 이스라엘 자손에게 이르되 볼지어다 여호와께서 유다 지파 훌의 손자요 우리의 아들인 브살렐을 지명하여 부르시고 하나님의 영을 그에게 충만하게 하여 지혜와 총명과 지식으로 여러 가지 일을 하게 하시되"라고 하였다.

이와 같이 우리는 하나님의 성령이라는 은혜로운 대리인에 의하여 성막이 존재했다는 것을 배우게 된다! 기름 부음을 받은 눈이라 할지라도 볼 수 없는 것은 거룩한 성육신을 가능케 했고 또 실행하게 했던 것은 소위 하나님의 성령의 초자연적 작용이라는 점이다(눅 1:34, 35 참조)! 도구로 사용된 자가 유다 지파에 속하였음은 얼마나 주목할 만한(실제로 주목되지 않지만) 일인가? 마찬가지로 마리아는 왕의 혈통에 속한 자였다! 그러므로, 모형과 원형 속에서, 하나님의 계획은 하나님의 영의 작용을 통하여 확실하게 되었다. 이와 같이, 또한 거룩하신 자 세 분 모두가 성막에 관여되어 있다.

출애굽기 40:34에 기록된 말씀은 말할 수 없을 정도로 참으로 복된 말씀이다. "구름이 회막에 덮이고 여호와의 영광이 성막에 충만하매." 성막의 외적인 모습은 보잘것없었지만, 그럼에도 불구하고 그 안에는 하나님의 영광이 거하였다. 그 예표도 이와 같았다. 그가 인간들 앞에 나타나셨을 때 "모양도 없고 풍채도 없었지만"(사 53:2), 신성의 모든 충만이 그의 몸속에 거하셨다.

위에서 말한 것은 전술한 장의 끝맺는 단락과 슬기롭지 못한 갈등 속에 있다. 다윗은 감동하심을 받아 기록하기를 "주의 계명들은 심히 넓으니이다"(시 119:96)라고 하였다. 해설자나 주석가가 이것을 더욱 마음에 새겼다면 좋았을 것이다. 성경은 그 거룩한 저자에 어울리게 깊이뿐만 아니라 충만함이 있다. 하나님의 말씀은 다각적으로 적용된다. 때로는 단순한 비유(예를 들어 씨 뿌리는 비유)가, 중요한 실천적 교훈, 교리적 가르침, 예언적 예측, 그리고 시대구분적인 이미지를 가진다. 정말 많은 예언들은, 아마도 그 중의 모두가 이중적(지엽적이든 중대한 것이든, 시작이든 종결이든지 간에) 혹은 때로는 삼중적 성취를 가진다. 그러므로 모형도 역시 이와 같다. 어떤 구약성경의 인물은 동시에 그리스도, 이스라엘, 그리고 그리스도인의 모형이 된다. 성막도 그와 같은데, 많은 상세한 내용들이 한 가지 이상의 모형적 중대성을 가지고 있다. 그러한 것들을 취급할 때에 성령께서 우리의 선생이 되어주시길 바란다.

제34장

성막(2)

출애굽기 25:1-9

모형론(typology)을 무시하는 것과 오늘날 성막의 영적 중요성에 대해 만연하고 있는 무지는 시대의 많은 심각한 징후 중의 하나이다. 애굽의 피라미드와 로마의 카타콤은 무진장한 관심의 대상이다. 영국에 있는 고대 수도원과 이방 종교의 사원들은, 그 건축 설계를 경탄하고 역사적 양식을 연구하기 위하여, 지구의 저 끝으로부터 해마다 수천의 사람들을 끌어들인다. 그러나 다른 어떤 건물에서도 알려지지 않은 매력과 자격을 소유한 여호와의 성막은, 그 예표와 같이, 인간으로부터 경멸과 거절을 당했다. 사실상, 그것은 구체적 형태로 더 이상 세상에 보이지 않지만, 그럼에도 불구하고 거룩하게 감동되고, 상세하게 설명된 그 내용이 성경 안에서 우리에게 주어져 있다. 그러나 예표론의 연구가 매우 광범위하게 부인되기에, 상대적으로 그리스도인으로 자처하는 많은 사람들 중에 소수의 사람들만이 출애굽기 마지막 장들에 풍부하게 있는 거룩한 이적과 영적인 아름다움 중의 어떤 것을 알고 있다.

오늘날에 신학생들마저도 그 어느 곳보다 주을 것이 많은 풍성한 들판을 버려두고 있다. 그들 중 많은 이들은 거룩한 페이지 그 자체에 시간을 쏟는 대신, 모세오경의 저자를 다루는 거의 셀 수 없는 책들을 끝까지 다루는 데 시간을 낭비하고 있다. 그들은 맑은 생명수 강물을 마시기보다는, 오히려 고등 비평주의자들이 파놓은 오염된 강줄기를 뚫고 나가는 것을 더 좋아한다. 비단 모세의 책에 대해 거룩한 영감을 받아들인다 할지라도, 상대적으로 불과 소수의 사람들이 그 깊이 있는 가르침과 복된 예시들에 전념한다. 오호라, 이는 통탄할 일이로다.

"성경에서 모형을 다룬 부분은 지극히 중요하며 그리고 하나의 연구로서 대단히 흥미롭다. 모형은 그림자이다. 그림자는 실체를 암시한다. 모형은 그 교훈을 가지고 있다. 하나님의 위대한 구속을 모형적 방법이나 상징적 방법으로 그의 백성 이스라엘에게 설명하는 것이 여호와의 의도였다. 율법, 의식, 규례, 인간들, 그리고 사건을 통하여, 하나님은 이스라엘의 심중에 오실 구속주의 소망이 살아 보존되기를 요구하셨다. 그러므로 그리스도는 모세의 복음의 열쇠이다. 그렇다면 우리가 모형과 원형을 상세하게 비교하여 그것에 의하여 구원에 이르게 하는 은혜의 교훈을 배울 수 있다는 것은 우리의 강점이다"(「그림자와 실체」(*Shadow and Substance*), G. Needham).

지난 장에서 우리는 성막의 상징적 취지에 대하여 자세히 설명했기에, 이 장에서는 그 교리적 교훈에 대하여 몇 마디 말하고자 한다. 출애굽기의 마지막 부분이 하나님의 진실한 백성들에 대해 소유하는 주된 가치 중 한 가지는 우리의 '위대한 구원'과 연관된 거룩한 실례와 구체적 설명과 기본적 진리에 대한 생생한 그림들이 우리들 앞에 제시되었다는 점이다. 하나님은, 그 무한하신 겸손함 속에서, 은혜롭게도 그의 교훈을 주님의 자녀들의 영적 지능에 맞추셨다. 진리에 대한 추상적인 진술은 눈으로 그것을 볼 수 있도록 나타내는 것보다 이해하기가 훨씬 힘들다. 아이들이 철자법과 읽기를 배우기 이전에도 그림의 의미를 자연스럽게 파악할 수 있는 것처럼, 하나님은 먼저 성막과 그 내용물에 대하여 상세하게 설명하면서, 신약성경의 서신서에서 교리적 설명의 형태로 있는 것들을 눈앞에 직접 펼쳐 주셨다. 이와 같이 실물에 근거한 모형에 의하여, 우리는 구주 그리스도 안에 있는 하나님의 은혜의 풍성함을 보다 잘 이해하도록 도움을 받는다.

성막 — 그것이 구성된 재료, 일곱 부분의 기구들, 그 안에서 섬기는 제사장, 헌물과 희생제물들 — 은 영적인 진리를 설명하는 위대한 실물교육으로 간주되어야 한다. 이러한 이유 때문에, 다른 이름들 중에서, '증거의 성막'(민 9:15)으로 지정되었다. 거기서, '장차 올 좋은 일'(히 10:1)에 대한 증거를 떠맡았다. 거에서, 위대하신 여호와의 거룩과 위엄이 선포되었다. 거기서, 주님과의 교제라는 용어가 설명되었다. 거기서, 피 뿌림에 의해 접근하는 길이 드러났다. 거기서, 거룩하게 지명된 중보자에 대해 부득이한 필요성이 제시되었다. 거기서, 순결한 제물의 희생에 의한 속죄의 효험이 죄인들이 모인 가운데에서 증명되었다. 거기서, 속죄소가 지어졌으며, 하나님은 그 가운데에서 주님의 백성의 대표와 교제하셨다.

지금 우리 앞에 놓인 성경의 부분을 해석하고자 하는 데 있어 우리의 가장 큰 어려움은 그 속에 포함된 많은 계시이다. 성막에 의하여 여호와께서는 그의 성품을 나타내고 하나님의 구속의 목적을 알게 해 주었다. 거기서, 죄에 대하여 불타오르는 거룩함과 의로운 분노는 하나님이 의로웠던 동안에도 그가 정당했다는 사실을 선포했다. 성막은 희생제물의 장소 이었다. 그것의 가장 생생한 광경은 피의 분출과 피 뿌림이었는데, 이는 그리스도의 고난과 죽음을 미리 지적하였다. 그곳은 또한 씻음의 장소였다. 속죄를 위한 피와 더러움으로 물든 것들을 씻어내기 위한 물이 또한 있었다. 이와 같이 "그리스도께서 교회를 사랑하시고 그 교회를 위하여 자신을 주심 같이 하라 이는 곧 물로 씻어 말씀으로 깨끗하게 하사 거룩하게 하시고 자기 앞에 영광스러운 교회로 세우사 티나 주름 잡힌 것이나 이런 것들이 없이 거룩하고 흠이 없게 하려 하심이라"(엡 5:25-27)고 하셨다. 성막은 내실이 있었는데, 그것이 신자들이 그리스도 안에서 누리는 그러한 축복들의 충만함을 말하고 있다. 그 속에는 등대, 떡, 그리고 기도의 제단이 있었는데, 우리의 복된 구속자에게서 그 예표의 성취가 아주 많이 발견된다.

아마도 성막을 통하여 우리에게 가르쳤던 눈에 띄는 교훈은 죄인이 하나님께 접근하는 방법이었다. 무엇보다도, 그는 죄가 하나님으로부터 자신을 분리해 놓았다는 사실을 매우 강력하게 생각나게 되었다. 성막은 하나님의 거처였으며, 곱고 흰 천막으로 된 벽에 의하여 빙 둘러 싸여져 있었다. 이것은 그들 가운데 거주하려고 오셨던 이의 거룩함을 이스라엘에게 지체 없이 가르쳐 주었다. 즉 그들은 차단당했고 하나님은 둘러막혔다. 그들은 그 죄악으로 인하여 하나님의 거룩한 임재에 들어가기에 적합하지 못하였다. 오, 나의 사랑하는 독자들이여, 당신은 말로 표현할 수 없는 하나님의 거룩함에 대해서 숙고하고 그리고 여러분의 죄로 인하여 자신이 하나님으로부터 죄를 자각하는 범위에 위치하게 되었음을 깨달은 적이 있는가?

그러나 여호와의 성소가 닫혀 있을지언정, 이스라엘이 바깥뜰로 진입할 수 있는 문이 있었다(그 이상으로 앞으로 나아갈 수 없었지만). 거기, 바깥뜰 안쪽으로는 고유의 성막이 널빤지 벽으로 둘러쳐진 두 개의 격실이 함께 서있었다. 그런데 제사장들만이 그 안으로 들어가는 것이 허용되었으며, 동시에 첫 번째 격실(성소) 속에는 제사장이 아니고서는 들어갈 수 없었다. 저쪽에, 지성소가 자리잡고 있었는데, 그곳에는 셰키나의 영광 즉 하나님의 임재의 가시적 표시가 속죄소 위에 있는 그룹 사이에 존재하였다. 이 칸막이 안으로는 중보자 모세와 대제사장 아론이 일 년에 하루 들어가는 외에는 그 누구도 들어간 자가 없었다.

성막 안에 있는 다양한 물건과 관련된 가르침의 연속적인 순서는 실로 놀랍다. 청동 제단에서는 죄가 심판을 받았고, 그리고 피 흘림으로 인하여 그 죄가 사라졌다. 물두멍에서는 청결함이 결과적으로 초래되었다. 성소 안에는 기도와 양식과 조명을 위한 준비가 마련되어 있었고, 그 반면에 지성소에는 보좌에 앉아 계신 임금의 영광이 펼쳐졌다. 단계적인 진보의 동일한 원칙은 거룩한 용기들의 증가하는 가치 속에서 또한 보인다. 바깥뜰에 있는 기구들은 나무와 놋으로 되어 있었지만, 내부 격실에 있는 기구들은 나무와 금으로 되었다. 이와 같이 역시 다양한 휘장들은 그 디자인과 장식이 점점 풍부해졌으나, 내부에 있는 휘장은 가장 값진 것이며 매우 정교하였다. 다시 말해서, 바깥뜰은 열려져 있어서 자연적 빛으로 인하여 밝게 되었지만, 성소는 금촉대로부터 나오는 빛에 의해 밝게 되었다. 그러나 지성소는 여호와의 세키나 영광에 의하여 빛나게 되었다. 그러므로 바깥뜰에서 지성소로 들어가는 여정은 죄에서 정결로, 그리고 은혜에서 영광으로 이르는 길이었다. 이것은 "의인의 길은 돋는 햇살 같아서 크게 빛나 한낮의 광명에 이르거니와"(잠 4:18)라는 진리를 참으로 복되게 설명하였다.

성막과 그 내용물들이 묘사된 순서는 매우 의미가 있다. 맨 먼저 언급한 것은 법궤(출 25:10)와 그 덮개, 곧 이스라엘 가운데 여호와의 보좌였던 속죄소(시은좌 : 출 25:17)이다. 그 다음에는 떡상(출 25:23), 등대(출 25:31), 휘장(출 26:1)과 성막 그 자체의 널판(출 16:15)으로, 그것은 분리되는 덮개가 함께 있다. 마지막으로 놋 제단(출 27:1)과 뜰의 휘장(출 27:9)이 있었다. 그러므로 그 순서는 내부에서 외부로 보이게 되는 것이다. 그것은 최상의 은혜의 순서로서, 하나님은 그의 보좌로부터 죄인이 있었던 바깥문으로 오셨다! 이것은 그의 성육신을 얼마나 상기시키는가? 죄인은 그의 죄로 인하여 땅에서 하늘로 갈 수 없었으므로 하나님이 그의 아들의 인격 속에서 하늘에서 땅으로 내려와, 의로운 자로서 불의한 자를 위하여 죽으심은 "우리를 하나님 앞으로 인도하려 하심이었다"(벧전 3:18). 이것은 그리스도께서 그의 가르침을 통하여 복되게도 강조되었다. 즉 목자가 잃어버린 양을 위하여 찾아 나섰고(눅 15:4), 선한 사마리아 사람은 부상을 당한 여행자가 누워 있는 곳으로 여행하였다(눅 10:33).

"예배에 관련된 일을 묘사함에 있어서, 그는 모형 중에서 가장 소중한 것 곧 대제사장이 그의 가슴에 단 흉배(출 28:4)로 시작하여 아론의 아들들이 매일 그들의 손과 발을 씻어야 했던 놋으로 만든 물두멍(출 30:18)으로 끝낸다. 이것은 희생제물에 대하여 말씀한 책(레위기)에서도 역시 그러하다. 그것은 죄를 위한 제물로 시작된 것이 아니라 모든 것 중에서 가장 높은 형태인 번제로 시작한다(레 2:1). 하나님의 영광이 그리스도의 사역에 의하여 맨 먼저 확립되어지는 목표가 되어야만 하고, 그 다음에 우리의 요구가 이루어졌다(레 4장). 그러나 우리가 먼저 깨닫는 것은 분명히 속죄제(sin-offering)에 대한 우리의 필요가 충족된 것이다. 옛날과는 아주 다르지만, 우리는 자주 오랜 세월이 지나서야 하나님의 마음의 필요를 만족시켰고 그리고 주님의 영광을 입증했던 것은 희생제물의 '감미로운 향내' 임을 이해한다"(C. H. Bright, 「구원의 그림」[Pictures of Salvation]).

성막에 대한 두 번째의 설명 안에는(우리는 그곳에서 그것의 제작과 건설에 대한 기록을 가진다), 주목할 만한 변화가 있다 ― 여호와께서 거주하셨던 지성소의 내용물로부터 시작하는 대신, 보통의 사람들이 보았던 성막과 바깥뜰의 휘장을 묘사하였다. 여기에서 순서는 외부에서부터 내부로 가는 것이다. 즉 경험에 바탕을 두는 순서로서, 그 안에서 하나님의 진리가 사람에 의하여 이해되는 순서를 말한다. 이와 동일한 이중적 순서는 로마서와 에베소서에서 볼 수 있다. 전자에 보면 성령께서는 인간의 사악함, 범죄, 그리고 타락으로 시작하여, 계속하여 그리스도 안에서의 하나님의 예비하심에 대해 말씀하고, 이어서 하나님의 임재 속에 있는 구속함을 받은 죄인을 보여 주심으로 교리적 부분을 맺는다. 에베소서에서, 성령님은 하나님의 영원한 모략과 더불어 시작하면서, 창세전부터 우리를 그리스도 안에서 택정하고, 그 후에 그것으로부터 우러나오는 구속과 중생과 계속되는 특권과 책임을 말씀하신다. 로마서에서는 죄인이 하나님께서 나아감을, 그리고 에베소서에서는 하나님이 죄인에게로 나아오신다. 이러한 것이 성막이 설명하는 이중적 순서에 대한 갑절의 가르침이다.

여호와께서 모세에게 성막에 있는 여러 가지 물품에 관한 지시를 하기 전에, 먼저 모세에게 그 물품들을 만들 각기 다양한 재료를 이스라엘에게 헌물로 요구하도록 명하셨다. **"여호와께서 모세에게 말씀하여 이르시되 이스라엘 자손에게 명령하여 내게 예물을 가져오라 하고 기쁜 마음으로 내는 자가 내게 바치는 모든 것을 너희는 받을지니라"**(출 25:1, 2). 이것은 매우 아름다운 일이다. 성막을 만들기에 적합한 그 재료들은 헌신한 심령들의 자발적 헌물에 의하여 제공되어야만 했다. 영원한 찬송 중에 거하는 위대하신 여호와는 자기를 낮추사 널판과 휘장으로 된 장막에 자신의 거주지를 취하시고, 그들 가운데에서 주님의 임재를 원했던 자들에 의하여 그것을 세우셨다(출 15:2 참조).

역사적으로, 하나님의 은혜가 주님의 구속함을 받은 자들 속에 역사하여 그들이 요구받은 재료들을 기꺼이 바쳤다는 것은 경탄할 만한 일이다. 그들의 예물은 너무도 자발적이며 또한 넘쳤으니(출 35:21-29 참조), 이르시기를 "모세에게 말하여 이르되 백성이 너무 많이 가져오므로 여호와께서 명령하신 일에 쓰기에 남음이 있나이다 모세가 명령을 내리매 그들이 진중에 공포하여 이르되 남녀를 막론하고 성소에 드릴 예물을 다시 만들지 말라 하매 백성이 가져오기를 그치니 있는 재료가 모든 일을 하기에 넉넉하여 남음이 있었더라"(출 36:5-7)고 하였다. 그러나 역사적인 것 뒤에서 우리는 영적인 것을 보아야 할 것이니, 여기에서 자발적 행위라는 사랑스런 모형과 주 예수의 기쁨을 주목해야 한다. 주 예수는 대가 없이 즐거움으로 육신이 되어, 하나님이 인간 가운데 거주하였던 것처럼, 하나님에게 완전한 성소를 제공하셨다!

"너희가 그들에게서 받을 예물은 이러하니 금과 은과 놋과 청색 자색 홍색 실과 가는 베 실과 염소 털과 붉은 물 들인 숫양의 가죽과 해달의 가죽과 조각목과 등유와 관유에 드는 향료와 분향할 향을 만들 향품과 호마노며 에봇과 흉패에 물릴 보석이니라"(출 25:3-7). 이러한 각 물품마다 그리스도의 다양한 온전하심을 말해주고 있다. 금은 그의 거룩한 영광이다. 은은 주님이 우리를 위하여 공들여서 가져오신 구속이다. 놋은 우리의 죄를 반대하는 하나님의 진노에 대해 감수하는 주님의 능력이다. 청색은 그의 천상적 기원이다. 자주색은 그의 왕적인 위엄이다. 진홍색은 주님이 오시는 날에 지상에서 받을 영광이다. 고운 세마포는 그의 의로운 행실과 방식으로 인하여 명백하게 나타난 주님의 거룩함이다. 염소털은 주님의 속죄를 말한다. 양의 가죽은 하나님에 대한 주님의 헌신이다. 해달의 가죽은 주의 백성을 보호하는 주님의 능력이다. 싯딤 나무는 후패하지 않는 주님의 인격이다. 조명을 위한 등의 기름은 주님의 거룩한 지혜다. 향은 하나님에 대한 주님의 향취이다. 보석들은 주님의 제사직의 완성을 말한다. 우리는 지금 이러한 정의들을 위한 증거를 제공하거나 그것의 축복됨에 대해 자세히 진술하지 않겠으나, 하나님께서 원하시는 대로, 이어지는 다음의 장들에서 하나씩 상세하게 고찰하도록 하겠다.

위에 있는 구절들과 함께, 성령께서 우리에게 금과 은, 그리고 동의 각각의 무

게에 대하여 말씀한 출애굽기 38:24-31의 말씀을 비교해야 한다. 주의 깊은 학도
들은 여기에 제시한 금의 양이 1.25톤으로 추산하는데, 현시가로는 175,000파운
드, 또는 860,000달러를 호가한다고 한다. 그러나 현재의 구매가치를 고려한다
면, 더 많은 가치가 있다. 은은 족히 4.25톤이나 되는데, 그 가격은 40,000파운드,
또는 200,000달러의 가치가 있다. 놋(동으로 생각되지만)도 역시 4톤이 넘었다.
이에 더하여, 직물, 청색 · 자색 · 홍색실과 베실과 이 외에도 염소털과 양의 가죽
과 해달의 가죽, 그리고 그 양이 기록되지 아니한 조각목이 있었다. 마지막이지
만 작게 여겨질 수 없는 것으로, 대제사장의 흉패를 위한 보석이 있었다. 이 모든
것들이 성막의 엄청난 가치를 가르쳐 주고 있다. 현시세로는 그 모든 재료들이
적어도 100만 파운드, 또는 500만 달러는 될 것이다. 이러한 것은, 모형적으로,
그리스도에 대한 하나님의 가치 측정에 대해 말하고 있다. 즉 이에 대해 성부는,
"이는 내 사랑하는 아들이요 내 기뻐하는 자"라고 말하면서 우리에게 잘 보여주
고 있다.

위에 구절들에서 15가지의 별도의 품목이 구체적으로 적혀 있었다는 것은 주
목할 만한데 ,이것의 약수는 3과 5이다 — 성막과 관련된 거의 모든 숫자는 이러
한 숫자들을 나누거나 곱한 것이다. 그리고 3은 현현(manifestation), 곧 하나님의
숫자로 삼위일체라는 세 인격을 말한다. 5는 은혜의 숫자다. 이를 모두 적용하면
15라는 숫자를 의미하는데, 영적인 산술 언어로 하나님의 은혜가 나타났다는 것
이다. 탁월한 이러한 숫자들은 성육신할 아들을 앞서 지적했던 그러한 하나님의
거소에 대해 얼마나 잘 들어맞는가! 그리스도께서 이 땅에 오심으로 하나님의 은
혜가 흡족하게 알려졌다. 이는 또한 거룩한 성경의 세미한 부분마다 깊은 의미가
있음을 다시 한 번 얼마나 잘 나타내고 있는가!

"내가 그들 중에 거할 성소를 그들이 나를 위하여 짓되"(출 25:8). 여기에 성막에
관해 명심할 주요한 특징이 있는데, 그것이 여호와의 '성소'요 하나님의 처소
(dwelling-place)가 된다는 것이다. 하나님이 백성을 자신에게로 구속해 내기 전
에는 땅에서 그들과 함께 거하시지 않았다는 사실을 깨닫는 것이 매우 중요하다.
하나님이 에덴 동산에서 아담을 방문하였고, 그가 족장들에게 나타나서 그들과
교제하며, 심지어 애굽에서도 모세와 함께 교제하셨지만, 그의 백성을 노예의 집
에서 구속하시기 전까지는, 그들이 홍해에서 그들의 대적과 나누어지기 전까지
는, 시내 산에서 그들에 대한 통치 체제가 구축되기 전까지는, 하나님은 그의 성

도들 가운데 거하실 성소 건립을 제의하지 않았다.

그렇다면 성막은 하나님께서 구속하신 백성을 그와의 교제의 관계로, 그분 자신에게 가까운 장소 안으로 은혜롭게 이끌어 주셨음에 대한 보증이요 증거였다. 이와 같이 한때 우리도 하나님으로부터 멀리 떨어졌지만(죄로 인하여) 그리스도의 보혈로 말미암아 가깝게 되었다(엡 2:13). 한때 분리되었던 그 끔찍하게 먼 거리감은 이제 사라졌고, 우리들은 이제 "하나님께로" 옮겨졌다(벧전 3:18). 오, 하나님의 기이한 자비의 풍성함이요! 처음에는 그리스도가 사셨고, 그 다음에 성령이 찾으셨기에, 결과적으로 성부에게 인도되었다. 죄지은 범인으로서가 아니라 행복한 자녀로 영접하셨다. 이 복된 사실은 누가복음 15장에 있는 그 기이한 비유의 끝에 예시되었다. 거기에 보면 먼 나라에 가서 그의 재산을 탕진한 자가 자기의 심중의 책임을 뉘우쳐 회개에 이르렀으며, 결국은 그 아버지의 환대를 받아 그 앞에 있을 자격을 얻어 아버지의 상에서 한 자리를 얻었다.

그러나 갈릴리 가나의 혼인잔치에서와 같이, 제일 좋은 포도주는 최후를 위하여 예비되었다. 성경은, "또 내가 새 하늘과 새 땅을 보니 처음 하늘과 처음 땅이 없어졌고 바다도 다시 있지 않더라 또 내가 보매 거룩한 성 새 예루살렘이 하나님께로부터 하늘에서 내려오니 그 준비한 것이 신부가 남편을 위하여 단장한 것 같더라 내가 들으니 보좌에서 큰 음성이 나서 이르되 보라 하나님의 장막이 사람들과 함께 있으매 하나님이 그들과 함께 계시리니 그들은 하나님의 백성이 되고 하나님은 친히 그들과 함께 계셔서"(계 21:1-3)라고 한다. "그때에 하나님의 마음의 묘략이 온전히 완성되어 나타날 것이며, 이전에 있었던 일들이, 인간의 죄를 통하여 그들과 연결된 모든 슬픔들과 함께, 사라질 것이기 때문에, 그의 백성에 대한 하나님의 심중에서와, 하나님을 향한 그들의 마음과 하나님의 완전한 현현과, 그들의 완전한 경배와 섬김으로부터 일어나는 충만하고도 온전하고 축복된 즐거움을 그 아무것도 방해하지 못할 것이다"(Mr. Ed. Dennett).

"무릇 내가 네게 보이는 모양대로 장막을 짓고 기구들도 그 모양을 따라 지을지니라"(출 25:9). 모세가 어떤 재료로 성막을 지을 것인지에 대해 또 그 치수와 방식과 그 안에 있는 설치물들(뒤에 가서 살펴보겠지만)에 대한 상세한 내용뿐만 아니라, 그것이 다 지어졌을 그 이후의 양식이나 모델에 대해서도 절대적인 지시를 받았음을 주목해야 한다. 이런 것이 우리가 비교 검토할 중요한 사항이라는 것은 성경에서 그것이 반복된 횟수로부터 명백하여진다. 모세에게 산에서 보여주신 식양대로 성소를 지을 것에 대하여 명하신 사실은 적어도 일곱 번 이상임을 알 수 있다(출 25:9, 40; 26:30; 27:8; 민 8:4; 행 7:44; 히 8:5). 아무것도 인간의 지혜를 맡겨두거나, 더욱이 '우연'에 맡겨둔 것은 없었다. 모든 것을 거룩한 식양에 따라 정확히 해야만 했다. 이것은 그리스도와 그의 백성에 관한 모든 일은 하나님 자신의 의지의 묘략에 따라 이루어지는 하나님의 영원한 목적에 근거하여 이루어졌음을 우리에게 가르쳐 주는 것이 아닌가? 거룩한 하나님의 은혜로 인하여 온전한 평강과 즐거운 예배 안에 우리가 쉬게 해 주시기를 바란다.

제35장

법궤(1)

출애굽기 25:10-16

성령께서는 성막 안에 있었던 일곱 가지 부속 설비 가운데 제일 먼저 법궤와 속죄소에 관하여 묘사하셨다. 이 두 가지는 밀접한 관계가 있고, 그렇게 이것들은 합쳐서 온전한 하나를 이루고 있지만 ― 속죄소는 법궤의 덮개, 또는 뚜껑 ― 별도로 그것들은 언급되었고, 그렇게 고찰되었다. 법궤는 나무로 된 보존함이었으며, 길이는 4피트를 약간 넘으며 너비와 높이는 약 2.5피트 정도 되었다. 그것의 재료인 나무는 안팎을 다 금으로 쌌기 때문에, 금 이외에는 눈으로 볼 수 있는 것이 없었다.

법궤의 위대한 중대성은 몇 가지를 고찰해 보면 분명해진다. 여호와께서 모세에게 성막에 관하여 지시하실 때, 그는 법궤로부터 시작하셨다. 그것이 제일 중요했기 때문에 그 순서가 맨 처음이었다. 성소 그 자체에 대한 어떤 세부사항이 전해지기 전에, 모세에게 그 뜰, 방, 제사직, 의식, 기구 그리고 비치품 등에 대하여 단 한 말씀도 하시기 전에, 법궤에 관한 세심한 지시가 있었다. 법궤 없이는 성막에서 섬기는 모든 일은 무의미하며 또한 무가치하다. 왜냐하면 법궤는 주님의 보좌로서, 그곳에 하나님이 거주하시기 때문이다. 법궤는 놋 번제단이 가리키는 목적물이고, 그 예배자(사람들을 대표하는 대제사장의 모습으로 법궤로 다가 왔던)의 접근권리를 부여해주었던 산 제물이다. 그것은 거룩한 기구들 가운데서 제일 먼저 만들어진 것이요 모세가 친히 만들었다(신 10:1-5). 그것은 율법판이 보관된 장소였다. 솔로몬 시대에 보여지는 다른 모든 기구들 중에 그것이 가장 탁월했던 것은 솔로몬 때에 성막에 있는 기구들 중 오직 그 법궤만이 성막에서 성전으로 옮겨졌기 때문이다.

"그 법궤가 백성들 가운데 하나님의 임재의 상징이었던 것은 주의 언약적 축복이 그 속에 머물러 있었기 때문이다. 법궤는 성소의 가장 신성하고 영광스러운 기구였던 것은, 그 성소 전체가 다른 것을 위해서가 아니라 법궤가 거처하는 집으로 지어졌기 때문이다(출 26:33 참조). 거기로부터 그 모든 부분을 향한 성결(sanctification)이 유래되었으니, 솔로몬이 깨달은 바와 같이 여호와의 언약궤가 이른 곳은 다 거룩하였다(대하 8:11 참조)"(A. Saphir). 우리는 법궤에 대하여 일곱 가지 사실을 결부시켜 고려해 보고자 한다.

1. 법궤의 의의

법궤는 우리 주 예수 그리스도의 인격을 상징하였다. 이것은 아주 명백하기에 잠시 멈추어서 증거를 내놓는 일은 결코 필요하지 않은 것 같다. 홍수로부터 노아와 그의 가족의 피난처였던 노아의 방주(궤)와 아기 모세가 보존되었던 상자(궤)와 같은, 두 개의 다른 상자는 분명히 그리스도 자신을 예시하였다. 법궤가 다만 두 가지 재료로만 만들어졌다는 사실은 ― 나무와 금 ― 분명하게 우리 주님의 두 가지 본성을 나타내는데, 즉 인성과 신성이다. 두 돌판이 법궤 속에 보존되었다는 사실과 "주의 법이 나의 심중에 있나이다"(시 40:8)라는 주님의 말씀은 우리들에게 분명한 열쇠를 제공해 준다. 속죄소(이곳에서 하나님은 죄가 있으나 피로 씻은 당신의 백성 중에서 대표자를 받아들였음)가 법궤 위에 놓여있었다는 사실 또한 부가적인 증거를 제공해준다.

법궤의 모형적 의미는 다른 신성한 기구들보다 그 탁월성의 이유를 분명히 설명한다. 신성한 기구들은 각기 그리스도의 사역의 동일한 측면 또는 그 결과를 나타내지만, 법궤는 그의 인격에 대해 말한다. 즉 그러한 기구들은 그가 하신 일에 대해 말하며, 이 법궤는 주님이 어떠한 분인지에 대해 말한다. 그리스도의 신성한 인격이 주의 사역에 의미를 부여하였다. 오늘날, 복음주의적 집단 속에서, 그 강조점은 그리스도께서 어떠한 자이심에 대한 것보다는 구세주가 우리를 위해서 행했던 일에 놓여있다. 성경은 언제나 이 순서를 반대로 뒤집는다. 해마다 있는 속죄일에 있는 상징적 의식에서, 대제사장이 피를 취하여서 그것을 뿌리기 전에(출 25:14), 먼저 향을 손에 가득 담아 들고 지성소에 들어갔던 것(레 16:12)을 살펴보라. 하나님은 그리스도의 인격의 향기나는 완전함을 먼저 상기시키고자 하였는데, 그것은 주님의 구속사역에 대해 말씀하였던 것이 주 앞에 제기되기 이전이었다! 세례자 요한이 선포한 순서를 살펴보라. 먼저는, "하나님의 어린 양을 보라"(첫째, 그의 인격)이고, 다음으로 "세상 죄를 지고 가는"(둘째, 그의 사역; 요 1:29)이라고 하였다(한글개역성경에는 "세상 죄를 지고 가는, 하나님의 어린 양을 보라"라고 되어 있다. 영어성경의 어순과 반대되는 번역이다 ― 역주). 사도 바울도 마찬가지로 "내가 너희 중에서 예수 그리스도(그의 인격)와 그가 십자가에 못 박히신 것(그의 사역) 외에는 아무 것도 알지 아니하기로 작정하였음이라"(고전 2:2)고 하셨다. 또한 다시, 요한계시록의 환상 가운데서 "내가 또 보니 … 장로들 사이에 한 어린 양(그의 인격)이 서 있는데 일찍이 죽임을 당한 것(그의 사역) 같더라"(계 5:6)고 하셨다. 이와 같이 성막 가구의 순서도 마찬가지로, 첫째로 법궤는 그리스도의 인격을 말하고, 다음으로 속죄소는 그의 사역을 지시한다.

2. 법궤의 재료

법궤는 많은 사람들이 부패하지 않는다고 말하는 아카시아 일종에 속하는 '싯딤나무'(shittim wood)로 만들어졌다. 그것은 메마른 사막에서 발견되는 나무이다. 이 세상의 땅에서 자라난 '싯딤나무'은 구세주의 인간성을 상징하였다. 이사야서 53장 2절은 이러한 유형의 언어로, "그는 주 앞에서 자라나기를 연한 순 같고 마른 땅에서 나온 뿌리 같아서"라고 말씀한다. "싯딤나무(shittim-tree)의 유형으로서 특별히 어울리게 생각되는 세 가지가 있다. 그 나무는 현재 아카시아 조각목(acacia seyal)으로 불리우는 나무인데, 그것은 이스라엘이 통과했던 광야에서 어느 정도의 크기로 자라는 유일한 나무이다. 첫째, 그것은 매우 메마른 토양에서 잘 자랄 수 있는 나무이다. 둘째, 그것은 매우 길고, 날카로운 가시를 가지고 있다. 셋째, 그것은 의약제조용으로 광범위하게 사용되는 아라비아고무를 채취하는 나무로서, 해질녘에 다만 나무에 구멍을 뚫기만 해도 얻을 수 있다. 어떤 준비가 없어도 그 나무에서 스며 나오는 그것이 상업적으로 아라비아고무이다. 영적인 심령으로 생각할 때 이러한 사실은 분명히 자신의 영혼을 조금도 유지할 수 없는, 메마르고 목마른 땅에서, 하나님과의 계속적인 신선한 교제(세상적인 강줄기가 그분을 지탱하는 것과는 다른)를 하는 예수님을 감미롭게 제시해 준다. 지금 주님은 물론 영광의 관을 쓰셨지만, 이 세상이 그에게 한 것은 단지 가시면류관이었다. 우리는 가장 어두운 죄악의 밤에 우리를 위해 찔림을 받으신 분이 예수님임을 역시 기억한다. 그때 피가 주님의 옆구리에 흘러나와서, 고통당하는 영혼과 죄를 걸머진 양심을 위하여 유일한 향유가 된 것이다"(Mr. C. H. Bright).

싯딤목(shittem-wood)이 결코 썩지 않았던 것처럼, 그것은 주 예수님의 죄 없으신 인성의 가장 적절한 상징이었다. 칠십인역(Septuagint, 구약성경을 그리스어로 제작한 첫 번째 번역)에서 그것을 언제나 "썩지 않는 나무"로 번역한 것을 보면 참으로 놀랍다. 지금 곧 "썩지 않는 나무"에 의해 전달된 근본적 진리(즉, 그리스도의 참되고 오로지 오점이 없는 인간성)를 우리가 굳게 잡아 증거해야만 하는 것은 최고로 중요하다. 그리스도께서 진실로 인간이었다는 것은, 주님이 '인자'라는 칭호를 반복하여 사용한 것과 성령께서 "사람이신 그리스도 예수"(딤전 2:5)라고 호칭한 것을 보면 분명하다. 그러나 그의 인성은 부패하지 않았고 그리고 부패될 수 없었다. 그는 하나님의 거룩한 자이었으므로 그 안에 죄가 없었고, 그러므로 질병이나 죽음이 그를 주장할 수 없었다. 그는 성령으로 잉태하사 처녀의 몸에서 나신 그의 흠 없는 인성은 "나실 바 거룩한 자"라고 공표되었다(눅 1:35).

법궤의 나무는 안팎을 금으로 쌌다. 이것은 그의 거룩한 본성을 예표했다. "아카시아 널판으로 법궤의 형태와 크기를 만들었던 반면에, 외양은 모두 금이어서 나무는 보일 수 없었다. 그러므로 우리 주님의 인성은 그에게 주님의 과거와 현재의 형상을 제공한다. 즉 그는 빛 중에 빛, 만물의 창조자와 보존자로서 인간이 되었고, 그래서 '사람이신 그리스도 예수'이었고 그리고 영원히 그러하다. 그러나 하나님께서 이러한 가장 보잘것없는 것에 대해 우리가 단지 비천한 견해를 가지지 않도록 어떤 식으로든 인도하신다. 금으로 주님에 대한 전체 외관을 덮고 있으며, 유한한 생각과 마음으로 주님의 생명의 존엄을 바라볼 수 있기에, 모든 것이 신성하다! 그 거룩한 본성은 종의 형체로 드러나셨으며, 어느 곳이든지 모든 것을 통찰하시는 하나님의 눈은 그 순전하고 거룩한 마음, 애정과 의지 가운데에서(게다가 그런 흠 없이 행함, 온유함과 순종이 없어도) 예수님을 그와 동등한 자로, 그와 영원히 공존하는 아들로서 그를 인정하신다. 그것은 온통 금이고, 물론 종의 형체가 있어서, 인간으로서의 완전한 기능과 또 의존성(인간에게 속한 모든 것)을 가지고 계셨지만 죄와는 떨어져 있으시다. 그러나 이 모든 것 위에 덮여진 것은 주님의 신성에서 나오는 금이다. 믿음은 그 동일한 것을 보지 않는가?"(Samuel Ridout, *Lectures on the Tabernacle*).

이와 같이 나무와 금으로 함께 만들어진 법궤는 우리에게 신성의 위대한 신비를 예시해 주는데, 곧 하나님이 육신으로 나타나신 것이다. 여기에서 우리가 보는 것은 신-인(God man)의 두 가지 본성의 연합에 대한 상징인데, 그분에 대한

성경적 개념은 너무나 중요하고 생기가 넘치는 것이다. 즉 우리가 성막 공부를
함에 있어서, 하나님이 이를 맨 처음 묵상해야 할 대상으로서 법궤를 취하여 주
신 것이다. 이 사실이 중대한 이유는, 그리스도에 대한 건전한 견해는 우리 자신
의 구원과 분리될 수 없기 때문이다. "영생은 곧 유일하신 참 하나님과 그가 보내
신 자 예수 그리스도를 아는 것이니이다"(요 17:3).

3. 법궤의 치수

법궤는 길이 2.5 규빗, 너비(폭) 1.5 규빗 그리고 높이 1.5규빗이었다. 반복되는
절반(0.5)이 곧바로 시선을 사로잡는다. '절반' (half)에 대한 히브리어는 둘로 자
름을 의미하는 어원에서 나온 것이다. 어떤 이는 이러한 반 규빗은 우리에게 현
재 주어진 그리스도에 대한 지식은 단지 부분적일뿐임을 암시한다고 지적하였는
데, 이는 곧 "우리가 부분적으로 알고"(고전 13:9)라는 말씀과 같다. "그리스도에
대해 가장 충만한 지식을 가진 사람들은, 스바 여왕이 말한 것처럼 '내가 그 말들
을 믿지 아니하였더니 이제 와서 친히 본즉 내게 말한 것은 절반도 못되니' (왕상
10:7)라고 제일 먼저 말한다. 이와 같이 우리의 모든 영광스러우신 주님이, 그 크
기를 줄이시면서 ─ 이렇게 말해도 될까요? ─ 우리의 유한한 마음은 지식을 초
월하는 기이한 충만함의 어떤 일부를 파악할 수 있게 된다"(Mr. Samuel Ridout).

2.5는 5의 절반이며, 1.5는 3의 절반인데, 이러한 숫자들의 양자는 성경 가운데
서 아주 중대한 의미를 가진다. 후자를 먼저 생각해 보자. 3은 나타남의 숫자이
니, 이로써 부활의 숫자가 되는 것은, 오직 부활에서 생명이 완전히 드러나기 때
문이다. 동일한 이유로 3은 신성함(Deity)의 숫자이니, 이는 하나님은 거룩한 삼
위의 세(3) 인격으로 충만히 나타나기 때문이다. 그렇다면 법궤의 너비와 높이
(물체의 표시와 관련 있음)가 둘 다 3의 절반이었다는 것은 참으로 의미가 깊다.
법궤는 그리스도의 인성을 말하고 그리고 3은 나타남의 숫자라는 사실을 기억할
때, 우리는 그리스도께서 이 땅에 오셔서 자신을 충분하게 나타내려고 하지 않았
다는 암시 그 이상의 어떤 것을 여기에서 볼 수 없지 않는가? 그렇게 그는 자신을
충분히 나타내지 않았다. 다소의 사울처럼 사람이 맹인이 되었을 때 처럼(행
9:8), 요한이 그의 발 앞에 엎드려 죽은 자 같이 되었던 것처럼(계 1:17), 주님은
자신의 영광을 완전히 가리셨다. 그러나 우리는 오히려 "친히 그를 볼 것이요" 또
한 "감추었던 만나"를 먹을 것이니(계 2:17) 하나님을 찬양한다. 또한, 다른 숫자

도 이와 같다. 5는 은혜를 의미하며, 그리고 법궤의 길이는 그리스도 안에 있는 하나님의 은혜의 범위를 말한다. 그 길이는 영원하며 그리고 영원은 그 이전이나 그 이후 양자의 끝없는 기간이다. 그러므로 5의 절반은, 신자들이 현재 창세 이전에 그리스도 안에서 그들에게 주신 은혜를 안다고 할지라도(딤후 1:9), 다가오는 수없는 세대는 여전히 그것이 미래에 드러날 것을 기다리는 것을 말한다. (엡 2:7).

법궤의 높이와 너비를 동일하게 측정한 것은 곧바로 그것이 그리스도의 완전성과 독특성을 지적함을 언급하는 것이다. '너비'는 예수님이 인간을 다스리시는 것을 말하며 '높이'는 하나님을 향한 주님의 관계를 말한다. 우리의 영적인 높이는 우리의 너비보다도 얼마나 짧은가? 예를 들자면, 우리는 하나님보다 우리 동료들을 불쾌하게 할까봐 얼마나 조심을 하는가! 완전하신 자는 그렇게 하지 않으셨다. 인간들의 요구에 부응하기 위하여, 예수님은 그의 아버지의 요구를 안중에서 놓친 적이 결코 없었다. 나사로의 누이들의 호소에 응답하실 때, 주님에게 아버지의 영광이 그의 유일한 동기와 관심사였음을 주의하여 보라(요 11:4-6).

4. 법궤의 내용물

이에 대해서는 히브리서 9:4에 기록되어 있다. "사면을 금으로 싼 언약궤가 있고 그 안에 만나를 담은 금 항아리와 아론의 싹난 지팡이와 언약의 돌판들이 있고". 어떤 이들은 이 구절과 열왕기상 8:9("궤 안에는 두 돌판 외에 아무것도 없으니")이 모순되는 것으로 보았다. 그러나 그 두 구절이 상치되지 않음은 그 구절들이 시기적으로 동일한 장소를 다루고 있지 않기 때문이다. 히브리서 9:4은 법궤가 성막에 체류할 때에 그 안에 있었던 것들을 말하며, 열왕기상 8:9은 성전에서 휴식을 취한 이후에 그 내용물이 어떻게 구성되었는지를 말한다. 그러므로 이러한 사실을 알게 되면 고리타분한 불신앙의 '모순' 논쟁이 얼마나 빨리 사라지는가!

성막과 성전 안에서 법궤가 각기 체류하는 동안에, 그 안에 있었던 내용물들 간의 위에서 언급한 차이는 그것들의 모형적 중대성에 대한 열쇠를 제공한다. 히브리서 9:4에서 상술된 세 가지 물품은, 그들이 광야를 통하여 여행하는 동안에, 그리스도 안에서 하나님의 예비하심을 나타낸다. 이것은 맨 먼저 "만나를 담은 금 항아리"라고 이름붙인 첫 번째 물건을 생각해 보면 너무나도 분명해진다. 만나는 그들이 노예의 집으로부터 약속된 기업으로 여행할 동안에 여호와께서 이스라엘에게 주신 양식이었다. 그것은 주님의 순례하는 백성들을 위한 생명의 떡과 양식으로서의 그리스도를 예표하였다. 그러나 가장 복된 것은 여기에 첨가한 말씀이다. 출애굽기 16:33에 보면 모세가 아론에게 이르기를 "항아리를 가져다가 그 속에 만나 한 오멜을 담아 여호와 앞에 두어 너희 대대로 간수하라"고 단순히 말하였는데, 히브리서 9:4에는 성령께서 우리에게 그것이 "금 항아리"였다고 말씀한다. 구약성경은 이 사실을 우리에게 알려줄 수 없었다. 그것은 신약성경이 나타내시려고 보존되었다. 만나는 광야에서 주의 백성들의 필요를 채워 주는 하나님의 은혜였다. 구약성경에서는 약속된 메시야를 통하여 이스라엘의 가장 깊은 요구가 충족될 것에 대하여 분명히 설명하였지만, 그 메시야가 하나님의 신격의 일원이 될 것이라는 것을 결코 분명히 하지 않았다. 오히려 그가 아브라함과 다윗의 씨였다는 사실을 강조하였다. 그러나 우리들 앞에 있는 신약성경에 의하면, 신성하고 거룩하였던 그 그릇이야말로 하나님께서 덧없는 죄인들을 위하여 가졌던 것을 유지하기에 적합하였으며 또한 그 그릇이 다름 아닌 성육신하신 그의 사랑하는 아들임을 간주하는 데 아무런 어려움이 없다. 요한복음에서 우리는 특별히 "금 항아리"에 대한 진리를 갖게 된다. 거기에 보면 주의 백성을 위한 하나님의 은혜를 담을 수 있었던 그릇이 있었다. 그리고 "은혜와 진리가 충만한"이라는 말은 요한복음에서만 발견된다!

어떤 부가적인 견해가 나를 담았던 '금 항아리'와 연관되어 있었다는 것은 의심할 여지가 없다. 그 속에 담겨 있는 양은 우리가 출애굽기 16:16에서 배운 바와 같이 매 사람에 해당되는 양이었던 "한 오멜"이었다. 이와 같이 그 보존된 양은 인간의 양이었으나, 그것을 담은 금 항아리는 지금 이분이 영광을 받으신 것을 우리에게 말하며, 그 동일한 견해가 "법궤를 둘렀던 금으로 된 장식"에서 발견된다. 이것은 출애굽기 25:18과 히브리서 9:5(여기에서는 '금'으로 된 그룹이 '영광'의 그룹으로 불리워진다)을 비교하여 보면 확인된다. 그렇다면 이것은 이제 영광과 존귀의 왕관을 쓰신 사람이신 그리스 예수 안에서 하나님의 백성을 위한 주의 양식을 찾을 수 있다는 것이다. 또 다른 상징 안에서와 같이, 흉년이 들자 백성들이 곡식을 위하여 바로에게 왔을 때 그는 한 때 낮아졌으나 뒤에 높임을 받은 요셉에게 그들을 보내었다.

법궤 속에 있었던 두 번째 물품은 '아론의 싹 난 지팡이'였다. 이것은 우리로

하여금 그것에 대한 역사적 설명을 가지고 있는 민수기 17장으로 거슬러가게 한다. 민수기 16장에 보면, 고라가 나서서 모세와 아론에게 반역하였는데, 그 반역은 하나님의 두 종에 대해 주께서 위임한 권위를 질투하면서 발생되었다. 이 반역으로 인하여 위로부터 즉각적 심판이 찾아왔고, 그 뒤를 이어 아론에 대한 분명한 변호가 있었다. 이 변호가 취했던 형태는 매우 흥미롭고 교훈적이다. 여호와께서 모세에게 각 지파를 따라 12개의 지팡이를 취하고 레위 지파를 위한 지팡이에는 아론의 이름을 쓰라고 명하셨다. 이 지팡이들을 법궤 앞에 내려두어 싹이 나는 지팡이가 제사장 지파가 되도록 하나님에게 선택되었음을 표시하게 했다. 다음날 아침에 본즉 아론의 지팡이가, "움이 돋고 순이 나고 꽃이 피어서 살구 열매가 열렸다." 그 이후에, 여호와께서 모세에게 명하여 아론의 지팡이를 가져와서 "반역한 자에 대한 표징이 되게 하라"고 명하셨다. 이에 대한 영적이고도 상징적인 중대성에 대해서 지금 살펴보고자 한다.

고라와 그의 무리들이 제기한 문제는 제사장의 사역에 관한 것으로서 '누가 그것을 행사할 권리를 가졌느냐' 하는 것이었다. 이 문제를 해결하는 과정에서 각 지파의 지팡이들(권위의 상징)이 여호와 앞에 놓였는데, 이는 이 문제가 전적으로 인간의 손을 벗어난 것으로서, 하나님이 홀로 결정해야 한다는 것이었다. 그러므로 제사장직에 대한 질문은 여호와에 의하여 단독적으로 결정되었다. 이 중대한 시점에서 하나님의 생각이 알려졌던 방법은 매우 놀라운 것이다. 그 모든 '지팡이들'은 생명이 없는 것들이었지만, 그것들을 증거막 앞에 둔 사이에, 인간의 눈으로는 보이지 않는 살아 계신 하나님의 권능이 개입되어, 기적이 만들어져서, 죽은 지팡이가 소생하여 부활의 생명과 열매를 나타냈다.

영적인 눈을 가진 자는 이 모든 것들이 앞으로 무엇을 가리켰는지를 파악하는데 아무런 어려움이 없을 것이다. 민수기 16장은 하나님에 대한 이스라엘의 반역을 예표했는데, 모세와 아론이 연합하여 그 주님을 미리 나타냈다. 모세는 하나님의 진리를 선포하는 선지자요, 제사장 아론은 하나님의 은총을 말해주었지만, 이 둘 모두는 아무런 이유 없이 미움을 받았다. 이와 같이 은혜와 진리가 충만하였던 자도 사람에게 경멸을 당하고 거부당하였다. 뿐만 아니라 치욕적인 죽음에 처하셨다. 그리고 하나님의 반응은 어떠했었나? 그의 사랑하는 아들을 죽음에서 일으키심으로 그를 전적으로 변호하셨다. 모세가 다음날 성막에 들어가(민 17:8), 하나님의 부활 능력의 증거를 본 것은, 제자들이 빈 무덤에 들어가 그리스도가 죽음에서 일어나신 흔적을 주목한 것을 기억나게 한다. 모세가 그 지팡이들을 가지고 나와 백성들에게 그것을 보인 것(민 17:9)은, 많은 증인들 앞에서 확증된 그리스도의 부활 안에 그 예표가 있다(고전 15:6). 여호와 앞에 놓인 지팡이 안에서, 우리는 하나님의 우편에 지금 감추어져 있는 그리스도에 대한 이미지를 가진다.

그러나 지금 우리가 다루어야 하는 것은 법궤 안에 있는 지팡이에 대한 것이다. 법궤 속에 있었던 모든 것은 하나님께서 그리스도 안에서 그의 백성들을 위해 행하신 기이한 예비하심에 대해 말한다. 지금 민수기 17장에서 우리의 면전에 있는 것은 하나님이 심판으로 다루시는 것이 아닌 은혜로 다스리심을 말하고 있다. 즉 "여호와께서 또 모세에게 이르시되 아론의 지팡이는 증거궤 앞으로 도로 가져다가 거기 간직하여 반역한 자에 대한 표징이 되게 하여 그들로 내게 대한 원망을 그치고 죽지 않게 할지니라"고 하셨다. 그러므로 아론의 제사직의 사역은 그들이 광야를 통과하여 지나가는 동안에 하나님 앞에서 그의 백성을 보존하는 것이었다. 이러한 유형은 아주 단순하다. 이에 대한 답변은 우리를 위한 그의 계속적 간구로 우리의 구원을 끝까지 보장하는 하늘에 계신 우리의 위대한 대제사장의 사역에서 발견된다(히 7:25). 그 후에, 그리스도 안에 우리를 위한 하나님의 예비하심이 있으니, 이는 강건하기 위한 양식과 영혼을 보존하게 하는 제사장의 은혜이다.

아론의 지팡이에 연관하여 또 다른 고려해야할 것이 남아 있다. 히브리서 9:4에서는 다만 '아론의 싹 난 지팡이'라고만 하였는데, 민수기 17:8에서는 "움이 돋고 순이 나고 꽃이 피어서 살구 열매가 열렸더라"고 하셨다. 우리는 히브리서 9:11에서 이러한 진술의 뒤에 있는 부분을 생략한 것이 매우 중요한 줄로 믿는다. 민수기 17:8은 세 가지 단계로 부활한 생명을 나타내는데, 그 모두가 물론 그리스도를 가리킨다. 지팡이의 '싹이 남'은 그리스도께서 친히 부활하심에서 그 성취를 발견하며, '순이 나고 꽃이 핌'은 '그리스도께서 오실 때 그들 가운데서' 부활하는 자들로 말미암아 그것의 실현이 이루어질 것이요, '살구 열매(almonds)가 열림'은 장래에 죽음에서 일어나 땅에 그 열매가 가득하게 될 이스라엘을 가리키는 것이라고 우리는 제시하고자 한다. '꽃이 핌'과 '살구 열매가 열림'은 여전히 미래에 있을 일이므로, 성령께서는 이 사실을 히브리서 9:4에서 매우 적절하게 생략하였다.

법궤 속에 있는 세 번째 물건은 십계명을 기록한 두 개의 돌판이었다. 독자들은 여호와께서 친히 그의 손가락으로 쓰신 돌판을 모세에게 각기 두 번의 다른 경우에 주었던 것을 상기할 것이다. 첫 번째 것은 백성들의 우상 숭배를 볼 때 모세가 땅에 메어친 것이었는데(출 32장), 이는 타락한 인간이 율법을 지킬 수 없음을 암시한다. 그러나 하나님의 묘략은 좌절될 수 없을 뿐 아니라 하나님은 자신의 의로운 요구 조건을 경감할 수 없다. "그 때에 여호와께서 내게 이르시기를 너는 처음과 같은 두 돌판을 다듬어 가지고 산에 올라 내게로 나아오고 또 나무궤 하나를 만들라 네가 깨뜨린 처음 판에 쓴 말을 내가 그 판에 쓰리니 너는 그것을 그 궤에 넣으라"(신 10:1, 2).

두 번째 쌍의 돌판은 법궤 속에 저장되었다. 주의 깊은 연구가는 위에 있는 신명기 10:1, 2의 인용구에서 괄목할 만한 생략된 내용을 관찰하게 될 것인데, 그것은 다음 구절에서 반복하여 강조되었다. "내가 조각목으로 궤를 만들고 처음 것과 같은 돌판 둘을 다듬어"(신 10:3)라는 말이다. 나무를 금으로 쌌다거나, 영광의 그룹이 그 위를 덮었다는 등에 대한 이야기는 한 마디도 없었다. 다만 두 돌판을 "나무로 만든 궤"에 넣으라고만 말씀하셨다. 타락한 인간이 깨뜨린 율법은 완전하신 인간에 의하여 본래대로 보존되어야만 했다. "두 번째 사람, 마지막 아담"인 그리스도께서 "교훈을 크게 하며 존귀하게 하려 하였다"(사 42:21). 비단 그 생략에서조차, 성경의 모든 점과 획은 얼마나 완벽한가!

우리가 다루고 있는 이러한 모형에 대한 성취는 시편 40편에 주어져 있다. 예언의 영으로 말씀하신 시편 80편에서, 영광스러운 우리의 보증이 되시는 이가 선포하시기를 "내가 왔나이다 나를 가리켜 기록한 것이 두루마리 책에 있나이다 나의 하나님이여 내가 주의 뜻 행하기를 즐기오니 주의 법이 나의 심중에 있나이다"(시 40:7, 8)라고 하셨다. 하나님이 택하신 복된 대속자를 "율법 아래 두심"으로(갈 4:4), 그가 율법을 온전히 '이루었다' (마 5:17). 그러므로 "한 사람의 순종하심으로 많은 사람이 의인이 되리라"(롬 5:19)라고 기록되었고, 그리스도는 주님의 백성에 대한 하나님의 율법의 모든 요구에 대하여 응답하셨다. 그는 피조물들의 모든 책임을 온전히 담당하였다. 그리스도 안에서 우리의 모형이 명백히 보여 주는 것같이, 그리스도 안에서만이, 하나님의 보좌에 모든 요구를 만족케 하는 순종을 발견하게 된다. 그러므로 모든 신자들은 즐겁게 "공의와 힘은 여호와께만 있나니"(사 45:24)라고 외치자. 그러므로 구속함을 받은 교회는 그 언약의 머리되신 이에게 "여호와 우리의 의"(렘 23:6)라고 소리 지를 수 있다.

다음 장에서는, 하나님의 원하심에 따라, 법궤를 덮는 것들과 그 다양한 이름들과 그 괄목할 만한 역사를 살펴보고자 한다. 그러는 동안에 성령께서, 저자와 독자에게 법궤가 상징하였던 주님을 차지하게 해주시기를 바란다.

제36장

법궤(2)

출애굽기 25:10-16

법궤가 성막 안에 있는 일곱 가지의 기구들 가운데서 그 특별한 신성함과 탁월성 때문에 선정되었고, 그리고 다른 거룩한 기구들보다 그 역사에 관한 기록이 훨씬 많기 때문에, 그것을 고찰하는 데 두 장을 할애하는 것이 필요하다는 느낌이 들었다. 앞 장에서 우리는 그 중대성, 그 의미, 그 재료, 그 치수와 내용물들을 숙고하였다. 이 장에서 우리들은 덮개, 그것의 여러 가지 이름, 또는 명칭, 그리고 눈에 띄는 그 진행 행로를 다루도록 하겠다. 그리스도의 것을 취하여 주의 백성에게 그것들을 보이는 것이 그의 직임이신 성령께서, 우리의 죄악으로 어두워진 지성을 은혜롭게 밝히시고, 법궤가 매우 놀랍게도 예표하였던 예수님을 경배하여 예배하는 일로 우리의 심령을 이끌어 주시기를 바란다.

5. 법궤의 덮개들

법궤의 실제적인 덮개 또는 뚜껑은 속죄소이었지만, 우리가 지금 다루고자 하는 것은 이러한 것에 대한 것이 아니니, 그것은 다음 장에서 숙고의 대상이 될 것이다. 여기서 우리가 살펴보고자 하는 법궤의 덮개들은 이스라엘이 여기저기로 여행하는 동안 그것을 지탱하고 보호하였던 것들이다. 이런 것은 광야의 책, 민수기에서 적절히 언급되고 있다. 민수기 4:5, 6에서는, "진영이 전진할 때에 아론과 그의 아들들이 들어가서 칸 막는 휘장을 걷어 증거궤를 덮고 그 위를 해달의 가죽으로 덮고 그 위에 순청색 보자기를 덮은 후에 그 채를 꿰고"라고 한다.

첫째, 법궤는 모든 휘장 중에서 가장 소중한 "칸 막는 휘장(덮는 휘장)"으로 쌌다. 우리가 히브리서 10:20에서 배운 바와 같이, 휘장은 하나님의 손으로 그의 백성들에게 내어준 바 된 그리스도의 완전한 인성을 상징하였다. 이것은 성자 하나님께서 광야와 같은 이 땅에 계셨을 때 그의 거룩한 영광이 그분의 육신에 의하여 인간의 눈에 숨겨졌고, 하나님의 형체를 가지신 이가 스스로 종의 형체를 취했음을 말해준다.

둘째, 덮는 휘장 위에는 "해달의 가죽"이 자리 잡고 있었다. 해달의 가죽은 사자, 호랑이, 또는 표범과 같은 다른 짐승들의 가죽과는 달리, 아무런 매력이 없었다. 에스겔 16:10에 보면 해달의 가죽으로 가죽신을 만드는 것을 볼 수 있는데, 이는 상징적으로 사용한다면 낮음에 대해 말하고자 하였다. 지금 우리가 다루는 상징으로서, 해달의 가죽은 우리 주님의 굴욕을 말하는데, 특별히 본능이 그것을 거부하는 그런 측면에 대하여 이르시기를 "고운 모양도 없고 풍채도 없은즉 우리가 보기에 흠모할 만한 아름다운 것이 없도다"라고 하셨다. 그러나 지극한 은혜를 통하여 주님과 더불어 사귀는 그런 면에서는, 지극한 사랑으로 그들을 채워주시는 것으로 언제나 인정한다.

셋째, 법궤의 바깥 덮개는 "순청색 보자기"였는데, 이것은 다만 법궤를 광야의 한 곳에서 다른 곳으로 옮길 때 사람들이 볼 수 있었다. 다른 기구들은 해달의 가죽을 가지고 쌌기 때문에, 이것이 곧 법궤를 다른 것들로부터, 또다시, 구별시켜 주었다. 그렇다면 법궤의 외부덮개는 왜 청색 천이었나? 청색은 하늘의 색깔이요 천상의 일을 제시할 때에는 언제나 사용된 색깔이다. 천상에 속한 모든 것이 세상에 대한 증거로서 적합할 수 없지만 하나님 — 사람이신 그리스도는 모든 사람 앞에 목격자로 전파 되어야 한다!

6. 법궤의 이름

"그의 이름은 기묘자라 할 것임이라"(사 9:6)라고 하신 것은 메시아 예언의 언어였는데, 이것은 놀랍게도 법궤의 다른 명칭에 의하여 예표되었다. 법궤의 이름들은 모두 일곱 가지로서, 각기 다양성, 위엄 그리고 숭고함에 있어 놀랄 만하다.

첫째, 법궤(the ark)는 '증거궤'(the ark of Testimony, 출 25:22)라고 칭해졌다. 이것은 아주 자주 불린 이름이다. 거기에 "두 개의 증거 돌판"(출 31:18)의 안전한 보호를 위하여 그것을 놓아두었기 때문에, 그렇게 명명되었다. 법궤에 이러한 명칭이 붙은 것은 그것이 여호와의 거룩성과 은혜, 위엄과 낮아지심을 증거했기 때문이다. 그것을 그렇게 부른 것은 법궤가 가리키는 그리스도가 하나님의 모든 묘략의 중심이기 때문이다.

둘째, 법궤는 '언약궤'(민 10:33)라고 불렀다. 이것은 우리에게 매우 신성한 사고를 가져주지만 등한시된 주제이기에, 이에 대하여 우리는 주저하는 체 하지만, 그렇게 해서는 안 된다. 그리스도는 분명히 "더 나은 증거, 또는 언약"(히 7:23)으로 불리었고, 주님은 또한 그 일에 중재자이시다(히 9:6). 이 언약은 그가 창세 이전에 개입하신 것이요(히 13:20), "만사에 구비하고 견고하게 하신"(삼하 23:5) 언약이요, 그리스도께서 그의 백성에 대한 모든 의무와 책임을 이행하는 일에 동의하신 언약이다.

셋째, 법궤는 "온 땅의 주 여호와의 궤"(수 3:13)로 불리었다. 이 명칭은 이스라엘이 요단강을 건넌 직후, 아직 정복하지 못한 가나안 땅이 그들 앞에 놓여 있을 때 사용한 것이다. 그 당시는 적으로 가득했던 때였다. 그러나 확신의 상징과 말씀이 되는 것이 있었으니, 그것은 그들 앞에 먼저 나아간 온 땅의 여호와의 궤였다. 이것에 대한 예표적 성취(anti-typical fulfillment)는 여전히 미래의 일이다. 그리스도께서 돌아오실 때 그 유업이 침범자들에 의하여 점유되어 있음을 발견할 것이다. 그가 그들에게 간단한 일을 행하시므로 대적은 추방당하게 될 것이요, 그의 보좌는 안연히 설 것이다(슥 14:9)!

넷째, 이 법궤는 "하나님의 궤"(삼상 3:3)라고 명명되었다. 이것은 매우 놀라운 일이다. 하나님은 그 어떤 다른 어느 성전 기구들에 대해서 자신과 결코 동일시하지 않았다. 그러나 하나님이 어떤 특별한 방법으로 그리스도의 인성을 상징했던 것에 의해, 자신과 동일시했다는 것은 얼마나 적합한가! 그리고 이러한 법궤의 명칭은 인간의 모양으로 만들어진 그의 완전한 신성을 얼마나 잘 지적하였는가!

다섯째, 법궤는 "여호와 하나님의 궤"(왕상 2:26)라고 불리었다. 히브리어에서 "아도나이 여호와"(Adonai Jehovah)라는 말씀이 있다. '아도나이'는 언제나 '주권'과 하나님의 축복의 목적에 대해 언급하는 말이다. '여호와'는 언약적 관계를 맺으신 하나님이란 뜻이다. 법궤에 대한 이러한 특별한 이름이 그 안에서 발생하는 맥락은 매우 흥미롭고 복된 것이다. 열왕기서의 첫 장에 보면 다윗의 통치 마지막에 이르러 솔로몬의 즉위를 반대하는 음모가 기록되어 있다. 제2장에 보면 솔로몬이 왕위에 오른 후에, 그 음모자들과 동조자들을 어떻게 처단했는지를 들려준다. 즉 아도니야와 요압은 죽임을 당하였으나, 제사장 아비아달은 법궤를 담당했으므로 죽임을 면했다.

여섯째, 법궤는 "거룩한 궤"로 불리었다(대하 35:3). 요시야 왕에 의하여 이같이 불리었는데, 그의 당대에는 참된 경건에 대한 복된 부흥이 있었다. 요시아의 통치 이전에 가공할 만한 타락과 배교의 긴 기간이 있어서 법궤는 더 이상 성전에 보관되지 않았기 때문에, 그의 첫 번째 행동 중의 한 가지는 솔로몬이 건축한 집안에 거룩한 궤를 두도록 명하는 것이었다. 이 사실은 그리스도의 인격의 거룩성과 위엄은 하나님이 그의 백성들 가운데 능력으로 행하실 때에만 올바로 이해됨을 우리에게 얼마나 잘 보여 주는가!

일곱째, 법궤는 "주의 권능의 궤"(시 132:8)라고 일컬었다. 이것은 아름다운 명칭이었다. 이는 "내가 능력 있는 용사에게는 돕는 힘을 더하며"(시 89:19)라고 하신 말씀과, 또한 "그리스도는 하나님의 능력"이요 "하나님의 지혜"(고전 1:24)라는 말씀을 얼마나 새롭게 기억나게 하는가! 주님의 이름은 복되며, 우리의 구속자에게는 아무 연약함도 없으며 천상천하의 모든 권능이 그에게 있다. 그는 다름 아닌 "전능하신 하나님"(사 9:6)이시다. 오, 그의 사랑하는 백성들이여 하나님의 충만하심으로부터 더욱 가까이 이끌려, 우리의 연약함 속에서 주님의 권능이 완전케 되심을 보이기를 바란다.

7. 법궤의 진행

그 내력에 의하여, 우리는 그 여정과 역사에 대한 특별한 언급을 나타낸다. 성막이 장막을 치는 한 장소에서 다른 장소로 나아가는 동안에, 법궤를 옮기는 데 대한 대비책은 충분히 되어 있었다. "금 고리 넷을 부어 만들어 그 네 발에 달되 이쪽에 두 고리 저쪽에 두 고리를 달며 조각목으로 채를 만들어 금으로 싸고 그 채를 궤 양쪽 고리에 꿰어서 궤를 메게 하며 채를 궤의 고리에 꿴 대로 두고 빼내지 말지며"(출 25:12-15).

"이것은 광야에서 하나님의 백성들이 하나님께서 그들을 위하여 예비했던 곳으로 여행한 순례자들이었음을 보여준다. 그러나 그들이 그 유업을 소유하게 되고, 이스라엘 왕의 영광을 위하는 장엄함에 적합한 성전을 지을 때가 올 것이다. 광야에서 법궤의 고리로부터 빼어낼 수 없었던 그 채(막대기)들은 그 이후에 철거될 것이다(대하 5:9). 이는 그들의 순례가 끝나고 법궤는 그 백성들과 함께 그 안식에 들어가려고 했기 때문이다(시 132:8). 그러므로 고리에 꿴 채는 그리스도께서 주님의 순례의 무리와 함께 광야의 환경에 머물러 계신 때의 주님 자신을 이야기한다. 그것은 이 세상에 계신 그리스도이며, 그 자신의 완전함 가운데 있는 인간이신 그리스도, 한 마디로 말해서 하나님의 계시자로서, 인간에게 하나님을 온전히 나타내심이 된 그리스도를 말한다"(Mr. Ed. Dennett).

우리가 법궤의 실제 진행을 살펴보기에 앞서, 그 역사에 관해서 고려해야 할 한 가지 다른 점이 있는데, 그것은 여행이 시작되기 전에 기름을 바르는 것이다. 출애굽기 30:26에 보면 "너는 그것을 회막과 증거궤에 바르고"라고 하셨다. 그 원형(antitype)은 사도행전 10:38에서 제시해 주는데, 거기에서는 "하나님이 나사렛 예수에게 성령과 능력을 기름 붓듯 하셨으매 그가 두루 다니시며 선한 일을 행하시고 마귀에게 눌린 모든 사람을 고치셨으니"라고 한다. 여행이 시작되기 전에 법궤에 기름을 바른 것과 정확히 같게, 우리 구주께서 "착한 일을 행하시려고" 나가기 전에 "기름 부음"을 받은 것을 주의해서 보라. 성령으로 우리의 구속자에게 기름 부으셨던 일은 그의 공적 사역의 엄숙한 개막식에서 성령이 주님 위에 비둘기같이 임하신 그의 세례 받으신 때에 일어났다(마 3장).

1) "그들이 여호와의 산에서 떠나 삼 일 길을 갈 때에 여호와의 언약궤가 그 삼 일 길에 앞서 가며 그들의 쉴 곳을 찾았고"(민 10:33). 이는 참으로 복되며 아름다운 일이다. 그것은 선한 목자가 그 양을 앞서 가며(요 10:4), 그들을 푸른 초장과 잔잔한 물가로 인도하는 아름다운 모형이었다. 그러나 우리가 민수기 10:33의 서두에 있는 맥락에 주의하지 않으면 (즉, '그리고'라는 말에 주목하라), 여기에 있는 그 모형의 소중함을 잃게 될 것이다!

첫째, 민수기 9:18-20을 살펴보면 거기에는 하나님의 은혜와 성실함에 대한 주목할 만한 사실이 있는데, 그것은 하나님이 구름을 예비하심으로 이스라엘이 언제 이동하여 언제 머물 것을 암시하면서 그들을 인도한 것이다. 둘째, 모세의 실수를 살펴보자. 그는 그들을 인도하시리라는 여호와의 약속을 잊어버리고, 육신의 팔에 의지하기를 원하였기에, 그의 장인에게 "청하건대 우리를 떠나지 마소서 당신은 우리가 광야에서 어떻게 진 칠지를 아나니 우리의 눈이 되리이다"(민 10:31)라고 말했다. 오호라, 인간들 중에 심지어 가장 나은 자가 이러하니 인간이란 도대체 무엇인가! 셋째, 여호와께서 얼마나 자비롭게 개입하셨는지를 살펴보면 참으로 아름답다. 당시에 법궤가 이스라엘의 안내자로서 그들의 앞에 나가게 되었으니, 이는 순례하는 주님의 백성의 인도자로서의 그리스도에 대한 모형이다. 어떤 이가 말한 바와 같이 "고향으로 가는 일에는 가장 밝은 인간의 눈이나 가장 예리한 인간의 지식도 아무런 소용이 없다." "삼 일 길을 행함"은 주께서는 그의 백성을 부활에 근거하여 인도하심을 암시한다.

2) "그들이 그래도 산 꼭대기로 올라갔고 여호와의 언약궤와 모세는 진영을 떠나지 아니하였더라"(민 14:44). 이 장의 전체는 매우 엄숙한 것으로, 갈렙과 여호수아의 조언을 따르기를 두려워했던 백성들에게 내리실 하나님의 심판을 기록한다. 그러나 백성들이 그 거룩한 경고를 믿지 아니했기에, 다음날 아침, 전날에 있었던 그들의 소심함을 어리석게 느끼면서, 위로 올라가기로 결정하여, 그들 자신의 힘으로, 대적을 처리한다. 그럼에도 불구하고 법궤와 모세는 진을 떠나지 않았다. 그러므로 우리는 그 뒤에 일어난 일에는 놀랄 필요가 없는 것이다. "아말렉인과 산간지대에 거주하는 가나안인이 내려와 그들을 무찌르고 호르마까지 이르렀더라"(민 14:45)고 하셨다. 이는 오늘날 우리에게도 얼마나 엄숙한 경고가 되는가? 주께서 친히 우리를 인도하시지 않는데도, 우리가 다만 육신의 힘으로 행동하면 실패와 재난은 분명한 결과가 될 것이다.

3) 여호수아 3:5-17은 너무 길어서 여기에 인용하지는 못하지만 연구하는 사람은 이 구절에 대한 주석을 계속하기 이전에 그것으로 돌아가서 주의 깊게 읽어주기를 바란다. 여기에서 우리는 이스라엘이 요단을 건너는 것과 법궤가 그 물을 통과하는 길을 열기 위하여 그들 앞에 가는 것을 보게 된다. 물론 이스라엘이 광야를 건너가는 여행은 불신앙과 원망, 그리고 거역의 긴 기록이었지만, 법궤는 여전히 그들을 인도하였기에, 그들의 눈이 그곳에 들어가도록 인도하기 전에 그 약속하신 땅이 전개되었다. 이는 하나님의 놀랍고 비길 데 없는 오래 참으심의 복된 상징이었으며, 이 하나님은 당신의 백성의 모든 죄악과 비참한 실수들에도 불구하고, "내가 결코 너희를 버리지 아니하고 너희를 떠나지 아니하리라"고 약속하셨다.

요단은 심판의 강이요 죽음의 모형이다. 여호와의 궤의 존재가 요단에 들어서면서 그 물이 갈라져 이스라엘이 마른 땅을 걸은 것은 주 예수께서 그의 백성을 위하여 죽음의 고통을 당한 것의 모형(a type)이다. "여호와의 궤가 그들 앞을 지나 요단에 들어섰고 그리고 그 앞에서 요단의 물이 말랐던 사실은 여호와께서 그들 앞에 있는 모든 대적들을 쫓아낼 것이라는 명백한 증거가 되었다. 예수께서 우리를 위하여 죽음으로 들어갔고, 찔림을 받았고, 죄의 삯으로서의 실제의 죽음이 어떤지를 맛보았고, 그 쓰라림으로 몹시 지쳤던 것은 또한 우리가 천상의 가나안으로 들어가는 마지막 입구와 가나안의 즐거움을, 그 어떤 대적도 결코 막을 수 없음에 대한 확실한 증거가 된다. 그리고 이 사실은 가장 복된 일에 속한다. 광포의 왕이 우리 앞에서 그 무장이 해제되고, 죽음의 능을 가진 자가 무능해진다. 또한 죽음에 대한 두려움 때문에 평생 동안 예속되기 쉬웠던 자들이 구원을 받는다"(Mr. C. H. Bright). 결론적으로, 그리스도가 그들을 위하여 죽으셨던 자들 스스로는 결코 죄의 삯을 받지 않을 것이다. 그들이 잠들 수는 있으나, 죽지 아니할 것은 "사람이 내 말을 지키면 영원히 죽음을 맛보지 아니하리라"(요 8:52)고 하셨기 때문이다. 또 이르시기를 "무릇 살아서 나를 믿는 자는 영원히 죽지 아니하리니"(요 11:26)라고 하셨다.

4) 여호수아 6:4-20. 다시 한 번, 이 구절에 대하여 간단하게 주목하기 전에, 연구자가 본문을 읽어 주기를 바란다. 우리가 여기에서 가려내어 언급하는 한 가지는 이스라엘이 여리고 성벽을 돌아 진행할 때에 언약궤가 그 길을 인도했다는 것이다. 만일 사탄의 요새가 하나님의 백성 앞에서 무너지게 된다면, 만일 교만한 상상과 하나님의 지식을 대적하여 자신을 높이려는 모든 높은 것들이 넘어지게 된다면, 그것들은 다만 우리의 구원의 대장의 즉각적인 지도 아래 있어야 함을 이것은 얼마나 명백하게 가르쳐 주는가! 여호수아 6장에서 10번 이상 법궤를 언급한 것을 주의해 보라! 그 능력은 나팔 소리나, 행군이나, 또는 백성들의 고함 소리에 있었던 것이 아니라 그들을 앞서 행한 피 뿌림을 받은 속죄소가 함께 있는 법궤에 있었다. 그리고 하나님은 놀랍게도 그 효험을 입증하셨다.

5) "온 이스라엘과 그 장로들과 관리들과 재판장들과 본토인뿐 아니라 이방인까지 여호와의 언약궤를 멘 레위 사람 제사장들 앞에서 궤의 좌우에 서되 절반은 그리심 산 앞에, 절반은 에발 산 앞에 섰으니 이는 전에 여호와의 종 모세가 이스라엘 백성에게 축복하라고 명령한 대로 함이라"(수 8:33). 여기에 아름다운 장면이 우리에게 제시된다. 이스라엘은 아이 성을 점령하려는 그들의 첫 번째 시도에서 비참하게 실패했는데, 이는 그들의 교만과 자기만족 때문이었다(수 7:3 참조). 여호수아는 깊이 생각한 끝에 여호와께 간구하니, 하나님이 아간의 죄를 그에게 알게 해 주었다. 이것이 처리된 다음에, 여호와께서는 여호수아에게 그의 손에 아이 성을 붙이겠다고 확언하셨다(수 8:1). 그 결과는 이렇게 나타났으니, 그 성은 불타고 그 왕은 매달렸다. 그 다음에 여호수아는 여호와께 한 제단을 세웠고, 그 돌 위에 하나님께서 십계명을 기록하셨고, 그 후에 모든 이스라엘을 함께 불

러서, 그들의 귀에 율법의 말씀을 읽게 했다. 그러나 주목할 만한 너무도 복된 광경은 법궤가 한 가운데 있다는 것이었다. "온 이스라엘과 … 궤의 좌우에 서되." 이것은 그리스도께서 그들의 회중의 한복판에 서 계셔서, 그가 이루신 승리로 인하여 칭송이 그에게로 드려짐에 대한 소중한 상징이었다.

6) "여호와께 물으니라 그 때에는 하나님의 언약궤가 거기 있고"(삿 20:27). 위의 내용을 기록한 장에 보면(지금 여기에서 우리가 들어갈 필요는 없지만), 이스라엘의 또 다른 슬픈 실패를 기록하고 있다. 베냐민 지파가 통탄할 만한 죄를 범하여 남은 지파들이 그 지파를 처벌하기에 이르렀다. 숫자적으로 크게 우세했지만, 이스라엘은 패했다. 그래서 이스라엘이 여호와 앞에서 통곡하고 금식하며 구한 것이 바로 그것이다. 여기에서 법궤에 대한 언급은 하나님의 마음은 다만 그리스도를 통하여, 그리고 그리스도 안에서 배울 수 있음을 상징적으로 우리에게 보여 주고 있다.

7) 사무엘상 4장. 이 장은 우리들에게 하나님의 법궤가 블레셋 사람들에게 빼앗긴 슬픈 광경을 보여 준다(11절). 이는 그 백성들의 배교로 인하여 하나님께서 허락하신 것이었다. 상징적으로, 이것은 법궤가 언제나 예표했던 자의 치욕 당함을 가리키며, 그가 이방인의 손에 넘겨진 것을 예표하였다. 여기에서의 두 가지 상세한 사항은 방금 말한 내용을 강조하고 있는데 그것들은 매우 충격적이다. 법궤가 블레셋에 의하여 취해감을 당한 것과 동시에 연결된 일은 대제사장의 죽음이었다(삼상 4:18). 하나님의 영원한 계획에 따르면, 주 예수님은 위대한 대제사장의 죽음을 위하여 이방인의 손에 넘겨졌었다! 동일하게 엘리의 자부의 말도 주목할 가치가 있다. 그는 이르기를 "영광이 이스라엘에서 떠났다 … 하나님의 궤가 빼앗겼고"(삼상 4:21)라고 하였다. 그 원형도 그와 같았다. 그리스도를 이방인의 손에 넘겨줌으로 하나님의 영광이 이스라엘을 떠났다!

8) 사무엘상 5장. 이 장에서는 법궤가 이스라엘을 떠나 블레셋 땅에 있었을 때의 역사를 추적하고 있다. 첫째, 그들은 법궤를 취하여 다곤의 신전에 가져가 그 우상 앞에 두었다. 그 결과는 깜짝 놀랄 만하다. "아스돗 사람들이 이튿날 일찍이 일어나 본즉 다곤이 여호와의 궤 앞에서 엎드러져 그 얼굴이 땅에 닿았는지라". 이는 요한복음 18:3-6에서 언급한 바와 같이 관원들이 그리스도를 잡으려 하여 그에게 이르렀을 때, "그들이 물러가서 땅에 엎드러졌다"는 사실을 얼마나 강력하게 기억하게 하는가! 그 후에 하나님이 블레셋을 극심하게 괴롭게 하시므로 그

들이 법궤를 이스라엘로 돌려보내면서 그것을 없애버렸다. 이것은 이방인들이 그리스도를 거절하고, 그들이 배교하기에, 결과적으로 그리스도께서 유대인에게로 돌아오심을 예시한 것이 아니었는가!

9) "그들이 하나님의 궤를 새 수레에 싣고 산에 있는 아비나답의 집에서 나오는데"(삼하 6:3). 그들이 법궤를 새 수레에 실은 것(블레셋 사람들을 모방한 것임, 삼상 6:7-11)은 거룩한 명령을 무시한 것이었다(민 3:27-31 참조). "그들이 나곤의 타작 마당에 이르러서는 소들이 뛰므로 웃사가 손을 들어 하나님의 궤를 붙들었더니 여호와 하나님이 웃사가 잘못함으로 말미암아 진노하사 그를 그 곳에서 치시니 그가 거기 하나님의 궤 곁에서 죽으니라"(삼하 6:6, 7). 이것은 주님의 말씀에 불순종한 일로 인한 하나님의 심판이었다. 민수기 4:15에 보면 레위 사람들 외에는 아무도 거룩한 물건에 손대지 못하도록 특별히 금지하였으며, 민수기 1:51에는 죽음으로 위협하셨다. "다윗이 그 날에 여호와를 두려워하여 이르되 여호와의 궤가 어찌 내게로 오리요 하고 다윗이 여호와의 궤를 옮겨 다윗 성 자기에게로 메어 가기를 즐겨하지 아니하고 가드 사람 오벧에돔의 집으로 메어 간지라"(삼하 6:9, 10). 이것은 모형적 그림의 다른 일면을 보여 주는 것으로, 그리스도가 이방인들과 함께 있는 동안에는 거룩한 은혜가 그들에게로 흘러나간다는 것이다(행 15:14).

10) "다윗이 가서 하나님의 궤를 기쁨으로 메고 오벧에돔의 집에서 다윗 성으로 올라갈새"(삼하 6:12). 이 말씀과 역대상 16장을 주의 깊게 비교해 보면 이제야 모든 일들이 거룩한 질서에 따라 이루어지고 있음을 알게 된다. "하나님의 궤를 메고 들어가서 다윗이 그것을 위하여 친 장막 가운데에 두고 번제와 화목제를 하나님께 드리니라"(대상 16:1). 법궤가 엘리의 시대에 성막을 떠난 뒤에, 하나님께서 택하신 왕, 그의 마음에 따른 자가 왕위에 오르기 전까지 예루살렘에서 다시 발견할 수 없었음은 참으로 충격적이다! 솔로몬 당시에, 법궤가 성전에 보존된 것은 천년왕국 기간 동안에 그리스도께서 이스라엘 가운데 계시는 것을 나타낸다. 주께서 이 적은 연구에 그 자신의 축복을 더해 주시며 그리고 다른 이에게도 우리에게 한 것과 같이 기운을 북돋게 하시기를 바란다.

제37장

속죄소

출애굽기 25:17-22

속죄소(시은좌)는 순수한 금으로 된 튼튼한 판 또는 두꺼운 널판이었다. 그것은 자체로 따로 분리된 별개의 물건이지만, 법궤의 뚜껑의 역할을 하였기에, '궤 위에' 얹어 둔 것이다. "윗 가로 돌아가며 두른 금테"(꼭대기의 모서리를 구성함)는 그것을 유지하면서 미끄러지지 않게 한다. 속죄소는 그 속에 어떤 나무도 그 구성물로 들어가지 않았다는 점에서 법궤와는 달랐다. 성막의 기구들 가운데 순전히 금으로만 만들어진 다만 한 가지 다른 물건이 있었는데, 그것은 등대로서, 크기나 무게에 있어 더 작았다. 그러므로 속죄소는 그 본래의 가치로 따진다면 모든 거룩한 기구들 가운데 가장 값어치가 있었다. 이것은 속죄소가 예표했던 것이 하나님의 안목으로 볼 때 얼마나 소중한지를 말해준다.

속죄소(the Mercy-seat), 또는 더 낫게 말해서 화목처(the Propitiatory)는 그 위에 뿌려진 화해의 피로부터 그 이름이 유래되었다. 그 길이와 너비는 법궤와 마찬가지로 2.5 × 1.5 규빗이었다. 양쪽 끝에는 그룹들이 있었는데, 그 위에 붙인 것이 아니라 속죄소를 만들 때 한 덩어리의 금으로 쳐서 만들어졌다. 이 상징적인 형태를 가진 그룹들은 그 날개들을 펴서 속죄소 위로 드리우고 있었으며, 그들의 얼굴은 그곳을 내려다보고 있다. 이제 이 사실을 고찰해 보자.

1. 속죄소의 중요성

속죄소의 모형적 의미에 관해서 아주 다양한 해석이 우리에게 제공되고 있다. 어떤 필자들은 성경에 있는 사용법으로부터 그 정의를 구하는 대신에 히브리 어원을 강조하는 쪽으로 기울어짐에 따라서 올바른 방식에서 벗어났다. 다른 이들은 번제단과 속죄소가 저마다 예표하는 내용을 구별하는 데 실패하면서 혼란을 일으켰다. 속죄소에 대한 진정한 모형적 의미는 로마서 3:24, 25에서 거룩하게 설명되어 있지만, 흠정역(the Authorized Version)에서는 이것이 가려져 있다. "그리스도 예수 안에 있는 속량으로 말미암아 하나님의 은혜로 값 없이 의롭다 하심을 얻은 자 되었느니라 이 예수를 하나님이 그의 피로써 믿음으로 말미암는 화목제물(화목처가 더 나음)로 세우셨으니 이는 하나님께서 길이 참으시는 중에 전에 지은 죄를 간과하심으로 자기의 의로우심을 나타내려 하심이니"라고 하셨다. 여기에서 '화목제물'(propitiation)로 표현된 헬라어는 히브리서 9:5에 '속죄소'(Mercy-seat)로 번역된 것과 같은 말이다. 그렇다면 로마서 3장은 하나님이 복음서에서 그리스도를 속죄소의 예표로 우리에게 소개한다고 선언한다.

만일 우리가 히브리어의 'kapporeth'를 속죄소로보다 '화목처(propitiatory)'로 표현했다면, 덜 모호하기 때문에, 그것이 더 나았을 것이다. 신약성경에 의하여 첨가된 빛이 이러한 변화를 정당화 할뿐만 아니라 그것을 요구하고 있다. 그리스도는 속죄소이지만, 그는 하나님께 드려진 화목(the propitiation) 덕택에 그렇게 된 것이다. 요한일서 2:2과 4:10의 헬라어(롬 3:25과는 다른 형태이지만)가 화목제물로 올바르게 번역된 것은, 이 구절에서 주 예수를 하나님의 공의의 범과에 대해 화해를 이룬 희생으로 언급하기 때문이다. 하지만, 로마서 3:25에 있는 말은 칠십인역에서 언제나 'kapporeth'와 동일한 의미로 사용되었기에, 그 말은 히브리서 9:5에서 실제로 속죄소로 번역되었다. 화목처는 화목이 이루어지는 바로 그 장소는 아니지만, 그 대신 그 지속적인 가치가 하나님 앞에 증거되었던 그 장소이다. 너무도 많은 혼돈을 가져다주었던 것은 이 구분을 명확하게 하는 일에 실패하기 때문이다.

'화목하다'(propitiate)는 동사는 달래다, 위로하다, 또는 만족하게 하다는 뜻을 나타낸다. 그렇다면 우리가 그리스도께서 화목처로 나타난 로마서 3:25을 읽을 때, 그 확실한 의미는 복음을 통하여, 하나님께서 지금 그의 축복된 성자를, 화목을 이룩하신 자로서, 그 백성의 죄에 대한 하나님의 거룩한 진노를 가라앉힌 자로서, 하나님의 율법의 의로운 요구를 만족시킨 자로서, 신성한 모든 속성이 영화롭게 된 자로 증거한다는 것이다. '우리의 죄에 대한 화목제물'로서의 그리스도의 모형은 번제단 위에 있는 피 흐르는 희생이며, 그리고 하나님의 안식처, 또는 화목처로서의 그리스도의 모형은 휘장 속에 있는 속죄소이다. 그리스도께서 하나님의 안식처가 되어, 그 안에서 주님의 모든 풍성한 은혜로 가련한 죄인들을 만날 수 있는 것은 십자가상에서 그에 의하여 화목제물이 드려졌기 때문이다.

그리스도께서 드리신 위대한 화목제물과 그것의 결과인 화목처는 이스라엘이 매해 드리는 속죄일의 의식에 의하여 둘 다 증거되었다. 이 사실은 우리를 위하여 레위기 16장에 기록되어 있다. 이 장에 기록된 가장 흥미 있고 중요한 내용에 대해서는 여기서 다룰 수 없으나, 우리가 지금 다루고 있는 논제에 대하여 한 가지 견해를 제시해 주는 내용이 레위기 16: 14에 있다. "그는 또 수송아지의 피를 가져다가 손가락으로 속죄소 동쪽에 뿌리고 또 손가락으로 그 피를 속죄소 앞에 일곱 번 뿌릴 것이며"라고 하셨다. 피(짐승의 죽음을 통하여 얻은 — 화목제물의 상징)는 무죄한 대속물에 이미 심판이 내려졌음을 말하였으며, 화목처에 뿌려진 피는 하나님이 그에게 드려진 희생을 열납하셨다는 것을 선포했으며, 화목처 앞에 뿌려진 피는 하나님의 임재 앞에서 영구적 근거를 보장하였다. 단 한 번이면 하나님의 눈에는 족했지만, 속죄소 앞에서 일곱 번씩이나 뿌려질 정도로 은혜는 그런 경험을 겪었는데, 이는 우리(너무나 믿기에 더딘 심령을 가진 자들)에게 주님의 백성을 위하여 그리스도께서 얻으신 그 영구적 근거의 온전함을 확신시키려는 것이다!

2. 속죄소의 목적

성막 안에는 상은 있었지만, 아론이나 또는 다른 제사장이 앉을 수 있는 의자가 없었는데, 이는 그들의 사역은 결코 끝이 없음이요, 계속 반복될 필요가 있으니, 이는 안식과 만족을 제공할 위대한 희생이 아직 이르지 않았다는 사실을 상징한다. 그러나 거기에는 한 좌석이 있었는데, 이는 그룹들 사이에 좌정하였던 여호와 자신을 위하여 마련된 시은좌(속죄소)였다. 법궤 위에 있는 이 속죄소는 하나님께서 그의 성육신한 아들이 이행할, 그 같은 온전한 사역 위에서 안식을 찾게 될 것이라는 위대한 진리를 예표하였다. 그러므로 속죄소는 이 땅에 있는 하나님의 보좌였다. "속죄소를 궤 위에 얹고 내가 네게 줄 증거판을 궤 속에 넣으라 거기서 내가 너와 만나고 속죄소 위 곧 증거궤 위에 있는 두 그룹 사이에서 내가 이스라엘 자손을 위하여 네게 명령할 모든 일을 네게 이르리라"(출 25:21, 22).

속죄소가 이스라엘의 한 가운데에서 하나님의 보좌를 이루었다는 사실은 구약성경의 여러 구절에서 매우 많이 언급되었다. 사무엘상 4:4에 이르기를 "이에 백성이 실로에 사람을 보내어 그룹 사이에 계신 만군의 여호와의 언약궤를 거기서 가져왔고"라고 하셨으며, 또 사무엘하 6:2에 이르시기를 "다윗이 일어나 자기와 함께 있는 모든 사람과 더불어 바알레유다로 가서 거기서 하나님의 궤를 메어 오려 하니 그 궤는 그룹들 사이에 좌정하신 만군의 여호와의 이름으로 불리는 것이라"고 하셨다. 히스기야는 여호와께 드리는 그의 기도에서 "그룹들 위에 계신 이스라엘의 하나님 여호와여"(왕하 19:15)라고 하셨다. 시편 기자는 "요셉을 양 떼 같이 인도하시는 이스라엘의 목자여 귀를 기울이소서 그룹 사이에 좌정하신 이여 빛을 비추소서"(시 80:1)라고 외쳤다. 시편 99:1에 이르기를, "여호와께서 다스리시니 만민이 떨 것이요 여호와께서 그룹 사이에 좌정하시니 땅이 흔들릴 것이로다"라고 하셨다.

그러나 바야흐로 거룩하신 삼위의 하나님께서 어떻게 죄지은 백성들 가운데 거하시는 일이 가능하였는지에 대한 의문이 생긴다. 이에 대한 대답은, 희생을 열납한 것에 근거한다. 그의 보좌는 피가 뿌려진 곳이었다. 이 사실은 우리가 이미 인용한 바 있는 레위기 16:14에 언급되어 있다. 여호와의 보좌가 설치된 속죄소 위에 속죄 제물의 피가 뿌려졌고, 그의 살피시는 눈 아래 피가 남아 있어 하나님의 공의의 주장을 충족시키는 지속적 증거로 남아 있다. 하나님께서 율법을 어긴 백성들 가운데에 정당하게 거할 수 있었는데, 그 이유는 당연히 그들의 죄가 제거되었기 때문이다.

그리스도 안에서 완전히 해결된 하나님의 만족에 대한 견해의 중대성을 실제 이상으로 평가하는 것은 있을 수 없는 것이다. 많은 그리스도인들은, 그리스도의 죽음이 그들의 생명을 획득하고 보증했다는 것이 귀중한 사실임에도 불구하고 (많은 경우에, 이것마저도 유지되지 못한다), 그 사실을 결코 넘어서지 못한다. 그 이유는, 구원 사역에 있어서는 반드시 자아가 개입되어야 하며, 그것에 무엇인가를 기여해야 한다고 말하는 우리의 악한 불신앙의 마음에서 나오는 명령에 자주 귀를 기울이기 때문이다(만약 행하지 않는다면, 곧 느끼는 것이다!). 그러나 사실은 하나님께서 우리를 구하시는 일에 우리 자신을 전적으로 제외시키고 그가 친히 행하셨다. 하나님의 영광과 우리의 구원은 서로 흔들리지 않게 연결되어 있다. 따라서 우리는 영원한 보장에 대한 확실성을 누려야 할 뿐만 아니라, 또한 하늘에 있는 그의 보좌와 관련된 그리스도의 보혈의 능력에 관해 하나님께서 계시한 생각에 일치되게 보다 깊은 교제 가운데로 들어가야 한다! 속죄소, 또는 화목처가 특별히 그리고 매우 축복되게 상징하는 것이 이것이다.

그렇다면 이스라엘 중에서 하나님의 보좌 역할을 했던 속죄소는 우리의 생각을 속죄에 대한 통치적 측면으로 향하게 한다. 그리스도께서 죄인들을 위하여 죽으셨다는 것은 사실일 뿐만 아니라, 그가 하나님을 위하여 죽으셨다는 것도 ― 다른 의미에서 본 것이지만 ― 동일한 사실이다. 주님은 그의 죄 많은 백성을 대신하여 죽으셨고, 삼위의 거룩한 하나님을 위하여 죽으셨다. 그리스도는 하나님이 지옥의 형벌을 받아야 마땅한 죄인들과 스스로 교제하는 것이 가능하도록 하기 위하여, 그리고 그것이 하나님의 거룩함과 정의와 일치되도록 하기 위하여, 살고 그리고 죽으셨다. 그는 우주의 모든 지적인 존재 앞에서 하나님의 성품을 변호하기 위하여 죽으셨다. 그는 하나님의 보좌가 세워지도록 하기 위하여 죽으셨다. 이는 "공의와 정의가 주의 보좌의 거처(혹은 기초)라"(시 89:14)하심과 같다. 하나님의 보좌가 그리스도 안에서 세워진 것은 공의에 대한 하나님의 모든 요구가 그리스도에 의하여 해결되었기 때문이다. 이것의 예표는 요한계시록 5:6에서 우리에게 가장 영광스러운 말씀으로 제시된다. "내가 또 보니 보좌와 … 사이에 한 어린 양이 서 있는데 일찍이 죽임을 당한 것 같더라"!!

"그의 피로써 믿음으로 말미암는 화목제물로 세우셨으니 이는 하나님께서 길이 참으시는 중에 전에 지은 죄를 간과하심으로 자기의 의로우심을 나타내려 하심이니"(롬 3:25). 여기서 '나타내다'(declare)라는 말은 명시하고, 공공연히 선포하고 드러냄을 의미한다. 거룩한 공의는 하나님의 율법이 준수될 것을 요구하며, 그 규범이 위반된 곳에서는 징계가 강행되었다. 거룩한 자비는 공의의 희생에서는 발휘될 수 없었으며, 우주의 통치자로서의 하나님의 성품이 관련되어 있었다. 그러나 속죄소의 예표는 하나님의 징벌적 거룩성이 십자가상에서 그의 아들의 피를 뿌림에 의하여 완전히 만족되었던 그 귀한 사실을 설명하고 있다. 공의는 파산된 상태에서 일부만을 담당하는 그 긴급한 필요성으로 축소시키는 대신, 파산 선고를 받은 담보물에 대해 충분한 보상을 받음으로써 그의 구원을 보장받았다. 이와 같이 그리스도는 그의 순종의 삶을 통하여 "율법을 나타내며 그것을 존귀하게 하셨으며"(사 42:21), 그리고 그의 죽으심을 통하여 하나님의 모든 신성함을 영화롭게 하셨다. 하나님의 사랑, 은혜, 그리고 자비는 그의 거룩성, 공평, 그리고 정의와 마찬가지로, 갈보리에서처럼 잘 나타난 곳은 없었다. 그렇기에, 이러한 이유로 속죄소는 단독으로 순전한 금으로 만들어져 그 거룩한 영광을 나타내었다. 이와 같이 하여 화목은 이루어졌기에, 하나님은 화목에 대한 증거로서 화목처인 하나님의 아들에 대하여 모든 것을 지목하신다. 마치 피가 뿌려진 속죄소가 상징적으로 화목이 성취되었다는 것을 입증했던 것처럼,

3. 속죄소의 크기

성령이 우리에게 화목처의 크기를 허락하기를 기뻐하였던 것은 충분한 이유가 있다. 왜냐하면 하나님의 말씀에는 의미 없는 것이나 사소한 것이란 아무것도 없기 때문이다. 그 길이는 2.5규빗이며 그 너비는 1.5규빗이었다. 그러나 그 두께에 대해서는 우리에게 언급한 것이 아무것도 없다. 이것이 생략되도록 계획되었음은 시편 103:11에서 제시해 주고 있지 않은가? 거기에 이르시기를 "이는 하늘이 땅에서 높음 같이 그를 경외하는 자에게 그의 인자하심이 크심이로다"라고 하셨다. 그렇다면 기록된 치수들로부터 우리는 무엇을 배울 수 있는가? 그 길이와 너비는 법궤의 치수와 꼭 같다. 그 치수는 하나님께서 그 구원의 은총을 위하여 설정하신 엄격한 한계를 분명히 말하고 있다. 어떤 이가 말한 것처럼, "'하나님의 은혜의 넓이는 바다와 같이 넓다'고 말하는 것은 모두 확실하지만, '길이는 두 규빗 반, 너비는 한 규빗 반'이라고 하신 말씀이 의미하는 바를 분명히 이해하는 것이 훨씬 더 좋은 것이다. 사실상, 하나님의 자비는 자신을 깊이 뉘우치면서 지정된 속죄소에 자신을 드러내는 모든 죄인들을 포용하기에는 충분히 넓지만 그 이상 확대되지는 않는다. 그 한계는 거룩하게 책정되었고 또 변개할 수 없다."

어떤 이들은 속죄소가 법궤보다 더 넓다고 가상적으로 상상하면서, 그리스도와 그의 대속의 죽음을 떠나서 하나님의 사랑에 의존하는 이들이 있다. 그러나 이것은 헛된 망상이다. 하나님의 은혜는 "의로 말미암아 왕 노릇 하여 우리 주 예수 그리스도로 말미암아 영생에 이르게 하려 함이라"(롬 5:21)고 하셨다. 주 예수의 구속하는 피를 떠나서는 그 어떠한 죄인도 은혜를 입을 수 없다. "나는 공의를 행하며 구원을 베푸는 하나님이라"(사 45:21)고 하셨다. 구원의 은총은 그를 위하여 그리스도께서 거룩한 공의의 요구를 채운 자 외에는 그 누구에게도 제공되지 아니한다. 오늘날 속죄소의 엄격히 한정된 치수에 저촉되는, 소위 말하는 복음주의가 많이 있다! 그리스도께서는 모든 인류의 구원을 가능케 하기 위하여 죽으신 것이 아니라 하나님의 택정함을 입은 자의 구원을 확실하게 하기 위하여 죽으셨다. 즉 "그 백성의 죄를 속량하려 하심이라"(RV, 히 2:17)고 했다.

4. 속죄소의 장식품

이것은 속죄소 위 양쪽 끝에 하나씩 날개를 펼친 두 개의 그룹들(cherubs)의 형상이었다. 그 날개를 속죄소 위에 펼쳐서, 그늘을 드리우면서 마치 하나님의 보좌를 보호하는 것 같았다. 그룹들의 모양과 관련해서 심각하고 중대한 의미가 있다는 것은, 속죄소에 대한 거룩한 말씀 가운데서 차지하는 그 탁월한 위치를 보아도 분명하다. 만일 연구자들이 출애굽기 25:17-22을 읽어본다면, 그것에 대한 언급이 단수나 복수이든 간에 일곱 번 이상이나 기록된 것을 발견하게 될 것이다. 많은 것들이 그 주제에 대하여 기록되었으나, 우리는 그렇게 만족할 만한 것을 보지는 못했다.

성경에서 '그룹'(cherubim)에 대하여 맨 처음 언급한 곳은 창세기 3:24인데, 거기에 그들이 '불칼'로 생명나무의 길을 지키는 모습이 있는데, 이는 그들이 하나님의 사법적 권세를 행사하는 일과 연관되어 있음을 제시해 준다. 요한계시록 4:6-8(겔 1:5-10과 비교)에 보면 그들이 하나님 보좌에 관련되어 있음을 알 수 있다. 요한계시록 5:11-14에서, 그룹은 천상 피조물의 서열에서 가장 우위에 있음을 가리키고 있다. 시편과 에스겔서에서, 그룹들은 사법적 행위(심판에 관한 하나님의 간섭)와 연관되어 우리에게 나타난다. 그러므로 이러한 자들이 여기 속죄소 위에 위치하는 것은 놀라운 의미를 부여해준다. 즉 하나님의 공의, 아니 죄에 대한 그의 진노가 그의 자비와 일치하여 한 조각품의 모습으로 보여진다! 하나님의 속성은 서로 대치되지 않는다. 빛과 사랑은 그의 본성의 양면에 불과하다!

두 개의 그룹들은, 속죄소 위에는 공동의 목적에 마음을 기울이면서, 흠모하는 모양으로 머리를 숙인 채 서로 얼굴을 맞보고 서있다. 그 숫자는 합법적인 증인에 대해 말한다. 그 주제는 여기서 개요만을 말하기에도 너무 방대하지만, 그러나 교회의 구속이 천사들에게 좋은 본보기가 됨을 성경에서 많이 암시하고 있다. 고린도전서 4:9에 보면 고난당하는 사도들이 "천사들의 구경거리"가 되었다고 표명한다. 에베소서 3:10에는, "이제 교회로 말미암아 하늘에 있는 통치자들과 권세들에게 하나님의 각종 지혜를 알게 하려 하심이니"라고 말한다. 베드로전서 1:11, 12에서는 그리스도의 고난과 그 후에 뒤따랐던 영광은 "천사들도 살펴 보기를 원하는 것이니라"고 소개한다. 그렇다면, 우리는 속죄소 위에 머리를 숙이고 있는 두 그룹의 형상은, 하나님의 구속의 목적의 전개 속에 있는 천사들의 계급에 대한 관심을 표시하는 것이라고 추정한다.

5. 속죄소의 축복

첫째, 이것은 속죄소가 법궤 속에 보관되어 있었던 두 돌판의 시야에서 완전히 가려져 있다는 사실로부터 나온다. 그룹들이 그 얼굴을 아래로 하고 서 있었을 때, 그들은 그 범법자를 정죄하는 거룩한 법도를 보지 아니했다. 그 대신에, 그들은 하나님의 영광을 말해주는 것 ― 희생에 의하여 크게 보여진 신성 ― 을 바라보았다. 율법과 그것을 섬기는 자와 집행자의 사이에 피가 있었다!

속죄소가 없는 법궤를 상상해 보라. 그렇다면 율법은 가려지지 않은 채 있을 것이요, 그 우레를 아무도 조용하게 못할 것이며, 그 의로운 선고의 집행을 저지할 아무것도 없었을 것이다. 율법은 하나님의 공의를 선포하기에, 그것을 위반한 자의 죽음을 요구한다. "무릇 율법 행위에 속한 자들은 저주 아래에 있나니 기록된 바 누구든지 율법 책에 기록된 대로 모든 일을 항상 행하지 아니하는 자는 저주 아래에 있는 자라"(갈 3:10)고 하셨다. 냉혹한 법의 판결에 의하여 모든 죄인들에게 내려진 피할 수 없는 심판이 이러하다. 율법 준수에 근거하여 하나님 앞에 설 수 있는 유일한 사람은 인자이신 예수 그리스도였다. 그는 그것에 의하여 의롭다 하심을 받고, 보좌에 올라, 거기에서부터 아담과 함께 범죄한 모든 족속들에 대해 정당한 멸망의 선고를 내릴 수 있었다. 그러나 주님은 그렇게 하지 않았다. 아니, 그 이름이 복되신 이는 율법의 진행자로 이 땅에 오신 것이 아니라, 그 의의 칼을 주님의 거룩한 가슴으로 품었다. 율법을 어기지 아니한 바로 그 동일한 심령(시 40:8)이 그것을 어긴 그의 백성이 치러야 할 징계를 받았다. 진노의 폭풍이 그 위에 다 쏟아졌기에, 주님을 피난처로 삼아 거기로 도망하는 자들을, 율법은 더 이상 건드릴 수가 없다. 피 뿌림을 받은 속죄소가 법궤 속에 있는 두 돌판을 덮고 있는 것은 참으로 복되다고 말하는 것은 이를 두고 하는 것이다.

범법한 나라들은 노출된 율법 앞에 결코 설 수 없었다. 가려지지 아니한 법궤는 다름 아닌 심판의 보좌를 제공할 뿐이다. 이것은 많은 사람들을 당황하게 하는 구약성경 구절의 열쇠를 제공한다. 블레셋 사람들이 법궤를 돌려보냈을 때(여호와께서 블레셋 사람들의 손에 빠져 고통을 당했음), 성경은 이르시기를, "벧세메스 사람들이 여호와의 궤를 들여다 본 까닭에 그들을 치사 (오만) 칠십 명을 죽이신지라 여호와께서 백성을 쳐서 크게 살륙하셨으므로 백성이 슬피 울었더라 벧세메스 사람들이 이르되 이 거룩하신 하나님 여호와 앞에 누가 능히 서리요"(삼상 6:19, 20)라고 한다. 여기서 하나님이 너무나 심하게 징계했던 죄는 하나님께서 가렸던 것을 이스라엘이 감히 벗겼기 때문이다. "법궤를 들여다보기" 위해서 속죄소가 제거되어야 했는데, 그들이 그것을 제거하면서 율법을 노출했기에, 심판과 자비가 갈라지게 되었고, 그 결과는 언제나 그러해야 하듯, 죄의 경우에는 죽음뿐이다. 삼위의 거룩하신 하나님은 "의와 화평이 서로 입맞추게 하신 이"(시 85:10)에 의해서 범죄하고 오염된 죄인을 만나실 수 있을 뿐이다. 사람은 오직 그에 의해서만이 성부께로 가까이 갈 수 있다.

둘째, 속죄소는 여호와께서 죄인을 그의 대표자의 인격을 통하여 만나는 장소였다. "그는(아론) 또 수송아지의 피를 가져다가 손가락으로 속죄소 동쪽에 뿌리고 또 손가락으로 그 피를 속죄소 앞에 일곱 번 뿌릴 것이며"(레 16:14). 이것은 그리스도께서 하나님과 그의 백성 사이에 만나는 장소, 즉 하나님이 그들을 심판으로써가 아니라 은혜로 만나는 장소임을 우리에게 말해 준다. 그러나 기억해야 할 것은 모형적 속죄소가 지성소 안에 있어 하나님께 접근하고자 했던 죄인들의 눈에 숨겨져 있었다는 것이다. 마찬가지로 그 예표도 이와 같다. 즉 하나님의 은혜의 보좌는 가시적 시야로는 보이지 않고, 다만 믿음으로만 접근할 수 있다. 그러므로 히브리서 10장에서는 이와 같이 권면한다. "그러므로 형제들아 우리가 예수의 피를 힘입어 성소에 들어갈 담력을 얻었나니 그 길은 우리를 위하여 휘장 가운데로 열어 놓으신 새로운 살 길이요 휘장은 곧 그의 육체니라 또 하나님의 집 다스리는 큰 제사장이 계시매 우리가 마음에 뿌림을 받아 악한 양심으로부터 벗어나고 몸은 맑은 물로 씻음을 받았으니 참 마음과 온전한 믿음으로 하나님께 나아가자"(히 10:19-22).

셋째, 속죄소는 교제의 장소이다. "거기서 내가 너와 만나고 속죄소 위 곧 증거궤 위에 있는 두 그룹 사이에서 내가 이스라엘 자손을 위하여 네게 명령할 모든 일을 네게 이르리라"(출 25:22)고 한다. 이 말씀에 대한 아름다운 실례가 민수기 7:89에 제공되어 있다. "모세가 회막에 들어가서 여호와께 말하려 할 때에 증거궤 위 속죄소 위의 두 그룹 사이에서 자기에게 말씀하시는 목소리를 들었으니 여호와께서 그에게 말씀하심이었더라." 이는 참으로 소중한 것이다. 그리스도인들을 이 헤아릴 수 없는 축복의 장소로 인도하셨던 것은 주 예수 안에서 이다. 우리는 하나님께로 가까이 인도되었을 뿐 아니라, 주님에게 아뢰고 또 그가 우리에게 하시는 말씀을 들을 수 있도록 허락을 받은 것이다. 그의 아들의 죽음으로 말미암아 하나님과 화목하게 되었기에, 하나님은 이제 "내가 너희와 교제하리라"고 하신다. 이는 참으로 놀라운 은혜다! 오, 우리의 심령들이 그곳으로 들어가 이 복된 특권을 누리시길 바란다. 그렇기에 "은혜의 보좌로 담대히 나아가자". 그 사이에는 아무 것도 없고, 죄악도, 범함도 없다. 그리고 휘장은 찢겨졌다. 우리가 지성소 안에서 섬길 수 있다! 그러니 "온전한 믿음의 확신으로 그곳으로 가까이 나아가자."

제 38장

떡상

출애굽기 25:23-30

성령님은 성막의 가장 안쪽에 있는 방(지성소)의 내용물들을 묘사한 후에, 이제 우리를 성소로 인도하신다. 지성소 안에서 대제사장은 매해 속죄일에 섬겼고, 성소 안에서 레위 족속은 매일 섬겼다. 이 두 번째의 방 안에는 세 점의 기구들이 비치되어 있었는데, 그것은 떡상, 등대 그리고 향단이었다. 이러한 것들이 성경 이야기 안에서 우리 앞에 제시된 순서를 보면 매우 암시적이며, 실제적으로 우리에게 일어나는 순서와 정반대이다. 우리 같으면 분명히 금으로 된 향단을 맨 먼저 제시하고 그 다음에는 일곱 가지가 난 등대이며, 마지막으로 떡상을 제시했을 것이다. 그러나 하나님의 생각과 방법은 언제나 우리의 것과는 반대가 된다. 우리가 떡상이 서 있던 모양을 본다면, 아마도 하나님이 배치한 것을 오히려 감사하게 될 것이다.

그것(황금)이 가장 깊숙한 신성한 장소에 있었던 것처럼, 성소 안에도 있다. 즉 단지 황금만이 그곳으로 들어갔던 자의 눈에 닿았다. 따라서 그것은 하나님의 영광을 나타내는 하나의 장면이었다. 그 신성한 격실 속에는 침묵이 지배하고 있었다. 그곳에서 기도를 드리는 일도 없었고, 찬송도 부르지 않았다. 사람의 목소리는 침묵했고, 또 황금으로 된 기구들의 소리는 없었으나 그럼에도 불구하고 그것은 그리스도에 대해 웅변적으로 말했다. 왜냐하면 하나님의 영광을 아는 지식의 빛이 "예수 그리스도의 얼굴"에 빛나고 있기 때문이다(고후 4:6). 다름 아닌 제사장의 가족들은 늘 이 거룩한 경내에 들어갈 수 있었는데, 이는 놀라운 은혜에 의해 '거룩한 제사장'이 되고, 지극한 자비에 의해 '택하신 족속이요 왕 같은 제사장'(벧 2:5, 9)이 된 자들만이 상징적 내용들의 영적 의미 속으로 들어갈 수 있음을 우리에게 말해 준다. 이제 그 떡상으로 가서, 그 의미를 고려해 보자.

1. 떡상의 의미

떡상의 영적 의도를 확인하려고 하는 과정에서, 제일 먼저 우리의 관심을 사로 잡는 성경의 설명은 출애굽기 25:23에 있는 '또한'(also)이라는 말이다. 이 단어 는 출애굽기 30:18에서 성막의 거룩한 그릇들과 가구들에 연관되어 단 한 번 더 발견된다. 현재 우리가 다루는 구절의 시작에 있는 '또한'이라고 단어는 앞서 있 었던 내용과 밀접한 연관이 있음을 암시한다. 앞에 있는 구절에는, "거기서 내가 너와 만나고 속죄소 위 곧 증거궤 위에 있는 두 그룹 사이에서 내가 이스라엘 자손을 위 하여 …"(출 25:22)라고 하였고, 그 후 이에 이어서 "너는 조각목으로 상을 만들되" 라고 하였다. 그러므로 하나님은 은혜스럽게도 열쇠를 바로 입구 위에 걸어 두었 으며, 그리고 그 떡상이 교제와 관련이 있음을 우리에게 말씀했다. 이것은 '떡상' 을 언급한 다른 구절과 완전히 일치된다.

'떡상'이 말하는 그러한 축복에 대한 아름다운 그림은 사무엘하 9장에 있다. 거기에서 우리는 다윗이 다음과 같이 요구한 것을 발견한다. "사울의 집에 아직 도 남은 사람이 있느냐 내가 요나단으로 말미암아 그 사람에게 은총을 베풀리라" (삼하 9:1). 이것은 놀라우신 하나님의 은혜에 아름다운 실례가 되는데, 그것은 그 대적의 집에 속한 자들에게 친절을 베푼 것으로 이는 그가 사랑했던 자로 인 한 것이다. 어떤 사람이 있었는데, 그는 바로 절름발이가 된 므비보셋이었다. 다 윗은 그에게 '사람을 보내어 데려오게' 했다. 그 후에 다윗은 이 러한 그의 가장 큰 원수의 자손과 완전하게 화목하였음을 보여주기 위하여, "므비보셋은 항상 내 상에서 떡을 먹으리라"(10절)고 말하였다. 즉 그를 가장 친절한 교제의 장소로 인 도하였음을 보여 준 것이다.

고린도전서 10장에서는 우리에게 '떡상[table, 식탁]'이 교제와 불가분의 관계 가 있음을 가르쳐 준다. "무릇 이방인이 제사하는 것은 귀신에게 하는 것이요 하 나님께 제사하는 것이 아니니 나는 너희가 귀신과 교제하는 자가 되기를 원하지 아니하노라 너희가 주의 잔과 귀신의 잔을 겸하여 마시지 못하고 주의 식탁과 귀 신의 식탁에 겸하여 참여하지 못하리라"(20, 21절). '주의 식탁'은 그리스도와의 교제의 상징이며, 주님의 권세 안에 있지 않는 모든 것과 주님의 요구와 권한을 부인하는 모든 것으로부터 분리되어진다.

이제 우리는 현재의 구절에서 시작된 '또한'이라는 말로 되돌아가서 그것에 직접 접해있는 문맥과의 관계를 주목하면서, 피를 뿌리는 속죄소는 하나님과의 교제의 근거로 사용되며, 그 반면에 떡상은 그리스도를 그 교제의 재료로 가리키는 것을 배우게 된다. 우리가 여기서 이해하는 것은 하나님의 양식으로서의 그리스도의 인격과 그 안에서 당신의 백성과 교제를 가지는 자로서의 그리스도의 인격이다. 떡상은 그의 성도들과 그리고 그들과 교제하는 주님 자신을 위한 여호와의 사랑의 잔치를 진술하는 것이다. 이 사실은 떡상의 내용물을 살펴보면 더 분명하게 될 것이나, 그 사이에 다음의 것들로 넘어가 보자.

2. 떡상의 구성

떡상은 법궤와 마찬가지로 조각목으로 만들어서, 그 위를 순금으로 입혔다(23절). 이 두 가지 사실은 그리스도의 인격 안에 신성과 인성이 연합되어 있음을 상징하였다. 법궤와 떡상 사이에 몇 가지의 동일한 점을 관찰하는 것은 참으로 인상적이며 그리고 그것에 주목하는 것이야 말로 중요하다. 그것은 둘 다 같은 높이를 가지고 있는데, 그렇게 같은 높이를 가진 것으로 유일한 시설들이다. 이것들은 둘 다 금으로 덮어서 장식하였다. 그 둘 다 고리와 채가 제공되어 있었다. 그것들은 둘 다 그 위에 무엇을 놓아두었는데, 그 하나는 속죄소요, 다른 하나는 열두 덩이의 떡을 두는 곳이었다. 이러한 유사한 사항들은 하나님과의 모든 교제의 근거는 신-인(the God-man)의 인격이라는 진리를 강조한다.

" '상[식탁]' 에 대한 자연스러운 연상은 그것은 음식을 위한 장소로, 그 위에 음식을 올려 둔다는 것이다. 성경은 '내 원수의 목전에서 내게 상을 차려 주시고'(시 23:5)라고 한다. 우리의 주님의 인격과 연관된 음식에 대한 이러한 개념은 요한복음 6장에서 찾아볼 수 있다. '내가 진실로 진실로 너희에게 이르노니 모세가 너희에게 하늘로부터 떡을 준 것이 아니라 내 아버지께서 너희에게 하늘로부터 참 떡을 주시나니 하나님의 떡은 하늘에서 내려 세상에 생명을 주는 것이니라'(요 6:32, 33). '하늘에서 내려오신' 이는 우리 주님의 신성을 상기시키는데, 이것이 금(gold)이다.

" '나는 하늘에서 내려온 살아 있는 떡이니 사람이 이 떡을 먹으면 영생하리라 내가 줄 떡은 곧 세상의 생명을 위한 내 살이니라 하시니라 그러므로 유대인들이 서로 다투어 이르되 이 사람이 어찌 능히 자기 살을 우리에게 주어 먹게 하겠느냐 예수께서 이르시되 내가 진실로 진실로 너희에게 이르노니 인자의 살을 먹지 아니하고 인자의 피를 마시지 아니하면 너희 속에 생명이 없느니라'(요 6:51-53)

고 하셨다. 우리 주님은 분명히 그의 죽음에 대해 말씀한다. 그러나 그의 죽음은 그의 성육신을 전제로 한 것이다. 그가 죽기 위해서는 인간이 되어야만 한다. 우리는 이러한 방식으로 우리 주님의 신성과 인간성이라는 이중적 진리가 서로 연결되어 있음을 알고 있다. 그리고 그것은 이 장에서 우리 앞에 놓여있는데, 여기에서는 그가 생명의 떡으로 나타난다. 그래서 우리는 그 상이 조각목과 금으로 만들어졌음을 알게 된 것이다"(Mr. S. Ridout). 다음으로 그 크기로 넘어가기로 하자.

3. 떡상의 크기

"너는 조각목으로 상을 만들되 길이는 두 규빗, 너비는 한 규빗, 높이는 한 규빗 반이되게 하고"(출 25:23). 그러므로 떡상은 법궤와 높이가 같지만, 그 길이와 너비는 더 작았다. 이는 비록 우리가 하나님과 교제가 하나님의 사랑하는 아들의 인격이 두 가지 본성으로 이루어져 있음을 이해하는 수준에 이르게 된다 할지라도, 그럼에도 불구하고 주님 안에 있는 넓이나 온전함의 충만함을 깨닫거나 즐기지 못함을 암시한다. 상의 길이는 두 규빗이었는데, 이는 이 시설의 의미에 대해 부가적 암시를 제공하는데, 그 이유는 두 개의 의미 중의 하나는 교제에 관한 것이기 때문이다. 이는 "두 사람이 뜻이 같지 않은데 어찌 동행하겠으며"(암 3:3)라고 하심과 같다. 상의 너비는 한 규빗이었는데, 이는 단합을 말한다. 왜냐하면 불화하는 곳에는 교제가 있을 수 없기 때문이다.

4. 떡상 위에 있는 내용물

"상 위에 진설병을 두어 항상 내 앞에 있게 할지니라"(출 25:30). 이 진설병은 고운 가루로 만든 열 두 개의 떡, 또는 과자로 이루어져 있고, 그것은 구워서 두 줄로 상 위에 놓았으며, 그 위에는 기념할 순전한 향료를 뿌렸다. 그것은 여호와 앞에 칠 일 동안 두었다가 거두어서 아론과 그의 아들들이 성소에서 먹었다(레 24:5-9 참조).

이러한 열두 개의 떡의 정확한 상징적 목적에 대해서는 많은 의견의 차이점이 있다. 한 무리의 주석가들은 그것들에게서 여호와 앞에 나온 이스라엘의 열 두 지파로 보지만, 이 견해는 이 떡들을 이후에 제사장의 가족들이 먹는다는 것에 대해 만족할 만한 해석을 제공하지 못한다. 다른 이들은 그 떡들이 하나님의 양식으로서의 그리스도와 주님의 자녀들을 예시한다고 보지만, 이 견해는 그 떡들이 왜 열두 개며 여섯 개씩 두 줄로 놓였는지에 대해서는 분명하지 않다. 우리는 각 견해마다 일정량의 진리가 있다고는 개인적으로 믿기는 하지만, 정확한 설명을 취하기 위해서는 크나큰 주의가 요구될 필요가 있다.

그 상과 그 위에 놓인 빵에 의하여 제시된 생각들이 긴밀한 관계가 있음이 분명한 것은, 뒤에 그 상의 이름이 그 위에 놓인 빵으로부터 유래되었음을 알 수 있다(민수기 4:7에서 "진설병의 상"으로 불리었다). 그러나 그것들이 긴밀한 관계가 있음에도 불구하고, 히브리서 9:2에 보면 그것들이 독특한 중요성을 가지고 있어서 따로 구분하여 고려해야만 함을 가르친다. 이것과 가까운 유사점을 고린도전서 10:21과 11:20에서 볼 수 있는데, 전자에서는 "주의 상"(21절)이라고 했고, 후자에서는 "주의 만찬"(20절)이라고 했다. 그 하나는 우리의 교제의 성격을 나타내며, 다른 하나는 우리들의 교제가 형성된 재료를 말한다. 우리가 믿기로는, 이 사실이 우리의 모형을 구분하는 열쇠를 제공한다고 믿는다. 즉 그 상은 하나님과 그의 성도들 사이에 교제를 유지하게 하는 자로서의 그리스도의 인격을 가리키며, 그 떡은 그 재료로서의 그리스도에 대하여 우리의 생각을 지시한다.

상 위에 있는 빵은 먼저, 성막에 있는 모든 것들과 마찬가지로, 그리스도 자신을 가리킨다. 그것이 불리어진 이름이 분명히 이 사실을 지시하는데('진설병'[shew-bread]이란 문자적으로, "얼굴의 빵"으로, 임재의 모습으로 놓여진 얼굴이다), 이는 빵이 놓여 있는 곳에 계신 거룩한 임재를 가리키는 것이다. 즉 "상 위에 진설병을 두어 항상 내 앞에 있게 할지니라"하심과 같다. 떡이 하나님의 얼굴 앞에 있었다고 하는 사실은 항상 그것이 그에게 열납됨을 말하며, 아버지께서 언제나 그로 인하여 즐거움을 누리는 자로서의 그리스도의 인격을 예표하였다. 레위기 24:5에서는, 상 위에 있는 빵을 "열두 개의 과자"(한글 성경에는 떡으로 되어 있음)로 묘사하는데 영(Young)의 성구사전에서는 "바늘구멍이 나있는" 캐로드(challoth) 과자라고 설명했다. 이 얼마나 진지한 의미인가! 이 빵은 찔림을 당했던 그리스도를 말하고 있도다! 고운 가루로 과자의 형태를 만들어 불에 구운 것은, 예수님이 십자가상에서 그의 백성을 위한 죄가 되셨을 때, 하나님의 거룩한 진노의 불에 노출되었던 주 예수를 가리킨다.

그러나 바늘구멍이 나있는 과자가 열 두 개인 이유는 무엇인가? 분명히 이 숫자는 이스라엘과 특별히 연관이 있으며, 당시 하나님 앞에 표현되어진 각기 다른 지파들을 암시한다. 그러나 그러한 표현은 대표자를 포함하는데, 바로 이 점에 대하여 많은 사람들이 그 교훈을 놓친다. 여기에서 참으로 복되게 상징된 것은 주 예수께서 자신을 하나님의 언약 백성과 동일시하는 것이다. 신약성경에 보면 이러한 빵[떡]이라는 모습 하에서 주님을 그의 백성으로, 그리고 그 백성을 주님과 동일시하는 놀라운 구절이 있다. "우리가 축복하는 바 축복의 잔은 그리스도의 피에 참여함이 아니며 우리가 떼는 떡은 그리스도의 몸에 참여함이 아니냐 떡이 하나요 많은 우리가 한 몸이니 이는 우리가 다 한 떡에 참여함이라"(고전 10:16, 17).

그렇다면 열두 개의 빵은 그의 백성과 직접적 연결을 이루는 그리스도를 말한다. "여호와께서 그 택정하신 백성과 자신과의 교제를 받아들이기 위하여 자기를 낮춘다는 놀라운 사실은 성막 예식의 모든 부분에 반영된다. 그 사실들은 제사장의 직책, 흉패, 그리고 어깨 위에 붙인 보석에서 그리고 진설병 상에서 항상 주님 앞에 있었다. 그리고 분명히 이러한 구약성경의 상징주의는 신약성경의 사실에서 그 예언적 보완물을 발견할 수 있다. 왜냐하면 그 계시에 의하면 믿는 자들은 하나님의 영광의 임재 속에 흠이 없는 것 같이, 하나님의 목전에 나무랄 것이나 꾸짖을 것이 없는 자들로 나타나야 한다고 명령하기 때문이다 — 골 1:22"(Mr. G. Needham).

그 과재[케이크]들은 모두 동일한 재질, 규격, 무게를 가지고 있었는데, 그것은 가장 작은 지파라 할지라도 가장 큰 지파와 동일하게 표현되어짐을 보여준다. 그것들을 한 무더기로 쌓아두는 대신, 두 줄로 펼쳐 놓으면, 각자가 다른 것들과 같이 매우 동일하게 보여진다. 우리가 그리스도 안에 열납되어짐과 또한 그에게 나타내어짐은 어떤 차이도 용인되지 않는다. 모든 하나님의 언약의 백성은 하나님 앞에 동일한 입장과 동일한 가까움을 가진다.

그 과자는 알갱이나 누룩이 없는 '고운 가루'(레 2:5)로 만들어졌는데, 이것은 주님이 인간 가운데 거하였을 때의 그 말씀(the Word)의 도덕적 완전성을 예표하는 것이다. '정결한 유향'이 그것들 위에 뿌려진 것은, 그리스도의 은혜로운 사역의 상징이며, 그리스도 안에 있는 자들은 주님의 복되신 아들의 가치와 그 향내에 의하여 언제나 하나님 앞에 있음을 우리로 확신하게 한다. 이 과자들은 안식일마다 교체하여 "여호와 앞에 항상 있게" 하였기에(레 24:8), 그 상이 비어 있는 때는 결코 없었다. "매 안식일마다 상 위에 올려진 빵은 영적인 안식일(그리스도의 속죄에 의하여 얻어진 우리의 영혼을 위한 안식)에 이르렀을 때, 주님은 우리를 위하여 하나님의 임재 앞에서 자신의 자리를 취한 것이었다는 사실과 일치될 수 있을 것이다"(C. H. Bright). 매 덩이는 에바 '십분 이' 또는 두 오멜의 밀가루를 포함하고 있었는데(레 24:5), 이는 참으로 소중한 것이다. 두 곱의 몫은 출 16:16, 36과는 대조가 되도록 연상되는 생각으로서, 그리스도께서 하나님과 그의 백성 양자에게 양식 또는 기쁨이 된다는 진리를 예표한다. 레위기 21:21에서 그것은 분명히 "그의(제사장의) 하나님의 음식"이라고 불렀다.

"이 떡은 아론과 그의 자손에게 돌리고 그들은 그것을 거룩한 곳에서 먹을지니"(레 24:9). 여호와 앞에 칠 일 간 있었던 이러한 떡은 바야흐로 제사장의 가족이 즐기게 되었다. 그것은 하나님 아버지의 마음과 그의 사랑하는 백성의 마음을 즐겁게 하시는 자로서의 그리스도를 말하는 것이다. '먹는다'는 것은 우리를 유지하게 하는 것과 일체가 되고 참여하는 것을 가리킴이니, 다시 고린도전서 10:16, 17을 비교하시오. 상 위에 있는 열두 개의 빵은 그리스도께서 그의 언약의 백성과 함께 동일하게 된 것을 말한다. 하지만 단지 육신을 따른 이스라엘에 해당되는 것이 아님은, 레위기 24:8에서 "영원한 언약"에 주목하기 때문이다. 그 과자는 제사장의 가족들이 먹었으니, 이로 보건대 주의 백성은 그들 스스로를 그리스도와 동일시한다(믿음으로 그분을 자기의 것으로 삼음[전유]으로). 그러나 이 음식은 반드시 '성소'에 있어야만 한다. 즉 우리들은 하나님과 교제할 때에 그리스도를 진실로 먹을 수 있을 뿐이다. 열두 개의 과자를 '안식일'에 먹은 것은 문자적 이스라엘이 위대한 세대의 안식일(the great dispensational Sabbath)에, 곧 천년왕국 때에 그리스도를 전유할 것에 대해 예언적으로 암시한 것이다.

5. 떡상의 장식품

"순금으로 싸고 주위에 금 테를 두르고 그 주위에 손바닥 넓이만한 턱을 만들고 그 턱 주위에 금으로 테를 만들고"(출 25:24, 25). '금테두리'(Crown)는 영광을 받으신 그리스도를 말하는데 ─ "영광의 면류관"(벧전 5:4) ─ 지금은 우리를 위하여 하나님의 우편에 계시면서, "영광과 존귀의 관"(히 2:9)을 쓰셨다. 떡상의 위에 금으로 두른 테두리는 그 위에 놓인 물건을 보존하면서 보호하기 위한 목적이 있었다. 빵은 이스라엘이 진행할 때에도 성막에서 제거되지 않았으며(민 4:7), 솟아 올라온 테두리는 과자들을 제자리에 있게 하면서 미끌어 떨어지는 것을 방지했다. 이것은 성육신하신 아들이 그 자신과 동일시했던 그 백성들의 절대적 안전을 말해 준다.

첫째, 그 상 자체는 '금테'로 둘러져 있었다(출 25:24). "떡덩이들이 테두리에 의하여 제자리를 유지했음에 의해 시사된 것은 '그의 은혜의 영광'(엡 1:6)이다. 오로지 그의 어떠하심에 따라 그 자신의 것을 유지하시는 이는 영화롭게 되신 그리스도이시다"(S. Ridout). 아름답게도 이것은 여기에서 '그 주위에 손바닥 넓이만한 턱'으로 주어진 크기로 만들어졌는데, 그것이 더욱더 놀라운 것은 성막에 있는 모든 다른 물건들에 대한 치수들은 규빗이나 반 규빗이기 때문이다. 그 주위에 손바닥 넓이만한 턱은 복되게도 그리스도께서 구속하신 모든 자들의 영원한 보존을 보증하시는 것을 가리키는 것이다. "또 그들을 내 손에서 빼앗을 자가 없느니라"(요 10:28)!.

여기서 장식에 대한 모든 것들은 그 과자와 그것들이 상징하고 있는 사람들에 대한 보장을 말하고 있다. 히브리서에서 말하는 '턱'은 "둘러싸는 것"을 의미하며, 사무엘하 22:46에서는 "견고한[숨겨진] 곳"으로 번역했다. 다시, 이 손바닥 넓이의 턱은, 이번에는, '금테'에 의하여 보호되었음을 관찰해보아라(출 25:25). 이것은 하나님의 영광이 그의 백성의 보존에 관심이 있음을 말함이다. 그러므로 주님의 영광이 위험에 처하게 된다. "자기 이름을 위하여 의의 길로 인도하시는도다"(시 23:3). 모세는 얼마나 자주 이 사실에 의존하였나? 출애굽기 32:11-13, 민수기 14:13-19 등을 보라!

동일한 생각이 두 번째의 '테두리'(crown)에 의하여 강조되고 반복되는데, 그 이유는 턱(border)이 떡상과 마찬가지로 하나이기 때문이다(출 25:24, 25). "다시 우리는 각 신자와 모든 신자가 하나님에 의하여 안전을 보장받는다는 소중한 은혜에 직면하게 된다. 지고하게 계시된 축복은 그들의 것이기에, 이런 것들은 양도될 수 없고, 신자는 그에게 주어진 지위에서 제거될 수 없다. 떡상이 되시는 그리스도는 하나님 앞에 있는 그를 보존하신다. 즉 그 턱이 되시는 그리스도는 그를 지켜 주신다. 턱도 상과 마찬가지로 금으로 된 테가 둘러져 있다. 우리를 보존하시는 일에 속하는 어떤 영광이 있으며, 또한 그 이상으로 우리의 안전에 속하는 영광이 있다. 만일 신자가 버림을 받을 수 있다면, 만일 그 어떤 것이 그의 안전을 해칠 수 있다면, 만일 그 턱이 손상을 받을 수 있다면, 그 테는 그것을 함께 공유해야만 하기에, 그리스도의 그 영광도 더렵혀진다. 이는 불가능한 일이다!

'그들을 내 손에서 빼앗을 자가 없느니라' (요 10:28)" (E. C. Pressland, 「예시」 [Foreshadowments]).

우리들이 지금 다루고 있는 주제의 범위에 속한 것으로 생각되는 또 다른 한 가지의 내용이 있다. 29절에는, "너는 대접과 숟가락과 병과 붓는 잔을 만들되 순금으로 만들며" (출 25:29)라고 한다. '접시' (개역 한글성경에는 '대접')는 의심할 여지 없이 상으로부터 떡을 거둘 때와 제사장의 가족들이 그것을 먹을 때 사용되었을 것이다. '숟가락' 과 '덮개' (한글성경에는 '병')는 향유와 관련되어 사용되었을 것이다. "덮는 대접"은 "붓는 잔" (한글성경과 동일)으로 해석될 수 있다. — 영어 흠정역 (A.V.)의 여백 참조. 이러한 '잔' 들은 '성소 안에서' 여호와 앞에 부어드렸던 '관제' (drink offerings)와 관련되어 사용되었다(민 28:7). '관제' 는 감사를 표현하였다. 진설병 상 위에 있는 '잔' 이 관제와 관련되어 사용되었다는 사실은 그 교제가 감사의 근거임을 말해준다!

6. 떡상의 고리와 채

이에 대한 기록은 출애굽기 25:26-28에 있으며, 여행을 위하여 마련된 준비물에 대해 말한 것이다. "이스라엘 자손들은 광야를 순례하였기에, 성막과 그 모든 시설들은 그것에 합당하게 이러한 특징을 가지도록 만들어졌고, 그들이 방랑하는 동안 그들을 따라갔다"(Mr. E. Dennett). 지금 우리가 보는 바와 같이 그 모형 안에 있는 특별히 상세한 사항은 하나님의 백성이 이 세상을 지나가는 동안 하나님이 그리스도 안에서 그들을 위하여 예비하신 것들을 말해주고 있다. 그 예비하심이란 하나님과 교제하는 동안에 그리스도를 제공하는 것이다. 여호와께서 히브리인들을 인도하실 때에는 언제나 그 떡상이 그들과 함께 있었다! 이와 같이 그리스도인들의 운명이 어디에 처하여진다할지라도, 심지어 번연과 같이 수년간의 옥고를 치른다고 할지라도, 언제나 제공될 수 있고 그리고 교제할 수 있는 귀하신 그리스도가 있다.

7. 떡상의 덮개

이 덮개는 민수기 4:7, 8에 묘사되어 있다. 그것은 숫자상으로 세 가지였다. 첫째는 상과 떡, 그리고 그 용구들을 덮었던 청색 보자기가 있었다. 그 위에는 홍색 보자기가 펼쳐졌고, 그리고 맨 바깥에는 해달의 가죽으로 된 덮개가 있었다. 이러한 것들은 이스라엘이 행진할 때에만 사용되어졌다. 성소 안에 서있는 떡상은 하나님의 빵과 우리의 빵으로서 지금 높이 계시는 그리스도를 말하고 있다. 이스라엘이 여행할 때에 그들과 함께 하였던 떡상은 세 겹으로 된 덮개를 가지고 있었는데, 그것은 그리스도께서 이 광야의 장면을 지나갔을 때 명백하게 드러난 주님의 여러 가지 완전하심을 기억나게 한다. 즉 우리의 양식의 본질적 부분에 대해 묵상하게 한다.

첫째, 청색 보자기는 하늘에서 온 떡으로서의 그리스도를 가리킨다. 우리 주님은 요한복음 6장에서 일곱 번 이상이나 이런 식으로 자신을 선포한다. 만일 그리스도가 전적으로 위에 계시며, 그리고 이 세상이 인정할 수 있는 것을 모두 넘어선다는 것을 사람들이 인정하지 않고 즐기지 않는다면, 주님에 대한 진정한 헌신이나 어떤 성경적 증거도 없을 것이다. 오, 그러나 우리는 그 영혼을 위한 천국의 상속 부분으로서 주님을 알게 하고, 또한 이러한 상속들이 보장되어 있음을 알리자. 이 첫 번째 덮개가 오직 제사장의 가족들만이 볼 수 있었음에 대해 주목하는 것이야말로 아주 의미가 있다.

둘째, 홍색 보자기를 보자. 성경상의 용도에 의하면, '홍색'은 여러 가지로 발생한 사건에 대한 언급에 의하여 보여 지듯이, 세상적 영광의 상징이다. 이 색깔이 그렇게 불리어지는 이유는 그 물감이 벌레에서 얻어졌고, 사실상 그 벌레에 따라 이름이 지어졌던 것으로, 이와 동일한 히브리어는 전후관계가 요구하는 바와 같이 '진홍' 또는 '벌레'로 다양하게 번역된다. 여기에 참으로 적절한 어떤 것이 있는데, 인간의 영광이란 실로 사라지는 벌레의 영광이기 때문이다. 그렇다면 이렇게 아주 다른 두 개념을 어떻게 그리스도와 결부시킬 수 있을까? 이 일에 대하여는 시편 22:6 — 십자가의 시편 — 이 우리에게 잘 말씀해 주고 있지 않은가? 거기에서 우리는 구주께서, "나는('진홍'과 같은 말) 벌레요 사람이 아니라"고 하신다. 이와 같이 '홍색'은 십자가의 영광을 회상하게 한다(갈 6:14). 주 예수께서, '벌레'가 되심으로, 그의 십자가에 의하여 참 영광을 나타내셨다. 그가 이 땅에 오실 때 또 다른 영광이 그에 의하여 나타날 것이다(골 3:3). 이 두 번째 덮개도 역시 제사장들만이 볼 수 있었다!

셋째, 맨 바깥 덮개는 해달의 가죽이었는데, 떡상이 광야를 지날 때 모든 사람의 눈에 보여졌다. 이것은 우리 주님의 수치(humiliation)를 상징하였다. 이 덮개는 떡상을 보호하고 그리고 그 내부 덮개가 광야의 먼지와 환경으로 더럽혀짐을 방지한다. 그러므로 우리는 인간의 눈에 우리 주님이 가졌던 종의 형체가 아름답지 않을 뿐만 아니라, 주님의 개인적인 거룩성이 이러한 오염된 세상의 모든 불경건한 영향을 거부하는 모습을 회상하게 되었다. 하나님의 거룩한 자는 어떤 점이나 흠으로 더럽혀지지 않았다 ― 그는 나병환자를 만졌으나 더럽혀지지 않았다. 또 세상에 있는 그 무엇이라 할지라도 그의 형언할 수 없는 영광을 결코 손상시킬 수는 없었다.

이와 같이 하나님의 영은 성도들로 하여금 그들의 지정된 양식이신 주님을 묵상하도록 한다. 그분은 그의 본성과 성품이 하늘에 속한 자로서, 이 땅에 내려오셨고, 그리고 죽음에 이르기까지 순종하심으로 자신과 하나님 아버지를 영광스럽게 하셨으며, 그의 거룩한 경계로 모든 죄악을 물리치시고 자신을 멸망자의 길에서 지키셨다. 그러므로 묵상할 때에, 주님에 대한 우리의 묵상은 "감미로울" 것이다.

제39장

등잔대

출애굽기 25:31-40

지금 여러분의 주의를 끌고자 하는 성막의 시설 중의 특별한 소품을 영어성경에서는 '촛대'(candlestick)라고 명명했지만, 우리는 그것은 히브리 단어에 대한 매우 잘못된 번역이라고 믿는다. 그 위에다 촛불을 켜지 않았는데 어째서 그것에 대해 '촛대'라는 용어를 사용했을까? 그러한 번역이 로마가톨릭의 곡해의 잔재라는 사실은 본 저자를 놀라게 한다. "M' nourah[메노라]"의 뜻은 "빛을 발하는 것" 또는 '등잔대'이기에, 우리는 이러한 물건으로 그것을 언급할 것이다. 그것에 "일곱 개의 등"이 있었다는 사실과(출 25:25, 37) 이것에 기름이 흘러들어갔다는 것은(레 24:2, 4) 이러한 교정을 보증하기에 매우 충분하다.

등대는 성소에 있었다. 이 방은 제사장의 가족 외에는 누구도 들어갈 수 없는 방으로, 이들 은혜를 입은 여호와의 종들이 주님 앞에서 섬기는 장소였다. 그러므로 그곳은 교제의 장소였다. 이러한 것과 일치되게, 그 방안에 서 있었던 세 가지 용기의 각자는 교제에 대해 말한다. 그 위에 열 두 개의 빵을 가지고 있는 떡상은 우리의 교제의 본질로서의 그리스도 즉, 우리가 먹고 사는 그분을 가리켰다. 등잔대는 그것이 필요로 하는 빛을 제공하는 우리의 교제를 위한 능력으로서 그리스도를 예표하였다. 향단은 주님의 중보로 인하여 아버지 앞에서 우리의 계속적 수용을 보장하면서, 우리의 교제를 유지하게 해 주시는 자로 그리스도를 예시하였다.

등대가 '성소' 안에 서 있었다는 사실은 그리스도가 "세상의 빛"으로 예표되지 않음을 즉각적으로 우리에게 보여준다. 어떤 주석가들이 여기에서 실수를 범했던 것은 참으로 이상한 일이다. 이 점에 대한 그리스도의 말씀은 너무도 분명했다. "내가 세상에 있는 동안에는 세상의 빛이로라"(요 9:5)고 하심과 같이, 그는 여기서 자신을 그와 같이 나타내셨던 것이다. 다시 요한복음 12:35, 36에서도, 주님은 백성들에게, "아직 잠시 동안 빛이 너희 중에 있으니 … 너희에게 아직 빛이 있을 동안에 빛을 믿으라 그리하면 빛의 아들이 되리라"고 하셨다. 그러나 그들은 빛보다는 어둠을 더 사랑하였다. 세상은 빛을 거절하였으며 그리고 그 불빛을 끄는 데에 관계했다. 주님이 사악한 자들의 손에 죽임을 당한 이후, 세상은 결코 다시 빛을 바라보려고 하지 않았다. 주님은 지금 그들의 눈으로부터 가리어져 있다.

그러나 세상에 의하여 죽임을 당했던 그는 다시 일어나, 그 이후에 하늘로 올라가셨다. 거룩한 장소 안에, 즉 하나님의 임재 안에서, 그 빛은 지금 거하신다. 그리고 거기에 계시는 동안 — 오! 놀라운 특권이로다 — 성도들은 그분께로 나아간다. 그들에게는 휘장이 갈라졌기에, 성소와 지성소는 더 이상 나누어진 두 개의 방으로 있지 아니하고 하나이다. 그 각자 안에 있는 거룩한 용기들에 의하여 상징되었던 모든 것의 내용은, 은혜롭게 "신령한 집으로 세워지고 예수 그리스도로 말미암아 하나님이 기쁘게 받으실 신령한 제사를 드릴 거룩한 제사장이 된 자들이"(벧전 2:5) 누릴 놀라운 몫이 된다.

세상에는 생명의 빛에 의하여 드리워진 검은 그늘이 있는데, 이는 "악인의 길은 어둠 같아서"(잠 4:19)라고 하심과 같다. 지금은 "위에서부터의 여명"이 없으므로 밤의 시간이다. 등잔대는, 의의 태양이 다시 한 번 떠올라 구름 없는 이 같은 아침에 이 땅을 안내하기 이전인, 흑암의 중간 기간 동안에, 하나님이 사랑하는 자신의 백성을 위해 준비하였던 은혜로우신 예비하심에 대해 가르쳐준다. 등잔대는 밤의 계절을 위한 것이다! 그러므로 빛을 발하는 등잔대는 그의 첫 번째 강림 때에나 재림의 때가 아닌, 중간 기간 동안의 그리스도에 대해 말하는데, 그때 참 성소에 들어가는 자들은 주님이 빛 가운데 계신 것과 빛 가운데에서 걸어간다(요일 1:7). 지금부터 숙고해 보도록 하자.

1. 등잔대의 구조

"너는 순금으로 등잔대를 쳐 만들되 그 밑판과 줄기와 잔과 꽃받침과 꽃을 한 덩이로 연결하고"(출 25:31). 법궤와 진설병 상을 만들 때와는 달리 등잔대를 만드는 데는 나무가 들어가지 않았다. 그것은 순수한 금으로 되어 있었다. 그러나 거의 대부분의 주석가들에 의하여 간과해 버렸던, 그리고 그것에 대한 견해를 잃어버림에 의하여 그들의 해석이 그 요점을 사실상 놓쳤던 한 단어가 있다. 등대는 순금으로 만들어졌지만, "내리치는 작업에 의하여" 만들어졌다. 즉 그러한 금의 솜씨가 숙달된 장인에 의하여 그것이 아름답고 균형 잡힌 형태가 될 때까지 정교하게 만들어졌던 것이다. 오직 거룩하신 이가 주신 지혜에 의해서만이 한 덩어리의 순금으로부터 받침과 줄기와 가지가 일관성 있는 조화를 지닌 이렇게 풍부한 장식의 기구로 다듬어질 수 있었다(출 31:6).

우리의 현재의 모형에서 지금 우리 앞에 있는 것은 그 등잔대가 "두들겨 쳐서 만들어졌던 것"으로 유일한 성막의 기구 혹은 부분이었다는 점에서 보다 더 주목할 가치가 있다. 이것은 아론이 만들었던 '금송아지'와 놀랄 만한 대조를 이루는데, 왜냐하면 그것은 금형에 던져서 만들어진 것이었기 때문이다(출 32:4). 우상에 관한 것들이나 인간의 생각에 의하여 고안된 것들은 빠르고 쉽게 그 형태를 빚어낼 수 있지만, 무엇보다 하나님께 영광을 돌렸고 그리고 그 백성의 구원을 보장했던 것은 지대한 대가가 치러졌다. 분명히, 여기서 "금을 두들겨 쳤다"고 하는 것은, 그 완전하지만 고통스러운 사역의 보답으로 영광을 받으신 고난의 그리스도에 대해 말한다.

'정금'은 거룩한 영역에 대해 말하는 것임에는 분명한데, 그 이유는 여기에 예표된 사람은 다름 아닌 신-인(God-man)이었기 때문이다. 그의 인성을 유지했던 것은 그의 신성이었다. 그리스도는 단순히 예속자이었기에, 그분은 자신 위에 부어진 심판의 폭풍에 온전히 복종하였다. 그렇지 않으면 주님의 백성의 영원한 몫이 될 뻔했던 것을 주님이 짧은 기간의 범위 내에서 겪을 수 있도록 했던 것은 그의 신성이었다. 하지만 결국, '금'에 대한 주된 개념은 히브리서 9:5이 가르치는 바와 같이 영광이며, 그리고 두들긴 금(the beaten gold)은 우리를 위하여 많은 채찍으로 맞으신 주님의 영화로움을 알기 쉽게 예시했던 것이다.

"순금 한 달란트로 만들되"(출 25:39). 이것은 5,000파운드 이상, 25,000달러를 상회하는 가치가 있다. 한 '달란트'는 120파운드(lbs.)이므로, 등잔대를 꽤 큰 크기로 확보하기에 충분한 양이 제공되었다. 아마도 대개 그것은 떡상이나 향단보다 더 높이 서있었는데, 그 이유는 제사장들이 그 빛에 의하여 이편에서 일을 수행하면서 다른 편에서 봉사할 수 있었기 때문이다. 이와 같이 우리를 구속하신 이의 인격의 소중함뿐만 아니라 신성의 완전함을 명백히 드러내는 주님의 충분성이 예시되었다.

2. 등잔대의 제작

등잔대의 모양은 출애굽기 25:31-36에 묘사되어 있다. 그것은 가운데 한 줄기와 양편에 옆으로 뻗은 세 가지들로 구성되었다. 각 가지마다 꽃받침과 꽃과 잔으로 장식되었다. '꽃받침'(knops)은 아마도 살구나무의 순이었던 같아 보이고, '잔'(bowls)은 불을 켰던 기름을 담는 용도였다. 각 가지의 끝에는 잔 또는 등이 있었다. 이 모든 것들이 한 개로 연하여 있었는데, 이는 성스러운 기술을 부여받은 장인에 의하여 두들겨서 만들어졌다.

등잔대 자체의 고유한 부분인 일곱 개의 등은 역시 별도로 고찰될 수 있다. 이 사실은 민수기 8:2에서 "등불을 켤 때에는 일곱 등잔을 등잔대 앞으로 비추게 할지니라"고 말한 사실로부터 분명하게 보이는 듯하다. 이 모형의 정확성은 여기에서 참으로 인상적이다. 등대의 일곱 겹의 광채는 그리스도를 "하나님의 영광의 광채"(히 1:3)로 말씀하고 있다. 이것은 빛으로서의 주님의 완전하심을 말해준다. 우리가 주목해볼 만한 가치 있는 사실은 흰색으로부터 무지개에서 보이는 바로 그 일곱 가지 색깔이 갑자기 시작된다는 것이다. 그러나 일곱 개의 '등'은 또한 그 능력과 완전성이 충만하신 성령을 상징하고 있음도 동일하게 명백하다. 이는 "그의 보좌 앞에 있는 일곱 영"(계 1:4)이라고 하신 말씀과 같다. 이 점에서 볼 때 이 모형이 중복되었거나 아니면 이중적으로 적용되는 것으로 보인다는 것은, 오직 그 놀랍고도 섬세한 정확함을 보여주는 것이다. 왜냐하면 믿는 자들을 향한 그리고 믿는 자들 안에서의 그분의 사역에 대하여, 성령님은 "그리스도의 영"으로서 일하시기 때문이다(롬 8:9; 벧전 1:11).

일곱 가지의 등이 등잔대에 의하여 지지되었다는 사실은 우리에게 주신 성령이 영광을 받으신 구속주로부터 나왔음을 예표하였다. 이 사실을 입증하는 몇 개의 구절이 있다. 주 예수께서 그의 사도들에게 이르시기를 "내가 아버지께로부터 너희에게 보낼 보혜사 곧 아버지께로부터 나오시는 진리의 성령이 오실 때에"(요 15:26)라고 말씀하셨다. 베드로는 오순절 날에 그들에게 성령의 은사를 부어 주심에 대하여 설명할 때 그 일들을 분명히 승천하신 그리스도 덕분으로 돌렸다. 즉 그는 "하나님이 오른손으로 예수를 높이시매 그가 약속하신 성령을 아버지께 받아서 너희가 보고 듣는 이것을 부어 주셨느니라"(행 2:33)고 하였다. 또한 요한계시록 3:1에서, 그리스도를 "하나님의 일곱 영을 가지신 이"라고 말한다.

3. 등대의 장식

"가지 여섯을 등잔대 곁에서 나오게 하되 다른 세 가지는 이쪽으로 나오고 다른 세 가지는 저쪽으로 나오게 하며 이쪽 가지에 살구꽃 형상의 잔 셋과 꽃받침과 꽃이 있게 하고 저쪽 가지에도 살구꽃 형상의 잔 셋과 꽃받침과 꽃이 있게 하여 등잔대에서 나온 가지 여섯을 같게 할지며"(출 25:32, 33). 새뮤얼 리도우트(S. Ridout)는 '꽃받침'은 퍼지지 않은 둥근 봉오리를 묘사할 수 있기에, 가운데 있는 줄기와 그 가지의 각자는 살구의 세 단계 즉 봉오리, 꽃, 그리고 익은 열매를 진열하는 것으로 꾸며졌을 것이라는 일종의 이해를 돕는 제안을 제공했다. 그는 또 이 제안이 민수기 17장에서 아론의 지팡이에 대하여 기록한 것 중에서 어떻게 확증되는지를 지적하였다. "들어가 본즉 레위 집을 위하여 낸 아론의 지팡이에 움이 돋고 순이 나고 꽃이 피어서 살구 열매가 열렸더라"(민 17:8). 그러므로 인생의 세 가지 단계는 등잔대의 가지에서도(봉오리, 꽃, 열매) 역시 보여진다.

등잔대 위에 있는 살구(almond)의 탁월성은 해석상의 중대한 열쇠를 차지한다. 그것은 가깝게 일치하는 점은 있지만, 개념상으로 다른 기구에 있는 '조각목(싯딤나무)'에서 예표되었던 것과 정확히 유사하지 않다. '나무'는 후패하지 않는 그리스도의 인성을 말한다. '살구'는 부활의 표상으로, 여기에서 주 예수의 부활을 말하는데, 물론 그의 성육신을 전제한다. 그것은 여기서 예시되어지는 그의 인성의 거룩함이라기보다는, 부활하신 자의 영광(금으로 된 살구)이다!

'살구'는 팔레스타인에 있는 모든 나무들 중에서 제일 먼저 싹이 나는 나무로서, 이미 정월에 일찍 봄의 새 생명을 분명히 보여준다. '살구'라는 말의 히브리어는 '경계하다'는 뜻이며, 예레미야 1:11, 12에 보면 이러한 의미를 가지고 사용되었다("내가 대답하되 내가 살구나무 가지를 보나이다 여호와께서 내게 이르시되 네가 잘 보았도다 이는 내가 내 말이 그대로 이루기까지 경계를 게을리하지 하지 않으려 하기 때문이다"). 하나님은 반드시 그의 모든 약속이 부활하신 그리스도 안에서 입증되고 구체화되도록 조처하셨다. '살구나무'가 부활의 표상이됨은 민수기 17장에서 보다 더 입증되고 있다. 그 자라던 나무로부터 잘려진 열두 개의 지팡이들은 생명이 없는 것들이었다. 아론의 지팡이에서 싹이 났다는 것은 생명의 재-부여(re-impartation)라는 하나님의 사역의 증거가 되었다. 아론의 지팡이는 생명의 징조만을 나타내었던 것이 아니라 그 생명의 결과까지도 산출했으니, 순이 나고 꽃이 피었을 뿐만 아니라 그 열매인 '살구'까지 맺었다! 그와 같이, 우리의 구세주께서도, 육신을 따르자면, "이새의 줄기에서 나온 지팡이" (사 11:1)로서 산 자의 땅에서 '끊어짐'(단 9:26)을 당하셨다. 그러나 주님은 제 삼 일에 죽음에서 다시 일어나셨다. 리도우트(S. Ridout)는 아론의 지팡이에 처음에 는 순, 그 다음에 꽃, 그리고 그 다음에 살구 열매가 있었음과 같이, 등잔대의 가 지마다 역시 그리스도의 부활의 증거에 대한 명백한 단계가 있었음을 놀랍게 지 적하였다.

"굴러간 돌, 빈 무덤, 실제로 개켜져 놓여있는 세마포 옷과 스스로 놓여 있는 수건―이는 몸부림의 흔적이 아니라 생명의 왕이신 그가 죽음의 잠에서 깨어난 증거이다. 이러한 것들은 그의 부활의 첫 증거로서, '싹순'으로 부를 수 있다. 돌 을 굴려서 그 위에 앉아있던 천사(마 28:2), 무덤의 '우편에 앉아 있는 한 청년' (막 16:5, 6), 이른 아침에 무덤에 왔던 여인들이 보았던 '천사들의 광경'(눅 24:33). 그리고 예수의 육체가 뉘었던 곳에서, 하나는 머리 편에 하나는 발편에 앉아 있었던 흰옷 입은 두 천사(요 20:12). 이는 주님의 부활에 대한 좀 더 진전된 증거로서, 이러한 것들을 '꽃'으로 부를 수 있을 것이다. 마지막으로, 예수님 자 신이 개인적으로 막달라 마리아, 베드로, 여인들, 엠마오로 가는 두 제자, 다락방 에 모인 제자들, 도마가 있을 때 다시 제자들에게, 그리고 다시 디베랴 바다에서, 그리고 갈릴리에 있는 산에서 나타나신 것. 이러한 것들이나 그 외의 '절대 확실 한 증거들'은 넉넉한 살구 열매로 부를 수 있을 것이다. 빈 무덤은 믿음에 소중한 선물이 되었을 것이기에, 요한에게는 이것만으로 충분했다(요 20:8). 그리고 천 사의 증언은 더욱더 강력한 증거가 될 수 있었을 것이다. 하지만, 이 모든 것 중에 서 면류관은 예수님을 보았던 것, 예수님의 음성을 귀로 들었던 것, 주님이 잡수 시는 것을 본 것, 주님이 말씀하시는 것을 들은 것이었으니, 이는 참으로 충실한 열매였다."

4. 등잔대의 위치

우리가 이미 살펴본 바와 같이, 등잔대는 성소에 있었던 세 가지 가구들 가운 데 하나였다. 그러나 출애굽기 40:24에 보면 그 위치를 좀 더 자세히 설정해 주었 던 말씀이 있다. "그는 또 회막 안 곧 성막 남쪽에 등잔대를 놓아 상과 마주하게 하고."

성경에 있는 다른 모든 것과 마찬가지로 나침반의 침들도 역시 도덕적·영적 중대성에 속하는 것이다. 간략하게 말해서, '서쪽'은 번영과 축복의 방향이라고 말할 수 있다(출 10:19; 신 33:23; 수 8:12; 사 59:19 참조). 반대편인 '동쪽'은 극심한 고통과 거룩한 심판을 말한다(창 3:24; 13:11; 41:6; 출 10:13; 14:21; 사 46:11 참조). '북쪽'은 ― 히브리어로 "알기 어려움, 어둠"의 뜻 ― 악이 나오는 방향이다(렘 1:14; 4:6 참조). 북쪽과 반대 방향이 되는 양지바른 '남쪽'은 따뜻함, 빛, 축복을 말한다(욥 37:17; 시 126:4; 눅 12:55; 신 33:3; 행 27:13 참조). 그렇다면 등잔대가 성막의 남쪽에 있었다는 것은 매우 의미가 있는데, '남쪽'을 의미하는 히브리 단어가 "밝음, 광채"라는 것을 알게 되면 더욱 그러하다.

5. 등잔대의 중대성

등잔대의 상징적 의미를 확립시키는 것을 가능하게 하는 수많은 항목들이 있다. 첫째, 그것이 금을 쳐서 만들었다는 것과 살구나무 모양으로 장식되었다는 사실은 여기에 예표된 것은 그때 부활하셨고 영광을 받으셨던 고난의 그리스도인 것을 보여준다. 둘째, 그것이 성소 안에 있었다고 하는 것은 그리스도가 세상으로부터 숨겨졌기에, 제사장 가족들만이 그를 누릴 수 있었다는 것을 암시한다. 셋째, 그 일곱 개의 기름으로 된 등은 그의 백성을 위한 그리스도의 선물로서의 성령의 충족성을 말한다. 넷째, 등대가 사용되었던 시각은 그것의 해석에 대한 다른 확실한 열쇠를 제공해 준다. 그것은 성소 안에서 밤중에 사용하기 위한 것이었다. "아론과 그의 아들들로 회막 안 증거궤 앞 휘장 밖에서 저녁부터 아침까지 항상 여호와 앞에 그 등불을 보살피게 하라"(출 27:21). 그러므로 이것은 지상에 우리 주님이 계시지 않는 동안 참 성소 안에서 빛을 보존하는 것을 상징했지만, 반면에 이스라엘 국가는 이승에서 더 이상 하나님의 증인이 아니다.

등잔대와 관련된 가장 눈에 잘 띄는 것은 일곱 개의 가지인데, 그것들은 불이 켜져 있는 '등'을 지원한다. 이것은 우리가 이미 본 바와 같이 성령의 인격과 사역을 예표했다. 우리의 현재 모형의 독특한 측면을 드러나게 하는 것이 이것이다. 그것은 그리스도의 선물로서의 성령이다(주님의 죽음과 부활의 결과). 즉 주님의 백성을 위해 "쳐서 만든 일"과 "살구[아몬드]"이다. 그것은 "예수 그리스도의 얼굴에 있는 하나님의 영광을 아는 빛을 우리 마음에 비추시는"(고후 4:6) 성령님이시다. 그것은 성소 안에 있는 성령으로서, 그리스도를 영화롭게 하며, 그리스도께 속한 것을 취하여 그의 백성들에게 보여주신다. 그것은 영광을 받으신 하나님의 아들에 의하여 지시를 받는 성령님의 활동이다. 불이 켜진 일곱 개의 등에 의하여 충족된 여러 개의 목적은 그리스도의 백성에 대한 성령의 사역의 가장 중요한 측면을 묘사한다.

첫째, 불이 밝혀진 등들은 등잔대 자체의 아름다운 솜씨를 드러내었다. "등잔 일곱을 만들어 그 위에 두어 앞을 비추게 하며"(출 25:37). 민수기 8:2을 비교하라. 이는 성도들을 향한 성령의 사역과 성도들 안에서의 성령의 사역에 대한 주요한 목적을 말해 준다. 구주께서는 "그가 내 영광을 나타내리니 내 것을 가지고 너희에게 알리시겠음이라"(요 16:14)고 약속하셨다. 주님은 이것을 우리에게 그리스도의 완전하심을 드러내고, 자신을 우리에게 구체화하시고, 우리의 심령으로 주님을 사모하게 하심으로 하신다. 오직 성령으로써만 우리는 "사람의 자녀들보다 더 공평하신 자"의 탁월함을 주목하고 또 즐길 수 있다. 그의 빛 가운데서만 우리가 그 "빛을 본다"(시 36:9).

둘째, 등잔대는 진설병 상의 맞은편에 있어서 그 위에 있는 내용물들에게 빛을 비추어 주고 있다. "그는 또 회막 안 곧 성막 남쪽에 등잔대를 놓아 상과 마주하게 하고"(출 40:24). 진설병은 떡상 위에 칠일을 두었다가, 그 후에 "성소에서 먹도록 허락된"(레 24:8, 9) 아론과 그의 아들들의 음식이 되었다. 거기서 그들은 하나님의 눈을 즐겁게 해 드렸던 것으로써 자신들의 원기를 스스로 회복하였다. 우리는 그들이 그러한 잔치를 어두운 곳에 앉아서 즐길 수 있다고 생각하는가? 그것은 불가능한 일이다. 빛은 필수적인 것이다. 만약 빛이 없으면 혼란과 무질서가 야기되었을 것이다. 이것은 우리에게 성령의 사역과 그 능력으로만 그리스도인들은 그의 백성을 유지하기 위한 하나님의 떡이 되시는 그리스도를 이해할 수 있다고 가르쳐준다. 우리는 오직 성령으로만 그리스도로 만족할 수 있고 또 그의 충만하심으로 이끌릴 수 있으며, 그 결과 새 사람은 영양분을 섭취하여 강건해질 수 있다.

셋째, 등잔대는 금 향단 위에서 향을 사르는 일과 연관하여 언급되었다. "아론이 아침마다 그 위에 향기로운 향을 사르되 등불을 손질할 때에 사를 지며 또 저녁 때 등불을 켤 때에 사를지니"(출 30:7, 8). 등잔대에 밝혀진 불 없이는 제사장이 금 향단을 볼 수 없었을 것이고 그리고 거기에서 섬기지 못했을 것이다. 이 향단은 예배와 간구 둘 모두에 대해 말한다. 여기에도 역시 성령님의 도우심은 필수적인 것이다. 우리는 그분을 떠나서는 그리스도께 마땅히 해야 할 찬양도 간구도 할 수 없다.

넷째, 등잔대는 "여호와 앞에 빛을 발하는 것"(출 40:25)이라고 언급된다. 이것에 대한 예표는 성령님에 의하여 성경의 마지막 책에 우리에게 특별히 제시되었다. 거기에서 우리는 그리스도께서 하나님의 통치를 변호하시는 것을 볼 수 있다. 거기에서 "하나님의 일곱 영"인 "일곱 등잔"은 "보좌 앞에 켜져 있다"(계 4:5)고 명백히 말씀하셨고, 그 반면에 요한계시록 5:6에서 그것들은 주님이 심판을 집행하기 위하여 일어나신 때의 어린양과 연관되어 있다. "여호와 앞에서" 빛을 발하는 등잔대는 그리스도께서 하나님의 원수들을 엎으시고 모든 대적들을 그의 발아래 두어 다스리게 될 때에 그 성취를 이룰 것이다. 이 일은 그리스도께서 성령의 권세의 충만함에 의하여 "의의 태양"으로 나타나실 천년통치 기간에 이루어질 것이다(말 4:2).

이사야 11장에는 등잔대의 일곱 가닥의 광채의 마지막 예표적 성취를 우리에게 주고 있는 매우 괄목할 만한 구절이 있다. 거기에 이르기를, "이새의 줄기에서 한 싹이 나며 그 뿌리에서 한 가지가 나서 결실할 것이요 그의 위에 여호와의 영 곧 지혜와 총명의 영이요 모략과 재능의 영이요 지식과 여호와를 경외하는 영이 강림하시리니"(사 11:1, 2)라고 하셨다. 4절을 주목하면, 천년통치 기간 동안 그리스도와 성령의 관계를 나타내는 일곱 겹의 언급이 여기에 있다. 그러나 여기에 있는 순서를 주의 깊게 살펴보라. "그와 지혜의 신" 사이, 그리고 성령의 언급의 두 번째와 세 번째, 그리고 세 번째와 네 번째의 성령을 언급함에 있어 '그리고'라는 접속사가 없음을 살펴보라. 그 순서는 일곱 개의 가지를 가진 등잔대의 제작과 정확하게 일치한다. "여호와를 경외하는 영이 강림하시리니"라고 하신 말씀에는 '그리고'라는 연결 접속사가 없음으로 다른 여섯 개와 별도로 구분되면서, 가운데 있는 한 줄기를 기억나게 한다. 그 옆의 여섯 개의 언급은 ('그리고'라는 접속사가 보여주듯이) 세 개의 짝으로 이루어져 있는데, 이는 곧 가운데 줄기에서 자나난 세 쌍의 가지와 같다!

6. 등잔대의 덮개

"청색 보자기를 취하여 등잔대와 등잔들과 … 그릇을 덮고 등잔대와 그 모든 기구를 해달의 가죽 덮개 안에 넣어"(민 4:9, 10). 이러한 덮개들에 대한 모형적 중요성은 앞장에서 거론하였으므로, 이러한 사항은 더 길게 발전시키지 않아도

된다. 우리는 "청색 보자기"에 대해서 그리스도의 거룩한 영광을 강조했으며, 그리고 제사장과 같은 교제 가운데 있는 성도들만이 생명의 빛을 거룩하신 자로서 깨달아 알고, 누릴 수 있음을 일깨웠다. '해달의 가죽' 안에 접어서 감추어진 '청색'을 볼 때, 우리는, "악인의 길은 어둠 같아서"(잠 4:19)라고 하신 말씀과 같이, 불경건한 자들은 참 빛에 대한 어떤 지식도 없다는 사실에 대한 엄숙한 그림을 보게 된다.

7. 등잔대의 역사

등잔대는 모세 오경이 지나간 후에는 단지 두 번만 언급되지만, 각 경우마다 그 관련성은 매우 놀라운 것이다. 첫째, 사무엘상 3장에는, 여호와께서 성전 또는 성막에서 "하나님의 등불은 아직 꺼지지 아니한 때"(3절)에 어린 사무엘에게 자신을 나타내셨고 그리고 그에게 매우 진지한 전달을 하셨음을, 성령을 통하여 우리에게 알려주신다. 여호와께서 "그것을 듣는 자마다 두 귀가 울릴만한 일"을 이스라엘 중에 행하시리라고 선포하셨다. 이러한 '일'은 타락한 엘리의 아들들에게 내려졌던 쓰라린 심판이었다. 이 일에 대한 예언적이고 세대주의적 적용은 분명하다. 이스라엘의 불신앙의 긴 밤이 끝나기 전에, 하나님은 대환난을 이르게 하여 그들의 죄에 대해 그들을 심판하실 것이다.

두 번째 내용은 다니엘 5장에 있다. 여기에서도 다시 밤의 광경이 우리의 시야에 나타나게 된다. 벨사살 왕이 그의 타락한 아첨꾼들과 첩들을 동반하여, 술잔치를 하면서 흥청거리던 중에, 그의 조부가 예루살렘을 점령했을 때 성전에서 취했던 '금기명'을 가지고 오라고 명령하여 그것으로 술을 마셨다. 하늘의 반응은 즉각적이었다. "그 때에 사람의 손가락들이 나타나서 왕궁 촛대 맞은편 석회벽에 글자를 쓰는데"(단 5:5). 그것은 이번에 바벨론에 선포된 화의 메시지로서, 이방인의 마지막 때를 가리키는 것이었는데, 그때 하나님의 진노의 잔들이 그리스도를 거역하는 이 세상에 부어질 것이다.

등잔대와 연관되는 이러한 두 가지 심판의 메시지의 타당성은 확실하다. 하나님은 빛이시므로 그에게는 어둠이 조금도 없다(요일 1:5). "하나님은 빛이시라"는 의미는 그가 지극히 거룩하시므로 반드시 죄악을 응징해야만 한다는 것을 의미한다. 즉 그것은 우리들 앞에 또 다른 진리의 일면을 제시한다. 빛의 직능은 따뜻하게 하고 밝혀 줄 뿐만 아니라, 폭로하고 태운다! 신자에게는 빛이 곧 생명의 빛이지만, 믿지 않는 자들에게는 여전히 눈을 어둡게 하고 궤멸시키는 것이 될 것이다. 이것이 대심판 때의 심판의 좌석을 '백보좌'로 부르는 이유이다. 우리가 "빛의 자녀"라는 것에 대해 모든 그리스도인 독자들은 참으로 감사해야 할 것이다. 그리스도는 그의 백성에 대해(잠 4:18; 고후 4:6), 그의 백성 안에서(엡 1:18; 5:13, 14), 그리고 그의 백성을 통하여 (마 5:14-16) 빛이 되신다.

제40장

휘장으로 덮은 천장

출애굽기 26:1-14

성막의 내실에 있는 기구들을 묘사하면서, 성령께서는 지금 우리에게 여호와의 거처의 지붕을 이루고 있었던 것들에 대하여 알려 주신다(다른 것과 연관하여 나중에 언급하게 될 금 향단은 제외). 이것은 공교하게 수놓아 서로 연결한 많은 수의 베실(linen,리넨) 휘장으로 이루어졌다. 이러한 것들 위에는 염소 털로 만든 한 세트의 휘장들이 있었고, 그리고 이러한 것 위에 붉게 물들인 숫양의 가죽을 덮었으며, 또 모든 것들 중의 맨 바깥에는 해달의 가죽으로 만든 덮개가 있었다. 거룩한 구조물의 뼈대 또는 측벽을 형성하는 널판들을 묘사하기 전에, 지금 우리가 고찰하고자 하는 휘장으로 된 천장을 먼저 언급하는 것은 주목할 만한 일이다. 사람들은 자연적으로 뼈대에 대한 설명을 먼저 시작하여, 그 다음에 지붕, 그리고 완성된 건물 안에 설치된 시설들을 설명할 것이다. 그러나 여기에서는, 다른 곳에서처럼, 하나님의 생각과 방법은 우리들의 것과 반대가 된다.

이번 장에서는 내부 천장에 한정시키도록 할 것이다. 이것은 정교하게 수놓은 열폭의 하얀 휘장으로 이루어졌는데, 그 각각의 길이는 28규빗(12.6m), 너비는 4규빗(1.8m)이다. 이것들은 다섯 개씩을 한데 묶어졌으며, 폭과 폭의 총 치수는, 그 길이는 전체 12.6m이고 폭은 18m가 되었는데, 이것은 그 너비가 4.5m인 성막을 가로질러 닿았을 뿐 아니라 그 옆면에도 겹쳐졌다. 다섯을 한데 묶은 두 세트의 흰 막들은 각기 50개의 청색 고리에 의해 연결되었는데, 그것은 또 50개의 금으로 된 갈고리 또는 걸쇠로 단단히 조여서, 단단한 하나의 조각으로 전체를 확고하게 합쳤다. 이제 이러한 휘장에 대하여 일곱 가지를 고려해 보도록 하자.

1. 휘장의 재료

"너는 성막을 만들되 가늘게 꼰 베 실과 … 만들지니"(출 26:1). 우리가 출애굽기 26:15에서, "너는 조각목으로 성막을 위하여 널판을 만들어 세우되"라는 구절을 주목하는 것은 놀라운 것이다. 그 반면에, 휘장들은 그 자체로 '성막'으로 불리어 졌다. 그러므로 여기 우리 앞에 놓여 있는 것은 하나님이 지상에 거할 처소를 예비하시는 성육신하신 그리스도이다. 이러한 흠 없는 휘장들은 주 예수 그리스도의 인격을 지시하였고 그리고 그분의 본성의 거룩성을 나타내었다. "제사장들은 이러한 견지에서 그것으로 옷을 해 입었고(출 28:39-43), 그리고 대속죄일에 아론은 이 재료로 된 옷을 입었는데(레 16:4), 이로써 그는 자신이 그분의 그림자였던 그분의 본성의 절대적 순결성을 예표하게 된다"(에드워드 데네트[Edward Dennett]).

그 휘장들은 "고운 세마포"로 만들었다 — 단지 세마포가 아니라 고운 세마포, 특별히 질이 좋은 세마포였다. 요한계시록 19:8에 이러한 모습의 중요성에 대하여 성령께서 정의하신 말씀이 있는데, "깨끗하고 흰" 고운 세마포는 "성도들의 옳은 행실"이라고 강조하셨다. 이와 같이 이에 대한 주요한 개념은 더럽혀지지 않은 순전함과 증명된 의를 말한다. 이 개념은 이사야 64:6에 기록된 이와 대치되는 내용을 살펴봄으로써 보다 분명하게 파악하게 될 것이다. 즉 "대저 우리는 다 부정한 자 같아서 우리의 의는 다 더러운 옷 같으며"라고 하셨다. 이것은 다가올 날에 유대인의 고백이 될 것인데, 그때 그들은 자신들의 죄를 뉘우치면서 그들 앞에 나타나신 메시야 앞에서 통곡하게 된다. 이 말씀은 또한 오늘날의 하나님의 성도들의 고백도 된다. 우리 자신들을 돌아볼 때, 그리스도인들의 최상의 공력이라 할지라도 하나님의 거룩함의 척도로 측정해 보면, 다만 "더러운 옷"에 해당될 뿐이다. 그렇다면, 고운 흰 세마포는 그리스도의 명백한 거룩함과 의를 예표했던 것이다.

예표적인 의미에서 휘장이 드러난 것은 우리 주님의 지상 생애를 기록한 4복음서 안에서이다. 주님이 열두 살의 소년인 때를 보라. 요셉과 마리아가 그를 예루살렘으로 데리고 갔을 때, 그들은 삼일 동안 그를 보지 못했다. 어디에서 그를 찾았던가? 성전에 계셨던 그는 그의 어머니의 물음에 대답하기를, "내가 내 아버지 집에 있어야 될 줄을 알지 못하셨나이까"(눅 2:49)라고 하셨다. 그의 관심은 아버지의 일에 전념하는 데 있었다. "그렇게까지 자신의 혼을 빼앗길 정도로 아버지이신 하나님께 몰두하였던 그러한 아이가 일찍이 있었던가?'라고 어떤 사람들은 타당하게 질문하였다. 그가 나사렛으로 내려가 그의 부모에게 순종하면서, 지상의 책임을 이행하고 또 이러한 관계에 있어서 그의 완전하심을 나타내신 것을 주목하여보라. 또한, 역시, 우리는 그의 어린 시절에 대하여 "예수는 지혜와 키가 자라가며 하나님과 사람에게 더욱 사랑스러워 가시더라"고 하신 기록을 본다. "하나님의 눈으로 보실 때 그 바탕에 흠없이 짜여진 세마포로 된 직물이 있었다" (S. Ridout). 광야로 들어가신 예수님을 따라가 보라. 거기에서 주님은 40일 동안 마귀에게 시험을 받았다. 주님의 흰 옷을 더럽히려는 사탄의 수고는 완전히 수포로 돌아갔다. 이와 같이 우리는 감화 받은 성경 기록 전체를 통하여 주님의 발자취를 더듬어 볼 수 있다. 그는 세리와 죄인들과 더불어 잡수셨지만 그러한 가장 더러운 환경에 의하여 오염되지 않으셨다. 그는 나병환자 위에 자신의 손을 얹었으나 그 불결함에 걸리는 대신에, 그 손가락으로 병을 고쳐주셨다. 그는 시체를 만졌으나 종교의식에 따라 부정해지는 대신에, 죽은 자가 소생되었다.

"그가 죽음에 이르렀을 때에, 우리는 그 모든 순전함 속에서 흠 없이 희게 빛나는 모습을 본다. 세상은 그를 두 강도 사이에 두었다. 사탄은 말하기를, '나는 적어도 그의 순결함을 더럽힐 것이다. 내가 그를 범죄자들과 한패가 되게 하고 오합지졸들을 그에게 풀어 놓아 심하게 비난하면서 공중에 먼지를 날리게 하리라. 나는 그의 흠 없음을 어떻게 되는지 보리라! 고 한다. 그렇다. 그의 흠 없음이 어떻게 될 것인지 보자. 하나님만이 인간의 음흉함과 사탄의 사악함 가운데에서 분명한 구원으로 몰아간다. 그의 옆에 있었던 바로 그 강도는 주님의 무죄성에 압도되었다(눅 23:40, 41). 십자가에 못 박은 일을 주재했던 백부장도 그가 의로운 사람이라고 선언했다"(S. Ridout). 그러므로 흰 휘장은 하나님의 거룩하신 자의 무죄한 노정과 의로운 행위를 예표하였다.

2. 휘장의 색깔

"가늘게 꼰 베실과 청색 자색 홍색 실로"(출 26:1). 이러한 재료들은 흰 천막에다 그룹을 수놓는 데 사용되었다. 각 색깔은 우리의 복되신 구속주의 인격 속에 있는 독특한 완전함 을 나타내는데, 이는 그가 이 사악한 세상을 통과하시는 동안 그에 의하여 명백하게 나타난 것들이었다. '청색'은 하늘색이니 ― "하늘 같이 청명하더라"(출 24:10)하심과 같다. 흰색 바탕에 수놓은 '청색'은 헤아릴 수 없이 깊은 굴욕 속으로 내려오셨던 이가 "하늘에서 오신 주"(고전 15:47)이었음을 말한다.

둘째 사람과 관련하여 계시되었던 것으로 '청색'을 살펴보는 목적을 가지고 복음서를 살펴보는 것은 참으로 복되다. 첫째, 우리는 그것을 그의 탄생에서 본다. 복음 증거가 당시에 구유에 누우신 이에 대한 천상적 근거를 지니게 하려고 하나님은 얼마나 세심한 주의를 기울이셨는가? 천사들이 예수님을 "그리스도 주"로서 선포하기 위하여 보내심을 받았다(눅 2:11). 그 후에, 동방에서 온 박사들이 어린 아기에게 경배하였다 — 이것은 '청색'을 얼마나 아름답게 나타내었는가! 열두 살 되셨을 때, 그가 성전에서 박사들에게 묻고 그들의 질문에 답하는 것을 들은 사람들은 "그의 지혜에 놀랐었다"(눅 2:47) — 여기서 우리는 다시 하늘의 색깔을 파악할 수 있다. 예수님은 니고데모에게 말씀하실 때 자기를 일컬어 "하늘에서 내려온 인자"(요 3:13)라고 하셨다 — 어떤 이가 말한 것처럼 "그는 이 땅에 계시는 전 생애 동안 하늘의 공기를 마신 자"였다. "그는 '참 사람'이었지만, 언제나 하늘로부터 온 나그네로서, 그 합당한 품위에 대해 중단되지 않는 양심으로 늘 행하였다. 그는 한 번도 그가 나오셨던 곳과, 그가 계셨던 곳과, 또는 그가 어디로 가실 것인지를 결코 잊지 않았다. 그의 모든 즐거움의 원천은 위에 있었다. 이 땅은 그를 부하게도 가난하게도 할 수 없었다. 그는 이 세상이 '건조하고 목마른 땅으로서, 거기에 물이 없음'을 아셨으므로 그의 영혼은 그 휴식을 위로부터만 찾을 수 있었다"(C. H. M.).

자주색은 왕권의 상징이다. 이것은 요한복음 19장을 언급함으로써 입증된다. 로마의 병정들이 이스라엘의 왕으로 하여금 비웃음꺼리의 대관식 형태를 통과하게 함으로써 그분에 대한 그들의 모욕을 표현하였을 때(요 19:2), 그들은 주님의 이마에 가시관을 씌우고 그 후에 "그에게 자색 옷을 입혔다." 이 두 번째 색깔이 가장 현저하게 드러난 곳은 마태복음이다. 첫째, '자주색'은 다윗의 아들이라는 왕의 계보에 대한 기록에서 보게 된다. 다음으로 "유대인의 왕으로 나신 이가 어디 계시냐"(마 2:2)라고 한 동방박사들의 질문에서 그것을 본다. 그 다음으로, 우리는 주님의 선구자의 외침, 즉 "천국이 가까이 왔느니라"(마 3:2)고 하는 선포 속에서 그것을 본다. — '가깝다'고 함은 왕이 친히 그들 가운데 있었기 때문이다. 왕권을 말하는 '자주색'은 마태복음 5, 6, 7장에 기록된 '설교'에서 분명히 명백하다. 그 설교는

"예수께서 … 산에 올라가 앉으시니 … 입을 열어 가르쳐 이르시되"라는 말로 시작된다 — 상징적으로, 이것은 왕이 그 보좌에 자신의 자리를 정하여 그분의 천국 율법을 선언하시는 것이었다. '자주색'이 더욱 선명하게 빛을 발한 때는 주님이 예루살렘으로 승리의 입성을 하실 때였다(마 21:1 - 11). 그의 십자가 위에는 "유대인의 왕 예수"(마 27:37)라는 왕의 표지가 붙어 있었다.

'홍색'은 상징적 의미의 다양성을 가지고 성경에서 사용되는 색깔이다. 이러한 것들 중에서 우리는 두 가지를 택하는데 그것은 우리의 현재의 상징에 가장 가까운 모습을 보여주는 것 같다. 첫째, '홍색'은 그리스도의 고난을 생생하게 제시해주는 피의 색깔이다. 이것은 '주홍색'에 해당하는 완벽한 히브리어 'tolaath shani'가 '주홍 벌레'를 의미하는 사실과 관계가 있다. 리도우트(Ridout)는 지적하는 바에 의하면, "그것은 'cocus cacti' 즉 코치니일(cochineal, 벌레를 말려서 만든 진홍색 염료 − 역주)으로서 그것으로부터 진홍색 염료를 얻을 수 있다. 시편 22편에서, 거룩하신 우리 주님은 십자가상에서 죄의 속죄물로 고통 가운데 계심에 대하여, '나는 벌레요 사람이 아니라'(시 22:6)라고 하신다. 이것은 홍색과 연관되어 사용된 말씀이다. 이렇게 우리 주님은, '죄를 알지도 못하시는 자'로 '우리를 위해 죄가 되심'(고후 5:21)으로 우리가 마땅히 감당할 장소를 대신하셨다. 그는 벌레의 자리를 택하사, 죽음으로 내려가셨고, 하나님의 진노와 심판 아래 고초를 당하시고, 우리의 주홍 같은 죄를 씻기 위하여 그의 보혈을 흘리셨다".

그러므로 '홍색'은 먼저 그리스도의 고난을 말한다. 복음서에는 그의 순결함, 그의 천상적 성품, 그리고 그의 왕적인 위엄과 나란히, 우리 앞에 구세주의 고통을 기록하였다. 우리는 구유-요람에서마저도 '홍색'을 식별할 수 있다. 이 색깔은 사탄이 그를 공격했을 때에도 입증되었는데, 그 이유는 "자기가 시험을 받아 고난을 당하셨은즉"(히 2:18)이라고 하였기 때문이다. 그는 "마음속으로 깊이 탄식하시며"(막 8:12), "속으로 비통히 여기시며"(요 11:38), "예루살렘을 향하여 우셨으니"(마 23:37), 이 모든 것들이 그 실례를 더해준다. "땀이 땅에 떨어지는 핏방울 같이 되더라"(눅 22:44)고 했을 때, '홍색'은 겟세마네에서 얼마나 비극적으로 보였겠는가!

그러나 '홍색'은 또한 영광의 표상이다. 요한계시록 17장에 붉은색 짐승 위에 앉은 여인은, 적그리스도 아래에서, 천년왕국 시대의 그리스도의 영광을 머지않아 흉내 낼 사탄의 조직을 상징한다. 구세주께서는 그의 고난으로 최고의 영예와 영광의 자리를 차지하셨다. 다가올 세대에서, 이 세상은 예수님의 영광의 장소가 될 것이다. 그러므로 그의 위에 걸쳐질 주홍색 외투는 그의 소유가 될 것이다. 시편 22편의 초반부에서는 구세주의 고난에 대하여 서술하나, 그 후반부에 이르러서는 "땅의 모든 끝이 여호와를 기억하고 돌아오며 모든 나라의 모든 족속이 주의 앞에 예배하리니"(27절)라고 하면서 주님의 왕적인 권세와 다가올 영광을 매우 인상적으로 묘사한다. '홍색'의 찬란한 빛은 변화산상에서 은혜를 받은 사도들의 시야에 수여되었다.

3. 휘장의 장식

"그룹을 정교하게 수 놓아 만들지니"(출 26:1). 순전한 백색 세마포는 그 위에 여러 가지 색깔이 펼쳐지고 그리고 그룹을 수놓는 재료가 되었다. 그러므로, 제사장들이 성소에서 섬길 때 위쪽을 바라보면, 그들의 머리 위로 하나님의 모든 피조물들 중의 이러한 가장 높은 것들에 대한 신비한 모양이 있었다. 즉 그들의 활짝 편 날개들은 천정에서 그 깃으로 하늘을 만들고 있었다. 다음의 성경 구절들 가운데에서 이러한 피난처의 장막에 대한 언급이 있는 줄 믿는다. "내가 영원히 주의 장막에 머물며 내가 주의 날개 아래로 피하리이다"(시 61:4), "그가 너를 그의 깃으로 덮으시리니 네가 그의 날개 아래에 피하리로다"(시 91:4), "주의 날개 그늘 아래에 감추사"(시 17:8) 등등.

'그룹'에 대한 이야기가 앞으로 다시 나올 것이기 때문에, 여기에서는 그것에 관한 간략한 언급으로 충분하다. 그들에 관하여 성경에서 제일 먼저 언급한 곳(창 3:24)에서 분명히 보여주는 바와 같이, 그들은 사법적 권세에 대해 말하고 있다. 이러한 상징적 모습이 그리스도와 관련하여 구체적으로 표현되었던 것을 잠시 보면, 주님이 "아버지께서 아무도 심판하지 아니하시고 심판을 다 아들에게 맡기셨으니 … 또 인자됨으로 말미암아 심판하는 권한을 주셨느니라"(요 5:22, 27)고 확언하신 말씀에 의하여 주어졌다.

4. 휘장의 치수

"매 폭의 길이는 스물여덟 규빗, 너비는 네 규빗으로 각 폭의 장단을 같게 하고"(출 26:2). "일곱은 완전수로서, 그 수 자체 외에는 절대로 나누지 못하는, 최상의 근본적인 숫자로서, 넷은 땅에서의 완성을 말한다. 예를 들어보면 땅의 네 모서리,

네 각, 네 복음서 등이다. 그런고로 휘장의 치수는 지상에서 완성으로 돋보였던 완전함을 예시할 것이다. 그리고 그러한 의미는 복되신 우리 주님의 생애에만 적용될 수 있을 것이다. 성막의 휘장들은 결과적으로 그가 이 무대를 통과하실 때 인간으로서의 그 완전함을 온전하게 나타내 보인 것을 말한다"(E. Dennett).

5. 휘장의 의미

이에 대해서는 우리는 이미 앞에서 다소간 살펴본 바 있다. 그 위에서 수를 놓은 그룹들이 아름답게 빛나고 있는 그 흠 없는 흰 휘장은, 독특하게 우리 주님의 신성 또는 인성을 상징했던 것이 아니라, 하나님— 사람의 인격과 또한 주님이 인간 가운데 거주하는 동안 분명히 나타내신 여러 가지의 영광들을 상징하였다. 우리가 네 가지 색깔이 언급된 어느 경우를 보더라도 청색이 먼저요 백색이 맨 마지막임을 주목해야 한다. 그러나 여기에서는 그 순서가 거꾸로 되었다. 거기에서는, 이 땅에 내려 오셨던 이의 천상적 기원을 성령이 강조하고 있지만, 여기서는 지금은 하나님의 우편에 앉아 계신 이의 인자의 무죄함과 의로우심에 대하여 우리들의 주의를 끌게 한다.

이 휘장들이 성소의 내부 천정을 형성하고 있어서 다만 제사장의 가족들만이 볼 수 있었던 사실은, 하나님께 접근했던 자들만이, 그 아들의 완전하신 모습들을 인식할 수 있었음을 암시한다(주님의 지상 거주 기간 동안에 그분에 의하여 그것들이 명백하게 드러났던 것 같이). 유대인 지도자와 일반 대중들은 그를 흠모할 만한 아름다움이 없는 자로 보았다. 주님의 도덕적 아름다움은 그들에게는 잃어버려진 것이다. 그렇다, 그로 인하여 그들의 도덕적 추악성은 정죄를 받게 되어서, 그들의 적개심을 불러일으키게 했을 뿐이다. 그러나 그 특유의 은총의 대상자이었던, 은혜 받은 소수의 사람들은, "우리가 그의 영광을 보니 아버지의 독생자의 영광이요 은혜와 진리가 충만하더라"(요 1:14)고 외쳤다.

그것은 오늘날도 동일하다. 그리스도는 여전히 사람들의 경멸과 거절을 당하고 있다. 중생치 못한 자들은 주님의 탁월함을 분별할 능력을 가지고 있지 못하다. 주님은 선한 사람, 제일 좋은 사람으로는 인정되지만, 하나님의 거룩한 자(흰색)로서, 하늘로부터 오신 주님(청색)으로서, 왕 중의 왕(자주색)으로서, 그리고 그의 고난으로 인하여 이 땅에 돌아오셔서 능력과 권세로 다스릴 자(홍색)로는 여기지 않는다. 그러나 이에 반하여 지금도 "거룩한 제사장"(벧전 2:5)의 무리와,

거룩한 "기름 부음"이라는 '영감'을 받은 자들(요일 2:20, 27)은 주님을 전적으로 사랑하는 자로 인정한다.

그 휘장들이 성막의 내부 천정을 형성하였다는 사실은, 자신을 낮추시고 죽기까지 복종하셨으나, 지금은 높은 곳에서 찬양과 영광을 받으시는 분을 우리 앞에 놓아두었음을 암시한다. 예배자가 위를 바라볼 때마다 그는 그 화려한 장식을 가지고 있는 흠없는 세마포만을 보게 되었다. 이는 하나님을 섬기는 자들이 신령으로 하늘의 성소에 들어갈 때, 지금도 우리가 믿음에 의하여 보게 되는 "영광과 존귀로 관을 쓰신 예수"(히 2:9)의 인격과 완전함에 몰두해야만 한다는 것을 우리에게, 너무나 평이하여서 오해하기 쉬울 정도의 어조로, 공표하지 않는가! 예배를 드릴 때에는 우리는 자신에 사로잡힐 것이 아니라 ─ 우리의 실패나 성취나, 우리의 궁핍이나 축복 ─ 아버지와 그의 복된 아들에만 사로 잡혀야 하다. 우리들의 마음이 휘장과 거기에 있는 아름다운 색깔들이 예시하는 것에 오직 동화될 때에만, 결과적으로 우리는 하나님이 보시기에 받으실 만한 것을 그분께 드리는 것이다.

6. 휘장의 고리

이것에 대한 그 독특한 중요성을 다루기 전에, 먼저 그 용도를 살펴보자. 이것은 휘장들을 함께 연결하기 위하여 지명되었다. 그러므로 열 개의 휘장은 각기 다섯 개씩을 묶어 두 세트로 배치되었다. "그 휘장 다섯 폭을 서로 연결하며 다른 다섯 폭도 서로 연결하고"(출 26:3). 성경에 나타난 '열'이라는 숫자의 의미 중 한 가지는 인간의 의무를 말한다. 그런고로 애굽에 내려진 열 가지 재앙들이 인간들의 의무의 실패를 나타내고 그리고 밖으로 드러나게 한 이후에, 바로와 그의 군대들은 홍해에서 멸망을 당하였다. 이방의 세력이 그 종말에 이르게 되면 열 나라들로 이루어질 것이며, 그 이후에 그들의 책임의 쇠약이 아주 명백해질 것이다. 하나님이 시내 산에서 인간의 의무를 요약하실 때, 그것은 십계명의 형태이었다. 그러나 그 계명들은 두 개의 돌판 또는 다섯으로 된 두 짝의 형태로 씌어졌다는 점에서, 여기의 휘장들과 비슷하다. 첫 다섯 계명들은 ─ 뒤에 다섯 개 중에서는 찾아볼 수 없는 "네 하나님 여호와"라는 말씀에 의하여 서로 연결되었음 ─ 하나님을 향한 우리들의 의무를 정의하신 것이며, 마지막 다섯은 인간을 향한 우리들의 의무를 말씀하신 것이다. 열 개의 휘장들이 다섯씩 두 짝으로 이루어진 것은 그리스도를 그 백성의 대표자로 삼아 하나님과 인간을 향한 그들의 의무 전체가 그에 의하여 충족되어졌음을 말해준다. 예수님은 마음을 다하여 하나님을 사랑하고 또 이웃을 자기 몸 같이 사랑하셨으니, 예수님만이 이러한 의무들을 온전히 그리고 완전하게 이행한 유일한 분이시다.

휘장들을 서로 '연결시킴' 으로써, 그 길이와 너비, 모두가 오히려 더 낫게 보일 수 있었다. "'길이' 란 확장(extension)이기에, 생애의 전 과정 동안에 충분히 있을 것이다. 그것은 성경에서 이러한 방식으로 사용되었다. 즉 '매일의 길이' 라는 말은 잘 알려진 표현이다. '너비' 라는 말은 '광대한, 넓은' 이라는 어근에서 나온 것이다. 그것은 우리에게 익숙한 은유적 용도를 가지고 있다. 솔로몬 왕은 넓은 (너비) 마음을 가졌다(왕상 4:29). 이와 같이 '넓이' 는 인생의 성격과 그에 따르는 환경을 제시한다. 이로써 우리 구주의 생애에 대해 말하자면, '길이' 는 그의 전체의 인생행로이며, '너비' 는 이것이 보여주는 바와 같이 그의 성품과 환경을 생각나게 한다"(Ridout). 그렇다면 이러한 열 장의 휘장들이 각각 28, 또는 7×4규빗의 길이와 4규빗의 너비라는 것은, 주님이 여기 이 땅 위에서 우리의 의무를 도맡아 그 완전함을 분명히 보여주셨음을 우리에게 말하는 것인데, 이것을 주목하게 됨은 얼마나 복된 일인가!

"휘장 끝폭 가에 고 쉰 개를 달며 다른 휘장 끝폭 가에도 고 쉰 개를 달고 그 고들을 서로 마주 보게 하고"(출 26:5). "고리들(loops)은 하늘의 색깔인 청색이었다. 그러므로 주님이 하늘에서 오셨고, 하늘에서 사셨으며, 하늘로 돌아가셔야 했던 사실은 그의 전반적인 순종의 생애의 특성을 나타낸다. 하늘의 표시가 그 모두 위에 있었다. 청색 고리는 하나님에 대한 그의 완전한 사랑과 순종을 말하는 것으로, 사랑과 순종은 지상의 삶에서(지상에서 그 책임은 하나님께 대한 그분의 순종과 하나가 되어야만 함) 일치되어야 함을 보여준다. 그러므로 휘장의 두 번째 짝 위에 있는 청색 고리들은 모든 것이 하나님을 위한 그의 헌신에 있어 하나가 되었음을 보여준다.

"예수님이 하셨던 것처럼 그렇게 완전히 하나님께 바쳐진 삶은 일찍이 없었다. 주님은 심령, 영혼, 마음, 그리고 힘을, 모두 그리고 언제나 하나님께 드렸다. 그렇지만 이러한 헌신이 주님을 은둔자로 만들지는 않았다. 인간 자신의 의가 기독교의 이름과 연결된 이기적 수도 생활에 대한 일말의 생각도 없었다. 예수님은 그의 아버지를 완전하게 사랑하셨지만, 그러나 이는 인간에 대한 주님의 완전한 삶의 징표였다. 그렇게도 인간을 위한 사랑과 수고로 가득 찬 손이나 혹은 마음은 일찍이 없었다. 그리고 여기에는 지나치게 감상적이라든지 아니면 자선적인 것이 없었다. 그 청색 고리들은 그의 아버지의 뜻에 모두 연결되어 있었다. 그는 많은 이적들을 행하셨지만 우리는 이러한 사랑의 일들이 거기에서 끝난 것이라고 생각할 수 없다. 그는 아버지께서 자신에게 하도록 분부했던 일을 분명히 보여주고 있었다. 이는 '하나님이 하시는 일을 나타내고자 하심이라'(요 9:4)고 하심과 같다"(Ridout).

7. 휘장의 갈고리

"금 갈고리 쉰 개를 만들고 그 갈고리로 휘장을 연결하게 한 성막을 이룰지며"(출 26:6). '갈고리'라는 말은 '연결시키는 환'을 말하는데, 이것으로 청색 고리들을 통과시켜 휘장들을 서로 결합시켰다. '청색 고리'와 이러한 '금 갈고리'는 별로 중요하지 않게 보일 수 있지만, 이것들이 없으면 연결될 수 없었을 것이다. 그 아름다운 휘장들이 하나씩 서로 떨어져 걸려 있다면, 그것들이 나타내고자 하는 한 가지의 주된 형체를 나타낼 수 없었을 것이다.

이러한 "금 갈고리"는 의미가 있었다. 그것은 하나님과 이웃을 향한 인간으로서의 주님의 이중적 의무에 대한 완전한 순응을 보장하였던 우리 주님의 천상적이고도 거룩한 품성이었음을 우리에게 말해준다. 이 '갈고리'들은 열 장의 휘장 전체를 함께 묶어 그것이 결국 '한 성막'이 되게 하였다. 그러므로 그것들은 그리스도의 성품과 생애의 복된 단일성과 연합을 가리키고 있다. "주님으로 하여금 하나님과 인간의 요구를 연결하여 완전하게 순응할 수 있도록 했던 그리스도 안에 있는 그 하늘의 은혜와 거룩한 힘이 '청색 고리[loop]'와 '금 갈고리[tache]' 안에서 우리에게 지금 나타났다. 그래서 주님은, 각각의 양쪽에 응답함에 있어, 결코 한순간도 자신의 성품을 훼손시키는 일이 없었다. 교활하고 외식적인 자가 그를 시험하여 '가이사에게 세금을 바치는 것이 옳으니이까 옳지 아니하니이까'라고 물었을 때, 그의 지혜로운 대답은 '가이사의 것은 가이사에게, 하나님의 것은 하나님께 바치라'는 것이었다. 그것이 그저 가이사의 것이 아니라, 오로지 모든 관계 속에 있는 인간의 것이었기에, 모든 인간의 요구들은 그리스도 안에서 완전히 충족되었다. 예수님은 그의 완전한 인격 속에서 하나님과 인간의 본성을 결합시켰기에, 그 완전한 방법을 가지고 하나님과 인간의 요구를 충족시키셨다"(C.

H. M.).

복되신 주 예수의 생애와 그 생애의 모든 장면과 상황 속에서, 우리는 각기의 두드러진 말투와 용모가 그 자체로 완전함을 볼 뿐 아니라, 주님 속에 내재한 천상적이며 거룩한 그 능력으로 모든 말투와 용모가 완전하게 조화됨을 본다. 우리 주님의 완전한 방법과 사역들은 그 자체가 아름다울 뿐만 아니라, 아름답게 결합을 이루어, 서로 절묘하게 연결되어 있다. 그러나 이 "청색 고리"와 "금 갈고리"를 식별하고 바르게 평가할 수 있는 자는 참 성소의 거룩한 신비 속에서, 어느 정도 가르침을 받은 자들뿐이다. 이 생각을 염두에 두고 그의 생애의 기록을 연구하라. 주님의 불굴의 공의를 그리고 그 다음으로 주님의 넘치는 부드러움에 유의하라. 외식을 꾸짖는 그의 타협할 줄 모르는 미쁘심을 그리고 그 다음으로 가련한 죄인들에 대한 그 기이한 동정심을 살펴보라. 인간의 오류와 전통을 통렬히 꾸짖는 모습을, 그리고나서 무지한 자와 길을 벗어났던 자들에 대한 부드러운 인내를 살펴보라. 우리는 주님의 신격의 신성과 위엄, 그리고 그의 인성의 온유와 겸손을 나란히 본다. 마치 주님의 의복이 '이은 자리'가 없는 것처럼, 그것들은 복되게 연합되고 일관되게 결합되었다! 진리의 성령께서 독자들을 인도하셔서 신약성경 속에서 휘장들의 원형을 연구할 때에 '청색 고리'와 '금 갈고리'를 찾을 수 있기를 바란다.

제41장

덮개

출애굽기 26:7-14

지난 장의 서두에서 지적한 바와 같이, 성막에는 하나씩 겹쳐서 덮어진 네 장의 별도의 덮개(coverings)가 있었다. 첫 번째로 제일 안쪽에 있는 것은 열 장의 흰 휘장들이었다. 이 휘장들에 대해서는 이미 앞서서 거론되었다. 그것들 자체를 '성막' 이라고 명명된 것은 주의해서 알아두어야 한다(출 26:1, 6 참조). 이것들 위에는 막(tent)이라고 부른 열 한 장의 "염소털로 된 막"이 놓여있었다(출 26:11, 12). 이러한 것들 위에는 단지 '덮개' (coverings)로만 불리는 "붉은 물 들인 숫양의 가죽"과 "해달의 가죽"이 펼쳐있었다(출 26:14). '성막' (the Tabernacle)과 '막' (the Tent) 사이의 구분은 몇 군데의 성경 구절에서 분명히 나타나 있다. 예를 들면, 민수기 3:25에 보면 "성막과 장막" 이라고 했다. 이는 그것들을 각기 별도로 고찰해야 함을 암시한다.

위의 구분은 각기 두 개의 다른 단어를 사용한 히브리어를 보면 분명히 입증되는데 'Mishkan' 은 성막이요, 'ohel' 은 장막에 해당하는 말이다. 전자는 '거주하는 장소' 를 나타내며, 후자는 단순히 '장막' 을 뜻한다. 그 하나는 여호와께서 거하시는 곳을, 다른 하나는 그의 백성들이 모이는 곳을 언급한다. 우리의 영어성경 번역자가 원본에 표기된 이 차이점을 유지하지 못한 것은 유감스러운 일이다. 흠정역(A.V.)에 보면 "회중들의 성막" 이라는 표현이 계속적으로 나오고 있으나, 거의 모든 경우에 히브리어는 "회중들의 장막" 이라고 되어 있다. 이 거룩한 건물은 그들의 집회 장소였을 뿐 아니라, 여호와가 거하시는 곳이기도 하였다. 사람들은 그곳을 방문하였고, 주님은 거기에 머무르셨다! 그러면 먼저 열한 폭의 염소털 휘장을 보면서, 함께 주목하여 보자.

1. 재료

"그 성막을 덮는 막 곧 휘장을 염소털로 만들되 열한 폭을 만들지며"(출 26:7). '막' (curtains)이라는 단어는 예리오드(yerioth)라는 말에서 나왔는데, 그 어근은 매달려있는 막의 움직임과 같이 '떨다' 또는 '흔들리다' 라는 의미를 갖는다. 유사한 일차적 의미를 가지는 유사한 어근은 '두려워하다' 는 말이다. 이러한 개념들은 주 예수님이 이 땅에 계실 때를 매우 잘 암시적으로 묘사한다. 그는 의존하는 자였으나, 그 자신의 본래의 강건함에 의지하지 아니하시고, 언제나 주님의 아버지께 충실히 붙어 있었다. 주님은 완전히 복종적이었는데, 그 이유는 하나님의 뜻에 주님이 완전하게 의존했기 때문이다. 그러므로 하나님에 대한 진정한 '경외' 가 주님의 특성을 나타내었다. 그는 언제나 성령의 세미한 숨결에 의해서 움직이셨다. 그러므로 인간의 눈으로 보기에는 전적으로 연약하였는데, 그 이유는 주님은 하나님에 대한 완전한 복종과 별도로 떨어져 있지 않았기 때문이다. 그러므로 죄와 세상과 사탄과 관련된 하나님의 모든 성품이 명백하게 증거되었다. 물론 주님은 그렇게 인간에 관계된 심판에 대한 하나님의 생각과 자비의 방편들에 대해 가장 풍부한 설명을 했다.

"'막' (curtain)이라는 말은 여성다운 말로서 '하나를 다른 것' 에 함께 연결시킨다고 할 때 '한 여인을 그 자매에게' 라는 말로 표현된다. 이것은 또한 우리 주님에 의하여 의존과 복종의 거룩한 장소로서 계속하여 취하여지고 유지된다"(S. Ridout). 이러한 동일한 생각이 강조된다고 할지라도, 성령께서는 이러한 염소털로 된 막은 여인들의 손으로 짠 것이라고 조심스럽게 말씀하고 계신다(출 35:26). 덧붙이자면, 이 동일한 재료는 그들 자신의 천막을 만드는 데 사용되었고 그리고 그것은 어두운 색깔이었다(아가 1:5과 6:5에 대한 언급이 보여주는 것처럼).

이러한 '털' 이라는 단어가 출애굽기 26:7에서 이탤릭체로 된 것을 주목해야하는데, 이는 번역자에 의하여 보충된 것이라고 표시한 것으로서, 이 경우에 매우 올바른 것으로 믿어진다. 그것은 히브리어로 된 출애굽기 35:26에서는 찾아 볼 수 없지만 '잣다(spun)' 라는 말이 그것을 분명히 암시한다. '털' 이라는 말이 출애굽기 26:7에서 생략된 이유는 우리들의 주의를 염소 자체에 ─ 예를 들어, 그것들이 상징적으로 나타내고자 했던 것 ─ 더 집중시키려 한 것이다.

2. 갯수

"열한 폭을 만들지며"(출 26:7). 하나님은 예상하였겠지만, 우리는 이 숫자에 대해 곤란을 겪게 된다. 하나님은 친히 우리들이 필요로 하는 바로 그 도움을 이곳에서 제공해 주셨다. 하나님은 우리에게 이 막들은 두 개로 구분되어진다고 말씀했다. "그 휘장 다섯 폭을 서로 연결하며 또 여섯 폭을 서로 연결하고"(출 26:9). 그러므로 열 하나라는 이 숫자의 영적 중대성을 발견하기 위해서는, 그 전체를 두고 생각할 것이 아니라 5와 6의 둘로 구성되는 것으로 고려하도록 보인다. 이렇게 하면 일은 매우 간단해진다. 우리가 전에 이따금씩 살펴본 경우에서와 같이 5는 은혜의 태도를 취하며, 그 반면에 6은 인간의 숫자이다. 인간이 창조된 날은 여섯째 날이었다(창 1:26, 31). 6일은 한 주간의 인간의 노동 분량이다(출 20:9). 인간이 그 노동과 관련하여 사용한 척도로서 이 숫자가 얼마나 탁월한지는 놀라울 지경이다. 다음에 있는 모든 것들은 6의 곱이다. 발은 12인치로, 규빗에는 18로, 야드에는 36으로 하였다. 그것은 인간의 시간 분할과 함께 한다. 하루는 24시간이요, 각 시간은 60분으로 되어 있으며, 분은 60초로 되어 있다. '사람'이라는 말이 성경에서 실제로 독특한 단어로 되어 있음은 괄목할 만한 일인데, 그 넷은 히브리어에 있고 둘은 헬라어에 있다. 사악한 인간의 자리를 대신 하신 이가 제6시에 십자가에 못 박혔다는 것은 얼마나 적합한가(요 19:4)! 사람들이 고난을 당하는 구주위에 쌓아올린 경멸로 인하여, 이와 동일한 숫자가 그 나쁜 짓 위에 깊이 새겨졌다. 1) 그의 등에 채찍질하고, 2) 그들의 손바닥으로 그의 뺨을 때렸으며 3) 침을 뱉고 4) 그의 이마에 가시관을 씌웠고 5) 그의 손과 발에 못을 박고 6) 그의 옆구리를 창으로 찔렀다. 이러한 실례들을 고려할 때, 염소털로 만든 막들 속에서 5와 6의 의미를 추적하는 것은 어렵지 않다.

3. 치수

"각 폭의 길이는 서른 규빗, 너비는 네 규빗으로 열한 폭의 길이를 같게 하고"(출 26:8). 휘장들의 폭은 제일 안쪽에 있는 덮개와 동일하였는데, 즉, 4규빗(땅을 말하는 숫자)이었다. 그러나 염소털로 만든 휘장의 길이는 흰 막들보다는 더 길었다, 즉 이것들은 30규빗이었으나 흰 막들은 28규빗이었다. 이러한 더 큰 숫자의 중대성은 언제나 그 인수(因數)의 영적 의미에 의하여 확인된다. 30의 인수는 3과 10이거나 혹은 5와 6이다. 3은 완전히 나타남을 말하며 10은 의무의 숫자이다.

그러나 그 막들이 5와 6의 두 그룹으로 나뉘어졌다는 것 때문에, 그 길이들에 대한 해석의 열쇠를 얻을 수 있을 것이다. 이 점은 우리가 그 의미를 다루게 될 때 더 상세하게 설명하고자 한다.

4. 배치

이것은 처음에 얼핏 보면 결코 분명하지 않다. 9절에는, "그 휘장 다섯 폭을 서로 연결하며 또 여섯 폭을 서로 연결하고 그 여섯째 폭 절반은 성막 전면에 접어 드리우고"라고 한다. 그 다음 12, 13절에는, "그 막 곧 휘장의 그 나머지 반 폭은 성막 뒤에 늘어 뜨리고 막 곧 휘장의 길이의 남은 것은 이쪽에 한 규빗, 저쪽에 한 규빗씩 성막 좌우 양쪽에 덮어 늘어뜨리고"라고 말한다. 성막 그 자체는 길이가 30규빗, 폭이 10규빗, 높이가 10규빗이었다. 그러므로 이러한 막들을 세로 길이로 취하고 그리고 성막의 폭 위로 그것들을 베품으로써, 그 양 측면과 천정은 완전히 덮어질 수 있었을 것이다. 왜냐하면 그것들은 길이가 단지 30규빗이었고, 폭은 나란히 연결시켜 44규빗이 되었으므로, 이것은 후미까지 덮을 정도로 길었으며, 천정의 길이대로 가로질러 편 후에도 앞으로 4피트가 겹치게 했다. 전면에 있는 4규빗의 이러한 여분은 뒤로 넘기거나 '겹쳐져서' 입구를 위하여 8규빗이 남을 정도였다.

5. 의미

그것을 만들었던 재료가 이것에 대한 첫 열쇠를 제공한다. '염소'는 속죄제에 사용된 훌륭한 동물로서, 사실상, 그 제물은 이스라엘이 율법 아래 있을 때의 큰 절기와 연관된 것이다. 백성들이 하나님 앞에 집단적으로 자신들을 나타낼 때, 그것은 그들의 죄를 위하여 유일하게 드려진 희생이었다. 이스라엘의 해는 유월절의 기념제로부터 시작되었다. 이 절기와 불가분의 관계를 맺고 있는 것은 무교절 의식이었는데, 이것은 누가복음 22:1에 명시되어 있다. 이 절기가 진행되는 7일 동안, 다른 희생들 외에도, '염소'가 속죄제를 위하여 죽임을 당했다(민 28:17, 22). 그 다음 절기는 '주간들' 또는 '오순절'이었는데, 이때에도 역시 속죄를 위하여 '염소'를 속죄제로 드릴 것을 명하셨다(레 23:15, 19). 그 다음 절기는 나팔절인데, 이때에도 역시 염소가 속죄제물로 사용되었다(민 29:1, 5). 이에 이어지는 것이 이 절기들 중 가장 엄숙한 것, 즉 매년의 속죄일인데, 그때는 특별한 속죄 제물이 지명되었다. 이때에는 두 마리의 염소로 했는데, 한 마리는 죽이고, 다른 한 마리는 모든 이스라엘 백성들의 죄와 허물을 그것에다 고백하고, 그 이후에 사람이 살지 않는 광야로 내보내었다(레 16장). 마지막으로, 장막절이 있었는데, 이것은 수확의 절기로서, 그때에는 이스라엘이 그들의 수고로부터 쉬며, 그들의 노동에 대한 하나님의 축복을 즐거워했다. 이 절기는 8일간 계속되었는데, 그동안 매일 속죄제로 '염소'를 잡았다(민 29장).

'염소들'만이 속죄를 하기 위하여 사용되었던 국가적 집회뿐만 아니라, 우리는 다른 속죄-제물 중에서 이 짐승의 탁월성을 깨달을 수 있다. 통치자가 죄를 범했을 때 지명된 희생제물은 '염소 새끼'였다(레 4:23). 마찬가지로, 만약에 평민 중의 하나가 죄를 범했을 경우에도 "염소 새끼"를 드렸다(레 4:27, 28). 제사장으로 헌신할 때에도 '속죄제로 염소 새끼'가 요구되었다(레 9:2, 3). 제단을 봉헌할 때에도 '군주들'마다 "속죄제로 염소 새끼"를 드렸다(민 7:16). 부지중에 지은 죄를 위하여 "염소 새끼"로 속죄가 이루어졌다(민 15:24, 27). 매달의 시작에, 특별한 속죄제가 지정되었는데, 이것도 역시 "염소 새끼"로 이루어졌다(민 28:11, 15). 이것은 '염소'가 예외 없이 속죄제로 지목되었던 일람표를 마무리한다. 확실히 이러한 것들이 숫자상으로 정확히 열한 개라는 것은 우연의 일치 그 이상으로서, 우리들의 모형에 있어서의 열한 장의 막들과 정확하게 부합된다!

'염소'가 희생제사에서 사용되지 않는 곳에서는, 이 짐승은 대개 악한 일과 연관되는 것으로 발견되어지는 것은 또한 아주 충격적이다. 리브가는 이삭을 속이기 위하여 "염소 새끼의 가죽"을 야곱의 팔과 목에다 붙였다(창 27:16). 또한 요셉의 형제들은 그들의 아버지를 속이기 위하여 "염소 새끼"를 죽여 그의 옷을 그 피에 적셨다(창 37:31). 미갈이 사울을 속일 때에, "염소털로 엮은 베개"를 사용하였다(삼상 19:13). 이어서 예수님께서는 '양'(그의 백성)과 대조되게끔 사악한 자들을 '염소'로 비유하셨다(마 25:33).

방금 우리 앞에 있었던 것에 비추어 볼 때, '염소털'로 만든 막들은 그리스도를 그의 백성들의 범과를 위한 큰 속죄물로서 지목하고 있었음이 더 말할 나위 없이 명백하다. 죄를 알지도 못했던 자가 "우리를 위하여 죄가 되셨다"(고후 5:21). 구약에 이르시기를, "그의 영혼을 속건제물로 드리기에 이르면"(사 53:10)이라고 하셨는데, 이 사실은 "이는 그가 자기 영혼을 버려 사망에 이르게 하며"(사 53:12)라고 하신 말씀에서 그 성취가 기록되었다. 이와 관련하여 레위기 4:25의 "제사장은 그 속죄 제물의 피를 … 번제단 밑에 쏟고"라고 하신 말씀을 언급하는 것이 주목할 만하다. 이것은 다만 '속죄소'의 피에 대해서만 말씀된 것이었고, 번제물의 피에 대해서는 다만 '뿌려져진 것'이라고 씌어있다(레 1:5).

이 휘장들에 관련된 숫자들이 우리의 해석을 확실하게 해 주는데, 그 숫자들은 6, 5, 4이다. 그러므로 우리는 그것이 우리의 복되신 구속자의 인성이었음을 알게 되는데, 그분은 그 놀라운 은혜 가운데에서, 여기 이 땅에 있는 자신의 백성들의 죄를 위한 고난을 당하셨다. 그러나 두 배로 주목을 끄는 것은 6이라는 숫자인데, 열한 번째의 막은 '여섯째'라는 말로 명확히 표현되었으며(출 26:9), 그리고 30규빗의 길이는 6과 5의 인수로 이루어져 있다. 그러므로, 이와 같은 것을 강조함으로써, 성령께서는 은혜롭게도 우리의 사고가 취해야할 방향을 지적해 주셨다. '여자들'이 이러한 염소털 휘장을 짰다고 하는 사실은, 지금 우리가 다루고 있는 이 모형 속에서, 그리스도를 지금 우리 앞에 있는 '여자'의 후손이라는 진리를 여전히 더욱더 강조하고 있다(창 3:15). 신-인 되신 이가 고난을 받아 죽으셨다는 것은 사실이며, 그의 두 본성이 나눌 수 없이 연합되었음도 사실이나, 큰 희생을 드리는 일을 가능케 했던 것은 그의 인성이었으니, 이는 신성은 고난을 당할 수 없기 때문이다.

염소털로 만든 이러한 막들 바로 밑에는, 흰 막에 그룹을 수놓은 화려한 주단이 있었다. 그러나 이것은 성소의 내부에 들어간 자들만 볼 수 있었다고 하는 것은, 하나님께서 주신 믿음으로, 우리의 속죄물로서의 그리스도를 인격적으로 자기의 것으로 만들 때에야 비로소 주님의 인격적인 완전함에 마음이 사로잡혀 스스로 기뻐할 수 있음을 말한다. 그러므로, 성막으로 들어가는 입구 바로 위에 있는 겹쳐진 막은 매우 심오하고 진지한 의미를 가지고 있다. 문 바로 위에 설치된 것은 그가 들어가도록 주선한 또 다른 사람에 의하여 지불된 큰 대가에 대한 예배자를 기억나게 할 것이다.

6. 고와 갈고리

"휘장을 이을 끝폭 가에 고 쉰 개를 달며 다른 이을 끝폭 가에도 고 쉰 개를 달고 놋 갈고리 쉰 개를 만들고 그 갈고리로 그 고를 꿰어 연결하여 한 막이 되게 하고"(출 26:10, 11). 어떤 우수한 주석가들은 염소털로 만든 막들이 주로 지상 생애에 있는 그리스도를 말하기에, 그것들은 그리스도를 완전한 선지자로 암시하였다고 주장하였다. 우리는 이것이 실수라고 생각한다. '털' 옷이 거짓 선지자와 연관되어 있음은 사실이나(히브리어 성경의 슥 13:5) '염소털' 은 아니다. 세례 요한의 경우 우리는 그 옷이 '낙타털' (마 3:4)이었다고 명백하게 듣고 있다.

흰 막들이 '금' 고리로 서로 연결되어 있었던 반면에, 여기에 있는 막들은 '놋' 걸쇠로 되어 있었음이 주목할 만하다. 이 중대한 사항은 다른 것들의 실수를 드러내면서, 위에서 주어진 해석을 확고히 한다. 성경에 있는 '놋' 은 '거룩한 심판' 의 상징이다. — 이에 대한 것은 "놋 번제단" 을 논할 때 다시 다루게 될 것이므로, 지금은 증거를 제시하지 않을 것이다. 지금 주님의 예언적 직임 가운데에서, 그리스도 사역은 심판 시행과는 정반대가 되었다. 즉 그것은 줄곧 은혜로 점철되었다(요 1:17; 3:17). 그러나 그리스도를 그의 백성들을 위한 "죄가 되심"을 예시하는 것으로서 염소털 휘장에 대해서는, "놋 갈고리" 가 매우 중대하다. 왜냐하면 그것들은 십자가상에 있는 동안에, 구주께서는 하나님께서 쏟아 부으신 심판을 당하셨음을 우리에게 말하기 때문이다(사 53:10; 슥 13:7).

'고' 에 관련된 두 개의 작은 단어가 여기에서 아주 의미심장하게 생략되어진 것에 대해 역시 살펴보아야 할 것이다. 열개의 흰 막들은 "청색 고들"을 통하여 서로 연결되었지만(출 26:4), 열한 장의 염소털로 만든 막들에 대해서 우리는 출애굽기 26:10, 11에서 세 번씩이나 단지 '고' 로만 읽게 된다. 이러한 두 번째 막들이 그리스도를 그 예언적 직임으로 묘사하기 위하여 하나님이 의도했기에, '청색' 이 분명히 언급되었던 것이다. 왜냐하면 하나님의 천상적 성품은 그의 지상 사역 동안에 끊임없이 빛났기 때문이다. 그러나 "우리를 위하여 죄가 되셨을 때", 주님의 천상적 영광은 가리워졌는데, 그 세 시간의 흑암이 이를 증명해 주었다. 우리들이 다루고 있는 이 모형의 정밀하고도 놀라운 완전성은 그러므로 '청색 고리' 의 생략에 의하여 입증되어진다!

7. 목적

이러한 염소털 막들은 그 아래에 있는 흰 막들을 보호할 뿐만 아니라, 그 측면과 후미에 있는 금으로 된 널판들을 덮기 위하여 설계되었다. 아래에 있는 이러한 막들로는 그것들이 완전히 드리워지지 않았다. 이쪽 땅에서 천정을 거쳐 맞은편 땅까지의 거리는 30규빗이었다. 흰 막의 길이는 28규빗밖에 되지 않았으므로, 금으로 된 널판들이 양쪽 바닥으로부터 1규빗씩 노출되어 있었다. 이는 아주 어울리는 것이다. 우리가 살펴본 바와 같이, 아름다운 색깔들로 그 위에 수놓은 흰 막들은 인간 가운데 거주하였던 그리스도의 인격의 완전성을 예시하였다. 주님은 이 세상에서 행하실 때에, 하나님의 영광을 완전히 가리지 않고 드러내셨다. 그러므로 한 규빗(하나는 연합의 수이고, 하나님의 근본적 본성도 그러하다)의 금으로 된 널판들이 성막의 양쪽 바닥에서 흰 막에 의하여 가려지지 않은 채 남아 있었다!

그러나 이 염소털 막은 그 길이가 30규빗이었으므로, 그 길이가 흰 막을 덮기에 충분했을 뿐만 아니라 성막의 측면에 있는 금으로 된 널판들을 가리기에도 충분하였다. 하나님이 이로써 암시하였던 위대한 진리는 주님은 인간들 가운데 그의 거처를 가질 수 없었고, 그리고 그들 가운데에서 주님의 아름다움과 영광을 분명히 보여줄 수 없었다는 것이다 — 주님이 거처가 그 모든 부분에서 그의 아들의 희생에 의하여 죄가 완전히 지불되고 사라졌다는 사실을 선포하지 않는 한!

이제 가장 바깥쪽의 덮개에 대하여 간략하게 설명할 것만 남았다. "붉은 물 들인 숫양의 가죽으로 막의 덮개를 만들고 해달의 가죽으로 그 윗덮개를 만들지니라"(출 26:14). 한 마디로 말해서, 염소털 막의 밖에 있는 이러한 외부 덮개들은 그의 백성들의 죄에 상응하는 심판을 견디신 주님에 대한 두 가지 견해를 제시해 준다. 즉 그것들은 주님이 하나님의 눈과 인간들의 눈에 어떻게 보였는지를 보여준다. 양의 가죽은 먼저 하나님을 향한 측면을 나타내었다. '양'은 제사장들이 여호와를 섬기기 위하여 자신을 구별시키는 위임식에서(출 29:26) 사용된 희생제물이었다. 그러므로 그것은 하나님께 헌신함을 말한다. 이 사실에 아름답게 조화되는 것은 아브라함이 하나님께 헌신하여 순종하여 이삭을 제단에 바치려고 하였을 때 그를 대신하였던 '숫양'(창 22:13)이다. "숫양은 양 떼의 두목으로서 힘과 위엄을 말하므로, 시편 114:3에서는 이를 비유적으로 묘사하였다. 거대한 산들이 뛰노는 것은 하나님의 거룩한 위엄을 보여주는 것으로, 그 앞에서는 힘세고 능한 것들이라 할지라도 마땅히 잠잠해야만 한다"(Ridout).

숫양의 가죽은 '붉게 염색'하였는데, 이것은 죽기까지 헌신함을 분명히 말한다. 그러므로, 이와 같이 이 덮개들에 대해 우선적으로, 우리는 그의 양 떼의 머리로서, 전능자로서의 그리스도를, 하나님만 위해서 살면서, "십자가에 죽기까지 순종함"으로 성부께 대한 그의 완전한 헌신을 나타내는 자로서 예시하였다.

그 다음에, 숫양의 가죽 덮개는 그리스도를 하나님께 완전히 헌신하신 그의 백성(그의 양 떼)의 머리로 예시했다. 마치 아이와 같이 주님의 마음을 차지했던 것은 성부의 일이었다(눅 2:49). 그의 사역의 요지는 "나를 보내신 이의 일을 내가 하여야 하리라"(요 9:3)는 것이었다. 아버지의 명예를 위한 열심이 그를 삼켰다(요 2:17). 그러나 숫양의 가죽을 붉게 물들였다는 것은 피 흘림을 가리킨다. 그리스도는 완전히 하나님을 위하여 사셨을 뿐만 아니라, 아버지의 명령에 순종함으로 그의 생명까지 드렸다(요 10:18). 그리스도의 여러 가지 탁월성은 하나님께 드린 헌신으로 가득 차 있었다. 갈보리에서, 인간들은 사형선고를 받은 죄수의 집행을 보았을 뿐이지만, 하늘은 성부에 대한 성자의 무제한적인 전대미문의 헌신을 내려다 보셨다.

숫양의 가죽 위에는 해달(badger)의 가죽이 놓여 있었는데, 이것은 모든 것 중에서 맨 바깥쪽의 덮개였다. 이스라엘이 광야에 있을 때 사람들의 눈에는 이것만이 보였다. 그러므로, 이것은 주님이 사람들에게 나타났을 때, 우리 앞에서 그리스도가 생각나게 한다. 이것은 특별히, "주님이 자기를 비웠다"(빌 2:7)라고 하신 사실을 묘사한다. 구유에서 나시고, 업신여김을 받는 나사렛에서 자라나서, 목수의 작업대에서 일한 것은 거칠고 보기 흉한 해달의 가죽이 예시했던 것의 구체적인 실례였다. 이렇게까지 그리스도께서 자신을 낮추시므로, 그의 거룩한 인격의 영광은 죄많은 피조물들의 눈에 가려져 있었다. "이 사람이 목수가 아니냐"(막 6:3)라고 한 말은 예수님에 대한 그들의 평가를 보여준다. 그들은 업신여김을 받은 나사렛 예수의 외부적인 모습 아래에 놓여있는 그 영적 은혜나 천상적 아름다움, 또는 도덕적 완전성마저 전혀 볼 수 없었다. "이 사람은 어디서 왔는지 알지 못하노라"(요 9:29)고 한 말은 그들이 다만 해달의 가죽밖에 보지 못하였다는 사실을 드러낸다.

그의 생애 동안이 그러했던 것처럼, 그의 죽음도 역시 그러하였다. 이스라엘 백성들이 광야를 지나 가나안으로 여행할 때 그 통과하는 지역의 광야 부족들이 그 밑에 있는 아름다운 휘장들을 볼 수 없었던 것처럼, 갈보리에 모였던 광분한 군중들은 거기에서 일어났던 일의 소중한 의미를 분별하지 못했다. 그들 중 많은 이들이 "그의 모양이 타인보다 상하였고 그의 모습이 사람들보다 상하였으므로"(사 52:14) 놀랐다. 그는 불경죄 때문에 하나님께 저주를 받아서 맞는다고 여겨졌다(사 53:4). 그들은 주님을 심히 무력한 자로, 십자가에서 내려올 수 없는 자로 여겼다. 그러므로 거칠고 보기 흉한 해달의 가죽은 전반적으로 인간들 앞에 나타난 보배로운 우리 구주의 수치와 굴욕을 말해준다.

바깥에 있는 두 가지의 덮개들에 대해서는, 그 아래에 있는 열 장의 흰 막들과 염소털로 만든 열한 장의 막들과는 아주 대조되게, 그 치수를 언급하지 않은 것은 참으로 복되고 소중하다. 이는 그러한 덮개들이 예시했던 것이 측정할 수 있는 우리의 능력을 초월하였음을 암시하고 있지 않은가! 하나님에 대한 우리 주님의 헌신과 사람 앞에서의 주님의 굴욕은 심오하고 높았기에 우리의 수단으로는 도저히 헤아릴 수 없다.

제42장

널판

출애굽기 26:15-30

지금 우리가 주의를 기울여야 하는 것은 원래의 성막의 틀과 기초이다. 성막의 측면은 아카시아 나무(조각목) 널판(boards)으로 이루어졌는데, 그것들은 서로 맞추어 조립된 것으로, 은으로 된 받침대위에 꽂혀 있었다. 성막은 뜰의 서편에 위치하여, 문을 마주 대하고 있었다. 그 견고한 틀은 48개의 널판으로 되었는데, 20개는 북편, 20개는 남편, 서편은 6개로 각 끝에는 모서리용 널판이 있었다. 동편 또는 전면은 입구로서 그 중간에 '문을 매달아 놓는 것' 이 걸려있는 다섯 개의 기둥이 있었는데 이에 대해서는 다음 장에서 별도로 고찰할 것이다. 이 모든 널판들은 금으로 쌌다.

"북쪽과 남쪽 측면은 각기 20개의 널판들로 이루어졌다. 그러므로 거룩한 건물의 길이는 30규빗(13.5m)이 되었으며, 널판들은 그 폭이 1.5규빗(68cm)이었다. 그 높이는 10규빗(4.5m)이었고, 그 너비는 정확히 똑같은 10규빗(4.5m)이었다. 각 널판은 두 개의 뾰족한 축, 또는 이음매에 의하여 유지되었는데, 그것은 다시 두 개의 은 받침 구멍에 물려 단단히 고정되었다. 그 후에 전체를 튼튼하고 안전한 하나의 꽉 조인 몸체로 묶기 위해, 조각목에 금으로 입힌 — 널판과 마찬가지로 — 다섯 개의 띠(bar)를 양 측면과 서쪽 끝을 따라 둘렀다. 그 모두를 합한 15개의 띠는 널판에 부착된 금으로 만든 고리에 꿰었다. 셋째 또는 중간의 띠는 건물의 전체 길이인 45피트를 가로질렀으나, 다른 가름띠(Cross-bass)의 길이에 대해서는 언급한 바가 없다. 맨 끝 — 북쪽과 남쪽 — 에 있는 모서리용 널판들은 꼭대기와 바닥을 함께 금 고리로 짝을 이루게 했고, 촉과 바닥에 있는 은 받침에 덧붙였다. 그 후에 이러한 모서리용 널판들은 그 끝을 고리와 촉과 받침대 또는 은 받침으로 고정시키면서, 아주 단단하게 결합시켜서 무너지기란 불가능하였다.

그 반면에 측면들은 동일하게 띠에 의하여 보존되고 유지되었다. 그렇기에 여기서 우리는 성막 안에서 구체화된 영원한 반석을 볼 수 있다"(W. Scott).

널판들과 그것을 엮었던 물건들의 모형적 의미에 대해 주석자들 측에서 많은 혼란이 있었다. 막과 여러 가지 기구에서 나타나신 그리스도를 보아온 많은 사람들은 널판에 대해서만은 이러한 일차적 해석을 떠나, 그것들을 그 개인적, 공동적 관계에 있는 신자들을 묘사하는 것으로 간주한다. 우리는 성막과 연관된 많은 것이 성도들에게 이차적으로 적용될 수 있다는 것을 부인하지 않지만, 우리가 완전히 확신하는 것은 그 안에 있는 모든 것은 최초로 그리고 맨 먼저 우리 구주를 가리키고 있다는 것이다. 또한 우리의 마음이 가장 먼저 몰두해야 할 필요가 있는 것은 그분에 관한 일이니, 지금부터 우리의 상징의 주요한 의미에 대하여 살펴보기로 하자. 널판과 관련되어 우리의 주의깊은 관심을 요구하는 것은 일곱 가지이다.

1. 재료

"너는 조각목으로 성막을 위하여 널판을 만들어 세우되 … 그 널판들을 금으로 싸고" (출 26:15, 29). 우리가 앞에서 말할 기회를 가진 바와 같이, 조각목은 우리 주님의 인성, 특히 부패하지 않음을 예시하였는데, 헬라어로 번역된 구약성경에서는 실지로 그것을 "썩지 않는 나무"라고 번역했다. 이것은 탁월한 중대성을 지니고 있는 것이므로 우리는 그것을 굳게 잡고 그 상징적인 나무가 전달하는 근본적인 진리를 증거해야 할 것이다. 곧 참되고 흠 없는 주 예수의 인성을 증거해야 한다. 여기에서 실수는 가장 심각하고 중대한 것으로, 구주의 인격에 대한 우리의 평가에 영향을 미친다. 주님의 절대적 신성을 유지하기 위한 그들의 지나친 열심으로 주님의 인성에 대해 적절하지 못한 개념을 품은 자들이 있다. 그러나 그의 인성은 그의 신성 못지않게 실존하는 것이었다. 단순히 그는 인간의 몸을 가진 체 한 것이 아니라, 그 단어의 완전한 의미에서 인간이 되셔서 인간의 영, 혼, 그리고 육을 가졌다. "그가 범사에 형제들과 같이 되셨다"(히 2:17). "자녀들은 혈과 육에 속하였으매 그도 또한 같은 모양으로 혈과 육을 함께 지니심은"(히 2:14)라고 하셨다. 그러므로 그는 "사람이신 그리스도 예수"(딤전 2:5)라고 불리었다.

그러나 그가 인간이 되실 때, 영광의 주님은 흠 없고 완전한 인성을 친히 취하였고, 특별히 "거룩한 이"(눅 1:35)로 칭함을 받았다. 인자는 "죄를 범하지 않으셨으니"(벧전 2:22), 이는 "그가 죄를 알지도 못하셨으며"(고후 5:21), 또한 "그에게는 죄가 없었기 때문이다"(요일 3:5). 그는 항상 그리고 언제나 "하나님의 거룩한 자"로 있었고 그리고 변함없이 그러하였다. 이에 대해 의문을 품는 것은 아버지와 아들에게 불경하게 대하는 일이며, 그리스도인의 평화가 근거한 그 기초를 손상시키는 것이다. 어떤 이들은 부주의하거나, 아니면 불경스럽게, "예수님을 우리의 죄악되고 그리고 우리의 죽을 수밖에 없는 본성을 취한 자"로 말하지만, 그런 것은 결코 있을 수 없다. 그렇지 않으면 그에게도 역시 구세주가 필요하였기 때문이다. 그리스도께서 죄를 짓지 않으셨을 뿐 아니라, 전적으로 죄를 지으실 수도 없었다. 주님의 인성에 죽음의 씨가 결코 존재하지 않았으며, 그는 고통과 허약으로 인하여 죽었던 것이 아니라, 스스로 그의 생명을 내려놓았으며(요 10:18), 그리고 죽음에서 주님은 "썩음을 당하지 않으셨다"(행 2:27). 구세주의 동정녀 탄생과 무원죄의 본성은 복음의 메시지의 바로 그 기초에 놓여있다. 그것이 없이는 가련한 죄인들을 위한 좋은 소식의 선포는 존재할 수도 없고 할 수도 없을 것이다.

주님의 인성과 분리할 수 없는 것은 우리의 구속자의 신성에 대한 영광스러운 진리이다. 이것 역시 우리의 근본 신앙의 근본적인 부분이며 모든 진정한 복음증거의 기초가 된다. "너희를 위하여 구주가 나셨으니 곧 그리스도 주시니라"(눅 2:11). 오직 거룩하신 구세주만이 타락한 피조물들의 짓눌려있는 필요를 채울 수 있었다. 하나님의 저주를 참으심은 전적으로 인간의 연약성의 자질을 넘어섰다. 즉 그의 신성만이 구속의 중압감을 견딜 수 있었다. 만일 조각목이 그리스도의 인성을 예시했다면, 금은 그의 거룩한 본성과 영광에 대해 말했다. 우리 앞에서 이 두 가지가 결합된 채로, 하나님은 육신으로 나타나신다. "말씀은 곧 하나님이시니라 … 말씀이 육신이 되어"(요 1:1, 14). 우리가 인정하는 심오한 신비이지만, 지금까지 하나님이 택하신 자의 신앙이 의구심 없는 확신으로 의지하는 축복스러운 진리이다.

2. 치수

"각 판의 길이는 열 규빗, 너비는 한 규빗 반으로 하고"(출 26:16). "모든 구조물이 균형을 갖추려면, 반드시 정확한 규격이 있어야 하므로 이를 위해서는 반드시 길이의 표준이 있어야 한다. 성경에는 규빗 또는 '어머니'라는 뜻을 가진 말로부터

암마(ammah)라는 단위가 있었다. 그것은 '어머니의 팔'의 길이로서, 팔의 가장
중요하고 주목을 끄는 부분인 팔뚝을 말하는데, 곧 팔꿈치에서 손가락 끝까지로
서, 이것은 모든 일에 사용되었다. 그러므로 이 규격은 사람으로부터 취한 표준
이지 인간을 넘어선 것이 아니었다. 하나님의 요구는 절대적으로 합리적이며 올
바르기에, 인간의 역량을 넘어서지 않는다. 그러나 그럼에도 불구하고 타락한 아
담의 자녀 중의 누구도 그 완전한 인간의 표준에 어울릴 수 없다는 것은 참으로
사실이다. '모든 사람이 죄를 범하였으매 하나님의 영광에 이르지 못하더니'라
하심과 같다. 그러나 하나님은 인간을 기뻐하였기에, 하늘의 천성의 크기를 인간
의 규격으로 하셨다(계 21:17). 만일 하나님께서 그의 피조물에 의하여 이해되는
어떤 계량법 안에 있어야 한다면, 그것은 분명히 성자 이외에는 누구도 알지 못
하는 말로 형용할 수 없는 그러한 영광과 무한하심으로서 아니라, 자신을 낮추어
서 인간의 방식으로 볼 수 있게 했어야만 한다. 이 얼마나 감탄스러운 일인가! 하
나님께서 육신으로 나타나시고, 그리고 주님을 측정하는 표준(우리의 손안에 주
어진 것으로 이것으로써 우리가 유죄의 심판을 받았음)을 우리 자신의 것으로 삼
도록 우리를 초대하였기에, 우리는 하나님의 온전한 요구 수준에 이르기까지 주
님이 얼마나 완전하게 평가를 당하였는지 보게 된다"(Ridout).

하나님께서 모세에게 사용하도록 명하신 그 척도의 단위에서 우리는 주님의
성육신을 회상하게 되며, 더 나아가서 그의 동정녀 탄생에 대한 암시가 주어진
다. 즉 이는 '규빗'이라는 말이 남성이 아니라 여성형태이다! 그는 하나님이셨고
또 하나님이시나, 육신이 되셨다. 그러므로 널판의 길이는 동일한 진리를 반복하
고 강조한다. 열이라는 숫자는, 우리가 이미 알아본 바와 같이, 인간의 의무에 대
한 하나님의 척도를 말하는 수이다. 그렇다면 여기서 너무도 복되게 예시되는 것
은 하나님의 아들이 인간이 되어, 인간의 책임을 담당하여서 그의 아버지를 완전
하게 영화롭게 하신다는 것이다. 이러한 관련 속에서 15절의 뒷부분의 말씀을 생
각해 보는 것은 아름답다("너는 조각목으로 성막을 위하여 널판을 만들어 세우되").
이러한 사항들은 얼마나 대조되는가! 우리는 모두 타락한 피조물로서, "죄인에게
서 떠나" 계셨던(히 7:26) 그렇게 완전한 사람이 아니다. 주님은 모든 면에서 올
바르셨다. 모든 널판들의 높이는 10규빗이었다. 그리스도 생애의 모든 부분은 한
결같은 기준으로 이루어졌다. 아무것도 그 크기에서 벗어나지 않았다. 십계명 중
에서 각기 하나씩을 볼 때, 우리는 그리스도께서 한 가지를 다른 것보다 더 철저

히 지키셨다고 말할 수 없다. 주님은 모든 계명들을 온전히, 끊임없이, 그리고 계속하여 순종하였다.

"너비는 한 규빗 반으로 하고." 이것은 우리가 특별한 치수를 언급했던 첫 번째가 아니다. 법궤도 역시 광이 한 규빗 반이며 그 높이도 한 규빗 반이었다(출 25:10). 그리고 속죄소도 역시 그 광이 한 규빗 반이었다(출 25:17). 법궤와 속죄소는 둘 다 하나님 ─ 인간으로 결합된 그의 인격의 영광 속에 있는 주 예수를 묘사한다. 그러므로 너비(사물의 형태와 성질을 부여해줌)는, 이러한 널판들이 인간의 의무의 입장에 계셨던 우리 구주를 한편으로 예시하면서 주님은 율법을 존귀하게 하며 과장하였던 그 이상의 사람이었음을 역시 말해줌을, 우리에게 상기시킨다.

3. 받침

"스무 널판 아래에 은 받침 마흔 개를 만들지니 이쪽 널판 아래에도 그 두 촉을 위하여 두 받침을 만들고 저쪽 널판 아래에도 그 두 촉을 위하여 두 받침을 만들지며"(출 26:19). 이러한 40개의 은 받침(sockets)은 남쪽에 있는 20장의 널판들을 위한 것이었다. 20, 21절에서는, 북쪽의 20개 널판들을 위하여 동일한 설비가 되었음을 본다. 반면에 25절에서, 우리는 서쪽 후미에 있는 여덟 장의 널판들도 역시 두 개의 은 받침을 가지고 있었음을 알게 된다. 그래서 합하면 96개가 있었다. 각 널판은 두 개의 촉(tenon) 또는 '이음매'(hands)로 지탱되었는데, 그 촉은 은 받침에 끼워서 단단히 맞추어졌다.

96개의 은 '받침'은 성막의 기초를 형성하였으며, 그 위에 성막 전체의 구조가 의존해있었다. 이것은, 오해하지 않도록 너무도 명백한 말로, 구속(redemption)이 말로 형언할 수 없이 거룩하신 하나님과 선천적으로 사악한 백성 사이에서 그리스도가 만나는 장소가 되셨던 그 근거임을 우리에게 말해준다. 오직 구속에 의해서만이 그리스도의 완전한 인성과 신성한 영광이 우리에게 효력이 있다. 그가 "친히 우리를 위한 희생물이 되시지 않았다면," 그는 영원히 홀로 남아 있었을 것이다(요 12:24). 그는 친히 '참되고' '완전한' 성막이었지만, 다만 자신의 은사와 희생에 의하여 우리를 하나님께 가까이 옮길 수 있었다. 그것은 복음서에 이르시는 바와 같이 주님이 우리의 눈앞에 십자가에 못 박혀 있기에(갈 3:1), 그리스도인들은 하나님 앞에서 확신을 가지는 것이다. 화목은 그리스도의 희생에 의한 구속에 의존하고 있다.

'은 받침'에서 예표적으로 표현되었던 것은 구속의 소중함이었다. 이것은 성막과 관련되어 사용된 모든 은이 '속전'에서 유래되었다는 사실에 의하여 확실하게 입증된다(출 30:16). 이에 대하여는 출애굽기 30장에 가서 더 충분히 다루기를 바라기에, 여기에서는 간단하게 요약하는 것으로 충분할 것이다. 우리는, 출애굽기 30:12에서, 모세가 이스라엘을 계수할 때에 각 남자마다 그들의 영혼을 위하여 속전(몸값)을 드리도록 요청받았음을 알게 된다. 이 속전은 반 세겔로 이루어졌다(출애굽기 30:13을 레위기 27:3과 비교해 보면, 그것은 은 동전으로 그 가치는 약 2실링 6펜스 또는 62센트였다). 부자라고 더 내지 말고 가난한 자라고 덜 내지 말아야 했다(출 30:15). 하나님께서는 이 속전을 회막을 봉사하는 데 쓰라고 정하셨는데(출 30:16). 이 '봉사'의 일부가 곧 성막의 기초를 위한 은 받침을 만드는 것이었다.

어디에서나 '생명을 속하는 것'은 피라고 이스라엘에게 가르쳤는데(레 17:11), 이는 짐승의 피에 의하여 상징화되었다. 짐승의 희생의 피는 속죄의 양식을 표출하는 데 제일 가깝기는 하였지만, 출애굽기 36장에서의 은으로 된 '속전'(atonement-money)은 그리스도의 속죄의 소중함을 나타내었다. 이러한 두 가지의 모형의 중요성은 성령께서 어떻게 그 각자를 챙겨 두는지를 살펴보면 알 수 있는데, 이는 그 실체가 증명되었기 때문이다. "죄를 위한 희생제사"의 면전에서, "황소와 염소의 피가 능히 죄를 없이 하지 못함이라"(히 10:4)고 우리가 들었던 것과 같이, 모든 구속의 보화가 간직된 이를 바라보면서 속죄의 은전을 계획한 것에 대하여, "너희가 … 대속함을 받은 것은 은이나 금 같이 없어질 것으로 된 것이 아니요"(벧전 1:18)라고 바르게 판단한다.

우리는 이 매혹적인 주제에 대하여 더 이상 확대하지 말아야만 하지만, 그것이 다루어지기 이전에, 분명히 본질에 의하여 그들이 제자리에 놓이는 것을 예견하였던 시편에 있는 괄목할 만한 두 가지 언급에 대해 주의를 기울여야만 한다. 시편 49편에서, 구속이 그 값을 헤아릴 수 없다는 것은 그 구속이 인간의 부에 대한 근거를 훨씬 능가함을 단언함으로써 강조된다. "자기의 재물을 의지하고 풍부함으로 자긍하는 자는 아무도 결코 그 형제를 구속하지 못하며 저를 위하여 하나님께 속전을 바치지도 못할 것은 저희 생명의 구속이 너무 귀하며 (모형으로는) 영영히 못할 것임이라"(시 49:6-8). 우리는 이에 대한 결말을 베드로전서 1:18, 19에서 발견한다. 여호와께서 시편 50편에서 이르시기를, "내가 네 집에서 수소나 네 우리에서 숫염소를 가져가지 아니하리니"라고 하셨는데, 그 결말은 히브리서 10:4에서 발견된다. 이와 같이 시편 49편에서는 한때 소중한 속전으로 지명된 은과 금을 불허(不許)하고, 반면에 시편 50편에서는 한때 보혈을 예시하였던 수소와 염소의 희생제사를 물리친다.

4. 의미

성막과 그 거룩한 기구들과 또 그 안에서 섬기는 제사장들의 사역과 널판과의 관계는, 그것들의 독특한 의미에 대한 열쇠를 제공해 준다. 널판들이 없으면, 그 기구들을 보관할 성막도 없고, 제사장들이 안에서 섬길 수 있는 장소도 없다. 더욱이, 그것들이 없으면 아름다운 휘장을 칠 수 없다. 금으로 만든 채로 서로 엮어은 받침에 고정시킨, 금으로 입힌 널판들 위에서 막과 덮개들의 모든 무게가 지탱되었다. 이와 같이 하나님 — 인간 위에 거룩한 통치의 모든 무게와 그 아버지의 집의 모든 영광이 걸려 있었다. 주님 안에서, 엘리아김에 의하여 예표된 일들이 완전히 실현되었다. 이사야 22:20-25을 주의하여 읽어 보라. 여기에 있는 다른 숫자의 의미를 가져다주는 것이 이것이다. 거기에는 모두 48장의 널판들과 96개의 받침들이 있었다. 이 숫자들은 곧 6×8 또는 4×12와 12×8이다. 6은 인간의 수요, 8은 새로운 질서 또는 새로운 시작을 의미한다. 이는 그리스도를 "둘째 사람"(고전 15:47), 새 종족 곧 "새 사람"(엡 2:15)의 우두머리로 가리키고자 한다. 4는 땅의 수요, 12는 통치의 완성에 대한 수이므로, 4×12와 8×12는 하나님의 통치적 요구들이 땅 위에서 교회의 머리되시는 "새 사람"에 의하여 그 정당성이 입증되었음을 암시한다.

널판이 예표한 것은 하나님의 사역을 지탱하였던바 그리스도의 인격이다. 금으로 입힌 널판들의 단단한 짜임새와 막과 덮개들(그것들을 걸 수 있도록 한 것)의 관계는, 기둥들과 장막의 관계와 같다. "그것들은 청색 · 자색 · 홍색과 고운 세마포 그룹(또한 염소털로 만든 막)의 영광스러운 펼침을 떠받치고 지탱해주었다. 그러므로 주 예수님 자신의 신분은 과거나 현재나 이른바, 하나님의 아들 그리고 인간의 아들이었기에, 그의 삶을 통하여, 또한 무엇보다도 십자가에서 죽음으로 자신을 입증하였다. 그리고 거기에서 그분의 은혜로운 사역은 말로 형용할 수 없는 가치와 영원한 효험을 그 자신으로부터 이르게 한다. 주님을 믿는 믿음에 구원이 있으니, '아들을 믿는 자에게는 생명이 있다.' 주 예수님의 인격과 주님의 사역을 너무 많이 분리하는 경향이 없는지? 주님 자신에 대해 충분하게 설교하지 않은 채 복된 주님의 죽으심을 설교하지 않는지?

"히브리서 앞의 두 장에 포함된 진리가 그 서신서의 나머지 부분과 관련이 있는 것처럼, 널판과 띠들은 성막 자체와 동일한 연관성을 가지고 있다. 그 첫 두 장에, 신앙의 거대한 기초가 설정되어 있다. 주 예수 그리스도는 우리에게 성자(the Son)로서 존재하신다. 하나님의 영광의 광채이며, 그분의 인격의 명확한 형상이시다. 즉 하나님, 창조자로서 모든 만물을 보존하신다. 주님은 또한 우리들에게 인자로서, 즉 죽으시기 위하여 혈육에 참여한 자로서, 존재하신다. 죽음의 첫 열매로서, 만물을 그 발아래 두시고, 그를 따르는 자들에게 기름 부으시고, 그들을 형제로 부르기에 부끄러워하지 아니하였다. 그리스도와 관련된 이러한 위대한 진리들 중에서, 주님의 희생의 가치, 주님의 제사장직의 영광과 능력, 영원한 구원, 영원한 구속, 그리고 주님의 피에 의하여 우리가 얻은 영원한 유업과 연결된 다른 모든 위대한 진리에 의존하라"(G. Soltau).

5. 배치

금을 입힌 20장의 조각목 널판은 성막의 남쪽 부분을 위해 사용되었고(18절), 북편 벽에도 20장이 사용되었으며(20절), 후미 양 모서리에 2장이 사용되었고, 뒷벽을 완성하기 위하여 6장이 더 사용되었다(25절). 그러므로 여기에서 가장 두드러진 숫자는 2로서, 성경상으로 간증 또는 증거의 의미를 가진다. "두세 사람의 입으로 확증한 사실은 설 것이요"(마 18:16). 이와 같이 그리스도께서도 그를 증거하도록 제자들을 보낼 때에도 역시 둘씩둘씩이었다. 그러므로 신성의 두 번째 되시는 분은 "충성되고 참된 증인"(계 3:14)이라고 불려졌다. 이와 같이 우리의 현재의 모형의 독특한 의미에 대한 또 다른 암시를 여기에서 가지게 되었으니, 그것은 두 가지 본성 곧 신성과 인성을 가지신 주 예수의 인격이다.

출애굽기 26:23, 24을 보면, 두 개의 '모서리 널판'들에 대하여 각자 고찰되어야만 할 것이다. 이 두 개는 전 구조물에 안정성을 더해 주었다. "우리의 생각은 자연적으로 주님이 모퉁이와 관련하여 성경에서 언급하신 두 가지 경우로 돌아가게 된다. '그러므로 주 여호와께서 이같이 이르시되 보라 내가 한 돌을 시온에 두어 기초를 삼았노니 곧 시험한 돌이요 귀하고 견고한 기촛(모퉁이)돌이라'(사 28:16). '건축자가 버린 돌이 집 모퉁이의 머릿돌이 되었나니'(시 118:22). 여기에서 우리는 모퉁이 돌을 기초로서 또 건물의 꼭대기를 이루는 것으로 나타내었으니, 이는 곧 시작이요 끝이 된다. 건축물의 전체적 강도는 기초 — 모퉁잇돌의 견고함 여하에 달려 있고, 또 건물 전체의 조밀도와 단단한 짜임새는 코너 — 머릿돌에 달려 있다. 하나님께서는 그 기초를 그의 아들의 죽으심에 놓으시고, 그의 부활 위에 건물을 완성하셨다. 산돌로 된 벽들은 이 영원한 반석 위에 안전하게 서 있고, 관석(top-stone) 위에 서로 영원히 고정되어 있다. 성막의 모퉁이 널판들은 이러한 복된 진리와 어떤 관련이 있다"(G. Soltau).

6. 촉(이음매)

"각 판에 두 촉씩 내어 서로 연결하게 하되 너는 성막 널판을 다 그와 같이 하라"(출 26:17). 그 난외에서 지식을 제공하는 것과 같이, 히브리어로 묘사된 '촉'(tenos)이라고 말은 문자적으로 '손' 이라는 뜻인데, 번역자가 이 단어를 본문 자체에서 쓰지 않았던 것은 유감스러운 일이다. 이러한 '손들' 은 널판들을 붙들어 주었고 그것들을 제 자리에 안정되게 고정시켰다. 이런 것들은 주님의 자발적 굴욕과 하나님에 대한 의존과 복종 가운데 있는 신-인에 대해 참으로 아름답게 예표했다. 완전한 종으로서 예수님은 위에 계신 하나님 아버지의 손과 주님을 섬기기 위하여 아래에 계신 성령님에 의하여 보존되고 유지되었다. 옛적 예언의 영은, "주의 오른쪽에 있는 자 곧 주를 위하여 힘있게 하신 인자에게 주의 손을 얹으소서"(시 80:17)라고 외치셨다. 그와 같이 메시아 시편의 하나에서, 우리는 "나의 앞날이 주의 손에 있나이다"(시 31:15)라고 말하는 의존적인 분을 만나게 된다. 예수님이 십자가상에서, "아버지 내 영혼을 아버지 손에 부탁하나이다"(눅 23:46)라고 외치신 것을 듣는 것은 아름답다. 그러나 그가 지금 "높은 곳에 계신 지극히 크신 이의 우편에 앉으신 것"(히 1:3)을 아는 것은 얼마나 복된가! 이와 같이 우리는 다시 한 번 이러한 성막의 모형들에 있는 아주 상세한 사항에 이르기까지 영적 중대성이 있음을 보게 된다.

7. 띠

이것들에 대하여는 출애굽기 26:26-29에 상세히 기록되어 있으니, 독자는 참조하기를 바란다. '띠'(bars)는 널판들을 확고하고 견고하게 결합하기 위하여 사용되었다. "각 널판들은 가장 낮은 맨 끝에 이르기까지, 두 개의 촉에서 끝이 났는데, 그 촉은 두 개의 은 받침의 홈(장붓구멍)에 박아 고정시켰다. 널판들은 역시 다섯 개의 조각목으로 된 띠에 의하여 그 올바른 위치가 유지되었고 서로 연결되었는데, 그 띠는 금을 입힌 것으로, 널판에 끼워져 있는 금으로 만든 고리 또는 고리못을 통하여 이어졌다. 다섯 개의 중간띠는 성막의 전 길이까지 이어져, 20개의 널판들을 한 데 묶었다. 다른 네 개의 띠(그 중 2개는 위에, 2개는 아래 중간 띠)는 전체 길이에 닿은 것으로는 언급되지 않지만, 아마 절반 거리 즉 15규빗씩을 뻗쳐 있었던 것 같다. 비슷한 수의 띠가 성막의 북쪽과 서쪽 끝을 구성하는 널판들을 연결시켰다. 그러므로 전체적으로 48장의 널판과 15개의 띠가 있었다"(Soltau).

이러한 띠들의 모형적 의미는 파악하기가 어렵지 않지만, 그것들은 우리의 한정된 이해를 완전히 넘어 있는 것임을 지적한다. 그것들은 널판들을 서로 안전하게 연결시킴으로써 구조물의 결속을 도모하였다. 금을 입힌 나무 널판들은 그리스도의 두 가지 본성을 묘사했으며, '띠'는 이들 사이의 완전한 결합을 강조하였다. 하나님 중에 참 하나님이시오 또 사람 중에 참 사람이시지만, 그럼에도 불구하고 우리 주님은 둘의 인격이 아니요, 하나이신 곧 신-인(神人)이시다. 비록 완전히 구분되지만, 여전히 그의 두 본성은 완전히 그리고 영원히 서로 결합되어 있다. 하지만 우리 중의 아무도 그분들이 그 어디에서 또 어떻게 서로 만났는지를 말할 수 없고 이해할 수 없다. 그렇다면, 그 널판들을 연결시켜주는 바로 이러한 '띠들'을 나무로 만들어 그 위에 금을 입혔다고 하는 것은 얼마나 의미가 있는가! 하나님의 성령께서 거룩한 구세주의 영광을 우리에게 계속해서 펼쳐 보여주시기 바란다.

제43장

휘장

출애굽기 26:31-33

지난 장에서 우리들은 성막 자체의 구조 즉, 성소와 지성소의 구조물에 대하여 살펴보았다. 하나님이 원하시면, 여전히 보겠지만, 이러한 구조물의 바깥에는 성막 뜰이 있어서, 성막을 삼중의 구역으로 완성시켰다. 그래서 성막(tabernacle) 안에 실제로 성막(Tabernacle)이 있었다. 금으로 입힌 널판으로 골조를 이룬 내부에는 아름다운 막과 그 덮개로 방을 이룬 두 개의 내실이 있었다. 이것들은 또 다른 막에 의하여 분리되었는데, 그 막을 '휘장'(the Veil)이라고 불렀다. 성소와 지성소를 구분하는 것은 이것이었다. 첫 번째 격실은 30×15피트였고, 나누어진 맨 안쪽의 분리된 격실은 15×15피트였다. 이 제일 안쪽 격실에, 여호와의 보좌가 법궤위에 있었고, 거기에는 세키나의 영광이 두 그룹 사이에서 거하고 있었다.

현재의 연구의 근거를 형성하는 성경 구절들 가운데서, 우리는 여호와께서 모세에게 휘장에 관하여 지시한 것을 볼 수 있다. 모세는 어떤 재료로 그것을 만들어야하는지, 세공하는 방식, 그리고 그것을 어디에 어떻게 설치할 것에 대해 말씀을 들었다. 그것은 지성소 앞에 있음으로 해서 특유한 고결성을 덧입었으며, 그것을 비추는 등대로부터 흘러나오는 빛은 그 갖가지 아름다움을 드러내어 주었다. 그것은 이스라엘의 제사장들이 진설병 상과 금 향단에서 섬겨왔던 500년 동안 그들의 눈 앞에 설치되어 있었다. 그것은 상징적 언어로 선포하신 것이었으므로 하나님께 나아가는 방법은 그때 알려지지 않았다. 그것은 일종의 휘장이지 돌이나 금속으로 만들어진 벽이 아니었던 것만큼, 주어진 잠정적인 성격 이상의 암시가 있었기에 궁극적으로는 접근하는 길이 드러나게 될 것이었다. 일곱 가지로 나누어 주목해 보도록 하자.

1. 재료

"너는 청색 자색 홍색 실과 가늘게 꼰 베 실로 짜서 휘장을 만들고"(출 26:31). 성막의 안쪽 천정을 이루었던 열 개의 흰 막들과 같이, 휘장도 아름다운 색깔들로 정교하게 세공한 세마포로 만들어졌다. 그러나 그것은 단순한 세마포가 아니라, "가늘게 꼰 베실"이었으니 이는 그것이 예표하고 있는 분의 도덕적 탁월성을 가리킨다. 동일한 개념이 "고운 가루"(레 2:1), "연단한 금"(대상 28:18), 그리고 성전에 사용된 "연단한 은"(대상 29:4)에게 주어져있다.

휘장에 사용된 고운 세마포의 흰 빛깔은 '인간이신 예수 그리스도'의 내부의 생각과 원함과 외부적 방법과 행함의 양자에 있어 그 죄 없는 순결함을 가리켰다. 빛 되신 하나님의 눈은 그 거룩하신 이를 신뢰할 수 있었고, 그리고 그분 자신의 완전한 존재의 모든 광선이 그렇게 보잘것없지만 사랑스러운 사람의 아들에게 반사된 것을 발견할 수 있었다. "따라서, 휘장의 가늘게 꼰 베실은 우리에게 특별히 '의로우신 이'를 마음에 떠오르게 하며, 수고와 슬픔으로 된 그의 삶과 가장 각별하게 수치와 고통의 된 그의 죽음은 그 더럽혀지지 않은 순결과 그 완전한 순종, 그리고 성부의 뜻을 완수하는 그 기쁨을 드러내셨다. 이로 인하여 예수님은 스스로 어느 이름을 얻으셨는데, 그것은 모든 이름 위에 뛰어난 것으로, 예수의 이름이다. '그가 우리를 위하여 죄가 되심은 우리가 그의 안에서 하나님의 의가 되게 하려 하심이니라'"(Soltau).

성막에서 오직 '세마포'와 '흉패'에만 관련되어 사용된 표현인 '가늘게 꼰 베실로 짜서'라는 말에 대하여 주의가 요구된다. 성경에는 의미가 없는 것이 아무 것도 없는 것처럼, 이러한 상세한 표현에도 역시 심오한 영적 의미가 있다고 믿어진다. 그것은 이 베가 기술적으로 짜였음을 우리에게 말한다. 즉 문자적으로, 히브리어로는 '고안자의 작품'이라는 뜻이다. 거룩한 지혜가 그것의 제작을 위하여 주어졌고, 그리고 그것은 하늘의 형태를 본뜬 것이었다. 땅에서는 이와 동일한 것을 결코 재차 발견할 수 없었다. 이렇게 '가늘게 꼰 베실'(fine twined linen)이 우리 주님의 인성을 예시했던 것 같이, '정교한 솜씨'(cunning work)라는 말은 그리스도를 죄 없으신 인간의 본성을 가진 자로 고안하신 거룩하신 하나님의 전능을 가리키지 않는가? "나를 위하여 한 몸을 예비하셨도다"(히 10:5) 하신 말씀은 우리에게 그 원형을 주려고 한다. 가브리엘이 마리아에게 한 말은 임마누엘 탄생의 기묘하심을 나타내었다. ─ 눅 1:28-35 참조.

2. 색깔

"너는 정교한 솜씨로 청색 자색 홍색 실과 가늘게 꼰 베 실로 짜서 휘장을 만들고." 여기에는 이전에 출애굽기 26:1에 있었던 것과 다른 약간의 변화가 있다. 막과 관련하여서는, "가늘게 꼰 베실"이라는 기초 작업이 먼저 언급되었고, 그 다음에 색깔들이 상술되었으나, 휘장을 제작하기 위한 여기의 지침에는 색깔들이 먼저 언급되었다. 이것은 우리들의 주의를 세마포 자체에 의하여 예표되었던 것보다, 청색·자색·홍색에 의하여 예상되어지는 것에 지금 더욱 집중하도록 암시하는 듯하다. 색은 천국과 십자가 그리고 왕좌에 대하여 말한 것이었다. 아마도 색깔들이 아주 자유롭게 사용되었기에 흰 세마포는 잘 보이지 않았을 것이다.

3. 의미

이에 대해서는 성령님에 의하여 히브리서 10:19, 20에서 특별히 설명되었다. "그러므로 형제들아 우리가 예수의 피를 힘입어 성소에 들어갈 담력을 얻었나니 그 길은 우리를 위하여 휘장 가운데로 열어 놓으신 새로운 살 길이요 휘장은 곧 그의 육체니라". 그러므로 휘장은 그리스도의 인성, 즉 성육신하신 하나님의 아들에 대해 말한다. 그 일면은 성소에서 레위인들이 섬긴 것처럼 인간의 눈으로 보였지만, 다른 일면은 오직 여호와에 의하여서만 보여졌다. 그러므로 휘장은 성육신한 그리스도가 완전한 하나님과 완전한 인간이었음에 적합한 모형이었다. 그 위에 수놓은 색깔들은 주님의 인격의 완전함에 대해 말해준다. 그것의 용도는 여호와가 지상의 보좌를 가졌던 그 지성소로부터 이스라엘의 제사장들을 차단하는 것이었다. 휘장의 목적은 가리는 것이었다. "들어오지 말라"(레 16:2)고 하신 말씀은 계속적으로 주어졌던 경고였다. 그러므로 휘장은 구세주의 도덕적 영광들을 예시하였지만, 동시에 그러한 천상적 성품을 나타내 보이심에 의하여 타락한 인간이 얼마나 하나님으로부터 멀리 떨어져있는지를 보여주었다.

그리스도의 완전한 인성은 하나님께 가까이 나아갈 수 있는 유일한 인간성임을 보여주었는데, 그는 하나님의 임재 가운데에서 살 수 있고, 그의 명백한 영광의 타오르는 빛 속에 거할 수 있다. 신-인(神人)의 완전하심은 단지 타락한 인간의 불완전을 강조하는 데 도움이 된다. 결점 없는 그리스도의 생애는 삼위의 거룩한 하나님과 범죄 한 죄인들 사이의 가공할 만 한 거리를 더욱더 분명히 했다. "그리스도의 성육신은, 한편으로는 하나님을 찬양하지만, 인간을 차단한다. 오늘날의 인간들이 육신을 따른 그리스도의 인간적 성품과 그의 지상의 삶의 가르침을 경탄하는 것 같이, 사람들은 휘장의 아름다움에 감탄했을 것이다. 그러나 그 인격이 더욱더 완전한 것을 발견하면 할수록, 그것은 인간의 것과는 전적으로 별개의 것이라는 증거가 더욱더 크다. 성육신은 그 자체로(그 결과이자 목표였던 구속과는 구별되게) 인간을 신에게로 이르게 하거나 신을 인간에게로 이르게 하지 않는다. 사실상, 성막이 인간들과 함께 있었음과 같이, 그것은 '우리와 함께 하는 하나님'이었다. 그러나 하나님의 임재의 상징이 사람들과 함께 있었을 때, 인간은 거기에 접근할 수 없었다. 아름다운 그 휘장은 효과적인 장벽이 되었고, 그 유일한 한 가지 음성은 '들어오지 말라'는 것이었다. 지상에서의 그리스도의 생애는 오직 그의 인성만이 하나님의 영광에 의해 빛나고 그리고 그 영광 안에 거하셨다는 사실을 말해주는 끊임없는 선언이었다. 그의 생애에 대한 선언은 항상 '너희가 나와 같이 거룩하고 무죄하며 흠 없고 온전하지 아니하면 하나님의 임재로 들어갈 수 없느니라'고 하신 말씀이었다. 휘장의 목적은 하나님께 나아감을 제공한 것이 아니었다. 왜냐하면 그 목적은 그 접근을 방지했기 것이기 때문이다. 심지어 이와 같이 우리를 하나님의 임재로 인도하는 것은 지상에서의 그리스도의 완전하심이 아니었다"(E. W. Bullinger).

상징적으로, 구약시대의 휘장은 하나님의 임재로 나아가는 길이 당시에 나타나지 않았음을 선언하는 것이었다. 그것은 길이 전혀 없음을 암시하는 것이 아니라, 다만 길이 그때에 드러나지 않았음을 시사했다. 이어서, 우리는 여호와께서 이스라엘의 대제사장이 어떻게 휘장을 통과하여 안으로 들어갈 수 있는지를 지시했던 것을 볼 수 있는데, 그것은 곧 희생의 피를 통한 것이었다(레 16:19). 이것은 역시 다가올 대의를 예시했지만, 여전히 그 당대의 일시적 성격에 대한 증거를 제시했다. 그것은 죄많은 인간이 하나님께 나아가는 길은 희생제물을 거치는 것이었지만, 아론이 드렸던 것이 하나님께로 가는 참 길을 열어 놓았던 것이 아니었음을 알려주었다. 찢어지지 아니한 휘장은 지성소로 들어가는 길이 아직 드러나지 않았음을 뜻했다. 아론이 일 년에 한 번씩 들어가 드린 희생제물은 완전한 희생을 예시했고, 그리고 그의 입장 허가는 우리의 위대한 대제사장이 천상의 성소에 들어감을 상징하였다.

"아직 갈라지지 않은 휘장은, 만일 들어가는 길이 희생제물을 거치는 것이었다면, 참 희생(하나님의 임재로 들어가는 실제적 길을 실제로 열어 놓은 그 희생제물)이 아직 제공되지 않았음을 선언했다. 그러나 만일 갈라지지 않은 휘장이 아직 참 길이 알려지지 않았음을 나타내었다면, 또한 그것은 언젠가는 알려질 것임을 뜻하였다. 그렇다면, 믿음은 그 당시의 상징이었던 것을 동원하면서 나타나기에, 개혁의 때까지 이스라엘에게 부과되었던 것은 참된 희생제물이 계시되는 때와 하나님께로 나아가는 진정한 길이 출현되는 때를 고대하는 것이었다. 이제 신약성경으로 돌아가 보면, 그리스도께서 희생제물로서 돌아가실 때 성전의 휘장이 위로부터 아래로 찢어진 것을 볼 수 있다. 이러한 휘장의 찢김은 하나님께로 가는 참 길이 알려졌음을 선포했다. 그리스도의 희생은 하나님께로 나아가는 참된 근거가 된다. 그의 죽음, 그의 피가 하나님의 임재로 나아가는 길을 열어 놓았다. 그리스도께서 돌아가실 때 성전에 있는 휘장이 갈라진 것은 믿음으로 고대하도록 가르쳐 주었던바, 하나님께로 나아가는 길이 열려졌음에 대한 표시였다. 레위기 16장에 있는 매해에 드리는 희생이 앞을 내다보면서 가리키는 희생제물은 이루어졌고 그리고 하나님께 나아가는 길(그것에 대해 휘장이 증거였다)은, 한편 그것을 선포하는 것이 분명하게 보이지 않아도, 즉시 계시되었다"(C. Crain).

4. 그룹

"그룹들을 정교하게 수 놓아서"(출 26:31). 여기에서 그룹들의 상징적 중대성은 이중적인 것이기에, 따라서 우리는 그 자체로 이중적 측면을 가진 휘장을 본다. 첫째, 그 휘장은 성육신한 하나님의 아들로서의 그리스도의 인격의 탁월성을 말한다. 이와 관련하여, 주 예수님을 하늘로부터 내려오신 사람으로(고전 15:47), 하지만 하늘에서(요 3:13), 심지어 땅(청색) 위에서, 혹은 대속적 희생(홍색)으로서의 십자가 위에서, 아니면 보좌(자주색) 위에 있는 자로서, 고찰되든지에 상관없이, 주님은 그 자신의 인격 안에 영원한 하나님의 사법적 권세를 가진다는 것을 그룹은 암시하고 있다. 둘째, 찢겨지지 아니한 휘장은, 죄지은 인간들이 하나님께 나아갈 수 없다는 진리를 강조하는 데 그리스도의 완전함이 이바지했음을 나타냈다. 이 엄숙한 사실은 그 위에 수놓은 그룹에 의하여 더욱 인상적으로 나타내어 준다. 제사장들이 휘장을 응시하면서 생생한 색깔로 인해 눈에 띄는 신비한 모습을 바라볼 때, 그들의 생각은 즉시 창세기 3:24에 기록된 사실로 돌아가지 않았을까? 하나님께서 그의 반역적인 피조물들을 에덴 동산에서 추방했을 때, 동산 입구에 사방을 두르는 화염검을 가진 그룹들을 두셨다. 여기 휘장 위에 있는 이러한 그룹들도 동일한 교훈을 가르쳐 주었다. 그러한 죄 있는 인간은 형용할 수 없이 거룩한 하나님에게 접근할 수 없다!

5. 위치

"그 휘장을 갈고리 아래에 늘어뜨린 후에 … 그 휘장이 너희를 위하여 성소와 지성소를 구분하리라"(출 26:33). 휘장은 지성소의 출입구 바로 위에 자리 잡았기에, 성소에서 수종드는 자들을 완전하게 차단하였다. 하나님은 휘장 뒤에 거하셨다. 그렇다면, 바로 그 위치가 그 중대성의 열쇠를 제공하였다. 휘장이 그리스도의 '육체'를 나타내심과 같이, 그의 인성은 신성의 휘장이었음을 특별히 깨달아야 한다. 하나님은 주 예수에 의하여 휘장을 거두었던 것과 같이, 또한 휘장을 쳤다. "하나님께서 그리스도 안에 계시사 세상을 자기와 화목하게 하셨다"(고후 5:19). 더럽혀지지 않은 인자의 인격이 죄인들이 하나님께 나아가는 길을 아주 효과적으로 차단하였다. 이것은 자명한 사실이다. 만일 그리스도의 인성이 모든 인성의 표준이 된다면, 만일 그것이 하나님이 오직 거하실 수 있는 인성이라면, 만일 그것이 하나님의 영광이 들어갈 수 있는 유일한 인성이라면, 그리스도의 인성이야말로 타락한 인간의 아들들에게 장벽이 된다. 그리스도가 이 땅에서 함께 걸으셨던 동안, 그분은 자연적 인간과 하나님의 구별됨을 증거하였다.

"그분은 완전한 인간으로 눈에 떠었고, 그분만이 하나님 앞에 나타나기에 합당한 성소의 표준치였다. 누구든지 그 무게가 그에 비하여 적으면 부족한 자가 되었다. 그분의 완전한 의는 모든 인간의 부정함을 어두운 그늘 가운데에 두었다. 그의 성숙함의 치수는 모든 인간적 성취가 전적으로 무의미함을 선언하였다. 그의 충만은 인간의 공허함을 증명했다. 희고 반짝이며, 눈같이 대단히 흰 그의 인품의 순결함은 여자에게서 태어났던 모든 이들의 타락함을 부끄럽게 한다. 그러므로 이 땅에서의 완전하신 이의 드러남은, 죄인들이 깨끗하게 된 옷을 입고 그에게 가까이 갈 수 있도록 어떤 방도를 모색하지 않고는, 하나님께 어떤 접근도 불가능함을 보여주었다. 인간은, 유대인과 이방인이든 본질상 죄인이기에 하나님의 영광에 이르지 못함을 분명히 하였다. 인간들 가운데 그 영광에 합당하신 이가 계셨다는 것은 단지 우울한 사실을 더욱 분명하게 묘사했다. 금을 입힌 기둥에 걸려 있는 휘장은 지성소로 들어가는 것을 가로막았고, 법궤와 속죄소는 대중들이 주목하도록 놓아둔 대신, 숨겨두었다"(Mr. G. Soltau).

6. 지지대(Supports)

"금 갈고리를 네 기둥 위에 늘어뜨리되 그 네 기둥을 조각목으로 만들고 금으로 싸서 네 은 받침 위에 둘지며"(출 26:32). 나무와 금으로 된 '기둥들'은 다시 한 번 하나님 — 사람의 두 가지 본성을 상징했다. 그것들은, 구속에 관한 모든 것은 그리스도의 인격에 달려 있음을 암시하였다. 만일 그가 인간이 되지 않았다면, 그가 죽는다는 것은 불가능했을 것이며, 그가 인간들 보다 더 낫지 않았다면, 그의 희생의 효험이 없었을 것이다. 그러나 그가 동시에 하나님과 인간이셨기 때문에, 그의 백성들의 죄를 위한 속죄의 일에 완전히 적임이었다. 그의 사역의 전체적 가치는 비길 데 없는 그의 인격의 탁월함에서부터 생겼다. 이 '기둥들'이 네 개였던 것은 의도되었던 분이 이 땅에 계신 그리스도임을 보여준다. 이 "네 기둥들"은 성막 문에 있는 다섯 개의 기둥처럼 그것을 장식한 '띠'나 '기둥머리'가 없었음을 조심스럽게 주목해야한다(출 36:38). 그러므로 그것들은 기둥으로서의 예술적 완성에 미흡한 점이 있었다. 그것들의 싹둑 잘라낸 모양의 말단부는 그의 시대의 중간에 '잘림'을 당한 구세주를 가리켰다(사 53:8; 시 102:23, 24).

그러나 "네 개의 기둥들"은 다른 목적을 가지고 있었다. 즉 그것들은 휘장이 그 모든 아름다움에 둘러싸여 보이도록 하는 데 도움을 주었다. 그 기둥들 사이에 휘장이 펼쳐 쳤다. 기둥이 없었다면, 휘장이 겹쳐져서 그 아름답게 수놓은 모양들이 보이지 않았을 것이다. 그 휘장은 성육신하신 하나님의 아들에 대해 말한다. 이미 이에 대한 원형은 신약성경의 시작되는 책에서 우리에게 분명하게 나타나 있다. 신-인의 영광이 우리 눈 앞에 드러난 것은 사복음서이다. 그것들은 정확히 "네 개의 기둥들"과 똑같은 도안을 성취한 것이다. 그것들 속에는, 말하자면, 우리는 아름다운 예표적 휘장을 펼쳤다. 거기에도, 역시, 우리는 복되신 주님의 다양한 완전성을 한 데 엮는 거룩한 설계자의 "정교한 솜씨"을 보는데, 이를테면 그를 다윗의 자손, 흠 없는 종, 인자, 그리고 하나님의 아들로서 여러 가지로 나타낸다.

"그 갈고리도 금으로 만들지며." 그것은 나무로 된 갈고리에 금을 입힌 것이 아니라, 순수한 금으로 만들었다. 이것은 매우 아름답다. 대제사장의 에봇과 관련하여 이르시기를, "그는 또 금 실과 청색 자색 홍색 실과 가늘게 꼰 베 실로 에봇을 만들었으되 금을 얇게 쳐서 오려서 실을 만들어 청색 자색 홍색 실과 가는 베 실에 섞어 정교하게 짜고"(출 39:2, 3)라고 말한다. 그리고 하나님이 원하시면 살펴보겠지만, 다른 품목 속에는 금실도 넣어 짰다. 그러나 휘장의 천에는 금이 아예 없었다. 금실을 고운 세마포에 섞어 짜지 않음은 그 공법에 기본이 되었다. 그것의 존재를 위하여 이렇게 할 수 없었던 것은, 그것이 그의 인성이 그의 신성과 혼합되는 것을 뜻하고, 그것이 근거가 될 수 없었기 때문이다. 신성과 인성이 한 인격체 안에서 완전히 연합되었다 할지라도, 그것들이 혼합된 것은 아니다. 그럼에도 불구하고, 휘장은 위로부터 "금 갈고리"에 의하여 매달려져 있었는데, 이는 인자가 그의 지상의 삶의 과정 내내, 높은 곳으로부터 유지되고 지지를 받았음을 의미한다!

"네 개의 은 받침 위에." "네 개의 기둥들"이 안전하게 자리를 잡은 곳은 이것들 안에서이다. 우리가 이미 앞 장에서 살펴본 바와 같이, '은'은 '속전'으로 제공되었다. 그렇다면 우리의 상징에 있어 이러한 상세한 사항은 얼마나 의미가 있는가! '받침들'은 기초로 인도하며, 그리고 그리스도의 십자가상의 구속사역을 가리킨다. 이와 완전하게 일치되게, 히브리서 10:19, 20에 보면 '예수의 피'와 '휘장'이 함께 언급됨을 주목할 수 있다. 하나님은 결코 십자가가 모든 축복의 기초가 됨을 잊지 않을 것이다.

7. 갈라짐

갈라지지 않은 휘장은 하나님으로부터 인간을 차단하였다. 그것은 죄 때문에 하나님으로부터 분리됨을 말한 것이었다. 제사장과 여호와 사이에 이 휘장이 놓여 있었다. 바깥뜰에 있는 일반 예배자와 여호와 사이에는 이중격벽이 있었으니, 이는 그가 성소에 들어갈 수 없기 때문이었다. 반면에 뜰의 바깥에 있는 자와 여호와 사이에는 삼중 장벽이 가로놓여 있었다! 이스라엘의 예배의 전체의식은 하나님과 피조물 사이의 거리가 강조되었다. 시내 산에서는 경계가 정해져, 짐승마저도 그 경계를 건드려서는 안 되었다. 한 지파만이 성막 둘레에 바로 접하여 진을 치도록 허락되었다. 그 지파 가운데서 한 가족만 가려내어 성소에 들어가도록 허락되었다. 그리고 그 가족 중에 한 사람만이 지성소 안으로 들어갈 수 있었는데, 그것도 일 년에 단 한 번, 경외감을 불러일으키는 준비와 의식을 행하면서 지극히 높으신 이의 심판을 자초하지 않기 위하여 두려움이 가득했을 것이다. 그러나 앞에서 암시한 것처럼, 그러함에도 불구하고 하나님께서는 죄인들로 하여금 그에게 나아갈 수 있도록 한 길을 예비하실 것을 암시했다. 레위기 4:6에서, 우리는 제사장은 속죄제의 피를 취하여 여호와 성소의 휘장 앞에서, 일곱 번 뿌리도록 명을 받았음을 본다! 속죄일에 대제사장이 휘장을 통과했을 때, 그 의식에 의하여 무엇이 예표되었는지가 한층 더 분명해졌다(레 16:15). 이에 대한 원형은 히브리서 4:14; 6:19; 9:12에 있다. 그리스도께서 하늘 그 자체에 들어가셨고, 그리고 이에 더하여 그는 우리가 또한 들어갈 수 있도록 길을 열어놓으셨다(히 10:19, 20). 그러나 이것은 그의 죽음에 따르는 결과였다.

"출입을 가능하게 한 것은 휘장의 아름다움이 아니라, 그 앞에서 속죄하는 피를 뿌린 것이었다! 예배하는 자에 의하여 그것의 아름다움은 찬탄을 받을 수 있다. 즉 그것을 경배하면서 찬양의 노래를 할 수 있고, 그리고 그것에 대한 모든 종류의 감상적이고 친밀감이 있는 호칭을 줄 수 있다. 그는 그것을 묘사하기 위하여 모든 유의 시적인 언어를 사용할 수 있다. 즉 심지어 그것을 본 따서, 비슷한 형태의 자수나 색의 배열을 보여줄 수 있다. 그러나 저편으로 건너가는 길은 오직 한 길밖에 없으며, 하나님의 영광의 임재에 서서 살 수 있는 길도 한 가지 밖에 없다. 그것은 그 앞에 피를 뿌리고 그리고 그것 너머에 희생의 피를 두는 것이다. 이 피는 대속에 대해 말했고 또한 들어갔던 사람은 죄인의 표시로서 그렇게 들어갔다고(죄의 대가로 죽거나 고통을 겪었음) 전하였다. 다른 그 어떤 방도로도 그 휘장의 저편에 서고도 살 수는 없었다.

"우리 모두를 위한 위대한 예표적 교훈은 우리가 하나님의 임재에 들어갈 수 있는 것은 그리스도의 아름다운 생애에 의한 것이 아니라는 것이다. 우리가 휘장의 저편으로 넘어갈 수 있음은 어떤 '그리스도를 본받음'에 의해서도 아니며, 어떤 일상생활의 규칙을 준수하는 데 있지도 않으며, 종교적이거나 헌신적 생활을 영위해서도 아니다. 그것을 시도하는 것은 그리스도인의 알파벳의 첫 글자에 대한 우리의 무지를 고백하는 것이다. 또 그것은 우리가 그리스도인의 생활의 첫째 되는 근본 교훈에 대해 결핍된 것을 인정하는 것이다. 하나님의 임재로 들어가는 근거로서 우리에게 도움이 되는 것은 다만 그리스도의 그러한 완전한 인성으로 된 보혈이 뿌려졌을 때이다. 이것은, 요한일서 1:7에서, 하나님의 임재의 빛 가운데로 들어가 그 안에서 행하는 것을 말할 때, 우리가 즉시 그 피(그것만이 들어갈 수 있는 명분을 주며, 그 임재로 들어갔을 때 우리를 살아있게 보호한다)를 회상해야만 하는 이유이다. '하나님은 빛이시라 … 그가 빛 가운데 계신 것 같이 우리도 빛 가운데 행하면 우리가 서로 사귐이 있고 그 아들 예수의 피가 우리를 모든 죄에서 깨끗하게 하실 것이요.' 그 피의 씻음의 능력이 언급된 것은 여기, 이러한 맥락 속에서 이지, 우리의 죄나, 죄를 범하는 일과 관련하여서는 아니다.

"죄에 대한 경우에 있어, 우리가 기억하는 것은 그리스도의 속죄의 피에 대한 것이 아니라 아버지와 함께 하는 대언자에 관한 것이다. 그렇다면 우리는 다만 두 가지 사실에 대해 확신하는 것이다 — 1) 그러한 교제가 끊어진 것이 아니라, 하나님께서 여전히 우리의 아버지이다. 2) 그리스도는 우리의 완전히 충분한 화목제물(요일 2:1)이다. 그러나 우리가 그리고 들어가도록 허락을 받거나 아니면 거기서 보호를 받을 수 있기 이전에 먼저 뿌려야만 하는 피를 연상하는 것은 휘장 안에 있는 하나님이 임재의 빛 가운데로 가까이 나아가 행하는 일과 관련되어 있다(요일 1:7). 그러므로 우리에게 들어갈 수 있는 자유를 주는 것은 그리스도가 흠 없는 인성으로 살았던 삶(여전히 그것에 대해 우리 자신은 불완전하게 모방함)이 아니라, 다만 그 인성이 대속을 위하여 그 자신의 피로 물들어졌던 때였다. 그러므로 우리는 '예수의 피를 힘입어 성소에 들어갈 담력을 얻었나니 그 길은 우리를 위하여 휘장 가운데로 열어 놓으신 새로운 살 길이요 휘장은 곧 그의 육체니라' (히 10:19, 20)"(B. W. Bullinger).

히브리서 10장에 언급된 것과 역사적인 관련이 있는 것은 복음서에 나타나 있다. 거기에서 우리는 그리스도의 죽음과 동시에 성전의 휘장이 갈라진 것을 알게 된다(마 27:45-52). 거기에 보면 그림자와 실체 사이에 괄목할 만한 유사성이 있다. 첫째, 휘장은 하늘과 땅 사이에 걸려 있는 동안에 갈라졌고, 그렇게 그리스도는 십자가상에 달려 있을 때 내침을 당하셨다. 둘째, 휘장은 위로부터 둘로 갈라졌는데, 이는 고난당하는 대속자에게 동일한 손에 의하여 그것이 너무나 무겁게 떨어진 것을 보여주었다. — 시편 38:2; 42:7; 88:6, 7; 이사야 53:10; 스가랴 13:7 참조. 이것은 주 예수를 친 것이 그의 손이었음을 그 자신의 행위에 의하여 하나님이 스스로 나타내었던 유일한 모형이다! 셋째, 그것은 "꼭대기로부터 바닥까지" 갈라졌다 — 일 인치도 찢어지지 않고 남은 것이 없이. 이와 같이 갈보리의 속죄사역도 온전한 것이었기에, 죄인이 하거나 보탤 아무것도 남아 있지 않았다. 넷째, 그것은 "한가운데"가 갈라졌기에(눅 23:45), 지성소의 한가운데에 있는 속죄소가 완전히 드러나게 된 것이다. 마찬가지로 믿음을 가진 죄인들은 하나님께 어떤 돌아가는 길이나 옆길로 하나님께 나아가도록 요구되지 않고, 성자를 통하여 성부께 직접 접근하는 길을 가진다. 휘장의 한가운데가 갈라졌으므로 성전 안에 있는 모든 자들이 그것을 보게 되었음과 같이, 그리스도의 죽음도 구석진 곳에서가 아니라 공개된 것이고 많은 눈이 보는 앞에서 있었다. 다섯째, 그 휘장이 그리스도께서 돌아가시는 순간에 갈라졌다고 하는 것은(마 27:50), 하나님과 죄를 깊이 뉘우치는 죄인 사이의 장벽이 사라진 것을 보여준다. 여섯째, 휘장이 갈라지자마자 그 장벽은 출입문으로 바뀌어졌는데, 이는 그리스도께서 돌아가시는 순간에 죄인들이 하나님께 나아가도록 '새롭게 죽이고 살리는 길'이 열렸다. 일곱째, 성령께서 휘장의 갈라짐과 무덤을 여는 것을 함께 연결시킨 것은 매우 의미가 깊지만(마 27:51, 52), 결국 후자는 그리스도께서 부활하실 때까지는 발생하지 않았다. 이것은 그에 의하여 충분한 속죄가 이루어졌고, 죄가 우리를 빠뜨렸던 가장 깊은 심연에서부터 은혜가 우리를 앉혔던 가장 높은 하늘에 이르기까지 한 길이 마련되었음을 우리에게 말해주지 않는가!

하나님의 목적은 이제 달성되었다. 한 알의 밀이 땅에 떨어져 죽어서 이제 많은 열매를 맺는다(요 12:24). 피는 흘렸고, 희생제물은 드려졌으며, 휘장은 갈라졌다. 즉 그 백성의 선구자이신 그리스도는 지성소 안으로 나아갔다. 그렇기에 우리가 가까이 갈 수 있다. 그리스도께서 우리에게 합당했던 죄의 삯을 받으셨기 때문에, 우리는 주님에게 합당하였던 상급에 참여한다. 우리는 담대함으로 들어갈 수 있다. 우리는 믿음으로 하늘의 성소로 들어가는 방해받지 않은 통로를 가진다. 모든 장벽은 제거되었으니, 믿음으로 섬기는 자들은 완전한 자유를 가지고 은혜의 보좌로 가까이 나아간다. 그러므로 "우리가 마음에 뿌림을 받아 악한 양심으로부터 벗어나고 몸은 맑은 물로 씻음을 받았으니 참 마음과 온전한 믿음으로 하나님께 나아가자"(히 10:22).

제 44 장

성막의 문

출애굽기 26:36, 37

만일 하나님의 말씀을 이해력을 가지고 연구해야 한다면, 준수해야만 할 중요한 하나의 원리는 그 속에 있는 진리가 우리 앞에 제시되는 순서를 주의 깊게 살펴보는 것이다. 하나님은 질서의 하나님이시며, 절대무오의 지혜들이 모두 그의 솜씨를 돋보이게 하지만, 그럼에도 불구하고 그의 순서는 때때로 우리의 것과 다르다. 성경에 보면 성령께서 때때로 사건들의 결말을 무시하고 제때에 즉시 서로 관계되지 않는 것들을 나란히 놓으신다. 성경책은 언제나 역사적 순서로 배정되지 않는다. 즉 욥기는 이스라엘이 가나안에 정착하기 훨씬 이전 시대로 우리를 돌아가게 한다. 시편과 잠언은 느헤미야와 에스더에서 묘사된 사건들보다 수세기 이전에 기록되었다. 이와 같이 성경 안의 다른 책들에서도 많은 사소한 사항들이 그러하다. 다음을 그 실례로 들어보자. 무덤이 열려서 많은 성도들이 나타남은 구주의 죽음과 성전 휘장의 갈라짐 이후에 바로 언급되었지만(마 27:51, 52), 사실은 이러한 일들이 그리스도의 부활 후에 발생하였다. 누가복음 23:45에도 보면, 휘장의 갈라짐은 주께서 그의 영혼을 아버지의 손에 맡기시기 전으로 기록되었다.

성령의 뒤를 따랐던 배열은 그분의 여러 가지 의향에 따라 다양하였다. 어떤 때는 그 연대적 순서(chronological order)가 시대구분의 합리성(a dispensational reason)에서 벗어난다. 어떤 때는 그 상세한 내용이 절정을 나타내도록 정리되었고, 또 어떤 때에는 그 순서가 도덕적이고, 다른 때에는 원인과 결과의 관계를 나타내려고 병렬적으로 배열한 것도 있다. 마태복음 27:51-53의 경우가 두드러지는데, 그 점에서 무덤의 열림은 구주의 죽음의 효용성을 증명했고 또 그것은 성도들이 생명의 새로움 가운데 행하는 근거가 됨을 보여준다. 어떤 때에는 성령의 의도가 대조를 날카롭게 하는 것인데, 누가복음 23:45이 그와 같은 경우이다. 여기에서는 세 시간의 흑암과 휘장의 갈라짐을 함께 연결시켰다. 전자에서는 그리스도가 하나님으로부터 두절되셨고, 후자에서는 우리가 빛이신 그의 임재 안으로 들어가는 길이 열려져 있다!

성경을 연구하는 사람들이 이 원칙을 애써서 마음속에 지니지 않으면 많은 것을 잃는다. 놀랍게도 이것은 성막과 관련해서 예증되었다. 거룩한 계획을 파악하는 것은 항상 쉽지 않으며, 상세한 내용들의 특색을 찾기 위하여서는 많이 기도하면서 묵상하는 일이 요구된다. 우리가 지금 고찰해야 하는 것은 성막으로 들어가는 문이며, 여기서 우리가 특별히 주시하고자 하는 것은 이 '문' 이 휘장을 묘사한 바로 직후에 언급된다는 것이다. 의심할 여지 없이 이에 대해서는 한 가지 이상의 이유가 있지만, 표면적으로 거의 분명한 것은 어떤 부분은 다른 부분과 현격한 대조를 이루며 그리고 각기 연관된 상세 내용들은 이를 증거한다. 휘장은 그 위에 그룹이 수 놓여 있으나 성막 문은 그렇지 않았다. 휘장은 네 개의 기둥에 매달아 걸었고, 성막 문을 위한 커튼은 다섯 개의 기둥에 달았다. 전자는 '기둥머리' 가 없었으나 후자에는 있었고, 전자의 받침은 은으로 되었으나 후자의 것은 놋이었다. 그러나 이것들 간의 두드러진 차이점은 다음과 같다. 즉 휘장은 차단해야만 하는 것임에 비하여, 장은 출입을 허용하는 것이다. 휘장은 성소로 들어가는 길을 막았지만 '커튼(휘장 문에 걸려있음)' 은 성소로 들어가는 제사장들의 지속적인 출입구가 되었다. 지금부터 이에 대하여 살펴보도록 하자.

1. 위치

하나님의 거처로 들어가는 문은 좁은 문이 아니라, 그 길이의 전체를 가로 질러 바로 펼쳐 있었고, 높이는 10규빗(4.5m)이었다. 어떤 주석가들은 여기에서 '성막 문' (출 26:36)을 '뜰 문' (출 27:16)과 줄곧 혼돈하는 잘못을 한다. 성경학자들이 이것들을 분명히 구분하는 것이 매우 중요한 것은, 이것들이 완전한 별개의 두 가지 진리의 방향을 상징적으로 나타내기 때문이다.

성막에 들어가는 문은 동편 전체를 차지하였다. 이것이 아주 의미있고 또 매우 적합한 것은 동쪽이 해 뜨는 방향이기 때문이다. 우리는 동쪽에서 밤이 끝나고 또 다른 날의 새벽이 밝아오는 증거를 본다. 이렇게 여기에 그 이상의 대조가 제시된다. 창세기 3:24에서는 여호와 하나님께서 이르시기를, "이같이 하나님이 그 사람을 쫓아내시고 에덴 동산 동쪽에 그룹들과 두루 도는 불 칼을 두어 생명나무의 길을 지키게 하시니라"고 한다. 거기에서, 그의 죄 때문에, 인간은 어둠에 거하게 되었으며, 결과적으로, 하나님께서 그와 교제했던 장소에서 추방당했다. 그런데, 그 동편에는 불붙는 장벽이 배치되었다. 그러나 여기에서, 제사장의 가족들이 빛 가운데서 행하면서 죄가 상징적으로 씻음을 받았던 곳에서, 그들을 여호와의 거처로 들어가도록 허용하였던 성막의 동편에 한 문이 있었다.

2. 재료

"청색 자색 홍색 실과 가늘게 꼰 베 실로 수 놓아 짜서 성막 문을 위하여 휘장을 만들고"(출 26:36). 문을 위한 이러한 천의 직물은 막(the Curtains)과 휘장(the Veil)을 만든 것과 같은 직물이고 동일하게 아주 좋은 품질이었다. 가늘게 꼰 베실이 기초 역할을 하였다. 이 지상에서 신성을 위한 진정한 처소가 제공되었던 것은 하나님의 아들이 성육신되었을 때뿐이었다. 그러나 지난 장에서 본 바와 같이, 성육신은 하나님이 아래의 인간에게로 왔을지라도 그 자체로는 인간들을 하나님께로 나아가는 길을 주지 않았다. 왜냐하면 그 휘장이 갈라지기 위해서는 죽음이 들어와야만 했다. 여기, 또한 성막의 입구에서도, 인간이신 그리스도 예수를 통해서만이 우리가 하나님께 접근할 수 있었음을 보여준다.

여기에 가늘게 꼰 베실에 관련하여 우리의 주의를 끄는 첨가된 한 마디 말이 있는데, 그것은 "수 놓아 짜서"라는 말이다. 이 말은 막이나 휘장과 연관해서는 언급되지 않았고, 다만 바깥뜰의 출입문(출 27:16)에서와 대제사장의 띠(출 28:39)를 설명하면서 언급되었다. 우리가 여기서 덧붙일 수 있는 것은 히브리어의 '자수'(needlework)라는 말은 출애굽기 35:35에서 "수 놓는 일"로, 역대상 29:2과 에스겔 17:3에서는 "색깔이 화려함"으로, 시편 139편 15에서는 "기이하게 지음"으로 표현되어 있다는 것이다. 이렇게 어느 정도 다양한 의미를 지닌 것들을 결합하면, '끊임없이 변화를 줌'(minutely variegated)으로 표기될 것이다. 이와 같이, 성령께서는 여기에서 다른 색깔들로 수놓고 고운 베실을 섞어 짠 방법에 우리의 주의를 집중하도록 암시하시는 것 같다.

3. 색깔

'청색'(blue)은 하늘에 속한 자, 하나님으로 아들로서 그리스도를 가리킨다,

'홍색'(scaret)은 인자를 언급하는데, 즉 그는 지난 날 고난을 당하셨으나 다가올 날에 땅에서 영광을 받으실 분이다. '자색'(purple)은 독특하게도 그리스도의 왕권을 말할 뿐만 아니라, 그의 신성과 인성의 놀라운 연합을 가리키기도 한다. '청색ㆍ자색ㆍ홍색'의 언급은 성막의 부속품과 제사직에 연관하여 24번이나 반복되었지만, 단 한 번도 그 순서가 바뀌지 않는다. 이것은 그 배열과 연관된 중대한 진리와 교훈을 제시하고 있다. 이 사실에 대하여는 출판한 지 오래된 다른 책에서 너무도 아름답게 전달되었으므로, 가장 도움이 되는 해석을 아래에 자유롭게 인용한다.

"만일 우리들이 청색과 홍색을 다른 아무 색깔도 섞지 아니하고 나란히 놓아야 한다면, 그 강렬한 대조로 인하여 눈에 거슬리게 될 것이다. 왜냐하면 비록 그 각각은 그 자체로 아름답고, 그 자신의 영역에는 적절하다 할지라도, 그럼에도 불구하고 그 같은 차이가 있기에, 그 색상에 있어 반대된다고 대체로 말할 수 있고, 직접 접촉하여 본다면 부조화될 정도이다. 중간에 끼어 있는 자색은 이러한 불유쾌한 작용을 구제한다. 눈은 쉽게 청색에서 홍색으로 옮아가는데, 이 같은 혼합된 색인 자색의 도움에 의하여, 역으로 된다. 청색은 점차적으로 그 반대색인 홍색에 흡수되며, 그리고 홍색의 화려함은 파악하지 못할 정도로 청색의 방향으로 부드러워진다. 자색은 이 두 가지가 섞여 형성된 새 색깔이다. 즉 그 특수한 아름다움은 양 색깔에 고루 힘입었기에, 그 둘 중에 어느 한쪽의 비율이 약해지면, 그 특수한 성질을 상실하게 된다.

"홍색과 청색은 성막의 천의 모든 부분에서 결코 나란히 놓인 적이 없다. 이는 한 중대한 성격의 진리를 암시하지 않은가? 하나님의 성령이 이러한 배열을 끊임없이 고수했다는 것은 그것에 대한 어떤 의미심장한 이유가 있는 것이 아니었을까? 이것에 의하여 우리에게 주 예수를 공경하는 매우 소중한 사실을 가르쳐 주지 않는가? 그는 하나님이자 사람이기에, 우리는 복음서에서 완전한 사람으로서의 품위와 호감과 아울러 신성의 모든 충만함의 자취를 더듬어 볼 수 있다. 그러나 이 외에도 그의 생각과 느낌, 방법, 말씀, 그리고 행위에서, 이 두 가지의 불변의 혼합이 있다. … 그리스도를 묵상함에 있어, 이사야 9:6에 주어진 것처럼, 그의 이름의 첫 마디가 '기묘자'임을 기억하는 것은 좋다. 또한 그렇게 놀라운 것은 그가 인간의 느낌과 애정과 함께, 하나님의 심오한 사상과 묘략을 자신 안에 함께 가지고 있다는 사실이다.

"복음서에 그리스도께서 죽은 자들을 살리신 세 가지 경우가 기록되어 있는데, 그것은 야이로의 딸, 나인 성 과부의 아들, 그리고 베다니의 나사로이다. 이들 모두는 주님의 전능한 권능의 완전한 표시를 우리에게 제공한다. 즉 첫 번째 경우는 죽음이 그 희생자를 바로 방금 엄습하였으며, 두 번째는 슬퍼하는 어머니가 그의 독자를 무덤으로 보내는 길에 있었으며, 세 번째는 주검을 이미 이전에 안치하여 무덤에서 썩기 시작하였다. 이들 각 장면들을 통하여 세 가지 색깔을 살펴볼 수 있다. 우리는 하나님의 사랑을 나타냄에 있어서 청색을 주저하지 않고 인정할 수 있는데, 그때 복되신 아들(주 예수님)은 슬픔에 잠긴 아버지의 간청으로, 죽어가는 아이를 살리기 위하여 그 집으로 갔다. 길을 가는 도중에, 소식이 전해지기를 '딸이 죽었으니, 선생님을 더 괴롭게 할 이유가 있나요?'라고 하였다. 그들은 이렇게 말한 사람이 누구인지, 주님이 누구신지 잘 이해하지 못했다. 또는 주님을 곤경에 빠뜨리게 했던 그 곤란의 깊이(죽은 자를 살릴 목적)를 이해하지 못했다. 그들은 하나님이 그들과 함께, 육체로 분명하게 보여주고 있었음을 알지 못했다. 하지만, 주님은 즉시 그 소녀의 아버지의 두려움을 잠잠하게 해주었다. 그러므로, 죽음이 있는 바로 그 자리에서 그의 가슴에 평화를 명하면서, 하나님만이 할 수 있었던 일을 하신 것이다! 다시, 희망을 잃고 법석대는 자들에게 전능하신 하나님의 음성이 이르시기를, '울지 말라. 소녀는 죽은 것이 아니라 잔다'고 하신다. 그러나 그들은 이렇게 말씀하시는 이가 누군지 알지 못했다. 그들에게 죽음을 친근한 모습이었고, 그들은 그 침입자를 알고 있었다. 하지만 그들은 그리스도의 꾸짖으심을 비웃었다. 신자들은 이와 반대로 생각함이 옳지 않을까? 주님의 임재 가운데에서, 신자는 충분히 죽음을 비웃을 수 있다. 결국, 주님이 '내가 네게 말하노니 소녀야 일어나라'고 하셨을 때, 하늘에서 오신 이의 능력과 은혜가 알려진 바 되지 않았던가!

"이제 이러한 아름다운 광경에 비추어 홍색에 관하여 참조해 보자. 인자 외에 그 누가, 그 준비된 사랑이 무례한 조롱을 만났음에도 불구하고, 친절과 동정의 길을 추구할 수 있었겠는가? 또 굶주림과 갈함이 어떤 것이었는지 알았던 사람이 아니라면 그 누가, 그 전능하신 이적에 덧붙여, '소녀에게 먹을 것을 주라'고 명했겠는가? 그리고 이것은 또한 우리에게 '자색'을 나타내고 있지 않은가? 주님은 그 아이에게 어머니보다 더 깊은 동정과 사랑을 가지고 계시면서도, 여전히 그 안에서 그리고 그 위에서 누가 주님이었는지를 그 장면에서 드러내셨다. 주님은 죽은 자를 불러 살게 할 수 있고, 동시에 작은 소녀의 아주 하찮은 소원을 알아차릴 수 있다. 거기에 있었던 단순한 사람들과 그의 부모마저도 그들이 목격하였던 것과, 죽은 자를 다시 살려서 받아들이는 기쁨에 너무나 압도당하여서, 그들의 인간적인 동정심은 쓸모가 없게 되었다. 오직 하나님만이 그렇게 죽음을 폐지하실 수 있고, 오직 하나님이요 인간이셨던 자만이 그와 같은 능력, 위엄, 은혜, 연민, 그리고 가장 부드러운 돌봄을 겸비할 수 있었다!

"다음의 경우는, 이미 암시한 바 있지만, 그 동일한 아름다운 색깔들을 적으나마 풍부한 문장으로 묘사한다. 청함을 받지 않았지만, 하나님의 아들은 그가 아시기에 죽음의 일격이 엄습하여, 이미 슬픔을 당한 또 다른 가슴에 또 다른 상처를 가져다 준 그 도성으로 가셨다. 그는 성문에서, 과부의 독자를 무덤으로 메고 가는, 애도 행렬을 만날 수 있도록 때를 맞추어 그곳을 방문하셨다. 어느 때 하나님의 개입이라는 어떤 소망이 그녀에게 기운을 나게 했더라도, 그런데 죽은 아들을 보고 있노라니, 그러한 소망마저 이제는 사라지고 말았다. 잠시의 막간이 남아 있었지만, 흙이 그의 잃어버린 아들 위에 메우게 될 것이었다. 그러나 모든 극한적인 상황에 이끌리어서, 아버지를 선포하였던 주님(요 1:18)은 그곳으로 가까이 다가갔다. 주님은, 하나님의 권세로써 관에 손을 얹으시고, 무덤으로 가는 그들의 행렬을 멈추게 하셨다. 그들의 길을 멈추게 하는 권세를 가졌던 자의 임재에 대한 갑작스런 느낌에 사로잡혀, 그들은 조용히 멈추어 섰다. 그들은 전번에 사람이 죽은 곳에 모였던 사람들처럼 그를 비웃지 아니하였기에, 그들은 주님의 놀라운 행동을 증거하는 축복을 가졌다. 주님은 마치 아이를 그의 침대에서 일어나라고 명하셨던 것과 같이, 그 젊은이를 관에서부터 일어나라고 명하였다. 그는 같은 방법으로 그 명에 순종하여, '죽었던 자가 일어나 말하기 시작하였다.' 그렇다면, 여기서 하늘의 색깔이 분명히 드러나게 되었기에, 심지어 이 일을 본 자들이 '하나님이 그의 백성을 방문하셨다' 고 말하였다. 그러나 그리스도의 마음은 아이에게와 마찬가지로 그 어머니에게 사로잡혀 있었다. 살아난 청년의 목소리가 그의 귀에 들렸을 때, 그는 그 과부가 그것을 들을 때, 어떻게 느낄 것을 알고 계셨다. 주님은 자신이 생명을 제공한 능력을 행한 일에 의하여 동요되지 아니하시고, 어머니로 아들을 껴안아보면서, 눈으로나 귀로나 그 어떤 증거로도 믿기 어려운, 그 현실에 스스로 확신을 가지고자 하는 열망을 공감하는 선의에 완전히 사로잡혀서, 그 어머니에게 그를 넘겨줌으로써 이 장면을 완성시키셨다. 이는 인간의 감성으로 완벽한 것이었으니, 그 사람이 또한 하나님이지 아니했다면, 어느 누구라도 그러한 처지에서 그렇게 보일 수 없었다.

"그러나 '말씀이 육신이 되었음'에 대한 가장 완전한 표명은 아마도 요한복음 11장에서 발견되어야만 한다. 즉 만일 우리가 언제나 그렇게 해야만 하듯이, 그 십자가를 제외한다면(모든 것이 여기에 놀랍게 집중되었음). 그 자매들의 긴급한 연락을 주님이 이상하게도 무시하였던 것처럼 보였다. 왜냐하면 주님은 여전히 먼 거리에 거하면서, 죽음이 그들의 오빠를 빼앗아가도록 허용했을 뿐만 아니라, 무덤이 그의 유해를 덮도록 허락하였기 때문이다. 또 그들의 통지('주여, 당신이 사랑하는 자가 병들었나이다')에 대한 그분 자신의 대답은 그들이 이해할 수 없는 역설을 그 안에 담고 있었는데, 그것은 이어지는 상황에서 분명히 거짓된 것이었기 때문이다. 즉, 그분의 대답은, '이 병은 죽을병이 아니라 하나님의 영광을 위함이요 하나님의 아들이 이로 말미암아 영광을 받게 하려 함이라'는 것이었다. 그리고 당시에 그는 나흘 동안이나 지체하여 죽음이 그 희생자를 잡아두기까지 하였다. 그러므로 잠시 동안, 사랑이시고 진리이신 주님 안에 있는 사랑과 진실이 실패한 것처럼 보였다. 그러나 실제에 있어서 하나님의 영광이 그의 사랑하는 자 안에서 더욱 빛나게 된 것이었다.

"교차된 감정이 그리스도의 마음을 얼마나 차지하였는지, 주님은 그때 마리아와 그 주위에 있는 자들의 슬픔을 보면서 심령으로 신음하고 고통을 당하였다! 주님은 그들의 불신과 무지 또는 자신에 대해 슬퍼하셨다. 그럼에도 불구하고 그리스도는 동정심에 차서 그들과 함께 울고 그리고 그분의 임재하심으로 만류할 수 있었던 그 슬픔에 대해 슬퍼하였다. 그리스도가 아니면 누가 그러한 처지에 눈물을 흘릴 수 있었을까? 단지 인간이 하나님으로부터 죽은 자를 일으킬 수 있는 능력을 선물로 받았기에, 그는 그 막강한 권능과 덧붙여 애곡하는 자의 슬픔을 오히려 보여주기를 열망하였을 것이다. 그래서 그는 무덤에 가는 동안 흐느낄 수 없었을 것이다. 주님은 완전한 인간이 어떠한지를 보여줄 수 있는 사람보다 분명히 더 나은 분이이었습니다. 예수님의 눈물은 진정한 인간의 감정에서 나온 것이므로 귀한 것이다. 그러나 그것들이 가장 소중한 이유는 전능하신 하나님이신 그분의 마음에서 흘러나온 것이기 때문이다. 그리고 그 눈물들이 그의 눈에서 하염없이 흘러내릴 때, 그의 사랑에 대한 모든 의문들은 끝이 났다. 그래서 유대인들마저도 '보라, 그를 어떻게 사랑하였는가'라고 흥분하여 외친 것이었다.

"주님은 권위를 가지고 관에 손을 얹었고, 그리고서 돌을 옮기도록 명하셨다. 그러나 마르다는 이의를 제기하였다. 물론 그녀는 그리스도를 주로 모셨을 뿐만 아니라 그의 입술로부터 '나는 부활이요 생명이라' 는 기이한 말씀을 들은 바 있지만, 이미 부패된 사람이 치료될 수 있을 것이라고 믿지는 않았다. 그들이 예수 님께 나사로가 병들었다는 소식을 전하도록 하였을 때, 주님은 대답하였던 그 메시지를, 그때에 그녀에게 생각나게 하였다. 그것은 죽음에 이르지 않을 것이라는 말로, '네가 믿으면 하나님의 영광을 보리라 하지 아니하였느냐' 라고 대답한 것이었다. 하나님의 영광은 언제나 주님의 목적이었다. 주님은, 그 영광을 성취하기 위하여, 그를 가까이 하지만 주님이 자신들을 도우려고 즉시 오지 않았던 이유를 이해하지 못한 자들의 의혹을 기꺼이 견디었다.

"바야흐로 무덤이 열려지자, 예수님은 자신의 시선을 사망의 은신처에서부터 위의 하늘로 올려두셨다. 그리고 그의 영혼을 아버지의 품에 맡기시고, 전능하신 음성으로 '나사로야 나오라' 고 외치시기 전에, 먼저 사람들에게 들릴 정도로 하나님을 의지함에 대해 말씀하셨다. 여기에서 복종과 권위, 순종과 명령, '열려진 귀' 와 그 위대한 '나는 스스로 존재한다' (I am)는 것 사이의 얼마나 놀라운 융합이 존재하는가! 죽은 자는 하나님의 아들의 음성을 듣자, 밖으로 나왔다. 부패한 송장이 생명으로 나아왔다. 그들의 형제들뿐만 아니라 그 여동생들에게도 정말로 놀랍고 즐거운 순간이었다! 그러나 여기에서 다시 주님만이 이러한 놀라운 능력의 행위에 대한 아주 작은 상세한 일들을 착수하였다. 그는 친구가 아직도 무덤의 흔적으로 방해를 받고 있음을 보았거나 아니면 느끼시고(그가 나사로를 사랑하셨으므로), 사람들이 놀라면서 깨닫게 되도록 내버려 두지 않고, 부활한 자를 속박해서 괴롭혔던 수의를 알아보시고, '그를 풀어서 가게 하라' 는 또 다른 명령을 내렸다"(Mr. G. Soltau).

4. 의미

'문을 매달아놓은 것' 은 성소로부터 성막의 뜰을 차단했지만, 그럼에도 그곳으로 들어가는 입구가 되었다. 그것은 제사장들이 그 안에서 섬기는 일을 수행하기 위한 접근로를 제공하였다. 그렇다면, 그것은 그리스도인들의 예배와 사역들이 주 예수 그리스도를 통하여 하나님께 열납되어짐에 대해 말한 것이었다. 중재자를 떠나서는 비단 성도들이라 할지라도 위대하고 거룩한 하나님이 받으실 만한 어떤 것도 제공할 수 없다. 우리는 아버지께 "우리 주 예수 그리스도의 이름으로(엡 5:20) 감사를 드린다." "그를 힘입어" 우리는 계속하여 하나님께 찬송의 제사를 드린다(히 13:15). 우리들의 영적 희생은 오직 "예수 그리스도"(벧전 2:12)에 의해서만 하나님께 열납될 수 있다. 우리의 사역에 있어서, 범사가 "예수 그리스도를 통하여"(벧전 4:11) 하나님이 영광을 받으시게 해야 한다. 문장에 '그룹' 들이 없다고 하는 것은 인상적인 일이다. 사람들은 인자를 사법적 성품을 가지신 분으로 보지만, 반면에 그는 "문장으로" 사람들에게 그룹들 없이 제사장들의 특권을 위한 그 길로 들어가도록 은혜롭게 소개된다.

5. 기둥

"그 휘장 문을 위하여 기둥 다섯을 조각목으로 만들어 금으로 싸고"(출 26:37). '기둥들' 의 숫자는 '장' 으로부터 '그룹' 을 의미있게 생략함에 대해 방금 위에서 말한 것을 더욱 견고하게 한다. 그 이유는 다섯이 은혜의 숫자이기 때문이다. 이런 기둥들은 '장' 을 떠받칠 뿐 아니라 또한 그 아름다운 색깔들을 펼쳐 주기 위하여 사용된다. 그 재료들은 그를 통하여 제사장의 특권의 영역을 향하여 그 입구가 주어지도록 기이한 은혜를 베푸신 신 - 인을 암시한다. 그리고 이 사실을 분명히 설명한 것은 성경 어디에 있는가? 그것은 예언서나 복음서에서가 아니라 신약의 서신서에 있다. 그리고 서신서의 기자의 수가 정확히 5명이라는 것은 기인한 일치 그 이상의 무엇이 아닌가? 휘장이 네 개의 기둥 사이에 펼쳐져 있었던 것이 사복음서와 일치하는 것처럼, 교제하는 장소로 들어가는 입구의 장막이 다섯 개의 기둥들 사이에 걸려 있는 것은 바울과 베드로, 야고보, 요한, 유다의 사역을 예측하는 것이다. 갈라디아 2:9에서 이러한 '기둥들' 이라는 용어 자체가 어떻게 그들에게 적용되는지를 살펴보라!

6. 기둥머리

"휘장 문의 기둥 다섯과 그 갈고리를 만들고 기둥 머리와 그 가름대를 금으로 쌌으며"(출 36:38). 이것은 휘장을 받쳤던 '기둥' 들과는 놀라운 대조를 이루었는데, 그 이유는 이 기둥머리가 없었기 때문이니, 이는 중년에 '잘라냄' 을 받은 그리스도를 예시하고 있다. 그러나 여기에서, 그 상징적인 제사장의 가족들에게 예배와 섬김의 장소로 나아가는 길을 제공해준 것처럼, 그리스도는 "영광과 존귀로 관을 쓰신 자"로서 지목된다! 그리고 이것은 모든 서신서가 채택하고 있는 바로 그 견해이다. 즉 서신서의 저자들은 그리스도께서 하나님의 우편에 계신 사실을 근거하여 말을 이어간다.

7. 받침

"또 그 기둥을 위하여 받침 다섯 개를 놋으로 부어 만들지니라"(출 26:37). 이것들은 '기둥'을 위한 기초가 되었으며, 따라서 구속에 대해 말한다. '놋'은 상징적으로 사용될 때는, 언제나 "십자가를 견디신" 구세주의 능력을 예시했다. 그러므로 예배하는 자들은 주님의 죽음의 고통으로 인하여 그리스도가 '문'이 됨을 다시 한 번 기억하게 된다. 하나님의 영이 찬양과 감사의 희생으로 구속받은 자들이 하나님께 나아올 수 있도록 지불된 놀라운 대가를 우리 앞에 영원히 두시기를 바란다.

제45장

놋제단

출애굽기 27:1-8

출애굽기 25장과 26장에서, 지성소와 성소에 있는 기구들과 그 형태를 구성했던 재료들에 대하여 살펴보았다. 여기 27장에서, 우리는 바깥뜰에 이르게 된다. 그러나 한 가지 주목해야 할 생략이 있는데, 그것은 성소에 서있던 금제단, 또는 향단으로, 이것은 30장에 이르기까지 언급되었거나 인용되지 않는다. 그 이유는, 그 장에 이르면, 하나님이 원하신다면, 말하고자하기 때문이다. 지금으로서는 그 금 향단이 "제사장이 그 위에 향을 피울 때까지 언급되지 아니한 것은 여호와께서 모세에게 하늘에 있는 물건들의 형태를 보여주실 때, 이러한 물건들이 믿음에 의하여 깨닫게 되는 순서에 따라 하셨기 때문이다"(C. H. M.)고 말하는 것으로 충분하다.

지금 살펴보게 될, 놋 제단은 성막에 있는 일곱 가지 기구들 중 가장 컸다. 그것은 모든 다른 기구들을 담을 정도로 대체로 컸다. 크기는 그것의 중대성을 가리켰다. 그것은 바깥뜰의 바로 안쪽(출 40:33)의, '문 앞'(출 40:6)에 있었기에, 회막으로 들어가는 예배자들의 눈에 맨 먼저 띠는 물건이었다. 그것을 '놋 제단'(출 38:30)이라고 명명하여, 금제단과 구별하였다. 그것은 또한 '번제단'이라고 불리었다(출 30:28).

놋 제단은 레위인 조직의 기반이었다. 죄인들은 그곳으로 신성하게 정해진 희생제물을 가지고 갔다. 그 위에는 불이 계속적으로 타고 있었고(레 6:13), 그날의 희생제물은 매일 아침에 새것으로 교체되었다. 놋 제단은 거기에서 임무를 수행하였다. 즉 언제나 연기가 올라갔고, 언제나 피로 물들어 있었으며, 그것에 접근하기를 원하는 죄를 범한 히브리인들에게 언제나 열려 있었다. 죄로 인하여 생명이 상실된 죄인에게, 또 다른 생명(순결한 것)이 그를 대신해 주어져야만 했다.

이스라엘인은 그의 희생제물을 가지고 와서 죽이기 전에, 그 짐승의 머리 위에 손을 얹으면서 그것을 자신과 동일시하였는데, 그렇게 하면 흠 없는 희생물에 대한 열남이 그에게 일어났고, 그와 동시에 그의 죄는 그것으로 옮겨진다. 이처럼, 또한, 이 단은 제사장들이 성소 안에서 섬기기 위해 그 안으로 들어갈 때의 그 길에 서 있었다. 이 제단에서, 대제사장은 대속죄일에 집무를 집행하였다(레 16장). 지금부터 그것에 관한 일곱 가지 일들에 대하여 주의를 집중할 것이다.

1. 위치

놋 단은 출입문 바깥에 있지 않고, 뜰 바로 안에 있었다(출 40:33). 그러므로 이 것은 이스라엘 사람들이 성역 안으로 들어갈 때 제일 먼저 면대하는 물건이었다. 이런 까닭으로 우리는 그 모형의 정확성에 경탄하게 되고, 또한 지금 건전한 복음 설교로 인정되는 많은 것들에 대한 잘못을 이 항목에서 발견하게 된다. 신약 성경은 보편 구원을 가르치지 않을 뿐만 아니라 그리스도의 희생이 모든 인류를 위하여 제공된 것이라고 주장하지 않고, 그 반대로 그것은 믿는 자들을 위하여 계획된 것으로 말씀한다. 구약성경의 모형들은 이 사실에 완벽하게 일치한다. 죽음의 천사가 초태생을 치는 날 밤에, 어느 양도 애굽인을 위해서는 제공되지 않았다. 속죄일에 대제사장은 떠나보내는 염소의 머리 위에 오직 이스라엘의 죄만을 고백했다(레 16:21). 그러므로 지금 우리가 다루고 있는 모형에서, 제단은 택한 자들을 제외한 다른 누구를 위하여 마련된 것이 아니었다. 만약에 그것이 또한 광야에 거하는 족속들을 위하여 계획된 것이었다면, 성막의 뜰의 밖에 설치되었을 것이다. 그러나 그렇지 않았다!

성막의 뜰 안에서, 놋 제단은 성막의 문을 마주 대하고 있었다. 그곳은 여호와께서 그의 백성과 만났던 장소였다(출 29:11; 33:9; 레 15:14). 사실상 물두멍은 번제단과 성막의 문 사이에 서 있었지만, 그럼에도 불구하고 하나님의 심판에 대해 말했던 것과 거룩한 임재를 향한 출입구와의 관계는 아주 중대하므로, 여러 성경 구절에서 물두멍이 그 둘 사이에 있다는 사실을 말하지 않는다(출 40:6,등등 참조). 이것은 희생제물과 하나님께 나아가는 길 사이의 본질적 관계를 우리에게 얼마나 강하게 말하는가! 먼저 제단을 통과하지 않고는 아무도 성막에 들어갈 수 없었다. 피 흘림이 하나님께 대한 접근의 근거이기 때문이다.

2. 재료

"너는 조각목으로 … 단을 만들되 … 그 단을 놋으로 싸고"(출 27:1, 2). 막의 '갈고리'(출 26:11)와 장의 성막 문(출 26:36)의 "기둥 받침" 이외에는, '놋'이 우리 앞에 나오기는 처음이다(그 이전에 놋은 보이지 않았음). 내부의 격실로 들어가는 자들은 눈부시게 빛나는 황금과 아름다운 색깔의 내부 막과 휘장을 단지 볼 수 있었을 뿐이다. 그러나 여기 바깥뜰에서는 놋밖에는 눈에 보이지 않았다. 이 금속의 정확한 성분에 대해서는 다소간 의심되는 점이 있다. 지금 우리가 알 수 있는 바에 의하면, 고대의 사람들은 '놋'(동과 아연을 혼합하여 만든 것)에 대한 지식이 없었지만, 로마 사람들은 그것을 맨 먼저 사용하였다. 그러므로 어떤 학자들은 그 히브리어를 '구리'(copper)로, 다른 이들은 '청동'(bronze: 구리와 주석을 혼합하여 만든 것)을 표현하는 것을 선호하였다. 어쨌든 우리는 계속하여 그것을 '놋'(brass)으로 부르도록 하겠다.

성경에서의 '놋'의 상징적 의미는 금이나 은과 마찬가지로 명확하게 정의된다. 금은 영광, 그리고 은은 구속(redemption)을 말함과 같이, 놋은 심판을 뜻한다. 이것은 그것들이 발견되는 전후관계에 의하여 연유된 것 같다. 모세에게 만들어 장대에 매달도록 명하신 뱀('저주'를 이끌어 들임에 대해 책임이 있었던 자를 생각나게 함)은 놋으로 만들어졌다(레 21:9). 여호와께서 이스라엘의 불순종에 대하여 내리실 무서운 심판을 그들에게 알리실 때(신 28장 전체 참조), 다른 재앙들과 가운데 "네 머리 위의 하늘은 놋이 되고"(23절)라고 경고하셨다. 하나님에게서 오랜 동안의 떨어진 후에 뒤따를 천년통치의 이스라엘의 지복을 묘사하실 때에, 주어진 약속은 "내가 금을 가져 놋을 대신하며"(사 60:17)라고 하셨는데 그것은 곧 심판이 영광으로 바뀔 것을 말한다. 그리스도께서 심판자로 나타나셔서 그의 교회들을 살피시고 그들을 판단하실 때, 그에 대하여 이르시기를 "그의 발은 풀무불에 단련한 빛난 주석[brass] 같고"(계 1:15)라고 하셨다.

구약성경에 보면 놋에 대한 언급이 많이 있지만, 그것은 변함없이 악과 연관되어 있다. 맨 처음에 그것이 언급된 것은 가인의 자손들과 연관된 것이었다(창 4:22)! 삼손은 "놋으로 만든 족쇄"에 묶였고(삿 16:21), 시드기야도 그러하였다(왕하 25:7). 골리앗의 투구와 갑옷은 '놋'으로 만든 것이었다(삼상 17:5, 6). 사울의 갑옷은 같은 재료였으나 다윗은 그것을 가치가 없다고 경멸하였다(삼상 17:38). 여호와는 죄악이 그들을 사로잡았던 감옥으로부터 그의 백성을 이끌어 내시면서, "그가 놋문을 깨뜨리시며 쇠빗장을 꺾으셨음이로다"(시 107:16)라고 하셨다. 하나님은, 그의 패역하고 거역하는 백성들에게 권고하실 때, "내가 알거니와 너는 완고하며 네 목은 쇠의 힘줄이요 네 이마는 놋이라"(사 48:4)고 하였다.

"그것을 만든 조각목에 대해서는 그 의미를 이미 살펴보았으므로 간략하게 논하고자 한다. 그것은 우리 주님의 썩지 않는, 죄 없으신 인성을 말하는데, 그것은 죽음에 좌우되지 아니한다. 그렇다면, 번제단이 죽음에 대한 계속적인 증거와 관련된다는 것은 얼마나 합당한 것인가. 주님은 죽지 않아도 되지만, 그의 생명을 '버렸다'(lay down)! 모든 것에 대해, 심판은 합당한 요구를 가지고 있으므로, 다른 모든 사람들은 말할 것도 없고 그들 자신을 위해서마저도 속죄를 이룰 수 없었다. 그렇기에 우리는 우리의 주님을 '예물을 거룩하게 하는 제단'(마 23:19)으로 본다. 속죄가 존재해야만 한다면, 이 같은 인성이 얼마나 필수적이었는가? 제단이라는 말은 '죽임을 당하는 자'(피 흘림)와 연관된다. 그러므로 참 제단이 되는 이는 죽을 수 있어야만 하며, 그리고 동시에 죽음이 그에 대해 어떤 권리도 없어야만 한다"(S. Ridout).

널판에 놋을 입혔다는 것은 그 번제단이 하나님의 심판을 견딜 수 있을 정도로 죄를 걸머진 자의 능력을 가리킨다. 성육신하신 아들은 연약한 구세주가 아니셨으니, "내가 능력 있는 용사에게는 돕는 힘을 더하며"(시 89:19)라고 하신 말씀은 구약에 있는 여호와의 증거였다. 조각목은 구속자의 인성을 말했고, 그 위에 입힌 놋은 "십자가를 견디신" 그분의 능력을 알려준다.

3. 의미

이것은 모든 거룩한 기구들 중에서 가장 해석하기 쉬운 것이다. 하나님께 희생 제물을 드린 장소는 의심할 여지 없이 그리스도의 십자가를 말했다. 그것은 갈보리의 가장 장엄한 측면을 가리켰다. 주 예수는 제단과 그 희생과 또한 거기에서 직임을 수행하는 제사장들 모두의 예표였다. 지금 우리들이 다루는 상징에 있어 두드러진 것은 놋이 제시해 주는 사실이다. 이것은 모든 금속 중에서 가장 단단한 것으로, 금이나 은보다 훨씬 불에 대한 강한 저항력을 가지고 있다. 신명기 33:35과 예레미야 1:18에 보면 '놋'은 견디는 능력의 상징으로 사용되었다. 우리 구주는 하나님의 거룩의 불이라는 그 무서운 강도를 견디는 힘을 소유하신 참 놋 번제단이었다. 오직 그분만이 십자가를 견디실 수 있었다. 오직 그만이 하나님의 심판의 폭풍 아래에서 견디시고, 소멸되지 않을 수 있었다. 번제단 위에 있는 놋판이 강렬한 열과 연소됨에서 자신을 보호하는 것처럼, 그리스도께서도 연소되지 않고 하나님의 진노의 불을 통과하셨다. 그가 구원하시기에 능하심은 견디시기에 능하셨기 때문이었다.

위에서 본 바와 같이, 성경에 있는 '놋' 은 심판을 상징한다. 이러므로 장대 위에 '놋뱀' 을 매달도록 지시하심을 받은 모세에게서, 우리는 엄숙한 우선순위를 본다. 많은 사람들은 어떻게 하나님의 거룩하신 자를 '뱀' 으로 나타낼 수 있었을까 하고 의아하게 여겼다. 분명히 그것은 인간의 자녀들보다 더 공평하신 주님을 묘사하는 데 가장 적합한 표현이었다! 이 말은 조금도 어폐가 없다. 사실상, '뱀' 은 거기에서 미리 예표되었던 구속자의 죽으심의 특별한 측면을 적절하게 묘사할 수 있는 모든 피조물 중에서 유일하게 유사한 것이었다. '뱀' 은 '저주' 를 연상케 하는 것이었으며(창3장), 그리고 갈라디아 3:13에는 분명히 그리스도께서 그의 백성을 위하여 "저주가 되셨다"고 하셨다. 장대에 붙들어 세운 대상물이 뱀에 물린 이스라엘의 눈앞에 나타난 것 때문에, "저주를 당한" 분(뱀의 형태로)으로 주 예수를 선뜻 가리켰다. 이와 동일한 이유로, 그 뱀은 은이나 금으로가 아닌, 놋으로 만들어졌다. 우리의 저주가 되셨기 때문에 하나님의 심판이 그리스도 위에 내려졌고, 하나님의 정의의 칼날이 그를 쳤었다(슥 13:7).

하나님의 거룩함과 공의가 나타난 곳은 번제단이었다. 그곳에는 하나님의 죄에 대한 증오와 그것을 벌하시는 하나님의 공의가 있다. 사랑하는 독자여, 당신은 하나님의 거룩성을 생각해 본 적이 있는가 그리고 당신의 죄가 주님 앞에 나아가는 일에 얼마나 합당하지 못한가를 생각해 보았는가? 당시의 모든 이스라엘 가운데서 가장 나은 사람인 이사야가 하나님의 임재 앞으로 이끌림을 받아서, 더럽혀지지 않은 순전한 주님의 인격을 보고, 날개로 그들의 얼굴을 가리고 "거룩하다 거룩하다 만군의 여호와여"라고 외치는 스랍(어떤 더러운 것과도 일찍이 접해본 일이 전혀 없음)들을 보았을 때, 그의 마음으로부터 "화로다 나여 망하게 되었도다 나는 입술이 부정한 사람이요 나는 입술이 부정한 백성 중에 거주하면서 만군의 여호와이신 왕을 뵈었음이로다"(사 6:5)라고 하는 말이 우러나왔다. 그가 한편으로 하나님의 거룩함과 그분의 보좌의 의로움과, 하늘의 영들의 심원한 숭배를 보았고, 또 다른 한편으로는 그 자신의 사악함과 그와 함께 거하고 있는 백성들의 부정함을 보았을 때, 그는 역시 그의 영혼과 하나님 사이에 극심한 거리가 있음을 보고 "화로다 나여"라고 외쳤다.

다른 이가 지적했던 것처럼, "앞서 보았던 장에서, 이사야는 각기 다른 여섯 부류의 이스라엘 사람들에게 여섯 가지의 화를 명하였지만, 그가 여호와의 임재에 이끌림을 받게 되자 그는 그 일곱 번째를 자신에게 선고하였다. 그는 이웃의 죄는 더 이상 그를 괴롭히지 않았지만, 자신의 죄로 괴로움을 당했다. 즉시 이 일에 주의하고 또 하나님께 감사해야 할 것은 그 일들이 이사야에 의하여 이루어지지 않았기 때문이다. 그가 어떻게 하여 그의 손의 힘으로 그것들을 제거할 수 있단 말인가? 또는 그의 눈물로 씻거나 그 자신의 어떤 수고로 그것들을 제거할 수 있단 말인가? 그럴 수는 없었다. 그러나 하나님께 감사할 것은, 만일 하나님과 그 보좌의 광경과 그렇게 거룩하신 이의 임재에 적합하지 않는 자신의 모습으로 인하여, 스스로에게 심판을 선고하게 하여 티끌 가운데에 그가 있게 된다면, 그것은 또한 그로 다른 일을 볼 수 있도록 낮추었는데, 그것은 제단 곧 제단의 예비하심이었다. 타는 숯불이 그 일을 행하였다, 즉 희생제물은 타버렸기에, 남은 것은 오직 '타는 숯불' 뿐이었는데, 이것이 이사야의 입술에 닿으면서, '네 악이 제하여졌고 네 죄가 사하여졌느니라' (사 6:7)는 감미롭고 복된 확신이 주어졌다. 그의 얼굴에 근심의 모습은 사라지고, 그리고 자신에게 말씀하신 것을 믿음으로 거룩한 즐거움의 빛이 그 대신 그에게 다가 온 것이다"(Gospel Add. on the Tab, by A. H.).

독자는 이사야서 6장이 무엇을 묘사하는지 아는가? '제단' 은 그리스도요, 타는 숯불에 의하여 태운 희생제물은 가련한 죄인을 위하여 십자가상에서 행하신 주님의 사역을 말한다. '타는 숯불' 은 자신에게 저촉되는 것을 소멸하는 하나님의 거룩함의 형상이다. 그리스도께서 그를 믿을 모든 자를 위하여 "죄가 되셨을 때"(고후 5:21), 여호와께서 그를 "상하게 하며" "그를 슬프게 하며" "그의 영혼을 죄의 희생이 되게 하심"(사 53장)을 기뻐하셨다. 그때에 "타는 숯불"이 그에게 닿자, 주님은 "내 마음은 밀랍 같아서 내 속에서 녹았으며"(시 22:14)라고 외쳤다. 그렇다, 숯불은 그 일, 즉 그 기이한 일(사 28:21)을 행했으며, 희생제물이 드려졌고, 모든 것이 하나님께로 상달되었다. 그리고 그 "타는 숯불"(하나님의 거룩함의 형상)은 지금 제단에 놓여 있어, 죄인들이 이사야가 취했던 자리를 취하여서, 그가 했던 것처럼 자신에 대한 심판을 경험하기를 원하고 있다. 그러면 그 순간에 그의 부정이 제하여 지고 그의 죄는 사라지는 것이다.

뜰 안에 있는 번제단은, 성막으로 들어가는 문 앞에 있었다. 그러므로 여호와께서 그의 백성과 만나는 장소가 여기였다. "내가 거기서 너희와 만나고"(출 29:42, 43)라고 하심과 같다. 그러므로 십자가는 이제 하나님과 죄인들 사이의 만남의 장소이다. "거기에서 성취하신 일을 근거하여 주님은 의로울 수 있고 그리고 예수를 믿는 모든 자들을 의롭게 하는 자가 될 수 있다. 주님이 죄인들을 그의 임재 가운데로 인도하는 다른 근거가 없다. 만일 이스라엘 백성들이 번제단을 거절했다면, 그것은 하나님의 자비로부터 스스로를 영원히 차단하는 일이요, 이와 마찬가지로 누구든지 그리스도의 십자가를 거절하면 구원의 소망으로부터 스스로를 영원히 차단하는 것이다"(E. Dennett). 출애굽기 29:37에 "제단에 접촉하는 모든 것이 거룩하리라"고 하신 것은 형용할 수 없이 복된 말씀인데, 이와 같이 믿음으로 그리스도를 붙드는 모든 죄인들은 깨끗함을 얻는다(비교, 막 5:27-29).

성막에 있는 다른 기구들 가운데 두 개의 '단들' 만이 '지극히 거룩'하다고 말하는 것을 관찰하는 것은 매우 인상적이다. 다른 기구들은 '거룩하다'고 불리어졌지만, 금 향단은 한 번(출 30:10), 번제단은 두 번(출 39:37; 40:10), "지극히 거룩"하다고 명명되어졌다. 그 이유는 먼 데 있지 않은데, 이는 하나님의 거룩성이 너무 돋보이게, 그리고 진지하게 나타났던 곳은, 특별히, 갈보리였기 때문이다. 하나님은 너무도 거룩하셔서 그의 백성의 죄악이 그 위에 씌워졌을 때 그의 사랑하는 아들까지라도 허용할 수 없었다(롬 8:32).

비록 번제단에는 그것으로 올라가는 '계단'이 없었지만(출 20:26), 레위기 9:22에 보면 그것을 높은 지대에 세웠음이 분명한 것은, 아론이 번제단에서 섬긴 후 '내려왔다'고 하였다. 거의 확실하게 바깥뜰의 지면은 위로 경사졌던 것 같으며, 이같은 오르막길의 꼭대기에 번제단이 서 있었다. 이는 얼마나 구주께서 골고다라고 불리는 언덕 위에 "높이 들리었음"을 기억하게 하는가!

4. 치수

"너는 조각목으로 길이가 다섯 규빗, 너비가 다섯 규빗의 제단을 만들되 네모 반듯하게 하며 높이는 삼 규빗으로 하고"(출 27:1). 여기에 나온 치수들은 매우 인상적이며 복되다. 다섯은 우리가 이미 주지한 바와 같이 은혜를 말해주는 숫자로, 이것은 번제단의 장과 광 모두의 특징을 보여주었다. 십자가에서처럼 가련한 죄인들을 위한 하나님의 놀라운 은혜가 그렇게 명백히 나타난 곳은 어디에도 없다. 우리를 위하여 그렇게 값비싼 희생을 요구하심에 대하여 무엇을 할 수 있단 말인가? 그 너무도 소중한 속전(ransom)은 전적으로 분에 넘치는 것이었다. 그것은 하나님의 순수한 자비로 마련된 것이었다. 뿐만 아니라 그것은 주님께 대하여 아무런 요구도 없는 자들에게 아버지 편에서 갑작스런 충동에 의하여 내려주신 은혜도 아니었다. 베드로전서 1:20에서 보는 바와 같이, 그 양은 "창세 이전에 미리 작정하신 것"이었다. 또 디모데후서 1:9에 이르시기를, "하나님이 우리를 구원하사 거룩하신 소명으로 부르심은 우리의 행위대로 하심이 아니요 오직 자기의 뜻과 영원 전부터 그리스도 예수 안에서 우리에게 주신 은혜대로 하심이라"고 하셨다. 그러므로 여기에 나타난 이 길이는 은혜로써 그 예표적 제단을 시간이 시작되기 오래 전에 지명했던 것이었다. 그 너비도 역시 은혜로 잰 것이다. "내가 긍휼히 여길 자를 긍휼히 여기고 불쌍히 여길 자를 불쌍히 여기리라"(롬 9:15)는 말씀이 이 진리를 나타내었다. 그 높이 3규빗은 현현에 대해 말한다. 십자가에서, 하나님, 인간, 죄악, 사탄, 거룩, 의, 은혜, 그리고 사랑은 나타났다. 그것은 다른 어느 곳에서도 보이지 않았다.

"단을 만들되 네모 반듯하게 하며." 이와 같이 사면 모두를 접했다는 것은 십자가의 범세계적 상황과 그 적용을 말하는 것이다. 그리스도의 죽음은 다만 이스라엘 민족뿐만 아니라 '흩어진' 하나님의 자녀들도 역시 위함이었다(요 11:51, 52). 그가 "온 세상"의 죄를 위한 화목제물이라(요일 2:2)함은 모든 인류를 의미함이 아니요, 역시 이방인 중에서라 은혜를 입은 죄인들에게 예정된 것이었다.

5. 뿔

"그 네 모퉁이 위에 뿔을 만들되 그 뿔이 그것에 연하게 하고"(출 27:2). 이 뿔들은 희생제물을 번제단에 묶기 위한 것이었다(시편 118:27 참조). 성경에서, '뿔'(horn)은 능력 또는 힘을 상징한다(합 3:4 참조). 상징적으로, 번제단 위에 있는 '뿔'은 구세주의 확고한 목적과 그의 사랑의 강건함을 가리켰다. 그를 십자가상에 붙들어 맨 것은 못이 아니었다. 그리스도께서 번제단에 묶이셨던 것은 그의 아버지에 대한 헌신의 구속력 때문이었다(요 10:19; 빌 2:9). 십자가상에 계실 때, 그의 대적들은 그를 내려오도록 충동질하였지만, 그렇게 하기를 주님이 거절한 것은 그 '뿔'에 자신을 묶었던 속박을 역시 증언한 것이었다.

6. 기구

"재를 담는 통과 부삽과 대야와 고기 갈고리와 불 옮기는 그릇을 만들되 단의 그릇을 다 놋으로 만들찌며"(출 27:3). '통'은 제물에서 나온 재를 받아 지정된 장소에 갖다버리는 데 사용되었다(레 6:10, 11). '재'는 제물을 태우는 불이 그 기능을 완전히 수행한 증거가 되었다. 그것은 또한 제물을 드린 자에게 그 희생제물이 열납되었음을 증거했을 뿐만 아니라 그의 죄가 소멸되었다는 증표가 되었다. 십자가상에서 하신 그리스도의 말씀은 우리의 모형에 대한 이러한 묘사가 성취되었음을 말해 준다. 즉 "다 이루었다"고 하신 말씀은 희생이 드려졌고, 열납되었고, 그리고 감미로운 향내로 하나님께로 올라갔음을 공포한 것이었다.

'부삽'은 의심할 여지 없이 불 주변에서 사용되었으며, 그것으로 타다 남은 잔불을 모았다. '대야'는 피를 받아, 뿌려야 할 각 장소로 나르는 데 쓰였다. '고기갈고리'는 번제단의 불 위에 있는 희생제물의 다른 부분들을 정리하는 데 사용되었다. '불 옮기는 그릇'은 '향로'와 동일한 것으로서, 두 제단 사이에서 없어서는 안 되는 필수적 연결부분의 역할을 하였다(레 16:12, 13). "기구들은 적절한 방법으로 제물을 드리고 그리고 다루기 위하여 필요한 모든 것을 말해준다. 우리는 그리스도의 경우 그 모든 것들이 얼마나 완벽하였는지를 이해할 수 있는데, 그는 '영원한 영'에 의하여 자신을 '아무 흠 없이 하나님께 드렸다.' 모든 자세한 것은 그리스도께서 하나님의 마음과 영광에 따라 제공하고, 준비하고, 그리고 수행했던 그 제물과 연결되어졌다. 성경 말씀은 아주 상세하게 성취되었다"(C. A. Coates). 각 기구들마다 그 자신의 뚜렷한 상징적 중요성을 가지고 있는데, 그것들은 기도와 간구와 구절과 구절을 비교함으로 분명하게 된다. 그 모든 것들이 '놋'으로 만들어졌다는 것은 다시 이 번제단과 연관된 탁월하고 가장 유력한 진리를 강조한다. 즉 믿음을 가진 죄인들을 위한 대속물에 내려진 하나님의 가차없는 심판을 말한다.

"단을 위하여 놋으로 그물을 만들고 그 위 네 모퉁이에 놋고리 넷을 만들고 그물은 제단 주위 가장자리 아래 곧 제단 절반에 오르게 할지며"(출 27:4, 5). 번제단은 안쪽이 오목하였으며, 그 복판에 불을 지피고 제물의 드려진 부분을 올려놓는 '쇠살대(그물)'가 고정되어 있었다. 이것은 이런 형태로 우리에게 모든 것 가운데서 가장 진지한 견해를 제공하고 있다. 그것은 구주께서 하나님의 진노를 견디실 때 당하신 내면적 고통을 말한다.

"우리 주님은 거룩한 심판의 불을 어떤 외적이고, 피상적인 방법으로 견디신 것이 아니었다. 그 고난이 불경건한 인간들의 박해으로 가중될 수 있거나 아니면 그들에게 충동질했던 사탄의 악의에 의해 가중될 수 있다는 것은 주님의 고난에 대한 미약하고 부분적인 견해일 뿐이다. 이러한 것은 우리의 거룩한 주님이 스스로 복종하시기로 허락한 육신적 고통을 설명할 수는 있겠지만, 하나님의 거룩한 불은 죄에 대하여 심령을 살피는 심판으로서 그의 존재의 가장 깊은 중심에까지 내려왔다. 우리는 경건한 마음으로 그러한 거룩한 땅을 밟을 수 있다. 죄는 외부적인 것이 아니지만, 그것을 통하여 인간의 외부도 상하게 한다. 그 근원은 마음 곧 인간 존재의 중심에 있다. 그러므로 죄 없으신 대속물 속에서 그 불꽃은 주님의 거룩한 영혼의 깊은 곳까지 살폈다. 속죄의 고통은 인간의 죄와 같이 심중에 있었다. 못 박음, 가시 면류관, 백성들의 조롱, 창으로 찌름마저도 주님의 고난의 깊은 본질을 피력하지 못했다. 마음을 살피시는 하나님만이 그것이 의미했던 바를 아셨다. 심판을 걸머지신 아들(성자)은 죄를 위한 희생제물을 드릴 때 그의 영혼 깊은 곳을 태운 그 불의 강도를 아신다"(Mr. Ridout). 번제단 안에 이 불과 놀랍게 일치하는 사실은 그 쇠살대(그물)가 '한복판'(절반)에 있었다는 것이다(출 27:5). 구세주께서는 십자가상에서 여섯 시간 동안 고통을 당하셨다는 것 역시 그 중간에서 나뉘어졌다. 첫 번째 세 시간은 그가 인간의 손에 고통을 당하셨고 마지막 세 시간(흑암이 땅을 덮었을 때)은 하나님의 손에 고통을 당하셨다.

7. 덮개

출애굽기 27:6, 7에 기록된 상세한 사항들은 이스라엘이 진행할 때 그것을 운반할 수 있도록 마련된 규정을 보여주고 있다. 민수기 4:13, 14에 보면 그것을 그 당시에 어떻게 덮었는지에 대하여 말한다. 즉 "또 단의 재를 버리고 그 단 위에 자색 보자기를 펴고 … 해달의 가죽 덮개를 그 위에 덮고"라고 한다. 이것은 왕의 옷 색깔 곧 자색으로 덮여진 성막 기구의 유일한 부분이었다. 이것은 그리스도의 '고난'이 '이어질 영광'(눅 21:26; 벧전 1:1)과 얼마나 긴밀히 연관되어 있는지를 표시하는 것이 아닌가! 자색 보자기 위로는 해달의 가죽이 펼쳐졌는데, 이는 다시 한 번 세상이 거룩한 죽음의 소중함과 그 가치를 식별할 능력이 없음을 말해 준다. 회개한 강도는 "당신의 나라에 임하실 때에 나를 기억하소서"라고 말한 바와 같이 제단 — 십자가 — 을 덮은 왕의 자색을 알아차렸다. 그의 사악하게 비웃었던 동료는 거친 해달의 가죽 외에 아무것도 보지 못했다.

요약하도록 하자. 번제단은 죄를 판단하여 그 대가를 지불했던 장소였다. 만일 휘장이 죄로 인한 분리를 말한다면, 번제단은 죽음이 죄의 결말이라고 말한다. 그리고 번제단은 또한 죄의 면제되었음을 말한다. 자연계는 이런 것에 대하여 아무것도 알지 못하니, 그 법을 어기면 반드시 그 결과를 따라 고통을 당해야 하는 바, 회개를 한다 할지라도 자연계는 자비를 모르므로 불쌍히 여기지 않는다. 과학도 똑같이 무능하니, 일어난 결과로부터 소생하려고 애쓴다 할지라도 질병 그 자체에 대한 처방은 없다. 거룩한 계시만이 합당한 대책을 알려주셨으니, 그것은 그리스도의 십자가이다. 거기에서는 죄를 다스리는 타협할 줄 모르는 하나님의 심판은 죄인을 처벌함으로써가 아니라, 죄인들의 대속물을 징계함으로써 하셨다. ―"친히 나무에 달려 그 몸으로 우리 죄를 담당하셨으니 이는 우리(신자들)로 죄에 대하여 죽고(합법적으로) 의에 대하여 살게 하려 하심이라 그가 채찍에 맞음으로 너희는 나음을 얻었나니"(벧전 2:24). 그의 형용할 수 없는 선물에 대하여 하나님께 감사드린다.

제46장

바깥뜰

출애굽기 27:9-19

이미 우리 앞에 나타난 성막은 그 자체로 지상의 개방된 공간에 자리 잡고 있었는데, 길이 100규빗, 폭 50규빗으로 가늘게 꼰 세마포 장막으로 둘러쳐져 있었다. 이 세마포장은 60개의 기둥들에 의하여 유지되고 있었는데 그 중 20개는 남편에, 20개는 북편에, 10개는 서편에, 그리고 10개는 동편에 있었다. 성경은 이 기둥들이 무엇으로 만들어졌는지에 대하여 분명히 언급하지 않지만, 조각목으로 만들어졌다고 결론을 내릴 수 있는 충분한 이유가 있다. 그 가운데 제사장의 격실과 하나님의 거처가 있는 열려진 이러한 공간은 성막 전체에서 세 번째 구역을 이루고 있었으며, '뜰'(the Court)이라고 불렸다. 뜰은 평행사변형, 또는 직사각형으로, 길이는 광의 두 배가 되었다. 그 동편에는 출입문 또는 입구가 있었는데 그것 역시 고운 세마포로 만들어졌고, 더욱이 휘장을 정교하게 짠 것과 같은 동일한 아름다운 색깔로 사람을 끌어당기게 하였다.

알고 나면 놀랄 정도로 뜰과 성소의 지면은 포장되어 있지 않았다. 성막은 광야의 맨 모래 바닥에 설치되었다. 이것은 금판으로 된 벽과 아름다운 내부 천정과 의미심장한 대조를 이루고 있었다. 그러므로 그것은 제사장들에게 모든 것들이 영광스럽고 찬란하였던 곳을 바라보도록 분명히 암시하였고, 또한 우리에게 여기 아래에는 우리의 심령을 만족하게 할 것이 아무것도 없음을 말해준다. 성막과 현저히 대조되게, 솔로몬의 성전은 "내외 성전 마루에는 금으로 입혔다"(왕상 6:30). 이는 천년통치 시대가 이르면 이 세상은 더 이상 하나님의 백성들에게 광야가 되지 않는다는 축복된 사실을 예시하고 있다. 그리스도께서 천년왕국 속에 다시 계실 때에, 그때에는 "진실로 내가 살아 있는 것과 여호와의 영광이 온 세계에 충만할 것을 두고 맹세하노니"(민 14:21)라고 하신 말씀이 성취될 것이다.

성막뜰의 바로 주위에는 레위 족속의 장막이 있었고, 그 너머로 그것들을 둘러
가면서 열두 지파가 네 방향으로 셋씩 그룹을 지어 있었다. 이와 같이, 사면이 방
대한 사각형을 이루었다. 따라서, 뜰 자체마저도 광야의 유목민들의 눈에 완전히
가려져 있었다. 또한 성막은 이스라엘 진의 중심을 이루었다. 성막의 바깥에서
는, 불이 계속적으로 타는 상태였고, 그 불 위에서 속죄제로 드린 제물이 타고 있
었다. 그러므로 거기에서는 거부가 효력이 없게 되는 장소였다. 뜰을 고찰하면
서, 다음의 사실들을 주목해보자.

1. 포장

"너는 성막의 뜰을 만들지니 남쪽을 향하여 뜰 남쪽에 너비가 백 규빗의 세마포 휘장
을 쳐서 그 한 쪽을 당하게 할지니"(출 27:9). 앞서 우리가 지적한 바와 같이 '고운 세
마포'는 의의 표상이다(계 19:8). 성막의 각 벽을 둘렀던 흠 없는 흰 벽은 그의 거
하심이 그러하셨던 자의 거룩성에 대한 불변의 증거가 되었다. 이것은 매우 어두
운 색깔의 염소털로 만들어진 것으로 생각되는, 주변의 장막에 거주하였던 이들
의 거룩하지 못함과 현격한 대조를 이루었다. 아가서 1:5에 보면 이에 대한 언급
이 있는데, 이르기를 "내가 비록 검으나 아름다우니 게달의 장막 같을지라도 솔
로몬의 휘장과도 같구나"라고 하였다. 즉 게달의 장막처럼 검지만 솔로몬의 휘장
처럼 아름답다고 했다. 염소털로 짠 어두운 색깔의 천은 오늘날에까지 동방에서
는 주로 장막을 만드는 데 사용된다. 그러므로 여호와의 거처를 둘렀던 흰 세마
포와 이스라엘 사람들의 장막을 만든 어두운 천 사이에 아주 생생한 대조를 이루
었을 것이다.

성막 뜰의 흰 벽은 방벽과 보호의 역할을 하였다. 바깥에 있는 자들에게, 그것
이 말하는 거룩함은 하나님께서 친히 명하신 바와 다르게 거룩한 뜰에 접근하려
는 모든 자들을 배척하는 것이 되었다. 그 안에 있는 자들에게, 그것은 방패와 피
난처, 하나의 장식품과 명예, 그리고 방어의 역할을 하였다. 속죄의 제단과 씻는
일에 쓰이는 물두멍이 서 있는 거룩한 경내의 주변을 두른 이러한 흠 없는 막에
대하여 생각하면서, 다윗은 감동하여 "만군의 여호와여 주의 장막이 어찌 그리
사랑스러운지요 내 영혼이 여호와의 궁정을 사모하여 쇠약함이여"(시 84:1, 2)라
고 노래했다.

2. 기둥

기둥은 모두 60개로서, 뜰의 모든 주변에 5규빗 간격으로 세워졌다. 그것들을 만들었던 재료에 대해서는 분명히 언급되지 않았다. 10절에 나타난, "그 (남쪽 측면) 기둥이 스물이며 그 받침 스물을 놋으로 하고"라는 말에 의거하여, 어떤 이들은 그 기둥 자체를 놋으로 만들었다는 결론을 내린다. 하지만 '할 것이며'(shall be)라는 말은 번역자에 의하여 첨가된 말로서 원문에는 그런 동사가 없고, '놋으로(of brass)'라는 수식절은 다만 '받침'에 대한 언급임을 주의해야 한다. 그 기둥들 자체가 놋으로 만들어지지 않았다는 것은 출애굽기 38:29-31에서 그것들이 생략된 것으로 보아 분명하게 보인다. 뿐만 아니라 그것이 은으로 만들어지지도 않았음은, 은은 다만 기초와 위의 장식 부분에 사용되었기 때문이다. 반면에 금은 성막 내부의 널판들을 싸고, 내부에 있는 일정한 기구들을 만드는 데 쓰였을 뿐, 바깥뜰에는 전혀 보이지 않았다.

우리는 세 가지 이유로 이 '기둥들'이 조각목으로 만들어졌다고 믿는다. 첫째, 문과 휘장을 지지하기 위하여 사용된 다른 기둥들(출 26:32, 37)이 나무였으므로, 여기에서 반대되는 언급이 없는 한 이것도 역시 같은 재료로 만들어졌다고 자연적으로 결론을 내릴 수 있다. 둘째, 29달란트의 금(출 38:24)과 100달란트의 은(출 38:25, 27) 그리고 70달란트의 놋(39:29)과 각기 다른 기구들의 크기와 또 그것들에 이용된 금속의 양을 주의 깊게 비교해 보면 그 남은 것으로 뜰에 있는 60개의 기둥들을 만들기에 충분하지 못했을 것으로 분명히 보인다. 셋째, 뜰에 대한 상징적 의미가 이들 금속들 중의 어느 한 가지 보다 '나무'를 더 요구한다.

'기둥'은 지지와 힘을 말한다. 뜰의 주위에 둘러서 세운 60개의 기둥들은 흰 막들을 지탱하였다. 아가 3장 6-7절의 이미지는 이러한 모형으로부터 빌려온 것 같다. 즉 "몰약과 유향과 상인의 여러 가지 향품으로 향내 풍기며 연기 기둥처럼 거친 들에서 오는 자가 누구인가 볼지어다 솔로몬의 가마라 이스라엘 용사 중 육십 명이 둘러쌌는데"라고 하였다. 먼저 '거친들!'에 대해 은유적으로 말한 것을 보라! 거기에 한 행렬이 있는데, 그것은 왕의 권위와 위엄을 표시하는 것들로 둘러져 있고, 60인의 용사들이 주위에 있는, 연 또는 가마(이에 대한 문자적인 히브리어의 의미는 '침대')였다. '연'(litter)은 왕이 잠시 쉬는 곳이었다. 그와 같이 성막은 이스라엘이 광야를 방황할 때, 그들 가운데 거하는 하나님께서 쉬는 곳이 되었다. '법궤'는 하나님의 임재의 상징이었기에, 사무엘하 7:2에는 "하나님의 궤는 휘장 가운데에 있도다"라고 말한다. 민수기 10:33, 35에서도 역시 그것과 관련하여 '쉴 곳'으로 언급되었다. 지성소 안에 있는 법궤 주위에는, 이러한 60개의 뜰-기둥이 있었는데, 그것은 마치 거친 들에서 60인의 용사가 솔로몬의 쉴 곳을 둘러있었던 것과 같다. 이에 대한 상징적 중대성은 다음 절에서 나타날 것이다.

3. 의미

땅에 있는 하나님의 이러한 첫 번째 거처와 연관된 다른 모든 것과 마찬가지로, 뜰에 대한 예표적 중대성은 주 예수 그리스도의 인격과 그분 안에서만 발견된다. 막과 기둥을 이러한 신약시대의 성도들에게 언급해왔던 노력을 눈앞에서 보는 것은 사실상 측은한 것이다. 개인이거나 단체이거나 간에, 그것들이 여기에서 목적으로 하는 것은 아니다. 뜰은 '회막'(출 39:40)이라고 불리는데, 그것은 이스라엘이 함께 모여 여호와께 경배 드리며, 그리고 하나님이 이스라엘을 만났던 곳(출 29:42, 43)으로, 지정된 집회 장소였다. 지금 하나님과 그의 백성이 함께 만나는 곳은 그리스도와 또 오직 주님 안에서이다. 그러므로 뜰은 하나님과 그의 백성 사이에 만나는 곳으로서 그리스도를 말한다.

성막의 뜰은 이 땅에서 인간 가운데 거하시는 그리스도를 예표했는데, 그리스도는 그를 찾은 모든 자들에게 접근 가능하지만, 믿음으로 그에게 가까이 나아가는 자들(요 1:14)만 주님의 영광을 보았다. 이 장의 서두에서, 우리는 이 뜰의 바닥이 포장되지 않았음과 성막이 광야의 맨 땅에 놓여 있음을 지적했다. 이는 그리스도를 이스라엘의 "마른 땅에서 나온 뿌리"(사 53:2)임을 지적한 것이었다. 그러나 뜰의 바닥이 비록 광야의 흙먼지로 되어 있다 할지라도, 신성한 것들로 둘러 쌓여있기에, 그곳에 들어간 자는 거룩한 장소에 서 있었던 것이다. 레위기 16:6, 16에 보면, 심지어 뜰조차도 '거룩한 곳'으로 칭하여졌음을 알게 된다. 이는 그리스도께서 "마른 땅에서 나온 뿌리"이기는 하나, 다름 아닌 "하나님의 거룩한 자"이심을 우리에게 말해준다. 덧붙여 말할 수 있는 것은, 이러한 세마포 막이 7.5피트의 높이로 기둥들에 걸려 있었기 때문에, 바깥에 있는 모든 사람들이 안에서 행해지는 일을 보지 못하도록 막혀 있었다. 그래서 사실상 분리되고 거룩한 공간이 생기게 되었다.

뜰에 대해 뚜렷이 구별되는 영적 중대성은 출애굽기 27장에 언급한 순서와 밀접한 관계가 있다. 먼저 번제단(1-8절)에 대한 묘사가 있고, 이어서 뜰에 대한 상세한 내용이 나온다. 이는 매우 놀라운 일이다. 자연스러운 순서로서는 뜰을 먼저 언급하고 그 다음에 그 안에 서 있는 번제단을 언급해야 할 것이다. 그러나 여기서도 역시 하나님과 우리의 생각은 다르다. 우리가 살핀 바와 같이, 번제단은 죄가 다루어졌던 곳에 대해 말하며, 그 결과로써 하나님이 그의 백성들과 만나는 장소로 들어갈 수 있는 입장이 허용되었다. 이와 같이 번제단이 상징한 것은 뜰에 의하여 예시된 특혜의 근거가 되었다. 이스라엘이 성역으로 들어서자마자 그들의 눈에 제일 먼저 띈 물건은 하나님의 공의와 은혜를 동시에 나타내는 우뚝 선 증거물이었다. 번제단은 그 위에 드린 희생에 의하여 죄가 없어졌음을 상징했다. 하나님이 상징적으로, 그가 믿는 죄인들의 의가되시며 또 의롭게 하시는 자임을 보여주는 곳이 바로 거기였다(롬 3:26).

우리는 뜰이 택함과 구속을 받은 자의 것임을 주의 깊게 살펴보아야 한다. 이일에 대한 몇 가지 관주가 시편에 있다. "주께서 택하시고 가까이 오게 하사 주의 뜰에 살게 하신 사람은 복이 있나이다"(시 65:4). "감사함으로 그의 문에 들어가며 찬송함으로 그의 궁정에 들어가서 그에게 감사하며 그의 이름을 송축할지어다"(시 100:4). 그러나 매우 복되게도, 우리는 구약성경에 나타난 뜰에 대한 모형에서 이방인들도 들어가 하나님의 은혜에 동참할 수 있다는 분명한 단서와 암시를 주목할 수 있다(레 17:8; 22:18; 민 15:14-16). '외국인' 들도 이스라엘과 같이 번제단에 나아갈 수 있는 동일한 자유를 가지고 있었다. 이 같은 사실은 그 같은 초기에 있어서, "유대인이나 헬라인이나 차별이 없음이라. 한 분이신 주께서 모든 사람의 주가 되사 그를 부르는 모든 사람에게 부요하시도다. 누구든지 주의 이름을 부르는 자는 구원을 받으리라"(롬 10:12, 13)고 하신 말씀과 긴밀한 관계가 있었다.

뜰에 둘러선 60개의 기둥들은 믿는 죄인들이 피할 피난처의 견고성과 충분성에 대해 말하는 것으로 "여호와의 이름은 견고한 망대라 의인은 그리로 달려가서 안전함을 얻느니라"(잠 18:10)고 하심과 같다. 그 기둥들이 '나무' 로 만들어졌다는 것은 "또 그 사람은 광풍을 피하는 곳, 폭우를 가리는 곳 같을 것이며"(사 32:2)라고 하신 약속과 조화를 이룬다. 이 기둥들의 수가 60(5x12 또는 은혜와 완전한 통치)이라는 것은 은혜는 우리의 요새이신 예수 그리스도에 의하여 의로운 영향력을 떨침을 우리에게 말한다. 이는 마치 솔로몬의 연을 두른 60인의 용사처럼, 우리 주위를 영광으로 보호하여, 아무도 우리를 비난할 그 무엇을 제시할 수 없음을 말한다. 각 기둥 사이의 간격이 5규빗이었다는 것은 어떤 측면에서 우리의 구원을 고찰한다고 할지라도 오직 은혜로만 이루어짐을 암시한다. 이 기둥 위에 매단 점없는 흰색의 천들은 우리의 의가 되시는 주께서 그의 하나님과 우리의 하나님으로 우리를 만나기에 적합함을 묘사한 것이었다.

4. 치수

이를 고찰함에 있어 우리는 먼저 뜰을 둘렀던 세마포천의 치수를 살피고, 그 다음에 그것으로 두른 공간의 크기를 고려해보아야 한다. 9절에 보면, 그 세마포장(천)이 남쪽으로 100규빗, 북쪽도 이와 같으며(11절), 서쪽은 50규빗(12절) 그리고 동쪽은 30규빗(14, 15)이었다 — 나머지 20규빗은 그 양편에 있는 천들과 다른 것으로("청색 자색 홍색 실"로 되었음, 16절), '출입문'에 의하여 확인되는 것이었다. 이와 같이 하여 이 흰 포장의 총 길이는 280규빗이 되었다. 이러한 전체의 요소(factors)는 7×4×10으로서, 지상에서의 완전함을 말하는 것으로, 완전히 수행된 인간의 책임에서 볼 수 있다.

뜰을 두른 흰 천의 길이와 성막 내부에 펼쳐졌던 막의 길이가 동일하였음을 언급하는 것은 놀랍다. "성막의 막들은 그리스도, 즉 그분의 본성과 성품 그리고 미래의 영광과 사법적 권위가운데 있는 그리스도를 나타낸다. 하지만 그분은 하나님의 눈과 그리고 제사장의 눈에도 그같이 나타났다. 이는 내부로만 그렇게 나났을 뿐 외부에서는 대체로 그렇게 보일 수가 없었다. 가늘게 꼰 세마포장(뜰에 속한 것)은 그리스도를 나타내고 있기는 하지만, 그것은 안에 있는 자가 아니라 밖에 있는 자들에게 나타낸다. 그것들은 진영에 있는 모든 자들이 볼 수 있었다. 그러므로 그것은 그리스도, 즉 그 성품이 순결한 상태에 있는 그리스도를 나타내는 것이다. 그러므로 주님은 그에게 유죄를 선고하는 대적들에게 도전할 수 있었다. 빌라도는 그에게 아무런 과오가 없음을 거듭 고백해야만 하였고, 유대의 권세자들은 악독한 독수리와 같은 눈으로 찾았으나 단 한 가지의 잘못의 증거를 입증하거나, 심지어 만들어내지도 못했다. 그의 거룩한 삶의 고운 세마포 위에는 단 한 개의 오점도 묻어 있지 않았으니, 의를 실천하신 그의 생애는 그의 존재의 순결로부터 흘러나왔다"(E. Dennett). 이와 같이, 뜰에 있는 세마포천의 길이가 성막 내부에 있는 막의 길이와 같다는 것은 그리스도께서 하늘에서 하나님 앞에서 가지고, 또 행하던 그 동일한 거룩성을 이 땅에서도 나타내셨음을 우리에게 말해준다.

뜰의 벽을 형성하였던 세마포장은 5규빗 간격으로 세워졌던 '기둥들'에 의하여 나누어졌다. 9, 10절에서, '100규빗'의 세마포를 위하여 양쪽 길이대로 '20개'의 기둥이 있었음을 주목하라. 흰 세마포는 의를, 다섯이라는 수는 은혜를 말한다. 그러므로 이 치수들은 가련한 죄인들에 대한 하나님의 은혜가 공의의 대가로 베풀어진 것이 아니라, 로마서 5:21이 선언하듯이 "이는 죄가 사망 안에서 왕 노릇 한 것 같이 은혜도 또한 의로 말미암아 왕 노릇 하여 우리 주 예수 그리스도로 말미암아 영생에 이르게 하려 함이라"고 선포하였다. 다시 말해서, 5는 둘러싼 울타리의 치수에 있어 지배적인 숫자인데, 5장 18절에서 "뜰의 길이는 백 규빗이요 너비는 쉰 규빗이요 세마포 휘장의 높이는 다섯 규빗이요"라고 한다. 뜰은 진영에 비하면 얼마나 작았던가! 전체 서신서의 관점에서 히브리서 13:13을 보면, '진영'(Camp)은 종교적인 세계, 기독교계를 나타내는데, 명목적으로 기독교를 고백하는 영역을 가리키고 있다. 진영의 방대함과는 대조적으로 뜰의 협소함(제공된 시설이 얼마나 적었나!)은 그리스도인으로 고백하는 무리들 중 실제로 하나님의 임재로 들어가는 자들이 극소수임을 뚜렷하게 암시한다. 하나님의 '무리'는 "적은 것"이며(눅 12:32). 오직 "적은 사람"만이 좁은 길로 간다(마 7:14). 당신은 은혜를 입은 '소수'의 한 사람인가?

5. 받침

"그 받침은 놋이며"(출 27:18). 이 내용은 긴 설명이 필요하지 않다. '받침들'은 기둥의 기초를 이루었다. 그것들을 만든 '놋'은 불의 작용을 견디는 능력, 즉 인내를 말한다. 죄인들의 대속물 위에 쏟아진 하나님의 심판에 의하여 소멸되지 아니하는 그리스도의 고난의 모형이다. 그러므로, 다시 한 번, 성도들은 그 위에서 그들의 모든 축복이 세워졌음을 명심해야 한다.

6. 갈고리와 가름대

"그 기둥의 갈고리와 가름대는 은으로 할지며"(출 27:11). 이러한 '가름대'는 기둥과 기둥을 연결해 주는 막대기였고, 그리고 갈고리는 세마포장을 가름대와 연결하게 했다. 이것들은 우리의 현재의 모형에서 매우 중대한 내용을 나타내고 있다. 우리가 앞에 있었던 장에서 지적한 바와 같이 '은'은 구속의 상징이고, 그리고 그리스도 예수 안에 있는 구속을 통하여 거룩한 의와 거룩한 은혜가 결합되었다. 우리의 의가 되신 그리스도와 우리의 구속자가 되신 그리스도 사이에는 분리될 수 없는 불가분의 관계가 있다. 즉 이 둘은 결코 떨어질 수 없다. 주 예수께서 그의 피로 우리를 속량하시지 않았다면, 칭의는 결코 우리에게 전가되지 않았을 것이다. 이스라엘의 예배자들은 그들이 바친 속전으로 만든 은 받침 덕택으로 성막의 널판들이 안전함을 볼 수 있었을 것이다. 그들은 또 뜰에 있는 고운 세마포장들이 동일한 속전으로 만든 은 기둥머리와 고리들에 단단히 걸려 있었음도 알았을 것이다. 이것은 뜰 안으로 들어갔던 자들의 복됨에 대하여 기록한 어떤 사람에 의해 아름답게 설명되어졌다 — "벽은 외부를 차단하였으나 이제 그가 안으로 들어왔으므로, 그것은 그를 안으로 차단하였다. '의'에 의하여 거슬림을 받는 대신, 그는 이제 그것에 에워싸인다. 하나님은 공의로우시며, 죄인이 그리스도를 거역하는 한 그는 그 사람을 반드시 거절하시지만, 일단 그리스도를 통하여 그에게 나아오기만 하면 모든 것이 역전하게 되니, 이는 '그가 의로우사, 그리스도를 믿는 자를 의롭게 하시는 자' 이시기 때문이다(롬 3:26). 그러나 어떻게 하여 이 일이 이루어지나? 그것은 이 고운 세마포에서 제시된 방식에 의하여 준비된다. 그 세마포(의)는 놋(심판)에까지 이르지 않고, 기둥과 기둥을 연결하는 은 가름대에 의하여 연결되었기 때문이다. 이와 같이 로마서 3:24에서 분명히 말씀하심같이, 우리는 상징적으로 그 진리를 가지고 있다. 즉 '그리스도 예수 안에 있는 속량으로 말미암아 하나님의 은혜로 값없이 의롭다 하심을 얻은 자 되었느니라'"(C. H. Bright).

이와 같이 뜰로 들어간 구속받은 이스라엘 사람들은 구속의 증표에 의하여 떠받쳐진 의의 벽에 의하여 둘러쳐졌다. 이는 피난처를 위하여 그리스도께로 피하였던 모든 죄인들의 복된 몫이다. 왜냐하면 그리스도께서 그를 위하여 죄가 되셨고 그는 "그리스도 안에서 하나님의 의"가 되었기 때문이다(고후 5:21). "한 사람이 순종하지 아니함으로 많은 사람이 죄인 된 것 같이 한 사람이 순종하심으로 많은 사람이 의인이 되리라"(롬 5:19). 그리스도인은 하나님의 거룩성의 모든 요구를 충족시키는 권세가 부여되어있다. 그렇다면 믿음을 가진 각 독자들을 필자와 더불어 "내가 여호와로 말미암아 크게 기뻐하며 내 영혼이 나의 하나님으로 말미암아 즐거워하리니 이는 그가 구원의 옷을 내게 입히시며 공의의 겉옷을 내게 더하심이니"(사 61:10)라고 함께 말한들 어떠하리.

7. 출입문

"뜰 문을 위하여는 청색 자색 홍색 실과 가늘게 꼰 베 실로 수 놓아 짠 스무 규빗의 휘장이 있게 할지니 그 기둥이 넷이요 받침이 넷이며"(출 27:16). 뜰의 출입문을 형성하였던 이 '장'(hanging)은 휘장(Veil)과 성막의 문(Gate)과 사상적으로 밀접한 관계가 있다. 이것들은 모두 문으로 기능을 하면서 바깥에서 들어오는 자들로부터 내부를 숨긴다. 그 모두가 동일한 재료로 만들어졌고, 그 색깔들도 같은 순서로 언급되었고, 그 모두의 치수는 비슷하여, 그 각각이 사방 10평방 규빗이 되었다. 이 상징적인 막들의 각자에 의하여 동일한 진리가 구체화되었다. 즉 이는 '나는 길이라'고 하신 이를 떠나서는 어떤 형태 ― 비교적 거리가 있는 예배나 또는 좀 더 친밀한 예배나 ― 로서도 하나님께 나아갈 수 없음을 말해준다. 제물을 가지고 번제단으로 가는 이스라엘 사람은 반드시 이 뜰에 있는 출입문으로 통과해야만 하며, 금 향단에 향을 드리는 제사장은 반드시 성막의 문(장)으로 들어가야만 하며, 속죄일에 지성소로 들어가는 대제사장은 반드시 휘장을 통과해야만 했는데, 이와 같이하여 하나님께로 나아가는 유일한 길을 세 번씩이나 반복하여 실감나게 표현한다.

문에 대한 원형적 가르침은 요한복음 10:9에 있는데, 거기서 그리스도께서 "내가 문이니 누구든지 나로 말미암아 들어가면 구원을 받고"라고 하셨다. 그러나 어떤 이가 관찰한 것처럼, "그것은 문에 대하여 생각한다거나 그가 문이라는 것을 믿는 것이 아니라, 그 문으로 들어가야 결과적으로 구원을 받는다는 것을 말한다. 많은 사람들이 바로 이 점에서 도움을 받아야만 한다. 비유적으로 말해서, 출입문 주변에는 반쪽(semi)-신자들이 무리를 이루고 있다. 그들은 그것이 문이라는 것과 그것이 단 한 개밖에 없다는 것으로 믿고 있지만, 발길을 옮기지는 않는다. 그들은 영 단번에(once for all) 그분 속으로 피하는 대신에, '나를 당신 안으로 피하게 하소서'라고 언제나 말하고 있다. 오! 왜 지금 즉시, 그리고 단번에 영원히 그를 감히 믿으려 하지 않는가? 여러분은 그분이 여러분을 받아들인 것을 느낄 수 없다고 말한다. 여러분이 밖에 머물러 있는 한, 어떻게 느끼겠는가? 예수께서는 들어가지 않는 자와 약속하신 것이 아니라 들어간 자와 하셨다. 들어만 갔다면, 느낌이 있든지 없든지 간에 당신이 구원받았음을 알 것은 그가 그렇게 말씀하기 때문이다. 번제단은 출입문 바깥에 있지 않고 안에 있었다. 그렇다면 당신이 들어가지 않고서야 어찌 구원받았는지를 알 수 있단 말인가? 당신의

모습 그대로, 당신의 모든 죄악 속에서, 아무 느낌이 없다 하더라도, '은혜의 표'
에 대한 아무런 의식이 없을지라도, 죄인으로서 죄인의 구주되신 이를 믿으라."

제 47장

제사장의 직분

출애굽기 27:20~28:2

다시 한 번 여호와께서 성막과 거기에 연관된 모든 것들에 대해 모세에게 지시하신 순서에 대하여 독자들의 주의를 향해 주시기 바란다. 처음 보게 되면 출애굽기 28장과 29장은 논리적 귀결을 벗어나서 혼란을 야기하는 것처럼 보인다. 성막과 그 기구들에 대한 묘사를 종결짓는 대신 제사장의 직분을 소개했으며, 다음 30장에서는 마지막 거룩한 기구들이 묘사되었다. 분명히 확신하기는 하나님은 혼란의 하나님이 아니시므로, 기도하는 마음을 지닌 학생들은 이 난해함을 설명하기 위하여 성령님의 마음을 부지런히 구해야 한다. 출애굽기의 새로운 세분화는 28장 또는 더 정확히 27:20부터 시작된다.

수년 전에 다비(Darby)는 출애굽기 25:10에서 27:19까지 언급된 모든 것은 하나님께서 그의 백성에게로 나아오심을 예시하고 있다고 지적하였다. 거기서 언급된 모든 항목들은 드러냄(display)에 대한 상징, 즉 하나님이 그리스도 안에서 현시됨에 대한 상징이었다. 그러나 27:20에서 30장의 마지막까지는 그 순서가 뒤집어져서, 거기에 있는 모든 것들은 우리에게 하나님께 나아갈 수 있게 하는 은혜의 예비하심을 지적하고 있다. 그것은 말하자면 출애굽기 30장에서 언급된 제사장의 직분과 그 기구들은 가까이 나아감(approach)과 관련이 있다. 그러나 물두멍과 금 향단(하나님께 나아가는 데 필요한 기구들)을 언급하기 전에, 제사장의 직분에 대한 규약과 헌신에 대한 것을 보게 된다. 이로써 볼 때 우리는 거룩하신 이의 순서가 혼돈되어 보일지 모르나, 그 기구들을 사용하기 전에 반드시 가까이 나아갈 수 있는 사람이 임명되어야만 했다. "하나님께서 나아오셔서 그의 백성에게 상징과 형태로 나타내시고, 그 후에 성소에서 그를 섬기기 위하여 구별되어야 할 자들을 지명하셨는데 ─ 그들은 여호와께 나아갈 수 있는 특권을 누리

는 자들이다. 마지막으로 그들이 하나님의 집에서 거룩한 직임을 수행할 때 필요
한 그 기구들 등에 대하여 설명한다"(E. Dennett).

출애굽기의 이 분야에서 여호와께서 모세에게 분부하신 모든 것들이 다양한
가운데 복되게도 일치함은 작고한 솔타우(Soltau) 씨에 의하여 매우 도움이 되도
록 다루어졌다. 그래서 그로부터 장황하게 인용하고자 한다. "성막과 그 기구들,
제사장의 직분과 그것과 연관된 여러 가지 사역들은 한 가지 주제를 이루게 된
다. 물론 각 부분들을 보다 분명히 고찰할 수 있도록 세분되기는 한다. 성막은 그
기구들이 없으면 무용지물이 되었을 것이며, 기구들을 가지고 있는 성막은 성소
안에서 그리고 다양한 거룩한 기구들 주변에서 여러 가지 활동적인 사역에 계속
적으로 종사하였던 제사장의 가족들이 아니었다면 아무 도움이 안 되었을 것이
다.

"이 같은 주제의 각 부분이 서로 매우 밀접하게 연결되어 있기에, 출애굽기에
포함된 지시사항들은 단절됨이 없다. 그러나 거룩한 옷들과 제사장 직분의 헌신
에 대한 명령(출 28,29장)은 거룩한 기구들과 성막의 다양한 부분의 설명 사이에
언급된다. 물론 적절히 말씀드린다면, 27장은 19절에서 끝나는데, 거기에서 '너
는 이스라엘 자손에게 명하여'라고 한 곳부터 새로운 주제가 시작되는데, 즉 그
것은 성소의 불에 사용될 기름에 대한 지시이다. 28장에서는 제사장의 위임식 날
에 드리는 희생제물에 대하여 계속 지시하고 있다. 30장에는 제사장과 관련되는
주제를 금 향단에 대한 지시를 하면서 다루고 있다. 그리고 그 전체는 안식일을
다루면서 31장의 뒷부분에서 끝난다.

"다시, 그 일의 다양한 모든 부분들이 완성되었을 때, 제사장의 의복에 대하여
(36:1~39:31) 끝을 맺으면서 다음 구절을 덧붙인다. '이스라엘 자손이 이와 같이
성막 곧 회막의 모든 역사를 준공하여 여호와께서 모세에게 명하신 대로 다 행하
고'라고. 그러므로 여기서 보는 바와 같이 제사장의 의복도 성막 사역의 부분으
로 고려되었다! 그리고 만약 히브리서 8장을 본다면, '이는 율법을 따라 예물을
드리는 제사장이 있음이라. 그들이 섬기는 것은 하늘에 있는 것의 모형과 그림자
라. 모세가 장막을 지으려 할 때에 지시하심을 얻음과 같으니 이르시되 삼가 모
든 것을 산에서 네게 보이던 본을 따라 지으라 하셨느니라'(4, 5절)고 하는 말씀
을 발견하게 된다.

"제물과 희생물을 드리는 제사장의 봉사는 산에서 성막을 짓는 일에 대하여 모

세에게 하신 명령에 관련되어 있었다. '너는 삼가 이 산에서 네게 보인 양식대로 할지니라' (출 25:40)고 하신 말씀은 거룩한 기구들에 대하여 모세에게 말씀하신 것이지만, 히브리서 8장에서 인용한 것은 제사장과 그들의 사역이 하늘에 있는 일들의 실례와 그림자가 됨을 증거하고 있다. 그러므로 전체의 주제는 잘 어울려 있다"(G. Soltau).

현재의 장에서 우리의 마음에 떠오르는 진리의 순서를 여전히 따르면서, 출애 굽기 27:20, 21에서 주요한 두 개의 사상의 계열(하나님께서는 그의 백성에게, 그의 백성들은 하나님에게로 나아가는) 사이에 연결고리가 분명히 있음을 발견하는 일은 매우 인상적이다. "너는 또 이스라엘 자손에게 명령하여 감람으로 짠 순수한 기름을 등불을 위하여 네게로 가져오게 하고 끊이지 않게 등불을 켜되 아론과 그의 아들들로 회막 안 증거궤 앞 휘장 밖에서 저녁부터 아침까지 항상 여호와 앞에 그 등불을 보살피게 하라 이는 이스라엘 자손이 대대로 지킬 규례이니라." 여기에서는 두 가지 일이 우리에게 제시된다. 즉 빛을 계속 유지하는 데 필요한 준비와 제사장 직분의 사역에 대한 것이다. 이런 구절은 그 상징적 가르침이 매우 풍부하기에, 이어지는 사항들의 준비를 위하여 주의 깊게 숙고해야 한다. 확실히, 그것들은 그 부분을 시작하면서, 28, 29장의 내용의 열쇠가 된다.

제사장의 의복과 위임(consecration)에 대한 설명에 앞서, 성소의 영속적인 등불에 대한 규정이 만들어 진다. 이것이 우위를 차지하고 있다. 21절에서 말씀하고 있는 것처럼 "여호와 앞에" 등불이 비추어져야만 했다. 제사장의 사역은 백성들의 유익을 위한 것이었지만, 먼저 하나님의 요구가 충족되어야 한다. 이것이 창세기 1장의 순서였는데, 맨 먼저 있었던 일은 "빛이 있으라"는 것이었다. 이 일은 한 가지의 피조물이 존재하기 이전이다. 여기 출애굽기에서도 그와 같다. 그것은 도형적으로 그리스도께서 먼저 하나님의 모든 거룩성에 대한 요구를 충족시켜야 한다고 말하는 것이다. 즉 그가 우리의 대제사장으로서 우리를 위해 봉사하기 이전에 그렇게 해야 했다. 즉 십자가가 먼저요, 그 다음이 위에서 그가 우리를 위하여 중보하는 일이다.

하나님께서 자신을 빛으로 완전히 나타내신 것은 십자가에서였다(요일 1:5). 즉, 그분의 형용할 수 없는 거룩함, 죄와 영원히 양립할 수 없는 그의 본성을 나타내신 것이었다. 성막의 기구들을 통하여 하나님께서 자신을 나타내는 상징적 순서의 과정을 보면, 지성소에 있는 것(법궤와 속죄소)으로부터 시작하면서, 그 진

행 순서는 언제나 바깥을 향하여, 성소에 있는 상과 등대를 거쳐, 십자가를 예시
한 바깥뜰에 있는 번제단(출 27:1)에 이른다. 번제단은 하나님의 현시를 분명히
드러내는 마지막 지점으로 채택된다. 그러므로 그리스도의 속죄를 통과하여 "영
원히 불타는 등대"를 향하는 준비가 이루어진다. 바꾸어 말하자면, 가련한 죄인
들을 하나님이 은혜롭게 다룸에 있어 타협하지 않고 행하는 하나님의 더럽혀지
지 않은 거룩함을 위하여, 하나님의 자비하심으로 화해된 죄인들로 하여금 휘장
속에 계신 하나님께로 가까이 이끌도록 하였던 그 준비하심을 소개할 정도로 그
방법은 분명하였다.

하지만, 앞에서 본 바와 같이 등대는 그리스도만을 말하는 것이 아니라 그의
은사를 성도들에게 주시는 성령님에 대해서 말하기도 한다. 이것은 20절을 보면
"빛으로 짠 순수한 감람유"를 제공한 이들은 '백성들'이라는 사실을 설명해 준
다. 다른 재료들에 연관된 경우와 마찬가지로(출 25:2). 결과적으로 그리스도에
의하여 우리에게 성령이 주어졌다는 것을 말해주는 것 역시도 '백성들' 스스로
에 의하여 보여진 성령이었다. 성막과 그 섬김은 여호와뿐만 아니라 또한 이스라
엘 백성을 위한 것이었다. 그러므로 그들이 소용되는 재료를 마련한 것은 그것에
대한 그들의 개인적 관심을 보여준 것이 되었다. 이것을 따라감으로써 처음으로
출애굽기 27:21에서 '회막'(장막, the Tabernacle[Tent] of the congregation)을 언
급하는 것에 주목할 수 있다.

더 나아가서, 이러한 '회막'이라는 최초의 언급은, 현재와 관련해서 볼 때 —
하나님의 거룩한 요구를 만족하게 해드린 것과 성령이 강림하신 결과로 일어난
— 그리스도의 지체가 되는 그러한 교회 형성에 대한 암시를 제공하지 않는가?
마태복음 16:18에서, 주님께서는 현재시제로 괴롭히지 않고 미래시제를 사용하
였다. 즉, "내 교회를 세우리라"고 하였지, 세우는 중이라고 하지 않았다. 에베소
서 1:20-23에서도 역시 그리스도께서 그가 부활하시고 승천하시기 전에는 만물
위에 있는 교회의 머리가 되시지 않았다고 분명하게 가르친다. 이와 같이 교회는
거룩한 요구가 충족되고, 하나님의 보좌가 영원히 서며, 그리고 이 일에 성령께
서 임하셔서 증거가 된 이후에야 교회가 (상징적으로) 나타났다. — 행 2:33 비교.

다시 말하자면, 처음으로, "아론과 그의 아들들"에 대한 언급이 이루어진 곳은
출애굽기 27:21이다. 이것 역시 이중적 중대성을 가지고 있다. 20절에서 '백성'
들을 언급하신 바로 다음에, 그들을 위하여 제사장직이 제정되었음을 말해준다.

"아론과 그의 아들들"이 출애굽기서 24번이나 언급되었지만, 이스라엘 자손들에게 불을 켤 기름을 마련하도록 지시하시기 전에는 그들은 보이지 않았다. 이것은 그리스도의 제사장 사역이 그의 백성을 통한 성령의 은혜로운 역사를 유지하는 데 필수적이라는 사실을 얼마나 명백히 예시해 주었는가! 이 지점에 이르기까지, 성막 사역의 집무 이행을 위하여 어떤 인간 매체나 사역자가 그 누구이든지 간에 일절 지명된 일이 없었다. 그리고 우리가 이전에 살펴본바 하늘에서 드리워주신 그늘과 영원한 진리의 상징 가운데에서, 즉 인간들 속에 있는 하나님의 거처에서, 그들 스스로 기뻐하도록 지명된 어떤 사람이나 사역자도 없었다. 그러나 하나님의 빛 가운데서 우리는 빛을 본다(시 36:9). 빛이 나타난바 되었으니 — 이제 거룩하게 택함을 받은 성소의 사역자가 있다. 이것은 우리에게 이스라엘의 제사장직을 소개해 주고 있기에, 우리에게는 소중한 지침이 풍성하지만, 오호라, 성도들 대다수는 완전히 문외한이다.

60년 전에 하나님의 종 한 사람이 이렇게 썼다. "지성적인 기독교인으로 간주되는 대부분의 사람들과 성경을 다만 기계적으로만 읽는 자들에게는, 성막과 그 제사장직, 섬김, 그리고 제물들이 상징하는 것은 위로와 교훈이 되지 않는다. 아직도 그것들은 하나님이, 그렇지 않으면 이해할 수 없는 것들을, 저자세로, 자신의 자녀들에게 가르치시는 그림들이라고 일반적으로 인정되고 있다. 또한, 영적인 진리에 대한 이 같은 보물을 열 수 있는 열쇠는 신약성경에 소속된 모든 학자들의 손에 준비되어 있음을 보편적으로 승인한다. 그러나 오늘날 이러한 보물들이, 특별히 연구하지도 않은 채로, 그렇게 보편적으로 무시되는 지경에 이르렀는지에 대해서는, 다음의 제의가 우리 가운데 가장 진지하게 고려해 볼 만한 가치가 있다. 이러한 사항을 받아들일 자격이 있는 사람은, '그 상징을 도외시하는 진정한 비밀은, 부분적으로 이런 점에서 추적될 수 있다고 생각할 수밖에 없습니다' 라고 말한다. '즉 그것들은 많은 그리스도인들이 그것에 이르게 될 수 있는 것보다 더 많은 영적 이해력을 요구합니다. 그것들을 이해하려면 일정량의 영적 능력과 하나님의 일에 관한 습관적 훈련이 요구되는데, 이런 것들은 모든 사람들이 가지고 있지 않습니다. 왜냐하면, 예수님과의 변함없는 교제가 부족하기 때문입니다. 단순히 피상적으로 이 부분에 대한 말씀을 응시한다고 해서 읽는 자들의 마음에 일치하는 개념에 이르지 않습니다. 사실상, 그 모형들은 그림들이지만, 그 그림을 이해하는 데는 실체에 대해서도 어느 정도 알아야 합니다. 남쪽 바다의 미개인에게 증기기관에 대한 가장 완벽한 설명은 전적으로 그리고 절망적으로 난해한 이야기가 될 것은, 단순히 현실이 즉, 그에게 설명하는 것에 대한 개요가 지금까지 알지 못한 것이었기 때문입니다.'

"바울이 그리스도를 멜기세덱의 반차를 따른 영원한 제사장으로 말하는 일을 스스로 저지한 것(히 5:11, 등)은, 그 말을 듣는 자들이 그들의 영적 수준의 유치함을 인하여 그러한 교훈을 받아들이기에 능력이 부족한 것 때문이라고 생각됩니다. 왕의 아이는 그가 태어난 위엄과 유업을 의식하지 못하지만 여전히 왕의 아들들입니다. 그와 같이 아기로 머물러 있는 것 같은 많은 하나님의 자녀들은 그들이 생명을 가졌고, 자녀인 것에 분명히 만족해하기에, 그렇게도 젖을 필요로 합니다. 이것은 오늘날 교회가 영적인 유약하고 비활동적인 것에 대해 설명을 해 줍니다. 물론, 아기는 젖을 먹어야 하지만 그리스도인들이 계속적으로 아기가 되어야 할 필요는 없습니다. 그러므로 우리는 그들을, 사도가 한 말, 곧 '그리스도의 도의 초보를 버리고 완전한 데'(히 6:1) ― 어른 ― 로 나아가 '지각을 사용함으로 연단을 받아 선악을 분별하는 자'들의 상태가 되라고 권면해야 되지 않겠습니까?'(「광야의 이정표(Waymarks in the Wilderness)」.

그 당시 이후로, 상황은 개선되지 않았다. 그리스도인들 가운데 많은 자들이 언제나처럼 '아기'인 상태로 보인다. 대부분의 성경이 그들에게는 인봉된 것 같아 보인다. "모든 성경은 하나님의 감동으로 된 것으로, 유익하니"(딤후 3:16), 그런 이유에서 어떤 부분을 무시한다면, 그것은 우리에게 회복할 수 없는 손실이 될 수 있다. "무엇이든지 전에 기록된 바는 우리의 교훈을 위하여 기록된 것이니"(롬 15:4), 만일 우리가 모형들(types)에 대해 적절한 주의를 기울이지 않는다면, 우리의 영혼은 더욱더 빈약하게 될 것이다. 특히 이것은 우리 앞에 있는 주제가 지니고 있는 상황이다. 평균적인 신자들은 제사장의 직분에 대하여 상당히 희미하고 부적당한 개념들을 품고 있다. 주 예수께서 그 백성의 대제사장이 되신다는 것은 알지만, 그리스도의 제사장 지위와 그 활동의 본질, 다른 진리에 대한 연관성(특히 구속에 관한), 즉 그것에 의하여 성취된 의도, 그것으로부터 보장된 축복, 그것 덕분에 성도들이 누리는 분량이, 대부분의 사람들의 마음에 아주 분명하지 않게 규정되어 있다.

십자가상에서 구주께서는 "다 이루었다"고 하셨다. 이는 하나님의 요구를 만족시키고 그리고 그와 불화한 백성이 그와 더불어 화목하는 데 필요로 하는 모든

것이 성취되었음을 말씀하신 것이다. 그렇다면 우리의 위대한 대제사장의 현재
사역의 필요성은 어디에 있는가? 만일 주님의 피가 우리의 모든 죄를 완전히 대
속했다면, 왜 그분은 지금 우리를 위하여 간구해야 하는가? 이것은 많은 사람들
이 느껴온 어려움이지만, 동일한 문제점이 출애굽기에도 나타나 있다. 여기에서
우리는 (모형적으로) 구속함을 받은 백성을 보는데, 그들은 어린 양의 피 뿌림으
로 심판으로부터 보호를 받았고, 얽매였던 집으로부터 이끌어냄을 받았고, 여호
와께 속한 것으로 구별되었고, 그들 가운데 여호와께서 거주하고 있었다. 그럼에
도 그들을 위하여 활동할 제사장이 지명되었다! 왜 그런가? 동일한 출애굽기에서
그 해결책을 드러내어 준다. 제사장의 직분은 여호와에 대한 그들의 관계를 보장
하는 것이 아니라 유지하는 데 있었다. 그들은 여전히 연약함으로 둘러싸인 백성
이었기에, 유혹에 좌우될 뿐만 아니라 오호라, 종종 실패하였다. 그들 가운데 거
하시는 거룩한 하나님은 부정한 것을 묵인하실 수 없었다. 그러므로 그들을 그분
에게로 가까이 이끌었던 그 동일한 은혜로 그들이 계속 가까이 하기 위한 대책을
즉시 마련하셨다.

제사장 직분은 교제와 관계가 있는 것이다. 그것은 값으로 산 자들 안에 여전
히 사악한 본성이 남아 있다는 사실에 의하여 그 필요성이 발생된다. 그것은 하
려는 선을 행하려고 할 때, 악이 그들 가운데 있는 떠오르는 백성들의 실패에 대
응하기 위한 것이다. 이 악은 그들의 "많은 일"을 그릇되게 하는 것이기에(약
3:2), 그리스도의 제사장 사역을 절실하게 한 것이다. 이것이 출애굽기와 레위기
에서 암시된 것이었다. 이러한 모형들을 오늘날 그리스도인들에게 적용하려면
오직 성령께서만 제공할 수 있는 지혜가 요구된다. 왜냐하면 히브리서의 관점에
서 보면, 레위 사람의 그림자는 대조뿐만 아니라 실례를 제공하기에, 교회의 영
적인 축복에 있어 그것의 예표적 성취를 발견하게 하는 많은 것들을 포함하고 있
으나, 또한 다가올 날의 이스라엘에게 결과적으로 선을 이루게 할 수 있는 여지
가 적지 않다. 출애굽기 27:21에 있는 등대와 제사장직의 직접적인 연결은 오직
하나님의 빛 안에서만 후자가 인식되고 이해될 수 있음을 분명히 암시한다.

첫째, 우리들 앞에 있는 모형이 제시해 주는 하나님의 아름다운 은혜를 주목하
고, 찬양하자. 이것은 그가 작정하신 선택 가운데 나타난다. "너는 이스라엘 자손
중 네 형 아론과 그의 아들들 곧 아론과 아론의 아들들 나답과 아비후와 엘르아살과 이다
말을 그와 함께 네게로 나아오게 하여 나를 섬기는 제사장 직분을 행하게 하되"(출

28:1). 모세가 아니라, 열등한 형제인 아론이 이 위대한 은혜를 위하여 택함을 받은 자가 되었다. 뿐만 아니라 그가 속한 지파는 열두 지파 중 가장 시시한 족속들 중의 하나로서, 레위의 잔악함을 인하여, 실로 저주 아래 있었다(창세기 49:5-7 참조). 장자인 르우벤이나, 그 형제들이 칭송하는 유다(창 49:8)나, 열매 맺는 가지인 요셉이 아니라, 다만 레위가 제사장의 지파가 될 수 있었다. 이는 거룩한 은혜의 주권을 얼마나 잘 나타내 주었는가! 결국, 아론을 대제사장으로 지명하신 하나님의 무쌍하고 기이한 은혜는 여호와의 선택이 모세에게 알려진 바로 그때에 그의 형이 금송아지로 우상 숭배를 주도하고 있었다는 그 사실에서 잘 나타나 있다! 이렇게 세부적으로 묘사한 것이 그 모형의 정확도를 결코 훼손시키지 않는다. 오히려, 이러한 것들은 우리의 대제사장은 하나님의 놀라운 은총의 선물이었다는 사실을 놀랍게 예증하고 있다.

둘째, 이제 그의 이름의 중대성에 대하여 생각해 보자. '아론' 이라는 뜻은 "매우 높다"라는 말이다. 그는 대제사장으로서 지극히 높은 자리에 섰고, 자기의 집에서 뿐만 아니라 모든 백성들 위에 칭찬을 받았다. 이와 같이 그는 주 예수의 모형이 되었는데, 하나님께서는 예수님을 제사장이요 구세주로서 그의 우편으로 높이셨다(행 5:31). 그러나 마치 그리스도의 대제사장직을 다른 모든 자 위에 돋보이게 하는 것처럼, 성령께서는 '큰' 이라는 말을 덧붙여서 — 우리의 "큰 대제사장"(히 4:14)이라고 하는데, 이는 다른 존재, 심지어 멜기세덱에게도 사용하지 않았던 형용사이다.

출애굽기 28:1에 보면 아론의 아들들의 이름도 또한 주어져있는데, 그 모두가 매우 적절하고 인상적임을 알 수 있다. 나답의 뜻은 '원함' 이요, 아비후는 '나의 아버지는 그분' 이며, 엘리에셀은 '하나님의 도우심' 이요, 이다말은 '종려나무의 땅' 이다. 어떤 이가 지적한 바와 같이, "이 네 가지 단어들은 하나님의 아들이 머리가 되신 집에 첨가된 특성을 어느 정도 예언적으로 암시할 수 있다. 즉 아버지 하나님으로부터 그의 생명을 얻었으며, 그의 모든 힘과 도움은 그로부터 왔으며, 또한 그의 축복된 주님의 발자취를 뒤따르며, 하나님께 대한 섬김을 억지로 하지 아니하고 자원하여 내어주고, 종려나무와 같이 그의 의가 높이 솟아났고 언제나 과일을 맺는다(시 92:12-14)고 할 수 있다. 종려나무는 에스겔의 묘사에 의하면 미래의 성전에 한 부속품이 되고, 또한 솔로몬의 성전에 하나의 장식이 되었다. 그것은 특별히 광야의 나무로서, 다른 나무가 존재할 수 없는 곳에서 번창하며,

주변의 황량한 상태 가운데서 지친 나그네들에게 늘 그 지점이 표시되며, 거기에서 고마운 그늘과 생수의 샘이 발견되었기에, 장수와 끊임없는 열매로 주목될 만하다. 이와 같이 그것은 하늘의 제사장 직분에 대한 적절한 상징이었다"(G. Soltau).

셋째, 출애굽기 28:1에 있는 단수대명사의 중요성을 살펴보자. "네 형 아론과 그의 아들들을 … 그와 함께 네게로 나아오게 하여 나를 섬기는 제사장 직분을 행하게 하되." 이는 매우 인상적이며 또한 아주 복된 일이다. 아론과 그의 아들들은 한 제사장직에 함께 구성되었으며, 그 직임에 대한 아론의 임명은 그들의 가족들과 불가분의 관계가 있었다. 이것은 우리의 큰 대제사장과 그의 집 사이의 연합에 대한 기이한 예시가 되었으며, 하나님 앞에서 주님의 사역이 주님의 집과 또한 그들에게만 관련이 있었다는 것을 얼마나 잘 암시해 주는가!

우리는 여기서 중단해야만 되겠다. 그리스도의 제사장직에 대하여 길게 논술하려면 이 복된 주제를 하나님의 성령께서 전개하신 히브리서 전체를 상세히 해설할 필요가 있을 것이다. 우리는 그 중대한 신약성경을 관심있는 학자들에게 맡기려 한다. 거기에서, 거룩한 교사는 모형과 원형 사이의 유사함과 대조되는 그 양면을 다 지적했다. 아론의 제사장직은 그리스도의 제사장직의 모형이었을 정도로 많은 것을 공급했지만, 그것의 순위는 멜기세덱 ─ 왕 같은 제사장 ─ 의 것이 매우 탁월하다. 하나님이 원하신다면, 이 주제에 대한 다른 측면들이 다가오는 장에서 우리 앞에 나타날 것이다.

제 48장

아론의 예복

출애굽기 28장

지난 장에서, 우리들은 이스라엘의 제사장 직분에 관해 모세오경에서 발견된 상징적 가르침의 해석과 그 적용이 얼마나 하늘의 지혜와 인도를 요구하는지에 대해 지적했다. 히브리서의 관점에서 보면, 거기에는 많은 대조점 뿐만 아니라 많은 예시가 있음이 분명하다. 그러나 우리가 볼 때 가장 중요한 것은 성령께서 출애굽기와 레위기의 모형들을 거기에서 주해할 때, 성령은 성막의 모든 의식은 "현재까지의 비유"(히 9:9)였고, "장차 올 좋은 일의 그림자일 뿐이요 참 형상이 아니라"(히 10:1)고 분명히 선포하였다. 그것들은 그리스도인들이 모방해야 할 본으로서 이스라엘에게 주어졌던 것이 아니라, 그리스도에 의하여 친히 그것들이 성취된 영적인 일들을 예시하는 것으로 이스라엘에게 주어졌다. 손으로 만들어진 성소는 '참된 것의 모형', 즉 '하늘 그 자체'의 모형(히 9:24)이었다. 이에 대한 진정한 이해는 육신들이 그 안에서 매우 기뻐하는 사제주의와 의식주의에 반대하는 우리의 유일한 보호수단이 된다. 그리스도의 강림, 죽음, 부활, 그리고 승천 후에는, 실체에 의하여 그림자는 사라져야만 한다. 어떤 이가 능숙하게 말한 것처럼, "하나님께서 친히 온전하고도 영광스러운 성취에 의하여 치워둔 것의 회복을 공표하는 것은 인간의 영혼에게 무례하고도 아주 위험한 것이다. 그것은 정확히 실체의 그림자가 아니라, 일종의 알려지지 못하고 지나갔던 것에 관해 인가받지 못한 그림자일 뿐이다." 그것은 기독교의 세계에 그 같은 혼란과 황폐를 가져다준 것에 대해 깨닫지 못한 것으로, 결과적으로 기독교의 기초에 놓여 있는 것을 부인한다.

모세 시대의 조직 하에서, 제사장들은 그의 백성들을 대신하여 하나님을 섬기도록 임명 받은 특권계층이었다. 그들은 다른 이들이 참여하지 못하는 특권을 누렸다. 그들의 몫은 특별히 자신들과 여호와가 가까운 것이었다. 그들은 권한을 부여받았고 그들이 대신하였던 자들에게 주어지지 아니한 일을 하도록 허락받았다. 그러나 십자가에서 급진적인 변화가 발생했다. 옛 질서는 막을 내리고 새로운 것이 시작되었다. 유대교는 끝나고 기독교가 소개되었다. 두 가지의 상징적 행위가 이 일에 대하여 명백한 암시를 해주었다. 첫째, 마태복음 26:65에 이르시기를 "대제사장이 자기 옷을 찢으며"라고 하셨는데, 이것은 레위기 21:10에 보면 명백히 금지된 일이었다. 하나님께서 이스라엘의 제사장 직이 끝났음을 보이기 위하여 이 일을 허락하셨다 ― 그들을 위하여 옷이 더 이상 사용하지 않게 되었을 때 바로 찢게 한다. 둘째, 휘장의 갈라짐(마 27:51). 그의 백성들이 하나님의 임재로 들어갈 때 있었던 장벽이 더 이상 존재하지 않게 되었다.

히브리서 5장과 7장에서 성령께서는 아론의 제사장직과 그리스도의 제사장직 사이의 여러 가지 대조점에 조심스럽게 주목할 것을 요구하였다. 이스라엘의 대제사장이 그 직무를 수행하기 위한 자격 중의 한 가지는 무지하거나 길을 벗어난 자들에 대하여 동정심을 가질 수 있어야 하는 것이었다. 왜냐하면, 그 자신도 역시 연약으로 둘러싸여 있기 때문이다(히5:2). 하지만 그리스도인들의 대제사장 되신 이는 "거룩하고 악이 없고 더러움이 없고 죄인에게서 떠나 계신"(히 7:26)분이었다. 다시, 히브리서 5:3에 보면, 이스라엘의 대제사장은 그 자신의 죄를 위하여 희생을 드려야만 했지만 그리스도는 "하나님의 거룩한 자"이시며 "죄를 알지도 못하신 이"였다. 다시 말해서, 레위 집의 제사장들은 "맹세 없이" 되었기에(히 7:21), 그 결과 나답과 아비후의 경우나 엘리의 계열처럼, 그들 가운데 어떤 사람들은 제사장의 직분으로부터 잘림을 당했다. 하지만, 그리스도는 맹세로 제사장이 된 것이니, "오직 예수는 자기에게 말씀하신 자로 말미암아 맹세로 되신 것이라 주께서 맹세하시고 뉘우치지 아니 하시리니 네가 영원히 멜기세덱의 반차를 따르는 제사장이라"(히 7:17, 21) 하심과 같다. 마지막으로, 아론은 육체에 상관된 계명의 법(죽어야 할 운명에 속한 것)을 따라 제사장이 되었지만, 그리스도는 "불멸의 생명의 능력을 따라"(히 7:16) 된 것이었다.

이러한 차이점들과 그리스도의 제사장직이 아론의 것보다 매우 탁월한 점에서 보면, "제사 직분이 바꾸어졌은즉 율법도 반드시 바꾸어지리니"(히 7:12)라고 한다. 즉 그것은 협의적 의미에서는 제사장직이 관계된 율법의 '변화' 요, 그 광의적 의미에서는 의식법에 관한 '변화'이다. 제사장직이 제정되기 전까지는 의식법의 그 어떤 부분도 이스라엘에게 하달되지 않았음을 깨닫는 것이 중요하다. 이와 같이 이러한 '율법의 변화'는 세대(dispensation)의 변화와 제사장직에 속한 모든 것들의 변화를 의미하였다.

이제, 교황제도와 사제제도의 정신에 감염된 모든 자들이 확보해야 하는 것은 제사직책에 관련된 율법의 이러한 '변화'이다. 로마가톨릭은 대부분 유대교의 부활이고, 이방종교의 부패를 더한 것이다. 그것은 기독교가 독특하게 지니고 있는 것을 고의적으로 그리고 파괴적으로 부인한다. 그것은 주 예수를 한 제물로 드린 그 영속적 효험을 사악하게 부인하는 것이다. 가톨릭은 레위 사람들이 행하던 제도를 반복하면서, 그 사제들이 마치 아론과 그의 아들들처럼 그들의 동료들을 대신하여 하나님께 나아가는 특별한 권한과 자격을 얻었다고 주장한다. 그러나 베드로전서 2장 5절과 9절은 모든 신자들이 이제 '제사장'이며, 모든 하나님의 백성들이 마찬가지로 지성소로 나아갈 수 있는 자유를 누린다(히 10:19, 22)고 확언한다. 어떤 이가 올바르게 말한 것처럼, "믿음의 가족 중 지극히 보잘것없는 자라 할지라도 사도 베드로와 같은 제사장이다. 그는 영적 제사장이요, 그는 영적 성전에서 예배드리며, 그는 영적 번제단 앞에 서 있으며, 영적 희생을 드리며, 영적 예복을 차려입는다." 영적 성전은 하늘 그 자체로서, 우리는 그 갈라진 휘장을 통하여 영적으로 들어간다. 그리고 영적인 번제단(히 13:10)은 그리스도 자신으로서 "예물을 거룩하게 하는"(마 23:19) 제단이고, 영적 제사는 하나님을 향한 찬양이다(히 13:15).

이제 이스라엘의 대제사장의 예복을 고찰함에 있어서, 우리는 한 번 더 여호와께서 모세에게 지시하신 순서에 주목하고자 한다. 출애굽기 29장에는, 아론과 그 아들들을 거룩한 직분에 위임하는 것에 대한 설명이 있다. 그러나 이러한 일 전에, 출애굽기 28장에서는 그들이 입어야 할 갖가지 옷들에 대한 설명이 주어진다. 첫째, 대제사장의 예복에 대하여 상세하게 기록되어 있고 다음에 아론의 아들들의 것에 대하여 언급되어 있다. 기름 부음을 받은 시력이 있다면 이 일의 타당성과 이유를 쉽게 분별하게 될 것이다. 상징적으로, 예복은 그리스도, 즉 큰 대제사장의 다중적 영광을 예표하였고, 그 영광과 완전성은 그 직분에 대한 그분의 적합성을 분명히 보여주었다. 아론의 거룩한 예복은 '영광과 아름다움'을 위한 것으로, 그의 인격에 위엄을 더하였고, 그의 지위에 어울리는 복장이 되었다. 그것들은 주님이 우리를 위한 사역에 '위임'(consecrated)되기 이전에 성부 하나님과 함께 그 모든 완전함을 이루고 있는 그리스도를 비유적으로(in figure) 가리켰다.

"네 형 아론을 위하여 거룩한 옷을 지어 영화롭고 아름답게 할지니"(출 28:2). 이 말씀과 레위기 16:4("거룩한 세마포 속옷을 입으며 세마포 속바지를 몸에 입고 세마포 띠를 띠며 세마포 관을 쓸지니 이것들은 거룩한 옷이라")을 비교해야 한다. 이스라엘의 대제사장을 위하여 두벌의 옷이 있었으며, 레위기 16장에서 언급된 옷은 그가 매년 속죄일에 입었던 옷이었다. 그런데 그가 흠없는 흰 옷만을 입었던 것은, 주 예수의 개인적 의와 거룩성을 예시하는 것으로서, 예수님은 그의 백성들의 죄를 제거하는 불가사의한 일을 떠맡기에 합당하였다.

"영화롭고 아름다웠던" 아론의 예복이 정확히 숫자상으로 일곱 개였다는 것은 살펴 볼 가치가 있다. "그들이 지을 옷은 이러하니 곧 흉패와 에봇과 겉옷과 반포 속옷과 관과 띠라 그들이 네 형 아론과 그 아들들을 위하여 거룩한 옷을 지어 아론이 내게 제사장 직분을 행하게 하라"(출 28:4). 여기에 언급된 여섯 가지의 물품에 더하여 '여호와께 성결'이라는 말이 새겨진 '정금으로 만든 패'가 있다(36절). 이것은, 레위기 8:9에서 말하는 것처럼, '거룩한 관'이었다. 출애굽기 28:4에 열거된 순서를 살펴보면 '흉패'(breastplate)가 다른 것들보다 먼저 나왔으나, 이어지는 세밀한 내용 가운데 보면 그 순서가 바뀌었다. 거기에는 에봇, 띠, 두 개의 보석, 에봇에 붙일 견대, 그 다음에 흉패가 있다. 그 '흉패'는 예복에서 주가 되는 가장 값비싼 것으로서, 사실상 다른 의류들은 그것을 위한 토대와 배경이 되었다 ─ 이 중심이 되는 물품은 실로 그리스도 자신의 심장을 가리킨다.

"그들이 금 실과 청색 자색 홍색 실과 가늘게 꼰 베 실로 정교하게 짜서 에봇을 짓되 그것에 어깨받이 둘을 달아 그 두 끝을 이어지게 하고"(출 28:6, 7). '에봇'은 상세히 묘사한 첫 번째 옷이다. 이것은 대제사장의 맨 바깥옷이었다. 그것은 두 부분으로 만들어졌는데, 하나는 그의 등을, 다른 하나는 앞을 가렸다. 이 두 부분은 금으로 된 걸쇠에 의하여 어깨에서 서로 연결되었으며, 호마노를 붙여 놓기 위한 장소를 만들어내었다. 에봇은 흉패를 붙이는 데 도움이 되었다. 그것을 만들었던 재료들은 '금'과 '가늘게 꼰 베실'과 그 위에 장식되는 청색, 자색, 그리고 홍색 실이다. 금을 세마포에 섞어 짠 방식은 출애굽기 39:3에 묘사되어 있다. 즉 "금을 얇게 쳐서 오려서 실을 만들어 청색 자색 홍색 실과 가는 베 실에 섞어 정교하게 짜고"라고 하셨다. 이와 같이 에봇의 각 부분마다 금의 단단함과 광채가 촘촘히 섞여, 옷감 전체를 견고하게 할뿐만 아니라 광채가 나게 했다.

점 없는 세마포는 그리스도의 거룩한 인성을 말하며, 금은 그의 신성한 영광을, 그 색깔들은 그의 갖가지 온전한 성품들을 말한다. "그리스도가 신적인 동시에 인간적이라는, 즉 신-인(the God-man)이라는 점에서 오로지 그리스도는 대제사장으로서 우리를 위하여 행동하신다. 그의 전 인격의 가치는 그의 직분 수행에 관여되어 있다... 사도는 이 두 가지를 히브리서에서 결합시켜 '그러므로 우리에게 큰 대제사장이 계시니 승천하신 이 곧 하나님의 아들 예수시라' 고 하였다. 그는 예수요 또한 하나님의 아들이다. 에봇의 재료에서 혼합 형태로 장식된 것은 이만큼 최고의 소중한 진리이다. 그분 스스로의 어떠하심과 또한 그분이 예수로서 하나님의 아들로서 존재하심으로 인하여 그분의 중보기도 속에 우리가 떠받쳐짐을 기억함은 우리를 위한 그의 제사장으로서의 사역의 가치 개념을 얼마나 확대해 주는가!"(E. Dennett).

"에봇 위에 매는 띠는 에봇 짜는 법으로 금 실과 청색 자색 홍색 실과 가늘게 꼰 베 실로 에봇에 정교하게 붙여 짤지며"(출 28:8). 39절에 보면 이 띠가 '바느질' 하여 만들었던 것임을 알 수 있다. '띠' 는 사역을 위한 준비를 말한다. 이것은 누가복음 12:37에서 아름답게 드러나고 있다. 즉 "주인이 와서 깨어 있는 것을 보면 그 종들은 복이 있으리로다 내가 진실로 너희에게 이르노니 주인이 띠를 띠고 그 종들을 자리에 앉히고 나아와 수종들리라"고 하셨다. 주님은 육신으로 계실 때에, "수건을 가져다가 허리에 두르시고 이에 대야에 물을 떠서 제자들의 발을 씻으셨다"(요 13:4, 5). 오늘날에는 그가 그의 교회들 가운데 서서, 가슴에 금띠를 띠고(계 1:13), 땅에 있는 그의 백성들을 섬길 준비를 하고 계신다. 천년왕국 때가 이르면, "공의로 그의 허리띠를 삼으며 성실로 그의 몸의 띠를 삼으리라"(사 11:5)고 말할 것이다.

여호와께서 모세에게 지시하실 때, "에봇을 짜는 법과 같게 할지며"라고 말씀했던 것에 유의하는 것은 매우 복된 일이다. 대제사장의 띠는 에봇과 동일한 재료와 동일한 아름다운 색깔들로 꾸며졌다. 이것은 지금 우리를 위한 그리스도의 제사장직의 은혜로운 활동이 그의 온전하신 인격과 신-인(God-man)의 성품에 의한 것임을 얼마나 잘 말해 주는가! 지금은 비록 영광을 받으셨지만, 그는 아직도 섬기고 계시며, 우리를 위하여 하나님의 존전에 나타나시려고 하늘에 올라가 계시며(히 9:24), 그리고 그곳에서 그가 "항상 살아 계셔서 우리를 위하여 간구하신다"(히 7:25).

다음으로 우리는 두 개의 호마노 보석에 이르렀으니, 출애굽기 28:9-13을 잘 읽어보기 바란다. 학자들은 '호마노'라고 번역된 히브리말은 잘 쓰이지 않는 어원에서 온 것으로 "불의 광채로 밝게 빛나다"라는 의미라고 말한다. 그것은 값도 나가지 않고 광택도 없는 오늘 날의 호마노와는 완전히 달랐다. 욥기 28:16에 보면 "귀한 청옥수"라고 말한다. 이 보석들 위에 이스라엘 자녀들의 이름을 새겼다. 그것들은 '장식용 핀'(ouches)이나 히브리어가 뜻하는 '상감'(settings)에 넣어졌다. 이것은 그 다음으로 '순금으로 된 사슬'(14절)에 단단히 고정되었고 그리고 에봇의 견대에 안전하게 동여매었다. 그것들은 아론에 의하여 '기념하는 것'으로 여호와 앞에서 적합하였다. 오늘날의 성도들에게 상징적으로 적용하면, 이것은 완전한 안전보장에 대해 말하는 것이다. '어깨'(눅 15:5 참조)는 힘의 장소(사 9:6)이기에, 이는 그리스도의 전능이 그의 백성들을 위하여 개입됨을 말한다. 그것은 우리의 힘이 아니라, "하나님의 능력으로 보호하심을 받은" 그분의 힘이다(벧전 1:5). 그것은 우리의 인내가 아니라 그의 인내로서, "내가 의탁한 것을 그 날까지 그가 능히 지키실 줄을 확신함이라"(딤후 1:12)함과 같다. "우주를 붙들어 보존하시는 그 어깨(히 1:3)는 피로 사신 회중의 가장 연약하고 보잘것없는 자들을 붙드신다"(C. H. M.). 이스라엘의 지파들의 이름이 두개의 견대 보석 위에 새겨진 순서는 '그들의 출생 순위'에 따른 것이었다. 영적으로 이 사실은 그들의 평등성을 나타내는 것으로, 하나님께로서 난 모든 신자들은 같은 본성을 가졌고, 같은 도덕적 상태, 그리스도께 같이 영접 받음을 말한다.

다음으로 '흉패'에 대하여는 지나가겠다. 왜냐하면 뒤에 별도의 한 장으로 전념할 생각이기 때문이다.

"너는 에봇 받침 겉옷을 전부 청색으로 하되 두 어깨 사이에 머리 들어갈 구멍을 내고 그 주위에 갑옷 깃 같이 깃을 짜서 찢어지지 않게 하고"(출 28:31, 32). 이 옷은 반포 속옷 위에 입기는 하였지만 에봇 밑에 입은 옷이었다. 그것은 길고 느슨한 옷이고, 짜서 만든 것으로, 하나의 통으로 되어, 머리와 팔이 들어갈 수 있도록 열려져 있다. '예복'(robe)이라는 말은 이번에 처음으로 성경에 나왔다. '예복'이라는 말이 대제사장이 우리에게 나타날 때까지 나오지 않은 것은 얼마나 인상적인 일인가! 그 뒤에 나오는 구절들에서 그의 말이 발견되는 여러 가지 관련성을 볼 때, 이 에봇이라는 예복은 위엄을 나타내는 옷이요, 관복이며, 아론에게 제사장의 품위를 주는 옷이었음을 암시한다. — 사무엘상 24:4; 역대상 15:27; 욥기 29:14; 에스겔 26:16 참조하라. 이 예복은 하늘의 색깔로 채색되었으며 전부 청색이었다. 그것은 우리의 큰 대제사장의 천상적 성품을 묘사했으며, 또한 그가 지금 우리를 위하여 일하시는 장소를 가리켰다. 이것이 매우 중요한 것은, 그것이 기독교의 기본적 본질을 유대교와 반대로 구별되는 것으로 설명하기 때문이다. 모든 조직은 제사장으로부터 그 신분을 가진다. 왜냐하면 그리스도께서 천상적 제사장이요, 그의 백성들은 하늘의 소명에 참여한 자들이며(히 3:1), 그들의 시민권은 하늘에 있으며(빌 3:20), 그들의 유업은 그곳에 있기 때문이다(벧전 1장). 에봇 바로 밑에 입었던 이 '예복'은 그리스도가 하늘에 속한 자로서 인격적으로 어떠한 분이신지에 의하여 그분의 직분적 성격이 승인된다는 것을 공표한다(고전 15:47).

이러한 '에봇 받침 겉옷'의 가장자리에는 '석류'의 형태를 가진 색깔이 있는 장식술이 있었고, 이것들 사이에 하나의 금방울이 있었다(출 28:33, 34). 석류는 하나의 열매로서, 그 씨는 진홍색 액체위에 떠올라있으며, 추를 가지고 있는 방울은 음악적 언어를 들려준다. 아론이 거룩한 임무를 시작했을 때, 그가 걸었던 걸음으로 인하여 금방울 소리가 들렸고 그리고 얼룩덜룩한 석류가 보였다. 이와 같이 우리의 큰 대제사장의 활동으로 인하여, 주님의 음성이 하늘의 성소에서 중보하는 사이에 들리게 되었고, 그리고 이것은 "많은 아들들을 영광으로 이끄심"을 통하여, 그리고 그들의 삶에 광채를 더하는 은혜에 의하여 결과적으로 주님의 열매로 보이게 되었다.

"성소에 들어갈 때와 성소에서 나올 때에 그 소리가 들릴 것이라"(출 28:35)고 하신 말씀은 경륜적 중요성을 가진다. 우리의 큰 대제사장이 하늘의 성소로 들어갔던 것은 승천한 그때였으며, 그 뒤를 이어 오순절 날에는, 주님의 '음성'은 위로부터 부으신 성령의 결과로 사도들에 의하여 제공된 주님 자신에 대한 증거의 형태로 들렸다. 그 '열매'는 그 당시에 구원을 받았던 무리들 가운데서 보였다. 그가 "다시 나타나사" 이 땅에 돌아오셔서 그의 백성 이스라엘을 구속하실 때에, 그의 소리와 그 열매는 더욱 영광스럽게 될 것이다. 이 두 가지를 함께 연결한 것은 베드로가 요엘의 예언을 인용한 사도행전 2:16, 17에 대한 언급에서 볼 수 있다. 그 예언은 천년왕국에서 그것의 성취를 받아들이게 되나, 그 본보기의 하나가 오순절 날에 주어졌다.

다음 물건은 그 위에다 '여호와께 성결'이라고 새긴 '순금 패'이다. 이것은 '청색 끈'의 바탕에 부착되어 관의 전면에 묶었다(출 28:36, 37). "'여호와께 성결'이라고 새긴 것은 대제사장이 오로지 여호와께 헌신되었고, 드려졌음을 나타내었다. 그 위에 글을 새긴 순금 패는, 하나님께 진실로 드려진 유일한 그분은 '거룩하며, 무해하며, 더럽혀지지 않았으며, 죄인들로부터 구분된' 거룩한 자로서 하나님의 아들임을 표시한다. 그것에 부착된 청색 끈은 그분의 천상적 성품을 말한다. 이와 같이 아론의 이마에서 눈에 잘 띄도록 보이는 그것은 그의 옷 전체와 그의 직분에 의미를 제공하였다 — 그는 여호와께 성결하였고, 이로써 이스라엘을 위하여 간구하며, 그들을 대신하며, 직접 그 백성들의 제물을 하나님께 바쳤다"(C. H. Bright).

"이 패를 아론의 이마에 두어 그가 이스라엘 자손이 거룩하게 드리는 성물과 관련된 죄책을 담당하게 하라"(출 28:38). "이것은 우리들의 섬김과 예배의 불완전과 오염을 위하여 하나님께서 마련하신 은혜로운 예비였다. 그는 그의 성품에 합당한 것만을 받으신다. 그러므로 그에게 드려진 모든 것은 거룩함으로 인이 쳐져야만 한다. 우리가 깨끗함을 받고 그와 교제하기 위하여 나왔고, 그래서 접근할 수 있는 명분을 가지고 있다할지라도, 그렇기 때문에 우리들의 제물은 결코 열납되지 않을 수 있다. 그러나 그분은 우리의 필요를 충당하셨다. 그리스도는 제사장으로서 우리의 거룩한 것들이라는 그 사악함을 참으신다. 그리고 그분은 여호와 앞에 거룩한 자이시므로, 하나님은 그분을 통하여 드려진 우리의 예배를 받아들일 수 있다. 이는 복된 위로인데, 왜냐하면 이러한 예비하심이 없이는 우리는 하나님의 임재로부터 차단되어졌기 때문이다! 따라서 사도는 보혈과 휘장이 갈라진 것만을 말한 것이 아니라 하나님의 집을 지키는 대제사장에 대해서도 말한다(히 10장)"(E. Dennett). — 요한계시록 8:3 참조하라!

38절의 맺는말은 아름답다. "그 패가 아론의 이마에 늘 있으므로 그 성물을 여호와께서 받으시게 되리라." 이 금패는 주 예수의 근본적 거룩함의 상징이었다. 성도들은 예수님에 의하여 드러나게 되고, 그분 안에서 받아들여진다. 그들이 주님과 맺은 합법적이고도 생명적인 결합으로 주님의 거룩성은 그들의 것이 된다. 오, 주를 믿는 독자들이여, 수만 가지 실패를 가지고 있는 당신을 떠나서, 당신의 눈을 그 금패에 고정시키라. 당신의 큰 대제사장의 온전함으로 인하여 하나님께서 당신을 영원히 용납하신 그 한계를 주목해보라. 그리스도는 우리의 성화(sanctification)는 물론이고, 우리의 의(righteousness)도 되신다!

"너는 가는 베 실로 반포 속옷을 짜고"(출 28:39). 여기에서 '짜다'라는 말은 분명히 출애굽기 39:27에서 말한 것으로 설명된다("그들이 또 직조한 가는 베로 아론과 그의 아들들을 위하여 속옷을 짓고"). 이러한 가는 베로 짠 '옷'(coat)은 속옷이었기에, 베로 만든 '반바지'나 팬티로 보충하였다(42절). 이것은 대제사장의 개인적 복장이었던 것 같고, 그보다 더 아름다운 바깥옷은 그의 관복이었다. 우리가 앞에서 본 바와 같이 '고운 세마포'는 순결의 표상이었다. 이를 확증하는 시편의 말씀이 있는데 거기에서는, "주의 제사장들은 의를 옷 입고"(시 132:9)라고 한다. 상징적으로 이러한 내의는 그리스도의 개인적 의를 말하는 것으로서, (말하자면) 그 위에 다른 모든 완전함과 영광들이 펼쳐졌다. 그것은 요한일서 2:1에 있는 복된 말씀을 기억케 한다. "만일 누가 죄를 범하여도 아버지 앞에서 우리에게 대언자가 있으니 곧 의로우신 예수 그리스도시라."

"가는 베 실로 관(mitre)을 만들고"(출 28:39). 이것은 아론의 머리를 두르는 것으로서 '관'(bonnets)을 쓴 평범한 제사장들로부터 그를 구별했다(40절). 그것의 히브리어는 "감다, 또는 주위를 두르다"를 의미하는 동사에서 나왔다. 이로써 볼때 대제사장의 관은 마치 고대 페르시아의 관(tiara)처럼 머리를 두른 것을 뜻할수 있다. 고린도전서 11:3-10에 보면, 여자들이 성도들이 모인 장소에서 머리에 가리는 것에 대한 거룩한 교훈을 보는데, 우리는 이것이 복종을 상징하는 것으로 알고 있다. 이와 같이 대제사장의 머리를 두른 것은 그가 하나님께 굴복함과 하나님의 명령에 대한 순종과 그의 뜻에 순복함을 암시하셨다. 그것을 만든 고운 세마포는 다른 이들을 대신하여 하나님의 임재 앞에 선 자 속에서 반드시 발견되어져야 할 개인적인 의를 말한다.

'미츠네페스'(Mitznepheth)라는 말이 유일하게 다른 시기에 에스겔 21:25-27에서 나타난 것을 발견하는 것은 아주 귀중한 것인데, 거기에서는 적그리스도를 마음에 두고 있다. 거기에는 이 히브리어를 '왕관'(diadem)으로 번역하였지만, 출애굽기 28장에 있는 바와 같이 '관'(mitre)으로 번역되어야만 한다. 이 괄목할 만한 예언은 이미 나타나 있는 그 죄악의 사람은 왕의 면류관을 쓸 뿐 아니라, 또한 대제사장의 관을 취할 것을 보여준다. 그는 최고의 국가 지도자가 될 뿐만 아니라 또한 교회의 제사장이 될 것이다. 이 '불경스럽고 사악한 이스라엘의 왕자'는 오만하며 참람하게도 정치와 제사장의 권세를 휘두르고, 참 제사장이요 왕이신 주 예수를 사탄처럼 서투르게 흉내 낼 것이다. 이 세대는 사탄의 아들이 정치와 종교계의 양자에서 인간들을 지배하면서 끝이 날 것이다. 이는 사람들이 자신들을 구원할 진리에 대한 사랑을 받아들이지 않았기 때문에, 그들이 거짓을 믿도록 하나님께서 그들을 강한 미혹으로 내몰기 때문이다(살후 2:3-12).

기독교인 독자들 각자는 우리로 다가올 진노를 피할 수 있게 하사 영생을 붙들게 하신 그 놀라운 은혜에 얼마나 깊이 감사해야 할까! 연약하여 실패를 하는 자신의 백성들을 위하여 그 자비하심으로 예비해 두셨던 큰 대제사장에 대해 하나님께 어떤 찬양을 마땅히 드리겠는가! 그 대제사장은 자격을 온전하게 구비하신 분으로, 그의 개인적인 완전하심을 통하여 우리의 모든 필요를 채워 줄 뿐 아니라 거룩하고 의로운 하나님의 모든 요구까지도 충족시키는 분이시다! 출애굽기 28장의 나머지 네 절은, 우리가 제사장의 위임식에 대해 고찰하게 될 때, 고찰해 보도록 하자.

제 49장

흉패

출애굽기 28:15-30

우리는 바로 직전의 장에서, "영화롭고 아름다운" 아론의 예복이 어떻게 숫자상으로 일곱 개가 되는지 지적하였다. 그때 이들 중에 여섯 개, 즉 에봇, 띠, 겉옷, 수놓은 저고리, 관, 그리고 금관은 간략하게 고찰되었다. 이제 우리는 남아 있는 한 가지, 소위 흉패(the Breastplate)에 대하여 생각하고자 한다. 이것은 대제사장의 의복 중에서 주가 되며 가장 값진 것으로서 다른 옷들은 그것을 위한 기초와 바탕에 불과했으니, 이 중심적인 품목은 그리스도의 자신의 심장을 가리킨다. 그 중대성은 출애굽기 28:4에서 맨 먼저 언급된 것을 보면 즉각적으로 알 수 있다. 그것에 대한 묘사는 출애굽기 28:15-30에 언급되어 있다. 그것을 살펴보도록 하자.

1. 세공

이에 대해서는 15, 16, 21, 28절에 길게 묘사되어 있으므로 독자들은 읽어 주시기 바란다. 이러한 구절들에 의하면 흉패 자체는 가늘게 꼰 베실로 공교히 짜서 만들어졌음을 볼 수 있다(15절). 15절의 나머지 부분을 보면, 흉패는 거기에 언급된 세 가지의 색깔로 풍성하게 수가 놓인 것을 알게 된다. 그것은 사각형이었기에, 이는 놋 번제단이나 향단에 상응하였다. 그 치수는 '한 뼘', 즉 종지의 끝으로부터 펼친 엄지의 끝까지로, 반 규빗(23cm)이 되었다. 그것은 보석들의 무게를 지탱할 만큼 튼튼하고 견고하게 '두 겹'으로 만들었다.

"흉패의 밑에는, 두 개의 금고리가 안쪽에 있었다. 그리고 에봇에도 정교한 끈(띠) 바로 위에 두 개의 금고리가 붙어 있어, 흉패는 청색 끈 그리고 이 고리들에 의하여 에봇에 묶여졌다. 두 개의 금으로 된 고리환은 호마노 보석을 물린 고리

핀에 걸려 있었고, 그 맞은편에는 흉패의 꼭대기에 있는 두 개의 고리에 걸었다. 이렇게 하여 에봇, 호마노, 보석, 그리고 흉패가 하나로 모두 연결되었다. 여기에서 "땋고"(출 28:14, 22)라는 번역은, 게제니우스(Gesenius)에 의하면, 마치 밧줄을 꼬듯이 '꼬는 일'로 표현해야 한다고 말할 수 있을 것이다. 그러면 그 구절은 이렇게 읽혀지게 될 것이다. 즉 '순금 두 사슬을 땋아서 둥근 고리 세공품으로 만들지며'라고 읽을 수 있다"(G. Soltau).

2. 중요한 점

이 부분의 제사장 옷에 대한 명백한 상징적 의미를 알아내는 데 도움을 주는 안내자로서 봉사하는 것은 적어도 다섯 가지이다. 첫째 그 이름으로서, 그것은 '판결 흉패'(15절)라고 불렀다. 둘째, 거기에는 이스라엘의 열두 지파의 이름을 새긴 열두 개의 보석을 물렸다(17-21절). 셋째, 그것은 에봇과 분리될 수 없었다. "흉패로 정교하게 짠 에봇 띠 위에 붙여 떨어지지 않게 하라"(28절). 넷째, 그 흉패가 붙은 장소이다. 그것은 대제사장의 '가슴'에 있었다(20절). 다섯째, 신비스러운 "우림과 둠밈"이 그 속에 있었다(30절). 이것들에 대하여는 아래에서 별도로 생각할 것이므로 개요만을 말한다.

흉패의 목적, 또는 의도는 그 속에 물린 보석들을 위한 지지대를 제공하며 아울러 그것들의 찬란한 아름다움이 나타나도록 그 배경을 제공하는 것이었다. 그러므로 이 복된 모형에서 중요한 것이 무엇인지 파악하는 데에는 거의 혹은 전혀 어려움이 없다. 보석들 위에는 이스라엘의 열두 지파의 이름을 새겼다. 그러므로, 여기에서 우리가 예시했던 것은 우리의 큰 대제사장이신 그리스도로서, 그분은 자신의 피로 산 백성들을 그의 가슴에 걸머지고, 하나님 앞에서 그들을 보존하고, 그리고 나타내신다. 여기에 있는 것과 출애굽기 28:9-12에 설명한 것 사이에 약간의 차이가 그어져 있다. 거기에도 역시, 그들의 대제사장이 하나님 앞에서 떠맡았던 이스라엘의 지파의 이름이 있다. 그러나 거기에서는 그의 견대 위에 있는 것으로 보였고, 그 반면에 여기(29절)에서는 그의 가슴에 머물러 있다. 하나는 의지할 곳 없는 그의 백성을 대신하여 개입한 그리스도의 힘과 권세이며, 다른 하나는 그들을 위하여 사용되어진 주님의 감정이다.

그러므로 우리의 현재 모형에서 설명하는 것은 주로 신자들의 완전하고 지속적 보호라는 것을 알게 될 것이다. 그들을 위한 그리스도의 능력과 사랑은 그들

의 영원한 보존을 보장하고 있다. "아론이 성소에 들어갈 때에는 이스라엘 아들들의
이름을 기록한 이 판결 흉패를 가슴에 붙여 여호와 앞에 영원한 기념을 삼을 것이니라"
(출 28:29). 하나님 앞에 있는 그들의 위치나 입장은 그들의 변화하는 여건이나
연약함이나 죄로 말미암아 영향을 받거나 변개되지 않았다. 아론이 언제나 성소
에 들어갈 때면 그의 가슴 위에는 모든 하나님의 백성의 이름이 있었다. 이 보호
의 진리를 강조하기 위하여, 그들의 이름들이 단순히 보석 위에 쓰여진 것(지워
지도록)이 아니라 그 위에다 새겼던 것을 주의해서 주목하라(출 28:21)!

여전히 동일한 개념을 강조하기 위하여, 각 보석들이 금으로 만든 상감(금테)
에 의하여 흉패에 단단히 부착되었던 것을 또한 주목하라. 즉 "다 금 테에 물릴지
니"(20절)라고 함과 같다. 이와 같이 하면 그것들이 그 박힌 곳으로부터 빠져나오
거나 그 어느 하나라도 잃어버리는 것이 불가능하였다. 또한 흉패 그 자체에다
단단히 고정시키도록 준비되어 있음을 유의보라. 이 일에 대해서는 21-28절에 설
명한다. 그것은 "순금 고리로 된 세공품을 이은 사슬로"(22절)로 고정되었고, 그리고
이것들은 "흉패를 잇는 금으로 된 두 개의 고리를 통하여 다루어졌다." 그러므로 하나
님의 백성들(그들의 이름으로 대표되는)은 대제사장에게 묶여 있었다!

"그 사슬은 고리를 만들어 밧줄처럼 비틀었다(twisted). 왜냐하면 두 가지 단어
곧 '고리로 만들다' (wreathen)와 '꼬다' (interwoven)는 말이 함께 사용되었기 때
문이다. 이와 동일한 단어가 사사기 15:13, 14, 16:11, 12, 시편 12:3, 호세아 1:4(사
랑의 줄)에서 사용되었다. '짠 세공품' (twisted work)은 게제니우스의 히브리어
단어에 대한 번역으로, 곧 영어 성경이 '연이은' (at the ends)으로 나타낸 말이다
(14, 22절). 그의 이 번역에 따른다면 '너는 정금 고리로 된 두 사슬을 꼬아 만들
라' 라고 표현할 수 있을 것이다. '고리로 된' 이라는 말에 '꼬았다' 는 단어가 첨
가된 목적은 기술과 견고함의 조화를 나타내는 것 같아 보인다. 또한 흉패가 견
대에 있는 보석들과 영속적으로 연결될 수 있음을 나타내기도 한다. 대제사장의
어깨가 매순간마다 흉패에 영향을 주었을 것이다. 그리고 흉패를 움직이게 하는
심장의 고동은 매순간 고리로 된 사슬에 의하여 견대에 전달되었을 것이다.

"이것에는 아름다운 의미가 있어서, 여호와의 전능하신 팔의 능력이 그분의 부
드러운 사랑의 가슴과 어떻게 긴밀히 연결되는지를 기억하게 한다. 힘으로 나타
난 그의 어떠한 행동도 그의 성도들을 향한 자비와 긍휼의 묘략을 멀리하지 않는
다. 그는 그를 사랑하는 자들의 모든 일을 합력하여 선을 이루게 하신다. 그분은

그들을 넘어짐으로부터 보호하시며, 또한 그들을 넘치는 기쁨으로 주님의 영광
의 임재 앞에 흠 없이 나타나게 할 수 있다. 그들이 멸함을 당하거나 그 목자의 손
에서 누구도 빼앗을 자가 결코 없으니, 누가 그의 사랑에서 그들을 끊으리오?'(G.
Soltau). 28장 16절에서 '한 뼘', 또는 손 넓이의 두 겹이라는 표현이 이 사실을 얼
마나 잘 확인해 주는가!

3. 보석

이것은 모두 열두 개로서, 각 지파에 하나씩, 넉 줄로 하여 세 개씩 각기 배열하
였다. 이에 대해서는 17-20절에 열거되어 있다. 이 보석의 정체에 대해서는 별로
잘 알려진 바가 없다. 그 보석의 원래의 이름을 알려고 전문가들이 많은 노력을
기울여 왔지만 넷, 또는 다른 사람을 제외하고는 대부분의 성경학자들은 그 주제
가 잘 알려져 있지 않은 것을 자인한다. 우리가 이 보석을 현대의 이름으로는 무
엇인지 알 수 없겠지만, 그럼에도 불구하고 그것들에 의하여 많은 복된 생각들이
제시되었다.

첫째, 여호와께서 그의 백성을 대신하도록 보석을 택한 사실은 그들이 주님의
눈에 얼마나 소중한지를 가리킨다. 하나님이 그의 사랑하는 친아들을 그들을 위
하여 포기한 사실 속에서 그들이 얼마나 사랑스러운지가 보인다. 둘째, 그들의
탁월함이 형상화되었다. 그런데 그 모형은 얼마나 정확한가! 신자들의 탁월성 또
는 의는 그 자신들의 것이 아니라 전가된 것이다. 보석들의 경우도 이와 같다.
"각자가 어떤 아름다움을 가지고 있든지, 오로지 빛만이 그것을 내보이고, 어둠
속에서는 그렇지 못했다"(C. H. Bright). 그러므로 신자들도 이와 같다. 즉 하나님
이 오직 '참 빛' 되신 주님 안에서 그들을 보실 때, 그들은 하나님께 열납될 수 있
다. 셋째, 각 제자에 대한 여호와의 완전한 지식은 이름별로 지파들을 개별적으
로 나타내실 때 암시된다. "주께서는 그의 백성을 아신다." "그는 그 양들의 이름
을 부르신다." 이러한 것은 우리의 모든 소원을 알고 계시는 우리의 대제사장의
전능하심을 나타낸다. 넷째, 이러한 보석들의 내구성은 죄인들을 대속한 구원이
'영원' 한 것(히 5:9)이라는 사실을 상징한다.

이러한 각 보석들에 관해서 올바로 말한 자가 있다. "그 아름다움의 대부분, 아
주 대부분은 그것을 깎는 데 달려 있다. 각 방면에서 비춰지는 광선을 반사하도
록 기술적으로 깎으면, 그 원래의 조건이 어떠한지를 전혀 알 수 없을 정도로 아

름답게 반짝인다. 역시, 신자들도 이와 같다. 의심할 여지 없이 각 사람은 다른 고유한 성품을 가지고 있지만, 거룩한 손은 많은 인내와 기술을 가지고 그 돌을 깍고 광택을 내어, 그것을 아름답게 보이도록 비추는 거룩한 빛의 색깔들을 포착하고 발견하게 한다. 그 아름다움은 그 자신의 것이 아니라, 빛이시며 사랑이신 그분의 아름다움을 인식하고 반영하는 능력을 부여받은 것이다. 또한 그것은 우리를 택하신 완전하신 자의 아름다움을 반영해야 한다 ― '이는 그리스도 예수 안에서 우리에게 자비하심으로써 그 은혜의 지극히 풍성함을 오는 여러 세대에 나타내려 하심이라'(엡 2:7). 그의 은혜의 영광을 나타내시는 날이 이르면, '열방들은 그의 빛 가운데서 행할 것이다'(계 21:24)"(C. H. Bright).

그 속에 박은 열두 개의 돌들은 모두 보석이었으나, 그 중에 둘도 서로 닮지 않았다. 그것들은 모두 형태, 깎은 면, 성질, 그리고 그 아름다움과 가치(인간의 척도에서)에서도 서로 달랐으나, 하나님의 안목으로 볼 때에는 그 모두가 보석이었다. 그것들은 모두 금에다 박았으며, 아론이 여호와 앞에서 수종들 때에 모두가 동일하게 그의 가슴에 달려 있었다. 의심할 여지 없이 이 보석들은 멀리 떨어진 땅으로부터 모았다. 어떤 것들은 깊은 바다로부터 그리고 다른 것들은 어두운 광산에서부터 왔을 것이다. 그러나 그것들이 각기 얼마나 다양하든지, 또는 역사적 배경이나, 찾아낸 거리가 어떠할지라도 대제사장의 가슴 위에서 하나가 되었다. 즉 거기에서 금강석, 벽옥, 그리고 비취옥이 동일하게, 그리고 함께 여호와를 위한 기념물을 제시하였다.

이 사실을 깨달음은 그리스도인들에게 얼마나 위로와 기쁨이 되는가! 홍옥(홍수옥)은 스스로 석류석보다 낫다고 교만하게 생각하지 말며, 벽옥은 금강석이 아니라고 불평하지 말라. 스스로를 다른 이들과 비교하지 말자. 모든 신자들은 사랑하는 자로 영접되었다. 모든 신자들은 그리스도의 의로 옷 입었다. 모두가 주님 안에서 완전하다. 흉패에, 즉 금으로 박아, 주님의 가슴에 달려 있다는 것만으로도 충분하지 않은가?

결론적으로, 그것들 전체에 관하여 매우 시사적이고 주목할 만한 어떤 것에 대해 주의를 기울여 보도록 하자. 이스라엘의 대제사장 흉패를 장식했던 이 보석들은 거슬러 올라가서 무죄했던 에덴 동산과, 앞으로 다가올 죄 없는 새 예루살렘을 가리켰다. 성경에 맨 먼저 언급된 보석은 '호마노'(창 2:12)로서, 이 보석은 '기념'으로 하나님의 백성들의 이름을 새겨 아론의 양쪽 어깨에 지니고 있던 것으로(출 28:9-12). 거기에다 흉패를 연결시켰다(25절). 그 반면에, 요한계시록 21:19, 20에 보면 하늘의 도성의 기초가 열두 가지의 보석으로 꾸며질 것임을 안다. 그러므로 대제사장의 어깨에 있는 '호마노'는 창세기 2:10을 되돌아보게 하는 것으로, 그것은 하나님의 백성을 죄 없는 상태로 재허가하실, 감추어진 약속을 내포하고 있었다. 반면에 흉패 그 자체는 약속의 성취가 나타나는, 요한계시록 21장을 내다본 것이었다.

4. 연결성

흉패는 에봇에서 떨어질 수 없도록 연결시켰다. 후자는 전자를 위하여 만들었으나 전자는 후자를 위한 것이 아니었다. 그것은 에봇으로부터 결코 뗄 수 없었으니, 성경은 "흉패로 정교하게 짠 에봇 띠 위에 붙여 떨어지지 않게 하라"(28절)고 한다. 에봇은 대제사장의 특수하고도 주요한 의복이었다. "제사장의 가슴에 지녔던 하나님의 백성들의 이름은 그것들이 새겨진 보석 위에서 모두 찬란한 영광과 아름다움을 발하였다. 이는 신자들이 그리스도를 받아들이면 모두 하나님 앞에 있다는 사실을 상징한다. 하나님께서 큰 대제사장을 바라볼 때는, 언제나 그의 눈이 완전한 기쁨으로 머무는 자를 아주 아름답게 꾸민 그 어깨뿐만 아니라, 그의 가슴에 있는 그의 백성도 주시한다. 또는 다른 견지에서 본다면, 그것은 그리스도께서 그의 제사장의 직임을 수행하면서, 자신과 마찬가지로 그의 백성을 하나님께 드렸다고 말할 수 있을 것이다. 그는 이와 같이 자신의 중보로써 그들을 위해 하나님께 자신의 요구를 확립하게 한다. 그리고 그분은 기쁨을 다하여 그들을 하나님께 드리신다! 왜냐하면 그들은 바로 그가 위하여 죽으신 자들이며, 그분 자신의 보배로운 피로 씻은 자들이며, 그 자신의 사랑의 대상을 삼은 자들이며, 최후에 그와 더불어 영원히 살게 데리고 갈 자들이며, 이렇게 단단히 묶은 모든 능력에 의하여 그들을 위하여 하나님 앞에서 탄원할 자들이다"(Ed. Dennett).

그러므로 흉패가 제시하고 있는 진리는 그리스도의 제사장직의 사역과 불가분의 관계가 있다. "그것을 금사슬(즉 그리스도가 그 결과 신성함)에 의하여 에봇에 고정되었다. 그리고 고리 환에 의하여 상징되는 바는 역시 영원한 연결성이다. 고리 환에는 끝이 없으므로 영원을 표상한다. 제사장으로서, 그리스도는 우리를 결코 버리시지 않는다. 그가 우리의 대의에 동의하신다면, 그것을 결코 포기하지 않으실 것이다. 진실로 이 진리는 시련을 당할 때나 연약할 때 우리의 심령을 강건하게 할 것이다. 우리가 실의에 차 있다 할지라도 위를 바라보기만 하면 우리가 그리스도의 가슴과 어깨에 자리 잡고 있기에 결코 쓸모없게 버려질 수 없다는 생각으로 즐거워할 것이다"(Ed. Dennett).

"그분이 자신의 가슴 위에 가진 것에 대해 말하자면, 그는 하나님께 대해 우리를 보존하며, 또 그렇게 하지 않고는 하나님 앞에 있을 수 없으며, 그리고 그리스도의 마음에 있는 그 어떤 요구나 소원이라 할지라도 하나님의 은총을 반드시 이끌어내고, 우리에게 이익이 되는 것을 이끌어내도록 작용한다. 성소(하나님이 거기에 거주함)의 빛과 은총은 우리에게 비추지 않고 그에게 비출 수는 없기에, 그것은 그분에 의하여 제시된 목표이다"(J. N. Darby).

5. 명칭

그것은 "판결 흉패"라고 불려졌다(출 28:15). 이 말은 창세기 18장 19절에 처음으로 나오는 용어로서, 하나님께서 아브라함에게 그의 아들들에 관하여, "내가 그로 … 여호와의 도를 지켜 공의와 정의를 행하게 하려고"라고 말씀하신다. 그 다음으로는 출애굽기 21장 2절에 나타나는데, 거기에서 '심판' 은 하나님의 판결 또는 법령을 의미한다. — 시편 19:9 비교. 여기에서 설명되는 것은 성도들은 그들에 관한 하나님의 마음에 따라 그들의 대제사장에 의하여 나타내진다. 이와 거의 흡사한 진리를 설명하는 복된 말씀은, "여호와의 말씀이니라 너희를 향한 나의 생각을 내가 아나니 평안이요 재앙이 아니니라 너희에게 미래와 희망을 주는 것이니라"(렘 29:11).

그 이름과 밀접한 관계를 가지고 있는 것은 출애굽기 28:29 말씀에 이른 것이다. 즉, "아론이 성소에 들어갈 때에는 이스라엘 아들들의 이름을 기록한 이 판결 흉패를 가슴에 붙여 여호와 앞에 영원한 기념을 삼을 것이니라"고 하셨다. 주목할 만한 말은 이것이다. 즉, '기념' 이라 함은 생각나게 하는 것으로서, 기억을 요구하는 것이다. 그러나 하늘에 계신 우리 아버지께서 그러한 것이 필요한가? 그의 전지함을 알리기 위함이 아니라, 그의 마음을 즐겁게 하고 그의 사랑에 응하도록 하기 위함이다. 그리고 이것은 또한 우리의 믿음을 강건하게 하기 위함이니, 그 결과 그의 백성은 그들의 심령의 거처를 위하여 하늘에 그것을 가지고 있음을 알 수 있을 것이다.

6. 위치

흉패는 아론의 가슴에 위치하고 있었다. "가슴에"(출 28:29, 30)라는 그러한 말이 세 번 이상이나 있음을 놀랍게도 관찰할 수 있다. 우리가 본 바와 같이, 흉패는 호마노와 연결된 금 사슬에 의하여 어깨에 달려 있었고, 그리고 그것은 하부 가장자리에 있는 금 고리는 청색 끈으로 에봇의 띠에 단단히 고정되었다. 이와 같이 그것은 이스라엘의 대제사장의 가슴에 견고하게 묶여 있었다. 하나님의 백성들은 이와 같이 이중으로 묘사되었다. 첫째, 힘의 장소인 어깨와 그 다음으로는 애정의 자리인 그의 가슴에 표현되었다. 이는 주님이 현재의 천상적 사역 중에서, 그의 가련한 백성들을 붙드는 그 능력과 그들을 에워싸고, 가슴에 그들을 가까이 묶고, 그리고 그들에게 영광중에 있는 하나님 아버지와 그가 노력을 들였던 영예의 소중함을 나타내시면서 깊고, 부드럽고 변함없으신 사랑을 행하는, 우리의 구속자에 대한 아름다운 모형이었다.

"이것은 소중하기에, 우리는 자주 '믿는 도리의 사도이시며 대제사장'(히 3:1)이신 이를 '생각함으로' 자신을 새롭게 할 필요가 있다. 한때 주님이 이 땅 위에서 걸으셨던 그 믿음의 길을 걷는 우리를, 은혜로 돌보시며 지켜주시는 이가 위에 계심을, 우리는 때때로 잊을 때가 있다. 또 우리가 이러한 일을 기억한다 할지라도 주님의 사랑이나 능력을 제한할 때도 있다. 그렇다면, 주님이 무엇을 하실 수 있는지 이에 일치하게, 그분의 사랑은 우리가 자원하여 행하게 하시고, 그분의 애정이 어떠하신지 이에 일치하게, 그분은 명하신 일을 실천할 수 있는 권능을 가지신 것을 이런 식으로 기억하는 일이 소중한 것이다"(C. H. Bright).

솔로몬의 아가서에서는 신랑이 그의 사랑하는 자에게 어떻게 말하는지를 아름답게 표시한다. 즉 "너는 나를 도장 같이 마음에 품고 도장 같이 팔에 두라"(아 8:6)고 하였다. 즉 나의 이름을 그대의 마음에 깊이 아로새기게 하되, 그 마음에서는 사랑이 죽음같이 강하고, 많은 불이 꺼치지 못하며 전능자의 홍수라 할지라도 엄몰하지 못한다고 한다. 그리고 나의 이름을 또한 당신의 권능의 자리 위에 새겨, 나로 죄악과 어리석음에서 보존하사, 세상과 짝하기를 원하는 음행하는 남녀와 같이 되지 않게 하소서. 만일 이러한 기도가 세속적 인간의 소원에도 합당하였다면, 하물며 이런 간구는 그리스도의 천상적인 백성의 헌신과 바람을 얼마나 잘 표현하는가!

7. 끈

"청색 끈으로 흉패 고리와 에봇 고리에 꿰어 흉패로 정교하게 짠 에봇 띠 위에 붙여 떨어지지 않게 하라"(출 28:28). 이 말은 우리의 모형에 대해 얼마나 아름다운 완성을 제공하는가! '청색'은 천상적 색으로서, "그의 천상적 제사장 직이 계속되는 한, 흉패에 달린 우리와의 관계는 분리될 수 없게 연결된다. 우리에 대한 그의 사랑은 그치지 아니할 것이나, 그의 교회가 그와 함께 있게 되는 날에는 시련의 길이 일깨우는 이러한 염려는 더 이상 필요치 않을 것이다. 그리고 물론 우리를 사랑하시는 이와 함께 거하게 된다면, 그가 우리를 얼마나 충실히 기억하신다 할지라도, 단순히 그에 의하여 기억되는 것보다 훨씬 나을 것이다. 그리스도는 멜기세덱의 반차를 좇아 영원한 제사장이 되셨다. 현재 그의 제사장 직분은 아론이 상징한 바와 같이 중재적 성격을 가지고 있지만, 때가 이르면 — 열방에 대한 하나님의 심판이 집행될 때 — 지극히 높으신 하나님의 제사장으로 오실 것이며, 중재가 아니라 보상을 위하여 오실 것이다(창 14:18). 이때가 이르면 그의 왕적 제사장직이 수행될 것이고 그리고 우리의 직무도 그렇게 될 것이다. 그는 먼저 '의의 왕'으로, 다음은 '평강의 왕'임을 보여줄 것이다(히 7:2)"(C. H. Bright).

이 작은 묵상이 그에게 속한 많은 백성에게 축복이 되어 하나님이 기뻐하시며, 그것이 그들에게 그리스도를 좀 더 소중히 여기는 일에 사용되기를 기도한다.

제50장

우림과 둠밈

출애굽기 28:30

"**감추어진** 일은 우리 하나님 여호와께 속하였거니와 나타난 일은 영원히 우리와 우리 자손에게 속하였나니"(신 29:29). 이것은 우리의 당면한 연구를 소개 하는 데 적절한 구절로 여겨진다. 여호와께서 우리가 알 가치가 있다고 보지 않 는 것을 우리가 엿보는 것은, 주제넘고 불경스러운 일이므로 그리스도인들은 끊 임없이 "주의 종에게 고의로 죄를 짓지 말게 하소서"(시 19:13)라고 기도할 필요 가 있다.

기록된 것 이상으로 지혜로워지려고 하지 말자. 지극히 높으신 이의 특권을 침 해하고, 그리고 우리에게 "너무도 기이한"(시 139:6) 것을 다루어보려고 노력으 로부터 우리를 낮추어 주시는 은혜를 구하자. "지금은 내가 부분적으로 아나"(고 전 13:12)라고 하셨으니, 이 '부분' 이라는 말에 감사하고, 다가올 날에 완전한 계 시를 허락하실 때까지 하나님께 미루어 두자. 반면에, 나타난 일은 우리에게 '속 한 것' 임을 잊지 말자. 그것들은 우리의 교훈을 위하여 주셨다. 그것들은 기도하 면서 주의하여 연구하도록 주셨다. 다만 인내로써 말씀과 말씀을 대조해 보아야 만이 하나님께서 그의 말씀을 통하여 '계시하신 것' 을 깨달을 것이다. 성령께서 는 태만에 대해 상급의 여지를 주지 않으신다. '살찌게' (잠 13:4) 되는 자는 게으 른 자가 아니라 '부지런한' 자이다. 말씀의 진리를 옳게 분변하는 것은 게으른 자 가 아닌 "일하는 자"(딤후 2:15)를 요구한다. 그들이 진정으로 "내가 그의 입술의 명령을 어기지 아니하고 정한 음식보다 그의 입의 말씀을 귀히 여겼도다"(욥 23:12)라고 말할 수 없는 것은, 상대적으로 말씀에 대하여 너무도 적은 시간을 소 비하고 있기 때문이며, 대다수의 그리스도인으로 자처하는 사람들이 하나님께서 그의 말씀을 우리에게 나타내시기를 얼마나 기뻐하시는지에 대한 개념이 거의 또는 전혀 없기 때문이다.

이제, 이 우림과 둠밈에 관련하여, 하나님께서 어떤 '비밀' 을 지키는 것이 적합하게 보이는 어떤 것이 있었던 것으로 보여지고, 따라서 사색에 의지하는 많은 사람들이 그 주제에 대하여 쓴 것은 무익한 글이다. "우림과 둠밈" 에 대해서는, 하나님이 그의 말씀을 통하여 우리에게 계시한 것 외에는 유대인이나 이방인들을 무론하고 아무것도 아는 이가 없다. 그러나 겸손한 학자들이 그것들이 언급된 다른 구절들을 주의 깊게 비교해 볼뿐만 아니라, 그 안에서 말씀하신 것을 주목할 때, 하나님께서는 그 성격, 용도, 그리고 영적 중요성에 관한 것들을 우리에게 크게 알리기를 기뻐하셨다. 이제 주목해보기로 하자.

1. 이름

이 두 단어는 둘 다 복수이다. 물론 이것(종종 히브리어 구약성경에 있는 경우와 같이)은 아마도 소위 '존칭 복수' 로 불리는 것으로, 어떤 사물의 중요성이나 위엄을 강조하는 목적으로 사용되었다. 그러므로 '우림' 은 단지 한 가지 물체이며, '둠밈' 도 다른 한 가지로 물체이나, 이에 대하여는 확신할 수 없다. 이들 히브리어 용어에 해당하는 동의어를 영어로 확인하는 것은 어렵지 않다. 우림은 '빛들' 또는 '빛' 을 의미하며, 그 단어의 복수 형태는 '빛' 이라는 말로 아주 자주 사용되었다. 이사야 24:15에서 '불들' 로 번역되어 있으나, 이사야 31:9, 44:16, 47:14, 50:11, 에스겔 5:2에서는 우림이 '불' (이차적 의미)로 번역되었다. 둠밈은 '완전한 것들' 또는 '완전' 을 의미한다. 70인역에서는 이 두 가지 말들이 각각 'delosis' 와 'aletheim' 으로 번역되었는데 그 뜻은 '현현' 과 '진리' 이다.

이러한 신비스러운 물체에 대한 언급이 구약성경에 일곱 번 나와 있다는 것은 분명히 인상적이다. 출애굽기 28:30, 레위기 8:8, 에스라 2:63, 그리고 느헤미야 7:65에서는 "우림과 둠밈" 으로 언급했지만, 신명기 33:8에서는 그 순서가 바뀌어 "둠밈과 우림" 으로 되어 있다. 그 반면에 민수기 27:21과 사무엘상 28:6에서는 '우림' 만 언급되어 있다. 또한 살펴보아야 할 것은 여호와께서 모세에게 그것을 '만들도록' 지시하신 일은 없고, 다만 '넣으라' (히브리어로 nathan: 그것이 흉패에 에워싸이도록 '맡기다' 라는 뜻임)고 말씀하셨다. 다음에 관하여 생각해 보자.

2. 위치

장소에 대해서는 출애굽기 28:30에서 "너는 우림과 둠밈을 판결 흉패 안에 넣어"라고 기록되어 있다. 16절에 기록되기를 "두 겹으로 네모 반듯하게 하고"라고 하는데, 이를 종합해서 생각해 보면 흉패를 만든 세마포 천은 가방의 형태로 만들어졌으며 그 안에(보다 문자적으로 "그 속에") 우림과 둠밈이 자리 잡았다. 그러므로, 그것들도 역시 대제사장의 가슴위에서 지탱되고 있었다. 그것들은 이스라엘의 지파의 이름을 기록한 열두 개의 보석들 아래 있었고, 그리고 역시 아론의 어깨에 있는 호마노 보석들과도 연결되어 있었다.

3. 용도

이에 대해서는 그것에 대하여 언급한 여러 구절로 추정할 수 있다. 맨 먼저 민수기 27:21에 이르시기를, "그는 제사장 엘르아살 앞에 설 것이요 엘르아살은 그를 위하여 우림의 판결로써 여호와 앞에 물을 것이며 그와 온 이스라엘 자손 곧 온 회중은 엘르아살의 말을 따라 나가며 들어올 것이니라"고 한다.

위의 인용구절에 의하면, 어떤 환경에서는, 하나님의 마음이 그것을 통하여 전달됨이 분명한 것 같다. 사무엘상 28:6에서 이를 나타내셨는데, 거기서 사울에 대하여 이르시기를 "사울이 여호와께 묻자오되 여호와께서 꿈으로도, 우림으로도, 선지자로도 그에게 대답하지 아니하시므로"라고 한다. 위의 두 구절에 의하여, 우리는 대제사장의 흉패 안에 있는 우림 또는 '빛'에 의하여 하나님으로부터의 묘략 또는 예언적 안내를 얻었다고 추측한다.

이에 대한 더 많은 증거가 에스라 2장에 있다. 61, 62절에 이르시기를, "제사장 중에는 하바야 자손과 학고스 자손과 바르실래 자손이니 바르실래는 길르앗 사람 바르실래의 딸 중의 한 사람을 아내로 삼고 바르실래의 이름을 따른 자라. 이 사람들은 계보 중에서 자기 이름을 찾아도 얻지 못하므로 그들을 부정하게 여겨 제사장의 직분을 행하지 못하게 하고"라고 한다. 그 다음에, 이에 덧붙여 "방백이 그들에게 명령하여 우림과 둠밈을 가진 제사장이 일어나기 전에는 지성물을 먹지 말라 하였느니라"고 한다. 말하자면, 이는 그를 통하여 여호와의 마음이 분명히 드러날 때까지를 말한다.

이 말씀들로부터 고(故) 불링거(Bullinger) 박사는 다음의 추론을 끌어냈다. "우림과 둠밈은 아마도 여호와의 판결을 알아내는 제비로서 뽑아낸 두 개의 보석인 것 같다. '제비는 무릎에 던지나(히브리어로 '가슴'), 모든 일을 작정하기는 여호와께 있느니라'(잠 16:33) — 여기에 있는 가슴을 덮은 옷이나 덮개를 말한다(출 4:6, 7; 룻 4:10 참조). 그러므로 이 두 가지는 '자루' 안에 있었고, 그 하나를 끄집어내어 어느 것이 '여호와의 것'인지를 사법적으로 판단하곤 했다. 이러므로 흉패 그 자체를 '판결 흉패'라고 하였는데(출 28:15), 이는 그것으로 필요할 때마다 여호와의 판결을 얻을 수 있었기 때문이었다. 이 때문에, 땅이 '제비뽑기'(민 26:55)로 분배되었을 때, 대제사장인 엘리아살은 그 자리에 참석해야만 했다(민 34:17~27:21 참조, 수 17:4). 그가 그것을 결정하려고 할 때, '제비'를 '뽑았고'(came up, 수 18:11), '뽑았으니'(came forth, 수 19:1), '뽑아내어'(came out, 수 19:17)라고 하는데, 그 말은 에봇의 자루 '밖으로'(out)나 '앞으로'(forth) 끄집어내는 것을 말한다. 에스라 2:61-63에 의하면, 흉패에 달린 자루에 우림과 둠밈의 제비를 가지고 여호와의 결정을 보여 주었던 대제사장이 나타나기 전까지는 판결을 내릴 수 없었다."

4. 연관성

첫째, 위에서 암시된 바와 같이, 그것들은 흉패의 자루 속에 보관되어 있었다. 뿐만 아니라, 대제사장의 예복의 이러한 중대한 부분에 대한 명칭 그 자체는 거기서부터 채택되었는데, 그 이유는 그것이 '판결 흉패(즉, 하나님의 마음을 넘겨주는, 해결의 흉패)'라고 칭해지기 때문이다. 이것에 대해 뚜렷하게 일치되게도, 우리는 70인역(구약을 헬라어로 처음 번역한 것)에서 '로게이온'(logeion, 신탁이라는 의미)이라는 말이 어떻게 사용되었는지를 지적할 수 있는데, 그 이유는 그것에 의하여 대제사장은 하나님께로부터 권위있는 응답을 얻었기 때문이었다.

둘째, 앞장에서 지적했던 바와 같이, 흉패는 '에봇' 그 자체에 떨어질 수 없게 연결되었고, 그리고 그것의 중요한 부분을 이루는 것이었다 — 출애굽기 28:6, 7, 28절과 그것에 관한 우리의 주해를 보라. 당시, '에봇'은 특별히 제사장의 예언자적인 옷이었다. 그것(즉, 우림과 둠밈을 통하여)으로 그는 하나님의 뜻을 알아내어 백성들이 어떤 과정을 택해야 하는지 또는 어떤 사건이 일어날 것을 선포할 수 있었다. 이것에 대하여, 작고한 솔타우(Soltau) 씨는 매우 도움이 되도록 언급을 했다.

"그러므로 우리는, 사울이, 에봇을 입은 실로의 대제사장 아히야와 더불어, 법궤를 가져오게 하여 블레셋 진영에서 소동하는 이유를 알려고 하였으나, 그는 하나님의 응답을 기다리는 대신, 이스라엘을 저주로 묶고 전장에 돌입하였음을 본다(삼상 14:3,19,24). 엘리 계열의 유일한 생존자 제사장 아비아달은, 그 손에 에봇을 들고 놉에서 발생한 학살을 피하여 다윗에게로 도망하였다. 다윗은 이러한 수단에 의하여, 자기를 사울의 손에 넘기는 것이 그일라 사람의 의도인 것을 파악했다(삼상 23:6, 10). 재차, 시글락 사건 때에 다윗은 아비아달과 에봇을 통하여 물어, 호의적인 응답을 얻었다(삼상 30:7, 8). 이어지는 경우에 있어서 다윗이 여호와께 구하여 응답을 얻는 것을 볼 수 있다(삼하 2:1). 이 경우에는 제사장과 에봇이 언급되어 있지 않지만, 앞에 있었던 사실로써 판단하건대 아마도 동일한 문의 방식이 채택되었을 것이 거의 확실하다."

5. 중요성

이스라엘의 지파들의 이름이 새겨진 열두 개의 보석들은 아론의 가슴 위에 걸려 있었다. 그리고, 우림과 둠밈은 흉패 내부의, 보석 밑에 자리 잡고 있었다. 이와 같이, 그것들은 무엇보다 먼저 주 예수의 가슴에 있는 것에 대해 말한다. 그의 가슴에 기대었던 사도가 말하기를, "말씀이 육신이 되어 우리 가운데 거하시매 우리가 그의 영광을 보니 아버지의 독생자의 영광이요 은혜와 진리가 충만하더라"(요 1:14)고 하였다. '빛'과 '완전'은 우리의 큰 대제사장이신 그분을 중심에 놓는다.

그리스도 자신 안에서 우리는 '우림'의 원형을 본다. "그 안에 생명이 있었으니 이 생명은 사람들의 빛이라 ⋯ 참 빛 곧 세상에 와서 각 사람에게 비추는 빛이 있었나니"(요 1:5, 9). 그러므로 그가 이르시기를, "나는 세상의 빛이니 나를 따르는 자는 어둠에 다니지 아니하고 생명의 빛을 얻으리라"(요 8:12)고 한다.

"하나님은 빛이시라"(요일 1:5)고 하고, 또 그리스도께서 이르시기를 "나를 본 자는 아버지를 보았느니라"(요 14:9)고 한다. 물론, 그분은 우림이 상징이었던 그것의 실체가 되었다. 즉, "예수 그리스도의 얼굴에서"(고후 4:6) 하나님의 영광을 아는 지식의 빛이 비치고 있다.

그리스도 안에서 우리는 '둠밈'의 원형을 본다. 그분 안에 모든 '완전함'이 있기에, 그분은 "그 전체가 사랑스럽다"(아 5:16). 그는 신성에 관하여, "그는 만물 위에 계셔서 세세에 찬양을 받으실 하나님이시다"(롬 9:5). 그의 인성에 관하여,

그는 "거룩한 자"(눅 1:35)이시다. 하나님은 주님을 신-인(God-man)으로서, "이는 내 사랑하는 아들이니라"고 말씀했다. 주님은 그의 말씀에 있어서 완전하였다. 즉 "은혜를 입술에 머금으셨다"(시 45:2)고 예언의 영이 증거하였다. "그 사람이 말하는 것처럼 말한 사람은 이때까지 없었나이다"(요 7:46)라고 한 것은 그의 대적들의 고백이었다. 그의 성품에는 결함이 없었으니, "흠 없고 점 없는 어린 양"(벧전 1:19)이다. 주님은 행위에 있어 완전하였다. "나는 항상 그가 기뻐하시는 일을 행하느니라"(요 8:29)고 하심과 같다. 그렇다. 그리스도는 둠밈이 그 상징이었던 그것의 실체이시다.

그러나 아직도 여기에 좀 더 특별한 어떤 것이 있다고 생각되지 않는가? 우리는 그러하다고 생각한다. "하나님은 빛이시며"(요일 1:5), "하나님은 사랑이시라"(요일 4:8)는 것은 하나님이 주님 안에서 어떠한 자이심을 우리에게 알게 하신 것이다. 말하자면 이들 사이의 균형은 성육신하신 아들에 의하여 온전히 유지되고 복되게 나타내셨다. 그가 실행하신 사랑은 항상 거룩한 사랑이었고, 그가 나타내 보여주신 빛은 이 사랑으로부터 결코 분리되지 않았다. 이와 같이 이러한 두 가지, 우림과 둠밈 ─ '빛'과 '온전' ─ 은 일체를 이루었으며, 대제사장의 가슴에 있는 흉패 안에 함께 있었다. 이에 대한 원형은 이미 인용한 요한복음 1:14에 있다. "이제, '은혜와 진리가 충만하더라'고 한 이 표현 속에서, 우리는 흉패의 두 가지 주된 개념을 간략하게나마 갖는다. '진리'는 빛의 결과이고, 하나님은 빛이시다. 빛이란 분명하게 보여주고, 진리를 이끌어 내는 것으로, 빛은 진리이다. 세상의 빛이신 그리스도는 세상 속으로 들어온 진리이며, 그분으로부터 모든 것이 그 진정한 본성을 얻게 된다. 하지만 '은혜'가 하나님 안에 있는 한, 그것은 인간을 향한 것이다"(F. W. Grant).

그리스도 안에 있는 것들을 예시하고 있는 이 두 가지 물건의 이름(스스로 어떠하였는지)에 덧붙여서, 그것들이 의도되었던 목적, 즉 그것들을 넣어둔 용도 또한 그 모형적 성취를 그리스도 안에서 얻는다. 우리가 이미 본 바와 같이, 그것들은 하나님이 백성들에 대한 당신의 마음과 의지에 관한 지식을 그들에게 전달하기 위해 사용되었다. 이것은 주 예수를 '기묘자'(사 9:6)로 얼마나 복되게 지적하였는가! 그 안에 "지혜와 지식의 모든 보화가 감추어져 있느니라"(골 2:3). 그러므로 주님은 "내가 진리니라"(요 14:6)고 말씀하실 수 있다. 하나님의 마음과 뜻이 그분에게 또 그분에 의하여 완전하게 나타났다.

아버지의 생각에 대해 그리스도가 완전한 지식을 가지고 있음은 다음의 구절에서 분명하게 암시되었다. "아버지께서 아들을 사랑하사 자기가 행하시는 것을 다 아들에게 보이시고"(요 5:20). 여기에는 어떤 규제나 제한이 없다. "아버지 외에는 아들을 아는 자가 없고 아들과 또 아들의 소원대로 계시를 받는 자 외에는 아버지를 아는 자가 없느니라"(마 11:27). "아버지께서 아들을 사랑하사 만물을 다 그의 손에 주셨으니"(요 3:35).

그리스도께서 그의 아버지가 주신 것을 그의 백성과 나누는 교제 역시 아무런 제한이 없었다. 그의 사랑하는 제자들에게 말씀하시기를 "이제부터는 너희를 종이라 하지 아니하리니 종은 주인이 하는 것을 알지 못함이라 너희를 친구라 하였노니 내가 내 아버지께 들은 것을 다 너희에게 알게 하였음이라"(요 15:15)고 한다. 이 사실은 히브리서에서 교리적으로 발전되었다. 이르시기를 "하나님이 이 모든 날 마지막에는 아들을 통하여 우리에게 말씀하셨으니"(히 1:1, 2)라고 한다. 그리스도는 완전하게 하나님의 마음을 그의 백성에게 전달하셨고, 아버지의 심정을 충만하게 드러내셨다. 그런즉 우리는 이것이 우림과 둠밈에 의하여 예시된 두 번째의 위대한 진리라고 받아들인다. 즉 하나님의 묘략은 우리의 큰 대제사장이신 주 예수를 통해서만 배울 수 있다는 것이다. 그리고 이 은혜의 묘략들은, 마치 우림과 둠밈이 그들의 이름이 새겨진 열두 개의 보석들과 함께 흉패에 있었던 것이 상징했던 것처럼, 그의 사랑하는 친 백성들과 불가분의 관계가 있었다.

우림과 둠밈에 의하여 또 다른 복된 진리가 역시 나타났다. 하나님의 백성들이 어느 경로로 따라가야만 하는지에 대해 할지 의심스러웠을 때, 그들의 길에 빛을 원했을 때, 제사장에게 와서 물어 그 응답을 얻을 수 있었다. "그는 제사장 엘르아살 앞에 설 것이요 엘르아살은 그를 위하여 우림의 판결로써 여호와 앞에 물을 것이며"(민 27:21)라고 한다.

"그러므로 대제사장은 여호와 앞에서 회중들의 판결을 담당할 뿐만 아니라, 회중들에게 하나님의 판결을 전달했다. 그것은 진지하며 준엄하고 참으로 소중한 직책이다! 우리들은 이 모든 것을, 하늘로 올라가신 우리의 크신 대제사장 안에서 소유한다. 주님은 그의 백성의 판결을 그의 가슴으로 계속해서 담당하시며, 성령에 의하여 우리의 매일의 과정의 지극히 사소한 처지와 관련해서도, 하나님의 묘략을 우리에게 전하고 계신다. 우리는 꿈이나 환상을 원치 않는다. 만일 우리가 오직 성령 안에서 행한다면, 우리의 큰 대제사장이신 이의 가슴에 있는 완전한 '우림'이 제공해 줄 수 있는 것을 매우 명백하게 누리게 될 것이다"(C. H. M).

하지만 아직도 이러한 인상적 모형에 대하여 한 가지 생각할 점이 남아 있다. 앞서 불링거(Bullinger) 박사의 저서에서 인용한 내용을 보면 우림과 둠밈이 여호수아 때에 가나안에서 각기 다른 지파들에게 분깃을 할당하는 일에 중요한 역할을 한 것을 볼 수 있다. 그것은 약속의 땅에 있는 이스라엘의 분깃에 대해 하나님의 마음을 알 수 있게 하는 것이었다. 이에 대한 원형은 참으로 복된 것인 바, 그리스도께서 그 자신을 위하여 유업을 사셨다(시 2:8 참조). 주님은 하늘과 땅에 있는 그 유업을 그의 백성들과 함께 나눌 것이니, 그 이유는 그들이 주님과 함께 하는 '공동-상속자(joint-heirs)'이기 때문이다(롬 8:17). 요한복음 17장에 보면 그가 아버지께 이르시기를 "내게 주신 영광을 내가 그들에게 주었사오니"(22절)라고 하신 것을 볼 수 있다. 천년통치 기간 동안에 그의 백성들이 차지할 각기 다른 직위는 주님에 의하여 결정될 것이다. 어떤 이에게는 "열 고을 권세를 차지하라"(눅 19:17)고 할 것이며, 다른 이에게는 "다섯 고을을 차지하라"(눅 19:19)고 하실 것이다. 이와 같이 여호수아(히브리말로 '예수')는 하나님의 마음에 따라 유업을 나누어 주실 것이다.

요약하자면, 그리스도 안에 우림과 둠밈이 예시한 실체가 있다. 첫째, 그는 하나님의 '빛이요 완전함'이며 — 그의 영광의 광채시다(히 1:3). 둘째, 그리스도 안에서 빛과 생명, 하나님의 의와 은혜가 서로 만나며, 그 균형이 완전히 유지되었다. 셋째, 그리스도는 그 안에 하나님의 모든 묘략의 중심이 있는 자이시다. 넷째, 그리스도가 그 중심이 되는 하나님의 묘략은 그의 백성과 불가분의 관계가 있다. 다섯째, 그리스도에게서 그리고 그리스도에 의하여 하나님의 마음이 충만하게 알려진 이유는, 주님 안에 '지혜와 지식의 모든 보화'(골 2:3)가 감추어져 있기 때문이다. 여섯째, 그리스도로부터, 그분의 성령에 의하여, 우리들 순례자 여정의 발걸음마다 인도함을 받게 된다. 일곱째, 그리스도에 의하여 약속함을 받아 값으로 산 유업은 시행될 것이다.

결론적으로, 우림과 둠밈이 유대인에 대해 가졌던 세대주의적 적용을 살펴보자. 에스라 2:63에 보면 이스라엘이 바벨론의 포로로부터 돌아오는 날에는 그 누구도 우림과 둠밈으로 하나님의 마음과 교통하지 않았다고 알려준다. 에스라와 함께 있는 일행들은 대환난 때에 경건한 유대인의 남은 자들을 상징하고 있다.

비록 그들은 하나님에 의하여 보존되긴 하였으나, 그때에는 성령께서 이 땅에 계시지 아니할 것이기에, 그들에게는 지금 우리가 누리는 많은 영적 특권들이 없게 될 것이다. 그러나 야곱이 고통하는 때의 마지막에 이르러, 주 예수께서 땅으로 돌아올 것이다. "그가 여호와의 전을 건축하고 영광도 얻고 그 자리에 앉아서 다스릴 것이요 또 제사장이 자기 자리에 있으리니 이 둘 사이에 평화의 의논이 있으리라"(슥 6:13).

천년통치가 시작될 때에, "말일에 여호와의 전의 산이 모든 산 꼭대기에 굳게 설 것이요, 모든 작은 산 위에 뛰어나리니 만방이 그리로 모여들 것이라. 많은 백성이 가며 이르기를 오라 우리가 여호와의 산에 오르며 야곱의 하나님의 전에 이르자 그가 그의 길을 우리에게 가르치실 것이라 우리가 그 길로 행하리라 하리니, 이는 율법이 시온에서부터 나올 것이요 여호와의 말씀이 예루살렘에서부터 나올 것임이니라. 그가 열방 사이에 판단하시며 많은 백성을 판결하시리니 … 야곱 족속아 오라 우리가 여호와의 빛에 행하자"(사 2:2-5)라고 한다. 그때 이스라엘은 옛적에 그들의 대제사장의 흉패에 있는 우림과 둠밈에 의하여 윤곽이 드러났던 일을 다시 즐기게 될 것이다.

주의 사항: 우리 자신의 이 주제에 대한 연구를 끝맺으면서, 그동안 고대와 현대의 수많은 주석들을 살펴보았으나 아무런 도움을 얻지 못했지만, 하나님의 선하신 예비로 P. R. 모포드(Morford) 씨가 쓴 「히브리서 강연」(*Addresses on Hebrews*)이라는 책에서 우리는 이를 조명해 주는 한 기사를 찾았다. 이것을 보노라면 '우림과 둠밈'을 히브리서 1장과 2장과 연결하고자 하는 그의 제안에 관심을 가지게 되는데, 그 결과는 거기에 있는 설교 내용에서 발견된다. 우림과 둠밈 사이의 영적 의미에 대한 더 많고 분명한 구분은 구약성경에서 발견되는 약간의 차이를 설명한다. 민수기 27:21과 사무엘상 28:6에는 다만 '우림'만을 언급했는데 이는 하나님께서 친히 자신을 드러내는 특별한 일에 관계되어 있기 때문이었다. 신명기 33:8에서는 그 구절 전체의 생각과 일치되게, '둠밈'을 먼저 언급한다.

제 51 장

제사장의 예복

출애굽기 28:40-43

"주의 증거들은 놀라우므로"(시 119:129). 이 말씀을 처음으로 기록했던 자는 오늘날 우리가 가지고 있는 것보다 훨씬 작은 성경을 가지고 있었다. 시편 기자의 당대에만 하더라도 모세오경보다 약간 많은 양이 기록되었지만, 그럼에도 다윗은 거룩한 책의 첫 다섯 권을 연구하면서 그 내용을 생각할 때 경탄할 정도로 감동을 받았다. 성막과 그 제사장 직분에 관해 그리고 상세한 내용에 이르기까지 말씀하신 모든 것은 매우 '기이한' 것이다. 그 깊이가 기이한 것은 여기에 아직도 그 누구도 가늠해보지 못한 것들이 많기 때문이다. 그 신선함이 기이한 것은 성령께서 항상 새로운 아름다움을 그 안에서 드러내시기 때문이다. 그 소중함이 기이한 것은 그것의 저자와 사귐이 있었던 자가 "금 곧 많은 순금보다 더 사모할 것이며 꿀과 송이꿀보다 더 달도다"(시 19:10)라고 말하지 않을 수 없었기 때문이었다.

하나님의 증거들이 '기이한' 이유 중에 또 다른 광범위한 면이 있는데, 그 이유는 그것이 '기묘자'(wonderful, 사 9:6)라는 이름을 가지신 이와 연관되어 있기 때문이다. 주 예수께서 이 세상에 임하실 때에, 그분은 "책에 나에 대하여 기록된 것과 같이, 하나님의 뜻을 행하러 왔나이다"(히 10:7)라고 하셨다. 이러므로, 그분은 믿지 않는 바리새인들에게 "성경을 연구하여 보라 … 이 성경이 곧 내게 대하여 증언하는 것이니라"고 하셨다. 성육신하신 말씀은 기록된 말씀에 대한 열쇠이다. 구약성경의 모형에서 발견되는 것에 대한 의미와 축복을 부여하는 것은 그리스도의 인격과 사역이다. "이에 모세와 모든 선지자의 글로 시작하여 모든 성경에 쓴바 자기에 관한 것을 자세히 설명하시니라"(눅 24:27).

그러나 성경이 곧 그리스도에 관하여 증거하는 것이기 때문에 오직 그분만이 그것을 우리에게 설명할 수 있다. 만일 우리가 그 영적인 의미를 분별하려면 그 거룩한 감동자가 역시 성경의 해석자가 되어야만 한다. 누가복음 24:45에, "이에 그들의 마음을 열어 성경을 깨닫게 하시고"라고 말씀하심과 같다. 또한 그분에게 안약을 우리의 눈에 발라 볼 수 있게 해 주시기를 구하는 것도 절실히 필요한 일이다(계 3:18). 그분이 우리의 눈에 기름을 발라 주어야만, 우리는 주님 자신에 대한 구약성경의 성격, 의식 그리고 기이하고 완전한 예시들을 분별할 수 있게 된다. 오, 주님이 필자와 독자를 계속하여 지도해 주시기를 바란다.

"주의 증거는 기이하고", 그것들의 배열도 또한 기이하다. 출애굽기에 대한 이러한 논고의 과정 속에서 우리는 몇 번이고 이러한 인상적인 모습에 대하여 주의를 기울여 왔다. 지금 우리가 논하고자 하는 것은 또 다른 실례가 된다. 출애굽기 28장 내용의 순서는 시사하는 바가 가장 많고 그 의미도 깊다. 전체의 장 모두 제사장과 그들의 의복과 관계가 있다. 첫째, 1절을 보면 그 내용이 들어가기 전에 아론과 그의 아들들이 함께 나온다. 이것은 이미 지적한 바와 같이 그리스도와 그의 백성의 완전한 결합을 상징한 것이었다. 그 다음 2절에서 39절까지는 아론의 옷과 그 자신의 기장(표지)을 묘사했다. 마지막으로 40절에서 43절에는 아론의 아들들의 예복을 거론하였다. 누가 여기에 있는 하나님의 솜씨를 깨닫지 못하랴? 모든 것들에 그리스도께서 반드시 그 우위를 차지한다. 먼저 대제사장의 의복이 언급되고, 그 다음에 제사장의 가족들의 의복이 거론되기 때문이다!

"너는 아론의 아들들을 위하여 속옷을 만들며 그들을 위하여 띠를 만들며 그들을 위하여 관을 만들어 영화롭고 아름답게 하되"(출 28:40). 여기에 2절에서 말씀한 것을 반복한다는 것을 보이는 것은 매우 인상적이며 아주 복된 일이다. 2절에 여호와께서 모세에게 이르시기를 "네 형 아론을 위하여 거룩한 옷을 지어 영화롭고 아름답게 할지니"라고 하셨다. 이와 같이 40절에서 여호와께서 아론의 아들들에게도 "영화롭고 아름답게" 옷을 만들어 주라고 지시했다. 앞 장에서 지적한 바와 같이 아론이 입은 여러 가지 옷은 우리의 큰 대제사장의 타고난 본질적이고 인격적인 우수성을 가리켰다. 아론의 아들들이 입은 것들에 의하여 예시된 것은 그리스도의 백성들이 그와 연합함으로 인하여 부여받는 은혜였다.

모든 신자는 제사장이다. 모든 그리스도인은 거룩한 섬김에 응하도록 그리고 그 섬김을 위하여 헌신되었으며, 그 모두가 하나님께로 나아가는 길, 즉 하늘의 성소 가운데 있는 한 장소를 허락받았다. 그들은 하나님을 위하여 "나라와 제사장"(계 1:6)이 되었다. 그들은 "하나님이 기쁘게 받으실 신령한 제사를 드릴 거룩한 제사장"(벧전 2:5)이다. 그들이 또 "왕 같은 제사장"(벧전 2:9)이 된 것은 왕의 왕이 되신 이와 연합했기 때문이다. 그리스도인들 사이에 독특한 어떤 제사장 계급이 있다는 성경적 보장은 전혀 없으며, 모든 사람이 하나님께 가까이 나아갈 동등한 명분을 가지고 있다(히 10:22). 모든 그리스도인이 '제사장' 이 되는 것은 그가 영적인 성소에서 예배하고(히 10:19), 영적인 제단에 서서(히 13:10), 신령한 제사를 드리기(히 13:15) 때문이다. 그러나 하나님의 제사장이 되기 위해서는 거룩한 예복이 필요하다. 아론의 '아들' 에 속한 자들은 숫자상으로 넷이었는데, 이들에 대해서 몇 가지로 나누어 생각하도록 하자.

1. 그들의 속옷

"너는 아론의 아들들을 위하여 속옷을 만들며"(출 28:40). 이 구절은 출애굽기 39:27에 의하여 확대되었는데, 거기 이르시기를 "그들이 또 직조한 가는 베로 아론과 그의 아들들을 위하여 속옷을 짓고"라고 한다. 우리가 앞선 장에서 본 바와 같이 "가는 베"는 그리스도의 점 없는 순전함과 거룩함을 말한다. "아론의 아들들이 입는 옷은 사실 그리스도께 속한 것을 입는 것으로서, 이로 인하여 그들은 사실상 그와 연합을 하게 되는데, 그 때문에 교회는 그리스도를 떠나서는 아무것도 소유할 수 없는 것이다. 예를 들어, 신자들이 제사장의 직분을 맡게 되고 제사장의 특권을 누리게 된다면 그것은 그와 연관을 맺은 덕택이다. 주님은 제사장이시며, 또 그들을 제사장으로 만드시는 분이다(계 1:5, 6 참조). 만물은 그로부터 나온다. 그러므로 아론을 그의 아들들과 함께 종교적 집단에 있게 하는 것은, 그를 제사장의 가족으로 변화시키려는 것이 아니라, 오히려 제사장 가족의 모든 축복과 특권이 그리스도로부터 부여됨을 가르치고자 함이다. 그러나 그들이 이 일을 하기 위해서, 반드시 먼저 영광과 아름다움의 옷을 입어야 했으니, 그 옷은 그들을 그리스도의 영광과 아름다움으로 꾸며주는 것이다"(Ed. Dennett).

더욱 특별하게도, 제사장들의 이러한 점 없는 세마포 속옷은 성도들에게 덧입혀진 의를 설명한다. 우리 자신의 의는 더러운 옷과 같다(사 64:6). 그러나 이것들은 벗겨지고 그 자리에 그리스도의 의로 된 '최상의 옷' 이 우리에게 주어졌다(눅 15:22). 이것은 스가랴 3장에 놀랍고도 복되게 설명되고 있다. "여호수아가 더러운 옷을 입고 천사 앞에 서 있는지라 여호와께서 자기 앞에 선 자들에게 명령하사 그 더러운 옷을 벗기라 하시고 또 여호수아에게 이르시되 내가 네 죄악을 제 거하여 버렸으니 네게 아름다운 옷을 입히리라"(3, 4절). 이로 인하여 신자들은 노래하여 이르기를, "내가 여호와로 말미암아 크게 기뻐하며 내 영혼이 나의 하 나님으로 말미암아 즐거워하리니 이는 그가 구원의 옷을 내게 입히시며 공의의 겉옷을 내게 더하심이 신랑이 사모를 쓰며 신부가 자기 보석으로 단장함 같게 하 셨음이라"(사 61:10)고 한다.

구약에 이르시기를, "주의 제사장들은 의를 옷 입고 주의 성도들은 즐거이 외 칠지어다 … 내가 그 제사장들에게 구원을 옷 입히리니 그 성도들은 즐거이 외치 리로다"(시 132:9, 16)라고 했다. 이에 대한 화답은 신약성경에 주어져 있는데, 거 기 이르시기를 하나님께서 그리스도를 우리의 "지혜와 의로움과 거룩함과 구원 함"(고전 1:30)이 되게 하셨고, 또다시 "하나님이 죄를 알지도 못하신 이를 우리 를 대신하여 죄로 삼으신 것은 우리로 하여금 그 안에서 하나님의 의가 되게 하 려 하심이라"(고후 5:21)고 한다.

"아론이 대표적 성격을 띠고 대제사장으로서, 여호와의 임재하심 속에 그 모습 을 보였던 것은, 말하자면, 이스라엘 나라 전체를 의인화하는 것으로, 그 나라를 하나님에 의하여 요구되는 영광과 아름다움 속에 보존하는 것이다. 즉, 보석위에 아로새긴 그 지파의 이름을 견대와 흉패에 붙이면서. 제사장인 그의 아들들은 그 렇게 직책상의 위엄의 상태에 서있었던 것이 아니라, 그 백성들을 위하여 성소에 접근하여 그 제단에서 섬겼다. 그들을 대표하는 입장으로서가 아니라, 오히려 예 배의 인도자로서 그리고 그들에게 하나님의 거룩한 일들을 가르치는 자로 섬겼 다. 그들은 하나님의 교회 ― 하늘의 제사장― 의 일면에 대한 모형이었다. 요한 계시록에 보면 24 장로들은 제사장적인 직분을 가지고, '장로들' 로서 천상적 회 의를 취하면서 심판도 하였다. 그들이 '보좌' 에 앉은 것은 왕들이기 때문이었다. 그들은 제사장처럼 흰 의복을 입고 그리고 머리에 금 면류관을 썼는데, 그것은 화관과 같이 승리자의 관이다(계 4:4).

"헤아릴 수 없는 많은 무리들이 흰 옷을 입고 있는데, 그들은 제사장의 무리로 서 성전에서 밤낮 섬기는 자들이다(계 7:9). 어린 양의 신부가 깨끗하고 흰 고운 세마포 옷을 입고 서 서있다(계 19:8). 요한계시록 3:4, 18과 6:11에 보면 흰 옷이 또한 언급되어 있다. 그러므로 고운 세마포로 된 제사장의 옷과 더럽혀지지 않은 흰 옷은 동일한 것 곧 점 없는 의를 나타낸다. 하나님 앞에서 그리스도 안에 있는 신자들의 지위는 그들 자신의 의가 아니라 믿음으로 인한 하나님의 의에 의거한 것이다"(H. W. Soltau).

제사장의 예복에 대한 이러한 부분이 지나가기 전에, 우리들의 상태에 대한 우리의 바램과 목적은 항상 우리의 입장에 접근해야 함을 상기시켜야만 한다. 이 땅에 있는 그리스도인들의 상황은 하나님 앞에서 그의 입장과 부합되어야만 한다. 이러므로 갈라디아 3:27에서 이르시기를, "누구든지 그리스도와 합하기 위하여 세례를 받은 자는 그리스도로 옷 입었느니라"고 하고 또 로마서 13:14에서 권면하시기를 "오직 주 예수 그리스도로 옷 입고 정욕을 위하여 육신의 일을 도모하지 말라"고 한다. 이렇게 하기 위해서는 우리의 심령이 지속적으로 그리스도에게 몰두해야만 하며, 그가 우리에게 "본을 끼쳐 그 자취를 따라오게 하려 하셨음"(벧전 2:21)을 기억해야만 한다. 오, 인간의 자녀들보다 더욱더 공평하신 이에게 더욱 사로잡히기를 바란다.

2. 그들의 띠

"그들을 위하여 띠를 만들며"(출 28:40)라고 하신 이 말씀과 출애굽기 39:29에서 다음과 같이 하신 말씀을 비교해 보자. "가는 베 실과 청색 자색 홍색 실로 수 놓아 띠를 만들었으니 여호와께서 모세에게 명령하신 대로 하였더라." 어떤 이들은 여기에 나온 '띠'가 단수로 나왔으므로 오직 대제사장이 매었던 것이 틀림이 없는 것으로 생각했다. 그러나 이것이 실수인 것은 대제사장의 띠는 출애굽기 28:8에 언급되었는데, 이를 출애굽기 39:29과 주의해서 비교해 보면, 대제사장의 띠는 제사장들이 둘렀던 띠와 다르다, 즉 제사장의 띠에는 금실을 섞어서 짰으나 그들의 것은 그렇지 않았다.

오직 성경을 성경으로 비교함으로써만, 우리는 어떠한 모형이나 상징이든지 올바르게 해석할 수 있다. '띠'에는 두 가지 의미를 내포되어 있는데, 그것은 섬기는 데 쓰이는 도구의 하나며 또 힘의 매체가 된다. 첫째, 누가복음 12:35, 36에 보면 "허리에 띠를 띠고 등불을 켜고 서 있으라. 너희는 마치 그 주인이 혼인집에서 돌아와 문을 두드리면 곧 열어 주려고 기다리는 사람과 같이 되라"고 한다. 이것은 그리스도께서 그의 백성들에게 그의 돌아오심에 대하여 준비하라고 권고하신 말씀이다. 여기에 두 가지 조목이 제시되는데, 이는 그들은 반드시 섬기는 일에 활동적이어야 하며, 충실히 증거해야만 한다는 것이다. 또 어떤 이가 말한 것처럼, "우리 주님께서 돌아오시리라는 소망은, 우리가 주님의 사역에 종사할 때 허리에 띠를 두르지 아니하고, 우리들의 빛을 사람들 앞에 비추지 아니한다면, 진정으로 우리의 가슴에 머무르지 않을 것이다. 비활동적인 신자는 분명히 세상적 마음을 가진 자가 된다. 그는 세상 사람들과 짝하게 될 것인데, 그들 세상 사람들은 탐욕과 야망과 쾌락에 취하여서 하나님의 모든 진리에 대해 그 마음과 양심이 죽어 있는 자들이다. '내가 올 때까지 깨어 있으라'고 하심은 '네 허리에 띠를 띠라'는 말씀과 같은 종류의 또 다른 교훈이다."

신약성경에서 이러한 '띠'의 모습이 사용된 또 다른 권면은 베드로전서 1:13에 나타나는데, 거기 이르시기를 "그러므로 너희 마음의 허리를 동이고 근신하여 예수 그리스도께서 나타나실 때에 너희에게 가져다 주실 은혜를 온전히 바랄지어다"라고 한다. 여기에서 신자들은 약속된 유업으로 가기 위하여 광야를 통과하는 "나그네와 행인"으로 표현되었다(벧전 1:1, 4). 두 개의 크나큰 동기가 그들에게 제시되었는데, 이는 그리스도의 고난과 이에 뒤따르는 영광이다(1절). 그러므로 계속적으로 앞으로 전진하기 위해서, 우리의 마음을 반드시 그리스도께 고정시켜서, 언제나 희생자이시며 승리자로서의 두 가지 성품을 가진 그분을 늘 응시해야만 한다. '띠'를 사용하지 아니하므로 그 옷을 헐겁게 하는 자는 활동과 발전에 방해를 받게 된다. 만일 우리가 여행을 계속하면서 덜 벗어나기 원한다면, 무책임한 사상과 옆길로 빗나가는 상상들은 쌓아놓아야만 하고 그리고 우리의 심령과 이해를, 그리스도의 죽음, 부활, 그리고 재림에다 두어야 할 것이다.

에베소서 6장에서는 우리들의 '띠'의 성격을 알려주고 있다. "그러므로 하나님의 전신 갑주를 취하라 이는 악한 날에 너희가 능히 대적하고 모든 일을 행한 후에 서기 위함이라 그런즉 서서 진리로 너희 허리 띠를 띠고"(13, 14절). 여기에서 신자는 한층 또 다른 성격으로 고찰된다. 그는 하나님을 섬기는 제사장과 다른 나라로 여행하는 순례자일 뿐만 아니라, "믿음의 선한 싸움을 싸우고" 또 '씨름'을 하도록(12절) 부르신 군병이다. 그러나 그를 어떤 관계로 보든지 간에, '띠'는 중요한 요소이다. 에베소서 6:14-18에서 '띠'를 먼저 언급하고 거기에다 두 가지 별개의 개념들을 그것과 함께 결합된 관계 속에 제시한 것은 인상적인 일이다. 용사가 서서 씨름하는 데 필요한 전체의 힘은 단단히 졸라맨 그의 튼튼한 띠에 달려있다. 만일 그의 겉옷이 느슨하여 끌린다거나(방법의 부주의함), 또는 그의 허리(힘을 발하는 곳)가 하나님의 진리에 의하여 지지되고 유지되지 않

는다면, 얼마 되지 않아 사탄이 그를 정복하고, "서 있는 것" – 그리스도의 지고
한 소명을 경험에 바탕을 두고 유지하는 것 – 대신에 그를 넘어뜨려서, 세상의
망상이라는 어둠 속으로 가라앉게 할 것이다. 허무한 것들이나 현란한 명예 또는
'헛된 철학'과 '소위 거짓된 학문'이라는 그 학구적인 사색의 올무에 걸리고 말
것이다.

　우리의 허리는 "진리로 띠를 띠어"야만 한다. 그러므로 '띠'는 하나님의 말씀,
특별히 그리스도에 집중하여 그로부터 나오는 모든 것이다. 이것은 제사장의 봉
사의 도구이고, 순례자의 힘의 원천이고, 용사들의 힘이 머문 곳이었다. '띠'가
힘이라는 생각과 연결되어 있음을 생각나게 하는 특별한 성경 구절들은 요한계
시록 1:13, 15:6에 있다. 전자에서, 그리스도가 "가슴에 금띠를 띠고" 있음을 본
다. 이것에 대한 상징적인 의미는, 그분의 가슴에 청색 에봇(하늘의 평강과 사랑
의 옷)을 두른 것이기 때문에, 힐책과 경고의 엄중한 말씀 가운데서도, 역시 자비
가 "위로의 가슴"으로부터 나올 수 있었다는 것이다. 후자의 구절에서는 금띠가
천사 – 진노의 대접을 맡은 자 – 의 가슴에 둘려진 것을 보는데, 이는 지독한 진
노의 심판을 위하여 그들의 가슴이 강건할 필요가 있었음을 말한다. 이와 같이
제사장의 '띠'는 그리스도 안에서 발견되는 섬김에 대한 그런 장비와 힘을 말한
다.

3. 그들의 관

　"그들을 위하여 관을 만들어 영화롭고 아름답게 하되"(출 28:40). "세마포로 빛난
관을 만들고"(출 39:28). "이 말에 대한 히브리어는 구약성경에서 꼭 네 번 나오는
데, 예외적으로 제사장들의 두건을 위하여 사용되고 있다. 이 말은 흔히 언덕에
사용된 '올라감'을 나타내는 동사로부터 온 것이다. 이것들은 대제사장의 관과
는 다른 것이었지만, 실제로 제사장들의 머리에 둘러야만 했던 것으로, 결코 제
관(祭冠)이라고 부른 일이 없다. 흠정역에 기록된 출애굽기 29:9과 레위기 8:13의
가장자리에 보면 정확하게 '감아 묶는 것'으로 기록되어 있다. 그것들은 아마도
고운 세마포를 두루 만 것으로서 머리에 두른 터번과 같은 것이었던 것 같다. '빛
난'(goodly, 출 39:28)이라고 번역된 말은 주목해볼 만한 가치가 있는 말이다. 이
것은 머리의 '테(수건)'(겔 24:17, 23)로 번역되었는데, 이는 '아름다움'(사 61:3),
'장식'(사 61:10)으로, '아름답고 영화롭게 하다'라는 의미의 동사에서 나온 것

이다"(Soltau).

이 '관'에 대하여 처음 얼핏 보기에는 크게 닮지 않는 것 같지만 실은 긴밀한 연관성이 있는 두 가지 개념이 있는 것 같다. 어원상으로 보면, 그 말은 '올리기' 또는 '높이기'라는 의미를 가지고 있다. 반면에, 성서의 일반적 대의로 볼 때 머리를 가린다고 하는 것은 복종의 증표가 된다(고전 11:4-10). 정통과 유대인들은 오늘날까지도 항상 회당에서 그들의 머리를 가린다. 또한 개인적인 시간이라 할지라도, 하나님의 말씀을 읽을 때에는 머리를 가린다. 그렇다면 이러한 모형이 제시하고 있는 너무도 다른 이 두 가지 개념을 어떻게 조화를 이루게 할 수 있는가? 그것은, 곧 신자들의 제사장 직임은 거룩한 은혜로 그들을 높이 올리셨고 또 하늘에 올리시어 천사들의 예배를 인도할 높은 지위라고 말하는 것이다. 그러나 그들이 그리스도께 굴복할 것은 그리스도께서 그들의 찬양을 인도하실 것이기 때문이다(시 22:22). 지금도 우리는 하나님의 계시된 뜻에 복종하고 있는데, 이는 진정한 위엄과 높임이 된다. 우리는 그리스도의 자유 가운데서 섬기고 있지만, "범사에 그에게(그는 머리니 곧 그리스도)까지" 자랄 때(엡 4:15), "머리를 붙들지 아니하는"(골 2:19) 경향을 초래하는 골로새서 2:18에 언급하신 것들을 피한다.

"이러한 흰 두건들은 '꾸미거나 장식'을 위한 것이라고 말할 수 있다. 예사로 볼 때에는 눈을 끌 만한 것이라고는 아무것도 없지만, 그리스도인들 중 여인들에게 꾸미도록 권고한 장식과 같이(벧전 3:4, 5), 그것들은 하나님의 목전에 귀한 보상을 받는 온유와 잠잠한 심령의 상징이 되었다. 하나님을 의지한 구약의 거룩한 여인들이, 그들의 남편들에게 복종하는 표로 스스로 장식했던 것과 같다"(Soltau). 그러므로 제사장들의 이 '관'은 영광과 아름다움을 위한 것이었다. 사실, 하나님께 진실로 복종하는 일은 인간에게는 별로 경탄할 일이 못되는지는 몰라도 하늘의 목전에는 아름다운 것이다.

4. 그들의 속바지

"또 그들을 위하여 베로 속바지를 만들어 허리에서부터 두 넓적다리까지 이르게 하여 하체를 가리게 하라 아론과 그의 아들들이 회막에 들어갈 때에나 제단에 가까이 하여 거룩한 곳에서 섬길 때에 그것들을 입어야 죄를 짊어진 채 죽지 아니하리니 그와 그의 후손이 영원히 지킬 규례니라"(출 28:42, 43). 이 구절들의 상징적 교훈에 시간을 사용하기 전에, 레위기 8:13과 비교하여 하나님께서 이스라엘 백성들에게 제시하신 엄격하고 높은 도덕적 표준을 나타내는 어떤 점에 대한 주의가 요구된다. 레위기 8장 13절을 보면 한 가지가 생략된 것을 알 수 있다. 즉, 모세가 아론의 아들들에게 속옷(coats)과 띠(girdle)와 관(bonnets)을 '착용'하라고는 명했지만, 비록 그들이 그의 조카였다고 할지라도 속바지(breeches)나 바지(trousers)를 '착용'하라고 명하지는 않았다. 이것들은 먼저 착용하는 것으로, 그 이전에 그것들은 공식적으로 다른 옷들과 함께 입도록 그에게 이르렀다. 그들은 비록 그들과 동성(同性)인 그의 앞이라 할지라도 벗은 몸으로 나타나서는 안 되었다!

우리 앞에 제시된 모형의 현재의 부분에 대한 영적인 취지는 형용할 수 없이 복된 것이며, 그것은 지금 우리가 인용하고자 하는 사람으로부터 가장 도움이 되도록 설명되었다. "죄가 들어온 맨 처음의 결과는 인간이 그의 벗었음을 발견한 것이었다(창 3:7). 부끄러운 느낌과 죄책감이 그들의 영혼에 엄습해 왔다. 그의 관심은 즉각적으로 이 점에 대해 자신의 확신을 단념하는 방식으로 향하였기에, 그는 그의 동료가 있는 곳에 뻔뻔하게 나타날 수 있었을 것이다. 하나님과 관련하여 타락에 대한 개념이나 그분의 임재 앞에 설 수 없다는 생각은 생기지 않았다. 그리고 그것은 오늘날까지 그러하다. 인간들이 스스로 제시하는 크나큰 목표는 그들 자신들의 양심을 평온하게 만드는 것이고 그리고 이웃 간의 원만한 유대를 가지려는 것이다. 이러한 목적을 위하여 그들은 종교를 고안한다. 그러나 우리가 하나님과 상관하자마자, 양심은 고소를 당하고, 그리고 전에는 조용했던 죄책감과 부끄러움이 우리의 내면에서 솟아나, 그 무엇으로도 심령의 쉴 수 없음과 불편함을 가라앉힐 수 없게 된다. 우리는 범사가 우리와 상관해야만 하는 그분의 목전에 노출되고, 공개되어 있음을 깨닫게 된다. 작고 세미한 하나님의 음성이 내면에서 들려와서 죄인을 끌어내어 그분 앞에 서게 한다.

"우리들 자신의 것이 아닌 한 의가 우리의 영혼에 형용할 수 없이 소중하게 되는 것이 이 지점이다. 모든 죄를 지워줄 뿐만 아니라 그 죄인을 영원히 흠없는 정결함으로 덮어주는 한 덮개가, 모든 불의를 감찰하시는 하나님의 눈으로부터 숨겨주며, 이렇게 함으로써 그 앞에 죄인을 온전히 의롭게 한다(시 32:1, 2)"(Soltau). 이와 같이 이러한 '베 속바지'는 그리스도 안에 있는 그의 백성들을 위해 하나님이 준비하신 완전한 예비하심을 말하기에, 그분 앞에 육신의 종말을 고하는 것이 되었다. 이는 "우리가 알거니와 우리의 옛 사람이 예수와 함께 십자가에 못 박힌 것은 죄의 몸이 죽어 다시는 우리가 죄에게 종 노릇 하지 아니하려 함이니"(롬 6:6)라고 하심과 같다.

그러면 '속바지'가 가져다주는 실천적 교훈은 무엇인가? 그것은 육에 속한 모든 것들은 우리들의 제사장적 활동에서 보이지 않게 되어야 함을 말한다. 어떤 이가 말하기를, "육신에 속한 일은 어디에서나 나쁘나, 하나님을 거룩히 섬기는 일에 가장 어울리지 않는다. 영적으로 섬겨야 할 일에 헛됨과 시기와 다툼, 또는 무엇인가를 자신을 위해서 해보고자 하는 욕망이 개입되는 그러한 일보다 더 무서운 것은 무엇일까? 실로, 이러한 모든 것들은 보여서는 아니 될, '벌거벗은 육신'인 것이다"(C. A. Coates). "허리에서부터 두 넓적다리까지 이르게 하여 하체를 가리게 하라"는 출애굽기 28:42의 말씀은 매우 인상적이다. 본성의 모든 힘은 감추어야만 하며, 언제나 하나님을 대적하고 우리들의 행함을 저해하려는 내주하는 악의 권세는 반드시 가려져야만 한다.

오, 거룩한 은혜로 필자와 모든 그리스도인들 독자들이 실제적으로 베, 속옷, 띠, 관, 그리고 속바지를 입을 수 있게 하시고, 또 우리를 "경건하지 않은 것과 이 세상 정욕을 다 버리고 신중함과 의로움과 경건함으로 이 세상에 살게"(딛 2:12) 해 주실 수 있는 그리스도께서 그러한 힘을 일으켜 주시기를 바란다.

제 52장

계속 드리는 번제

출애굽기 29:36-46

출애굽기 28장에서 묘사한 제사장들의 예복에 관련된 상징적 교훈에 대해 상고한 후에, 이제 성령께서 우리에게 살펴보도록 인도하는 다음 일은 아론과 그의 아들들의 성별에 대한 일, 즉 거룩한 직임의 임명에 속하는 의식이다. 이에 대해서는 영적 교훈이 풍성한 출애굽기 29장에 장황하게 묘사한다. 그러나 여기에 기록된 거의 모두가 레위기 8장에서 재론되고 있으니, 만일 하나님께서 원하시면 그 책에 대하여 거론할 때까지, 거기에 대한 자세한 연구를 연기하기로 하자.

제사장의 성별에 대해 주어진 두 가지 설명은 마치 성막과 그 기구들을 이중적으로 묘사한 것과 같다. 우리는 성막에 대해, 첫째로 모세에게 만들도록 명하신 일을 듣고, 둘째로 그가 실제적으로 만든 일에 대하여 배운다. 제사장의 직무에 대해서도 그와 같은데, 출애굽기에서, 우리는 이것이 그가 구속하신 백성들에게 베풀기로 제시한 축복이었음을 배우며, 한편 성막이 이미 세워진 레위기에서는 그의 목적을 집행하심을 보게 된다 ─ 거기에서는 제사장들의 활동 상황을 본다. 더 나아가서, 성경은 실제로 성막을 짓는 일에 대하여 이르시기를 "여호와께서 모세에게 명령하신 대로 이스라엘 자손이 모든 역사를 마치매"(출 39:42)라고 하고, 제사장의 직분을 임명함에 관해서도 같은 방법으로 이행했음에 대하여 이르시기를, "아론과 그의 아들들이 여호와께서 모세를 통하여 명령하신 모든 일을 준행하니라"(레 8:36)고 한다.

출애굽기 28장에 있는 기사와 현재의 기사(29장의 마지막 몇 절들과 30장에서 이어지는 내용들)를 서로 연결시키기 위하여, 제사장의 성별 때에 준수해야만 했던 의식에 대한 간단한 개요를 보여주겠다. 그들을 위하여 정확히 일곱 가지 일이 행해졌음을 살펴보는 것은 인상적인 일이다. 첫째, 그들은 "이스라엘 자손 중"

(출 28:1)에서 택했다. 이것은 성부 하나님께서 그의 택한 자를 아담의 족속에서 골라내는 것을 얼마나 평이하게 지적하는가 — 이것은 그들의 구원과 연관되는 첫 번째 단계로서, 너무나 분명하여 자세히 진술할 필요가 없다. 둘째, 그들을 회막 문으로 데려갔는데(출 29:4), 이에 대한 예표는 다음의 베드로전서 3:18에 있다. "그리스도께서도 단번에 죄를 위하여 죽으사 의인으로서 불의한 자를 대신하셨으니 이는 우리를 하나님 앞으로 인도하려 하심이라." 셋째, 그들을 물로 씻겼는데(출 29:4), 이것은 신자의 중생과 성령에 의한 성화를 예시하였다(요 3:5; 딛 3:5; 엡 5:26 참조). 넷째, 그들은 공적인 예복을 입었는데(출 29:4-9), 이는 그리스도를 옷 입는 것을 상징하였다. 다섯째, 그들은 기름부음을 받았는데(출 29:21), 이는 신자들에게 주신 성령의 은사를 가리켰다(고후 1:21; 요일 2:27). 여섯째, 그들의 손은 가득 채워져 있었다(출 29:24) — 요한일서 1:1-3과 비교해 보라. 일곱째, 그들을 거룩하게 했는데(출 29:44), 이는 우리가 하나님께로 분리되어졌음을 숙고하게 한다. — 로마서 6:13, 22 참조.

위에서 아론과 그의 아들들이 능동적 역할을 전혀 수행하지 않고, 처음부터 마지막까지 타인의 손에 속하여 수동적이었다는 것은 매우 놀라운 일이다. 그들은 수종 드린 것이 아니라 수종 드림을 받았다. 그들을 위하여 또 그들에게 대해 많은 일들이 행해졌지만, 그들 자신으로서는 아무것도 하지 않았다. 하나님을 대신한 입장에 서서, 모세는 그들을 위하여 모든 일을 행하였다. 그의 말에 의하여 그들은 택함을 받았고 이끌려왔다. 모세의 손에 의하여 그들을 씻기고, 옷 입히며, 기름을 부었다. 또한 속죄제물용으로 수송아지와 "성별을 위한 숫양"을 데리고 온 자도 역시 모세였다. 또한 그 피를 그들의 지체의 여러 부분에 바르는 것도 모세의 일이었다(출 29:22). 그들의 "손에 가득 가지고 있는 것"들은 모두 모세가 준 것이었고, 그들은 받은 것이었다(출 29:24). 마지막으로, 그들의 손에서 되돌려 받아서, 처음으로 주어졌던 것을 하나님께 다시 드렸던 자는 모세였다(출 29:25).

그러나 거기에는 네 가지 예외가 있었는바, 이런 것들은 주목할 만한 것이고 복된 것들이었다. 첫째, 그들은 속죄제로 "수송아지의 머리에 안수"(출 29:10) 해야만 했는데, 그럼으로써 그것들은 죽음을 당해야 하는 희생제물과 스스로 동일하게 되었다. 상징적으로 이것은 성도들의 고백과 같은 것이니, "그가 찔림은 우리의 허물 때문이요 그가 상함은 우리의 죄악 때문이라 그가 징계를 받으므로 우리는 평화를 누리고 그가 채찍에 맞으므로 우리는 나음을 받았도다"(사 53:5)라고 하심과 같다. 둘째, 그들은 "숫양의 머리 위에 안수"해야만 했는데(출 29:15), 그것은 여호와께 드리는 번제였다. 이것은 신자가 사랑을 받은 자(The Beloved)를 영접함에 대해 확신하는 것을 말한다. 셋째, 그들은 또한 성별을 위해 숫양의 머리 위에도 안수하였다(출 29:19). 이는 성도들이 그리스도 안에서 또 그에 의하여, 하나님께로 또 하나님을 위하여 구별되었음을 예시했다. 이는 "그가 거룩하게 된 자들을 한 번의 제사로 영원히 온전하게 하셨느니라"(히 10:14)고 하심과 같다. 넷째, 그들은 숫양의 고기와 진설병을 먹어야만 했다(출 29:32, 33). 이것은 그의 백성의 양식되신 그리스도, 즉 그들의 본질과 생명이 되신 그리스도를 설명한다. 이것은 우리가 그리스도를 외면적으로 숙고하며 전유하는 것처럼 그가 우리의 내면에서 '형성되고' 계심을 말한다(갈 2:20; 4:19 참조).

제사장들의 성별과 연관된 의식에 대해 출애굽기 29장에 제공된 긴 설명과 우리의 현재의 부분을 형성하는 마지막 구절들과의 좀 더 직접적인 연결은 35-37절에 언급되어 있는 것이다. 35-37절에 이르시기를, "너는 내가 네게 한 모든 명령대로 아론과 그의 아들들에게 그같이 하여 이레 동안 위임식을 행하되 매일 수송아지 하나로 속죄하기 위하여 속죄제를 드리며 또 제단을 위하여 속죄하여 깨끗하게 하고 그것에 기름을 부어 거룩하게 하라 너는 이레 동안 제단을 위하여 속죄하여 거룩하게 하라 그리하면 지극히 거룩한 제단이 되리니 제단에 접촉하는 모든 것이 거룩하리라"고 한다.

이 특별한 의식들과 제단을 깨끗하게 하는 일들은 칠일 동안 반복하여 계속해야만 한다는 사실은 그리스도께 속한 백성들이 그에게 온전히 성별되어짐(골 2:10)과 그들의 제단이 완전한 것임을 나타내는 것이다. 제사장들의 위임과 번제단을 거룩하게 하는 일, 이 모두는 거룩하신 하나님의 모든 요구조건에 따르자면 분명히 같은 것이다. "이제 접근 방법은 정결하게 되고, 기름부음을 받고 그리고 거룩하게 된 제단임에는 틀림없다. 우리가 성경에서 정결하고, 기름 부음을 받은 제단에 대하여 보는 것은 이것이 처음이다. 이전에는, 가까이 나아간 자의 수준에 따라 제단이 이루어졌지만, 지금은 나아감이 인간의 모든 형태의 불완전함으로부터 정결하게 되는 것, 즉 속죄제의 효과로 깨끗하게 되는 것이 분명하다"(C. A. Coates). 바꾸어 말하자면, 하나님이 받으실 만한 모든 예배는 반드시 "영과 진리로" 드려야만 한다.

이 말씀이 그리스도의 말씀의 진의이다. 즉 "아버지께 참되게 예배하는 자들은 영과 진리로 예배할 때가 오나니 곧 이 때라 아버지께서는 자기에게 이렇게 예배하는 자들을 찾으시느니라 하나님은 영이시니 예배하는 자가 영과 진리로 예배할지니라"(요 4:23, 24)고 하셨다. 구세주께서는 그의 죽음의 결과로 나타날 큰 변화에 대해 언급한 것이다. 비록 그러한 예배가 육신에 속한 모든 것을 폐한다고 할지라도, 성령과 그리스도에 속한 모든 것을 위한 여지를 마련한 것이다.

그리고 이렇게 깨끗하게 되고 기름 부음을 받았으며 거룩하게 된 제단은 무엇에 대해 이야기하는 것인가? 그것은 명백히 그리스도 자신, 즉 그의 복된 인격을 말한다. 히브리서 13:10에 이르시기를, "우리에게 제단이 있는데 장막에서 섬기는 자들은 그 제단에서 먹을 권한이 없나니"라고 한다. 그리스도께서 친히 제단, 희생, 그리고 제사장이 되신다. 그는 "예물을 거룩하게 하는 제단"(마 23:19)이 되신다. 그러므로 믿는 자들에게 즉시 이르시기를, "우리는 예수로 말미암아 항상 찬송의 제사를 하나님께 드리자 이는 그 이름을 증언하는 입술의 열매니라"(히 13:15)고 한다.

레위기 8장에 있는 병행 성경구절에서부터, 우리는 아론과 그의 아들들에게 이러한 관련 하에서 이르신 주님의 말씀이 다음과 같았음을 배운다 — "너희는 칠 주야를 회막 문에 머물면서 여호와께서 지키라고 하신 것을 지키라 그리하면 사망을 면하리라." 이에 대하여 솔타우(Soltau) 씨는 쓰기를, "그들은 여호와 앞에 머무르는 것을 그들의 거처를 삼아야 했다. 그리고 속죄제의 진가를 깨달아야만 했고, 이로써 그들은 그곳에 거할 수 있게 된다. 그들의 한 주간, 즉 칠일 동안의 헌신은 상징적으로 우리들의 지상 생활의 전체(섬김에 의한 우리의 전체 주간)를 예시한다. 우리는 하나님의 존전에 스스로 거하는 일에 익숙해야 한다. 우리의 삶은 거기에서 보내야만 하는바, 오직 우리는 문 앞에서가 아니라 지성소에 거할 수 있는 특권을 가진다. 우리가 그분에게로 나아가는 이러한 놀라운 자유, 즉 '가까이 나아갈 뿐만 아니라' '전능자의 그늘 아래 거할 수 있는' 자유를 누리는 것을 기뻐하게 하소서. 그리고 이 일을 위한 도움과 능력은 무엇일까? 그것은 대속의 속제제물인데, 성령의 도우심으로 끊임없이 깨닫는 것이다."

"네가 제단 위에 드릴 것은 이러하니라 매일 일 년 된 어린 양 두 마리니 한 어린 양은 아침에 드리고 한 어린 양은 저녁 때에 드릴지며"(출 29:38, 39). 우리는 42절에서 이 제물이 "대대로[계속하여] 드릴 번제"라고 불리워졌음을 깨닫는다. 그 제물이 번제단 위에 올려져 있음은 그것이 기름 부음을 받고 거룩하게 된 특성과 완전히 일치되었다. '번제물'은 성경에 있는 희생 중에서 최고의 모형이다. 성경에서 그 것에 관한 첫 번째 언급은 우리가 그 독특한 의미를 확인하는 데 도움을 준다. 창 세기 22:2에 여호와께서 아브라함에게 이르시기를, "네 아들 네 사랑하는 독자 이삭을 데리고 모리아 땅으로 가서 내가 네게 일러 준 한 산 거기서 그를 번제로 드리라"고 한다. 여기에서 특별히 주목해야 할 것은 이삭이 그의 아버지의 뜻에 순응하고자하는 자원하는 마음과 그 준비성이다. 이와 같이 이 제물에 있어서 중 심사상은 헌신됨(devotedness)이다. 번제에 대한 히브리어는 문자적으로 "위로 올라가다"라는 의미이다. 그것은 "올려놓는 제물"이라고 적절히 칭할 수 있다. 그것 전체는 번제단 위에서 타서 향기로운 냄새가 되어 하늘로 올라갔다.

레위기 1장에 보면 번제물에 대하여 상세한 사항이 제공되어 있다. 3절에서, 그 드리는 자는 "여호와 앞에 기쁘게 받으시도록 드릴지니라"고 한다. 이 제물은 실제로 다른 모든 제물들의 기초가 되었는데, 이는 레위기 1~5장에 앞서 주어진 것이라는 사실에 있어서 뿐만 아니라, 그 제단 자체의 이름이 "번제물을 드리는 제단"(출 40:10)이라는 이것으로부터 취해졌기 때문이다. 그러므로 그것은 성부 에 대한 성자의 완전한 헌신을 예표하였는데, 그것은 그의 전체적인 지상적 생 애, 사역, 그리고 희생적 죽음의 근거 또는 원천이었다. 그분은 자신을 영화롭게 하지 않았다. 그가 말하거나 행동할 때, 그분이 구하였던 것은 항상 성부의 영광 이었다. 그분이 이르시기를, "내가 하늘에서 내려온 것은 내 뜻을 행하려 함이 아 니요 나를 보내신 이의 뜻을 행하려 함이니라" 하며 또 "내가 여호와를 항상 내 앞에 모심이여"(시 16:8)라고 한다. 에베소서 5:2에 이 특별한 모형에 대하여 말 씀하시기를 "그는 우리를 위하여 자신을 버리사 향기로운 제물과 희생제물로 하 나님께 드리셨느니라"고 한다.

"네가 제단 위에 드릴 것은 이러하니라 매일 일 년 된 어린 양 두 마리니 한 어린 양은 아침에 드리고 한 어린 양은 저녁 때에 드릴지며"(출 29:38, 39). 인간의 방법에 따라 말하자면, 이것은 하나님께서 복된 아들[성자]의 헌신을 계속 기억하도록 하는 어 떤 것을 그분 앞에 있도록 하신 것 같다. 그러므로 수송아지나 숫양(그리스도의 힘과 충족성을 좀 더 예표했던 것)보다는 오히려 어린 양이 지명되었던 것은 하 나님의 뜻에 대한 그분의 온유함과 청종을 더 적절하게 표현한 것이다. 그리고 또한 그 일이 하나님의 백성들 앞에서 항상 지켜져야 한다는 것도 하나님을 향한 그리스도의 사역의 측면을 설명하려는 것이다. 물론 그의 백성들의 죄를 속량하기 위하여 이 땅에 주 예수께서 오셨지만, 그것은 다만 그가 그렇게 하도록 한 성부 하나님의 뜻이었기 때문이었다(비, 히 10:7; 10:10).

"우리 앞에 있었던 제물이 계속 반복되었기 때문에, 하나님은 모든 제물의 향기와 특성 속에서 이스라엘이 용납되고 받아들여질 수 있는 하나의 기초를 놓으셨다. 그러므로 이것은 신자의 지위에 대한 훌륭한 모형이 되는 것으로, 그의 사랑하시는 이(the Beloved) 안에서 그를 받아들였다는 것을 드러낸다. 마치 계속해서 드린 번제물의 아름다운 냄새가 이스라엘을 대표하여 언제나 하나님께로 올라갔던 것처럼, 그분의 모든 수용가능성의 상태에서 그리스도는 그 자신을 대신하여 항상 그분의 면전에 있다. 그러므로 '주께서 그러하심과 같이 우리도 이 세상에서 그러한 것' (요일 4:17)이라고 말할 수 있는 것은, 우리는 주님의 희생의 모든 향미와 그분의 인격을 최대한도로 받아들이는 만큼 하나님의 임재 내에 있기 때문이다"(Ed. Dennett).

우리는 이 아침과 저녁에 계속해서 드린 번제물 속에서 우리 자신의 영혼에 대한 실천적 교훈의 시각을 잃지 말아야 한다. 이것은 다른 이에 의하여 적절하게 표현되었다. 이르기를 "하나님은 그가 우리와 함께 하는 그 관계를, 우리가 끊임없이 우리의 감정 속에서 새롭게 하도록 용기를 북돋아 주신다. 그는 우리가 하나님과 함께 하며 또한 하나님이 우리와 함께 한다는 신선한 느낌, 즉 그리스도의 향긋한 향기와 받아들임 속에서, 매일을 시작하고 끝내기를 바란다. 그는 성도들을 그분 앞에 두실 때, 그를 완전히 영화롭게 하셨던 이, 그의 모든 뜻을 행하셨던 이, 그로 인하여 무한히 기뻐하셨던 그리스도 외에는 결코 다른 그 어떤 근거를 두시지 않는다. 그는 그 근거로부터 결코 떠나지 않는다. 그것보다 다른 것이나 더 낮은 근거에서 성도들과 전혀 만나지 않으신다. 그리고 그분은 그것에 대한 인식을 우리의 편에서 끊임없이 새롭게 갖도록 할 것이다."

"한 어린 양에 고운 밀가루 십분의 일 에바와 찧은 기름 사분의 일 힌을 더하고 또 전제로 포도주 사분의 일 힌을 더할지며 한 어린 양은 저녁 때에 드리되 아침에 한 것처럼 소제와 전제를 그것과 함께 드려 향기로운 냄새가 되게 하여 여호와께 화제로 삼을지니" (출 29:40, 41). 이것은 번제에 동반되는 것이었다. 소제(the meal-offering)는 때때로 "번제와 그 소제" (레 23:13, 18; 민 28:31; 29:3, 6, 9)로 언급하는 것과 같이, 번제에 추가되는 것으로 자주 말한다.

'음식' (meat) 혹은 '소제' 에 대해서는 레위기 2장에서 길게 설명되어 있다. 그것은 성자가 그것을 통하여 성부께 자신의 헌신을 분명히 보여주었던 그 거룩하고 완전한 인성을 예시하였다. 소제와 함께 섞은 것은 찧은 기름 한 힌(hin)의 사분 일이었다. 이것은 성령의 역할 밑에서의, 그리스도의 초자연적 탄생의 신비를 예시하였다. 천사가 마리아에게 이르기를 "성령이 네게 임하시고 지극히 높으신 이의 능력이 너를 덮으시리니 이러므로 나실 바 거룩한 이는 하나님의 아들이라 일컬어지리라"(눅 1:35) 하심과 같다. 이와 같이, 역시, 그리스도의 지상에서의 모든 생애와 사역은 성령으로 가득 찼다. 그가 마귀에게 시험을 받으려고 광야로 이끌림을 받은 것도 성령에 의한 것이었으며(마 4:1), 또한 시험 받으신 곳으로부터 "성령의 능력으로 갈릴리에 돌아가셨다"(눅 4:14). 그는 성령으로 귀신을 쫓아내셨다(마 12:28). 그는 성령을 통하여 자신을 하나님께 흠 없이 드렸다(히 9:14). 그리고, 심지어 부활하신 후에도 "성령을 통하여" 사도들에게 명하셨다(행 1:2).

번제와 동반하여 전제(a drink-offering)가 또한 있었는데, 그것은 "포도주 사분 일 힌"으로 이루어졌다. '포도주'가 상징적으로 나타내는 중대성의 하나는 즐거움이다(삿 9:13; 시 104:15 참조). 그러므로 현재의 모형에서, 동반되는 전제는 그리스도로 인한 아버지의 즐거움을 말하는데 "이는 내 사랑하는 아들이요 내 기뻐하는 자라" 하심과 같다. 그러나, 보다 중요하게도 이것은 여기서 여호와의 백성들에 의하여 드려졌다. 그러므로 그것은 그의 아들의 완전하심과 헌신으로 인한 하나님의 즐거움과 그들이 함께 교제함을 표현하는 것이 된다. 하나님은 그를 기쁘게 하는 잔치를 우리에게 베푸실 것이다. 이 사실은 탕자의 비유에서 아름답게 묘사되었다. 방랑자가 뉘우치고 아버지께로 돌아왔을 때 아버지께서 이르시기를 "살진 송아지를 끌어다가 잡으라 우리가 먹고 즐기자"(눅 15:23)라고 하셨는데 이는 아버지와 그의 자녀가 그리스도로 인하여 함께 즐기는 것을 그린 것이다.

이렇게 연관시켜 볼 때, 42절의 말씀은 인상적이다. 즉, "이는 너희가 대대로 여호와 앞 회막 문에서 늘 드릴 번제라"고 한다. 헌신된 성자와 그분의 완전한 인성에 동참하는 것은 매일 계속되어져야만 하고, 그리고 매일 아침과 저녁에 이러한 것에 대한 모형이 이스라엘에 의하여 하나님께 드려져야만 하였는데, 거기에 포도주 사분의 일 힌을 함께 드렸다. 41절 말씀을 다시 살펴보자. "한 어린 양은 저녁 때에 드리되 아침에 한 것처럼 소제와 전제를 그것과 함께 드려 향기로운 냄새가 되게 하여 여호와께 화제로 삼을지니." 이 계속 드려지는 아침 제물은 옛날에 여호와께서 자기 백성들에게 말씀하실 때 "주 안에서 항상 기뻐하라"고 하심과 동일하며, 이 구약에 나타난 저녁마다 반복되어진 제사는 "내가 다시 말하노니 기뻐하라"(빌 4:4)고 하신 말씀과 동일한 것이 아닌가!

신자들의 우울함은 하나님을 영화롭게 하지 못한다. 시무룩한 신자는 주님을 알지 못하는 자들에게 그리스도를 추천하지 못한다. 하나님께서는 그의 백성이 비참하게 되기를 원치 않으신다. 그는 그의 사도 중의 한 사람을 감동시켜 "우리가 이것을 씀은 우리의 기쁨이 충만하게 하려 함이라"(요일 1:4)고 쓰게 하시지 않았던가? 만일 그리스도인이 슬프고 비참하다면 그 잘못은 전적으로 그 자신에게 있다. 이에 대한 설명은 방금 인용한 바로 성경의 그 앞 절에서, "우리의 사귐은 아버지와 그의 아들 예수 그리스도와 더불어 누림이라"(요일 1:3)고 주어진다. 이러한 교제가 실제적으로 유지됨에 따라, 우리의 기쁨은 충만하게 될 것이다. 그렇기에, 기쁨이 부족한 것은 하나님과의 교제가 결여된 탓이다.

그렇다면 이것에 대한 치료 방법은 무엇이겠는가? 지금 우리가 다루고 있는 모형이 말해 준다. 즉, 매일 시작하고 끝맺을 때마다 우리의 심령을 그리스도로 새롭게 채우고, 그의 탁월함 ─ 아버지께 전적으로 헌신하심과 우리를 위하여 죽으신 그의 사랑 ─ 에 대하여 깊이 묵상하는 것이다. 그러나 이에 동반하여 반드시 '기름'이 있어야만 하는데, 이는 우리가 진실로 그리스도를 '생각' 하려면 다만 성령님의 도움과 권세로써 할 수 있기 때문이다(히 3:1; 비, 요 16:4). 그리고 더 나아가서 우리가 복종하여 성령님으로 채워지는 정도로, 그리고 그 정도로만, 역시 기쁨으로 채워질 것이다. ─ '포도주 사분의 일 힌' 이 '기름 사분의 일 힌' 과 어떻게 일치하는지를 살펴보라(40절)! 이 사실이 다만 우연적으로 발생한 것이거나 또는 중요하지 않은 내용이 아님을 보이기 위하여 독자로 하여금 민수기 15:6, 7으로 돌아가도록 하자. 거기에 보면 비록 기름과 포도주의 양은 서로 다르다 할지라도 그것들의 비율은 똑같다! "여호와를 기뻐하는 것"이 우리의 힘이 되기 바란다(느 8:10).

"이는 너희가 대대로 여호와 앞 회막 문에서 늘 드릴 번제라 내가 거기서 너희와 만나고 네게 말하리라 내가 거기서 이스라엘 자손을 만나리니 내 영광으로 말미암아 회막이 거룩하게 될지라"(출 29:42, 43). 여기에서 여호와께서 그의 백성들을 만나실 것이라는 반복된 약속은 말로 형용할 수 없을 만큼 복되다. 히브리어로는 "약속한 대로 만나리라"는 뜻을 의미하는데, 이는 요구된 방법과 장소 속에서 만나는 것이다.

"모세는 하나님의 은총으로 속죄소에서 여호와를 만날 수 있도록 허락되었으나(출 25:22), 백성들은 회막의 문 너머로 통과할 수 없었다. 번제물이 동제단에 드려졌던 것은 여기였다. 그러므로 이곳은 하나님과 백성 사이에 있는 희생 제물을 근거로 하는 만남의 장소였다. 또 다른 가능한 장소는 있을 수 없었다. 마치 지금의 그리스도께서 하나님과 죄인 사이에 유일한 만남의 장소가 되는 것처럼. 이러한 진리를 아는 것은 참으로 중요한 것이다 — 특별히 구원받지 못한 자들에게 — 그러므로 그리스도를 떠나서는 하나님께로 가까이 나아올 수 없다. "내가 곧 길이요 진리요 생명이니 나로 말미암지 않고는 아버지께로 올 자가 없느니라"(요 14:6). 더 나아가서 잘 주목해야 할 것은 그리스도의 희생에 근거하지 않고는 하나님께 접근할 수 없다는 것이다. 이것이 번제물과 연관되어 예시된 진리이다. 만일 그리스도께서 못 박히신 십자가가 무시된다면, 범죄한 죄인과 거룩한 심판자 사이에 존재하게 될 그런 것들 외에는 하나님과 아무런 관계가 있을 수 없다. 그러나 죄인이 하나님의 '향기로운 냄새'의 제물에 대한 자신의 입장을 가지는 그때에, 그리스도께서 그 죽으심으로 이루어 놓으셨던 것의 효력에 대해 자신의 견해를 가지는 그때에, 하나님은 그 은혜와 사랑으로 그를 만나주신다"(Ed. Dennett).

42, 43절의 복된 약속 가운데는 오늘날의 성도들을 위한 영적 적용이 있는데, 이것들을 나누어서 그리고 합쳐서 생각해 보자. 하나님께서 우리의 마음에 자신을 친히 나타내시는 그러한 '만남'이 있는데, 오호라 그러한 많은 경험이 오늘날 너무도 희소한 일이 되었도다. 성령의 능력가운데에서, 그리스도의 인격과 사역에 사로잡힌 진실한 영혼이 있는 곳에, 또한 그분 자신을 친히 알게 해 주시는 일도 있다(눅 24:31). 그렇게, 성도들이 거룩한 경배를 위하여 모여, 그들 자신의 필요에 마음을 빼앗기지 않고, 그리스도의 탁월함에 마음을 두며, 축복을 얻으려고 하지 않고 찬양의 희생을 하나님께 드리려고 나아오면, 그때 그분 자신에 대한 은혜로운 계시가 있어, 다음과 같이 외치게 하실 것이다. "이곳이여 이것은 다름 아닌 하나님의 집이요 이는 하늘의 문이로다"(창 28:17). 오! 이러한 축복된 체험에 대해 더 많이 알게 되기를 바란다.

"내가 이스라엘 자손 중에 거하여 그들의 하나님이 되리니 그들은 내가 그들의 하나님 여호와로서 그들 중에 거하려고 그들을 애굽 땅에서 인도하여 낸 줄을 알리라 나는 그들의 하나님 여호와니라"(출 29:45, 46). 앞에 있었던 구절들 가운데서 하나님이 그를 예배하는 백성들과 '만나시리라' 는 약속을 반복해서 했던 것처럼, 여기에서도 "내가 그들 가운데 거하리라"고 두 번씩이나 반복한다.

여호와께서 그들을 애굽에서 구원했음도 이 때문이었으니, 그곳에서는 그들 가운데 '거하실 수 없었다.' 뿐만 아니라 이스라엘이 구속함을 받기 전에는 결코 그들 가운데 거하실 수 없었다. 이것은 어떤 전혀 새로운 것이었다. 하나님은 아담에게나 아브라함과 함께 결코 '거하신' 일이 없었다. 구속의 노래(출 15:1-18) 가운데서, 이스라엘은 외치기를 "주께서 백성을 인도하사 그들을 주의 기업의 산에 심으시리이다 여호와여 이는 주의 처소를 삼으시려고 예비하신 것이라 주여 이것이 주의 손으로 세우신 성소로소이다"(출 15:17)라고 하였다. 하나님께서 모세에게 이르시기를 "내가 그들 중에 거할 성소를 그들이 나를 위하여 짓되"(출 25:8)라고 한다. 이제 그 약속이 번제물의 효력에 근거하여 실현하게 된 것이다. 가장 복된 사실은 하나님께서 이스라엘 가운데 거하심에 대한 그 목적을 표기하는 것이다. 즉, "내가 그 하나님 여호와인 줄을 그들이 알리라" 는것이다. 우리들에게 하신 그의 약속 또한 동일하게 소중한 것이니, 곧 "볼지어다 내가 세상 끝날까지 너희와 항상 함께 있으리라"(마 28:20)고 하셨으며 또 "내가 결코 너희를 버리지 아니하고 너희를 떠나지 아니하리라"(히 13:5)고 하셨다.

현재의 이 모형은 또한 예언적으로 그리스도께서 이 땅으로 다시 오실 것을 기대하는 것임에는 의심의 여지가 없다. 그때가 이르면 "온 이스라엘이 구원을 받으리라 기록된 바 구원자가 시온에서 오사 야곱에게서 경건하지 않은 것을 돌이키시겠고"(롬 11:26)라고 한다. 그리고 다시 이르기를, "말하여 이르기를 만군의 여호와께서 이같이 말씀하시되 보라 싹이라 이름하는 사람이 자기 곳에서 돋아나서 여호와의 전을 건축하리라 그가 여호와의 전을 건축하고 영광도 얻고 그 자리에 앉아서 다스릴 것이요 또 제사장이 자기 자리에 있으리니 이 둘 사이에 평화의 의논이 있으리라"(슥 6:12, 13)고 한다. 그때에 하나님께서 이르시기를, "시온의 딸아 노래하고 기뻐하라 이는 내가 와서 네 가운데에 머물 것임이라"(슥 2:10)고 하실 것이다. 현재의 모형의 궁극적인 성취는 새 땅에서 보게 될 것이다. "내가 들으니 보좌에서 큰 음성이 나서 이르되 보라 하나님의 장막이 사람들과 함께 있으매 하나님이 그들과 함께 계시리니"(계 21:3).

"그러나 그들 가운데 거하는 것보다 더한 것이 있는데 그것은 역시 관계이다. 즉, '내가 그들의 하나님이 되리라' 고 한다. 그것은 그들이 하나님에 대하여 어떻게 해야 할 것인지에 대해 말했던 것이 아니다. 비록 그들이 은혜로 그의 백성이 되긴 하였지만, 그것은 하나님께서 그들에게 하실 일에 관한 것이다. '그들의 하나님'이라는 말씀이 말로 형용할 수 없는 축복으로 가득한 것은, 하나님께서 그들의 백성의 하나님이 되기로 단언하고, 황송스럽게도 그들과 교제관계를 맺기로 보증할 때, 그들의 하나님이 되심으로 말미암아 인도하심, 생계, 방어, 구조 등 그들의 보호에 필요한 모든 것들을 보장해 줄 것을 확실히 한다. 그러한 놀라운 관계로 인한 축복에 대하여 시편 기자는 '여호와를 자기 하나님으로 삼는 백성은 복이 있도다'(시 144:15)라고 외친다"(Ed. Dennett).

또한, 그와 같이, 새 땅에 대하여 이르시기를 "그들은 하나님의 백성이 되고 하나님은 친히 그들과 함께 계셔서 그들의 하나님이 되리라"(계 21:3)고 한다. 이 복된 모형에 대한 이러한 묵상을 주님의 영광을 위하여 사용해 주시기를 바란다.

제53장

금향단

출애굽기 30:1-10

성막과 결부하여 생각할 수 있는 두 개의 단이 있었다. 그 둘 모두 나무로 만들어졌지만, 각기 다른 금속으로 입혔는데, 그 하나는 놋으로 입혀 그 이름을 '놋제단' (출 38:30)이라고 하였고, 다른 하나는 금으로 입혀 '금 제단' (출 39:38)이라고 불렀다. 그 하나는 건물 바깥의 뜰 안에, 즉 출입문 바로 앞에 있었고, 다른 하나는 성소의 내부, 즉 휘장 앞에 서 있었다. 이 단들은 긴밀한 관계가 있었으나 다른 용도로 사용되었다. 그 독특한 이름들은 그 특유한 목적을 가리키고 있다. 즉 전자는 '번제단' (출 40:6)이라고 명명되었는데, 희생제물을 드리는 장소였다. 후자는 '분향단' (출 30:27)이라고 불렀는데, 예배의 장소가 되었다. 두 단 모두는 분명히 우리의 하나뿐인 유일한 제단을 나타내고 있다. 이에 대하여 이르기를, "우리에게 제단이 있는데 장막에서 섬기는 자들은 그 제단에서 먹을 권한이 없나니" (히 13:10)라고 하셨다.

어떤 이들은 왜 향단이 출애굽기 25, 26장에 언급되지 않았는지 궁금해한다. 출애굽기 25, 26장은 성막의 다른 기구들 중에 다섯 가지에 주목하고, 그리고 성막 안에 있는 성소에 대해서 언급한다. 이에 대하여 세 가지 이유를 제시할 수 있다. 첫째, 이 앞에 있는 장들에서 금제단이 생략된 것은, 여러 가지 거룩한 기구들이 제시하고 있는 모형적 의미 때문일 것이다. 출애굽기 25, 26장에서 열거한 것들은 하나님께서 그리스도 안에서 그의 백성에게로 나아오심과 그의 은혜의 풍성함을 보여준다. 그 반면에 출애굽기 30장에 있는 이 두 가지는 하나님께로 나아갈 수 있게 하신 그분의 예비하심과 그의 사랑의 풍부함을 표현하고 있다. 어떤 이에 의하여 심오하게 고찰된 다음의 내용은 매우 아름답다.

"그렇다면, 여호와께서 '성소'에 있는 기구들에 대해 지시하실 때, 왜 금향단에 대해서는 생략하시고 성막의 문 안쪽에 서 있었던 놋 제단으로 넘어갔을까? 내가 믿는 그 이유는 단순히 이것이다. 즉, 하나님은 먼저 자신을 인간에게 나타 내실 방식에 대하여 언급하셨고, 그 다음에야 인간이 그에게 접근하는 방식을 묘 사하셨다. 그는 '온 땅의 여호와'(수 3:13)로서 그의 자리를 보좌에 펴셨다. 그의 영광의 광채는 그리스도의 육신이라는 휘장[베일]-모형(히 10:20) 뒤에 감추어져 있었다. 하지만, 하나님은 인간과 관련하여 자신을 나타내신 일이 있었는데, 이 는 순전한 상에서 뿐만 아니라, 등대에서처럼 성령의 빛과 능력에 의하여 그렇게 하였다. 그 다음에, 우리는 이 땅에 인간으로서 내려오신 그리스도의 명백한 성 격은 성막의 막들과 덮개로 보였다. 마지막으로, 거룩한 하나님과 죄인 사이의 만나는 장소가 인상적으로 나타난 곳으로 놋 단이 있다. 이것은 옛날에 그러했듯 이, 최후의 지점까지, 우리가 되돌아온 곳으로부터, 아론과 그의 아들들을 동반 하여, 성소로 되돌아가, 일상적인 제사장들의 위치, 곧 금향단이 서 있는 곳으로 우리를 이끌어 준다. 이와 같이 그 순서는 놀랄 정도로 아름답다"(C. H. M.).

금향단과 물두멍에 대한 설명이 출애굽기 30장까지 연기되어야만 했던 두 번 째의 이유는 다음과 같다. 이것은 분명히 출애굽기 28장과 29장과 분명히 관계가 있는데, 여기에서 제사장직의 임명, 의복과 위임식에 대하여 거론한다. 이와 같 이, 금향단은 그곳 위에다 향을 태울 제사장이 생기기까지는 언급되지 않았다! 제사장들이 씻었던 곳은 물두멍이었고, 그들이 섬긴 곳은 금향단이었다, 그곳은 또한 아론이 자신을 하나님께 나타낸 곳이기도 하였다. 그러므로 28, 29장의 내 용은 더욱 직접적으로 연관된 두 가지 거룩한 기구들을 알기 전에 제사장의 가족 들에 대하여 제시할 필요가 있었다. 이와 같이, 또한, 실제적으로, 30장이 설명하 는 내용을 우리가 평가하기 이전에, 앞 장들에서 말하고 있는 것들의 취지를 파 악하게 된다.

셋째 이유는 거룩한 기구들에 대한 교훈을 신자들에게 적용하는 데 있다. 그 각각에 대한 일차적 적용은 그리스도 자신에 대한 것이기는 하나, 그의 백성들에 대하여 이차적으로 적용할 것이 있다. 우리가 여전히 살펴보듯이, 금향단에 의하 여 예표된 근본적인 적용 중의 한 가지는 예배이며, 그리고 이것이 우리의 제사 장의 특권에 대한 최고의 의식이듯이, 이것은 아론의 아들들이 여호와께 나아가 는 데 마지막으로 만나는 기구로서 적절하였다.

"마치 금향단이 출입문으로부터 속죄소를 보이지 않게 가린 휘장까지 이르는 과정에 있어서 마지막 대상이었던 것처럼, 예배는 이 땅에서 도달할 수 있는 최고의 경지이며 다른 모든 일들은 이를 위한 준비인 그 대상이다. 아버지께서는 예배하는 자들을 찾으시며(요 4:23), 이것이 주님께서 사마리아로 내려가 죄인을 만나도록 인도함을 받은 이유이며, 그녀의 마음을 죄로부터 돌리게 하여 은총의 충분한 분배로 그것을 채워서, 그녀로 거룩한 사랑의 요구에 부응하게 하며, 오직 죄인(깨끗함을 받은 죄인)만이 드릴 수 있는 찬양과 경배를 하도록 하신다. 그리고 이 일을 위하여 주께서 빛과 평화의 하늘로부터 고통과 수치의 십자가에 내려오기까지 긴 여행을 하도록 인도함을 받은 것이다. 그는 죄인들을 찾았고, 지금도 찾고 있다. 즉, 그들이 어떤 천사도 능히 맛볼 수 없는 사랑을 맛보게 하여, 그들의 마음에 그리스도께 빚진 의식으로 넘치게 하고, 그의 탁월함에 사례하며, 찬양의 향내를 풍길 수 있게 하기 위하여 그들을 찾는다"(C. H. Bright).

1. 중요한 의미

"너는 분향할 제단을 만들지니"(출 30:1). 향단을 만들 재료나 그 규격이나 형태, 또는 그것을 놓아야만 할 위치에 대해 아무것도 언급하기 전에, 그것이 사용될 목적에 대하여 먼저 언급한 것을 살펴보는 일은 참으로 인상적인 것이다. 이것은 영적 해석을 위한 확실한 열쇠를 우리의 손에 맡기는 것과 같다. 우리들의 주의는 곧장 단과 그 위에서 태워진 향으로 향하게 된다. 향단은 그리스도 자신을 말하며, 그리고 그 향료는 주님의 중보기도와 그분이 하나님께 드린 찬송에 대한 그림(figure)이었다.

출애굽기에서 아론과 그의 아들들의 임명과 위임 직후에 금향단이 우리 앞에 나타난다는 사실은 여기에서 표현된 것이 우리의 큰대제사장의 천상적 성소의 사역임을 동시에 말해준다. 그는 지금 비록 높은 위엄의 우편에 앉아 계실지라도 활동을 하지 않는 것이 아니다. 그는 구속하신 자들을 위하여 지속적으로 하나님과 접촉하면서, 자신의 완전함으로부터 나오는 향기를 포함하여, 그의 백성의 간구와 예배를 하나님께 드리신다. 금향단이 차지하고 있는 위치가 이를 입증한다. 그것은 바깥뜰에 있지 않았다. 즉 이 바깥뜰에 관계된 모든 것들은 이 땅에서의 그리스도의 현현을 예시하지만, 성소에 속한 것들은 그리스도께서 하늘로 올라가서 그의 백성을 위하여 하나님 앞에 나타나심을 말한다. 이것이 현재 우리의 모형에서 중심적 생각이라는 것을 확실하게 하는 것은 3절의 끝에 있는 단어에서 제공된다. 즉, 거기 이르시기를 "순금으로 싸고 주위에 금 테를 두를지며"라고 한다. 이와 같이 그것은 "영광과 존귀로 관을 쓰신"(히 2:9) 하늘에 계신 그리스도를 나타내며, 땅에 계심을 말하지 않는다.

놋제단에서 우리를 위한 죄가 되시어, 고난을 당하고, 심판을 견디며, 하나님의 무서운 진노의 폭풍 아래에서 그의 머리를 숙이신 그리스도를 생각하는 것은 형용할 수 없이 진지한 일이다. 그러나 금향단에서 그가 무덤으로부터 일어나 영원히 살아있고, 하나님의 보좌 앞에서 그의 백성에 대한 관심을 유지하시며, 그 자신의 탁월성과 존귀함 가운데서 그것들을 나타내는 그를 바라보는 것은 말할 수 없이 복된 일이다. "곧 우리가 원수 되었을 때에 그의 아들의 죽으심으로 말미암아 하나님과 화목하게 되었은즉 화목하게 된 자로서는 더욱 그의 살아나심으로 말미암아 구원을 받을 것이니라"(롬 5:10). 이는 곧 "누가 능히 하나님께서 택하신 자들을 고발하리요?"라는 도전에 대한 주님의 반박할 수 없는 답변 안에서 하나님의 성령이 최후의 가장 효과적인 부분으로 예정해두신 사항이다. "의롭다 하신 이는 하나님이시니 누가 정죄하리요 죽으실 뿐 아니라 다시 살아나신 이는 그리스도 예수시니 그는 하나님 우편에 계신 자요 우리를 위하여 간구하시는 자시니라"(롬 8:33, 34).

"나의 기도가 주의 앞에 분향함과 같이 되며 나의 손 드는 것이 저녁 제사 같이 되게 하소서"(시 141:2). 이 말씀은 우리에게 '향'의 전형적 의미를 제시해 준다. 또다시 요한계시록 5:8에서는, "각각 거문고와 향이 가득한 금 대접을 가졌으니 이 향은 성도의 기도들이라"고 한다. 그렇다면, 금 향단 위에서 태웠던 향은 하늘에 계신 그리스도께서 그의 백성을 위하여 기도하는 것을 예시하였다. 히브리서 7:25에 이르시기를 "그러므로 자기를 힘입어 하나님께 나아가는 자들을 온전히 구원하실 수 있으니 이는 그가 항상 살아 계셔서 그들을 위하여 간구하심이라"고 한다. 그리스도의 간구는 신자들의 칭의를 완성하려는 목적이 아님은, 만약 그러하다면 그의 십자가상의 희생이 불충분함을 나타낼 것이기 때문이다. 주님은 단 한 번의 제물로써 우리를 영원히 온전케 하셨다(히 10:14). 더욱이 그것은 그 칭의를 영광과 존귀로 관 씌우는 일이 된다. 우리 주님의 제사장으로서의 소중한 간구의 향은 우리(광야의 여정을 통과하는 자)를 하나님께 향기로운 냄새로써 온전히 열납되는 장소에 머무르게 한다.

우리의 큰 대제사장의 중보기도의 놀라운 효험에 대한 인상적인 대표적 사례는 민수기 16장에 제공되어 있다. 거기에서, 먼저, 고라와 그를 따르는 무리들이 어떻게 그들의 대제사장인 아론을 거역하였는지(모든 이스라엘 사람이 동일하게 하나님께 가깝다고 주장하면서)를 알게 된다(3절 참조). 그러나 죄가 있는 백성들은 희생의 제물을 드렸던 제사장을 통하지 않고는 거룩하신 이 앞에 설 수 없었다. 거역한 백성들은 이를 깨달아야 했다(35절). 그렇다면, "고라의 반역"(유 11절)은 그리스도의 인격과 희생적 사역을 실제적으로 부인한 것이었다. 그 다음, 민수기 16장에 보면 하나님께서 어떻게 은혜를 베푸셨는지를 알 수 있다. 대제사장 아론에게 "향로를 가져다가 제단의 불을 그것에 담고 그 위에 향을 피워 가지고 급히 회중에게로 가서 그들을 위하여 속죄하라"(민 16:46)고 하셨다. 그 결과는 복되게도 "죽은 자와 산 자 사이에 섰을 때에 염병이 그치니라"(48절)고 한다. 이는 주님의 희생적 죽음에 근거하여, 그의 실수 많은 백성들을 위해 중재하는 그리스도의 중보적 간구를 예시하는 것이다.

대부분의 주석가들이 '향'을 다만 구주의 중보기도만을 가리킨다고 한정해 버리는 것은 실수이다. 즉 그것은 하나님께 드리는 그분의 찬양의 제물도 포함하고 있다. 그가 "주의 이름을 내 형제들에게 선포하고 내가 주를 교회 중에서 찬송하리라"(히 2:12)고 하시지 않았던가? 또한 히브리서 13:15에 이르시기를 "그러므로 우리는 예수로 말미암아 항상 찬송의 제사를 하나님께 드리자"라고 한다. 그는 그의 백성의 찬양을 받으시는 이시며 또 그것들을 하나님께 드리신다. 또 베드로전서 2:5에 이르시기를 "너희도 산 돌 같이 신령한 집으로 세워지고 예수 그리스도로 말미암아 하나님이 기쁘게 받으실 신령한 제사를 드릴 거룩한 제사장이 될지니라"고 한다. 그리스도는 우리의 예배를 하나님께 열납되게 하는 이시다. 그러므로 향을 단 위에서 태운 것이다.

2. 구성

"너는 분향할 제단을 만들지니 곧 조각목으로 만들되"(출 30:1). 이것은 앞에 있었던 모형들에서 본 바와 같이 그리스도의 완전한 인성의 상징이 되었다. "이 조각목은 하나님의 아들의 부패하지 아니하고 흠 없는 인성의 표상으로서 바깥뜰에 있는 번제단을 만드는 데 쓰였고, 놋을 그 위에 입혀 희생제물 태울 때 그 불을 견딜 수 있게 했다. 동일한 조각목은 진설병 상을 만드는 데도 들어갔으며, 또 향단을 만드는데도 들어갔지만 그 위는 금으로 덮고 테를 둘렀는데, 그 이유는 이 향단에서는 죄에 대한 속죄물을 드리지 않았고 또 드릴 필요가 없을 정도로 모든 것이 완성되어졌기 때문이었다. 그것은 또 휘장 속에 있는 언약궤를 만드는 데에 들어갔는데, 이는 이러한 모든 것들은 우리 주 예수 그리스도의 인격과 구속 사역과 동일시되면서, 그의 완전한 인성(죄를 제외한 모든 것이 그의 형제들과 같은)이 우리의 살아있고 영화로운 머리이자, 대속자이고, 대리자이신 인격 안에서 항상 하나의 동일한 불멸의 인간이었음을 가르쳐준다. 즉 주님은 그분의 성육신, 출생, 지상에서 하나님과 동행하심, 십자가에서의 그분의 죽으심과 혹은 부활, 그 후 40일간 제자들에게 보이시고 그 후에 하나님의 오른편으로 승천하여, 영원히 우리를 위하여 중보하면서 사시든 간에, 그분의 언약적 개입과 직무를 우리를 대신하여 모두 조정하시었다"(Rainsford).

"제단 상면과 전후 좌우 면과 뿔을 순금으로 싸고 주위에 금 테를 두를지며"(출 30:3). 이는 인간이신 그리스도 예수께서 거룩한 영광 가운데로 들어가신 것을 매우 아름답게 말해주고 있다. 아론의 아들들이 이 단에 접근했을 때 — 예배하는 신자들이 하나님께 가까이 나아감을 나타내는 그림 — 그들은 다만 금밖에는 볼 수 없었을 것이다. 그러므로 우리의 경배의 대상이 되시는 이는 십자가상에서 돌아가신 그리스도가 아니라, "영광 가운데서 올려지신"(딤전 3:16) 살아 계신 그리스도이다. 그러므로 우리에게 명하시기를 "너희가 그리스도와 함께 다시 살리심을 받았으면 위의 것을 찾으라 거기는 그리스도께서 하나님 우편에 앉아 계시느니라 위의 것을 생각하고 땅의 것을 생각하지 말라 이는 너희가 죽었고 너희 생명이 그리스도와 함께 하나님 안에 감추어졌음이라"(골 3:1-3)고 한다. 또 어떤 이가 말하기를, "하나님은 그에게 적합하며 그의 본성에 합당한 금만을 바라보셨다. 이를 기억하면 그의 임재 앞에서 자신을 숙일 때 담대함을 준다. 그리스도께서 하나님의 눈앞에 있음과 예배자의 목전에 있음과 그리고 그분 자신이 자신의 백성을 영접하는 근거가 됨과 아울러 친히 하나님과 그의 백성들 사이에 만나는 장소가 되심은 참으로 기이한 자비이다"(Ed. Dennet).

3. 치수

"길이가 한 규빗, 너비가 한 규빗으로 네모가 반듯하게 하고 높이는 두 규빗으로 하며 그 뿔을 그것과 이어지게 하고"(출 30:2). 금향단의 치수는 놋 제단과 현격한 차이가 있었는데, 후자는 장이 오 규빗, 광이 오 규빗, 고가 삼 규빗이었다(출 27:1). 여기에서, 우리는 상세한데 이르기까지 이 모형들의 놀라운 정확성과 그 완전성을 볼 수 있다. 놋 제단은 금향단보다 훨씬 컸다. 전자는 그리스도의 희생인 죽음을 예시하며, 후자는 천국에서 그의 현재의 사역을 예시하였다. 그러나 그분은 지금에 와서는 그가 위하여 죽으신 모든 이들을 위하여 하나님 앞에 나타나지 않는가? 어떤 의미에서, 그렇다. 그러나 다른 의미에서 그렇지 않다. 대표자적인 입장에서는 그렇게 하지만, 활동적인 면에서는 그렇게 하지 않는다. 요한복음 11:51, 52에 보면 그가 전혀 다른 두 무리를 위하여 돌아가셨음을 나타내고 있는데, 그것은 민족(이스라엘)과 흩어진 하나님의 자녀들(이방인들 가운데 하나님이 택하신 자들)이었다. 그러나 지금으로서는 그리스도께서 이스라엘을 위하여 간구하시지 않으며, 그들의 찬양을 하나님께 드리지도 않는다! 그가 지금 활동적으로 참여하는 것은 다만 교회를 대신하여 하는 것뿐이다. 이스라엘은 다가올 날에 취하여 갈 것이며, 그리고 이것은 주님이 땅으로 돌아오실 날에 있을 것인데, 이는 바깥 뜰에 있는 놋제단이 의미하는 것과 같다. 그러므로 놋제단 보다 작지만, 성소 안에 있는 금향단에 놀라운 타당성이 있다.

그 장이 단지 한 규빗이었다고 함은 사실이 아닐지라도, 그리스도께서 우리를 위한 호소를 반복할 필요가 없음을 나타낸다. 한 번으로 충분한 것은 아버지께서는 항상 그의 말을 들으시기 때문이다(요 11:42). 그는 항상 살아 계셨지만, "그가 항상 간구하신다"고 말하지 않았다. 헬라어로 기록된 동사의 시제는 누가복음 22:32에서 말씀하신 바와 같이 그리스도께서 베드로를 위하여 단 한 번 기도하셨음을 암시해 주고 있다. 광이 일 규빗이었다고 하는 것은 그가 지금 위하여 중보하는 자들의 범위로서 '한 지체'를 가리켰을 것이다. 이는 "내가 비옵는 것은 세상을 위함이 아니요"(요 17:9)라고 하심과 같다. 그 고가 이 규빗인 것은 아마도 그리스도께서 지금 하늘에 있는 성도들뿐만 아니라 땅에 있는 자들의 찬양을 하나님께 드림을 의미한 것인 것 같다. 그것이 "네모 반듯" 했던 것은 그의 간구의 대상이 이 땅 사방에 흩어져서 지구의 네 지역에 미침을 말한다. 우리는 멀리 떨어져 있는 그의 피로 값 주고 사신 자들을 기억하는 것을 잊을지라도, 그는 잊지 아니한다!

"네모가 반듯하게 하고"(출 30:2). 이를 친히 그리스도께 적용한다면 그의 중보가 '멀리 흩어진' 그의 모든 백성을 포용하고 있음을 말해준다. 우리는 신약성경에서 이와 동일한 적용을 발견할 수 있는데, 디모데전서 2:1에서, "그러므로 내가 첫째로 권하노니 모든 사람을 위하여 간구와 기도와 도고와 감사를 하되"라고 한다. 에베소서 6:18에 "모든 성도들"을 위하여 간구하라고 명하셨다. 이는 오늘날 잘 이행되지 않고 있는 일인가! 우리는 얼마나 자기중심적이며, 우리들의 마음은 얼마나 협소한가! 우리들의 '제단'이 향단의 사각에 대해 얼마나 적게 응답하는가! 주께서 우리의 심령을 넓혀 주시기를 바란다.

4. 장식

"제단 상면과 전후 좌우 면과 뿔을 순금으로 싸고 주위에 금 테를 두를지며"(출 30:3). '뿔'은 힘의 상징이기에(히 3:4), 여기에서 우리에게 보여준 것은 하나님께 드리는 그리스도의 간구의 능력이다. 히브리어를 보다 문자적으로 해석하면, "그 자체에 붙어 그것의 뿔이 될 것"이라 할 수 있다. 이는 주님의 놀라운 인격 안에 있는 그리스도의 모든 것이 하나님의 능력으로 주신 것으로, 요한복음 17장에서 이것이 복되게 나타난다.

그 뿔의 수가 기록되어 있지 않음이 주목될 수 있다. 많은 이들은 그것이 번제단과 같이 각 모서리에 한 개의 뿔이 있는 것으로 결론을 내린다(출 38:2). 성경에서 그 아무것도 영적 중대성을 가지고 있지 않는 것이 없기에, 거룩한 저자를 분명히 보여주는 생략에 대해 마저도, 우리는 반드시 "왜 성령께서 거기에 네 뿔이 있었다고 언급하시지 않았을까"라고 질문해야 한다. 이에 대한 대답은 찾기가 어렵지 않다. 넷이라는 수는 땅의 수이며, 금향단은 그리스도의 천상적인 제사장 사역을 예시하는 것이므로 "네 뿔"을 언급하는 것이 이 모형의 완성에 오점을 남길 수 있기 때문이다.

"주위에 금 테를 두를지며"(출 30:3). 성막의 일곱 개의 기구들 중 세 개가 '테'를 가지고 있었다. 첫째, 두 돌판이 보관된 언약궤이다(출 25:11). 이것은 율법의 면류관으로서, 그리스도께서 이를 '크게 보이게 하셨고' 또 "존귀하게"(사 42:21) 했다. 둘째, 진설병 상이다(출 25:24). 이것은 교제의 면류관으로서, 그리스도인들의 지고한 영광과 최상의 특권은 영광으로 관 쓰신 주님과 함께 교제를 누리는 것이다. 혹은, 우리가 그것을 세대주의적인 입장에서 본다면, 열두 개의 떡이 놓여 있는 상은 다가올 날의 이스라엘이 회복되어 그리스도와의 교제 속에 있을 것임을 말하는 것으로, 이것은 왕국의 테(면류관)가 될 것이다. 여기 금향단에 연관되어 보면, 그것은 제사장의 면류관으로, 우리로 하여금 우리의 큰 대제사장 그리스도께서 "은혜의 보좌"에 앉아 있는 것을 상기시킨다.

5. 고리와 채

"금 테 아래 양쪽에 금 고리 둘을 만들되 곧 그 양쪽에 만들지니 이는 제단을 메는 채를 꿸 곳이며 그 채를 조각목으로 만들고 금으로 싸고"(출 30:4, 5). 이와 같이 이스라엘이 한 곳에서 다른 곳으로 이동할 때 단을 운반할 수 있도록 준비가 되어 있었다. 이는 그들이 정주하지 않고, 긴 여행을 할 수 있어야 했기 때문이었다. 이는 모형적으로 오늘날의 하나님의 순례자들이 이 지상에 있는 동안에, 위에 계신 그리스도의 제사장적 중보의 축복을 누리는 것을 말한다. 두 개의 '고리들'은 증거의 숫자가 되니, 지금 그리스도를 "증거하시는" 성령을 말한다(요 15:26). 그것을 금으로 만든 것은 주님이 거룩한 자이심을 선포한다. 나무로 만들어 금을 입힌 '채'는 성령께서 지금 영광을 돌리시는 이가 신-인(God-man)이심을 암시한다.

그 실제적 적용에 있어, 고리와 채가 가르쳐주는 교훈은 철저하고 복된 것이다. 그것은 다만 우리가 그리스도를 거부하는 종교적 세계로부터 분리하여, 우리의 순례자적 성격을 유지할 때, 금향단이 예시하는 것을 진정으로 전유하고 누릴 수 있다. 히브리서 13장에 보면 이 모형에 대하여 말씀하신 인상적인 구절이 있다. "그런즉 우리도 그의 치욕을 짊어지고 영문(인간이 조직한 그리스도교) 밖으로 그에게 나아가자. 우리(연민과 목적을 가진)가 여기에는 영구한 도성이 없으므로 장차 올 것을 찾나니 그러므로 우리는 예수(금향단의 원형)로 말미암아 항상 찬송(향을 사르는 것)의 제사를 하나님께 드리자. 이는 그 이름을 증언하는 입술의 열매니라"(히13: 13-15).

6. 용도

"아론이 아침마다 그 위에 향기로운 향을 사르되"(출 30:7). 그 단은 오직 한 가지 일에만 사용되었다. 레위기 16:12, 13과 민수기 16:46에 보면 향을 사르는 불은 속죄제를 태운 놋 제단에서 가지고 왔음을 알 수 있다. 그러므로 이 두 단 사이에는 긴밀한 관계가 있다. 즉, 후자의 활동은 전자에 근거했으니, 바꾸어 말해서 향은 앞서 희생제물에 지폈던 불로 사름으로써 양쪽 단에서 섬기는 제사장들의 섬김을 동일하게 하였다. 이것은, 우리의 큰 대제사장 되시는 이는 그의 피로 사지 아니한 것에 대해서는 축복을 간청하지 아니하며, 그가 대속하지 아니한 그 어떤 죄에 대해 하나님의 정의로부터 그 용서를 구할 수 없음을, 비유적으로 말해준다. 주님이 간구하는 축복의 기준은 그가 드린 생명에 대한 하나님의 판단에 달려 있다. 요한복음 17장에서 그가 그의 백성을 위하여 한 가지 간구를 드리기 전에 그리스도께서 이르시기를 "아버지께서 내게 하라고 주신 일을 내가 이루어 아버지를 이 세상에서 영화롭게 하였사오니"(4절)라고 한 것을 주목하라. 이것이 곧 그가 모두 간청하실 때 근거하고 주장했던 출발점이었다.

두 개의 제단을 서로 연결하는 또 다른 성경 구절이 있다. 어떤 이가 말한 것처럼 "시편 기자가 외로운 참새의 집과 지친 제비의 보금자리를 말하면서 이 두 제단을 언급한다는 사실은 적절하다. '나의 왕, 나의 하나님, 만군의 여호와여 주의 제단에서 참새도 제 집을 얻고 제비도 새끼 둘 보금자리를 얻었나이다' (시 84:3). 이 두 단은 이와 같이 서로 연결되고 견고하게 이루어져, 가련한 자들과 궁핍한 영혼들에게 견고하고 영원한 안식처가 된다."

"그러므로, 또한, 이사야가 성전에서 여호와의 영광과 경배하는 스랍이 얼굴을 가리고 삼위의 거룩한 하나님의 위엄을 찬양하는 것을 보았을 때, 그 자신과 이스라엘의 부정함을 깨닫고 당황하였는데, 그때 그가 제단으로부터 취한, 타는 숯불 중의 하나(생각하건대, 아마도 하나님의 불이 심판의 집행자로 보였던 것 같음)가 날아와 그의 입술에 닿아 '네 악이 제하여졌고 네 죄가 사하여졌느니라'(사 6:7)고 하였다. 하나님의 거룩한 숯불은 이미 희생제물을 태우고 그리고 또한 향기로운 향을 소멸시키고 있는 중이었다. 그러므로 상징적으로 선지자의 입술은 우리 주님의 희생과 인격의 대가에 대한 하나님의 평가에 의하여 깨끗하게 된 것이었다"(Ridout).

이것과 매우 현저한 대조를 이루고 있는 사실이 레위기 10장의 서두에 나타나 있다. 거기에 이르기를, "아론의 아들 나답과 아비후가 각기 향로를 가져다가 여호와께서 명령하시지 아니하신 다른 불을 담아 여호와 앞에 분향하였더니 불이 여호와 앞에서 나와 그들을 삼키매 그들이 여호와 앞에서 죽은지라"(레 10:1, 2). 이 아론의 아들들은 "다른 불을 여호와께 드리므로" 거룩한 심판에 의하여 소멸되었는데, 즉 그들의 향로에 들어 있는 향을 놋 제단으로부터 가져온 불로 사르지 아니하고 그들 자신들이 지핀 불로 하였던 것이다. 그들은 섬기는 방식에 관하여 이미 그들에게 명하신 여호와의 명백한 말씀을 떠났던 것이다. 하나님은 자신의 모형들에 대하여 정말 방심하지 아니하였다(비, 왕하 5:26, 27). 나답과 아비후는 그들의 행동으로 십자가의 그리스도를 영접하는 것 이외의 다른 근거로 하나님께 예배를 드릴 수 있을 것이라고 여긴 것이다. 그러므로 이를 인하여 여호와께서 그들을 죽이신 것이다.

향은 성막 봉사를 위하여 거룩하게 보존되어야 했으며, 그 누구라도 개인적으로나 가족적으로 그것을 제조했을 때는 그 주제넘음에 대해 죽음의 대가를 지불해야 했다(출 30:28). 아론의 후손에서 나온 제사장들만이 그것을 취급할 수 있도록 허락받았다. 웃시야 왕이 제사장의 직임을 빼앗아, 그분 앞에 향을 피우려고 주제넘게 감히 거룩하신 하나님께 도전하자, 그의 불경스러움은 가혹한 징계를 받았다(대하 26:16-21 참조). 비단 왕이라 할지라도 여호와 앞에서는 엎드려 경배해야만 했다!

거룩한 향의 배합과 그 준비에 대해서는 출애굽기 30:34, 35에 상세히 기록되어 있다. 각기의 향료에 대한 본성, 가치, 그리고 그것의 특징적인 모형적 의미는 여기서 설명할 수 없다. 우리가 특별히 살펴보고자 하는 것은 향 전체에 대하여 말씀하신 세 가지 사항이다. 첫째, 그것은 '향기로운' 것이었다(출 30:7). 그 냄새가 뛰어나게 향기로워야 한다는 것은 하나님 앞에서 그리스도의 중보와 찬양의 열납하심과 소중함을 말하는 것이다. 둘째, 그것은 '성결' 했다(출 30:35). 즉, 그것은 우리의 것과 같지 않은 것으로, 육에 속한 것은 그 무엇이든지 구속자의 제사장적 사역에 가담할 수 없다. 셋째, 그것은 "지극히 거룩" 했다(출 30:36). 즉, 그리스도께서 하늘의 성소에서 행하고 계시는 것은 그의 비길 데 없는 모든 탁월한 인격으로 하는 것이다. "각기 같은 분량으로 하고"(출 30:34)라는 말씀도 살펴보자면, 어느 은혜나 속성도 주 예수 그리스도 안에서 우세하다고 할 수 없으니, 그 모든 것이 완전한 균형을 이루고 있다.

등불의 빛이 여기에서 어떻게 금향단과 연결되는지를 보는 것은 주목할 만하다. "아론이 아침마다 그 위에 향기로운 향을 사르되 등불을 손질할 때에 사를지며 또 저녁 때 등불을 켤 때에 사를지니"(출 30:7, 8)라고 하셨다. 등에 불을 유지하는 일은 향단에서 섬기는 일과 불가분의 관계가 있었다. 모형적으로, 이것은 성령(그리스도의 영, 롬 8:9)의 은사와 사역은 구세주의 중보의 결과임을 말해준다(비, 요 14:16). 신자들에 대한 그 영적인 적용에 있어, 우리의 마음 가운데 성령이 매번 새롭게 불이 붙거나 활동하는 일은 하나님께 새로운 찬미를 발하는 것으로 귀착하며, 또한 우리의 경배는 언제나 성령의 능력의 현현의 정도에 늘 비례한다는 사실에 대한 설명을 볼 수 있는 것이다.

"이 향은 너희가 대대로 여호와 앞에 끊지 못할지며"(출 30:8). 이는 참으로 복된 일이다. 단 위에 있는 불은 언제나 타고 있었으며, 향기로운 향으로부터의 향기는 계속하여 올라가고 있었다. 이와 같이 그리스도는, 그의 백성을 대신하여, 그 인격으로 이루신 모든 공적과 그의 사역의 값진 것들을 가지고, 항상 하나님 앞에 있다. 우리들은 생활의 삼분의 일을 잠자는 일로 보내지만, 그는 결코 졸지 아니하시며, "항상 살아 계셔서 그들을 위하여 간구한다." 그렇기에, 그분은 "자기를 힘입어 하나님께 나아가는 자들을 온전히(그들의 광야 여정이 끝날 때까지) 구원하실 수 있다"(히 7:25). 그러므로 금향단은 우리의 영원한 구원에 보증이다.

"너희는 그 위에 다른 향을 사르지 말며 번제나 소제를 드리지 말며 전제의 술을 붓지 말며"(출 30:9). 레위 족속들의 경우, 이러한 것들을 이 제단에 드린다는 것은 그것을 놋 제단과 혼동하는 일이 될 것이다. 지금도 그리스도인들이 함께 모여, 갈라진 휘장 속으로 들어가는 대신, 십자가에서 예배의 장소를 취하려고 함께 모이는 동일한 슬픈 실수를 하고 있다. 우리들의 죄와 그것을 위한 그리스도의 희생에만 집착하는 대신, 우리는 주 예수께서 친히 우리를 위하여 하나님의 임재 앞에 나타나신 것을 깊이 생각해야만 한다. 이것에 미치지 못하는 것은 우리로 하여금 참 제사장의 지위를 차지하게 할 수 없으며 그리고 즐거운 제사장 직분을 시행할 수 없게 할 것이다.

"아론이 일 년에 한 번씩 이 향단 뿔을 위하여 속죄하되 속죄제의 피로 일 년에 한 번씩 대대로 속죄할지니라"(출 30:10). 이는 참으로 복된 일이다. 이스라엘의 회중은 놋 제단까지만 하나님께 나아갈 수 있었지만, 아론과 그의 아들들(그리스도와 그의 하늘에 있는 백성의 모형)은 성소에 있는 금향단에까지 들어갔다. 이는 속죄제물의 모든 대가로 하늘의 성소 안에서 우리의 위치가 보장된 사실을 얼마나 잘 말해 주는가! 이러한 해석은 천년통치 때의 하나님과 이스라엘의 관계를 상징하는 에스겔의 성전에 금향단이 언급되지 않는 사실에 의하여 확증된다! 그러나 우리도 이 10절을 실제적 견지에서 숙고할 필요가 있다. 이렇게 생각해 볼 때, 그것이 가르쳐 주는 것은 출애굽기 28:38에 있는 말씀과 병행된다. 거기에서는, "아론이 거룩하게 드리는 성물과 관련된 죄책을 담당하게 하라"고 한다(비, 레 5:15). 우리의 기도는 너무도 흠이 많고, 우리의 찬미는 너무도 연약하며, 우리의 예배는 마땅한 수준에 너무도 미치지 못하므로, 비단 우리의 '성물' 마저도 속죄의 피로 씻어야 할 필요가 있다. 이것은 얼마나 겸허한 일인가!

7. 덮개

"금제단 위에 청색 보자기를 펴고 해달의 가죽 덮개로 덮고 그 채를 꿰고"(민 4:11). 이것은 위에서 말한 사실을 어느 정도 확증해 준다. 금향단을 '청색' 보자기로 싼 것은 현재의 그리스도의 천상 사역을 명백히 말한다. 그러나 이것은 해달의 가죽의 외부덮개가 가리키듯이, 세상 사람들에게는 알려지지 않아야만 했다. 주께서 이러한 묵상 위에 복을 더하시기를 바란다.

제54장

속전

출애굽기 30:11-16

위에 기록된 구절들은 처음 볼 때에는 결코 이해하기 쉽지 않기에, 하나님께서 빛을 허락하지 않으시는 한 연구를 거듭할수록 더욱 어려움을 느끼게 될 것이다. 현재 우리가 살펴보고자 하는 부분에 있어 중심이 되는 내용은 여호와께서 그의 백성들에게 "각 사람이 속전을 드리도록" 명하신 것이다. 이러한 보속은 금전적이며, 은 반 세겔이었고, "그들의 생명을 속하기 위한 것"이었다. 그러나 이것은 성서의 보편적 기조와 흐름에 완전히 낯선 것이므로 많은 이들이 대단히 당황해왔던 내용이다. 어떻게 이 구절이 이사야 55:1에 있는 "돈 없이 값 없이"라고 하신 말씀과 조화를 이룰 수 있을 것인가? 우리 중의 얼마나 많은 사람들이 이 내용을 베드로전서 1:18에 "은이나 금 같이 없어질 것으로 된 것이 아니요"라고 하신 말씀과 충돌하지 않고 해석할 수 있을까?

이스라엘 백성들로 하여금 '속량'과 '속죄'를 위하여 돈을 내게 하는 것은 여기에서 유일한 어려움도 결코 아니다. 우리의 현재 구절이 차지하고 있는 위치는 이상한 것으로 보인다. 이스라엘은 이미 "구속함을 받은" 백성들이었다. 그들은 홍해에서 "주의 인자하심으로 주께서 구속하신 백성을 인도하시되"(출 15:13)라고 노래하지 않았던가! 그렇다면 왜 이제야 '속량'의 대가가 필요했다는 말인가? 그런 후에, 왜 이 이상한 의식을 금향단과 물두멍을 언급하는 사이에 소개하는 이유는 무엇이고, 그리고 이 세 가지 사이에 어떤 가능한 관계가 개재되어 있었다는 것인가? 분명히 이 구절은 연구와 함께 기도를 요구한다. 모든 은혜의 하나님께서 우리의 눈을 열어주시어 그의 율법으로부터 기이한 일을 주목할 수 있게 해 주시기를 바란다.

우리가 이 구절을 살펴봄에 있어서 맨 먼저 해야 할 일은 보다 넓은 문맥의 관점에서 그것을 고찰해야 한다는 것이다. 그것은 말하자면 이 내용이 발견된 그 특수한 책을 주의 깊게 고려하는 것이다. 만일 어떤 구절의 영역을 바로 확인하려면 이 일은 언제나 중요한 요소가 된다. 성경의 각 책마다 모든 내용의 중심이 되는 지배적 주제를 가지고 있는데, 그것은 대체로 그 자체로 독특하며, 모든 그 내용들이 그것의 주위로 모여들며, 모든 자세한 사항들은 그것을 부연 설명할 뿐이다. 이 책이 시작되는 장에서 언급한 바와 같이 출애굽기는 교리적인 면에서 '구속'을 다루고 있다. 이것이 그 주된 제목이며, 지배적 주제이다.

이러한 구속에 대한 중요하고 복된 진리는 하나님이 이스라엘 자녀를 다루는 방식으로 출애굽기에 그 실례를 보여준다. 첫째, 그들의 구속의 필요성을 보여주었는데, 이는 사로잡힌 백성이 쓰라린 속박 속에서 신음하고 있기 때문이다. 둘째, 구속자 자신의 전능과 거룩하심이 애굽에 내려진 재앙들에 의하여 나타났다. 셋째, 구속의 특성을 볼 수 있는데, 이는 피로 값 주고 사신 것으로, 그들을 권능으로 해방시켰다. 넷째, 구속함을 받은 자들의 의무를 알게 되었는데, 그것은 여호와께 순종하는 것이었다. 마지막으로, 속함을 받은 자들의 특권이 우리 앞에 제시되어 있는데, 그것은 그의 거룩한 거처에서 하나님을 예배하는 것이다. 이와 같이 하여 그 윤곽을 알 수 있듯이, 지금 우리의 구절은 그 구속의 특권 가운데로 들어가는 하나님의 백성과 관계가 있는 것이다. 이것을 명심하고, 이 구절들의 상세한 면들에 유의하도록 하자.

"네가 이스라엘 자손의 수효를 조사할 때에, 조사 받은 각 사람은 그들을 계수할 때에 자기의 생명의 속전을 여호와께 드릴지니 이는 그들을 계수할 때에 그들 중에 질병이 없게 하려 함이라"(출 30:12). 고딕체의 두 말(때에, 때에)을 살펴보기 바란다. 언제나 성령께서 이와 같이 시제를 나타내는 말을 제공할 때에는 주의 깊게 생각해야만 한다. 왜냐하면 때때로 이러한 말들이 그 구절에 중요한 열쇠를 제공하기 때문이다(비, 마 13:1; 25:1 등이 이러한 경우에 속한다). 이 속전을 드리는 일은 이스라엘을 '계수'하는 일과 연관되어 있었다. 이 사실에 대한 언급이 12-14절에서 적어도 다섯 번이나 나오고 있음을 살펴보라. 그렇다면 여기에 이 의식의 영적 의미를 규명하려고 할 때, 평가해야 할 두 번째 사항이 있다. 그렇다면, 성경에서 '계수'에 연관된 개념은 무엇인가?

이것이 매우 중요한 질문이라는 것은 구약성경의 네 번째 책이 '민수'(Numbers)라고 불리게 된 사실에 의하여 즉시 입증된다. 이 제목은 전쟁, 섬기는 일, 그리고 가나안 땅에서의 유업을 위하여 이스라엘의 자녀들을 계수하는 일에서부터 취한 것이다. 그러므로, 이러한 계수에 대한 여호와의 의향에 대한 정확한 견해가 그 일의 영적인 이해에 필수적이다. '계수' 하는 일에 의하여 제시되었던 가장 분명한 일은 소유권이다. 이에 대한 간단한 실례를 한두 가지 들어보도록 하자. 내가 자신의 서재에 있는 책을 세어 보는 것은 당연한 일이지만 나의 이웃들의 것을 그렇게 한다는 것은 결코 생각할 수 없는 일이다. 한 농부는 자기 양떼의 수는 헤아리지만, 다른 사람에게 속한 것은 그렇게 하지 않는다. 소유에 속한 것과 그것에 뒤따르는 권리가 '계수' 에 관련된 개념들이다. 성경에서도 그와 같으니, 하나님께서 계수하거나 또는 어떤 것을 계수하도록 명할 때에, 그 합계를 헤아리는 것은 그것들이 하나님에게 속했음을 의미하며, 그가 기뻐하시는 대로 할 수 있는 주권을 가지고 있음을 의미한다. 그 행위 자체는 계수한 물건들에 대하여, "이것들은 모두 내 것이며 내가 원하는 대로 그 자리를 할당한다"라고 말하는 것이다. 만일 다음 구절을 음미해 본다면 그것들이 이 정의를 확증함을 발견하게 될 것이다.

"너희는 눈을 높이 들어 누가 이 모든 것을 창조하였나 보라 주께서는 수효대로 만상을 이끌어 내시고 그들의 모든 이름을 부르시나니 그의 권세가 크고 그의 능력이 강하므로 하나도 빠짐이 없느니라"(사 40:26). 여기에서 언급하는 것은 하늘의 천체에 대한 것이다. 하나님의 소유권과 그들을 배치하는 그의 주권을 말한다. 또 시편 147:4에는, "그가 별들의 수효를 세시고 그것들을 다 이름대로 부르시는도다"라고 한다.

지금 다른 종류의 예를 들어 보자. "내가 너희를 칼에 붙일(헤아릴,number) 것인즉 다 구푸리고 죽임을 당하리니"(사 65:12). 사실상, 이 구절은 하나님의 대적에 대해 그분의 소유권을 주장하는 것이 아니라, "너희를 칼에 붙일 것인즉[헤아릴 것]"이라는 표현은 그들을 처리하는 하나님의 권능의 행사를 말하는 것이고, 그리고 다른 것도 분명히 내포되어 있다. 하나님은 "온갖 것을 그 쓰임에 적당하게 지으셨고, 악인도 악한 날에 적당하게"(잠 16:4)하시는 분이기 때문에, 칼에다 그 수를 세는 것이다. 비슷한 경우가 벨사살 왕에게 선언하신 선고에서도 발견할 수 있다. 즉, "메네는 하나님이 이미 왕의 나라의 시대를 세어서(numbered) 그것을 끝나게 하셨다"(단 5:26)라고 한다. 이것만으로도 거룩하신 하나님의 계수하심(sum-takings)의 의미를 나타내기에 충분할 것이다. 이것들은 하나님의 소유권과 그에게 속한 것들을 그의 뜻에 따라 하실 수 있는 권세를 옹호하고 있다.

이스라엘을 계수한다는 것은 하나님께서 자신을 위하여 구속하신 백성을 다루시고 또 그분에게 속한 것을 전유하며, 그리고 하나님 앞에서 각자와 그 모든 이들의 위치를 할당하는 것을 말하였다. 이것이 민수기를 그토록 두드러지게 만들었던 요소이다. 즉, 이스라엘은 여호와의 군사요 종이었기에, 그들 각자를 주님이 기뻐하시는 대로 배치하였다. 주님께 속한 군사들이, 주의 이름에 영광이 돌려져야만 하는 전쟁에 참전했던 것처럼, 그분 자신을 위한 군대에 소집되는 것은 그분을 위한 것이었다.

"여호와는 용사시니 여호와는 그의 이름이시로다"(출 15:3). "강하고 능한 여호와시요 전쟁에 능한 여호와시로다"(시 24:8). 하늘의 모든 천군과 땅에 있는 군사가 모두 그의 것이니, 그들을 계수함은 그분의 특권이다. 여호와께서 이러한 그 특권을 수호하시기에 얼마나 질투심이 많았는지는, 다윗의 역사 가운데, 엄청난 세력으로 보여주었다. 다윗은 살아 계신 하나님의 군대를 영도하는 임무를 맡았기에, 그가 군사들 앞에서 자기의 위치를 차지하는 동안에는 무사하였으나, 세월이 지나자 다윗은 하나님의 영광을 잊어버리고 자신의 영광을 갈구하였다.

"사탄이 일어나 이스라엘을 대적하고 다윗을 충동하여 이스라엘을 계수하게 하니라 다윗이 요압과 백성의 지도자들에게 이르되 너희는 가서 브엘세바에서부터 단까지 이스라엘을 계수하고 돌아와 내게 보고하여 그 수효를 알게 하라 하니 요압이 아뢰되 여호와께서 그 백성을 지금보다 백 배나 더하시기를 원하나이다 내 주 왕이여 이 백성이 다 내 주의 종이 아니니이까 내 주께서 어찌하여 이 일을 명령하시나이까 어찌하여 이스라엘이 범죄하게 하시나이까 하나 왕의 명령이 요압을 재촉한지라"(대상 21:1-4, 7, 8).

백성을 헤아리는 일에 무슨 해가 있느냐는 질문을 할 수 있다. 인구를 조사하는 일은 가치있는 일이 아닌가? 그렇다, 육신을 따라 싸우며, 세상의 원칙에 따라 행하는 사람들에게는 그러하다. 하지만 부정한 자 요압마저도 살아 계신 하나님의 군대를 계수하는 일이 무엇을 의미하는지 잘 알았다. 그래서 그는 그 행위를 여호와의 권세와 영광에 극악하게 침해하는 것으로, 그리고 심판이 그 당한 것과 같이 어김없이 뒤따르는 것으로 알고 반대하였다. 하나님은 그의 영광을 다른 이에게 양도하지 않을 것이다. 오호라, 다윗은 이를 망각하고 이스라엘에게 악을 초래하였다. 우리의 구원의 대장이신 유일하신 한 왕이 있는데, 그분은 하나님의 백성에게 명하는 일을 위임 받았기에, 아버지의 영광을 결코 잊지 않는다. 그리고 이것은 하나님이 모세에게 "네가 이스라엘의 자녀를 계수할 때에"라고 명하신 바와 같이 모형으로 우리 앞에 있다. 즉 오직 모형적 중재자만이 하나님의 백성을 계수할 수 있었다.

위에서, 우리는 성경의 네 번째 책에 기록한 이스라엘에 대한 계수는 하나님이 자신을 위하여 자신에게로 구속하신 백성을 자신의 소유로 전유하심과 이들에 대한 규제를 설명한다고 지적하였다. 이것이 곧 우리들 앞에 있는 부분에 대한 열쇠를 제공한다. 교리적으로 구속을 다루고 있는 이 책에서 이스라엘의 '계수'에 대한 이러한 첫 번째 언급을 발견하는 것은 적절한 것이다. 또 그 구절이 시작될 때에, "네가 이스라엘 자손의 수효를 조사할 때에 조사 받은 각 사람은 그들을 계수할 때에 자기의 생명의 속전을 여호와께 드릴지니"(출 30:12)라고 말한 것은 의미가 깊다. 그러므로, 보통 그러하듯이, 그 열쇠는 우리를 위하여 바로 문 위에 걸려 있다! 이 속전에 대한 의례에 중심이 되는 내용은 하나님은 속량함을 받은 자들만을 그분 자신에 대해 선택한 자로 전유한다는 것이다. 이에 대한 명백한 증거는 출애굽기 12, 13장에 이미 있는데, 거기에서는 그분에게로 속량되었기 때문에 그에 의하여 보호를 받은 '장자'에 대한 설명이 있다.

출애굽기 12, 13장에서 '장자'는 피 뿌림에 의하여 속량되어 지켜졌으며, 여기 출애굽기 30장에서 이스라엘 자손들은 '은'에 의하여 여호와의 소유(계수됨)로 인정되었다. 그 형상의 변경은 어려움 없도록 해야 한다. 이 구절에서 두 번씩이나 그 돈을 '여호와께 드리는 제물'이라는 용어로 특별히 칭하였다. 성막의 기초를 이룬 널판들 아래 있는 은 받침에 대하여 거론할 때 지적한 바와 같이(출 26:19), 희생제물의 피는 그것에 의하여 실제의 속죄물이 죄를 위하여 제공되어야 했던 형식을 좀 더 가깝게 보여주었지만, '속전'(atonement-money)은 그것으로 말미암아 죄인들이 구속되어야 했던 그 소중함을 적절히 선포하였다. 이에 대한 좀 더 큰 확증은 이스라엘 무리의 방백들이 "속죄를 위하여" 금을 제물로 가져온 것을 기록한 민수기 31:49-54에서 발견된다. 민수기 3:46-51; 18:15, 16을 보면 이것이 단 하나의 구절이 아님을 알 수 있다.

우리는 그 원형(the antitype)이 이루어졌을 때 성령이 어떻게 그것을 챙겨두는지를 관찰하면서 우리의 모형(type)의 의미를 가장 잘 배운다. "죄를 위한 한 희생"이 있는 곳에서 하나님이 "황소와 염소의 피가 능히 죄를 없이 하지 못함이라"(히 10:4)고 선포할 때, 우리는 황소와 염소의 피의 상징적 의미를 아주 분명하게 본다. 그렇듯이, 우리가 모든 구속의 부귀를 소중히 여기는 주님을 주목하면서, "너희가 알거니와 … 에서 대속함을 받은 것은 은이나 금 같이 없어질 것(너희의 헛된 대화에서 나오는)으로 된 것이 아니요 오직 흠 없고 점 없는 어린 양 같은 그리스도의 보배로운 피로 된 것이니라"는 말씀을 들을 때, 은-속전과 금-속전의 의도를 파악하는 것이다. 그러므로, 이와 연관해서 그 "보배로운 피"(그 어디에서도 발견되지 않는 표현)는 그 "속량하는" 돈('피'가 그러한 성격을 가지듯)이 그리스도의 헤아릴 수 없이 값진 희생을 예표하였음을 우리에게 말해 준다.

이것은 이 장의 서두에서 주목을 받은 난해한 그 구절에 대한 첫 번째의 어려움을 만족스럽게 해결한 것이 아닌가? 사실, 이스라엘에게 그의 생명을 위하여 금전적 속량물을 드리도록 요구했지만, 이것은 황소나 양을 드린다고 해도 그 드리는 자가 그것으로써 하나님의 은총을 살 수 없는 것과 같이, 구원이 죄인 자신의 노력에 의하여 보장될 수 있다는 것을 뜻하지 않았다. 오히려 그것은 여호와께서 그의 백성들에게 죄를 위한 속죄를 홀로 담당할 수 있는 이(즉, 그리스도)에 대해 모형과 원형으로 가르치는 것이다. 즉, 드리는 자가 희생제물을 죽이는 것은 그분의 피 흘림에 대해 말하고 것이며, 은이나 금을 가지고 오는 것은 그의 피의 소중함을 말한다. 이스라엘 사람 자신이 각각 제공했다는 것은 죄인은 믿음으로 주 예수를 개인적으로 자신의 것으로 전유해야 하며 그의 죄와 거룩하신 하나님 사이에 그리스도를 두어야만 한다는 진리를 강조하는 것이었다.

다음으로 이스라엘 백성 각자에게 요구된 양을 살펴보자. "무릇 계수 중에 드는 자마다 성소의 세겔로 반 세겔을 낼지니 한 세겔은 이십 게라라 그 반 세겔을 여호와께 드릴지며"(출 30:13). 이와 같이 '속량'은 반 세겔 또는 십 게라로 이루어졌음을 알게 된다. 모형에 대한 이러한 상세한 사실을 그 의미가 없는 것이 아니라, 오히려 그것에 대해 전반적으로 빛을 비춰준다.

우리가 앞장에서 살펴본 바와 같이, 십은 인간의 의무에 관한 수이며, 우리는 여기에서 그 '속량'이 이러한 의무를 충족하고 있음을 알 수 있다. 십 게라보다 적은 양은 하나님 앞에서 유익하지 못하니, 누가복음 15:8에서 그 여인이 아홉 개의 은전으로 어떻게 만족하지 못했는지를 살펴보라! 죄인은 만일 그의 동료를 향한 자기의 의무를 이행하기만 하면, 그것이 그에게 공정하게 요구할 수 있는 모

564 출애굽기 강해

든 것으로 여긴다. 하지만, 하나님과 그가 요구하시는 것은 그가 계산에서 완전
히 벗어난다. 그러나 십계명은 여호와 하나님에 대한 인간의 관계와 책임으로 시
작한다. 그러나 일찍이 여호와 하나님을 마음을 다하여 사랑하고 또 그 이웃을
자기와 같이 사랑해 본 자가 어디에 있는가? 오, 단 한 사람밖에 없으니 곧 주 예
수 그리스도시다. 그는 요구하신 속전을 하나님께 제출한 바로 그 사람이었으니,
"그리스도께서 우리를 위하여 저주를 받은 바 되사 율법의 저주에서 우리를 속량
하셨으니"(갈 3:13)라고 함과 같다. 그분은 또한 "율법 아래에 나게 하신 것은 율
법 아래에 있는 자들을 속량하시기 위함"이었다(갈 4:4, 5). 비록 우리는 우리의
책임량은 십 게라를 드리지 못한다 할지라도 그리스도께서 우리를 위해 그 전부
를 지불하였다. 즉 주님은 생각과 말과 행위로 율법을 완전히 지켰을 뿐만 아니
라 또한 우리를 대신하여 형벌의 고통을 받았다. 그러므로 그분은 완전한 속량을
제공하였다.

"성소의 세겔로 반 세겔을 낼지니"(출 30:13). 이는 매우 중요한 내용이다. 성소에
간직되었던 '세겔'이라는 기준에 의하여 다른 모든 것들을 검사하였다. 제각기
요구되는 무게에 충분히 도달해야만 한다. 이와 같이 그 원형도 그러했다. 진정
한 속죄는 하늘에 있는 저울에 의하여 무게를 달았으며 그리하여 하나님의 보좌
앞에서 충분한 가치를 얻었다. 아버지께서 우리 구주의 속량을 열납하신 것은 하
나님께서 그를 죽음에서 일으키시고, 후에 그의 우편으로 높이신 때에 설득력 있
게 나타내었다. 그리스도는 그 백성들의 모든 빚을 온전히 상환하고, 거룩하신
이의 모든 요구를 어김없이 충족시키셨으며, 하나님 앞에서 우리를 위한 확실하
고 영원히 움직이지 않는 근거를 마련하였다.

"계수 중에 드는 모든 자 곧 스무 살 이상 된 자가 여호와께 드리되 너희의 생명을 대속
하기 위하여 여호와께 드릴 때에 부자라고 반 세겔에서 더 내지 말고 가난한 자라고 덜
내지 말지며"(출 30:14, 15), 이는 매우 인상적이다.

"모든 사람은 똑같이 지불해야 했다. 속죄에 관해서, 모든 자가 동일한 기본방
침위에 서야만 한다. 아마도 지식 면에서나 체험에서나 능력 면에서나, 성취, 열
성, 그리고 헌신에 있어서 큰 차이가 있을 것이지만 속죄의 근거는 모두에게 동
일하다. 속죄에 관해서만은 위대한 이방인의 사도나 그리스도의 양 떼 중에 지극
히 연약한 어린 양도 동일한 차원에 서게 되는 것이다. 이것은 매우 단순하며 또
한 매우 복된 진리이다. 모든 자들이 그 헌신 면에서나 결실에 있어서 동일하지

않을 수 있으나, 헌신이나 결실이 아닌 '그리스도의 보혈'이 신자들의 안식의 확고하고 영원한 기초이다. 우리가 이것에 관한 진리와 능력 가운데로 더욱더 들어갈수록 우리는 더욱더 열매맺는 기념탑이 될 것이다"(C. H. M.).

"너는 이스라엘 자손에게서 속전을 취하여 회막 봉사에 쓰라"(출 30:16). 이 속전에 대한 '지정'은 출애굽기 38:25-28에 언급되어 있는데, 그것은 성막의 기초를 공급하였! 그것에 대해 이 속전에게 부과된 용도는 그 모형의 해석에 대해 부가적인 확증을 제공해 준다. 하나님의 집은 '은 받침'에 위에 놓여 있었다. 주님 자신을 둘러선 하나님의 백성의 기초는 구속이다. 이스라엘 백성들을 '계수'할 때에, 그들이 '받침'을 만들어 낸 은을 드렸다고 하는 것은 하나님이 그의 택하신 자들을 값을 주고 속량한 백성으로서 그분 자신에게 화해한 것을 모형적으로 나타내었다.

만일 우리가 속량되지 않았다면 우리는 그분의 것이 아니다. 만일 우리가 그리스도의 보혈의 대가로 하나님 앞에 있지 않다면, 그의 유업의 몫으로서 그분에게 계수함을 받지 못한다. "그것에 대한 필요성은 각자를 위하여 지불한 속전을 떠나서는 아무도 그의 소유로 간주될 자가 없다는 점에서 강력히 강조된다. 예외는 있을 수 없었으며 어떤 변명도 인정될 수 없었다. 부자라고 해서 더 내도록 허락하지 않았으며, 가난한 자라고 해서 적게 낼 수도 없었다. 한 세겔은 30펜스나 62센트에 해당된다고 말한다. 각 사람이 동일하게 내야만 하는 것은 반 세겔이다. 하나님은 인간을 외모로 보지 않고, 구속의 견지에서 모든 사람이 하나님 앞에서 동일한 차원에 있는 것으로 본다. 부자는 그것을 보잘것없는 것으로 여길 수 있지만, 그것을 소홀히 하지 말아야 했다. 그리고 누구도 그것을 낼 수 없을 정도로 그렇게 가난한 것은 아니었다. 그 주된 개념은 속전의 가격에 대한 유효성으로서, 각자는 그것을 그만두는 것에 대해 변명할 여지가 없었다. 만일 하나님께서 그가 거하실 속량 받은 백성들을 가져야만 한다면, 분명히 하나님의 생각에 따르지 그 백성들의 생각을 따르지 않는다.

"그 값은 성소의 세겔에 따라 반 세겔 또는 십 게라이어야 한다. 이는 거룩한 이의 판단이다. 인간은 그의 구속을 위하여 좀 더 적절하게 여겨지는 다른 어떤 것을 생각할 수 있다. 즉 그 자신의 행함, 그의 느낌, 그의 가치성, 또는 성실. 그러나 하나님의 거룩성과 공의는 가련한 인간이 그렇게 현혹당하는 것을 허락지 아니한다. 그 기초는 반드시 하나님의 판단에 따라야만 하며, 세겔은 반드시 성소의 기준에 따라야만 한다"(Ridout).

"너는 이스라엘 자손에게서 속전을 취하여 회막 봉사에 쓰라 이것이 여호와 앞에서 이스라엘 자손의 기념이 되어서 너희의 생명을 대속하리라"(출 30:16). 여기에 '기념'(a memorial)이라고 언급한 것은 참으로 복되다. 그의 백성의 영혼을 위하여 속죄가 이루어졌던 영원한 증거가 하나님 앞에 있었다. 그들은 미약하나마 구속의 복된 곳으로 들어갈 수 있었으나 그것에 대한 '기념'은 항상 여호와 앞에 있었다. 이것에 대한 원형은 서신서인 히브리서에서 장황하게 우리에게 주어지는데, 그리스도는 지금 그의 백성의 대표자로서 하나님의 우편에 계신다.

우리의 모형이 오늘날의 그리스도인들에게 이루어지는 하나의 실제적 적용이 있다. 우리는 그리스도의 구속의 권한을 인정하기 위한 깊이 있고 지속적인 의무 아래에 있다. 하나님은 이스라엘을 애굽에서 자신에게로 속량했으나, 그들이 구속함을 받은 땅으로 인도함을 받은 뒤에는, 십 게라의 은전을 가져오게 함으로, 이것에 수반된 책임을 그들이 인정하도록 요구했다. 너무도 자주 우리는 그리스도의 속량이 우리를 자유롭게 한 그것에 거하면서, 그의 속량이 무엇을 위하여 우리를 자유롭게 했는지에 대하여 너무도 적게 마음을 썼다. 그리스도께서는 우리를 속량하심으로 우리에 대한 권리를 획득했고, 실천적인 면에서 우리가 이것을 인정하도록 할 자격을 가진다. 우리들의 삶은 우리들 자신의 것이 아니라는 사실을 언제나 증거해야 한다. 그렇게 하지 않으면 우리는 '온역'으로부터 고통을 당할 것이다(출 30:12). 즉, 하나님의 공의가 우리를 징벌할 것이다.

이제 우리에게는 이러한 모형들의 순서가 하나님에 의해 완전하게 됨을 지적하는 일만 남아 있다. 출애굽기 28, 29장에서, 우리는 제사장 직분의 제정과 그 결과로, 하나님께서 이스라엘 가운데 거하는 것을 살펴보았다. 그 다음에 우리는 그들 제사장들의 예배를 보았는데, 그것은 하나님께 향기로운 냄새를 상달하게 하는 것이다(출 30:1-10). 그 다음에는 백성들이 성막에서 거룩하게 섬기는 일에 구속을 통하여 어떻게 자격을 얻었는지를 살펴보았다. 그 다음에 그들이 섬기는 일과 그에게 향기로운 냄새를 상달하게 한 것을 보았다(출 30:1-10). 이제 우리는 백성들이 구속을 통하여 그들 스스로 성막의 거룩한 예배를 어떻게 인정하였는지를 보았다. 그것에 대한 영구한 '기념'이 여호와 앞에 남아 있었다. 즉 영원히 서 있는 근거가 주님 앞에 제공되었는데, 이는 어린 양의 속죄의 소중함을 비유적으로 말해 주었다. 우리가 더욱더 그에게 사로잡히게 하여, 값주고 산 권리로

그분의 것이 된 우리의 영혼과 육신이 그에게 영광 돌리는 책무에 전념하기를 바
란다.

제 55장

물두멍

출애굽기 30:17-21

우리는 이제 성막에 있는 일곱 번째 거룩한 기구에 대하여 생각해야 한다. 갖가지 거룩한 기구들 가운데 마지막으로 묘사되기는 하였지만, 이 물두멍은 제사장이 거룩한 구조물로 들어가는 길에서 실제로 두 번째로 만난다. 그것은 바깥 뜰에, 즉 놋 제단과 지성소가 시작됨을 표시했던 커튼으로 된 벽 사이에 서 있었다. 놋 제단과는 긴밀한 관계가 있기는 하지만, 물두멍과 관계된 모든 것들은 그것과 뚜렷한 대조를 이룬다. 전자는 나무와 놋으로 만들어졌지만, 후자는 놋으로만 만들어졌다. 그 하나는 모양이 사각형이었지만 다른 하나는 둥근 것이었음이 거의 확실하다. 놋 제단의 치수에 대해서는 상세히 언급했지만 물두멍과 관련해서 그 치수가 주어진 바가 없다. 전자는 운반할 수 있도록 고리와 채가 있었지만 후자에는 그런 것이 없었다. 그 하나에 대해서는 이스라엘이 어느 진영에서 다른 진영으로 이동할 때 덮개를 할 것에 대한 지시가 있었지만, 다른 하나에 대해서 어떠한 언급도 없다. 놋 제단은 불을 사용했지만 물두멍은 물을 사용했다. 전자는 모든 사람의 제물을 동일하게 받아들였지만 후자는 제사장에만 한하였다. 그러므로 그것들에 대한 모든 것이 날카롭게 구분되었다.

물두멍과 관련하여 가장 두드러진 것은 씻기 위한 물이었다. "물의 중요성은 보편적으로 잘 알려진 것으로, 물리적 세계에 있어서 가장 중요하고 필요한 요소 중의 하나를 나타낸다. 우리는 그것을 지구 표면의 아주 가장 큰 부분을 이루는 광활한 대해에서, 그리고 내륙의 호수와 강에서 그것을 보는데, 아름다움과 편의와 상업적 가치를 지니는 매우 아름다운 연결망을 이룬다. 우리는 그 물을 하늘에 있는 수증기 속에서와 식물의 모양에 맺히는 이슬에서도 발견하는데, 그것은 찌는 듯한 여름 내내 그것이 시듦을 방지해 준다. 그것은 또한 우리의 신체 조성에 가장 큰 비율을 차지한다. 그것은 순결과 회복, 소생과 능력, 방대함과 풍성함의 상징이다. 그것 없이는 생명이 한 달도 유지될 수 없다. 또한 성경에 보면 그것이 영적인 일에 가장 중대한 상징 중의 하나임을 알게 된다"(A. B. Simpson).

심지어 에덴 동산에서, 우리는 "동산을 적시는 강"(창 2:10), 즉 "하나님의 성을 기쁘게 하는 한 시내"(시 46:4)라는 그러한 강의 모형에 대해 언급한 것을 본다. 이 강은 땅을 적시기 위하여 에덴에서 발원하여 네 줄기로 갈라졌는데, 그분의 모든 피조물들에게 넘쳐흐르는 하나님의 이 세상에 대한 자비의 상징이다. 다음으로, 우리는 가공할 만한 홍수의 물에 대해 읽어보았는데, 이는 죄에 대한 하나님의 가차 없는 심판의 도구이다 ─ 바로와 그 군대가 이같은 동일한 요소에 의하여 멸망한 사실을 비교해 보라(출 14:1). 그 다음에 이 물이 하갈과 그의 아들의 생명을 보존하게 한 것을 본다(창 16:7; 21:19). 이후에, 여호와께서 광야에서 그의 백성의 갈함을 적시기 위하여 지팡이로 바위를 쳐서 물이 나오게 했다. 물은 또한 엘리야와 엘리사의 사역의 매우 중요한 자리를 차지하였다. 그것은 나아만의 병을 고치게 하였고(왕하 5장), 또 여호사밧의 군대를 멸망으로부터 구했다(왕하 2장).

그렇지만 신약성경에서 '물'은 아주 다른 관계 속에서 나타난다. 그것은 신자들이 상징적으로 장례식을 치르는 핵심요소이다. 그것은 그리스도의 첫 이적과 연관되어 있다. 창으로 찔렸던 구세주의 옆구리에서 "물과 피"가 쏟아져 나왔다. 마지막으로 거룩한 기록의 마지막 장에서, "또 그가 수정 같이 맑은 생명수의 강을 내게 보이니 하나님과 및 어린 양의 보좌로부터 나와서"(계 22:1)라고 한다. 이와 같이 물두멍의 내용물은 성경의 모형들 중 가장 광범위하고 그리고 다방면의 모습을 가지고 있는 것 중의 하나를 우리 앞에 이르게 한다.

물두멍에 대한 상징적 가르침은 그리스도인들 가운데서마저도 거의 이해하지 못하고 있으며, 그리고 그들이 이 점에서 실패하므로 주 예수에게 무례하게 하는 일이 많았다. 피로 깨끗하게 하고 물로 씻는 것은 구약성경의 모형에서 현격하게 차이가 나타나지만, 슬프게도 오늘날 교회에 나가는 많은 사람들의 생각 가운데 이것이 혼돈되고 있다. 그들이 듣는 설교나, 부르는 찬송이나, 드리는 기도가 이러한 마지막 시대의 한가운데에서 끔찍하게 그리스도를 모욕하는 혼란을 표현하거나 덧붙인다. 성막과 거기에 관련된 모든 것들을 철저히 그리고 기도하면서 연구하면 요즈음 성경적인 것으로 간주되는 많은 것들을(심지어 정통적인 집단에서) 교정할 수 있을 것이다. 그러나 우리는 미리 앞질러 논하지 않을 것이다. 이제 살펴보도록 하자.

1. 중요성

이에 대해서는 그것이 사용된 용도를 보면 즉시 알게 될 것이다. "아론과 그의 아들들이 그 두멍에서 수족을 씻되"(출 30:19). 이와 같이 우리는 그것이 제사장들의 정결을 위하여 고안되었음을 한 눈에 알게 된다. 놋 제단에서는 죄가 다루어졌고 또 제거되었다. 예배에 대해 말하는 금 향단은 하나님께 드려졌다. 이 두 가지의 한복판에 물두멍이 서 있었는데, 그곳에서 제사장들은 손과 발을 씻을 필요가 있었다. 그것은 하나님과 교제에 수반되기(영접뿐만 아니라 정결을 위하여) 때문이다. 게다가 그것이 실제적 용도이다.

그러므로 지금 우리 앞에 있는 거룩한 기구의 영적인 의미를 이해하기에는 아무런 어려움이 없다. 다행스럽게도 주석가들은 이 모형의 해석에 대하여 거의 만장일치로 동의한다. 물두멍은 만일 하나님과 교제가 유지되어야 할 경우에 깨끗해야 할 필요성에 대해 말한다. 이 깨끗함은 죄를 범하는 일에 대한 것이 아니라 길에서 더러워진 것에서 깨끗하게 되는 것을 말한다. 우리가 이미 말한 바와 같이 죄에 대한 문제는 놋 제단에서 다루어졌다. 즉 그것은 하나님에게 나아갈 수 있기 이전에, 반드시 해결되어야만 했다. 이러므로 놋 제단은 바깥뜰에서 맨 먼저 접하게 되는 거룩한 기구로서 출입문 바로 안에 위치해 있었다. 그곳에서 희생을 잡아 그 피를 단의 바닥에 쏟으면 아론의 아들들이 곧 나아갈 수 있었지만, 그들이 금향단에서 향을 태우려고 하기 이전에 반드시 물두멍에서 씻어야만 했다. 이 일에 대한 필요성은 쉽게 간파할 수 있다.

놋제단에서 직임을 수행하면서 그들의 손은 더러워졌고, 피가 묻게 되었다. 뿐만 아니라 아론과 그의 아들들을 위해서 신발이 제공되지 않았으므로 광야의 흙먼지가 그들의 발에 묻어 있었을 것이다. 이러한 것들은 성소로 들어가기 전에 제거되어야만 했다. 하나님의 영원한 거소에 대하여 성경은 "무엇이든지 속된 것이나 가증한 일 또는 … 결코 그리로 들어가지 못하되"(계 21:27)라고 한다. 오늘날 그리스도인들에게 이에 해당되는 영적 적용은 명백하다. 아론과 그의 아들들의 손에 묻은 피는 그들이 죽음과 접촉하고 있었음을 증거하였다. 이와 같이 우리들도 매일의 삶에 있어서 죄와 허물로 죽은 자들과 지속적으로 상관하므로, 그들의 영향이 우리를 더럽힌다. 이와 같이 이 광야 같은 세상을 통과하는 우리의 길은 악한 자 안에 처한 것으로서(요일 5:19) 우리의 행함을 더럽힌다. 그러므로 이러한 것들을 매일 제거할 필요가 있다.

그것은 이스라엘 백성이 아닌 제사장들의 공식적 특성에 속한 일이었으므로 아론과 그의 아들들만이 그 물두멍에서 손과 발을 씻도록 되어 있었음을 주의 깊게 살펴보아야 한다. 그들이 이러한 의무를 행하지 아니하면, 그들은 여전히 이스라엘 백성의 일원으로 남아 있었겠지만 성소에 들어가서 하나님 앞에서 섬길 수 있는 자격을 얻지 못했을 것이다. 이것에 대한 모형적 가르침은 너무도 명백하며 복된 것이다. 중생하지 못한 자들과 교제를 통하여 우리의 손과 발이 더럽혀진 것과 결과적으로 그리스도를 알지도, 사랑하지도 않는 세상 속에서 체류하는 것은 하나님 앞에서의 우리의 완전한 입장에 아무런 영향을 미치지 못한다. 이는 "그가 거룩하게 된 자들을 한 번의 제사로 영원히 온전하게 하셨느니라"(히 10:14)고 함과 같다. 그러나 길의 더러운 것이 우리의 입장에 영향을 미치지 않는다고 하더라도, 그것은 하나님과의 교제를 방해한다. 물두멍에서 깨끗하게 되기 전까지는 제사장의 특권을 시작할 수도 없고(벧전 2:5), 그 직무를 이행할 수도 없다(히 13:15). 물두멍은 성막에 있는 다른 모든 것과 마찬가지로 주 예수 그리스도를 가리키며, 모든 필요를 채워주시는 주님의 풍족하심을 말한다. 그것은 매일의 씻음을 위하여 우리가 주님에게 의지해야 함을 보여준다. 이로써 다음 사실을 생각해 보자.

2. 내용물

"그 속에 물을 담으라 아론과 그의 아들들이 그 두멍에서 수족을 씻되 그들이 회막에 들어갈 때에 물로 씻어 죽기를 면할 것이요"(출 30:18-20). 피가 아니라 물이 제사장들의 정결을 위하여 지정되고 사용된 요소였다. 우리의 모형의 상세한 사항에서, 제시된 하나님의 진리의 그런 측면은 성도들에 의하여 크게 잊혀 졌기에, 그것에 대하여 두 배로 긴밀하게 집중하여 살펴보도록 해야 한다.

이 모형에서 물두멍 안에 든 물은 기록된 분명히 하나님의 말씀에 대한 상징(형상, figure)이었다. 이와 동일한 형상이 다음 구절에서 사용되고 있다. "청년이 무엇으로 그의 행실을 깨끗하게 하리이까 주의 말씀만 지킬 따름이니이다"(시 119:9). "사람이 물과 성령으로 나지 아니하면 하나님의 나라에 들어갈 수 없느니라"(요 3:5).

"너희는 내가 일러준 말로 이미 깨끗하여졌으니"(요 15:3), "그리스도께서 교회를 사랑하시고 그 교회를 위하여 자신을 주심 같이 하라 이는 곧 물로 씻어 말씀으로 깨끗하게 하사 거룩하게 하시고"(엡 5:25, 26), "우리를 구원하시되 우리가 행한 바 의로운 행위로 말미암지 아니하고 오직 그의 긍휼하심을 따라 중생의 씻음과 성령의 새롭게 하심으로 하셨나니"(딛 3:5), "우리가 마음에 뿌림을 받아 악한 양심으로부터 벗어나고 몸은 맑은 물로 씻음을 받았으니"(히 10:22), "너희가 진리를 순종함으로 너희 영혼을 깨끗하게 하여"(벧전 1:22).

이제 별개의 두 가지 모형을 정확히 구별해야 하는 것이 제일 중요한 일이다. 출애굽기 29:4에 "너는 아론과 그의 아들들을 회막 문으로 데려다가 물로 씻기고"라고 했다. 반면에, 출애굽기 30:19에서는 "아론과 그의 아들들이 그 두멍에서 수족을 씻되"라고 했다. 전자는 다른 사람이 씻어준 것이며, 후자는 그들 스스로 씻은 것이다. 그 하나에서는 그들의 전신을 씻었으며, 다른 하나에서는 그들의 손과 발만을 씻었다. 전자는 결코 반복되는 일이 아니었으며, 후자는 매번 금향단에 가까이 할 때마다 행할 필요가 있었다. 그 하나는 중생의 상징(figure)이었지만, 다른 하나는 그리스도인의 매일의 씻음의 필요성을 예표했다(typify). 요한복음 3:5, 디도서 3:5, 히브리서 10:22은 출애굽기 29:4, 시편 119:9의 원형(antitype)을 제시해 주고, 베드로전서 1:22은 우리의 현재의 모형(type)의 언어로 말씀하고 있다.

위에서 제시한 동일한 특징은 그리스도께서 베드로에게 하신 말씀 가운데서 찾아볼 수 있다. 즉, "이미 목욕한 자는 발밖에 씻을 필요가 없느니라"(요 13:10). 개역판(R.V.)이 헬라어의 의미를 더욱더 정확하게 말한다("그가 목욕을 했기에 단지 발만 씻으면 된다"). 중생 때에 받아들였던 씻음이나 목욕은 되풀이할 필요가 없고, 발을 씻는 것은 '모든 더러움에서 깨끗하기' 위하여 요구된다. 길 때문에 더러워진 것은 다시 중생해야 할 필요성을 야기 시키지 않는다. 거듭난다는 것은 단번에 영원하기 때문이다(once and for all). 아무것도 그것에 영향을 미치지 못하며, 내가 하는 그 어떤 일도 나를 중생하지 아니한 상태로 되게 할 수 없으니, 자연적이거나 영적인 양자의 영역에서 볼 때, 그러한 일은 전혀 불가능하다.

그렇게 할 필요도 없고 또 사실상 되풀이될 수도 없이, 영단번에(once for all) 씻음을 받았다는 이러한 복된 진리와 협력하여 또 다른 커다란 실천적 중요성을 가진 진리가 제시된다. "이미 목욕한 자는 발밖에 씻을 필요가 없느니라." 이것이 요한복음 13장에서 우리 앞에 아주 복되게 제시된 내용이다. 우리가 지금 주목하고자 하는 특별한 점은 주께서 베드로에게 하신 말씀인데, 그때 그 제자는 그의 발을 씻으려는 그리스도의 생각에 반대하였다. 주께서 그에게, "내가 너를 씻어주지 아니하면 네가 나와 상관이 없느니라"(요 13:8)고 말했다. 그리스도께서 '내 안에'(in me)라고 하시지 않고 '나와'(with me)라고 하신 것을 보라. '그리스도 안에'라는 말은 나의 영적 상태와 하나님 앞에서의 입장, 곧 나의 영접을 말한다. '그리스도와 함께'라고 함은 사귐에 관한 것으로, 그와의 교제를 말한다. 이 일을 위하여 모든 더러움과 거룩한 눈에 거슬리는 모든 것들을 제거해야 한다. 이를 위해서는 하나님께로 나아가야 하며, 우리의 발을 주님의 손이 있는 곳으로 옮겨, 그 앞에서 우리 자신을 낮추고 그리고 우리의 행함을 깨끗하게 해주시기를 구해야 한다. 이와 같이 그 물두멍은 그리스도를 그 백성을 정결하게 하시는 자(the Cleanser)로 가리키며, 그리고 그 물은 이를 위하여 주님이 사용하시는 말씀을 가리킨다.

3. 위치

"그것을 회막과 제단 사이에 두고"(출 30:18). 이미 언급한 바와 같이, 물두멍은 두 제단 사이에 서 있었다. 제사장의 놋제단에서의 사역은 물두멍을 지나치기 전에 마쳤다. 이것은 우리가 여호와께 열납되었는지의 여부를 물두멍에서 제기되는 것이 아님을 말해준다. 이러한 상세한 사항에 대한 해석과 적용은 매우 중요하다. 아론의 아들들이 광야의 흙먼지를 제거하는 데 필요한 것은 피가 아니라 물이었다. 이와 같이 믿는 자들이 이 세상을 통과하여 인생의 길을 걸어가는 동안에 더러워진 것을 줄일 때, 그가 필요한 것은 그리스도의 피를 새롭게 적용하는 것이 아니라 말씀의 물이 필요한 것이다.

그리스도의 피의 재적용을 말하고 노래하는 그러한 그리스도인들은 그의 완전한 희생을 모세의 경영 아래에서 제공되었던 그러한 것들의 수준으로 부지중에 그 품위를 떨어뜨리는 것이다. 이스라엘이 하나님의 공의로운 율법을 범했을 때마다, 새로운 속죄제가 요구되었다. 왜 그랬던가? 이는 황소와 염소의 피가 죄를 없게 할 수 없었기 때문이었다(히 10:4). 그러나 이러한 희생들과는 반대로, 그리스도께서는 그의 백성을 위하여 단번에 완전한 희생제물을 제공하였다(히 9:26,

28). 갈보리에서 그가 뿌리신 피로 말미암아 온전한 속죄를 이루었고, 하나님의 공의의 모든 요구가 거기서 충족되었으며, 그의 거룩의 모든 조건이 거기서 온전히 충족되었다. 그러므로 이제는 그 어떤 새로운 희생도 필요치 않다. 양심의 가책을 받은 죄인이 "그의 피에 대한"(롬 3:25) 믿음을 가지는 순간이 그리스도의 구속 사역에 대한 신뢰를 그가 하나님 앞에 영접되는 유일한 근거로 두는 때며, 그 순간에 그는 "모든 죄로부터"(요일 1:7) 깨끗함을 받는다. 그러한 자에게 성령은, "그러므로 이제 그리스도 예수 안에 있는 자에게는 결코 정죄함이 없나니"(롬 8:1)라고 한다. 그는 단순한 확신 가운데 거룩한 선포의 말씀 위에서 이제 쉴 수 있으니, 그 선포된 말씀은 "그가 거룩하게 된 자들을 한 번의 제사로 영원히 온전하게 하셨느니라"(히 10:14)는 것이다.

사실상, 불신앙의 사악한 마음은 아직도 그 안에 남아 있다. 우리가 다 실수가 많음(약 3:2)은 사실이지만, 옛 사람의 존재나 그 악한 열매도 하나님 앞에 있는 우리의 완전한 입장을 무효로 할 수 없는데, 이 완전한 입장은 그리스도 안에서 우리가 영접되었음에 의거하는 것이다. 우리는 "그 안에서 충만함"을 이루고 있다(골 2:10). 그는 이미 우리를 "성도의 기업의 부분을 얻기에 합당하게 하셨다"(골 1:12). 이 사실을 깨달음으로 우리의 심령이 확립되어진다. 이것을 인정함으로 구름 없는 평화를 누리게 된다. 이것을 굳게 잡음으로 하나님에 대한 감사와 찬양으로 우리가 채워진다. 그에게 피의 재적용을 요구하는 것은 우리가 "그가 보시기에 흠 없고 책망할 것이 없는 자로 세움을 받은"(골 1:22) 사실을 부인하는 것이다. 이보다 더 나쁜 일은 우리에게 단번에 온전히 적용한(once-and for-all application) 그 효과와 충분함을 부인하는 것이다.

믿음을 시도하는 신자가 그의 봉사에 대한 허물('그 손')과 그의 행함('그 발')에 대한 실패를 의식하게 되었을 때 필요한 것은 물두멍과 그 속에 있는 물이 예표하는 것을 자신에게 효력이 있게 하는 것이다 ─ 이는 하나님께서 그의 말씀 안에서 우리에게 예비하신 것이다. 우리에게 필요한 것은 우리들의 일상생활의 상세한 모든 것들에 대해 그 말씀을 실제로 내 것으로 전유하는 일이다. 이 일을 위해서는 은혜를 구해야 하며 또한 다음의 말씀에 유의해야 한다. "그의 안에 산다고 하는 자는 그가 행하시는 대로 자기도 행할지니라"(요일 2:6). 다만 성령을 통하여 진리에 순종함으로써 우리의 영혼이 순전함을 얻게 된다(벧전 1:22). 그리스도께서 이르신 "주의 입술의 말씀을 따라 스스로 삼가서 포악한 자의 길을 가지 아니하였사오며"(시 17:4)라고 하신 말씀이 또한 우리의 경험이 되어야 한다. 우리가 실수할 때, 그때에는 요한일서 1:9에 따라 행동해야만 한다.

물두멍이 바깥뜰에 있었지, 예배의 방이었던 성소 안에 있지 아니하였다는 것은 주목해야 할 만큼 중요한 것이다. 이것과 더불어 이 용기는 아론의 아들들만을 위하여 사용했다는 사실을 연관시켜야 한다. 여기에 주안점이 되는 것은 제사장의 활동인데, 즉 그렇게 더러움을 제하지 않고는 달리 금향단에서 섬길 수 있는 자격이 없게 될 그런 활동이다. 그들이 더러운 손과 발 그대로 성소로 들어갔다면 여호와께 얼마나 말할 수 없는 모욕이 되었을까! 그것은, 두 번씩이나 반복해서 "그들이 죽지 않게"라고 분명하게 표시한 것처럼, 그들에게 치명적인 일이 되었을 것이다. 이와 마찬가지로, 우리가 먼저 물두멍에서 씻지 않았다면 우리는 하나님의 집에 예배하러 들어갈 수 없다. 바깥뜰에서 우리들의 죄를 고백하고 그리고 이어서 그 이전에 실제적으로 씻는 일을 있어야 한다. 이 점을 이행하지 못한다고 하는 것은 도덕적으로 '죽음'에 이르는 것이다. "사람이 자기를 살피고 그 후에야 이 떡을 먹고 이 잔을 마실지니"(고전 11:28). 이것은 우리의 손과 발에 대한 설명, 즉 주님의 상에 나아가기 전에 물두멍에서 씻어야 한다는 설명을 포함하고 있다.

4. 구성

"너는 물두멍을 놋으로 만들고"(출 30:18). 바깥뜰에 있는 모든 것들은 놋(실제로 동)으로 만들어졌거나 아니면 놋으로 입힌 것들이었는데, 번제단, 물두멍, 기둥, 못 등이 모두 그러했다. 이것은 모두가 금으로 되었거나 금으로 입혀진, 내실에 있었던 기구들과는 현격한 대조를 이루었다. "인간의 책임에 대해 시험하는 것, 따라서 인간이 있는 그 장소에서 인간을 시험하는 것이 하나님의 공의이다. 이러한 이유로, 놋은 언제나 성막의 바깥에서 발견되지만, 하나님의 본성에 어울리는 거룩한 공의를 의미하는 금은 내실에 있다. 그러나 그것은 인간을 시험하면서 부득이 그를 정죄하는 것이니, 이는 그가 죄인이기 때문이다. 그러므로 그것은 부단히 사법적 측면과 관련된 것으로 있을 것이다"(Dennett).

만일 독자들이 15장의 내용을 돌아본다면, 거기에서 이 상징의 의미에 대하여 어느 정도 개입하였던 것을 발견하게 될 것이다. 이에 대한 정의를 다시 입증하지 않고, 우리는 여기에서 '놋'은 심판에 대해 말한다는 단순한 주장만을 말하고

자 한다. 그렇다면 물두멍은 그리스도의 특성 중 심판을 상징하고 있다. 요한복음 5:22에서 그가 이르시기를 "아버지께서 아무도 심판하지 아니하시고 심판을 다 아들에게 맡기셨으니"라고 한다. 요한계시록 1장에 보면 '인자' 같은 이가 일곱 금 촛대 사이에 있는 것이 보이는데, 판단하는(감찰하고 엄히 명하시는데) 그의 발이 "빛난 주석 같다"(15절)고 한다.

그러므로 물두멍의 놋은 그의 백성을 시험하고 판단하시며, 하나님과의 교제를 훼손하는 것을 정조하시는, 변개할 수 없는 그리스도의 공의를 나타낸다. 그러나 그들이 정죄된 바로 그것들을 제거하는 물을 또한 제공해 주심을 기억하는 것은 얼마나 복된 일인가! "그것은 우리의 대속물에 대하여 심판을 내리는 것도 또한 우리에게 심판을 내리는 것도 아니다. 마지막 날에 모든 세상을 그가 심판하시기 전에, 그의 백성을 심판하도록 주신 권세에 따라 하나님의 아들이 우리들의 길을 시험하고 단련하시는 것이다"(Ridout).

5. 용도

엄격히 말해서, 사용된 것은 물두멍 자체가 아니라 그 속에 담겨 있는 물이었다. "아론과 그 아들들이 그 두멍에서(thereat) 수족을 씻되"라고 하셨는데, 더 문자적으로 말하면 '그것으로부터'(from it, 그것과 떨어져서)라고 할 수 있다. 이것은 아론의 자손들이 스스로 해야 하는 것이었다. 그렇다면 이것은 곧 제사장으로서의 특징을 가진 신자들이 그들의 모든 길에 그리스도의 말씀을 실천적으로 적용하는 일을 말한다(골 3:16). 놋으로 된 물두멍 속의 물은 신자가 그 말씀에 의하여 가차 없이 자신을 판단하는 것을 지적한다.

첫째, 그 말씀은 우리가 악에 빠지는 것을 방지하는 데 쓰여야 한다. 하나님의 말씀은 "우리들의 발에 등으로 그리고 길에 빛으로" 주신 것이다. 그것은 사탄의 올무를 폭로하며 우리가 걸어야 할 길을 드러내어 준다. "내가 주께 범죄하지 아니하려 하여 주의 말씀을 내 마음에 두었나이다"라고 하신 말씀을 더욱더 고백할 수 있기를 바란다.

둘째, 그 말씀은 모든 더러움을 씻는 데 사용되어야 한다. 우리는 부지런히 유의하여 날마다 거룩한 말씀의 교훈에 순종함으로, 고린도후서 7:1에 이르신 "육과 영의 온갖 더러운 것에서 자신을 깨끗하게 하자"라고 하신 권면에 주의할 것뿐이다. 요한계시록 22:14에서 "두루마기(외부로 나타나는 행위의 표상)를 빠는

(말씀에 의하여)자들은 복이 있으니, 이는 생명나무에 나아가는 권세를 받고자 함이라"고 하신 것은 얼마나 엄중한 말씀인가!

셋째, 그 말씀은 우리 영혼의 회복(refreshment)을 위하여 사용되어야 한다. 이 것에 대해 주의를 요구하였던 주석가가 없었다 할지라도, 이 모형이 분명히 그렇게 가리키고 있다고 믿는다. 출애굽기 30:20에 보면 또한 아론의 아들들이 단지 "가까이 가서 그 직분을 행하여 여호와 앞에 화제를 사를 때"에도 물로 씻도록 명하셨다. 이것은 놋 제단에서 드리는 것을 말한다. 여기에 나타난 개념은 유효함과 새로움을 위하여 그 제단에 나오는 것과 같이, 더러움에 대한 제거가 아니라, 제사장들이 그리스도의 지고한 사역의 측면을 말하였던 그러한 것들을 우리에게 상기시키는 것 같다.

물은 씻는 일에만 쓰이는 것이 아니라, 원기를 회복하는 데도 쓰이는데 지친 발에 그것을 씻어 주는 것보다 더 힘을 새롭게 해주는 것은 없다. 이러한 개념은 성경에서 발을 씻는 일에 대하여 맨 먼저 언급한 사실에서 밝히 보는 것이 아닌가? "물을 조금 가져오게 하사 당신들의 발을 씻으시고"(창 18:4). 두 천사가 롯의 집에서 그들의 발을 씻기를 어떻게 거절하였는지를 살펴보라(창 19:2) — 소돔에서는 그들을 위한 회복이 없었다! 이러한 내용을 가진 이 모형이 우리에게 제시하는 적용은 명백하다. 제사장들로서 하나님 앞에서 섬기기 위해서, 우리는 먼저 그의 말씀으로부터 소생함을 얻어야 한다. 그것으로만이 우리가 "일깨워 지며" 소생하고 회복된다.

6. 제작

물두멍이 어떤 재료로 만들어졌는지 그 출처를 보면 주목할 만하다. 이 일에 대해서는 지금 우리가 보고 있는 구절에서는 말하지 않지만 출애굽기 38:8에 알려져 있다. 즉, "그가 놋으로 물두멍을 만들고 그 받침도 놋으로 하였으니 곧 회막 문에서 수종드는 여인들의 거울로 만들었더라"고 한다. 이러한 체경, 또는 거울은 유리와 수은으로 만든 오늘날의 거울과 같은 것이 아니라 광을 잘 낸 놋이나 동으로 만들었다. 이같은 중요한 것에 대하여 몇 가지의 생각을 지적하고자 한다.

첫째, 우리는 하나님의 은혜로 마음에 감동을 받아 바친 아름다운 결과에 대하여 감탄하게 된다. 서두에서 여호와께서 모세에게 이르시기를 "이스라엘 자손에게 명령하여 내게 예물을 가져오라 하고 기쁜 마음으로 내는 자('누구든지' 출 35:5)가 내게 바치는 모든 것을 너희는 받을지니라"(25:2)고 한다. 여기에 이스라엘의 딸들의 마음에 응답을 볼 수 있으니, 그들은 "허영심을 만족하게 하는 것에 쓰였던 것을 자원하여 드려, 그 씻는 그릇을 준비함으로 여호와를 섬기며 예배하는 일이 방해받지 않게 하였다"(Ridout). 같은 방식으로, 오늘날의 하나님의 백성들은 하나님의 일을 촉진하기 위하여 자신의 물질을 드리기를 기뻐한다. 그러나 자매들이 희생적으로 드리는 것이 얼마나 자주 형제들을 부끄럽게 하는가!

둘째, 우리는 여기서 주님의 백성들에게 깨끗함을 제공하기 위하여 주 예수께서 그의 영광에 도움이 되었던 모든 일들을 버리신 것을 아름답게 예시해 주지 않는가? 그는 하늘에서 천사들의 섬김을 떠나 이 땅에 오셨고 종의 형체로 "바깥뜰"에 이르셨다. 그는 섬김을 받기 위함이 아니라 섬기려고 오셨다. 복음서에서 자신의 물질로 주님을 섬긴 유일한 기록이 자신을 바쳤던 여인이었음을 살펴보는 것은 참으로 인상적인 일이다(눅 8:2, 3). 또한 그의 발을 눈물로 씻기고 그에게 기름을 부은 자는 사도들이 아니라(그들의 입장으로 볼 때는 심각한 실패였다!) 그것 역시 여인이었다.

셋째, 우리 자신에게 실제로 적용하는 것은 매우 모진 일이다. 그 물두멍을 만드는 재료가 의미하는 바는 포기(surrender)로서, 자신의 어떤 것을 만들려고 작정하였던 것을 기꺼이 버리는 것이다. 그렇게 함으로써 제사장들의 거룩한 성결이 유지되게 하려 함이었다. 그러므로 우리도 역시 만일 하나님과 교제함에 적합한 깨끗함을 얻기를 원한다면 우리가 자랑하고자 하는 것들을 희생해야 한다.

넷째, 세속적 수단의 무용성을 여기에서 볼 수 있다. 여인들이 그들의 거울을 애굽에서 가지고 왔기 때문이다. "우리는 '그의 얼굴을 거울로 들여다보고 그가 어떠함을 본 뒤에 돌아서 곧 그의 모습을 잊어버리는 자'와 같은 경향을 항상 가지고 있다. 있는 그대로의 모습 보여주는 거울은 우리 자신의 분명하고 영원한 참 모습을 결코 제공하지 아니한다. 그러나 '자유롭게 하는 온전한 율법을 들여다보고 있는 자는 듣고 잊어버리는 자가 아니요 실천하는 자니 이 사람은 그 행하는 일에 복을 받으리라'(약 1:23-25)고 한다. 하나님의 말씀을 끊임없이 의지하고 그 말씀으로 그의 마음과 양심에 명하도록 허락하는 자는 신성한 삶의 거룩한 활동을 유지하게 될 것이다"(C. H. M.).

7. 생략

숫자상으로 두 가지가 생략되었지만, 그것들은 매우 괄목할 만하다. 첫째, 물두멍에 대해 규정된 치수뿐만 아니라, 그것이 담을 수 있는 물의 양도 언급되지 않았다. 이와 비슷한 생략을 등대에 관해서도 볼 수 있다. 이것 외의 다른 모든 기구들의 치수는 주어져 있다. 여기에 물두멍과 그 담을 물에 대한 치수의 언급이 없음은 우리들의 씻음을 위하여 하나님께서 무한정하게 준비를 해두셨음을 분명하게 표시한다. 그리스도와 그의 말씀은 우리들의 모든 필요를 채워 줄 정도로 충분하다.

둘째, 이스라엘 사람들이 이 진영에서 저 진영으로 여행할 때 물두멍을 덮을 것 (covering)에 대하여 아무런 지시가 없었다. 민수기 4장에 보면 법궤, 상, 등대, 두 단을 보호할 것에 대하여는 지시한 바 있지만 물두멍에 대해서는 아무런 언급이 없다. 이 기구의 덮개에 대한 언급이 없음은 그 모형적 특성과 눈에 띄게 조화되는 것이 아닌가? 이것은 정결케 하는 말씀은 항상 준비되어 있으며, 우리들의 모든 광야 여정에서 항상 그것을 사용해야 할 필요가 있음을 말해주는 것이 아닌가! 이와 같이 성경의 생략(세속적인 자는 실수로 간주할)은 심오한 의미가 있음을 우리는 다시 보게 된다.

우리는 또한 구약성경에 있는 물두멍에 관한 그 이상의 언급에서 의미심장한 생략을 주목해 볼 수 있다. 이는 성막이 세워져서 설비가 다 이루어진 다음에 단 한 번만 언급되었는데, 그것은 기름을 부을 때였다(레 8:11). 우리가 열왕기에 이르기 전까지는 물두멍에 대한 언급을 찾아볼 수 없는데, 거기에서는 "부어 만든 바다"(왕상 7:23)라는 이름으로 솔로몬의 성전에 그 자리를 차지하였다. 그러므로 이러한 생략은 이스라엘이 그들의 전 역사를 통하여 말씀으로부터 떠난 것을 소리없이 증거하지 않는가! 아마도 스가랴 13:1에 있는 '샘'이 천년통치 때의 물두멍을 우리에게 제시해 준다.

하늘에 있는 물두멍에 해당하는 것이 요한계시록 15:2, 3(비, 왕상 7:23)에서 우리 앞에 이르게 된다. 여기에 보면 성도들이 다시 씻을 필요가 없을 것이니, 이는 그들을 정결하게 한 근원을 영원히 기억하기 때문이다. 그들은 유리 바다(물두멍) 가에 서서 어린 양에게 노래를 부르고 있다. 번제단과 물두멍은 결코 망각되지 않을 것이다. 번제단은 말하기를 "피 흘림이 없이는 사함이 없느니라"고 한다. 물두멍은 선포하기를 "성결함이 없이는 여호와를 볼 자가 없느니라"고 한다. 이 양자는 높은 곳에서 증거되는 것이다.

마치 어떤 자가 다음과 같이 아름답게 말한 것과 같다. "여기에서 우리는 영광을 바라보도록 허락된다. 거기, 천상적인 성소에는, 하나님과 어린 양의 보좌가 있다. 마치 법궤가 성막에 있었던 것과 같다. 감추인 만나가 그곳에 있어서, 진설병의 탁상에 대해 화답을 한다. 하나님의 일곱 영이 보좌 앞에 있어 등대에 화답하며, 유리 바다가 솔로몬의 성전에 있는 그것에 화답한다. 이제는 물두멍에 물을 채울 때가 아니니 더러움을 제거할 일은 없다. 그것은 투명한 유리 바다로서, 여기에서 그 일을 완성하였던 그 물두멍을 회상하게 한다. 하나님이 구속하신 모든 자들이 그곳에 함께 모일 때면, 더러움을 씻는 날은 지나가고, 서로가 발을 씻어줄 필요도 없다. 주께서도 우리의 발을 씻으실 필요가 없으니, 거기서 우리의 손에 하나님의 거문고를 들고 서서 노래할 때 아무것도 우리의 찬미와 경배를 방해하지 못할 것이다. 그러나 우리의 깨끗함을 증거하며 영원히 기억하게 하는 유리 바다는, 지상을 우리가 여행하는 동안 우리의 주님의 은혜롭고 겸손한 섬김을 계속 기억하게 하는 광채를 거기에서 발할 것이다"(Ridout).

관유

출애굽기 30:22-33

성막과 그 기구들에 대한 묘사를 마친 다음, 이제 성령께서는 그것이 없으면 모세가 여호와를 위하여 세워야했던 성소가 열납될 수 없었던 거룩한 관유와 향기로운 향료에 대하여 언급한다. '향' 에 대해서는 금향단을 공부할 때 이미 고찰하였으므로 여기에서는 '기름' 에 대하여 잠깐 생각하기로 하겠다. 이것은 감람유로 구성되었으며, 그 안에 네 가지 주된 향료를 혼합하였다. 이것은 성막과 그 신성한 기구들에 바르기 위하여 고안되었으며 또한 아론과 그의 아들들이 제사장 직의 임직식에서도 사용되었다. 어떤 사람도 이와 유사한 것을 만들지 못하도록 엄격히 규제했는데, 이는 그것의 독특성을 강조한다.

여호와의 집에서 섬기는 일과 관련되었던 다른 모든 것과 같이, 거룩한 관유는 그 향기로운 성분과 함께 주 예수의 인격과 그 안에서 발견되는 탁월성, 주님을 통하여 성령님이 나타내신 그러한 은혜들을 가리켰다. 어떤 내용들에 대한 정확한 영적 의미를 결정하는 데는 다소 어려움이 있을지 모르지만, 여기에서 예시된 주요한 진리는 너무도 명백하여 놓칠 수 없다. 우리의 눈에 영적인 '안약' (계 3:18)을 발라 하나님의 법의 놀라운 것들을 보고 받아들이게 되기를 바란다. 이제 다음의 것들을 생각해 보도록 하자.

1. 성분

"여호와께서 모세에게 또 말씀하여 이르시되 너는 상등 향품을 가지되 액체 몰약 오백 세겔과 그 반수의 향기로운 육계 이백오십 세겔과 향기로운 창포 이백오십 세겔과 계피

오백 세겔을 성소의 세겔로 하고 감람 기름 한 힌을 가지고 그것으로 거룩한 관유를 만들되 향을 제조하는 법대로 향기름을 만들지니 그것이 거룩한 관유가 될지라"(출 30:22-25).

이와 같이 구성 요소는 네 가지로서, 한데 섞었는데, 그 향들은 기름의 활력에 따라 영향을 미친다. 학자들은 이르기를, 히브리어의 '향료'는 '향기로운 냄새'를 맡다는 어원에서 왔다고 말한다. 그러므로 향유의 기본적 개념은 그 향기로운 냄새이다. '주요한 향료'는 그 귀중한 향이 다른 것들을 능가하였고 그리고 그 향기(aroma가 탁월한 것을 뜻한다. 분명히 그것들은 그리스도에 대해 말함이 확실하다. 우리의 생각은 하나님께서 주께 하신 시편 45편의 말씀에 즉시 향한다. 거기에서, "왕은 정의를 사랑하고 악을 미워하시니 그러므로 하나님 곧 왕의 하나님이 즐거움의 기름을 왕에게 부어 왕의 동료보다 뛰어나게 하셨나이다 왕의 모든 옷은 몰약과 침향과 육계의 향기가 있으며"(7, 8절)라고 한다.

'몰약'(myrrh)은 맨 먼저 언급된 성분이다. "이것은 아라비아에서 자라는 테레빈(terebinth) 나무 과에 속하는 난쟁이나무의 수지이다. 이 수지는 자생적으로 또는 의도적으로 자른 줄기로부터 스며나온다. 그 화장크림에 대한 처방전에는 '순정(純正), 또는 문자적으로 제약이 없는(free)'이라고 씌어졌다. 이른바 가장 좋은 것은 자생적으로 흘렀던 것이다 … 그것은 냄새는 향기롭지만 맛은 매우 쓰다"(Ridout). 우리는 성경으로 돌아가서 그 모형적 중요성을 배워야 한다.

그 단어 자체가 거기에서 정확히 열네 번 발견된다는 것은 인상적인 일인데 그것을 분해하면 2×7로서 "온전함에 대한 증거"로 풀이할 수 있다. 그러한 언급 중 여덟 가지는 아가서에 있는데, 이곳에서는 그것이 상징하는 주요한 개념을 사랑이라고 즉시 제안한다. 그 요지는 첫 번째 나타난 사건에서 발견된다 — "나의 사랑하는 자는 내 품 가운데 몰약 향주머니요"(아 1:13). '몰약'이 사랑의 상징이라는 그 이상의 증거는 아가서 5장 13절에 있다. 즉 "뺨은 향기로운 꽃밭같고 향기로운 풀언덕과도 같고, 입술은 백합화같고, 몰약의 즙이 뚝뚝 떨어지는구나." 그리스도의 죽음과 관련해서 발견되는 마지막 언급은 의미가 깊다(요 19:39). — 이는 그를 위한 제자들의 사랑을 표현한 것이었다. 이와 같이 사랑은 쓴 것으로부터 쏟아졌지만, 향기로운 죽음은 '몰약'에 의하여 예시된 것이다. 이것은 다음의 인용 구절에서 아름답게 표현되었다.

"칼로 벤 자리에서와 마찬가지로 나무에서 자생적으로 흘러나오는 것은, 한편으로 죽음에 이르기까지 주님이 자신의 모든 것을 정말 기꺼이 하나님께 드렸던 것과 다른 한편으로 그가 인간에게 지배받도록 '그 찔림'이 똑같은 향내를 단지 발했음을 시사한다. 몰약의 쓴 맛은 그가 겪으신 고난의 실체를 생각나게 한다. 그의 고난에 강도를 더한 것은 육체적인 불편이나 아픔 또는 심지어 죽음이 아니라, '죄인들이 자기에게 거역한 일'(히 12:3)이었다. 모든 것이 하나님을 거역하였던 세상에 그분이 있는 것 자체가 비탄스러운 일이었다. 주님의 완전한 영혼이 성부 아버지와 가장 충만한 교제를 즐기실 때, 사람들이 주님을 버렸던 것이 얼마나 사악하고 비탄에 찬 일이었는지를 알았다! 누가 그 무죄하신 자와 같이 죄를 측량할 수 있을까? 그는 죄에 대한 하나님의 쓴 진노의 잔을 맛보시고 찌꺼기까지 마신 분이었다.

"그러나 이 모든 쓰라린 경험들은 하나님께 온전히 향기로운 헌신뿐만 아니라 그에게 속한 자들에 대한 죽음처럼 강했던 그분 자신의 사랑을 나타내는 기회를 오직 가져다주었다. 그리고 이러한 사랑의 척도는 어떤 것이었나? 몰약은 죽음과 연상된 사실로부터 우리에게 '지식에 넘치는 사랑'(엡 3:19)을 잘 말해준다. '나를 사랑하사 나를 위하여 자기 자신을 버리신 하나님의 아들'(갈 2:20) ― 이것은 측량될 수 없는 기준으로서 우리들의 죄 때문에 그리고 그 죄를 위하여 가슴을 찔리신 주님으로부터 저절로 흘러나오는 것이다. 우리가 그 사랑을 아무리 잘 헤아려 본다 해도 실상은 미흡하지만, 그분은 그 충만한 가치로 그것을 평가한다"(Ridout).

'육계'(cinnamon)라는 그 같은 단어가 발견되는 네 구절에 의해 드러났던 대조는 참으로 주목할 만하다. 여기 출애굽기 30장에서 그것은 그리스도의 인격을 가리켰다. 아가서 4:14에서는 신랑이 신부를 묘사하는 데 사용되는데, 은혜가 신부의 탓이었음을 나타내고 있다. 세 번째와 네 번째의 관주에서, 이 향기로운 향료는 창기와 연관되어 나타난다. 잠언 7:17, 요한계시록 18:13에서 그러하다. 불경건한 자들을 유혹하는 그리스도의 찬탈자에 의해 사용된 영혼에 대한 위선적 사랑이 있다. '육계'에 대하여 리도우트(Ridout)는 이렇게 말한다.

"이 향료는 동일한 이름으로 우리에게 잘 알려진 것과 같은 것임을 의심할 여지가 없어 보이는 데, 이는 월계수 과의 작은 상록나무의 껍질이다. 같은 과에 속한 다른 나무는 향기가 있는 녹나무이다. 육계의 냄새는 향기로우며 그 맛은 마음에 든다. 값이 나가는 진짜 기름은 껍질로부터 추출되며, 짙은 형태로 이러한 성분을 함유하고 있다. 그것은 주로 실론 섬에서 통용되었으며, 출애굽 당시에는 아마도 인도로부터 가져왔다. 그 껍질은 어린 가지로부터 얻어진다. 약용으로서 그것은 일종의 흥분제와 강심제이다."

"그 단어의 어원으로부터 그 말의 영적 중요성에 대한 지식을 찾아보려고 하나, 분명한 것은 없다"(Ridout). 그러나 그는 각주에서, 어떤 필자가 "잘 알려진 두 개의 히브리 단어(Kinna,min)로부터 유래되었을 가능성을 제시했다고 말하고 있다. 즉 '자라다' 또는 '불타다' 또는 '질투가 많은' 이라는 어원으로부터 온 키나(Kinna), '형태' 또는 '출현' 이라는 뜻을 가진 민(min)이라는 말이 그것이다. 이를 종합해 보면 '질투의 나타남' 이라는 뜻이 되겠다." 여기에 대해 리도우트는 다음과 같이 첨가한다. 즉, "어떠한 불타는 열심이 우리 주님의 전 생애에 점철되었는지는 말할 필요조차 없다. '주의 전을 사모하는 열심이 나를 삼키리라' (요 2:17). 그리고 이것은 거기에서 시작했던 모든 육적인 거래의 그 집을 일소하려던 거룩한 형태의 질투에서 나타났다. '사랑은 죽음 같이 강하고 질투는 스올 같이 잔인하며 불길 같이 일어나니 그 기세가 여호와의 불과 같으니라' (아 8:6). 이것은 적어도 아름답고 아주 중요한 의미를 주는 것으로, 우리 주님의 성격과 일치한다 — 이는 '하나님의 영광과 당신의 영예가 거하는 곳에 대한 열정적 사랑' (시 26:8)이다. 그것에 대한 사랑으로, 주님은 그 자신의 성전, 즉 그의 거룩한 몸을 죽음에 이르도록 낮게 처하게 하셨다. 사실 여기에 새로운 형태의 열심이 있었는데, 그것은 하나님만을 위한 열심으로, 그 속에 이기심의 요소가 전혀 없었다. 하나님의 영광에 한 오점을 두는 것을 감내하기보다는 차라리 가혹한 자세를 취한다는 의미에서 그것은 냉엄하였다. 즉 그것은 '맹렬한 불꽃으로' 탔다." 우리는 이것이 '육계' 가 제시하는 분명한 개념을 제시하는 것으로 믿는다.

"이 나무는 상록수로서 생기가 없는 채로 기간을 보내지 않는다는 사실을 기억하는 것이 역시 좋겠다. 이와 같이 우리 주님은 항상 변개하지 아니하는 헌신자였기에, 그의 잎은 가물 때에나 추운 때에도 마르지 않았다. 불신앙의 황폐함 가운데서도 — 고라신과 벳새다와 가버나움에서와 같이 — 그에게는 연약한 표시가 전혀 없었다. '아버지여, 내가 주께 감사하나이다' 라는 말씀은 그 어디에서나 있었던 그의 말씀이다. 여기에 역시 지친 심령을 영적으로 튼튼하게 하는 강장제가 있다. 우리 주님의 이 사랑과 헌신은 변함을 모르는 것으로 가장 권세있는 하나의 사례가 될 뿐만 아니라, 또한 자신이 사랑하는 백성의 지친 것을 그의 은혜로써 즐겁게 해주며 용기를 북돋아 주신다"(Ridout).

"향기로운 창포"(sweet calamus). 히브리말로는 '갈대' 또는 '줄기' 를 의미하는 것으로, "똑바로 서다"라는 의미를 가지는 어원에서 유래되었다. 다시 한 번 리도 우트 씨가 거론한 도움이 될 내용을 인용하고자 한다. "육계의 경우와 같이 '향기롭다' 고 하는 것은 그것이 가지고 있는 향기를 말하며, 이것은 이 장이 의도하는 단서를 우리에게 제공해 주는 것 같다. 그 '향기로운 줄기' 는 레바논, 인도, 아라비아에서 발견된다고 한다. 그것은 대개 진흙탕 같은 곳에서 자라는데, 그 이름이 유래된 그 가지를 그 진창에서 내뻗는다. 인도에서 자라는 그 향기로운 줄기는 성경에서 '나도' (spikenard)라고 추정된다. 그 향료는 그 식물을 빻아서 얻어진 것이었다.

"그것이 진창에서 자라난 것은 이 땅의 진창에서 곧게 자라나서 하나님께 향기를 발하신 이를 회상하게 한다. 사람은 진창에서 자라나 그것에 강하게 이끌리는데, 이는 마치 많은 심한 고통을 가지고 있는 자와 같이, 땅으로 머리를 숙이고 있어 그에게 제공된 영광의 면류관을 보지 못했던 것이다. 그러나 우리 주님은 그의 눈과 심령을 오직 위에 있는 하늘에만 두었다. 이 땅의 진창은 그가 특별한 일을 수행하기 위하여 오신 곳이었을 뿐이다. 사람은 마치 우리가 하는 것처럼 그 진창에 빠질 수 있다! 욥은 그 자신의 의가 개천에 있는 진창으로 덮여 있었음을 발견한다(욥 9:31). 그러나 주님의 환경들은 언제나 하늘을 항상 가리키는 올바르고 완전한 삶과 대조가 될 뿐이었다. 주님의 보물, 주님의 모든 것은 성부와 함께 하였다. 그리고 주님은 '상한 갈대' 를 볼 때마다, 그것을 진창에서 건져 똑바로 세워주는 것이 그의 심정의 목적이었다. — '나도 너를 정죄하지 아니하노라' (요 8:11).

"이 갈대는 부서졌다. 사악한 사람들이 그를 잡아 묶고 상하게 하였다. 그러나 그 향기는 상처에서부터 나와서 하늘과 땅에 가득하였다. 이와 같이 창포의 향기로운 냄새는 우리 주님에게 부정적이거나 무미건조한 것이 없었음을 말해준다. '호감이 가는' (amiable)이라는 연약한 말은 주님과 관련하여 부적당하다. 그러므로 대제사장이 그를 치라고 명했을 때, 우리 주님은 화를 내거나 위축되지 아니하고, 거룩한 위엄으로 그 옳지 못함을 꾸짖으셨고 그리고 빌라도 앞에서 그의 왕 되심을 증거하셨다. 하늘의 향내는 관정에 퍼졌고, 힘찬 향기와 거룩함의 활력은 진리를 입증해 주었다"(요 18:33-37).

'계피'(cassia)에 대해, 게제니우스(Gesenius)는 , 이 이 향료의 히브리어 이름은 예배할 때와 같이 '구부리다', "머리를 숙이다"라는 의미의 어원에서 유래한다고 말한다. 그러므로 여기에 예시되었던 것은 완전하신 이가 하나님께 대해 순종하는 것과 예배하는 것이었다. 누가복음 4:16에는, "안식일에 늘 하시던 대로 회당에 들어가사"라고 말한다. 시편에 보면 그분의 예배에 대하여 많이 읊은 사실을 볼 수 있다. 그가 큰 시험을 받을 때, 마귀에게 절하기를 거절하고, "주 너의 하나님께 경배하고 다만 그를 섬기라"고 기록되었음을 일깨운다.

'계피'가 언급된 유일한 다른 구절은 에스겔 27:19이다. 거기에 보면 이것이 두로 ― 고대의 가장 큰 상업국가 ― 에서 거래되는 물품의 하나였다. 애굽과 마찬가지로 두로도 세상을 상징한다. 모형적으로, 이것은 세상에서마저도 그 더러운 목적을 조장하기 위하여 그리스도의 탁월성을 거래할 것임을 말해준다. 바로 다음 장(출애굽기 28:12-19)에서, 사탄을 '두로의 왕'으로 나타낸 것은 매우 놀라운 것이다. 이와 같이 하나님의 최고의 대적은, 오직 그리스도만이 받으셔야 할 경배를, 허락되는 한, 그분에게서 가로채려고 한다.

이러한 네 가지의 주된 향료들의 모형적 중대성을 종합하여 요약하면 '몰약'은 쓰라린 것이었지만 향기로운 그의 죽음으로 부어주신 그리스도의 사랑을 가리켰다. 그리고 '육계'는 하나님의 존귀와 영광을 위한 그의 거룩한 열심을 가리키며, '창포'는 죄 많고 사악한 세상에서의 그의 올바름과 의로움을 가리키며, '계피'는 하나님에 대한 그의 순종과 예배를 가리킨다.

2. 비율

이 비율은 출애굽기 30:23, 24에 열거되어 있다. '몰약'은 500세겔, '육계'와 '창포'는 각각 250세겔이며, 그리고 '계피'는 500세겔이었다. 먼저, 우리가 반드시 살펴보아야 할 것은 그 네 가지의 향료를 기름에다 섞었다는 것과, 그리고 각 향료마다 식물의 생명으로부터 취했다는 것인데, 그 식물이란 항상 여기 지상에 있는 인간에 대해 말하는 것이다. 우리의 마음은 저절로 그리스도의 지상의 삶에 대한 거룩한 기록인 사복음서에 자연히 기울어지게 된다. 이 모두는 각기 그리스도의 완전함의 특별한 일면들을 드러내지만, 그 모두는 골고루 침투되는 '기름' 곧 성령에 의하여 완전하게 함께 섞였다.

사용된 향료의 양은 각기 동일한 분량이 아니었다. 즉 그 두 가지는 500세겔이었고 다른 두 가지는 250세겔씩이었다. 그러므로, 우리는 '몰약'과 '계피'는 그리스도의 완전함에 대한 어떤 진리 혹은 견해에 있어서 어떤 공통점을 가지고 있으며, 그리고 '육계'와 '창포'에게 공통된 어떤 진리가 있다는 제안을 한다. 그것들이 나열된 순서는 500, 250, 250, 500 세겔이다. 그러므로 이것들을 복음서와 비교해 보면, 이로써 마태복음과 요한복음(첫째와 넷째)이 서로 일정한 연관성이 있고 마가와 누가복음, 즉 중간에 있는그분의 왕권과 신격(Godhood)을 나타내는 책으로 첫째와 넷째에 언급한 '향료'의 이중적 두 개의 복음서도 서로 공유하는 어떤 공통점을 기대하도록 제시된다.

첫째와 넷째 복음서는 그리스도의 지고한 영광, 즉 그분의 왕권과 그분의 신격을 제시하는 것으로 첫째와 넷째의 '향료'의 이중적 분량과 일치된다. 뿐만 아니라, 각 복음서의 독특한 성격은 이 두 향료의 성질과 정확하게 일치한다. 이미 말한 바와 같이 '몰약'은 그리스도의 죽음이라는 그 쓰라린 죽음을 상징했다. 이스라엘 백성들이 유월절 밤에 기억하였던 것이 이것이었다. 즉 '어린 양'은 반드시 '쓴 나물'과 함께 먹어야만 한다는 것이다(출 12:8)! 그러므로 마태만이 박사들이 아기 예수께 예물을 드릴 때 "황금과 유향과 몰약"을 드렸다고 기록한 것은 얼마나 주목할 만한 일인가(마 2:11)! 또한 이 첫 번째 복음서에서는 혈육에 의한 그의 형제들로부터 경멸받고 거역함을 당한 메시야의 쓰라린 체험이 아주 충분하게 제시된다. 네 번째의 향료인 '계피'의 어원은 '예배'를 의미하는데, 이는 즉시 거룩한 요소를 소개하고 있다. 이것이 곧 네 번째 복음서가 정확히 나타내는 것으로서, 그곳에서는 그리스도를 하나님의 아들로 묘사하고 있다!

두 번째와 세 번째 복음서는 둘 모두 그리스도의 낮아짐을 나타낸 것으로서, 그 하나는 종으로서의 그리스도를 다른 하나는 인간으로, 머리 둘 곳도 없는 자로 나타내었다. 그리고 이는 두 번째와 세 번째의 향료가 다른 것에 비하여 그 양이 절반밖에 되지 아니했다는 사실과 놀랍게 일치된다! 하지만 여기에서 성령께서 언제나처럼, 비록 그분의 굴욕 가운데서도 어떻게 그리스도의 영광을 보호하셨는지와 두 번째와 세 번째 향료에만 '향기롭다'는 말을 사용했음을 유의하라! 이는 하나님의 아들의 자발적이며 순종하는 비하로 인하여 하나님께 특별한 기쁨이 있었던 것을 우리에게 말한다. 인간 가운데 아주 높임을 받는 것은 하나님이 보실 때에는 가증한 것이며(눅 16:15), 인간으로부터 멸시 받은 것은 그가 보시기에 큰 가치가 있다(벧전 3:4). 그리스도께서 처음으로 "범법자들과 함께 헤아림"

을 받고 "자신의 죄를 고백하는 자"들 사이에 자리를 잡고 계실 때에(막 1:5), 아버지의 음성이 이르시기를 "이는 내 사랑하는 아들이요 내 기뻐하는 자라"(마 3:17)고 하셨다.

500, 250, 250 그리고 500이라는 숫자는 한 눈에 그리스도의 완전하심이 아주 완벽하게 균형을 이루고 있음을 보여준다. 여기에서 우리는 그분의 독특하심을 본다. 심지어 그의 백성들 가운데서도, 그들의 현재의 상태를 보면, 어떤 것은 빛나고 또 다른 것은 보다 우세한 것을 본다. 하지만 그리스도께서는 그렇지 않다. 그분 안에서는 모든 것이 아름다운 비율로 이루어져 있다. 향료들의 무게의 합은 1,500 세겔 또는 5 ×3×100으로써 맨 뒤의 숫자는 10×10이다. 5는 은혜의 수이며, 3은 하나님의 현현 그리고 또 하나님의 수이며, 10은 책임의 양을 말한다. 그러므로 하나님의 은혜는 인간의 완전한 책임 가운데 나타났음을 본다. 이러한 것은 오직 그리스도 안에서만 발견될 수 있다.

각 향료는 "성소의 세겔"(출 30:24)에 따라, 무게로 배분되었다. 이러한 일은 속전을 다룬 앞장에서 이미 본 사실이다(출 30:13). "하나님은 지식의 하나님이시며 그는 모든 행위를 달아보신다(삼상 2:3). 교만한 바벨론 왕은 달아보니 부족함이 있었다(단 5:27). 또한 '모든 사람'이 죄를 범하였으며 하나님의 영광에 이르지 못한다. 구약성경의 '영광'이라는 말은 '무겁다'는 말에서 유래한 '무게'라는 단어이다. 그러므로 하나님의 표준으로 보면, 모든 것은 그분을 오직 영화롭게 할 수 있는 충분한 무게에 미달되었다. 그러므로 시험하여 충분하고 참된 무게를 지니신 이가 오로지 있었는데, 그는 '아버지께서 내게 하라고 주신 일을 내가 이루어 아버지를 이 세상에서 영화롭게 하였사오니'(요 17:4)라고 말할 수 있었다"(Ridout).

3. 용액

이는 '감람유'로서, 성령을 상징하였다. "하나님이 나사렛 예수에게 성령과 능력을 기름 붓듯 하셨으매"(행 10:38). 향료들은 그 기름에 향기로운 냄새가 나게 했으며, 기름은 그 향기를 전달하는 요소였다. 이와 같이 그리스도께서 이 땅에 계실 때 나타내신 아름다운 은혜는 모두 성령에 의한 것이었으며(사 11:1, 2). 그리고 모두 성령의 능력 안에서 이루어졌다(눅 4:1, 14). 기름으로 향기로운 향료들을 함께 섞었고, 기름이 그 모든 것 속으로 스며들어가 하나로 만들어 주었다.

향료들의 향기는 감람유 전체의 힘을 통하여 균등하게 확산될 수 있기에, 그 중 한 가지가 다른 것보다 두드러지는 않았지만, 그 기름은 각자 동일하게 향기로움을 골고루 나타내었다. 이와 같이 그리스도께서도 항상 성령으로 충만하여 그 거룩한 향료 안에 자신의 성품의 다양한 향기가 섞여 있었기에, 그의 이름(인격을 대신하여 나타내는 것)은 "쏟은 향 기름"(아 1:3) 같았으며 또한 영원히 그러할 것이다!

4. 용도

그것은 성막과 그 모든 기구들(출 30:26-29) 그리고 제사장들의 봉헌식 때에(출 30:30) 기름 붓는 용도로 쓰였다. 그것은 그리스도의 감미로운 향기가 그를 예표한 모든 것 위에 있었음을 말한다. 성소에 있는 기구들은 우리의 큰 대제사장의 갖가지 직임과 섬김을 나타내고 있으며, 그 중 어떤 것은 그가 이 땅에 계실 때 시행하신 것이요 다른 것들은 그가 지금 하늘에서 행하고 있다. 그 자신을 하나님께 점 없는 희생으로 드리게 한 동일한 성령(히 9:14)이 여전히 부활 이후의 그의 사역의 능력이 된다(비, 행 1:2).

아론의 아들들에게 이 거룩한 기름을 붓는 것을 주목하는 일은 참으로 복된 것이니, 이는 상징적으로 그리스도의 백성들이 그들의 대장되신 분을 하나님 앞에서 열납되게 한 동일한 '향기로운 냄새'로 교제함을 보여주기 때문이다. 우리로 하여금 제사장의 직분을 위하여 은혜롭고 구비시키는 분은 하나님의 영이시다. 출애굽기 30장에서 '거룩한 기름'에 대한 지시가 물두멍에 대한 언급(출 18~21장) 바로 다음에 기록되어 있다는 것은 주목할 만한 일이다. '물두멍'은 그 성격상 수동적인 것으로서, 우리가 하나님께 나아가는 데 장애가 되는 모든 것들을 제거함을 상징한다. 하지만 '기름'은 능동적 측면을 제공하고, 우리로 주님 앞에 열납되게 하는 것을 소개한다. 그 원형은 고린도후서 2:14, 15에 기록되어 있는 가장 소중한 말씀으로 나타난다. "항상 우리를 그리스도 안에서 이기게 하시고 우리로 말미암아 각처에서 그리스도를 아는 냄새를 나타내시는 하나님께 감사하노라 우리는 … 하나님 앞에서 그리스도의 향기니."

5. 금지 사항

"사람의 몸에 붓지 말며"(출 30:32). 오직 제사장 직분에 속한 가족들만이 기름

부음을 받았다. 이는 상징적으로 그리스도 안에 있는('기름 부음을 받은 자') 하나님의 백성들만이 "기름 부음"을 받을 수 있음 — 하나님의 성령을 소유 — 을 말한다. "너희가 아들이므로 하나님이 그 아들의 영을 우리 마음 가운데 보내사"(갈 4:6) 또 "그가 또한 우리에게 **그리스도로** 인치시고 보증으로 우리 마음에 성령을 주셨느니라"(고후 1:22)고 했기 때문이다. 이것은 육신에 속한 자들은 가지지 않았으며 또한 가질 수도 없는 그 어떤 것이다. "성령의 은혜는 인간의 육신과 결코 연관될 수 없으며, 성령은 또한 자연의 형체를 소유할 수 없다. 성령의 열매 중 단 한 가지도 아직 '자연이라는 불모의 땅'에서 생산된 일이 없다. 우리는 반드시 '중생해야 한다.' 오직 새 사람과 연결될 때만이, '새로운 피조물'이 되었을 때야만 성령의 열매가 무엇인지를 이해할 수 있다"(C. H. M).

"이 방법대로 이와 같은 것을 만들지 말라 이는 거룩하니 너희는 거룩히 여기라"(출 30:32). 심지어 그리스도의 완전함을 비롯하여, 그 모형을 모방하지 말 것이며, 그 비길 데 없는 것들을 흉내 내어서도 안 된다! 이상한 제단을 만들어서도 안 되며(출 20:25), '이상한 불'도 드려서는 안 됨(레 10:1, 2)과 같이 이상한 기름을 드려서는 안 된다. 이 말씀은 오늘날 수도회적인 기독교 교계에서 발생되는 거룩한 예배, 성령의 운행, 그리고 그리스도의 향기 등을 모방하는 일들을 얼마나 정죄하고 있는가! 얄팍한 두뇌에 있는 지식, 의식주의, 정교한 음악, 영적인 흥분 등 너무도 많은 인간의 대행물들이 성령의 능력으로 드리는 그리스도의 참다운 사역을 대신하고 있다.

마지막에 있는 말씀은 형용할 수 없이 진지한 것이다. "이와 같은 것을 만드는 모든 자와 이것을 타인에게 붓는 모든 자는 그 백성 중에서 끊어지리라"(출 30:33). "이와 같이 성령님의 행위를 모방하는 것은 흉악한 죄가 된다. 아나니아와 삽비라는 주님께 바치려고 그들이 팔았던 소유의 전부를 헌납한다고 말함으로써 이 죄를 범했다(행 5장). 그것에 자격이 없는 그것들에 대해, 문외한에게도 책임을 지워 동일한 형벌이 부가되었다. 하나님은 거룩하며, 그에게 속한 지극한 권리는 열렬히 지키기에, 그것을 침해하는 일에 대해서 징벌을 내릴 수밖에 없다. 어떤 이가 부지중 그런 죄를 지은 것처럼 보인다고 할지라도, 지금은 은혜의 시대라 그 혜택은 입을 것이나 그 죄 자체는 그의 눈앞에서 조금도 다를 바가 없다"(Dennett).

제57장

지명된 세공들

출애굽기 31:1-11

출애굽기 31장은 그 모형적 가르침과 그 실천적 교훈에 있어서 중요한 장이다. 이 장에는 세 가지 사실이 나타나 있다. 첫째, 성막을 짓고 그 기구들을 만드는 일에 관해 여호와께서 지시하신 것들을 이행할 수 있도록 하신 하나님의 예비하심을 볼 수 있다. 둘째, 이스라엘에 대한 특별한 관계에서 거룩하게 지정한 안식일이 여기에 정의되고 있다. 셋째, 하나님의 손가락으로 쓰신 증거의 두 돌판인 십계명을 실제로 모세에게 주신 일이 여기에 기록되어 있다.

성막의 모든 면밀한 내용에 관한 충분한 지시가 주어졌고, 그 시행을 위한 준비가 그 다음에 알려진다. 아무것도 우연의 여지가 없으며 그 아무데도 인간의 술책이 허용된 곳이 없다. 모든 것은 하나님께 속한다. 모세는 애굽의 모든 지혜에 익숙했지만, 하나님은 모세에게, 여호와의 거소의 설계도를 그리도록 두지 않으셨고, 모든 것을 산에서 그에게 보여주신 식양대로 짓도록 명하셨다. 이제 그 '식양'을 온전히 그에게 보여주셨고 여호와께서는 또한 누가 그 중요한 일꾼이 되는지를 알려주셨다. 그들을 선택하는 일은 하나님께 있었지, 모세에게 있지 않았다. 그들의 일에 적합한 능력은 신성한 것이었기에 인간의 것이 아니었다.

지명된 세공들은 브살렐과 오홀리압이었는데 한 사람은 유다 지파로부터, 그리고 다른 한 사람은 단 지파 출신이었다. 실제로 성막을 짓는 일에 대해서는 여기에 없고 출애굽기 36~39장에 나타난다. 다만 그 일에 종사하는 이들에게 충분한 거룩한 소명과 소질이 나타나있다. 여기에서 예시된 것은 그리스도가 분명하다. 왜냐하면 "경에 기록된 것은 나에 관한 것이라"고 하신 것은 그가 친히 선포하신 말씀이기 때문이다. 오직 그만이 하나님의 집을 지을 수 있고, 그리고 이 모형의 모든 상세한 사항이 그 사실을 명백히 확증한다. 하나님의 영이 우리에게 볼 수 있는 눈을 허락해 주시기를 바란다.

"여호와께서 모세에게 말씀하여 이르시되 내가 유다 지파 훌의 손자요 우리의 아들인 브살렐을 지명하여 부르고 하나님의 영을 그에게 충만하게 하여 지혜와 총명과 지식과 여러 가지 재주로 정교한 일을 연구하여 금과 은과 놋으로 만들게 하며 보석을 깎아 물리며 여러 가지 기술로 나무를 새겨 만들게 하리라"(출 31:1-5).

위에 있는 구절에는 세 가지 사항이 있다. 일하는 자의 지명, 일하는 자의 자질 부여, 그리고 그의 임무이다. 성경이 항상 그러하듯이 여기에서도 고유명사들이 영적 의미를 함축하고 있다. 여기에 언급된 두 명의 주요 세공 중의 첫 번째 사람은 브살렐로서, 그 뜻은 "하나님의 그늘 밑" 또는 "하나님의 보호"이다. 그는 '우리'(Uri, 빛을 의미함)의 아들이었으며, 그리고 '훌'(자유를 의미함)의 손자였으며, '유다'(찬미를 의미함) 지파 출신이었다. 우리 구주의 인격을 예시했던 사람에 대한 이러한 꼬리표의 타당성은 즉시 입증된다.

'그늘'과 '보호' 사이에 있는 사상의 유사성은 전자를 언급한 수많은 성경 구절을 언급할 때 보여진다. "주의 날개 그늘 아래에 감추사"(시 17:8), "주의 날개 그늘 아래에서 이 재앙들이 지나기까지 피하리이다"(시 57:1), "내가 주의 날개 그늘에서 즐겁게 부르리이다"(시 63:7). '주의 날개 그늘'이라고 함은 친밀함, 보호, 교제의 장소를 말한다. 이곳은 주 예수께서 언제나 그의 아버지와 교제하실 때 차지하였던 장소였다. "아버지 품속에 있는 독생하신 하나님"(요 1:18).

브살렐은 우리(Uri, '빛' 곧 '여호와의 빛')의 아들이었다. 대제사장의 흉패에 있는 '우림'은 같은 말의 복수이다. '브살렐'이라는 이름이 완전한 일꾼, "참 장막"의 건축자에 의하여 점유된 장소를 제안하는 것처럼, "우리의 아들"은 그의 인격을 설명하면서, 그가 어떤 사람인지 우리에게 말해 주고 있다. "빛의 아들"이라 함은 그가 하나님의 아들임을 즉시 말해주는 것으로서, "하나님은 빛이시라 그에게는 어둠이 조금도 없으시다"(요일 1:5)고 하심과 같다. 그렇다, 그는 "영광의 광채시요 그 본체의 형상이시다"(히 1:3). 그가 세상에 계시는 동안 그는 "세상의 빛"(요 9:5)이었다. 그가 이곳으로 돌아오게 되면 "의로운 해"가 되실 것이다.

브살렐은 우리의 아들이요, '자유' 혹은 '해방'이라는 뜻의 이름을 가진 '훌'(Hur)의 손자였다. 이는 참으로 복된 사실이다. 그 첫째 이름은 성부에 대한 그리스도의 유대 관계를 말하며, 그 둘째는 그가 누구인지를 말하며, 셋째는 그가 거룩하게 지정된 사역에 들어가게 되었던 방법에 대해 말한다. 여기에서 예시되었던 것은 히브리서 10:9에서 평범한 용어로 이야기된다. "그 후에 말씀하시기를 보시옵소서 내가 하나님의 뜻을 행하러 왔나이다." 주 예수께서는 그가 착수하신 위대한 사역에 자발적으로 가담했다. 아버지께서 그를 "보내신 것"(요 9:4)은 사실이나, 그럼에도 불구하고 그가 스스로 '온 것' 도 동일하게 사실이다. 이 사실은 우리가 지금 다루고 있는 모형에서 완벽하게 나타나 있다. 즉 브살렐이 그의 사역을 위하여 하나님께 "부르심을 받았으나"(출 31:2), 그는 여전히 '자유' 의 아들이었다.

"유다 지파에 속함." 이는 관련된 아름다운 가계이다. 물론 유다는 왕족이었으며, 이스라엘이 여행할 때 그 인솔을 맡은 지파였다. 그러나 그 이름의 의미를 살펴보면 매우 복된 일이 있다. 유다는 '찬미' 를 의미한다. 이는 그의 사역이 그처럼 굴욕과 고통, 그리고 죽음이 개입되어도, 우리 구주께서 그 사역에 임하였던 정신을 우리에게 말해주고 있지 않은가! 시편 40:8에서 그가 친히 "나의 하나님이여 내가 주의 뜻 행하기를 즐기오니"라고 하신 말씀을 들어보라. 그가 인간들로부터 멸시를 당하고 그들이 그를 거역했을 때 한 말씀, 곧 "그 때에 예수께서 성령으로 기뻐하시며 이르시되 천지의 주재이신 아버지여 이것을 지혜롭고 슬기 있는 자들에게는 숨기시고"(눅 10:21)라는 말씀을 주목하여 보라. 시편에서는 그리스도의 슬픔과 고난을 읊은 것이 적지 않지만, 또한 그중의 많은 부분이 감사와 찬양을 표현하고 있음을 부언하도록 하자.

다음으로 우리는 이 일을 위한 전형적인 세공의 준비, 또는 자격을 볼 수 있다. "지혜로운 마음이 있는 모든 자에게 내가 지혜를 주어 그들이 내가 네게 명령한 것을 다 만들게 할지니"(31:6). 이는 우리로 하여금 즉시 이사야 11:1-4의 말씀을 생각나게 한다. "이새의 줄기에서 한 싹이 나며 그 뿌리에서 한 가지가 나서 결실할 것이요 그의 위에 여호와의 영 곧 지혜와 총명의 영이요 모략과 재능의 영이요 지식과 여호와를 경외하는 영이 강림하시리니 그가 여호와를 경외함으로 즐거움을 삼을 것이며 그의 눈에 보이는 대로 심판하지 아니하며 그의 귀에 들리는 대로 판단하지 아니하며 공의로 가난한 자를 심판하며 정직으로 세상의 겸손한 자를 판단할 것이며 그의 입의 막대기로 세상을 치며".

"금으로 만들게 하며." 앞에 있었던 장들에서 자주 지적했듯이, '금' 은 거룩한 영광, 또는 거룩한 영광이 현현된 것을 말한다. 오직 "여호와의 신 곧 지혜와 총명과 지식" 의 신으로 충만한 자만이 '금으로 하는 일' 에 자격이 있었다. 이에 대한 원형이 가장 명백하게 나타난 곳은 요한복음이다. 주님은 그의 공적 사역을 마치실 즈음에, 아버지께 이르시기를 "아버지께서 내게 하라고 주신 일을 내가 이루어 아버지를 이 세상에서 영화롭게 하였사오니"(요 17:4)라고 말하고 있다. 그 '일' 이 무엇인지에 대해서는 이어지는 구절들에서 말씀하고 있다. "내가 아버지의 이름을 나타내었나이다"(6절), "나는 아버지께서 내게 주신 말씀들을 그들에게 주었사오며"(8절). "아버지의 이름으로 그들을 보전하고 지키었나이다"(12절).

"은으로 만들게 하며." 이 상징도 역시 우리들 앞에서 거듭해서 나타났다. 그것은 구속에 대해 말한다. 그렇다면 누가 "은으로 만드는 일"에 자격이 있었는가? 그 누구도 아닌 빛의 아들로서 아버지의 품에서 온 자이시다. 구속의 사역은 창조의 사역보다 훨씬 엄청나게 크고 기이한 일이었다. 그것은 구속함을 입은 자들의 능력을 훨씬 능가하는 일이었다. 이르시기를 "아무도 자기의 형제를 구원하지 못하며 그를 위한 속전을 하나님께 바치지도 못할 것은 그들의 생명을 속량하는 값이 너무 엄청나서 영원히 마련하지 못할 것임이니라"(시 49:7, 8)고 말한다. 그러하도다. 그들의 영혼의 구속은 너무도 '소중하여', 다른 것이 아니라 "오직 흠 없고 점 없는 어린 양 같은 그리스도의 보배로운 피"(벧전 1:19)만이 이 일을 이룰 수 있을 뿐이다. 그의 "은으로 한" 복된 사역의 결과는 요한계시록 5:9에서 다음과 같이 나타나 있다. "새 노래를 불러 이르되 두루마리를 가지시고 그 인봉을 떼기에 합당하시도다 일찍이 죽임을 당하사 각 족속과 방언과 백성과 나라 가운데에서 사람들을 피로 사서(redeemed) 하나님께 드리시고".

"놋으로 만들게 하며." 이것은 언제나 거룩한 심판의 상징이었다. 역시, 여기에서도 거룩하게 자격을 부여받은 일꾼이 요구되었던 것은 그러한 단순한 피조물로서는 그 누구도 범죄한 그의 백성의 죄에 대한 하나님의 심판의 모든 무게를 견딜 만한 능력이 없었기 때문이다. 그러므로 하나님은 '능력있는 용사'에게 돕는 힘을 내려 주었다(시 89:19). 이 모형에 대한 이러한 견해는 말할 수 없을 정도로 진지하다. 이는 우리의 복된 구속자가 "우리를 대신하여 죄로 삼으심"(고후 5:21)을 말하는데, 이는 그분이 희생적으로 우리가 한 인간으로서 그러했던 그 사람이 되었음을 의미한다. 그것은 그분이 "우리를 위하여 저주를 받은 바 된 것"(갈 3:13)에 대해 말하며, 그분은 우리를 위하여 변개할 수 없는 하나님의 의로운 율법의 징벌을 감내하고, 우리를 대신해서 죄의 대가를 받았다. 그것은 모세가 놋뱀을 든 것처럼 그가 "들림을 받은 것"을 말한다(요 3:14). '놋으로 만드는 일'은 그가 "다 이루었다"고 외치시고, 그의 머리를 숙이시며 그의 영혼이 돌아가실 때에 완성되었다(요 19:30).

"보석을 깎아." 이에 대한 지엽적인 언급은 이스라엘의 대제사장들의 견대와 흉패를 장식했던 보석에 대한 것인데, 이는 그가 그 백성들을 위하여 하나님 앞에 나아갈 때 그 위에 그들 열두 지파의 이름을 모두 새겼던 보석이다. 이와 같이 그 보석들은 하나님의 백성들에 대해 말하는 것으로서, 아론이 예표한 그 복되신 분의 모든 공적과 탁월성을 가지고 하나님 앞에 출두하는 것을 말한다. 이에 대한 원형은 베드로전서 2:5에 있는데, 이르기를 "너희도 산 돌 같이 신령한 집으로 세워지고"라고 말한다. 출애굽기 31장의 다음 말씀은 "나무를 새겨서"라고 하신 것으로서, 우리는 그리스도께서 미래에 이스라엘을 다스릴 것을 내다본 것으로 믿는다. "여러 가지 재주(기술)로 일하라"(31:5)고 한 것은 3절에서도 비슷한 내용으로 반복되었으며, 이는 즉시 우리로 하여금 에베소서 2:10에 "우리는 그가 만드신 바라 그리스도 예수 안에서 선한 일을 위하여 지으심을 받은 자니"라고 하신 말씀을 기억하게 한다. 이 세공들에게 주어진 일(4, 5절) — 다섯 가지의 자세한 일들 — 모두가 하나님의 은혜라는 것을 살펴보는 것은 얼마나 복되며 의미 있는 일인가!

"내가 또 단 지파 아히사막의 아들 오홀리압을 세워 그와 함께 하게 하며 지혜로운 마음이 있는 모든 자에게 내가 지혜를 주어 그들이 내가 네게 명령한 것을 다 만들게 할지니"(출 31:6). 많은 인간의 성품들은 신-인(神-人)의 다각적이며 다양한 완전함을 예표하기 위하여 필요한 것이었다. 피조물은 창조자를 나타낸다. 창조물 중 어떤 것들은 그분의 전능한 능력을 나타내며, 또 어떤 것들은 그의 완성된 지혜를, 다른 것들은 그의 항상 있는 미쁘심을, 또 다른 것들은 그의 풍성한 긍휼을 나타낸다. 그것들은 각기 그리고 모두 그들을 만드신 자의 특별한 속성들을 나타내기 위하여 요구된다. 이와 같이 아벨, 노아, 모세, 아론, 다윗은 그리스도의 전체의 모형이 되며, 그들 각자는 그분의 인격, 직임 또는 사역의 어떤 특징적인 측면을 가리킨다. 우리 앞에 있는 모형도 이와 같다. 즉 오홀리압은 브살렐을 보충하고 있다.

"내가 또 단 지파 아히사막의 아들 오홀리압을 세워." 이들의 이름의 뜻 또한 중요하다. 오홀리압은 '아버지의 장막'이라는 뜻이다. 요한복음 1:14의, "말씀이 육신이 되어 우리 가운데 거하시매 (헬라어로 장막을 침), 우리가 그의 영광을 보니"
라는 관점에서 볼 때, 이 이름의 효력은 분명하다. 마치 여호와께서 구약시대에
광야에서 그의 거처를 성막 안에 정하신 것과 같이 그의 아들이 성육신하셨을 때
에도 이 땅에서 그의 거소를 재차 발견하였다. 즉, "하나님께서 그리스도 안에 계
시사 세상을 자기와 화목하게 하시며"(고후 5:19)라고 하심과 같다. 주 예수께서
인간 가운데서 행하신 것은 "하나님이 육신으로 나타나신 것"(딤전 3:16) 이었다.
그 현현이 너무도 완전하고 완성적이므로 그가 이르시기를 "나를 본 자는 아버지
를 보았느니라"(요 14:9)고 하셨다.

오홀리압은 아히사막의 아들이었는데, 후자의 이름의 뜻은 '의지할 형' 이다.
어떤 이가 말한 것처럼, "아마도 이 이름은 오홀리압이 성막을 짓는 일에 있어서
브살렐의 동료-조력자였다는 사실에 대해 주로 언급하는 것 같다. 그러나 우리가
오홀리압이라는 이름에서 아버지라는 뜻이 있고, 아히사막이라는 이름에서는
'형제' 라는 말이 있음은 그리 주목할 만한 가치가 있다고 할 수 없다. 하지만, 그
것은 히브리서 2:9-11에서 포함하고 있는 진리, 곧 주 예수께서 고난과 죽음에서
높임의 자리로 부활하시어 만물을 그의 발아래 두신 것뿐만 아니라 또 '거룩하게
하는 자(주 예수)와 거룩하게 함을 입은 자들이 다 하나에서 난지라. 그러므로 형
제라 부르시기를 부끄러워 아니하시고' 라고 하신 이 말씀이 예언적으로 암시하
고 있는 그 진리를 내포하고 있다. 그는 하나님의 거소가 되시며, 그리고 그의 형
제들에게 의지할 형제가 되신다"(H. W. Soltau).

오홀리압은 단 지파에 속한 자였다. 유다가 이스라엘이 진행할 때 인솔했는가
하면 단은 후미를 이끌었다. 그러므로 여기에서 예시된 영적 원리는 세공들의 우
두머리로 지명된 이 두 사람이 모든 이스라엘을 대표하였다는 것이다. 이와 같이
주 예수께서도 그가 완성하신 영광스러운 사역을 통하여 가장 연약한 자와 마찬
가지로 가장 강한 그의 모든 백성의 표본이 되었다. 단이라는 이름은 '심판' 을 나
타낸다. "하나님의 성막이 경배와 찬양의 장소가 됨은 그 안에서 하나님의 어린
양의 희생을 통하여 죄에 대한 하나님의 위대한 심판의 행위를 드러내셨기 때문
이다"(H. W. S.).

"그들이 내가 네게 명령한 것을 다 만들게 할지니"(출 31:6). 이 말씀은 11절에
서도 반복된다. 이것은 전형적으로 묘사하는 의미있는 구절이다. 그들의 일의 상
세한 내용은 미리 신성하게 지정되었다. 자의로 실행할만한 여지는 없었으며, 모

든 것들이 하나님께서 하고자 하시는 대로 달성되어야만 하였다. 이러한 사실이 그 원형에서 성취되었음을 살펴보는 것은 참으로 복된 일이 된다. 다음에 이르신 그의 말씀들은 참으로 명백하다. "내가 하늘에서 내려온 것은 내 뜻을 행하려 함이 아니요 나를 보내신 이의 뜻을 행하려 함이니라"(요 6:38, 39). "내가 내 목숨을 버리는 것은 그것을 내가 다시 얻기 위함이니 이로 말미암아 아버지께서 나를 사랑하시느니라 이를 내게서 빼앗는 자가 있는 것이 아니라 내가 스스로 버리노라 나는 버릴 권세도 있고 다시 얻을 권세도 있으니 이 계명은 내 아버지에게서 받았노라"(요 10:17, 18).

7-11절에 언급된 상세한 세목들은 앞 장에서 거론한 것들이므로 별도로 나누어서 말할 필요가 없다. 하지만 특별히 구분된 열네 가지 일에 대해서는 살펴보아야 하겠다. 1) 회막(모이는 장막), 2) 증거궤, 3) 그 위의 속죄소, 4) 회막의 모든 기구(기둥, 받침, 못 등), 5) 상과 그 기구 … 등이 있다. 4, 5절에서는 다섯 가지의 일들이 언급되어 있고, 7-11절에서는 열네 가지의 물건들을 만드는 것에 대해 언급되어 있다. 이것은 그리스도의 사역이 거룩한 은혜 위에 근거하고 있었음과 그분은 그것을 시행함에 있어서 하나님의 완전함에 대한 완전한 증거를 보여주었음을 말하고 있다.

이제 이 구절들의 실천적 가르침으로 돌아가면, 여기에 거룩한 섬김의 주제에 대한 가장 중대한 지시사항이 있음이 즉시 명백하게 된다. 즉, '보라'(2절)라는 말과 '주목하라'(6절)는 말(한글성경에 둘 다 생략됨)이 이어지는 말의 무게에 어떻게 주목하고 있는지를 살펴보라.

첫 번째 일은 하나님이 그의 종을 선택한 것이다. 브살렐과 오홀리압은 이 거룩한 직임에 뻔뻔스럽게 자신들 스스로 개입하지 않았으며, 모세에 의하여 지명되었거나 아니면 주요한 레위 사람들로 구성된 위원회에서 지명된 것이 아니라, 다만 그들은 하나님에 의하여 "부르심을 받았다"(2절). "이 원칙은 모든 세대를 통하여 통용된다. 사도는 그리스도의 제사장 직분을 설명할 때 이 사실을 인용하였다. 그가 이르기를 '이와 같이 그리스도께서 대제사장 되심도 스스로 영광을 취하심이 아니요. 오직 말씀하신 이가 그에게 이르시되 너는 내 아들이니 내가 오늘 너를 낳았다 하셨고 또한 이와 같이 다른 데서 말씀하시되 네가 영원히 멜기세덱의 반차를 따르는 제사장이라'(히 5:5, 6)고 말한다. 이와 같이 그는 자신을 일컬어 '하나님의 뜻에 따라 사도된 자'라고 하였다"(고전 1:1; 고후 1:1 등등)(Dennett).

이는 모든 진정한 사역의 기초에 놓인다. 보냄을 받지 않고 경주하는 자나, 하나님에 의하여 부르심을 받지 않은 채로 사역을 책임지는 자(주님의 이름으로 한다고 할지라도)들은 반항자들이요 '종들'이 아니다. 그럼에도 불구하고 요즈음 — 자신의 의지와 불법으로 그 특색을 이루는 때 — 기독교의 세계의 탁월한 위치를 차지하고 있지만, 결코 하나님에 의하여 부르심을 받지 아니한 자들이 얼마든지 많이 있다. 많은 사람들이 그 직위의 명성과 명예에 현혹되었고, 그리고 다른 이들에게 그것은 생계를 이어가는 쉬운 방법이기 때문에, 거룩한 직임으로 자신을 던진다. 많은 이들이 지식에 따른 것보다 열정적인 사람에게 영향을 받거나, 찬사를 아끼지 않는 친구나 애지중지하는 어머니의 충고에 따라 하늘로부터 부름이 전혀 없었던 사역으로 밀려들어갔다. 어떤 사람이 그가 하나님으로부터 소명을 받지 않았는데도 그리스도의 이름으로 고백하여 말하는 것은 끔찍한 확신이고 죄이다.

우리들이 지금 다루고 있는 구절에서 그 실례와 예증을 받아들이는 섬김의 두 번째 원칙은 하나님께서 그의 종들을 준비하게 하는 것이다. 이 방법에 의하여 하나님의 백성들은 그분의 보내신 종으로서 정체성을 가질 수 있으며, 그리고 이 방법에 의하여 훈련된 마음은 섬김을 위한 부르심을 하나님에게 받았는지의 여부를 파악할 수 있을 것이다. 하나님께서는 그 일에 적합하지 않은 상태에서 어떤 일을 하도록 사람을 결코 부르지 않는다. 만일 하나님이 어떤 자를 전도자로 부르셨다면, 하나님은 그의 심령에 잃어버린 자들에 대한 동정심으로 채워주실 것이며, 사악한 자들에게 멸망이 기다리고 있다는 부담을 주어서 "복음을 전하지 아니하면 내게 화가 있을 것이로다"라고 외치게 될 것이다. 만약 하나님이 어떤 이를 목사로 부르신다면, 그에게 필요한 은사를 내려주실 것이요, 만일 선교사가 되기를 원한다면, 그에게 외국어를 배울 수 있는 특별한 소질을 주실 것이며, 다른 일들에도 그러할 것이다.

여전히 좀 더 적절하고 또 살펴보아야 할 본질적인 것은, 하나님께서 어떤 이를 그의 종으로 부르시면 그에게 "하나님의 영을 그에게 충만하게 하여 지혜와 총명과 지식"(출 31:3)을 충만하게 채워 주실 것이라는 것이다. 이에 대한 다른 실례들에 대해서는 열왕기상 7:13, 누가복음 1:5, 사도행전 10:38, 2:4, 6:3을 참조하기 바란다. 이것은 인간의 수단과 방편과는 전혀 다르다. 단과대학, 대학교, 신학교, 성경학교는 이러한 영적인 은사들을 부여하지 않으며 할 수도 없다. 오직 하나님만이 그런 것들을 수여하실 수 있다. 하나님이 그렇게 행하신 곳에는, 인간의 학교들이 불필요하다. 위로부터 능력과 지혜를 받은 종은 인간들로부터 완전히 독립되어 있다. 인간의 지혜는 하나님을 섬기는 일에 아무 소용이 없다. 그런 것은 육신을 매우 겸손하게 하는 일이지만, 그를 섬기는 일은 하나님께서 속한 일이며, 그는 질투하는 하나님이시기 때문에 그의 영광을 다른 이들과 나누지 아니하실 것이다.

이 구절에서 섬기는 일에 연관된 주목되는 세 번째 중요한 원칙은 하나님께서 종들의 할 일을 지명(appoinment)하시는 것이다. "그들이 내가 네게 **명령한 것을** 다 만들게 할지니"(출 31:6, 11)라고 함과 같다. 진정한 섬김의 요소가 되는 것은 순종, 곧 우리 주인의 뜻에 순종하는 데 달려 있다. 신성한 사역에 대해서도 그와 같다. 다시 완전한 종의 말씀을 들어보자. "내가 하늘에서 내려온 것은 내 뜻을 행하려 함이 아니요, 나를 보내신 이의 뜻을 행하려 함이니라"(요 6:38). 브살렐과 오홀리압은 그들이 해야 할 일이나 하지 말아야 할 일들을 골라서 선택 할 수 있도록 허용한 것이 아니라, 그들이 해야 할 것은 모두 명하심을 받았다. 오늘날의 주의 종들에게도 이와 같다. 곧 그가 무엇을 설교할 것이나, 그가 무엇을 해야 할 것이나, 그것을 어떻게 할 것인지에 대하여 말씀이 그에게 그 진행 순서를 제시해 준다.

이는 아주 단순하지만, 살펴볼 만한 원칙이다. 어떤 이가 말한 것처럼 "말씀은 종의 길에 인도가 되며 그의 섬기는 일의 시금석이 되는데, 그것이 거룩한 지혜와 거룩한 심령에 따라 행해진 증거다." 하나님의 일은 반드시 하나님의 방법에 의하여 행해져야 하며, 그렇지 않으면 그 일에 하나님의 축복을 기대할 수 없다. 그는 "나를 높이는 그를 내가 높이리라"고 약속하셨고 하나님을 높이는 유일한 길은 그의 교훈을 부지런히 지키고, 그의 말씀만을 전파하며, 거룩한 기록에 의하여 명확하게 승인된 방법 외에는 다른 방법을 사용하지 않는 것이다. 이것 이외의 그 어떤 일도 자신의 의지이며 그리고 이는 죄이다. 출애굽기 31장에서 알려주신 사역의 기본적인 원칙들을 깊이 생각하는 일은 얼마나 필요한 일인가!

마지막으로, 여기에서 종들을 불러 택하시는 데 시행된 하나님의 주권(sovereignty)을 살펴보자. 한 사람은 유다 지파, 다른 한 사람은 단 지파 출신이었다. 이것은 그들의 지파의 역사의 관점에서 살펴보면 더욱 인상적이다. 전자는

육신을 따라 그리스도께서 오신 지파요, 후자는 매우 개연성이 있게 적그리스도
가 일어날 지파이다(창 49:17). 어찌하든지 단은 배교를 영도했던 지파였다. "그
러한 선택은 신성한 주권에 대해 말하고 있다. 하나님은 그가 친히 행동하시는
많은 실례들을 보여주기 위하여 힘쓰셨으며, 그리고 그가 축복하시는 자들의 품
성이나 행위 또는 계보에서 자신의 선택의 동기를 찾지 않으신다. 유다와 마찬가
지로 단에서도 한 사람을 뽑은 사실은 위로가 된다. 그것은 사실상 모든 것들이 시
작되는 원리를 보여주고 있다. 즉 '자비의 도구'로서"(C. A. Coates).

　단 지파는 일반 상식으로는 성막을 짓는 일에 종사하는 주된 세공을 뽑는 일에
마지막 지파가 되리라고 여겨졌다. 그렇다, 어부들과 세리들은 어린 양의 사도들
을 발견하는 일에 마지막 계층의 무리들이다. 오, 하나님의 생각과 방법은 인간
의 것과 언제나 다르다. 유례 없는 기근의 위기로부터 애굽을 구하도록 택함을
받은 자는 토굴에서 부르심을 입었다. 광야를 횡단하여 이스라엘의 무리를 이끌
어야 했던 자는 광야의 후면에서 부르심을 입었다. 하나님의 마음에 합하여 이스
라엘의 보좌에 앉았던 자는 양 우리로부터 취함을 입었다.

　그리스도인들이 "낮은 상태의 사람들이 자신을 낮추는 것"에 동조하는 것은
이유가 없는 것이 아니다. 왜냐하면 그것이 하나님의 방법이기 때문이다. 그것은
지금도 그분의 방법이다. "사람 중에 높임을 받는 그것은 하나님 앞에 미움을 받
는 것이니라"(눅 16:15). 그리고 대조적으로, 세상에 의하여 가장 낮은 취급을 받
는 자들을 통하여 하나님은 때때로 가장 큰 이적들을 행하신다. "하나님께서 세
상의 미련한 것들을 택하사 지혜 있는 자들을 부끄럽게 하려 하시고 세상의 약한
것들을 택하사 강한 것들을 부끄럽게 하려 하시며 하나님께서 세상의 천한 것들
과 멸시 받는 것들과 없는 것들을 택하사 있는 것들을 폐하려 하시나니"(고전
1:27, 28)라고 하셨는데 왜 그런가? "이는 아무 육체도 하나님 앞에서 자랑하지
못하게 하려 하심이라." 주께서 가련하고 궁핍에 처한 그의 백성들에게 그분 자
신의 진리로 축복해 주시기를 바란다.

제58장

안식일과 이스라엘

출애굽기 31:12-18

지난 장의 시작에서 지적한 바와 같이, 출애굽기 31장의 내용은 세 가지로 명확히 구분되어 있다. 첫째, 성막을 짓는 데 관하여 하나님이 모세에게 주신 지시사항을 이행할 수 있도록 여호와께서 필요한 사항들을 준비했다. 우리가 이미 본바와 같이, 이것은 그분의 부르심과 주요 세공들을 준비하게끔 하는 일과 그들의할 일을 지명하는 것이었다. 둘째, 한 번 더 하나님의 거룩한 안식일과 이스라엘에 대한 특별한 관계를 분명히 하셨다. 셋째, 십계명이 새겨진 증거판을 실제로모세에게 주시는 일에 대한 간단한 언급이 18절에 있다. 우리가 고찰하고자 하는것은 뒤에 있는 두 가지 사실에 대한 것인데, 하나님의 성령께서 은혜로써 우리를 오류에서 보호해 주시고 모든 진리로 인도해 주시기를 바란다.

"여호와께서 모세에게 말씀하여 이르시되 너는 이스라엘 자손에게 말하여 이르기를 너희는 나의 안식일을 지키라 이는 나와 너희 사이에 너희 대대의 표징이니 나는 너희를 거룩하게 하는 여호와인 줄 너희가 알게 함이라 너희는 안식일을 지킬지니 이는 너희에게 거룩한 날이 됨이니라 그 날을 더럽히는 자는 모두 죽일지며 그 날에 일하는 자는 모두 그 백성 중에서 그 생명이 끊어지리라 엿새 동안은 일할 것이나 일곱째 날은 큰 안식일이니 여호와께 거룩한 것이라 안식일에 일하는 자는 누구든지 반드시 죽일지니라 이같이 이스라엘 자손이 안식일을 지켜서 그것으로 대대로 영원한 언약을 삼을 것이니 이는 나와 이스라엘 자손 사이에 영원한 표징이며 나 여호와가 엿새 동안에 천지를 창조하고 일곱째 날에 일을 마치고 쉬었음이니라 하라"(출 31:12-17). 안식일에 관하여 여기에서 언급된 내용을 고찰함에 있어, 먼저 그 모형적 중요성을 살피고, 그 후에 그것의 경륜적 의미를, 마지막으로 이 구절의 사법적 측면에 대해 살펴볼 것을 제안한다.

여기에서 안식일에 대해 어떤 언급을 해야 한다는 것은 사려 깊은 독자들에게는 이상히 생각될 것이다. 성막과 기구들과 제사장직과 세공들의 묘사 바로 다음에 기록되었다는 것과 더 나아가서 출애굽기 20:8-11에서 그것에 대하여 이미 충분히 언급한 바 있기 때문이다. 거룩한 기록 가운데는 의미 없는 단순한 반복이 없으며, 어떤 일이 한 번 이상 언급되었다거나 또는 같은 명령이나 규례가 거듭하여 언급된다 할지라도, 그것은 언제나 다른 귀결을 얻기 위함이거나, 또는 다른 의도를 강조할 목적이거나, 아니면 상세한 내용을 제시할 목적을 가지고 있을 때이다. 일반적으로 성령님의 의도는 각 문장이 발생한 전후관계(connection)에 주목함으로써 식별될 수 있다.

맨 먼저 안식일에 대하여 언급하신 곳은 출애굽기 16:23-29인데, 이 구절을 보면 그때만 하더라도 여호와께 대한 이러한 거룩한 날이 새롭게 지정된 것이 아님이 매우 분명하다. 28절의 말씀(이스라엘이 안식일을 모독함이 원인이 됨, 27절 참조)은 오해의 여지가 없을 정도로 매우 명백하다. "여호와께서 모세에게 이르시되 어느 때까지 너희가 내 계명과 내 율법을 지키지 아니하려느냐"라고 한다. 그러므로, 출애굽기에서 안식일에 대한 언급의 시작은 그의 계명들을 도외시한 백성들에 대해 여호와께서 충고하는 내용을 담고 있다. 이는 의심할 여지 없이 그들이 행하였던 악한 길에 대해 언급하는 것이다. 왜냐하면 그들 자신이 수세기 동안 애굽에서 그렇게 행동하였기 때문이다(겔 20:5-9 참조).

출애굽기에서 안식일에 대하여 두 번째 언급한 것은 이스라엘에게 구두로 십계명을 명하신 제20장에 있다. 이 계명들은 값주고 사신 구속의 백성으로서의 이스라엘에게 주어진 것으로서, 여호와께서 '얽매였던 그 집 밖으로' 그들을 이끌어내었다. 그것들은 하나님의 백성에게 대한 그분의 권리와 요구를 표현한 것이었다. 이러한 계명들은 그것을 메기에 고통스러운 멍에가 아니라 사랑으로 걸어야만 할 길을 알려준 것이었다. 그 계명 속에서 하나님은 "나를 사랑하고 내 계명을 지키는 자에게는 천 대까지('수백만'은 아님) 은혜를 베푸느니라"(출 20:6)고 약속하셨다. 하나님의 계명은 그의 약속이 그러함 같이 그의 사랑을 진실하게 표현한 것이기에, 그 답례로 그분을 사랑하는 심령은 그 약속만큼 그 사랑 안에서도 즐거워해야 한다. 하나님의 계명은 그의 백성에 대한 그분의 권위와 염려를 표현한 것이다. 출애굽기에 두 번째 언급된 안식일은 이러한 관점에서 보아야만 한다.

안식일에 대한 출애굽기의 세 번째 언급은 31장에 있는데, 이 부분에서는 그리스도를 중점적으로 강조하고 있다. 이 부분은 주의해서 살펴보지 아니하면, 지금 우리가 다루고 있는 구절의 의미를 상실할 것이다. 여기서 맨 먼저 관찰되는 것은 안식일의 모형적(typical) 중요성이라는 것이 동시에 명백해진다. 사실상, 그것은 결코 이러한 구절들의 범위와 가치를 망라하지는 않지만, 우리에게 그것들의 주요한 의미를 열어 보이는 열쇠를 제공한다. 여기에서, 다시, 우리는 말씀의 모든 부분에서 적용되는 어떤 원리의 또 다른 실례를 가지고 있기에, 다시 말해, 우리가 만일 그 전후관계(context)을 무시한다면 해석에 있어서 틀림없이 과오를 범하게 된다.

안식일의 상징적 의미를 알아보는 일에 있어서, 이에 대한 성경의 첫 번째 언급을 되돌아보는 것보다 더 나은 일은 없을 것이다. "하나님이 그가 하시던 일을 일곱째 날에 마치시니 그가 하시던 모든 일을 그치고 일곱째 날에 안식하시니라 하나님이 그 일곱째 날을 복되게 하사 거룩하게 하셨으니 이는 하나님이 그 창조하시며 만드시던 모든 일을 마치시고 그 날에 안식하셨음이니라"(창 2:2, 3). 안식일에 관련하여 하나님의 세 가지 행위가 여기에 언급된 것을 관찰할 수 있다. 그가 지으시던 일을 마치시고 "일곱째 날에 안식하셨고", "일곱째 날에 복주셨으며", "그날을 거룩하게 하셨다." 이 세 가지가 언급된 것이 영적인 중대성에 따라 정해진 것이기에, 우리는 그 순서를 믿는다. 즉, 처음에 언급한 사실을 반복함으로 확증하고 있다.

안식일의 영적 중요성을 바로 이해하려면, 그것에 관련된 그 무엇보다 우선적으로 그것이 하나님의 안식과 연관되어 있음을 관찰하는 것이 매우 필요하다. 하나님께서 일곱째 날에 쉬셨다고 하는 사실은 창조주께서 그의 피조물들에게 안식일을 어떻게 보내며 누릴 것인지에 대한 실례를 제시하기 위하여 자신을 은혜롭게도 낮추었음을 가르칠 목적으로 기록되었음은 의심의 여지가 없다. 그렇다 할지라도 이 언급에는 역시 보다 깊은 의미가 있음을 거의 부인할 수 없는 것이다. 우리는 이 말씀이 오직 앞서 엿새 동안에 그분이 지으신 일들에 대한, 창조자의 기쁨과 만족에 대한 것이라고 생각하지 않는다. 오히려 (그 이어지는 말씀에 의하면) 이 '안식'은 예견적(anticipatory)으로 보일 것이다 ― 영적으로는 오늘날 그리스도인들이 누리는 안식이요, 세대주의적으로는 천년통치 시대의 안식이며, 상징적으로는 영원한 안식일의 안식으로 보일 것이다.

우리 앞에 있는 출애굽기 31장의 첫 11절의 관점에 의하면, 그 뒤에 바로 이어지는 안식일에 대한 언급의 완전한 적합성을 발견하는 데 어떤 어려움이 있는가? 그 외에 무엇이 더 어울릴 수 있는 것인가? 이 장의 첫 부분에서, 우리는 언제나 아버지의 가슴에 거했던 이, 빛의 아들, "금과 은, 놋, 그리고 보석으로 만드는 일"을 자발적으로 떠맡은 이에 대해 참으로 아름답게 예표하는 것을 알고 있다. 거기에 상징된 엄청나게 큰일은 영광스럽게 완성되었기에, 우리는 그것이 하나님의 안식에 대해 말하고 있음을 동시에 언급하였다. 이 얼마나 합당하며, 얼마나 복된 맥락인가! 원인은 결과를 초래하듯이, 성막-세공들의 노동과 여기에서 언급한 안식일 사이의 관계가 그러하다. 하나님의 안식은 그리스도의 완성하신 사역의 결과이다. 그러므로 첫째, 그 사역에서 하나님은 친히 위안을 찾으며 둘째, 그 안으로 구속함을 받은 자가 이르게 되었다.

악인은 쉬지 못하고 요동하는 바다와 같다(사 57:20). 왜 그런가? 그것은 그들이 하나님을 떠났기 때문이다. 그들은 하나님을 떠나서, 위안을 제공해 줄 수 없는 곳에서 그것을 추구하고 있다. 그들의 삶이란 평강과 기쁨을 줄 수 있는 것을 좇아 그것을 쉬지 않고 추구하는 것이다. 그러나 그들이 의뢰하는 갖가지 샘의 근원에 대하여 이러한 말씀이 쓰여 있다. "이 물을 마시는 자마다 다시 목마르려니와"(요 4:13). "내 하나님의 말씀에 악인에게는 평강이 없다"(사 57:21). 왜냐하면 그들은 평강의 왕에게는 낯선 자이기 때문이다. 하나님의 성령께서 우리에게 해 아래 있는 모든 것이 "헛되고 마음을 괴롭게 하는 것"뿐임을 보여주고, 우리의 사악함과 잃어버린 상태를 뉘우치게 하고, 우리에게 구세주가 절대적으로 필요함을 보여주며, 또한 우리를 그에게로 인도하면, 그때 우리는 주 예수께서 "수고하고 무거운 짐 진 자들아 다 내게로 오라 내가 너희를 쉬게 하리라"고 하는 말씀을 들게 된다. 그리고 나면 "이미 믿는 우리들은 저 안식에 들어가는도다"(히 4:3)라고 하신 말씀은 사실이 된다.

"너희는 나의 안식일을 지키라 이는 나와 너희 사이에 너희 대대의 표징이니 나는 너희를 거룩하게 하는 여호와인 줄 너희가 알게 함이라 너희는 안식일을 지킬지니 이는 너희에게 거룩한 날이 됨이니라"(출 31:13, 14). 분명히 이 말씀의 의미는 너무도 명백하기에 그것을 놓칠 수 없다. 안식일은 이제, 처음으로 여호와와 "거룩하게 된" 그의 백성인 ─ 그에게로 구별된 백성 ─ 이스라엘 사이에 '표징'으로 지정되었다. 이와 같이, 역시, 안식일이 말해 주는 것은 ─ 하나님의 쉼 ─ 거룩하게 된 백성, 즉 "창세 전에 그리스도 안에서 택하심을 입은"(엡 1:4) 백성들의 몫이 되었다. 이 백성은 부르심을 입기 전에(유 1절), 심지어는 모든 영원 전부터 성부 하나님에 의하여 거룩하게 되었다. 그들은 하나님의 아들이 "그의 피로써"(히 13:12) 거룩하게 하신 자들이다. 이들은 그 새 생명으로 일깨움을 받고, 죄로 죽은 자들로부터 선별될 때에, 성령 하나님(살후 2:13)에 의하여 거룩하게 되었다. 그리고 하나님과 그의 거룩하게 된 백성들 사이의 '표징'은 여전히 '안식일'인데, 바꾸어 말하면 그것은 그들이 안식에 들어갔다는 사실이다.

그 원형(the antitype)에서 모형(the type)으로 돌아가면, 우리는 즉시 안식일이 왜 여호와와 이스라엘 사이에 '표징'이 되어야 하는지를 볼 수 있다. 그 당시에, 주님은 그 백성들과 언약관계에 들어갔고, 다른 모든 열국들은 하나님이 포기하였다(롬 1:19-26). 그들은 자신의 지식 가운데 하나님을 두기를 싫어하면서, 스스로를 우상에게 내주었다. 이로 인하여 하나님께서 그들을 완악한 마음으로 내버려 두었다. 그러므로 이방 나라들은 안식일을 지키지 않았고, 그리고 십중팔구는, 그때까지 그들은 창조주께서는 자신들에게 요구한 것들을 알지 못했다. 그러나 이스라엘에게는 하나님께서 그의 율법을 알게 하시고, 그리고 그들이 그의 특별히 구별한 백성임을 나타내는 표징, 또는 징표로서 그들로 하여금 안식일을 지키게 하셨다. 그러므로 영적으로 안식일이 말하는 것은 여전히 그것이 다만 하나님의 택한 백성들의 몫이라는 것이다.

세대주의적으로 볼 때, 안식일이 가리키는 쉼(rest)은 천년왕국 시기, 즉 이 땅에 있을 큰 '날들' 중의 일곱 번째를 가리켰다. 영감을 받아 선포한 말씀, 즉 "사랑하는 자들아 주께는 하루가 천 년 같고 천 년이 하루 같다는 이 한 가지를 잊지 말라"(벧후 3:8)라는 말씀의 관점에서, 다른 이들과 마찬가지로, 창세기 1장의 '엿새'는 세계 역사에 대한 예언적 예보를 주며, 창세기 2:2, 3의 '일곱째 날'은 마지막 세대를 가리킨다. 이 사실은 요한계시록 20장에 의하여 확증되는데, 거기에서는 재차 그리스도와 그의 성도들이 이 땅을 다스림이 '천년'간의 기간이 될 것이라고 말한다. 천년 통치는 지구상의 큰 안식이 될 것이다. 그때에 6천년 동안의 분쟁, 소동, 피 흘림을 증거하였던 이러한 광경이 변하여 전례에 없었던 안식을 누리게 될 것이다. 평강의 왕이 여기에 계실 것이며, 사탄은 무저갱에 던짐을 받을 것이며, 전쟁은 "땅 끝까지"(시 4, 6, 9편) 그칠 것이며, 좀 더 낮은 창조의 질서 위에 이제 머물러 있는 재앙은 제거될 것이다(사 11:6-9).

그러나 창세기 2:2, 3에 있는 최초의 안식일은 지금도 하나님 백성의 몫이 되는 영적인 안식을 내다볼 뿐만 아니라, 또 이 땅이 언젠가 누리게 될 천년통치의 평화를 예언할 뿐만 아니라, 또한 아무것도 그 완전한 평온과 복됨을 방해하거나 상하게 할 수 없는 영원한 안식일을 상징하였다. 이것은 그리스도의 사역(출 31:1-11이 예시하는)에 의하여 보장된 것이며, 만물이 이를 향하여 가고 있는 것이다. 지금의 하늘과 땅이 없어지고 새 하늘과 새 땅이 생기게 될 때에, 다음에 이르신 요한계시록 21:3-5의 귀한 말씀이 이루어지게 될 것이다. "내가 들으니 보좌에서 큰 음성이 나서 이르되 보라 하나님의 장막이 사람들과 함께 있으매 하나님이 그들과 함께 계시리니 그들은 하나님의 백성이 되고 하나님은 친히 그들과 함께 계셔서 모든 눈물을 그 눈에서 닦아 주시니 다시는 사망이 없고 애통하는 것이나 곡하는 것이나 아픈 것이 다시 있지 아니하리니 처음 것들이 다 지나갔음이러라 보좌에 앉으신 이가 이르시되 보라 내가 만물을 새롭게 하노라."

이를 아름답게 예시한 말씀은 스바냐 3:17에 있는데, 거기 이르시기를 "너의 하나님 여호와가 너의 가운데에 계시니 그는 구원을 베푸실 전능자이시라 그가 너로 말미암아 기쁨을 이기지 못하시며 너를 잠잠히 사랑하시며 너로 말미암아 즐거이 부르며 기뻐하시리라"고 한다. 이를 당시에 일어난 일로 언급하자면 하나님께서 그의 은혜로 이스라엘을 회복시키고, 그들의 땅으로 돌아오게 하시며, 그들에 대한 그의 목적과 약속의 성취를 말씀한다. 그러나 이 말씀의 궁극적인 언급은 영원한 상태의 특성을 나타내는 것이다. 그렇다면, 하나님은 그의 아들의 완전한 사역의 열매가 되는 속함을 받은 백성들 가운데서 친히 즐거워하신다. 그의 백성들은 기뻐하면서 "그의 사랑 가운데서 쉼"을 얻는다.

다시 한 번 우리는 멈추어 우리들 앞에 제시된 하나님의 진리의 인상적이고도 사랑스러운 순서에 감탄하지 않을 수 없다. 출애굽기 31장의 첫 부분에서, 우리는 하나님의 뜻 안에 있었던 모든 것을 실행하기 위하여 마련된 거룩한 예비하심을 볼 수 있다. 따라서, 바로 그 다음에는, 거룩한 쉼에 대하여 말씀하는 부분이 우리 앞에 놓여 있다. 이것과 조화되게, 여기에서 다른 어느 곳에서도 찾아볼 수 없는 한 구절을 살펴보면 참으로 반갑다. "나 여호와가 엿새 동안에 천지를 창조하고 일곱째 날에 일을 마치고 쉬었음이러라"(출 31:17). 이 말씀이 창세기 2:2, 3에서나 출애굽기 20:8-11에서는 발견되지 않고 출애굽기 31:1-11 바로 다음에 기록되어 있다는 사실은 두말할 나위 없이 그 휴식, 그 기쁨, 그의 사랑 가운데 안식하는 것이 하나님 — 성부, 성자, 성령 — 의 영원한 분복이 될 것임을 말하고 있다. 여기에서 보게 되는 것은 하나님의 안식에 대한 것으로 이는 성막을 통하여 제시된 하나님의 모든 뜻을 시행하고, 실제로 달성한 결과이다. "하나님의 장막이 사람들과 함께 있게 되면"(계 21:3), 거룩하며, 깨뜨릴 수 없는, 영원한 안식이 있을 것이다. 하나님은 그의 사랑 안에서 쉴 것이며, 그의 거룩하게 된 백성들은 그분과 함께 쉬게 될 것이다.

"내가 생각하기로, 하나님이 '쉬었음이니라'(31:17b)는 말씀을 더하신 것은 성막 체제의 관점에서이고, 그리고 하나님의 기쁨을 위하여 그것을 구체화한 것과 관계가 있다. 하나님이 지구를 형성하였던 물질적인 창조로 인하여조차 쉼을 누렸던 것은 그곳에서 그리스도 안에 있는 은혜와 영광이라는 그분의 모든 복된 개념이 이해될 수 있기 때문이다. 그러한 개념들은 처음으로 성막 안에서 어떤 한정된 형태로(비록 비유적이지만) 밝혀졌으며, 그리고 그러한 것들이 모두 시행되고 있다는 관점에서, 말하자면 하나님은 창세기 2장에서 드러내지 않은 비밀을 상기시킨다. 하나님께서 하늘과 땅을 만드셨을 때, 성막의 '거룩한 우주적 질서'를 그의 생각 속에 가지고 계셨다. 그는 물질로 형성된 우주를 만드셨지만 그것 자체로써 그분에게 쉼을 제공할 수 없었다. 그러나 하나님은 그것을 '성막의 거룩한 질서'의 소개를 위한 무대가 될 수 있도록 만들었는데, 그 성막은 하나님의 영광이 그리스도 안에서 펼쳐진 광활한 무대를 표현하였고 그리고 이것에 대한 소개의 관점에서 하나님이 '쉬셨던 것'이다! 안식일이라 함은 모든 일을 완성으로 이끄는 것을 말하고 있으므로, 이제는 해야 할 일은 전혀 없고, 모든 것이 끝났으니, 하나님과 그의 백성을 위한 거룩한 안식이 있다"(C. A. Coates).

출애굽기 31장에서 언급되어진 안식일에 대한 모형적 중요성을 고찰하고, 그것에 대한 경륜적 적용에 대하여 지적하려고 했으니, 이제 우리에게 남은 것은 이 구절에 대한 사법적인 견해를 고려하는 것이다. 이에 대하여 14, 15절에 이르시기를 "너희는 안식일을 지킬지니 이는 너희에게 거룩한 날이 됨이니라 그 날을 더럽히는 자는 모두 죽일지며 그 날에 일하는 자는 모두 그 백성 중에서 그 생명이 끊어지리라 엿새 동안은 일할 것이나 일곱째 날은 큰 안식일이니 여호와께 거룩한 것이라 안식일에 일하는 자는 누구든지 반드시 죽일지니라"고 한다. 이 경고에 대한 엄숙한 실례는 민수기 15:32-36에 기록되어 있는데 거기 이르시기를 "이스라엘 자손이 광야에 거류할 때에 안식일에 어떤 사람이 나무하는 것을 발견한지라 그 나무하는 자를 발견한 자들이 그를 모세와 아론과 온 회중 앞으로 끌어왔으나 어떻게 처치할는지 지시하심을 받지 못한 고로 가두었더니 여호와께서 모세에게 이르시되 그 사람을 반드시 죽일지니 온 회중이 진영 밖에서 돌로 그를 칠지니라 온 회중이 곧 그를 진영 밖으로 끌어내고 돌로 그를 쳐죽여서 여호와께서 모세에게 명령하신 대로 하니라"고 한다.

많은 사람들이 이 구절에 대해 어려움을 경험할 수 있다는 것은 이상한 것 같다. 이에 대한 열쇠는 모세 통치의 성격과 그 목적을 살펴보면 분명히 발견할 수 있다. 그 세대는 율법적이며 시험적인 시기였다. 그것은 하나님이 스스로 자신 안에서 그리고 그리스도를 통하여 만들었던 완전하고 최종적인 계시를 준비하는 것이었다. 그것을 순수한 율법으로 이루어진 엄격한 제도로 보는 것은 잘못된 것이다. 사실상, 그것은 십계명의 선포에 의하여 시작부터 돋보였지만, 곧이어 성막과 제사장직의 제도에 대한 계시, 그리고 하나님의 백성들이 그들의 대리자들을 통하여 그에게로 나아갈 수 있도록 준비가 된 일련의 제물과 희생들에 대한 거룩한 지시(레위기 참조)가 그 뒤에 즉각적으로 이어졌다고 하는 사실을 잊어서는 안 된다. 물론 이 모든 것들이 그리스도의 인격과 사역에 의하여 그리고 이를 통하여 유용하게 되고 확보되는 전형적 예표가 되기는 하지만, 그럼에도 그것은 또한 그 당대의 하나님의 백성들을 위한 가장 은혜로운 예비가 되었음을 잊어서는 안 된다.

반면에, 모세의 통치기간 동안에는, 그 경우의 특성상, 하나님의 은혜의 온전하며 완전한 계시는 없었으며 또 있을 수도 없었다. 율법은 어디까지나 율법이고, 그리고 공의는 그것의 규정과 형벌에 대해 엄격한 집행을 요구한다. 자비는 "부지중에 지은 죄"(레 4:2-4; 민 15:27, 28)와 어쩔 수 없이 더럽혀진 접촉(민 19:11-19)에 대해서는 대책이 있을 수 있거나, 있었고 그리고 준비된다. 하지만, 고의적으로나 자발적인 범과에 대해서는 희생제물이 소용이 없었다. "모세의 법을 폐한(despised, 몹시 싫어한) 자도 두세 증인으로 말미암아 불쌍히 여김을 받지 못하고 죽었다"(히 10:28). 이러한 특징을 예시하는 데 딱 들어맞는 유명한 경우는 어떤 사람이 살해되었을 때에 모세의 율법을 요구하는 것과 연관되어 발견된다. 여기에서 말하고 있는 것은 도피성인데, 독자들은 민수기 35:9-24을 주의하여 읽어 주시기를 바란다. 만일 어떤 사람이 '부지중에' ― '사전에 계획된 악의' 없이 ― 죽임을 당했으면(민 35:11, 15), 그를 죽인 자는 이 성읍들 중 한 곳에 은신처를 삼을 수 있다. 하지만, 만일 그 사람이 의도적으로 살해당하였다면, 말씀은 그 "살인자는 반드시 죽일 것이요"(16, 17절)라고 하셨다.

방금 말한 이 사실은 시편 51편에서 설명하고 있으며 또한 그 내용은 모두가 잘 알고 있지만 그 의미를 이해하고 있는 사람은 드물다. 이 시편은 다윗의 깊은 참회의 기록이다. 그는 우리아를 죽인 살인죄를 범했다. 다윗은 16절에 이르기를, "주께서는 제사를 기뻐하지 아니하시나니 그렇지 아니하면 내가 드렸을 것이라 주는 번제를 기뻐하지 아니하시나이다"라고 하였다. 살인죄에는 '희생제사'가 소용이 없었다! 그렇다면 가련한 다윗이 할 수 있는 것은 무엇이었는가? 그것은 하나님의 '자비' 위에 자신을 던지며(1절), 그의 죄과를 스스로 인정하며(3절), '피 흘린 죄'에서 구해 주시기를 부르짖는 것이다. 우리 모두가 잘 알고 있는 것처럼 그의 부르짖음은 상달되었고, 그리고 특히 이것이 들으심을 받은 것으로 "긍휼은 심판을 이긴다"(약 2:13)는 축복된 진리가 증거되었다.

방금 지적한 이 사실은 모세 시대에 편만했던 엄중한 개념을 크게 수정해 주는 것이다. 사실상, 엄밀한 의미에서, 율법은 자비를 나타내지 않았다. 하지만, 율법과 나란히 레위기의 희생제물이 있었고, 그리고 이러한 것들을 넘어 그리고 그것들 위에 하나님의 긍휼이 있었기에, 상한 심령으로 이를 구하는 자들에게 효력이 있었다. 그러므로 이 두 가지 사실을 함께 명심하지 아니하고, 각기 차이가 나는 것들을 구분하는 법을 배우지 못하면, 이것들에 대한 사상과 개념에 혼돈을 불가피하게 초래하게 될 것이다.

"안식일에 일하는 자는 누구든지 반드시 죽일지니라." 이것은 엄밀한 의미에서 율법의 강한 요구였고, 그 형벌의 정당한 집행이었다. 이것은 제4계명에 대해 전용되는 것이 아니라, 다른 아홉 가지에도 동일하게 통용되었다. 다음 구절은 그 실례와 증거가 될 것이다. "자기 아버지나 어머니를 치는 자는 반드시 죽일지니라"(출 21:15), "누구든지 남의 아내와 간음하는 자 곧 그의 이웃의 아내와 간음하는 자는 그 간부와 음부를 반드시 죽일지니라"(레 20:10), "여호와의 이름을 모독하면 그를 반드시 죽일지니"(레 24:16). 또한 신명기 13:6-10 등을 보라.

우리들이 다루고 있는 31장은 하나님이 모세에게 증거판을 주시는 사실을 언급하면서 끝을 맺는다. "여호와께서 시내 산 위에서 모세에게 이르시기를 마치신 때에 증거판 둘을 모세에게 주시니 이는 돌판이요 하나님이 친히 쓰신 것이더라"(18절). 이로써 24:18에서 시작된 출애굽기의 한 단원은 끝을 맺는다.

모세는 산에서 40일 동안 여호와로부터 지시하심을 받았다. 이러한 지시들이 그러한 두 돌판들을 주심으로 끝났다고 하는 것은 매우 의미가 깊다. 성막을 위하여 일할 세공들의 지명과 안식일에 관한 언급 이후의 내용에서는, 모형적으로, 하나님의 권리와 요구사항이 주 예수의 인격과 사역에 의하여, 그리고 그것을 통하여 선하게 이루어졌으며 영원히 보장된 사실을 공포한다. 은혜가 이제 '지배'하지만, "의를 통하여 왕 노릇" 하는 것이다(롬 5:21). 출애굽기 31:18과 앞으로 다루게 될 내용 사이에는 긴밀한 관계가 있는데, 하나님이 원하시면, 이는 다음 장에서 보게 될 것이다.

제59장

금송아지

출애굽기 32:1-10

34장의 마지막까지 계속되는 현재의 이 부분은 출애굽기의 새롭고 독특한 단락을 시작하는데, 어떤 의미로는 그 성격과 내용면에서 삽입구가 된다. 만일 출애굽기 32~34장을 생략하고 그리고 31장 다음에 바로 35장을 읽게 된다면, 당장 그러한 것처럼 보일 것이다. 출애굽기 24~31장 사이에서는 모세가 그분과 함께 산에 있는 동안 여호와로부터 성막을 짓는 데 관련된 지시와 제사장 제도에 관한 지시를 받을 때의 대화한 기록이 있다. 35장에서는 모세가 여호와로부터 받은 계시를 백성들에게 알려주고 있으며, 이에 즉시 거룩한 기구들과 그들을 위한 집을 짓는 일이 계속된다. 그러나 32장에서 34장까지는 성막에 대한 주제의 흐름이 두절되고 전혀 다른 과제가 우리 앞에 대두된다. 여기에서 우리는 모세가 산에 있는 동안 회중들 가운데서 발산된 사건을 보게 된다. 여기에서 우리는 아론과 백성들이 그들의 지도자가 없는 사이에 가공할 만한 결과가 수반된 무서운 죄를 범한 것을 주시한다.

이 출애굽기의 이러한 두 부분에서 제시되어진 많은 끔찍한 대조는 좀처럼 상상하기 불가능하다. 앞에서는 여호와가 모세에게 이르신 것과 같이 여호와의 겸손한 은혜를 증거하도록 허락되었는가 하면, 뒤에서는 타락한 인간의 무서운 사악한 행위가 전개되는 것을 눈여겨보도록 부르심을 받는다. 전자에서는 우리는 그리스도의 갖가지 영광이 공개되는 것이 마음을 차지하였지만, 후자에서는 사탄이 제공한 가공할 만한 가증한 일에 접하게 된다. 처음에는 그분 자신의 거룩하신 약속에 따라 백성들이 그를 섬길 수 있도록 하나님께서 준비하신 일들을 보았고, 그 다음에는 이스라엘 자녀들이 금송아지를 만들어 그것을 예배하면서 그 앞에 절하는 것을 목격한다. 참으로, 실상은 상상 이상으로 더 이상하다. "하나님은 사람을 정직하게 지으셨으나 사람이 많은 꾀들을 낸 것이니라"(전 7:29). 그런데 그 꾀는 죄의 극악한 죄성과, 타락한 인간이 떨어졌던 그 무서운 부패의 깊이를 분명히 보여주는 데 쓸모가 있을 뿐이다.

위에서, 우리는 출애굽기 32~34장은 삽입구의 한 부분을 이루고 있고, 그렇기에 이러한 장들의 내용은 성막에 대한 이야기에 무단히 들어간다고 언급하였다. 그러나 또 다른 견지에서 본다면, 이것들은 출애굽기 19장에 기록된 내용과 역사적 연관성을 가진다. 거기에 보면 이스라엘 자손들이 애굽에서 나온 지 셋째 달에 시내 광야 앞에 진을 쳤다. 그때에 그들을 스스로 정결케 하고 그들의 옷을 빨며 아내에게 가지 말도록 명함을 받았고, 그리고 제 삼일에 여호와께서 "온 백성의 목전에서 시내 산 위에 강림하셨다." 매우 큰 경외감을 일으켰던 것은 거룩하신 이가 현현한 것이었다. 즉, "우레와 번개와 빽빽한 구름이 산 위에 있고 나팔 소리가 매우 크게 들리니 진중에 있는 모든 백성이 다 떨더라 … 시내 산에 연기가 자욱하니 여호와께서 불 가운데서 거기 강림하심이라 그 연기가 옹기 가마 연기 같이 떠오르고 온 산이 크게 진동하며"(출 19:16, 18)라고 말한다.

그 후에 모세는 산 위로 부르심을 받아 그곳에서 출애굽기 20~23장에 열거된 율법을 받았다. 그리고나서, 출애굽기 24:3에 이르시기를, "모세가 와서 여호와의 모든 말씀과 그의 모든 율례를 백성에게 전하매 그들이 한 소리로 응답하여 이르되 여호와께서 말씀하신 모든 것을 우리가 준행하리이다"라고 한다. 백성들의 이같은 서약은 참으로 엄숙하게 비준되었다. 모세는 여호와의 모든 말씀을 책에 기록하고, 또 "언약서를 가져다가 백성에게 낭독하여 듣게 하니 그들이 이르되 여호와의 모든 말씀을 우리가 준행하리이다 모세가 그 피를 가지고 백성에게 뿌리며 이르되 이는 여호와께서 이 모든 말씀에 대하여 너희와 세우신 언약의 피니라"(출 24:7, 8)고 한다.

이것에 이어서, "여호와께서 모세에게 이르시되 너는 산에 올라 내게로 와서 거기 있으라 … 모세가 그의 부하 여호수아와 함께 일어나 모세가 하나님의 산으로 올라가며 장로들에게 이르되 너희는 여기서 우리가 너희에게로 돌아오기까지 기다리라 아론과 훌이 너희와 함께 하리니 무릇 일이 있는 자는 그들에게로 나아갈지니라 … 모세는 구름 속으로 들어가서 산 위에 올랐으며 모세가 사십 일 사십 야를 산에 있으니라"(출 24:12-14, 18)고 한다. 출애굽기 25~31장에 기록된 바와 같이 모세가 하나님과 거룩한 교제를 가진 이 경우는 모세가 산에 있었던 동안이었다. 그 막간 동안에 백성들은 어떠했는가? 이 엄숙한 기간 동안의 그들 스스로 어떻게 처신했나? 현재의 부분에 이에 대한 대답이 포함되어있으니, 지금부터 고찰할 준비를 하자.

"백성이 모세가 산에서 내려옴이 더딤을 보고 모여 백성이 아론에게 이르러 말하되 일어나라 우리를 위하여 우리를 인도할 신을 만들라 이 모세 곧 우리를 애굽 땅에서 인도하여 낸 사람은 어찌 되었는지 알지 못함이니라"(출 32:1). 이 사건에 대한 열쇠는 사도행전 7장에 기록된 스데반의 언급에서 발견된다. 거기 이르기를, "우리 조상들과 함께 광야 교회에 있었고 또 살아 있는 말씀을 받아 우리에게 주던 자가 이 사람이라 우리 조상들이 모세에게 복종하지 아니하고자 하여 거절하며 그 마음이 도리어 애굽으로 향하여 아론더러 이르되 우리를 인도할 신들을 우리를 위하여 만들라 애굽 땅에서 우리를 인도하던 이 모세는 어떻게 되었는지 알지 못하노라"(행 7:38-40)고 한다. 모세가 오래도록 나타나지 아니한 것이 그들로 하여금 안달이 난 것이 아니라, 그들이 여호와에 대한 충성을 던져 버렸고 그리고 그들의 마음이 그분을 떠났던 것이었다.

위에서 말한 내용은 "애굽 땅에서 우리를 인도하던 이 모세"라고 말한 바와 같이 이 상황에 대한 이스라엘의 모세에 대한 언급에 의해 확증된다. 그들이 모세를 거룩한 구원자로 소유하기보다는, 그들의 안목은 하나님에 의하여 쓰임을 받는 인간 도구에게 편협하였다. 그들의 심령이 하나님과 결별한 백성은 언제나 이러하다. 그 후대에 배교자인 이스라엘이 다음과 같이 한 말과 비교해 보자. "때에 이스라엘 사람들이 기드온에게 이르되 당신이 우리를 미디안의 손에서 구원하셨으니 당신과 당신의 아들과 당신의 손자가 우리를 다스리소서"(삿 8:22). 여기 출애굽기 32장에서 그들은 인간 도구를 '이 모세'라고 경멸적으로 언급함으로써, 그들을 위한 그의 지칠 줄 모르는 봉사와 기도에 거의 감사하지 않았다.

현재 우리가 다루는 부분이 다음의 말씀에 바로 접해서 나오는 것은 그 이유가 없지 아니하다. "여호와께서 시내 산 위에서 모세에게 이르시기를 마치신 때에 증거판 둘을 모세에게 주시니 이는 돌판이요 하나님이 친히 쓰신 것이더라"(출 31:18). 그 돌판들 위에는 그 첫째가 "너는 나 외에는 다른 신들을 네게 두지 말라"하셨으며, 그 둘째는 "너를 위하여 새긴 우상을 만들지 말고"(출 20:3, 4)라고 하신 십계명이 기록되어 있었다. 현재 우리가 다루는 부분은 이러한 십계명에 대한 고의적, 공적, 그리고 연합된 불순종이다. 인간은 반드시 어떤 목적이 있어야

하기에, 만일 그들이 진정한 하나님으로부터 돌아서면 즉시 거짓된 것을 필요로 하게 된다.

우리가 여기에서 말하는 사실은 모든 세대를 통해 영속되어졌다. 기독교의 세계는 결코 그 표준에 대한 어떤 예외도 보여주지 않았다. 어떤 이가 이르기를 "오호라! 인간의 역사는 언제나 그러했다. 인간의 마음은 눈으로 볼 수 있는 것을 갈망한다. 인간의 마음은 감각을 채우고, 그것을 만족시키는 것을 사랑한다. 오직 믿음만이 '보이지 않는 그분을 보면서 견딘다.' 그러함에도, 어느 세대에서나, 인간들은 거룩한 실체에 대한 인간의 모조품을 선뜻 세우고 또 거기에 의지한다. 그러므로 우리들의 눈앞에 타락한 종교의 모조품들이 증가되는 것을 보게 된다. 우리가 하나님의 말씀의 권위에 대해 신성한 천상적인 실체로 알고 있는 그러한 것들을, 신앙을 고백하는 교회들이 인간적이며 세속적인 날조물로 변형시켰다. 보이지 않는 팔에 매달림, 보이지 않는 희생제물을 의지함, 보이지 않는 제사장에 의뢰하는 것, 보이지 않는 우두머리에 자신을 맡기는 일에 싫증이 나서, 이러한 것들을 '만드는 일'을 시작하였다. 그러므로 대대로 이어, 교회는 손에 '새기는 도구'를 가지고 바쁘게 일하면서, 하나하나 새기고 그리고 본을 떴다. 우리 주변에서 우리가 보는 많은 것과 말씀 가운데서 읽은 것 사이에서('부어 만든 금송아지'와 이스라엘의 하나님 사이처럼) 유사성이 거의 없음을 상세히 인식할 수 있기까지"(C. H. M).

이스라엘은 애굽에서 거짓 신들을 섬겨 왔으며(수 24:14), 그리고 그들 속에 있는 육신은 아직도 변하지 않았다. 한 민족으로서의 이스라엘은 단지 상징적으로 구원 받았다는 것은 사실이지만 ─ 그들 중 대다수가 믿음이 없는 자녀들이었다(신 32:20) ─ 그러나 그들의 역사를 읽을 때 잊지 말아야 할 것은, "이러한 일은 우리의 본보기가 되어 우리로 하여금 그들이 악을 즐겨 한 것 같이 즐겨 하는 자가 되지 않게 하려 함이다"(고전 10:6). 게다가, 사도는 이것을 한꺼번에 덧붙이지 않고, "그들 가운데 어떤 사람들과 같이 너희는 우상 숭배하는 자가 되지 말라"(고전 10:7)고 한다. 또 이르기를 "그런즉 내 사랑하는 자들아 우상 숭배하는 일을 피하라"(고전 10:14)고 말한다. 사도 요한(그의 편지는 그가 말할 수 있는 이들에게 보내진 것임)도 역시, "아버지와 그의 아들 주 예수 그리스도 안에서 교제하는 자"들에게 가까이 권하여 이르기를 "자녀들아 너희로부터 우상을 멀리하라"고 하였다. 하나님께서 우리의 심령들이 이러한 엄숙하고 필수적인 경고에 주의하도록 해주시기 바란다. 단 한 가지 보장과 대비책이 있다면 그것은 곧 지속적으로 그리스도께 사로잡히는 것뿐이다.

우리가 방금 다루는 것은, 우리가 느끼기에 더 말할 것을 덧붙여야만 한다고 판단하기 이전에, 엄청난 실천적 중대성을 가지고 있다. 그 모형적 그림은 오늘날 하나님의 백성들에게 적용하기에 분명히 쉽다. 모세가 이스라엘 백성들을 떠나 산 위에 있었던 것처럼, 그리스도도 땅을 떠나 하나님 앞의 높은 곳에 계신다. 그러나 주님은 떠나시기 전에 그의 제자들에게 이르시기를 "하나님을 믿으니 또 나를 믿으라"(요 14:1)고 했다. 그분은 믿음의 목표이기에, 우리의 애정을 그분에게 두어야 하고, 나날이 그와 교제하면, 우상으로부터 우리의 심령을 지키게 된다. 그러나 이스라엘이 여호와로부터 돌아섰을 때 금송아지를 만드는 일이 즉시 뒤따라온 것이 정말 틀림이 없었듯이, (그리스도인의 공동의 신앙고백의 역사 속에서) 그 처음 사랑(계 2:4)을 버린 뒤에는 "사탄의 회당"(계 2:9)이 뒤이어 세워졌음이 틀림이 없었듯이, 오늘날도 그리스도로부터 멀리 떠난 마음은 모든 유의 가증한 우상 숭배를 향하여 그 문을 열어준다.

"아론이 그들에게 이르되 너희의 아내와 자녀의 귀에서 금 고리를 빼어 내게로 가져오라"(출 32:2). 출애굽기 24:18의 말씀이 우리에게 알려주듯이, 모세가 이스라엘로부터 40일 동안 떨어져 있었다는 그 숫자는 성경에서, 거의 항상 시험기간(probation)과 관련된다. 말할 필요도 없이 그렇게 긴 시간이 하나님에게 필요한 것이 아니었다. 하나님이 원하기만 한다면, 그분은 몇 시간 사이에(아니면 심지어 한순간에) 모세에게 출애굽기 25~31장에 기록된 모두를 말씀하실 수 있을 뿐만 아니라 그에게 이해시키실 수 있었다. 그렇다면 왜 40일 동안인가? 이는 이스라엘을 시험하시기 위하여, 즉 그들이 준행하기로 약속했던 율례가 당도할 때까지 끈기 있게 기다리는 여부를 증명하기 위함이었다. 그러나 그들이 자신들의 엄숙한 맹세를 지키기는커녕, 하나님께서 말씀하시고자 하는 것을 듣기 위하여 기다리려고 조차 하지 않았다.

아론과 훌은 모세와 그의 대리인인 여호수아가 없는 동안 일어날 수 있는 모든 문제들을 판결하도록 남겨져 있었다(출 24:14). 아론은 이제 시험에 봉착하게 된다. 그가 회중을 책임지게 된 것은 처음이었기에, 가엾게도 스스로 처신하였다. 여호와를 의지하는 대신, 인간을 두려워한 것이 그에게 올무가 되었다. 그는 백성들을 담대히 저지하는 대신에, 분명히 맞붙어 싸우지도 않은 채, 그들의 사악한 음모에 넘어가고 말았다. 오호라! 그것은 한 인간에게 책임이 주어졌을 때, 자신의 신뢰를 저버리는 또 다른 하나의 슬픈 예를 제공한 것뿐이다. 이와 같이 그리스도교의 역사 속에서 그랬듯이, 지도자들은 백성들의 세속적 소원을 따르기를 거절하는 대신, 그것들에 유의하여 때로는 그것들을 장려하였다.

"모든 백성이 그 귀에서 금 고리를 빼어 아론에게로 가져가매 아론이 그들의 손에서 금 고리를 받아 부어서 조각칼로 새겨 송아지 형상을 만드니 그들이 말하되 이스라엘아 이는 너희를 애굽 땅에서 인도하여 낸 너희의 신이로다 하는지라"(출 32:3, 4). 어떤 이는 여기 이 사실과 마태복음 17:1-18에 있는 것 사이의 유사점을 지적했다. "어떤 견지에서 볼 때 이 광경과 변화산 아래에서 목격했던 일 사이에 매우 인상적인 유사점이 있다. 이 두 경우 모두 사탄이 완전히 지배하고 있다. 우리 앞에 있는 경우는 그의 권세 아래 전락한 것이 그 민족이었고, 그 뒤의 경우 그가 지배한 것은 그 자녀였다. 그러나 그 자녀는 다른 한편으로 차후의 유대 민족의 모형이다. 그리스도께서 위로 떠나신 것(시내 산에 있는 모세에 의하여 형상적으로 보여짐)은 사탄에 사로잡힌 기회가 되었다 — 하나님의 허락하심 하에서. 사탄이 그 사악한 권세를 발휘하여, 인간(이스라엘)이 그의 악한 마음에 따라 그의 가련한 노예가 되기 때문이다"(Ed.Dennett).

송아지 또는 황소는 애굽의 주요한 신 '아피스(Apis)'였는데, 사람들은 그 얽매였던 땅에서 그 신을 익히 알고 있었다. "이는 너희 신이로다"라고 한 말은 느헤미야 9:18에서는 "이는 너희 하나님이라"는 의미로 해석된다. 시편 기자의 감명받은 해석은 다음과 같이 매우 장엄하다. "그들이 호렙에서 송아지를 만들고 부어 만든 우상을 경배하여 자기 영광을 풀 먹는 소의 형상으로 바꾸었도다 애굽에서 큰 일을 행하신 그의 구원자 하나님을 그들이 잊었나니"(시 106:19-21). 그 우상을 만들어 그것에 예배를 행한 것은 공개적인 배교 행위였으며, 그 일로 인한 쓰라린 결과는 그들이 바벨론 포로가 될 때까지 거두어들여야만 했다(행 7:43). 이러한 것이 곧 육신으로서, 하나님의 구원을 언제나 잘 잊어버리고, 그가 우리에게 주신 빛을 멸시하며, 그의 명령을 거역하며, 자신의 뜻에 따라 행하고 그리고 그분을 효과적으로 퇴출시키는 일을 가져온다.

"아론이 보고 그 앞에 제단을 쌓고"(출 32:5). 이 끔찍한 광경 위에 덮은 구름은 더욱 짙어만 간다. 참 하나님을 거짓 신으로 대처했음에도 만족하지 못하고, 그들은 필연적으로 그들의 가증됨을 종교의 예복 아래로 감추고 있음에 틀림없다. 이제 한 '제단'이 세워진다. 이와 같이 언제나 그러했고 또 그러하듯이, 인간은 거룩한 이의 이름을 그 위에 두면서 우상으로 인한 부끄러움을 언제나, 감추려고 노력한다. 그러므로 바로 그 다음에 이르기를 "이에 아론이 공포하여 이르되 내일은 여호와의 절일이니라"(출 32:5)고 한다. 사실상, 이것은 가식이었는데, 그 이유는 제 삼월에나 사월에는 절기가 없었기 때문이다(레 23장 참조).

이 5절에서 우리에게 말하는 사실은 지금 거의 모든 그리스도교계에서 계속되고 있는 그 본보기일 따름이다. 인간들은 그들의 우상을 세워놓고 그것들을 그리스도의 이름으로 섬김으로써 자신들의 발명품에 대해 위엄을 갖추고 숭앙하려고 하였다. 로마 가톨릭 교회와 의식주의가 그러한 형태를 우리에게 준 것이다. 세속적인 것과 육신적 탐닉은 흡사하다. 마치 아론이 "여호와의 절기"를 뒤따르는 것으로 송아지를 숭상하며 육신적 즐거움을 칭송했던 것처럼, 너무도 많은 교회 만찬, 바자회, 종교적 축제, 카드놀이(whist drive) 등이 기독교의 이름 아래 공식적으로 이행되고 있다. 이 무슨 헛수고들이란 말인가! 아론이 그가 선포한 일을 정당화할 수 있는 성서적 근거가 없었던 것처럼, 오늘날의 지도자들로 그들의 행위를 입증할 만한 하나님의 말씀이 전혀 없다.

"이튿날에 그들이 일찍이 일어나 번제를 드리며 화목제를 드리고"(출 32:6). 이는 끔찍한 곡해였다. 아버지에 대한 그리스도의 헌신을 말하였던 제물과, 거룩하신 하나님과 그의 백성들 사이에서 그분이 가능하게 하였던 교제가 이제 그들의 부패한 상상에 의한 미신적 숭배물로 나타났다. 여기에 속죄제물이 빠져 있음이 돋보이는 것은 의미있는 일이다! 그들에게는 이것을 생각할 만한 여지가 없었다. 왜 그런가? 하나님으로부터 떠나게 되면 양심이 무감각하게 되기 때문이다. "악인의 길은 어둠 같아서 그가 걸려 넘어져도 그것이 무엇인지 깨닫지 못하느니라"(잠 4:19)고 하심과 같다. 이것이 곧 교회에서 그들이 비성서적이며 그리스도를 불경하게 하는 의식들에 참여하는 자들에게 서슴없이 하게 하는 이유이다.

"앉아서 먹고 마시며 일어나서 뛰놀더라"(출 32:6). 형식적으로 제물을 드린 뒤에, 그들은 이제 육신의 탐욕을 만끽하려는 자유를 느꼈다. 그리고 기억해야 할 것은 여기에 기록된 사실이 오래 전에 일어난 한 사건에 대해 감동받은 기록 그 이상의 내용이 있는 것이다. 하나님의 말씀은 살아 있는 말씀으로, 사물을 실제 있는 그대로 묘사한다. 그들이 번제와 화목제를 드린 때는 '이른' 시간이었다. 아침 일찍 모인 무리들 또는 '친교모임'이 여전히 대중적이지만, 제물을 드린 자들에 뒤

이어 남아 있는 사람들은 함께 먹고 마시고 노는 데 여전히 시간을 보냈다. "물에 비치면 얼굴이 서로 같은 것 같이 사람의 마음도 서로 비치느니라"(잠 27:19).

"여호와께서 모세에게 이르시되 너는 내려가라 네가 애굽 땅에서 인도하여 낸 네 백성이 부패하였도다"(출 32:7). 이러한 여호와의 말씀은 출애굽기 24:6-8에 기록된 말씀의 관점에서 읽어야만 한다. 거기에서 우리는 그분의 율법과 그것을 지키기로 한 그들의 공언에 근거한 여호와의 이스라엘 간의 '언약'을 볼 수 있다. 이것은 두 계약 쌍방 간의 순수한 법적인 계약이었다. 이스라엘은 이제 그들의 약속을 깨뜨렸다. 즉 그들은 자신들의 구원자를 부인하였고(출 32:1), 하나님의 율법을 어겼다(출 32:6). 그러므로 여호와께서는 이제 언약이 깨어진 관점에서, 그들을 저버렸으며, 그들에 대하여 모세에게 "네 백성"이라고 말씀한다.

"그들이 내가 그들에게 명령한 길을 속히 떠나 자기를 위하여 송아지를 부어 만들고 그것을 예배하며 그것에게 제물을 드리며 말하기를 이스라엘아 이는 너희를 애굽 땅에서 인도하여 낸 너희 신이라 하였도다"(출 32:8). 오호라! 그들은 얼마나 '신속히' 순종과 충성의 길에서 떠났던가! 그들이 "여호와는 나의 힘이요 노래시며 나의 구원이시로다 그는 나의 하나님이시니 내가 그를 찬송할 것이요 내 아버지의 하나님이시니 내가 그를 높이리로다"(출 15:2)라고 외친지 5개월도 못되었다. 이들은 그렇게 하는 대신, 그들이 일어나 결과적으로 그분을 내쫓아 버리는 일을 저질렀고, 그분을 높이는 대신 자신들의 가치를 스스로 떨어뜨렸다. 여호와께서 모세와 말씀하실 때 백성들이 아론에게 사용했던 것과 동일한 말을 여기에서 인용한 것은 주목할 만큼 중요하다(물론 그분은 자신의 종과 "교제하는 일"에 가담했다). 그분은 그 아래 있는 그의 목이 곧은 백성들의 말을 다 들으셨다. 그리고 그는 지금도 우리의 모든 말을 듣고 기록하신다!

"그들이 내가 그들에게 명령한 길을 속히 떠나." 전 세대를 통하여 언제나 이러하였다. 아담은 그의 창조자가 명하신 길로부터 얼마나 '신속히' 돌아섰던가! 노아는 방주로부터 나온 뒤에 얼마나 '신속히' 실수를 저질렀던가! 나답과 아비후는 제사장 제도가 제정된 뒤에 "여호와께서 금하신 일"(레 10:1)을 얼마나 '신속히' 저질렀던가! 가나안으로 들어간 후에 얼마나 '신속히' 죄가 이스라엘 진영에 들어왔던가(수 7장)! 이러한 예들은 계속된다. 젊은 그리스도인들은 그들의 "처음 사랑"을 버리고 얼마나 '신속히' 처음의 기쁨을 잃고 마는가! 실패는 인간 역사의 장마다 크게 장식되어 있다. 그렇다면 그런 실패의 주된 요인이 무엇인가? 여호와께서 모세에게 하신 다음의 말씀이 그 답변을 제시해 주지 않은가?

"여호와께서 또 모세에게 이르시되 내가 이 백성을 보니 목이 뻣뻣한 백성이로다"(출 32:9). 자주 쓰이는 이 말은 무엇을 말해주고 있는가? 그것은 불순종하는 상태를 말한다. 신명기 31:27의 순서를 살펴보자. "내가 너희의 반역함과 목이 곧은 것을 아나니"라고 하셨다. 그것은 하나님의 뜻에 순종하는 것과 반대가 되는 것이니, "너희 조상들 같이 목을 곧게 하지 말고 여호와께 돌아와"(대하 30:8)라고 하심과 같다. 그것은 우리 자신들이 처한 입장과 동일한 것으로 여겨지는데, 이는 "그들은 순종하지 아니하며 귀를 기울이지 아니하며 그 목을 곧게 하여 듣지 아니하며 교훈을 받지 아니하였느니라"(렘 17:23)고 하심과 같다. 우리가 스스로 하나님께 청종하지 아니하므로, "목이 곧고 마음과 귀에 할례를 받지 못한 사람들아 너희도 너희 조상과 같이 항상 성령을 거스르는도다"(행 7:51)라고 하신 말씀과 같은 결과를 초래하게 된다. 목이 곧은 사람은 하나님께 굽히지 않는 자이며, 자신의 의지대로 일하는 자이다. 이스라엘이 이러한 처지에 있었고 이에 하나님께서 다음과 같이 이르신다.

"그런즉 내가 하는 대로 두라 내가 그들에게 진노하여 그들을 진멸하고 너를 큰 나라가 되게 하리라"(출 32:10). 그들의 죄의 대가로 자신들의 언약에 명시된 모든 축복의 약속들이 박탈되었고, 여호와께서 즉시 그들을 대적하여 그들을 포기하고, 그들에게 멸망의 심판을 내리도록 위협하였다. "이와 같이 만일 이스라엘을, 그들이 수락하고 축복의 조건으로 준행하기로 약속한 율법의 의로운 조건에 따라 다스린다면, 전혀 회복의 여지가 없으며 그들의 의도적 범죄와 반역으로 멸망하고 말 것이다"(Dennett). 하나님께서 이러한 목이 곧은 그의 백성들을 완전히 멸하지 아니한 이유는 다음 장에서 생각해 보도록 남겨두도록 하겠다. 한편, 이 엄숙한 경고에 주의하기 위하여 하나님의 은혜를 구하자. 본성으로는 우리 중 아무도 아론과 이스라엘보다 조금도 나을 바 없다. 하나님께서 우리로부터 그의 은혜를 거둔다면 우리도 역시 그들이 범한 엄청나고 극악한 죄를 분명히 그리고 신속하게 범하게 될 것이다. 그러므로 우리는 시편 기자와 같이 "나를 붙드소서 그리하시면 내가 구원을 얻고 주의 율례들에 항상 주의하리이다"(시 119:117)라고 그에게 부르짖자.

제 60장

모형적 중보자

출애굽기 32:11-14

지난 장에서 우리는 금송아지에 대한 이스라엘의 우상 숭배에 대해 영감을 받은 말씀을 다루었다. 그들이 한 민족으로서 애굽을 떠난 뒤 이러한 무서운 죄를 범하기는 이번이 처음이었다. 우상 숭배에 대한 주제는 진지할 뿐만 아니라 중요하지만, 그것의 성격과 원인이 잘 이해되지 못하기에, 우리는 여기서 그 주제에 대해 몇 가지 보편적 주장을 제공하고자 제안한다.

인간은 본래부터 하나님을 알 수 있는 기능과 그분을 숭배할 수 있는 감성을 가지도록 창조된 지구상에 사는 유일한 피조물이다. 사실상, 모든 피조물들이 창조주를 찬미해야만 하지만, 인간의 찬미는 지적인 마음과 의식적 선택 혹은 우선권에 대한 존경이다. 그러나 이 지성적 찬미를 드릴 수 있는 기능은 불가피하게 책임을 수반한다. 이는 아담과 관련하여 볼 때 확실했다. 선악을 알게 하는 나무는 첫 사람이 하나님을 존경하는 일에 가시적 수단이 되었다. 그 열매에 대한 금기는 그를 창조하신 이의 권위에 순종하는 증거였다. 그 나무에 관한 하나님의 명령의 순종은 에덴의 모든 축복을 그에게 보장했을 뿐만 아니라, 그를 조물주와 묶는 그 결속도 또한 보장하였다. 이와 같이, 태초에 인간과 하나님을 결합시킨 것은 의지의 순종과 마음의 복종이었다. 이 관계가 유지되는 동안은, 하나님은 존귀를 받으시고 인간은 축복을 받았다.

그러나 이 결속은 파괴되고 말았다. 불순종으로 인하여 인간은 "하나님의 생명에서 떠나게 되었고"(엡 4:18), 그러므로 그는 행복을 상실하고 결국 동산 바깥에 있게 되었다. 원래의 결속이 깨어졌기에, 그것은 결코 개선될 수 없었다. 만일 인간이 하나님과 다시 관계를 맺게 되었다면, 그것은 전적으로 새로운 근거, 소위 구속의 근거, 부활의 근거, 새로운 창조의 근거 위에 있어야만 한다. 타락한 인간은 에덴 동산으로 결코 다시 들어갈 수가 없었다. 그곳은 무죄한 자를 위한 기쁨의 동산이었기에, 한번 죄를 범한 이상 거기로 돌아가는 일은 불가능하게 되었다. 그러나 하나님은 그의 친 백성들을 위하여 새 동산, 즉 '하나님의 낙원'(계 2:7)을 마련하였는데, 거기에서는 죄가 에덴의 기쁨보다 더 나은 것으로 회복된다. 이 같은 새 동산은 믿음으로 예견되며, 거기에는 죄의 용서와 영생이 있다.

인간이 타락했을 때, 그가 비록 하나님으로부터 멀리 떨어지게 되었다 할지라도(영적 죽음에 대해 말한다), 그의 원래의 타고난 기능을 잃지 않았을 뿐만 아니라 그의 책임도 파괴되지 않았다. 인간은 타락한 이후에도 그 기본적 본성에 있어서 이전과 다를 바 없었다. 그의 본성이 죄로 인하여 더럽혀졌고, 그 결과 그의 모든 존재가 부패된 것만은 사실이지만, 그렇더라도 태초에 하나님이 그에게 불어넣으신 '생명의 호흡'은 그가 에덴 동산으로부터 쫓겨난 후에도 그의 몫으로 남아 있었다. 사실상, 그에게 존재한 모든 기능들은 이제 "죄를 위한 불의의 무기"(롬 6:13)가 되었지만, 그것들 중 아무것도 더 이상 존재하지 않거나 그 기능을 상실한 것은 없었다.

인간이 타락으로 인하여 멸망하게 된 것은 인간의 본성(그를 짐승으로부터 구별하고 동물 위에 있게 향상시켜 주는 것) 바로 그 특성 때문이다. 통속적으로 이야기하기를 '인간은 종교적인 동물'이라고 하는데, 이는 인간이 본성적으로 종교적 피조물이라는 뜻이며, 그것은 원래부터 그 조물주에게 경의를 표하도록 만들어졌다는 의미이다. 이상하게 들릴지는 모르지만, 인간의 이 종교적 본성이 모든 우상 숭배의 근저에 놓여 있다. 하나님으로부터 떨어져, 그분에 대해 알지 못하므로, 사탄이 준비한 하수인으로 타락한다. 타락한 인간의 이 본성에 대하여 그리스도께서는 다음과 같이 말씀하셨다. "그러므로 네게 있는 빛이 어두우면 그 어둠이 얼마나 더하겠느냐"(마 6:23). 인간 가운데 있는 그 '빛'은 그를 짐승으로부터 구별되게 하며 또한 그것은 (잠재적으로) 하나님과 교제하는 일을 가능하게 한다. 그러나 이미 말한 바와 같이, 하나님과 교제할 수 있는 인간 속에 있는 그 기능이 죄의 결과로 잘못 사용되므로 그의 속에 있는 '빛'이 '어둠'으로 변한 것이다. 하나님을 섬기는 대신 그는 이제 자신의 탐욕을 섬기며, 그의 탐욕의 모양에 따라 우상을 숭배하는 것이다.

인간은 반드시 자기 나름대로의 신을 가지고 있다. 그렇지 않으면 인간이라고 할 수가 없는 것은 '자연적 인간' ― 지금의 타락한 피조물로서의 인간 ― 은 참

하나님에 대한 지식을 잃었기에, 그 공허함을 채우기 위하여 자신의 마음의 자원으로 돌아가기 때문이다. 어떤 이는 다음과 같이 말했다. "정신적 이미지로부터 부패한 마음이 형성되었지만, 그것은 다만 성전의 금 또는 나무 우상으로 향한 짧은 걸음일 뿐이다. 모든 모양과 형태는 상상 속에서 그 원형을 가지고 있었는데, 이는 철학자에게 자연계의 물질들에 의해 보충이 되었지만, 대중들에게는 그들 주변에 있는 대상들이 우상의 구조물이 놓여지는 근거가 되었다. 보고 느낀 물건들에 대한 감각에 의하여 그들의 상상력이 살찌게 된다. 물론, 이것들이 우상의 유일한 출처가 되지 못하겠지만, 그럼에도 불구하고 그런 것들은 신들의 형태를 크게 변경하고 그 수를 늘렸다. 산과 계곡, 강, 숲, 하늘 위에 있는 것과 바다 밑에 있는 것들이 그들의 신이 되며, 자연 속 그 어디에 있는 것이라도 인간에게 매우 감동을 주는 것은 신의 자리를 차지하게 되었다.

"뿐만 아니라 이렇게 혼란을 야기 시키는 미신과 맹신 덩어리를 생성하게 하는 큰 요인이 있음을 잊지 말자. 인간은 하나님에 대한 지식을 소유하기 좋아하지 않아, 그의 감각적인 속임수에 넘어갈 뿐만 아니라, 그 두려움과 탐욕을 통하여 인간을 사로잡는 사탄의 현혹케 하는 능력에 또한 사로잡히고 만다. 참 하나님에 대한 지식을 잃어버린 채 그에게 부여된 종교적 기능을 그대로 가지고 있는 피조물이 된다는 것은 필연적으로 우상 숭배에 굴복당하는 결과를 초래한다. 이 세상의 신인 사탄은 구체적인 형태로 자신을 나타내어 그것을 객관적 실재로 만들었다.

"인간 본성 가운데 있는 종교적 요소는 죄에 의하여 근절되지는 않았지만, 그 마음의 모든 기능과 그 본성의 모든 본능은 저하하고 퇴색되면서, 본래부터 하나님을 섬기는 일에 방편으로 주어졌던 그런 동일한 기능은 인간의 전적인 타락과 그 엄청난 죄과에 의하여 퇴화되었음을 보게 된다. 인간을 모든 피조물들 위에 높였던 그 자질은 이제 그를 그것들 아래로 전락하게 하였다"(*The Bible Tresury*, 1882).

위에서 말한 것은 우상 숭배의 보편성을 말해주고 있을 뿐만 아니라 출애굽기 32장에 기록된 내용을 해석하는 열쇠를 제공해 준다. 거기에서 우리는 은혜를 입은 이스라엘 백성들이 금송아지를 만들어 거기에 절하는 것을 보았다. 그것은 변명의 여지가 없으며, 공개적이며, 뻔뻔스러운, 일치단결한 우상 숭배였다. 바로 이러한 이유 때문에, 하나님께서 친히 그의 손가락으로 두 돌판 위에 쓴 첫 번째 계명이 "너는 내 앞에 다른 신을 두지 말라"는 것이었는데, 여기에 그것에 대한

고의적이며 합의된 위반이 있었다. 그렇다면, 결과는 무엇이었나? 여호와께서 모
세에게 돌이켜 그에게 아래에 있는 백성들의 그 무서운 죄를 알려주시고, 이르시
기를 "내가 하는 대로 두라 내가 그들에게 진노하여 그들을 진멸하고 너를 큰 나
라가 되게 하리라"고 한다.

이 말씀은 엄숙하고 무섭게 들리지만, 상세히 살펴보면 희망의 문이 열려 있음
이 드러나 있다. 여호와께서 모세에게 이르시기를 "내가 하는 대로 두라 … 너를
큰 나라가 되게 하리라"고 한다. 이로써 볼 때 하나님이 자신을 모형적 중보자의
손에 두신 것처럼 여겨진다. "내가 하는 대로 두라"고 하신 말씀은 모세가 여호와
와 그의 사악한 백성 사이에 서 있음을 명백히 제시한다. 이것은 물론 사실이었
다. 그러나 모세에게 그들은 완전히 쓸모없는 존재였다. 그는 다만 하나님의 거
룩한 진노와 그들이 저지른 멸망의 처사 사이에 서 있었을 뿐이었다. 그가 무엇
을 할 수 있었는가? 홍해에서 애굽 사람들의 위협을 받았을 때, 모세는 그들을 대
신하여 하나님께 부르짖었다(출 14:15). 또한 마라의 쓴 물에 당도했을 때에도,
다시 그들을 위하여 여호와께 간구하였다(출 15:25). 르비딤에서 물이 없었을 때
에도 모세는 여호와께서 그들을 위하여 부르짖어 응답을 얻었다(출 17:4). 아말
렉이 이스라엘을 침략했을 때 모세가 손을 듦으로써 그들이 승리를 얻었다(출
17:11). 그러나 지금은 훨씬 더 중대한 위기에 봉착하였다. 이제 모세는 그들을
포기할 것인가 아니면 다시 그들을 위하여 다시 중재에 나설 것인가?

"모세가 그의 하나님 여호와께 구하여 이르되 여호와여 어찌하여 그 큰 권능과 강한
손으로 애굽 땅에서 인도하여 내신 주의 백성에게 진노하시나이까"(출 32:11). 모세는
그들이 이렇게 긴급한 필요에 처한 순간에 그들을 버리지 않았다. 이러한 처지에
서 그가 어떻게 처신했는지를 살펴보면 참으로 복된 사실을 주목할 수 있다. 하
나님께서 그에게 "내가 하는 대로 두라 내가 그들에게 진노하여 … 너를 큰 나라
가 되게 하리라"고 말씀하셨을 때, 모세는 하나님께 가까운 그의 입장을 자신을
위하지 않고 백성들의 유익을 위하여 사용한다. 일찍이 그는 "바로의 공주의 아
들이라 칭함 받기를 거절하고 도리어 하나님의 백성과 함께 고난 받기를 잠시 죄
악의 낙을 누리는 것보다 더 좋아하고 그리스도를 위하여 받는 수모를 애굽의 모
든 보화보다 더 큰 재물로 여겼으니 이는 상 주심을 바라보았다"(히 11:24-26). 이
와 같이 그는 지금 다른 나라의 우두머리가 되는 것을 거절하고, 오히려 목이 곧
고 불순종하는 백성과 하나가 되는 것을 선택하였다. 이것은 "오히려 자기를 비

위"(빌 2:7) 그의 사악한 백성 중 하나가 되신 이를 예표하고 있지 않는가? 물론 그러하다. 그리고 우리는 하나 이상의 여러 가지 점들을 보게 될 것이다.

"모세가 그의 하나님 여호와께 구하여 이르되 여호와여 어찌하여 그 큰 권능과 강한 손으로 애굽 땅에서 인도하여 내신 주의 백성에게 진노하시나이까." 이는 모형적 중보자가 여호와께서 다음 7절의 말씀과 같이 그에게 말씀하셨을 때 대답한 내용이었다. "너는 내려가라 네가 애굽 땅에서 인도하여 낸 네 백성이 부패하였도다." 우리는 이러한 말씀에 두 가지 강조점이 있다고 믿는다. 그 위치상의 중요성으로 볼 때, 1절에 기록된 가증한 이스라엘의 단언에 대한 하나님의 대답이 제시되어 있다. 거기에 보면 백성들이 그들의 거룩한 구원자를 경멸했지만, 여기서 하나님은 공의롭게 그들에 대한 권한을 포기한다. 그러나 거기에는 상징적 의미도 있으니, 다음의 중대한 사실들을 숙고해 보면 더욱 귀할 것이다.

하나님은, 7절에서 그들을 '네 백성'이라고 부르심으로써 여호와께서는 그 나라를 실제로 모세에게 넘겨주신다. 여기 11절에서는 모형적 중보자가, 실제 그러했던 것처럼 '주의 백성'이라고 말함으로써 그들을 하나님께 되돌려주고 있다. 이것은 요한복음 17장에 있는 사실을 분명하게 예시하고 있지 않는가? 먼저 2절에 보면, 중보자의 원형이 되시는 이께서 하나님이 그에게 주신 백성에 대하여 이르시기를 "아버지께서 아들에게 주신 모든 사람에게 영생을 주게 하시려고 만민을 다스리는 권세를 아들에게 주셨음이로소이다"라고 한다. 그 다음 9절에 보면 그가 백성을 하나님께 되돌려주시는 것을 볼 수 있다. "내가 그들을 위하여 비옵나니 내가 비옵는 것은 세상을 위함이 아니요 내게 주신 자들을 위함이니이다 그들은 아버지의 것이로소이다."

이제 모세가 "여호와 그의 하나님" 앞에서 간구했던 여러 가지 근거를 살펴보자. 그것은 모두 세 가지인데, 그는 하나님의 은혜, 하나님의 영광, 그리고 하나님의 미쁘심에 따라 간구했다. 하나님의 은혜에 따라 구한 것은 11절에 다음과 같이 표현하셨다. "여호와여 어찌하여 그 큰 권능과 강한 손으로 애굽 땅에서 인도하여 내신 주의 백성에게 진노하시나이까." 그가 히브리인들을 노예의 집으로부터 구원해 내실 때 여호와를 움직이게 한 것은 순전하고 단순한 그의 은혜였다. 그들 가운데는 그의 호의를 받을 만한 아무런 공적도 없었을 뿐만 아니라, 오히려 그들 가운데 있는 모든 것들이 그의 진노를 사게 하였다. 그것은 일찍이 구한 바도 아니며 받을 만한 공적도 없었던 그들에게 주신 지극한 자비, 순수한 은혜, 그리고 거

룩한 은총이었다. 그러나 합당하지 아니한 이스라엘에게 베푸신 하나님의 은총
은 공의의 요구라는 대가를 따라 이행된 것을 간과하지 말아야 할 것은 "의를 통
하여" 은혜가 왕 노릇 하는 것이 항상 사실이기 때문이다(롬 5:21). 애굽에서도
그러하였다. 유월절의 어린 양을 잡아 그 피를 받아 발랐던 것이다. 이와 같이, 은
혜가 솟아나는 일은 구속에 근거한 것이다. 그리고 이 사실은 아직도 변함없는
데, "그리스도 예수 안에 있는 속량으로 말미암아 하나님의 은혜로 값 없이 의롭
다 하심을 얻은 자 되었느니라"(롬 3:24)고 하심과 같다.

바야흐로 모세는 이로 인하여 그의 맨 처음 호소를 올렸다. 이스라엘은 슬프게
도 죄를, 심각하게 범하였기에, 모세는 그것을 부인하거나 변명하려 하지 않았
다. 뒤에 여호와께서 그의 백성에게 "목이 곧은 백성"이라고 고발함을 그가 시인
한 것을 우리는 볼 수 있다(출 34:9). 그럼에도 불구하고, 그들은 하나님의 백성이
었다 ㅡ 구속에 의하여 그의 소유가 되었다. 그들은 그가 속량한 소유였다. 합당
하지 않으며, 감사하지 아니하며, 거룩하지 않지만, 여호와께서는 구속하셨다.
이는 복되며, 영광스러우며, 가슴을 녹이는 사실이다. 우리가 이를 깨달아 우리
안에 죄를 크게 미워하는 마음을 가지고 어린 양의 보배로운 피에 대하여 깊은
감사가 넘치게 해주시기 바란다. "만일 누가(헬라어로 '어떤 이' ㅡ 요일 1:3에 이
르신 사람) 죄를 범하여도 아버지 앞에서 우리에게 대언자가 있으니 곧 의로우신
예수 그리스도시라"(요일 2:1)고 하시지 않았던가? 그의 대언의 근거는 무엇인
가? 그것은 단번에 모든 자들을 위하여 흘리신 그의 피다!

"어찌하여 애굽 사람들이 이르기를 여호와가 자기의 백성을 산에서 죽이고 지면에서
진멸하려는 악한 의도로 인도해 내었다고 말하게 하시려 하나이까 주의 맹렬한 노를 그
치시고 뜻을 돌이키사 주의 백성에게 이 화를 내리지 마옵소서"(출 32:12). 여기에 모
세가 여호와께 간구한 두 번째의 근거가 있는데, 이는 그가 하나님의 영광에 호
소한 것이었다. 이스라엘의 자녀들을 여기 시내 광야에서 소멸한다면 이방인들
의 목전에 그의 존귀함이 과연 어떻게 될 것인가? 이는 애굽 사람들로 주님의 이
름을 비방하게 하는 것이 아닌가! 모세는 이러한 생각으로 견딜 수 없어 여호와
께 그 범죄한 백성들을 가엾게 여겨 주시기를 간구했다.

"그들의 수치스러운 반역에도 불구하고, 모세의 간청은 그들이 여전히 하나님
의 백성임과 그들을 용서해 주는 일에 주의 영광이 관련되었다는 것이었다. 대적
들이 이스라엘의 멸망에 대해 뿐 아니라 그 일로 말미암아 여호와에 대해서 자만

하지 못하도록 간구했다. 그 자체로 이것은 거절할 수 없는 간청이었다. 여호수아도 이스라엘이 아이 성 앞에서 패배를 당했을 때 이와 같은 내용을 사용한다. 그가 이르기를 '가나안 사람과 이 땅의 모든 사람들이 듣고 우리를 둘러싸고 우리 이름을 세상에서 끊으리니 주의 크신 이름을 위하여 어떻게 하시려 하나이까' (수 7:9)라고 하였다. 이 두 경우 모두 믿음으로 하나님을 굳게 붙들었으며, 그것 자체를 하나님의 영광과 동일화했으며, 이를 근거하여 간언하므로 그 응답을 기대했으니, 그러한 간청은 하나님께서 결코 거절하실 수 없었다"(Dennett).

오늘날도 이와 같은 근거로 하나님께 많이 간구해야 할 것임에도 그렇게 하는 자들이 거의 없다. 여기 출애굽기 32장에 있는 모세의 기도는 또한 우리들의 교훈을 위하여 기록되었다. 그것은 우리들 앞에 "역사하는 힘이 많은, 의인의 효과적인 열정적 기도"의 필수적 요소를 제시한다. 이것은 모세가 여호와의 이름의 영광에 호소한 유일한 경우가 아니었다. 독자들은 민수기 14:13-16과 신명기 9:28, 29을 주의 깊게 살펴보기 바라며 이러한 간구를 한 다른 자들에 대해서는 시편 25:11, 요엘 2:17 등을 보기 바란다. 그것은 하나님이 그가 행하시는 모든 것에 대해 언제나 그 앞에 두시는 자신의 이름의 영광이다.

그가 애굽에서 이스라엘을 이끌어내신 것은 본래부터 그의 이름의 영광을 위함이었다. "내가 그들이 거주하는 이방인의 눈 앞에서 그들에게 나타나 그들을 애굽 땅에서 인도하여 내었나니 이는 내 이름을 위함이라 내 이름을 그 이방인의 눈 앞에서 더럽히지 아니하려고 행하였음이라"(겔 20:9). 또한 그 후대에 이스라엘의 죄된 역사 속에서, 하나님은 선포하기를 "내 이름을 위하여 내가 노하기를 더디 할 것이며 내 영광을 위하여 내가 참고 너를 멸절하지 아니하리라 … 나는 나를 위하며 나를 위하여 이를 이룰 것이라 어찌 내 이름을 욕되게 하리요"(사 48:9, 11)라고 했다. "자기 이름을 위하여", 하나님은 "그의 백성을 의의 길로 인도하신다"(시 23:3).

주 예수께서 그의 대제사장직으로서의 기도 가운데서, 요한복음 17장에 기록된 바와 같이 하나님께 이와 동일한 간구를 사용함에 대해 주목하는 것은 반가운 일이다. 그 기도 가운데서 그는 많은 간구가 떠오르는 것을 승낙하는데, 그것들이 떠오르는 일에 근거하여 그 간구가 다양하였다. 그러나 그 무엇보다 중요하며 또한 그가 가장 먼저 구하신 것은 "아들을 영화롭게 하사 아들로 아버지를 영화롭게 하게 하옵소서"(요 17:1)라고 하는 기도였다! 여기에 승리하는 기도의 주된 비결 중의 하나가 있다. 기도하는 심령의 첫 번째 요구가 하나님의 지극한 뜻 앞에 마음으로 부복하는 것처럼, 하나님의 영광과 그의 이름의 명예를 우리 앞에 갖는 일이 우리의 간구에 대한 응답을 주로 보증하는 일이 된다. "무엇을 하든지 다 하나님의 영광을 위하여 하라"(고전 10:31)고 하신 말씀을 다른 모든 일과 마찬가지로 우리의 기도에 엄격히 적용해야 할 것이다. 그러므로 이러한 모세의 성공적 기도에서 이 중대한 교훈을 가르쳐 주고 있음을 명심하자.

"주의 종 아브라함과 이삭과 이스라엘을 기억하소서 주께서 그들을 위하여 주를 가리켜 맹세하여 이르시기를 내가 너희의 자손을 하늘의 별처럼 많게 하고 내가 허락한 이 온 땅을 너희의 자손에게 주어 영원한 기업이 되게 하리라"(출 32:13). 여기에 모세가 여호와 앞에서 중보를 하게 된 세 번째 근거가 있다. 그는 하나님의 미쁘심에 호소했으며, 그의 약속을 간구했으며, 그가 맹세하신 일을 기억하도록 했다. 이스라엘의 처사로 볼 때 행동하거나 간구할 만한 근거가 전혀 없었으므로, 그는 돌이켜 하나님께서 친히 하신 일에 전적으로 의존하였다.

"그의 중보기도의 활력 가운데에서 — 하나님의 성령의 행위에 대한 분명한 결실 — 그는 아브라함, 이삭, 그리고 야곱에게 하신 그 절대적이며 무조건적인 약속으로 되돌아가, 하나님이 거짓말하실 수 없는 이 불변의 두 가지 사실을 여호와께서 기억해 주실 것을 구했다(히 6:18). 이보다 더 아름다운 효과적인 중보기도의 실례를 성경에서 찾아볼 수 없다. 실제로, 그때 발생한 비상사태에 있어서는 모든 것이 중보자에 의존되어 있었기에, 하나님은 그의 은혜 안에서, 그 갈라진 틈에 서서 그의 백성들의 이익을 위하여 간구할 수 있는 자를 준비해 주셨다. 그들의 어떠함에 근거한 것이 아님은 그들의 범죄로 인하여 그들이 거룩하신 하나님의 의로운 진노 앞에 드러났기 때문이다. 이는 하나님의 어떠함에 근거한 것으로서, 그분의 묘략은 족장들에게 하신 맹세와 약속에서 드러나고 확인된 것이었다"(Ed.Dennett).

그러나 모세의 이 세 번째 기도의 모습을 좀 더 면밀히 살펴보자. 위에서 인용한 내용 가운데 약간 모호한 두 가지 사실이 있다. 그것은 "아브라함, 이삭, 그리고 야곱"이 아니라 '이스라엘'과 하신 하나님의 약속이라고 했는데, 그 차이는 모세가 도달한 믿음의 높이를 암시하는 것이다. 즉 하나님께서 드러내신 묘략은 족장들에게 "맹세와 약속"으로 확인한 것이 아니라, "약속과 맹세"에 의하여 보증되었다 — 창세기 12:3과 창세기 22:15, 16에서와 동일한 히브리어 6:13-18에 기록한 순서를 살펴보자. 그러나 지금 우리가 여기에서 깊이 생각하고자 하는 것은 모세가 하나님 앞에 간구하는 것에 대해 이러한 마지막 근거를 만들었다는 것이다.

하나님의 말씀은 우리에 대한 그 효과에서 뿐만 아니라, 하나님 자신을 움직이는 능력에 있어서도 "살았고 운동력"(히 4:12)이 있다. 그리스도인들이 이 사실을 보다 절실히 깨닫는다면 거룩한 기록 가운데 있는 그 언어가 그들의 간구에 보다 큰 자리를 차지하게 될 것이며, 위로부터의 더 많은 응답을 얻게 될 것이다. 하나님은 그의 말씀을 그의 모든 이름 위에 크게 보이게 하셨으니(시 138:2) 우리도 그렇게 해야 한다. 그는 분명히 "나를 높이는 자는 나도 그를 높이리라"고 선포하셨으니, 어떻게 우리가 기도 가운데서 성경에 기록된 바로 그 말씀, 곧 그의 말씀을 우리의 것 보다 더 높일 수 있을 것인가? 아! 여기에서마저도 우리의 언사가 우리를 배신하는도다. 만일 그리스도의 말씀이 우리 속에 보다 풍성히 거한다면, 그것이 우리들의 중보기도 가운데 좀 더 풍성하게 표현될 것이니, 이는 "마음에 가득한 것이 입으로 나오기" 때문이다. 그리스도께서는 우리에게 온전한 본보기를 남겨주셨으니, 그의 기도는 시편을 읊는 것이었으며, 그의 제자들에게 가르치신 것을 살펴보면 구구절절이 구약성경에서 인용했었음이 밝혀졌다! 그리고 주님은 그의 제자들에게 "너희는 이렇게 기도하라"(마 6:9)고 명백하게 당부하셨다. 그러나 우리는 그렇게 하고 있지 않으니, 이로써 너무도 많은 우리의 기도가 응답을 얻지 못한다.

모세가 하나님께 간구했던 그의 말씀은 하나님이 족장들에게 하신 약속들이었다. 이것 역시 우리들의 교훈을 위하여 기록되었다. 하나님의 들으심을 확보하는 것은 은혜의 보좌 앞에서 하나님의 약속을 겸손하고 단순하게, 그리고 의지하는 마음으로 펼쳐 보이는 것이다. 그것이 바로 진정한 기도로서, 주님 앞에 우리의 필요를 나타내는 것이며, 그 다음에는 그것을 채워 주시리라는 그분 자신의 선포를 경외하는 마음으로 그에게 상기시키는 것이다. "말씀하신 대로 행하사"(삼하 7:25)라고 한 것은 다윗의 확신 있는 구함을 나타낸다. 이것은 "믿음으로 행함"을 의미하는 것으로서 하나님의 약속을 붙잡고, 그것을 품으며(히11:3), 그것들을 바라는 것이다. "어찌 그 말씀하신 바를 행하지 않으시며 하신 말씀을 실행하지 않으시랴"(민 23:19).

인간은 '흰 종이에 검은 글'로 쓴 합의서를 좋아하기에, 하나님께서 자기를 낮추사 그러한 것을 우리에게 주셨다. 그렇다면 우리가 그의 약속들을 실체로 취급하지 않는 것은 얼마나 이상한 일인가? 여호와께서는 그의 말씀을 결코 하찮은 것으로 여기지 않으신다. 그의 약속은 언제나 지켜졌기에, 여호수아는 다음의 사실을 이스라엘 백성들로 기억하게 하였다. "보라 나는 오늘 온 세상이 가는 길로 가려니와 너희의 하나님 여호와께서 너희에게 대하여 말씀하신 모든 선한 말씀이 하나도 틀리지 아니하고 다 너희에게 응하여 그 중에 하나도 어김이 없음을 너희 모든 사람은 마음과 뜻으로 아는 바라"(수 23:14). 또한 모든 믿는 자들의 조상인 아브라함과 겨루도록 은혜를 구하도록 하자. 그에 대하여 기록되기를 "믿음이 없어 하나님의 약속을 의심하지 않고 믿음으로 견고하여져서 하나님께 영광을 돌리며 약속하신 그것을 또한 능히 이루실 줄을 확신하였으니"(롬 4:20, 21)라고 한다.

"여호와께서 뜻을 돌이키사 말씀하신 화를 그 백성에게 내리지 아니하시니라"(출 32:14). 이같은 말씀은 하나님께서 그의 마음을 바꾸신 것이나 그의 목적을 변경하셨음을 의미하는 것이 아니니, 이는 그가 "변함도 없으시고 회전하는 그림자도 없으시기"(약 1:17) 때문이다. 전능하신 이의 영원한 목적에 조금이라도 치우치는 변화를 일으키게 하는 가장 작은 경우도 일찍이 없었으며 또 결코 없을 것은, 하나님은 모든 것을 태초로부터 미리 알고 계셨으며 그의 모든 묘략이 무한한 지혜에 따라 정해졌기 때문이다. 성경에서 하나님의 후회하심에 대해 말씀할 때, 그것은 말의 형태를 빌린 것에 불과하며, 지극히 높으신 이의 비하로 말미암아 우리의 언어로 말하는 것이다. 위에 있는 표현으로 의도한 것은 여호와께서 모형적 중보자의 기도를 들어주셨다는 것이다.

"여호와께서 뜻을 돌이키사 말씀하신 화를 그 백성에게 내리지 아니하시니라"(출 32:14). 어찌하여 이스라엘이 아직도 '그의 백성'으로 불리어졌는지를 살펴보는 일은 복된 일이다. 이는 믿음에 얼마나 용기를 주는 일인가! 그의 기도가 응답되기에 불가능하게 보일 경우가 있었다면, 이런 경우였다. 하지만 모세의 믿음은 항상 모든 어려움 위로 일어나서, 여호와의 손을 잡고 그의 도움을 간청하였다. 그러자 하나님이 자신을 부인할 수 없으므로, 모세의 기도는 허락되었다"(Dennett). 이 작은 묵상이 하나님의 축복으로 많은 사람들의 영적 생활을 풍성하게 하는 데 기여하기를 바란다.

제 61장

의로운 재판관

출애굽기 32:15-27

지금 우리가 다루고자 하는 현재의 부분은 앞서 보았던 구절들과는 전혀 다른 장면을 우리에게 제공한다. 앞에서는 상징적 중보자가 그분의 목이 곧은 백성으로부터 진노를 거두어 주실 것을 여호와 앞에서 너무도 은혜롭고 효과적으로 간청하는 것을 보았다. 여기에서 우리는 모세가 하나님과 매우 기이하고 복된 교제를 가졌던 산으로부터 내려오다가 이스라엘이 우상을 섬기는 죄를 보고 분노하여, 돌판을 깨뜨리고, 금송아지를 가루로 만들어, 물에 흘려보내고 또 백성들에게 마시게 한 것을 보게 된다. 여기서 우리는 그 기도의 사람이 책임이 있지만 범죄한 지도자인 아론을 비난하고, 또 레위 사람들을 불러 각기 그들의 칼을 차고 "각 사람이 그 형제를 죽이라"고 요구하는 모습을 본다. 이러한 대조는 너무도 과격하고 이상하기에, 많은 사람들이 당황하였고 그래서 이 일에 대하여 시도된 설명들은 기괴하기도 하였다.

그러므로, '우리의 모형이 지금 우리를 실망시키는 것인가'라고 즉시 질문하는 것이 적절한가? 또는 이 구절에 나타난 모세는 더 이상 그리스도를 예표하지 않는가? 우리들 앞에 있었던 출애굽기의 이전의 장들 이후에는 확실히 이 질문에 대하여 긍정적으로 답변하기란 그리 쉬운 일이 아니다. 만일 우리가 이러한 묘사의 영적 의미와 적용을 깨달을 수 없으면, 하나님의 거룩한 말씀에 결점이 있다고 말하거나 심지어 상상하는 것에 대해 확실히 어떤 이유도 없는 것이다. 그러나 이러기보다 우리의 시력이 희미하다고 고백하고 스스로 위대한 의원 되신 이에게 나아가 그로 우리의 눈에 안약을 발라 볼 수 있게 하는 것(계 3:18)이 훨씬 나은 것이다. 다만 그의 빛 안에서만 우리는 "빛을 본다"(시 36:9). 만일 하나님의 권위 있는 신탁의 말씀에 대하여 쓰려고 펜을 잡은 우리들이 이 일을 좀 더 충실히 그리고 자주 행했다면, "무지한 말로 생각을 어둡게 하는 일"(욥 38:2)이 훨씬 적었을 것이다. 물론 이는 다른 필자들이 우리보다 일을 더 게을리했다고 감히 표현하는 것은 아니다.

거의 모든 부분이 매우 영적이며 유익해서, 하나님 아래서 필자 자신이 적잖은 도움을 받았던, C. H. M. 의 「출애굽기 노트」(Notes on Exodus)에 의하면, 우리들이 지금 다루고 있는 서두의 구절에 대해 이르기를, "이것은 우리가 그리스도 안에서 보는 것과는 얼마나 다른가! 주님은 성부의 품속에서 내려오셨는데, 손에 돌판을 가진 것이 아니라, 그분의 심령에 율법을 가지고 오셨다. 주님은 그 백성들의 조건에 친숙해지려는 것이 아니라, 그 조건이 무엇인지에 대한 완전한 지식을 가지고 내려오셨다. 더욱이, 언약의 기념물을 깨뜨리고 심판을 시행하는 대신, 주님은 율법을 칭찬하면서 그것을 고결하게 만들었으며, 그리고 십자가상에서 자신의 복된 인격으로 그의 백성들에 대한 심판을 대신 지셨다"(p. 316 참조). 여기에 우리 모두가 거룩한 훈계에 주의할 필요를 보여주는 적절한 실례가 있다. "범사에 헤아려 좋은 것을 취하고"(살전 5:21) — 다른 이들의 것과 마찬가지로 우리 자신의 저서에도 동일하게 적용되는 — 라고 하신 말씀을 가르쳐 주는데, 오직 이렇게 함으로써만 우리는 "천한 것에서 귀한 것을 취할 수 있다"(렘 15:19).

첫째, 우리가 여기에서 보는 것은 잃어버린 자를 찾아 구원하시기 위하여 이 땅에 오신 하나님의 아들의 초림의 모형에 대한 비교나 대조도 아니다. 만일 그렇다면, 곧이어지는 구절에서 모세가 산에서 중보하는 모습을 보여주고 있는데, 그것은 어떻게 되는 일인가? 둘째, 그리스도께서 이 땅에 오셨을 때, 그는 손에 십계명을 가지고 오셨고, 율법의 의로운 요구를 강조하기 위하여 오셨지만, 물론 그들의 용서할 수 없는 죄에 대하여 형벌을 내리고자 함은 아니었다. 그가 이 땅에 오신 것은 정확히 '은혜'를 위할 뿐만 아니라 '진리'도 위함이었으니(요 1:14), 이르시기를 "내가 율법이나 선지자를 폐하러 온 줄로 생각하지 말라 폐하러 온 것이 아니요 완전하게 하려 함이라"(마 5:17)고 하셨다. 사복음서에서 그리스도의 손에 돌판이 들려 있음을 거듭하여 본다(마태복음 5:27-32; 15:3-6; 19:16-19; 23:2-3 참조). 셋째, 모세는 "백성들의 어떠함을 알아보려고" 산에서 내려온 것이 아니라, 출애굽기 32:7-9에서 분명하게 보여주는 것처럼, 그가 내려오기 전에 이미 그들의 가공할 상태와 죄에 대해 이미 충분한 지식을 가지고 있었다.

우리들이 지금 보고자 하는 출애굽기 32장의 하반부의 내용은 우리가 충분히 확신하는 깊고 오묘한 상징적 중요성을 가지고 있지만, 다름 아닌 거룩한 인도만이 이 부분의 진리의 말씀을 옳게 분변하게 해줄 것이다. 우리는 이 모형이 이중적으로 적용된다고 믿는데 첫째는 이스라엘에게요 둘째는 기독교에게다. 이스라엘에 대한 그 적용은 이미 출애굽기 24장(제 32장)의 종반부에서 이미 설명했지만, 독자들 중에는 살펴보지 못한 자들도 있을 것이므로, 여기서 다시 간결하게 그때 말한 것을 반복하고자 한다.

첫째, 출애굽기 24:18에서, 모세가 제단을 세우고 피를 뿌린 뒤에(출 24:4-8), 그 결과로서 영광 가운데(구름)로 들어가는 것을 본다. 독자들이 만일 출애굽기 24:16, 18을 본다면 그것이 '여섯째 날' 다음에 있었던 일임을 알 수 있다 ─ 여섯째 날은 일과 수고를 말하며, 일곱째 날은 모형적 중재자가 하나님의 부르심을 받아 영광 가운데로 들어가는 안식을 말한다. 이것은 히브리서 4:10에서 말씀하신 것처럼, 그리스도에 대한 아름다운 예시가 되었다. "이미 그의 안식에 들어간 자는 하나님이 자기의 일을 쉬심과 같이 그도 자기의 일을 쉬느니라." 그렇다면 그가 들어가신 '안식'은 무엇이었나? 그가 친히 말씀하신 요한복음 17장 4절과 5절이 우리에게 말해주고 있지 않은가! 이와 같이 모세가 산으로 올라가 여호와와 교제하기 위하여 구름 속으로 들어간 것은 그리스도의 승천(ascension)의 모형으로서, 그에게 분부하신 사역을 성공적으로 수행하신 뒤에 일어난 일이다. 산에서 여호와와 모세 사이에 교제할 때에 주제는 성막과 제사장의 직분에 관한 계시였는데, 이 사실이 책의 이 부분에 있는 것은 그의 백성에 대한 하나님의 은혜의 예비하심을 말하는 것으로, 이는 그분이 이 땅에 계시지 않는 동안 그리스도에 의하여 또 그리스도 안에서 그들을 지키심을 말한다.

연대기적으로 보면, 그 다음 사실은 출애굽기 32장에 기록된 모세의 하산(descent)이다. 그는 그의 날을 산에서 끝맺지 않았으나, 적절한 때에 그의 백성에게로 돌아왔다. 이와 같이 모세가 예표했던 그분도 위에서 영원히 계시지 않고, 그가 가셨을 때와 정확히 똑같이 실제로, 돌아오실 것이다. 모세가 두 번씩이나 시내 산 영광 가운데 올라갔다가 다시 내려온 사실을 보면 매우 인상적이다. 첫째, 출애굽기 32:15에 기록함과 같고, 둘째, 출애굽기 34:29에 보면 그 진행 도중에 물론 돌아왔다. 이와 같이 그리스도의 재림하실 때에도 두 가지 상태가 있을 것이니, 그 첫째는 그가 공중에 강림하셔서 그의 성도들을 취하여 올라가실 것이요(살전 4:16, 17), 그 두 번째는 이 땅 위에 직접 내려오실 것이다(슥 14:4).

구속자가 돌아오시는 이 두 가지 경지는 이스라엘에게 매우 다른 영향을 가져다줄 것이다. 그 첫 번째에는 무서운 심판이 뒤따를 것이요, 두 번째는 비교할 수 없는 지복의 시기, 실제로 천년 왕국의 시기가 도래하게 될 것이다.

우리가 지금 다루고 있는 구절은 모세가 첫 번째 내려온 뒤에 곧이어 일어난 일이다. 그가 산에 올라가고 없는 사이에, 백성들이 스스로 아론에게 모여 이르기를 "일어나라 우리를 위하여 우리를 인도할 신을 만들라 이 모세 곧 우리를 애굽 땅에서 인도하여 낸 사람은 어찌 되었는지 알지 못함이니라"(출 32:1)고 하였다. 이것은 이러한 모든 은혜 시대를 통해 유대인들의 영적 상태를 정확하게 묘사하는 것이 아닌가! 그들은 자신들의 메시야가 오랫동안 없는 혼돈의 상태에 있기에, 무엇을 생각할지 알지 못한다. 모세가 없는 동안에 그들은 금송아지를 만들어 그것에 절하였다. 그런데 역사는 바로 이 사실을 반복하고 있지 않는가? 유대인을 특징지었던 것은 정복의 애착이나 쾌락의 유혹이 아니라, 이방인이 그러했던 것같이 황금에 대한 탐욕이다.

모세가 산에서 처음 내려왔을 때 바로 이스라엘이 금송아지를 섬기는 것을 본 것처럼, 우리 구세주의 재림 때의 첫 번째 국면에서는, 또한 이스라엘이 여전히 물질적 부를 맹렬하게 추구할 것이다. 이에 또한 모세의 반응은 심판을 행하는 것으로서 그들의 우상의 가루를 마시게 하고 칼을 명하여 그들을 치도록 요구한 것처럼, 유대인들도 하나님의 진노의 쏟은 잔을 마시게 될 것이며 칼 아래서 고통을 당하게 될 것이다. 그러나 그 민족이 모세의 분노 아래에서 완전히 종식되지 아니한 것처럼, 그들도 대환난의 아주 쓰라린 기간 아래에서 그러할 것이다. 출애굽기 33~34장의 모세가 두 번째 산에서 내려온 뒤의 일은 천년 왕국의 조건을 예기하는 것이다.

지금까지 이 모형을 이스라엘에 적용시켜 설명했으니, 이제 그것이 기독교 세계에 적용되는 것을 고려해 보자. 우리들 앞에 있는 구절에서 모세의 행위는 지난 장에 있었던 것과는 다른 성격의 그리스도를 예시했다. 거기에서 그를 그 백성을 위하여 간구하는 중보자로 보았지만, 여기에서 우리는 그를 소모적인 것이 아닌, 교정적(corrective) 심판을 조사하고 집행하는 심판자로 보게 된다. "모세가 산에서 내려와, 진영에서 일어났던 일을 노출시키고 심판하는 것은 요한계시록 2, 3장의 주님의 자세와 매우 흡사하다. 주님은 일곱 촛대 사이를 그의 자리로 정하사 어떤 것이 악하며 우상적인지를 심판하시고, 레위의 아들들 가운데서 발견된 것과 같은 그러한 충성의 동기를 가능한 답변으로 취하는 것이다"(C. A. Coates). 우리는, 지금 다루고 있는 모형의 의미의 열쇠를 공급하는 것은 요한계시록의 처음에 나오는 세 개의 장이라고 믿는다.

"모세가 돌이켜 산에서 내려오는데 두 증거판이 그의 손에 있고 그 판의 양면 이쪽저쪽에 글자가 있으니 그 판은 하나님이 만드신 것이요 글자는 하나님이 쓰셔서 판에 새기신 것이더라"(출 32:15, 16). 이것은 앞서 있었던 내용의 반대가 아니라 서로 보완하는 것이다. 앞의 것은 하나님의 은혜를 말한 것이며, 지금은 그의 통치(government)를 나타내는 것이다. 모세의 손에 있는 돌판들은 도외시해서는 안 되는 율법의 공의로운 요구를 선포하였다. "사람이 무엇을 심든지 그대로 거두리라"고 한 것은 세상에 속한 자들에게 말한 것이 아니요 그리스도인들에게 한 것이다. 독자들은 요한계시록 1:12-18에 있는 그리스도에 대한 영감적인 묘사를 주의 깊게 보기를 바란다. 거기에서, 일곱 금 촛대 사이에 '인자 같은 이'(비, 요 5:27)가 … "그 입에서 좌우에 날선 검이 나오고 그 얼굴은 해가 힘 있게 비취는 것 같더라"(16절)고 한 것을 보게 된다!

"여호수아가 백성들의 요란한 소리를 듣고 모세에게 말하되 진중에서 싸우는 소리가 나나이다 모세가 이르되 이는 승전가도 아니요 패하여 부르짖는 소리도 아니라 내가 듣기에는 노래하는 소리로다"(출 32:17-18). 여기에서 한 중대한 영적 원리가 예시되고 있다. 독자가 출애굽기 24:13-18로 되돌아가보면, 모세와 여호수아가 산에 함께 올라가기는 했지만, 백성은 밑에다 두고 모세 혼자만 구름 가운데 들어가 여호와와 이야기했음을 본다. 모세가 여호와와 '교제'한 40일 동안, 여호수아는 혼자 있었음이 분명하다(출 31:18). 이 일의 결과를 우리는 앞에 있었던 구절에서 볼 수 있는데, 진중에서 일어난 일의 올바른 상태를 파악한 자는 여호수아가 아니라 모세였다. 모세는 그의 귀로 진으로부터 들려온 시끄러운 소리와 소음을 바로 해석할 수 있었다. 오직 하나님의 빛에 의해서만이 우리가 빛을 볼 수 있을 뿐만 아니라, 주님과 더불어서 오랜 사귐만이 우리에게 듣는(hearing) '귀'를 얻게 한다.

"진에 가까이 이르러 그 송아지와 그 춤추는 것들을 보고 크게 노하여 손에서 그 판들을 산 아래로 던져 깨뜨리니라"(출 32:19). 참으로 엄청난 광경이 이들 하나님의 종들 앞에 전개되었다. 최근에 여호와의 분명한 위엄 앞에서 허리를 굽혔던 바로 그 백성이 이제는 금으로 만든 송아지의 형상 주위를 음란하게 뛰놀고 있었다.

모세는 거룩한 분노로 돌판들을 땅에다 던졌는데, 이는 주 예수께서 육신으로 계실 때에 그분의 아버지의 집을 욕되게 하는 자들을 "노끈으로 채찍을 만들어" 쫓아낸 것과 같고, 또한 요한계시록 1:14에 그분이 "불꽃 같은 눈"을 가진 것으로 보였음과 같다.

"모세가 크게 노하여 손에서 그 판들을 산 아래로 던져 깨뜨리니라." 이 말씀은 야고보서 2:10에 말씀하신 사실에 대하여 매우 놀라운 실례를 제공해 준다. 거기 이르시기를 "누구든지 온 율법을 지키다가 그 하나를 범하면 모두 범한 자가 되나니"라고 한다. 이스라엘은 "그 하나"를 범한 것이었다. 하나님께서 그들에게, "너를 위하여 새긴 우상을 만들지 말고 또 위로 하늘에 있는 것이나 아래로 땅에 있는 것이나 땅 아래 물 속에 있는 것의 어떤 형상도 만들지 말며 그것들에게 절하지 말며 그것들을 섬기지 말라"(출 20:4, 5)고 하셨다. 이것을 그들이 불순종하였고, 또 율법은 연합되어 있으므로, 그들은 그 모두를 범한 것이다 - 이와 같이 두 돌판이 깨어진 것은 십계명이 전체적으로 범해졌음을 보여준다.

"모세가 그들이 만든 송아지를 가져다가 불살라 부수어 가루를 만들어 물에 뿌려 이스라엘 자손에게 마시게 하니라"(출 32:20). 소위 어떤 '고등 비평가'들은 그들의 상습적 회의주의와 일치되게 모세가 그 가루를 '물'에다 뿌린 구절에 대하여 의문을 제기했지만, 만일 이들이 "성경을 살피는 데" 애를 썼다면, 성령께서 이 점에 대하여, 비록 이 장에서가 아닌 각기 다른 책에 있기는 하지만, 빛을 허락하신 사실을 발견하게 될 것이다(이는 성경은 게으른 자에게는 그 의미를 허용하지 않기 때문). 신명기 9:21에, 이르시기를 "너희의 죄 곧 너희가 만든 송아지를 가져다가 불살라 찧고 티끌 같이 가늘게 갈아 그 가루를 산에서 흘러내리는 시내에 뿌렸느니라"고 한다. 그 "산에서 흘러내리는 시내"가 어떤 것인지에 대해서는 출애굽기 17:6에서 말씀해준다.

여기에서 우상을 가루로 갈아, 물에다 그것을 뿌려서, 이스라엘 자손들에게 마시게 한 모세의 행동은 매우 진지하다. 그리스도인들이란 우상으로부터 멀리하도록 명하심을 받은 자들인데(요일 5:21), 우상은 새긴 형상에 절하는 것보다 훨씬 많은 사실을 내포한다는 것을 덧붙일 필요는 없을 것이다. '우상'이란 우리의 마음속에서 그 무엇이든지 하나님의 자리를 대신하는 것이다. 그 자체는 아무런 해가 없는 것이라고 하더라도, 그것이 나의 주의를 사로잡는다든지, 나의 감정과 생각 속에 첫 번째 자리를 차지하고 있다면 그것이 '우상'이 되는 것이다. 그것은 나의 직업, 사랑하는 자, 또는 그리스도를 위한 나의 봉사가 될 수 있을 것이다. 누구든 또는 그 무엇이든지 실제적인 면에서 우리 주님께서 나를 주장하시는 일과 경쟁이 되는 것은 하나의 '우상'이다. 만일 내가 한 우상을 세웠다면 하나님께서 그의 미쁘심과 사랑으로 그것을 무너뜨리실 것이다. 즉 "자기의 육체를 위하여 심는 자는 육체로부터 썩어질 것을 거두게 된다"(갈 6:8).

"모세가 아론에게 이르되 이 백성이 당신에게 어떻게 하였기에 당신이 그들을 큰 죄에 빠지게 하였느냐"(출 32:21). 이제 모세는 마치 요한계시록 2, 3장에서 그리스도께서, 지역 교회의 책임있는 '천사' 또는 '사자'들에게, 그 처지에 따라 말씀한 것 같이, 남아서 백성을 담당했던 자를 책망한다. 여호와의 존귀와 영광을 유지했어야만 할 자의 대답을 들어보면 한심한 일이 아닐 수 없다.

"아론이 이르되 내 주여 노하지 마소서 이 백성의 악함을 당신이 아나이다 그들이 내게 말하기를 우리를 위하여 우리를 인도할 신을 만들라 이 모세 곧 우리를 애굽 땅에서 인도하여 낸 사람은 어찌 되었는지 알 수 없노라"(출 32:22, 23)고 하였다. 이는 참으로 매우 슬픈 일이다. 그들이 범한 죄의 무서움에 대한 감각이나 회개의 징표는 조금도 없고, 그 대신에 다른 사람을 비난하고 있었다. 태초에서부터 이와 같았는데, 여호와께서 아담을 꾸짖자 그는 그의 아내에게 책임을 돌렸고(창 3:12), 하와에게 묻자 그녀는 뱀을 비난했다. 우리는 기독교계의 지도자들이 "백성들이 요구하기에 그렇게 양보해야만 합니다"라고 하는 말을, 얼마나 자주 듣는가!

"아론과 모세 사이에 어떤 상이점이 있는가! 아론은 백성을 두려워하여, 그들의 우상에 대해 바라는 소원을 거절하는 대신, 실제로 송아지를 만들었고, 그 후에 백성들이 악을 저지르게 했다는 변명의 성질을 가진 바로 그 하나의 본보기의 방법으로 자신을 변명했다(출 32:24). 모세는 60만 명을 맞상대할 수 있는 힘을 가지고 내려왔기에, 그들의 죄에 대해 심판하며, 또한 하나님으로부터 비롯된 일을 주장할 수 있었다. 그것은 인간과 함께 하는 종과 하나님과 함께 하는 종 사이의 대조 바로 그것이다. 만일 인간이 하나님과 함께 행동한다면 그는 언제나 능력으로 행동한다. 설혹 그가 은밀하게는 연약함으로 인하여 행해지는 일이 많다고 하더라도, 공적인 입장에서는 능력으로 행동하지 불확실함과 망설임으로 하지 아니한다"(C. A. C.).

"내가 그들에게 이르기를 금이 있는 자는 빼내라 한즉 그들이 그것을 내게로 가져왔기로 내가 불에 던졌더니 이 송아지가 나왔나이다"(출 32:24). 그들이 금으로 만든 장신구들과 단절되는 것은 그들의 영광을 벗김에 대한 하나의 모형이었다. 우상 숭배가 진행되는 곳에는 항상 그러했다. 인간의 '영광'은 무엇인가? 그들을 만드신 이에게 순복하고 그의 자비에 대하여 감사하는 것이다. 하나님에게 그분 자신의 진정한 장소가 주어질 때, 인간은 오직 영광을 받게 된다. 이는 로마서 1:21에 이방인들에 대하여 기록한 것과 같다. 즉 "하나님을 알되 하나님을 영화롭게도 아니하며 감사하지도 아니한다." 그 다음에 무엇이라고 했는가? "썩어지지 아니하는 하나님의 영광을 썩어질 사람과 … 우상으로 바꾸었느니라" 등등. 하나님의 권위 앞에 부복한 의지와 그의 관대하심에 대한 감사로 고양된 심령만이 우상 숭배로부터 우리를 보호해 줄 것이다. 만일 내가 하나님 앞에 머리를 숙이지 아니하면, 나는 신속히 어떤 피조물에게 부복하게 될 것이고, 그러므로 나의 '금', 나의 영광은 벗겨지는 것이다.

"그들이 그것을 내게로 가져왔기로 내가 불에 던졌더니 이 송아지가 나왔나이다." 이러한 모호한 방법으로 아론은 그 사건에 대한 모든 개인적인 책임을 부인하려고 한다. 사실, 출애굽기 32:4을 참고해 보면, 그는 완전히 거짓말을 했다. 그의 죄는 참으로 중하였지만 그것을 사해준 것은 놀라운 은혜이다. 민수기 9:20에서 알게 되듯이, 아론의 생명이 모세의 간구의 응답의 결과로 연장되었다고 하는 것은 복된 일이다. 그러므로 우리는 또다시, 우리는 모형적으로 그분의 백성을 위한 중보자의 간구의 효과를 알게 된다.

"모세가 본즉 백성이 방자하니 이는 아론이 그들을 방자하게 하여 원수에게 조롱거리가 되게 하였음이라 이에 모세가 진 문에 서서 이르되 누구든지 여호와의 편에 있는 자는 내게로 나아오라"(출 32:25, 26). 그 상황은 격렬한 행위를 야기시켰다. 아론의 죄상을 추궁하고 나서, 모세는 이제 백성들의 상태를 숙고하고, 그리고 그들이 나체로 문란하게 행하는 것을 주목하였는데, 이는 애굽에서 너무도 자주 목격했던 바 있는 우상적 관능주의에 탐닉했던 것이며, 그리고 그들의 미친듯이 흥겨운 소란은 의심할 여지 없이 많은 탄식을 하게끔 했다. 그들은 가증스런 주연 중에 당황하였고, 그리고 모세가 출현한 공포감에 단지 굴복하였다. 그러므로 남은 자들의 분별과 회개를 도모하기 위하여, 신속하고 즉각적인 보복이 그들에게 내려져야 하지만, 그의 간청에 의하여 거룩한 진노가 연기되었고 그 민족을 완전히 소멸하는 일로부터 돌이킬 수 있었다.

"누가 여호와의 편에 있는 자인가?" 그것이 이제 문제였고, 분명히 규정되었다. "그때는 악을 은폐하거나 타협할 수 있는 때가 아니었다. 공개적인 배교가 있을 때에는 중립이란 있을 수 없다. 하나님과 사탄 사이에 대한 문제가 있을 때 중립 그 자체가 배교이다. 그러한 때에 여호와와 함께 하지 않는 자는 그를 대적하는 자다. 그리고 더욱 주의해야 할 것은 이 외침이 여호와를 고백하였던 백성들 가운데서 일어났다는 사실이다. 그들은 모두 이스라엘 백성이었다. 그러나 지금은 구별이 있어야만 했으며, 그리고 '여호와의 편에 있는 자가 누구냐?'라는 모세의 도전은 모든 것을 드러나게 한다. 그는 여호와의 편의 중심이 되었으니, 그러므로 그에게로 모이는 것은 여호와를 위하는 것이었고, 그의 초청을 부인하는 것은 여호와를 거역하는 것이었다"(Ed. Dennett)

"레위 자손이 다 모여 그에게로 가는지라"(출 32:26). 레위 족속들은 그날에 "이기는 자들"(계 2, 3장)이었다. 그들은 분명히 그들 나라의 무서운 죄악으로부터 보호되었고, 이제는 하나님의 종의 부름에 즉각적으로 응하였다. 참으로 엄중하고 혹독한 시련이 그들 앞에 봉착되었다. "이스라엘의 하나님 여호와께서 이렇게 말씀하시기를 너희는 각각 허리에 칼을 차고 진 이 문에서 저 문까지 왕래하며 각 사람이 그 형제를, 각 사람이 자기의 친구를, 각 사람이 자기의 이웃을 죽이라 하셨느니라"(출 32:27).

그러한 명령을 맹종하기에는 본능적으로 움츠려질 것이다. 어떤 이들은 감상적으로 이르기를 "그러지 마세요, 우리가 관대하고 은혜롭게 됩시다, 가혹하게 다루는 것보다 친절하게 하면 일이 잘 완수될 것입니다"라고 말할 수 있다. 또 사람을 죽여서 좋을 것이 무엇인가, 사랑 속에는 칼보다 훨씬 위대한 힘이 있지 않는가, 가서 그들에게 호소하여 하나님께로 돌아오게 합시다. 그러한 주장은 매우 타당한 것 같으나 분명하고 결정적으로 그 부르심은 "너희는 각각 허리에 칼을 차고"라고 했다. 송아지의 형편상 그밖에 별다른 것이 없었다. 이와 같이 오늘날 우상 숭배자들에 대한 설교에서 강조되어야 할 것은 하나님의 거룩한 진노이지 그의 사랑(그의 친 백성에게만 해당되는 진리)이 아니다.

어떤 이가 오늘날 성도들에 대한 이 구절의 적용에 대하여 이렇게 말했다. "그것은 어떤 대가를 무릅쓰고도 거룩한 요구에 순종하는 것이었고, 그러므로 이스라엘이 빠졌던 악으로부터 완전한 분리였다. 하나님은 때때로 같은 방법으로 그의 백성들을 시험하시는데, 언제나 혼란과 타락이 시작될 때면 경건한 자들이 가야 할 유일한 길은 레위 족속들이 지나간 경로에 ─ 전심으로, 불문의 순종으로

— 의해 표시된다. 그러한 길은 반드시 고통스럽고, 그들의 삶에 있어서 매우 친밀한 관계의 포기와 자연스런 많은 유대관계, 곧 혈연과 친척관계의 파탄을 초래하기도 하지만 그것은 유일한 축복의 길이다. 만일 이 사악한 시대에 여호와의 이름을 망령되게 하는 그 모든 일들로부터 떠나 그의 말씀에 순종한다면 많은 것이 그들의 마음에 도전할 것이다.

그 무서운 결과는 다음 장으로 미루어야만 하겠다. 주께서 우리 앞에 있는 성경 구절들이 내포한 엄숙하지만 유익한 교훈으로부터 우리의 영혼을 성결하게 해주시기를 바란다.

제62장

이스라엘의 재앙

출애굽기 32:28~33:3

지난 장은 모세가 산에서 내려 온 사실과 그가 이스라엘의 우상 숭배를 목격한 것과 또한 레위 족속들에게 다음과 같은 단호한 일을 명한 일로 그 끝을 맺었다. "너희는 각각 허리에 칼을 차고 진 이 문에서 저 문까지 왕래하며 각 사람이 그 형제를, 각 사람이 자기의 친구를, 각 사람이 자기의 이웃을 죽이라." 그들의 응답에 있어서, 여호와의 거룩한 요구가 모든 현실적이고 감상적인 사고를 제압하면서, 영이 육신을 이겨내는 것을 보게 된다. 이에 이르시기를 "레위 자손이 모세의 말대로 행하매 이 날에 백성 중에 삼천 명 가량이 죽임을 당하니라 모세가 이르되 각 사람이 자기의 아들과 자기의 형제를 쳤으니 오늘 여호와께 헌신하게 되었느니라 그가 오늘 너희에게 복을 내리시리라"(출 32:28, 29)고 한다.

위의 구절들은 몇 가지의 매우 충격적인 대조를 제공한다. 첫째, 창세기 34:25, 26에 기록된 것을 보면 거기에서도 역시 레위인들의 손에 '칼'이 있음을 볼 수 있는데, 그것은 여호와의 영광을 위한 것이 아니라 육신의 분노에 의해서였다 — 비교, 창 49:5-7, 둘째, 출애굽기 28:41에서 말하는 것을 보면, 아론의 아들들은 제사장의 직분을 받아 여호와를 섬길 수 있도록 성직에 임명되는 것(성별)을 본다. '성별하다'는 말의 뜻은 "손에 채우다"이며, 그것은 그들이 여호와 앞에 나타나야 할 때 향내 나는 제물과 향료를 가지고 있음을 언급한다. 그러나 우리가 여기서 보는 것은, 그들의 손은 칼이 가득하여, 배교했던 자들을 죽인 것이다. 셋째, 사도행전 2:41에 기록된 것에 의하면, 이스라엘이 우상 숭배를 한 날에 '약 3천명의 사람'이 쓰러진 것처럼, 오순절 날에 '약 3천명의 영혼'이 구원을 얻었다.

이어서 일어난 대학살은 무시무시한 것이었다. 그들은 모세가 베푼 것으로 알려진 불가항력적인 능력에 의하여 공포에 질리고 무서워 떨었으며, 그들 위에 있

는 산에서 위협하는 구름을 보면서, 백성들은 아무런 저항도 못하고 그들 중 3천
명이나 되는 사람들이 죽임을 당하였다. "이윽고 그들은 그 밤에 죽었다. 죄악의
날은 탄식과 재앙으로 끝났다. 아침에 불경한 쾌락과 방탕한 노래가 울려 퍼졌던
그 진영은 신음소리와 탄식으로 가득하였다. 주검은 매장되기를 기다리며, 상처
받은 자들은 고통으로 부르짖었다. 그리고 모든 영혼들은 침울에 잠겨 있었으니,
죄에 대한 뉘우침이 아니더라도 무서움 때문에, 여호와로부터 진노가 공포되지
않도록, 그리고 그 사악한 백성들을 치려고 파괴하는 천사가 칼을 높이 들고 나
타지 않기를 원하였다. 하지만 그 악한 백성들은 하나님께서 친히 그 엄하신 목
소리로 명하신 율법을 듣고 그 모든 것을 준행하리라고 약속한 뒤에 그의 임재의
기미가 채 가시기도 전에 경솔하게 우상 숭배와 음행을 일거에 행했다"(G. H.
Pember).

"그들에게 일어난 이런 일은 본보기(types,모형)가 되고"(고전 10:11), 즉, 우리
를 위한 모형이다. 하지만 이 '모형'은 우리가 모방하기 위한 전례나 본보기가 아
님을 보여준다. 우리의 싸우는 병기는 "육신에 속한 것이 아니요"(고후 10:4), "영
에 속한 것"이다. 그리스도인들의 병기로서 문자적으로 칼을 제공하는 장소는 아
무 데도 없다. 이스라엘 역사를 우리에게 물리적 세력을 사용할 것을 보장하는
것으로 호소하는 것은 성경을 곡해하는 것이요 진리의 말씀을 옳게 분변하는 일
에 실패한 것이다. 그렇다. 그들과 연관된 물질적 요소들은 우리에게 관여되는
영적인 일들의 모형이 될 뿐이다. 그렇다면 레위 족속들에게 맡겨진 이 엄숙한
사명은 우리에게 어떤 교훈이 되는가? 그 대답은 명백하지 않은가? 하나님을 불
경하게 하는 모든 일들, 우상 숭배의 기미가 보이는 모든 것들에 타협하지 아니
하고 가차 없이 다루는 것이다.

그리스도인들은 칼을 소유하고 있으나 그것은 "성령의 검 곧 하나님의 말씀"
(엡 6:17)이다. 우리는 그 칼로써 그리스도를 대적하여 그 머리를 드는 모든 원수
를 치도록 부르심을 받았다. "그 칼은 하나님의 백성들을 부패시키는 모든 영향
력을 향하여 뽑아야 하지만, 그것은 우리에게 가장 가까운 곳에 있을 수 있다. 이
러한 방법으로 형제들, 친구들, 그리고 이웃들을 취급한다는 것은 매우 가혹하게
보일는지는 모르지만, 그것이 여호와께 성별하여 그의 축복을 보장받는 유일한
길이다. 주님으로부터 비롯되는 일에 대한 문제가 있을 때, 가장 먼저 결단해야
할 일은 당신에게 가장 가까운 곳에 있는 사람들과 관련된 것이다. 특별한 성별

이라고 해서 당신과 거의 무관한 사람들에 대하여 칼을 뽑아야 할 경우는 거의 없다. 그러나 주님에게 속한 것이 아닌 영향력들(심지어 당신이 중요시하고 진정으로 사랑한다는 그런 것들 안에서도)에 반대하면서 주님을 위하여 분명한 입장을 취하는 것은, 커다란 축복을 보장하는 것이다. … 만일 그리스도의 권한을 인정하지 않으면서 하나님께 마땅히 해야 할 일을 유지하기 위하여 어떤 일을 계속하려고 한다면, 우리가 해야 할 최선의 길은 그러한 일에 절대적으로 대적하는 입장을 취하는 것이다. 내가 지금, 당신은 폭이 좁고 무자비하며 편협한 사람이라고 부를 수 있다! 그러나 내가 당신을 그리스도의 심판대의 관점에서 만나볼 때, 그것 때문에 당신께 감사하리라"(C. A. Coates).

앞에 있었던 장에서 말한 것처럼, 이 레위 족속들은 그 당시의 '이기는 자들'(overcomers)이었고, 또 독자들이 요한계시록 2, 3장을 참고해보면, 이 장들에 기록된 모든 축복들이 이 이기는 자들을 위한 것이었음을 알게 될 것이다. 그렇다면 이 레위 족속들이 그들의 충성에 대하여 풍성한 보상을 받았음을 확인하는 것은 얼마나 복된 일인가? 신명기 33:8-10에 이르시기를 "레위에 대하여는 일렀으되 주의 둠밈과 우림이 주의 경건한 자에게 있도다 주께서 그를 맛사에서 시험하시고 므리바 물 가에서 그와 다투셨도다 그는 그의 부모에게 대하여 이르기를 내가 그들을 보지 못하였다 하며 그의 형제들을 인정하지 아니하며 그의 자녀를 알지 아니한 것은 주의 말씀을 준행하고 주의 언약을 지킴으로 말미암음이로다 주의 법도를 야곱에게, 주의 율법을 이스라엘에게 가르치며 주 앞에 분향하고 온전한 번제를 주의 제단 위에 드리리로다"라고 한다. 그것은 그들이 육체와 함께 그 '정욕과 탐심'을 십자가에 못 박았기 때문이며(갈 5:24), 타고난 관계를 무시하며, 본성을 따라 사람을 알지 아니하며, 하나님의 거룩한 요구를 준행하는 일에 대해서는 심지어 그들의 친 형제마저도 인정하지 아니한다. 그들이 하나님의 말씀을 준행하며 그의 계명을 지켰으므로 이 지파에게 '둠밈과 우림', 즉 가르치는 은사와 향단에서 향을 사르는 특권을 주셨다. 진실로 하나님은 그를 높이는 자를 높이며 그를 경멸하는 자를 가볍게 여긴다.

"이튿날 모세가 백성에게 이르되 너희가 큰 죄를 범하였도다"(출 32:30). 이스라엘의 회개에 대하여 아무런 기록이 없다는 것은 중대한 일이다. 너무나도 안타깝게 여호와를 거역한 그들의 뉘우침이나 공포에 대해서는 아무런 언급이 없다. 그것은 불길한 전조였다. 징계의 지팡이는 그들에게 중하게 내려졌지만, 우리가 살펴본 바로는 그들은 그것에 미치지 못한 상태로 마음을 굽히지 않았다. 그러나 하나님은 만홀히 여김을 당하지 않을 것이며, 만일 그의 징계가 "멸시당하면"(히 12:5) 그것은 더욱 격렬한 형태로 돌아올 것이다. 그 다음에 즉시 이어지는 내용에서 보겠지만 여기서 그러한 결과를 초래했다. 주께서 우리 각자에게 들을 수 있는 귀를 허락하시기 바란다.

모세는 그들의 가증된 것을 못 본 체하지도 않았고, 그것에 대한 적개심을 최소화하려고 하지도 않았다. 그가 산에서 처음 내려오자마자, 이스라엘이 "중죄에 빠졌다"(출 32:21)고 아론을 비난했던 것처럼, 그와 같이 이제, 그 이튿날에 그가 또 백성들에게 "너희가 큰 죄를 범하였도다"라고 말한다. 그는 그의 백성을 진실하게 그리고 분명히 사랑했는데, 이는 뒤에 이어지는 구절이 명백히 증명해 주고 있다. 그럼에도 불구하고, 이러한 일은 그가 그들을 성실히 다스리는 것을 단념하게 하지는 못했다. 히브리서 3:5에서 성령께서 말씀하기를 "모세는 장래에 말할 것을 증언하기 위하여 하나님의 온 집에서 종으로서 신실하였고"라고 한다. 이 일에서도 그는 역시 하나님의 거룩하신 자이신 그리스도의 모형이었기에, 죄악의 가증함에 대해 언제나 압박하였다.

"내가 이제 여호와께로 올라가노니 혹 너희를 위하여 속죄가 될까 하노라"(출 32:30). 이 말씀들 가운데에서 그 말씀이 진실로 지니고 있는 뜻을 놓치지 않도록 주의를 기울여 살펴보아야 한다. 모세가 의미하는 것은 그들의 죄에 대한 형벌의 언도가 아니라, 우리가 믿기로는, 모세가 언급하였던 것에 대한 통치적 결과(governmental consequences)의 사면(용서)이었다. 우리가 14절에서 이미 본 사실을 잊어서는 안 된다. 즉, "여호와께서 뜻을 돌이키사 말씀하신 화를 그 백성에게 내리지 아니하시니라"고 하셨다. 모형적 중보자의 간절한 간구의 응답으로, 그 백성을 완전히 '소멸'하는 하나님의 진노(출 30:10)는 피해갔다. 그런데, 이는 말하자면, 다음의 내용을 이해하려 하는 데 있어서 주의하여 명심해야 할 것이다. 이는 틀림없이 매우 어려운 구절이기 때문이다.

"혹 너희를 위하여 속죄가 될까 하노라." 여기에 '혹'(peradventure)이라는 말은 그렇게 어렵게 여겨지지 않지만, 적지 않은 주석가들이 이 점에 대하여 실족되었다. 그 불확실성은 모세의 임무의 성격과 여건에 기인한 것이었다. 모세는 그들의 큰 죄에 대하여 조금도 슬퍼하는 증거가 없었던 백성들을 위하여 하나님 앞에 나아가려 하였다. 그러므로 그 일에 대한 통치적인 결과로서 사면이 될 것인지의 여부는 의심스러웠다. 성경에는 많은 유사한 경우들이 기록되어 있다. 사무엘하 16:12에서, 시므이가 다윗을 따라오며 저주하매, 다윗이 이르기를 "혹시 여호와께서 나의 원통함을 감찰하시리니(may be) 오늘 그 저주 때문에 여호와께서 선으로 내게 갚아 주시리라"고 말한다. 완고한 이스라엘이 앗수르에 의하여 침략을 당했을 때 히스기야 왕이 이사야에게 사람을 보내어 이르기를, "랍사게가 그의 주 앗수르 왕의 보냄을 받고 와서 살아 계신 하나님을 비방하였으니 당신의 하나님 여호와께서 혹시(may be) 그의 말을 들으셨을지라"(왕하 19:4)고 한다.

그러한 경우가 구약성경에서만 제한된 것이 아니었다. 신약성경에도 베드로가 박수 시몬에게 이르기를 "그러므로 너의 이 악함을 회개하고 주께 기도하라 혹(if perhaps) 마음에 품은 것을 사하여 주시리라"(행 8:22)고 한다. 또 디모데후서 2:25에는, "거역하는 자를 온유함으로 훈계할지니 혹 하나님이(if God peradventure) 그들에게 회개함을 주사 진리를 알게 하실까 하며"라고 되어 있다. 주의를 기울인 독자들은 이 모든 경우에 있어서 두 가지 공통점이 있음을 발견하게 될 것이다. 첫째, 그 모두가 죄의 행적인 처리 결과를 주시하였으며, 둘째, 그럼에도 각 경우마다 불확실성을 강조했는데, 이는 용서가 그들의 회개에 달려 있었기 때문이다.

"여호와께로 다시 나아가"(출 32:31). 이는 참으로 복된 일이다. 모세는 탁월한 기도의 사람이었다. 어려운 역경이 있을 때마다, 그가 여호와께로 향하여 나아간 사실을 볼 수 있다(출 5:22; 8:30; 9:33; 14:15; 17:4 참조). 이는 주님이 육신으로 계실 때, 그를 보내신 이에게 그의 영혼을 온전히 맡기시는 일을 항상 유지하시고 또 나타내신 우리의 사도요 대제사장이신 이를 아름답게 예시하였다.

"여호와께로 다시 나아가 여짜오되 슬프도소이다 이 백성이 자기들을 위하여 금 신을 만들었사오니 큰 죄를 범하였나이다 그러나 이제 그들의 죄를 사하시옵소서 그렇지 아니하시오면 원하건대 주께서 기록하신 책에서 내 이름을 지워 버려 주옵소서"(출 32:31, 32). 먼저 이 사건이 우리의 마음에 담고 있는 실천적인 교훈을 생각해 보자. 어떤 이는 이에 대하여 매우 도움이 되게 설명하였다.

"그러나 만일 우리가 이러한 방법으로 칼을 뽑는 일을 말한다면, 진영에서 '각 사람이 그의 형제를 죽여라'고 한 바로 그 동일한 사람이, 여호와께로 올라가서는 '이제 그들의 죄를 사하시옵소서 그렇지 아니하시오면 원하건대 주께서 기록하신 책에서 내 이름을 지워 버려 주옵소서'라고 말했던 사람임을 기억하자. 그에게 하나님의 뜻을 거역하도록 내버려둔 자들에 대하여 공적으로 결정된 입장에 서도록 인도한 것과 그를 위로 이끌어 그들의 선을 위하여 강렬한 원함으로 은밀히 기도하게 한 것은 동일한 그리스도의 영이었다. 그는 교활한 인간으로서 갈 수 있는 데까지 자기희생의 길을 나아갔다. 그는 그들을 저주할 수 없었으니, 이는 복되신 이만이 도달할 수 있는 그 깊이였기 때문이다. 하지만 그는 진실로 그리스도의 영 가운데 거했다. 사람을 도륙하는 것과 또 그들을 위하여 간구하는 것은 일치되는 일이 아니라고 생각할 수도 있을 것이다. 그러나 가장 가깝고 친근한 자들에게 반대하여 여호와를 위하여 서 있으려고 하였던 동일한 그리스도의 영은 그들의 죄를 사하여 주지 아니하신다면 차라리 자신의 이름을 지워 버려 주실 것을 간구한 그 영과 동일하였다. 내가 잘못할 때와 여호와께 마땅히 해야 할 일을 기피할 때, 나를 가장 강력하게 대적하는 입장에 선 사람은 아마도 나를 위하여 가장 많이 기도해 주는 자일 것이다"(C. A. Coates).

"여호와께로 다시 나아가 여짜오되 슬프도소이다 이 백성이 자기들을 위하여 금 신을 만들었사오니 큰 죄를 범하였나이다 그러나 이제 그들의 죄를 사하시옵소서 그렇지 아니하시오면 원하건대 주께서 기록하신 책에서 내 이름을 지워 버려 주옵소서." 여기서 나타난 모형적 모습은 말할 수 없이 소중하다. 이는 여호와와 그의 백성에 대한 강렬한 헌신을 잘 말해주고 있다. 그들이 지은 그 어떤 죄라도 그들에 대한 모세의 연민을 지워 버릴 수 없었다. "많은 물도 이 사랑을 끄지 못하겠고 홍수라도 삼키지 못하나니"(아 8:7). 이것은 모세가 여기에서 예시한 그분으로 인하여 지고하게 나타난 것으로, "세상에 있는 자기 사람들을 사랑하시되 끝까지 사랑하시니라"(요 13:1)고 하심과 같다. 그러하다. 그날 밤, 모든 사람들이 다 그를 대적하고 그를 모두 버리고 도망한 사실에도 불구하고, 그는 그들을 끝까지 사랑하셨다.

모세는 비록 그들이 죄많은 백성이었다고 할지라도, 그의 연민으로 이스라엘의 감싸고 있음을 입증하였다. 그들에 대한 그의 관심은 너무도 지대하여 만일 하나님이 그들을 용서하시지 않으시면 그의 책에서 자신을 지워 버리기를 기꺼이 원했다. 여기서도 우리는 역시 그의 말씀에 없는 것으로 그것을 읽지 않도록 주의해야 한다. 모세는 '주의 책'이라고 했지 '생명책'이라고 하지 않았다. 시편 69:28에 이르기를 "그들을 생명책에서 지우사 의인들과 함께 기록되지 말게 하소서"라고 한다. 이사야 4:3에 이르기를 "시온에 남아 있는 자, 예루살렘에 머물러 있는 자 곧 예루살렘 안에 생존한(the living) 자 중 기록된 모든 사람은 거룩하다

칭함을 얻으리니"라고 한다. 이 내용으로 볼 때 여기 모세가 말하고 있는 '책'은 "창세 이후"(계 17:8)로 녹명된 "어린 양의 생명책"(계 21:27)이 아니라 각 사람이 죽을 때에 '지워지는' 이 땅에 사는 자들의 이름이 기록된 거룩한 등기부이다. 하나님은 갖가지 '책들'을 가지고 있다(말 3:16; 계 20:12 참조).

"여호와께서 모세에게 이르시되 누구든지 내게 범죄하면 내가 내 책에서 그를 지워 버리리라"(33절). 하나님은 여기서 변개하지 아니하는 그의 의로운 통치의 원칙에 입각하여 말씀했다. 갈라디아 6:7에서 "스스로 속이지 말라 하나님은 업신여김을 받지 아니하시나니 사람이 무엇으로 심든지 그대로 거두리라"고 하신 말씀은 병행구가 아닌가? 로마서 8:13의 "너희가 육신대로 살면 반드시 죽을 것이로되"라고 하신 말씀은 동일한 경고를 제시하고 있음이 아닌가?

"이제 가서 내가 네게 말한 곳으로 백성을 인도하라 내 사자가 네 앞서 가리라 그러나 내가 보응할 날에는 그들의 죄를 보응하리라"(출 32:34). 그들이 당연히 받아야 할 형벌이 취소되었다는 그 이상의 증거가 여기에 있다. 동일하게 분명한 사실은 그들의 죄에 대한 행정적 결과로서 사면을 받지 못했다는 것이다. 그들은 소멸되지 않았지만, 하나님께서 그가 정하신 때에 그들을 다스릴 것이다. 그렇다면 이 모형은 이 지점에서 우리를 실패하게 하는 것인가? 결코 그런 것이 아니다. 그것은 그것의 완전한 정확성을 드러내어줄 뿐이다. 그리스도의 묵상과 관계된 일에 대해서, 우리는 동일한 두 가지 일을 발견하게 된다. 그의 중보기도가 하나님의 진노의 형벌을 막지만, 그 백성들의 죄에 대한 법적 결과를 제거하지는 못한다. 후자는 우리의 회개와 자백에 따라 달라지며 하나님의 회복하시는 은혜에 달려 있다.

"여호와께서 백성을 치시니 이는 그들이 아론이 만든 바 그 송아지를 만들었음이더라"(출 32:35). 지난 장에서 말했던 바에 의하면, 여기 출애굽기 32장에서 발견된 것은 대환난 때의 이스라엘에게 뿐만 아니라 이 시대의 기독교계에도 그 예언적인 적용이 해당된다고 했다. 그런데, 아마도 독자들 가운데는 이스라엘의 이러한 범죄의 결과가 이러한 은혜 시대에 사는 그의 백성들에 대한 하나님의 다스리심과 어떻게 동등한 것인가 하고 의문을 제기하는 자도 있을 것이다. 분명히 그리스도께서 '칼'을 명하여 그의 백성을 치라고 명하지 않았으며, 확실히 그의 구속받은 자들에게 '재앙'을 내리지 아니한다! 오! 친구여, 우리 앞에 있는 이 그림은 인간에 의하여 그려진 것이 아니며, 그리고 하늘에 계신 예술가는 실수가 없으시다. 만일 요한계시록 1~3장이 이 모형의 현재의 적용에 대한 열쇠를 제공해 주는 것을 상기한다면, 그 원형을 찾는 일이 어렵지 아니할 것이다.

일곱 교회에 보내는 편지 중 두 번째 편지에 이르기를, "너는 장차 받을 고난을 두려워하지 말라 볼지어다 마귀가 장차 너희 가운데에서 몇 사람을 옥에 던져 시험을 받게 하리니"라고 한다. 이 서머나에 보내는 편지는 기독교를 고백한 역사에 있어 그 두 번째 단계를 숙고하는 내용이다. 그것은 반목과 박해, 고난과 죽음에 의하여 점철된 시기였다. 그때는 순교의 시대였는데, A. D. 원년 하반세기와 2, 3세기의 거의 모든 시기가 해당된다. 그때는 초대 그리스도인들이 네로와 그를 계승한 로마의 황제들에 의하여 아주 격렬하게 박해를 받은 시기였다. 그때에 성행했던 가공할 만한 여건과 하나님의 백성들이 겪어야 했던 불같은 시련에 대해서는 대부분의 독자들이 의심할 여지 없이 알고 있기에, 상세하게 다룰 필요가 없다. 그러나 그렇게 잘 알려지지 아니한 것, 대부분의 기독교 역사가들의 시야에서 완전히 사라진 사실은 그러한 고통의 시기에 대한 원인, 즉 하나님께서 대적들로 그의 백성에게 진노하도록 허락했던 이유에 대한 것이다 — 물론 그들을 격동시킨 로마의 황제나 사탄이라 할지라도 하나님의 직접적 허락 없이는 결단코 아무 일도 결행할 수 없다.

하나님께서 자원하여 인생을 괴롭히지 않으며(애 33:3), 그리고 자신의 백성의 고통도 임의적인 것이 아니다. 성경에서 분명히 "사람의 행위가 여호와를 기쁘시게 하면 그 사람의 원수라도 그와 더불어 화목하게 하시느니라"(잠 16:7)고 선언한다. 하나님이 기독교 역사의 두 번째 시대에 그의 백성들에게 그러한 환난을 내리신 이유는 첫 번째 시대의 그들의 사악한 행위 때문이었다. 요한계시록 2장에서 서머나에 앞서 에베소에 보내는 편지에 보면 그들의 악한 행위가 무엇인지를 알려주었다. 곧 "너의 처음 사랑을 버렸느니라"(계 2:4). 그리스도를 향한 애정은 시들었고, 주님은 더 이상 그들의 '모든 것에 모든 것'이 되지 못했다. 내면의 쇠약이 급속히 외부의 부패로 이어짐은 그 당시에 서머나 시대에서 시작된 "사탄의 회당"(계 2:9)이 이미 그들 가운데 세워진 무서운 사실에 의해 입증되었다. 이와 같이 원인은 결과를 산출하는 것과 같이 시작할 때의 '처음 사랑'을 버린 것은 제2, 3세기의 고난을 초래하였다. 그 원인은 그의 타락한 백성들을 징벌하는 하나님이었다.

하나님이 백성의 진실하게 그리스도 안에 머무르며, 세상을 사랑함이 그들의 마음속에 기어 들어오지만 않았더라면 역사는 얼마나 달랐을까! 이는 우리의 미약한 추측만은 아니다. 이스라엘이 그들의 대적들로부터 잔혹한 고통을 당한 뒤 (사사기 참조), 하나님께서 시편 기자를 통하여, "내 백성아 내 말을 들으라 이스라엘아 내 도를 따르라 그리하면 내가 속히 그들의 원수를 누르고 내 손을 돌려 그들의 대적들을 치리니"(시 81:13, 14)라고 말씀하였도다! 그러나 그들은 그분을 '청종' 하지 아니하였고 그의 길로 행하지 않았다. 슬픈 일이지만 역사는 스스로 반복되었다. 하나님이 그의 백성을 칼과 '재앙'으로 치신 것처럼 로마의 황제들을 그의 채찍으로 사용함으로써 초대 교회를 징계하고 화를 내리셨다. 이와 같이 출애굽기 32장에 있는 모형은 그 짝을 기독교계의 역사 속에서 발견한다. 여호와로부터 떠난 뒤에 우상의 영이 들어오게 되면 그는 칼을 명하여 그들을 치게 했다.

"여호와께서 모세에게 이르시되 너는 네가 애굽 땅에서 인도하여 낸 백성과 함께 여기를 떠나서 내가 아브라함과 이삭과 야곱에게 맹세하여 네 자손에게 주기로 한 그 땅으로 올라가라 내가 사자를 너보다 앞서 보내어 가나안 사람과 아모리 사람과 헷 사람과 브리스 사람과 히위 사람과 여부스 사람을 쫓아내고 너희를 젖과 꿀이 흐르는 땅에 이르게 하려니와 나는 너희와 함께 올라가지 아니하리니 너희는 목이 곧은 백성인즉 내가 길에서 너희를 진멸할까 염려함이니라"(출 33:1-3). 이와 같이 모세는 그의 간구로써 백성들의 긴급한 안전을 보장받았으며, 또 천사에 의한 인도와 보호를 약속 받아, 그들 앞에 앞서 가기로 했으나 그들의 죄에 대한 가중한 징계는 그럼에도 불구라고 그들에게 엄습해야만 한다. 뿐만 아니라 그들은 여호와와 맺은 그들의 언약관계를 회복하지 않았다.

그 다음으로 모세는 여호와로부터 메시지를 가지고 진영으로 돌아가도록 지시하심을 받았다. 그 메시지의 상세한 내용과 백성들에게 미친 결과와 그 이어지는 사건들에 대해서는 다음 장에서 고찰해 보도록 남겨두어야만 한다. 앞에서 살펴본 내용에 의하여 우리의 각 심령에 죄에 대한 큰 무서움과 증오를 가져다주기를 바라며, 그것에서 구원을 얻도록 더욱 진지하게 부르짖기를 바란다.

제63장

진 바깥

출애굽기 33:4-10

이러한 현재의 상황에 대해 우리 앞에 있어야만 하는 그 중요한 의미에 관여하기 위하여, 또 특별히 오늘날 기독교 교계에 대한 상징적 적용을 분별하기 위하여, 본문에 대한 깊은 주의가 요구되어야 한다. 모세가 "진 바깥"에 막을 치고 "여호와를 앙망하는 자를 모두 다" 그곳으로 향하게 한 것은 그러한 대담한 행위의 긴급한 필요성과 그것이 발생하였던 모든 것의 관점에서 주의 깊게 살펴 보아야만이 올바로 해석할 수 있다. 현재의 몫이 발견되는 출애굽기의 부분은 출애굽기 32:1에서부터 시작된다. 그 장에서는, 우리가 이미 본 바와 같이, 이스라엘은 금송아지를 만들어 그것을 섬기는 추악한 죄를 범하는 것을 보여준다. 그것은 결국 여호와에 대한 그들의 충절을 던져버리는 결과가 되었다. 그들이 사랑하지 않았던 하나님을, 마음으로 던져버리고 이제 그들의 사악한 탐욕의 모양에 따라 금으로 빚은 한 짐승의 우상을 세웠다.

여호와께서 그곳에 계시지 않았기에, 그의 진노의 벼락에서 벗어나게 하여, 이스라엘을 완전히 멸절하도록 하지 않은 것은 기이함과 경배함으로 주님 앞에서 우리의 마음으로 경배해야 하는 일이 된다. 모형적 중보자의 간절하고 효과적인 간구로 인하여, 그들에게 대한 그분의 의로운 진노를 막게 되었다는 사실과 또 그렇게 한 사람이 누구였는가를 보면 더욱더 그러하다. 이 사실은 지금 하늘에 올라가서서 "우리를 위하여 하나님 앞에 나타나시고"(히 9:24) 또 "자기를 힘입어 하나님께 나아가는 자들을 온전히(최후까지) 구원하실 수 있으니 이는 그가 항상 살아 계셔서 그들을 위하여 간구하시는"(히 7:25) 자의 복된 예표가 되었다. 만일 이러한 소송에 대한 모세의 간청이 없었더라면 이스라엘은 멸망하였다. 우리도 또한 하나님 앞에서 드리는 대제사장의 간구와 우리를 위한 그의 대속의 희생의 공로가 없었더라면, 우리도 역시 이 광야의 배경에서 멸망되었을 것이다. 우리가 약속의 유업을 향하여 여행하는 동안에 우리를 보장하고 유지하게 하는 것은 위에 계신 그리스도의 사역이다.

모세는 그의 백성을 어떻게 그렇게도 사랑할 수 있었던가? 이에 대한 암시는 히브리서 11:24, 25에 있는 성령의 말씀 안에서 서 잘 제시해 주고 있는데, 이에 이르시기를 "믿음으로 모세는 장성하여 바로의 공주의 아들이라 칭함 받기를 거절하고 도리어 하나님의 백성과 함께 고난 받기를 잠시 죄악의 낙을 누리는 것보다 더 좋아하고"라고 한다. 그들에 대한 그의 사랑을 사도행전 7:23에서 이르시기를, "나이가 사십이 되매 그 형제 이스라엘 자손을 돌볼 생각이 나더니"라고 한다. 이러한 것들은 모세보다 더 크신 이에 대한 복된 예표였다. 주님은 그의 하늘의 영광을 누리기를 거절하고 죄로 인하여 저주를 받은 이 땅에 내려오셨는데, 이 땅은 죄와 사탄의 잔악한 얽매임 가운데 있는 그의 형제들(히 2:11)이 있는 곳이었다. 더욱 복된 사실은 모세가 그의 백성들이 가혹한 시련과 시험 가운데 있을 때 그들을 끝까지 사랑했다는 것이다. 비록 그들이 그에게 사례하지 아니하며, 그를 대적하여 반복적으로 수군거리며 거역하고, 그들에 대한 그의 사욕 없는 헌신에 대하여 그들이 전혀 부당한 일을 분명히 보여준다 하더라도, 그들에 대한 그의 사랑을 식어지게 할 수 없었다. 우리는 역시 모세가 가리키고 있는 자에 대하여, "세상에 있는 자기 사람들을 사랑하시되 끝까지 사랑하시니라"(요 13:1)는 말씀을 본다. 또한 그 백성의 무서운 죄악이 모세의 연민을 소멸하게 할 수 없었다. 가차 없는 거룩하신 하나님의 손에 의한 심판이 임박했을 때에도 그는 그 틈바구니에 들어가 그들과 하나님의 진노 사이에 섰었다.

그러나 우리가 지난 장에서 이미 본 바와 같이, 모세의 간구가 소멸하는 하나님의 진노를 가로막았다고 하더라고, 그것이 합법적인 방법으로 하나님의 불만을 표현하는 것을 방지하지 않았다. 그 민족이 소멸되지는 않았지만(출 32:35), 재앙을 면치 못했다(출 32:35). 이는 모세의 기도가 실패로 돌아간 결과가 아니라 백성들의 입장에서 회개가 부족한 것이다. 이는 참으로 엄숙한 사실을 우리에게 말해주고 있으며 그 경고는 시기적절하다. 이는 오늘날 얼마나 소홀히 여기는 진리인가! 만약 구원받지 못한 자들에 대한 '회개'의 설교가 거의 또는 전혀 없다면, 구원받은 자들은 여전히 적게 되는 것이다. 전자들에게 이르시기를 "너희도 만일 회개하지 아니하면 다 이와 같이 망하리라"(눅 13:3)고 하셨고, 후자들에 대한 훈계로서, 그리스도께서 요한계시록 2~3장에서 일곱 교회들에게 하신 첫 번째 경고가 "그러므로 어디서 떨어졌는지를 생각하고 회개하여"(계 2:5)라고 하신 분부였다. 오늘날 하나님의 백성들의 너무도 회개하지 않음으로 인하여 그들 중 많은 이들에게 그의 무거운 징계의 손이 내려지는 것이다.

"여호와께서 모세에게 이르시되 너는 네가 애굽 땅에서 인도하여 낸 백성과 함께 여기를 떠나서 내가 아브라함과 이삭과 야곱에게 맹세하여 네 자손에게 주기로 한 그 땅으로 올라가라"(출 33:1). 이 말씀 가운데 여호와께서는 모세에게 이스라엘이 처한 중대한 입장을 지적하셨다. 수주일 전에 그들이 맹세한 언약을 어김으로써(출 19:5, 8; 24:7) 그들은 주님의 백성으로서의 하나님과의 유대 관계를 몰수당했다. 하나님을 거역하였으므로, 하나님은 그들의 범과로 인하여 모세에게 이르기를, "네가 애굽 땅에서 인도하여 낸 백성"이라고 말씀하셨다. 그렇다 할지라도 하나님은, 모세가 그의 간구로 호소한 바대로(출 32:13), 족장들에게 하신 그의 절대적이며 무조건적인 약속에 따라, 그들에게 그 땅을 주시기로 약속하셨다. "내가 사자를 너보다 앞서 보내어 가나안 사람과 아모리 사람과 헷 사람과 브리스 사람과 히위 사람과 여부스 사람을 쫓아내고 너희를 젖과 꿀이 흐르는 땅에 이르게 하려니와"(출 33:2, 3).

여호와께서 그 다음에 이르시기를 "나는 너희와 함께 올라가지 아니하리니 너희는 목이 곧은 백성인즉 내가 길에서 너희를 진멸할까 염려함이니라"(출 33:3)고 덧붙였다. 이는 참으로 엄숙한 말씀이었고, 이스라엘의 심중을 참으로 시험하는 것이었다. "이 책의 서두에서, 백성들이 애굽의 불가마 속에 있을 때, 여호와께서 '내가 애굽에 있는 내 백성의 고통을 분명히 보고 그들이 그들의 감독자로 말미암아 부르짖음을 듣고 그 근심을 알고'라고 말씀하셨다. 그러나 이제 와서 주님은 '내가 이 백성을 보니 목이 뻣뻣한 백성이로다'라고 말씀하셔야만 했다. 고난을 당하는 백성들은 은혜의 대상이었지만, 목이 곧은 백성들은 낮아져야만 했다. 압제받은 이스라엘의 부르짖음은 은총의 표명으로 그 응답을 받았지만, 이스라엘의 가증한 우상의 노래는 엄중한 징계의 소리로 응답되어야만 했다"(C. H. M.).

그 다음에 이르시기를, "백성이 이 준엄한 말씀을 듣고 슬퍼하여"(출 33:4)라고 한다. 이것은 백성이 보인 첫 번째 희망적인 전조였다. 이 구절에서 '슬퍼하다'라는 히브리말의 뜻은 슬피 울다, 또는 탄식하다는 말이다. 여호와께서 친히 하신 경고에도 이스라엘의 깊은 뉘우침이 뒤따르지 않았다. 슬프게도 요한계시록 3장에 있는 것과 얼마나 대비가 되는가! 거기에서도 주님은 그의 백성 '가운데' 계시지 아니하시고 바깥에 계셨다(계 3:20). 라오디게아도 다를 바 없이 그가 없이도 만족하였다(계 3:17). 주께서 그들 '가운데' 더 이상 계시지 아니할 때가 곧 그들이 '탄식' 해야 할 때인 것이다.

"백성이 이 준엄한 말씀을 듣고 슬퍼하여 한 사람도 자기의 몸을 단장하지 아니하니 여호와께서 모세에게 이르시기를 이스라엘 자손에게 이르라 너희는 목이 곧은 백성인즉 내가 한순간이라도 너희 가운데에 이르면 너희를 진멸하리니 너희는 장신구를 떼어 내라 그리하면 내가 너희에게 어떻게 할 것인지 정하겠노라"(출 33:4, 5). 그들의 단장품을 제하는 것은 그들의 진정한 뉘우침을 증거하기 위한 목적이었다. 외형적 장식은 하나님 앞에 낮은 자리를 취할 것을 멀리하는 처사가 된다. 반대로 외부적 매력과 과시는 하나님의 목전에 지대한 가치가 있는 겸손한 영과 상한 심령의 결여를 보여주는 일이 된다. 진정한 영성이 저조할수록 화려하게 꾸민 의례에 더욱 힘을 쓴다. 우리 주변의 모든 기독교계는 가능한 한 많은 '단장품들' 을 설치하고 있다.

"이스라엘 자손이 호렙 산에서부터 그들의 장신구를 떼어 내니라"(출 33:6). 이것은 여전히 좀 더 희망적인 전조였다. 여기에서 우리는 이스라엘이 스스로 겸손하라는 하나님의 명령을 순종하는 것을 본다. 이것은 언제나 더 나은 축복의 근거가 된다. 그가 약속하시기를 "스스로 낮추는 자는 높아지리라"고 한다. 우리 앞에 있는 사실에 대한 신약성경의 병행구절은 고린도서에서 볼 수 있다. 그들에 대하여 사도가 기록하기를 "너희가 이미 배 부르며 이미 풍성하며 우리 없이도 왕이 되었도다"(고전 4:8)라고 한다. 여기에 보면 그들이 모든 '단장품들' 로 꾸민 것을 볼 수 있다. 그러나 뒤에 그는 다음과 같이 쓸 수 있었다. "지금은 후회하지 아니함은 그 편지가 너희로 잠시만 근심하게 한 줄을 앎이라 내가 지금 기뻐함은 너희로 근심하게 한 까닭이 아니요 도리어 너희가 근심함으로 회개함에 이른 까닭이라"(고후 7:8, 9). 그들은 스스로 그들의 '단장품들' 을 제했던 것이다.

"모세가 항상 장막을 취하여 진 밖에 쳐서 진과 멀리 떠나게 하고 회막이라 이름하니"(출 33:7). 이러한 모세의 움직임은 세 가지 의미를 내포하고 있는데, 이것은 곧 순복의 행위요, 믿음의 행위며, 은혜의 행위였다. 이에 대하여 좀 더 상세히 논하기로 하자. 모세가 진 바깥으로 나가는 것은 순복의 행위이며, 하나님의 의로운 판단에 부복하는 것이었다. 이스라엘이 목이 곧은 백성이었으므로 여호와께서 그들 '가운데' 거하실 수 없었다(출 33:3). 그들이 계속하여 회개하지 않은 상태에 있었기에, 그는 그들을 그의 백성으로 소유하실 수 없었다(출 33:1). 따라서 모세는 이와 같은 여호와의 거룩한 판단에 복종하고 있으며, 주님이 더 이상 계시지 않는 그 장소를 떠났다. 오늘날도 그의 백성들이 이와 동일한 원칙에 따라 행한다면 ─ 하나님의 영광과 그들 자신의 유익을 위하여 ─ 그것은 좋은 일이 되는 것이다.

다음으로 모세가 진 바깥으로 나가는 것은 믿음의 행위였다. 이것은 분명히 드러나는 것으로서 이러한 처지에서 이스라엘의 지도자들이 행한 일은 참으로 복되다. 그가 장막을 '취하여' "진 밖에다 쳤다." 여기서 지적해야만 하는 것은 이것은 세 부분으로 구성된 성막 그 자체는 아니었다. 왜냐하면 아직 성막이 세워지지 않는 때였기 때문이다. 출애굽기 24:18과 32:1을 되돌아 언급한다면, 모세가 산에 올라가 있는 동안에 이스라엘이 금송아지를 섬기는 큰 죄를 범한 사실에 대한 기록이 있고, 그동안에 여호와께서 모세에게 이르시기를 "내가 그들 중에 거할 성소를 그들이 나를 위하여 짓되"(출 25:8)라고 한다. 이에 대한 상세한 내용은 31장까지 언급된다.

'덮개들'에 대하여 거론한 이 시리즈의 제41장의 서두에서, '장막'(히, mishkan)과 '막'(히, Ohel) 사이에서 도출되어야만 하는 차이에 대해 주의할 것이 요구된다. 전자는 '거소'이며, 후자는 단지 '막'(텐트)를 의미한다. 그 하나는 여호와께서 거하심을 나타내었고 다른 하나는 그의 백성들이 만나는 장소가 되었다. 이 두 말은 몇 군데의 구절에서 분명히 구분되어 있는데, 그 실례로 민수기 3:25에 보면 '성막과 장막'(the tabernacle and the tent)이라고 기록되어 있다. 흠정역(A. V.) 성경 구절에서는 '성막'(tabernacle of congregation)으로 되어 있으나, 히브리어에는 '회막'(tent of the congregation)으로 기록되어 있다. 이 거룩한 건물은 여호와의 거소였을 뿐만 아니라 이스라엘이 모이는 장소였다. 그들은 그곳을 방문하였으며 하나님은 거기에 머무셨다.

이로써 볼 때 모세가 '취하여' "진 밖에 친" 것은 '성막'이 아니라 '장막'이었던 것은, 우리가 이미 말한 바와 같이 그때까지만 하더라도 성막 그 자체는 아직 세워지지 않았기 때문이다. 이 이스라엘의 지도자의 이러한 행위로써 참 신앙의 실천을 분별할 수 있다. "믿음은 들음에서 나며 들음은 그리스도의 말씀으로 말미암았느니라"(롬 10:17). 모세는 산 위에서 여호와의 말씀을 듣고 이제 진영으로 돌아와 그의 심중에 그것을 굳게 잡고, 그것에 의지하여 여호와의 거소를 실제로 세웠던 것이다. 그것은 현재의 긴급 사태에 대비한 잠정적인 예비였다. "모세가 진 바깥에 장막을 칠 것에 대한 언급이 없었던 것은 여호와의 직접적 명령 밑에서 행동하였던 것이 아닌 것 같다. 그것은 차라리 영적인 분별력에 의한 것으로, 하나님의 성품에 참여하고 백성의 처지를 감안한 처사였다. 하나님의 가르침에 따라, 그는 이미 금송아지의 존재로 인하여 더럽혀진 진영 가운데는 여호와께서 더 이상 거하시지 아니할 것을 느꼈던 것이다. 그러므로 그는 진영으로부터 멀찍이 떨어진 바깥에 처소를 만들고 그것을 '회막'(tabernacle of the congregation)이라고 불렀다"(Ed. Dennett).

그리고 진 바깥에 장막을 친 것은 은혜의 행위였다. 이 사실은 우리가 다시 본문을 살펴보면 좀 더 분명하게 알게 될 것이다. "여호와께서 모세에게 이르시되 … 이스라엘 자손에게 이르라 … 너희는 목이 곧은 백성인즉 내가 길에서 너희를 진멸할까 염려함이니라 … 너희는 장신구를 떼어 내라 그리하면 내가 너희에게 어떻게 할 것인지 정하겠노라". 여기에서 하나님은 그가 '회개' 하라고 명하신 때와 같이 인간의 방법으로 말씀하셨다. 그것은 그의 사악한 백성들의 상태를 저울질 하시는 일같이 보였던 것으로, 그들의 '탄식' 이 참인지를 보려 하심이었다. 그들을 치시기 전에 회개의 기회를 주려고 하심이었다. 백성들은 그의 관용에 합당하게 처신하여, 그들의 죄로 인하여 자신들을 낮추고 임박한 진노의 소식에 대한 엄숙한 말씀을 두려워하여, 그들의 단장품들을 모두 제하였다. 그런 뒤에 어떤 이가 말했던 것처럼, "그들의 죄로 인하여 심판을 명했던 이가 그들이 피할 수 있는 길을 마련해 주셨다." "여호와를 앙모하는 자들"은 살아남게 된 것뿐만 아니라 장막 안으로 들어갈 수 있도록 허락하심을 받았다. 이와 같이 "죄가 많은 곳에 은혜가 풍성하였다."

"여호와를 앙모하는 자는 다 진 바깥 회막으로 나아가며"(출 33:7). 여기서 다시 한 번 "은혜도 또한 의로 말미암아 왕 노릇 하리라"(롬 5:21)고 하신 말씀의 뚜렷한 실례를 볼 수 있다. 하나님은 "모든 자비의 하나님"이시나 그는 결코 공의를 희생시키면서 은혜를 베푸시지 않음을 항상 기억할 필요가 있다. 하나님은 죄를 용서해 주시지만 그것은 그들이 그리스도에 의하여 속함을 받았기 때문이다. 이스라엘이 애굽에서 보복의 천사의 재앙에서 구함을 받았던 것은 다만 그들이 피 아래 거했기 때문이었다. 그와 같이 여기에서도 하나님은 그의 공의를 유지하셨다. 그

의 거룩성은 그가 더럽혀진 진영 가운데로 들어가는 일을 막았지만 은혜는 백성
으로 하여금 진 바깥에서 하나님을 만날 수 있게 하였다.

"여호와를 앙모하는 자는 다 진 바깥 회막으로 나아가며"(출 33:7). 지금부터 이 말
씀에 대한 상징적 중대성에 대하여 고찰해 보도록 하자. 이에 대하여 우리는 즉
시 다음과 같이 말씀하신 히브리서 13:13을 생각하게 된다. "그런즉 우리도 그의
치욕을 짊어지고 영문 밖으로 그에게 나아가자." 성령께서는 분명히 출애굽기
33:7을 염두에 두었기에, 여기에서 있는 관점에서 우리는 이 신약성경의 권면을
해석해야 한다. 거기에 기록된 것은 성별할 것을 요구한 것이지만, 우리가 그 모
형(the type)에 주의하지 않으면 그 원형(the antitype)의 적용에 실패하게 될 것이
다. 가장 중요한 것은 모세가 "진 바깥"에 장막을 치게 된 여건을 항상 염두에 두
어야만 한다. 그때는 이스라엘이 원망한 때가 아니었고(출 16:2), 그들이 안식일
을 범한 때도 아니었으며(16:27, 28), 아말렉이 쳐들어온 때도 아니었다(출 17:8).
그것은 이스라엘이 여호와와 결별하고 금송아지를 세운 때였다. 진영에서의 전
반적이고도 공개적인 우상 숭배가 모세를 진 밖으로 "멀리 떠나게" 요구하였다!

같은 원칙이 히브리서 13:13을 해석하는 데도 잘 적용된다. 이 권면은 교파 관
념이 팽배하고 불륜이 성행하며 성만찬이 육신의 잔치로 변한 고린도 사람들에
게 한 것이 아니었다. 뿐만 아니라 이단 교리나 위협적인 사람이 들어온 갈라디
아 사람들에게 한 것도 아니었다. 그와는 달리 그 권면은 '히브리인들'에게 한 것
이었다. 복음을 믿는 유대인들에게는 그리스도를 경멸하고 거역하는 불신의 국
가를 버리도록 명령이 부가되었다. 그 '진영'이 하나님의 아들을 학살한 죄를 범
하였으므로 그것을 버리도록 요구하신 것이다. 여기에서 그리스도인 독자들에게
강조하고 있는 것은 출애굽기 33:7이나 히브리서 13:13이 그리스도인들로 하여
금 주님을 소유하고 존귀하게 여기며 경배하는 '교회'나 하나님을 고백하는 사
람들의 단체로부터 떠나는 사유를 제공하는 것이 아니다. 어떤 이들은 "여호와께
로 모이라"고 주장하는 사람들 중에 오직 그들만이 진정한 영적인 근거 위에 선
유일한 사람들이라고 자처하는 자들이 있다. 그들은 거짓된 조직들로부터 분리된
것이 아니라, 대다수의 하나님 자신의 백성들로부터도 분리되었다. 오늘날 그들
이 그 어느 교단보다 더욱 이단시됨은 조금도 이상히 여겨질 것이 없으며, 하나
님은 그들의 교만과 바리새적인 주장을 업신여기신다. "진 밖에 쳐서 진과 멀리
떠나게 하고"라고 함은 하나님 자신의 백성들로부터 떠나는 것과는 현격한 차이

가 있다. 그리스도께 사랑을 받는 자들이라면 그리스도인들을 사랑해야 할 것이다.

여호와께서 이스라엘 가운데 계속하여 거하기를 거절하게 한 것은 그들의 단합된 우상 숭배 때문이었다. 그때 비로소, 모세가 진 바깥에다 장막을 친 것은 그때가 여호와 자신이 거절당하셨던 때였기 때문이었다. 이러한 이유 외에는 그 어떤 일도 신자들이 그리스도의 이름을 고백하는 자들로부터 떨어져 나가는 일의 정당한 사유가 될 수 없다. 이 땅 그 어디에서도 완전이라는 것은 찾아볼 수 없으며, 완전에 가장 가깝다고 자부하면 할수록 그러한 고백을 증명할 만한 근거가 더 적다. 북은 큰 소리를 내지만 그 속은 실로 비어 있다! 그러하다. 이상적인 여건, 드러내신 모든 하나님의 뜻을 성실히 이행하는 일이란 그 어떤 그리스도인 단체에서도 찾아볼 수 없다. 하나님께서 인간에게 위탁하였지만, 모든 일에 실패의 낙인이 찍혀 있다. 실수를 잘하는 나의 형제자매로부터 동떨어져 "나는 너희들보다 더 거룩하다"는 자세를 취하는 것은 나를 의롭게 만들지는 못하는 일이니, 이는 내가 아마 하나님 보시기에 그들보다 더 큰 실패자로 보일는지 모르기 때문이다. 우리는 모두 자만 속에서 자신들의 눈에 있는 들보를 보기에는 둔하지만, 다른 사람들의 눈에 티를 보기에는 빠른 것이다.

"너는 일깨어 그 남은 바(소멸되지 아니한) 죽게 된 것을 굳건하게 하라"(계 3:2)고 하나님은 우리에게 말씀하셨다. "피곤한 손과 연약한 무릎을 일으켜 세우고"(히 12:12)라고 하셨는데, 이를 순종하면 모든 사람들과 모든 일들을 비판하고 정죄하는 것보다 훨씬 많은 일을 달성하게 될 것이다. 또 "사랑 가운데서 서로 용납하라"(엡 4:2)고 하셨는데 이는 우리들 모두에게 다른 사람이 가지는 시련이 있음을 말씀하고 있다. 어느 '교회'나 모임을 막론하고 인내와 사랑에 대한 많은 시련이 있을 것이나, 만일 거기에 주께서 계신다면 그곳 역시 나를 위한 장소이다. 그가 "오래 참으시니" 나도 그렇게 해야만 한다. 그러나 그의 가치가 하락되고, 하나님의 자리에 거짓된 신이 세워지고, "다른 예수"(고후 11:4)가 증거되면 (신-인, 동정녀 탄생, 그의 백성의 죄를 위하여 죽으심, 육신으로 살아나 죽음을 이기신 그러한 '예수'가 아닌 자), 이야말로 내가 그곳으로부터 나와야 할 때인 것이다. 그를 부인하는 곳에 머물러 있다는 것은 나의 땅을 모욕하는 처사가 된다. 여기서 모세는 이러한 원칙 아래서 행동하였으니, 모세뿐만 아니라 "여호와를 앙모하는 모든 자"들이 그러했다.

그러므로 오늘을 사는 우리를 인도해주는 히브리서 13:13의 원칙의 적용은 그 어떤 지역적인 여건 속에서도 단순하고 명백하다. 만일 내가 주 예수를 하나님께서 보내신 그리스도로 모시고, 죄인들을 위한 유일한 구주로 여기며, 그 백성의 본보기로 삼는 그러한 그리스도인의 무리와 함께 주님을 섬기고 있다면 비록 거기서 하는 설교가 내가 바라는 것만큼 교화되지 아니하며, 그곳에 있는 제자들이 내가 바라는 것에 비하여 너무도 미흡하다고 할지라도 이러한 이유들이 그들을 저버려야 할 하등의 원인이 되지 못할 것이다. 오히려 그들을 위하여 많은 기도가 요청되는 곳이며, 나의 행함으로 말미암아 그들에게 보다 온전한 주의 길을 보여주는 계기를 삼아야 할 것이다. 그러나 반면에 하나님의 아들 그리스도를 부인하고, 성경의 영감을 부인하며, 가증된 신을 세워 성령이 소멸된 그러한 장소에 있다면, 나의 친구들이 하는 일이 그 어떠하며, 형제들의 결심이 어떠하다 할지라도 나는 하나님 앞에서 그를 심히 불경하게 하는 이러한 일로부터 분리되어야 할 책임이 있는 것이다.

"모세가 회막으로 나아갈 때에는 백성이 다 일어나 자기 장막 문에 서서 모세가 회막에 들어가기까지 바라보며"(출 33:8). 이로써 볼 때 성별의 요구에 대해 많은 사람의 반응이 없었다. "대중들은 그들의 장막 문에 서서 모세에게만 관심을 가져 그를 바라보고, 장막 입구에 서 있는 구름 기둥을 바라보기는 하였지만 그들의 장막으로부터 나오지는 않았다! 그들은 거룩한 일을 위하여 일하는 그들의 대리자를 인정하며 또 진리에 관심을 가진 것같이 보였으나 진영에만 머물러 있는 자들이었다. 그들은 하나님은 경외하나, 그 오묘하고 만족하게 하는 능력을 가지신 여호와의 임재에 대해서는 무지하였다"(C. A. Coates).

"모세가 회막에 들어갈 때에 구름 기둥이 내려 회막 문에 서며 여호와께서 모세와 말씀하시니"(출 33:9). '구름 기둥' 은 여호와의 임재를 볼 수 있는 상징이었다. 출애굽기에서 이를 언급하신 것이 이번이 세 번째이다. 첫째, 출애굽기 13:21에서 이르시기를 "여호와께서 그들 앞에서 가시며 낮에는 구름 기둥으로 그들의 길을 인도하시고 밤에는 불 기둥을 그들에게 비추사 낮이나 밤이나 진행하게 하시니"라고 한다. 둘째, 출애굽기 14:19, 20에서 이르시기를 "이스라엘 진 앞에 가던 하나님의 사자가 그들의 뒤로 옮겨 가매 구름 기둥도 앞에서 그 뒤로 옮겨 애굽 진과 이스라엘 진 사이에 이르러 서니 저쪽에는 구름과 흑암이 있고 이쪽에는 밤이 밝으므로 밤새도록 저쪽이 이쪽에 가까이 못하였더라"고 한다. 셋째 "구름 기둥이 내려 회막 문에 서며 여호와께서 모세와 말씀하시니"라고 한다. 이와 같이 그것은 먼저 인도하심과 연관되었으며, 그 다음에는 보호였으며, 이제는 교제와 연관되었다.

"구름 기둥이 내려 회막 문에 서며 여호와께서 모세와 말씀하시니." 이는 그의 종의 확신에 대한 하나님의 복된 응답이었다. "나를 높이는 자는 내가 그를 높이리라"고 하신 그의 말씀은 참으로 진리였다. 모세는 혼란 속에 빠지지 않았으며, 그의 순복과 믿음은 충분하게 보상되었다. 하나님은 그의 영광을 구하며 그의 은혜를 의지하는 자들을 결코 실망시키지 아니하신다. 실패하는 자는 타협하는 자며, 사람을 두려워하는 자요, 불신하는 자이다. 여호와를 똑바로 바라보고 헌신하게 되면 그가 우리와 "더불어(우리 '에게' 하시는 것이 아니라) 말씀하게" 될 것이다.

"모든 백성이 회막 문에 구름 기둥이 서 있는 것을 보고 다 일어나 각기 장막 문에 서서 예배하며"(출 33:10). 오직 여호와의 은혜로운 현현만이 진정한 예배를 드릴 수 있게 하며, 우리가 아무런 공적 없이 은혜를 받았음을 의식하면 할수록, 우리의 예배는 더욱 절실해질 것이다. 뿐만 아니라 이 부복한 이스라엘이 처한 입장을 묵과하지 않도록 성령께서 지시 하셨는데, 그들이 "다 일어나 각기 장막 문에 서서 예배했다"고 한다. 만약에 우리가 그것을 받을 만한 심령을 가진 자이라면, 그것은 우리를 위한 음성이다. 그 '장막' 은 순례에 대한 상징이 되었고, 이러한 특징이 유지되는 한, 예배는 유지될 것이다. 그 복된 결과에 대해서는 다음 장에서 고찰하도록 남겨두어야만 하겠다. 주께서 우리 앞에 있었던 것과 같이 우리 각자도 행할 수 있게 해 주시기를 바란다.

제64장

풍성한 은혜

출애굽기 33:11-17

현재의 구절들은 구약성경의 페이지의 어느 곳에서나 기록된 가장 기이하고 복된 광경 중의 하나를 우리에게 제시한다. 이러한 일이 발생했다고 하는 것은 환경과 여건을 초월하여 이 사건의 성격 자체만으로도 우리의 마음 가운데 심심한 경이와 찬양을 자아내게 한다. 여기에서 그의 중보기도 속에서 죄지은 백성들을 위하여 하나님께서 내리실 진노를 막았을 뿐만 아니라 그들 가운데 그의 계속적인 임재를 보장받은 모형적 중보자를 주목하게 된다. 여기에서 우리는 인간들에게 가까이 하신 그의 임재의 외형적 상징을 보게 되었을 뿐만 아니라 여호와께서 친히 모세에게 "사람이 그 친구와 이야기함 같이" 말씀하신 것을 보게 된다. 여기에서 우리는 여호와께서 이스라엘을 황량한 광야를 건너도록 인도하실 것을 약속하신 것뿐만 아니라 "너희를 쉬게 하리라"고까지 말씀하신 것을 볼 수 있다. 참으로 "죄가 많은 곳에 은혜가 더욱 풍성하였다."

그것은 하나님의 풍성한 은혜에 대한 진귀한 계시가 우리의 경탄을 위에서 뿐만 아니라 교훈을 위하여 기록되었음을 역시 가리키고 있다. 만일 우리가 이스라엘 역사에 대해 거룩한 감동으로 설명하는 이 부분에서 사건들의 순서를 명심한다면, 참으로 값진 교훈을 발견하게 된다. 첫째, 출애굽기 32:1-6에는 그들의 사악한 죄에 대한 대화가 있다. 둘째, 하나님의 '소멸하는' 진노를 막는 모세의 중보기도가 있다(출 32:11-14). 셋째, 그것으로 인한 백성들에게 내린 쓰라린 징계가 있다(출 32:25-28, 35). 넷째, 이스라엘의 회개가 있다(33:4-6). 다섯째, '진 밖에' 장막을 친 모세와 그곳으로 나아가는 자들을 찾으시는 '주님'이 있다(출 33:7-10). 이제 우리는 그의 종의 행위에 대한 여호와의 응답을 볼 수 있다. 즉 주님은 모세와 '대면하여' 말씀하셨다. 그러한 놀라운 비하, 기이한 은혜는 죄를 범한 뒤에 그것으로부터 분리되었음이 입증된 연후에야 나타났다. 이 사실로 인하여 파생한 중대한 실천적 교훈들은 아래의 해설에서 지적하고자 한다.

출애굽기 33장의 서두에서 여호와께서 다음과 같이 말씀하신 것을 볼 수 있다. "너희는 목이 곧은 백성인즉 내가 길에서 너희를 진멸할까 염려함이니라"(출 33:3). 이스라엘의 사악한 죄는 그들로부터 거룩하신 하나님의 퇴각을 불가피하게 하였다. 만약 주님이 그들 가운데 머물었다면 그들의 전멸을 요구했을 것이다. 모세의 중재는 하나님의 진노의 무서운 폭풍을 막았지만, 이스라엘이 회개하기까지는 여호와께서 그들 가운데 다시 들어가실 수 없었다. 이와 동일한 원칙이 오늘날 하나님의 백성으로 고백하는 무리들에게도 잘 적용된다. 그들의 큰 죄가 용납되었다 할지라도 여호와께서 그들 가운데 자신을 나타내지 아니하실 것이며, 그러한 자들에게 그가 분부하시는 말씀은 "하나님을 가까이하라 그리하면 너희를 가까이하시리라 죄인들아 손을 깨끗이 하라 두 마음을 품은 자들아 마음을 성결하게 하라"(약 4:8)이다.

이 장에 있는 다음의 말씀은 "백성이 이 준엄한 말씀을 듣고 슬퍼하여"(출 33:4)라는 것이다. 그들은 죄악의 과중함을 알게 되자 그들의 "마시며 뛰노는 일"(출 32:6)은 슬픔으로 변했다. 그 다음에 이르시기를 "이스라엘 자손이 호렙 산에서부터 그들의 장신구를 떼어 내니라"(출 33:6)고 한다. 이것은 그들의 뉘우침이 참됨을 입증했고, 이것은 "회개에 합당한 열매"(마 3:8)가 되었으며, 그들이 하나님 앞에 낮은 자리를 취한 사실을 나타내는 외면적인 표현이 되었다. 드디어 "여호와를 앙모하는 자는 다 진 바깥 회막으로 나아가게 되었다"(출 33:7). 이 사실은 "자기의 죄를 숨기는 자는 형통하지 못하나 죄를 자복하고 버리는 자는 불쌍히 여김을 받으리라"(잠 28:13)고 하신 말씀에 해당된다.

모세가 진영에서 떠나 그가 믿음으로 친 장막으로 들어가는데, 이어서 "구름 기둥이 내려 회막 문에 서며 여호와께서 모세와 말씀하셨다." 백성들이 뉘우치고 그들의 장신구들을 제한 결과는 매우 복된 일로서 "모든 백성이 회막 문에 구름 기둥이 서 있는 것을 보고 다 일어나 각기 장막 문에 서서 예배"(출 33:10)하게 되었다. 다시 한 번 여호와께서는 그에게 해당되는 자리를 차지하게 되었다. 가증한 신(금송아지)은 거절당하고, 이제 참 하나님이 섬김을 받게 되었다. 이와 같이 무한한 은혜로, 그들은 방황에서부터 돌아서서 상징적으로 보여 주신 여호와의 임재 앞에서 사모하는 마음으로 경배를 올리게 되었다. 이제 그 복된 결과에 대하여 살펴보도록 하자.

"사람이 자기의 친구와 이야기함 같이 여호와께서는 모세와 대면하여 말씀하시며"(출 33:11). 이는 모세의 전 생애를 통하여 가장 은혜로운 순간이었으며, 하나님으로 부터 받은 것 중 가장 복된 계시였다. 이것은 심지어 여호와와 더불어 그러한 기 이한 교제를 나눈 산에서의 경험을 능가하는 것이었다. 거기에는 이전에 일찍이 누리도록 허락되지 아니한 그러한 가까운 접근과 밀접한 사귐이 있었다. 민수기 12장에 보면 미리암과 아론이 모세의 권위에 도전했을 때, 여호와께서 그를 옹호 하여 이르시기를 "내 종 모세와는 그렇지 아니하니 그는 내 온 집에 충성함이라" (민 12:7)고 하셨고 이어 덧붙이기를 "그와는 내가 대면하여 명백히 말하고 은밀 한 말로 하지 아니하며"라고 하셨다.

"사람이 자기의 친구와 이야기함 같이 여호와께서는 모세와 대면하여 말씀하 시며." 이러한 말씀은 지금 우리가 다루고 있는 장의 마지막에 있는 말씀 곧 "네 가 내 등을 볼 것이요 얼굴은 보지 못하리라"고 하신 것으로 비교하여 그 해석을 곡해하지 말아야 한다. 여기 우리 앞에 있는 일은 여호와와 그의 종 사이의 자유 롭고 친근한 교제이다. 그리고 이것은 이미 살펴본 바와 같이 여호와를 불경스럽 게 한 일에 의해 결별된 이후에 곧이어진 일이었다. 오! 사랑하는 독자들이여, 영 문 밖 그에게로 나아가는 것은 "그분의 치욕을 지는 일"(히 13:13)이 될는지는 모 르지만 보상이 있도다 ― 그는 우리가 신실하신 그분의 영예를 떨어뜨리는 관계 에 머물러 있을 때에 일찍이 누려보지 못한 일 곧 친히 그를 나타내심과 그의 사 랑의 친밀함으로 보상하신다.

"사람이 자기의 친구와 이야기함 같이 여호와께서는 모세와 대면하여 말씀하 시며." 여기에 중보자 모세는 두말할 나위 없이 그리스도의 복된 모형이 된다. 여 기에 나타난 이 사실은 아버지와 아들 사이에 존재하는 유대관계의 소중한 예시 가 된다. 그가 성육신하시기 전에 이르시기를 "내가 그 곁에 있어서 창조자가 되 어 날마다 그의 기뻐하신 바가 되었으며 항상 그 앞에서 즐거워하였으며"(잠 8:30)라고 한다. 성육신하신 후에 그에 대하여 이르시기를 "아버지 품 속에 있는 독생하신 하나님이 나타내셨느니라"(요 1:18)고 한다. 다시 이르시기를 "아버지 께서 아들을 사랑하사 자기가 행하시는 것을 다 아들에게 보이시고"(요 5:20)라 고 한다. 또 가라사대 "내가 혼자 있는 것이 아니라 아버지께서 나와 함께 계시느 니라"(요 16:32)고 한다. 그러므로 이제는, 사랑과 친밀함의 자리가 되는 아버지의 보좌에 앉아 계신다(계 3:21).

　"모세는 진으로 돌아오나 눈의 아들 젊은 수종자 여호수아는 회막을 떠나지 아니하니라"(출 33:11). 이 말씀의 모형적 의미를 지적하기 전에, 먼저 여기에 우리를 위하여 예시된 실천적 교훈에 대하여 생각해 보자. 여기에서 제시하고 있는 실례는 꼭 참작해야 할 중요한 것으로서, 특히 하나님으로부터 지도자의 위치에 전념하도록 부르심을 받은 자들에게 더욱 그러하다. 하나님의 종은 그의 백성을 수종들 자격을 얻기 전에, 그는 먼저 자신부터 하나님을 찾아야 하며, 그들에게 어떤 메시지를 전달하기 전에, 반드시 여호와께서 그와 '대면하여' 말씀하셔야 한다. 바꾸어 말하자면, 섬김의 능력은 하나님과의 친밀한 교제를 유지하는 데서만 얻어진다. 더 나아가서, 그가 비록 돌아와서 그의 백성을 섬기더라도 그는 영으로 여전히 장막 속에 머물러 있는 것이다. 출애굽기가 항상 그러하듯이, 여기에서도 모세와 여호수아는 공동으로 서로 보충하여 완성하는 자들로 함께 고려되어야 한다.

　"이 단원은 두 가지의 모형으로 끝을 맺는다. 즉 모세는 진영으로 돌아오고 여호수아는 장막 안에서 떠나지 아니한다. 모세는 하나님의 백성을 섬기려는 사랑의 힘을 대표한다. 그는 사람이 그의 친구와 이야기함 같이 여호와께서 '대면하여' 말씀하신 그 사람으로, 그는 머물렀던 그 장소, 즉 그를 만들었던 교제의 장소에 성별하여 있으면서 하나님의 백성들을 섬기기 위하여 돌아올 수 있었다. 그러한 자는 진리를 타협하지 아니할 뿐만 아니라 타협된 진리에 가담하기를 스스로 용납하지도 아니하며, 오히려 하나님의 뜻으로 맺은 유대관계에 대하여 모든 은총과 신실함으로 섬길 준비가 되어 있는 자였다. 그러나 그러한 섬김에는 여호수아의 영을 그 수종자로서 항상 동반했다. 섬기는 일이 어떠한 활동이라 할지라도, 종은 그 영으로 그 감미로운 은신처를 떠나지 아니한다. 그는 영으로 언제나 '진 바깥'에 있다. 그의 사랑은 거기 그들이 머무르는 처소에 있었고, 그의 만족과 안식은 내 안에 있는 여호와이다"(C. A. Coates).

　"모세는 진으로 돌아오나 눈의 아들 젊은 수종자 여호수아는 회막을 떠나지 아니하니라." 이 모형의 상세한 내용을 찾아내는 일은 결코 쉬운 일이 아닌데, 그 이유는 의심할 여지 없이 우리의 영안이 희미하기 때문이다. 구속을 말하는 책 출애굽기에 보면, 모세와 여호수아가 함께 연결된 여러 구절이 있다. 레위기에서는 여호수아가 한 번도 언급되지 않았음은 주목할 만한 일이다. 첫째, 출애굽기

17장에 보면, 모세와 여호수아는 아말렉을 치는 일에 관련해서 서로 협조하고 있다. 우리가 이 시리즈의 25장에서 보여주려고 하듯이, 거기에서 여호수아는 성령의 정복하심의 모형이었으나, 그리스도인들 안에 있는 '육신'을 근절하는 것이 아니었다. 그 다음 출애굽기 24:13에 이르기를, "모세가 그의 부하 여호수아와 함께 일어나 모세가 하나님의 산으로 올라가며"라고 한다. 여기에서 성령은 승천하신 그리스도의 수종자의 형태로 나타나 있는데, 성령은 현 시대 동안에 그리스도의 영향력을 지속하고 그분을 영화롭게 하는 일을 한다. 그 다음 출애굽기 32:17, 18에서, 성령은 상징적으로 하나님의 백성의 죄를 점고하고 있다. 여기 출애굽기 33:11에서는 성령께서 진정한 교회 안에 내주하시는 것으로 여겨진다(비교, 고전 3:16; 엡 2:22).

"모세가 여호와께 아뢰되 보시옵소서 주께서 내게 이 백성을 인도하여 올라가라 하시면서 나와 함께 보낼 자를 내게 지시하지 아니하시나이다 주께서 전에 말씀하시기를 나는 이름으로도 너를 알고 너도 내 앞에 은총을 입었다 하셨사온즉"(출 33:12). 여기와 그 다음에 즉시 이어지는 구절을 보면, 하나님 앞에서 우리를 위하여 중보하면서, 그의 은총으로 우리를 지켜주는 우리의 중보자로서의 그리스도의 또 다른 복된 예시가 있다. 우리가 먼저 살펴보아야 할 중요성은 여기서 간구하고 있는 이 모세는 하나님의 목전에 "은총을 입은" 사람이라는 점이다. 이 특수한 형태의 말이 "주의 목전에 은총을 입었사오면"이라는 말로나 "내 앞에 은총을 입었다"는 말로 12, 13, 16절에서 얼마나 놀랍게도 반복하여 강조되었는지 살펴보라. 이는 주 예수를 그의 가련한 백성들을 위하여 하나님 앞에서 은총을 입었음을 얼마나 명백히 지적하고 있는가! 그리스도께서는 그 자신이 하나님께 받아들여진 것에 근거하여 이제 우리를 위하여 간구하신다. 이 사실을 이해하면 우리의 심령에 평강이 있게 된다. 그의 백성에 대한 하나님의 은총은 전혀 그들 가운데서 발견한 것에 근거하지 않고, 그것은 오직 그리스도를 통하여 얻은 바 그 결과물이다.

"모세가 여호와께 아뢰되 보시옵소서 주께서 내게 이 백성을 인도하여 올라가라 하시면서 나와 함께 보낼 자를 내게 지시하지 아니하시나이다." 언뜻 보기에 이 말은 여호와께서 모세에게 말씀하신 다음의 출애굽기 32:34의 말씀과 서로 충돌되는 것같이 보인다. "이제 가서 내가 네게 말한 곳으로 백성을 인도하라 내 사자가 네 앞서 가리라." 그러나 주의 깊게 읽어보면 뚜렷한 차이를 발견하게 될 것이다. 출애굽기 32:34은 여호와께서 그의 사자가 "네 앞서" 가리라고 말씀하셨는데, 이는 이스라엘이 회개하지 아니한 채로 머물러 있기에, 여호와께서 친히 "그들 가운데" 거할 수 없었기 때문이었다(출 33:3). 그러나 이제는 백성들이 그들의 죄를 뉘우치고 그들이 그것으로부터 떠났음을 입증하였으므로, 모세가 이르기를 "나와 함께 보낼 자를 내게 지시하지 아니하시나이다"라고 한다. 참으로 복된 구분이다. 그러므로 우리의 심중에 명심하기를 바란다. 모세는 누가 그들과 함께 갈 것인지를 너무도 잘 알고 있었지만, 여기에서 이스라엘의 죄로 인하여 간구하는 자리를 취한 것이다.

"주께서 전에 말씀하시기를 나는 이름으로도 너를 알고 너도 내 앞에 은총을 입었다 하셨사온즉." 이 말씀은 출애굽기 3장을 되돌아보게 한다. 하나님께서 맨처음 모세를 가시덤불 사이에서 부르실 때, 이름으로 그를 부르셨다. "하나님이 떨기나무 가운데서 그를 불러 이르시되 모세야 모세야 하시매"(출 3:4). 그렇다면 이제 모세가 왜 새삼스럽게도 광야 뒤편에 있었던 잊지 못할 체험을 언급했던 것인가? 이는 그곳에서 여호와께서 자신을 "아브라함의 하나님, 이삭의 하나님, 그리고 야곱의 하나님"이 되심을 알려주었기 때문이다. 또 그를 가리켜 "내가 내려가서 그들을 애굽인의 손에서 건져내고 그들을 그 땅에서 인도하여 아름답고 광대한 땅, 젖과 꿀이 흐르는 땅에 데려갈"(출 3:8)자로 선포하셨기 때문이다. 하나님은 이에 대해, 백성들의 반목이 그 어떠할지라도 그의 말씀은 반드시 성취되며, 그의 목적은 성취될 것임을 스스로 보증하신 것이다. 이와 같이 우리는 모세의 믿음의 담대함을 보게 되었다. 또한 여기에서, 우리는 이 모형에서 그 예표까지 보도록 해야만 한다. 하나님이 그리스도와 맺은 영원한 언약에 근거하여 그는 지금도 그럴 가치가 없는 그의 백성들에게 은혜를 베푸신다.

"내가 참으로 주의 목전에 은총을 입었사오면 원하건대 주의 길을 내게 보이사 내게 주를 알리시고 나로 주의 목전에 은총을 입게 하시며"(출 33:13). 이는 매우 복된 일이다. 모세에게는 이스라엘의 슬픈 실수 그 자체마저도 다만 하나님에 대한 지식을 나타내 보이는 경우로 제시되었다. 하나님은 약속하셨으며, 친히 맹세하셨으며, 또한 그의 약속은 실제로 이스라엘이 가나안으로 들어감으로 확증되었으니, 그들이 광야에서 멸절되지 않았다. 그러므로 모세는 이제 그의 방법을 배우기 위하여 주님에게 구한다. 하나님의 '길'(방법)은 그가 보증하신 일의 선을 이루기 위하여 성실하게 추구하는 경로이다.

이 구절에 의하여 수많은 가치 있는 실천적 개념들이 제시되고 있다. 첫째, 우리는 스스로 하나님의 '길'을 발견할 수 없다. 이것은 시편 기자의 기도 가운데서 인정되었다. "주의 도를 내게 보이시고 주의 길을 내게 가르치소서"(시 25:4). 또 이르시기를 "여호와여 주의 도를 내게 가르치시고 내 원수를 생각하셔서 평탄한 길로 나를 인도하소서"(시 27:11). 둘째, 오직 하나님만이 그의 길을 우리에게 "보여주실 수 있다." 심지어, 성육신하신 아들(온전한 순종의 자리를 취하신)도 "주께서 생명의 길을 내게 보이시리니"(시 16:11)라고 하셨다. 셋째, 우리가 그를 더 잘 알도록 그의 길을 보여주시는 것은 하나님이 낮아지시기 때문이다. "주의 길을 내게 보이소서 그리하면 내가 주를 알리이다."

"이 족속을 주의 백성으로 여기소서"(출 33:13). 이것은 진 바깥에 장막을 치기 전에 여호와의 말씀에 대한 모세의 대답이었다. 그때 여호와께서 이르시기를 "너와 네가 애굽 땅에서 이끌어 낸 백성들은 여기서 떠나 올라가라"고 하셨다. 여기에 "이 족속을 주의 백성으로 여기소서"라고 간구한 믿음에 대한 응답이 있다. 여호와께서 아브라함과 이삭과 야곱에게 하신 그 말씀과 그 맹세와 그 언약에 스스로를 던지면서, 타는 덤불 속에서 스스로 새롭게 되었던 자는 모세였다. 그 이후의 이스라엘의 역사 가운데 보면 그들이 가데스바네아에서 믿지 아니하여 여호와의 진노를 사게 되었을 때에도 모세가 동일한 간구를 올렸음은 살펴보아야만 한다(신 9:26과 그 내용 참조). 앞으로 다가올 날에, 남아있는 경건한 유대인들은 이러한 쟁론을 반복할 것이다(욜 2:17). 마지막으로, 우리의 큰 대제사장이신 이가 이것을 그의 간구의 근거로 삼으신 것은 주목되어야 한다. "내가 비옵는 것은 세상을 위함이 아니요 내게 주신 자들을 위함이니이다 그들은 아버지의 것이로소이다"(요 17:9).

"여호와께서 이르시되 내가 친히 가리라 내가 너를 쉬게 하리라"(출 33:14). 우리들이 보는 영어 성경의 번역자는 여기에 있는 주안점을 놓친 것으로 여겨진다. 기록된 바와 같이 15절에 있는 모세의 대답은 의심과 불신의 어조일 것이다. 만일 여호와께서 그가 모세와 함께 가실 것을 긍정적으로 확언하셨다면 "주께서 친히 가지 아니하시려거든"이라는 대답은 변명의 여지가 없는 말이 된다. 만일 하나님께서 이미 그에게 확신을 주셨다면, 16절의 묻는 말도 무의미하게 된다. 결국, 그런 경우에, 17절의 여호와의 말씀도 불필요한 반복이 된다. 만일 "컴패니온 바이블(Companion Bible)"에서와 같이 14절을 의문형으로 강조하게 되면 모든 어려움은 제거될 것이다. 즉, "내가 친히 너와 함께 갈까? 내가 너를 쉬게 할까?"이 말

은 곧 나를 그렇게도 거역한 너희와 어찌 내가 함께 갈 수 있는가라고 하는 말과
마찬가지였다. 여호와께서는 이스라엘의 죄에 대한 적개심을 강조하였고 그리고
그의 거룩성이 요구하는 바를 주지시켰다.

"모세가 여호와께 아뢰되 주께서 친히 가지 아니하시려거든 우리를 이곳에서 올려 보
내지 마옵소서"(출 33:15). 이 문제도 여전히 균형을 이루었다. 여호와께서 이스라
엘에게 이르도록 모세에게, "너희는 장신구를 떼어 내라 그리하면 내가 너희에게
어떻게 할 것인지 정하겠노라"고 명령하였다. 이스라엘은 이 명령에 순종했고,
모세는 여호와를 찾으려고 진 밖으로 나갔다(7절). 그의 믿음은 이제 시험대에 올
랐는데, 개인적으로 그가 하나님을 믿는 것 보다는, 넘치도록 풍성한 주님의 은
혜에 의한 것이다. "내가 친히 갈까? 내가 너를 쉬게 할까?"라는 말씀은 그의 마음
에 도전이 되었다. 그들의 신념의 진정한 근거를 스스로 잘 발견하도록 하기 위
하여, 여호와께서는 때때로 이와 같이 그의 백성을 시험하신다. 그의 많은 제자
들이 그를 버리려고 할 때 예수께서 열두 제자들에게 "너희도 가려느냐"(요 6:67)
고 물으셨다. 그들이 그렇게 하지 않을 것을 그리스도께서 아셨고 또 그들도 알
았다. 하지만 그는 그들의 마음을 그 스스로에게로 끌어내셨다.

"모세가 여호와께 아뢰되 주께서 친히 가지 아니하시려거든 우리를 이곳에서
올려 보내지 마옵소서." 모세는 상황을 훌륭하게 부각시켰다고 하거나 아니면 여
호와의 도전에 그의 심령이 복되게 응답했다고 말할 수 있겠다. 그는 여호와께서
친히 그들과 함께 하시지 않으면 모든 것이 허사가 될 것임을 느꼈다. 그는 자신
에 대한 신념이 전혀 없었을 뿐만 아니라 그들 '앞에' 사자가 나아가리라는 전망
에 대해서는 만족하지 못했다. 그가 바라는 것은 여호와께서 친히 임재하시는
것, 즉 열망하는 그의 영혼과 하나님이 교제하는 것이었다. 이것은 또한 모든 새
로된 심령들이 고대하는 일이 아니랴? 여기에서 모세가 자신을 이스라엘과 동일
시 한 것은 매우 감동적인 일로서, 그는 "우리를 이 곳에서 올려 보내지 마옵소
서"라고 말한다. 그는 "볼지어다 나와 및 하나님께서 내게 주신 자녀라"(히 2:13)
고 말씀하신 이를 다시 얼마나 잘 예시해 주는가?

"나와 주의 백성이 주의 목전에 은총 입은 줄을 무엇으로 알리이까 주께서 우리와 함
께 행하심으로 나와 주의 백성을 천하 만민 중에 구별하심이 아니니이까"(출 33:16). 모
세는 지금 호소하는 것은 하나님의 탁월하고 제한할 수 없는 은혜(다만 그것에
대한 우리의 믿음의 부족에 의하여 그 경계가 한정될 뿐인 은혜)이다. 그것은 그

가 호소할 수 있는 모두이기는 하였지만, 다음 구절에서 이르시는 바와 같이, 그것은 충분했다. 즉 그의 간구는 헛되지 않았다. 그가 다시 그의 사악하나마 회개하는 민족과 자신을 동일시하여 "나와 주의 백성"이라고 두 번이나 말하고 있음을 볼 수 있다. "이것은 결코 그리스도를 예시한 것이라고는 할 수 없다 — 이스라엘에 대한 모세의 강렬한 사랑은 그들을 자신과 함께 묶어, 하나님 앞에 있는 그의 은총의 자리에 두었다. 그뿐만 아니라, 그는 지금 그들을 더 높게 세워서, 하나님과 연결시킨다. 하나님께서 이스라엘을 그들 자신의 근거에서 다루었고, 그리고 그 후에 그들이 그분을 거절하자, 모세에게 이르실 때에 '네' 백성이라고 하셨음을, 우리는 알고 있었다. 그러나 이제 모세가 중보자로 활동하면서, 하나님이 들으시도록, 그는 또다시 '주의 백성'이라고 말한다"(Ed. Dennett).

"나와 주의 백성을 천하 만민 중에 구별하심이 아니니이까." 이는 참으로 중요한 구절이다. 여호와께서 그의 백성 가운데 계신 것은 그의 백성이 아닌 모든 사람들로부터 그들을 구별하기 위함이다. 오늘날 이 사실을 이해하는 사람이 얼마나 적은가? 그러나 다시 이에 대한 복을 받은 여기의 모형적 모습으로 되돌아가자. "그는 이와 같이 하나님이 그의 백성과 함께 거하심을 사실이 그러하듯이, 거룩한 은총의 증거 — 은총의 회복 — 로 간주하였다. 그가 임재해 계시다는 사실 외에는 그들이 다른 모든 사람으로부터 구별되었음을 알아낼 수 없을 것이다. 이 세대에 있어서도 그 원칙은 마찬가지다. 땅 위에 성령께서 임재하시므로 하나님을 위한 처소 안에 그의 백성을 세우고, 그들을 모든 것으로부터 완전히 구별하니, 그 결과 다만 두 가지 현상만이 있으니, 곧 성령님의 임재와 그 활동의 영역과 사탄의 활동과 그 능력의 영역이다"(Ed. Dennett).

"여호와께서 모세에게 이르시되 네가 말하는 이 일도 내가 하리니 너는 내 목전에 은총을 입었고 내가 이름으로도 너를 앎이니라"(출 33:17). 모세의 간구는 완전히 달성되었다. 이 여호와의 말씀은 14절에서 자신이 제기한 질문에 대한 그분 자신의 대답이 되었다. 그것은 곧 "내가 친히 가리라 내가 너를 쉬게 하리라"고 하신 말씀이었다. 이것은 그의 종의 간청에 대하여 여호와께서 친히 대답하신 것이었고, 또한 그것은 그의 마음에 확신을 위하여 필요한 전부로서, 그들이 광야를 횡단하는 일에 이스라엘의 안전에 보장이 되었다. 그것은 순전하고 단순하며, 지고하고 오래 참는 은혜였다. 은혜는 하나님의 모든 요구를 위반한 백성들에게 허락하신 것이었다. 은혜는 중보자의 주요한 간구에 대한 응답으로 수여되었다. 이에 대한 언급은 먼 훗날 여호와께서 어떤 선지자를 통하여 말씀하신 곳에서 다음과 같이 찾아 볼 수 있다. "여호와께서 이같이 말씀하시니라 칼에서 벗어난 백성이 광야에서 은혜를 입었나니 곧 내가 이스라엘로 안식을 얻게 하러 갈 때에라"(렘 31:2).

이스라엘의 하나님이 그리스도인들의 하나님이 되심은 참으로 복된 일이다. 우리가 이 땅을 여행하는 동안 그는 "내가 친히 가리라"고 하신 동일하고 소중한 보증을 우리에게도 하셨다. 행로가 어떻게 거칠더라도, 길로 인하여 당하는 시련과 실망이 그 어떠할지라도 여호와께서 친히 우리와 함께 하신다. 그가 "볼지어다 내가 세상 끝날까지 너희와 항상 함께 있으리라 하시니라"(마 28:20)고 하시지 않았던가! 그는 우리를 두둔하고 보호하며, 이끌고 인도하며, 위로하고 기쁘게 하신다. 항상 우리와 함께 계셔서 "환난 중에 만날 큰 도움이 되신다"(시 46:1). 오! 믿음으로만 이를 깨닫게 되는도다. 오! 믿음으로만 그렇게 의지하여 행한다 — 항상 임재하시고, 모든 일에 족한 그리스도가 우리 편에 있다.

이러한 즐거움과 능력 가운데서 살지 아니하고 얼마나 우리는 스스로 별다르게 행하고 있는가! "두려워하지 말라 내가 너와 함께 함이라 놀라지 말라 나는 네 하나님이 됨이라"(사 41:10). "네가 물 가운데로 지날 때에 내가 너와 함께 할 것이라 강을 건널 때에 물이 너를 침몰하지 못할 것이며 네가 불 가운데로 지날 때에 타지도 아니할 것이요 불꽃이 너를 사르지도 못하리니"(사 43:2). 그는 바벨론의 풀무 가운데서도 세 사람의 히브리인들과 함께 하시지 않았던가! 그러므로 이렇게 외치자. "내가 사망의 음침한 골짜기로 다닐지라도 해를 두려워하지 않을 것은 주께서 나와 함께 하심이라"(시 23:4). 그러하도다. 그가 친히 약속하기를, "내가 결코 너희를 버리지 아니하고 너희를 떠나지 아니하리라"(히 13:5)고 한다. 그의 이름 위에 찬양과 영광을 돌릴지어다.

"내가 친히 가리라 내가 너를 쉬게 하리라." 여기에 두 가지 사실이 있는데, 현재에 여호와의 임재가 있다는 것과 미래에 대한 '안식'을 보증하셨다. 더 이상 무엇을 바라랴? 복된 약속이요, 영광스러운 전망이로다! '안식'은 하나님 안에 있는 '안식'(히 4:1)이요, 죄로부터의 안식, 수고로부터의 안식, 그리고 슬픔으로부터의 안식이다. 믿음으로 그것을 바라볼 수 있다. 소망 가운데서 지금이라도 누릴 수 있음은 "믿음은 바라는 것들의 실상이요 보이지 않는 것들의 증거"(히 11:1)이기 때문이다. 함께 가는 순례자들이여 허리를 동여매시라. 이 광야의 여정은 영원한 것이 아니로다. 수년만 더 있으면 아마도 한순간에 수고와 괴로움은 끝나고, 피곤한 자에게 안식이 있을 것이다. 그동안 옛날의 이스라엘을 다스리셨음 같이 그가 우리를 다스리실 것이다. "그들을 구원하시며 그의 사랑과 그의 자비로 그들을 구원하시고 옛적 모든 날에 그들을 드시며 안으셨으나"(사 63:9). 이것은 은혜요, 그들의 모든 죄 위에 넘치는 은혜이다. 이 하나님은 우리의 하나님으로서, "모든 은혜의 하나님"(벧전 5:10)이 이시다. 우리의 심령이 그를 사모하며 우리의 생활을 통하여 그에게 찬양을 돌리기를 바란다.

제65장

지극한 자비

출애굽기 33:18-23

출애굽기 33장의 다양한 내용을 공부할 때, 이러한 사건들이 기록된 이 특별한 책을 기억해둘 필요가 있다. 그것들은 레위기가 아니라 출애굽기에 있다. 모든 것들은 선택의 원칙에 따라 성령님에 의하여 성경의 각 책에 분배되어 있다. 그것들은 그 책의 특별한 설계에 따라 완벽하게 조화되어 있어서, 다만 그 주제에 직접적으로 기여하는 것에만 그 장소가 주어졌다. 그 주제에 관계가 없는 모든 것이나, 그 목적이나 특성에 관하여 비유를 들어주거나 강조하는 일에 관계가 없는 모든 것들은 제외되었다. 이것은 사복음서에서도 사실인데, 거기에서는 각 전도자들이 주 예수를 제시해 주는 특별한 성격에 완전히 일치된 일들만을 포함하도록 성경을 감동하게 하신 자에 의하여 지시하심을 받았을 뿐만 아니라, 그 네 가지 책은 이스라엘 민족의 초기 역사를 실질적으로, 그리고 인상적으로 잘 취급하고 있다. 이러한 사실을 시인해야만 성령께서 하신 완전한 솜씨에 대하여 감사할 수 있으며 또 우리가 그렇게 함으로써 때때로 수많은 구절들의 깊은 의미를 열어주는 열쇠를 찾을 수 있다.

창세기는 거룩한 선택(selection)의 근본 진리를 예증해준 책이다. 이것은 하나님께서 아브라함을 가려내시사 그의 택함을 받은 백성의 조상이 되게 한 사실에서 볼 수 있다. 출애굽기는 거룩한 구속(redemption)의 복된 진리를 제시해 주는 책으로, 하나님께서 노예 된 백성들을 그 얽매인 집으로부터 속량하고 해방시키시사 주님 자신에게 가까운 장소로 그들을 인도하신다. 레위기는 거룩한 예배(worship)의 책으로서, 제사장의 특권과 그 시행을 기록하였는데, 그의 백성들로 하여금 하나님에게 접근할 수 있도록 예비하신 것들을 우리에게 계시한다. 이와 같이, 거룩한 기록들 가운데 있는 이 첫 번째 세 가지 책들은, 앞에서 말씀드린 바와 같이, 특별히 신성의 각 위(Person)에 연관되어 있다. 아버지의 예정 (predestination), 아들의 속죄(propitiation), 성령의 예배에 대한 감동(inspiration to worship)이 바로 그것이다.

이미 언급한 바와 같이 출애굽기에서 펼쳐지는 큰 주제는 구속에 관한 것이다. 이 사실은 이 시리지의 앞에 있었던 장들에서 여러 번 지적한 바 있지만, 다시 그 것을 언급하는 것은 그것이 우리가 지금 다루고자 하는 장에 빛을 던져주기 때문 이다. 여기서 우리가 주목하고자 하는 것은 그 구속은 고역과 노예로부터 구원을 얻어내었을 뿐만 아니라, 그 은총을 입은 대상들을 하나님께 가까운 장소로 옮긴 다는 것이다. 뿐만 아니라, 구속자의 중보를 통하여 그의 구속함을 받은 자들이 약속된 유업을 향하여 가는 동안 하나님의 은혜와 자비를 지속해서 보장해 주며, 그의 연약하고 실수 잘하는 백성들 가운데 여호와의 지속적 임재를 보증한다는 것이다. 출애굽기 33:13-16에서, 모세는 그들 가운데 지속적인 하나님의 임재가 함께 하실 것을 간구하고 있다. 17절에 여호와께서 대답하시기를 "네가 말하는 이 일도 내가 하리니"라고 한다. 이 책의 마지막에 이르러 이 사실이 성취됨을 보 게 된다. 모세가 성막을 세운 뒤에 여호와의 임재의 가시적 상징이 내려와 그것 을 채웠고 또 이르시기를 "낮에는 여호와의 구름이 성막 위에 있고 밤에는 불이 그 구름 가운데에 있음을 이스라엘의 온 족속이 그 모든 행진하는 길에서 그들의 눈으로 보았더라"(출 40:38)고 한다.

지난 몇 장에서 우리는 그의 백성에 대한 모세의 사랑과 그들을 위하여 하나님 앞에 중보기도를 유도한 사실에 대해 주목해 보았다. 현재에서는 그가 주 예수의 아름다운 모형이 됨을 볼 수 있다. 그러나 우리가 여기에서 강조하고자 하는 것 은 이에 대한 기록이 출애굽기에 있다고 하는 것과 우리를 위한 그리스도의 간구 (그것들이 보장해 주는 모든 축복들과 함께)가 그의 백성들을 위하여 그가 이루 어 놓으신 구속의 열매라는 것이다. 우리가 이미 본 바와 같이, 그의 백성을 위한 모세의 기도가 얻어 낸 첫 번째 큰 축복은 하나님의 소멸하는 진노를 막은 것이 다(출 32:10, 14). 그의 간구가 그들을 위하여 얻어 낸 두 번째 큰 특혜 ― 하나님 의 목전에 그가 친히 은총을 입은 일에 근거하여 ― 는 그들과 함께 하는 여호와 의 지속적인 임재를 보증받은 것이었다(출 32:12-17). 이러한 사실들을 명심하고, 이제 출애굽기 32, 33장에 기록된 일곱째와 마지막 일에 대하여 생각해 보자 ― 앞에 있었던 장의 두 번째 항목과 비교해 보라.

"모세가 이르되 원하건대 주의 영광을 내게 보이소서"(출 33:18). 이와 같은 구절을 거론함에 있어서 우리의 필(筆)은 주저하지 않을 수 없으니, 이는 어떤 사악한 피조물이 하나님의 영광과 같은 출중한 주제에 대하여 쓸 수 있는 무슨 능력이 있겠는가? 그럼에도 불구하고, 모세의 이 요구를 살펴보면 몇 가지의 복된 생각이 제시되어 있다. 맨 먼저 그것이 기록된 책의 관점에서 살펴보면, 이것은 구속받은 자들의 소원이며 그들을 구속한 목적임을 가리키고 있지 않는가 ─ 하나님의 영광을 바라보는 것! 이 소원은 다가올 날에 실현될 것이며 이 이상적인 목표가 그때에 이르러 달성될 것임을 거룩한 기록의 마지막 장에 기록된 사실에 의하여 알 수 있다. 거기에 영원한 도성에 대하여 이르시기를 "성 안에서 내가 성전을 보지 못하였으니 이는 주 하나님 곧 전능하신 이와 및 어린 양이 그 성전이심이라 그 성은 해나 달의 비침이 쓸 데 없으니 이는 하나님의 영광이 비치고 어린 양이 그 등불이 되심이라"(계 21:22, 23)고 한다.

"원하건대 주의 영광을 내게 보이소서." 그 다음으로 이 구절에 이어지는 본문 내용의 관점에서 보면 하나님과 친밀한 교제의 분명한 산물이 무엇인지를 보게 된다. 위대하신 여호와께서 비하하심으로 죄로 인하여 멀리 떨어진 자에게 매우 가까이 나아오심을 볼 수 있는데 이에 대하여 이르시기를 "사람이 자기의 친구와 이야기함 같이 여호와께서는 모세와 대면하여 말씀하시며"(출 33:11)라고 한다. 그런데, 이 일이 모세에게 미친 결과는 무엇이었나? 그분의 은혜를 자유롭게 구할 수 있게 되었을 뿐만 아니라 그를 더욱 알고자 하는 거룩한 소원이 생겼다. 이러한 것은 언제나 하나님과의 참되고 가까운 교제의 결과로서, 우리가 그에 대하여 더 알수록 그분을 더욱 알기를 원한다. 하나님은 그의 백성들을 더 가까이 이끌도록 계획하셨고 그들은 더욱 "여호와여 주의 얼굴을 들어 우리에게 비추소서"(시 4:6)라고 부르짖게 할 것이다.

"원하건대 주의 영광을 내게 보이소서." 만일 이 구절과 그 앞에 있는 구절 사이의 관계를 살펴본다면, 우리가 명심해야 할 기도에 대한 또 다른 값진 교훈을 배우게 될 것이다. 앞 구절에서 이르기를, "여호와께서 모세에게 이르시되 네가 말하는 이 일도 내가 하리니 너는 내 목전에 은총을 입었고 내가 이름으로도 너를 앎이니라"고 한다. 모세는 여호와께 두 번 간구를 드렸는데, 처음에는 그의 백성들을 소멸하시지 말도록 구하였고 그 다음에는 그가 계속하여 그들 가운데 임재 해 계실 것을 구했다. 이 간구들은 모두 은혜롭게도 허락하심을 받았다. 모세는 그

의 성공으로 만족하는 대신 담대함을 얻어 더 큰 간구를 드렸다. 여호와의 응답
이 말해 주듯이, 그는 그의 종의 집요함에 대하여 불쾌하게 여기지 않으셨다. 기
도로써 "우리가 왕에게 나아갈 때에" 이 사실을 기억하여 "큰 간구를 가지고" 그
에게로 나아가자. 이렇게 하는 것이 그를 존귀하게 하는 것이다.

"내가 내 모든 선한 것을 네 앞으로 지나가게 하고"(출 33:19). 하나님의 '영광'은
그의 '선함'이요, 그의 '선함'은 그의 '영광'이 됨을 여기에서 배우는 것은 얼마
나 놀라운 일인가! 그렇다면 여호와의 선함이란 도대체 무엇인가? 오, 누가 이 물
음에 감히 답하리오! 인간의 정의는 무의미한 것이로다. 그의 '선함'이란 그의 어
떠하심, 그의 인격의 모든 탁월성이라고 말할 수 있을까? 그러나 다음에 말씀하
신 구절에서 우리의 이 물음에 대하여 여호와께서 친히 대답해 주셨을 뿐만 아니
라 모세에게 하신 약속도 성취하셨다. "여호와라 자비롭고 은혜롭고 노하기를 더
디하고 인자와 진실이 많은 하나님이라 인자를 천대까지 베풀며 악과 과실과 죄
를 용서하리라 그러나 벌을 면제하지는 아니하고 아버지의 악행을 자손 삼사 대
까지 보응하리라"(출 34:6, 7).

"여호와의 이름을 네 앞에 선포하리라"(출 33:19). 이것은 불붙는 떨기나무에서 그
가 모세를 처음 부르실 때 먼저 선포하신 것을 새롭게 하며 확증하는 것이 아닌
가? 모세가 하나님께 고하되, "내가 이스라엘 자손에게 가서 이르기를 너희의 조
상의 하나님이 나를 너희에게 보내셨다 하면 그들이 내게 묻기를 그의 이름이 무
엇이냐 하리니 내가 무엇이라고 그들에게 말하리이까"라고 한다. 하나님이 대답
하시기를, "나는 스스로 있는 자이니라 또 이르시되 너는 이스라엘 자손에게 이
같이 이르기를 스스로 있는 자가 나를 너희에게 보내셨다 하라 하나님이 또 모세
에게 이르시되 너는 이스라엘 자손에게 이같이 이르기를 너희 조상의 하나님 여
호와 곧 아브라함의 하나님, 이삭의 하나님, 야곱의 하나님께서 나를 너희에게
보내셨다 하라 이는 나의 영원한 이름이요 대대로 기억할 나의 칭호니라"(출
3:14, 15)고 한다.

"나는 은혜 베풀 자에게 은혜를 베풀고 긍휼히 여길 자에게 긍휼을 베푸느니라"(출
33:19). 이 말씀은 성경 가운데서 하나님의 백성들의 위로에 대한 참으로 소중한
진리 중에 하나를 제시하고 있지만, 오늘날 이를 이해하는 이는 매우 적다. 디모
데후서 2:15에 하나님의 종에게 분부하시기를 "너는 진리의 말씀을 옳게 분별하
며 부끄러울 것이 없는 일꾼으로 인정된 자로 자신을 하나님 앞에 드리기를 힘쓰

라"고 한다. 그러나 하나님의 은혜(grace)와 하나님의 자비(mercy) 사이를 "옳게 분별"할 수 있는 자들이 과연 얼마나 될까? 얼마나 많은 사람들이 이것들을 사실상 동의어로 여기는가? 다른 것들 사이를 분별하지 못하고 또 분명히 구분된 것들을 우리의 생각 속에서 혼돈하고 있으므로 얼마나 손실이 많은가? 성경은 하나님의 은혜와 자비를 결코 혼돈하는 일이 없으며 만일 우리가 그렇게 한다면 그것은 큰 손실이 된다.

이러한 하나님의 두 가지 속성을 언급하신 순서가 그것들 사이를 구별하게 하는 열쇠를 제공해 주는데, 하나님의 '자비'는 '은혜' 다음에 온다. 왜 그런가? 이는 자비란 그의 은혜를 보답하는 일에 실패한 그의 백성들의 절실한 필요에 대처한 하나님의 기이한 예비하심이기 때문이다. 이것은 출애굽기 33장에서 참으로 복되게 나타나 있다. 애굽에서 시내 산까지 하나님은 이스라엘을 순수한 은혜에 근거하여 다스리셨다. 그들은 본질상 애굽인들보다 조금도 나은 것이 없었지만 하나님은 그의 지극한 인자함으로 그들이 얽매였던 집으로부터 이끌어 내시고, 홍해를 건너게 하시며, 그에게로 그들을 구별하시고, 광야에서 그들의 모든 필요를 채워 주셨다. 그러나 그러한 은총과 축복들에 대하여 그들은 어떻게 보답하였나? 그들은 그를 대적하고 거역하여 그가 계실 자리에 한 우상을 세웠다. 그러했을 때 그들의 상태는 절망적이었던가? 그들이 '통곡'하고 그들의 장신구를 제하고 장막에서 그의 임재를 나타내신 상징 앞에 엎드려 절한 것은 사실이다. 그러나 하나님은 그의 은총을 그렇게 가볍게 생각하였던 그들과 함께 더 이상 나아갈 수 있었겠는가?

우리가 이미 본 바와 같이 모형적 중보자는 너무도 가증된 죄를 범한 그 백성들을 위하여 간구하였다. 그러자 여호와께서는 성경 그 어디에서도 발견되지 아니한 그의 복된 성품에 대한 계시를 나타내 보이셨다. 여기에서 나타내신 하나님의 성품은 일찍이 나타낸 일이 없는 소위 하나님의 자비의 진정한 깊이였다. 이에 대한 소중한 말씀들에 대한 언급이 창세기에 있음은 사실이겠으나 그것의 의미에 대한 충분한 해석은 거기에서 찾아볼 수 없다. 하나님의 존재에 대한 심오하고 복된 계시는 여기 출애굽기 33장에서 너무도 풍성하게, 너무도 상세히, 그리고 복되게 나타나 있다. 인간의 궁지는 하나님의 기회가 되었다. 거룩한 은혜의 넘침은 남용되었고, 그의 공의로운 율법은 파기되었으며, 시내 산의 언약(출 24장)으로 맺은 유대관계는 이스라엘의 반역에 의하여 단절되고 말았다. 하나님의 지극하고 절대적인 '자비'(mercy)는 그가 스스로 물러나서 자신으로부터 행하는 그분의 자원이었다. 즉 오직 자비를 실행함으로써 죄를 지은 이스라엘은 멸망 받아야 마땅한 상태에서 해방되었다.

위에서 말씀드린 바와 같이, 여호와께서 노예 되었던 그의 백성들이 묶였던 바로의 땅에서 이끌어 내어 르비딤에서 지팡이로 친 바위에서 물이 쏟아져 나왔을 때까지, 그 모든 일들은 그럴 가치가 없을 뿐만 아니라 전혀 공로가 없는 자들에 대한 순전한 은혜의 물줄기요, 거저 주신 선물이요 거룩한 은총들이었다. 그러나 여기 출애굽기 33장에 보면 이스라엘이 완전히 다른 근거에서 하나님을 찬양하게 되었으며 이 시점으로부터 그 근거가 이스라엘의 찬양의 대주제가 되었음을 볼 수 있다. "여호와께 감사하라 그는 선하시며 그 인자하심이 영원함이로다"(시 106:1). 이 대조를 입증하기 위해, 시편 105편과 106편의 내용을 살펴보자. 독자들께서는 시편 105편은 "여호와께 감사하며"라고 하는 말로 시작하여 이스라엘의 은혜의 역사와 여호와께서 족장들을 다스리신 것으로부터(9절) 르비딤에 이르기까지 하나님이 그들의 자손들에게 행하신 일들을 회상하고 있다. 그 다음 41절에서 이르기를, "반석을 여신즉 물이 흘러나와 마른 땅에 강 같이 흘렀으니"라고 하고, 그 후에 시편 기자는 그의 말을 맺는다. 여기서 볼 수 있는 바와 같이 이 내용 가운데 '자비'라는 말은 단 한 번도 언급되지 않았다.

이제 독자들은 이스라엘 여정의 자비에 대한 역사를 기록한 시편 106편을 살펴보도록 하자. 이 시편이 얼마나 자주 이스라엘의 죄악들, 곧 그들의 불신앙(7절), 조급함(13절), 욕심(14절), 모세를 질투함(16절), 우상 숭배(19절), 불평(25절), 불성실(28절), 여호와의 진노를 사게 함(33절), 불순종(34절), 그들의 사악함(35, 37) 등을 언급했는지를 살펴보자. 43절에서 요약하기를, "여호와께서 여러 번 그들을 건지시나 그들은 교묘하게 거역하며 자기 죄악으로 말미암아 낮아짐을 당하였도다"라고 한다. 이와 같이 이스라엘은 하나님의 기이한 은혜를 악하게 보답하였다. 그 후에 어떻게 되었던가? 그가 그들을 전멸시키셨던가? 물론 그렇게 하실 수도 있었을 것이다. 그러나 그 대신 이르시기를, "그들을 위하여 그의 언약을 기억하시고 그 크신 인자하심(mercies)을 따라 뜻을 돌이키사"(45절)라고 한다.

시내 산으로부터 그리고 그 이후로 이스라엘의 노래는 하나님의 은혜(grace)에 대하여 결코 재론함이 없었다. 그들이 금송아지를 세웠을 때에는 그렇게 하기에 이미 늦었다. 사실상 그의 면전에서 그의 은혜는 남용되었고 또한 그의 얼굴을 향하여 던짐을 당했다. 그의 율법은 훼손되었고 그의 언약은 파기되었다. 그러나 그의 자비는 '영원함이로다', 할렐루야! 그러므로 자비는 그의 은혜를 대적하여 범죄한 자들의 깊고도 절실한 필요를 채워주는 하나님의 복된 본성이다. 하나님의 은혜의 배경은 우리들의 허무와 빈곤과 무가치함에 있다. 그것이 곧 우리에게 "긍휼하심을 받고 때를 따라 돕는 은혜(mercy)를 얻기 위하여"(히 4:16) 은혜(grace)의 보좌로 나아오라고 명하신 이유이다.

위에서 이끌어낸 구별은 신약의 서신서의 서두에 있는 문안에서 발견되는 것을 설명하는 데 도움을 주고 있다. 다음에 제시하는 구절들을 살펴보기 바란다. 로마서 1:7; 고린도전서 1:1, 2; 고린도후서 1:1; 2, 갈라디아서 1:3; 에베소서 1:2; 빌립보서 1:2; 골로새서 1:2; 데살로니가전서 1:1, 2; 데살로니가후서 1:2 등에 보면 그리스도인들에게 "은혜가 너희에게 있을지어다"라고 문안하였다. 그러나 우리가 디모데전서 1:2; 디모데후서 1:2 등에 보면 "긍휼"을 더하여 "은혜와 긍휼과 평강"이라고 하였다. 왜 그런가? 우리가 알기로는 필자들 중 그 누구도 여기에 알맞다고 여겨지는 대답을 한 사람을 여태껏 보지 못했다. 그러나 이스라엘의 역사가 이에 대한 열쇠를 제공해 주고 있지 않는가? 오호라! 역사는 그 자체를 반복하지 않았던가? 그 당시의 기독교 교계는 이스라엘의 노정과 일치하지 않았던가? 그 당시의 교계도 역시 하나님의 기이한 '긍휼'을 남용하지 않았던가? 또한 그것은 참으로 다행스럽게도 우리를 그의 긍휼에 따라 다스리시지 않았던가?

우리가 디모데를 보게 되면(딤전 4:1; 딤후 3:1 참조) 그 시대의 종식에 이르렀음을 주의 깊게 살펴보아야 할 것이다. 오! 하나님의 백성들이 불성실, 타락, 그리고 미온적이었을 때 "오래 참으신 것"은 그의 긍휼하심 때문이 아니었던가! 좀 더 더 중요한 사실은 마지막 서신서(종말의 형편을 다룬 책) 유다서가 "긍휼이 너희에게 더욱 많을지어다"라는 말씀으로 시작된 것이다. 진실로 '긍휼'은 우리의 마지막 소망이다. 뿐만 아니라 그것은 없어지지 아니한다. 그러하다. 우리는 "영생에 이르도록 우리 주 예수 그리스도의 긍휼(mercy)을 기다린다"(유 21절) ― 이는 그의 재림을 의미하고 있다(비교, 딤후 1:18).

오, 그리스도인 독자들이여! 우리 하나님 안에 풍성한(엡 2:4) 이 영광된 긍휼의 속성을 우리의 영혼이 이해하고 파악하는가? 우리가 때때로 그것을 그의 은혜와 혼돈하므로 그 분명한 영광과 축복을 추구하는 일에 실패하지 않는가? 우리는 다만 그의 거룩한 율법을 거듭 어기므로 그의 이 은혜를 멸시해왔지 않았던가?

사실이 그러하다면 우리의 마지막 원천으로 여겨지는 바로 그 속성, 그의 자비 (긍휼)만이 남아 있지 않겠는가! 바로 이 진리를 잘못 전유하고 사용하는 일에 주의하면서, 그들의 심령이 이를 잘 깨달아 하나님을 기쁘시게 해 드리며 영광 돌리기를 원한다면, 이는 형용할 수 없이 귀한 일이다. 하나님의 은혜를 대적하여 지은 죄를 참으로 한탄하는 자만이 그의 자비를 올바로 이해할 수 있다. 이로써 그들이 어제의 감당하지 못할 은혜를 깨닫고 또한 오늘에 필요한 새로운 은혜의 공급을 찾게 될 "긍휼을 입는" 하나님의 은혜의 보좌로 담대히(값 없이) 나아가도록 초대받게 될 것이다.

거룩한 기록 가운데서 위에서 말한 사실과 온전히 일치하는 하나님의 '긍휼'에 대한 첫 번째 언급은 "그러나 롯이 지체하매 그 사람들이 롯의 손과 그 아내의 손과 두 딸의 손을 잡아 인도하여 성 밖에 두니 여호와께서 그에게 자비를 더하심이었더라"(창 19:16)고 하신 말씀이었다. 이것은 롯에 관한 일로서 그가 그것을 직접 깨달은 사실은 참으로 복된 일이다. 그는 "종이 주께 은혜를 입었고 주께서 큰 인자를 내게 베푸사 내 생명을 구원하시오나"(창 19:19)라고 말한다. 그러하다, 그가 하나님의 목전에 "은혜를 얻었으니" 이는 그가 여호와의 백성에 속한 자이기 때문이었다(벧후 2:7). 그러나 그는 얼마나 그 은혜를 천하게 여겼던가! 그는 아브라함을 저버렸을 뿐만 아니라 사악한 소돔 땅에 정착하였다. 그러한 자에 유일한 소망이 있다면 오직 자비였고 하나님은 그에게 이를 '강하게 보이셨다.'

이제 마지막으로 지적할 것이 남아 있는 것은 출애굽기 33:19에 여호와께서 "나는 은혜 베풀 자에게 은혜를 베풀고 긍휼히 여길 자에게 긍휼을 베푸느니라"고 하심으로 이 속성을 실행하실 때의 그의 주권(sovereignty)을 강조한다는 것이다. 그것은 불가피하게도 그렇게 되어야만 한다. 긍휼은 그 누구도 권리로 주장할 수 없는 것이며, 만일 그들이 그렇게 한다면 더 이상 자비가 될 수가 없다. 그러함에도 하나님은 스스로 그 권리를 번복하시므로 그가 기뻐하는 자에게는 그것을 베푸시고 원치 않는 자에게는 거두신다. 사도는 그가 하나님의 주권에 대하여 길게 거론할 때 이 원칙에 대하여 로마서 9:18에서 주의를 요구하였다. 하나님은 이 일에 있어서도 공의로우시다. 만일 '긍휼'을 거두신다고 하더라도 아무것도 잘못되는 일이 아니다. 하나님은 자유로 그가 하고자 하는 대로 행한다. "내 것을 가지고 내 뜻대로 할 것이 아니냐"(마 20:15).

"또 이르시되 네가 내 얼굴을 보지 못하리니 나를 보고 살 자가 없음이니라"(출

33:20). 우리는 항상 하나님의 절대적 성품과 그분 자신을 알게 하는 상관물 사이를 반드시 구별할 줄 알아야 한다. 그의 절대적인 성품과 본성은 아무도 본 일이 없고 또 볼 수도 없으니, 이는 그가 '영'이시기 때문이고(요 4:24), 그러므로 비가시적인 존재이다. 그러나 그는 자신을 그의 여러 가지 이름과 명칭에 의하여, 그의 많고 다양한 속성을 나타내심에 의하여 우리에게 알려 주셨을 뿐만 아니라 그리스도의 인성에 의하여 또 그 안에서 보다 상세하고 복되게 알려 주셨다. 그러나 아직도 절대적인 진리로 존재하고 있는 것은 하나님은 비가시적인 하나님으로서 "가까이 가지 못할 빛에 거하시고 어떤 사람도 보지 못하였고 또 볼 수 없는 이시다"(딤전 6:16). 하나님께서 아브라함, 모세, 여호수아, 기드온과 같은 자들에게 자신을 친히 나타내신 구약시대는 삼위 중 두 번째 위가 되시는 자로 나타나셨으나, 여전히 그의 신성한 요소에 속한 것으로 하지 아니하시고 인간이나 천사의 형태로 나타내 보이셨다. 그 어떤 인간 피조물도 그의 모든 위엄과 말로 표현할 수 없는 영광 가운데 계신 무한하고 영원한 성령을 감지할 능력을 가진 자는 없다.

"여호와께서 또 이르시기를 보라 내 곁에 한 장소가 있으니 너는 그 반석 위에 서라 내 영광이 지나갈 때에 내가 너를 반석 틈에 두고 내가 지나도록 내 손으로 너를 덮었다가 손을 거두리니 네가 내 등을 볼 것이요 얼굴은 보지 못하리라"(출 33:21-23).

이는 참으로 복된 일이다. 사악한 인간이 무한히 의로운 거룩한 하나님의 신성한 완전하심을 분명하게 고찰하려면 그를 안전하고 평화스런 곳에 둘 필요가 있다. 이 하나님께서는 그의 무한하신 비하와 은혜로 이를 우리를 위하여 준비해 주셨다. 그리스도는 믿음의 '반석'이시다.

어거스터스 토플래디(Augustus Toplady)는 잘 알려진 그의 찬송 가운데서 이를 아름답게 묘사하였다. "만세 반석 열리니 내가 들어갑니다"라고 하였는데 우리는 이를 바꾸어, "만세 반석 열리니 은혜로 나를 주 안에 안전히 감추어 주셨네"라고 노래하는 것이 더 좋게 보인다.

하나님은 모세가 감당할 수 있도록 그의 임재의 느낌과 지각력을 은혜롭게 허락해 주셨다. 우리가 여기에서 다루고 있는 견해에 대한 한 아름다운 실례를 성령님에 힘입어 기록한 커일러(Dr. Cuyler) 박사의 저서를 다음과 같이 인용한다.

"나는 며칠 전에 그리스도에 대해 완고한 한 이웃과 이야기를 나누고 있었다. 그가 말하기를 '왜 나는 그에 대하여 당신이 느끼는 것처럼 느끼지 못합니까? 나

는 성경을 꽤 많이 읽었고 설교도 많이 들었지만 당신이 너무도 많이 이야기하는
이 구세주에 대하여 아무런 열정을 불러일으킬 수 없소.' 라고 하였다. 그래서 나
는 그에게 '당신의 말을 듣자니 수년 전에 화이트 산(White Mountains)에 간 일
이 생각나는군요. 우리는 그곳에 놀라운 자연스런 조각품, 곧 화강암 절벽에 인
간의 얼굴이 새겨져 있다고 들었소. 그것을 보려고 거기에 이르렀을 때 우리가
기대했던 것은 절벽이었을 뿐 거기엔 아무런 인간의 형태도 보이지 않았을 뿐만
아니라 우리가 전에 들을 것과 같은 모양이나 그것과 비슷한 모습은 아무것도 볼
수 없었소. 우리가 실망하고 돌아서려 할 때 마침 안내원이 와서 하는 말이, '당
신은 올바른 지점에서 그것을 보지 않았어요' 라고 하며 우리를 조금 더 높은 곳
으로 데리고 가서 '이제 돌아서서 보세요' 라고 했소. 그래서 돌아서서 보니 우리
얼굴처럼 분명하고도 아주 큰 얼굴들이 거기에 있었소. 우리가 올바른 지점에 이
르기 전까지는 다만 모서리난 암벽만 보았을 뿐 균형 잡힌 얼굴은 볼 수 없었소.
그 형태와 아름다운 장면은 관찰하는 방향에 달려 있소. 나의 친구여 , 당신에게도
이와 같소. 나와 함께 십자가의 그늘 아래로 갑시다. 뉘우치는 죄인이 되어 그곳
으로 갑시다. 다른 어느 인간보다 더 상한 그 얼굴을 바라보시오. 가시관을 쓰시
고 피로 물든 그 얼굴을 보시오. 고난당하는 자는 당신을 위하여 죽어가고 있으
며 당신은 그분 속에 당신의 영혼을 황홀케 하는 아름다움을 보게 될 것이오.' "

21절의 말씀과 22절에 언급된 말씀을 서로 연결하면, 신자들의 절대적인 보장
에 대해 아름답게 완성된 모형을 얻게 된다. 첫째, "너는 그 반석 위에 서라"고 하
신 말씀은 곧 다음과 같은 말씀을 기억하게 하다. "우리가 믿음으로 의롭다 하심
을 받았으니 우리 주 예수 그리스도로 말미암아 하나님과 화평을 누리자 또한 그
로 말미암아 우리가 믿음으로 서 있는 이 은혜에 들어감을 얻었으며"(롬 5:1, 2)
라고 하신 말씀이다. 둘째, 다음의 말씀을 잘 살펴보라. "내가 너를 반석 틈에 두
고"라고 하신 말씀인데 죄인은 그 누구나 스스로 이렇게 할 수 없다. 축복받은 사
람의 모습은 "그리스도 예수 안에서 지으심을 받은 자"(엡 2:10)로 택함 받은 영혼
에 속한다. 셋째, "내 손으로 너를 덮었다가"라고 하신 말씀인데 시편에 이르기를
"지존자의 은밀한 곳에 거하는 자는 전능하신 자의 그늘 아래 거하리로다"(시
91:1)라고 한다. 믿는 자들은 그리스도 안에 있을 뿐만 아니라 아버지의 손으로
보호하심을 받는다(요 10:29). 마지막으로, 우리가 반석 틈에 있을 때에만 하나님
의 '선하심' 이 우리 앞을 지나감을 살펴본다(출 33:22). 그의 '영광' 은 육신이 모

두 감추어졌을 때, 곧 "그리스도 안에 있는 새로운 피조물"이 되었을 때에만 우리가 볼 수 있게 나타난다.

"손을 거두리니 네가 내 등을 볼 것이요 얼굴은 보지 못하리라"(출 33:23). 이것은 율법적 통치를 준수하는 일이었다. 즉 율법은 다만 "장차 올 좋은 일의 그림자일 뿐이요 참 형상이 아니다"(히 10:1). 그러나 이와 대조되는 사실은 얼마나 복된가? "어두운 데에 빛이 비치라 말씀하셨던 그 하나님께서 예수 그리스도의 얼굴에 있는 하나님의 영광을 아는 빛을 우리 마음에 비추셨느니라"(고후 4:6)! 필자와 독자들을 하나님의 은혜로써 그러한 하나님과 또 그리스도 안에서 또 그를 통하여(요 14:9), 하나님 자신에 대한 그 같은 계시(딤전 3:16)에 합당하게 행할 수 있게 하옵소서.

제66장

하나님의 통치 원리

출애굽기 34:1-7

우리들이 고찰하는 현재의 성경 구절들은 앞에 있었던 출애굽기 19장과 24장의 후편으로 주는 것이다. 출애굽기 19장까지, 하나님은 이스라엘을 아브라함과 맺은 그의 무조건적인 언약에 따라 다스리셨다(창 15:18; 출 2:24; 6:3, 4 참조). 이스라엘이 시내 산에 당도하기 전 마지막에 기록된 일은 르비딤에서 기적적으로 그들에게 물을 주신 것이며, 이 일에 관하여 시편 기자는 이르기를 "반석을 여신즉 물이 흘러나와 마른 땅에 강 같이 흘렀으니 이는 그의 거룩한 말씀과 그의 종 아브라함을 기억하셨음이로다"(시 105:41, 42)라고 한다. 그러나 시내 산에 이르러서는 이스라엘의 하나님과의 유대관계는 다른 근거에 의하여 형성되었다.

출애굽기 19:5에서는, 모세가 백성에게 명하도록, 하나님께서 모세에게, "세계가 다 내게 속하였나니 너희가 내 말을 잘 듣고 내 언약을 지키면 너희는 모든 민족 중에서 내 소유가 되겠고"라고 말한다. 그가 아브라함과 맺은 언약에 관하여는, 이스라엘은 '준수'해야 할 아무것도 없었고, 거기에는 아무런 조건도 없었고, 아무런 약정도 없었고, 무슨 단서도 없었다. 아브라함과 그의 후손에 관한 한 무조건적인 것이었다. 그것은 순수한 은혜의 언약이었으며, 그 언약에 근거하여 하나님은 이 세대가 끝나면 다시 이스라엘을 다스리실 것이다. 그러나 시내에서, 하나님은 다른 언약을 제의하셨으니 거기에는 두 당사자 그 자신과 이스라엘이 있었다. 그것은 조건에 입각한 언약이었고, 만일 그들이 거기에 첨가된 복을 누리려면 이스라엘이 반드시 '준수'해야 할 그러한 언약이었다(출애굽기 19:5에 기록된 '만일'의 조건을 주의하여 살펴보라).

시내 산 언약 현장은 두 개의 돌판으로 되어 있었고 그 위에다 십계명을 새겼다(출 34:27, 28; 신 4:13 참조). 이 언약에 기록된 말들은 이스라엘이 기꺼이 수락하였고(출 19:8; 24:3). 이에 따라 그것은 피에 의하여 엄숙히 비준되었다(출 24:4-8). 이 언약을 제의함에 있어서 하나님은 두 가지 일을 그 앞에 두셨는데, 그것은 곧 그의 권한의 유지와 그 백성의 유익이었다. 은혜는 "의를 통하여" 언제나 왕 노릇하며(롬 5:21), 아브라함의 후손에 대한 그의 지고한 자비 안에서, 하나님은 그의 보좌의 요구를 반드시 시인한다. 그러나 이것은 또한 그들의 유익을 위한 것으로서, 하나님의 계명들은 "무거운 것이 아니며"(요일 5:3), 그것들을 준수하면 큰 보상이 있다. 이 시리즈의 제28장에서 이 율법은 구속을 떠나서라도 그의 피조물들에 대한 하나님의 권한과, 그들을 인정하고 만나게 하는 부가적 동기를 제공하고 있다는 사실을 살펴본 바 있다.

출애굽기 24장의 하반절에 보면, 여호와께서 모세에게 "너는 산에 올라 내게로 와서 거기 있으라 네가 그들을 가르치도록 내가 율법과 계명을 친히 기록한 돌판을 네게 주리라"(출 24:12)고 하신 말씀을 듣게 된다. 모세를 따라 그의 수종자 여호수아도 함께 산으로 올라갔으며, 18절에는 그가 "사십 일 사십 야"를 산에 있었다고 한다. 그 뒤에 이어지는 일곱 장들은 성막 건립에 대한 지시와 이에 필요한 사항들을 지시하신 내용이 기록되어 있다. 그 다음 출애굽기 32장에서는 그들의 지도자가 없는 동안에 아래에 있는 백성들이 어떻게 행동했는지를 기록하고 있는데, 금송아지를 만들어 거기에다 가증스럽게 절함으로써 큰 죄를 범했다. 다만 모형적 중보자의 간구에 의해서 하나님의 진노에 의한 멸절로부터 그들을 구해 주었다. 우리들이 이미 살펴본 바와 같이, 그들은 그 가증된 일로 인하여 가혹한 징계를 받았으며, 회막은 진 바깥으로 옮겨졌고, 이스라엘이 회개함에 따라 모세가 반복해서 간구하여 그들은 하나님과의 교제를 다시 회복하게 되었다.

그리하여 그 다음에 기록되기를 "여호와께서 모세에게 이르시되 너는 돌판 둘을 처음 것과 같이 다듬어 만들라 네가 깨뜨린 처음 판에 있던 말을 내가 그 판에 쓰리니 아침까지 준비하고 아침에 시내 산에 올라와 산 꼭대기에서 내게 보이되 아무도 너와 함께 오르지 말며 온 산에 아무도 나타나지 못하게 하고 양과 소도 산 앞에서 먹지 못하게 하라"(출 34:1-3)고 한다. 그러므로, 이 장의 서두에서 말한 바와 같이, 현재의 성경 구절들은 출애굽기 19장과 24장에서 우리에게 있었던 것의 결말이 된다. 이스라엘이 막간 동안 슬프게도 죄를 범하기는 하였지만 모세는 여호와께로 돌아가 새겨진 돌판들을 다시 받아와야만 했다. 지극히 높으신 이의 그 어떤 계획도 실패로 돌아가지는 않는다. 외견상으로는 피조물들의 사악함이 그의 모략의 실행을 훼방하거나 또는 저해하는 것으로 보일는지도 모른다. 그러나 그것은 단지 그렇게 보일 뿐이지 실제에 있어서는 그렇지 아니하다. "나의 뜻이 설 것이니 내가 나의 모든 기뻐하는 것을 이루리라"(사 46:10). 그분의 확실하고 변개함이 없는 선포 안에서.

위에서 살펴보아야 하는 근거는 그 모형적 가르침이 특별히 풍성하다. 이스라엘의 죄로 인하여 깨어진 첫 번째 돌판(출 32:10)은 하나님의 율법을 준수하는 일에 대한 인간의 무능의 모형이 된다. 첫 번째 돌판들은 "내가 네게 주리라"(출 24:12)고 하셨음과 같이 여호와께서 친히 마련하신 것이지만, 두 번째 것은 모세에 의하여 제공된 것이다. "너는 … 다듬어 만들라"(출 34:1). 여기에서 선포했던 자는 중보자 되신 그리스도의 모형이다. "내가 율법이나 선지자를 폐하러 온 줄로 생각하지 말라 폐하러 온 것이 아니요 완전하게 하려 함이라"(마 5:17). 따라서 두 번째의 돌판들은 법궤 안에 안전하게 보관되었고(신 10:5) 이는 다시 "나의 하나님이여 내가 주의 뜻 행하기를 즐기오니 주의 법이 나의 심중에 있나이다"(시 40:8)라고 말씀하였던 그분에 대한 모형이다.

다시 말해서 초기에 하나님께서 아브라함과 맺고 또 그것에 근거하여 이스라엘을 애굽에서 이끌어 내어 그에게 옳기게 한 그 언약은 하나님께서 그리스도와 맺은 영원한 언약(딤후 1:9; 딛 1:2; 히 13:20) 곧 그것에 기초하여 하나님의 백성들을 구하고 축복하신 언약(엡 1:3, 4)을 예시하였다. 그의 권한을 제정하시고 땅에 거하는 그의 백성의 유익을 가져다 준 하나님이 시내 산에서 이스라엘과 맺은 언약은 그의 백성에 대한 현재의 하나님의 통치(government)를 예표하는 것으로서 우리의 책임과 의무를 강조하고, 우리의 생애에 있어서 하나님으로부터 축복을 받을 수 있게 하는 방도를 우리에게 알려주며, 하나님이 우리를 다스리실 때 그가 친히 의거하는 원칙들을 계시한다. 다음에 이어 이에 대한 내용을 확대하여 또 다른 중대하고 소중한 상징적 모형을 살펴보도록 하자.

모세가 여호와께로부터 새겨진 돌판들을 받기 위해 두 번 산으로 오른 막간에 이스라엘이 가중한 죄를 범했지만 죄가 많은 곳에 "은혜가 더 풍성하였다." 시편 76:10에 "진실로 사람의 노여움은 주를 찬송하게 될 것이요"라고 예증한 것은 참으로 복된 것이다. 이스라엘의 범죄는 하나님의 의도를 철폐하는 일과는 너무도 멀었고, 다만 그에게 그 실패하는 백성들을 위하여 마련하신 기이한 예비하심을 드러내게 하는 기회를 제공하고, 끊임없는 사랑과 모형적 중보자의 상달되는 간구를 보여 주었을 뿐이었다. 우리들 앞에 있었던 몇 장에서는 하나님의 자비를 알려주는 영광스러운 절정 — 그의 은혜를 보답하는 일에 실패한 자들을 수종든 거룩한 성품의 기이한 표출 — 과 모세 앞에 그의 '선하심'의 모형이 지나가게 하신(출 33:19) 사실을 볼 수 있다. 그 '선하심'은 '여호와의 이름'을 공포하는 일과 불가분의 관계가 있는데, 그것이 의미했던 것에 대해서는 다음의 구절에서 살펴보도록 하겠다.

"또 다른 하나의 주의가 필요하다. 사탄이 들어와 한때는 그의 백성에 대한 하나님의 의도를 좌절시키는 일에 성공하는 것처럼 보였다. 그러나 사탄은 결코 모든 일에 그의 뚜렷한 승리로 완전히 이기지 못한다. 이 사실은 십자가 안에 있는 그 어디에서도 실증된 일이 없었을 뿐 아니라 금송아지에 관해서도 동일한 결과가 되고 말았다. 이것은 사탄의 일이었으나, 이스라엘의 실패는 모세의 중재를 통하여 하나님이 그의 은혜를 따라 마련하신, 하나님에 대한 보다 충만한 계시와 율법과 혼합되는 그분의 은혜를 베풀어 주시는 계기가 되었다. 사탄의 활동은 다만 하나님의 목적이 나타나게 할 뿐이었고 또한 사탄의 진노는 자신의 악의와 원한을 사게 한 백성들로 하여금 하나님께 찬양을 돌리게 하였다"(Ed. Dennett).

"모세가 돌판 둘을 처음 것과 같이 깎아 만들고 아침에 일찍이 일어나 그 두 돌판을 손에 들고 여호와의 명령대로 시내 산에 올라가니"(출 34:4). 이 구절의 모형적 가르침은 소위 하나님의 구속함을 받은 백성들이 아직도 율법 아래 있다는 일로 종종 거부되어온 중요한 진리를 제시해 주고 있는데, 이는 구원의 조건으로서가 아니라 그들의 행함에 거룩한 법칙이 된다. 여기에 있는 출애굽기 34장이 위에 계신 우리의 큰 대제사장의 간구를 잘 드러내고, 아름답게 예시하고 있는 출애굽기 33장의 내용 바로 다음에 기록되었다는 사실을 기억하도록 하자.

이에 대한 대형(원형)을 제시하고 있는 많은 신약성경의 구절들이 있다. 주 예수님께서 그의 제자들에게 "너희가 나를 사랑하면 나의 계명을 지키리라"(요 14:15)고 하셨는데, 이는 분명히 "나를 사랑하고 내 계명을 지키는 자에게는 천 대까지 은혜를 베푸느니라"(출 20:6)고 하신 말씀과 병행구가 된다. 이와 온전히 일치하는 것은 로마서 13:10의 "사랑은 율법의 완성이니라"고 하신 말씀이다. 율법은 폐기되지 않았을 뿐만 아니라 사랑은 무법이 아니다. 신약시대의 성도들은 "그리스도의 율법 아래에 있는 자들"이라고 사도가 말한 고린도전서 9:21의 말씀 또한 동일하게 명백한 것이다. 뿐만 아니라 로마서 6:14도 이에 상치되지 아니함은, 하나님의 말씀은 서로 대치되는 일이 없기 때문이다. 사도는 거기서 이르기를 "너희가 법 아래 있지 아니하고 은혜 아래 있음이니라"고 하였는데 이는 우리의 칭의에 대하여 말함이요 신자로서의 행함에 대해서 한 것이 아니다.

"여호와께서 구름 가운데에 강림하사 그와 함께 거기 서서 여호와의 이름을 선포하실새"(출 34:5). 이것은 즉시 우리들에게 매우 중요한 주제를 소개하고 있지만, 오호라, 다른 많은 것들과 마찬가지로 여호와의 이름에 관한 거룩한 기록의 가르침은 오늘날에 이르러 슬프게도 도외시되고 있다. 십계명의 세 번째 계명에 이르신 바와 같이 하나님은 그의 이름에 매우 열성을 가지고 계시므로 여호와의 이름을 망령되이 일컫는 자를 죄 없다 하지 아니하리라고 한다. 그리스도께서 그의 제자들에게 맨 처음의 간구에 대해 "이름이 거룩히 여김을 받으시오며"라고 가르쳤다. 잠언 18:10에 이르시기를, "여호와의 이름은 견고한 망대라 의인은 그리로 달려가서 안전함을 얻느니라"고 한다. 말라기 3:16에 보면, 하나님께서 그의 기념책을 "여호와를 경외하는 자와 그 이름을 존중히 여기는 자를 위하여"기록하였다고 한다. 또한 성경의 마지막 장에는 그의 이름이 그들의 이마에 있으리라고 말한다(계 22:4).

"여호와께서 구름 가운데에 강림하사 그와 함께 거기 서서 여호와의 이름을 선포하실새." 이것은 출애굽기 33:19에서 하나님이 모세와 하신 약속의 성취가 되었다. 거기에 이르시기를 "내가 내 모든 선한 것을 네 앞으로 지나가게 하고 여호와의 이름을 네 앞에 선포하리라"고 말했다. 그의 이름을 "선포 하신다"는 것은 자신을 계시하고 그를 알게 하는 것을 의미하였다. 마치 천사가 마리아가 잉태한 아들에 대하여 요셉에게 이르기를 "이름을 예수라 하라 이는 그가 자기 백성을 그들의 죄에서 구원할 자이심이라"(마 1:21)고 한 것과 같이 예수님의 그 '이름'은 그의 어떠하심을 계시했으니, 곧 거룩하신 구세주이다. 또는 그리스도께서 그의 제자들에게 세례를 줄 때에 "아버지와 아들과 성령의 이름"(마 28:19)으로 하라고 명했던 것은, 삼위의 하나님이 지금 계시된 채로 서 있기 때문이다.

여호와께서 모세에게 스스로 계시하려고 한 **특별한 성품**은 자신을 나타내시고자 하는 이 은혜로운 현현의 장소와 환경을 살펴봄으로써 가장 잘 알 수 있다. 율법 증여와 관계된 곳은 시내 산이었다. 위에서 말한 바와 같이 그들에게 그의 은혜를 베푸신 일에 이어 여호와께서 그 자신의 권한을 강조하신 곳도 거기였다. 여호와께서 이스라엘의 왕으로 군림하신 곳도 거기였다. 그가 "공의와 정의가 그의 보좌의 기초"(시 97:2)가 된다고 알리신 곳도 그 산에서 있었던 일이었다. 성경에는 거룩한 통치에 연관된 그 '산'에 대한 많은 구절이 있다. 예를 들자면 주께서 '천국'에 속할 대상자들이 준수해야 할 원칙들을 선포하신 것(마 5:1)도 산에서 있었던 일이다. 이 땅에 그의 메시야 왕국을 세우실 것을 의도하시므로 생생한 극적 장면을 보이시려고 그가 변화되신 곳도 "거룩한 산"(마 17장)에서 있었던 일이다. "그의 어깨에는 정사를 메었고"(사 9:6). 그가 돌아오실 것을 말씀한 스가랴 14:4에 이르시기를 "그 날에 그의 발이 예루살렘 앞 곧 동쪽 감람산에 서실 것이요"라고 한다.

불붙는 떨기나무에서, 여호와께서 그의 이름을 반포하시기는 하였지만, 그곳에서는 그의 백성들을 통치하시는 일에 있어 그분을 규정하는 원칙들을 알리기 위함이 아니라, 오히려 자신의 어떠하심, 곧 "나는 스스로 있는 자", 모든 흡족함, 스스로 존속하는 자, "변함도 없으시고 회전하는 그림자도 없으신 자"(약 1:17)이심에 대한 계시였다. 그러한 처지에서의 그러한 계시는 얼마나 합당했던가! 모세는 처음에는 그를 환대했으나 그들의 짐이 더 무거워짐으로 차츰 그를 원망했던 압제받는 그의 형제들에게 먼저 자신을 나타내어야만 했고, 그 다음에는 증오와 무시하는 태도로 맞이했으나 나중에는 망설이며 타협하려던 바로 왕 앞에 자신을 나타내어야만 했다. 모세로 하여금 그가 위대하신 이, 곧 "스스로 있는 자"의 사신이라는 이 영광된 사실을 견고히 붙들게 한 것은 참으로 잘한 일이었다.

"여호와께서 구름 가운데에 강림하사 그와 함께 거기 서서 여호와의 이름을 선포하실새." 이 말씀과 우리가 본 요한복음 17장의 말씀은 비교가 되거나 아니면 오히려 대조가 될 것이다. 거기에 보면 우리 구주께서 그를 이 땅에 보내신 이에게 그가 맡은 소임에 대해 고하는 것을 볼 수 있다. 그분은 더 상세히 말씀하실 때 먼저 말한 것은 "내가 아버지의 이름을 나타내었나이다"라는 것이다. 그러나 이것은 출애굽기 34장에 기록된 사실과는 매우 다른데, 거기에서는 하나님께서 통치하는 가운데(in governmental) 자신을 알려주셨으나 여기에서는 자신을 은혜 가운데 있는 그의 아들에(Son in grace) 의하여 나타내셨다. 이 사실은 이어지는 구절에 의하여 즉시 입증되는데 거기 이르시기를, "세상 중에서 내게 주신 사람들에게 내가 아버지의 이름을 나타내었나이다 그들은 아버지의 것이었는데 내게 주셨으며"라고 한다. 우리를 그리스도께 주신 것은 순전하고 단순하며, 영원하고 지극한 은혜였다. 또다시 26절에 보면, 우리의 큰 대제사장이 아버지께 이르시기를 "내가

아버지의 이름을 그들에게 알게 하였고 또 알게 하리니 이는 나를 사랑하신 사랑
이 그들 안에 있고 나도 그들 안에 있게 하려 함이니이다"라고 한다. 오! 그것은 은
혜, "그의 풍성한 은혜"(엡 1:7), "그의 영광의 은혜"(엡 1:6)로다.

"여호와께서 그의 앞으로 지나시며 선포하시되 여호와라 여호와라 자비롭고 은혜롭고
노하기를 더디고 인자와 진실이 많은 하나님이라 인자를 천대까지 베풀며 악과 과실과
죄를 용서하리라 그러나 벌을 면제하지는 아니하고 아버지의 악행을 자손 삼사 대까지
보응하리라"(출 34:6, 7). 이 구절은 참으로 중대할 뿐만 아니라 복되다. 이 속에서
하나님은 그의 백성을 통치하실 때 시행하는 원리, 또는 속성을 알려 주셨다. 그
완벽한 통치에 대한 일곱 가지 원리가 여기에 열거되어 있다. 주의 깊게 연구해
보면 그 열쇠를 얻을 수 있으며, 이스라엘을 다스리신 하나님의 모든 계속되는
다루심에 대해 설명해 준다.

이 구절은 구약성경의 남은 여타의 문제를 해결하는 데 매우 유익한 훈련이 된
다. 이에 의하여 차후 이스라엘의 역사에 많은 빛을 비춰준다. 예언서의 여러 구
절들이 이 출애굽기 34:6, 7에 뿌리를 내리고 있으며, 많은 기도가 이 내용에 따라
호소되고 있음을 알 수 있다. 그러나 우리가 유의해야 할 가장 중요한 사실은 여
기에 선포된 이스라엘에 대한 여호와의 '방법'에 있다. 시내 산 이후로부터 그가
다스리시는 발자취를 더듬어 온 바와 같이, 자세히 살펴보면 여기에 포함되어 있
는 일곱 가지의 속성들이 지속적으로 이행되어 왔음을 발견하게 될 것이다. 이제
이 일곱 가지를 각기 나누어 간결하게 고찰해 보도록 하자.

"자비로운 여호와." 이것이 제일 먼저 언급되었다는 사실은 형용할 수 없이 귀
한 일이다. 그것은 다른 모든 것 곧 그가 은혜롭고, 오래 참으시며, 선하심이 풍부
하신 것 등이 흘러나오는 원천이라고 말할 수 있음은 하나님은 자비로우시기 때
문이다. 자비는 다윗이 중한 죄를 범했을 때 그의 소망이 되었다. "여호와께서는
긍휼이 크시니 우리가 여호와의 손에 빠지고"(삼하 24:14). 솔로몬은 이스라엘에
대한 하나님의 자비를 고백하였다(왕상 3:6; 8:23). 여호사밧도 그러하였다(대하
20:21). 후대에 있었던 느헤미야도 이스라엘에 대한 하나님의 지속적인 자비를
고백하였다(느 9:19, 27, 28, 31). 다니엘도 하나님의 자비에 의지하여 자신을 격
려하였다(단 9:9, 18). 예레미야에게 하나님께서 이르기를, "너는 가서 북을 향하
여 이 말을 선포하여 이르라 여호와께서 이르시되 배역한 이스라엘아 돌아오라
나의 노한 얼굴을 너희에게로 향하지 아니하리라 나는 긍휼이 있는 자라 노를 한없

이 품지 아니하느니라 여호와의 말씀이니라"(렘 3:12)고 한다.

그 '자비'에 근거하여 다가오는 날에 하나님은 이스라엘을 다시 취하실 것이다. 그가 이르기를 "내가 잠시 너를 버렸으나 큰 긍휼로 너를 모을 것이요"(사 54:7)라고 하실 것이다. "내가 너희를 불쌍히 여기리니 그도 너희를 불쌍히 여겨 너희를 너희 본향으로 돌려보내리라"(렘 42:12). 또 주 예수께서 다시 이르기를, "내가 유다 족속을 견고하게 하며 요셉 족속을 구원할지라 내가 그들을 긍휼히 여김으로 그들이 돌아오게 하리니 그들은 내가 내버린 일이 없었음 같이 되리라"(슥 10:6)고 하실 것이다.

"은혜롭고." 이는 하나님께서 그의 자비를 베푸시는 근거를 말해주는데, 그것은 인간 안에 있는 것이나 또는 그로부터 나온 그 어떤 것에 의한 것이 아니라 오로지 하나님의 자비에 의한 것이다. 하나님의 모든 자비는 선물들이며, 인간들에게 거저 주시는 은총에는 아무런 대가도 없다. 구약성경에는 많은 사람들이 하나님의 은혜에 호소한 사실이 기록되어 있다. 다윗은 부르짖기를 "하나님이여 교만한 자들이 일어나 나를 치고 포악한 자의 무리가 내 영혼을 찾았사오며 자기 앞에 주를 두지 아니하였나이다 그러나 주여 주는 긍휼히 여기시며 은혜를 베푸시며 노하기를 더디하시며 인자와 진실이 풍성하신 하나님이시오니"(시 86:14, 15)라고 했다. 히스기야 왕도 거룩한 자비에 호소하였다(대하 30:9). 요나도 그렇게 했다(욘 4:2). 이사야는 당대의 백성들에게 "여호와께서 기다리시나니 이는 너희에게 은혜를 베풀려 하심이요"(사 30:18)라고 함으로 그들을 안심시켰다. 하나님께서 요엘을 통하여 이스라엘에게 이르기를 "너희는 옷을 찢지 말고 마음을 찢고 너희 하나님 여호와께로 돌아올지어다 그는 은혜로우시며"(욜 2:13)라고 하셨다. 구약성경의 마지막 책에서 선지자는 권면하기를 "너희는 나 하나님께 은혜를 구하면서 우리를 불쌍히 여기소서"(말 1:9)라고 하였다.

"노하기를 더디하시고." 이스라엘의 전 역사는 하나님의 기이한 참으심을 얼마나 뚜렷이 입증해 주고 있는가! 오래 참는다는 말은 "노하기를 더디한다"는 뜻이다. 가데스바네아에서 이스라엘이 중한 죄를 범했을 때 모세가 맨 먼저 호소한 것은 여호와의 "노하기를 더디하심"에 대한 것이었다(민 14:18). 다윗의 심령을 부서뜨렸던 것은 하나님의 큰 인내에 대한 깨달음이었다(시 145:8). 느헤미야가 이스라엘의 역사를 되돌아보고 하나님의 오래 참으심을 말한 것은 이를 두고 한 말이다(느 9:18). 나훔의 간결하나마 능력 있는 메시지는 "여호와는 노하기를 더디하시며 권능이 크시며"(나 1:3)라고 하는 말씀이었다. 주 예수께서도 유대인들에게 말씀하실 때 동일한 온전을 지적하셨다. 그가 이르기를 "예루살렘아 예루살렘아 선지자들을 죽이고 네게 파송된 자들을 돌로 치는 자여 암탉이 그 새끼를 날개 아래에 모음 같이 내가 네 자녀를 모으려 한 일이 몇 번이더냐"(마 23:37)라고 하셨다.

"인자(선함)가 많은 하나님." 인자라는 히브리말은 종종 '선함' 으로 번역된다. 다윗은 이를 깨닫고 이르기를 "여호와는 복되심이여 그가 견고한 성에서 그의 놀라운 선함을 보이시는도다"라고 하였다. 느헤미야도 같은 말을 했다(9:17). 다가올 날에 주께서 이스라엘에게 "내가 넘치는 진노로 내 얼굴을 네게서 잠시 가렸으나 영원한 자비로 너를 긍휼히 여기리라"(사 54:8)고 하실 것이다. 이 말에 대한 히브리말은 또한 '인자함' 으로 번역되었다. 이 말은 시편에서 종종 언급되었는데, "주의 인자하심이 내 목전에 있나이다"(시 26:3), "하나님이여 주의 인자하심이 어찌 그리 보배로우신지요"(시 36:7), "하나님이여 우리가 주의 전 가운데에서 주의 인자하심을 생각하였나이다"(시 48:9). 이사야는 이르기를 "내가 여호와께서 우리에게 베푸신 모든 자비와 그의 찬송을 말하며"(사 63:7)라고 했다. 예레미야를 통하여 하나님께서, "자랑하는 자는 이것으로 자랑할지니 곧 명철하여 나를 아는 것과 나 여호와는 사랑과 정의와 공의를 땅에 행하는 자인 줄 깨닫는 것이라 나는 이 일을 기뻐하노라"(렘 9:24)고 하셨다.

"진실이 많은 하나님." 이는 히브리말로는 '확고함' 이라고 의미했다. 시편 111:7에서는 '진실' 이라고 번역하여 "그의 손이 하는 일은 진실과 정의이며"라고 하셨다. 느헤미야 7:2에서는 '충성' 으로 번역하였다. 길르앗 야베스 사람들에게 다윗이 이르기를 "이제 여호와께서 은혜와 진리로 너희에게 베푸시기를 원하고"(삼하 2:6)라고 했다. 시편 기자는 여호와께 노래하여 이르기를 "주의 인자하심이 하늘보다 높으시며 주의 진실은 궁창에까지 이르나이다"(시 108:4)라고 하였다. 하나님은 그의 언약의 약속에 성실하시며, 그의 약속과 그의 경고는 참되다.

"인자를 천대까지 베풀며 악과 과실과 죄를 용서하리라." 얼마나 자주 하나님은 이스라엘의 죄를 용서하셨던가! 시편에 이르기를 "하나님이 그들의 반석이시며 지존하신 하나님이 그들의 구속자이심을 기억하였도다 그러나 그들이 입으로 그에게 아첨하며 자기 혀로 그에게 거짓을 말하였으니 이는 하나님께 향하는 그들의 마음이 정함이 없으며 그의 언약에 성실하지 아니하였음이로다 오직 하나님은 긍휼하시므로 죄악을 덮어 주시어 멸망시키지 아니하시고 그의 진노를 여러 번 돌이키시며 그의 모든 분을 다 쏟아 내지 아니하셨으니"(시 78:35-38)라고 하셨다. 이와 같이 다가올 날에도 여호와께서 "내가 그들의 악행을 사하고 다시는 그 죄를 기억하지 아니하리라"(렘 31:34)고 말하실 것이다.

"벌을 면제하지는 아니하고 아버지의 악행을 자손 삼사 대까지 보응하리라." 하나님께서 자주 용서해 주시기는 하나 죄의 결과는 묵과하지 않으신다. "주께서는 그들에게 응답하셨고 그들의 행한 대로 갚기는 하셨으나 그들을 용서하신 하나님이시니이다"(시 99:8). 오늘날까지 유대인들은 그들의 선조들의 죄로 인하여 고통을 당하고 있다.

부언하고자 하는 것은, 하나님은 변개치 아니하심과 마찬가지로 위에서 고찰한 일곱 가지 원리는 그가 그리스도교 사회를 단체적으로나 그리스도인 개인을 통치함에 있어서 그들을 규제하는 원리가 된다. 하나님은 그의 이름을 고백하는 자들에게 얼마나 은혜롭고 자비로우시며 노하기를 더디 하셨는가! 지나간 20세기를 통하여 얼마나 선하시고 성실하시며, 얼마나 용서해 오셨는가! 그럼에도 또한 아비의 죄들을 그 자손들에게 징계해 왔었다. 오늘날 우리들은 먼저 간 자들의 타협, 불성실, 이단, 교만, 그리고 그들의 사악함을 인하여 고통을 당하고 있다. 여호와께서 여기에 주신 말씀에 따라 독자들을 축복해 주시기를 바란다.

제 67장

질투의 하나님

출애굽기 34:8-17

이제 여호와께서 산에서 모세와 맺었던 보다 깊은 교제의 부분에 대해 묵상해 보도록 하자. 이렇게 비교적 짧은 논평을 위하여 적당한 길이의 부분들로 이 장을 나눈다는 것은 그렇게 쉬운 일이 아니므로, 앞장에서 거론했던 근거를 복습하는 데 짧은 시간이나마 살펴보아야만, 사상의 연속성이 보존될 수 있을 것이다. 지난 장에서 우리는 하나님 자신을 위해 구속한 자들에게 대해 하나님의 권리를 주장하는 것을 살펴보았다. 모세는 하나님의 손으로부터 율법을 받기 위하여 부르심을 받았다. 거기에서 우리는 하나님께서 그의 통치 원리를 선언하신 것에 대해 들었다. 그것은 모두 일곱 가지였으며, 그리고 만약에 우리가 옛날에 이스라엘에게 행하신 그의 '방법' 을 인정하고 또 오늘날에도 우리를 다룸에 있어 그분을 규정하는 그 내용을 총명하게 논의하려면 그것들에 대한 세심한 주의가 요구된다.

하나님은 '사랑' (요일 4:8)이심과 아울러 '빛' (요일 1:5)이므로, 권면하여 이르기를 "그러므로 하나님의 인자하심과 준엄하심을 보라"(롬 11:22)고 한다. 거룩한 성품에 대한 두 가지 측면은 그분이 인간을 다스리시는 모든 일에서 밝게 빛나고 있다. 에덴 동산에서는, 여자의 후손이 오심으로 뱀의 머리를 상하게 할 것(창 3:15)을 약속하시는 그분의 '선하심' 을 보게 된다. 그러나 "그가 사람을 쫓아내셨다"(창 3:24)는 점에서는 그의 '엄격하심' 을 알게 된다. 사랑이신 하나님은 노아와 그 집에는 은신처를 마련해 주셨고, 빛 되신 하나님은 땅에서 그들의 길이 부패한 자들에게는 홍수를 보내어 멸망하게 하셨다. 하나님의 '선하심' 은 두 천사를 보내어 롯을 구하게 하였으나, 그의 '엄격하심' 은 사악한 소돔에 불과 유황을 비처럼 내려 소멸케 하셨다. 사랑이신 하나님은 애굽에서 그의 백성들을 피

아래서 보존하셨으나, 빛 되신 하나님은 애굽 사람들의 모든 장자들을 죽이셨다. 하나님의 '선하심'은 모세의 간구를 들으시므로 우상을 섬긴 민족을 멸절하시지 않고 살려주셨으나, 그의 '엄격하심'은 칼을 명하여 그 일을 행케 하셨다(출 32:27).

우리는 이 두 가지 거룩한 성품의 이러한 두 가지 측면이 성육신하신 아들의 사역 가운데서도 분명히 전개되는 것을 관찰할 수 있다. 예수님께서는 은혜뿐만이 아니라 "은혜와 진리"가 '충만'하심으로(요일 1:14) 이 땅에 오셨다. 그는 세리와 죄인들의 친구가 되셨으나 스스로 의롭게 여기는 외식하는 자들에게는 적이 되셨다. 무리를 보시고 "불쌍히 여기셨던" 그(마 14:14)는 회당에 모여 완악한 마음으로 비난하는 자들에게는 "노하심으로 그들을 둘러 보신다"(막 3:5). 예루살렘을 향하여 우신 그는 "노끈으로 채찍을 만들어" 아버지의 집을 더럽히는 자들을 몰아내셨다(요 2:15). 그의 "제자들을 축복하신 그"(눅 24:51)는 무화과나무를 저주하셨다(마 21:19). 마태복음 5장에 있는 그의 '축복'은 마태복음 23장에 기록된 '화'들에 대한 힐책과 균형을 이룬다. 만약 우리가 "그리스도의 사랑"(엡 3:19)을 안다면, 또한 "어린 양의 진노"(계 6:16)도 안다.

이러한 거룩한 완전성에 대한 동일한 연합은 주님의 이름을 선포하는 가운데 분별되어질 수 있는데, 이는 주님이 산에서 모세에게 그의 통치 원리를 선포하는 일과 연관해서 주었던 것이다. 그는 "자비로우실 뿐만 아니라 은혜가 많으시다"(출 34:6). 그는 "인자를 천대까지" 베푸실 뿐만 아니라 "형벌을 받을 자는 결단코 면죄하지 않으신다." 그는 "악과 과실과 죄를 용서" 하나 또한 "아버지의 악행을 자손 삼사 대까지 보응" 하신다. 함의 죄로 그의 후손이 징계를 받았고(창 9:25), 고라와 그 무리들의 죄로 인하여 땅이 그 입을 벌려 그와 그들의 집들을 삼켰다(민 16:32). 아간이 범죄하여 처벌을 받을 때 "그의 아들과 딸들"도 함께 돌로 침을 당했다(수 7:24, 25). 유대인들이 그리스도를 못 박을 때에 그들은 "그 피를 우리와 우리 자손에게 돌릴지어다"(마 27:25)라고 부르짖었고 하나님은 그들의 말대로 그들에게 행했다.

이러한 일들에 있어 우리에게 대한 실천적 교훈은 무엇인가? 이는, 하나님은 사랑을 받으실 하나님이시나, 또한 그는 두려워해야 할 하나님이라는 것이다. "우리 하나님은 소멸하는 불이기"(히 12:29) 때문이다. 우리는 하나님이 사랑이신 만큼 빛인 것을 깨달았기에, 그분에 대해 좀 더 거룩한 두려움의 태도를 가져야만 한다. 우리가 그의 '선하심'에 대해 행동 것처럼 기꺼이 그의 '엄격하심'에 유의하였기에, 우리는 그분을 불쾌하게 하는 일에 대하여 좀 더 두려워해야 한다. 우리는 그가 용서하실 뿐만 아니라 아비의 죄를 자식들에게 징계하신다는 사실을 기억하고 있기에, 우리는 지금보다 우리의 행함에 좀 더 주의해야만 한다. "하나님은 거룩한 자의 모임 가운데에서 매우 무서워할 이시오며 둘러 있는 모든 자 위에 더욱 두려워할 이시니이다"(시 89:7). 하늘에서마저도 그 성도들이 하나님께 찬양을 돌릴 뿐만 아니라 "그 앞에 엎드린다"(계 4:10). 그러므로 "두렵고 떨림으로 너희 구원을 이루라"(빌 2:12)고 하신 말씀에 유의할 수 있도록 은혜를 구하자.

"모세가 급히 땅에 엎드려 경배하며"(출 34:8). 모세가 여호와의 입으로부터 방금 받은 기이하고 영광스러운 대화로 모세가 받은 느낌을 주목하는 것은 복된 일이다. 모세는 경배와 외경심으로 가득차서, 주님 앞에서 흙바닥 위에 자신의 자리를 취한다. 여기 모세가 이렇게 한 것은 형식적이거나 겉치레뿐인 그러한 경배가 아니었다. '급히'라는 말은 그의 경배가 저절로 우러나온 것이며, 땅에 엎드려 그의 머리를 숙인 것은 그의 영이 얼마나 심각하게 동했는지를 보여준다. 만일 우리의 심령이 하나님의 다스리심의 완전함을 진실로 이해한다면, 우리도 역시 예배자로서 그 앞에 경배하게 될 것이다.

"모세가 급히 땅에 엎드려 경배하며." 이는 여호와께서 그의 백성 중 한 사람에게 자신을 계시하기 위하여 은혜를 베풀 때에 늘 있었던 결과이다. 그가 아브라함에게 나타나서는 "나는 전능한 하나님이라 너는 내 앞에서 행하여 완전하라"고 말씀하셨을 때 "아브람이 엎드렸더니"(창 17:3)라고 말씀하는 것을 볼 수 있다. 그가 여호수아에게 "여호와의 군대 장관"으로 나타나셨을 때에도 "여호수아가 얼굴을 땅에 대고 엎드려 절하고"(수 5:14)라고 말한다. 솔로몬이 지은 성전에 그의 영광이 가득하였을 때, 모든 이스라엘의 자손들이 "돌을 간 땅에 엎드려 경배하며 여호와께 감사하여"(대하 7:3)라고 말한다.

"모세가 급히 땅에 엎드려 경배하며." 모세가 이렇게 한 사실과 이전 구절 사이의 직접적 연관성에 대한 시각을 잃지 말자. 거기서 마지막으로 언급했던 것은 하나님께서 결코 범죄를 제거하지 않고, 아비의 죄를 자손에게 대갚음하겠다는 것이다. 분개하는 대신 모세는 묵종하였다. 그는 공의로써 이러한 일에 도전하는 대신, 경배했다. 우리가 이 본보기를 따른다면 잘하는 일이다.

"이르되 주여 내가 주께 은총을 입었거든 원하건대 주는 우리와 동행하옵소서 이는 목이 뻣뻣한 백성이니이다 우리의 악과 죄를 사하시고 우리를 주의 기업으로 삼으소서"(출 34:9). 이는 매우 아름다운 말씀이다. 모세는 그가 하나님 앞에서 다른 사람들의 선을 위하여 개인적으로 발견한 은총을 계속 사용한다. 그의 애정은 그의 백성과 밀접한 관계가 있었다. 모세는, "원하건대 주는 우리와 동행하옵소서"라고 말함으로써, 복되게도 자신을 그들과 동일시하였다. 이것은 우리의 구속자가 친히 세례를 위하여 주셨던 기이한 그 말씀을 되새기게 한다. 주님은 이에 놀란 그의 앞선 자에게 이르기를, "우리가 이와 같이 하여 모든 의를 이루는 것이 합당하니라"(마 3:15)고 한다. 진실로, "거룩하게 하시는 이와 거룩하게 함을 입은 자들이 다 한 근원에서 난다"(히 2:11).

지금 모세가 하나님께 그의 백성과 함께 하실 것을 위하여 드러낸 이유를 주목하여 보자. "주는 우리와 동행하옵소서 이는 목이 뻣뻣한 백성이니이다." 이 사실은 매우 인상적인 것으로서 어떤 주석가들에게는 어려움을 일으키게 했다. 모세가 여호와 앞에 제시한 것은 그들에게는 반드시 필요한 일이었고, 그가 간구했던 것은 하나님의 은혜였다. 하나님은 "자비롭고 은혜롭고 노하기를 더디하시는" 분이시므로 그는 이 "목이 곧은" 백성들에게 정확히 적합한 분이었다. 하나님 이외에 그들을 아무도 감당할 수 없었다. 이스라엘이 금송아지를 섬겼던 바로 그때, 여호와께서 친히 모세에게, "내가 이 백성을 보니 목이 뻣뻣한 백성이로다 그런즉 내가 하는 대로 두라 내가 그들에게 진노하여 … "(출 32:9, 10)라고 말씀했다. 지금, 모세는 하나님의 무거운 부담이라는 진실을 인정할 뿐만 아니라, 그것을 기이한 믿음으로, 하나님이 이스라엘 가운데 영속하도록 간구하는 일로 돌렸다! 어떤 이는 이 일을 아름답게도 다음과 같이 의견을 말했다.

"개인적으로 모세와 하나님 사이의 관계는 족히 성립되어 있었으므로, 그 백성들의 처지를 사실대로 제시할 수 있었다. 이는 그(모세 자신)의 입장 때문이고, 또 그 결과로서, 사람들의 어려움과 죄를 이용하여 하나님의 임재에 대한 이유를, 하나님이 계시했던 그 성품에 따라, 제시할 수 있었다. 이것은 중보의 적절한 결과이다. 그러나 하나님께서 주신 바 백성의 멸망의 이유 가운데, 은혜가 그렇게 들어오는 것을 보는 것과 또는 적어도 그분의 부재가 그의 임재의 동기가 된다는 것은 참으로 아름답다. 우리도 아는 바와 같이, 나의 사악함 자체는 하나님이 나를 포기하게 하시는 이유가 될 것이다. 그러나 지금 나는 은혜 가운데 있기

에, 나는 그것을 한 이유로 하나님께 간구할 수 있고, 그가 나와 함께 행하시니 그
의 이름이 복되시도다. 만일 그가 나와 함께 하지 아니하시면 내가 광야를 지나
갈 때 극복하지 못하고 또 안전하게 행하지 못할 것이다. 진실로 육이 있는 곳에
기이한 은혜도 함께 있다"(J. N. Darby).

진실로 처음부터 끝까지 모두 은혜. 그리스도께서 이 땅에 오신 것은 의인을
부르기 위함이 아니요 죄인으로 회개하게 하려 하심이었다(마 9:13). 교만한 바
리새인들은 이에 분개하여 수군거려 이르기를 "이 사람이 죄인을 영접하고 음식
을 같이 먹는다"(눅 15:2)라고 하였다. 그가 지금도 그렇게 하심을 감사하고, 그
리고 성령께서 우리의 심령에 '재앙'(왕상 8:38)을 드러내면 낼수록, 우리는 하나
님의 그 기이한 은혜를 더욱 잘 이해하게 되고, 우리 안에 그의 임재를 더욱 갈망
하게 될 것이니, 이는 우리가 본질상 "목이 곧은 백성"이기 때문이다. 우리가 "육
신의 진정한 본성" — 그 개선할 수 없음과 그것을 만족시키려는 욕망에 대한 우
리의 무기력함 — 을 발견하면 할수록, 우리는 더욱 의지할 전능한 팔을 기다리
게 될 것이다. 또한 이와 같이 우리는 이 세상이 '광야'이기에 우리 영혼에게 아
무것도 공급할 수 없음을 인식하면 할수록, "형제보다 친밀"하신 그 친구(잠
18:24) 되신 이 — 그의 이름에 모든 찬양을 돌려야 할 — 의 임재의 필요성을 더
욱 깨닫게 될 것이다.

"우리의 악과 죄를 사하시고 우리를 주의 기업으로 삼으소서." 여기서 우리는 다시
모세의 믿음의 대담성을 감지한다. 이것은 이스라엘을 대신하는 그의 간구의 절
정이었다. 먼저 그는 여호와께 그의 뜨거운 진노를 백성들에게 내리시지 말도록
간구하였다(출 32:11). 그 다음에 그는 그들 가운데 여호와의 지속적인 임재를 간
구했다(출 33:15, 16). 이제 모세는 여호와께서 그들의 불의를 용서해 주실 것(그
가 "우리의 악과 우리의 죄"라고 말함으로써 죄를 범한 백성들과 자신을 은혜롭
게 동일시한 것을 보라)과 "우리를 주의 기업으로 삼으소서"라고 요구한다. 그들
이 시내 산에 처음으로 당도했을 때, 하나님께서 이르기를 "너희가 내 말을 잘 듣
고 내 언약을 지키면 너희는 모든 민족 중에서 내 소유가 되겠고"(출 19:5)라고
말씀하셨다. 그러나 금송아지를 섬긴 죄로 인하여 그들의 교제는 단절되었다. 그
러나 여기에서 그들의 중보자며 간구자인 모세는 모든 것이 다시 회복되어지도
록 간구한다.

그의 기도가 응답된 것은 다른 성경 구절을 통하여 알게 된다. 신명기 32:9에서

그가 이르기를, "여호와의 분깃은 자기 백성이라 야곱은 그가 택하신 기업이로 다"라고 말한다. 또 다윗은 이르기를 "여호와를 자기 하나님으로 삼은 나라 곧 하 나님의 기업으로 선택된 백성은 복이 있도다"(시 33:12)라고 선포하였다. 이스라 엘이 우리의 유익을 위하여 잠시 버린 바 되었으나 하나님의 영원한 '기업'이 됨 을 아는 사실은 참으로 복된 일이다. "여호와께서는 자기 백성을 버리지 아니하 시며 자기의 소유를 외면하지 아니하시리로다"(시 94:14). 그러므로 때가 이르면 다음과 같이 말씀하실 것이다. "시온의 딸아 노래하고 기뻐하라 이는 내가 와서 네 가운데에 머물 것임이라 그 날에 많은 나라가 여호와께 속하여 내 백성이 될 것이요 나는 네 가운데에 머물리라 네가 만군의 여호와께서 나를 네게 보내신 줄 알리라 여호와께서 장차 유다를 거룩한 땅에서 자기 소유를 삼으시고 다시 예루 살렘을 택하시리니"(슥 2:10-12).

"우리를 주의 기업으로 삼으소서." 다시 독자들에게 되새기고자 하는 것은 우 리가 지금 다루고 있는 책의 내용의 주제가 '구속'이라는 사실이다. 하나님께서 구속을 통하여 스스로 '기업'을 얻게 되었다는 사실은 얼마나 복된 일인가! 에베 소서 1:18에 보면 "성도 안에서 그 기업의 영광의 풍성"에 대하여 말씀한다. 위대 하고 자족할 수 있는 하나님께서 그의 은혜로 구원하신 땅에 있는 벌레들에 의하 여 자신을 부유하게 여기신다는 사실은 우리의 가련한 심정으로써는 도저히 헤 아릴 수 없는 놀라운 개념이다. 이 '기업'은 다른 어느 것과 마찬가지로 죽음 곧 하나님의 친 아들의 죽음을 통하여 얻게 된 것이다. 그 죽음은 백성들의 죄를 제 거함으로 거룩한 공의를 변호했을 뿐만 아니라 끝없이 영원한 세대를 통하여 하 나님을 영화롭게 하는 것이다. 하나님은 그의 '기업'을 영원히 소유하실 것이다. "보라 하나님의 장막이 사람들과 함께 있으매 하나님이 그들과 함께 계시리니 그 들은 하나님의 백성이 되고 하나님은 친히 그들과 함께 계셔서"(계 21:3).

"여호와께서 이르시되 보라 내가 언약을 세우나니 곧 내가 아직 온 땅 아무 국민에게 도 행하지 아니한 이적을 너희 전체 백성 앞에 행할 것이라 네가 머무는 나라 백성이 다 여호와의 행하심을 보리니 내가 너를 위하여 행할 일이 두려운 것임이니라"(출 34:10). 이 구절은 난해한 것으로서 해석하기가 결코 쉽지는 않다. 하나님은 여기에서 이 스라엘을 위하여 일찍이 없었던 이적, 곧 '아직 온 땅 아무 국민에게도 행하지 아 니한 이적'을 행하시기로 약속하셨다. 이를 모세가 맨 처음 바로를 대면하기 전 불붙는 떨기나무에서 말씀하셨을 때에는 그 적용이 분명했지만, 여기 시내 산에서 하신 것은 그 의미를 찾아내기가 쉽지 않다. 하나님께서는 이스라엘을 위하여 이미 큰 '기적들' 을 시행하였다. 애굽에는 재앙들이 있었는데, 곧 물로 피가 되게 하신 것, 티끌을 이로, 개구리들이 애굽 사람들의 집에 들어갔다. 그러나 이스라엘 사람들의 집은 그런 것들을 피하였고, 초자연적인 어둠이 삼일 간이나 계속되었으나 "이스라엘 자손들이 거주하는 곳에는 빛이 있었던 일"(출 10:22, 23) 등이 있었는가 하면, 홍해를 둘로 가르신 일, 하늘에서 만나를 비처럼 내리신 일과 또한 그 양이 이백만이나 되는 생명의 필요를 채울 수 있을 만큼 많았던 일, 반석으로부터 물을 내신 일, 이 모든 것들은 하나같이 불가사의한 능력에 의한 이적들이었다. 그러나 하나님은 여기에 더 큰 이적을 선포하셨다!

우리는 여호와께서 모세에게 하신 이 말씀에 대한 성취가 성경의 마지막 책에서 묘사되어 있다고 믿는다. 거기에 보면 바로와 그의 백성들에게 내린 것보다 더 무겁고 기이한 재앙들이 있다. 애굽에서는 하나님께서 보통 '메뚜기들' 을 보냈지만 곧 다가올 날에는 무저갱을 열어 거기에서 흉악한 '메뚜기들' 이 생기게 하여 식물을 먹는 대신 사람들을 괴롭게 하므로 "그 날에는 사람들이 죽기를 구하여도 죽지 못한다"(계 9:6). 요한계시록 15:1에 이르기를, "또 하늘에 크고 이상한 다른 이적을 보매 일곱 천사가 일곱 재앙을 가졌으니 곧 마지막 재앙이라 하나님의 진노가 이것으로 마치리로다"라고 한다. 머지않아 그 위에 임할 일들을 세상은 얼마나 생각지도 못하고 있는가!

과거에는 하나님께서 그의 힘을 들여서 이스라엘을 애굽에서 이끌어 내셨지만, 다가올 날에는 보다 더 큰 그의 힘을 나타내시고 더욱 심하고 강렬한 심판에 의하여 그들이 분산된 모든 나라로부터 흩어진 유대인들을 모으실 것이다. 이에 대하여 이르기를, "그 날에 주께서 다시 그의 손을 펴사 그의 남은 백성을 앗수르와 애굽과 바드로스와 구스와 엘람과 시날과 하맛과 바다 섬들에서 돌아오게 하실 것이라 여호와께서 열방을 향하여 기치를 세우시고 이스라엘의 쫓긴 자들을 모으시며 땅 사방에서 유다의 흩어진 자들을 모으시리니"(사 11:11, 12)라고 한다. 또한, "내가 내 양 떼의 남은 것을 그 몰려 갔던 모든 지방에서 모아 다시 그 우리로 돌아오게 하리니 그들의 생육이 번성할 것이며 … 그들이 다시는 이스라엘 자손을 애굽 땅에서 인도하여 내신 여호와의 사심으로 맹세하지 아니하고 이스라엘 집 자손을 북쪽 땅, 그 모든 쫓겨났던 나라에서 인도하여 내신 여호와의 사심으로 맹세할 것이며 그들이 자기 땅에 살리라"(렘 23:3, 7, 8)고 말한다.

옛날에는 그의 백성을 통과하도록 홍해를 가르셨지만, 다가올 날에는 하나님께서 그들을 위하여 그것을 완전히 마르게 하실 것이다. "여호와께서 애굽 해만을 말리시고 그의 손을 유브라데 하수 위에 흔들어 뜨거운 바람을 일으켜 그 하수를 쳐 일곱 갈래로 나누어 신을 신고 건너가게 하실 것이라 그의 남아 있는 백성 곧 앗수르에서 남은 자들을 위하여 큰 길이 있게 하시되 이스라엘이 애굽 땅에서 나오던 날과 같게 하시리라"(사 11:15, 16 비교, 슥 10:11). 또 이르시기를 "또 여섯째 천사가 그 대접을 큰 강 유브라데에 쏟으매 강물이 말라서 동방에서 오는 왕들의 길이 예비되었더라"(계 16:12)고 말한다.

그러나 하나님께서 이스라엘을 위하여 전능한 이적들을 베푸실 뿐만 아니라 출애굽기 34:10에 더하여 이르기를 "내가 너를 위하여 행할 일이 두려운 것임이니라"고 말한다. 분명히 이 일은 하나님께서 그들의 죄로 인하여 이스라엘을 징치하실 대환난을 말하고 있다. 예레미야가 예언하여 이르기를 "슬프다 그 날이여 그와 같이 엄청난 날이 없으리라 그 날은 야곱의 환난의 때가 됨이로다"(렘 30:7)라고 하였다. 그 무서운 기간에 대하여 그리스도께서 선포하기를 "이는 그 날들이 환난의 날이 되겠음이라 하나님께서 창조하신 시초부터 지금까지 이런 환난이 없었고 후에도 없으리라 만일 주께서 그 날들을 감하지 아니하셨더라면 모든 육체가 구원을 얻지 못할 것이거늘"(막 13:19, 20)라고 하셨다.

하나님께서 시내 산에서는 이스라엘 앞에 매우 두려움을 일으키는 현현으로 자신을 보이셨다. "시내 산에 연기가 자욱하니 여호와께서 불 가운데서 거기 강림하심이라 그 연기가 옹기 가마 연기 같이 떠오르고 온 산이 크게 진동하며"(출 19:18). 그러나 성육신하신 아들이 이 땅으로 돌아오심에 대하여 이르기를, "주 예수께서 자기의 능력의 천사들과 함께 하늘로부터 불꽃 가운데에 나타나실 때에 하나님을 모르는 자들과 우리 주 예수의 복음에 복종하지 않는 자들에게 형벌을 내리시리니"(살후 1:7, 8)라고 말했다. 사도 바울은 이 장엄한 사건에 대하여 학개로부터 인용하여 이르기를 "그 때에는 그 소리가 땅을 진동하였거니와 이제는 약속하여 이르시되 내가 또 한 번 땅만 아니라 하늘도 진동하리라"(히 12:26)고 언급하였다.

출애굽기 34:10에 있는 무서운 내용과 그 문맥과의 관계는 무엇이냐고 물을 수 있을 것이다. 대답은 그렇게 먼 데 있지 않다. 9절 하반절에 모세는 여호와께 "우리를 주의 기업으로 삼으소서"라고 말한다. 그 다음에 이어 "보라 내가 언약을 세우나니 … "라고 말한다. 하나님께서는 그의 전지하신 눈으로 차후 세기들을 바라보시고 이스라엘이 실제로 그의 '기업'이 되기 전에 반드시, 그리고 궁극적으로 발생할 일을 그의 종에게 알려주었다. 이 놀라운 언약이 달성될 때에 모세 기도의 최후 응답이 성취될 것이다. 무서운 심판의 대환난에 이어 여호와께서 그의 유업으로 들어가실 때는 천년왕국이 된다. 그때에 대하여 이르기를, "시온의 딸아 노래할지어다 이스라엘아 기쁘게 부를지어다 예루살렘 딸아 전심으로 기뻐하며 즐거워할지어다 여호와가 네 형벌을 제거하였고 네 원수를 쫓아냈으며 이스라엘 왕 여호와가 네 가운데 계시니 네가 다시는 화를 당할까 두려워하지 아니할 것이라 그 날에 사람이 예루살렘에 이르기를 두려워하지 말라 시온아 네 손을 늘어뜨리지 말라 너의 하나님 여호와가 너의 가운데에 계시니 그는 구원을 베푸실 전능자이시라 그가 너로 말미암아 기쁨을 이기지 못하시며 너를 잠잠히 사랑하시며 너로 말미암아 즐거이 부르며 기뻐하시리라"(습 3:14-17)고 하실 것이다.

　"너는 내가 오늘 네게 명령하는 것을 삼가 지키라 보라 내가 네 앞에서 아모리 사람과 가나안 사람과 헷 사람과 브리스 사람과 히위 사람과 여부스 사람을 쫓아내리니"(출 34:11). 여기서 여호와께서 좀 더 임박한 현재로 되돌아온다. '오늘'이라는 말에 주의하고 또 앞 절에서 "내가 이적을 행할 것이라"고 한 것과 또 "내가 너를 위하여 행할 일이 두려운 것임이니라"고 한 것을 "내가 쫓아내리라"고 하신 말씀으로 바꾼 사실을 살펴보라. 또한 가나안 족속들의 멸절이 이스라엘의 군사적인 힘에 의해서가 아니라 다만 여호와의 힘만으로 되었음을 살펴보아야 한다.

　"너는 스스로 삼가 네가 들어가는 땅의 주민과 언약을 세우지 말라 그것이 너희에게 올무가 될까 하노라"(출 34:12). 이것은 구별의 요구였다. 하나님의 백성과 마귀의 자손이 멍에를 같이 할 수는 없다. 여호와께서는 출애굽기 33:16에서 모세가 한 말, "주께서 우리와 함께 행하심으로 나와 주의 백성을 천하 만민 중에 구별하심이 아니니이까"라고 한 것을 다시 취하신 것이다. 훗날에 여호수아가 바로 이 권면을 불순종한 사실을 발견하는 것은 중대한 일이다(수 9:14, 15 참조). 수 세기 후에 여호수아의 죄로 인하여 심각한 문제가 대두되었다(삼하 21:1-9 참조)

　"너희는 도리어 그들의 제단들을 헐고 그들의 주상을 깨뜨리고"(출 34:13). 이것 역시 우리에게 대한 영적 적용을 가진다. 그리스도인들은 불륜이나 음주에 대항하는 운동에 참여하여 사회를 개혁하고 세상을 개선하기 위하여 부르심을 받지 않았다. 여기 13절에 기록된 것과 동일한 체험에 해당하는 일은 그리스도 안에 있는 우리의 기업을 누리는 일로부터 방해하는 것들에 대해 가차없는 전쟁을 해야 된다는 것이다. 우리의 생활과 감정 가운데 하나님의 자리를 대신한 모든 것들은 기필코 분쇄되어야 한다. 여호와와 나의 마음 사이에 있는 모든 우상들은 반드시 냉혹하게 찍어 버려야만 한다.

"너는 다른 신에게 절하지 말라 여호와는 질투라 이름하는 질투의 하나님임이니라" (출 34:14). 이는 매우 엄중하나마 또한 복된 말씀이다. 첫째, 하나님은 자신의 영광에 대하여 매우 질투심이 많으시다. 이사야를 통하여 이르기를 "나는 여호와이니 이는 내 이름이라 나는 내 영광을 다른 자에게, 내 찬송을 우상에게 주지 아니하리라"(사 42:8)고 선포하셨다. 이는 하나님께서 세상의 미련한 것, 약한 것, 천한 것들과 멸시받는 것들을 택하신 것은 "아무 육체도 하나님 앞에서 자랑하지 못하게 하려 하심이라"(고전 1:27-29).

둘째, 하나님은 그의 백성의 연민에 대해 질투심이 많으시다. 그는 우리가 다른 이를 사랑하면 슬퍼하신다. "내 아들아 네 마음을 내게 주며"라고 하신 잠언 23:26은 그의 호소였다. "너는 나를 도장 같이 마음에 품고"라고 하신 아가 8:6은 우리 모두에게 하신 말씀이다.

셋째, 하나님은 그의 백성에 대하여 질투심이 많으신데, "너희를 범하는 자는 그의 눈동자를 범하는 것이라"고 하신 스가랴 2:8은 그가 친히 공언하신 말씀이다.

지면의 제한 관계로 15, 16절에 대하여 더 이상 상세히 거론할 수 없다. 또 위에 기록된 사실이 출애굽기 13장과 23장에도 있었기 때문이다. 거기서 분부하신 것은 그들이 가나안 사람들의 생활 방식과 그들의 섬기는 일로부터 구별되는 것이었다. 최근에 일어난 일을 감안해 이 구절의 맺는말은 매우 진지한 것이다.

"너는 신상들을 부어 만들지 말지니라"(17절). 주께서 필자와 독자의 마음을 전적으로 그에게 집중시켜 다른 모든 것보다 그의 영광과 항상 우리 하나님은 질투하시는 하나님임을 볼 수 있는 일편단심의 눈을 가지게 해주시기를 바란다.

제68장

하나님의 요구

출애굽기 34:18-21

지금 우리들 앞에 있는 이 구절들은 첫눈에 보아도 본문과 전혀 연관성이 없는 일들로, 여호와께서 이스라엘에게 분부하신 일련의 다방면의 임무들을 분명히 제시하고 있다. 첫째로 언급하신 것은 '무교절' (18절)이다. 다음은 짐승과 이스라엘 자손들의 초태생의 대속이다(19, 20절). 그 다음에는 안식일에 대하여 언급하고 있다(21절). 이에 이어 칠칠절과 수장절에 대한 지시가 있다(22-24절). 그 다음에는 하나님께 드리는 희생과 함께 유교병을 드리지 말 것과 유월절의 희생을 아침까지 두지 말 것에 대하여 지시하셨다. 마지막으로 토지 소산의 첫 열매를 하나님께 바칠 것과 염소 새끼를 그 어미의 젖으로 삶지 말 것을 명하셨다(26절). 이와 같이 몇 절 되지 않는 이 구절 가운데 적어도 일곱 가지 이상의 다른 일들을 명하셨다. 그렇다면 이것들을 함께 결속해 주는 연결점은 무엇인가? 이 구절의 통일성은 어디에 있는가?

이 질문에 대한 해답은 여호와께서 불붙는 떨기나무에서 모세에게 처음 나타나셨을 때 다음과 같이 말씀하신 그의 약속에 있다고 믿어진다. "하나님이 이르시되 내가 반드시 너와 함께 있으리라 네가 그 백성을 애굽에서 인도하여 낸 후에 너희가 이 산에서 하나님을 섬기리니"(출 3:12). 이에 대한 결말은 출애굽기 19:3, 4에서 볼 수 있는데, "모세가 하나님 앞에 올라가니 여호와께서 산에서 그를 불러 말씀하시되 너는 이같이 야곱의 집에 말하고 이스라엘 자손들에게 말하라 내가 애굽 사람에게 어떻게 행하였음과 내가 어떻게 독수리 날개로 너희를 업어 내게로 인도하였음을 너희가 보았느니라"고 하셨다. 여기 출애굽기 34장에서는 여호와께서 이스라엘에게 요구하신 '예배'의 성격을 알려 주신다.

첫째, 그 위에 열 가지의 율법을 새긴 두 돌판이 있다. 그에게 순복하고 그가 계시한 뜻에 순종하는 것이 하나님께서 그의 백성들에게 요구하시는 것이다. 둘째, 여호와께서 그의 백성을 통치하시는 일을 규정하는 원리들을 알려 주셨다(출 34:6, 7). 셋째, 이방인에 대하여 그들의 종교(15절)나 잡혼(16절)으로부터 절대적으로 구별될 것을 요구하셨다. 하나님의 자녀와 마귀의 자손들 사이에는 결코 멍에를 같이 해서는 안 된다(비교, 고후 6:14-18). 하나님께서 그들을 자기에게로 인도하셨으니(벧전 3:18 참조), 이 기이하고 영광된 사실은 이제 그들의 모든 일에서 반드시 증거되어야 한다. 그 이어지는 구절들에서는 지금 우리들이 다루고자 하는 부분을 이루고 있으면서, 적극적 측면이 발휘되어 졌다.

"너는 무교절을 지키되 내가 네게 명령한 대로 아빕월 그 절기에 이레 동안 무교병을 먹으라 이는 네가 아빕월에 애굽에서 나왔음이니라"(출 34:18). 이는 하나님의 장엄한 구속의 설계를 얼마나 복되게 말해 주는가. 그것은 그들을 해방시키고 자기에게로 이끄시려는 목적뿐만 아니라 그들로 하여 자기 주변에 행복하게 모이도록 하시기 위함이었다. 그것이 바로 교제와 즐거움을 말하는 '절기'인 것이다. 하나님은 그가 속하신 백성들을 자기 주변에 있는 거룩한 무리로, 그리고 자기를 평강과 축복의 중심을 삼는 자들로 모으셨다.

무교절은 유월절과 불가분의 관계가 있다. 유월절은 그 절기 자체가 드려진 희생에 근거하였다. 이에 대한 원형이 고린도전서 5:7, 8에 있는데, 거기 이르기를 "우리의 유월절 양 곧 그리스도께서 희생되셨느니라 이러므로 우리가 명절을 지키되 묵은 누룩으로도 말고 악하고 악의에 찬 누룩으로도 말고 누룩이 없이 오직 순전함과 진실함의 떡으로 하자"고 한다. 이 두 말씀은 모두 거룩은 구속의 결과가 됨을 말해주고 있다. 이 두 가지는 분리할 수 없다. 우리의 죄가 제거되므로 하나님께서 우리와 친히 교제하실 수 있는 것이다. 첫째, 하나님은 우리를 "그리스도와 함께 죽은 자"(롬 6:4-8)로 간주하신다. 둘째, 우리는 그렇게 '여기게' 되었으니(롬 6:11; 고후 5:14) 믿음으로 그것을 누리자. 셋째, 이를 우리의 일상생활에 실천하도록 분부하셨다. "우리가 항상 예수의 죽음을 몸에 짊어짐은 예수의 생명이 또한 우리 몸에 나타나게 하려 함이라"(고후 4:10).

우리는 '무교병' 그 자체가 강조하는 것과 그것으로 이스라엘이 실제로 절기를 지키는 것이 상징하고 있는 것 사이를 구별해야만 한다. 그 떡은 거룩히 지명하심을 받은 자의 상징이 되는데, 그는, "나는 하늘에서 내려온 살아 있는 떡이니 사람이 이 떡을 먹으면 영생하리라 내가 줄 떡은 곧 세상의 생명을 위한 내 살이니라"(요 6:51)라고 선포하셨다. 그의 인격이 거룩하시므로 무교병을 드리도록 명하셨다. "너희는 이레 동안 무교병을 먹을지니 그 첫날에 누룩을 너희 집에서 제하라 무릇 첫날부터 일곱째 날까지 유교병을 먹는 자는 이스라엘에서 끊어지리라"(출 12:15). 만일 하나님께서 옛날 백성들에게 그의 복된 아들의 흠 없는 몸을 정확히 나타내기에 적합한 그러한 떡만을 사용하도록 지시하셨다면, 오늘날 우리들은 무슨 권리로 '주의 만찬'에 쓰이는 떡이 별로 특별하지 않아도 된다고 말할 수 있다는 말인가?

그 '만찬'은 주께서 친히 그가 죽음에 이르러 그의 백성에게 그를 기념하도록 제정하신 것이다. 그가 지명하신 상징에 관해서, 우리가 만일 성서에 굴복한다면 의문시할 추호의 여지가 있을 수 없다. 먼저 그 떡이 무교병이었다는 것은 이 '만찬'이 유월절 바로 다음에 제정되었다는 사실을 보아도 분명하다(마 26:29). ─ 이는 그들의 집에서 모든 누룩을 엄격하게 제거했던 때였다. 두 번째는 포도주를 담은 '잔'이었다(마 26:29). 사도 바울은 이 일을 고린도 사람들에게 다시 말하여 이르기를 "너희가 이(다른 것과 별로 다른 바가 없는 떡이 아니라) 떡을 먹으며 이 잔을 마실 때마다 주의 죽으심을 그가 오실 때까지 전하는 것이니라"(고전 11:26)고 썼다. 오호라! 타협하며, 기록된 말씀으로부터 떠난 오늘날의 부주의한 세대 안에서는, 하나님께서 지명하신 것에 대한 인간의 대체물이 아무런 불평 없이 거의 모든 장소에서 공공연하게 받아들여진다.

밀가루를 얻기 힘든 중앙아프리카의 어떤 토속 교인과 그들의 백인 선교사들은 코코넛을 떡 대신에 쓰고 우유를 잔에 넣어 사용한다. 우리에게 알려진 바로는 오스트레일리아 다른 한 무리는 산딸기 즙을 사용한다. 그것뿐인가? 만일 우리가 누룩 없는 떡을 누룩 있는 것으로 바꾸는 것을 정당한 일로 여기고, 덩어리에서 떼는 대신 사각으로 빵을 잘라서, 우리를 위하여 상하신 그리스도의 몸으로 생각하고, 또한 저녁에 지키는 절기인 '만찬'을 아침의 성례로 고친 것 등은 성서의 그 어디에다 근거를 둔 것이라고 말할 수 있는가? 개인적으로 필자는, 성경에서 언제나 죄의 상징으로 여기는 것이 그 속에 들어 있는 빵을 가지고 복된 그리스도의 인격을 나타내고자 하는 죄가 되는 모임에 참여하느니보다는, 아예 성만찬에 참여하지 않는 것이 훨씬 낫다고 생각한다. 만일 상 위에 있는 떡이 조금이나마 모형적 중대성을 내포하고 있다면, 누룩이 든 빵은 그리스도를 부패한 인성을 가진 자로 묘사하는 것이요 그러한 것은 거룩한 성경이 말씀하는 그리스도가 아니다.

우리는 그럴듯하게 주장하는 반대, 즉 그리스도로부터 마음이 멀어질까 두려워서 소위 상징에 불과한 일 자체에 너무 가깝게 사로잡힐 필요가 없다고 말하는 그 반대에 대하여 잘 알고 있다. 그러한 언사는 매우 경건한 것처럼 들리지만 그러한 것들을 사용하는 자들에게는 나쁜 결말을 가져다준다. 이와 똑같은 반대가 침례를 거절하는 많은 유아세례 주장자들에 의하여 야기된다. 그들은 말하기를 외형이 중요한 것이 아니라 그 일을 행하는 배후의 정신이 중요하다고 한다. 우리 주님은 "이를 행하여 나를 기념하라"고 말씀하셨는데, 그렇다면 어떻게 감히 어떤 다른 일을 행할 수 있다는 말인가? 만일 외형적 상징들이 그다지, 아니면 전혀 중요하지 않다면 '퀘이커 교도(Quakers)'를 건실한 자들로 여겨 그들을 따라 외형적 성례를 모두 버리는 것이 어떤가? 우리는 다른 때가 아니라 그분의 식탁 주위에 모였을 때에 그를 '기념' 할 수 있다. 그러나 우리는 그가 친히 지정하신 것들을 엄격히 집착할 때에만이 "그리스도의 죽음을 보여주게 된다"(고전 11:26). 그리고 우리의 순종은 여기에 있으니, 성막에 관한 일은 비록 사소한 것이라 할지라도 모세에게 말씀하시기를 "모든 것을 산에서 보여준 식양대로 할지니라"고 하시지 않았던가? 또 여전히 이르시기를 "순종이 제사보다 낫고 듣는 것이 숫양의 기름보다 나으니"(삼상 15:22)라고 하셨다.

다른 이들은 반대하기를, 만일 당신이 주님의 상에 사용되는 특별한 떡에 대하여 그렇게 까다롭게 따진다면 우리가 마치 맨 처음 제자들이 한 것과 같은 근거에서 '다락방'을 선택하고, 만찬에 참석하는 자들로 실제로 강요한다고 말할지도 모른다. 이에 대한 대답은, 이러한 내용의 물음은 만찬의 중점적 계획에 속한 '주님의 죽음'을 전하는 일에 아무것도 기여하지 못한다는 것이다. 이러한 일에 대해서는 떡과 잔에 대하여 거론하는 고린도전서 11장에서 특별히 언급한 바가 없다. 사도가 거기에 그러한 일을 언급했다면 우리는 그것을 유의하고 지켜야 할 의무 아래 놓이게 되겠지만 사도는 그러한 일을 언급하지 않았다. 실제로 이러한 반대는 한가한 한담에 불과하다. 주의 상을 준비하는 일을 맡은 자들은 그의 임재 앞에서 기록된 말씀에 유의하자. 그들은 유교병과 무교병 중에서 어느 것이 더 성서적인지 물어보라. 그 중에 어느 것이 그리스도의 거룩한 인격의 표상에 더 적절한가? 어느 것이 은혜로 말미암아 범사에 말씀에 복종하기를 원하는 그의 백성들에게 고민과 거침이 가장 적은 것으로 간주되는가?

이제 다시 현재의 모형으로 돌아가자. '무교병'은 "흠 없고 점 없으신 이"(벧전 1:19)의 인격을 제시해 준다. 이스라엘 백성들이 절기에 참여함은 그리스도 안에 있는 신자들의 거룩성을 상징하였다. 바울이 실수가 많은 고린도 사람들에게 "너희는 누룩이 없는 자"(고전 5:7)라고 한 것을 보라. 그러나 우리는 추하고 부패한 모든 것으로부터 구별되게 행하므로 우리들의 삶에 이 일을 올바로 이행할 수 있도록 위에 계신 이에게 날마다 은혜를 구하자. "내가 거룩하니 너희도 거룩할지어다"(벧전 1:16)라고 하신 말씀은 우리에 대한 하나님의 불변하는 요구이다. 그리고 이 요구는 "너희는 너희 것이 아니요 값으로 산 것이니라"고 하신 말씀에 기초를 두고 있다. 만일 우리가 그의 기이한 은혜로써 그리스도의 보혈로 씻음을 받았다면, 그는 확실히 우리의 예복이 더럽혀지지 않도록 보살펴주실 것이다. 우리가 기쁨으로 유월절에 대한 일들을 살펴보았다면 또한 실제적인 방법으로 '무교절'을 지키도록 하자. 그리고 그것이 "칠일 간"임은 온전한 기간, 곧 이 땅에 사는 우리의 전 생애를 말해주고 있다.

"무교절은 반드시 지켜져야 한다. 하나님은 그리스도 안에서 그것을 우리를 위하여 예비했다. 그것에 의하여 우리가 양육함을 받을 수 있도록 새로운 형태의 인성을 가져다주었고 거기에 저해되는 모든 것들을 제거했다. 우리는 세상의 그 어디에서나 하나님 앞에서는 아무런 가치도 없는 것들을 중대하게 여기면서, 자만하는 원리들을 볼 수 있다. 그러나 그리스도 안에서는 하나님을 기쁘시게 하는 모든 순전함, 거룩, 신실, 그리고 진리만을 볼 수 있을 뿐 가장된 것이나 실제보다 더 크게 꾸며 보이려는 것은 아무것도 없다. 그들이, 당신이 누구냐고 물었을 때 '내가 또한 너희에게 말하는 그 모든 것'이라고 대답하셨다. 그것은 무교병을 말함이니, 우리가 그것에 사례하고 또 그것을 먹음으로써 누룩 없는 자가 될 것이다. 그리하여 우리는 모든 종류의 누룩을 증오하여 제거할 것이다"(C. A. Coates).

"모든 첫 태생은 다 내 것이며"(출 34:19). 하나님은 우주의 소유자이다. 만물의 창조자이기에, 그의 권한은 물을 필요조차 없다. 그러나 실제적 방법으로 사람들이 얼마나 적게 인정하고 복종하는가? 우리들 앞에 있는 이 구절은 부모된 사람들 앞에서 강조되어져야 할 말씀이다. 지나치게 귀여워하고 사랑하는 아버지 어머니들이여, 요람 속에 있는 그 작은 것이 절대적으로 당신의 것이 아니라 하나님의 것임을 알라. "자식들은 여호와의 기업이요"(시 127:3)라고 하셨다. 당신은 이 사실을 시인하는가? 당신은 그 작은 것을 하나님께 드렸는가? "너는 태에서 처음 난 모든 것과 네게 있는 가축의 태에서 처음 난 것을 다 구별하여 여호와께 돌리라"(출 13:12)고 한 것은 옛날에 그의 백성에게 하신 하나님의 말씀이지만, 이 말씀은 결코 취소된 일이 없다. 다음과 같이 말한 사무엘의 어머니에게 당신은 무엇이라고 말할 수 있는가? "이 아이를 위하여 내가 기도하였더니 내가 구하여 기도한 바를 여호와께서 내게 허락하신지라 그러므로 나도 그를 여호와께 드리되"(삼상 1:27, 28)라고 하셨다.

이것은 크나큰 실천적 중대성이 있는 주제이기에, 오늘날의 부모들에게 강조할 필요가 아주 많다. 성경은 유아의 '명명식'(christening)이나 '유아 세례'에 대하여는 가르치지 않지만 유아의 봉헌(infant dedication)에 대해서는 가르치고 있다. 심지어 그리스도의 부모도 그가 어린 시절에 "정결예식의 날이 차매 아기를 데리고 예루살렘에 올라갔다"(눅 2:22). 그리고 이곳과 사무엘의 두 경우 모두를 살펴보라. 이러한 엄숙한 일을 행한 자는 그들의 부모였지 제사장이 아니었다. 봉헌하는 일은 그 아이가 하나님께 속한 것이라는 사실을 의식적으로 시인하는 행위이다. 다윗은 "모든 것이 주께로 말미암았사오니 우리가 주의 손에서 받은 것으로 주께 드렸을 뿐이니이다"(대상 29:14)라고 말했다. 아이에 대한 부수적인 모든 훈련은 이 사실을 상기하는 가운데서 실시해야 할 것이다. 하나님을 의지함으로 자녀들을 돌보며 "주의 교훈과 훈계(진리의 균형에 유의)로 양육하라"(엡 6:4).

"모든 첫 태생은 다 내 것이며 네 가축의 모든 처음 난 수컷인 소와 양도 다 그러하며"(출 34:19). 하나님은 여기서 분명히 그의 백성에 대한 요구를 강조하고 있다. 천산의 짐승들이 다 그의 것이다. 그가 또한 이르시기를 "은도 내 것이요 금도 내 것이니라 만군의 여호와의 말이니라"(학 2:8)고 하셨다. 우리는 이 사실을 얼마나 자주 망각하는가! 오! 여기에 한 노래가 있도다. "내가 가지고 있는 것 중 아무것도 내 것이라고 부를 수 있는 것은 없고 그것들을 주신 자를 위하여 가지고 있을 뿐이로다. 나는 그의 것이요 그는 영원히 나의 소유가 되시도다." 그러나 우리가 모든 것을 그로부터 그리고 그를 위하여 관리하는 청지기에 불과하다는 것을 인정하는 것은 또 다른 문제이다. "그리고 맡은 자들에게 구할 것은 충성이니라"(고전 4:2). 만일 우리가 무슨 "무익한 말"을 하든지 심판날에 심문을 받을 것이라면(마 12:36) 우리가 허비한 한 파운드나 달러에 대해서는 얼마나 더 할 것인가!

우리 주님께서 섬기는 일과 그 보상을 주제로 한 비유들마다 동전을 예로 들어 말씀하신 사실은 매우 인상적이며 엄숙한 일이다. 첫째, 포도원에서 일하는 비유에서 '데나리온'(마 20장)이라고 한다. 둘째, 귀인에 대한 비유에서 "그 종 열을 불러 은화 열 므나를 주며 이르되 내가 돌아올 때까지 장사하라"(눅 19:13)고 한다. 셋째, 어떤 이가 먼 나라로 여행을 하는 비유에서 그가 종들을 불러 그들에게 각각 그의 소유를 나누어 주었는데 "각각 그 재능대로 한 사람에게는 금 다섯 달란트를, 한 사람에게는 두 달란트를, 한 사람에게는 한 달란트를 주고 떠났더니"(마 25:15)라고 한다. 달란트라는 말은 "돈의 합계"라는 뜻이다. 그것으로써 그의 제자들은 그가 계시지 않는 동안 장사를 하도록 되어 있다. 만일 이 비유의 가르침이 우리의 심령 앞에 늘 있다면 그리스도인들은 그들의 "보화를 하늘"에 쌓아두려고 보다 부지런하고 성실하게 일할 것이다(마 6:20).

"나귀의 첫 새끼는 어린 양으로 대속할 것이요 그렇게 하지 아니하려면 그 목을 꺾을 것이며 네 아들 중 장자는 다 대속할지며"(출 34:20). 이 말씀은 우리 앞에 있었던 출애굽기 13:13의 반복이다. 현재의 독자들 중에 많은 자들이 거의 4년 전에 거기에 대해 쓴 것들을 보지 못한 것으로 여겨지므로, 동일하게 다시 반복하거나 아니면 그때에 말한 내용을 간략하게 복습하는 것이 좋으리라고 생각한다.

"나귀의 첫 새끼는 어린 양으로 대속할 것이요"라고 한 말은 우리들의 생각을 즉시 히브리인들의 장자가 "어린 양으로 속함을 받은" 유월절 밤을 회상하도록 한다. 이와 같이 여호와께서는 그의 백성의 구속을 당나귀의 구속과 결부시켰다. 다시 이르시기를 "그렇게 하지 아니하려면 그(나귀) 목을 꺾을 것이며"라고 했는데, 이는 마치 이스라엘이 어린 양을 잡아 그 피를 뿌리지 아니하였더라면 보복의 천사에 의하여 거의 틀림없이 죽임을 당했을 것이라는 사실과 같다. 이와 같이 하나님은 육에 속한 인간을 나귀와 비유하셨다. 이는 우리로 참으로 겸손하게 하는 일이다! 욥기 11:12에는, "허망한 사람은 지각이 없나니 그의 출생함이 들나귀 새끼 같으니라"고 한다.

모세의 율법 아래서 '당나귀'는 부정한 동물로 여겼으니, 그것은 새김질을 하지 않을 뿐 아니라 굽이 갈라지지도 않았다. 이와 마찬가지로 육에 속한 사람도 불결하여 "무릇 우리는 다 부정한 자 같아서"(사 64:6)라고 하심과 같다. 비록 인간이 그들의 관습에 있어서는 매우 독특하다 할지라도 그 속에는 모든 "더러운 것"이 가득하다(마 23:27). "굽이 갈라졌다"는 것은 구별되이 행함, 하나님과 더불어 그리고 하나님을 위하여 사는 삶을 상징한다. "되새김 질"은 반추(숙려), 묵상하는 것으로서 여호와의 율법을 주야로 묵상하는 것을 말한다(시 1:2). 그러나 이 두 가지 일들은 육에 속한 자들에게는 전혀 생소한 것들이다. 이와 같이 '나귀'는 정확히 그를 나타낸다. 그는 부정하다. 그러나 하나님께 감사할 것은 "죄와 더러움을 씻는" 한 샘이 열렸다(슥 13:1).

또 '나귀'는 어리석고 우둔한 피조물이다. 그것은 소위 우리가 말하는 '본능'을 거의 모든 다른 짐승들보다 적게 가지고 있다. 이러한 면에서도 역시 인간과 비슷하다. 인간은 그가 가진 이성의 능력을 자랑하고 그의 지식으로 성취한 것들로 자만할는지는 모르지만 사실은 그의 영적인 지식에 있어서는 전혀 결여된 상태에 있다. "육에 속한 사람은 하나님의 성령의 일들을 받지 아니하나니 이는 그것들이 그에게는 어리석게 보임이요, 또 그는 그것들을 알 수도 없나니 그러한 일은 영적으로 분별되기 때문이라"(고전 2:14). 다시 이르기를, "이제부터 너희는 이방인이 그 마음의 허망한 것으로 행함 같이 행하지 말라 그들의 총명이 어두워지고 그들 가운데 있는 무지함과 그들의 마음이 굳어짐으로 말미암아 하나님의 생명에서 떠나 있도다"(엡 4:17, 18)라고 한다. 그리스도인들에게 "하나님의 아들이 이르러 우리에게 지각을 주사 우리로 참된 자를 알게 하신 것"(요일 5:20)은 얼마나 감사한 일인가?

또한 '나귀'는 완고하고 다루기 힘든 동물이다. 때때로 그것은 노새만큼이나 움직이기가 힘들다. 타락한 인간도 그와 같다. 그는 하나님을 거역한다. 아담의 모든 후예들의 역사는 "그릇 행하여 각기 제 길로 갔거늘"(사 53:6)이라고 하신 무서운 말로 요약되어 있다. "하나님을 찾는 자도 없다"(롬 3:11). 하나님께서 육신을 입어 인간 가운데 거하셨을 때에 "그러나 너희가 영생을 얻기 위하여 내게 오기를 원하지 아니하는도다"(요 5:40)라고 말씀해야만 했다. 죄인이 그리스도께로 나아온다는 것은 거룩한 능력이 그에게로 "이끌어 주셨기" 때문이다(요 6:44). 그리고 우리가 그리스도인이 된 후에는 성령께서 우리의 손을 잡고 "의의 길로 인도"한다(시 23:2; 롬 8:14).

우리의 교만한 심령의 구미에 가장 맞지 않는 것은 위와 같은 진리의 노선이다. 그러나 우리가 그것에 부복하고 하나님 앞에 우리의 진정한 자리 — 땅(먼지) — 에 처하게 되면 그것은 우리의 복이 된다. 오직 성령께서 우리를 비추어 주심으로써만이 그 누구나 우리가 얼마나 나귀 같은가를 알게 된다. 사실이 이러하므로 솔로몬은 이르기를 "내가 내 마음속으로 이르기를 인생들의 일에 대하여 하나님이 그들을 시험하시리니 그들이 자기가 짐승과 다름이 없는 줄을 깨닫게 하려 하심이라"(전 3:18)고 하였다. 독자들이여, 하나님께서 당신의 눈을 열어 주셨는 가? 당신은 '나귀'가 당신의 모든 것 — 부정함, 무분별함, 완고함으로 인하여 당신의 목이 꺾임을 당함이 합당할 뿐임 — 을 정확하게 묘사하고 있음을 인정하는 가? 만일 그러하다면 이 복된 말씀, 곧 "그리스도께서 경건하지 않은 자를 위하여 죽으셨도다"(롬 5:6)라고 하신 것을 자기의 것으로 전유하여 감사할 수 있다. 그 러한 자들에게 구원을 마련해 주신 것은 참으로 놀라운 은혜이니, "나귀의 첫 새 끼는 어린 양으로 대속할 것이라!'

"빈 손으로 내 얼굴을 보지 말지니라"(출 34:20). 어찌 이렇게 할 수 있으랴! 언젠 가 가련한 죄인이 그의 눈이 열려 죄가 자신 안에서 만들어 놓았던 폐허를 보면, 일단 그가 "어린 양으로 대속함을 받아" 그의 심령이 감사와 찬양이 흘러넘치는 사실을 알게 된다. 그의 감사함을 가장 잘 표현한 말씀은 "내 영혼아 여호와를 송 축하라 내 속에 있는 것들아 다 그의 거룩한 이름을 송축하라"(시 103:1)는 것이 다. 그렇다. 구속함을 받은 자는 다 구속자 앞에 결코 '빈손'으로 나올 수 없을 것 이다. 그들은 저절로 다음의 말씀에 유의하게 될 것이다. "그러므로 우리는 예수 로 말미암아 항상 찬송의 제사를 하나님께 드리자 이는 그 이름을 증언하는 입술 의 열매니라"(히 13:15).

"빈 손으로 내 얼굴을 보지 말지니라." 만일 이 말씀을 적극적 형태로 표현한다 면 "그들이 예배하는 자로서 내 앞에 나아올지라"고 할 수 있다. 이는 예배란 무 엇인가를 하나님께 드리는 것이기 때문이다. 최근에 이 주제에 대하여 우리의 간 행물(잡지)의 3장을 할애한 일이 있으므로 그것에 대하여 이제 더 확대하여 거론 할 필요가 없는 것으로 생각된다. 구약성경에서 '예배'에 대하여 맨 먼저 언급하 신 것을 보면 순종이 기본이며 중심사상이 된다. 창세기 22:5에 아브라함이 이르 기를 "내가 아이와 함께 저기 가서 예배하고 우리가 너희에게로 돌아오리라"고 한다. 이와 같이 신약성경에서도 예배에 대하여 맨 먼저 기록한 것은 박사들이 아기 예수께 예물을 바치는 것이다(마 2장). 우리가 은혜로우신 하나님 앞에 나아 갈 때는 우리의 가슴에는 사랑이 가득하고 입에는 찬양이 가득해야 할 것이다.

"너는 엿새 동안 일하고 일곱째 날에는 쉴지니 밭 갈 때에나 거둘 때에도 쉴지며"(출 34:21). 이 구절에서 진리를 나타낸 순서를 보면 매우 아름답다. 첫째, 우리는 하 나님께로 철저히 구별된 것에 대해 말하였다(출 34:18). 둘째, 하나님께 헌신함이었다(19, 20절). 셋째, 하나님께 예배드림 또는 흠모하는 일이었다(20절). 이제는 안식일에 대한 말씀, 우리 영혼을 그에게 사로잡히게 하는 여호와의 자비로운 예비하심이 있었다. 여기에 보면 앞서 안식일에 대하여 언급한 출애굽기 16, 20, 31장의 내용에 부과된 말씀이 있음을 살펴보아야 한다. 이에 대해 코우츠(Coates)는 다음과 같이 말했다.

"안식일에 쉬는 것은 반드시 지켜져야 하며 이를 분명히 규명하신 것은 '밭 갈때에나 거둘 때에도 쉴지며' 라고 하신 것에서 볼 수 있다. 그것은 하나님께서 쉬신 일을 기억하면서 활동으로부터 중지하는 반복 기간의 필요성과 밀접한 관계가 있다. 비록 어떤 일이 주님에 대하여 아무리 필요한 것이라 할지라도 안식일을 반드시 준수해야만 할 것은, 내가 생각하기로는 밭 갈 때에나 거둘 때는 그의 사역에 가장 절실하고 분주한 때를 상징하는 것으로 생각되기 때문이다. 우리 영혼은 활동을 제쳐놓고 하나님과 더불어 쉰다는 것이 무엇인지를 반드시 알아야한다. 나는 우리가 항상 안식일을 지키지 않고 있음을 염려하고 있다. 우리는 무엇을 하거나 아니면 해야 할 일에 사로잡혀 있다. 하나님과의 충분한 쉼이 절실히 요구된다."

제69장

시내 산 언약

출애굽기 34:22-27

출애굽기 34장의 주요한 구절은 27절이다. "여호와께서 모세에게 이르시되 너는 이 말들을 기록하라 내가 이 말들의 뜻대로 너와 이스라엘과 언약을 세웠음이니라." 뿐만 아니라 이는 이 장의 주제이다. 우리가 방금 인용한 구절에 이어 이르기를, "모세가 여호와와 함께 사십 일 사십 야를 거기 있으면서 떡도 먹지 아니하였고 물도 마시지 아니하였으며 여호와께서는 언약의 말씀 곧 십계명을 그 판들에 기록하셨더라"고 한다. 이와 같이 그 시내 산의 언약은 합법적인 것이었기는 하나, 6, 7절에서 이르신 바와 같이 그것은 공의와 거룩함과 마찬가지로 자비와 오래 참으심으로 집행되는 법이었다.

우리는 이미 그 율법이 그가 대속하신 백성들에 대한 하나님의 통치의 표현임을 알았으므로 이제 그 세대주의적 관점에서 그것을 보도록 하자. 로마서 5:20에 이르기를, "율법이 들어온 것은 범죄를 더하게 하려 함이라"고 했는데, 이는 죄로 "심히 죄 되게"(롬 7:13) 나타나게 하려 함이며, 인간의 마음이 사악함을 분명히 나타내게 하며, 인간들이 죄인임을 더 온전히 논증하기 위함이니, 이로써 "모든 입을 막고 온 세상으로 하나님의 심판 아래에 있게 하려 함이다"(롬 3:19).

방금 위에서 말씀한 빛에 의하여 하나님께서 모세에게 율법을 두 번 주신 사실을 명심하자(출 31:18; 34:1, 28). 맨 처음에 주신 율법은 인간의 불경함을 나타내었다. 우리가 이미 본 바와 같이 율법이 돌판들에 새겨지기 전에 먼저 구두로 모세에게 주셨고(출 20장), 모세는 그것을 백성들에게 그대로 말했으며(출 24:3), 그들은 "여호와께서 말씀하신 모든 것을 우리가 준행하리이다"라고 약속하였다. 그가 맨 먼저 하신 말씀은 "너는 나 외에는 다른 신들을 네게 두지 말라"고 하신 것이었다. 그러나 그가 그 말씀을 돌판 위에 새기셨던 바로 그때 이스라엘은 아론에게 "일어나라 우리를 위하여 우리를 인도할 신을 만들라"(출 32:1)고 했다. 그리고 그 다음에 있었던 일은 금송아지를 만들어 섬긴 일이었다. 이어지는 결과는 하나님의 진노의 재앙이 그들 위에 내린 것이었다(출 32:27, 28). 이와 같은 인간의 첫 번째 시련 ― 이스라엘에게만이 있었던 일이 아니었으니, "물에 비치면 얼굴이 서로 같은 것 같이 사람의 마음도 서로 비치느니라"(잠 27:19)고 하셨음과 같이 ― 은 심판으로 끝났다.

맨 처음 율법을 주신 일로 인하여 인간의 '불경건함'이 드러난 것처럼, 그들이 두 번째 그것을 받았을 때에는 그들이 그것을 준수할 수 있는 '힘이 없음'을 명시했다. 이것은 타락한 인간의 특성을 말해주는 두 가지 일이며(롬 5:6), 또한 이중적으로 율법을 증여하시도록 계획된 사례였다. 그 첫째는 신속히 시행되었고, 둘째는 보다 서서히 입증되기는 하였지만 그 모두가 명백한 사실임에는 변함이 없었다. 하나님은 인간에게 율법을 준수할 수 있는 능력의 소지 여부를 제시하도록 공정하고 충분한 기회를 주셨다. 이스라엘 민족의 경우 가장 은혜로운 여건 아래에서 대신하여 시험을 받도록 되어 있었다. 이스라엘은 이방인들로부터 구별된 백성이었고 여호와께서 친히 그들 가운데 거하셨다. 그들에게는 젖과 꿀이 흐르는 땅이 주어졌고, 사도가 말한 것처럼 그들은 "양자 됨과 영광과 언약들과 율법을 세우신 것과 예배와 약속들"(롬 9:4)을 가지고 있었다. 여호와께서 후대에 그들에게 다음과 같이 말씀하신 것은 응당한 일이었다. "내가 내 포도원을 위하여 행한 것 외에 무엇을 더할 것이 있으랴 내가 좋은 포도 맺기를 기다렸거늘 들포도를 맺음은 어찌 됨인고"(사 5:4).

그렇다. 여호와께서 심으신 포도원에는 '들포도'가 맺혔을 뿐이었다. 그가 그들을 향하여 은혜롭고 노하기를 더디 하시므로 권면하고 훈계하며 견책하고 경고하도록 한 선지자에 이어서 또 다른 선지자들을 보내셨다. 그러나 아무 소용이 없었다(막 12:1-5 참조). 한 세대에서 다른 세대로 거듭 시험하셨으나 그 율법은 "육신으로 말미암아 연약하여"(롬 8:3) 항상 동일한 결과를 가져왔을 뿐이다. 인간은 하나님의 공의로운 요구에 응할 능력이 없었다. 그는 '연약하였던' 것이다. 그리하여 율법에 대한 이 두 번째의 시험도 필연적으로 거룩한 심판으로 종식되었다. 이때에도 역시 하나님은 오래 참으시는 자비를 베푸셨다. 이스라엘의 범과에 대한 하나님의 총괄적이고도 최후적인 진노는 일시에 내리지 아니하시고 서서히, 그리고 단계적으로 내렸다.

먼저, 하나님은 그의 백성을 갈대아 사람들의 손에 붙이셨다. 그가 이사야를 통하여 말씀하기를 "앗수르 사람은 화 있을진저 그는 내 진노의 막대기요 그 손의 몽둥이는 내 분노라 내가 그를 보내어 경건하지 아니한 나라를 치게 하며 내가 그에게 명령하여 나를 노하게 한 백성을 쳐서 탈취하며 노략하게 하며 또 그들을 길거리의 진흙 같이 짓밟게 하려 하거니와"(사 10:5, 6)라고 했다. 이스라엘의 두 번째 율법에 대한 시험의 결과의 최후가 다가왔다. '여호와의 영광' (셰키나의 영광)이 거룩한 성에서 떠났고(겔 11:23, 24) 이스라엘의 자손들은 바벨론으로 끌려갔으니, 그 나라가 하나님과 의절된 사실에 대하여 호세아를 통하여 말씀하시기를 "여호와께서 이르시되 그의 이름을 로암미라 하라 너희는 내 백성이 아니요"(호 1:9)라고 하였다.

그 후에, 남은 자들이 바벨론을 떠나도록 허락을 받아 그들의 우매와 반역으로 인하여 황폐해진 그들의 열조의 땅으로 돌아와, 그 성을 다시 세우고 성전을 건축하였다. 그러나 그들은 하나님의 백성으로서가 아니라 '로암미'로서 돌아왔다. 성전은 건립되었으나 그 속에 셰키나의 영광이 거하시지 않았다. 텅 비어 있었다! 하나님께서 더 이상 그들 가운데 거하지 않았다. 그 당시에 하나님이 그들에게 보낸 선지자는 그때에 있었던 폐허를 강조하였고 다가올 구세주의 도래를 언급했다. 그때에 이르러서는 그들의 큰 시험이 더 이상 율법의 순종이 아니라(그것이 폐기된 것은 아니지만), 그들 위에 내려진 거룩한 진노를 겸손하게 수락하는 것과 깊이 뉘우치는 정신으로 구속자를 기다리는 것이었다. 그러나 하나님 앞에 스스로 겸비하고 그들의 죄를 회개하며 그들이 '연약하다'는 사실을 깨닫는 대신 어느 때 보다 더 자기-의가 가득 차 있었다. 어떤 이는 이를 잘 표현하였다.

"그러나 오호라! 이제 다시 사탄의 능력이 어떠함과 그가 인간의 어리석음과 그 마음을 이용하여 어떻게 그들의 눈을 어둡게 하는지를 다시 보게 된다. 이스라엘이 돌아온 후부터는 더 이상 우상 숭배자들이 아니었다는 사실은 매우 인상적인 일로서 대다수가 보편적으로 그렇게 여기고 있다. 그것은 그들의 특별한 죄였던 것이다. 우리도 아는 바와 같이 선지자는 말하기를 '어느 나라가 신이 아닌 자로 그들의 신을 삼았으며 나의 백성이 그들의 영광을 무익한 것으로 바꾸었도다'라고 했다. 그들은 광야에서부터 그러했다. 먼저 그들은 금송아지를 섬겼고 또한 광야에 거하는 동안 '몰록의 집을 만들고 별들의 신 레판(Remphan)을 만들어 거기 절하였다.' 하나님은 그가 오직 유일하신 이심을 선포하셨으나 그들의 마음은 속속들이 우상으로 가득하였다.

그러나 그들 가운데 아무 신도 없게 되자마자 — 성전이 지어지고 그 영광이 떠나자마자 — 죄로 말미암아 그들이 폐허 속에 처하게 되자마자, 사탄은 더 이상 우상 숭배의 옷을 입지 아니하고 하나님이 그들에게 명하신 명령에 거역하게 하여 — 이제는 로암미로서 그들을 설득한 것이 아니라, 오히려 하나님의 백성으로 일컬어 '우리는 여호와의 전이로다 여호와의 전이로다' 라고 말하게 했다. 사실상 바리새주의는 그때부터 자라기 시작했는데, 이는 그들에게 내린 하나님의 명을 거역하는 자기-의였으며, 하나님께서 이미 인간들에게는 전혀 찾아볼 수 없다고 강조하신 의로움을 그들이 스스로 가진 것처럼 가장하였다. 이와 같이 오실 구원자에 대하여 예언했을 때처럼 그 영광이 그 언제보다 더욱 깊게 또 더욱 놀랍게 그들 가운데 다시 임하시려고 — 그렇다, '아버지의 품에 있는 독생자의 영광', 구약의 성막의 원형이 되신 영광 — 작정하신 이가 돌아오셔서, 사랑과 은혜로 그들 가운데 거하였을 때, 그분은 모든 자비와 인애로 그들을 만날 준비가 되어 있는 것이다. 섬김을 받으려 함이 아니라 섬기려 하고, 요구하는 것이 아니라 양손으로 아무런 제한 없이 주려고, 하나님으로서 주려고 오는 것이다. 오호라! 그때가 되면 그 바리새인들은 돌아서서 안일하게 서로 말하기를 '우리 중에 누가 그를 믿었던가? 우리는 오히려 그 영광의 주를 죽였던 자들이 아니었던가? 라고 말하게 될 것이다"(F. W. Grant).

그러면, 마땅히 유대교는 끝났던 것이다. 대제사장은 자기도 알지 못하는 사이에(비교, 요 11:51) 그의 옷을 찢으면서(마 26:65), 제사장직이 마지막인 것을 은연중에 말하였다. 이제 인간들의 율법 아래에서의 두 번째 심판은 끝났다. 이제는 남은 것이란 다만 심판밖에 없는데도, 예루살렘은 포위되고 성전은 파괴되며 유대인들은 해외로 뿔뿔이 흩어지게 되는 때인 A. D. 70년이 이르도록 40여 년이나 그들은 서성대고 있었다. 그 심판이 이르기 이전에도 그 백성에게 하나님은 "이 패역한 세대에서 구원을 받으라"(행 2:40)고 하셨다. 또 이르시기를 "그의 치욕을 짊어지고 영문 밖으로 그에게 나아가자"(히 13:13)고 하셨다. 그러나 지금 우리는 발길을 거슬러 올라가 처음 시작했던 원점으로 돌아가자. 출애굽기 34장의 중심되는 일은 여호와께서 시내 산에서 이스라엘과 맺는 그 '언약' 이었다.

지난 장의 서두에서 지적한 바와 같이, 그 언약은 돌판들에 새겨진 10가지의 말씀에 근거하였다. 그것은 언약의 율법이었으나 거룩과 공의와 마찬가지로 자비, 은혜, 그리고 오래 참으심으로 집행되었다. 그 언약 안에서, 하나님은 인간에 대한 그의 요구들을 강조하셨다. 첫째, 절대적으로 그에게 구별될 것을 요구하였고(출 34:18) 둘째, 그에게 온전히 헌신할 것을 분부하였으며(출 34:19, 20) 셋째, 그가 지정하신 안식일을 절대로 지킬 것과 비단 추수 때에도 예외를, 허용하지 아니하신다고 말씀했다(출 34:21). 여기에 이어 오늘의 본문이 뒤따른다.

"칠칠절 곧 맥추의 초실절을 지키고"(출 34:22). 이스라엘의 각 '절기'에 대한 중심 사상은 백성들로 하여금 대속에 근거하여 여호와께로 모이게 하는 것이었다. 그러므로, 여기에서 볼 수 있는 관점은 공동의 책임을 말하며, 더 나아가서 공동의 특권이라고 말할 수 있다. 이는 이 땅에서 하나님의 성도들이 그를 중심하여 절기의 모임에 함께 모여 즐기는 것보다 더 큰 특권이 없기 때문이다.

레위기 23:15-21에서는 '칠칠절' ('오순절'로서 더 잘 알려졌음)을 아주 장황하게 설명하고 있다. 여기에서는 이를 "맥추의 초실절"과 관계하여 설명하였다. 이 사실은 다음에 기록된 야고보서 1:18의 말씀을 생각하게 한다. "그가 그 피조물 중에 우리로 한 첫 열매가 되게 하시려고 자기의 뜻을 따라 진리의 말씀으로 우리를 낳으셨느니라." 세대주의적으로 말한다면, 이 절기는 사도행전 2장의 성령강림의 부분적 성취를 경험하였다. 우리는 성령강림의 '부분적 성취'에 대하여 베드로가 사도행전 2:16에서 말한 바 "이는 곧 선지자 요엘을 통하여 말씀하신 것이니"라는 말씀을 오히려 "이는 곧 선지자 요엘로 말씀하신 것의 성취니"라고 하는 것이 더 나은 표현이라고 생각되는데, 그 이유인 즉 사실이 그러하듯이 이 말씀의 온전한 실현이 아직 이루어지지 않았기 때문이다. 레위기 23:17의 "두개의 떡"은 그리스도의 지체의 일원으로서 함께 모인 유대인과 이방인들을 가리킨다. 그러나 궁극적으로 이 세대가 끝나면 유대인들이 다시 한 번 거룩한 은총 가운데로 다시 회복될 이스라엘의 두 집의 재결합(비교, 겔 37:16)을 예시하였다.

"세말에는 수장절을 지키라"(출 34:22). 이것은 '장막절'로서 더 잘 알려져 있다. 이것은 이스라엘의 종교 달력의 맨 마지막에 있다. 그러므로 그 세대주의적 성취는 아직도 미래에 있을 일이다. "그 장막절은 이스라엘이 그들의 죄로 인하여 거하게 되었던 광야에서 나온 때 곧 천년왕국의 즐거움이 될 것이다. 그러나 거기에 또 다른 주간의 첫날이 더하여질 것이다(레 23:36의 제 팔일) — 주 예수와 함께 일어난 자들의 부활의 기쁨(그것에 대해 성령의 임재하심으로 그동안 응답하였음). 결과적으로, 땅에 편만한 자들을 한데 모은 뒤에 장막절이 다가왔음을 알게 될 것이요, 여러 곳에서 말씀하신 바와 같이 추수뿐만이 아니라 포도의 수확이 있은 뒤, 곧 심판으로 그들을 구별하고 땅에 최후심판을 집행하는데, 그때 하늘과 땅에 있는 성도들을 다 함께 모을 것이다"(J. N. Darby).

"너희의 모든 남자는 매년 세 번씩 주 여호와 이스라엘의 하나님 앞에 보일지라"(출 34:23). 이들이 특별히 구별된 세 경우는 "무교절과 칠칠절과 초막절"이었다(신 16:16). 이 절기들은 세대주의적 견지에서 세 가지로 분류하여 생각할 수 있다. 첫째, 구약시대에 이스라엘이 여호와께로 구별된 때이다. 둘째, 현재 우리가 처한 중간 기간으로서, 아브라함의 양 떼로부터 "은혜로 택하심을 따라 남은 자"(롬 11:5)들을 더하시며, 하나님은 또한 "이방인 중에서 자기 이름을 위할 백성을 취하신다"(행 15:14)고 하신 때이다. 셋째, 주께서 돌아오셔서 "다윗의 무너진 장막을 다시 지으며 또 그 허물어진 것을 다시 지어 일으키리니이는 그 남은 사람들과 내 이름으로 일컬음을 받는 모든 이방인들로 주를 찾게 하실 때"(행 15:16, 17) 곧 천년왕국 때이다. 하나님의 삼위의 신성이 이러한 절기들 안에서 독특하게 고찰되어진다고 덧붙여 말할 수 있다. 유월절과 불가분의 관계를 맺고 있는 무교절은 성자 하나님을 말하고 있다. 칠칠절 또는 오순절은 성령님의 강림으로 지목되는 절기이다(행 2:2; 욜 2:28). 장막절은 종종 드리는 간구 곧 "하늘에 계신 우리 아버지 … 나라가 임하시오며"(비교, 마 13:43; 16:27)라고 일러주신 기도의 응답을 증거하게 될 것이다. 그 순서는 누가복음 15장에 기록된 세 가지 비유와 동일한데 이는 곧 목자의 사역, 성령의 사역, 아버지의 집으로 옮기는 사역과 같다. 이처럼 그것은 실험적으로도 입증된다.

우리가 이미 말한 바와 같이 그 '절기'들은 공동의 책임뿐만 아니라 공동의 특권과도 관련되어 있으니, 이는 "형제가 연합하여 동거함이 어찌 그리 선하고 아름다운고"(시 133:1)라고 하심과 같다. 그러나 오호라, 역사는 동일한 일을 반복하였다. 이스라엘 민족 역사의 시초는 단합된 '회중'이었다. 이 시대의 시작도 그와 같았다. "믿는 사람이 다 함께 있어"(행 2:44)라고 함과 같았다. 당시에는 모든 일들이 잘 되어 가는 것처럼 보였으나 실패와 죄악이 들어옴으로 거룩한 이의 징계와 심판이 뒤따랐는데, 이 점에 있어서 이스라엘이나 기독교계가 다를 바 없다. 결국에 이르러 이스라엘이 포로가 되어 바벨론으로 끌려간 것처럼, 모든 '흑암의 시대'를 통하여 요한계시록 17장에서 말씀한 바와 같이 '비밀의 바벨론'이 유럽을 지배하게 되었다. 이스라엘의 남은 자들은 바벨론으로부터 돌아오고 이스라엘도 참된 하나님의 경배자로 회복되었으나 그 원래의 영광을 따르지는 못했다. 그래서 종교개혁이 있었고, 남은 자들도 교황권으로부터 구원을 받고, 그래서 하나님이 다시 높임을 받게 되었으나, 그럼에도 불구하고 진리의 물줄기는 그 시작과 같이 정결하지 못했다.

그러나 구약시대의 마지막에서, 이스라엘의 공동의 간증은 완전한 파멸과 황폐함이었다. 즉 제사장들은 "레위의 언약을 깨뜨렸으며"(말 2:8), 더럽혀진 떡을 하나님의 단에 드렸다(말 1:7). 유다는 여호와의 거룩함을 욕되게 하였기에(말 2:11), 여호와께서 "내가 너희를 기뻐하지 아니하며 너희가 손으로 드리는 것을 받지도 아니하리라"(말 1:10)고 말씀해야만 하였다. 동일하게도, 기독교계의 공동의 간증은 폐허로 전락된 지 이미 오래되었다. 교회들에게 보내는 마지막 편지에서는 그리스도를 밖에 있는 분으로 묘사하였고(계 3:20), 그의 음성은 "누구든지 내 음성을 듣고"라고 하심과 같이 개인들에게로만 한정되었다.

"내가 이방 나라들을 네 앞에서 쫓아내고 네 지경을 넓히리니 네가 매년 세 번씩 여호와 네 하나님을 뵈려고 올 때에 아무도 네 땅을 탐내지 못하리라"(출 34:24). 이 말씀은 잠언 16:7에 "사람의 행위가 여호와를 기쁘시게 하면 그 사람의 원수라도 그와 더불어 화목하게 하시느니라"고 하신 말씀의 사례를 얼마나 잘 보여주고 있는가? 하나님께서는 그 누구도 그에게 채무자가 되기를 허락지 아니하고, "나를 존중히 여기는 자를 내가 존중히 여기고"(삼상 2:30)라고 약속했다. 여기서도 그와 같다. 이러한 이스라엘 사람들은 여호와를 섬기려 성전으로 올라갔기에, 주님은 그들이 없는 동안 그들의 집을 지켜 주셨다.

"네가 매년 세 번씩 여호와 네 하나님을 뵈려고 올 때에 아무도 네 땅을 탐내지 못하리라." 이는 그의 피조물들에 대한 하나님의 지배의 절대성을 얼마나 인상적으로 나타내 주고 있는가! 인간이 타락하고 거역한 자라 할지라도 예외가 없다. 다니엘 4:35에 이르기를 "땅의 모든 사람들을 없는 것 같이 여기시며 하늘의 군대에게든지 땅의 사람에게든지 그는 자기 뜻대로 행하시나니"라고 함과 같이 여기서도 그와 같았다. 히브리인 남자들은 그들의 농장을 떠나 예루살렘에 있는 성전으로 올라갔으므로(신 16:16), 그들 중 대다수가 오랫동안 장기간의 여행 중이었다. 그들은 적의를 품고 있는 이방들에 의하여 둘러싸여 있었지만, 하나님께서 각 사람들을 다루심이 너무나 철저하여 그들이 없는 동안 아무도 그들의 가족이나 양떼를 괴롭히지 못하게 하셨다. 이와 같이, 하나님께서 악한 자들의 행동을 억제하셨을 뿐만 아니라 그들의 사악한 마음의 욕구까지도 조절하셨음을 알 수 있다. 이는 "왕의 마음이 여호와의 손에 있음이 마치 봇물과 같아서 그가 임의로 인도하시느니라"(잠 21:1)고 하심과 같다.

"너는 내 제물의 피를 유교병과 함께 드리지 말며"(출 34:25). 하나님은 모형들을 대해 아주 질투심이 많았다. 왜 그런가? 그것은 그 모형들이 그리스도의 인격과 사역을 가리키고 있었기 때문이다. 이와 같이, 모형들에 대한 하나님의 질투는 그의 사랑하는 아들의 영광을 지키는 일이 되었다. 그러므로 그 희생이 주 예수를 앞서 가리켰기 때문에 누룩(악의 표상)은 반드시 제거되어야만 할 것이니, 이는 그가 "거룩하고 악이 없고 더러움이 없고 죄인에게서 떠나 계시기"(히 7:26) 때문이다.

"너는 내 제물의 피를 유교병과 함께 드리지 말며." 여호와께서 여기에서 희생을 어떻게 표현하셨는지를 살펴보면 참으로 놀랍고 복되다. 그는 "네 희생의 피"라고 하시지 않고 "내 희생"이라고 말한다. 이것은 또한 예표하는 말이다. 즉 "영단번에 드려진" 희생은 하나님이 지명했고, 하나님이 예비했으며, 하나님을 만족케 하는 것이 되었다. 인간에게는 그것에 대하여 아무런 역할이나 몫도 없다. "구원은 여호와께 속한 것이다." 때때로 모형들에 의하여 이와 동일한 진리가 발휘되었다. 창세기 22:8에서 아브라함은 그의 아들의 "번제할 어린 양은 어디 있나이까"라고 하는 질문에 대답하기를, "하나님이 자기를 위하여 친히 준비하시리라"고 한다. 출애굽기 12:27에 보면 "이는 여호와의 유월절 제사라"고 한다. 속죄일에 두 마리의 염소에 대해서도 제비를 뽑아, "한 제비는 여호와를 위하고 …"(레 16:8) 등과 같이 말씀하셨다.

"유월절 제물을 아침까지 두지 말지며"(출 34:25). 유월절의 양은 그것을 잡은 날 밤에 다 먹어야 하며 불에 구워서 먹고 아침까지 남겨 두지 말아야 했다(출 12:10 참조). 그 모형의 이러한 상세한 적용은 매우 진지하고 면밀하다. 아침에 그 양을 먹는다는 것은 그 죽음의 중대한 의미를 도외시하는 결과가 된다. 양을 먹는다는 것은 신자들(이미 그의 피 아래로 피난한 자들)이 그리스도를 먹음을 말하며, 잡은 양을 그날 밤에 먹는다는 것은 실제로 그에게 일어난 그의 죽음과 우리를 위하여 심판(불에 구워짐)을 당한 그리스도를 우리의 영혼들이 깊은 의미를 되새기면서 항상 먹어야 함을 말한다. 요한복음 6:1, 50, 51, 53-56에서 그리스도께서 친히 이 사실을 강조한 것을 살펴보라.

"네 토지 소산의 처음 익은 것을 가져다가 네 하나님 여호와의 전에 드릴지며"(출 34:26). 이 거룩한 의식에 대해서는 신명기 26:1-11에서 더 상세히 설명하고 있다. 관심을 가지고 있는 독자들은 스스로 그 구절의 전체를 상세히 기도하면서 연구 하면 그것이 유익함을 알 수 있다. 하지만, 우리는 여기서 다만 그 가르침을 요약 하여 설명하기로 하겠다. 첫째, 그것은 이스라엘이 그들의 기업을 소유하는 일과 관련이 있었다(신 26:1). 둘째, "그 토지 모든 소산의 만물"은 다가올 추수의 거룩 한 보증, 또는 증거물이 되었다(신 26:2). 셋째, 이스라엘은 그것을 제사장에게 바 침으로 이를 시인하였다(신 26:3). 넷째, 이로써 이스라엘은 지난날의 수치와 얽 매였던 처지를 되돌아보도록 요구되었다(신 26:5-7). 다섯째, 그들을 이끌어내신 여호와의 선하심을 인정하였다(8절). 여섯째, 여호와께서 그들에게 주신 좋은 몫 에 대한 감사를 표현했다(9절). 일곱째, 그는 "소산의 만물"을 경배하며 드렸다 (10, 11절).

위에 있는 모든 것들은 그 모형적 가르침이 풍부하며 그 중에 대다수가 다른 것과 연관하여 이미 고찰한 것들이다. 출애굽기 34:22과 여기 26절은 제각기 다 른 사실들을 나타내고 있다. "맥추의 초실"은 그리스도를 나타낸다(비교, 요 12:24; 고전 15:23). 그러나 "토지 또는 기업의 처음 익은 것"은 우리가 믿기로는 "우리 기업의 보증이 되사 그 얻으신 것을 속량하신"(엡 1:13, 14) 성령님을 말한 다. 우리는 출애굽기 34:26의 원형을 로마서 8:23의 말씀, 곧 "우리 곧 성령의 처 음 익은 열매"라고 하신 것에서 발견할 수 있지 않은가! 그리고 신명기 26:10, 11 의 관점에 의하여, 그의 아들과 함께 성령을 선물로 주신 것을 진심으로 하나님 께 감사해야 함을 우리에게 가르치지 않는가? 우리는 많은 빚이 있음을 깨달고 있기에, 그러므로 그리스도께서 우리를 위하여 하신 일과 같이, 우리 가운데서 행하시는 성령의 사역에 대하여서도, 찬양을 위한 많은 이유를 가지고 있다!

"너는 염소 새끼를 그 어미의 젖으로 삶지 말지니라"(출 34:26). 이에 대해서는 덴네 트(Dennett)의 간결한 주석을 제공하는 것보다 더 나은 것이 없다. "이 주목할 만 한 금지는 성경의 세 곳에 기록되어 있다(출 23:19; 34:26; 신 14:21). 하나님은 그 의 백성이 어떤 형태로든지 자연의 본성을 교란하지 않도록 부드럽고 조심스럽 게 그들을 인도하신다. 어미의 젖은 염소 새끼가 연명하는 음식이 되므로, 그것 을 다른 자들의 음식을 삶는 데 사용해서는 안 된다는 것이다."

"여호와께서 모세에게 이르시되 너는 이 말들을 기록하라 내가 이 말들의 뜻대로 너와 이스라엘과 언약을 세웠음이니라"(출 34:27). 이 구절은 우리들 앞에 있었던 모든 구절들을 요약한 것이다. 이 불후의 기록은 여호와께서 그의 종에게 명하신 모든 것으로 이루어졌다. "내가 이 말들의 뜻대로 너(모형적 중보자)와 이스라엘과 언약을 세웠음이니라"고 하신 말씀은 그리스도의 인격과 그의 천년왕국의 통치를 통해 선하게 이루실 모든 것을 보증한다. 과거에는 이스라엘이 실패하였으나, 그의 백성이 너무도 중하게 그를 망신시켰던 이러한 장면에서 여전히 하나님의 묘략을 이루고 자신을 영화롭게 할 주님에게 실패는 없을 것이다. 주께서 그 즐거운 날이 속히 임하게 해주시기를 바란다.

영화롭게 된 중보자 - 모세

출애굽기 34:28-35

율법은 "장차 올 좋은 일의 그림자"(히 10:1)를 가지고 있었다. 이에 대한 아름다운 비유와 그 실례는 모세가 빛나는 얼굴로 산에서 내려오는 것으로, 출애굽기 34장의 하반절에서 볼 수 있다. 우리가 지금 다루고 있는 이 부분의 열쇠는 그것이 이 구속의 책에서 차지하고 있는 정확한 위치를 주목하는 가운데 발견된다. 그것은 여호와께서 이스라엘과 맺은 합법적인 언약 다음에 오며, 성막을 실제로 세워 셰키나의 영광이 그곳에 가득 차기 전에 보인다. 이 구절들은 차후에 살펴보겠지만, 고린도후서 3장에서 해석되고 있다. 이 출애굽기 34장은 성령의 은혜와 더욱 풍성한 삶의 시대인 새 시대와의 비교와 대조를 제공해 주고 있다. 그러나 그 시대가 시작되기 전에 하나님께서는 인간이 타락하셨음과 사악한 피조물임을 알 수 있도록 율법 아래에서 충분히 시험을 받는 것이 적합하다고 보았다.

지난 장에서 이미 살펴본 바와 같이 모세의 통치 아래에서의 인간의 시도는 두 가지 사실을 나타내었는데, 첫째는 그들이 '불경건함'과 , 둘째는 그들이 '힘이 없다'(롬 5:6)는 것이었다. 그러나 이것들은 부정적인 일들로서, 로마서 8:7에는 인간의 두려운 상태에 대한 세 번째의 모습을 언급하셨는데, 이는 그가 "하나님과 원수" 되었다는 사실이다. 이것은 하나님의 아들이 육신의 몸을 입어 이 땅에서 33년 동안 거할 때 여실히 증명되었다. "자기 땅에 오매 자기 백성이 영접하지 아니하였으나"(요 1:11). 그렇게 한 것뿐만 아니라 그는 '인간들의 멸시와 거절함'을 당하셨다. 그것뿐이었던가? 그들은 그를 미워하되 "이유 없이"(요 15:25) 그를 미워하였다. 그들의 증오심은 그를 범죄자의 죽음으로까지 정죄하여 저주받은 십자가에 못 박기까지 진정되지 않았다. 그리고 기억해야 할 일은 영광의 주를 죽인 것은 다만 유대인뿐만 아니라 이방인들도 그러했다는 것이다. 이러므로 주께서 그의 죽음을 미리 보시고, "이제 이 세상에 대한 심판이 이르렀으니" (요 12:31)라고 말했다. 이스라엘만은 아니었다. 여기에서 인간의 유예기간, 또는 시험을 끝났다.

인간은 지금 유예기간 아래 있는 것이 아니다. 그는 저주 아래 있음이니, "기록된 바 의인은 없나니 하나도 없으며 깨닫는 자도 없고 하나님을 찾는 자도 없고 다 치우쳐 함께 무익하게 되고 선을 행하는 자는 없나니 하나도 없도다"(롬 3:10-12). 인간은 시험 가운데 있지 아니하고, 그는 언도를 받은 죄인이다. 탄원이 소용없고 변호는 받아들여지지 아니할 것이다. 하나님과 죄인 사이의 현재의 결과는 인간이 하나님의 공의로운 판결에 복종하라는 것이다.

복음이 우리를 만나는 것이 이곳이다. 그것은 "잃어버린 바 되었고", "경건치 못하며, 연약하고, 하나님과 원수 된" 자들인 우리에게로 오는 것이다. 그것은 우리에게 가련한 죄인의 유일한 소망은 하나님의 놀라운 은혜라고 선포한다. 그러나 죄인이 그에 대한 하나님의 언도에 복종할 때까지, 그는 그 은혜를 환영하지 아니할 것이다. 그것이 곧 죄인으로부터 회개와 믿음이 함께 요구되는 이유이다. 이 두 가지는 떨어져서는 안 된다. 사도 바울은 "하나님께 대한 회개와 우리 주 예수 그리스도께 대한 믿음"(행 20:21)을 증거하였다. 회개라 함은 죄인이 그가 처해 있는 정죄의 언도를 시인하는 것이다. 믿음이란 그리스도를 통하여 그에게 미친 은혜와 자비를 영접하는 것이다. 회개는 새로운 장을 넘기는 것이 아니며 나의 길을 수정하겠다고 맹세하는 것도 아니라, 오히려 하나님이 나에게 이르시는 말씀 곧 내가 '연약' 함으로써 스스로 절망적일 뿐만 아니라 "다음번에는 더 잘 할 수 있다"는 것도 전혀 가능성이 없음과, 다만 세상을 좇고 있을 뿐이라는 사실을 정당하게 여겨, 그 위에 나의 인을 찍는 것을 말한다. 이것을 진정으로 믿기 전까지는(나의 경험의 결과로써가 아니라 하나님의 거룩한 말씀의 권위에 의하여) 참으로 그리스도께로 돌아와 — 돕는 자로서가 아니라 구세주로서 — 그를 환영하지 않을 것이다.

세대주의적으로 그랬듯이, 실험을 통하여서도 그러하였다. 즉 생명 또는 "성령의 직분"(고후 3:8)이 있기 전에 "죽음의 직분"(고후 3:7)이 있어야만 했고, "의의 직분"이 있기 전에 "정죄의 직분"(고후 3:9)이 있어야만 했다. "정죄와 죽음의 직분"은 우리 귀에 이상하게 들린다. 그렇지 아니한가? "은혜의 직분"은 우리가 이해할 수 있지만 "정죄의 직분"이란 파악하기 힘든 말이다. 그러나 이 후자가 인간에게 맨 먼저 필요한 것이니, 인간은 다만 긍휼에 빚진 자임을 깨닫기 전에 자신의 어떠함 곧 소망이 없는 곤고함, 거룩한 하나님의 공의로운 요구에 부응하기에 전적으로 무능함을 알아야만 한다. 다시 반복하지만, 율법으로써 그러했던 것과 같이 실험적으로도 그러하다. 즉 사도 바울이 "전에 율법을 깨닫지 못했을 때에는 내가 살았더니 계명이 이르매 죄는 살아나고 나는 죽었도다"(롬 7:9)라고 한 말씀은 이 사실(그 자신의 경험)을 두고 한 말이다. 그가 중생하지 못했던 날에는 스스로의 판단으로 '살았다'고 하였으나, 오히려 그것은 "율법 없이" 한 것이요, 그 요구로부터 너무도 동떨어진 일에 불과했다. 그러나 "계명이 이르자", 하나님의 말씀이 그의 심중에 능력으로 이르자, "죄는 살아났다"고 하였다. 이는 그가 자기의 끔찍한 여건을 깨달아 그의 자기-의적인 만족함으로부터 "죽게 되어", 자기의 경우가 전혀 소망이 없음을 보게 된 것이다. 그러하다. 영광을 입으신 중보자가 먼저 나타나는 것이 아니라 법적인 언약 다음에 나타난 것이다.

"모세가 여호와와 함께 사십 일 사십 야를 거기 있으면서 떡도 먹지 아니하였고 물도 마시지 아니하였으며 여호와께서는 언약의 말씀 곧 십계명을 그 판들에 기록하셨더라"(출 34:28). 이 구절은 풍부한 비교와 대조로 가득하다. 여기에 있는 '40' 일은 즉시 마태복음 4장에 기록된 '40일'을 회상케 한다. 여기서는 모세가 그리하였고, 거기서는 그리스도께서 그리하셨다. 여기서는 모세가 산에 있었고 거기서는 그리스도께서 광야에 계셨다. 여기서는 모세가 하나님으로부터 영광스러운 계시를 받는 은총을 입었고, 거기서는 그리스도께서 마귀에게 시험을 받으셨다. 여기서는 모세가 여호와의 입에서 나오는 율법을 받았고, 거기서는 그리스도께서 그 율법을 거절하도록 마귀로부터 공격을 받았다. 그 땅에 있는 죄 많은 벌레와 다름없는 자가 그러한 높은 영예의 자리에 올림을 받아 위대하신 여호와의 임재에서 한 계절을 보내도록 허락하심을 받은 일과 그 영광의 주께서 6주간이나 그 불결한 마귀와 더불어 그렇게도 낮은 곳에 처하셨던 이 두 가지 일 중 어느 것이 더 큰 이적인지를 알기 어렵다.

"모세가 그 증거의 두 판을 모세의 손에 들고 시내 산에서 내려오니 그 산에서 내려올 때에 모세는 자기가 여호와와 말하였음으로 말미암아 얼굴 피부에 광채가 나나 깨닫지 못하였더라"(출 34:29). 모세의 이 두 번째 하산과 우리 앞에 있었던 32장의 사실을 비교하여 대조해 보는 것은 참으로 매우 복된 일이다. 거기에서는 모세의 얼굴에 노기가 등등했던 것을 볼 수 있으나(출 32:19), 여기서는 그가 빛나는 모습

으로 내려왔다. 거기서 그는 백성들의 우상 숭배를 보았으나 여기서 그가 돌아왔
을 때는 백성들이 부끄러워하고 있었다. 거기서는 그가 두 돌판들을 땅에다 던진
것을 보았지만(출 32:19), 여기서는 궤 속에 보관하였다(신 10:5).

"모세가 그 증거의 두 판을 모세의 손에 들고 시내 산에서 내려오니 그 산에서
내려올 때에 모세는 자기가 여호와와 말하였음으로 말미암아 얼굴 피부에 광채
가 나나 깨닫지 못하였더라." 이는 또한 매우 닮은 것 같으나 실은 아주 다른 신
약 성경의 어느 사건(episode)을 회상케 한다. 모세의 얼굴에 광채가 난 곳은 산
이었고 우리 주께서 변형되신 곳도 산이었다. 그러나 모세의 영광은 반영된 것에
불과했으나, 그 반면에 그리스도의 영광은 원래 내재되어 있었던 것이었다. 모세
의 얼굴이 빛났던 것은 그가 영광의 여호와의 임재에 직접적으로 대면했던 결과
였으나 그리스도의 변형되심은 그가 친히 소유하신 영광의 발산이었다. 모세의
광채는 그의 얼굴에만 한정되었지만 그리스도의 것은 "그 얼굴이 해 같이 빛나며
옷이 빛과 같이 희어졌다"(마 17:2). 모세는 그의 얼굴의 피부가 빛났음을 알지
못했지만, 그리스도께서는 알고 계셨으니 이는 "본 것을 아무에게도 이르지 말
라"(마 17:9)고 하신 말씀이 이를 증거한다.

이 29절 말씀은 여호와와 대면하여 교제한 확실한 결과가 무엇인지를 매우 복
되게 드러내는데, 그런데 그것을 두 가지 방법으로 제시한다. 첫째, 어떠한 생명
도 그것으로 인한 영향을 받지 않고는 모든 영광의 하나님과 참다운 교제를 즐길
수 없고, 어느 정도의 흔적이 있다. 모세는 그가 받은 교제 속에 몰입되었고, 그리
고 그와 더불어 말씀하시는 이의 영광을 주시하였다. 그리고 그 자신이 그 영광
의 광채에 사로잡혔고 그리고 그 광채가 계속 유지되었다. 시편 34:5에서, "그들
이 주를 앙망하고 광채를 내었으니"(R.V.)라고 말한다. 우리로 하여금 그의 형상
을 이루게 하는 것은 주님과 교제하는 것이다. 우리가 그와 더불어 더 자주, 더 가
까이 행하기 전에는 더욱더 그리스도를 닮을 수 없다. "우리가 다 수건을 벗은 얼
굴로 거울을 보는 것 같이 주의 영광을 보매 그와 같은 형상으로 변화하여 영광
에서 영광에 이르니 곧 주의 영으로 말미암음이니라"(고후 3:18).

하나님과의 진정한 교제의 두 번째 결과로 우리는 자신의 비참한 자아에 덜 사
로잡히게 될 것이다. 모세의 얼굴이 빛난 것이 "땅에서나 바다에서 볼 수 있는
빛"이 아니었음에도 그는 그것을 알지 못했다. 이것은 자기 의를 내세우는 바리
새주의와 참 경건 사이의 치명적인 차이를 예시해 주는데, 전자는 자기만족과 교

만을 낳으며, 후자는 자기희생과 겸손을 낳는다. 바리새인(그리고 아직도 이 땅에 남아 있는 그 족속)들은 그가 성취한 것들을 자랑하며 그의 허상적인 영성(spirituality)을 광고하며, 자기네들이 다른 사람들과 같이 부패했음을 하나님께 감사한다. 그러나 은혜로써 주님과 더불어 많은 교제를 누린 자는 "마음이 온유하고 겸손"하신 자에게 의지하여 이르기를 "여호와여 영광을 우리에게 돌리지 마옵소서 우리에게 돌리지 마옵소서 오직 주는 인자하시고 진실하시므로 주의 이름에만 영광을 돌리소서"(시 115:1)라고 말한다. 여호와의 아름다움에 사로잡혀서 그는 자기-아집에서 벗어났으며, 의식하지도 못한 채 성령의 열매, 바로 그것이 풍성히 열리게 되는 것이다. 그러나 그는 그리스도를 나날이 닮아가는 것을 알지 못하나, 다른 이들은 알게 된다.

"아론과 온 이스라엘 자손이 모세를 볼 때에 모세의 얼굴 피부에 광채가 남을 보고 그에게 가까이 하기를 두려워하더니"(출 34:30). 이것은 하나님과의 교제의 세 번째 결과를 우리에게 보여 준다. 물론, 그 자신 개인으로는 그를 통하여 나타난 영광을 의식하지 못했지만 다른 사람들은 그것을 인식하였다. 그리스도의 두 사도가 유대 사람들의 산헤드린 앞에 섰을 때에도 이와 같았다. "그들이 베드로와 요한이 담대하게 말함을 보고 그들을 본래 학문 없는 범인으로 알았다가 이상히 여기며 또 전에 예수와 함께 있던 줄도 알고"(행 4:13). 오! 그분의 인상을 우리에게 남기지 않고는 거룩하신 이와 오래도록 동반할 수는 없다. 주께 전적으로 헌신된 자에게는 그의 옷섶에 어떤 배지(badge)나 단추를 달거나 입술로써 "승리의 삶을 살고 있다"고 선포할 필요는 없다. 행동이 말보다 더 크게 말함은 여전히 진리이다.

"아론과 온 이스라엘 자손이 모세를 볼 때에 모세의 얼굴 피부에 광채가 남을 보고 그에게 가까이 하기를 두려워하더니." 이에 대한 모형적 의미는 고린도후서 3:7에 주어져 있다. "돌에 써서 새긴 죽게 하는 율법 조문의 직분도 영광이 있어 이스라엘 자손들은 모세의 얼굴의 없어질 영광 때문에도 그 얼굴을 주목하지 못하였거든." 이에 대하여 어떤 이가 이르기를 "그렇다면 그들이 왜 그에게 가까이 하기를 두려워했을까? 그의 얼굴에서 비취는 바로 그 광채가 그들의 심령과 양심을 살폈기 때문이니 — 그들의 어떠함, 죄인의 상태, 그리고 곧 시행하려는 언약의 요구 가운데 지극히 작은 것일지라도 그들로서는 준행할 수 없기 때문이었다. 그것이 부득이 정죄와 죽음의 직임이 되었던 것은 그것이 그들이 행할 수 없는 공의를 요구했으며 또 그것을 행하기에 반드시 실패할 것이며, 뿐만 아니라 그들의 정죄를 선포하고 범죄에 대한 벌, 곧 죽음 아래로 그들을 이끌어 갈 것이기 때문이다. 이와 같이 그들이 모세의 얼굴에서 본 그 영광은 그들에게 하나님의 거룩성을 표현한 것 — 그들이 그 자체의 기준과 일치함을 구하였던 거룩성 — 이었으며, 그것은 이제 성립된 그 언약의 위반에 대하여 변호해 주려는 것이다. 그러므로 그들이 두려워하였는데, 이는 그들의 영혼 깊은 곳으로부터 모세가 나온 바 그 임재 앞에 감히 설 수 없음을 알았기 때문이다"(Ed. Dennett).

모형적으로(세대주의적이 아니라) 여호와께서 모세와 이스라엘에게 맺은 언약과 십계명을 새긴 돌판들은 다가올 날에 그가 이스라엘과 맺으실 새 언약을 예시하였다. "내가 너희를 여러 나라 가운데에서 인도하여 내고 여러 민족 가운데에서 모아 데리고 고국 땅에 들어가서 맑은 물을 너희에게 뿌려서 너희로 정결하게 하되 곧 너희 모든 더러운 것에서와 모든 우상 숭배에서 너희를 정결하게 할 것이며 또 새 영을 너희 속에 두고 새 마음을 너희에게 주되 너희 육신에서 굳은 마음을 제거하고 부드러운 마음을 줄 것이며 또 내 영을 너희 속에 두어 너희로 내 율례를 행하게 하리니 너희가 내 규례를 지켜 행할지라 내가 너희 조상들에게 준 땅에서 너희가 거주하면서 내 백성이 되고 나는 너희 하나님이 되리라"(겔 36:24-28). "여호와의 말씀이니라 보라 날이 이르리니 내가 이스라엘 집과 유다 집에 새 언약을 맺으리라 … 여호와의 말씀이니라 그러나 그 날 후에 내가 이스라엘 집과 맺을 언약은 이러하니 곧 내가 나의 법을 그들의 속에 두며 그들의 마음에 기록하여 … 그들이 다시는 각기 이웃과 형제를 가리켜 이르기를 너는 여호와를 알라 하지 아니하리니 이는 작은 자로부터 큰 자까지 다 나를 알기 때문이라 내가 그들의 악행을 사하고 다시는 그 죄를 기억하지 아니하리라 여호와의 말씀이니라"(렘 31:31-34).

영적으로 말하자면, 이 사실은 심지어 현재의 그리스도인들에게도 유익하다. 은혜로우신 하나님의 영의 운행 아래에서 우리의 심령들은 감수성이 예민하고 이해력이 풍부해졌다. 바울이 고린도후서 3장의 서두에서 한 말씀이 이를 두고 한 것이다. "고린도에 있는 성도들은 '우리로 말미암아 나타난 그리스도의 편지니 이는 먹으로 쓴 것이 아니요 오직 살아 계신 하나님의 영으로 쓴 것이며 또 돌판에 쓴 것이 아니요 오직 육의 마음판에 쓴 것'이었다. 그들의 심령은 거룩하신 사역에 의하여 감수성이 예민하게 되며, 그리스도께서 바울을 붓으로 사용하여 그들 위에 쓰실 수 있었으며, 하나님의 성령의 권능으로 모든 표를 새기었다. 그러나 그 쓰여진 것은 중보자를 통하여 새언약의 은혜로 드러나신 하나님의 지혜였음과 같이, 성도들의 심령 속에 '그들이 모두 나를 알리라'고 하신 말씀이 이루어졌다. 계속해서 바울은 자신을 하나님에 의하여 '먹으로 쓴 것이 아니요 오직 살아 계신 하나님의 영'으로 쓰는 새언약의 직분에 합당한 자로 말한다"(C. A. Coates).

"모세가 그들을 부르매 아론과 회중의 모든 어른이 모세에게로 오고 모세가 그들과 말하니 그 후에야 온 이스라엘 자손이 가까이 오는지라 모세가 여호와께서 시내 산에서 자기에게 이르신 말씀을 다 그들에게 명령하고 모세가 그들에게 말하기를 마치고 수건으로 자기 얼굴을 가렸더라"(출 34:31-33). 오! 이것은 빛나는 모세의 얼굴을 본 그들의 두려움을 설명한 것이 아닌가? 그 손에 들려진 것을 주목해 보라! 그는 '정죄의 직분' 곧 그 위에 열 가지의 율법의 말씀을 새긴 두 돌판들을 들고 온 것이다. 그들에 대한 하나님의 거룩한 요구와 관련된 영광의 빛이 가까이 다가올수록 그들은 점점 더 두려워졌다. 거룩한 율법이 그들을 정죄한 것은 육신을 가진 인간이 그 요구들에 응할 수 없었기 때문이었다. "하지만 그것이 문자적으로 죽음의 사역이라는 것이 상징적인 것이었다면, 어쨌든 복된 것이었다. 왜냐하면 모세는 소생케 하는 영이 아니었을 뿐더러, 사람들에게 자신의 영을 줄 수도 없었다. 또한 그의 얼굴의 영광으로 그 사람들을 중보자로서의 자신과 일치되도록 이끌 수도 없었다. 이리하여 수건이 그의 얼굴에 있어야만 했었다"(C. A. Coates).

이에 대한 세대주의적 해석은 고린도후서 3:13에 주어져 있다. "우리는 모세가 이스라엘 자손들에게 장차 없어질 것의 결국을 주목하지 못하게 하려고 수건을 그 얼굴에 쓴 것 같이 아니하노라." 여기서 사도는 유대교를 하나의 경륜(economy)으로 다루고 있다. 그들의 영적인 눈멂으로 인해, 모세의 직분의 깊은 의미와 그 배후에 있는 하나님의 의도를 분간하지 못했는데, 이는 모든 모형과 그림자들이 앞서 가리키고 있었다. 고린도후서 3:13의 '마침'은 로마서 10:4과 병행구가 된다. "그리스도는 모든 믿는 자에게 의를 이루기 위하여 율법의 '마침'이 되시니라." "이스라엘의 심령에 있는 수건은 그들로 하여금 여전히 하나님의 공의에 대한 순복을 거절하도록 하는 자기 만족이 되었다. 그러나 심령들이 여호와께로 돌아오게 되면 그 수건은 벗겨지게 될 것이다. 그렇게 되면 출애굽기 34장은 그들에게 얼마나 놀라운 장이 될 것인가! 그리스도께서 그 모든 영의 마침이 됨을 그들은 알게 될 것이다. 우리는 그들이 보게 될 것을, 지금 보는 특권을 가졌다. 우리가 할 수 있는 모든 것에는 '마침'이 있는데, 우리는 무한한 은혜로 인하여 눈을 거기에 고정할 수 있다. 그 '마침'은 새 언약의 중보자이신 주님의 영광이었다. 그는 죽음에서 나오셔서 위로 올라가셨고, 은혜 안에 있는 하나님의 모든 영광이 그의 얼굴에서 빛나고 있다"(C. A. Coates).

"그러나 모세가 여호와 앞에 들어가서 함께 말할 때에는 나오기까지 수건을 벗고 있다가 나와서는 그 명령하신 일을 이스라엘 자손에게 전하며 이스라엘 자손이 모세의 얼굴의 광채를 보므로 모세가 여호와께 말하러 들어가기까지 다시 수건으로 자기 얼굴을 가렸더라"(출 34:34, 35). 모세가 여호와의 임재 앞에서 수건을 가리지 않았던 것은 이 세대의 신자들에게 아름다운 모형이 된다. 그리스도인들은 예수 그리스도의 얼굴에 빛나는 하나님의 영광을 본다(고후 4:6). 그러므로 두려움으로 떠는 대신 담대함으로 그에게 나아간다. 하나님의 율법이 그를 정죄할 수 없음은 그 모든 요구가 대속물에 의하여 완전히 달성되고 또 충족되었기 때문이다. 그러므로 하나님의 영광 앞에 두려워 떠는 대신 "하나님의 영광을 바라고 즐거워한다"(롬 5:2).

"이제는 그의 얼굴에나 우리의 심령에 수건은 없다. 그가 그를 믿는 자들을 하나님을 아는 지혜 속에서 살게 해주고 또 하나님께 화답하게 한 것은 그가 일깨워 주시는 영이기 때문이다. 그는 또한 그를 믿는 자들에게 그의 영을 주신다. 우리는 그의 얼굴에 하나님의 영광이 빛나는 영화롭게 된 인자의 영을 가지고 있다. 이는 지극히 놀라운 일이 아닌가? 어떤 이는 자주, '당신은 정말로 그것을 믿습니까'라고 물어 보아야만 한다. '우리가 다 수건을 벗은 얼굴로 거울을 보는 것 같이 주의 영광을 보매 그와 같은 형상으로 변화하여 영광에서 영광에 이르니 곧 주의 영으로 말미암음이니라'(고후 3:18). 만일 우리가 그의 영을 모시고 있지 않다면, 여호와의 영광을 바라보거나 그를 이러한 놀라운 모형들의 영되신 이로 바라볼 자유를 가지고 있지 못할 것이다. 그러나 우리는 그 모두를 바라볼 수 있는 자유가 있고, 그 속에는 변화시키는 능력이 있다. 새 언약의 직분 아래 있는 성도들은 변모된다.

"이것은 출애굽기 34장에서 분명히 모세가 그 모형이 된 바로 그분의 얼굴에서 빛나기까지는 볼 수도 없었고 알지도 못했던 그 '지극한 영광'이다. 전체의 모형적 체계는 잠정적이었으나, 그 '영'은 길이 존재한다. 왜냐하면 그리스도께서 그 모든 것의 영이었기 때문이다. 지금 우리는 성령과 의의 직분과 관련이 있기에, 모든 것이 길이 존재한다. 새 언약의 직분은 존속하며 영광이 풍성하다"(C. A. Coates).

이 장의 짧은 부록으로, 고린도후서 3장의 사도의 논쟁에 대한 개요를, 그것을 중요시하는 자들을 위해, 제공하고자 한다. 어떤 유대교로부터 전향한 신자들에 의하여 바울의 사도직의 권위에 대한 의문이 제기되었다. 이 장의 서두에서, 바울은 고린도 사람들에게 그들이 하나님이 임명하시고 또 복을 주신 그의 직분에 대한 증인이라고 호소하고 있다. 6절에서 그는 그의 직분의 성격을 정의하고 이로써 그의 대적들보다 탁월함을 보여주려고 하였다. 그와 그의 복음 동역자들은 "새 계약 또는 언약의 일꾼"이었다. 이로써 두 가지 언약 사이의 일련의 대조가 이루어졌는데 그것은 곧 유대교와 기독교였다. 전자는 '문자(율법 조문)'에 속한 것이나 새 것은 '영'과 연관된 것이었다. 그 하나는 주로 외적인 것과 관련된 것이었고 다른 하나는 주로 형제사랑에 관한 것이었다. 그 하나는 죽이는 일을 하였으나 다른 하나는 생명을 주었으니, 이것이 율법과 복음 사이의 차이점 중의 하나가 되었다.

이어서 사도는 율법도 영광되지만 복음은 더욱 영광됨을 보여준다. 옛 언약은 "죽음의 직분"이므로 율법은 다만 정죄할 뿐이었으나 그것에도 영광이 있어 육을 가진 인간은 바라볼 수 없을 정도였다(7절). 그렇다면 이 새 언약의 영광은 "영의 직분"(8절)이므로 — 3절과 비교하여 그 증거로서 — 얼마나 더 우수하며 또 마땅히 그러해야만 하는가? 만일 "모든 것을 죄 아래에 가둔 것"(갈 3:22)에 영광이 있었다면, "모든 믿는 자에게 미치는 하나님의 의"(롬 3:22)를 선포하는 직분은 더욱더 영광스러워야만 한다. 정죄하는 것보다 용서함이, 멸하는 것보다 생명을 주는 것이 더 영광되다(9절). 그러므로 전에 있었던 언약의 영광은 후의 것에 비하면 아무것도 아니다(10절). 이것은, 유대교는 "없어질 것"임에 비하여 기독교는 "길이 남을 것"(11절)이라는 사실에 의하여 더욱 깊이 보인다(히 8:7,8 참조).

12절에서, 사도는 두 섭리 사이의 또 다른 대조를 제시함으로써, 소위 그들의 각각의 직분(12-15절)의 애매함과 모호성에 대하여 분명함과 명료성을 구분한다. 사도는 '매우 분명한 언사'를 사용하였지만, 그 반면에 의식법에 대한 가르침은 단지 그림자와 상징의 수단에 의한 것이었다. 뿐만 아니라, 이스라엘 사람들의 마음이 어두워 듣는 귀가 가려져 있었으므로, 그들이 모세의 글을 읽을 때 그 원형의 모형 너머에 있는 것을 바라보지 못했다. 이 수건은 오늘날까지 그들을 가리고 있으며, 그들이 여호와께로 돌아올 때까지 계속 가려져 있을 것이다(15, 16절). 문자적으로 시내 산 언약은 정죄와 죽음의 직분이었기에, 그 영광은 가려져 있어야만 했다. 그러나 그것에는 어느 날에 '마침'이 있었는데(13절), 이스라엘은 그들의 눈을 거기에 고정시킬 수 없었다. 그들은 다가올 날에 그 '마침'을 볼 것이나, 우리는 그동안에 옛 언약을 수건 없이 보도록 허락되었고, 그리고 그리스도께서 그 모든 것에 '영'이 되심을 알게 되었다. 또한 우리에게는 새 언약의 조건(중보자 안에서 또 그에 의하여 보장되는 하나님의 영광) 아래에서 오직 그 성취가 이루어질 것이 계획된 것을 아는 것이 허락되었다.

"주는 영이시니"라고 말씀한 17절은 다소 모호한 말처럼 여겨진다. 이것은 그리스도께서 성령이라는 말을 의미하는 것이 아니다. 여기에 '영'은 6절과 동일한 것이다 — "율법 조문으로 하지 아니하고 오직 영으로 함이니"(비교, 롬 7:6). 모세의 체제는 순전히 객관적이었기에, "율법 조문"이라고 불렀다. 그것은 내적인 원리나 능력을 소유하고 있지 않다. 그러나 복음은 심령을 다루며 영적인 힘을 제공해 준다(롬 1:16). 뿐만 아니라 그리스도는 영이시요, 생명이며 유대교의 모든 의례와 의식주의의 심장이며 핵심이 된다. 그가 구약성경의 열쇠가 되심은 "두루마리 책"이 그에 대하여 기록한 것이기 때문이다. 또 그리스도는 영이시요 기독교의 생명이며, "살려 주는 영"(고전 15:45)이다. 그리고 "주의 영이 계신 곳에는 자유가 있다." 그리스도를 떠나서는 죄인은 유대인이나 이방인이든 간에 얽매인 상태에 있다. 그래서 그는 죄의 종이요 마귀의 포로이다. 그러나 아들이 자유하게 하는 곳에서, 사람은 참으로 자유가 있다(요 8:32).

마지막으로 사도는 두 영광, 곧 옛 언약과 연결된 영광 — 율법을 증여할 때 모세의 얼굴에 있는 빛(언약을 맺었을 때) — 과 그리스도의 인격 속에 있는 새 언약의 영광을 대조하였다. "우리가 다 수건을 벗은 얼굴로 거울을 보는 것 같이 주의 영광을 보매 그와 같은 형상으로 변화하여 영광에서 영광에 이르니 곧 주의 영으로 말미암음이니라." 첫째, 여기서 "우리가 다"라고 한 말을 보라. 모세는 혼자서 여호와의 영광을 산에서 보았지만, 지금의 모든 그리스도인들은 그것을 본다. 둘째, 우리는 "벗은 얼굴", 즉 자유와 확신을 가지고 있지만, 반면에 그때의 이스라엘은 빛나고 위엄 있는 모세의 얼굴 보기를 두려워하였다. 셋째, 우리는

"그와 같은 형상으로 변화하였다." 율법은 회심하게 하거나 정결하게 하는 능력이 없지만, 성령님의 운행 아래 있는 복음의 직분은 변형하게 하는 능력을 가지고 있다. 그것에 의하여 구원받은 자, 즉 말씀(거울)이 제시해 주는 바 그리스도에 의하여 사로잡혀 있는 자들은 조금씩, 그의 형상을 닮아간다. 궁극적으로 우리가 "그의 참모습 그대로 볼 때"(요일 3:2), 우리는 온전히 그리고 영원히 "그와 같게 될 것이다."

제71장

여호와의 처소

출애굽기 35:1~40:38

출애굽기의 마지막 6장은 네 가지 일들을 우리에게 제시해 준다. 첫째, 안식일에 대하여 한 번 더 재론한다(출 35:1-3). 둘째, 이스라엘 백성들이 성막을 위해 요구된 재료들을 모세에게 가져오는 것이다(출 35:4-29). 셋째, 지명된 세공들과 그 보조자들이 일을 착수함과 실제로 성막을 짓고 그 기구들을 제작한다(출 35:30~39:43). 넷째, 성막을 세우는 것과 이스라엘 가운데서 여호와의 영광이 그의 집에 가득한 것(출 40장)이다. 35~39장에 언급된 거의 모든 것은 우리들 앞에 있었던 25~31장의 사실을 반복한다. 이 일련의 33장에서 이미 지적한 바와 같이 출애굽기 25~31장은 여호와께서 산에서 모세에게 직접 명하신 성막에 대한 지시였으며, 출애굽기 35~39장은 모세에게 보여주신 내용에 따라 실제로 만드는 일에 대한 기록이다. 모형적으로, 이 각 부분에 대한 이중적 설명은 그리스도를 예표하는 것으로서 본래 하늘에서 계획된 모든 것들이 땅에서 이루어질 것을 말해 준다.

우리들 앞에 있는 이같이 기다란 장들의 핵심적이며 특징적인 내용은 그의 구속하신 백성들 가운데 여호와의 거소를 실제 세우는 것이다. 이 사실에 대하여 어떤 깊고 풍성한 영적 중요성을 제시하는 일을 시도하기 전에, 출애굽기 35장의 서두에 대해서 몇 가지 의견을 말해야만 한다. 출애굽기 35:21-29에 보면 이스라엘의 자녀들이 여호와께 예물을 드리며, 그들의 물질을 드리는 것을 볼 수 있다. 출애굽기 36장의 서두에서는 지명 받은 세공들이 그들의 사역, 곧 여호와의 일을 실제로 착수하는 것을 본다. 그러나 이 일 이전에 출애굽기 35장의 서두에서 안식일에 대하여 언급하고 있는데, 이 날은 "여호와께 특별한 안식일"이므로 아무 일도 하지 말도록 당부한다. 이에 대한 교리적 중대성은 다음과 같다. 즉 우리가 그의 일을 하기 전에 먼저 그분 안에서 안식해야 한다는 것이다. 우리들의 심령에 매우 중요한 것은 출애굽기에 있는 안식일에 대한 이러한 일곱 번째이자 마지막 언급이다. 다만 여호와의 이름을 위하여 집을 지을 수 있는 자는 "안식의 사람"(대상 22장)인 솔로몬이었다.

안식일의 금지 사항에 대해 추가적인 사항이 여기에 추가된 것을 주목해야만 한다. "안식일에는 너희의 모든 처소에서 불도 피우지 말지니라"고 한다. 이에 대해 어떤 이는 이르기를, "그것은 자연스러운 방법으로 자신의 안일을 고려하는 일의 부재에 대해 말한다. 참된 안식일을 지키면서 자신의 활동이나 또는 사람의 자연스러운 생각이 자리 잡아서는 안 된다"고 말했다. 이는 육신적 안일과 쾌락을 추구하는 오늘날 명심해야 할 일이다. 이 점에 대하여 우리에게 주시는 하나님의 말씀은 다음과 같다. "안식일을 일컬어 즐거운 날이라, 여호와의 성일을 존귀한 날이라 하여 이를 존귀하게 여기고 네 길로 행하지 아니하며 네 오락을 구하지 아니하며 사사로운 말을 하지 아니하면 네가 여호와 안에서 즐거움을 얻을 것이라 내가 너를 땅의 높은 곳에 올리고 네 조상 야곱의 기업으로 기르리라"(사 58:13, 14).

좀 더 깊은 영적 중요성에 있어서, 이러한 안식일에 대한 언급과 우리들의 처소에서 불을 피우지 말라는 말씀이 출애굽기 34장이 끝난 바로 다음에 이어진다는 것은, 새 언약의 특권과 예수 그리스도의 얼굴에서 빛나는 하나님의 영광을 즐기는 일은 육신의 욕망을 무시할 것을 요구함을 의미한다. 다만 우리가 하나님 안에서 쉴 때에만, 그리고 다만 "그러므로 땅에 있는 지체를 죽이라"(골 3:5)고 하신 말씀에 주의할 때에만, 우리는 자유롭게 새 피조물의 영역에 들어가 즐기며 사역할 수 있게 될 것이다. 반면에 "엿새 동안은 일하고"라고 하신 말씀은 우리의 자연적 책임에 연관되는 일은 그 무엇이든지 소홀히 해서는 안 됨을 명백히 선포한다.

출애굽기 35장에 있는 두 번째 사실은 출애굽기 25:1, 2에 있는 여호와의 초대에 대한 백성들의 화답이다. 거기에 이르기를 "이스라엘 자손에게 명령하여 내게 예물을 가져오라 하고 기쁜 마음으로 내는 자가 내게 바치는 모든 것을 너희는 받을지니라"고 한다. 성막을 짓는 데 소용된 재료들은 헌신된 마음으로 자발적으로 바친 헌물에 의하여 준비되었다. 출애굽기 35:21, 22에는 참으로 복된 말씀이 기록되어 있는데 거기 이르기를, "마음이 감동된 모든 자와 자원하는 모든 자가 와서 회막을 짓기 위하여 그 속에서 쓸 모든 것을 위하여, 거룩한 옷을 위하여 예물을 가져다가 여호와께 드렸으니 곧 마음에 원하는 남녀가 와서 팔찌와 귀고리와 가락지와 목걸이와 여러 가지 금품을 가져다가 사람마다 여호와께 금 예물을 드렸으며"라고 한다. 물건을 내도록 요구하고 재촉하여 억지로 내는 사람은 한 사람도 없었다. 자발적으로, 우러나오는 마음에서, 즐겁게 그들의 특권에 대해 스스로 도움을 주었다.

방금 우리 앞에 있는 이 사실에 대하여 논하면서, 덴네트(Mr. Dennett)는 다음과 같이 적절한 말을 했다. "그러므로 먼저 기억해야 할 중대한 사실은 하나님께 드리는 모든 일들이 하나님의 감동에 의하여 자원하는 마음이 앞서게 되어 스스로 이루어져야 하며, 설득이나 외부적 압력의 결과가 아니라 자발적으로 우러나야 한다는 것이다. 이 사실을 기억하였다면 오늘날의 하나님의 교회는 전혀 다른 상태에 있게 되었을 될 것이다. 물질을 모금하기 위한 많은 세속적 방법보다 더 많은 파멸을 조장하는 것이 무엇이겠는가? 그리고 주의 백성들로 하여금 예물을 바치도록 유도하는 일에 모든 유형의 권유책이 사용된다는 사실보다 무엇을 더 겸허해야 하는가? 모세는 여호와께서 받기를 원하신다는 사실을 공포한 일로 만족하였고, 이스라엘 자녀들의 마음속에서 적절한 효과가 유발되도록 이러한 은혜로운 대화만을 남겼다. 이와 같이 모세가 더 이상 말할 필요가 없었던 것처럼 만일 오늘날의 성도들이 하나님의 생각에 동조되기를 원한다면 모세의 실례를 모방해야 할 것이며, 그리고 비단 사소한 헌물이라 할지라도 그 헌물의 획득이라는 생각 자체를 멀리하되, 자원하는 마음에서 드려진 것, 그리고 마음으로부터, 하나님의 영이 감동해 주신 결과로, 드려진 것 외에는 그리해야 할 것이다. 그리고 조금도 부족함이 없었다는 사실에 주목하도록 합시다. 왜냐하면 다음 장에서 우리는 모든 일을 하는 지혜로운 자들이 모세에게 와서, '백성이 너무 많이 가져오므로 … 남음이 있나이다' (출 36:5-7)라고 말했던 것을 발견하기 때문이다.

만일 초대의 오순절 때를 제외한다면, 비단 전 교회 역사에서도 이것에 대해 적어도 이렇게 응답하는 일은 아마도 전혀 보지 못했을 것이다. 작금에 이르러 주님의 일을 수행하는 데 있어서 물질의 부족은 만성적인 불평거리이다. 그러나 그것은 역시 자주 회복될 수 없다 — 첫째, 하나님의 교회는 결코 물질을 획득하는 데 책임이 없다. 둘째, 만일 주께서 할 일을 주셨다면 그 백성들의 마음속에 친히 필요한 것을 채우도록 권고하실 것이다. 셋째, 만일 우리가 필요한 것들이 이미 예비되어 있지 아니한 어떤 일에 집착한다면, 주님을 의존하는 입장을 떠나서 행하며 또한 자신들의 생각을 따라 행동하고 있음을 의미한다. 마지막으로, 인간의 방법으로 조달된 물질은 축복되는 일에 거의 사용될 수 없을 것이다."

우리들 앞에 있는 두 가지 일들 사이의 관계를 살펴보는 일은 매우 아름다운 것이다. 첫째, 안식일을 지킴이요, 둘째, "원하는 마음"이 넘쳐 여호와께 물건을 바치는 일이다. 먼저 여호와 안에서 쉬고 그 안에서 즐거워하므로 주님을 향한 사랑이 초래되었다. 이 일도 역시 새 언약에 근거한 성취이다. 그들은 구속함을 받은 백성으로, 여호와의 영광을 주목하였기에 주님의 대의를 위하여 헌신한 것이다. 그들이 물질을 드리는 일은 법적이거나 의무에 속한 일이 아니라 오히려 특권이요 즐거움이 되었다. 여기서도 '강권' 하는 것은 그리스도의 사랑이다. 우리가 그를 사랑하는 것은 그가 먼저 우리를 사랑하셨기 때문이요, 우리가 즐거 드리는 것은 그가 먼저 우리에게 주셨기 때문이다. 영화롭게 된 중보자 안에서 우리에게 드러내신 하나님의 사랑과 은혜를 생각할 때처럼, 우리의 마음을 감동시키는 것은 없다. 우리는 이미 제34장에서 이스라엘이 드린 갖가지 예물들의 모형적 의미에 대하여 고찰한 바 있으므로 이에 대하여는 생략하고 세공들의 일에 대하여 간결하게 보도록 한다.

두 사람의 주요한 사역자인, 브살렐과 오홀리압에 대해서는 제57장에서 이미 논하였다. 거기서 우리는 그들 이름의 중대성과 그들의 직임에 대한 준비와 그들에게 분담된 특수한 임무 등을 고찰했다. 출애굽기 36:1에 이르기를, "브살렐과 오홀리압 및 마음이 지혜로운 사람 곧 여호와께서 지혜와 총명을 부으사 성소에 쓸 모든 일을 할 줄 알게 하신 자들은 모두 여호와께서 명령하신 대로 할 것이니라"고 한다. 서두에 있는 말씀과 또 2절에 기록된 "그 일을 하려고 마음에 원하는 모든 자"라고 한 표현을 주의하여 주목하라. 아! 헌신의 영이 있는 곳은 그 어디에서나 하나님을 위하여 자유롭게 그리고 솔선하여 드리는 일들이 분명히 나타났으니, 주님은 그들의 마음이 성령으로 감동되어 하나님의 백성들이 드린 예물들을 지혜롭고 또 하나님께 영광되게 사용할 수 있는 자격을 갖춘 일꾼들을 일으키는 일에 지체하시지 않을 것이다.

그러나, 이제 이 세 번째 사항과 앞에 있었던 일들 사이의 연관성을 주목하도록 해보자. 첫째, 우리의 영혼이 하나님 안에서 쉼을 얻는 안식일. 둘째, 여호와를 사랑하는 마음에서 우러나온 자원하는 헌물. 그 다음에 활동적 사역을 한다. 이는 그들이 충성스러운 위치에서 봉사하게 한다. 세 번째의 사실은, 하나님께서 받으실 만한 봉사는 사망에서 생명으로 옮겨진 자들에 의해서만 계속될 수 있음을 보여준다. 다른 두 가지도 마찬가지로 봉사를 위한 가장 중요한 전제조건은 주안에서 즐거워하며 그를 향하여 넘치는 사랑임을 암시한다. 그렇게 함으로써 우리는 진실로 '주의 사역에서 풍성' 하게 될 수 있다. 그렇지 않다면 쉴 수 없는 육신의 노동에 불과하다든지 아니면 다만 간역자의 채찍 아래 '벽돌'을 생산하는 일이 되든지 둘 중 하나가 되고 말 것이다.

앞의 장들에서 언급되지 않은 한 가지 내용이 우리에게 주어져 있는데, 그것은 곧 "마음이 슬기로운 모든 여인은 손수 실을 빼고 그 뺀 청색 자색 홍색 실과 가는 베 실을 가져왔으며 마음에 감동을 받아 슬기로운 모든 여인은 염소 털로 실을 뽑았으며"(출 35:25, 26)라고 하신 말씀이다. 이것은 여호와의 일에 협력한다는 생각을 말해주는데, 여자들도 그들의 장소와 역할을 역시 가지고 있다. 그렇지만 그 일들은 부수적인 것으로서 실을 "뽑는 일"에 불과했으며 재료를 공급하지는 않았다. 또한 그들의 일은 그 성격상으로 보아 그들의 노동에 있어 적합한 영역, 곧 집에서 하는 일임을 보여준다.

"모든 족장은 호마노와 및 에봇과 흉패에 물릴 보석을 가져왔으며"(출 35:27). 지도자들은 백성들에게 경건한 본보기를 보여 주었다. 이렇게 되어야 하지만, 그러나 오늘날은 그렇지 못한 일이 얼마나 자주 있는가! 그 백성에게 청지기의 직분과 하나님께 드리는 특권에 대하여 가르치는 목회자들이 스스로가 정직한 본보기를 보이지 못하고 그 말과 행동이 일치하지 않는 자들이 있다. 하나님은 목회자들에게 다음과 같이 말씀하셨다. "오직 말과 행실과 사랑과 믿음과 정절에 있어서 믿는 자에게 본이 되어"(딤전 4:12), "범사에 네 자신이 선한 일의 본을 보이며"(딛 2:7).

출애굽기 39장으로 넘어가기 전에, 38장에서 한 가지 주목할 자세한 내용이 있다. 21절에 이르기를, "성막 곧 증거막을 위하여 레위 사람이 쓴 재료의 물목은 제사장 아론의 아들 이다말이 모세의 명령대로 계산하였으며"라고 하며, 또 "성소 건축 비용으로 들인 금은 … 스물아홉 달란트와 … 계수된 회중이 드린 은은 … 백 달란트와 …"(출 38:24, 25)라고 말한다. 이는 우리들에게 여호와의 일에 관련된 참으로 중대한 실천적 교훈을 제시해 준다. 모든 것들을 계수하고, 달고, 조사하였다. 이는 얼마나 세심한 주의가 요구됨을 말해 주는가! "사람들은 중대한 것과 지엽적인 것에 대하여 말하나, 막상 그들이 일을 하게 되면 다만 인간적인 측면에서만 생각하고 있음을 알게 될 것이다. 거룩한 이의 심중에 있는 모든 세목들은 그리스도 안에 있는 하나님의 영광에 중요한 것들이다. 천막의 말뚝 하나가 빠지면 한 가닥의 줄이 늘어지고 한 가닥의 줄이 늘어지면 막이 제 형태를 이루지 못하고 일그러지고 말 것이다. 만일 사소한 것 한 가지라도 제 구실을 못하면 전체 장막에 어려움을 주게 될 것이다"(C. A. Coates).

출애굽기 39장에서, 성막을 짓는 일이 완성되었다. 모든 것이 "여호와께서 모세에게 명령하신 대로" 되었다고 하는 것은 참으로 복된 일이다. 이 표현이 같은 장에서 여덟 번(1, 5, 7, 21, 26, 29, 31, 43절)이나 언급된 사실과 32, 42절에서 "이스라엘 자손이 이와 같이 성막 곧 회막의 모든 역사를 마치되 여호와께서 모세에게 명령하신 대로 다 행하고 … 여호와께서 모세에게 명령하신 대로 이스라엘 자손이 모든 역사를 마치매"라고 말한 것을 살펴보라. "여호와께서는 성막의 전체 일에 대하여 아주 상세하게 지시하셨다. 모든 못, 받침, 갈고리, 띠 등까지도 상세히 지시하셨다. 거기에는 인간의 편의나 이치 또는 일반 상식이 개입될 여지가 없었다. 여호와께서는 개괄적 개요만을 말씀하심으로써 인간으로 그 여백을 채우도록 하지 않았다. 결코 그러한 일이 없었다. '너는 삼가 이 산에서 네게 보인 양식대로 할지니라'(출 25:40). 이렇게 말씀하심으로 인간의 고안을 위한 여지가 남아있지 않았다. 만일 인간에게 단 한 개의 못이라도 만들도록 허용되었다면 두말할 나위 없이 그 못은 하나님의 판단에 실격당하게 될 것이다. 출애굽기 32장에서 우리는 인간의 '새기는 기구'가 무엇을 제조할 수 있는지를 볼 수 있다. 하나님께 감사할 것은 그것은 성막에서 아무 소용이 없었다. 이 일에 있어서 그들은 더도 말고 덜도 말라고 당부하심을 받은 대로 행했다. 이는 교회들에게 참으로 유익한 교훈이다. 이스라엘의 역사 가운데는 우리가 극구 피해야 할 일들이 많은데, 그들의 참을성 없는 불평, 그들의 당당한 맹세, 그리고 그들의 우상 등이다. 그러나 두 가지 본받을 일이 있다. 즉 우리의 헌신을 좀 더 전심으로 하며, 우리의 복종을 더욱 절대적으로 하기를 바란다"(C. H. M.).

그렇다, 이스라엘의 순종은 우리의 교훈을 위하여 기록되었다. 우리도 역시 여호와가 우리에게 주신 사역에 관하여 그분으로부터 계명을 받았다. 그분의 완성된 말씀은 지금 우리의 손 안에 있다. 그것으로 하여금 범사에 우리를 인도하고 조절하게 해야 한다. 그것은 "하나님의 사람으로 온전하게 하며 모든 선한 일을 행할 능력을 갖추게 하려고"(딤후 3:17) 주어진 것이다. 만일 우리가 하나님의 축복을 기대한다면 그의 일은 반드시 그가 지정하신 대로 이행되어야 한다. 인간의 편의, 용이함, 그리고 독창성은 결코 허용되어서는 안 된다. 그의 동료에 의한 것이 아니라 하나님께서 승인해 주시는 것만이 여호와의 모든 종들이 반드시 지속적으로 지향해야 할 목표가 된다. 성공이 아니라 신실함이 우리의 주인께서 요구하는 것이다. 봉사의 질은 보이는 결과가 아닌, 하나님의 말씀과 일치되는가에 의하여 검사되어야만 한다.

출애굽기 39장에 우리들에게 대한 영적인 적용에 있어 아주 철저한 또 다른 상세한 사랑이 있다. "그들이 성막을 모세에게로 가져왔으니 곧 막과 그 모든 기구와 … 모세가 그 마친 모든 것을 본즉 … "(출 39:33, 43). 모든 것들을 검사를 받기 위하여 모형적 중보자에게로 가지고 왔다. 모든 것들은 그의 점검하는 눈길을 거쳐야만 했다. 이 일에 대한 모형적 중요성은 명백하다. 고린도후서 5:10에 이르기를 "이는 우리가 다 반드시 그리스도의 심판대 앞에 나타나게 되어 각각 선악간에 그 몸으로 행한 것을 따라 받으려 함이라"고 한다. 이것은 세상 끝에 있을 일반적인 심판 날을 말하는 것이 아니라, 그가 이 땅에 돌아오셔서 천년왕국을 세우기 전에 주께서 그의 백성에게로 돌아오실 때에 있을 심판을 말한다.

이 주제에 대한 그 이상의 말씀은 고린도전서 3:11-15에 있는데, 거기 이르기를 "이 닦아 둔 것 외에 능히 다른 터를 닦아 둘 자가 없으니 이 터는 곧 예수 그리스도라 만일 누구든지 금이나 은이나 보석이나 나무나 풀이나 짚으로 이 터 위에 세우면 각 사람의 공적이 나타날 터인데 그 날이 공적을 밝히리니 이는 불로 나타내고 그 불이 각 사람의 공적이 어떠한 것을 시험할 것임이라 만일 누구든지 그 위에 세운 공적이 그대로 있으면 상을 받고 누구든지 그 공적이 불타면 해를 받으리니 그러나 자신은 구원을 받되 불 가운데서 받은 것 같으리라"고 말한다. 여기의 언급은 그리스도인들의 봉사에 대한 것이고, 고린도후서 5:10은 그들의 행함을 다룬다. 두 종류의 봉사 사이에는 차별이 있다. 한 면으로 '금'은 거룩한 영광의 표상이요, '은'은 구속을 말하며, '보석'은 불변을 말한다. 구속에 근거하여 하나님의 영광만을 위하여 행한 것만이 불의 시험에 견디고 남아서 보상을 받게 될 것이다. 반면에 "나무나 풀이나 짚"은 그 부피로서는 많겠지만 다가올 불 시험에 견디지 못할 것이다. 그것은 질과 양의 차이요, 영과 육의 차이다.

"모세가 그 마친 모든 것을 본즉 여호와께서 명령하신 대로 되었으므로 모세가 그들에게 축복하였더라"(출 39:43). 그리스도께서는 다가올 날에 이와 같이 하실 것이다.

인간들의 비웃음에도 불구하고 전적으로 하나님의 말씀에 따라 이루어진 것은 그에게 인정하심을 받고 보상을 받게 될 것이다. 거룩한 성경의 마지막 장에서 그가 친히 말씀하기를, "보라 내가 속히 오리니 내가 줄 상이 내게 있어 각 사람에게 그가 행한 대로 갚아 주리라"(계 22:12)고 한다. 이 말씀을 생각할 때에 다음의 권면에 절실히, 그리고 기도하는 마음으로 유의해야 할 것이다. "자녀들아 이제 그의 안에 거하라 이는 주께서 나타내신 바 되면 그가 강림하실 때에 우리로 담대함을 얻어 그 앞에서 부끄럽지 않게 하려 함이라"(요일 2:28).

출애굽기의 마지막 장에는 성막을 실제로 세우는 일이 기록되어 있다. 먼저 그것이 세워진 시기를 살펴보자. "여호와께서 모세에게 말씀하여 이르시되 너는 첫째 달 초하루에 성막 곧 회막을 세우고"(출 40:1, 2). 이때는 이스라엘이 애굽을 떠난 기념일이었다(출 12:2). 이것은 매우 인상적인 일이다. 그들이 얽매였던 집에서 이끌어냄을 받은 것이 그들의 영적인 역사의 시작이 된 것처럼 그들 가운데 여호와께서 거하시게 된 일도 그들의 경험 중에서 전혀 새롭고 복된 일로 눈에 돋보인다. 이 일로 인하여 예표된 사실에 대해서는 차후에 살펴보기로 하자. 이 일의 그리스도인들에 대한 영적 적용은 마태복음 18:20에서 다음과 같이 말씀하셨다. "두세 사람이 내 이름으로 모인 곳에는 나도 그들 중에 있느니라."

다음으로 이 장에서는 모세가 유일한 행위자임을 볼 수 있다. "모세가 성막을 세우되 그 받침들을 놓고 그 널판들을 세우고 그 띠를 띠우고 그 기둥들을 세우고"(출 40:18). 모든 보조자들은 보이지 않고 오직 모세만이 언급되었는데, 이 일에 대해서는 19-33절을 읽어 주기 바란다. 그 마지막에 이르기를 "모세가 이같이 역사를 마치니"라고 한다. 이에 대한 적용의 말씀은 다음의 히브리서 3:3-6에 기록되어 있다. "그는 모세보다 더욱 영광을 받을 만한 것이 마치 집 지은 자가 그 집보다 더욱 존귀함 같으니라 집마다 지은 이가 있으니 만물을 지으신 이는 하나님이시라 또한 모세는 장래에 말할 것을 증언하기 위하여 하나님의 온 집에서 종으로서 신실하였고 그리스도는 하나님의 집을 맡은 아들로서 그와 같이 하셨으니 우리가 소망의 확신과 자랑을 끝까지 굳게 잡고 있으면 우리는 그의 집이라".

마지막으로 이르기를 "구름이 회막에 덮이고 여호와의 영광이 성막에 충만하매"(출 40:34)라고 한다. "그 후에"라는 말은 "모세가 이같이 역사를 마치니"라고 한 33절 후를 말한다. 이와 동일한 신약성경에 나타난 사건은 오순절 날에 일어난 일로서, "오순절 날이 이미 이르매 그들이 다같이 한 곳에 모였더니 홀연히 하늘로부터 급하고 강한 바람 같은 소리가 있어 그들이 앉은 온 집에 가득하며 마치 불의 혀처럼 갈라지는 것들이 그들에게 보여 각 사람 위에 하나씩 임하여 있더니 그들이 다 성령의 충만함을 받고"(행 2:1-4)라고 말한다.

이 영광된 사건에 부응하는 구절로서 이 책의 마지막 절에 이르기를 "낮에는 여호와의 구름이 성막 위에 있고 밤에는 불이 그 구름 가운데에 있음을 이스라엘의 온 족속이 그 모든 행진하는 길에서 그들의 눈으로 보았더라"고 말한다. 그들의 눈은 구름에만 고정시키고 있으면 되었다. "이와 같이 여호와께서는 그의 백성들을 돌보셨다. 그는 그들이 애굽에서 고난당할 때 그들을 돌아보시고, 높은 손과 편 팔로 이끌어 내시고, 홍해를 통하여 광야로 인도하셨다. 이제 그가 친히 '기업의 도성에 이르는 바른 길'로 그들을 인도할 것이다. '이러한 그의 보살핌을 받는 자들은 복이 있고, 여호와가 그의 하나님이 되시는 자들은 복이 있도다.' 이스라엘에게 내리신 복에는 부족함이 없었다. 여호와께서 그들 가운데 계셨다. 그의 임재의 구름이 위를 덮었고, 그의 영광은 성막에 가득하였다"(Dennett).

이제 우리들에겐 기름 부음을 받은 이에게 제시된 출애굽기의 마지막 여섯 장에 대한 인상적이고도 아름다운 세대주의적 견해를 지적하는 일만이 남아 있다. 여기 있는 것들은 모세의 두 번째 하산 이후에 기록된 것이다. 제61장의 서두에서 모세가 여호와로부터 돌판들(그의 이스라엘에 대한 새 언약에 근거한 말씀들로 이루어진 것 ─ 옛것은 아브라함에게 하신 것)을 받기 위하여 시내 산으로 부르심을 받았을 때, 모세는 산에서 두 번 내려왔다(거기에는 물론 부재의 막간이 있었다 ─ 출 32:15; 34:29 참조)는 사실에 대하여 주지한 바 있다. 이 두 번의 하산에 연관된 것은 그리스도의 재림 시에 유대인들에게 나타날 두 가지 국면을 예표하는 것이다. 모세의 첫 번째 하산에 이어 이스라엘에게 극심한 심판이 있었던 것처럼 그의 성도들을 공중으로 취하여 가려고 그리스도께서 내려오시는 일(살전 4장) 이후에는 대환난, 즉 야곱의 고통하는 때가 있을 것이다.

모세의 두 번째 하산에 무엇이 수반되었는지에 대하여 다시 살펴보자. 첫째, 그는 광채가 나는 얼굴로 그들 앞에 나타났는데, 이는 이스라엘로 돌아오실 영광을 받으신 중보자의 모형이 된다(골 3:4). 둘째, 이번에는 돌판들이 깨어지지 아니하고 궤 속에 넣어 보관되었음(신 10:4)과 같이 주 예수께서 이스라엘과 새 언약을 맺으실 때에는 "내가 나의 법을 그들의 속에 두며 그들의 마음에 기록하리라"(렘 31:33)고 선포하실 것이다. 셋째, 출애굽기의 이 마지막 단원의 시작은 안식일에 관한 언급으로서 시작되었는데(출 35:1-3). 이는 이 모든 일들이 선을 이루게 될 천년왕국 시기를 말해준다. 넷째, 이스라엘 사람들이 자원하는 마음으로 헌물을 바침으로써 여호와를 향한 사랑이 흘러넘쳤는데(출 35:23, 24), 이에 대한 예표는 스바냐 3:9, 10이다. "그 때에 내가 여러 백성의 입술을 깨끗하게 하여 그들이 다 여호와의 이름을 부르며 한 가지로 나를 섬기게 하리니 내게 구하는 백성들 곧 내가 흩은 자의 딸이 구스 강 건너편에서부터 예물을 가지고 와서 내게 바칠지라." 다섯째, 이스라엘이 여호와의 일에 임하여 "그가 명하신 대로" 모든 것을 한 것을 볼 수 있는데, 이에 대하여 에스겔 36:27에서 이르기를, "또 내 영을 너희 속에 두어 너희로 내 율례를 행하게 하리니 너희가 내 규례를 지켜 행할지라"고 한다. 여섯째, 이제 성막이 건립되었으니, 이를 다음의 말씀과 비교해 보라. "싹이라 이름하는 사람이 자기 곳에서 돋아나서 여호와의 전을 건축하리라 그가 여호와의 전을 건축하고 영광도 얻고 … "(슥 6:12, 13). 일곱째, 그 다음에 여호와께서 이스라엘 가운데 거하였다. "여호와의 말씀에 시온의 딸아 노래하고 기뻐하라 이는 내가 와서 네 가운데에 머물 것임이라"(슥 2:10). 여덟째, 여호와의 영광이 보이게 나타났다. "여호와께서 거하시는 온 시온 산과 모든 집회 위에 낮이면 구름과 연기, 밤이면 화염의 빛을 만드시고 그 모든 영광 위에 덮개를 두시며"(사 4:5). 여호와께서 그 기쁨의 때를 재촉해 주시기를 바란다.

이와 같이 우리는 이 구속의 책의 마지막 장에서 하나님의 은혜의 목적에 대한 풍성하고도 완전한 성취를 주목해 보았다. 인간의 실패에도 불구하고, 이스라엘이 금송아지를 섬긴 죄에도 불구하고, 돌판들이 깨어졌음에도 불구하고, 마지막에 이르러 죄보다 은혜가 더욱 풍성하여 하나님의 모든 묘략이 모형적 중보자에 의하여 선하게 이루어졌다. 우리들 앞에 있었던 모든 일들의 궁극적인 적용은 새 땅을 가리키고 있다. "보라 하나님의 장막이 사람들과 함께 있으매 하나님이 그들과 함께 계시리니 그들은 하나님의 백성이 되고 하나님은 친히 그들과 함께 계셔서 모든 눈물을 그 눈에서 닦아 주시니 다시는 사망이 없고 애통하는 것이나 곡하는 것이나 아픈 것이 다시 있지 아니하리니 처음 것들이 다 지나갔음이러라"(계 21:3, 4).

제72장

모세 - 그리스도의 모형

"**모세의** 생애는 일련의 충격적인 대조를 제시하고 있다. 그는 노예의 아들이요 또 왕의 아들이었다. 그는 오두막집에서 태어나 궁전에서 살았다. 그는 가난하게 태어났으나 극도의 부를 누렸다. 그는 군대의 장관이었으나 양 떼를 지키는 자가 되었다. 그는 능한 전사였으나 지극히 온유한 자였다. 그는 궁중에서 교육을 받았으나 광야에 거했다. 그는 애굽의 지혜를 가졌으나 어린 아이의 믿음을 가졌다. 그는 도시에 적합하였으나 광야에서 방황하였다. 그는 죄악의 즐거움의 유혹을 받았으나 덕을 위한 어려움을 견디었다. 그는 말에는 어눌한 자였으나 하나님과 말했다. 그는 목자의 지팡이를 가졌으나 그 능력은 무한하였다. 그는 바로로부터 도망한 자였으나 하늘의 사자였다. 그는 율법의 증여자였으나 은혜의 선구자였다. 그는 모압 산에서 혼자 죽었으나 그리스도와 함께 유대에 나타났다. 아무도 그의 장례를 치르지 않았으나 하나님이 그를 묻으셨다. 불은 시내 산에서 꺼졌으나 그의 율법에는 여전히 광채가 있다. 그의 입술은 침묵하고 있으나 그의 음성은 아직도 말한다"(I. M. Haldeman).

그러나 참으로 괄목할 만한 이 사람과 관련된 가장 인상적인 일은 그가 주 예수의 모형이 되었던 그 놀라운 방법과 많은 측면이 있다는 것이다. 여러 가지 관점에서 모세와 그리스도 사이에 주목할 만한 일치점들이 있는데 그 일치점들을 요약하면 우리가 요셉에 대하여 거론할 때 보았던 것처럼(「창세기 강해」 마지막 일곱 장들을 참조) 엄청나게 많고 또 매우 인상적인 것들을 보게 될 것이다.

이러한 일치점 중에서 어떤 것을 살펴보려고 하기 전에 모세가 그리스도의 모형이었다는 것에 대하여 말씀 자체에 먼저 호소하자. 신명기 18:15에 모세가 이르기를 "네 하나님 여호와께서 너희 가운데 네 형제 중에서 너를 위하여 나와 같은 선지자 하나를 일으키시리니 너희는 그의 말을 들을지니라"고 한다. 이 말씀을 보면 그리스도의 모형이 되는 모세에 대하여 고찰할 때 우리가 인간의 상상 안에서 고안해 내지 아니함을 알게 될 것이다. 이는 거룩한 성경의 명백한 가르침이다.

1. 그의 국적
모세는 이스라엘 사람이었다(출 2:1, 2). 육신적으로 그리스도도 그러했다.

2. 그의 출생
그는 그의 민족이 대적의 권세 아래 다스림을 받았을 때, 그들이 이방 임금의 다스림 아래에서 신음하고 있을 때(출 1장) 태어났다. 이처럼 그리스도께서도 유대인들이 로마 사람들의 속박 아래 있을 때 탄생하셨다(마 2:1; 비교, 눅 24:21).

3. 그의 인물
"그 때에 모세가 났는데 하나님 보시기에 아름다운지라"(행 7:20). 이로써 그는 사랑하시는 아버지를 얼마나 복되게 예시하고 있는가! 베들레헴 구유에 누워 있는 그 아이의 '아름다움'에 대한 그의 판단은 천사들을 목자들에게 보내어 "오늘 다윗의 동네에 너희를 위하여 구주가 나셨으니 곧 그리스도 주시니라"(눅 2:11)고 말씀하심으로써 입증하셨다.

4. 그의 유아기
유아기의 그의 생명은 위험에 봉착에 있었고, 그 지배하고 있는 왕에 의하여 위협을 받았는데, 이는 바로가 "아들이 태어나거든 너희는 그를 나일 강에 던지라"(출 1:22)고 명령했기 때문이다. 이는 마태복음 2:16의 "이에 헤롯이 … 사람을 보내어 베들레헴과 그 모든 지경 안에 있는 사내아이를 … 다 죽이니"라고 하신 말씀을 얼마나 생생하게 기억나게 하는가!

5. 그의 양자됨
전자에 그는 다른 사람의 아이이었으나 그는 바로의 공주의 아들이 되었다. "그의 아들이 되니라"(출 2:10). 기름 부음을 받은 안목으로 이 사실이 동정녀 탄생의 신비를 예표하고 있음을 모를 리가 있겠는가! 그리스도는 다른 이의 아들, 곧 하나님의 아들이셨다. 그러나 이 땅에 태어나심으로 어머니는 있었지만 아버지는 없었다. 그러나 그는 사실이 그러하듯이 요셉의 양자가 되었다(마 1:19-21 참조).

6. 그의 어린 시절

그는 어린 시절을 애굽에서 보내었다. 그리스도도 그러하였다. "주의 사자가 요셉에게 현몽하여 이르되 헤롯이 아기를 찾아 죽이려 하니 일어나 아기와 그의 어머니를 데리고 애굽으로 피하여 내가 네게 이르기까지 거기 있으라"(마 2:13). 이같이 하여 하나님께서 옛날에 하신 말씀 "내 아들을 애굽에서 불러내었다"(호 11:1)고 하신 말씀이 성취되었다.

7. 이스라엘에 대한 동정심

그는 그의 혈족들의 고난에 대하여 깊은 동정심으로 가득하여 그들의 구원을 동경하였다. 이에 대해서는 사도행전 7:23, 24에서 아름답게 묘사하였다. "나이가 사십이 되매 그 형제 이스라엘 자손을 돌볼 생각이 나더니 한 사람이 원통한 일 당함을 보고 보호하여." 이와 같이 그리스도도 사로잡힌 그의 백성들에 대한 동정심으로 가득하셨고 그들에 대한 사랑이 그들을 구원하려고 이 땅에 오게 하였다.

8. 사명에 대한 초기의 지식

실제로 그의 위대한 사역에 들어가기 오랜 이전에 모세는 "하나님께서 자기의 손을 통하여 구원"(행 7:25)하실 것을 깨달았다. 이와 같이 열두 살의 소년 그리스도도 당황한 그의 어머니에게 이르시기를 "내가 내 아버지 집에 있어야 될 줄을 알지 못하셨나이까"(눅 2:49)라고 말씀했다.

9. 그의 비하한 은혜

합법적으로는 '바로의 공주의 아들'이었지만 그는 그의 형제들과 함께 히브리 종으로 여겼다. "모세가 장성한 후에 한번은 자기 형제들에게 나가서"(출 2:11). 그리스도도 그와 같았다. "그러므로 형제라 부르시기를 부끄러워하지 아니하시고"(히 2:11).

10. 그의 위대한 단념

"믿음으로 모세는 장성하여 바로의 공주의 아들이라 칭함 받기를 거절하고 도리어 하나님의 백성과 함께 고난 받기를 잠시 죄악의 낙을 누리는 것보다 더 좋아하고 그리스도를 위하여 받는 수모를 애굽의 모든 보화보다 더 큰 재물로 여겼으니"(히 11:24-26). 이는 "그는 근본 하나님의 본체시나 하나님과 동등됨을 취할 것으로 여기지 아니하시고 오히려 자기를 비워 종의 형체를 가지사 사람들과 같이 되셨고"(빌 2:6, 7)를 예표하고 있음이 아니고 무엇이랴! 모세와 마찬가지로 그리스도께서도 부, 영광 그리고 궁전을 자발적으로 포기하였다.

11. 그의 형제들로부터 거절당함

"이튿날 이스라엘 사람끼리 싸울 때에 모세가 와서 화해시키려 하여 이르되 너희는 형제인데 어찌 서로 해치느냐 하니 그 동무를 해치는 사람이 모세를 밀어뜨려 이르되 누가 너를 관리와 재판장으로 우리 위에 세웠느냐"(행 7:26, 27). 이것은 매우 슬픈 일이나, 그리스도에 대하여 하신 말씀은 더욱 슬픈 일이 되었다. "자기 땅에 오매 자기 백성이 영접하지 아니하였으나"(요 1:11). 우리가 요셉에 대하여 고찰했을 때에도 그 모형적 양상은 동일하였다. 그러나 다음과 같은 차이점이 있음을 기억하기 바란다. 요셉의 경우에 있어서는 그의 형제들이 그의 인간됨에 반감을 가졌다(창 37:4). 여기 모세에 대해서는 그의 형제들이 그의 직임을 미워하였다. 요셉은 인간적으로 미움을 받았고, 모세는 직분상 거절을 당하였으니, "누가 너를 우리를 다스리는 자와 재판관으로 삼았느냐"라고 함과 같다. 그리스도도 그와 같았다. 이스라엘 사람들이 이르기를 " 우리는 이 사람이 우리의 왕 됨을 원하지 아니하나이다"(눅 19:14)라고 했다.

12. 그가 이방인들 가운데 거한 일

"모세가 바로의 낯을 피하여 미디안 땅에 머물며"(출 2:15). 그리스도께서 유대인들로부터 거절을 당한 데 이어, 성경은 "하나님이 처음으로 이방인 중에서 자기 이름을 위할 백성을 취하시려고"(행 15:14)라고 말한다.

13. 그가 우물 곁에 앉음

모세는 그의 땅을 떠나서 하루는 "우물 곁에 앉았더라"(출 2:15)고 말한다. 이처럼 주 예수께서 우물 곁에 앉으셨던 유일한 때는 그가 이스라엘의 경계를 넘어 사마리아에 있었을 때이다(요 4:4, 6).

14. 그의 목자 됨

"모세가 그의 장인 미디안 제사장 이드로의 양 떼를 치더니"(출 3:1). 이는 이방인들 가운데서 자신의 택함을 받은 자들을 격려하는 그리스도의 성품이다. "또 이 우리에 들지 아니한 다른 양들이 내게 있어 내가 인도하여야 할 터이니 그들도 내 음성을 듣고 한 무리가 되어 한 목자에게 있으리라"(요 10:16).

15. 그의 은둔 시절

모세는 그의 실제 사역에 들어가기 전에 세상에 알려지지 않은 많은 해들을 보내었다. 이 '광야의 뒷편에 거하고 있는 자에게 그러한 존귀한 미래가 정해져 있으리라고 누가 상상할 수 있었겠는가? 성육신하신 하나님의 아들도 그와 같았다. 그의 공적 사역이 시작되기 전, 그는 멸시받은 나사렛에서 은둔해 계셨다. 누가 목공소에 있는 그를 구속사역을 위하여 하나님이 기름 부은 자로 꿈이나 꾸었겠는가!

16. 하나님의 임명

그는 하나님으로부터 그의 백성을 얽매인 집에서 해방하도록 부르심을 받았다. "이제 내가 너를 바로에게 보내어 너에게 내 백성 이스라엘 자손을 애굽에서 인도하여 내게 하리라"(출 3:10). 이처럼 그리스도도 "잃어버린 자를 찾아 구원하려고"(눅 19:10) 이 세상에 보내심을 받았다.

17. 그의 사도직

이와 같이 그는 이스라엘에게 보내신 하나님의 사도가 되었으니, '사도'라 함은 "보내심을 입은 자"를 의미한다. "이제 가라"(출 4:12). 그리스도도 하나님이 보내신 자였다(요 9:4). 히브리서 3:1에 그는 '사도'라 칭함을 받는다.

18. 그의 신임장

그가 하나님으로부터 임명을 받을 때 이적을 행하는 능력도 함께 받았다. 이처럼 그리스도의 사역도 그 따르는 표적으로 확증되었다(마 11:4, 5). 모세가 구약성경 가운데서 제일 먼저 이적을 행한 자인 것처럼 그리스도께서도 신약성경에서 그러하다. 세례 요한은 한 가지도 행하지 않았다(요 10:41).

19. 그의 처음 이적들

모세는 많은 이적들을 베풀었으나 그의 첫 번째 두 기적적인 표적은 뱀에 대한 능력과 나병에 대한 능력(출 4:6-9)이었음은 참으로 인상적인 일이다. 이처럼 그리스도께서 그의 공적인 사역에 임하신 이후에 먼저 사탄에 대한 그의 능력(마 4:10, 11)과 그 다음에는 나병에 대한 그의 능력(마 8:3)을 행하셨음을 볼 수 있다.

20. 그 자신의 땅으로 돌아옴

출애굽기 4:19에 이르기를 "여호와께서 미디안에서 모세에게 이르시되 애굽으로 돌아가라 네 목숨을 노리던 자가 다 죽었느니라"고 말한다. 이에 대한 원형은 마태복음 2:19에서 볼 수 있다. "주의 사자가 애굽에서 요셉에게 현몽하여 이르되 일어나 아기와 그의 어머니를 데리고 이스라엘 땅으로 가라 아기의 목숨을 찾던 자들이 죽었느니라."

21. 그가 그의 형제들에 의하여 영접됨

이 사실은 출애굽기 4:29-31에 기록되어 있다. 이것은 그가 처음에 히브리 사람들에게 나타나 배척을 당했던 일(출2장)과는 얼마나 판이한가! 그것은 그가 재림하실 때 이스라엘이 그를 환대할 것을 얼마나 아름답게 예표하는가!

22. 그의 능력의 지팡이

모세는 능한 힘을 가진 지팡이를 휘둘렀다(출 9:23; 10:13; 14:16 참조). 역시 이와 동일하게 그리스도에 대하여도 기록되어 있다. "네가 철장으로 그들을 깨뜨림이여"(시 2:9).

23. 엄숙한 심판 고지

그는 바로와 그의 백성에게 만일 그들이 계속해서 그를 거절하면 하나님의 엄중한 심판이 있을 것을 거듭 강조하였다. 이처럼 그리스도께서도 "너희도 만일 회개하지 아니하면 다 이와 같이 망하리라"(눅 13:3)고 선포하였다.

24. 이스라엘에 대한 그의 구원

모세는 하나님께서 분부하신 그의 직임을 온전히 수행했으며, 얽매였던 집에서 이스라엘을 이끌어 내었다. "그 모세를 … 관리와 속량하는 자로서 보내셨으니"(행 7:35). 이처럼 그리스도께서도, "그러므로 아들이 너희를 자유롭게 하면 너희가 참으로 자유로우리라"(요 8:36)고 확언했다.

25. 그의 영도적 지위

이에 대하여 고린도전서 10:1, 2에서 뚜렷이 말한다. "우리 조상들이 다 구름 아래에 있고 바다 가운데로 지나며 모세에게 속하여 다 구름과 바다에서 세례를 받고." 이처럼 순종하는 그리스도인들은 "그리스도 예수와 합하여 세례를 받았다"(롬 6:3).

26. 그의 이스라엘의 찬양 인도

"이 때에 모세와 이스라엘 자손이 이 노래로 여호와께 노래하니"(출 15:1). 그리스도에 관해서도 역시 기록되어 있다. "내가 주의 이름을 형제에게 선포하고 회중 가운데에서 주를 찬송하리이다"(시 22:22).

27. 그의 권세가 도전받음

이에 대해서는 민수기 16:3에 기록되어 있고, 그 원형은 마태복음 21:23에 있다.

28. 그가 질시당함

시편 106:16과 마가복음 15:10 비교.

29. 그가 대적당함

이스라엘은 모세에게 매우 철저하게 빚을 졌지만, 그들은 여전히 그에 대하여

'불평'하는 것을 볼 수 있다(출 15:24; 16:2). 신약성경의 병행구로서 누가복음 15:2, 요한복음 6:41을 참조하기 바란다.

30. 그의 생명이 위협당함

감사할 줄 모르는 히브리인들은 너무도 잔혹하게 모세를 대적하여 때로는 그를 "돌로 치려고"까지 했다(출 17:4). 이는 요한복음 8:59, 10:31의 말씀을 얼마나 잘 생각나게 하는가!

31. 그의 슬픔

모세는 백성들의 배은망덕을 절실히 느꼈다. 민수기 11:11, 14에 기록된 그의 구슬픈 탄원을 살펴보라. 이처럼 주 예수께서도 백성들로부터 설욕을 당하셨으며, 그는 "멸시를 받아 사람들에게 버림 받았다."

32. 그의 지칠 줄 모르는 사랑

비록 오해받고, 질시당하며 거역함을 당했을지라도 그 아무것도 그 백성에 대한 모세의 연민을 지울 수는 없었다. "많은 물도 이 사랑을 끄지 못하겠고 홍수라도 삼키지 못하나니"(아 8:7). 출애굽기 32장에는 참으로 아름다운 사실이 기록되어 있다. 이스라엘이 여호와를 거역하여 금송아지를 섬긴 일과 여호와께서 그들을 자기 백성으로 여기지 않으시리라고 하신 뒤에도(출 32:7) 모세는 그들을 위하여 하나님께 간구하여 이르기를 "슬프도소이다 이 백성이 자기들을 위하여 금 신을 만들었사오니 큰 죄를 범하였나이다 그러나 이제 그들의 죄를 사하시옵소서 그렇지 아니하시오면 원하건대 주께서 기록하신 책에서 내 이름을 지워 버려 주옵소서"(출 32:31, 32)라고 말한다. 이는 "세상에 있는 자기 사람들을 사랑하시되 끝까지 사랑하신"(요 13:1) 이를 얼마나 잘 생각나게 하는가!

33. 그의 용서하는 영

"미리암과 아론이 모세를 비방하니라 … 여호와께서 모세와만 말씀하셨느냐 우리와도 말씀하지 아니하셨느냐"(민 12:1, 2). 그러나 그는 아무런 대답도 하지 않았다. 이는 "욕을 당하시되 맞대어 욕하지 아니하신 이"(벧전 2:23)를 잘 가리키는 것이다. 미리암이 그의 형제에게 대적하여 나병이 걸렸을 때에 "모세가 여

호와께 부르짖어 이르되 하나님이여 원하건대 그를 고쳐 주옵소서"(민 12:13)라
고 하였다.

34. 그의 많은 기도
이에 대한 실례의 한 가지가 방금 있었지만, 다른 많은 경우들이 기록되어 있
다. 모세는 탁월한 기도의 사람이었다. 그는 위기에 봉착했을 때마다 여호와를
찾았다(출 5:22; 8:12; 9:33; 14:15; 15:25; 17:4 참조). 누가복음서에서 그리스도가
기도의 사람으로 얼마나 자주 나타났는지를 살펴보라.

35. 그의 온유
"이 사람 모세는 온유함이 지면의 모든 사람보다 더하더라"(민 12:3). 마태복음
11:29과 비교해 보기 바란다.

36. 그의 충성
"모세는 … 하나님의 온 집에서 종으로서 신실하였고"(히 3:5). 이처럼 그리스
도도 "충성되고 참된 증인"(계 3:14)이다.

37. 이스라엘에게 물을 제공함
민수기 20:11과 요한복음 4:14; 7:37을 비교.

38. 그의 선지자 직임
신명기 18:18과 요한복음 7:16; 8:28을 비교.

39. 그의 제사장 역할
"그의 제사장들 중에는 모세와 아론이 있고"(시 99:6). 이에 대한 실례는 레위
기 8장에 있다. "모세가 잡고 그 피를 가져다가 손가락으로 그 피를 제단의 네 귀
퉁이 뿔에 발라 … 모든 기름과 … 제단 위에 불사르고"(레 8:15, 16; 19:23 참조).
이처럼 그리스도도 제사장으로서 "흠 없는 자기를 하나님께 드리셨다"(히 9:14).

40. 그의 왕적인 다스림

"모세가 우리에게 율법을 명령하였으니 곧 야곱의 총회의 기업이로다 여수룬에 왕이 있었으니"(신 33:4, 5). 이처럼 그리스도도 시온의 왕이시니, 유대를 다스리실 것이다(눅 1:32, 33).

41. 그의 재판직
"모세가 백성을 재판하느라고 앉아 있고 백성은 아침부터 저녁까지 모세 곁에 서 있는지라"(출 18:13). 이를 고린도후서 5:10과 비교.

42. 그의 지도력
모세는 하나님의 백성의 두령이요 지도자였으니, 하나님이 그에게 "내가 네게 말한 곳으로 백성을 인도하라"(출 32:34)고 말씀하셨다. 이처럼 그리스도도 "그들의 구원의 주"(히 2:10)로 불리었다.

43. 그의 중보
"내가 여호와와 너희 중간에 서서"(신 5:5)라고 한 말은 이스라엘에 대한 모세의 입장을 얼마나 비범하게 나타낸 말씀인가? "하나님은 한 분이시요 또 하나님과 사람 사이에 중보자도 한 분이시니 곧 사람이신 그리스도 예수라"(딤전 2:5).

44. 그의 택하심
시편 106:23에서 그를 일컬어 "그가 택하신 모세"라고 한다. 이처럼 하나님이 그리스도에 대하여, "내가 붙드는 나의 종, 내 마음에 기뻐하는 자 곧 내가 택한 사람을 보라"(사 42:1)고 말한다.

45. 그와 세운 언약
"여호와께서 모세에게 이르시되 너는 이 말들을 기록하라 내가 이 말들의 뜻대로 너와 이스라엘과 언약을 세웠음이니라"(출 34:27). 이처럼 그리스도도 "더 좋은 언약의 중보"(히 8:6)로 불려진다.

46. 열둘을 보냄
"이는 모세가 땅을 정탐하러 보낸 자들의 이름이라"(민 13:16과 그 앞절들을 참조). 이처럼 그리스도도 열두 사도들을 보내셨다(마 10:5).

47. 그의 70인 지명

"모세가 나가서 여호와의 말씀을 백성에게 알리고 백성의 장로 칠십 인을 모아 장막에 둘러 세우매"(민 11:24). 이처럼 그리스도도 70인을 뽑으셨다(눅 10:1).

48. 그의 지혜

"모세가 애굽 사람의 모든 지혜를 배워"(행 7:22). 이를 골로새서 2:3과 비교.

49. 그의 능함

"그의 말과 하는 일들이 능하더라"(행 7:22). 이것의 원형이 되는 말씀인 마태복음 13:54을 보라. "그들이 놀라 이르되 이 사람의 이 지혜와 이런 능력이 어디서 났느냐."

50. 그의 간구

"모세가 그 사연을 여호와께 아뢰니라"(민 27:5). 이를 히브리서 7:25과 비교.

51. 하나님과의 절친한 교제

"그 후에는 이스라엘에 모세와 같은 선지자가 일어나지 못하였나니 모세는 여호와께서 대면하여 아시던 자"(신 34:10). 이처럼 땅에 계신 그리스도도 "아버지 품 속에 있는 독생하신 하나님"(요 1:18)이었다. 출애굽기 31~34장에서 모세가 산에 계신 여호와와 진영에 있는 백성들 사이를 왕래했던 것은 놀라운 일로서, 이는 그의 하늘과 땅으로 왕래하는 것을 나타내니, 이를 요한복음 3:13과 비교해 보기 바란다.

52. 그의 하나님을 아는 지혜

시편 103:7을 보고 요한복음 5:20과 비교.

53. 그의 거룩한 진노

출애굽기 32:19을 보고 마가복음 3:5과 비교.

54. 그의 메시지

그는 하나님의 대변자였다. "모세가 와서 여호와의 모든 말씀과 그의 모든 율례를 백성에게 전하매"(출 24:3). 이를 히브리서 1:2과 비교.

55. 그의 계명

신명기 4:2을 보고 마태복음 28:20과 비교.

56. 그의 기록된 계시

출애굽기 31:13과 요한계시록 1:1을 비교.

57. 그의 금식

출애굽기 34:28과 마태복음 4:2 비교.

58. 그의 산에서 변형됨

출애굽기 34:29, 35과 마태복음 17:2 비교.

59. 그의 진 밖에 있음

출애굽기 33:7과 히브리서 13:13 비교.

60. 그의 책임자를 책망함

출애굽기 32:21과 요한계시록 2:12, 13 비교.

61. 그의 이스라엘의 용서를 위하여 기도함

민수기 14:19과 누가복음 23:34 비교.

62. 물로 형제들을 씻음

"아론과 그의 아들들을 데려다가 물로 그들을 씻기고"(레 8:6). 이는 "이에 대야에 물을 떠서 제자들의 발을 씻으시고"(요 13:5)라 하신 말씀을 예표하고 있음을 누가 모르랴!

63. 그의 예언들
신명기 28장, 33장과 마태복음 24장, 누가복음 21장 비교.

64. 주의 종들에게 상을 베풂
민수기 7:6, 32:33, 40과 요한계시록 22:12 비교.

65. 그의 절대적 순종
"모세가 그같이 행하되 곧 여호와께서 자기에게 명령하신 대로 다 행하였더라"(출 40:16). 이는 "아버지께서 내게 하라고 주신 일을 내가 이루어"(요 17:4)라고 하신 이를 아름답게 예표한다.

66. 그의 성막을 세움
출애굽기 40:2과 스가랴 6:12 비교.

67. 그의 사역의 완성
"모세가 이같이 역사를 마쳤다"(출 40:33). 이는 "아버지께서 내게 하라고 주신 일을 내가 이루어"(요 17:4)라고 선포하신 이의 복된 예표였다.

68. 그의 백성들을 축복함
"그들에게 축복하였더라"(출 39:43). 이처럼 누가복음 24:50에도 역시 이르시기를 "예수께서 그들을 데리고 베다니 앞까지 나가사 손을 들어 그들에게 축복하시더니"라고 한다.

69. 하나님의 집에 기름 바름
"모세가 관유(구약성경의 성령의 표상)를 가져다가 성막과 그 안에 있는 모든 것에 발라 거룩하게 하고"(레 8:10). 이를 사도행전 2:1-3, 33과 주의하여 비교해 보라.

70. 그의 쇠하지 아니한 기력
"그의 눈이 흐리지 아니하였고 기력이 쇠하지 아니하였더라"(신 34:7). 이를 마태복음 27:50과 비교하여 "큰 소리로"라는 말씀에 유념하라.

71. 그의 죽음은 하나님의 백성들의 유익을 위함이었다.

"그들 때문에 재난이 모세에게 이르렀나니"(시 106:32), "여호와께서 너희 때문에 내게 진노하사"(신 3:26). 이는 십자가를 놀랍게 예표해 주지 않는가!

72. 다른 보혜사의 지명

모세는 그 백성들을 위로자 없이 남겨두지 않고 후계자를 그들에게 주었으니, 신명기 31:23과 요한복음 14:16, 18을 비교해 보라

73. 그가 준 기업

"모세가 너희에게 준 요단 이쪽 땅"(수 1:14). 그리스도는 그를 믿는 자들에게 "기업의 보증"(엡 1:11)이 되었다.

74. 이스라엘이 가나안에 들어가기 전에 그가 죽어야 했던 이유

"내 종 모세가 죽었으니 이제 너는 이 모든 백성과 더불어 일어나 이 요단을 건너 내가 그들 곧 이스라엘 자손에게 주는 그 땅으로 가라"(수 1:2), "한 알의 밀이 땅에 떨어져 죽지 아니하면 한 알 그대로 있고 죽으면 많은 열매를 맺느니라"(요 12:24).

75. 그의 두 번째 나타남

모세는 신약시대에 이 땅으로 돌아온 구약에 기록된 두 인물 중의 한 사람이었다(마 17:3) — 그리스도께서 이 땅에 재림하실 것에 대한 모형.

우리의 지면이 제한되어 있으므로 모세가 우리 주님을 예표하고 있음을 가리키는 적어도 스물다섯 개의 다른 사항들에 대해서 독자들이 직접 성경에서 찾아보도록 남겨 두려고 한다. 이 주제는 거의 무진장하다. 그리고 이는 참으로 복된 주제로서 성경의 거룩한 원작자를 새롭게 드러낸다.

아더 핑크 클래식 4

아더 핑크 출애굽기 강해

1판 1쇄 발행 2016년 9월 12일
1판 3쇄 발행 2025년 3월 1일

지은이 아더 핑크
옮긴이 지상우
발행인 박명곤 **CEO** 박지성 **CFO** 김영은
기획편집1팀 채대광, 이승미, 이정미, 김윤아, 백환희, 이상지
기획편집2팀 박일귀, 이은빈, 강민형, 이지은, 박고은
디자인팀 구경표, 유채민, 윤신혜, 임지선
마케팅팀 임우열, 김은지, 전상미, 이호, 최고은

펴낸곳 CH북스
출판등록 제406-1999-000038호
전화 070-4917-2074 **팩스** 0303-3444-2136
주소 서울시 강서구 마곡중앙6로 40, 장흥빌딩 10층
홈페이지 www.hdjisung.com **이메일** support@hdjisung.com
제작처 영신사

ⓒ CH북스 2016